Großkommentare der Praxis

Löwe-Rosenberg

Die Strafprozeßordnung und das Gerichtsverfassungsgesetz

Großkommentar

27., neu bearbeitete Auflage

herausgegeben von
Jörg-Peter Becker, Volker Erb, Robert Esser,
Kirsten Graalmann-Scheerer, Hans Hilger, Alexander Ignor

Vierter Band
Teilband 2
§§ 137–150

Bearbeiter:
Matthias Jahn
Sachregister: Christian Klie

DE GRUYTER

ISBN 978-3-11-062947-7
e-ISBN (PDF) 978-3-11-063024-4
e-ISBN (EPUB) 978-3-11-063084-8

Library of Congress Control Number: 2019937005

Bibliografische Information der Deutschen Nationalbibliothek
Die Deutsche Nationalbibliothek verzeichnet diese Publikation in der Deutschen Nationalbibliografie; detaillierte bibliografische Daten sind im Internet über http://dnb.dnb.de abrufbar.

Satz/Datenkonvertierung: Meta Systems Publishing & Printservices GmbH, Wustermark
Druck und Bindung: Hubert & Co GmbH und Co KG, Göttingen

www.degruyter.com

Die Bearbeiter der 27. Auflage

Jörg-Peter Becker, Vorsitzender Richter am Bundesgerichtshof a. D., Karlsruhe und Obernburg
Dr. *Johannes Berg*, Richter am Bundesgerichtshof, Karlsruhe
Dr. *Camilla Bertheau*, Rechtsanwältin in Berlin
Gabriele Cirener, Vorsitzende Richterin am Bundesgerichtshof, Leipzig
Dr. *Volker Erb*, Professor an der Johannes Gutenberg-Universität Mainz
Dr. *Robert Esser*, Professor an der Universität Passau
Dr. *Karsten Gaede*, Professor an der Bucerius Law School, Hamburg
Dr. *Klaus Ferdinand Gärditz*, Professor an der Rheinischen Friedrich-Wilhelms-Universität Bonn, Richter am OVG Nordrhein-Westfalen im Nebenamt, stellvertretender Richter am VerfGH Nordrhein-Westfalen
Kerstin Gärtner, Richterin am Kammergericht
Dr. *Dirk Gittermann*, Richter am Oberlandesgericht Celle
Dr. *Sabine Gleß*, Professorin an der Universität Basel
Dr. Dr. h.c. *Karl Heinz Gössel*, em. Professor an der Friedrich-Alexander-Universität Erlangen-Nürnberg, Richter am Bayerischen Obersten Landesgericht a. D., München
Dr. *Kirsten Graalmann-Scheerer*, Generalstaatsanwältin in Bremen, Honorarprofessorin an der Hochschule für öffentliche Verwaltung in Bremen
Klaus-Peter Hanschke, Richter am Kammergericht
Dr. *Pierre Hauck*, Professor an der Justus-Liebig-Universität Gießen
Dr. *Hans Hilger*, Ministerialdirektor im Bundesministerium der Justiz a. D., Bad Honnef
Dr. Dr. *Alexander Ignor*, Rechtsanwalt in Berlin, Apl. Professor an der Humboldt-Universität zu Berlin
Dr. *Christian Jäger*, Professor an der Friedrich-Alexander-Universität Erlangen-Nürnberg
Dr. *Matthias Jahn*, Professor an der Goethe-Universität Frankfurt am Main, Richter am Oberlandesgericht Frankfurt a. M.
Dr. *Björn Jesse*, Richter am Landgericht Berlin
Dr. *Pascal Johann*, Rechtsanwalt in Frankfurt a. M.
Dr. *Daniel M. Krause*, Rechtsanwalt in Berlin
Dr. *Matthias Krauß*, Bundesanwalt beim Bundesgerichtshof, Karlsruhe
Dr. Dr. h.c. mult. *Hans-Heiner Kühne*, em. Professor an der Universität Trier
Detlef Lind, Richter am Kammergericht
Dr. *Holger Matt*, Rechtsanwalt in Frankfurt am Main, Honorarprofessor an der Goethe-Universität Frankfurt am Main
Dr. *Markus Mavany*, Richter am Landgericht Trier
Dr. *Eva Menges*, Richterin am Bundesgerichtshof, Karlsruhe
Dr. *Andreas Mosbacher*, Richter am Bundesgerichtshof, Leipzig, Honorarprofessor an der Universität Leipzig
Dr. *Ali B. Norouzi*, Rechtsanwalt in Berlin
Dr. *Günther M. Sander*, Vorsitzender Richter am Bundesgerichtshof, Leipzig, Honorarprofessor an der Humboldt-Universität zu Berlin
Dr. *Frank Peter Schuster*, Professor an der Julius-Maximilians-Universität Würzburg
Dr. *Wolfgang Siolek*, Vorsitzender Richter am Oberlandesgericht Celle a. D.
Dr. *Carl-Friedrich Stuckenberg*, Professor an der Rheinischen Friedrich-Wilhelms-Universität Bonn
Dr. *Michael Tsambikakis*, Rechtsanwalt in Köln, Honorarprofessor an der Universität Passau
Dr. *Brian Valerius*, Professor an der Universität Bayreuth
Marc Wenske, Richter am Bundesgerichtshof, Karlsruhe
Dr. *Raik Werner*, Richter am Oberlandesgericht München

https://doi.org/10.1515/9783110630244-202

Vorwort

Der LÖWE-ROSENBERG feierte 2019 seinen 140. Geburtstag und ist damit das älteste aktuelle Erläuterungswerk zur Strafprozessordnung und der mit ihr verbundenen Gesetze. Als Großkommentar hat er die Aufgabe, den Erkenntnisstand und die rechtlichen Probleme des Strafverfahrensrechts möglichst vollständig darzustellen und Wege zur Lösung auch entlegener Fragen aufzuzeigen. In einem an Praxis und Wissenschaft gleichermaßen gerichteten Werk muss dabei der Praxisbezug theoretischer Streitfragen und die historische Entwicklung heute gültiger Normen deutlich werden. Die Entwicklungsgeschichte der Strafprozessordnung und der Strafgerichtsverfassung seit dem Inkrafttreten der Reichsjustizgesetze, nebst dem Strafverfahrensrecht der DDR und dem Recht der Vereinigung Deutschlands, sowie die Entstehungsgeschichte der einzelnen Vorschriften sind vor dem Hintergrund einer 2017 in die Wege geleiteten, von einer Expertenkommission des Bundesministeriums der Justiz und für Verbraucherschutz vorbereiteten Reform des deutschen Strafprozessrechts sorgfältig darzustellen.

Die über 140-jährige Entwicklung des Strafprozessrechts in Deutschland, die fortlaufenden Änderungen sowie eine sich zunehmend verfeinernde und immer stärker ausdifferenzierende wissenschaftliche Entwicklung und Rechtsprechung stellen eine stetige Herausforderung dar. Ein Großkommentar muss sowohl den Rückgriff auf die Grundprinzipien ermöglichen als auch die Ausdifferenzierung dokumentieren und soweit erforderlich, bewerten und systematisieren.

Inhaltlich wird die Konzeption des LÖWE-ROSENBERG auch in der 27. Auflage im Wesentlichen beibehalten. Zudem werden der Einfluss der Menschenrechte, des Rechts der Europäischen Union und der Rechtsprechung internationaler und europäischer Gerichte auf das Strafverfahrensrecht und das Recht der Strafgerichtsverfassung sowie die Rechtsprechung nationaler Gerichte eingehend berücksichtigt. Die gesonderte Kommentierung der für das Strafverfahren bedeutsamen Vorschriften der EMRK und des IPBPR wird weitergeführt.

Auf der Grundlage dieser Konzeption ist jeder Autor für den Inhalt seiner Kommentierung verantwortlich.

Die zunehmende Flut der Veröffentlichungen hat inzwischen einen Umfang erreicht, der es nicht mehr in allen Bereichen möglich macht, den Grundsatz der vollständigen Dokumentation des Materials uneingeschränkt zu erfüllen. Es bleibt daher der Verantwortung eines jeden Autors überlassen, ob und in welchem Umfang er eine Auswahl trifft.

Für die 27. Auflage sind derzeit zwölf Bände mit voraussichtlich etwa 14.000 Seiten geplant, wobei die Bände 3 bis 5 in jeweils zwei Teilbände aus Gründen der Aktualität des Werkes unterteilt werden. Das Werk wird wie bisher bandweise erscheinen und soll voraussichtlich im Jahre 2021 abgeschlossen werden. Sechs Herausgeber betreuen den Kommentar weiterhin, wobei jeweils zwei Herausgeber als Bandredakteure verantwortlich sind. Die Autoren sind im Autorenverzeichnis eines jeden Bandes aufgeführt.

Verlag, Herausgeber und Autoren sind stets bemüht, die hohen Erwartungen zu erfüllen, die sich mit dem LÖWE-ROSENBERG seit jeher verbinden.

Der hiermit vorgelegte Band 4 Teil 2 enthält die umfassende Kommentierung der durch das Gesetz zur Neuregelung des Rechts der notwendigen Verteidigung vom 10.12.2019 weitgehend geänderten Vorschriften zur Verteidigung (§§ 137 bis 149 StPO). Der Bearbeitungsstand ist August 2020. Teilweise wurden auch noch später erschienene Rechtsprechung und Schrifttum berücksichtigt.

Berlin, im Oktober 2020 — Die Herausgeber

https://doi.org/10.1515/9783110630244-203

Hinweise für die Benutzung des Löwe-Rosenberg

1. Inhalt der Kommentierung

Der LÖWE-ROSENBERG kommentiert die StPO, das EGStPO, das GVG und das EGGVG mit Ausnahme der nur den Zivilprozess betreffenden Teile, sowie – mit dem Schwerpunkt auf den strafverfahrensrechtlich besonders bedeutsamen Regelungen – die EMRK und den IPBPR. Wenig bekannte oder schwer auffindbare strafverfahrensrechtliche Nebengesetze, deren Wortlaut für die Kommentierung erforderlich ist, werden bei den einschlägigen Erläuterungen im Kleindruck wiedergegeben.

2. Erscheinungsweise und Stand der Bearbeitung

Die 27. Auflage des LÖWE-ROSENBERG erscheint in **Bänden**, deren Erscheinungs-Reihenfolge von der des Gesetzes abweichen kann. Die Bände werden in der vom Gesetz vorgegebenen Reihenfolge durchnummeriert.

Der **Stand der Bearbeitung** ist dem Vorwort jedes Bandes zu entnehmen. Die Autoren sind bemüht, besonders wichtige Änderungen und Entwicklungen auch noch nach diesem Stichtag bis zur Drucklegung des Bandes zu berücksichtigen.

3. Bearbeiter

Jeder Bearbeiter (in der Fußzeile angegeben) trägt für seinen Teil die alleinige inhaltliche Verantwortung. Die Stellungnahmen zu Rechtsfragen, die an mehreren Stellen des Kommentars behandelt werden, können daher voneinander abweichen. Auf solche Abweichungen wird nach Möglichkeit hingewiesen.

4. Aufbau der Kommentierung

Neben der umfassenden Einleitung zum Gesamtwerk sind den Untereinheiten der kommentierten Gesetze (Bücher, Abschnitte, Titel), soweit erforderlich, **Vorbemerkungen** vorangestellt, die das für die jeweilige Untereinheit Gemeinsame erläutern.

Der den Vorbemerkungen und den Kommentierungen der einzelnen Vorschriften erforderlichenfalls vorangestellte Abschnitt **Geltungsbereich** enthält Hinweise auf zeitliche und örtliche Besonderheiten. Der Abschnitt **Entstehungsgeschichte** gibt, abgesehen von ganz unwesentlichen Änderungen, die Entwicklung der geltenden Fassung der Vorschrift vom Erlass des jeweiligen Gesetzes an wieder. Fehlt er, so kann davon ausgegangen werden, dass die Vorschrift unverändert ist. Der Hinweis auf **geplante Änderungen** verzeichnet Änderungsvorschläge, die sich beim Abschlusszeitpunkt der Lieferung im parlamentarischen Gesetzgebungsverfahren befinden.

Die Erläuterungen sind nach systematischen Gesichtspunkten gegliedert, die durch Überschriften oder Stichworte hervorgehoben sind. In der Regel ist den Erläuterungen eine **systematische Übersicht** vorangestellt. Soweit angebracht wird sie bei besonders umfangreichen Erläuterungen durch eine **alphabetische Übersicht** ergänzt. Bei den Erläuterungen selbst werden für jede Vorschrift (zur Erleichterung des Zitierens) durchlaufende Randnummern verwendet.

https://doi.org/10.1515/9783110630244-204

5. Schrifttum

Der Kommentar enthält am Anfang jedes Bandes ein allgemeines Literaturverzeichnis, das nur die häufiger verwendete oder allgemeine Literatur enthält. Den Vorbemerkungen und den Kommentierungen der einzelnen Vorschriften sind Schrifttumsverzeichnisse vorangestellt, die einen Überblick über das wesentliche Schrifttum zu dem jeweils behandelten Thema geben.

6. Zitierweise

Literatur, die in diesen Schrifttumsverzeichnissen enthalten ist, wird im laufenden Text im allgemeinen nur mit dem Namen des Verfassers (ggfs. mit einer unterscheidenden Kurzbezeichnung) oder der sonstigen im Schrifttumsverzeichnis angegebenen Kurzbezeichnung zitiert, doch wird bei Veröffentlichungen in Zeitschriften vielfach auch die genaue Fundstelle nachgewiesen. Sonst sind selbständige Werke mit (gelegentlich verkürztem) Titel und Jahreszahl, unselbständige Veröffentlichungen (auch Beiträge in Festschriften u. ä.) mit der Fundstelle angegeben. **Auflagen** sind durch hochgestellte Zahlen gekennzeichnet; fehlt eine solche Angabe, so wird aus der Auflage zitiert, die im allgemeinen Schrifttumsverzeichnis angegeben ist. Hat ein Werk Randnummern, so wird nach diesen, sonst nach Seitenzahl oder Gliederungspunkten zitiert.

Befindet sich beim Zitat anderer **Kommentare** die in Bezug genommene Stelle im gleichen Paragraphen, so wird nur die Randnummer oder (bei deren Fehlen) der Gliederungspunkt angegeben; wird auf die Erläuterungen bei einem anderen Paragraphen Bezug genommen, so wird dieser genannt. Entsprechend wird auch im LÖWE-ROSENBERG selbst verwiesen. Bei diesem wird, wenn nichts anderes angegeben ist, auf die gegenwärtige 27. Auflage verwiesen. Ist der Band mit den Erläuterungen, auf die verwiesen werden soll, noch nicht erschienen, so ist, soweit dies sachdienlich erschien, in Klammern ergänzend die genaue Fundstelle in der 26. Auflage angegeben.

Zeitschriften werden regelmäßig mit dem Jahrgang zitiert. Ausnahmen (Bandangabe) bilden namentlich ZStW, GA (bis 1933) und VRS; hier ist regelmäßig die Jahreszahl zusätzlich angegeben. Bei der Angabe der Fundstelle eines amtlichen Verkündungsblattes wird die Jahreszahl nur angegeben, wenn sie von der Jahreszahl der Rechtsvorschrift abweicht.

Entscheidungen werden im allgemeinen nur mit einer Fundstelle angegeben. Dabei hat die amtliche Sammlung eines obersten Bundesgerichtes den Vorrang, sonst die Fundstelle, die die Entscheidung mit Anmerkung oder am ausführlichsten wiedergibt.

7. Abkürzungen

Die verwendeten Abkürzungen, namentlich von Gesetzen, Verwaltungsvorschriften, Entscheidungssammlungen, Zeitschriften usw. sind im Abkürzungsverzeichnis nachgewiesen.

Inhaltsverzeichnis

Abkürzungsverzeichnis

AA	Auswärtiges Amt
a. A.	anderer Ansicht
a. a. O.	am angegebenen Orte
Abg.	Abgeordneter
AbgG	Gesetz über die Rechtsverhältnisse der Mitglieder des Deutschen Bundestages (Abgeordnetengesetz – AbgG) vom 18.2.1977 i. d. F. der Bek. vom 21.2.1996 (BGBl. I S. 326)
abl.	ablehnend
ABl.	Amtsblatt
ABlEG	Amtsblatt der Europäischen Gemeinschaften; Ausgabe C: Mitteilungen und Bekanntmachungen; Ausgabe L: Rechtsvorschriften (zit.: ABlEG Nr. L ... /(Seite) vom ...)
ABlEU	Amtsblatt der Europäischen Union (ab 2003); Ausgabe C: Mitteilungen und Bekanntmachungen; Ausgabe L: Rechtsvorschriften (zit.: ABlEU Nr. L .../(Seite) vom ...)
ABMG	Autobahnmautgesetz für schwere Nutzfahrzeuge vom 5.4.2002 (BGBl. I S. 1234)
Abs.	Absatz
Abschn.	Abschnitt
abw.	abweichend
AChRMV	Afrikanische Charta der Rechte der Menschen und Völker vom 26.6.1981, deutsche Übersetzung EuGRZ 1990, 348
AcP	Archiv für die civilistische Praxis
AdoptG	Adoptionsgesetz vom 2.7.1976 (BGBl. I S. 1749)
AdVermiG	Adoptionsvermittlungsgesetz vom 27.11.1989 (BGBl. I S. 2014) i. d. F. der Bek. vom 22.12.2001 (BGBl. 2002 I S. 354)
a. E.	am Ende
AEPC	Association of European Police Colleges
ÄndG	Änderungsgesetz
ÄndVO	Änderungsverordnung
a. F.	alte Fassung
AfkKR	Archiv für katholisches Kirchenrecht
AfP	Archiv für Presserecht, Zeitschrift für Medien- und Kommunikationsrecht
AG	Amtsgericht; in Verbindung mit einem Gesetz: Ausführungsgesetz
AGIS	Beschluss des Rates der Europäischen Union vom 22.7.2002 über ein Rahmenprogramm für die polizeiliche und justitielle Zusammenarbeit in Strafsachen – AGIS (ABlEG Nr. C 203 vom 1.8.2002, S. 5)
AGGewVerbrG	Ausführungsgesetz zum Gesetz gegen gefährliche Gewohnheitsverbrecher und über Maßregeln der Sicherung und Besserung vom 24.11.1933 (RGBl. I S. 1000)
AGGVG	Gesetz zur Ausführung des Gerichtsverfassungsgesetzes (Landesrecht)
AGS	Zeitschrift für das gesamte Gebührenrecht und Anwaltsmanagement
AGStPO	Ausführungsgesetz zur Strafprozessordnung (Landesrecht)
AHK	Alliierte Hohe Kommission
AIDP	Association Internationale de Droit Pénal
AJIL	American Journal of International Law
AktG	Gesetz über Aktiengesellschaften und Kommanditgesellschaften auf Aktien (Aktiengesetz) vom 6.9.1965 (BGBl. I S. 1089)
AktO	Anweisung für die Verwaltung des Schriftguts bei den Geschäftsstellen der Gerichte und der Staatsanwaltschaften (Aktenordnung)
allg. M.	allgemeine Meinung
AlsbE	Die strafprozessualen Entscheidungen der Oberlandesgerichte, herausgegeben von Alsberg und Friedrich (1927), 3 Bände
Alt.	Alternative
a. M.	anderer Meinung
AMRK	Amerikanische Menschenrechtskonvention vom 22.11.1969 (Pact of San José), deutsche Übersetzung EuGRZ 1980, 435
amtl.	amtlich

https://doi.org/10.1515/9783110630244-206

amtl. Begr.	amtliche Begründung
Anh.	Anhang
AnhRügG	Gesetz über die Rechtsbehelfe bei Verletzung des Anspruchs auf rechtliches Gehör (Anhörungsrügengesetz) vom 9.12.2004 (BGBl. I S. 3220)
Anl.	Anlage
Anm.	Anmerkung
AnwBl.	Anwaltsblatt
AöR	Archiv des öffentlichen Rechts
AO	Abgabenordnung vom 16.3.1976 (BGBl. I S. 613) i. d. F. der Bek. vom 1.10.2002 (BGBl. I S. 3866)
AOStrÄndG	Gesetz zur Änderung strafrechtlicher Vorschriften der Reichsabgabenordnung und anderer Gesetze vom 10.8.1967 (BGBl. I S. 877)
apf	Ausbildung Prüfung Praxis – Zeitschrift für die staatliche und kommunale Verwaltung
APR	Allgemeines Persönlichkeitsrecht
APuZ	Aus Politik und Zeitgeschichte (Zeitschrift)
ArbGG	Arbeitsgerichtsgesetz vom 3.9.1953 i. d. F. der Bek. vom 2.7.1979 (BGBl. I S. 853)
ArchKrim.	Archiv für Kriminologie
ArchPF	Archiv für das Post- und Fernmeldewesen
ArchVR	Archiv des Völkerrechts
arg.	argumentum
Art.	Artikel
ASIL	The American Society of International Law
AsylG	Asylgesetz i. d. F. der Bek. vom 2.9.2008 (BGBl. I S. 1798), zuletzt geändert durch Art. 48 des Gesetzes vom 20.11.2019 (BGBl. I S. 1626)
ATDG	Gesetz zur Errichtung einer standardisierten zentralen Antiterrordatei von Polizeibehörden und Nachrichtendiensten von Bund und Ländern (Antiterrordateigesetz – ATDG) v vom. 22.12.2006
AtomG	Gesetz über die friedliche Verwendung der Kernenergie und den Schutz gegen ihre Gefahren (Atomgesetz) vom 31.10.1976 (BGBl. I S. 3053) i. d. F. der Bek. vom 15.7.1985 (BGBl. I S. 1565)
AufenthG	Gesetz über den Aufenthalt, die Erwerbstätigkeit und die Integration von Ausländern im Bundesgebiet (Aufenthaltsgesetz – AufenthG), neugefasst durch Bek. vom 25.2.2008 (BGBl. I S. 162); zuletzt geändert durch Artikel 4b des Gesetzes vom 17.2.2020 (BGBl. I S. 166) Art. 1 des Gesetzes vom 12.7.2018 (BGBl. I S. 1147)
aufg.	aufgehoben
Aufl.	Auflage
AUILR	American University International Law Review
AUR	Agrar- und Umweltrecht
AuR	Arbeit und Recht (Zeitschrift)
ausf.	ausführlich
AuslG	Gesetz über die Einreise und den Aufenthalt von Ausländern im Bundesgebiet (Ausländergesetz) vom 9.7.1990 (BGBl. I S. 1354), außer Kraft getreten am 31.12.2004
AusnVO	Ausnahme-(Not-)Verordnung (1) VO zur Sicherung von Wirtschaft und Finanzen vom 1.12.1930 (RGBl. I S. 517) (2) VO zur Sicherung von Wirtschaft und Finanzen vom 6.10.1931 (RGBl. I S. 537, 563) (3) VO zur Sicherung von Wirtschaft und Finanzen und zum Schutz des inneren Friedens vom 8.12.1931 (RGBl. I S. 743) (4) VO über Maßnahmen auf dem Gebiet der Rechtspflege und Verwaltung vom 14.6.1932 (RGBl. I S. 285)
AV	Allgemeine Verfügung
AVG	Allgemeines Verwaltungsverfahrensgesetz (Österreich)
AVR	Archiv des Völkerrechts
AWG	Außenwirtschaftsgesetz vom 28.4.1961 (BGBl. I S. 481)
Az	Aktenzeichen

AZR-Gesetz	Gesetz über das Ausländerzentralregister (AZR-Gesetz) vom 2.9.1994 (BGBl. I S. 2265) i. d. F. der Bek. vom 23.12.2003 (BGBl. I S. 2848)
BAFin	Bundesanstalt für Finanzdienstleistungsaufsicht
BAG	Bundesarbeitsgericht
BAGE	Sammlung der Entscheidungen des Bundesarbeitsgerichts
BÄO	Bundesärzteordnung, neugefasst durch Bek. vom 16.4.1987 (BGBl. I S. 1218); zuletzt geändert durch Art. 4 des Gesetzes vom 15.8.2019 (BGBl. I S. 1307)
BAK	Blutalkoholkonzentration
BAMF	Bundesamt für Migration und Flüchtlinge
BAnz.	Bundesanzeiger
BaWü.	Baden-Württemberg
Bay.	Bayern, bayerisch
BayAGGVG	Bayerisches Gesetz zur Ausführung des Gerichtsverfassungsgesetzes und von Verfahrensgesetzen des Bundes vom 23.6.1981 (BayGVBl. S. 188)
BayBS	Bereinigte Sammlung des Bayerischen Landesrechts (1802 bis 1956)
BayObLG	Bayerisches Oberstes Landesgericht
BayObLGSt	Sammlung von Entscheidungen des Bayerischen Obersten Landesgerichts in Strafsachen
BayPAG	Gesetz über die Aufgaben und Befugnisse der Bayerischen Staatlichen Polizei (Polizeiaufgabengesetz – PAG) i. d. F. d. Bek. vom 14.9.1990 (GVBl. S. 397), zuletzt geändert durch § 1 des Gesetzes vom 10.12.2019 (GVBl. S. 691)
BayRS	Bayerische Rechtssammlung (ab 1.1.1983)
BayStVollzG	Bayerisches Strafvollzugsgesetz
BayVerf.	Verfassung des Freistaates Bayern vom 2.12.1946 (BayBS. I 3)
BayVerfGH	Bayerischer Verfassungsgerichtshof
BayVerfGHE	s. BayVGHE
BayVerwBl.	Bayerische Verwaltungsblätter
BayVGH	Bayerischer Verwaltungsgerichtshof
BayVGHE	Sammlung von Entscheidungen des Bayerischen Verwaltungsgerichtshofs mit Entscheidungen des Bayerischen Verfassungsgerichtshofes, des Bayerischen Dienststrafhofs und des Bayerischen Gerichtshofs für Kompetenzkonflikte
BayZ	Zeitschrift für Rechtspflege in Bayern (1905–34)
BB	Betriebs-Berater (Zeitschrift)
BBG	Bundesbeamtengesetz vom 14.7.1953 (BGBl. I S. 551) i. d. F. der Bek. vom 31.3.1999 (BGBl. I S. 675)
Bbg.	Brandenburg
BbgVerfG	Brandenburgisches Verfassungsgericht
BC	Business Compliance (Zeitschrift)
Bd.	Band
BDG	Bundesdisziplinargesetz vom 9.7.2001 (BGBl. I S. 1510)
BDH	Bundesdisziplinarhof (jetzt Bundesverwaltungsgericht)
BDSG	Bundesdatenschutzgesetz i. d. F. der Bek. vom 14.1.2003 (BGBl. I S. 66)
beA	besonderes elektronisches Anwaltspostfach
BeamtStG	Gesetz zur Regelung des Statusrechts der Beamtinnen und Beamten in den Ländern (Beamtenstatusgesetz – BeamtStG) vom 17.6.2008 (BGBl. I S. 1010)
Begr.	Begründung
BegrenzungsVO	Verordnung über die Begrenzung der Geschäfte des Rechtspflegers bei der Vollstreckung in Straf- und Bußgeldsachen vom 26.6.1970 (BGBl. I S. 992) i. d. F. der Bek. vom 16.2.1982 (BGBl. I S. 188)
BEG-SchlußG	Zweites Gesetz zur Änderung des Bundesentschädigungsgesetzes vom 14.9.1965 (BGBl. I S. 1315)
Bek.	Bekanntmachung
Bek. 1924	Strafprozeßordnung i. d. F. der Bek. vom 22.3.1924 (RGBl. I S. 299, 322)

Bek. 1950	Strafprozeßordnung i. d. F. der Bek. vom 12.9.1950 (BGBl. I S. 629)
Bek. 1965	Strafprozeßordnung i. d. F. der Bek. vom 17.9.1965 (BGBl. I S. 1373)
Bek. 1975	Strafprozeßordnung i. d. F. der Bek. vom 7.1.1975 (BGBl. I S. 129)
Bek. 1987	Strafprozeßordnung i. d. F. der Bek. vom 7.4.1987 (BGBl. I S. 1074)
ber.	berichtigt
BerathG	Gesetz über Rechtsberatung und Vertretung für Bürger mit geringem Einkommen (Beratungshilfegesetz) vom 18.6.1980 (BGBl. I S. 689)
BerlVerfGH	Berliner Verfassungsgerichtshof
BerRehaG	Gesetz über den Ausgleich beruflicher Benachteiligungen für Opfer politischer Verfolgung im Beitrittsgebiet (Berufliches Rehabilitierungsgesetz – BerRehaG) vom 23.6.1994 (BGBl. I S. 1314)
Beschl.	Beschluss
Bespr.	Besprechung
BeurkG	Beurkundungsgesetz vom 28.8.1969 (BGBl. I S. 1513)
BewHi.	Bewährungshilfe (Zeitschrift)
BezG	Bezirksgericht
Bf.	Beschwerdeführer
BFH	Bundesfinanzhof
BFHE	Sammlung der Entscheidungen des Bundesfinanzhofs (BFH)
BfJG	Gesetz über die Errichtung des Bundesamtes für Justiz = Art. 1 des Gesetzes zur Errichtung und zur Regelung der Aufgaben des Bundesamtes für Justiz vom 17.12.2006 (BGBl. I S. 3171)
BGB	Bürgerliches Gesetzbuch vom 18.8.1896 (RGBl. S. 195) i. d. F. der Bek. vom 2.1.2002 (BGBl. I S. 42, ber. S. 2909 und BGBl. 2003 I S. 738).
BGBl. I, II, III	Bundesgesetzblatt Teil I, II und III
BGer	Schweizerisches Bundesgericht
BGH	Bundesgerichtshof
BGH-DAT	Datenbank der Rechtsprechung des Bundesgerichtshofs auf CD-ROM, herausgegeben von Werner Theune
BGH (ER)	Ermittlungsrichter beim Bundesgerichtshof
BGHE Strafs.	Rechtsprechung des Bundesgerichtshofes in Strafsachen auf CD-ROM, herausgegeben von Mitgliedern des Gerichts
BGHGrS	Bundesgerichtshof, Großer Senat (hier in Strafsachen)
BGHR	BGH-Rechtsprechung in Strafsachen (Loseblattsammlung)
BGHRZ	BGH-Rechtsprechung in Zivilsachen (Loseblattsammlung)
BGHSt	Entscheidungen des Bundesgerichtshofs in Strafsachen
BGHZ	Entscheidungen des Bundesgerichtshofs in Zivilsachen
BGSG	Gesetz über den Bundesgrenzschutz (Bundesgrenzschutzgesetz – BGSG) vom 19.10.1994 (BGBl. I S. 2978)
BGSNeuRegG	Gesetz zur Neuregelung der Vorschriften über den Bundesgrenzschutz (Bundesgrenzschutzneuregelungsgesetz – BGSNeuRegG) vom 19.10.1994 (BGBl. I S. 2978)
BHRJ	Business and Human Rights Journal
BinnSchiffG	Gesetz betr. die privatrechtlichen Verhältnisse der Binnenschiffahrt (Binnenschiffahrtsgesetz) vom 15.6.1895 i. d. F. der Bek. vom 15.6.1898 (RGBl. S. 868)
BinSchiffVfG	Gesetz über das gerichtliche Verfahren in Binnenschiffahrts- und Rheinschiffahrtssachen vom 27.9.1952 (BGBl. I S. 641)
BJM	Basler Juristische Mitteilungen
BJOG	An International Journal of Obstetrics and Gynaecology
BKA	Bundeskriminalamt
BKAG	Gesetz über das Bundeskriminalamt und die Zusammenarbeit des Bundes und der Länder in kriminalpolizeilichen Angelegenheiten (Bundeskriminalamtgesetz – BKAG) vom 7.7.1997 (BGBl. I S. 1650)
Bln.	Berlin
Bln.GVBl.Sb.	Sammlung des bereinigten Berliner Landesrechts, Sonderband I (1806 bis 1945) und II (1945 bis 1967)

Blutalkohol	Blutalkohol, Wissenschaftliche Zeitschrift für die medizinische und juristische Praxis
BMI	Bundesminister(-ium) des Innern
BMinG	Gesetz über die Rechtsverhältnisse der Mitglieder der Bundesregierung (Bundesministergesetz) vom 17.6.1953 (BGBl. I S. 407) i. d. F. der Bek. vom 27.7.1971 (BGBl. I S. 1166)
BMJV	Bundesminister(-ium) der Justiz und für Verbraucherschutz
BNDG	Gesetz über den Bundesnachrichtendienst vom 20.12.1990 (BGBl. I S. 2979) i. d. F. der Bek. vom 9.1.2002 (BGBl. I S. 361 ff.)
Bonn.Komm.	Kommentar zum Bonner Grundgesetz (Loseblattausgabe)
BORA	Berufsordnung für Rechtsanwälte i. d. F. der Bek. vom 1.11.2001
BPolBG	Bundespolizeibeamtengesetz i. d. F. der Bek. vom 3.6.1976 (BGBl. I S. 1357)
BR	s. BRat
BRAGO	Bundesgebührenordnung für Rechtsanwälte vom 26.7.1957 (BGBl. I S. 907); ersetzt durch das Rechtsanwaltsvergütungsgesetz (RVG)
BRAK	Bundesrechtsanwaltskammer
BRAK-Mitt.	Mitteilungen der Bundesrechtsanwaltskammer
BranntWMonG	Branntweinmonopolgesetz vom 8.4.1922 (RGBl. I S. 405; BGBl. III 612-7)
BRAO	Bundesrechtsanwaltsordnung vom 1.8.1959 (BGBl. I S. 565); zuletzt geändert durch Art. 14 des Gesetzes vom 12.12.2019 (BGBl. I S. 2602)
BRat	Bundesrat
BRDrucks.	Drucksachen des Bundesrats
BReg.	Bundesregierung
Brem.	Bremen
BRJ	Bonner Rechtsjournal
BRProt.	Protokolle des Bundesrates
BS	Sammlung des bereinigten Landesrechts
BSG	Bundessozialgericht
Bsp.	Beispiel
BT	Bundestag
BTDrucks.	Drucksachen des Bundestags
BtG	Gesetz zur Reform des Rechts der Vormundschaft und Pflegschaft für Volljährige (Betreuungsgesetz – BtG) vom 12.9.1990 (BGBl. I S. 2002)
BtMG	Gesetz über den Verkehr mit Betäubungsmitteln (Betäubungsmittelgesetz) vom 28.7.1981 (BGBl. I S. 681) i. d. F. der Bek. vom 1.3.1994 (BGBl. I S. 358)
BTProt.	s. BTVerh.
BTRAussch.	Rechtsausschuss des Deutschen Bundestags
BTVerh.	Verhandlungen des Deutschen Bundestags
BVerfG	Bundesverfassungsgericht
BVerfGE	Entscheidungen des Bundesverfassungsgerichts
BVerfGG	Gesetz über das Bundesverfassungsgericht vom 12.3.1951 i. d. F. der Bek. vom 11.8.1993 (BGBl. I S. 1473)
BVerfGK	Kammerentscheidungen des Bundesverfassungsgerichts
BVerfSchG	Gesetz über die Zusammenarbeit des Bundes und der Länder in Angelegenheiten des Verfassungsschutzes und über das Bundesamt für Verfassungsschutz (Bundesverfassungsschutzgesetz) vom 20.12.1990 (BGBl. I S. 2954)
BVerwG	Bundesverwaltungsgericht
BVerwGE	Entscheidungen des Bundesverwaltungsgerichts
BV-G	Bundesverfassungsgesetz (österreichische Verfassung)
BW	Baden-Württemberg
BWahlG	Bundeswahlgesetz neugefasst durch Bek. vom 23.7.1993 BGBl. I S. 1288, 1594
bzgl.	bezüglich
BZRG	Gesetz über das Zentralregister und das Erziehungsregister (Bundeszentralregistergesetz), neugefasst durch Bek. vom 21.9.1984 (BGBl. I S. 1229, 1985 I S. 195); zuletzt geändert durch Art. 7 des Gesetzes vom 12.12.2019 (BGBl. I S. 2510)

2. BZRÄndG	Zweites Gesetz zur Änderung des Bundeszentralregistergesetzes (2. BZRÄndG) vom 17.7.1984 (BGBl. I S. 990)
bzw.	beziehungsweise
CAT	siehe UN-CAT
Causa Sport	Die Sport-Zeitschrift für nationales und internationales Recht sowie für Wirtschaft
CCBE	Council of the Bars and Law Societies of the European Union
CCC	Constitutio Criminalis Carolina
CCJE	Consultative Council of European Judges
CCPR	siehe HRC
CCZ	Corporate Compliance Zeitschrift
CD	Collection of Decisions Bd. 1 bis 46 (1960 bis 1974), Entscheidungen der Europäischen Kommission für Menschenrechte über die Zulässigkeit von Beschwerden
CDDH	Steering Committee for Human Rights (Europarat)
CDE	Cahiers de droit européen (Zeitschrift)
CDPC	European Committee on Crime Problems
CEAS	Common European Asylum System
CELJ	China-EU Law Journal
CEPEJ	European Commission on the Efficiency of Justice
CEPOL	European Police College (Budapest)
CERD	Internationales Übereinkommen zur Beseitigung von jeder Form von Rassendiskriminierung (CERD) vom 7.3.1966
CERT	Computer Emergency Response Team
CETS	(vgl. CTS)
ChE	Chiemsee-Entwurf (Verfassungsausschuß der Ministerpräsidentenkonferenz der Westlichen Besatzungszonen. Bericht über den Verfassungskonvent auf Herrenchiemsee vom 10. bis 23.8.1948) (1948)
ChemG	Chemikaliengesetz i. d. F. der Bek. vom 20.6.2002 (BGBl. I S. 2090)
CJ	Corpus Juris
CJEL	Columbia Journal of European Law
CMLRev	Common Market Law Review
COSI	Ständiger Ausschuss für die operative Zusammenarbeit im Bereich der inneren Sicherheit (EU)
CPP	Code de procédure pénale
CPS	Crown Prosecution Service
CPT	Committee for the Prevention of Torture – Europäischer Ausschuss zur Verhütung von Folter und unmenschlicher oder erniedrigender Behandlung oder Strafe (Europarat)
CR	Computer und Recht (Zeitschrift)
CRC	Übereinkommen über die Rechte des Kindes vom 20.11.1989 (BGBl. 1992 II S. 122)
Crim.L.R.	Criminal Law Review
CrimeLawSocChange	Crime, Law and Social Change (Zeitschrift)
CSW	Cross-Border Surveillance Working Group
CWÜAG	Ausführungsgesetz zum Chemiewaffenübereinkommen vom 2.8.1994 (BGBl. I S. 1954)
DA	Dienstanweisung
DAG	Deutsches Auslieferungsgesetz vom 23.12.1929 (BGBl. I S. 239), aufgehoben durch IRG vom 23.12.1982 (BGBl. I S. 2071)
DAJV-Newsletter	Zeitschrift der Deutsch-Amerikanischen Juristen-Vereinigung e.V.
DAR	Deutsches Autorecht (Zeitschrift)
DAV	DeutscherAnwaltVerein
DB	Der Betrieb (Zeitschrift)
DDevR	Deutsche Devisen-Rundschau (1951–59)
DDR	Deutsche Demokratische Republik
ders.	derselbe

DERechtsmittelG	Diskussionsentwurf für ein Gesetz über die Rechtsmittel in Strafsachen, im Auftrag der JMK vorgelegt von der Bund-Länder-Arbeitsgruppe Strafverfahrensreform (1975)
DG	Disziplinargesetz (der Länder)
Die Justiz	Die Justiz, Amtsblatt des Justizministeriums Baden-Württemberg
Die Polizei	Die Polizei (seit 1955: Die Polizei – Polizeipraxis)
dies.	dieselbe
Diss.	Dissertation
DiszO	Disziplinarordnung (der Länder)
DJ	Deutsche Justiz, Rechtspflege und Rechtspolitik (1933–45)
DJT	Deutscher Juristentag (s. auch VerhDJT)
DJZ	Deutsche Juristenzeitung (1896–1936)
DNA-AnalyseG	Gesetz zur Novellierung der forensischen DNA-Analyse vom 12.8.2005 (BGBl. I S. 2360)
DNA-IFG	DNA-Identitätsfeststellungsgesetz vom 7.9.1998 (BGBl. I S. 2646; 1999 I S. 1242)
DNP	Die Neue Polizei
DNutzG	Gesetz zur effektiveren Nutzung von Dateien im Bereich der Staatsanwaltschaften vom 10.9.2004 (BGBl. I S. 2318)
DÖD	Der Öffentliche Dienst
DÖV	Die Öffentliche Verwaltung
DOGE	Entscheidungen des Deutschen Obergerichts für das Vereinigte Wirtschaftsgebiet
DPA	Deutsches Patentamt
DR	Deutsches Recht (1931 bis 1945) Decisions and Reports (ab 1975): Entscheidungen über die Zulässigkeit von Beschwerden; Berichte der Europäischen Kommission für Menschenrechte; Resolutionen des Ministerkomitees des Europarates
DRechtsw.	Deutsche Rechtswissenschaft (1936–43)
DRiG	Deutsches Richtergesetz, neugefasst durch Bek. vom 19.4.1972 (BGBl. I S. 713); zuletzt geändert durch Art. 1 des Gesetzes vom 22.11.2019 (BGBl. I S. 1755)
DRiZ	Deutsche Richterzeitung
DRpfl.	Deutsche Rechtspflege (1936–1939)
DRsp.	Deutsche Rechtsprechung, herausgegeben von Feuerhake (Loseblattsammlung)
Drucks.	Drucksache
DRZ	Deutsche Rechts-Zeitschrift (1946 bis 1950)
DSB	Datenschutz-Berater
DSteuerR	Deutsches Steuerrecht (Zeitschrift)
DStR	Deutsches Strafrecht (1934 bis 1944)
DStRE	Deutsches Steuerrecht Entscheidungsdienst (Zeitschrift)
DStrZ	Deutsche Strafrechts-Zeitung (1914 bis 1922)
DStZ	Deutsche Steuer-Zeitung
dt.	deutsch
DtBR	Das Deutsche Bundesrecht, Gesetzessammlung mit Erläuterungen (Loseblattausgabe)
DtZ	Deutsch-Deutsche Rechts-Zeitschrift
DuD	Datenschutz und Datensicherheit (Zeitschrift)
DuR	Demokratie und Recht (Zeitschrift)
DVBl.	Deutsches Verwaltungsblatt (Zeitschrift)
DVO	Durchführungsverordnung
DVollzO	Dienst- und Vollzugsordnung
DVOVereinf.VO	Verordnung zur Durchführung der Verordnung über Maßnahmen auf dem Gebiete der Gerichtsverfassung und der Rechtspflege vom 8.9.1939 (RGBl. I S. 1703)
DVOZust.VO	Verordnung zur Durchführung der Verordnung über die Zuständigkeit der Strafgerichte, die Sonderstrafgerichte sowie sonstige strafverfahrensrechtliche Vorschriften vom 13.3.1940 (RGBl. I S. 489)
DVP	Deutsche Verwaltungspraxis – Fachzeitschrift für die öffentliche Verwaltung
DVR	Datenverarbeitung im Recht (Zeitschrift)
DWiR	Deutsche Zeitschrift für Wirtschaftsrecht

E	Entwurf
E. & P.	International Journal of Evidence & Proof
ebda.	Ebenda
EA	Vertrag über Gründung der Europäischen Atomgemeinschaft i. d. F. nach dem 1.5.1999
EAG	Europäische Atomgemeinschaft
EAGV	Vertrag zur Gründung der Europäischen Atomgemeinschaft vom 25.3.1957, Ges. vom 27.7.1957 (BGBl. II S. 753), Bek. vom 27.12. 1957 (BGBl. 1958 II S. 1)
EAJLG	European-Asian Journal of Law and Governance
EAkte	Elektronische Akte
EAkteJEG	Gesetz zur Einführung der elektronischen Akte in der Justiz und zur weiteren Förderung des elektronischen Rechtsverkehrs vom 5.7.2017 (BGBl. I S. 2208)
EAW	European Arrest Warrant, siehe EuHb
EB	Ergänzungsband
EBA	Europäische Beweisanordnung
EBAO	Einforderungs- und Beitreibungsanordnung i. d. F. der Bek. vom 1.4.2001
ECBA	European Criminal Bar Association
ECG	European Cooperation Group on Undercover Activities (ECG)
ECJ	siehe EuGH (European Court of Justice)
ECLAN	European Criminal Law Academic Network
ECOSOC	Wirtschafts- und Sozialrat (UN)
ECPI	European Criminal Policy Initiative
ECPT	Europäisches Übereinkommen zur Verhütung von Folter und unmenschlicher oder erniedrigender Behandlung oder Strafe vom 26.11.1987 (ETS 126; BGBl. 1989 II S. 946)
ECRI	European Commission against Racism and Intolerance/Europäische Kommission gegen Rassismus und Intoleranz
ECRIS	European Criminal Records Information System
EDS/EDU	Europäische Drogeneinheit (Vorläufer von Europol)/European Drug Unit
EDV	Elektronische Datenverarbeitung
EEA	Europäische Ermittlungsanordnung/European Investigation Order (EIO)
EFG	Entscheidungen der Finanzgerichte (Zeitschrift)
EG	Vertrag zur Gründung einer Europäischen Gemeinschaft i. d. F. nach dem 1.5.1999 (vor dem 1.5.1999: EGV); Europäische Gemeinschaft
EGBGB	Einführungsgesetz zum Bürgerlichen Gesetzbuch vom 18.8.1896 (RGBl. S. 604) i. d. F. der Bek. vom 21.9.1994 (BGBl. I S. 2494)
EGFaxÜbk	Abkommen vom 26.5.1989 zwischen den Mitgliedstaaten der Europäischen Gemeinschaften über die Vereinfachung und Modernisierung der Verfahren zur Übermittlung von Auslieferungsersuchen (BGBl. 1995 II S. 969)
EGFinSchÜbk	Übereinkommen vom 26.7.1995 über den Schutz der finanziellen Interessen der Europäischen Gemeinschaften (PIF-Übereinkommen; ABlEG Nr. C 316 vom 27.11.1995, S. 49
EGFinSchG	Gesetz zu dem Übereinkommen vom 26. Juli 1995 über den Schutz der finanziellen Interessen der Europäischen Gemeinschaften (EG-Finanzschutzgesetz – EGFinSchG) vom 10.9.1998 (BGBl. II S. 2322)
EGG	Gesetz über rechtliche Rahmenbedingungen für den elektronischen Geschäftsverkehr (Elektronischer Geschäftsverkehr-Gesetz – EGG) vom 14.12.2001 (BGBl. I S. 3721)
EGGVG	Einführungsgesetz zum Gerichtsverfassungsgesetz vom 27.1.1877 (RGBl. S. 77)
EGH	Ehrengerichtshof in Anwaltssachen
EGInsO	Einführungsgesetz zur Insolvenzordnung vom 5.10.1994 (BGBl. I S. 2911)
EGKS	Europäische Gemeinschaft für Kohle und Stahl
EGKSV	Vertrag über die Gründung der EGKS vom 18.4.1951 (BGBl. II S. 447)
EGMR	Europäischer Gerichtshof für Menschenrechte
EGMR (GK)	Europäischer Gerichtshof für Menschenrechte (Große Kammer)

EGMR (K)	Europäischer Gerichtshof für Menschenrechte (Kammer)
	EGMR Serie A/B;
Reports	Entscheidungen des Europäischen Gerichtshofs für Menschenrechte, Sammlung in deutscher Übersetzung, Band, Seite; ab 1996: Reports of Judgments and Decisions)
EGMRVerfO	Verfahrensordnung des Europäischen Gerichtshofs für Menschenrechte (Rules of Court) i. d. F. der Bek. vom 14.11.2016 (www.echr.coe.int)
EG-ne bis in idem-Übk	Übereinkommen vom 25.5.1987 zwischen den Mitgliedstaaten der Europäischen Gemeinschaften über das Verbot der doppelten Strafverfolgung – EG-ne bis in idem-Übk (BGBl. 1998 II S. 2227)
EGOWiG	Einführungsgesetz zum Gesetz über Ordnungswidrigkeiten vom 24.5.1968 (BGBl. I S. 503)
EGStGB 1870	Einführungsgesetz zum Strafgesetzbuch vom 31.5.1870 (RGBl. S. 195)
EGStGB 1974	Einführungsgesetz zum Strafgesetzbuch vom 2.3.1974 (BGBl. I S. 469)
EGStPO	Einführungsgesetz zur Strafprozeßordnung vom 1.2.1877
EGV	Vertrag zur Gründung einer Europäischen Gemeinschaft i. d. F. vor dem 1.5.1999 (nach dem 1.5.1999: EG)
EGVollstrÜbk	Übereinkommen vom 13.11.1991 zwischen den Mitgliedstaaten der Europäischen Gemeinschaft über die Vollstreckung ausländischer strafrechtlicher Verurteilungen
EGZPO	Einführungsgesetz zur Zivilprozeßordnung vom 30.1.1877 (RGBl. S. 244)
EhrenGHE	Ehrengerichtliche Entscheidungen (der Ehrengerichtshöfe der Rechtsanwaltschaft des Bundesgebietes und des Landes Berlin)
EHRLR	European Human Rights Law Review
EhrRiVG	Gesetz zur Vereinfachung und Vereinheitlichung der Verfahrensvorschriften zur Wahl und Berufung ehrenamtlicher Richter vom 21.12.2004 (BGBl. I S. 3599)
Einf.	Einführung
EinigungsV	Vertrag zwischen der Bundesrepublik Deutschland und der Deutschen Demokratischen Republik über die Herstellung der Einheit Deutschlands vom 31.8.1990 (BGBl. II S. 889)
EinigungsVG	Gesetz zu dem Vertrag vom 31.8.1990 zwischen der Bundesrepublik Deutschland und der Deutschen Demokratischen Republik über die Herstellung der Einheit Deutschlands – Einigungsvertragsgesetz – und der Vereinbarung vom 18.9.1990 vom 23.9.1990 (BGBl. II S. 885)
Einl.	Einleitung
EIO	siehe EEA
EIS	Europol Informationssystem
EJB	Beschluss des Rates (2002/187/JI) vom 28.2.2002 über die Errichtung von Eurojust zur Verstärkung der Bekämpfung der schweren Kriminalität (ABlEG Nr. L 63 vom 6.3.2002, S. 1), geändert durch Beschluss 2003/659/JI des Rates vom 18.6.2003 (ABlEU Nr. L 245 vom 23.9.2003, S. 44) und den Beschluss 2009/426/JI des Rates vom 16.12.2008 zur Stärkung von Eurojust (ABlEU Nr. L 138 vom 4.6.2009, S. 14
EJF	Entscheidungen aus dem Jugend- und Familienrecht (1951–1969)
EJG	Gesetz zur Umsetzung des Beschlusses (2002/187/JI) des Rates vom 28. Februar 2002 über die Errichtung von Eurojust zur Verstärkung der Bekämpfung der schweren Kriminalität (Eurojust-Gesetz – EJG) vom 12.5.2004 (BGBl. I S. 902)
EJKoV	Verordnung über die Koordinierung der Zusammenarbeit mit Eurojust (Eurojust-Koordinierungs-Verordnung –) vom 26.9.2012 (BGBl. I S. 2093)
EJN	Europäisches Justitielles Netz/European Judicial Network
EJTAnV	Verordnung über die Benennung und Einrichtung der nationalen Eurojust-Anlaufstelle für Terrorismusfragen (Eurojust-Anlaufstellen-Verordnung –) vom 17.12.2004 (BGBl. I S. 3520)
EJTN	European Judicial Training Network
EKMR	Europäische Kommission für Menschenrechte
EKMRVerfO	Verfahrensordnung der Europäischen Kommission für Menschenrechte i. d. F. der Bek. vom 29.5.1991 (BGBl. II S. 838)

EL	Ergänzungslieferung
eIDAS	elektronische Identifizierung und Vertrauensdienste für elektronische Transaktionen im Binnenmarkt
eIDASDG	Gesetz zur Durchführung der Verordnung (EU) Nr. 910/2014 des Europäischen Parlaments und des Rates vom 23. Juli 2014 über und zur Aufhebung der Richtlinie 1999/93/EG (eIDAS-Durchführungsgesetz) vom 18.7.2017 (BGBl. I S. 2745)
ELJ	European Law Journal
ELRev	European Law Review
EMCDDA	European Monitoring Centre for Drugs and Drug Addiction
EmmingerVO	Verordnung über Gerichtsverfassung und Strafrechtspflege vom 4.1.1924 (RGBl. I S. 23)
EMöGG	Gesetz zur Erweiterung der Medienöffentlichkeit in Gerichtsverfahren und zur Verbesserung der Kommunikationshilfen für Menschen mit Sprach- und Hörbehinderungen (Gesetz über die Erweiterung der Medienöffentlichkeit in Gerichtsverfahren – EMöGG) vom 8.10.2017 (BGBl. I S. 3546)
EMRK	Konvention zum Schutze der Menschenrechte und Grundfreiheiten vom 4.11.1950 (BGBl. II S. 685, 953) i. d. F. der Bek. vom 22.10.2010 (BGBl. II S. 1198) 1. ZP-EMRK vom 20.3.1952 (BGBl. 1956 II S. 1880) 2. P-EMRK vom 6.5.1963 (BGBl. 1968 II S. 1112) 3. P-EMRK vom 6.5.1963 (BGBl. 1968 II S. 1116) 4. ZP-EMRK vom 16.9.1963 (BGBl. 1968 II S. 423) 5. P-EMRK vom 20.1.1966 (BGBl. 1968 II S. 1120) 6. ZP-EMRK vom 28.4.1983 (BGBl. 1988 II S. 662) 7. ZP-EMRK vom 22.11.1984 8. P-EMRK vom 19.3.1985 (BGBl. 1989 II S. 547) 9. P-EMRK vom 6.11.1990 (BGBl. 1994 II S. 490) 10. P-EMRK vom 25.3.1992 (BGBl. 1994 II S. 490) 11. P-EMRK vom 11.5.1994 (BGBl. 1995 II S. 578) 12. ZP-EMRK vom 4.11.2000 13. ZP-EMRK vom 3.5.2002 (BGBl. 2004 II S. 982) 14. P-EMRK vom 13.5.2004 (BGBl. 2006 II S. 138) 14bis P-EMRK vom 27.5.2009 15. P-EMRK vom 24.6.2013 (BGBl. 2014 II S. 1034) 16. P-EMRK vom 2.10.2013
ENeuOG	Gesetz zur Neuordnung des Eisenbahnwesens (Eisenbahnneuordnungsgesetz – ENeuOG) vom 27.12.1993 (BGBl. I S. 2378)
ENFSI	European Network of Forensic Institute
EntlG	Gesetz zur Entlastung der Gerichte vom 11.3.1921 (RGBl. S. 229)
Entsch.	Entscheidung
entspr.	entsprechend
Entw.	Entwurf
Entw. 1908	Entwurf einer Strafprozeßordnung und Novelle zum Gerichtsverfassungsgesetz nebst Begründung (1908), E 1908, MatStrR-Ref. Bd. 11
Entw. 1909	Entwürfe 1. eines Gesetzes, betreffend Änderungen des Gerichtsverfassungsgesetzes, 2. der Strafprozeßordnung (1909), E 1909 RT-Verhandl. Bd. 254 Drucks. Nr. 1310 = MatStrRRef Bd. 12; Bericht der 7. Kommission des Reichstags 1909 bis 1911 zur Vorbereitung der Entwürfe 1. eines Gesetzes betreffend die Änderung des Gerichtsverfassungsgesetzes, 2. einer Strafprozeßordnung, 3. eines zu beiden Gesetzen gehörenden Einführungsgesetzes = MatStrRRef. Bd. 13
Entw. 1919/1920	Entwürfe 1. eines Gesetzes zur Änderung des Gerichtsverfassungsgesetzes (1919), 2. eines Gesetzes über den Rechtsgang in Strafsachen (1920), E 1919/1920, MatStrRRef. Bd. 14
Entw. 1930	Entwurf eines Einführungsgesetzes zum Allgemeinen Deutschen Strafgesetzbuch und zum Strafvollzugsgesetz 1930, EGStGB-Entw. 1930, RT-Drucks. Nr. 2070 = MatStrRRef. Bd. 7

Entw. 1939	Entwurf einer Strafverfahrensordnung und einer Friedens- und Schiedsmannsordnung (1939), StPO-Entw. 1939, Nachdruck 1954
EP	Europäisches Parlament
EPA	Europäisches Patentamt
EPO	siehe ESA
EPPO	European Public Prosecutor's Office/Europäische Staatsanwaltschaft
EPZ	Europäische Politische Zusammenarbeit
ERA	Europäische Rechtsakademie (Trier)
ERA-Forum	ERA-Forum (Zeitschrift)
ErbR	Zeitschrift für die gesamte erbrechtliche Praxis
erg.	ergänzend
Erg.	Ergänzung; Ergebnis
ErgBd.	Ergänzungsband
Erl.	Erlass; Erläuterung(en)
ESA	Europäische Schutzanordnung/European Protection Order (EPO)
EStG	Einkommensteuergesetz
ETS	European Treaty Series; Übereinkommen des Europarates (fortlaufend nummeriert; www.coe.int; ab 1949)
EU	Vertrag über die Europäische Union
EuAbgG	Europaabgeordnetengesetz vom 6.4.1979 (BGBl. I S. 413)
EuAlÜbk	Europäisches Auslieferungsübereinkommen vom 13.12.1957 (ETS 024; BGBl. 1964 II S. 1369); 2. ZP EuAlÜbk vom 17.3.1978 (ETS 098; BGBl. 1990 II S. 118; 1991 II S. 874)
EUAlÜbk	Übereinkommen vom 27.9.1996 aufgrund von Artikel K.3 des Vertrags über die Europäische Union über die Auslieferung zwischen den Mitgliedstaaten der Europäischen Union (ABlEG Nr. C 313/11 vom 23.10.1996; BGBl. 1998 II S. 2253)
EuArch	Europa-Archiv
EUBestG	Gesetz zu dem Protokoll vom 27. September 1996 zum Übereinkommen über den Schutz der finanziellen Interessen der Europäischen Gemeinschaften (EU-Bestechungsgesetz – EUBestG) vom 10.9.1998 (BGBl. II S. 2340)
EUC	Charta der Grundrechte der Europäischen Union
EUCARIS	Vertrag über ein Europäisches Fahrzeug- und Führerscheininformationssystem
EuCLR	European Criminal Law Review (Zeitschrift)
eucrim	Journal for the Protection of the Financial Interests of the European Communities
EuDrogenÜbk	Übereinkommen vom 31.1.1995 über den unerlaubten Verkehr mit Drogen auf hoher See zur Durchführung des Art. 17 des Übereinkommens der Vereinten Nationen vom 20.12.1988 gegen den unerlaubten Verkehr mit Suchtstoffen und psychotropen Stoffen (ETS 156; BGBl. 2000 II S. 1313)
EuG	Europäisches Gericht erster Instanz (Luxemburg)
EuGeldwÜbk	Übereinkommen vom 8.11.1990 über Geldwäsche sowie Ermittlung, Beschlagnahme und Einziehung von Erträgen aus Straftaten (ETS 141; BGBl. 1998 II S. 519)
EuGH	Gerichtshof der Europäischen Union
EuGH Slg.	Entscheidungen des Gerichtshofs der Europäischen Union (EuGH) – Amtliche Sammlung
EuGHG	Gesetz vom 6.8.1998 betreffend die Anrufung des Gerichtshofs der Europäischen Gemeinschaften im Wege des Vorabentscheidungsverfahrens auf dem Gebiet der polizeilichen Zusammenarbeit und der justitiellen Zusammenarbeit in Strafsachen nach Art. 35 des EU-Vertrages – EuGHG (BGBl. 1998 I S. 2035; 1999 II S. 728)
EuGRAG	Gesetz zur Durchführung der Richtlinie des Rates der EG vom 22.3.1977 zur Erleichterung der tatsächlichen Ausübung des freien Dienstleistungsverkehrs der Rechtsanwälte vom 16.8.1980 (BGBl. I S. 1453)
EuGRZ	Europäische Grundrechte-Zeitschrift
EuHb	Europäischer Haftbefehl/European Arrest Warrant (EAW)
EuHbG	Gesetz zur Umsetzung des Rahmenbeschlusses über den Europäischen Haftbefehl und die Übergabeverfahren zwischen den Mitgliedstaaten der Europäischen Union

	(Europäisches Haftbefehlsgesetz – EuHbG) vom 21.7.2004 (BGBl. I S. 1748) und vom 20.7.2006 (BGBl. I S. 1721)
EuJCCCJ	European Journal of Crime, Criminal Law and Criminal Justice (Zeitschrift)
EuKonv	Europäischer Konvent
EUMC	siehe ECRI
EuOEÜbk	Europäisches Übereinkommen vom 24.11.1983 über die Entschädigung für Opfer von Gewalttaten (ETS 116; BGBl. 2000 II S. 1209)
EuR	Europarecht (Zeitschrift)
EuRAG	Gesetz über die Tätigkeit europäischer Rechtsanwälte in Deutschland vom 9.3.2000 (BGBl. I S. 182)
EuRhÜbk	Europäisches Übereinkommen über die Rechtshilfe in Strafsachen vom 20.4.1959 (ETS 30; BGBl. 1964 II S. 1369; 1976 II S. 1799); ZP EuRhÜbk vom 17.3.1978 (ETS 99; BGBl. 1990 II S. 124; 1991 II S. 909); 2. ZP EuRHÜbk vom 8.11.2001 (ETS 182)
EURhÜbk	Rechtshilfeübereinkommen der Mitgliedstaaten der Europäischen Union vom 29.5.2000, ABlEG Nr. C 197 vom 12.7.2000, S. 1; ZP EURHÜbk vom 16.10.2001 (ABlEG Nr. C 326 vom 21.11.2001, S. 1)
EurJCrimeCrLJ	European Journal of Crime, Criminal Law and Criminal Justice
EURODAC	Daktyloskopische Datenbank im Rahmen von Asylantragsverfahren
Eurojust	Europäische Justitielle Clearing- und Dokumentationsstelle (Den Haag)
Europol	Europäisches Polizeiamt (Den Haag)
EuropolG	Europolgesetz vom 16.12.1997 (BGBl. II S. 2150)
EuropolÜbk	Übereinkommen vom 26.7.1995 auf Grund von Artikel K.3 des EUV über die Errichtung eines Europäischen Polizeiamtes, ABlEG Nr. C 316 vom 27.11.1995, S. 1
EuropolVO	Verordnung (EU) 2016/794 des Europäischen Parlaments und des Rates vom 11. Mai 2016 über die Agentur der Europäischen Union für die Zusammenarbeit auf dem Gebiet der Strafverfolgung (Europol) und zur Ersetzung und Aufhebung der Beschlüsse 2009/371/JI, 2009/934/JI, 2009/935/JI, 2009/936/JI und 2009/968/JI des Rates, ABlEU Nr. L 135 vom 23.5.2016, S. 53
EuroPris	European Organisation of Prison and Correctional Services
EUStA	Europäische Staatsanwaltschaft
EuTerrÜbk	Übereinkommen zur Bekämpfung des Terrorismus vom 27.1.1977 (ETS 90; BGBl. 1978 II S. 321, 907)
EUV	Vertrag über die Europäische Union
EUVEntw	Entwurf einer Europäischen Verfassung i.d.F des am 18.6.2004 zwischen den Staats- und Regierungschefs erzielten Konsenses (Dokument der Regierungskonferenz CIG 86/04 vom 25.6.2004)
EUVereinfAlÜbk	Übereinkommen vom 10.3.1995 aufgrund von Artikel K.3 des Vertrags über die Europäische Union über das vereinfachte Auslieferungsverfahren zwischen den Mitgliedstaaten der Europäischen Union (ABlEG Nr. C 78 vom 30.3.1995, S. 1; BGBl. 1998 II S. 2229)
EuVKonv	Entwurf eines Vertrags über eine Verfassung für Europa – vom Europäischen Konvent im Konsensverfahren angenommen am 13.6. und 10.7.2003 – dem Präsidenten des Europäischen Rates in Rom überreicht am 18.7.2003
EuZ	Zeitschrift für Europarecht (Schweiz)
EuZA	Europäische Zeitschrift für Arbeitsrecht
EuZW	Europäische Zeitschrift für Wirtschaftsrecht
evt.	eventuell
EWG	Europäische Wirtschaftsgemeinschaft
EWGV	Vertrag zur Gründung der Europäischen Wirtschaftsgemeinschaft vom 25.3.1957 (BGBl. II S. 766)
EWiR	Entscheidungen zum Wirtschaftsrecht
EWR-Abk.	Gesetz zu dem Abkommen vom 2.5.1992 über den Europäischen Wirtschaftsraum
EYHR	European Yearbook on Human Rights
EZAR	Entscheidungssammlung zum Zuwanderungs-, Asyl- und Freizügigkeitsrecht
EzSt	Entscheidungssammlung zum Straf- und Ordnungswidrigkeitenrecht, 1983 bis 1990 (Loseblattausgabe)

f., ff.	folgende
FamFG	Gesetz über das Verfahren in Familiensachen und in den Angelegenheiten der freiwilligen Gerichtsbarkeit (FamFG), Artikel 1 des Gesetzes vom 17.12.2008 (BGBl. I S. 2586, 2009 I S. 1102); zuletzt geändert durch Art. 4 des Gesetzes vom 19.3.2020 (BGBl. I S. 541)
FAG	Gesetz über Fernmeldeanlagen vom 6.4.1892 i. d. F. der Bek. vom 3.7.1989 (BGBl. I S. 1455); ersetzt durch das TKG
FamPLG	Gesetz über Aufklärung, Verhütung, Familienplanung und Beratung vom 27.7.1992 (BGBl. I S. 1398)
FamRZ	Zeitschrift für das gesamte Familienrecht
FAO	Fachanwaltsordnung i. d. F. der Bek. vom 1.7.2019, zuletzt geändert durch Beschluss der Satzungsversammlung vom 26.11.2018 (BRAK-Mitt. 2019, 81)
FG	Finanzgericht/Festgabe
FGG	Gesetz über die Angelegenheiten der freiwilligen Gerichtsbarkeit vom 17.5.1898 i. d. F. der Bek. vom 20.5.1898 (RGBl. S. 771)
FGO	Finanzgerichtsordnung, neugefasst durch Bek. vom 28.3.2001 (BGBl. I S. 442, 2262, 2002 I S. 679); zuletzt geändert durch Art. 7 des Gesetzes vom 12.12.2019 (BGBl. I S. 2633)
FGPrax	Praxis der freiwilligen Gerichtsbarkeit
1. FiMaNoG	Erstes Gesetz zur Novellierung von Finanzmarktvorschriften auf Grund europäischer Rechtsakte (Erstes Finanzmarktnovellierungsgesetz) vom 30.6.2016 (BGBl. I S. 1514)
2. FiMaNoG	Zweites Gesetz zur Novellierung von Finanzmarktvorschriften auf Grund europäischer Rechtsakte (Zweites Finanzmarktnovellierungsgesetz) vom 23.6.2017 (BGBl. I S. 1693)
FinB	Finanzbehörde
FinVerwG	Gesetz über die Finanzverwaltung vom 6.9.1950 (BGBl. I S. 448) i. d. F. der Bek. vom 30.8.1971 (BGBl. I S. 1426)
FLF	Finanzierung Leasing Factoring (Zeitschrift)
FlRG	Gesetz über das Flaggenrecht der Seeschiffe und die Flaggenführung der Binnenschiffe (Flaggenrechtsgesetz) vom 8.2.1951 i. d. F. der Bek. vom 29.10.1994 (BGBl. I S. 3140)
FIU	Financial Intelligence Unit
Fn.	Fußnote
FN A	Fundstellennachweis des Deutschen Bundesrechts, Bundesrecht ohne völkerrechtliche Vereinbarungen und Verträge mit der DDR
FN B	Fundstellennachweis des Deutschen Bundesrechts, Völkerrechtliche Vereinbarungen und Verträge mit der DDR
FO	Fernmeldeordnung i. d. F. der Bek. vom 5.5.1971 (BGBl. I S. 541)
FoR	Forum Recht (Zeitschrift)
FP-IPBPR	(1.) Fakultativprotokoll zum Internationalen Pakt über bürgerliche und politische Rechte vom 19.12.1966 (BGBl. 1992 II S. 1247)
2. FP-IPBPR	2. Fakultativprotokoll zu dem Internationalen Pakt über bürgerliche und politische Rechte zur Abschaffung der Todesstrafe vom 15.12.1989 (BGBl. 1992 II S. 390)
FPR	Familie Partnerschaft Recht
FRA	Agentur der Europäischen Union für Grundrechte/Agency for Fundamental Rights
FRONTEX	Europäische Grenzschutzagentur
FS	Forum Strafvollzug – Zeitschrift für Strafvollzug und Straffälligenhilfe (früher ZfStrV)
FS (Name)	Festschrift, auch Festgabe usw. (angefügt Name des Geehrten)
FuR	Familie und Recht
G 10	Gesetz zur Beschränkung des Brief-, Post- und Fernmeldegeheimnisses vom 26.6.2001 (BGBl. I S. 1254), zuletzt geändert durch Art. 12 des Gesetzes vom 17.8.2017 (BGBl. I S. 3202), (Gesetz zu Artikel 10 Grundgesetz)
GA	Goltdammer's Archiv für Strafrecht, zitiert nach Jahr und Seite (bis 1933: Archiv für Strafrecht und Strafpolitik, zitiert nach Band und Seite)
GASP	Gemeinsame Außen- und Sicherheitspolitik

GBA	Generalbundesanwalt
GBl.	Gesetzblatt
GBl./DDR I, II	Gesetzblatt der Deutschen Demokratischen Republik, Teil I und II (1949 bis 1990)
GedS	Gedächtnisschrift (angefügt Name des Geehrten)
gem.	gemäß
GemDatG	Gesetz zur Errichtung gemeinsamer Dateien von Polizeibehörden und Nachrichtendiensten des Bundes und der Länder vom 22.12.2006 (Gemeinsame-Dateien-Gesetz) (BGBl. I S. 3409)
GemProt.	Gemeinsames Protokoll
GenG	Gesetz betreffend die Erwerbs- und Wirtschaftsgenossenschaften vom 1.5.1889, neugefasst durch Bek. vom 16.10.2006 (BGBl. I S. 2230); zuletzt geändert durch Art. 8 des Gesetzes vom 17.7.2017 (BGBl. I S. 2541)
GenStA	Generalstaatsanwaltschaft
GerS	Der Gerichtssaal (1849–1942)
Ges.	Gesetz
GeschlkrG	Gesetz zur Bekämpfung der Geschlechtskrankheiten vom 23.7.1953 (BGBl. I S. 700)
GeschO	Geschäftsordnung
GETZ	Gemeinsames Extremismus- und Terrorismusabwehrzentrum
GewO	Gewerbeordnung vom 21.6.1869, neugefasst durch Bek. vom 22.2.1999 (BGBl. I S. 202); zuletzt geändert durch Art. 15 des Gesetzes vom 22.11.2019 (BGBl. I S. 1746)
GewSchG	Gesetz vom 11.12.2001 zur Verbesserung des zivilgerichtlichen Schutzes bei Gewalttaten und Nachstellungen sowie zur Erleichterung der Überlassung der Ehewohnung bei Trennung (Gewaltschutzgesetz – GewSchG; BGBl. I S. 3513)
GewVerbrG	Gesetz gegen gefährliche Gewohnheitsverbrecher und über Maßregeln der Sicherung und Besserung vom 24.11.1933 (RGBl. I S. 995)
GG	Grundgesetz für die Bundesrepublik Deutschland vom 23.5.1949 (BGBl. S. 1)
ggf.	gegebenenfalls
GKG	Gerichtskostengesetz vom 5.5.2004 (BGBl. I S. 718); zuletzt geändert durch Art. 4 des Gesetzes vom 9.12.2019 (BGBl. I S. 2146)
GKI	Gemeinsame Kontrollinstanz (jeweils eingerichtet bei Europol und Eurojust)
GKÖD	Gesamtkommentar Öffentliches Dienstrecht
GLY	German Law Journal (Internet-Zeitschrift; www.germanlawjournal.de)
GmbH	Gesellschaft mit beschränkter Haftung
GmbHG	Gesetz betreffend die Gesellschaften mit beschränkter Haftung vom 20.4.1892 (RGBl. S. 477); zuletzt geändert durch Art. 10 des Gesetzes vom 17.7.2017 (BGBl. I S. 2446)
GMBl.	Gemeinsames Ministerialblatt
GmS-OGB	Gemeinsamer Senat der obersten Gerichtshöfe des Bundes
GnO	Gnadenordnung
GNotKG	Gesetz über Kosten der freiwilligen Gerichtsbarkeit für Gerichte und Notare (Gerichts- und Notarkostengesetz) vom 23.7.2013
GoJIL	Göttingen Journal of International Law (Online-Zeitschrift)
GoltdA	s. GA
GRC	Europäische Grundrechtecharta
grds.	grundsätzlich
GRECO	Group of States against Corruption
GreifRecht	Greifswalder Halbjahresschrift für Rechtswissenschaft
GRETA	Group of Experts on Action against Trafficking in Human Beings
GREVIO	Expertengruppe zur Überwachung des Übereinkommens zum Schutz von Frauen vor Gewalt und häuslicher Gewalt (CETS 210)
GrSSt	Großer Senat in Strafsachen
Gruchot	Beiträge zur Erläuterung des deutschen Rechts, begründet von Gruchot
GRUR	Gewerblicher Rechtsschutz und Urheberrecht (Zeitschrift)
GRURInt	Gewerblicher Rechtsschutz und Urheberrecht International (Zeitschrift)
GS	Gesetzessammlung

GSNW	Sammlung des bereinigten Landesrechts Nordrhein-Westfalen (1945–56)
GSSchlH	Sammlung des schleswig-holsteinischen Landesrechts, 2 Bände (1963)
GStA	Generalstaatsanwalt
GSZ	Zeitschrift für das Gesamte Sicherheitsrecht
GÜG	Gesetz zur Überwachung des Verkehrs mit Grundstoffen, die für die unerlaubte Herstellung von Betäubungsmitteln mißbraucht werden können (Grundstoffüberwachungsgesetz – GÜG) vom 7.10.1994 (BGBl. I S. 2835)
GuP	Gesundheit und Pflege (Zeitschrift)
GÜV	Gesetz zur Überwachung strafrechtlicher und anderer Verbringungsverbote vom 24.5.1961 (BGBl. I S. 607)
GV	Gemeinsame Verfügung (mehrerer Ministerien)
GVBl.	Gesetz- und Verordnungsblatt
GVBl. II	Sammlung des bereinigten Hessischen Landesrechts
GVG	Gerichtsverfassungsgesetz vom 27.1.1877 i. d. F. der Bek. vom 9.5.1975 (BGBl. I S. 1077)
GVGA	Geschäftsanweisung für Gerichtsvollzieher
GVGÄG 1971	Gesetz zur Änderung des Gerichtsverfassungsgesetzes vom 8.9.1971 (BGBl. I S. 1513)
GVGÄG 1974	Gesetz zur Änderung des Gerichtsverfassungsgesetzes vom 25.3.1974 (BGBl. I S. 761)
GVG/DDR	Gesetz über die Verfassung der Gerichte der Deutschen Demokratischen Republik – Gerichtsverfassungsgesetz – vom 27.9.1974 (GBl. I S. 457), zuletzt geändert durch Gesetz vom 5.7.1990 (GBl. I S. 595)
GVO	Gerichtsvollzieherordnung
GVVG-ÄndG	Gesetz zur Änderung der Verfolgung der Vorbereitung von schweren staatsgefährdenden Gewalttaten vom 12.6.2015 (BGBl. I S. 926)
GVVO	Verordnung zur einheitlichen Regelung der Gerichtsverfassung vom 20.3.1935 (RGBl. I S. 403) in der im BGBl. III Gliederungsnummer 300-5 veröffentlichten bereinigten Fassung
GWB	Gesetz gegen Wettbewerbsbeschränkungen vom 27.7.1957 i. d. F. der Bek. vom 26.8.1998 (BGBl. I S. 2546)
GwG	Gesetz über das Aufspüren von Gewinnen aus schweren Straftaten (Geldwäschegesetz – GwG) vom 25.10.1993 (BGBl. I S. 1770)
GWR	Gesellschafts- und Wirtschaftsrecht (Zeitschrift)
GYIL	German Yearbook of International Law (Zeitschrift)
Haager Abk.	Haager Abkommen über den Zivilprozeß vom 17.7.1905 (RGBl. 1909 S. 409)
HalbleiterschutzG	Gesetz über den Schutz der Topographien von mikroelektronischen Halbleitererzeugnissen (Halbleiterschutzgesetz) vom 22.10.1987 (BGBl. I S. 2294)
Hamb.	Hamburg
HambJVBl.	Hamburgisches Justizverwaltungsblatt
Hans.	Hanseatisch
HansGZ	Hanseatische Gerichtszeitung (1880 bis 1927)
HansJVBl.	Hanseatisches Justizverwaltungsblatt (bis 1946/47)
HansOLGSt	Entscheidungen des Hanseatischen Oberlandesgerichts in Strafsachen (1879 bis 1932/33)
HansRGZ	Hanseatische Rechts- und Gerichtszeitschrift (1928–43), vorher:
HansRZ	Hanseatische Rechtszeitschrift für Handel, Schiff-Fahrt und Versicherung, Kolonial- und Auslandsbeziehungen sowie für Hansestädtisches Recht (1918 bis 1927)
	HbStrVf/*Verfasser* Handbuch zum Strafverfahren, hrsg. von Heghmanns/Scheffler
HdR	Handwörterbuch der Rechtswissenschaft, herausgegeben von Stier-Somlo und Elster (1926 bis 1937)
Hess.	Hessen
HESt	Höchstrichterliche Entscheidungen, Sammlung von Entscheidungen der Oberlandesgerichte und der Obersten Gerichte in Strafsachen (1948–49)
HGB	Handelsgesetzbuch vom 10.5.1897 (RGBl. S. 219)
HKÜ	Haager Übereinkommen über die zivilrechtlichen Aspekte internationaler Kindesentführung vom 25.10.1980

h. M.	herrschende Meinung
HmbStVollzG	Hamburgisches Strafvollzugsgesetz
HRC	Human Rights Committee – UN-Menschenrechtsausschuss
HRLR	Human Rights Law Review
HRN	Hamburger Rechtsnotizen (Zeitschrift)
HRR	Höchstrichterliche Rechtsprechung (1928 bis 1942)
HRRS	Online-Zeitschrift für Höchstrichterliche Rechtsprechung im Strafrecht (www.hrr-strafrecht.de)
HRSt	Entscheidungen zum Strafrecht, Strafverfahrensrecht und zu den Nebengebieten (Höchstrichterliche Rechtsprechung) (ab 1996)
HRLJ	Human Rights Law Journal
Hs.	Halbsatz
HSOG	Hessisches Gesetz über die öffentliche Sicherheit und Ordnung
HStVollzG	Hessisches Strafvollzugsgesetz
HUDOC	Human Rights Documentation des Europarates
HuV-I	Humanitäres Völkerrecht – Informationsschriften
HV	Hauptverhandlung
IAGMR	Interamerikanischer Gerichtshof für Menschenrechte
ICC	siehe IStGH
ICC-Statut	siehe IStGH-Statut
ICJ	siehe IGH
ICLQ	The International and Cooperative Law Quarterly
ICLR	International Criminal Law Review
ICPA	International Corrections and Prisons Association
ICTR	Internationaler Strafgerichtshof für Ruanda
ICTY	Internationaler Strafgerichtshof für das ehemalige Jugoslawien
i. d. F.	in der Fassung
i. d. R.	in der Regel
i. e. S.	im engeren Sinne
IFCCLGE	International Forum on Crime and Criminal Law in the Global Era (Peking)
IGH	Internationaler Gerichtshof ICJ (Den Haag)
i. H. v.	in Höhe von
IKV	Internationale Kriminalistische Vereinigung
ILEA	International Law Enforcement Academy
ILO	International Labour Organization (Internationale Arbeitsorganisation)
InfAuslR	Informationsbrief Ausländerrecht
INPOL	Informationssystem der Polizei
InsO	Insolvenzordnung vom 5.10.1994 (BGBl. I S. 2866); zuletzt geändert durch Art. 24 Abs. 3 des Gesetzes vom 23.6.2017 (BGBl. I S. 1693)
INTERPA	International Association of Police Academies
IPBPR	Internationaler Pakt über bürgerliche und politische Rechte vom 19.12.1966 (BGBl. 1973 II S. 1534)
IPBPRG	Zustimmungsgesetz zu dem Internationalen Pakt über bürgerliche und politische Rechte vom 15.11.1973 (BGBl. II S. 1533)
IPWSKR	Internationaler Pakt über die wirtschaftlichen, sozialen und kulturellen Rechte vom 19.12.1966 (BGBl. 1973 II S. 1570)
IRG	Gesetz über die internationale Rechtshilfe in Strafsachen i. d. F. der Bek. vom 27.6.1994 (BGBl. I S. 1537); zuletzt geändert durch Art. 4 des Gesetzes vom 10.12.2019 (BGBl. I S. 2128)
i. S.	im Sinne
i. S. d.	im Sinne des/der
IStR	Internationales Steuerrecht – Zeitschrift für europäische und internationale Wirtschaftsberatung
i. S. v.	im Sinne von

IStGH	Internationaler Strafgerichtshof ICC (Den Haag)
IStGHG	Gesetz über die Zusammenarbeit mit dem Internationalen Strafgerichtshof vom 21.6.2002 (BGBl. I S. 2144)
IStGHSt	Gesetz vom 4.12.2000 zum Römischen Statut des Internationalen Strafgerichtshofs vom 17. Juli 1998 – IStGH-Statutgesetz (BGBl. II S. 1393)
ITRB	IT-Rechts-Berater
Iurratio	Zeitschrift für Stud. Iur und junge Juristen
i. V. m.	in Verbindung mit
IWG	International Working Group on Police Undercover Activities
i. w. S.	im weiteren Sinne
JA	Juristische Arbeitsblätter für Ausbildung und Examen
JahrbÖR	Jahrbuch des öffentlichen Rechts der Gegenwart
JahrbPostw.	Jahrbuch des Postwesens (1937 bis 1941/42)
JAVollzO	Jugendarrestvollzugsordnung vom 12.8.1966 i. d. F. der Bek. vom 30.11.1976 (BGBl. I S. 3270)
JBeitrO	Justizbeitreibungsordnung vom 11.3.1937 (RGBl. I S. 298)
JBl.	Justizblatt/Juristische Blätter (Österreich)
JBlRhPf.	Justizblatt Rheinland-Pfalz
JBlSaar	Justizblatt des Saarlandes
JGG	Jugendgerichtsgesetz vom 4.8.1953 i. d. F. der Bek. vom 11.12.1974 (BGBl. I S. 3427)
JICJ	Journal of International Criminal Justice
JIR	Jahrbuch für internationales Recht
JK	Jura-Kartei
JKassO	Justizkassenordnung
JKomG	Gesetz über die Verwendung elektronischer Kommunikationsformen in der Justiz (Justizkommunikationsgesetz – JKomG) vom 22.3.2005 (BGBl. I S. 832)
JKostG	Justizkostengesetz (Landesrecht)
JLCJ	Journal of Law and Criminal Justice
jM	juris – Die Monatsschrift
JMBl.	Justizministerialblatt
JMBlNRW, JMBlNW	Justizministerialblatt für das Land Nordrhein-Westfalen
JMK	Justizministerkonferenz (Konferenz der Landesjustizministerinnen und -minister)
JoJZG	Journal der Juristischen Zeitgeschichte
JOR	Jahrbuch für Ostrecht
JöR	Jahrbuch des öffentlichen Rechts
JP	Juristische Person
JR	Juristische Rundschau
JRP	Journal für Rechtspolitik
JSt	Journal für Strafrecht
JugG	Jugendgericht
JugK	Jugendkammer
JugSchG	Jugendschöffengericht
JugStrafgG	Gesetz über die Zusammenarbeit mit dem Internationalen Strafgerichtshof für das ehemalige Jugoslawien (Jugoslawien-Strafgerichtshof-Gesetz) vom 10.4.1995 (BGBl. I S. 485)
Jura	Juristische Ausbildung (Zeitschrift)
JUFIL	Journal on the Use of Force and International Law
JurBüro	Das juristische Büro (Zeitschrift)
JurJahrb.	Juristen-Jahrbuch
JuS	Juristische Schulung (Zeitschrift)
Justiz	Die Justiz, Amtsblatt des Justizministeriums Baden-Württemberg
JV	Justizverwaltung
JVA	Justizvollzugsanstalt
JVBl.	Justizverwaltungsblatt

JVEG	Gesetz über die Vergütung von Sachverständigen, Dolmetscherinnen, Dolmetschern, Übersetzerinnen und Übersetzern sowie die Entschädigung von ehrenamtlichen Richterinnen, ehrenamtlichen Richtern, Zeuginnen, Zeugen und Dritten (Justizvergütungs- und -entschädigungsgesetz) vom 5.5.2004 (BGBl. I S. 718)
JVerwA	Justizverwaltungsakt
JverwB	Justizverwaltungsbehörde
JVKostG	Gesetz über Kosten in Angelegenheiten der Justizverwaltung vom 23.7.2013 (BGBl. I S. 2586)
JVKostO	Verordnung über Kosten im Bereich der Justizverwaltung vom 14.2.1940 (RGBl. I S. 357) – ersetzt durch das JVKostG mit Wirkung zum 1.8.2013
JVollz.	Jugendstrafvollzugsordnung: s. auch JAVollzO
JVollzGB	Gesetzbuch über den Justizvollzug in Baden-Württemberg
JW	Juristische Wochenschrift
JZ	Juristen-Zeitung
1. JuMoG	Erstes Gesetz zur Modernisierung der Justiz (1. Justizmodernisierungsgesetz) vom 24.8.2004 (BGBl. I S. 2198)
2. JuMoG	Zweites Gesetz zur Modernisierung der Justiz (2. Justizmodernisierungsgesetz) vom 22.10.2006 (BGBl. I S. 3416)
Kap.	Kapitel
KAS	Konrad-Adenauer-Stiftung
kes	Zeitschrift für Informations-Sicherheit
KFZ	Kraftfahrzeug
KG	Kammergericht/Kommanditgesellschaft
KGJ	Jahrbuch der Entscheidungen des Kammergerichts in Sachen der freiwilligen Gerichtsbarkeit, in Kosten-, Stempel- und Strafsachen (1881–1922)
KJ	Kritische Justiz (Zeitschrift)
KO	Konkursordnung vom 10.2.1877 i. d. F. der Bek. vom 20.5.1898 (RGBl. S. 612)
KoDD	Koordinierungsdauerdienst (Eurojust)
KOM	Dokument(e) der Europäischen Kommission
KonsG	Gesetz über die Konsularbeamten, ihre Aufgaben und Befugnisse (Konsulargesetz) vom 1.9.1974 (BGBl. I S. 2317)
KostÄndG	Gesetz zur Änderung und Ergänzung kostenrechtlicher Vorschriften vom 26.7.1957 (BGBl. I S. 861)
KostRMoG	Gesetz zur Modernisierung des Kostenrechts vom 5.5.2004 – Kostenrechtsmodernisierungsgesetz (BGBl. I S. 718)
2. KostRMoG	Zweites Gesetz zur Modernisierung des Kostenrechts vom 23.7.2013 – 2. Kostenrechtsmodernisierungsgesetz (BGBl. I S. 2586)
KostMaßnG	Gesetz über Maßnahmen auf dem Gebiet des Kostenrechts vom 7.8.1952 (BGBl. I S. 401)
KostO	Gesetz über die Kosten in Angelegenheiten der freiwilligen Gerichtsbarkeit i. d. F. der Bek. vom 26.7.1957 (BGBl. I S. 861) – ersetzt durch das GNotKG mit Wirkung zum 1.8.2013
KostRÄndG 1994	Gesetz zur Änderung von Kostengesetzen und anderen Gesetzen (Kostenrechtsänderungsgesetz 1994 – KostRÄndG 1994) vom 24.6.1994 (BGBl. I S. 1325)
KostRspr.	Kostenrechtsprechung (Loseblattsammlung)
KostVfg.	Kostenverfügung, Durchführungsbestimmungen zu den Kostengesetzen
K&R	Kommunikation und Recht (Zeitschrift)
KrG	Kreisgericht
Kriminalist	Der Kriminalist (Zeitschrift)
Kriminalistik	Kriminalistik, Zeitschrift für die gesamte kriminalistische Wissenschaft und Praxis
KrimJ	Kriminologisches Journal
KrimPäd.	Kriminalpädagogische Praxis (Zeitschrift)
KriPoZ	Kriminalpolitische Zeitschrift
Krit.	Kritisch
KritV/CritQ/RCrit	Kritische Vierteljahresschrift für Gesetzgebung und Rechtswissenschaft/Critical Quarterly for Legislation and Law/Revue critique trimestrielle de jurisprudence et de législation

KronzG Gesetz zur Einführung einer Kronzeugenregelung bei terroristischen Straftaten (Art. 4 des StGBÄndG 1989) vom 9.6.1989 (BGBl. I S. 1059)
KronzVerlG Gesetz zur Änderung des Gesetzes zur Änderung des Strafgesetzbuches, der Strafprozeßordnung und des Versammlungsgesetzes und zur Einführung einer Kronzeugenregelung bei terroristischen Straftaten (Kronzeugen-Verlängerungs-Gesetz) vom 16.2.1993 (BGBl. I S. 238)
2. KronzVerlG Zweites Gesetz zur Änderung des Gesetzes zur Änderung des Strafgesetzbuches, der Strafprozeßordnung und des Versammlungsgesetzes und zur Einführung einer Kronzeugenregelung bei terroristischen Straftaten (2. Kronzeugen-Verlängerungs-Gesetz) vom 19.1.1996 (BGBl. I S. 58)
KSI Krisen-, Sanierungs- und Insolvenzberatung (Zeitschrift)
KSZE Konferenz für Sicherheit und Zusammenarbeit in Europa
KSzW Kölner Schrift zum Wirtschaftsrecht
KUG Gesetz über das Urheberrecht an Werken der bildenden Künste und der Fotografie vom 9.1.1907 (RGBl. S. 7)
KUP Kriminologie und Praxis (Schriftenreihe der Kriminologischen Zentralstelle)
KuR Kirche und Recht (Zeitschrift)
KUR Kunst und Recht (Zeitschrift)
k + v Kraftfahrt und Verkehrsrecht, Zeitschrift der Akademie für Verkehrswissenschaft
KVGKG Kostenverzeichnis (Anlage 1 zum GKG)
KWKG Gesetz über die Kontrolle von Kriegswaffen i. d. F. der Bek. vom 22.11.1990 (BGBl. I S. 2506)

LegPer. Legislaturperiode
Lfg. Lieferung
LFGB Lebensmittel-, Bedarfsgegenstände- und Futtermittelgesetzbuch
LG Landgericht
LJV Landesjustizverwaltung
LKA Landeskriminalamt
LKV Landes- und Kommunalverwaltung (Zeitschrift)
LM Nachschlagewerk des Bundesgerichtshofs (Loseblattsammlung), hrsg. von Lindenmaier/Möhring u. a.
LMBG Gesetz über den Verkehr mit Lebensmitteln, Tabakerzeugnissen, kosmetischen Mitteln und sonstigen Bedarfsgegenständen (Lebensmittel- und Bedarfsgegenständegesetz) i. d. F. der Bek. vom 9.9.1997 (BGBl. I S. 2297)
LMG (1936) Gesetz über den Verkehr mit Lebensmitteln und Bedarfsgegenständen (Lebensmittelgesetz) vom 5.7.1927 i. d. F. der Bek. vom 17.1.1936 (RGBl. I S. 17)
LPartG Gesetz über die Eingetragene Lebenspartnerschaft (Lebenspartnerschaftsgesetz) vom 16.2.2001 (BGBl. I S. 266)
LPG Landespressegesetz
LRE Sammlung lebensmittelrechtlicher Entscheidungen
Ls. Leitsatz
LuftFzgG Gesetz über Rechte an Luftfahrzeugen vom 26.2.1959 (BGBl. I 57)
LuftVG Luftverkehrsgesetz i. d. F. der Bek. vom 27.3.1999 (BGBl. I S. 550)
LuftVO Luftverkehrs-Ordnung i. d. F. der Bek. vom 27.3.1999 (BGBl. I S. 580)
LV Literaturverzeichnis, Schrifttumsverzeichnis
LVerf. Landesverfassung
LVG Landesverwaltungsgericht
LZ Leipziger Zeitschrift für Deutsches Recht (1907 bis 1933)

MABl. Ministerialamtsblatt
MarkenG Gesetz über den Schutz von Marken und sonstigen Kennzeichen (Markengesetz – MarkenG) vom 25.10.1994 (BGBl. I S. 3082, 1995 I S. 156, 1996 I S. 682); zuletzt geändert durch Art. 1 des Gesetzes vom 11.12.2018 (BGBl. I S. 2357)

Mat.	s. Hahn
MatStrRRef.	Materialien zur Strafrechtsreform, herausgegeben vom BMJ, Bd. 1–15 (1954–1960) (s. auch Entw.)
MBl.	Ministerialblatt
MDR	Monatsschrift für Deutsches Recht
MedR	Medizinrecht (Zeitschrift)
medstra	Zeitschrift für Medizinstrafrecht
MEPA	Mitteleuropäische Polizeiakademie
MiStra.	Anordnung über Mitteilungen in Strafsachen vom 15.3.1985 i. d. F. der Bek. vom 29.4.1998, bundeseinheitlich
MittKV	Mitteilungen der Internationalen Kriminalistischen Vereinigung (1889 bis 1914; 1926 bis 1933)
MMR	MultiMedia und Recht (Zeitschrift)
MOG	Gesetz zur Durchführung der Gemeinsamen Marktorganisation vom 31.8.1972 (BGBl. I S. 1617)
MONEYVAL	Committee of Experts on the Evaluation of Anti-Money Laundering Measures and the Financing of Terrorism
Mot.	Begründung zur Strafprozeßordnung bei Hahn (s. dort)
MR	Medien und Recht (Österreich)
MRG	Militärregierungsgesetz
MSchrKrim.	Monatsschrift für Kriminologie und Strafrechtsreform
MSchrKrimPsych.	Monatsschrift für Kriminalpsychologie und Strafrechtsreform (1904/05 bis 1936)
MStGO	Militärstrafgerichtsordnung i. d. F. der Bek. vom 29.9.1936 (RGBl. I S. 755)
Muster-Entw.	Muster-Entwurf eines einheitlichen Polizeigesetzes, verabschiedet von der JMK am 10./11.6.1976, geändert durch Beschluss der JMK vom 25.11.1977
MV	Mecklenburg-Vorpommern
m.w.B.	mit weiteren Beispielen
m. w. N.	mit weiteren Nachweisen
NachtrSichVG	Gesetz zur Einführung einer nachträglichen Sicherungsverwahrung vom 23.7.2004 (BGBl. I S. 1838)
NATO-Truppen-statut	Abkommen zwischen den Parteien des Nordatlantikvertrags vom 19.6.1951 über die Rechtsstellung ihrer Truppen (BGBl. 1961 II S. 1183, 1190), Bek. vom 16.6.1963 (BGBl. II S. 745)
Nds.	Niedersachsen
NdsAGGVG	Niedersächsisches Ausführungsgesetz zum Gerichtsverfassungsgesetz vom 5.4.1963 (GVBl. S. 225)
NdsRpfl.	Niedersächsische Rechtspflege
n. F.	neue Fassung
N.F.	Neue Folge
Nieders. GVBl. Sb. I, II	Niedersächsisches Gesetz und Verordnungsblatt, Sonderband I und II, Sammlung des bereinigten niedersächsischen Rechts
NJ	Neue Justiz (bis 1990 DDR)
NJECL	New Journal of European Criminal Law
NJOZ	Neue Juristische Online-Zeitschrift (nur über beck-online abrufbar)
NJVollzG	Niedersächsisches Justizvollzugsgesetz
NJW	Neue Juristische Wochenschrift
NKrimpol.	Neue Kriminalpolitik (Zeitschrift)
NLMR	Newsletter Menschenrechte
noeP	Nicht offen ermittelnder Polizeibeamter
NordÖR	Zeitschrift für Öffentliches Recht in Norddeutschland
NotVO	s. Ausn. VO
NPA	Neues Polizei-Archiv
NRO	Nichtregierungsorganisation
NRW	Nordrhein-Westfalen

NRWO	(österreichisches) Bundesgesetz über die Wahl des Nationalrates (Nationalrats-Wahlordnung 1992)
NStE	Neue Entscheidungssammlung für Strafrecht
NStZ	Neue Zeitschrift für Strafrecht
NStZ-RR	NStZ – Rechtsprechungs-Report (Zeitschrift, ab 1996)
NuR	Natur und Recht (Zeitschrift)
NVwZ	Neue Zeitschrift für Verwaltungsrecht
NWB	NWB Steuer- und Wirtschaftsrecht (Zeitschrift)
NWVBl.	Nordrheinwestfälische Verwaltungsblätter
NZA	Neue Zeitschrift für Arbeitsrecht
NZA-RR	NZA-Rechtsprechungs-Report Arbeitsrecht
NZI	Neue Zeitschrift für Insolvenzrecht
NZM	Neue Zeitschrift für Miet- und Wohnungsrecht
NZS	Neue Zeitschrift für Sozialrecht
NZV	Neue Zeitschrift für Verkehrsrecht
NZWehrr	Neue Zeitschrift für Wehrrecht
NZWiSt	Neue Zeitschrift für Wirtschafts-, Steuer- und Unternehmensstrafrecht
OASG	Gesetz zur Sicherung der zivilrechtlichen Ansprüche der Opfer von Straftaten (Opferanspruchsicherungsgesetz) vom 8.5.1998 (BGBl. I S. 905)
OBLG	Oberstes Landesgericht
OECD	Organisation für Wirtschaftliche Zusammenarbeit und Entwicklung
OEG	Gesetz über die Entschädigung für Opfer von Gewalttaten vom 11.5.1976 (BGBl. I S. 1181) i. d. F. der Bek. vom 7.1.1985 (BGBl. I S. 1)
OER	Osteuropa-Recht
OG	Oberstes Gericht der DDR
OGH	Oberster Gerichtshof (Österreich)
OGHSt	Entscheidungen des Obersten Gerichtshofes für die Britische Zone in Strafsachen (1949/50)
ÖJZ	Österreichische Juristen-Zeitung
OLAF	Europäisches Amt für Betrugsbekämpfung (Office Européen de Lutte Anti-Fraude)
OLG	Oberlandesgericht
OLG-NL	OLG-Report Neue Länder
OLGR	OLG-Report
OLGSt	Entscheidungen der Oberlandesgerichte zum Straf- und Strafverfahrensrecht (Loseblattausgabe, bis 1983)
OLGSt N. F	Entscheidungen der Oberlandesgerichte zum Straf- und Strafverfahrensrecht, Neue Folge (Loseblattausgabe, ab 1983)
OLGVertrÄndG	Gesetz zur Änderung des Rechts der Vertretung durch Rechtsanwälte vor den Oberlandesgerichten vom 23.7.2002 (BGBl. I S. 2850)
OPCAT	siehe UNCAT
OpferRRG	Gesetz zur Verbesserung der Rechte von Verletzten im Strafverfahren (Opferrechtsreformgesetz – OpferRRG) vom 24.6.2004 (BGBl. I S. 1354)
2. OpferRRG	Gesetz zur Stärkung der Rechte von Verletzten und Zeugen im Strafverfahren (2. Opferrechtsreformgesetz) vom 29.7.2009 (BGBl. I S. 2280)
3. OpferRRG	Gesetz zur Stärkung der Opferrechte im Strafverfahren (3. Opferrechtsreformgesetz) vom 21.12.2015 (BGBl. I S. 2525)
OpferschutzG	Erstes Gesetz zur Verbesserung der Stellung des Verletzten im Strafverfahren (Opferschutzgesetz) vom 18.12.1986 (BGBl. I S. 2496)
OrgKG	Gesetz zur Bekämpfung des illegalen Rauschgifthandels und anderer Erscheinungsformen der Organisierten Kriminalität (OrgKG) vom 15.7.1992 (BGBl. I S. 1302)
OrgStA	Anordnung über Organisation und Dienstbetrieb der Staatsanwaltschaften
ÖRiZ	Österreichische Richterzeitung
ÖRZ	Österreichische Raiffeisen-Zeitung
OStA	Oberstaatsanwalt

ÖstAnwBl.	Österreichisches Anwaltsblatt
öStVG	Österreichisches Strafvollzugsgesetz
ÖStZ	Österreichische Steuerzeitung
OSZE	Organisation für Sicherheit und Zusammenarbeit in Europa
ÖVerfG	Österreichischer Verfassungsgerichtshof
OVG	Oberverwaltungsgericht
OWG/DDR	Gesetz zur Bekämpfung von Ordnungswidrigkeiten (der Deutschen Demokratischen Republik) vom 12.1.1968 (GBl. I S. 101), zuletzt geändert durch Gesetz vom 29.6.1990 (GBl. I S. 526)
OWiG	Gesetz über Ordnungswidrigkeiten, neugefasst durch Bek. vom 19.2.1987 (BGBl. I S. 602); zuletzt geändert durch Art. 5 des Gesetzes vom 9.12.2019 (BGBl. I S. 2146)
OWiGÄndG	Gesetz zur Änderung des Gesetzes über Ordnungswidrigkeiten, des Straßenverkehrsgesetzes und anderer Gesetze vom 7.7.1986 (BGBl. I S. 977)
PaO	Patentanwaltsordnung vom 7.9.1966 (BGBl. I S. 557); zuletzt geändert durch Art. 16 des Gesetzes vom 12.12.2019 (BGBl. I S. 2602)
ParlStG	Gesetz über die Rechtsverhältnisse der parlamentarischen Staatssekretäre vom 24.7.1974 (BGBl. I S. 1538)
PartG	Gesetz über die politischen Parteien (Parteiengesetz) neugefasst durch Bek. vom 31.1.1994, BGBl. I S. 149
PaßG	Paßgesetz vom 19.4.1986 (BGBl. I S. 537)
PatG	Patentgesetz, neugefasst durch Bek. vom 16.12.1980 (BGBl. 1981 I S. 1); zuletzt geändert durch Art. 4 des Gesetzes vom 8.10.2017 (BGBl. I S. 3546)
PAuswG	Gesetz über Personalausweise vom 19.12.1950 (BGBl. I S. 807) i. d. F. der Bek. vom 21.4.1986 (BGBl. I S. 548)
PD-I	Practice Direction – Institution of Proceedings (EGMR)
PD-IM	Practice Direction – Interim Measures (EGMR)
PD-JS	Practice Direction – Just Satisfaction Claims (EGMR)
PD-RfA	Practice Direction – Request for Anonymity (EGMR)
PD-SEF	Practice Direction – Secured Electronic Filing (EGMR)
PD-WP	Practice Direction – Written Pleadings (EGMR)
PflVG	Gesetz über die Pflichtversicherung für Kraftfahrzeughalter i. d. F. der Bek. vom 5.4.1965 (BGBl. I S. 213)
PJZS	Polizeiliche und Justizielle Zusammenarbeit in Strafsachen
PKH	Prozesskostenhilfe
PKHÄndG	Gesetz zur Änderung von Vorschriften über die Prozeßkostenhilfe (Prozeßkostenhilfeänderungsgesetz – PKHÄndG) vom 10.10.1994 (BGBl. I S. 2954)
PlenProt.	Plenarprotokoll, Stenographische Berichte der Sitzungen des Deutschen Bundestages
PNR	Passenger Name Record
POGNW	Polizeiorganisationsgesetz (des Landes NRW) i. d. F. der Bek. vom 22.10.1994 (GVNW S. 852)
PolGBW	Polizeigesetz (des Landes BW) i. d. F. der Bek. vom 13.1.1992 (GBl. S. 1)
Polizei	s. Die Polizei
PostG	Gesetz über das Postwesen i. d. F. der Bek. vom 3.7.1989 (BGBl. I S. 1449)
PostO	Postordnung vom 16.5.1963 (BGBl. I S. 341)
PostStruktG	Gesetz zur Neustrukturierung des Post- und Fernmeldewesens und der Deutschen Bundespost (Poststrukturgesetz – PoststruktG) vom 8.6.1989 (BGBl. I S. 1026)
Pr.	Preußen
prALR	Allgemeines Landrecht für die Preußischen Staaten
PräsLG	Präsident des Landgerichts
PräsOLG	Präsident des Oberlandesgerichts
PräsVerfG	Gesetz über die Änderung der Bezeichnungen der Richter und ehrenamtlichen Richter und der Präsidialverfassungen der Gerichte vom 26.5.1972 (BGBl. I S. 841)
PrGS	Preußische Gesetzessammlung (1810–1945)

PrG	Pressegesetz (Landesrecht)
Prot.	Protokoll
ProzeßkostenhG	Gesetz über die Prozeßkostenhilfe vom 13.6.1980 (BGBl. I S. 677)
Pro-Eurojust	Vorgänger- und Gründungseinheit von Eurojust
PrPG	Gesetz zur Stärkung des Schutzes des geistigen Eigentums und zur Bekämpfung der Produktpiraterie (PrPG) vom 7.3.1990 (BGBl. I S. 422)
PrZeugnVerwG	Gesetz über das Zeugnisverweigerungsrecht der Mitarbeiter von Presse und Rundfunk vom 25.7.1975 (BGBl. I S. 1973)
PStR	Praxis Steuerstrafrecht
PsychPbG	Gesetz über die psychosoziale Prozessbegleitung im Strafverfahren, Art. 4 des Gesetzes vom 21.12.2015, BGBl. I S. 2525, 2529 (Nr. 55).
PTNeuOG	Gesetz zur Neuordnung des Postwesens und der Telekommunikation (Postneuordnungsgesetz – PTNeuOG) vom 14.9.1994 (BGBl. I S. 2325)
PUAG	Gesetz zur Regelung des Rechts der Untersuchungsausschüsse des Deutschen Bundestages (Untersuchungsausschussgesetz – PUAG) vom 19.6.2001 (BGBl. I S. 1142)
PV	Personenvereinigung
PVG	Polizeiverwaltungsgesetz
PVR	Praxis Verkehrsrecht
RA	Rechtsanwalt
RabelsZ	Rabels-Zeitschrift für ausländisches und internationales Privatrecht
RAG/DDR	Rechtsanwaltsgesetz der Deutschen Demokratischen Republik vom 13.9.1990 (GBl. I S. 1504)
RAHG	s. RHG
RANotz.PrG	Gesetz zur Prüfung von Rechtsanwaltszulassungen, Notarbestellungen und Berufungen ehrenamtlicher Richter vom 24.6.1992 (BGBl. I S. 1386)
RAO	Reichsabgabenordnung vom 13.12.1919, aufgehoben durch AO vom 16.3.1976
RAussch.	Rechtsausschuss
RB	Rahmenbeschluss (Art. 34 EU)
RBEuHb	Rahmenbeschluss des Rates (2002/584/JI) vom 13.6.2002 über den Europäischen Haftbefehl und die Übergabeverfahren zwischen den Mitgliedstaaten (ABlEU Nr. L 190 vom 18.7.2002, S. 1)
RBerG	Gesetz zur Verhütung von Mißbrauch auf dem Gebiet der Rechtsberatung vom 13.12.1935 (RGBl. I S. 1478); aufgehoben durch Art. 20 des Gesetzes vom 12.12.2007 (BGBl. I S. 2840)
RdA	Recht der Arbeit
RdErl.	Runderlass
RDG	Gesetz über außergerichtliche Rechtsdienstleistungen (Rechtsdienstleistungsgesetz – RDG) vom 12.12.2007 (BGBl. I. S. 2840)
RDH	Revue des Droits de l'Homme
RDIDC	Revue de droit international et de droit comparé
RdJB	Recht der Jugend und des Bildungswesens (Zeitschrift)
RdK	Das Recht des Kraftfahrers (1926–43, 1949–55)
RdM	Recht der Medizin
RDStH	Entscheidungen des Reichsdienststrafhofs (1939–41)
RDStO	Reichsdienststrafordnung vom 26.1.1937 (RGBl. I S. 71)
RDV	Recht der Datenverarbeitung
Recht	Das Recht, begründet von Soergel (1897 bis 1944)
recht	Information des Bundesministers der Justiz
RefE	Referentenentwurf
Reg.	Regierung
RegBl.	Regierungsblatt
RegE	Regierungsentwurf
RegE TKÜ	Entwurf der Bundesregierung eines Gesetzes zur Neuregelung der Telekommunikationsüberwachung und anderer verdeckter Ermittlungsmaßnahmen sowie zur Umsetzung der Richtlinie 2006/EG vom 18.4.2007

RehabG	Rehabilitierungsgesetz (der Deutschen Demokratischen Republik) vom 6.9.1990 (GBl. I S. 1459), aufgehoben durch StrRehaG
Res.	Resolution
RevMC	Revue du Marché commun et de l'Union européenne
Rev.trim.dr.h.	Revue trimestrielle des droits de l'homme
RG	Reichsgericht
RGBl., RGBl. I, II	Reichsgesetzblatt, von 1922 bis 1945 Teil I und II
RGRspr.	Rechtsprechung des Reichsgerichts in Strafsachen (1879 bis 1888)
RGSt	Entscheidungen des Reichsgerichts in Strafsachen
RGZ	Entscheidungen des Reichsgerichts in Zivilsachen
RheinSchA	Revidierte Rheinschiffahrtsakte (Mannheimer Akte) i. d. F. der Bek. vom 11.3.1969 (BGBl. II S. 597)
RHG	Gesetz über die innerdeutsche Rechts und Amtshilfe in Strafsachen vom 2.5.1953 (BGBl. I S. 161)
RHGDVO	Verordnung zur Durchführung des Gesetzes über die innerdeutsche Rechts- und Amtshilfe in Strafsachen vom 23.12.1953 (BGBl. I S. 1569)
RhPf.	Rheinland-Pfalz
RiA	Recht im Amt
RichtlRA	Grundsätze des anwaltlichen Standesrechts – Richtlinien gem. § 177 Abs. 2 Satz 2 BRAO vom 21.6.1973
RiG/DDR	Richtergesetz der Deutschen Demokratischen Republik vom 5.7.1990 (GBl. I S. 637)
RiJGG	Richtlinien zum Jugendgerichtsgesetz
RiStBV	Richtlinien für das Strafverfahren und das Bußgeldverfahren vom 1.12.1970 (BAnz. Nr. 17/1971), i. d. F. der Bek. vom 1.2.1997 mit spät. Änderungen, bundeseinheitlich
RiVASt	Richtlinien für den Rechtshilfeverkehr mit dem Ausland in strafrechtlichen Angelegenheiten
RIW	Recht der Internationalen Wirtschaft (Zeitschrift)
RKG(E)	Reichskriegsgericht (Entscheidungen des RKG)
RL	Richtlinie
RMBl.	Reichsministerialblatt, Zentralblatt für das Deutsche Reich (1923–45)
RMilGE	Entscheidungen des Reichsmilitärgerichts
Rn.	Randnummer
ROW	Recht in Ost und West (Zeitschrift)
RpflAnpG	Gesetz zur Anpassung der Rechtspflege im Beitrittsgebiet (Rechtspflege-Anpassungsgesetz – RpflAnpG) vom 26.6.1992 (BGBl. I S. 1147)
RpflAnpÄndG	Gesetz zur Änderung des RechtspflegeAnpassungsgesetzes – RpflAnpG vom 7.12.1995 (BGBl. I S. 1590)
Rpfleger	Der Deutsche Rechtspfleger
RpflEntlG	Gesetz zur Entlastung der Rechtspflege vom 11.1.1993 (BGBl. I S. 50)
RpflG	Rechtspflegergesetz vom 5.11.1969 (BGBl. I S. 2065)
RpflVereinfG	Rechtspflege-Vereinfachungsgesetz vom 17.12.1990 (BGBl. I S. 2847)
RPsych	Rechtspsychologie (Zeitschrift)
Rspr.	Rechtsprechung
RT	Reichstag
RTDE	Revue trimestrielle de droit européen
RTDrucks.	Drucksachen des Reichstags
RTh	Zeitschrift für Logik und Juristische Methodenlehre, Rechtsinformatik, Kommunikationsforschung, Normen- und Handlungstheorie, Soziologie und Philosophie des Rechts – eJournal
RTVerh.	Verhandlungen des Reichstags
RuP	Recht und Politik (Zeitschrift)
RVerf.	s. WeimVerf.
RVG	Gesetz über die Vergütung der Rechtsanwältinnen und Rechtsanwälte – Rechtsanwaltsvergütungsgesetz vom 5.5.2004 (BGBl. I S. 718)
RVO	Reichsversicherungsordnung vom 19.7.1911 i. d. F. der Bek. vom 15.12.1924 (RGBl. I S. 779)

RW	Rechtswissenschaft – Zeitschrift für rechtswissenschaftliche Forschung
RZ	siehe: ÖRiZ
R&P	Recht und Psychiatrie (Zeitschrift)
r+s	Recht und Schaden (Zeitschrift)
S.	Satz, Seite
Sa.	Sachsen
SaAnh.	Sachsen-Anhalt
SaBremR	Sammlung des bremischen Rechts (1964)
SächsArch.	Sächsisches Archiv für Rechtspflege, seit 1924 (bis 1941/42) Archiv für Rechtspflege in Sachsen, Thüringen und Anhalt
SächsOLG	Annalen des Sächsischen Oberlandesgerichts zu Dresden (1880 bis 1920)
SAM	Steueranwaltsmagazin
SchAZtg	Schiedsamtszeitung
SchiedsmZ	Schiedsmannszeitung (1926 bis 1945), seit 1950 Der Schiedsmann
SchiedsstG	Gesetz (der Deutschen Demokratischen Republik) über die Schiedsstellen in den Gemeinden vom 13.9.1990 (GBl. I S. 1527)
SchlH	Schleswig-Holstein
SchlHA	Schleswig-Holsteinische Anzeigen
SchrR	Schriftenreihe
SchrRAGStrafR	Schriftenreihe der Arbeitsgemeinschaft Strafrecht im Deutschen Anwaltverein
SchRG	Gesetz über Rechte an eingetragenen Schiffen und Schiffsbauwerken vom 15.11.1940 (RGBl. I S. 1499)
SchrRBRAK	Schriftenreihe der Bundesrechtsanwaltskammer
SchwarzArbG	Gesetz zur Bekämpfung der Schwarzarbeit und illegalen Beschäftigung vom 23.7.2004 (Schwarzarbeitsbekämpfungsgesetz – SchwarzArbG), BGBl. I S. 1842
SchwGBG	Gesetz zur Verbesserung der Bekämpfung der Geldwäsche und Steuerhinterziehung vom 28.4.2011 (Schwarzgeldbekämpfungsgesetz), BGBl. I S. 676
SchwJZ	Schweizerische Juristenzeitung
SchwZStr	Schweizer Zeitschrift für Strafrecht
SDÜ	Übereinkommen vom 19.6.1990 zwischen dem Königreich Belgien, der Bundesrepublik Deutschland, der Französischen Republik, dem Großherzogtum Luxemburg und dem Königreich der Niederlande zur Durchführung des am 14.6.1985 in Schengen unterzeichneten Übereinkommens betreffend den schrittweisen Abbau der Kontrollen an den gemeinsamen Grenzen (Schengener Durchführungsübereinkommen; ABlEG Nr. L 239 vom 22.9.2000, S. 19)
1. SED-UnberG	Erstes Gesetz zur Bereinigung von SED-Unrecht (Erstes SED-Unrechtsbereinigungsgesetz – 1. SED-UnberG) vom 29.10.1992 (BGBl. I S. 1814)
2. SED-UnberG	Zweites Gesetz zur Bereinigung von SED-Unrecht (Zweites SED-Unrechtsbereinigungsgesetz – 2. SED–UnBerG) vom 23.6.1994 (BGBl. I S. 1311)
SeeAufgG	Gesetz über die Aufgaben des Bundes auf dem Gebiet der Seeschiffahrt (Seeaufgabengesetz – SeeAufgG) vom 24.5.1965 i. d. F. der Bek. vom 27.9.1994 (BGBl. I S. 2802)
SeemG	Seemannsgesetz vom 26.7.1957 (BGBl. II S. 713)
SeuffBl.	Seufferts Blätter für Rechtsanwendung (1836–1913)
SFHÄndG	Schwangeren- und Familienhilfeänderungsgesetz (SFHÄndG) vom 21.8.1995 (BGBl. I S. 1050)
SFHG	Gesetz zum Schutz des vorgeburtlichen/werdenden Lebens, zur Förderung einer kinderfreundlicheren Gesellschaft, für Hilfe im Schwangerschaftskonflikt und zur Regelung des Schwangerschaftsabbruchs (Schwangeren- und Familienhilfegesetz) vom 27.7.1992 (BGBl. I S. 1398)
SGb	Die Sozialgerichtsbarkeit (Zeitschrift)
SGB	Sozialgesetzbuch SGB I – Sozialgesetzbuch, Allgemeiner Teil (1. Buch), vom 27.12. 2003 (BGBl. I S. 3022)

	SGB II – Sozialgesetzbuch, Grundsicherung für Arbeitsuchende (2. Buch), vom 24.12.2003 (BGBl. I S. 2954),
	SGB III – Sozialgesetzbuch, Arbeitsförderung (3. Buch), vom 27.12. 2003 (BGBl. I S. 3022),
	SGB IV – Sozialgesetzbuch, Gemeinsame Vorschriften für die Sozialversicherung (4. Buch) vom 24.7.2003 (BGBl. I S. 1526),
	SGB V – Sozialgesetzbuch, Gesetzliche Krankenversicherung (5. Buch) vom 27.12.2003 (BGBl. I S. 3022),
	SGB VI – Sozialgesetzbuch, Gesetzliche Rentenversicherung (6. Buch) vom 29.4.2004 (BGBl. I S. 678),
	SGB VII – Sozialgesetzbuch, Gesetzliche Unfallversicherung (7. Buch) vom 27.12.2003 (BGBl. I S. 3019),
	SGB VIII – Sozialgesetzbuch, Kinder- und Jugendhilfe (8. Buch) vom 27.12.2003 (BGBl. I S. 3022),
	SGB IX – Sozialgesetzbuch, Rehabilitation und Teilhabe behinderter Menschen (9. Buch) vom 23.4.2004 (BGBl. I S. 606),
	SGB X – Sozialgesetzbuch, Verwaltungsverfahren (10. Buch) vom 5.4.2004 (BGBl. I S. 718),
	SGB XI – Sozialgesetzbuch, Soziale Pflegeversicherung (11. Buch) vom 27.12.2003 (BGBl. I S. 3022),
	SGB XII – Sozialgesetzbuch, Sozialhilfe (12. Buch) vom 27.12.2003 (BGBl. I S. 3022)
SGG	Sozialgerichtsgesetz, neugefasst durch Bek. vom 23.9.1975 (BGBl. I S. 2535); zuletzt geändert durch Art. 1 des Gesetzes vom 22.3.2020 (BGBl. I S. 604)
SGV.NW	Sammlung des bereinigten Gesetz- und Verordnungsblatts für das Land Nordrhein-Westfalen (Loseblattsammlung)
SIAK	Zeitschrift für Polizeiwissenschaft und polizeiliche Praxis (Österreich)
SichVG	Gesetz zur Rechtsvereinheitlichung der Sicherungsverwahrung (SichVG) vom 16.6.1995 (BGBl. I S. 818)
SIRENE	Supplementary Information Request at the National Entry (nationale Kontaktstelle des SIS)
SIS	Schengener Informationssystem
SJIR	Schweizerisches Jahrbuch für internationales Recht
SJZ	Schweizerische Juristen-Zeitung/Süddeutsche Juristenzeitung (1946–50), dann Juristenzeitung
SkAufG	Gesetz über dieRechtsstellung ausländischer Streitkräfte bei vorübergehenden Aufenthalten in der Bundesrepublik Deutschland (Streitkräfteaufenthaltsgesetz – SkAufG) vom 20.7.1995 (BGBl. II S. 554)
s. o.	siehe oben
SortSchG	Gesetz über den Schutz von Pflanzensorten (Sortenschutzgesetz) vom 20.5.1968 i. d. F. der Bek. vom 4.1.1977 (BGBl. I S. 105)
SozVw	Die Sozialverwaltung (Zeitschrift)
SprengG	Gesetz über explosionsgefährliche Stoffe (Sprengstoffgesetz – SprengG) vom 13.9.1976 (BGBl. I S. 2737) i. d. F. der Bek. vom 17.4. 1986 (BGBl. I S. 577)
SprengstG	Gesetz über explosionsgefährliche Stoffe (Sprengstoffgesetz) vom 25.8.1969 (BGBl. I S. 1358, ber. BGBl. 1970 I S. 224), aufgehoben durch SprengG vom 13.9.1976
SpuRt	Sport und Recht (Zeitschrift)
SR	Soziales Recht (Zeitschrift)
SRÜ	Seerechtsübereinkommen der Vereinten Nationen vom 10.12.1982 (BGBl. 1994 II S. 1799)
StA	Staatsanwalt, Staatsanwaltschaft
StAG/DDR	Gesetz über die Staatsanwaltschaft der Deutschen Demokratischen Republik vom 7.4.1977 (GBl. I S. 93), zuletzt geändert durch Gesetz vom 5.7.1990 (GBl. I S. 635)
StaatsGH	Staatsgerichtshof
StaatsschStrafsG	Gesetz zur allgemeinen Einführung eines zweiten Rechtszuges in Staatsschutz-Strafsachen vom 8.9.1969 (BGBl. I S. 1582)

StÄG	s. StRÄndG
StAZ	Das Standesamt (Zeitschrift)
StBerG	Steuerberatungsgesetz, neugefasst durch Bek. vom 4.11.1975 (BGBl. I S. 2735); zuletzt geändert durch Art. 8 des Gesetzes vom 21.12.2019 (BGBl. I S. 2875)
StGB	Strafgesetzbuch, neugefasst durch Bek. vom 13.11.1998 (BGBl. I S. 3322); zuletzt geändert durch Art. 1 des Gesetzes vom 3.3.2020 (BGBl. I S. 431)
StGB/DDR	Strafgesetzbuch der Deutschen Demokratischen Republik vom 12.1.1968 in der Neufassung vom 14.12.1988 (GBl. I S. 93), zuletzt geändert durch Gesetz vom 29.6.1990 (GBl. I S. 526)
StGBÄndG 1976	Gesetz zur Änderung des Strafgesetzbuches, der Strafprozeßordnung, des Gerichtsverfassungsgesetzes, der Bundesrechtsanwaltsordnung und des Strafvollzugsgesetzes vom 18.8.1976 (BGBl. I S. 2181)
StGBÄndG 1989	Gesetz zur Änderung des Strafgesetzbuches, der Strafprozeßordnung und des Versammlungsgesetzes und zur Einführung einer Kronzeugenregelung bei terroristischen Straftaten vom 9.6.1989 (BGBl. I S. 1059)
StORMG	Gesetz zur Stärkung der Rechte von Opfern sexuellen Missbrauchs vom 26.6.2013 (BGBl. I S. 1805)
StPÄG 1964	Gesetz zur Änderung der Strafprozeßordnung und des Gerichtsverfassungsgesetzes vom 19.12.1964 (BGBl. I S. 1067)
StPÄG 1972	Gesetz zur Änderung der Strafprozeßordnung vom 7.8.1972 (BGBl. I S. 1361)
StPÄG 1978	Gesetz zur Änderung der Strafprozeßordnung vom 14.4.1978 (BGBl. I S. 497)
StPÄG 1986	Paßgesetz und Gesetz zur Änderung der Strafprozeßordnung vom 19.4.1986 (BGBl. I S. 537)
StPÄG 1988	Gesetz zur Änderung der Strafprozeßordnung vom 17.5.1988 (BGBl. I S. 606)
StPO	Strafprozeßordnung vom 1.2.1877 i. d. F. der Bek. vom 7.4.1987 (BGBl. I S. 1074)
StPO/DDR	Strafprozeßordnung der Deutschen Demokratischen Republik vom 12.1.1968 in der Neufassung vom 19.12.1974 (GBl. 1975 I S. 61)
StraFo	Strafverteidiger Forum (Zeitschrift)
StrafrAbh.	Strafrechtliche Abhandlungen, herausgegeben von Bennecke, dann von Beling, v. Lilienthal und Schoetensack
StraftVVG	Gesetz zur Verfolgung der Vorbereitung von schweren staatsgefährdenden Gewalttaten vom 30.7.2009 (BGBl. I S. 2437)
StRÄndG	Strafrechtsänderungsgesetz 1. ~ vom 30.8.1951 (BGBl. I S. 739) 2. ~ vom 6.3.1953 (BGBl. I S. 42) 3. ~ vom 4.8.1953 (BGBl. I S. 735) 4. ~ vom 11.6.1957 (BGBl. I S. 597) 5. ~ vom 24.6.1960 (BGBl. I S. 477) 6. ~ vom 30.6.1960 (BGBl. I S. 478) 7. ~ vom 1.6.1964 (BGBl. I S. 337) 8. ~ vom 25.6.1968 (BGBl. I S. 741) 9. ~ vom 4.8.1969 (BGBl. I S. 1065) 10. ~ vom 7.4.1970 (BGBl. I S. 313) 11. ~ vom 16.12.1971 (BGBl. I S. 1977) 12. ~ vom 16.12.1971 (BGBl. I S. 1779) 13. ~ vom 13.6.1975 (BGBl. I S. 1349) 14. ~ vom 22.4.1976 (BGBl. I S. 1056) 15. ~ vom 18.5.1976 (BGBl. I S. 1213) 16. ~ vom 16.7.1979 (BGBl. I S. 1078) 17. ~ vom 21.12.1979 (BGBl. I S. 2324) 18. ~ vom 28.3.1980 (BGBl. I S. 379) – Gesetz zur Bekämpfung der Umweltkriminalität 19. ~ vom 7.8.1981 (BGBl. I S. 808) 20. ~ vom 8.12.1981 (BGBl. I S. 1329) 21. ~ vom 13.6.1985 (BGBl. I S. 963)

	22. ~ vom 18.7.1985 (BGBl. I S. 1510) 23. ~ vom 13.4.1986 (BGBl. I S. 1986) 24. ~ vom 13.1.1987 (BGBl. I S. 141) 25. ~ vom 20.8.1990 – § 201 StG – (BGBl. I S. 1764) 26. ~ vom 24.7.1992 – Menschenhandel – (BGBl. I S. 1255) 27. ~ vom 23.7.1993 – Kinderpornographie – (BGBl. I S. 1346) 28. ~ vom 13.1.1994 – Abgeordnetenbestechung – (BGBl. I S. 84) 29. ~ vom 31.5.1994 – §§ 175, 182 StGB – (BGBl. I S. 1168) 30. ~ vom 23.6.1994 – Verjährung von Sexualstraftaten an Kindern und Jugendlichen – BGBl. I S. 1310) 31. ~ vom 27.6.1994 – 2. Gesetz zur Bekämpfung der Umweltkriminalität – (BGBl. I S. 1440) 32. ~ vom 1.6.1995 – §§ 44, 69b StGB – (BGBl. I S. 747) 33. ~ vom 1.7.1997 – §§ 177, 178 StGB (BGBl. I S. 1607) 34. ~ vom 22.8.2002 – § 129b StGB (BGBl. I S. 3390) 35. ~ vom 22.12.2003 – Betrug und Fälschung im Zusammenhang mit unbaren Zahlungsmitteln (BGBl. I S. 2838) 36. ~ vom 30.7.2004 – § 201a StGB (BGBl. I S. 2012) 37. ~ vom 18.2.2005 – §§ 180b, 181 StGB (BGBl. I S. 239) 40. ~ vom 22.3.2007 – Strafbarkeit beharrlicher Nachstellungen (Anti-Stalking-Gesetz) (BGBl. I S. 354) 41. ~ vom 7.8.2007 – Bekämpfung der Computerkriminalität (BGBl. I S. 1786) 42. ~ vom 29.6.2009 – Anhebung der Höchstgrenze des Tagessatzes bei Geldstrafen (BGBl. I S. 1658) 43. ~ vom 29.7.2009 – Strafzumessung bei Aufklärungs- und Präventionshilfe (BGBl. I S. 2288) 44. ~ vom 1.11.2011 – Widerstand gegen Vollstreckungsbeamte (BGBl. I S. 2130) 45. ~ vom 6.12.2011 – Umsetzung der Richtlinie des Europäischen Parlaments und des Rates zum strafrechtlichen Schutz der Umwelt (BGBl. I S. 2557) 46. ~ vom 10.6.2013 – Beschränkung der Möglichkeit zur Strafmilderung bei Aufklärungs- und Präventionshilfe (BGBl. I S. 1497) 47. ~vom 24.9.2013 – Strafbarkeit der Verstümmelung weiblicher Genitalien (BGBl. I S. 3671) 48. ~ vom 23.4.2014 – Erweiterung des Straftatbestandes der Abgeordnetenbestechung (BGBl. I S. 410) 49. ~ vom 21.1.2015 – Umsetzung europäischer Vorgaben zum Sexualstrafrecht (BGBl. I S. 10) 50. ~ vom 4.11.2016 – Verbesserung des Schutzes der sexuellen Selbstbestimmung (BGBl. I S. 2460) 51. ~ vom 11.4.2017 – Strafbarkeit von Sportwettbetrug und der Manipulation von berufssportlichen Wettbewerben (BGBl. I S. 815) 52. ~ vom 23.5.2017 – Stärkung des Schutzes von Vollstreckungsbeamten und Rettungskräften (BGBl. I S. 1226) 53. ~ vom 11.6.2017 – Ausweitung des Maßregelrechts bei extremistischen Straftätern (BGBl. I S. 1612) 54. ~ vom 17.7.2017 – Umsetzung des Rahmenbeschlusses 2008/841/JI des Rates vom 24. Oktober 2008 zur Bekämpfung der organisierten Kriminalität (BGBl. I S. 2440) 55. ~ vom 17.7.2017 – Wohnungseinbruchdiebstahl (BGBl. I S. 2442) 56. ~ vom 30.9.2017 – Strafbarkeit nicht genehmigter Kraftfahrzeugrennen im Straßenverkehr vom (BGBl. I S. 3532) 57. ~ vom 3.3.2020 – Versuchsstrafbarkeit des Cybergroomings (BGBl. I S. 431) 58. ~ vom 12.6.2020 – Strafrechtlicher Schutz bei Verunglimpfung der Europäischen Union und ihrer Symbole (BGBl. I S. 1247)
StraßenVSichG	1. Gesetz zur Sicherung des Straßenverkehrs (Straßenverkehrssicherungsgesetz) vom 19.12.1952 (BGBl. I S. 832)

	2. Zweites ~ vom 26.11.1964 (BGBl. I S. 921)
StREG	Gesetz über ergänzende Maßnahmen zum 5. StrRG (Strafrechtsreformergänzungsgesetz) vom 28.8.1975 (BGBl. I S. 2289)
StrEG	Gesetz über die Entschädigung für Strafverfolgungsmaßnahmen vom 8.3.1971 (BGBl. I S. 157)
STREIT	Feministische Rechtszeitschrift
StrFG	Straffreiheitsgesetz – 1949 vom 31.12.1949 (BGBl. I S. 37) – 1954 vom 17.7.1954 (BGBl. I S. 203) – 1968 vom 9.7.1968 (BGBl. I S. 773) – 1970 vom 20.5.1970 (BGBl. I S. 509)
StRG	Gesetz zur Reform des Strafrechts 1. ~ vom 25.6.1969 (BGBl. I S. 645) 2. ~ vom 4.7.1969 (BGBl. I S. 717) 3. ~ vom 20.5.1970 (BGBl. I S. 505) 4. ~ vom 23.11.1973 (BGBl. I S. 1725) 5. ~ vom 18.6.1974 (BGBl. I S. 1297) 6. ~ vom 26.1.1998 (BGBl. I S. 164)
StRR	StrafRechtsReport – Arbeitszeitschrift für das gesamte Strafrecht
StrRehaG	Gesetz über die Rehabilitierung und Entschädigung von Opfern rechtsstaatswidriger Strafverfolgungsmaßnahmen im Beitrittsgebiet (Strafrechtliches Rehabilitierungsgesetz – StrRehaG) vom 29.10.1992 (BGBl. I S. 1814) i. d. F. der Bek. vom 17.12.1999 (BGBl. I S. 2664)
st.Rspr.	ständige Rechtsprechung
StudZR	Studentische Zeitschrift für Rechtswissenschaft Heidelberg
StUG	Gesetz über die Unterlagen des Staatssicherheitsdienstes der ehemaligen Deutschen Demokratischen Republik (Stasi-Unterlagen-Gesetz – StUG) vom 20.12.1991 (BGBl. I S. 2272)
StuR	Staat und Recht (Zeitschrift DDR, 1950 bis 1990)
StuW	Steuern und Wirtschaft (Zeitschrift)
StV	Strafverteidiger (Zeitschrift)
StVÄG 1979	Strafverfahrensänderungsgesetz 1979 vom 5.10.1978 (BGBl. I S. 1645)
StVÄG 1987	Strafverfahrensänderungsgesetz 1987 vom 27.1.1987 (BGBl. I S. 475)
StVÄG 1999	Strafverfahrensänderungsgesetz 1999 vom 2.8.2000 (BGBl. I S. 1253)
StVG	Straßenverkehrsgesetz vom 3.5.1909 i. d. F. der Bek. vom 19.12.1952 (BGBl. I S. 837)
StVO	Straßenverkehrsordnung vom 16.11.1970 (BGBl. I S. 1565, ber. 1971, S. 38)
StVollstrO	Strafvollstreckungsordnung vom 1.4.2001 (BAnz. Nr. 87) bundeseinheitlich
StVollzG	Gesetz über den Vollzug der Freiheitsstrafe und der freiheitsentziehenden Maßregeln der Besserung und Sicherung Strafvollzugsgesetz – vom 16.3.1976 (BGBl. I S. 581)
StVollzGK	StrafvollzugsgesetzKommissionsentwurf, herausgegeben vom Bundesministerium der Justiz
StVollzK	Blätter für Strafvollzugskunde (Beilage zur Zeitschrift „Der Vollzugsdienst")
1. StVRErgG	Gesetz zur Ergänzung des 1. StVRG vom 20.12.1974 (BGBl. I S. 3686)
1. StVRG	Erstes Gesetz zur Reform des Strafverfahrensrechts vom 9.12.1974 (BGBl. I S. 3393)
StVZO	Straßenverkehrs-Zulassungs-Ordnung vom 13.11.1937 i. d. F. der Bek. vom 28.9.1988 (BGBl. I S. 1793)
s. u.	siehe unten
SubvG	Subventionsgesetz vom 29.7.1976 (BGBl. I S. 2034)
SVR	Straßenverkehrsrecht (Zeitschrift)
SZ	Süddeutsche Zeitung
SZIER	Schweizerische Zeitschrift für internationales und europäisches Recht
TerrorismusG	Gesetz zur Bekämpfung des Terrorismus vom 19.12.1986 (BGBl. I S. 2566)
TerrorBekG	Gesetz vom 9.1.2002 zur Bekämpfung des internationalen Terrorismus (Terrorismusbekämpfungsgesetz) (BGBl. I S. 361)

TerrorBekErgG	Gesetz zur Ergänzung des Terrorismusbekämpfungsgesetzes (Terrorismusbekämpfungsergänzungsgesetz) vom 5.1.2007 (BGBl. I S. 2)
TFTP	Terrorist Finance Tracking Program
ThUG	Gesetz zur Therapierung und Unterbringung psychisch gestörter Gewalttäter (Therapieunterbringungsgesetz) vom 22.12.2010 (BGBl. I S. 2300, 2305)
Thür.	Thüringen
TiefseebergbauG	Gesetz zur vorläufigen Regelung des Tiefseebergbaus vom 16.8.1980 (BGBl. I S. 1457)
TierschG	Tierschutzgesetz vom 24.7.1972 (BGBl. I S. 1277)
TKG	Telekommunikationsgesetz (TKG) vom 25.7.1996 (BGBl. I S. 1120)
TKÜG	Gesetz zur Neuregelung der Telekommunikationsüberwachung und anderer Ermittlungsmaßnahmen sowie zur Umsetzung der Richtlinie 2006/24/EG vom 21.12.2007 (BGBl. I S. 3198)
TKO	Telekommunikationsordnung vom 16.7.1987 (BGBl. I S. 1761)
TMG	Telemediengesetz vom 26.2.2007 (BGBl. I S. 179)
TREVI	Terrorisme, Radicalisme, Extremisme et Violence Internationale (1975) – Koordinierungsgruppe
TVöD	Tarifvertrag für den öffentlichen Dienst
TV/L	Tarifvertrag für den öffentlichen Dienst der Länder
Tz.	Teilziffer
UCLAF	Unité de Coordination de la Lutte Anti-Fraude
UdG	Urkundsbeamter der Geschäftsstelle
ÜAG	Gesetz vom 26.9.1991 zur Ausführung des Übereinkommens über die Überstellung verurteilter Personen vom 21.3.1983 – Überstellungsausführungsgesetz (BGBl. 1991 I S. 1954)
ÜberlG	Gesetz zur Überleitung von Bundesrecht nach Berlin (West) (Sechstes Überleitungsgesetz) vom 25.9.1990 (BGBl. I S. 2106)
ÜberstÜbk	Übereinkommen über die Überstellung verurteilter Personen vom 21.3.1983 (ETS 112; BGBl. 1991 II S. 1006; 1992 II S. 98); ZP ÜberstÜbk vom 18.12.1997 (ETS 167)
Übk	Übereinkommen
ÜF	Übergangsfassung
UFITA	Archiv für Medienrecht und Medienwissenschaft
UHaftÄndG	Gesetz zur Abänderung der Untersuchungshaft vom 27.12.1926 (RGBl. I S. 529)
UN	Vereinte Nationen
UNCAT	Übereinkommen (der Vereinten Nationen) gegen Folter und andere grausame, unmenschliche oder erniedrigende Behandlung oder Strafe vom 10.12.1984 (BGBl. 1990 II S. 246) OPCAT – Fakultativprotokoll vom 18.12.2002 zum Übereinkommen gegen Folter und andere grausame, unmenschliche oder erniedrigende Behandlung oder Strafe; Gesetz vom 26.8.2008 (BGBl. 2008 II S. 854)
UN-CAT	United Nations Committee against Torture – UN-Anti-Folter-Ausschuss
UN-FoltKonv.	Siehe UNCAT
UNHCR	United Nations High Commissioner for Refugees – Hoher Flüchtlingskommissar der Vereinten Nationen
UNO-Pakt	s. IPBPR
UnterbrSichG	Gesetz zur Reform des Rechts der Unterbringung in einem psychiatrischen Krankenhaus und in einer Entziehungsanstalt vom 16.7.2007 (BGBl. I S. 1327)
UrhG	Gesetz über Urheberrecht und verwandte Schutzrechte (Urheberrechtsgesetz) vom 9.9.1965 (BGBl. I S. 1273)
UVollzO	Untersuchungshaftvollzugsordnung vom 12.2.1953 i. d. F. der Bek. vom 15.12.1976, bundeseinheitlich
UZwG	Gesetz über den unmittelbaren Zwang bei Ausübung öffentlicher Gewalt durch Vollzugsbeamte des Bundes vom 10.3.1961 (BGBl. I S. 165)

UZwGBw	Gesetz über die Anwendung unmittelbaren Zwanges und die Ausübung besonderer Befugnisse durch Soldaten der Bundeswehr und verbündeter Streitkräfte sowie zivile Wachpersonen vom 12.8.1965 (BGBl. I S. 796)
VA	Vorzeitige Anwendung (internationaler Übereinkommen)
VBlBW	Verwaltungsblätter für Baden-Württemberg (Zeitschrift)
VDA	Vergleichende Darstellung des deutschen und ausländischen Strafrechts, Allgemeiner Teil, Bd. 1 bis 6 (1908)
VDB	Vergleichende Darstellung des deutschen und ausländischen Strafrechts, Besonderer Teil, Bd. 1 bis 9 (1906)
VerbrbekG	Gesetz zur Änderung des Strafgesetzbuches, der Strafprozeßordnung und anderer Gesetz (Verbrechensbekämpfungsgesetz) vom 28.10.1994 (BGBl. I S. 3186)
Verbringungsverbg	Gesetz zur Überwachung strafrechtlicher und anderer Verbringungsverbote vom 24.5.1961 (BGBl. I S. 607)
VereinfVO	Vereinfachungsverordnung 1. ~, VO über Maßnahmen auf dem Gebiet der Gerichtsverfassung und Rechtspflege vom 1.9.1939 (RGBl. I S. 1658) 2. ~, VO zur weiteren Vereinfachung der Strafrechtspflege vom 13.8.1942 (RGBl. I S. 508) 3. ~, Dritte VO zur Vereinfachung der Strafrechtspflege vom 29.5.1943 (RGBl. I S. 342) 4. ~, Vierte VO zur Vereinfachung der Strafrechtspflege vom 13.12.1944 (RGBl. I S. 339)
VereinhG	Gesetz zur Wiederherstellung der Rechtseinheit auf dem Gebiete der Gerichtsverfassung, der bürgerlichen Rechtspflege, des Strafverfahrens und des Kostenrechts vom 12.9.1950 (BGBl. I S. 455)
VereinsG	Gesetz zur Regelung des öffentlichen Vereinsrechts (Vereinsgesetz) vom 5.8.1964 (BGBl. I S. 593)
VerfGH	Verfassungsgerichtshof
VerfO	Verfahrensordnung (siehe EGMRVerfO)
Verh.	Verhandlungen des Deutschen Bundestages (BT), des Deutschen Juristentages (DJT) usw.
1. VerjährungsG	Gesetz über das Ruhen der Verjährung bei SED-Unrechtstaten vom 26.3.1993 (BGBl. I S. 392)
2. VerjährungsG	Gesetz zur Verlängerung strafrechtlicher Verjährungsfristen vom 27.9.1993 (BGBl. I S. 1657)
VerkMitt.	Verkehrsrechtliche Mitteilungen
VerpflichtG	Gesetz über die förmliche Verpflichtung nichtbeamteter Personen (Verpflichtungsgesetz) vom 2.3.1974 (BGBl. I S. 469)
VerschG	Verschollenheitsgesetz vom 15.1.1951 (BGBl. I S. 59)
VersR	Versicherungsrecht, Juristische Rundschau für die Individualversicherung
VerständigungsG	Gesetz zur Regelung der Verständigung im Strafverfahren vom 29.7.2009 (BGBl. I S. 2353)
VerwArch	Verwaltungsarchiv
VG	Verwaltungsgericht
VGH	Verfassungsgerichtshof; Verwaltungsgerichtshof
vgl.	vergleiche
Vhdlgen	s. Verh.
VIS	Visa-Informations-System
VIZ	Vermögens- und Immobilienrecht (Zeitschrift)
VO	Verordnung; s. auch AusnVO
VOBl.	Verordnungsblatt
VOR	Zeitschrift für Verkehrs- und Ordnungswidrigkeitenrecht
VR	Verwaltungsrundschau
VRR	VerkehrsRechtsReport

VRS	Verkehrsrechts-Sammlung
VRÜ	Verfassung und Recht in Übersee
VStGB	Völkerstrafgesetzbuch
VStGBG	Gesetz vom 26.6.2002 zur Einführung des Völkerstrafgesetzbuches (BGBl. I S. 2254)
VVDStRL	Veröffentlichungen der Vereinigung der Deutschen Staatsrechtslehrer
VVStVollzG	Verwaltungsvorschriften zum Strafvollzugsgesetz (bundeseinheitlich) vom 1.7.1976
VwGO	Verwaltungsgerichtsordnung, neugefasst durch Bek. vom 19.3.1991 (BGBl. I S. 686); zuletzt geändert durch Art. 56 des Gesetzes vom 12.12.2019 (BGBl. I S. 2652)
VwRehaG	Gesetz über die Aufhebung rechtsstaatswidriger Verwaltungsentscheidungen im Beitrittsgebiet und die daran anknüpfenden Folgeansprüche (Verwaltungsrechtliches Rehabilitierungsgesetz – VwRehaG) vom 23.6.1994 (BGBl. I S. 1311)
VwVfG	Verwaltungsverfahrensgesetz vom 25.5.1976 (BGBl. I S. 1253)
VwZG	Verwaltungszustellungsgesetz vom 3.7.1952 (BGBl. I S. 379)
WDO	Wehrdisziplinarordnung vom 15.3.1957 i. d. F. der Bek. vom 9.6.1961 (BGBl. I S. 697)
WehrbeauftrG	Gesetz über den Wehrbeauftragten des Deutschen Bundestages i. d. F. der Bek. vom 16.6.1982 (BGBl. I S. 673)
WeinG	Gesetz über Wein, Likörwein, Schaumwein, weinhaltige Getränke und Branntwein aus Wein (Weingesetz) vom 14.1.1971 (BGBl. I S. 893)
Wiener Übereinkommen	1. Wiener Übereinkommen über diplomatische Beziehungen vom 18.4.1961 (Zustimmungsgesetz vom 6.8.1964, BGBl. II S. 957) 2. Wiener Übereinkommen über konsularische Beziehungen vom 24.4.1963 (Zustimmungsgesetz vom 26.8.1969, BGBl. II S. 1585)
WiJ	Journal der Wirtschaftsstrafrechtlichen Vereinigung e.V.
1. WiKG	Erstes Gesetz zur Bekämpfung der Wirtschaftskriminalität vom 29.7.1976 (BGBl. I S. 2034)
2. WiKG	Zweites Gesetz zur Bekämpfung der Wirtschaftskriminalität vom 15.5.1986 (BGBl. I S. 721)
WiStG	Gesetz zur weiteren Vereinfachung des Wirtschaftsstrafrechts (Wirtschaftsstrafgesetz 1954) vom 9.7.1954 i. d. F. der Bek. vom 3.6.1975 (BGBl. I S. 1313)
WisteV	Wirtschaftsstrafrechtliche Vereinigung e.V.
wistra	Zeitschrift für Wirtschafts- und Steuerstrafrecht
WLR	Weekly Law Reports (Zeitschrift)
WoÜbG	Gesetz zur Umsetzung des Urteils des Bundesverfassungsgerichts vom 3. März 2004 (akustische Wohnraumüberwachung) vom 24.6.2005 (BGBl. I S. 1841)
WRV	Weimarer Verfassung, Verfassung des Deutschen Reichs vom 11.8.1919 (RGBl. S. 1383)
WStG	Wehrstrafgesetz vom 30.3.1957 i. d. F. der Bek. vom 24.5.1974 (BGBl. I S. 1213)
WM	Wertpapiermitteilungen (Zeitschrift)
WuV	Wirtschaft und Verwaltung (Zeitschrift)
WuW	Entscheidungssammlung der Zeitschrift Wirtschaft und Wettbewerb
WÜD	s. 1. Wiener Übereinkommen
WÜK	s. 2. Wiener Übereinkommen
WVK	Wiener Vertragsrechtskonvention vom 23.5.1969 (BGBl. 1985 II S. 926)
WWSUV	Vertrag über die Schaffung einer Währungs-, Wirtschafts- und Sozialunion zwischen der Bundesrepublik Deutschland und der Deutschen Demokratischen Republik vom 18.5.1990 (BGBl. II S. 537)
WWSUVG	Gesetz zu dem Vertrag vom 18.5.1990 über die Schaffung einer Währungs-, Wirtschafts- und Sozialunion ... vom 25.6.1990 (BGBl. II S. 518)
WZG	Warenzeichengesetz vom 5.5.1936 i. d. F. der Bek. vom 2.1.1968 (BGBl. I S. 29)
YEL	Yearbook of European Law
YB	Yearbook of the European Convention of the Human Rights, the European Commission and the European Court of Human Rights/Annuaire de la Convention Euro-

	péenne des Droits de l'Homme; Commission et Cour Européenne des Droits de l'Homme, hrsg. vom Europarat
ZAG	Zahlungsdiensteaufsichtsgesetz
ZahlVGJG	Gesetz über den Zahlungsverkehr mit Gerichten und Justizbehörden vom 22.12.2006 = Art. 2 des 2. Justizmodernisierungsgesetzes (BGBl. 2006 I S. 3416)
ZAkDR	Zeitschrift der Akademie für Deutsches Recht (1934–44)
ZaöRV	Zeitschrift für ausländisches öffentliches Recht und Völkerrecht
ZAP	Zeitschrift für die Anwaltspraxis
ZAR	Zeitschrift für Ausländerrecht und Ausländerpolitik
ZBJV	Zeitschrift des Bernischen Juristenvereins
ZBlJugR	Zentralblatt für Jugendrecht und Jugendwohlfahrt
ZBR	Zeitschrift für Beamtenrecht
ZCG	Zeitschrift für Corporate Governance
ZD	Zeitschrift für Datenschutz
ZDRW	Zeitschrift für Didaktik der Rechtswissenschaft
ZER	Zeitschrift für Europarecht (Österreich)ZERP Zentrum für europäische Rechtspolitik (Universität Bremen)
ZESAR	Zeitschrift für europäisches Sozial- und Arbeitsrecht
ZEUP	Zeitschrift für europäisches Privatrecht
ZEuS	Zeitschrift für Europarechtliche Studien
ZEV	Zeitschrift für Erbrecht und Vermögensnachfolge
ZfBR	Zeitschrift für deutsches und internationales Bau- und Vergaberecht
ZfC	Zeitschrift für Compliance
ZfDG	Gesetz über das Zollkriminalamt und die Zollfahndungsämter (Zollfahndungsdienstgesetz) vom 16.8.2002 (BGBl. I S. 3202)
ZfJ	Zentralblatt für Jugendrecht
ZfL	Zeitschrift für Lebensrecht
ZfRV	Zeitschrift für Europarecht, Internationales Privatrecht und Rechtsvergleichung
ZfS	Zeitschrift für Schadensrecht
ZFSH SGB	Zeitschrift für die sozialrechtliche Praxis
ZfStrVo	Zeitschrift für Strafvollzug und Straffälligenhilfe (jetzt: FS – Forum Strafvollzug)
ZfWG	Zeitschrift für Wett- und Glücksspielrecht
ZfZ	Zeitschrift für Zölle und Verbrauchssteuern
ZG	Zeitschrift für Gesetzgebung
ZInsO	Zeitschrift für das gesamte Insolvenzrecht
ZIP	Zeitschrift für Wirtschaftsrecht
ZIR	Zeitschrift für Interne Revision
ZIS	Zeitschrift für Internationale Strafrechtsdogmatik (Online-Zeitschrift)
ZJJ	Zeitschrift für Jugendkriminalrecht und Jugendhilfe
ZJS	Zeitschrift für das Juristische Studium (Online-Zeitschrift)
ZKA	Zollkriminalinstitut
ZKJ	Zeitschrift für Kindschaftsrecht und Jugendhilfe
ZLR	Zeitschrift für Lebensmittelrecht
ZOV	Zeitschrift für offene Vermögensfragen
ZÖR	Zeitschrift für öffentliches Recht
ZollG.	Zollgesetz vom 14.6.1961 i. d. F. der Bek. vom 18.5.1970 (BGBl. I S. 529)
ZP	Zusatzprotokoll
ZPO	Zivilprozeßordnung vom 30.1.1877 i. d. F. der Bek. vom 12.9.1950 (BGBl. I S. 533)
ZRFC	Zeitschrift für Risk, Fraud & Compliance
ZRP	Zeitschrift für Rechtspolitik
ZSchG	Gesetz vom 30.4.1998 zum Schutz von Zeugen bei Vernehmungen im Strafverfahren und zur Verbesserung des Opferschutzes (Zeugenschutzgesetz – ZSchG) (BGBl. I S. 820)
ZSE	Zeitschrift für Staats- und Europawissenschaften

ZSEG	Gesetz über die Entschädigung von Zeugen und Sachverständigen vom 26.7.1957 i. d. F. der Bek. vom 1.10.1969 (BGBl. I S. 1756); abgelöst durch das JVEG vom 5.5.2004
ZSHG	Gesetz zur Harmonisierung des Schutzes gefährdeter Zeugen (Zeugenschutz-Harmonisierungsgesetz) vom 11.12.2001 (BGBl. I S. 3510)
ZSR	Zeitschrift für Schweizerisches Recht
ZST	Zeitschrift für Schweizer Recht
ZSteu	Zeitschrift für Steuern und Recht
ZStW	Zeitschrift für die gesamte Strafrechtswissenschaft
ZTR	Zeitschrift für Tarif-, Arbeits- und Sozialrecht des öffentlichen Dienstes
ZUM	Zeitschrift für Urheber- und Medienrecht
ZUM-RD	Zeitschrift für Urheber- und Medienrecht – Rechtssprechungsdienst
ZUR	Zeitschrift für Umweltrecht
ZusatzAbk.	Zusatzabkommen zum NATOTruppenstatut vom 3.8.1959 (BGBl. 1961 II S. 1183, 1218)
Zusatzvereinb.	Vereinbarung zwischen der Bundesrepublik Deutschland und der Deutschen Demokratischen Republik zur Durchführung und Auslegung des am 31.8.1990 in Berlin unterzeichneten Vertrages zwischen der Bundesrepublik Deutschland und der Deutschen Demokratischen Republik über die Herstellung der Einheit Deutschlands vom 18.9.1990 (BGBl. II S. 1239)
ZuSEntschG	Gesetz über die Entschädigung von Zeugen und Sachverständigen
zust.	zustimmend
ZustErgG	Gesetz zur Ergänzung von Zuständigkeiten auf den Gebieten des Bürgerlichen Rechts, des Handelsrechts und des Strafrechts (Zuständigkeitsergänzungsgesetz) vom 7.8.1952 (BGBl. I S. 407)
ZustG	Gesetz über die Zuständigkeit der Gerichte bei Änderung der Gerichtseinteilung vom 6.12.1933 (RGBl. I S. 1037)
ZustRG	Gesetz zur Reform des Verfahrens bei Zustellung im gerichtlichen Verfahren (Zustellungsreformgesetz – ZustRG) vom 25.6.2001 (BGBl. I S. 1206)
ZustVO	Verordnung über die Zuständigkeit der Strafgerichte, die Sondergerichte und sonstige strafverfahrensrechtliche Vorschriften vom 21.2.1940 (RGBl. I S. 405)
Zuwanderungsgesetz	Gesetz zur Steuerung und Begrenzung der Zuwanderung und zur Regelung des Aufenthalts und der Integration von Unionsbürgern und Ausländern vom 30.7.2004 (BGBl. I S. 1950)
ZVG	Gesetz über die Zwangsversteigerung und die Zwangsverwaltung (Zwangsversteigerungsgesetz) vom 24.3.1897 i. d. F. der Bek. vom 20.5.1898 (RGBl. S. 369, 713)
ZWehrR	Zeitschrift für Wehrrecht (1936/37–44)
ZWF	Zeitschrift für Wirtschafts- und Finanzstrafrecht (Österreich)
ZWH	Zeitschrift für Wirtschaftsstrafrecht und Haftung im Unternehmen
ZwHeiratBekG	Gesetz zur Bekämpfung der Zwangsheirat und zum besseren Schutz der Opfer von Zwangsheirat sowie zur Änderung weiterer aufenthalts- und asylrechtlicher Vorschriften vom 23.6.2011 (BGBl. I S. 1266)
ZZP	Zeitschrift für Zivilprozeß

Literaturverzeichnis

Achenbach/Ransiek/Rönnau	Achenbach/Ransiek/Rönnau, Handbuch Wirtschaftsstrafrecht, 5. Aufl. (2019)
AE-EV	Alternativ-Entwurf Reform des Ermittlungsverfahrens (AE-EV); Entwurf eines Arbeitskreises deutscher, österreichischer und schweizerischer Strafrechtslehrer (2001)
AE-EuStV	Alternativentwurf Europäische Strafverfolgung; hrsg. von Schünemann (2004)
AE-StuM	Alternativ-Entwurf Strafjustiz und Medien (AE-StuM: Entwurf eines Arbeitskreises deutscher, österreichischer und schweizerischer Strafrechtslehrer (2004)
Ahlbrecht/Böhm/Esser/ Eckelmans	Ahlbrecht/Böhm/Esser/Eckelmans, Internationales Strafrecht, 2. Aufl. (2017)
AK	Alternativkommentar zur Strafprozessordnung, Bd. I (§§ 1 bis 93; 1988), Bd. II 1 (§§ 94 bis 212b; 1992), Bd. II 2 (§§ 213 bis 275; 1993), Bd. III (§§ 276 bis 477; 1996)
AK-GG	Alternativkommentar zum Grundgesetz, 2. Aufl., Bd. I (Art. 1 bis 37; 1989), Bd. II (Art. 38 bis 146; 1989)
AK-StGB	Alternativkommentar zum Strafgesetzbuch, Bd. I (§§ 1 bis 21; 1990), Bd. III (§§ 80 bis 145d; 1986)
AnwK	Krekeler/Löffelmann/Sommer, AnwaltKommentar zur Strafprozessordnung, 2. Aufl. (2010)
AnwK-StGB	Leipold/Tsambikakis/Zöller (Hrsg.), AnwaltKommentar StGB, 3. Aufl. (2020)
AnwK-UHaft	König (Hrsg.), AnwaltKommentar Untersuchungshaft (2011)
Albrecht	Albrecht, Jugendstrafrecht, 3. Aufl. (2000)
Albrecht (Krim.)	Albrecht, Kriminologie, 4. Aufl. (2010)
Alsberg	Alsberg, Der Beweisantrag im Strafprozess, 7. Aufl. (2019)
Ambos	Ambos, Internationales Strafrecht, 5. Aufl. (2018)
Ambos/König/Rackow	Ambos/König/Rackow (Hrsg.), Rechtshilferecht in Strafsachen (2014)
Arloth	Arloth, Strafprozeßrecht (1995)
Arloth/Krä	Arloth/Krä, Strafvollzugsgesetz, 4. Aufl. (2017)
Aschrott	Reform des Strafprozesses, kritische Besprechung der von der Kommission für die Reform des Strafprozesses gemachten Vorschläge, hrsg. von Aschrott (1906)
Artkämper	Artkämper, Die „gestörte" Hauptverhandlung, 5. Aufl. (2017)
Artkämper/Esders/Jakobs/ Sotelsek	Artkämper/Esders/Jakobs/Sotelsek, Praxiswissen Strafverfahren bei Tötungsdelikten (2012)
Aubert	Aubert, Fernmelderecht I, 3. Aufl. (1976)
Barton	Barton, Mindeststandards der Strafverteidigung (1994)
Barton (Verfahrensg.)	Barton, Verfahrensgerechtigkeit und Zeugenbeweis (2002)
Barton (Strafverteidigung)	Barton, Einführung in die Strafverteidigung, 2. Aufl. (2013)
Baumann	Baumann, Grundbegriffe und Verfahrensprinzipien des Strafprozeßrechts, 3. Aufl. (1979)
Baumann/Weber/Mitsch/ Eisele	Baumann/Weber/Mitsch/Eisele, Strafrecht, Allgemeiner Teil, Lehrbuch, 12. Aufl. (2016)
Baumbach/Lauterbach/ Hartmann/Anders/Gehle	Baumbach/Lauterbach/Hartmann/Anders/Gehle, Zivilprozessordnung, Kurz-Kommentar, 78. Aufl. (2020)
Beck/Berr/Schäpe	Beck/Berr/Schäpe, OWi-Sachen im Straßenverkehrsrecht, 7. Aufl. (2017)
Beck/Müller	Beck/Müller, Fälle und Lösungen zur StPO, 6. Aufl. (2020)
Beck'sches Formularbuch	Hamm/Leipold (Hrsg.), Beck'sches Formularbuch für den Strafverteidiger, 6. Aufl. (2018)
Beling	Beling, Deutsches Reichsstrafprozeßrecht (1928)
Bender/Nack/Treuer	Bender/Nack/Treuer, Tatsachenfeststellung vor Gericht, 4. Aufl. (2014)

https://doi.org/10.1515/9783110630244-207

Benfer/Bialon	Benfer/Bialon, Rechtseingriffe von Polizei und Staatsanwaltschaft, 4. Aufl. (2010)
Bernsmann/Gatzweiler	Bernsmann/Gatzweiler, Verteidigung bei Korruptionsfällen, 2. Aufl. (2014)
Berz/Burmann	Berz/Burmann, Handbuch des Straßenverkehrsrechts, Loseblattausgabe, 2 Bände, 40. Aufl. (2019)
Beulke/Swoboda	Beulke, Strafprozessrecht, 14. Aufl. (2018)
Beulke/Ruhmannseder	Beulke/Ruhmannseder, Die Strafbarkeit des Verteidigers, 2. Aufl. (2010)
Birkenstock	Birkenstock, Verfahrensrügen im Strafprozess – Rechtsprechungssammlung, 2 Bände (2004)
Birkmeyer	Birkmeyer, Deutsches Strafprozeßrecht (1898)
Bittmann/Köhler/Seeger/Tschakert	Handbuch der strafrechtlichen Vermögensabschöpfung: Sicherstellung – Einziehung – Opferentschädigung (2020)
Bock	Bock, Criminal Compliance, 2. Aufl. (2013)
Bockemühl	Handbuch des Fachanwalts Strafrecht, hrsg. von Bockemühl, 7. Aufl. (2018)
Bohnert	Bohnert, Beschränkungen der strafprozessualen Revision durch Zwischenverfahren (1983)
Bohnert/Bülte	Bohnert/Bülte, Ordnungswidrigkeitenrecht, 5 Aufl. (2016)
Bonn.Komm.	Kommentar zum Bonner Grundgesetz, Loseblattausgabe (ab 1950)
Booß	Booß, Straßenverkehrsordnung, Kommentar, 3. Aufl. (1980)
Bosbach	Bosbach, Verteidigung im Ermittlungsverfahren, 8. Aufl. (2015)
Bouska/Laeverenz	Bouska/Laeverenz, Fahrerlaubnisrecht, 3. Aufl. (2004)
Böhm/Feuerhelm	Böhm/Feuerhelm, Einführung in das Jugendstrafrecht, 4. Aufl. (2004)
Böhm (Strafvollzug)	Böhm, Strafvollzug, 3. Aufl. (2002)
Böse	Böse (Hrsg.), Europäisches Strafrecht, Enzyklopädie Europarecht, Band 9 (2013)
Böttger	Böttger (Hrsg.), Wirtschaftsstrafrecht in der Praxis, 2. Aufl. (2015)
Brandstetter	Brandstetter, Straffreiheitsgesetz, Kommentar (1956)
Brenner	Brenner, Ordnungswidrigkeitenrecht (1996)
Brettel/Schneider	Brettel/Schneider, Wirtschaftsstrafrecht, 2. Aufl. 2018
Breyer/Mehle/Osnabrügge/Schaefer	Breyer/Mehle/Osnabrügge/Schaefer, Strafprozessrecht (2005)
von Briel/Ehlscheid	von Briel/Ehlscheid, Steuerstrafrecht, 2. Aufl. (2000)
Bringewat	Bringewat, Strafvollstreckung, Kommentar zu den §§ 449 bis 463d StPO (1993)
Brodag	Brodag, Strafverfahrensrecht, 13. Aufl. (2014)
Brunner	Brunner, Abschlussverfügung der Staatsanwaltschaft, 14. Aufl. (2019)
Brunner/Dölling	Brunner/Dölling, Jugendgerichtsgesetz, Kommentar, 13. Aufl. (2017)
Bruns/Schröder/Tappert	Bruns/Schröder/Tappert, Kommentar zum strafrechtlichen Rehabilitierungsgesetz (1993)
Brüssow/Gatzweiler/Krekeler/Mehle	Brüssow/Gatzweiler/Krekeler/Mehle, Strafverteidigung in der Praxis, 4. Aufl. (2007)
Buddendiek/Rutkowski	Buddendiek/Rutkowski, Lexikon des Nebenstrafrechts, zugleich Registerband zum Erbs/Kohlhaas, Strafrechtliche Nebengesetze, 42. Aufl. (2019)
Burchardi/Klempahn/Wetterich	Burchardi/Klempahn/Wetterich, Der Staatsanwalt und sein Arbeitsgebiet, 5. Aufl. (1982)
Burhoff (Ermittlungsv.)	Burhoff, Handbuch für das strafrechtliche Ermittlungsverfahren, 8. Aufl. (2018)
Burhoff (Hauptv.)	Burhoff, Handbuch für die strafrechtliche Hauptverhandlung, 9. Aufl. (2019)
Burhoff/Stephan	Burhoff/Stephan, Strafvereitelung durch Strafverteidiger (2008)
Burhoff/Kotz	Burhoff/Kotz, Handbuch für strafrechtliche Rechtsmittel und Rechtsbehelfe, 2. Aufl. (2016)
Burmann/Heß/Hühnermann/Jahnke	Burmann/Heß/Hühnermann/Jahnke, Straßenverkehrsrecht, 26. Aufl. (2020)

Ciolek-Krepold	Ciolek-Krepold, Durchsuchung und Beschlagnahme in Wirtschaftsstrafsachen (2000)
Cirener/Jahn/Radtke	Cirener/Jahn/Radtke (Hrsg.), Bild-Ton-Dokumentation und „Konkurrenzlehre 2.0“ (2020)
Corstens/Pradel	Corstens/Pradel, European Criminal Law (2002)
Cramer	Cramer, Straßenverkehrsrecht StVO – StGB, Kommentar, 2. Aufl. (1977)
Cramer/Bürgle	Cramer/Bürgle, Die strafprozessualen Beweisverwertungsverbote, 2. Aufl. (2004)
Cramer/Cramer	Cramer/Cramer, Anwalts-Handbuch Strafrecht (2002)
Cryer/Friman/Robinson/ Wilmshurst	Cryer/Friman/Robinson/Wilmshurst, An Introduction to International Criminal Law and Procedure, 4th ed. (2019)
Cullen/Jund	Cullen/Jund, Strafrechtliche Zusammenarbeit in der Europäischen Union nach Tampere (2002)
Dahs (Hdb.)	Dahs, Handbuch des Strafverteidigers, 8. Aufl. (2015)
Dahs (Rechtl. Gehör)	Dahs, Rechtliches Gehör im Strafverfahren (1963)
Dahs	Dahs, Die Revision im Strafprozess, 9. Aufl. (2017)
Daimagüler	Daimagüler, Der Verletzte im Strafverfahren – Handbuch für die Praxis (2016)
Dalcke/Fuhrmann/Schäfer	Dalcke/Fuhrmann/Schäfer, Strafrecht und Strafverfahren, Kommentar, 37. Aufl. (1961)
Dallinger/Lackner	Dallinger/Lackner, Jugendgerichtsgesetz und ergänzende Vorschriften, Kommentar, 2. Aufl. (1965)
Dannecker/Knierim	Dannecker/Knierim, Insolvenzstrafrecht, 3. Aufl. (2018)
Deckers	Deckers, Der strafprozessuale Beweisantrag, 3. Aufl. (2013)
Delmas-Marty	Delmas-Marty, Corpus Juris der strafrechtlichen Regelungen zum Schutz der finanziellen Interessen der Europäischen Union (1998)
Delmas-Marty/Vervaele	Delmas-Marty/Verwaele, The Implementation of the Corpus Juris in the Member States, 4 Bände (2001)
Detter	Detter, Revision im Strafverfahren (2011)
Diemer/Schatz/Sonnen	Diemer/Schatz/Sonnen, Jugendgerichtsgesetz, Kommentar, 7. Aufl. (2015)
Dölling/Duttge/Rössner/ König	Dölling/Duttge/Rössner/König, Gesamtes Strafrecht – Handkommentar 4. Aufl. (2017) (zit.: HK-GS/*Verfasser*)
Dörndorfer	Dörndorfer, Rechtspflegergesetz, Kommentar, 2. Aufl. (2014)
Doswald Beck/Kolb	Doswald-Beck/Kolb, Judicial Process and Human Rights – United Nations, European, American and African Systems – Texts and summaries of international case law, 2004
Eb. Schmidt	Eberhard Schmidt, Lehrkommentar zur Strafprozeßordnung und zum Gerichtsverfassungsgesetz, Teil I: Die rechtstheoretischen und die rechtspolitischen Grundlagen des Strafverfahrensrechts, 2. Aufl. (1964); Teil II: Erläuterungen zur Strafprozeßordnung und zum Einführungsgesetz (1957); Teil III: Erläuterungen zum Gerichtsverfassungsgesetz und zum Einführungsgesetz (1960), Nachtrag I: Nachträge und Ergänzungen zu Teil II (1967), Nachtrag II: Nachtragsband II (1970)
Eb. Schmidt (Geschichte)	Schmidt, Einführung in die Geschichte der deutschen Strafrechtspflege, 3. Aufl. (1965)
Eb. Schmidt (Kolleg)	Schmidt, Deutsches Strafprozeßrecht, ein Kolleg (1967)
Eberth/Müller/Schütrumpf	Eberth/Müller/Schütrumpf, Verteidigung in Betäubungsmittelsachen, 7. Aufl. (2018)
Eidam	Eidam, Unternehmen und Strafe, 5. Aufl. (2018)
Eisenberg/Kölbel	Eisenberg/Kölbel, Jugendgerichtsgesetz, Kommentar, 21. Aufl. (2020)
Eisenberg (Beweismittel)	Eisenberg, Persönliche Beweismittel in der StPO, 2. Aufl. (1996)
Eisenberg (Beweisrecht)	Eisenberg, Beweisrecht der StPO, Spezialkommentar, 10. Aufl. (2017)
Eisenberg/Kölbel	Eisenberg/Kölbel, Kriminologie, 7. Aufl. (2017)

Endriß (BtM-Verfahren)	Endriß, Verteidigung in Betäubungsmittelverfahren (1998)
Engländer	Engländer, Examensrepetitorium Strafprozessrecht, 10. Aufl. (2020)
Erbs/Kohlhaas	Erbs/Kohlhaas, Strafrechtliche Nebengesetze, Kurzkommentar, Loseblattausgabe, 228. Aufl. (2020)
Erhardt	Erhardt, Strafrecht für Polizeibeamte, 6. Aufl. (2020)
ERST	Esser/Rübenstahl/Saliger/Tsambikakis (Hrsg.), Wirtschaftsstrafrecht, 2017
Eser	Eser, Einführung in das Strafprozeßrecht (1983)
Eser/Hassemer/Burkhardt	Eser/Hassemer/Burkhardt, Die deutsche Strafrechtswissenschaft vor der Jahrtausendwende (2000)
Esser	Esser, Auf dem Weg zu einem europäischen Strafverfahrensrecht (2002)
Esser, EuStR	Esser, Europäisches und Internationales Strafrecht, 2. Aufl. (2018)
Esser/Ida	Esser/Ida (Hrsg.), Menschenrechtsschutz und Zusammenarbeit im Strafrecht als globale Herausforderung (2018)
Fahl	Fahl, Rechtsmißbrauch im Strafprozeß (2004)
Fahrner	Fahrner, Handbuch Internationale Ermittlungen (2020)
Feest/Lesting/Lindemann	Feest/Lesting/Lindemann (Hrsg.), Kommentar zum Strafvollzugsgesetz (AK-StVollzG), 7. Aufl. (2017)
Fehn/Wamers	Fehn/Wamers, ZfdG – Zollfahndungsdienstgesetz – Handkommentar (2003)
Feisenberger	Feisenberger, Strafprozeßordnung und Gerichtsverfassungsgesetz (1926)
Ferner	Ferner, Strafzumessung (2005)
Fezer	Fezer, Strafprozeßrecht, 2. Aufl. (1995)
FG Beulke	Strafverteidigung – Grundlagen und Stolpersteine: Symposion für Werner Beulke (2012)
Fischer	Fischer, Strafgesetzbuch und Nebengesetze, Kommentar, 67. Aufl. (2020)
Flore/Tsambikakis	Flore/Tsambikakis (Hrsg.), Steuerstrafrecht, 2. Aufl. (2016)
Franke/Wienroeder	Franke/Wienroeder, BtMG, 3. Aufl. (2007)
Freyschmidt/Krumm	Freyschmidt/Krumm, Verteidigung in Straßenverkehrssachen, 11. Aufl. (2019)
Fromm	Fromm, Verteidigung in Straßenverkehrs- und Ordnungswidrigkeitenverfahren, 2. Aufl. (2015)
Frowein/Peukert	Frowein/Peukert, Europäische Menschenrechtskonvention, EMRK-Kommentar, 3. Aufl. (2009)
FS 45. DJT	Festschrift für den 45. Deutschen Juristentag (1964)
FS Achenbach	Festschrift für Hans Achenbach zum 70. Geburtstag (2011)
FS Adamovich	Staatsrecht und Staatswissenschaften in Zeiten des Wandels – Festschrift für Ludwig Adamovich zum 60. Geburtstag (1992)
FS AG Strafrecht DAV	Strafverteidigung im Rechtsstaat – 25 Jahre Arbeitsgemeinschaft Strafrecht des Deutschen Anwaltvereins (2009)
FS Amelung	Grundlagen des Straf- und Strafverfahrensrechts – Festschrift für Knut Amelung zum 70. Geburtstag (2009)
FS Androulakis	Festschrift für Nikolaos Androulakis zum 70. Geburtstag (2003)
FS Augsburg	Recht in Europa – Festgabe zum 30-jährigen Bestehen der Juristischen Fakultät Augsburg (2002)
FS Baudenbacher	Economic law and justice in times of globalisation – Festschrift für Carl Baudenbacher (2007)
FS Baumann	Festschrift für Jürgen Baumann zum 70. Geburtstag (1992)
FS Baumgärtel	Festschrift für Gottfried Baumgärtel zum 70. Geburtstag (1990)
FS BayVerfGH	Festschrift zum 50-jährigen Bestehen des Bayerischen Verfassungsgerichtshofs (1997)
FS Bemmann	Festschrift für Günther Bemmann zum 70. Geburtstag (1997)
FS Bernhardt	Recht zwischen Umbruch und Bewahrung – Festschrift für Rudolf Bernhardt (1995)
FS Beulke	Ein menschengerechtes Strafrecht als Lebensaufgabe –Festschrift für Werner Beulke zum 70. Geburtstag (2015)
FS Binding	Festschrift für Karl Binding zum 4. Juni 1911

FS BGH Festschrift aus Anlass des 50-jährigen Bestehens von Bundesgerichtshof, Bundesanwaltschaft und Rechtsanwaltschaft beim Bundesgerichtshof (2000)
FS II BGH 50 Jahre Bundesgerichtshof, Festgabe aus der Wissenschaft, hrsg. von Roxin/Widmaier, Bd. IV: Strafrecht (2000)
FS Blau Festschrift für Günter Blau zum 70. Geburtstag (1985)
FS Bockelmann Festschrift für Paul Bockelmann zum 70. Geburtstag (1979)
FS Böhm Festschrift für Alexander Böhm zum 70. Geburtstag (1999)
FS Böttcher Recht gestalten – dem Recht dienen, Festschrift für Reinhard Böttcher zum 70. Geburtstag (2007)
FS Boujong Verantwortung und Gestaltung, Festschrift für Karlheinz Boujong zum 65. Geburtstag (1996)
FS BRAK Festschrift zu Ehren des Strafrechtsausschusses der Bundesrechtsanwaltskammer (2006)
FS Brauneck Ehrengabe für Anne-Eva Brauneck (1999)
FS Breidling Festschrift für Ottmar Breidling zum 70. Geburtstag (2017)
FS Bruns Festschrift für Hans-Jürgen Bruns zum 70. Geburtstag (1978)
FS Burgstaller Festschrift für Manfred Burgstaller zum 65. Geburtstag (2004)
FS Carstens Einigkeit und Recht und Freiheit, Festschrift für Karl Carstens zum 70. Geburtstag (1984)
FS Dahs Festschrift für Hans Dahs zum 70. Geburtstag (2005)
FS Damaska Festschrift for Mirjan Damaska (2008)
FS Delbrück Liber Amicorum Jost Delbrück (2005)
FS Dencker Festschrift für Friedrich Dencker zum 70. Geburtstag (2012)
FS Doehring Staat und Völkerrechtsordnung – Festschrift für Karl Doehring; Beiträge zum ausländischen Recht und Völkerrecht Bd. 98 (1989)
FS Dreher Festschrift für Eduard Dreher zum 70. Geburtstag (1977)
FS Dünnebier Festschrift für Hanns Dünnebier zum 75. Geburtstag (1982)
FS Eide Human rights and criminal justice for the downtrodden; Essays in honour of Asbjørn Eide (2003)
FS Eisenberg Festschrift für Ulrich Eisenberg zum 70. Geburtstag (2009)
FS Eisenberg II Für die Sache – Kriminalwissenschaften aus unabhängiger Perspektive – Festschrift für Ulrich Eisenberg zum 80. Geburtstag (2019)
FS Engisch Festschrift für Karl Engisch zum 70. Geburtstag (1969)
FS Ermacora Fortschritt im Bewußtsein der Grund- und Menschenrechte, Festschrift für Felix Ermacora zum 65. Geburtstag (1988)
FS Eser Menschengerechtes Strafrecht, Festschrift für Albin Eser zum 70. Geburtstag (2005)
FS Eser II Scripta amicitiae – Freundschaftsgabe für Albin Eser zum 80. Geburtstag (2015)
FS Europa-Institut Europäische Integration und Globalisierung, Festschrift zum 60-jährigen Bestehen des Europa-Instituts (2011)
FS Everling Festschrift für Ulrich Everling (1993)
FS Faller Festschrift für Hans Joachim Faller (1984)
FS Fezer Festschrift für Gerhard Fezer zum 70. Geburtstag (2008)
FS Fiedler Verfassung – Völkerrecht – Kulturgüterschutz, Festschrift für Wilfried Fiedler zum 70. Geburtstag (2011)
FS Fischer Festschrift für Thomas Fischer (2018)
FS Flume Festgabe für Werner Flume zum 90. Geburtstag (1998)
FS Friauf Festschrift für Karl Heinrich Friauf (1996)
FS Friebertshäuser Festgabe für den Strafverteidiger Dr. Heino Friebertshäuser (1997)
FS Frisch Grundlagen und Dogmatik des gesamten Strafrechtssystems – Festschrift für Wolfgang Frisch zum 70. Geburtstag (2013)
FS Fuchs Festschrift für Helmut Fuchs zum 65. Geburtstag (2014)
FS Gallas Festschrift für Wilhelm Gallas zum 70. Geburtstag (1973)

FS Geerds	Kriminalistik und Strafrecht, Festschrift für Friedrich Geerds zum 70. Geburtstag (1995)
FS Geiger	Verantwortlichkeit und Freiheit. Die Verfassung als wertbestimmende Ordnung; Festschrift für Willi Geiger zum 80. Geburtstag (1989)
FS Geiß	Festschrift für Karlmann Geiß zum 65. Geburtstag (2000)
FS Geppert	Festschrift für Klaus Geppert zum 70. Geburtstag (2011)
FS Gollwitzer	Verfassungsrecht – Menschenrechte – Strafrecht, Kolloquium für Dr. Walter Gollwitzer zum 80. Geburtstag (2004)
FS Gössel	Festschrift für Karl Heinz Gössel zum 70. Geburtstag (2002)
FS Graf-Schlicker	Festschrift zu Ehren von Marie Luise Graf-Schlicker (2018)
FS Graßhoff	Der verfasste Rechtsstaat, Festgabe für Karin Graßhoff (1998)
FS Grünwald	Festschrift für Gerald Grünwald zum 70. Geburtstag (1999)
FS Grützner	Aktuelle Probleme des Internationalen Strafrechts, Festschrift für Heinrich Grützner zum 65. Geburtstag (1970)
FS Hacker	Wandel durch Beständigkeit, Festschrift für Jens Hacker (1998)
FS Haffke	Das Dilemma des rechtsstaatlichen Strafrechts: Symposium für Bernhard Haffke zum 65. Geburtstag (2009)
FS Hamm	Festschrift für Rainer Hamm zum 65. Geburtstag (2008)
FS Hanack	Festschrift für Ernst-Walter Hanack zum 70. Geburtstag (1999)
FS Hassemer	Festschrift für Winfried Hassemer zum 70. Geburtstag (2010)
FS Heinitz	Festschrift für Ernst Heinitz zum 70. Geburtstag (1972)
FS Heintschel-Heinegg	Festschrift für Bernd von Heintschel-Heinegg zum 70. Geburtstag (2015)
FS Heinz	Festschrift für Wolfgang Heinz zum 70. Geburtstag (2012)
FS Heldrich	Festschrift für Andreas Heldrich zum 70. Geburtstag (2005)
FS Helmrich	Für Staat und Recht, Festschrift für Herbert Helmrich zum 60. Geburtstag (1994)
FS Henkel	Grundfragen der gesamten Strafrechtswissenschaft, Festschrift für Heinrich Henkel zum 70. Geburtstag (1974)
FS Herzberg	Strafrecht zwischen System und Telos, Festschrift für Rolf Dietrich Herzberg zum 70. Geburtstag (2008)
FS Heusinger	Ehrengabe für Bruno Heusinger (1968)
FS Hilger	Datenübermittlungen und Vorermittlungen, Festgabe für Hans Hilger (2003)
FS Hirsch	Berliner Festschrift für Ernst E. Hirsch (1968)
FS B. Hirsch	Mit Recht für Menschenwürde und Verfassungsstaat, Festgabe für Burkhard Hirsch (2007)
FS H. J. Hirsch	Festschrift Hans Joachim Hirsch zum 70. Geburtstag (1999)
FS Höpfel	Vielfalt des Strafrechts im internationalen Kontext – Festschrift für Frank Höpfel zum 65. Geburtstag (2018)
FS HU Berlin	Festschrift 200 Jahre Juristische Fakultät der Humboldt-Universität zu Berlin (2010)
FS Hubmann	Beiträge zum Schutz der Persönlichkeit und ihrer schöpferischen Leistung, Festschrift für Heinrich Hubmann zum 70. Geburtstag (1985)
FS Huber	Recht als Prozess und Gefüge, Festschrift für Hans Huber zum 80. Geburtstag (1981)
FS Imme Roxin	Festschrift für Imme Roxin zum 75. Geburtstag (2012)
FS Ismayr	Analyse demokratischer Regierungssysteme, Festschrift für Wolfgang Ismayr zum 65. Geburtstag (2010)
FS Jahrreiß	Festschrift für Hermann Jahrreiß zum 70. Geburtstag (1964)
FS II Jahrreiß	Festschrift für Hermann Jahrreiß zum 80. Geburtstag (1974)
FS Jakobs	Festschrift für Günther Jakobs zum 70. Geburtstag (2007)
FS Jescheck	Festschrift für HansHeinrich Jescheck zum 70. Geburtstag (1985)
FS Jung	Festschrift für Heike Jung zum 65. Geburtstag (2007)
FS JurGes. Berlin	Festschrift zum 125jährigen Bestehen der Juristischen Gesellschaft zu Berlin (1984)

FS Kaiser	Internationale Perspektiven in Kriminologie und Strafrecht, Festschrift für Günther Kaiser zum 70. Geburtstag (1998)
FS Kargl	Festschrift für Walter Kargl zum 70. Geburtstag (2015)
FS Katoh	Blick über den Tellerrand, Festschrift für Hisao Katoh (2008)
FS Arthur Kaufmann	Strafgerechtigkeit, Festschrift für Arthur Kaufmann zum 70. Geburtstag (1993)
FS Kern	Tübinger Festschrift für Eduard Kern (1968)
FS Kerner	Kriminologie – Kriminalpolitik – Strafrecht, Festschrift für Hans-Jürgen Kerner zum 70. Geburtstag (2013)
FS Kielwein	Dogmatik und Praxis des Strafverfahrens, Beiträge anläßlich des Colloquiums zum 65. Geburtstag von Gerhard Kielwein (1989)
FS Kindhäuser	Festschrift für Urs Kindhäuser zum 70. Geburtstag (2019)
FS Kirchberg	Festschrift für Christian Kirchberg zum 70. Geburtstag (2017)
FS Klecatsky	Auf dem Weg zur Menschenwürde und Gerechtigkeit, Festschrift für Hans Klecatsky zum 60. Geburtstag (1980)
FS Klein	Festschrift für Franz Klein zum 60. Geburtstag (1914)
FS Kleinheyer	Festschrift für Gerd Kleinheyer zum 70. Geburtstag (2001)
FS Kleinknecht	Strafverfahren im Rechtsstaat, Festschrift für Theodor Kleinknecht zum 75. Geburtstag (1985)
FS Klug	Festschrift für Ulrich Klug zum 70. Geburtstag (1983)
FS Koch	Strafverteidigung und Strafprozeß, Festgabe für Ludwig Koch (1989)
FS Kohlmann	Festschrift für Günter Kohlmann zum 70. Geburtstag (2003)
FS Kralik	Festschrift für Winfried Kralik zum 65. Geburtstag (1986)
FS Krause	Festschrift für Friedrich-Wihelm Krause zum 70. Geburtstag (1990)
FS Krauss	Prozessuales Denken als Innovationsanreiz für das materielle Strafrecht, Kolloquium zum 70. Geburtstag von Detlef Krauss (2006)
FS Kreuzer	Mittler zwischen Recht und Wirklichkeit – Festschrift für Arthur Kreuzer zum 80. Geburtstag (2018)
FS Kriele	Staatsphilosophie und Rechtspolitik, Festschrift für Martin Kriele zum 65. Geburtstag (1997)
FS Krey	Festschrift für Volker Krey zum 70. Geburtstag (2010)
FS Kroeschell	Wirkungen europäischer Rechtskultur – Festschrift für Karl Kroeschll zum 70. Geburtstag (1997)
FS Kunert	Freiheit, Gesetz und Toleranz, Symposium zum 75. Geburtstag von Karl Heinz Kunert (2006)
FS Kühl	Festschrift für Kristian Kühl zum 70. Geburtstag (2014)
FS Kühne	Festschrift für Hans-Heiner Kühne zum 70. Geburtstag (2013)
FS Küper	Festschrift für Wilfried Küper zum 70. Geburtstag (2007)
FS Lackner	Festschrift für Karl Lackner zum 70. Geburtstag (1987)
FS Lampe	Jus humanum: Grundlagen des Rechts und Strafrechts, Festschrift für Ernst-Joachim Lampe zum 70. Geburtstag (2003)
FS Landau	Grundgesetz und Europa – Liber Amicorum für Herbert Landau zum Ausscheiden aus dem Bundesverfassungsgericht (2016)
FS Lange	Festschrift für Richard Lange zum 70. Geburtstag (1976)
FS Leferenz	Kriminologie – Psychiatrie – Strafrecht, Festschrift für Heinz Leferenz zum 70. Geburtstag (1983)
FS Lenckner	Festschrift für Theodor Lenckner zum 70. Geburtstag (1998)
FS Lerche	Wege und Verfahren des Verfassungslebens, Festschrift für Peter Lerche zum 65. Geburtstag (1993)
FS Loebenstein	Der Rechtsstaat in der Krise – Festschrift für Edwin Loebenstein zum 80. Geburtstag (1991)
FS Loewenstein	Festschrift für Karl Loewenstein zum 80. Geburtstag (1971)
FS von Lübtow	De iustitia et iure – Festschrift für Ulrich von Lübtow zum 80. Geburtstag (1980)
FS Lüderssen	Festschrift für Klaus Lüderssen zum 70. Geburtstag (2002)

FS Machacek und Matscher	Rechtsschutz gestern – heute – morgen, Festgabe zum 80. Geburtstag für Rudolf Machacek und Franz Matscher (2008)
FS Maelicke	Wertschöpfung durch Wertschätzung, Festschrift für Bernd Maelicke zum 70. Geburtstag (2011)
FS Maihofer	Festschrift für Werner Maihofer zum 70. Geburtstag (1988)
FS Maiwald	Fragmentarisches Strafrecht, Für Manfred Maiwald aus Anlass seiner Emeritierung (2003)
FS Maiwald II	Gerechte Strafe und legitimes Strafen, Festschrift für Manfred Maiwald zum 75. Geburtstag (2010)
FS Mangakis	Festschrift für Georgios Mangakis (1999)
FS Manoledakis	Festschrift für Ioannis Manoledakis (2005)
FS Maurach	Festschrift für Reinhard Maurach zum 70. Geburtstag (1972)
FS Mayer	Beiträge zur gesamten Strafrechtswissenschaft, Festschrift für Hellmuth Mayer zum 70. Geburtstag (1966)
FS Mehle	Festschrift für Volkmar Mehle zum 65. Geburtstag (2009)
FS Merkel	Festschrift für Reinhard Merkel zum 70. Geburtstag (2020)
FS Meyer-Goßner	Festschrift für Lutz Meyer-Goßner zum 65. Geburtstag (2001)
FS Mezger	Festschrift für Edmund Mezger zum 70. Geburtstag (1954)
FS Middendorf	Festschrift für Wolf Middendorf zum 70. Geburtstag (1986)
FS Miebach	NStZ-Sonderheft – Zum Eintritt in den Ruhestand für Klaus Miebach (2009)
FS Miklau	Strafprozessrecht im Wandel, Festschrift für Roland Miklau zum 65. Geburtstag (2006)
FS Miyazawa	Festschrift für Koichi Miyazawa (1995)
FS Möhring	Festschrift für Philipp Möhring zum 65. Geburtstag (1965)
FS Mosler	Völkerrecht als Rechtsordnung, Internationale Gerichtsbarkeit, Menschenrechte; Festschrift für Hermann Mosler zum 70. Geburtstag (1983)
FS E. Müller	Opuscula Honoraria, Egon Müller zum 65. Geburtstag (2003)
FS E. Müller II	Festschrift für Egon Müller zum 70. Geburtstag (2008)
FS Müller-Dietz	Grundlagen staatlichen Strafens, Festschrift für Heinz Müller-Dietz zum 70. Geburtstag (2001)
FS Nehm	Strafrecht und Justizgewährung, Festschrift für Kay Nehm zum 65. Geburtstag (2006)
FS Neumann	Rechtsstaatliches Strafrecht, Festschrift für Ulfrid Neumann zum 70. Geburtstag (2017)
FS Nishihara	Festschrift für Harua Nishihara zum 70. Geburtstag (1998)
FS Odersky	Festschrift für Walter Odersky zum 65. Geburtstag (1996)
FS Oehler	Festschrift für Dietrich Oehler zum 70. Geburtstag (1985)
FS Ostendorf	Strafrecht – Jugendstrafrecht – Kriminalprävention in Wissenschaft und Praxis – Festschrift für Heribert Ostendorf zum 70. Geburtstag (2015)
FS Otto	Festschrift für Harro Otto zum 70. Geburtstag (2007)
FS Paarhammer	In mandatis meditari, Festschrift für Hans Paarhammer zum 65. Geburtstag (2012)
FS Paeffgen	Strafe und Prozess im freiheitlichen Rechtsstaat – Festschrift für Hans-Ullrich Paeffgen zum 70. Geburtstag (2015)
FS Partsch	Des Menschen Recht zwischen Freiheit und Verantwortung, Festschrift für Karl Josef Partsch zum 75. Geburtstag (1989)
FS Paulus	Festgabe des Instituts für Strafrecht und Kriminologie der Juristischen Fakultät der Julius-Maximilians-Universität Würzburg für Rainer Paulus zum 70. Geburtstag (2009)
FS Pavisic	Kazneno Pravo, Kazneno Postupovno I Kriminalistika, Festschrift für Berislav Pavisic zum 70. Geburtstag (2014)
FS Peters	Einheit und Vielfalt des Strafrechts, Festschrift für Karl Peters zum 70. Geburtstag (1974)

FS Peters II	Wahrheit und Gerechtigkeit im Strafverfahren, Festgabe für Karl Peters zum 80. Geburtstag (1984)
FS Chr. Pfeiffer	Kriminologie ist Gesellschaftswissenschaft, Festschrift für Christian Pfeiffer zum 70. Geburtstag (2014)
FS Pfeiffer	Strafrecht, Unternehmensrecht, Anwaltsrecht, Festschrift für Gerd Pfeiffer zum Abschied aus dem Amt als Präsident des Bundesgerichtshofes (1988)
FS Pfenniger	Strafprozeß und Rechtsstaat, Festschrift zum 70. Geburtstag von H. F. Pfenniger (1976)
FS Platzgummer	Festschrift für Winfried Platzgummer zum 65. Geburtstag (1995)
FS Posser	Anwalt des Rechtsstaats – Festschrift für Diether Posser zum 75. Geburtstag (1997)
FS Pöttering	Processus Criminalis Europeus, Festschrift für Hans-Gert Pöttering (2008)
FS Puppe	Strafrechtswissenschaft als Analyse und Konstruktion, Festschrift für Ingeborg Puppe zum 70. Geburtstag (2011)
FS Rebmann	Festschrift für Kurt Rebmann zum 65. Geburtstag (1989)
FS Reichsgericht	Die Reichsgerichtspraxis im deutschen Rechtsleben, Festgabe der juristischen Fakultäten zum 50jährigen Bestehen des Reichsgerichts, Bd. 5, Strafrecht und Strafprozeß (1929)
FS Reichsjustizamt	Vom Reichsjustizamt zum Bundesministerium der Justiz, Festschrift zum 100jährigen Gründungstag des Reichsjustizamtes am 1.1.1877 (1977)
FS Remmers	Vertrauen in den Rechtsstaat, Beiträge zur deutschen Einheit im Recht, Festschrift für Walter Remmers (1995)
FS Rengier	Festschrift für Rudolf Rengier zum 70. Geburtstag (2018)
FS Ress	Internationale Gemeinschaft und Menschenrechte, Festschrift für Georg Ress zum 70. Geburtstag (2005)
FS Richter	Verstehen und Widerstehen, Festschrift für Christian Richter II zum 65. Geburtstag (2006)
FS Rieß	Festschrift für Peter Rieß zum 70. Geburtstag (2002)
FS Rill	Grundfragen und aktuelle Probleme des öffentlichen Rechts – Festschrift für Heinz Peter Rill zum 60. Geburtstag (1995)
FS Rissing-van Saan	Festschrift für Ruth Rissing-van Saan zum 65. Geburtstag (2011)
FS Rittler	Festschrift für Theodor Rittler zu seinem achtzigsten Geburtstag (1957)
FS Rogall	Systematik in Strafrechtswissenschaft und Gesetzgebung – Festschrift für Klaus Rogall zum 70. Geburtstag (2018)
FS Rolinski	Festschrift für Klaus Rolinski zum 70. Geburtstag (2002)
FS Rosenfeld	Festschrift für Ernst Heinrich Rosenfeld zu seinem 80. Geburtstag (1949)
FS Rowedder	Festschrift für Heinz Rowedder zum 75. Geburtstag (1994)
FS Roxin	Festschrift für Claus Roxin zum 70. Geburtstag (2001)
FS Roxin II	Festschrift für Claus Roxin zum 80. Geburtstag (2011)
FS Rössner	Über allem: Menschlichkeit – Festschrift für Dieter Rössner zum 70. Geburtstag (2015)
Rudolphi-Symp.	Zur Theorie und Systematik des Strafprozeßrechts, Symposium zu Ehren von Hans-Joachim Rudolphi zum 60. Geburtstag (1995)
FS Rudolphi	Festschrift für Hans-Joachim Rudolphi zum 70. Geburtstag (2004)
FS Rüping	Recht und Macht: zur Theorie und Praxis von Strafe, Festschrift für Hinrich Rüping zum 65. Geburtstag (2008)
FS Rüter	Festschrift für C. F. Rüter zum 65. Geburtstag (2003)
FS Salger	Straf- und Strafverfahrensrecht, Recht und Verkehr, Recht und Medizin, Festschrift für Hannskarl Salger zum Abschied aus dem Amt als Vizepräsident des Bundesgerichtshofes (1995)
FS Samson	Festschrift für Erich Samson zum 70. Geburtstag (2010)
FS Sarstedt	Festschrift für Werner Sarstedt zum 70. Geburtstag (1981)
FS Sauer	Festschrift für Wilhelm Sauer zu seinem 70. Geburtstag (1949)
FS G. Schäfer	NJW-Sonderheft für Gerhard Schäfer zum 65. Geburtstag (2002)
FS Schäfer	Festschrift für Karl Schäfer zum 80. Geburtstag (1980)

FS Scharf	Festschrift für Ulrich Scharf zum 70. Geburtstag (2008)
FS W. Schiller	Festschrift für Wolf Schiller zum 65. Geburtstag (2014)
FS Schindler	Im Dienst an der Gemeinschaft, Festschrift für Dietrich Schindler zum 65. Geburtstag (1989)
FS Schlochauer	Staatsrecht – Völkerrecht – Europarecht, Festschrift für Hans Jürgen Schlochauer (1981)
FS Schlothauer	Festschrift für Reinhold Schlothauer zum 70. Geburtstag (2018)
FS Schlüchter	Freiheit und Verantwortung in schwieriger Zeit, Kritische Studien aus vorwiegend straf(prozess-)rechtlicher Sicht zum 60. Geburtstag von Ellen Schlüchter (1998)
FS Schmidt	Festschrift für Eberhard Schmidt zum 70. Geburtstag (1961)
FS H. Schmidt	Kostenerstattung und Streitwert, Festschrift für Herbert Schmidt (1981)
FS Schmidt-Leichner	Festschrift für Erich Schmidt-Leichner zum 65. Geburtstag (1975)
FS Schmitt-Glaeser	Recht im Pluralismus, Festschrift für Walter Schmitt-Glaeser zum 70. Geburtstag (2003)
FS Schneider	Kriminologie an der Schwelle zum 21. Jahrhundert, Festschrift für Hans Joachim Schneider zum 70. Geburtstag (1998)
FS Schomburg	Justice Without Borders – Essays in Honour of Wolfgang Schomburg (2018)
FS Schöch	Festschrift für Heinz Schöch zum 70. Geburtstag (2010)
FS Schreiber	Strafrecht, Biorecht, Rechtsphilosophie, Festschrift für Hans-Ludwig Schreiber zum 70. Geburtstag (2003)
FS Schroeder	Festschrift für Friedrich-Christian Schroeder zum 70. Geburtstag (2006)
FS Schüler-Springorum	Festschrift für Horst Schüler-Springorum zum 65. Geburtstag (1993)
FS Schünemann	Festschrift für Bernd Schünemann zum 70. Geburtstag (2014)
FS Schultz	Lebendiges Strafrecht. Festgabe zum 65. Geburtstag von Hans Schultz (1977)
FS Schwind	Kriminalpolitik und ihre wissenschaftlichen Grundlagen, Festschrift für Hans-Dieter Schwind zum 70. Geburtstag (2006)
FS Seebode	Festschrift für Manfred Seebode zum 70. Geburtstag (2008)
FS Seidl-Hohenveldern	Völkerrecht, Recht der Internationalen Organisationen, Weltwirtschaftsrecht; Festschrift für Ignaz Seidl-Hohenveldern zum 70. Geburtstag (1988)
FS Sellert	Zur Erhaltung guter Ordnung – Beiträge zur Geschichte von Recht und Justiz, Festschrift für Wolfgang Sellert zum 65. Geburtstag (2000)
FS Sendler	BürgerRichterStaat, Festschrift für Horst Sendler zum Abschied aus seinem Amt (1991)
FS Spendel	Festschrift für Günter Spendel zum 70. Geburtstag (1992)
FS Spinellis	Festschrift für Dionysios Spinellis zum 70. Geburtstag (1999–2003)
FS StA Schleswig-Holstein	Strafverfolgung und Strafverzicht, Festschrift zum 125jährigen Bestehen der Staatsanwaltschaft Schleswig-Holstein (1992)
FS Steinberger	Tradition und Weltoffenheit des Rechts, Festschrift für Helmut Steinberger (2002)
FS Steinhilper	Kriminologie und Medizinrecht, Festschrift für Gernot Steinhilper zum 70. Geburtstag (2013)
FS Stober	Festschrift für Rolf Stober, Wirtschaft – Verwaltung – Recht (2008)
FS Stock	Studien zur Strafrechtswissenschaft, Festgabe für Ulrich Stock zum 70. Geburtstag (1966)
FS Stöckel	Strafrechtspraxis und Reform, Festschrift für Heinz Stöckel zum 70. Geburtstag (2010)
FS Strauda	Festschrift zu Ehren des Strafrechtsausschusses der Bundesrechtsanwaltskammer anlässlich seiner 196. Tagung vom 13.–15.10.2006 in Münster (2006)
FS Stree/Wessels	Beiträge zur Rechtswissenschaft, Festschrift für Walter Stree und Johannes Wessels zum 70. Geburtstag (1993)

FS Streng	Festschrift für Franz Streng zum 70. Geburtstag (2017)
FS Szwarc	Vergleichende Strafrechtswissenschaft, Frankfurter Festschrift für Andrzej J. Szwarc zum 70. Geburtstag (2009)
FS Tepperwien	NJW-Festheft zum 65. Geburtstag von Ingeborg Tepperwien (2010)
FS Tiedemann	Strafrecht und Wirtschaftsstrafrecht, Festschrift für Klaus Tiedemann zum 70. Geburtstag (2008)
FS Tondorf	Festschrift für Günter Tondorf zum 70. Geburtstag (2004)
FS Trechsel	Strafrecht, Strafprozessrecht und Menschenrechte, Festschrift für Stefan Trechsel zum 65. Geburtstag (2002)
FS Triffterer	Festschrift für Otto Triffterer zum 65. Geburtstag (1996)
FS Tröndle	Festschrift für Herbert Tröndle zum 70. Geburtstag (1989)
FS Trusen	Festschrift für Winfried Trusen zum 70. Geburtstag (1994)
FS Verdross	Völkerrecht und zeitliches Weltbild, Festschrift für Alfred Verdross zum 70. Geburtstag (1960)
FS Verdross II	Ius humanitas, Festschrift für Alfred Verdross zum 90. Geburtstag (1980)
FS Verosta	Völkerrecht und Rechtsphilosophie, Internationale Festschrift für Stephan Verosta zum 70. Geburtstag (1980)
FS Volk	In dubio pro libertate, Festschrift für Klaus Volk zum 65. Geburtstag (2009)
FS von Simson	Grundrechtsschutz im nationalen und internationalen Recht – Festschrift für Werner von Simson zum 75. Geburtstag (1983)
FS Vormbaum	Strafrecht und Juristische Zeitgeschichte – Symposium anlässlich des 70. Geburtstages von Thomas Vormbaum
FS Wassermann	Festschrift für Rudolf Wassermann zum 60. Geburtstag (1985)
FS v. Weber	Festschrift für Hellmuth von Weber zum 70. Geburtstag (1963)
FS Weber	Festschrift für Ulrich Weber zum 70. Geburtstag (2004)
FS Weißauer	Ärztliches Handeln – Verrechtlichung eines Berufsstandes; Festschrift für Walther Weißauer zum 65. Geburtstag (1986)
FS Welp	Strafverteidigung in Forschung und Praxis, Kriminalwissenschaftliches Kolloquium aus Anlaß des 70. Geburtstages von Jügen Welp (2006)
FS Welzel	Festschrift für Hans Welzel zum 70. Geburtstag (1974)
FS Wessing	Unternehmensstrafrecht – Festschrift für Jürgen Wessing zum 65. Geburtstag (2015)
FS Widmaier	Strafverteidigung, Revision und die gesamten Strafrechtswissenschaften – Festschrift für Gunter Widmaier zum 70. Geburtstag (2008)
FS Winkler	Beiträge zum Verfassungs- und Wirtschaftsrecht, Festschrift für Günther Winkler (1989)
FS Wolff	Festschrift für Gerhard Wolf (2018)
FS Wolff	Festschrift für Ernst Amadeus Wolff zum 70. Geburtstag (1998)
FS Wolter	Festschrift für Jürgen Wolter zum 70. Geburtstag (2013)
FS Wolter	Festschrift für Gerhard Wolf (2018) hinzufügen
FS Würtenberger	Kultur, Kriminalität, Strafrecht, Festschrift für Thomas Würtenberger zum 70. Geburtstag (1977)
FS Würtenberger II	Verfassungsstaatlichkeit im Wandel, Festschrift für Thomas Würtenberger zum 70. Geburtstag (2013)
FS Würzburger Juristenfakultät	Raum und Recht, Festschrift 600 Jahre Würzburger Juristenfakultät (2002)
FS Yamanaka	Rechtsstaatliches Strafen, Festschrift für Keiichi Yamanaka zum 70. Geburtstag (2017)
FS Zeidler	Festschrift für Wolfgang Zeidler (1987)
FS Zoll	Rechtsstaat und Strafrecht, Festschrift für Andrzej Zoll zum 70. Geburtstag (2012)
Full/Möhl/Rüth	s. Rüth/Berr/Berz

Gaede	Gaede, Fairness als Teilhabe – das Recht auf konkrete und wirksame Teilhabe durch Verteidigung gemäß Art. 6 EMRK (2007)
Gaier/Wolf/Göcken	Gaier/Wolf/Göcken, Anwaltliches Berufsrecht, 3. Aufl. (2019)
GedS Bleckmann	Rechtsstaatliche Ordnung Europas – Gedächtnisschrift für Albert Bleckmann (2007)
GedS Blomeyer	Recht der Wirtschaft und Arbeit in Europa. Gedächtnisschrift für Wolfgang Blomeyer (2004)
GedS Blumenwitz	Iustitia et Pax, Gedächtnisschrift für Dieter Blumenwitz (2008)
GedS Bruns	Gedächtnisschrift für Rudolf Bruns (1980)
GedS Eckert	Gedächtnisschrift für Jörn Eckert (2008)
GedS Geck	Verfassungsrecht und Völkerrecht, Gedächtnisschrift für Wilhelm Karl Geck (1989)
GedS Heine	Strafrecht als ultima ratio – Gießener Gedächtnisschrift für Günter Heine (2015)
GedS Joecks	Strafrecht – Wirtschaftsstrafrecht – Steuerrecht – Gedächtnisschrift für Wolfgang Joecks (2018)
GedS A. Kaufmann	Gedächtnisschrift für Armin Kaufmann (1986)
GedS H. Kaufmann	Gedächtnisschrift für Hilde Kaufmann (1986)
GedS Keller	Gedächtnisschrift für Rolf Keller (2003)
GedS Küchenhoff	Recht und Rechtsbesinnung, Gedächtnisschrift für Günter Küchenhoff (1987)
GedS Lisken	Lauschen im Rechtsstaat – Zu den Konsequenzen des Urteils des Bundesverfassungsgerichts zum großen Lauschangriff, Gedächtnisschrift für Hans Lisken (2004)
GedS Meurer	Gedächtnisschrift für Dieter Meurer (2002)
GedS Meyer	Gedächtnisschrift für Karlheinz Meyer (1990)
GedS Noll	Gedächtnisschrift für Peter Noll (1984)
GedS H. Peters	Gedächtnisschrift für Hans Peters (1967)
GedS Ryssdal	Protection des droits de l'homme: la perspective européenne/Protecting Human Rights: The European Perspective, Gedächtnisschrift für Rolv Ryssdal (2000)
GedS Schlüchter	Gedächtnisschrift für Ellen Schlüchter (2002)
GedS Schröder	Gedächtnisschrift für Horst Schröder (1978)
GedS Seebode	Im Zweifel für die Freiheit – Gedächtnisschrift für Manfred Seebode (2015)
GedS Tröndle	Gedächtnisschrift für Herbert Tröndle (2020)
GedS Trzaskalik	Gedächtnisschrift für Christoph Trzaskalik (2005)
GedS Walter	Kriminologie – Jugendkriminalrecht – Strafvollzug, Gedächtnisschrift für Michael Walter (2014)
GedS Weßlau	Rechtsstaatlicher Strafprozess und Bürgerrechte – Gedächtnisschrift für Edda Weßlau (2016)
GedS Vogler	Gedächtnisschrift für Theo Vogler (2004)
GedS Zipf	Gedächtnisschrift für Heinz Zipf (1999)
Geerds	Handbuch der Kriminalistik, begr. von H. Groß, neubearbeitet von Geerds, 10. Aufl. (Bd. I 1977, Bd. II 1978)
Geiger/Khan/Kotzur	Geiger/Khan/Kotzur, EUV/AEUV, Kommentar, 6. Aufl. (2017)
Gercke/Leimenstoll/Stirner	Gercke/Leimenstoll/Stirner, Handbuch Medizinstrafrecht (2020)
Gerland	Gerland, Der Deutsche Strafprozeß (1927)
Gerold/Schmidt/v. Eicken/	Gerold/Schmidt/v. Eicken/Madert/Müller-Rabe, Rechtsanwaltsvergü-
Gerson	Gerson, Das Recht auf Beschuldigung (2016)
Gerst	Gerst (Hrsg.), Zeugen in der Hauptverhandlung, 2. Aufl. (2020)
Madert/Müller-Rabe	tungsgesetz, Kommentar, 24. Aufl. (2019)
Glaser	Glaser, Handbuch des Strafprozesses, in Binding, Systematisches Handbuch der Deutschen Rechtswissenschaft (Bd. I 1883, Bd. II 1885)
Göbel	Göbel, Strafprozess, 8. Aufl. (2013)

Göhler	Göhler, Ordnungswidrigkeitengesetz, Kurzkommentar erläutert von Erich Göhler, fortgef. von Peter König und Helmut Seitz, 17. Aufl. (2017)
Gössel	Gössel, Strafverfahrensrecht, Studienbuch (1977)
Gössel/Dölling	Gössel/Dölling, Strafrecht, Besonderer Teil 1, 2. Aufl. (2004)
Goldschmidt	Goldschmidt, Der Prozeß als Rechtslage (1925)
Grabenwarter/Pabel	Grabenwarter/Pabel, Europäische Menschenrechtskonvention, 6. Aufl. (2016)
Grabitz/Hilf/Nettesheim	Grabitz/Hilf/Nettesheim, Das Recht der Europäischen Union, begr. von Grabitz, Loseblattausgabe, 68. Aufl. (2019)
Graf	Graf, Strafprozessordnung, 3. Aufl. (2018)
Graf/Goers (BGH Jahr)	Graf, BGH-Rechtsprechung Strafrecht 2010 (2011); 2011 (2012); 2012/2013 (2013); 2014 (2014); 2015 (2015); 2016 (2016); 2017 (2017); 2018 (2018); 2020 (2020)
Graf/Jäger/Wittig	Graf/Jäger/Wittig, Wirtschafts- und Steuerstrafrecht, 2. Aufl. (2017)
Graf zu Dohna	Graf zu Dohna, Das Strafprozeßrecht, 3. Aufl. (1929)
Greeve/Leipold	Greeve/Leipold, Handbuch des Baustrafrechts (2004)
Grote/Marauhn/Dörr	Grote/Marauhn/Dörr, EMRK/GG, Konkordanzkommentar zum europäischen und deutschen Grundrechtsschutz, 2. Aufl. (2013)
Grunau/Tiesler	Grunau/Tiesler, Strafvollzugsgesetz, Kommentar, 2. Aufl. (1982)
von der Grün	von der Grün, Verdeckte Ermittlungen (2015)
Grützner/Pötz/Kreß/Gazeas	Grützner/Pötz/Kreß/Gazeas, Internationaler Rechtshilfeverkehr in Strafsachen, Loseblattausgabe, 3. Aufl. (ab 2008)
Guradze	Guradze, Die Europäische Menschenrechtskonvention, 1968
Gürtner	Das kommende deutsche Strafverfahren, Bericht der amtlichen Strafprozeßkommission, hrsg. von Gürtner (1938)
Habschick	Habschick, Erfolgreich Vernehmen, 4. Aufl. (2016)
Hackner/Schierholt	Hackner/Schierholt, Internationale Rechtshilfe in Strafsachen, 3. Aufl. (2017)
Hahn	Hahn, Die gesamten Materialien zur Strafprozeßordnung und dem Einführungsgesetz, Bd. I (1880), Bd. II (1881)
Haller/Conzen	Haller/Conzen, Das Strafverfahren, 8. Aufl. (2018)
Hamm/Hassemer/Pauly	Hamm/Hassemer/Pauly, Beweisantragsrecht, 3. Aufl. (2019)
Hamm	Hamm, Die Revision in Strafsachen, 7. Aufl. (2010)
Hanack-Symp.	Aktuelle Probleme der Strafrechtspflege, Beiträge eines Symposions anläßlich des 60. Geburtstags von Ernst Walter Hanack (1991)
Hansens	Hansens, RVG, Rechtsanwaltsvergütungsgesetz, 9. Aufl. (2018)
Hartmann/Toussaint	Hartmann/Toussaint, Kostengesetze, 50. Aufl. (2020)
Hartung/Schons/Enders	Hartung/Schons/Enders, Rechtsanwaltsvergütungsgesetz (RVG), Kommentar, 3. Aufl. (2017)
Haupt/Weber/Bürner/Frankfurth/Luxemburger/Marth	Haupt/Weber/Bürner/Frankfurth/Luxemburger/Marth, Handbuch Opferschutz und Opferhilfe, 2. Aufl. (2003)
HdbStR	Handbuch des Strafrechts, hrsg. von Hilgendorf/Kudlich/Valerius, ab 2018
HdbVerfR	Handbuch des Verfassungsrechts, hrsg. von Benda/Maihofer/Vogel, 2. Aufl. (1994)
Hecker	Hecker, Europäisches Strafrecht, 5. Aufl. (2015)
Heghmanns/Herrmann	Heghmanns/Herrmann, Das Arbeitsgebiet des Staatsanwalts, 5. Aufl. (2017)
Heghmanns, Verteidigung	Heghmanns, Verteidigung in Strafvollstreckung und Strafvollzug, 2. Aufl. (2012)
Heghmanns/Scheffler	Heghmanns/Scheffler, Handbuch zum Strafverfahren (2008) (zit.: HbStrVf/*Verfasser*)
Hellebrand	Hellebrand, Die Staatsanwaltschaft (1999)
Hellmann	Hellmann, Strafprozessrecht, 2. Aufl. (2005)

Henkel	Henkel, Strafverfahrensrecht, Lehrbuch, 2. Aufl. (1968)
Henssler/Prütting	Bundesrechtsanwaltsordnung, Kommentar, hrsg. von Henssler/Prütting, 5. Aufl. (2019)
Hentschel	Hentschel, Trunkenheit, Fahrerlaubnisentziehung, Fahrverbot im Straf- und Ordnungswidrigkeitenrecht, 10. Aufl. (2006)
Hentschel/König/Dauer	Hentschel/König/Dauer, Straßenverkehrsrecht, 45. Aufl. (2019)
Herrmann	Herrmann, Untersuchungshaft (2007)
Herrnfeld/Brodowski/ Burchard	Herrnfeld/Brodowski/Burchard, European Public Prosecutor's Office, 2020
Heselhaus/Nowak	Heselhaus/Nowak, Handbuch der Europäischen Grundrechte, 2. Aufl. (2020)
Herzog/Mülhausen	Herzog/Mülhausen, Geldwäschebekämpfung und Gewinnabschöpfung (2006)
von Hippel	von Hippel, Der deutsche Strafprozeß, Lehrbuch (1941)
HK	Heidelberger Kommentar zur Strafprozessordnung, 6. Aufl. (2019)
HK-GS	*siehe* Dölling/Duttge/Rössner
Höflich/Schriever/Bartmeier	Höflich/Schriever/Bartmeier, Grundriss Vollzugsrecht, 4. Aufl. (2014)
Hömig/Wolff	Hömig/Wolff, Grundgesetz für die Bundesrepublik Deutschland, 12. Aufl. (2018)
Hofmann	Hofmann, IPBPR Erläuterung, in: Das Deutsche Bundesrecht I A 10c (1986)
von Holtzendorff	von Holtzendorff, Handbuch des deutschen Strafprozesses (1879)
HRRS-FG Fezer	HRRS-Festgabe für Gerald Fezer zum 70. Geburtstag (2008)
Ignor/Mosbacher	Ignor/Mosbacher, Handbuch Arbeitsstrafrecht, 3. Aufl. (2016)
IK-EMRK	Pabel/Schmahl (Hrsg.), Internationaler Kommentar zur Europäischen Menschenrechtskonvention, Loseblattausgabe, 21. Lfg., Kommentar, 8. Aufl. (2015)
Ipsen	Ipsen, Völkerrecht, 7. Aufl. 2018
Isele	Isele, Bundesrechtsanwaltsordnung, Kommentar (1976)
Jacobs/White/Ovey	Jacobs/White/Ovey, The European Convention on Human Rights, 7ed. 2017
Jahn/Krehl/Löffelmann/ Güntge	Jahn/Krehl/Löffelmann/Güntge, Die Verfassungsbeschwerde in Strafsachen, 2. Aufl. (2017)
Jahn/Nack (I)	Jahn/Nack (Hrsg.), Strafprozessrechtspraxis und Rechtswissenschaft, 1. Karlsruher Strafrechtsdialog (2007)
Jahn/Nack (II)	Jahn/Nack (Hrsg.), Rechtsprechung, Gesetzgebung, Lehre: Wer regelt das Strafrecht?, 2. Karlsruher Strafrechtsdialog (2009)
Jahn/Nack (III)	Jahn/Nack (Hrsg.), Gegenwartsfragen des europäischen und deutschen Strafrechts, 3. Karlsruher Strafrechtsdialog (2011)
Jahn/Nack (IV)	Jahn/Nack (Hrsg.), Rechtsprechung in Strafsachen zwischen Theorie und Praxis – zwei Seiten einer Medaille?, 4. Karlsruher Strafrechtsdialog (2013)
Jahn/Radtke (V)	Deutsche Strafprozessreform und Europäische Grundrechte – Herausforderungen auch für die Rechtsprechung des BGH in Strafsachen? – Referate und Diskussionen auf dem 5. Karlsruher Strafrechtsdialog (2015)
Jahn/Radtke (VI)	Der Bundesgerichtshof im Spiegel der Öffentlichkeit – Referate und Diskussionen auf dem 6. Karlsruher Strafrechtsdialog (2017)
Jakobs	Jakobs, Strafrecht Allg. Teil, Lehrbuch, 2. Aufl. (1991)
Janiszewski	Janiszewski, Verkehrsstrafrecht, 5. Aufl. (2004)
Jansen	Jansen, Zeuge und Aussagepsychologie, 2. Aufl. (2012)
Janssen	Janssen, Gewinnabschöpfung im Strafverfahren (2007)
Jarass	Jarass, Charta der Grundrechte der Europäischen Union, 3. Aufl. (2016)
Jarass/Pieroth	Jarass/Pieroth, Grundgesetz für die Bundesrepublik Deutschland, 15. Aufl. (2018)

Jescheck/Weigend	Jescheck/Weigend, Lehrbuch des Strafrechts, Allgemeiner Teil, 5. Aufl. (1996)
Joachimski/Haumer	Joachimski/Haumer, Strafverfahrensrecht, 7. Aufl. (2015)
Joecks	Joecks, Studienkommentar StPO, 4. Auflage (2015)
Joecks/Jäger/Randt	Joecks/Jäger/Randt, Steuerstrafrecht mit Zoll- und Verbrauchsteuerstrafrecht, 8. Aufl. (2015)
Johann	Johann, Möglichkeiten und Grenzen des neuen Vermögensabschöpfungsrechts (2019)
John	John, Strafprozeßordnung, Kommentar, Bd. I (1884), Bd. II (1888), Bd. III Lfg. 1 (1889)
Jung	Jung, Praxiswissen Strafverteidigung von Ausländern (2009)
Junker	Junker, Beweisantragsrecht im Strafprozess, 3. Aufl. (2019)
Junker/Armatage	Junker/Armatage, Praxiswissen Strafverteidigung (2009)
Kaiser	Kaiser, Kriminologie, Lehrbuch, 3. Aufl. (1996)
Kaiser/Schöch/Kinzig	Kaiser/Schöch/Kinzig, Kriminologie, Jugendstrafrecht, Strafvollzug, Lehrbuch, 8. Aufl. (2015)
Kamann	Kamann, Handbuch für die Strafvollstreckung und den Strafvollzug, 2. Aufl. (2008)
Kammeier/Pollähne	Kommentar zum Maßregelvollzugsrecht, hrsg. von Kammeier/Pollähne, 4. Aufl. (2018)
Karpenstein/Mayer	Karpenstein/Mayer (Hrsg.) EMRK – Konvention zum Schutz der Menschenrechte und Grundfreiheiten, 2. Aufl. (2015)
Katholnigg	Katholnigg, Strafgerichtsverfassungsrecht, 3. Aufl. (1999)
Kämmerer/Eidenmüller	Kämmerer/Eidenmüller, Post- und Fernmeldewesen (1971)
Kindhäuser	Kindhäuser, Strafgesetzbuch, Lehr- und Praxiskommentar, 8. Aufl. (2019)
Kindhäuser/Schumann	Kindhäuser/Schumann, Strafprozessrecht, 5. Aufl. (2019)
Kinzig	Kinzig, Die rechtliche Bewältigung von Erscheinungsformen organisierter Kriminalität (2004)
Kirsch	Kirsch (Hrsg.), Internationale Strafgerichtshöfe (2005)
Kissel/Mayer	Kissel/Mayer, Gerichtsverfassungsgesetz (GVG), 9. Aufl. 2018
KK	Karlsruher Kommentar zur Strafprozeßordnung, hrsg. von Hannich, 8. Aufl. (2019)
KK-OWiG	Karlsruher Kommentar zum Ordnungswidrigkeitengesetz, hrsg. von Senge, 5. Aufl. (2018)
Klein/(Orlopp)	Klein, Abgabenordnung, Kommentar, 14. Aufl. (2018)
Klemke/Elbs	Klemke/Elbs, Einführung in die Praxis der Strafverteidigung, 4. Aufl. (2019)
Klesczewski	Klesczewski, Strafprozessrecht, 2. Aufl. (2013)
KMR	Kommentar zur Strafprozeßordnung und zum Gerichtsverfassungsgesetz, hrsg. von Heintschel-Heinegg/Stöckel, Loseblattausgabe (ab 1998)
Knierim/Rübenstahl/Tsambikakis	Knierim/Rübenstahl/Tsambikakis (Hrsg.), Internal Investigations, 2. Aufl. (2016)
Koch/Scholtz	Koch/Scholtz, Abgabenordnung, Kommentar, 5. Aufl. (1996)
König	König, Anwaltkommentar Untersuchungshaft (2011)
Koeniger	Koeniger, Die Hauptverhandlung in Strafsachen (1966)
Körner/Patzak/Volkmer	Körner/Patzak/Volkmer, Betäubungsmittelgesetz, Kommentar, 9. Aufl. (2019)
Kohlmann	Kohlmann, Steuerstrafrecht mit Ordnungswidrigkeitenrecht und Verfahrensrecht, Loseblattausgabe, Stand November 2019
Kohlrausch	Kohlrausch, Strafprozeßordnung und Gerichtsverfassungsgesetz, Kommentar, 24. Aufl. (1936)
Kraatz	Kraatz, Ordnungswidrigkeitenrecht (2020)
Krack	Krack, Die Rehabilitierung des Beschuldigten im Strafverfahren (2002)
Kramer	Kramer, Grundbegriffe des Strafverfahrensrechts, 8. Aufl. (2014)
Krause/Nehring	Krause/Nehring, Strafverfahrensrecht in der Polizeipraxis (1978)
Krekeler/Werner	Krekeler/Werner, Verteidigung in Wirtschaftsstrafsachen, 2. Aufl. (2013)

Krenberger/Krumm	Krenberger/Krumm, Ordnungswidrigkeitengesetz, 5. Aufl. (2018)
Krey/Heinrich	Krey/Heinrich, Deutsches Strafverfahrensrecht, 2. Aufl. (2018)
von Kries	von Kries, Lehrbuch des Deutschen Strafprozeßrechts (1892)
Kühne	Kühne, Strafprozessrecht, 9. Aufl. (2015)
Kunz	Kunz, StrEG – Gesetz über die Entschädigung für Strafverfolgungsmaßnahmen, 4. Aufl. (2010)
Kunz/Zellner/Gelhausen/ Weiner	Kunz/Zellner/Gelhausen/Weiner, Opferentschädigungsgesetz, 6. Aufl. (2015)
Lackner/Kühl	Lackner/Kühl, Strafgesetzbuch, Kommentar, 29. Aufl. (2018)
Laubenthal	Laubenthal, Strafvollzug, 8. Aufl. (2019)
Laubenthal/Baier/Nestler	Laubenthal/Baier/Nestler, Jugendstrafrecht, 3. Aufl. (2015)
Laubenthal/Nestler	Laubenthal/Nestler, Strafvollstreckung, 2. Aufl. (2018)
Laubenthal/Nestler/ Neubacher/ Verrel	Laubenthal/Nestler/Neubacher/Verrel, Strafvollzugsgesetze, Kommentar, 12. Aufl. (2015)
Leitner/Michalke	Leitner/Michalke, Strafprozessuale Zwangsmaßnahmen (2007)
Lemke/Mosbacher	Lemke/Mosbacher, Ordnungswidrigkeitengesetz, 2. Aufl. (2005)
Lesch	Lesch, Strafprozeßrecht, 2. Aufl. (2002)
von Lilienthal	von Lilienthal, Strafprozeßrecht, Lehrbuch (1923)
Lindemann	Lindemann, Voraussetzungen und Grenzen legitimen Wirtschaftsstrafrechts (2012)
Lingens/Korte	Lingens/Korte, Wehrstrafgesetz, 5. Aufl. (2012)
Lisken/Denninger	Handbuch des Polizeirechts, hrsg. von Lisken/Denninger, 6. Aufl. (2018)
LK	Leipziger Kommentar zum Strafgesetzbuch, 12. Aufl., hrsg. von Laufhütte/Rissing-van Saan/Tiedemann (ab 2006)
Löffler	Löffler, Presserecht, 6. Aufl. (2015)
	LR^{25} Löwe-Rosenberg, Die Strafprozeßordnung und das Gerichtsverfassungsgesetz, hrsg. von Rieß, 26. Aufl. (2012)
	LR^{26} Löwe-Rosenberg, Die Strafprozeßordnung und das Gerichtsverfassungsgesetz, hrsg. von Erb, Esser, Franke, Graalmann-Scheerer, Hilger, Ignor, 26. Aufl. (2006 bis 2014), 27. Aufl. (ab 2016)
MAH	Münchener Anwaltshandbuch Strafverteidigung, hrsg. von Widmaier/ Müller/Schlothauer, 2. Aufl. (2014)
MAH (WSSt)	Münchener Anwaltshandbuch Verteidigung in Wirtschafts- und Steuerstrafsachen, hrsg. von Volk, 2. Aufl. (2014)
Malek	Malek, Verteidigung in der Hauptverhandlung, 5. Aufl. (2017)
Malek (BtMG)	Malek, Betäubungsmittelstrafrecht, 4. Aufl. (2014)
Malek/Popp (Internet)	Malek/Popp, Strafsachen im Internet, 2. Aufl. (2015)
von Mangoldt/Klein/Starck	von Mangoldt/Klein/Starck, Das Bonner Grundgesetz, 6. Aufl. (2010 ff.), 3. Bd.
Marberth-Kubicki	Marberth-Kubicki, Computer- und Internetstrafrecht, 2. Aufl. (2010)
Marschner//Lesting/ Stahmann	Marschner/Lesting/Stahmann, Freiheitsentziehung und Unterbringung, 6. Aufl. (2019)
Marx/Roderfeld	Marz/Roderfeld, Rechtsschutz bei überlangen Gerichts- und Ermittlungsverfahren (2013)
Marxen/Tiemann	Marxen/Tiemann, Die Wiederaufnahme in Strafsachen, 3. Aufl. (2014)
Matt/Renzikowski	Matt/Renzikowski, StGB, Kommentar, 2. Aufl. (2020)
Maunz/Dürig	Maunz/Dürig, Grundgesetz, Kommentar, Loseblattausgabe, 89. Aufl. (2020)
Maurach/Zipf	Maurach/Zipf, Strafrecht, Allgemeiner Teil, Teilbd. 1, 8. Aufl. (1992)
Maurach/Gössel/Zipf	Maurach/Gössel/Zipf, Strafrecht, Allgemeiner Teil, Teilbd. 2, 8. Aufl. (2014)
Maurach/Schroeder/Maiwald	Maurach/Schroeder/Maiwald, Strafrecht, Besonderer Teil, Teilbd. 1, 11. Aufl. (2019), Teilbd. 2, 10. Aufl. (2013)
Mayer/Kroiß	Mayer/Kroiß, Rechtsanwaltsvergütungsgesetz, 7. Aufl. (2018)
Meier (Kriminologie)	Meier, Kriminologie, 5. Aufl. (2016)
Meier (Sanktionen)	Meier, Strafrechtliche Sanktionen, 5. Aufl. (2019)

Meier/Rössner/Trüg/Wulf	Meier/Rössner/Trüg/Wulf, Jugendgerichtsgesetz, 2. Aufl. (2014)
Mellinghoff	Mellinghoff, Fragestellung, Abstimmungsverfahren und Abstimmungsgeheimnis im Strafverfahren (1988)
Mende	Mende, Grenzen privater Ermittlungen durch den Verletzten einer Straftat (2001)
Merten/Papier	Merten/Papier, Handbuch der Grundrechte in Deutschland und Europa (ab 2004)
Mertens/Stuff/Mück	Mertens/Stuff/Mück, Verteidigervergütung, 2. Aufl. (2016)
Meyer D.	Meyer D., Strafrechtsentschädigung, 10. Aufl. (2016)
Meyer D. (GKG)	Meyer D., GKG/FamGKG, Kommentar, 17. Aufl. (2020)
Meyer/Höver/Bach/Oberlack	Meyer/Höver/Bach/Oberlack, Die Vergütung und Entschädigung von Sachverständigen, Zeugen, Dritten und von ehrenamtlichen Richtern nach dem JVEG, 27. Aufl. (2017)
Meyer-Goßner (Prozess)	Meyer-Goßner, Prozessvoraussetzungen und Prozesshindernisse (2011)
Meyer-Goßner/Schmitt	Meyer-Goßner/Schmitt, Strafprozessordnung mit GVG, Nebengesetzen und ergänzenden Bestimmungen, Kommentar, 62. Aufl. (2019)
Meyer-Goßner/Appl	Meyer-Goßner/Appl, Die Urteile in Strafsachen sowie Beschlüsse und Protokoll der Hauptverhandlung, 29. Aufl. (2014)
Meyer-Ladewig/Nettesheim/Raumer	Meyer-Ladewig/Nettesheim/Raumer, Handkommentar zur EMRK, 4. Aufl. (2017)
Minkoff/Sahan/Wittig	Minkoff/Sahan/Wittig, Konzernstrafrecht (2020)
Minoggio	Minoggio, Unternehmensverteidigung, 3. Aufl. (2016)
Mitsch	Mitsch, Recht der Ordnungswidrigkeiten, Lehrbuch, 2. Aufl. (2005)
Momsen/Grützner	Momsen/Grützner, Wirtschaftsstrafrecht (2013)
Möller/Warg	Möller/Warg, Allgemeines Polizei- und Ordnungsrecht, 6. Aufl. (2011)
Möthrath/Rüther/Bahr	Möthrath/Rüther/Bahr, Verteidigung ausländischer Beschuldigter (2012)
Müller	Müller, Der Sachverständige im gerichtlichen Verfahren, Handbuch des Sachverständigenbeweises, 3. Aufl. (1988)
Müller (Beiträge)	Müller, Beiträge zum Strafprozessrecht 1969–2001 (2003)
Müller/Sax	s. KMR
Müller-Gugenberger	Müller-Gugenberger, Wirtschaftsstrafrecht, 6. Aufl. (2015)
von Münch/Kunig	von Münch/Kunig, Grundgesetz, Kommentar, 2 Bände, 6. Aufl. (2012)
Münchhalffen/Gatzweiler	Münchhalffen/Gatzweiler, Das Recht der Untersuchungshaft, 3. Aufl. (2009)
Murmann	Murmann, Prüfungswissen Strafprozessrecht, 4. Aufl. (2019)
MüKo	Münchener Kommentar zur Strafprozessordnung, hrsg. von Knauer/Kudlich/Schneider (ab 2014)
MüKo-ZPO	Münchener Kommentar zur Zivilprozessordnung, hrsg. von Krüger/Rauscher, Band 1-2, 5. Aufl. (2016); Band 3, 4. Aufl. (2012)
MüKo-BGB	Münchener Kommentar zum Bürgerlichen Gesetzbuch, hrsg. von Rixecker/Säcker/Limperg/Oetker, 8. Aufl. (2018)
MüKo-StGB	Münchener Kommentar zum Strafgesetzbuch, hrsg. von Joecks/Miebach (ab 2003), 3. Aufl. (ab 2016)
Niese	Niese, Doppelfunktionelle Prozeßhandlungen (1950)
Nipperdey/Scheuner	Nipperdey/Scheuner, Die Grundrechte, 4 Bände (ab 1954)
NK-StGB	Nomos-Kommentar zum Strafgesetzbuch, hrsg. von Kindhäuser/Neumann/Paeffgen, 5. Aufl. (2017)
Nobis	Nobis, Strafverteidigung vor dem Amtsgericht, 2. Aufl. (2018)
Nobis/Schlothauer/Weider	Nobis/Schlothauer/Weider, Untersuchungshaft, 5. Aufl. (2016)
Nowak	Nowak, CCPR – Commentary – Commentary on the U.N. Covenant on Civil and Political Rights, 2nd Edition (2005)
Oetjen/Endriß	Oetjen/Endriß, Leitfaden Untersuchungshaft (1999)
OK-GG	Beck-Online-Kommentar zum GG
OK-StGB	Beck-Online-Kommentar zum StGB
OK-StPO	Beck-Online-Kommentar zur StPO

Ostendorf	Ostendorf, Strafprozessrecht, 3. Aufl. (2018)
Ostendorf (U-Haft)	Ostendorf, Untersuchungshaft und Abschiebehaft (2012)
Ostendorf (JStVollzR)	Ostendorf (Hrsg.), Jugendstrafvollzugsrecht, 3. Aufl. (2016)
Ostendorf	Ostendorf, Jugendgerichtsgesetz, 10. Aufl. (2016) (Jugendgerichtsgesetz)
Ostendorf/Drenkhahn	Ostendorf/Drenkhahn, Jugendstrafrecht, 10. Aufl. (2020)
Palandt	Palandt, Bürgerliches Gesetzbuch, Kurzkommentar, 79. Aufl. (2020)
Park	Park, Handbuch Durchsuchung und Beschlagnahme, 4. Aufl. (2018)
Park (Kapitalmarkt)	Park, Kapitalmarktstrafrecht, Handkommentar, 5. Aufl. (2019)
Partsch	Partsch, Die Rechte und Freiheiten der Europäischen Menschenrechtskonvention, 1966 (Sonderdruck aus Bettermann/Neumann/Nipperdey (Hrsg.), Die Grundrechte der Welt Bd. I 1)
Peter (Opferanwalt)	Peter, Das 1x1 des Opferanwalts, 3. Aufl. (2017)
Peter	Peter, Das 1x1 der Hauptverhandlung, 2. Aufl. (2011)
Peters/Altwicker (EMRK)	Peters/Altwicker, Europäische Menschenrechtskonvention, 2. Aufl. (2012)
Peters	Peters, Strafprozeß, Lehrbuch, 4. Aufl. (1985)
Peters (Fehlerquellen)	Peters, Fehlerquellen im Strafprozeß, Band I (1970), Band II (1972), Band III (1974)
Pfeiffer	Pfeiffer, Strafprozessordnung, Kommentar, 5. Aufl. (2005)
Pfordte/Degenhard	Pfordte/Degenhard, Der Anwalt im Strafrecht (2005)
Piller/Hermann	Piller/Hermann, Justizverwaltungsvorschriften, Loseblattsammlung
Plötz (Fürsorgepflicht)	Plötz, Die gerichtliche Fürsorgepflicht im Strafverfahren (1980)
Pohlmann/Jabel/Wolf	Pohlmann/Jabel/Wolf, Strafvollstreckungsordnung, Kommentar, 9. Aufl. (2015)
Poller/Teubel	Poller/Teubel, Gesamtes Kostenhilferecht, 3. Aufl. (2018)
Popp	Popp, Grundzüge der internationalen Rechtshilfe in Strafsachen (2001)
Potrykus	Potrykus, Kommentar zum Jugendgerichtsgesetz, 4. Aufl. (1955)
Protokolle	Protokolle der Kommission für die Reform des Strafprozesses (1905)
Püschel/Bartmeier/Mertens	Püschel/Bartmeier/Mertens, Untersuchungshaft in der anwaltlichen Praxis (2011)
Putzke/Scheinfeld	Putzke/Scheinfeld, Strafprozessrecht, 8. Aufl. (2019)
Quedenfeld/Füllsack	Quedenfeld/Füllsack, Verteidigung in Steuerstrafsachen, 5. Aufl. (2016)
Quellen	Quellen zur Reform des Straf und Strafprozeßrechts, hrsg. von Schubert/Regge/Rieß/Schmid, I. Abt. – Weimarer Republik, II. Abt. NS-Zeit – Strafgesetzbuch, III. Abt. NS-Zeit – Strafverfahrensrecht (ab 1988)
Radtke/Hohmann	Radtke/Hohmann, Strafprozessordnung, Kommentar (2011)
Randt	Randt, Der Steuerfahndungsfall (2004)
Ranft	Ranft, Strafprozeßrecht, 3. Aufl. (2005)
Rebmann/Roth/Hermann	Rebmann/Roth/Hermann, Gesetz über Ordnungswidrigkeiten, Kommentar, Loseblattausgabe (2019)
Rebmann/Uhlig/Pieper	Rebmann/Uhlig/Pieper, Bundeszentralregistergesetz, Kommentar (1985)
Reisert	Reisert, Anwaltsgebühren im Straf- und Bußgeldrecht, 2. Aufl. (2014)
Ricker/Weberling	Ricker/Weberling, Handbuch des Presserechts, 6. Aufl. (2012)
Riedel/Sußbauer	Riedel/Sußbauer, Rechtsanwaltsvergütungsgesetz, 10. Aufl. (2015)
Rieß	Rieß, Beiträge zur Entwicklung der deutschen Strafprozessordnung (2012)
Rode/Legnaro	Rode/Legnaro, Psychiatrische Sachverständige im Strafverfahren (1994)
Röttle/Wagner	Röttle/Wagner, Strafvollstreckung, 8. Aufl. (2009)
Rolletschke	Rolletschke, Steuerstrafrecht, 4. Aufl. (2012)
Rolletschke/Kemper	Rolletschke/Kemper, Steuerstrafrecht – Kommentar zum Steuerstrafrecht, Loseblattausgabe (2018)
Rosenberg/Schwab/Gottwald	Rosenberg/Schwab/Gottwald, Zivilprozessrecht, 18. Aufl. (2018)
Rosenfeld	Rosenfeld, Deutsches Strafprozeßrecht, 2 Bände (1926)
Rostek	Rostek, Verteidigung in Kapitalstrafsachen, 2. Aufl. (2012)
Rotberg	Rotberg, Gesetz über Ordnungswidrigkeiten, Kommentar, 5. Aufl., bearbeitet von Kleinwefers, Boujong und Wilts (1975)

Rotsch	Rotsch (Hrsg.), Criminal Compliance (2015)
Roxin/Schünemann	Roxin/Schünemann, Strafverfahrensrecht, 29. Aufl. (2017)
Roxin (StrafR)	Roxin, Strafrecht, Allgemeiner Teil, Bd. I, 4. Aufl. (2006), Bd. II (2003)
Roxin-Symp.	Bausteine des Europäischen Strafrechts, Coimbra-Symposium für Claus Roxin, hrsg. von Schünemann/de Figueiredo Dias (1995)
Roxin (I.)	Roxin, I., Die Rechtsfolgen schwerwiegender Rechtsstaatsverstöße in der Strafrechtspflege, 4. Aufl. (2005)
Rönnau	Rönnau, Vermögensabschöpfung in der Praxis, 2. Aufl. (2015)
Rösch (Jugendrichter)	Rösch, Handbuch für den Jugendrichter (2001)
Rösch	Rösch, Das Urteil in Straf- und Bußgeldsachen, 4. Aufl. (2019)
Rüping	Rüping, Das Strafverfahren, 3. Aufl. (1997)
Rüth/Berr/Berz	Rüth/Berr/Berz, Straßenverkehrsrecht, 2. Aufl. (1988)
Sachs	Sachs, Grundgesetz, Kommentar, 8. Aufl. (2018)
Sack	Sack, Umweltschutz-Strafrecht, Erläuterungen der Straf- und Bußgeldvorschriften, Loseblattausgabe (ab 2003)
Satzger	Satzger, Die Europäisierung des Strafrechts (2001)
Satzger (Intern. Strafrecht)	Satzger, Internationales und Europäisches Strafrecht, 9. Aufl. (2020)
Sauer	Sauer, Allgemeine Prozeßrechtslehre (1951)
Sauer/Münkel (Absprachen)	Sauer/Münkel, Absprachen im Strafprozess, 2. Aufl. (2014)
Schäfer	Schäfer, Die Praxis des Strafverfahrens, 7. Aufl. (2018)
Schäfer/Sander/ van Gemmeren	Schäfer/Sander/van Gemmeren, Praxis der Strafzumessung, 6. Aufl. (2017)
Schaffstein/Beulke/Swoboda	Schaffstein/Beulke/Swoboda, Jugendstrafrecht, 15. Aufl. (2015)
Schellenberg	Schellenberg, Die Hauptverhandlung im Strafverfahren, 2. Aufl. (2000)
Schenke	Schenke, Polizei- und Ordnungsrecht, 10. Aufl. (2018)
Schenke/Graulich/Ruthig	Schenke/Graulich/Ruthig, Sicherheitsrecht des Bundes, 2. Aufl. (2019)
Schilken	Schilken, Gerichtsverfassungsrecht, Lehrbuch, 4. Aufl. (2007)
Schlüchter	Schlüchter, Das Strafverfahren, Lehrbuch, 2. Aufl. (1983)
Schlothauer/Weider/ Wollschläger	Schlothauer/Weider/Wollschläger, Verteidigung im Revisionsverfahren, 3. Aufl. (2017)
Schmid	Schmid, Die Verwirkung von Verfahrensrügen im Strafprozess (1967)
Schmidt	s. Eb. Schmidt
Schmidt (Ausländer)	Schmidt, Verteidigung von Ausländern, 4. Aufl. (2016)
Schmidt (Vermögensabschöpfung)	Schmidt, Vermögensabschöpfung, Handbuch für das Straf- und Ordnungswidrigkeitenverfahren, 2. Aufl. (2019)
Schmidt-Bleibtreu/ Hofmann/Henneke	Schmidt-Bleibtreu/Hofmann/Henneke, Kommentar zum Grundgesetz, 14. Aufl. (2017)
Schmidt-Räntsch	Schmidt-Räntsch, Deutsches Richtergesetz, Kommentar, 6. Aufl. (2009)
Schneider	Schneider, Kriminologie, Lehrbuch, 3. Aufl. (1992)
Schneider (JVEG)	Schneider, JVEG, Justizvergütungs- und -entschädigungsgesetz, 3. Aufl. (2018)
Schneider/Volpert/Fölsch	Schneider/Volpert/Fölsch (Hrsg.), Gesamtes Kostenrecht, 2. Aufl. (2016)
Schomburg/Lagodny/Gleß/ Hackner	Schomburg/Lagodny/Gleß/Hackner, Internationale Rechtshilfe in Strafsachen, 6. Aufl. (2020)
Schönke/Schröder	Schönke/Schröder, Strafgesetzbuch, Kommentar, 30. Aufl. (2019)
Schorn	Schorn, Die Europäische Konvention zum Schutze der Menschenrechte und Grundfreiheiten und ihr Zusatzprotokoll in Einwirkung auf das deutsche Recht (1965)
Schorn/Stanicki	Schorn/Stanicki, Die Präsidialverfassung der Gerichte aller Rechtswege, 2. Aufl. (1975)
Schroeder/Verrel	Schroeder/Verrel, Strafprozessrecht, 7. Aufl. (2017)
Schröder	Schröder, Europäische Richtlinien und deutsches Strafrecht (2002)
Schröder (KapitalStR)	Schröder, Handbuch Kapitalmarktstrafrecht, 3. Aufl. (2015)
Schroth	Schroth, Die Rechte des Opfers im Strafprozess, 3. Aufl. (2018)
Schulz/Berke-Müller/Händel	Schulz/Berke-Müller/Händel, Strafprozeßordnung, 7. Aufl. (1983)

Schünemann-Symp.	Empirische und dogmatische Fundamente, kriminalpolitischer Impetus, Symposium für Bernd Schünemann zum 60. Geburtstag, hrsg. von Hefendehl (2005)
Schwind	Schwind, Kriminologie und Kriminalpolitik, 23. Aufl. (2016)
Schwind/Böhm/Jehle/ Laubenthal	Strafvollzugsgesetz, Kommentar, hrsg. von Schwind/Böhm/Jehle/Lauben thal, 7. Aufl. (2020)
Schwinge	Schwinge, Grundlagen des Revisionsrechts, 2. Aufl. (1960)
Seier	Seier, Verteidigung in Straßenverkehrssachen (2012)
Sieber/Satzger/ v. Heintschel-Heinegg	Sieber/Satzger/v. Heintschel-Heinegg, Europäisches Strafrecht, 2. Aufl. (2014)
Simma/Fastenrath	Simma/Fastenrath, Menschenrechte. Ihr Internationaler Schutz, Textsammlung, 7. Aufl. (2018)
Sinn/Zöller/Esser	Sinn/Zöller/Esser (Hrsg.), Reform der Vermögensabschöpfung (2019)
SK	Systematischer Kommentar zur Strafprozeßordnung. Mit GVG und EMRK, 5. Aufl. (ab 2016)
SK-StGB	Systematischer Kommentar zum Strafgesetzbuch, Bd. 1, Allgemeiner Teil, Bd. 2, Besonderer Teil, Loseblattausgabe (ab 1975)
Sommer	Sommer, Effektive Strafverteidigung, 3. Aufl. (2016)
Sowada	Sowada, Der gesetzliche Richter im Strafverfahren (2002)
SSW-StGB	Satzger/Schluckebier/Widmaier (Hrsg.), Strafgesetzbuch, Kommentar, 4. Aufl. (2019)
SSW	Satzger/Schluckebier/Widmaier (Hrsg.), Strafprozessordnung, Kommentar, 4. Aufl. (2020)
Stegbauer	Stegbauer, Das Urteil in Straf- und Bußgeldsachen, 4. Aufl. (2019)
Stein/Jonas	Stein/Jonas, Zivilprozessordnung, 23. Aufl. (ab 2017)
Stern	Stern, Verteidigung in Mord- und Totschlagsverfahren, 3. Aufl. (2013)
Strauda-Denkschrift	Reform der Verteidigung im Ermittlungsverfahren – Thesen mit Begründung, vorgelegt vom Strafrechtsausschuss der Bundesrechtsanwaltskammer (2004)
Streinz/Ohler/Herrmann	Streinz/Ohler/Herrmann, Der Vertrag von Lissabon zur Reform der EU, 3. Aufl. 2010
Streng	Streng, Strafrechtliche Sanktionen, 3. Aufl. (2012)
Tettinger/Stern	Tettinger/Stern, Kölner Gemeinschaftskommentar zur Europäischen Grundrechte-Charta (2006)
Thomas/Putzo	Thomas/Putzo, Zivilprozessordnung, Kommentar, 41. Aufl. (2020)
Tolzmann	Bundeszentralregistergesetz, Kommentar, 5. Aufl. (2015)
Tondorf/Tondorf	Tondorf, Psychologische und psychiatrische Sachverständige im Strafverfahren, 3. Aufl. (2011)
Trechsel	Trechsel, Human Rights in Criminal Prodeedings (2005)
Ulrich	Ulrich, Der gerichtliche Sachverständige, Handbuch für die Praxis, 13. Aufl. (2019)
Ulsenheimer	Ulsenheimer, Arztstrafrecht in der Praxis, 5. Aufl. (2015)
Umbach/Clemens/Dollinger	Umbach/Clemens/Dollinger, Bundesverfassungsgerichtsgesetz: Mitarbeiterkommentar und Handbuch, 2. Aufl. (2005)
Verdross/Simma	Verdross/Simma, Universelles Völkerrecht, 3. Aufl. (1984)
Villiger	Villiger, Handbuch der Europäischen Menschenrechtskonvention (EMRK), 2. Aufl. 1999
Vogler/Walter/Wilkitzki	Vogler/Walter/Wilkitzki, Gesetz über die internationale Rechtshilfe in Strafsachen, Kommentar (1983)
Volckart/Pollähne/Woynar	Volckart/Pollähne/Woynar, Verteidigung in der Strafvollstreckung und im Vollzug, 5. Aufl. (2014)
Volk	Volk, Prozeßvoraussetzungen im Strafrecht (1978) (Prozessvoraussetzungen)
Volk/Engländer	Volk/Engländer, Grundkurs StPO, 9. Aufl. (2018)

Vordermayer/v. Heintschel-Heinegg	Handbuch für den Staatsanwalt, hrsg. von Vordermayer/v. Heintschel-Heinegg, 6. Aufl. (2018)
Wabnitz/Janovsky/Schmitt	Wabnitz/Janovsky/Schmitt, Handbuch des Wirtschafts- und Steuerstrafrechts, 5. Aufl. (2020)
Wagner/Kallin/Kruse	Wagner/Kallin/Kruse, Betäubungsmittelstrafrecht, 2. Aufl. (2004)
Wankel	Wankel, Zuständigkeitsfragen im Haftrecht (2002)
Wasmeier/Möhlig	Wasmeier/Möhlig, Strafrecht der Europäischen Union, 2. Aufl. (2008)
Weber	Weber, Betäubungsmittelgesetz: BtMG, 5. Aufl. (2017)
Weidemann/Scherf	Weidemann/Scherf, Die Revision im Strafrecht, 3. Aufl. (2017)
Weiner/Ferber	Weiner/Ferber, Handbuch des Adhäsionsverfahrens, 2. Aufl. (2016)
Welzel	Welzel, Das Deutsche Strafrecht, 11. Aufl. (1969)
Wendler/Hoffmann	Wendler/Hoffmann, Technik und Befragung im Gerichtsverfahren, 2. Aufl. (2015)
Werle/Jeßberger	Werle/Jeßberger, Völkerstrafrecht, 4. Aufl. (2016)
Weyland	Weyland, Bundesrechtsanwaltsordnung, Kommentar, 10. Aufl. (2020)
Wieczorek/Schütze	Wieczorek/Schütze, Zivilprozeßordnung und Nebengesetze, 4. Aufl. (ab 2012)
Wiesneth	Wiesneth, Handbuch für das ermittlungsrichterliche Verfahren (2006)
Wiesneth (U-Haft)	Wiesneth, Untersuchungshaft (2010)
Wiesneth (Bereitschaftsdienst)	Wiesneth, Der amtsgerichtliche Bereitschaftsdienst, 2. Aufl. (2012)
Wolf	Wolf, Gerichtsverfassungsrecht aller Verfahrenszweige, 6. Aufl. (1987)
Zieschang/Hilgendorf/Laubenthal	Strafrecht und Kriminalität in Europa, hrsg. von Zieschang/Hilgendorf/Laubenthal (2003)
Zieger/Nöding	Zieger/Nöding, Verteidigung in Jugendstrafsachen, 7. Aufl. (2018)
Ziegert	Ziegert, Grundlagen der Strafverteidigung (2000)
Zipf	Zipf, Kriminalpolitik, 2. Aufl. (1980)
Zöller (ZPO)	Zöller, Zivilprozessordnung, Kommentar, 33. Aufl. (2020)
Zöller	Terrorismusstrafrecht, 2009
Zöller/Esser	Zöller/Esser (Hrsg.), Justizielle Medienarbeit im Strafverfahren (2019)
Zwiehoff	Zwiehoff, Der Befangenheitsantrag im Strafverfahren, 2. Aufl. (2013)

Strafprozeßordnung

Vom 1. Februar 1877 in der Fassung der Bekanntmachung vom 7. April 1987 (BGBl. I S. 1074, 1319), zuletzt geändert durch Artikel 3 des Gesetzes vom 10. Juli 2020 (BGBl. I S. 1648)

ERSTES BUCH
Allgemeine Vorschriften

ELFTER ABSCHNITT
Verteidigung

Vorbemerkungen

Schrifttum

Abdallah Die Problematik des Rechtsmißbrauchs im Strafverfahren (2002); *Ackermann* Die Verteidigung des schuldigen Angeklagten, NJW **1954** 1385; *ders.* Darf der Verteidiger auf Freispruch hinwirken, wenn er die Schuld des vor Gericht leugnenden Angeklagten kennt? GedS Cüppers (1955) 92; *ders.* Zur Psychologie des Angeklagten im Strafverfahren aus der Sicht des Verteidigers, MSchrKrim. **40** (1957) 129; *ders.* Zur Verschwiegenheitspflicht des Rechtsanwalts in Strafsachen, FS zum 100-jährigen Bestehen des DJT I (1960) 479; *Alber* Das Verteidigerprivileg, Diss. Konstanz (1998); *Alexander* Die Stellung des Verteidigers, ZStW **51** (1931) 54; *Alsberg* Die Philosophie der Verteidigung (1930); *Ambos* Annahme bemakelten Verteidigerhonorars als Geldwäsche? JZ **2002** 70; *D. Amelung* Die aus der Historie gespeiste ethische Mission des Strafverteidigers, confront 3/**2017** 8; *M. Amelung* Der Anwalt – abhängiges Organ unabhängiger Richter? AnwBl. **2002** 347; *Anagnostopoulos* The Right of Access to a Lawyer in Europe: A Long Road Ahead? EuCLR **4** (2014) 3; *Ankermann* Nach einem Verfahren platt oder: Adieu! Rechtsstaat, DRiZ **1993** 67; *Arapidou* Die Rechtsstellung des Strafverteidigers (1997); *Arbeitskreis Strafprozeßreform* Die Verteidigung. Gesetzentwurf mit Begründung (1979); *Arbeitstagung der Generalstaatsanwälte und des Generalbundesanwalts* „Verteidigerverhalten in Terroristenverfahren“, StV **1991** 284; *Armbrüster* Die Entwicklung der Verteidigung in Strafsachen (1980); *J. Arnold* Vorschläge zur Verbesserung des Schutzes des Strafverteidigers: Auf dem Weg zu einem „europäischen“ Strafverteidiger? HRRS **2008** 10; *ders.* Verteidigung in grenzüberschreitenden Strafverfahren in Europa, StV **2015** 588; *ders.* Grenzüberschreitende Verteidigung in Europa (2015); *ders.* Wandlungen der Strafverteidigung. Gedanken zum „neuen Typ“ des Strafverteidigers, ZIS **2017** 621; *ders.* Europa: Verteidigung tut not!, in: Vereinigung Baden Württembergischer Strafverteidiger u. a., Strafverteidigung! (8. Dreiländerforum Strafverteidigung) (2019) 11; *ders.* Entwicklungen der Strafverteidigung (2019); *Augstein* Polizei und Verteidiger, BKA-Vortragsreihe Bd. 23 (1977) 111; *ders.* Der Anwalt, Organ der Rechtspflege, NStZ **1981** 52; *ders.* Anwälte und Terroristen – Zur Behinderung der Verteidigung durch „Anti-Terrorgesetze“, in: Wassermann (Hrsg.), Terrorismus contra Rechtsstaat (1976) 188; *Baatz* Rechtliche Charakterisierung anwaltlicher Tätigkeit, NJ **1980** 38; *Bader* Strafverteidigung vor deutschen Gerichten im Dritten Reich, JZ **1972** 6; *C. Balzer* Die berufstypische Strafbarkeit des Verteidigers unter besonderer Beachtung des Problems der Begehung von Geldwäsche (§ 261 StGB) durch Honorarannahme (2004); *Barton* Sachverständiger und Verteidiger, StV **1983** 73; *ders.* Strafverteidigungs-Aktivitäten im Justizalltag, StV **1984** 394; *ders.* Strafverteidigungsorientierte Schwerpunktausbildung, AnwBl. **1987** 63; *ders.* Zur Effizienz der Strafverteidigung, MSchrKrim. **68** (1988) 93; *ders.* Strafverteidigung und Kriminaltechnik, StV **1988** 126; *ders.* Das Vertragsprinzip – ein neues Strafverteidigungs-Paradigma? StV **1990** 237; *ders.* Schadensersatzpflicht des Verteidigers bei fehlerhafter Revisionsbegründung, StV **1991** 322; *ders.* Mindeststandards der Strafverteidigung (1994); *ders.* Rechtstatsachen zur Dauer von Strafverfahren und zu deren Gründen, StV **1996** 690; *ders.* Strafverteidigungsorientierte Ausbildung im Studium, JA **2001** 164; *ders.* Verteidigerhonorar und Geldwäsche, JuS **2004** 1033; *ders.* Verteidigungsgründe. Eine alte Perspektive mit neuen Aspekten für Wissenschaft, Studium und Praxis, FS Richter II (2006) 33; *ders.* Von der Verantwortung des Verteidigers – Verteidigung als Beruf, FS Egon Müller (2008) 31; *ders.* Einführung in die Strafver-

https://doi.org/10.1515/9783110630244-001

teidigung[2] (2013); *ders.* Verteidigerfehler und deren Korrektur, StraFo **2015** 315; *Basdorf* Änderungen des Beweisantragsrechts und Revision, StV **1995** 310; *ders.* Formelle und informelle Präklusion im Strafverfahren, StV **1997** 488; *ders.* Der Verteidiger als Garant der Einhaltung von strafprozessualen Verfahrensregeln? StV **2010** 414; *W. Bauer* »Negative« Strafverteidigung – Strafverteidigung zwischen »Kampf« und Konsens, StV **2008** 104; *M. Baumann* Eigene Ermittlungen des Verteidigers (1999); *Bayer* Die Verteidigung im Strafprozeß, Diss. Erlangen (1958); *Berkenheide* Die Grenzen der anwaltlichen Strafverteidigung, Diss. Münster (1952); *Berg* Saboteure, Kommentare, DRiZ **1994** 380; *Bernsmann* Wider eine Vereinfachung der Hauptverhandlung, ZRP **1994** 329; *ders.* Zur Stellung des Strafverteidigers im deutschen Strafverfahren, StraFo **1999** 226; *ders.* Das Grundrecht auf Strafverteidigung und die Geldwäsche, StV **2000** 40; *ders.* Der Rechtsstaat wehrt sich gegen seine Verteidiger: Geldwäsche durch Strafverteidiger? FS Lüderssen (2002) 683; *ders.* Aufstieg und Fall der professionellen Verteidigung – eine Skizze, StV **2006** 342; *ders.* Verteidigung ist Kampf, in: Strafverteidigervereinigungen (Hrsg.), Die Akzeptanz des Rechtsstaats in der Justiz (37. Strafverteidigertag) (2013) 33; *Bertram* Empfehlen sich Änderungen des Strafverfahrensrechts mit dem Ziel, ohne Preisgabe rechtstaatlicher Grundsätze den Strafprozeß, insbesondere die Hauptverhandlung, zu beschleunigen? NJW **1994** 2186; *ders.* Entwurf eines Zweiten Gesetzes zur Entlastung der Rechtspflege (Strafrecht) 1995, ZRP **1996** 46; *Bethge* Der verfassungsrechtliche Standort der „staatlich gebundenen" Berufe, Diss. Köln (1968); *Beukelmann* Anwaltsvertraulich, FS II Eisenberg (2019) 355; *Beulke* Wohin treibt die Reform der Strafverteidigung? in: Strafprozeß und Reform (1979) 30; *ders.* Der Verteidiger im Strafverfahren – Funktionen und Rechtsstellung (1980); *ders.* Die Strafbarkeit des Verteidigers (1989); *ders.* Thesen zur Strafverteidigung (Buchbesprechung), StV **1994** 572; *ders.* Strafverteidigung im Spannungsfeld zwischen Rechtsstaatlichkeit und Verfahrenseffizienz in Deutschland, in: Kühne/Miyazawa (Hrsg.), Alte Strafrechtsstrukturen und neue gesellschaftliche Herausforderungen in Japan und Deutschland (2000) 137; *ders.* Zwickmühle des Verteidigers – Strafverteidigung und Strafvereitelung im demokratischen Rechtsstaat, FS Roxin (2001) 1173; *ders.* Gedanken zur Diskussion über die Strafbarkeit des Verteidigers wegen Geldwäsche, FS Rudolphi (2004) 391; *ders.* Äußerungen des Strafverteidigers in der Hauptverhandlung als Einlassung des Angeklagten? FS Strauda (2006) 87; *ders.* Der numerus clausus der Verfahrensrechte und -pflichten als Schlüssel für die Bestimmung der Rechtsstellung des Strafverteidigers? StV **2007** 261; *ders.* Kleider machen Strafverteidiger? FS Hamm (2008) 21; *ders.* Missbrauch von Verteidigerrechten – eine kritische Würdigung der jüngsten Rechtsprechung, FS Amelung (2009) 543; *ders.* Rechtsmissbrauch im Strafprozess, in: Jahn/Nack (Hrsg.), Rechtsprechung, Gesetzgebung, Lehre: Wer regelt das Strafrecht? (2. Karlsruher Strafrechtsdialog 2009) (2010) 85 (= StV **2009** 554); *ders.* Gesamtreform der StPO-Vorschriften über „Verteidigung" – notwendig und wünschenswert? StV **2010** 442; *ders.* Neuere Entwicklungen in der Rechtsprechung zur Strafbarkeit des Verteidigers – Hoffnungszeichen oder Grund zur Sorge? in: Strafverteidigervereinigungen (Hrsg.), Alternativen zur Freiheitsstrafe (36. Strafverteidigertag) (2013) 171; *ders./Ruhmannseder* Der Strafverteidiger als Täter und (strafloser) Teilnehmer einer Strafvereitelung, FS Volk (2009) 45; *dies.* Die Strafbarkeit des Verteidigers[2] (2010); *Blaurock* (Hrsg.) Der Binnenmarkt und die Freiheit der freien Berufe in Deutschland und Schweden (1997); *Bockemühl* Eigene Ermittlungen des Strafverteidigers – Ein Plädoyer für eine aktive Strafverteidigung, JSt **2010** 59; *ders.* (Hrsg.) Handbuch des Fachanwalts Strafrecht[7] (2018); *ders.* Private Ermittlungen im Strafprozess – Ein Beitrag zu der Lehre von den Beweisverboten (1996); *K. M. Böhm* Verteidigerfremdes Verhalten – Neue Wege zur Ausschließung lästiger Strafverteidiger? NJW **2006** 2371; *Bohlander* Gerichtliche Sanktionen gegen Anwälte wegen Mißbrauchs von Verfahrensrechten (2001); *Bosch* Die Rechtsstellung des Strafverteidigers, Jura **2012** 938; *Bornheim* Rechtliche und praktische Aspekte bei der Steuerstrafverteidigung in Gemeinschaft von Rechtsanwalt und Steuerberater, wistra **1997** 212, 257; *Bottke* Wahrheitspflicht des Verteidigers, ZStW **96** (1984) 726; *Braum* Aufbruch oder Abbruch europäischer Strafverteidigung? StV **2003** 576; *Brause* Faires Verfahren und Effektivität im Strafprozeß, NJW **1992** 2865; *Brei* Grenzen zulässigen Verteidigerverhaltens (1991); *Breidling* Stellungnahme zu dem Beitrag von Rechtsanwalt Prof. Gatzweiler „Feindbild Strafverteidiger! – Wer sucht den Konflikt in der Hauptverhandlung?" StraFo **2010** 398; *Breucker* Verteidigungsfremdes Verhalten (1993); *v. Briel* Freie Strafverteidigung als Garant der Staatsverfassung in Fällen der Untersuchungshaft, FS 25 Jahre AG Strafrecht im DAV (2010) 949; *Bringewat* Bewährungshilfe und Strafverteidigung: ein Rollenkonflikt? MDR **1988** 617; *Brüning* Die Strafbarkeit des Insolvenzverwalters wegen Geldwäsche gem. § 261 StGB, wistra **2006** 241; *Brüssow/Gatzweiler/Krekeler/Mehle* Strafverteidigung in der Praxis[4] [2 Bände] (2007); *Brüssow/Petri* Der Rechtsanwalt und die Geldwäsche, AnwBl. **2004** 114; *Bundesminister der Justiz* Die Rechtsstellung des Verteidigers im Strafverfahren – ein europäischer Vergleich (1977/78); *Bung/Dall-*

meyer/Jahn Strafverteidiger-Symposium „Kriminalpolitik und Beschuldigteninteressen", StV **1999** 68; *Burger/Peglau* Geldwäsche durch Entgegennahme „kontaminierten" Geldes als Verteidigerhonorar, wistra **2000** 164; *Burhoff* Verteidigerfehler in der Tatsachen- und Revisionsinstanz, StV **1997** 432; *Busmann* Pflichtverteidigung ohne Vertrauen, StraFo **2019** 235; *Busse* Sind die Rechtsanwälte schuld an der Überforderung des Rechtsstaates? AnwBl. **1994** 49; *ders.* Anwaltsethik unter der Geltung des neuen Berufsrechts, AnwBl. **1998** 231; *ders.* Freie Advokatur – Entwicklung, Bedeutung, Perspektiven für die Rechtspflege, AnwBl. **2001** 130; *ders.* Einige Bemerkungen zur Nachkriegsgeschichte der deutschen Anwaltschaft, BRAK-Mitt **2010** 190; *Bussenius* Geldwäsche und Strafverteidigerhonorar (2004); *Caesar* Strukturreform der Justiz, RuP **1994** 131; *Claus* Die „Säuberung" der Anwaltschaft nach 1933, FoR **1996** 79; *Clausnitzer* Niederlassungs- und Dienstleistungsfreiheit der Anwälte in der EG, BRAK-Mitt. **1989** 59; *Cloeren* Strafbarkeit durch Beweisantragstellung? Diss. Trier (1994); *Cramer/Cramer* (Hrsg.) Anwaltshandbuch Strafrecht (2002); *Croissant* Die sog. Terroristenprozesse und -gesetzgebung, Rote Robe **1983** 32; *ders./Groenewold/Preuß u. a.* Politische Prozesse ohne Verteidigung (1976); *Crummenerl* Zum Stand des Standes Strafverteidiger/innen und ihr Berufsrecht, StV **1988** 268; *ders.* Verteidigung im Strafraum? StV **1988** 86; *Dahs (sen. und jun.)* Der Anwalt im Strafprozeß, AnwBl. **1959** 171; *ders.* Stellung und Grundaufgabe des Strafverteidigers, NJW **1959** 1158; *ders.* Verteidigung im Strafverfahren heute und morgen, ZRP **1968** 17; *ders.* Ausschließung und Überwachung des Strafverteidigers – Bilanz und Vorschau, NJW **1975** 1385; *ders.* Das Anti-Terroristen-Gesetz – eine Niederlage des Rechtsstaates, NJW **1976** 2145; *ders.* Wehrhafter Rechtsstaat und freie Verteidigung – ein Widerspruch? ZRP **1977** 164; *ders.* Stumpf gewordene StPO? NJW **1994** 909; *ders.* Das Verbrechensbekämpfungsgesetz vom 28.10.1994, NJW **1995** 553; *ders.* Strafverteidigung und Strafrechtspflege – eine Momentaufnahme, FS Odersky (1996) 317; *ders.* Die Ausweitung des Widerspruchserfordernisses, StraFo **1998** 253; *ders.* Die Wahrheitspflicht des Strafverteidigers, StraFo **2000** 181; *ders.* Handbuch des Strafverteidigers[8] (2015); *ders.* Das Schweigen des Verteidigers und die Revision, FS Nehm (2006) 243 (überarbeitet als „Das Schweigen des Verteidigers zu tatrichterlichen Verfahrensfehlern und die Revision" NStZ **2007** 241); *Damaska* Die Stellung des Verteidigers im amerikanischen Strafprozeß, ZStW **90** (1978) 829; *Danckert/Bertheau* Gefahrgeneigte Arbeit? Das besondere berufliche Risiko des Verteidigers, FS Hanack (1999) 27; *Deckers* „Mißbrauch" von Anwaltsrechten zur „Prozeßsabotage", AnwBl. **1981** 316; *ders.* Verteidigung in Haftsachen, NJW **1994** 2261; *ders.* Verteidigung in Verfahren wegen sexuellen Mißbrauchs von Kindern, NJW **1996** 3105; *ders.* Strafverteidigung (2005); *ders.* Verteidigung und Opferanwälte, StV **2006** 353; *ders.* 25 Jahre Strafverteidigung im Gegenwind, StraFo **2009** 2; *Demko* Die gerichtliche Fürsorgepflicht zur Wahrung einer „tatsächlichen und wirksamen" Verteidigung im Rahmen des Art. 6 Abs. 3 lit. c EMRK, HRRS **2006** 250; *Dessecker* Strafvereitelung und Strafverteidigung – ein lösbarer Konflikt? GA **2005** 142; *K. Dietrich* Die Haftung des Strafverteidigers (2010); *Dölp* Abschied von der Hauptverhandlung, NStZ **1998** 235; *Döpfer* Die Grundlagen der Verteidigung im Diskurs des 19. und 20. Jahrhunderts – Kontinuität und Wandel, in: DAV (Hrsg.), Anwälte und ihre Geschichte (2011) 191; *Dornach* Der Strafverteidiger als Mitgarant eines justizförmigen Strafverfahrens – ein Plädoyer für die öffentlichen Funktionen des Strafverteidigers (1994); *ders.* Ist der Strafverteidiger aufgrund seiner Stellung als „Organ der Rechtspflege" Mitgarant eines justizförmigen Strafverfahrens? NStZ **1995** 57; *Dünnebier* Ausschließung von Verteidigern und Beschränkung der Verteidigung, NJW **1976** 1; *ders.* Über Änderungen im Recht der Verteidigung, FS Pfeiffer (1988) 265; *Ebert* Der Nachweis von Vollmachten im Straf- und Bußgeldverfahren, DRiZ **1984** 237; *Eisenberg* Aspekte der Rechtstellung des Strafverteidigers, NJW **1991** 1257; *Eschen* Der Anwalt im Prozeß der Wahrheitsfindung – Waffengleichheit – Thesen, Gustav Radbruch Forum (1981) 60; *ders.* § 1 BRAO – Bedeutung des Begriffs „Organ der Rechtspflege", StV **1981** 365; *Eschenhagen* Der Mißbrauch des Beweisantragsrechts (2001); *Eylmann* Die Interessenkollision im Strafverfahren, AnwBl. **1998** 359; *Fahl* Rechtsmißbrauch im Strafprozeß (2004); *ders.* The Guarantee of Defence Counsel and the Exclusionary Rules on Evidence in Criminal Proceedings in Germany, GLJ **8** (2007) 1053; *Falk* Vom unzeitigen Rennen, sich Sperren und Disputieren. Eine Fallstudie zur Verteidigung im Hexenprozeß, in: Lehmann/Ulbricht (Hrsg.), Vom Unfug des Hexen-Processes (1992) 281; *ders.* Zur Geschichte der Strafverteidigung, ZRG GA **117** (2000) 395; *Fertig* Grenzen einer Inkriminierung des Wahlverteidigers wegen Geldwäsche, Diss. Jena (2004); *Fezer* Hat der Beschuldigte ein „Recht auf Lüge"? FS Stree/Wessels (1993) 663; *ders.* Reduktion von Beweisantragserfordernissen – Systemverändernde Tendenzen in der tatrichterlichen Praxis und der Gesetzgebung, StV **1995** 263; *ders.* Zum „Missbrauch" des Beweisantragsrechts in einem Extremfall, FS Ulrich Weber (2004) 475; *Finzel* Die Berufsordnung der Rechtsanwälte, FS Posser (1997) 441; *K. Fischer* Strafverteidigung im „Dritten Reich", in: Ostendorf u. a. (Hrsg.), Die NS-Strafjustiz und ihre

Nachwirkungen (2003) 109; *Th. Fischer* Rechtsmißbrauch und Überforderung der Strafjustiz, NStZ **1997** 212; *ders.* Ersatzhehlerei als Beruf und rechtsstaatliche Verteidigung, NStZ **2004** 473; *ders.* Konfliktverteidigung, Mißbrauch von Verteidigungsrechten und das Beweisantragsrecht, StV **2010** 423; *Fleischmann* Die freien Berufe im Rechtsstaat (1970); *G. Friedrichsen* Strafverteidigung im Wandel, StV **2012** 631; *M. Freund* Die Weisungsgebundenheit der Rechtsanwälte von Verletzten und Zeugen (2014); *Frisch* Tatbestandsprobleme der Strafvollstreckungsvereitelung, NJW **1983** 2471; *ders.* Zum tatbestandsmäßigen Verhalten der Strafvereitelung, JuS **1983** 915; *Gaede* Fairness als Teilhabe – das Recht auf konkrete und wirksame Teilhabe durch Verteidigung gem. Art. 6 EMRK (2007); *ders.* Schlechtverteidigung – Tabus und Präklusionen zum Schutz vor dem Recht auf wirksame Verteidigung, HRRS **2007** 402; *Gaier* Berufsrechtliche Perspektiven der Anwaltstätigkeit unter verfassungsrechtlichen Gesichtspunkten, BRAK-Mitt. **2006** 2; *ders.* Der verfassungsrechtliche Rahmen für die Organisation der Anwaltschaft, BRAK-Mitt. **2012** 142; *v. Galen* Der Verteidiger – Garant eines rechtsstaatlichen Verfahrens oder Mittel zur Inquisition? Der Beschuldigte – verteidigt oder verkauft? StV **2000** 575; *dies.* Bekämpfung der Geldwäsche – Ende der Freiheit der Advokatur? NJW **2003** 117; *dies.* Die reduzierte Anwendung des Geldwäschetatbestands auf die Entgegennahme von Strafverteidigerhonorar – Drahtseilakt oder Rechtssicherheit? NJW **2004** 3304; *Gallas* Grenzen zulässiger Verteidigung im Strafprozeß, ZStW **53** (1934) 256; *Gatzweiler* Der „neue" Strafverteidigertyp in seiner Umsetzung im DAV, FS Koch (1989) 93; *ders.* Möglichkeiten und Risiken einer effizienten Strafverteidigung, StraFo **2001** 187; *ders.* Die Stellung des Strafverteidigers: Mitgarant einer effektiven Strafrechtspflege oder einseitiger Vertreter der Interessen des Verteidigten? in: Kohlmann u. a. (Hrsg.), Entwicklungen und Probleme des Strafrechts an der Schwelle zum 21. Jahrhundert (2004) 59; *ders.* Vom Selbstverständnis der Strafverteidigung, AnwBl. **2005** 663; *ders.* Feindbild Strafverteidiger! – Wer sucht den Konflikt in der Hauptverhandlung? StraFo **2010** 397; *Geppert* Schriftliche oder mündliche Erklärungen des Verteidigers als Einlassung des Angeklagten selbst? FS Rudolphi (2004) 643; *Björn Gercke* Grenzen zulässiger Strafverteidigung aus anwaltlicher Sicht, StV **2020** 201; *Gerlach* Der Verteidiger in Bagatellverfahren: Ein überflüssiges Organ der Rechtspflege? FS II Peters (1984) 153; *Gerlt* Der Gesetzentwurf zur Anwalts-GmbH: Ein Abschreckungsversuch? MDR **1998** 259; *Gillmeister* Ethik in der Strafverteidigung, FS 25 Jahre AG Strafrecht im DAV (2010) 124; *ders.* Die Verteidigung eines lügenden Beschuldigten, FS W. Schiller (2014) 173; *Gleß* Europa – eine Herausforderung für die Strafverteidigung, StV **2010** 400; *Göddeke* Bundesverfassungsgericht und Strafverteidigung, DuR **1980** 176; *ders.* Die Einschränkung der Strafverteidigung (1980); *Gössel* Die Stellung des Verteidigers im rechtsstaatlichen Strafverfahren, ZStW **94** (1982) 5; *ders.* Das Problem der Strafverteidigung durch den Beschuldigten selbst oder durch einen Rechtsanwalt, Deutsche strafrechtliche Landesreferate zum 11. internationalen Kongreß für Rechtsvergleichung, ZStW **94** (1982) 127; *ders.* Empfehlen sich Änderungen des Strafverfahrensrechts mit dem Ziel, ohne Preisgabe rechtsstaatlicher Grundsätze den Strafprozeß, insbesondere die Hauptverhandlung, zu beschleunigen? Gutachten C für den 60. DJT (1994); *Götz/Windholz* Gebührenzahlungen von Mandanten aus rechtswidrigen Vermögenswerten i. S. d. § 261 StGB, AnwBl. **2000** 642; *Gotzens/M. C. Schneider* Geldwäsche durch Annahme von Strafverteidigerhonoraren? wistra **2002** 121; *J. P. Graf* Das geänderte Berufsverständnis der Strafverteidigung, StV **2010** 407; *Groenewold* Angeklagt als Verteidiger – Prozeßerklärung und andere Texte (1978); *Gröner* Strafverteidiger und Sitzungspolizei (1998); *Grüner* Über den Mißbrauch von Mitwirkungsrechten und Mitwirkungspflichten des Verteidigers im Strafprozeß (2000); *ders./Wasserburg* Geldwäsche durch die Annahme des Verteidigerhonorars, GA **2000** 430; *Grünwald* Die Verteidigung – Grundlagen und Ziele des Gesetzentwurfs des Arbeitskreises Strafprozeßreform, AnwBl. **1980** 1; *Güde* Die Verteidigung aus der Sicht der Anklage, AnwBl. **1961** 3; *E. K. Günther* Die Rechtsstellung des Strafverteidigers, Diss. Köln (2002); *K.-A. Günther* Strafverteidigung (1982); *Gusy* Grundrechtsschutz der Strafverteidigung, AnwBl. **1984** 225; *Guthke/Kitlikoglu/Mayer/Scherzberg* 30 Jahre Strafverteidigertag. Ein Beitrag zum Selbstverständnis von Strafverteidigung, in: Strafverteidigervereinigungen (Hrsg.), „... kein Grund zu Feiern" – 30 Jahre Strafverteidigertag, (2007) 21; *Hamburger Juristen* Die Einschränkung der Verteidigung im Strafprozeß (1976); *R. Hamm* Entwicklungstendenzen der Strafverteidigung, FS Sarstedt (1981) 49; *ders.* Der Standort des Verteidigers im heutigen Strafprozeß, NJW **1993** 289; *ders.* Was wird aus der Hauptverhandlung nach Inkrafttreten des Verbrechensbekämpfungsgesetzes, StV **1994** 456; *ders.* Strafverteidigung – Kampf oder Kuschelkurs? NJW **1997** 1288; *ders.* Geldwäsche durch die Annahme von Strafverteidigerhonorar? NJW **2000** 636; *ders.* Die (notwendige) Verteidigung während des Vorverfahrens im Lichte der Vertragstheorie und der neueren Rechtsprechung, FS Lüderssen (2002) 717; *ders.* Zehn Gebote für Strafverteidiger, FS Tondorf (2004) 311; *ders.* Ist Strafverteidigung noch Kampf? NJW **2006** 2084; *ders.* Der Verteidiger als Garant der

Einhaltung von strafprozessualen Verfahrensregeln? StV **2010** 418; *ders./Regina Michalke* Funktionswandel der Strafverteidigung, in: DAV (Hrsg.), Anwälte und ihre Geschichte (2011) 411; *Hammerstein* Zum Berufsbild des Strafverteidigers, BRAK-Mitt. **1983** 59; *ders.* Verteidigung ohne Verteidiger, JR **1985** 140; *ders.* Verteidigung und Moralität, NStZ **1990** 261; *ders.* Verteidigung wider besseres Wissen? NStZ **1997** 12; *Hanack* Aktuelle Probleme der Strafverteidigung in der Bundesrepublik Deutschland, SchwZStr. **1977** 299; *ders.* Arbeitskreis Strafprozeßreform: Die Verteidigung (Buchbesprechung), ZStW **93** (1981) 559; *ders.* Grundlagen und Inhalt der „öffentlich-rechtlichen Komponente" des Mandatsverhältnisses zwischen Beschuldigtem und Verteidiger, unveröff. Referat für den Strafrechtsausschuß der Bundesrechtsanwaltskammer (1980); *Hannover* Abschaffung der Verteidigung im politischen Strafprozeß? DuR **1976** 366; *ders.* Strafverteidigung in der Vertrauenskrise, KJ **1977** 221; *ders.* Verteidigung als Menschenrecht, 3. Internationales Russell-Tribunal, Bd. 4 (1979) 9; *ders./Holtfort/Mauz* Strafverteidigung und Anwaltsorganisation (1979); *ders.* „Das mußt du machen!" – Erfahrungen eines Verteidigers im Ermittlungsverfahren gegen Terrorismus-Verdächtige (1982) 51; *Harting* Berufspflichten des Strafverteidigers und Sanktionierung pflichtwidrigen Verhaltens (2008); *T. Hartmann* Der Strafverteidiger und sein Handeln – oftmals Strafvereitelung und Geldwäsche? AnwBl. **2002** 330; *Hartstang* Anwaltsrecht (1996); *Hartung* Neuordnung des anwaltlichen Berufsrechts, NJW **1993** 2776; *ders.* Strafverteidiger als Geldwäscher? AnwBl. **1994** 440; *ders.* Der Anwaltsberuf im Wandel, MDR **1999** 1301; *ders./Scharmer* Berufs- und Fachanwaltsordnung[6] (2016); *Hart-Hönig* Verteidigung von Unternehmen und Compliance im globalisierten Strafrecht, FS 25 Jahre AG Strafrecht im DAV (2009) 530; *Haussen* Die rechtliche Stellung des Rechtsanwalts als Organ einer starken nationalsozialistischen Rechtspflege, DR **1944** 353; *Hassemer* Reform der Strafverteidigung, ZRP **1980** 326; *ders.* Informelle Programme im Strafprozeß, StV **1982** 377; *ders.* Funktion, Status und Rolle des Verteidigers im reformierten Strafverfahren, in: H.-L. Schreiber/Wassermann (Hrsg.), Gesamtreform des Strafverfahrens (1986) 143; *ders.* Professionelle Adäquanz, wistra **1995** 41, 81; *ders.* Über den Mißbrauch von Rechten, FS Meyer-Goßner (2001) 127; *ders.* Strafverteidigung und Grundrechte, StraFo **2004** 113; *ders.* Der Einfluß der Berichterstattung in den Medien auf Verlauf, Inhalt und Ergebnis des Strafverfahrens, in: 4. Strafverteidiger-Symposion Frankfurt (2004) 166; *ders.* Die Anwaltschaft und die Freiheit, AnwBl. **2008** 413; *ders.* Strafverteidigung unter dem Grundgesetz, StV **2010** 394; *Haug* Die grundsätzliche Stellung des Verteidigers, Diss. Tübingen (1939); *Hebbecker* Der Beweisantrag als Mittel der Konfliktverteidigung (2011); *Heeb* Grundsätze und Grenzen der anwaltlichen Strafverteidigung und ihre Anwendung auf den Fall der Mandatsübernahme, Diss. Tübingen (1973); *Hefendehl* Kann und soll der Allgemeine Teil bzw. das Verfassungsrecht mißglückte Regelungen des Besonderen Teils retten? Die „Geldwäsche" durch den Strafverteidiger, FS Roxin (2001) 145; *Heine/Romani/Spaniol* Verteidiger und Strafverfahren, StV **1987** 74; *Heinicke* Der Beschuldigte und sein Verteidiger in der Bundesrepublik Deutschland (1984); *J. F. Henschel* Die Strafverteidigung im Inquisitionsprozeß des 18. und im Anklageprozeß des 19. Jahrhunderts, Diss. Freiburg (1972); *F. Henschel* „Konfliktverteidigung" und strafprozessuale Gegenmaßnahmen (2011); *Hetzer* Geldwäsche und Strafverteidigung, wistra **2000** 281; *Hilgendorf* Das eingeschränkte Verteidigerprivileg, GedS Schlüchter (2002) 497; *Hillmann* Bedeutung und Funktion der freien Berufe, AnwBl. **1979** 446; *Hollaender* Der Rechtsmissbrauch im Strafverfahren und die Grenzen der Gesetzesauslegung, JR **2007** 6; *Holtfort* Der Rechtsanwalt – Gegen die Mißdeutung des Begriffs „Organ der Rechtspflege" – Eine Erwiderung, RuP **1977** 173; *ders.* Ein Stück sozialer Gegenmacht, KJ **1977** 313; *ders.* Der Anwalt als soziale Gegenmacht, in: Holtfort (Hrsg.) Strafverteidiger als Interessenvertreter (1979) 37; *Hombrecher* Geldwäsche (§ 261 StGB) durch Strafverteidiger? (2001); *Huffmann* Kampf um freie Advokatur, Diss. Bonn (1965); *Hufnagel* Der Strafverteidiger unter dem Generalverdacht der Geldwäsche gemäß § 261 StGB (2004); *Hug* Die Freiburger Anwaltschaft im vergangenen Jahrhundert, AnwBl. **1993**, 372; *Ignor* Zur Rechtsstellung und zu den Aufgaben des Verteidigers, FS Schlüchter (1998) 39; *ders.* Beratungsmandat und Beteiligungsverdacht, StraFo **2001** 42; *ders.* Geschichte des Strafprozesses in Deutschland 1532-1846 (2002); *ders.* Gedanken zur Berufsethik des Rechtsanwalts, BRAK-Mitt. **2009** 202; *ders.* Die Ethikdiskussion in der Anwaltschaft, NJW **2011** 1537; *ders.* Was gilt ein Anwaltswort? ÖAnwBl. **2011** 128; *ders.* Grundsätze der Strafverteidigung, in: Stuefer/Pleischl (Hrsg.), Strafrecht und Strafverteidigung (2016) 3; *ders.* Inhaltliche Grenzen geschützter anwaltlicher Tätigkeit – »Eigentliches« und »Uneigentliches«, StV **2019** 693; *Isermann* Der Strafverteidiger als „Organ der Rechtspflege" – ein historisches Danaergeschenk? in: Holtfort (Hrsg.) Strafverteidiger als Interessenvertreter (1979) 14; *ders.* Anwalt als „Rechtshelfer sozialer Gegenmacht", RuP **1977** 119; *Jaeger* Die freien Berufe und die verfassungsrechtliche Berufsfreiheit, AnwBl. **2000** 475; *dies.* Rechtsanwälte als Organ der Rechtspflege – notwendig oder überflüssig? Bürde oder Schutz? NJW **2004** 1; *Jahn* Kann „Konfliktverteidigung"

Strafvereitelung (§ 258 StGB) sein? ZRP **1998** 103; *ders.* Sitzungspolizei contra „Konfliktverteidigung"? NStZ **1998** 389; *ders.* „Konfliktverteidigung" und Inquisitionsmaxime (1998); *ders.* Das Zivilrecht der Pflichtverteidigung, JR **1999** 1; *ders.* Strafprozessuale Eingriffsmaßnahmen im Lichte der aktuellen Rechtsprechung des Bundesverfassungsgerichts, NStZ **2007** 255; *ders.* Der Unternehmensanwalt als ‚neuer Strafverteidigertyp' und die Compliance-Diskussion im deutschen Wirtschaftsstrafrecht, ZWH **2012** 477 (Teil 1) u. ZHW **2013** 1 (Teil 2); *ders.* Kritik der richterlichen Vernunft. Max Alsbergs Philosophie der Verteidigung und das Wirtschaftsstrafrecht, NZWiSt **2014** 58; *ders.* Die Rechtsstellung des Verteidigers im heutigen deutschen Strafverfahren, StV **2014** 40; *ders.* „... but you won't fool the children of the revolution" – Die Rechtsstellung des Verteidigers im heutigen deutschen Strafverfahren, in: Gaier/Chr. Wolf (Hrsg.), 25 Jahre Bastille-Entscheidungen – Quo Vadis Anwaltschaft? (2015) 94; *ders.* Strafverfassungsrecht: Das Grundgesetz als Herausforderung für die Dogmatik des Straf- und Strafverfahrensrechts, in: Tiedemann/ Sieber/Satzger/Burchard/Brodowski (Hrsg.), Die Verfassung moderner Strafrechtspflege (Gedächtnissymposion für Joachim Vogel) (2016) 63; *ders.* Verteidigung lege artis, StraFo **2017** 177; *ders.* Grenzen zulässiger Strafverteidigung, in: Hamm/Lohberger (Hrsg.) Beck'sches Formularbuch für den Strafverteidiger[6] (2018); *ders./Lips* Hat der Strafverteidiger die Pflicht, bei der Rekonstruktion außer Kontrolle geratener Verfahrensakten mitzuwirken? StraFo **2004** 229; *ders./Matt* Strafverteidigung in der Universitätsausbildung, Jura **2000** 390; *Jerouschek/Schröder* Die Strafvereitelung: Ein Tatbestand im Meinungsstreit, GA **2000** 51; *Johnigk* Verteidiger – nicht nur erster und zweiter, sondern auch dritter und vierter Klasse? StV **2006** 347; *Jolmes* Der Verteidiger im deutschen und österreichischen Strafprozeß, Diss. Göttingen (1982); *Jung* Strafverteidigung in Europa, StV **1990** 509; *Jungfer* Eigene Ermittlungstätigkeit des Strafverteidigers – Strafprozessuale und standesrechtliche Möglichkeiten und Grenzen, StV **1981** 100; *ders.* Strafverteidigung in der Weimarer Republik, in: Ebert (Hrsg.), Aktuelle Probleme der Strafrechtspflege (1991) 37; *Kaiser* Die Verteidigervollmacht und ihre Tücken, NJW **1982** 1368; *Kappelmann* Die Strafbarkeit des Strafverteidigers (2006); *Kargl* Probleme des Tatbestands der Geldwäsche (§ 261 StGB), NJ **2001** 57; *Katholnigg* Kann die Honorarannahme des Strafverteidigers als Geldwäsche strafbar sein? NJW **2001** 2041; *Kautenburger-Behr* Zum Rederecht des Verteidigers nach Verlesung des Anklagesatzes (2004); *Kempf* Rechtsmißbrauch im Strafprozeß, StV **1996** 507; *ders.* Rechtsbeugung als Mittel der Rechtspolitik, FS Friebertshäuser (1997) 83; *ders.* Lange und überlange Strafverfahren, AnwBl. **1997** 75; *ders.* Muß die Diskussion um Beschleunigung und Entlastung des Strafverfahrens neu beginnen? AnwBl. **1997** 100; *ders.* Die Funktion von Strafrecht und Strafverteidigung in einer modernen Gesellschaft, NJW **1997** 1729; *ders.* Das (neue?) Berufsbild des Strafverteidigers, AnwBl. **2010** 381; *Keppeler* Geldwäsche durch Strafverteidiger, DRiZ **2003** 97; *Kilian* Der Rechtsanwalt als Organ der Rechtspflege – eine Spurensuche, AnwBl. **2019** 662; *Kintzi* Möglichkeiten der Vereinfachung und Beschleunigung von Strafverfahren de lege ferenda, DRiZ **1994** 325; *Kirchberg* Grundgesetz und Anwaltschaft, BRAK-Mitt. **2009** 95; *Knapp* Der Verteidiger – ein Organ der Rechtspflege? Diss. Saarbrücken (1974); *ders.* Verteidigung des Rechtsstaates durch Bekämpfung des Verteidigers? AnwBl. **1975** 373; *Kniemeyer* Das Verhältnis des Strafverteidigers zu seinen Mandanten: Vertrauen und Unabhängigkeit (1997); *Knierim* Die zivilrechtliche Haftung des Strafverteidigers, FS Strauda (2006) 115; *Kölbel* Über die Wirkung außerstrafrechtlicher Normen auf die Strafrechtsauslegung, GA **2002** 403; *ders.* Das Rechtsmissbrauchs-Argument im Strafrecht, GA **2005** 36; *St. König* Vom Dienst am Recht. Rechtsanwälte als Strafverteidiger im Nationalsozialismus (1987); *ders.* Das geänderte Berufsverständnis der Strafverteidigung, StV **2010** 410; *Kohlmann* Waffengleichheit im Strafprozeß? FS Peters (1974) 311; *Krach* Strafverteidigung durch jüdische Rechtsanwälte in der NS-Zeit, NJW **1995** 1384; *Achim Krämer* Der Rechtsanwalt – ein „staatlich gebundener Vertrauensberuf"? NJW **1975** 849; *ders.* Die verfassungsrechtliche Stellung des Rechtsanwalts, NJW **1995** 2313; *Andreas Krämer* Zum Qualitätsverständnis anwaltlicher Rechtsberatung, NJW **1996** 2354; *D. M. Krause* Die zivilrechtliche Haftung des Strafverteidigers, NStZ **2000** 225; *Th. Krause* Bemerkungen zur Strafverteidigung im gemeinrechtlichen Inquisitionsprozess, FS Sellert (2000) 377; *Krekeler* Beeinträchtigungen der Rechte des Mandanten durch Strafverfolgungsmaßnahmen gegen den Rechtsanwalt, NJW **1977** 32; *ders.* Beeinträchtigungen der Rechte des Mandanten durch gerechtfertigte und mißbräuchliche Strafverfolgungsmaßnahmen gegen den Rechtsanwalt – Durchsuchung und Beschlagnahme, AnwBl. **1977** 367; *ders.* Strafrechtliche Grenzen der Verteidigung, NStZ **1989** 146; *ders.* Auskunfts- und Raterteilung durch den Verteidiger, FS Friebertshäuser (1997) 53; *ders.* Strafrechtliche Risiken des anwaltlichen Berufs, FS Streck (2011) 717; *Kroiß* Das neue Rechtsanwaltsvergütungsgesetz, JuS **2005** 33; *ders.* Plädoyer des Verteidigers, JuS **2005** 256; *Kudlich* Strafprozeß und allgemeines Mißbrauchsverbot (1998); *ders.* Gesetzliche Regelungsmöglichkeiten gegen den strafprozessualen Mißbrauch im Kontext von Freiheit und Verantwortung, in: Freiheit und Verantwortung in schwieriger Zeit (1998) 13; *ders.* Die Unterstützung fremder Straftaten durch berufsbedingtes Verhalten (2004); *ders./Oberhof* Das Abschlussplädoyer des Strafverteidigers, JA **2006** 463; *Küper* Zulässige „Rechtsrückbildung" oder unzulässige „Rechtsfortbildung"? Zur Verhaltensform der Strafvereitelung, FS F.-C. Schroeder (2006) 555; *Küpper* Strafvereitelung und »sozialadäquate« Handlungen, GA **1988** 385; *Kulisch* Strafverteidigerhonorar und Geldwäsche, StraFo **1999** 337; *Kühne* Wer mißbraucht den Strafprozeß? StV **1996** 684; *ders.* Rechtsmißbrauch des Strafverteidigers, NJW **1998** 3027; *Kuntze-Kaufhold* Lässt sich eine gelungene Strafverteidigung standardisieren? MSchrKrim. **86** (2003) 390; *M. Kunz* Die Erscheinungsformen der Konfliktverteidigung und die Reaktionsmöglichkeiten der Justiz (2013); *M. Kunze* Der Rechtsanwalt als unabhängiges Organ der Rechtspflege – eine rechtshistorische und rechtsdogmatische Untersuchung (2018); *Lamberti* Strafvereitelung durch Strafverteidiger, Diss. Münster (1988); *Lampe* Sockelverteidigung (1999); *Leitner* Verteidigung vor Internationalen Gerichtshöfen – aktuelle Entwicklungen, StraFo **2003** 228; *ders.* Motivation statt Motiv: Strafverteidigerhonorar und Geldwäsche. Das Urteil des Bundesverfassungsgerichts und seine Bedeutung für die Strafverteidigung, StraFo **2004** 149; *ders.* Die Verständigung im Strafverfahren aus Sicht der Verteidigung, FS Strauda 365; *ders.* Was darf die Strafverteidigung? StraFo **2008** 51; *ders./Leipold/Weimann* Organisation einer Strafverteidigerkanzlei, StraFo **2001** 223; *ders.* Die Nebenbeteiligung des Unternehmens, FS Wessing (2015) 147; *Leitmeier* Einflüsse auf die Strafverteidigung – interne und externe Faktoren, HRRS **2012** 540; *Liemersdorf* Grenzziehung zwischen zulässigem und unzulässigem Verhalten des Strafverteidigers im Umgang mit seinem Mandanten, MDR **1989** 204; *Lindner* Anwaltliches Berufsrecht: Referentenentwurf als Mogelpackung, MDR **1993** 605; *Lingenberg/Hummel/Zuck/Eich* Kommentar zu den Grundsätzen des anwaltschaftlichen Standesrechts[2] (1988); *Löchner* Politische Verteidigung in Verfahren gegen terroristische Gewalttäter, FS Rebmann (1989) 303; *Lüderssen* Aus der grauen Zone zwischen staatlichen und individuellen Interessen. Zur Funktion der Strafverteidigung in einer freien Gesellschaft, FS Sarstedt (1981) 145; *ders.* Wie abhängig ist der Strafverteidiger von seinem Auftraggeber? Wie unabhängig kann und soll er sein? FS Dünnebier (1982) 263; *ders.* Die Pflichtverteidigung, NJW **1986** 2742; *ders.* Die Krise des staatlichen Strafanspruchs (1989); *ders.* Die Stellung des Strafverteidigers – neue Aspekte: Wahrheitspflicht, „Geldwäsche", Schadensersatz, FS Stanislav Waltos (2000) 324; *ders.* Bedeutung und Wirkung von „Vertrauen" in der Beziehung zwischen Mandant und Verteidiger, in: Egon Müller-Symposion (2000) 41; *Lutje* Iudex non calculat – Das Fünffache der gesetzlichen Gebühren als verbindliche Honorargrenze für Strafverteidigungen? NJW **2005** 2490; *Maas* Probleme der gemeinschaftlichen Verteidigung durch Rechtsanwälte und Angehörige der steuerberatenden Berufe, Diss. Köln (1983); *Maatz* Mitwirkungspflicht des Verteidigers in der Hauptverhandlung und Rügeverlust, NStZ **1992** 513; *Malek* Verteidigung in der Hauptverhandlung[5] (2017); *Malmendier* „Konfliktverteidigung" – ein neues Prozeßhindernis? NJW **1997** 227; *Mandera* Missbrauch von Verteidigungsrechten im Strafverfahren? Diss. Frankfurt/M. (2016); *Marczak* Strafverteidigung und Fair Trial – gerichtliche Fürsorgepflicht und Missbrauchsverbot im Strafprozess, StraFo **2004** 373; *Matt* Geldwäsche durch Honorarannahme eines Strafverteidigers, GA **2002** 137; *ders.* Verfassungsrechtliche Beschränkungen der Strafverfolgung von Strafverteidigern, JR **2004** 321; *ders.* Strafverteidigerhonorar und Geldwäsche, FS Rieß (2002) 739; *Mayen* Die verfassungsrechtliche Stellung des Rechtsanwalts, NJW **1995** 2317; *ders.* Die Freiheit der Advokatur im Spiegel des Verfassungsrechts, in: DAV (Hrsg.), Anwälte und ihre Geschichte (2011) 785; *Mehle* Der Verteidiger – Ein Korrektiv auch zu Lasten des Beschuldigten, FS II Peters (1984) 201; *ders.* Strafvereitelung durch Wahrnehmung prozessualer Rechte? FG Koch (1989) 179; *ders.* Einschränkung der Strafverteidigung durch das Berufsrecht? FS Rieß (2002) 317; *Mehlhorn* Der Strafverteidiger als Geldwäscher (2004); *Meyer-Goßner* Die Verteidigung vor dem Bundesgerichtshof und dem Instanzgericht, FG 50 Jahre BGH IV (2000) 615; *ders.* Verteidigung aus der Sicht der Justiz, Welp-Kolloquium (2006) 81; *Morsch* Zur Rechtsstellung des Beschuldigten und seines Verteidigers im Vorverfahren unter Berücksichtigung der Aufgabe des gesamten Strafverfahrens, Diss. Mainz (1968); *Eckhart Müller* Auswirkungen des Geldwäschetatbestandes auf die Tätigkeit von Strafverteidigern, StraFo **2004** 3; *ders.* Berufsfreiheit und Freiheit des Berufs. Der Strafverteidiger als Organ der Rechtspflege, FS Dahs (2005) 3; *ders.* Der Strafverteidiger und sein Honorar: Überlegungen zur Entscheidung des BGH v. 27.1.2005, FS Strauda (2006) 161; *ders.* Die Strafbarkeit des Strafverteidigers – Risiken der Strafvereitelung in der Praxis, in: Engländer/Fahl/Satzger/Swoboda (Hrsg.), Strafverteidigung – Grundlagen und Stolpersteine (2012) 7; *ders.* Berufsbild und Berufsethos des Strafverteidigers, NJW **2009** 3745; *ders.* Der Rechtsanwalt als „Organ der Rechtspflege" – vom Instrument der Disziplinierung zum Argument gegen Deregulierung, FS 125 Jahre RAK für den OLG-Bezirk München (2004) 64; *ders./Gussmann* Berufsrisiken des Strafverteidigers (2007); *Egon Müller* Strafverteidigung, NJW **1981** 1801; *ders.* Von der Verantwortung des Verteidigers II, FS Richter II (2006) 399; *ders.* Zum Recht der Strafverteidigung, JR **2003** 51; *ders.* Von der Verantwortung des Verteidigers III, FS Hassemer (2010) 1089; *Elmar Müller* Strafverteidigung im Überblick (1989); *I. Müller* Neue Grenzen anwaltlicher Tätigkeit? DuR **1977** 267; *ders.* Verteidigerrechte – Eine traurige Geschichte, in: Holtfort (Hrsg.), Strafverteidiger als Interessenvertreter (1979) 69; *Müller-Dietz* Strafverteidigung und Strafvereitelung, Jura **1979** 242; *Müller-Gerteis* Die zivilrechtliche Haftungssituation des Strafverteidigers (2005); *Müssig* Strafverteidiger als „Organ der Rechtspflege" und die Strafbarkeit wegen Geldwäsche, wistra **2005** 201; *Müther* Verteidigerhonorar und Geldwäsche, Jura **2001** 318; *Mützelburg* Über Verteidigung im Verständnis der Verteidiger, FS Dünnebier (1982) 277; *Nehm* Verpflichtung zum Plädoyer? FS Karlmann Geiß (2000) 111; *ders./Senge* Ursachen langer Hauptverhandlungen, NStZ **1998** 377; *Nestler* Der Bundesgerichtshof und die Strafbarkeit des Verteidigers wegen Geldwäsche, StV **2001** 641; *Neuhaus* Terminsbestimmung, Terminsverlegung, StraFo **1998** 84; *ders.* Beruhensfrage (§ 337 Abs. 1 StPO) und unzureichende Verteidigerleistung, StV **2002** 43; *Niemöller* Rechtsmißbrauch im Strafprozeß, StV **1996** 501; *Nitschmann* Strafverteidigung in Europa, GA **2004** 655; *Nowrousian* Verteidiger, Krim **2018** 104; *Olk* Die Abgabe von Sacherklärungen des Angeklagten durch den Verteidiger (2006); *Ostendorf* Strafvereitelung durch Strafverteidigung, NJW **1978** 1345; *ders.* Verteidigung am Scheideweg (Anmerkung zum Groenewold-Urteil), JZ **1979** 252; *Ostler* Die deutschen Rechtsanwälte 1871–1971 (1971); *Harro Otto* Das Strafbarkeitsrisiko berufstypischen, geschäftsmäßigen Verhaltens, JZ **2001** 436; *Pananis* „Meine Frau halten wir raus!" – Legitime Sonderinteressen im Mandat, StraFo **2012** 121; *Park* Strafverteidigung in Lehre und Ausbildung, FS 25 Jahre AG Strafrecht im DAV (2010) 238; *Pauka* Mandantenwille und Verteidigung, StraFo **2019** 359; *Paulus* Dogmatik der Verteidigung, NStZ **1992** 305; *Pellkofer* Sockelverteidigung und Strafvereitelung (1999); *Perron* Das Beweisantragsrecht des Beschuldigten im deutsche Strafprozeß (1995); *Petermann* Strafverteidigung in Wirtschaftsstrafverfahren zwischen Rechtsmissbrauch, Konflikt und Konsens (2015); *Pfeiffer* Zulässiges und unzulässiges Verteidigerhandeln, DRiZ **1984** 342; *Pfister* Rechtsmissbrauch im Strafprozess, in: Jahn/Nack (Hrsg.), Rechtsprechung, Gesetzgebung, Lehre: Wer regelt das Strafrecht? (2. Karlsruher Strafrechtsdialog 2009) (2010) 74 (= StV **2009** 550); *Pfordte/Degenhard* Der Anwalt im Strafrecht (2005); *Pfützner* Die Rechte der Verteidigung nach europäischem Recht, ZStW **116** (2004) 827; *Plekksepp* Die gleichmäßige Gewährleistung des Rechts auf Verteidigerbeistand (2013); *v. Plottnitz* Verteidigung in den RAF-Prozessen – Die Sicht des Verteidigers, in: DAV (Hrsg.), Anwälte und ihre Geschichte (2011) 459; *Pöstges* Funktion und Mißbrauch prozessualer Rechte im Strafprozeß, Diss. Düsseldorf (2002); *Prittwitz* Waffengleichheit im Ermittlungsverfahren – zu teuer bezahlt mit der „Entleerung" der Hauptverhandlung? FS Bemmann (1997) 596; *Randerath* Die Problematik der Strafvereitelung als Erfolgsdelikt, Diss. Köln (1990); *Ranft* Verteidigerhonorar und Geldwäsche, Jura **2004** 759; *Raschke* Strafverteidigung als „privilegiertes" Berufsbild – „privilegium" oder „a minore ad maius"? NStZ **2012** 606; *Redeker* Freiheit der Advokatur – heute, NJW **1987** 2610; *ders.* Rechtsanwaltschaft zwischen 1945 und 1995, NJW **1995** 1241; *ders.* Sechs Jahrzehnte Anwaltsgeschichte im Spiegel der Zeit, NJW **2010** 1341; *Remagen-Kemmerling* Der Ausschluß des Strafverteidigers in Theorie und Praxis (1992); *Richter II* Grenzen anwaltlicher Interessenvertretung im Ermittlungsverfahren, NJW **1981** 1820; *ders.* Sockelverteidigung, NJW **1993** 2152; *Rick* Die verfassungsrechtliche Stellung des Rechtsanwalts (1998); *Rieß* Gesamtreform des Strafverfahrensrechts – eine lösbare Aufgabe? ZRP **1977** 67; *ders.* Leitaussagen über Stellung und Funktion des Verteidigers im geltenden Recht, unveröff. Referat für den Strafrechtsausschuß der Bundesrechtsanwaltskammer (1980); *ders.* Pflichtverteidigung – Zwangsverteidigung – Ersatzverteidigung, Reform der notwendigen Verteidigung, StV **1981** 460; *ders.* Das Selbstbestimmungsrecht des Mandanten, in: Egon Müller-Symposion (2000) 1; *ders.* Zur aktuellen Entwicklung des Strafverfahrensrechts, StraFo **2006** 4; *ders.* Zur Entwicklung der Verteidigung im deutschen Strafprozessrecht, FS 25 Jahre AG Strafrecht im DAV (2009) 773; *Rissel* Die verfassungsrechtliche Stellung des Rechtsanwalts, insbesondere in seiner Funktion als Verteidiger im Strafverfahren, Diss. Marburg (1980); *Rietmann* Zur Strafbarkeit von Verfahrenshandlungen (2002); *Römer* Pflichtverteidiger neben Wahlverteidiger? ZRP **1977** 92; *ders.* Kooperatives Verhalten der Rechtspflegeorgane im Strafverfahren? FS Schmidt-Leichner (1975) 133; *Römermann* Anwaltliche Berufsordnung, NJW **1998** 2249; *ders.* Die anwaltliche Unabhängigkeit – Entmythologisierung eines Core Value, NJW **2019** 2986; *Ropohl* Der Zwangsverteidiger, Diss. Hannover (1983); *Roesen* Die Stellung des Vorsitzenden in der Hauptverhandlung, NJW **1958** 977; *ders.* Exclusivität des Verteidigers, AnwBl. **1975** 132; *Rosenkaymer* Täterschaft und Teilnahme bei der Strafvereitelung (§ 258 StGB), Diss. Bochum (1988); *Rostek* Verteidigung in Kapitalstrafsachen[2] (2012); *Claus Roxin* Gegenwart und Zukunft der Verteidigung im rechtsstaatlichen Strafverfahren, FS Hanack (1999) 1; *Rudolphi* Täterschaft und Teilnahme bei der Strafvereitelung, FS Kleinknecht (1985) 379; *Rückel* Die Notwendigkeit eigener Ermittlungen des Strafverteidigers, FS II Peters (1984) 265; *ders.* Strafverteidigung und Zeugenbeweis (1988); *Rüping* Der Mißbrauchsgedanke im Strafprozeßrecht und sein Mißbrauch, JZ **1997** 865; *ders.* Die Freiheit der Advokatur im politischen Umbruch 1945, FS Maiwald (2003) 735; *Rzepka* Zur Fairneß im deutschen Strafverfahren (2000); *dies.* Geldwäsche und Verteidigerhonorar, FS Tondorf (2004) 327; *Salditt* Der Tatbestand der Geldwäsche, StraFo **1992** 121; *ders.* Strafverteidiger und öffentliche Meinung, AnwBl. **1999** 445; *ders.* Das Mandanteninteresse, in: Egon Müller-Symposion (2000) 24; *ders.* Geldwäsche durch Strafverteidigung, StraFo **2002** 181; *ders.* Vertrauen im Außenverhältnis, AnwBl. **2005** 565; *ders.* EU Strafrecht – die anwaltliche Perspektive, AnwBl. **2006** 632; *ders.* Die Moral der Strafverteidigung, StraFo **2009** 312 (= AnwBl. **2009** 805); *Satzger/Hanft* Erheben einer bewusst unwahren Protokollrüge im Rahmen der Revision als Rechtsmissbrauch? NStZ **2007** 185; *Sauer* Zur Leichtfertigkeit i. S. v. § 261 V StGB bei der Annahme von Mandantengeldern durch Strafverteidiger, wistra **2004** 89; *H. Chr. Schaefer/G. Wittig* Geldwäsche und Strafverteidiger, NJW **2000** 1387; *G. Schäfer* Die zivilrechtliche Haftung des Strafverteidigers, in: Egon Müller-Symposion (2000) 63; *ders.* Die Einlassung zur Sache durch den Verteidiger, FS Dahs (2005) 441; *Schild* Psychologie der Strafverteidigung, in: Stuefer/Ruhri/Soyer u. a. (Hrsg.), Strafverteidigung und Psyche (11. Österreichischer StrafverteidigerInnentag) (2013) 11; *W. Schautz* Strafrechtliche Grenzen des Verteidigerhandelns (1988); *Scheffler* Kurzer Prozeß mit rechtsstaatlichen Grundsätzen, NJW **1994** 2191; *ders.* Strafprozeßrecht, quo vadis? GA **1995** 449; *Scherp* Geldwäsche durch Strafverteidiger, NJW **2001** 3242; *Schlecht* Die zivilrechtliche Haftung des Strafverteidigers (2006); *Schlothauer* Vorbereitung der Hauptverhandlung[2] (1998); *ders./Weider/Nobis* Untersuchungshaft[5] (2016); *J. Schmidt* Geldwäsche und Verteidigerhonorar, JR **2001** 448; *W. Schmidt* Die Rechtslage nach der Geldwäscheentscheidung des BGH, StraFo **2003** 2; *Schnarr* Das Schicksal der Vollmacht nach Beiordnung des gewählten Verteidigers, NStZ **1986** 488; *ders.* Zum strafrechtlichen Freiraum legitimer Strafverteidigung, NJW-G. Schäfer Sonderheft 64; *Hartmut Schneider* Kann ein Strafverteidiger durch Nichterscheinen in der Hauptverhandlung eine strafbare (versuchte) Strafvereitelung begehen? Jura **1989** 343; *ders.* Zur Strafbarkeit des Verteidigers wegen Strafvereitelung durch Stellen von Beweisanträgen zum Zwecke der Prozessverschleppung, FS Geppert (2011) 607; *R. Schneider* Der Anwalt als Rechtshelfer sozialer Gegenmacht, RuP **1976** 119; *ders.* Der Rechtsanwalt ein unabhängiges Organ der Rechtspflege (1976); *Schomburg/Lagodny* Verteidigung im international-arbeitsteiligen Strafverfahren, NJW **2012** 348; *Schröter* Der Hochschullehrer als Strafverteidiger, Diss. Regensburg (1987); *Schümann* Strafrechtsalltag in der DDR aus der Sicht eines Rechtsanwalts, NJ **2001** 505; *L. Schulz* Normiertes Mißtrauen. Der Verdacht im Strafverfahren (2001); *ders.* Europäisches Strafrecht intra muros? – Die Strafverteidigung im geplanten Europäischen Verfahrensrecht, StV **2003** 142; *ders.* 25 Jahre „Strafverteidiger" (Diskussionsbericht), StV **2006** 389; *Schünemann* Vom Einfluss der Strafverteidigung auf die Rechtsentwicklung, StraFo **2005** 177; *ders.* Verteidigung in Europa, StV **2006** 361; *ders.* Mindestbedingungen einer effektiven Verteidigung in transationalen europäischen Strafverfahren, StV **2016** 178; *U. Schulz* Die Belehrungspflicht des Rechtsanwalts und Strafverteidigers, BRAK-Mitt. **2019** 63; *Schurig* Belehrung und Beratung des Beschuldigten über sein Aussageverhalten (2003); *Seier* Die Trennlinie zwischen zulässiger Verteidigungstätigkeit und Strafvereitelung, NStZ **1981** 144; *Senge* Missbräuchliche Inanspruchnahme verfahrensrechtlicher Gestaltungsmöglichkeiten – wesentliches Merkmal der Konfliktverteidigung? – Abwehr der Konfliktverteidigung, NStZ **2002** 225; *ders.* Gedanken zur Konfliktverteidigung, FS Nehm (2006) 339; *Sieber* Die Kollision von materiellem und prozessualem Recht, FS Roxin (2001) 1113; *Sieg* Cave defensorum oder Hüte Dich vor Deinem Verteidiger, StV **1987** 415; *Siepmann* Abgrenzung zwischen Täterschaft und Teilnahme im Rahmen der Strafvereitelung, Diss. Münster (1988); *U. Sommer* Effektive Strafverteidigung[3] (2016); *Soyer/Schumann* Grundsätze der Strafverteidigung, FS Fuchs (2014) 539; *Spaniol* Das Recht auf Verteidigerbeistand im Grundgesetz und in der Europäischen Menschenrechtskonvention (1990); *Spiekermann* Der Mißbrauch des Beweisantragsrechts (2001); *Spendel* Zur Vollmacht und Rechtsstellung des Strafverteidigers, JZ **1959** 737; *ders.* Die Idee der Verteidigung, FS Kohlmann (2003) 683; *Spindler* Der Anwalt als „Organ der Steuerrechtspflege" und Interessenvertreter, FS Streck (2011) 417; *Spoerr* Tatsachenermittlung durch Rechtsanwälte und Strafverteidiger: Fakten und rechtlicher Schutz, StV **2019** 697; *Spronken* Effektive Strafverteidigung in Europa, StRR **2011** 129; *Stegbauer* Strafbarkeit des Strafverteidiger wegen Volksverhetzung durch Leugnung der Judenmorde im Beweisantrag, JR **2003** 74; *v. Stetten* Die Sperrwirkung des § 258 StGB im Rahmen der Tätigkeit eines Strafverteidigers, StV **1995** 606; *Strafrechtsausschuß der BRAK* Stellungnahme (Arbeitspapier) zum Gesetzentwurf des Arbeitskreises Strafprozeßreform: Die

Verteidigung (1984); *ders.* Thesen zur Strafverteidigung[2] (2015); *Stroebele* Verteidiger im Verfahren gegen die RAF, in: Dreßen (Hrsg.), Politische Prozesse ohne Verteidiger (1976) 41; *Stryz* Die Abgrenzung von Strafverteidigung und Strafvereitelung (1983); *Stuefer* Rationalität und Strafverteidigung, ÖAnwBl. **2018** 297; *Stürner* Rechtspflege durch unabhängige Organe oder Institutionen – ein Grundprinzip der Rechtsstaatlichkeit? JZ **2017** 905; *Stumpf* Die Strafbarkeit des Strafverteidigers wegen Strafvereitelung (§ 258 StGB) (1999); *ders.* Gibt es im materiellen Strafrecht ein Verteidigerprivileg? NStZ **1997** 7; *ders.* Zur Strafbarkeit des Verteidigers gemäß § 258 StGB, wistra **2001** 123; *Summers/Garland/Stude* Das Recht auf Verteidigung – Anspruch und Wirklichkeit, ZStrR **2016** 133; *Taschke* Die Verteidigung von Unternehmen – ein neuer Typus von Strafverteidigung, FS Volk (2009) 801; *ders.* Von der Strafverteidigung zur Unternehmensverteidigung, FS Wessing (2015) 123; *Temming* Der Verteidiger als (modifiziertes) Organ der Rechtspflege, StV **1982** 539; *Theile* Wirtschaftskriminalität und Strafverfahren (2009); *Sven Thomas* Konfliktverteidigung, Mißbrauch von Verteidigungsrechten und das Beweisantragsrecht, StV **2010** 428; *Titz* Mandant und Verteidigung – eine Außensicht, StraFo **2019** 1; *B. Tondorf* Strafverteidigung in der Frühphase des reformierten Strafprozesses (2006); *Trechsel* Strafverteidigung mit der EMRK, in: Strafverteidigervereinigungen (Hrsg.), 50 Jahre Grundgesetz – kritische Würdigung, europäische Bezüge in der Strafgerichtsbarkeit (2000) 35; *Tronicsek* Der Verteidiger zwischen eigener Strafbarkeit und Schlechtverteidigung (2010); *Trüg* Die Implikationen unterschiedlicher Formen der Unternehmensverteidigung – am Beispiel idealtypischer Modelle, NStZ **2020** 130; *Tsambikakis* Die Vergütungsvereinbarung in Strafsachen, StraFo **2005** 446; *F. Ufer* Der Verwertungswiderspruch in Theorie und Praxis (2002); *Ulsenheimer* Zur Regelung des Verteidigerausschlusses in §§ 138a–d, 146 n. F. StPO, GA **1975** 115; *Vargha* Die Verteidigung in Strafsachen (1879); *Vehling* Die Funktion des Verteidigers im Strafverfahren, StV **1992** 86; *Volckart/Pollähne/Woynar* Verteidigung in der Vollstreckung und Vollzug[5] (2014); *Volk* Konfliktverteidigung, Konsensualverteidigung und die Strafrechtsdogmatik, FS Dahs (2005) 495; *ders.* (Hrsg.) Münchener Anwaltshandbuch Verteidigung in Wirtschafts- und Steuerstrafsachen[2] (2014); *H.-J. Vogel* Strafverfahrensrecht und Terrorismus – eine Bilanz, NJW **1978** 1217; *Vogt* Berufstypisches Verhalten und Grenzen der Strafbarkeit im Rahmen der Strafvereitelung (1992); *Vogtherr* Rechtswirklichkeit und Effizienz der Strafverteidigung (1991); *Vormbaum* Der strafrechtliche Schutz des Strafurteils (1987); *Wächtler* Stephan Barton, Mindeststandards der Strafverteidigung (Buchbesprechung), StV **1997** 111; *Wagner* Verteidiger im Zwielicht? AnwBl. **1975** 1; *B. Wagner* Strafverteidigung als Privileg, in: Strafverteidigervereinigungen (Hrsg.), Wehe dem, der beschuldigt wird (34. Strafverteidigertag Hamburg 2011) 9; *Wahle* Gedanken zur Beziehung von Mandant und Verteidiger, FS Hanack (1999) 105; *Waldhorn* Das Verhältnis von Strafverteidigung und Begünstigung, Diss. Würzburg (1967); *Wassmann* Strafverteidigung und Strafvereitelung, Diss. Hamburg (1982); *Wehnert* Prozeßführung der Verteidigung und Medien, StV **2005** 178; *Weigel* Der Anwalt – Organ der Rechtspflege oder Interessenvertreter? ZRP **1982** 184; *Weigend* Strafverteidigung im Zeitalter abgesprochener Urteile, in: Weigend/Walther/Grunewald (Hrsg.), Strafverteidigung vor neuen Herausforderungen (2008) 357; *ders.* „Strafverteidigung vor neuen Herausforderungen". Bericht über ein rechtsvergleichendes Forschungsprojekt, Welp-Kolloquium (2006) 11; *ders.* Zum Recht auf eine effektive Strafverteidigung, FS Schlothauer (2018) 191; *Weihrauch* Strafverteidigung und Berufsrecht. Fragmentarische Überlegungen zu einer Ethik der Strafverteidigung, FS Dahs (2005) 19; *ders.* Wer und was ist ein Strafverteidiger? FS Strauda (2006) 187; *Weiß* „Mißbrauch" von Anwaltsrechten zur „Prozeßsabotage"? AnwBl. **1981** 321; *ders.* Die „Verteidigervollmacht" – ein tückischer Sprachgebrauch, NJW **1983** 89; *Welp* Die Rechtsstellung des Strafverteidigers, ZStW **90** (1978) 804; *ders.* Der Verteidiger als Anwalt des Vertrauens, ZStW **90** (1978) 101; *Wernet* Professioneller Habitus im Recht (1997; unter anderem Titel, Diss. Frankfurt (1995); *Weßlau* Der Mißbrauch von Verfahrensrechten im Strafverfahren, FS Lüderssen 787; *dies.* Absprachen und Strafverteidigung, StV **2006** 357; *Westphalen* Möglichkeiten der Beschränkung und Konzentration der Haftung für Rechtsanwälte, WiB **1997** 1217; *Widmaier* Mitwirkungspflicht des Verteidigers in der Hauptverhandlung und Rügeverlust (?) NStZ **1992** 519; *ders.* Kritische Gedanken zur diskutierten Reform des Beweisantrags- und Revisionsrechts, NStZ **1994** 414; *ders.* Strafverteidigung im strafrechtlichen Risiko, in: 50 Jahre Bundesgerichtshof, FG aus der Wissenschaft (2000) 1043; *ders./Eck. Müller/Schlothauer* (Hrsg.) Münchener Anwaltshandbuch Strafverteidigung[2] (2014); *Winkler* Die Strafbarkeit des Strafverteidigers jenseits der Strafvereitelung (2005); *v. Winterfeld* Die Verteidigung. Standort, Leitidee und Reformbild, FS zur 150-Jahr-Feier des Rechtsanwaltsvereins Hannover (1981) 306; *Wittig* Die staatliche Inanspruchnahme des Rechtsanwalts durch das Geldwäschegesetz, AnwBl. **2004** 193; *Wohlers* Strafverteidigung vor den Schranken der Strafgerichtsbarkeit, StV **2001** 420; *ders.* Die Pflicht der Verteidigung zur Wahrung der Interessen der beschuldigten Person, ZStrR

2012 55; *ders.* Der Strafverteidiger: Rechtsbeistand oder (auch) Vertreter des Beschuldigten? FS Paeffgen (2015) 621; *G. Wolf* Das System des Rechts der Strafverteidigung (2000); *Wünsch* Richterprivileg – Verteidigerprivileg, StV **1997** 45; *Wurster* Die Erschwerungen in der Strafverteidigung seit 1975, Diss. Bremen (1982); *Zeifang* Die eigene Strafbarkeit des Strafverteidigers im Spannungsfeld zwischen prozessualem und materiellem Recht (2004); *Ziegert* (Hrsg.) Grundlagen der Strafverteidigung (2000); *R. Zuck* Die notwendige Reform des anwaltlichen Berufs- und Standesrechts, NJW **1988** 175; *ders.* Das innere Berufsbild: Hürde oder Hilfe für das anwaltliche Selbstverständnis? Mitt. RAK Köln **1999** 89; *ders.* Geldwäsche – Die verfassungswidrige Indienstnahme des Rechtsanwalts für die Zwecke der Strafverfolgung, NJW **2002** 1397; *Zwiehoff* Haftung des Strafverteidigers? StV **1999** 555; vgl. im Übrigen die Schrifttumsnachweise zu § 140.

Übersicht

Alphabetische Übersicht

A. Grundlagen

I. Die Aufgabe einer geschlossenen Dogmatik des Elften Abschnitts*

1. Der Streit um die Rechtsstellung des Verteidigers im deutschen Prozessrecht. 1
Über die **Rechtsstellung des Verteidigers** im Gesamtsystem der Strafrechtspflege besteht trotz der intensiven Debatte über den **„neuen Strafverteidigertyp"**[1] seit fast vier Jahrzehnten noch immer keine Einigkeit. Die dogmatischen Argumente sind allerdings weitestgehend ausgetauscht, so dass die Grundfragen mehr in den Hintergrund getreten sind und implizite, mehr auf Vorverständnis denn auf dogmatische Durchdringung beruhende Annäherungen nicht nur die Rechtsprechung, sondern auch Teile des Schrifttums und die Verteidigungspraxis dominieren.[2] Die zahlreichen und tief greifenden legislatorischen Eingriffe, die der Elfte Abschnitt über die „Verteidigung" in den 1970er Jahren erfahren hat,[3] und die Veränderungen, die aufgrund eines **gewandelten** und sich immer weiter **ausdifferenzierenden Berufsbild** in der praktischen Arbeit der Verteidiger zu beobachten sind, haben den Blick dafür geschärft, dass die Funktion der Verteidigung, obwohl (oder gerade weil) mit der politischen Durchsetzung der freien Advokatur ihr gesellschaftliches Ansehen im vorvergangenen Jahrhundert sprunghaft gestiegen ist, auch für den Gesetzgeber unklar ge-

---

* Die Neubearbeitung ist dem Andenken an meinen 2016 verstorbenen akademischen Lehrer *Klaus Lüderssen* gewidmet, vor diese Aufgabe gestellt als Allein- und Mitautor des Elften Abschnitts der StPO von der 24. bis zur 26. Auflage (1988-2007).

1 Zuerst bei *Hanack* ZStW **93** (1981) 560: „Dieser neue Verteidigertyp ist ... das vielleicht interessanteste und wichtigste Phänomen in unserer Strafrechtspflege ... [D]er Typ eines sehr engagierten und grundsätzlich seriösen, oft überraschend kundigen Verteidigers; aber eines Verteidigers, der die weiten und äußersten Möglichkeiten unserer Prozeßordnung, anders als die Generation vor ihm, nicht nur ausnahmsweise ausnutzt, sondern der im Interesse seines Mandanten, auch wenn er ihn für schuldig hält ..., in alle gesetzlichen Freiräume vorstößt und dabei Verteidigungsstrategien entwickelt, die gerade auch auf die typischen Schwachpunkte unserer Justiz zielen. Es ist der Typ eines Verteidigers, der in der Regel formal durchaus korrekt verfährt ..., sich im Grunde aber dem traditionellen Ziel des Strafverfahrens nicht mehr verpflichtet fühlt ... und der zudem ... unserer Strafjustiz mit oft geradezu abgrundtiefer Skepsis gegenübersteht". S. dazu *Weihrauch* FS Strauda 187, 192 f.; *Dahs* FS Nehm 243 f.; *Gatzweiler* FS Koch 93, 102; *Prittwitz* FS Bemmann 596, 601; *Kempf* AnwBl. **2010** 381; *St. König* StV **2010** 410, 411; *Bernsmann* StV **2006** 342, 345 f.; *ders.*, in: Die Akzeptanz des Rechtsstaats in der Justiz (37. Strafverteidigertag) (2013) 33, 38 f.; *Fezer* StV **1995** 263; *Wolfslast* NStZ **1990** 410; *Wächtler* StV **1990** 138; SK/*Wohlers* Vor § 137, 3; *Jahn* (Konfliktverteidigung) 206 ff.; HdBStrR/*Jahn*/*Brodowski* § 17, 116 erg. *Taschke* FS Volk 801 f. mit einem Abriss der voraufgegangenen Nachkriegsgeschichte der Strafverteidigung in Deutschland.

2 S. genauer unten Rn. 67.

3 Systematisch zusammengestellt bei *Rieß* FS 25 Jahre AG Strafrecht im DAV (2009) 773, 777 ff.; *R. Hamm*/*Regina Michalke*, in: DAV (Hrsg.), Anwälte und ihre Geschichte (2011) 411, 413 ff. Genauer unten Rn. 7.

blieben ist. In der Debatte müssen dennoch klare Optionen ausgesprochen werden, denn ansonsten sind die Grenzfälle nicht zu bewältigen.

2 Was ein Verteidiger im Strafverfahren – nicht – **darf,** hängt zuerst einmal davon ab, was er im Strafverfahren **soll.**[4] Entscheidend sind damit seine Aufgaben, vor allem gegenüber dem Mandanten, aber auch gegenüber den Zielen des Strafverfahrens (die ihrerseits im Streit sind). Bleiben schon die Aufgaben unklar, werden die Grenzen zulässiger Verteidigung zufällig und die Übergänge zwischen Sein und Sollen fließend. Bei den neuen, die Diskussion um diese Grenzen in den letzten beiden Jahrzehnten dominierenden Konflikten handelt es sich vor allem um immer wieder auftretende, spektakuläre Fälle einer möglichen Verletzung der **Wahrheitspflicht** des Verteidigers,[5] ferner um das Problem der Entgegennahme von Honoraren, die nach anfänglicher Ansicht der Fachgerichte den Straftatbestand der **Geldwäsche** erfüllt haben sollen,[6] um Zivilprozesse, in denen Verteidiger wegen schlechter Prozessführung auf **Schadensersatz** verklagt wurden[7] und in der jüngeren Entwicklung um die Frage, ob und in welchem Umfang die Sachaufklärung durch eigene Erhebungen im Kontext verbandsinterner Untersuchungen des Wirtschaftsstrafrechts (***internal investigations***) eine sich im besonderen Schutzraum der Verteidigung vollziehende Aufgabe ist oder zumindest sein sollte. Auf den Prüfstand – auch der Gesetzgebung – gestellt wird durch diese Entwicklung die Frage, wo die **inhaltlichen Grenzen geschützter** anwaltlicher **Tätigkeit** verlaufen, was das „eigentliche" und das „uneigentliche" der Aufgaben des Verteidigers im Strafverfahren unterscheidet.[8] Dazu tritt die weiter schwelende, von Zeit zu Zeit an Hand extremer Einzelfälle aufflammende Kontroverse um Inhalt und Berechtigung des Vorwurfs gegenüber Rechtsanwälten, sie würden ihre Rechte missbrauchen und betrieben **Konfliktverteidigung,**[9] die – jedenfalls auf den ersten Blick – scharf mit dem gerade aus der Verteidigung selbst heraus artikulierten Vorwurf kontrastiert, die zunehmende **Konsensorientierung** des Strafverfahrens – zunächst durch das Aufkommen von Absprachen, heute durch das Institut der Verständigung (§ 257c) – stelle **streitbare Verteidigung** in Frage, die Alternativen seien **„Kampf"** oder **„Kuschelkurs".**[10]

3 Diese und ähnliche Zuspitzungen sind rhetorisch eindrucksvoll, werden aber in ihrer globalen Typsierung den im Verfahren manifesten **realen Phänomenen** nicht gerecht. Kampf bedeutet nicht notwendig Kooperationsverweigerung, Konsens nicht notwendig Kuschelkurs oder Kapitulation, latent vorhandene Kampfbereitschaft kann gerade eine der Bedingungen von gelingendem Konsens sein.[11] Nicht durch Kampf um des Kampfes willen,

---

4 *Jahn* Formularbuch, Teil I.A.1 (S. 2); *ders.* (Konfliktverteidigung) 286 f., je in Aufnahme einer Formulierung von *Hassemer*. Dies betonen der Sache nach auch *Scholderer* StV **1993**, 228, 229; *Tondorf* StV **1983** 257, 259; *Welp* ZStW **90** (1978) 804, 805; *Ostendorf* NJW **1978** 1345; *Knapp* 140 f.

5 Unten Rn. 114 ff.

6 Unten Rn. 116 ff.

7 Unten Rn. 44 ff.

8 Ausf. unten § 148, 26 f. und speziell zur geplanten Neuregelung mit § 27 VerSanG-RegE 2020 § 148 (Entstehungsgeschichte); zu eigenen Erhebungen des Verteidigers allg. unten Rn. 116.

9 Siehe nur die Kontroverse zwischen *Gatzweiler* und *Breidling* StraFo **2010** 397 f., 398 ff. Ausf. unten Rn. 35 ff., 165 ff.

10 Vgl. *St. König* StV **2017** 188, 192 (anderer Akzent aber noch bei *dems.* StV **2010** 410, 412); *G. Friedrichsen* StV **2012** 631, 633 f.; *W. Bauer* StV **2008** 104; *R. Hamm* NJW **2006** 2084, 2089; *ders./Regina Michalke*, in: DAV (Hrsg.), Anwälte und ihre Geschichte (2011) 411, 424 ff.; *Bernsmann* StV **2006** 342, 347; *Weßlau* StV **2006** 357; *Schünemann* StraFo **2005** 177, 180; MAH Strafverteidigung/*Salditt* § 1, 89 ff.; *Volk* FS Dahs 495; vermittelnd *B. Gercke* StV **2020** 201, 202 f.; *Gatzweiler* AnwBl. **2005** 663, 664 f., 667; *Weigend* in: Weigend/Walther/Grunewald 357, 389 ff.

11 Vgl. MüKo/*Jahn* § 160b, 22; HdBStrR/*Jahn/Brodowski* § 17, 116. Differenzierend auch *Arnold* ZIS **2017** 621, 627; *Leitmeier* HRRS **2012** 540, 542 f.; *Artkämper* StRR **2009** 408 f.; *ders.* Die »gestörte« Hauptverhand-

sondern durch den strategischen Einsatz (oder Nichteinsatz) des **Kämpfens *als Verteidigungsmittel*** wird der Verteidiger seiner verfassungsrechtlichen **Schutz- und Beistandsaufgabe** gerecht.[12] Die Position der Verteidigung zwischen der Justiz und dem Beschuldigten bleibt damit in dem Maße rechtlich ungesichert, wie die Berufung auf den erreichten – primär berufsständisch begriffenen und seit *Alsbergs* Tagen[13] von manchen Autoren zuweilen **ethisch überladenen** – Status die Frage nach der exakten Rechtsgrundlage für den strafprozessualen Aktionsrahmen abgeschnitten hat. Diese **Unsicherheit** belastet nicht nur – aber gerade auch – die soeben[14] skizzierten dogmatischen Großkontroversen um das Recht der Strafverteidigung und damit die Lösung zentraler Streitfragen, die im Alltagsgeschäft der Gerichte nicht selten freischwebend zwischen der gesetzlichen Regelung der Strafprozessordnung und von Rollenbildern geprägten Vorverständnis gelöst zu werden pflegen.[15] Das **Selbstverständnis** vieler Verteidiger ist insofern, bis in die Gegenwart, auf ähnliche Weise „unjuristisch“[16] wie das der Ärzte, die den Forderungen der Juristen ihre Standesethik entgegenhalten. Dazu tritt, dass es einen konsistenten „Stand“ selbst innerhalb der deutschen Verteidigerschaft nicht mehr gibt. Was es gibt, ist ein diversifiziertes, teilweise zersplittertes anwaltliches **Berufsbild** im Ganzen,[17] das sich heute in der **Fragmentierung der Strafverteidigung** in Deutschland spiegelt.[18]

Darunter leidet die **Diskussion über** die **Rechtsstellung** des Strafverteidigers ganz erheblich. Sie kann nicht leisten, was sie will und soll: die verlässliche Grundlage schaffen für die Begründung vieler, nicht ohne Weiteres aus den Einzelregelungen ableitbarer 4

---

lung[5] (2017) Rn. 8 ff.; *Rettenmaier*, in: Kloepfer/Heger (Hrsg.), Das Umweltstrafrecht nach dem 45. Strafrechtsänderungsgesetz (2015) 81, 85 ff.; *Schößling*, in: Praxishandbuch zur Verständigung im Strafverfahren (2017) Rn. 6; *Petermann* 11 u. 62 ff.

12 Zum Verständnis des berühmten Worts „Verteidigung ist Kampf“ durch den Urheber vgl. *Dahs* (Hdb.) Rn. 1; *ders.* FS Odersky, 317 sowie die – durchaus unterschiedlichen – Deutungen von *Beulke* FS Roxin 1173, 1189 f.; *Bernsmann*, in: Die Akzeptanz des Rechtsstaats in der Justiz (37. Strafverteidigertag) (2013) 33 ff.; *Gatzweiler*, in: Kohlmann u. a. (Hrsg.) 59, 71; *Ahmed* StV **2015** 65; *W. Bauer* StV **2008** 104, 105; *R. Hamm* NJW **1997**, 1288; MAH Wirtschafts- und Steuerstrafsachen/*Knierim* § 7, 1; *Barton* (Einführung) § 1, 40 ff. Erg. 137, 5 f. zur Beistands- und Schutzaufgabe des Verteidigers.

13 Die Überhöhung der ethischen Mission des Strafverteidigers (vgl. den gleichnamigen Beitrag von *Jungfer*, in: Taschke [Hrsg.], Max Alsberg[2] [2013] 112 ff. sowie *D. Amelung* confront 3/**2017** 8; sehr differenziert dazu *J. Arnold* [Entwicklungen] S. 59, 69 ff.) ist beim Autor selbst nur zum Teil angelegt. Pathos und philosophische Grundlegung mögen heute fremd anmuten, wo allenthalben nur noch von Effektivität und Funktionstüchtigkeit der Rechtspflege die Rede ist. Doch die sprachliche Wucht von *Alsbergs* Warnung vor dem voreiligen Griff nach der Wahrheit und der Appell an den Skeptizismus des Verteidigers hat die Zeiten überdauert, vgl. *Jahn* NZWiSt **2014** 58; ähnlich *Barton* FS Egon Müller 31, 43.

14 Rn. 2.

15 Wie hier SK/*Wohlers* Vor § 137, 26; zutr. krit. zur „Idealisierung eines verklärten Berufsbildes“ auch MAH Strafverteidigung/*Kleine-Cosack* § 56, 36.

16 Bezeichnend die Definition bei *Jungfer* StV **1983** 393. Krit. zur Verweigerung übergreifender theoretischer Lösungen auch *R. Hamm* NJW **1993** 289, 290; MAH Strafverteidigung/*Salditt* § 1, 2 f.; *Jahn* (Konfliktverteidigung) 113 ff.

17 Zutr. *Vaagt* AnwBl. **2009** 853: „Von einem einheitlichen Berufsbild zu sprechen, kann nur noch Appelfunktion haben. Der Realität entspricht es nicht mehr“. I. d. S. auch *Filges* NJW **2010** 2619, 2624; *Hellwig* AnwBl. **2008** 644, 645 f.; *Henssler* AnwBl. **2008** 721, 726 ff.; *R. Zuck* Mitt. RAK Köln **1999** 89; *Hartung* MDR **1999** 1301; *Steinbrück* NJW **1997** 1266; *Andreas Krämer* NJW **1996** 2354, *Streck* AnwBl. **1996** 57; *Redeker* NJW **1995** 1244; *Ostler* NJW **1987** 289.

18 Angedeutet schon bei *Hammerstein* BRAK-Mitt. **1983** 59; *Mützelburg* FS Dünnebier 277, 279 und AK/*Stern* Vor § 137, 107; zur heutigen Situation nach dem Strukturwandel *Kempf* AnwBl. **2010** 381; *Eck. Müller* NJW **2009** 3745, 3747 und (rhetorisch bewusst überzeichnend) *Jahn* StV **2014** 40, 42 mit dem Bild von Strafverteidigern „für die die bösen Worte vom ‚Geständnishelfer‘, dem ‚verurteilungsbegleitenden Rechtsanwalt‘ und das

Entscheidungen. Neben die Verfeinerung der traditionellen Argumentationslinien der sog. Organtheorie, für die vor allem die in der Praxis in besonderem Maße rezipierten Arbeiten von *Beulke*[19] stehen (eingeschränkte Organtheorie), treten Versuche, die Stellung des Verteidigers im Ganzen entweder direkt aus dem Verfassungs-[20] bzw. Konventionsrecht[21] oder *allein* aus der Struktur des Strafverfahrens[22] abzuleiten. Auf der anderen Seite wird zum Teil auf deduktive Ableitung verzichtet und – wie durch den *Großen Senat für Strafsachen*[23] bei der Entscheidung zum Problem der „unwahren“ Verfahrensrüge – ohne Zwischenschritte ein dunkles Bild vom „Ethos“ der Strafverteidigung bemüht. Eine solche Herangehensweise ist zur Bewältigung der Aufgabe einer geschlossenen Dogmatik des Elften Abschnitts ungeeignet.[24]

5 **2. Rekonstruktion der Verteidigung als Aufgabe des Strafverfassungsrechts.** Das Bedürfnis nach **festen rechtlichen Grundlagen** zur Funktion und Stellung des Strafverteidigers im deutschen Strafprozess ist deshalb unabweisbar.[25] Es entfaltet sich vornehmlich nach **drei Seiten** hin:

6 Die seit *Eb. Schmidts* Appell[26] kontinuierlich voranschreitende Einbindung des Strafprozessrechts in ein konkretisierende Konsequenzen forderndes Verfassungsrecht gebietet,[27] an die Stelle unscharfer, an Rolle und Status orientierter Sozialnormen, ein-

---

Berufsbild ‚Beiordnungsprostitution‘ erfunden wurden, (solchen) die die von der Justiz für sie reservierte Bezeichnung ‚Konfliktverteidiger‘ als Ehrentitel empfinden, große Verteidigerpersönlichkeiten, die allein für die Prüfung der Frage nach der Mandatsannahme einen verlorenen Zuschuss im fünfstelligen Eurobereich fordern ... und Unternehmensverteidiger, die als Boutiquenanbieter in vieltausendköpfige globalisierte *law firms* integriert sind und die einen Gerichtssaal kaum noch vom Hörensagen kennen, dafür aber *Internal Investigations* nach Art eines privaten Ermittlungsverfahrens zu führen wissen, teilweise mit Budgets, die sich in Bruchteilen des Umfangs eines Landesjustizhaushalts sinnvoll darstellen lassen“.

19 Siehe dazu die ausf. Nachw. unten Rn. 67 und zur Kritik Rn. 68 ff.

20 S. unten Rn. 84.

21 S. unten Rn. 27.

22 Dies mindert freilich nicht die herausragende Bedeutung des strukturell-funktionalen Denk-*Ansatzes* von *Welp* ZStW **90** (1978) 807; *ders.* ZStW **90** (1978) 119 (vgl. auch *Gatzweiler*, in: Kohlmann u. a. [Hrsg.] 59, 64; *Hassemer* StV **2010** 394, 396; *Jahn* [Konfliktverteidigung] 134 ff.), vgl. dazu unten Rn. 20.

23 BGHSt (GrS) **51** 298, 313 Tz. 54: „Die Änderung des anwaltlichen Ethos ist ein ... Argument für die Änderung der Rechtsprechung“; zust. *J. P. Graf* StV **2010** 407, 408; *Singer* AnwBl. **2009** 393, 394 f. Krit. hingegen *Ignor* ÖAnwBl. **2011** 128, 130 f.; *Beulke* StV **2009** 554, 556; *Eck. Müller* NJW **2009** 3745, 3749; *Hassemer* AnwBl. **2008** 413, 419; *Leitner* StraFo **2008** 51, 55 f.; *Jahn*, in: R. Michalke (Hrsg.), Geschichte des Deutsche Strafverteidiger e.V. (2014) 135, 139 ff. und – scharf abl. – *Hellwig* AnwBl. **2009** 465, 470 mit der deutlichen Bewertung der Entscheidung des *Großen Senats* als „erschreckend“.

24 Ausf. hierzu *Jahn*, in: 25 Jahre Bastille-Entscheidungen (2015) 94, 115.

25 Für Viele *Pauka* StraFo **2019** 359; *Wohlers* StV **2016** 197, 199 f.; *Jahn*, in: 25 Jahre Bastille-Entscheidungen (2015) 94, 114; *R. Hamm* NJW **1993** 289, 291: keine „bekennende Theorielosigkeit“. Zurückhaltender indes *Beulke* StV **2010** 442 f. „Der hier angesprochene Grundlagenstreit wird zwar nach wie vor mit alter Schärfe ausgetragen, ohne daß ein Konsens erkennbar wäre. Er erscheint aber auch gar nicht erforderlich. Die Vergangenheit hat gezeigt, daß unser strafprozessuales Gebäude so viele Zimmer hat, daß wir uns als Rechtsanwender unterschiedlichster Couleur darin bestens einrichten konnten. Sowohl die Organtheoretiker als auch die Anhänger der Vertragstheorie als auch die eher verfassungsrechtlich argumentierenden Prozessualisten finden unter dem Dach der geltenden StPO ein schützendes Zuhause“.

26 *Eb. Schmidt* I 4, 92: „StPO und GVG bekommen als Ausführungsgesetze des Bonner Grundgesetzes überhaupt erst ihren politischen Sinn“. Ebenso *Sax*, in: Die Grundrechte III/2 (1959) 909, 967; *Roxin/Schünemann* § 2, 1; zusf. *Jahn*, in: Die Verfassung moderner Strafrechtspflege 63, 66 f.; LR/*Kühne* Einl. H, 1 f.

27 Vgl. *Lagodny* StV **1996** 167; *Wolter* NStZ **1993** 4; *Paulus* NStZ **1992** 306; *Niemöller/Schuppert* AöR **107** (1982) 389; relativierend *Amelung/Wirth* StV **2002** 161. Im Grundsatz aber zust. BGHSt **38** 214, 219; **31** 304,

deutige Rechtsnormen zu setzen. Die **verfassungsrechtliche Stellung des Strafverteidigers** ist daher seit dem Wegfall der Richtlinien zur anwaltlichen Berufsausübung durch die bahnbrechenden Entscheidungen des BVerfG aus dem Jahr 1987[28] ein zentrales Thema geworden.[29] Hinzu tritt, als eine weitere Entwicklungslinie, die **Europäisierung des** gesamten **Strafverfahrensrechts.**[30] Sie erreicht mit allen, seit der „Roadmap" zu den Verfahrensrechten als Teil des Stockholmer Programms (2009)[31] fast ausschließlich positiven Konsequenzen aus dem Sekundärrecht auch die Verteidigungsrechte der StPO. Diese beschuldigtenschützenden Impulse gehen, die zuweilen über diejenigen aus der originären Bundesgesetzgebung schon deutlich hinaus.[32] Jene begrüßenswerte Entwicklung wirft also weniger die Frage auf, ob und ggf. wie die Verteidigung gestärkt werden kann, sondern mehr, wie eine gestärkte Strafverteidigung in transnationalen Verfahren agieren kann und sollte.[33] Auch von der **Strafverteidigung** vor den **internationalen Gerichtshöfen** in Den Haag können aus deren hybriden Prozessmodellen Denkanstöße ausgehen.[34] Zuletzt ist in der jüngeren Entwicklung eine Rückbesinnung auf die rechtsstaatlichen Grundlagen der Verteidigung wegen der besonderen Herausforderungen zu beobachten, die aus der Unternehmensverteidigung im **globalisierten Wirtschaftsstrafverfahren** – insbesondere mit US-Berührung – resultieren.[35]

---

307 f.; **19** 325, 330; zur jüngeren Rechtsprechung des BVerfG zusf. *Jahn* NStZ **2007** 255, 256 ff.; *ders.*, in: Die Verfassung moderner Strafrechtspflege 63, 69 ff.

28 Grdlg. die beiden „Revolutionsentscheidungen" (Begriff bei *Lindner* MDR **1993** 605) BVerfGE **76** 171; **76** 179; dazu *Gaier* BRAK-Mitt. **2012** 142 f.; *Kirchberg* BRAK-Mitt. **2009** 95, 97; *Busse* AnwBl. **2009** 663, 668; *Hartung* NJW **1993** 2776; *Weigel* BRAK-Mitt. **1988** 2; *Pietzcker* NJW **1988** 513; *Kleine-Cosack* NJW **1988** 164; *Zuck* NJW **1988** 175; *Jähnke* NJW **1988** 1888; *Commichau* JZ **1988** 824; *Pfeiffer* BRAK-Mitt. **1988** 226. Zu den weiteren Konsequenzen für die Strafverteidigung unten Rn. 38, 103.

29 Siehe *Hassemer* StraFo **2004** 113; *Bernsmann* StraFo **1999** 228; *Krämer* NJW **1995** 2313; *Mayen* NJW **1995** 2317; *Jahn* (Konfliktverteidigung) 155 ff.; *ders.* StraFo **2017** 177, 180 f.; *ders.*, in: 25 Jahre Bastille-Entscheidungen (2015) 94, 116 („Das Grundgesetz als ‚Seismograph' der Verfassung der Anwaltschaft"); *Rick* 57 ff.; *Winkler* 105 ff.; vorher schon *Gusy* AnwBl. **1984** 225; über die verfassungsgerichtliche Rechtsprechung zum anwaltlichen Berufsrecht informiert *Gaier* BRAK-Mitt. **2006** 2. Ausf. zur Verfassungsdogmatik der Strafverteidigung § 137, 1 ff.

30 Dazu LR/*Kühne* Einl. D, 1 ff.; erg. LR/*Lüderssen/Jahn* Einl. M, 50 ff. sowie speziell zur Bedeutung für die Strafverteidigung *Gleß* StV **2010** 400, 405 ff. und § 137, 3.

31 ABl. EU 2009 C 295/1; zur Entwicklung einf. *Anagnostopoulos* EuCLR **4** (2014) 3, 18; *Spronken* StRR **2011** 129, 130; *Beukelmann* NJW **2010** 2081, 2083 f.; Sieber/Satzger/von Heintschel Heinegg/*Esser* § 58, 31 ff.; *Plekksepp* 81 ff.

32 *Jahn/Zink* StraFo **2019** 318, 323; angedeutet schon bei *Gleß* FS Schünemann (2014) 1059, 1072.

33 Vgl. *Soyer/Schumann* FS Fuchs (2014) 539, 543; *Schünemann* StV **2016** 178, 184 f.; *ders.* StV **2006** 361, 363 ff.; *Schomburg/Lagodny* NJW **2012** 348, 353; *Beukelmann* NJW **2010** 2081, 2086; *Salditt* AnwBl. **2006** 632; *Nitschmann* GA **2004** 655, 662 ff., *Pfützner* ZStW **116** (2004) 827; *L. Schulz* StV **2003** 142; *Weigend* Welp-Kolloquium (2006) 11, 14 ff.; *Bendler*, in: Strafverteidigervereinigungen (Hrsg.), Erosion der Rechtsstaatlichkeit Werteverfall oder Paradigmenwechsel? (2002) 88; Sieber/Satzger/von Heintschel-Heinegg/*Esser* § 59, 1 ff.; EnzEuR IX/*Rackow* § 23, 31; MAH Strafverteidigung/*Lagodny* § 21, 1 ff.; *Arnold* (Grenzüberschreitende Verteidigung) 151 ff.; *ders.* HRRS **2008** 10, 12 ff.; *ders.*, in: 8. Dreiländerforum Strafverteidigung (2019) 11, 71 ff. Die Berufsregeln der Rechtsanwälte in der Europäischen Union (CCBE) sind abgedr. in AnwBl. **2001** 337; dazu *Jahn* (Konfliktverteidigung) 122 f.; speziell zum Aspekt der Öffnung des deutschen Markts für EU-Anwälte § 138, 4 ff.

34 Einführend BTDrucks. **18** 6341 S. 1 f.; *Werle/Vormbaum* JZ **2017** 12, 16; *Hiéramente* StV **2015** 61, 65; *Leitner* StraFo **2003** 228; zur Praxis *v. Wistinghausen*, in: Safferling/Kirsch (Hrsg.), Völkerstrafrechtspolitik (2014) 199, 207 ff.; *Kirsch*, in: DAV (Hrsg.), Anwälte und ihre Geschichte (2011) 991, 995 ff.; *ders.* AnwBl. **2011** 166, 167 f.; *Petersdorf* Eigenverteidigung und aufgedrängte Pflichtverteidigung im formellen Völkerstrafrecht (2010) 58 ff.

35 Problemübersichten bei *Trüg* NStZ **2020** 130, 131 ff.; *Leitner* FS Wessing (2015) 147, 149 ff.; *Taschke* FS Wessing 123, 132 ff.; *Hart-Hönig* FS 25 Jahre AG Strafrecht im DAV 530, 549 ff.

7 Mit den Bemühungen um Rücknahme oder Relativierung der mit der „kleinen Strafprozessreform“ des Jahres 1964[36] erreichten Stärkung der Verteidigerposition setzte zehn Jahre danach mit der Kehrtwende von 1974[37] eine an den Leitbegriffen „Missbrauch“ und „Beschleunigung“ orientierte Gesetzgebung ein, welche die Handlungsspielräume der Verteidigung unter dem Einfluss der generellen Diskussionen über die **„Krise des Strafverfahrens“** ständig hin und her schob.[38] Hier muss eine für Schlechtwetterperioden gerüstete **Dogmatik** der Vorschriften der Strafprozessordnung über die Strafverteidigung Leitplanken markieren und unübersteigbare Barrieren schaffen. Die Definition möglichst eindeutiger Aktionsräume dient dann nicht zuletzt auch dazu, **Strafverteidigung als Profession,** auch zu Ausbildungszwecken in den Schwerpunktbereichen des akademischen Rechtsunterrichts,[39] vermittelbar zu machen.

8 **3. Konsequenzen für die nachfolgende Darstellung.** Eine Konzeption der Verteidigung, die durch ein **gewandeltes Berufsverständnis** und – das ist ein wechselseitiger Einfluss – auf diesen Bereich des Gemeinschaftslebens bezogenes wachsendes Interesse gesellschaftlicher Gruppen und politischer Theorien bestimmt ist, verlangt damit nach umfassender, also nicht auf isolierte Interpretation von Vorschriften oder deren Gesamtschau auf dem *status quo* beschränkte Legitimation durch Rechtssätze. Wenn die heutige Rechtsstellung des Verteidigers aussichtsreich fixiert werden soll, muss geklärt werden, wie sie zu dem wurde, was sie ist:

II. Geschichte und staatstheoretischer Kontext der Strafverteidigung in Deutschland

9 Die Geschichte der Strafverteidigung ist selbstverständlich eng verknüpft mit der allgemeinen Entwicklung des materiellen und prozessualen Strafrechts, die hier nicht im Einzelnen nachgezeichnet werden kann und muss.[40] Jedoch müssen die Strukturen der für die Strafverteidigung relevanten Entwicklung sichtbar gemacht werden. Man

---

36 Gesetz zur Änderung der StPO und des GVG (StPÄG) v. 19.12.1964 (BGBl. I S. 921), vgl. zur Wirkungsgeschichte *Deckers* StraFo **2009** 2, 3 ff.; *Jahn* NJ **2005** 106 f.; *ders.* (Konfliktverteidigung) 114 ff.; *R. Hamm* NJW **1997** 1288 f.; *ders./Regina Michalke*, in: DAV (Hrsg.), Anwälte und ihre Geschichte (2011) 411, 413 f.; *Rieß* ZRP **1977** 67, 68 f.; LR/*Kühne* Einl. F, 101; *Heinicke* 143 ff. Speziell zur Strafprozessreform aus Sicht der Strafverteidigung § 137, 16 f.

37 Vgl. *Deckers* StraFo **2009** 2, 7 ff. („Gegenreformatorische Wellen“); *Dahs* FS Odersky 317, 320 („Wendung um 180 Grad“); *Scheffler* GA **1995** 449, 450; *Bernsmann*, in: Die Akzeptanz des Rechtsstaats in der Justiz (37. Strafverteidigertag) (2013) 33, 36 f. Vgl. insbes. die Änderungen durch das EGStGB v. 2.3.1974 (BGBl. I S. 469, 502), das Fünfte Strafrechtsreformgesetz v. 18.6.1974 (BGBl. I S. 1297) und das Erste Gesetz zur Reform des Strafverfahrensrechts v. 9.12.1974 (BGBl. I S. 3393, 3533).

38 Vgl. dazu einerseits *Nehm/Senge* NStZ **1998** 380; *Malmendier* NJW **1997** 235; *Bertram* ZRP **1996** 48; *Caesar* RuP **1994** 131; *Kintzi* DRiZ **1994** 325; *Berg* DRiZ **1994** 382 und andererseits *Rieß* StraFo **2006** 4; *dens.* NStZ **1994** 411; *dens.* FS 25 Jahre AG Strafrecht im DAV (2009) 773, 793; *Bernsmann* ZRP **1994** 331; *Herzog* StV **1994** 168; *Widmaier* NStZ **1994** 414. Zu Fragen der Reform speziell mit Blick auf die „Konfliktverteidigung“ *Senge* FS Nehm 339, 355; *Jahn* JZ **2006** 1134, 1136; *Schünemann* StraFo **2005** 177, 179; SK/*Wohlers* Vor § 137, 64; *E. K. Günther* 174; rechtstatsächliche Annäherungen bei *Petermann* 101 ff. und *Mandera* 75 ff. Erg. unten Rn. 165.

39 Vgl. grdlg. *Barton* (Einführung) § 11, 2 ff.; *ders.* FS Richter II 33, 48 f.; *ders.* JA **2001** 164; *ders.* AnwBl. **1987** 63; *Park* FS 25 Jahre AG Strafrecht im DAV (2010) 238, 242 ff.; *Kuntze-Kaufhold* MSchrKrim. **86** (2003) 390, 405; bereits konkretisierend *Kudlich/Oberhof* JA **2006** 463; *Kroiß* JuS **2005** 256; *Jahn/Matt* Jura **2000** 390 f.; *Jahn*, in: Barton/Jost (Hrsg.), Anwaltsorientierung im rechtswissenschaftlichen Studium (2002) 343.

40 Siehe erg. auch LR/*Lüderssen/Jahn* Einl. M, 12 ff.

kann im Wesentlichen **drei Phasen**, die sich – streckenweise ineinander übergehend – abgelöst haben, unterscheiden:

1. Frühes Mittelalter-Hochmittelalter-Inquisitionsprozess. Am Anfang steht im Europa des **frühen Mittelalters** ein privates, die Strafzwecke der Vergeltung und Sühne nur als Kompensation eines individuellen Schadens begreifendes Strafrecht. Es wird in der Regel in Verfahren durchgesetzt, die von der Verhandlungsmaxime beherrscht sind, das heißt, es geht nicht um die „Erforschung materieller Wahrheit, sondern vielmehr um die Frage, welche Partei die ... glaubwürdigeren Behauptungen aufstellt".[41] Der Beschuldigte hat einen **„Vorsprecher"**, der mit demjenigen des Klägers auf derselben Stufe steht.[42] 10

Erst im **Hochmittelalter** – in den Städten früher, auf dem Lande später – beginnt sich das **öffentliche Strafrecht** auszubilden; die Einzelheiten sind streitig.[43] Eine endgültige Aufklärung und Gewichtung der – wahrscheinlich konkurrierenden – Vorgänge und Theorien ist nicht in Sicht. Daher muss sie, wer die Entwicklung der Verteidigung zurückverfolgen will, als **Ganzes** im Auge behalten. Der Strafanspruch wird nunmehr jedenfalls zunehmend im Namen der Allgemeinheit erhoben und löst sich damit von der Initiative des Verletzten. Der Beschuldigte in einem solchen Prozess sieht sich einer Macht gegenüber, die mit dem, was der Verletzte aufbieten kann, um gegen den Schädiger seine Interessen zu behaupten, nicht mehr verglichen werden kann. Daraus müsste eigentlich folgen, dass der **Beistand** des Beschuldigten eine stärkere Stellung erhält. Dazu kommt es aber erst sehr viel später. Das hängt mit den Gründen für die Entstehung des öffentlichen Strafanspruchs zusammen. 11

Sie treten in einer dritten Phase am sichtbarsten in der allmählichen Ablösung des Parteienprozesses durch den reinen **Inquisitionsprozess** in Erscheinung. Inquiriert werden soll die Wahrheit. Der Beschuldigte ist Inquisit, bloßes Objekt der Untersuchung. Für seine Verteidigung durch einen seine Partei nehmenden Verteidiger ist kaum ein Raum, denn das Gericht verantwortet alles selbst.[44] Gleichwohl fehlt der Verteidiger im Inquisitionsprozess nicht ganz, auch wenn sein Wirken faktisch bedeutungslos ist.[45] 12

---

41 *Vargha* 132.

42 *Armbrüster* 21 ff.

43 Vgl. HdBStrR/*Jahn/Brodowski* § 17, 14. Manchmal wird nicht einmal eine Tradition des öffentlichen Strafrechts behauptet, sondern schlicht darauf verwiesen, dass die öffentliche Strafe aus früheren Erscheinungen hervorgegangen sei, etwa aus der Blutrache (*Weismann* FS Wach [1913] 3 ff.) oder aus der Hauszucht gegenüber Unfreien (*Radbruch*, Der Ursprung des Strafrechts aus dem Stande der Unfreien, in: Gesamtausgabe XI [2001] 368). Von anderen Autoren ist hervorgehoben worden, es seien Sanktionen nachweisbar, die darauf hindeuten könnten, dass schon die Germanen ein öffentliches Strafrecht gehabt haben: Tötungen und Friedloserklärungen. Noch die Rechtsgeschichte Anfang des zwanzigsten Jahrhunderts hat diese Konsequenzen gezogen (dazu *Hein*, Vom Rohen zum Hohen: Öffentliches Strafrecht im Spiegel der Strafrechtsgeschichtsschreibung des 19. Jahrhunderts [2001]). In neuerer Zeit (*Nehlsen* Thieme Kolloquium [1983] 3 ff.) hat sich indessen die Meinung durchgesetzt, dass es sich bei diesen Tötungen entweder um Übernahmen aus dem römischen Recht durch die germanischen Nachfolgestaaten oder um religiös motivierte Opfervorgänge handelt. Was die Friedloserklärungen angeht, so ist schon sehr bald (*Binding*, Die Entstehung der öffentlichen Strafe im germanisch-deutschen Recht [1908] 19 ff., 25 ff.) ihr Strafcharakter bezweifelt worden; die moderne rechtsgeschichtliche Forschung (*Nehlsen*, in: Abhandlungen der Akademie der Wissenschaften in Göttingen **113** [1978] 107 ff.) hat das bestätigt. Ausf. zum Ganzen die Fallstudien bei *Lüderssen/Schreiner/Sprandel/Willoweit* (Hrsg.), Konflikte, Verbrechen und Sanktion in der Gesellschaft Alt-Europas, 1999-2014 (11 Bde.).

44 *Armbrüster* 55; *Sax*, in: Die Grundrechte III/2 (1959) 909, 968.

45 *Salditt* AnwBl. **1999** 445, 449; *Th. Krause* FS Sellert (2000) 377; *Falk* ZRG GA **117** (2000) 395; *ders.*, in: Lehmann/Ulbricht (Hrsg.) 281 ff.; *Armbrüster* 45 ff.

Aber ohne Zweifel handelt es sich dabei um eine **Inkonsequenz.** Dass die Entwicklung diesen Verlauf nimmt, hat mehrere **Gründe.** In erster Linie wird auf die tief greifenden **sozialen Veränderungen** verwiesen, die zu einem Ansteigen der Kriminalität führen.[46]

13 Ferner heißt es, dass man dem Vorbild des kanonischen Prozesses gefolgt sei, der seine Wurzeln im späten römischen Recht habe,[47] während sich im antiken römischen Recht kein Inquisitionsverfahren finde.[48] Er sei in den oberitalienischen Städten zuerst rezipiert worden,[49] nachdem mit dem Verfall der germanischen Nachfolgestaaten die genuin römischen Elemente in den Hintergrund getreten seien.[50] Unbestritten ist jedenfalls, dass an die Stelle des Ausgleichs für den Verletzten die **Disziplinierung der Schädiger** als ein Gebot der um ihren Ausbau und Stabilisierung bemühten, teils sich zentral, teils regional etablierenden Herrschaft tritt.[51] Sie ist an allgemeiner politischer Loyalität interessiert; die Verfolgung von Rechtsgutsverletzungen dient nur diesem Ziel.[52] Wie viel Eigendynamik in der Herausbildung dieser Herrschaft liegt, ist wiederum fraglich. Jedenfalls ist der kirchliche Einfluss groß. Die Kirche sucht die weltliche Unterstützung im Kampf gegen die beginnenden Ketzerbewegungen.[53] Diese Realfaktoren werden begleitet oder sogar gelenkt von der Idee, die **Verantwortlichkeit des Einzelnen** zu fixieren.[54] Das Neue ist, dass diese Verantwortlichkeit nicht nur vor Gott, sondern auch vor der weltlichen Obrigkeit bestehen soll.[55] Sühne und Vergeltung sind von Zweckmäßigkeitserwägungen freie, in diesem Sinne absolute Reaktionen auf Schuld, sollen aber durchaus auch Abschreckungsfunktionen übernehmen. Die Konzentration auf den Vorwurf gegenüber dem Individuum wird begünstigt durch den „Zerfall der Personalverbände" und führt dazu, dass jetzt – zum ersten Mal um das Jahr 1200 – **das Wort „Strafe"** auftaucht.[56]

14 Ein neuer Begriff von Schuld und Sünde legte deshalb **im Prozess** die Suche nach der materiellen Wahrheit nahe. Sie scheint verbürgt, wenn Verfolger und Inculpat dasselbe sagen: das **Geständnis** wird zum primären Prozessziel, die Folter ist das Mittel.[57]

---

46 Genauer mit weiterführenden Belegen *Lüderssen*, in: Abschaffen des Strafens? (1995) 22, 40 Fn. 64 bis 68. Überblicke ferner bei *Jerouschek* ZStW **104** (1992) 328; *ders.* FS Karl Kroeschell (1997) 497; *ders.*, in: Landau u. a. (Hrsg.), Karl von Amira zum Gedächtnis (1999) 231; *Wadle*, in: Jung/Müller-Dietz/Neumann (Hrsg.), Perspektiven der Strafrechtsentwicklung (1996) 9; *Klementowski* ZRG GA **113** (1996) 217; *Weitzel* FS Kleinheyer (2001) 539.

47 *Oehler* GedS H. Kaufmann 860.

48 *Oehler* GedS H. Kaufmann 860. Das trifft nach *Lüderssen*, in: Abschaffen des Strafens? (1995) 22, 39 f. Fn. 63 in dieser Allgemeinheit nicht zu, vielmehr bedürfe es einer vor allem nach Epochen und Deliktstypen stärker differenzierenden Betrachtung.

49 *Oehler* GedS H. Kaufmann 848; zur kritischen Auseinandersetzung mit dieser Position nochmals *Lüderssen*, in: Abschaffen des Strafens? (1995) 22, 41 Fn. 73-75.

50 Vgl. *M. Hirte/Hübsch* JA **2009** 606, 607; *Lieberwirth* (Hrsg.), Christian Thomasius, Über die Folter (1960) 88. Relativierung dieser Feststellung bei *Weitzel* ZRG GA **111** (1994), 66 mit Belegen über Elemente eines öffentlichen Strafrechts schon für die Merowinger-Epoche.

51 Vgl. hierzu *Padoa-Schioppa* (Hrsg.) Legislation and Justice (1997).

52 *Lieberwirth* (Hrsg.) Christian Thomasius, Über die Folter (1960) 108 ff.

53 Vgl. *Achter* Geburt der Strafe (1951) 103 ff.; *Bianchi* Ethik des Strafens (1966) 26 f.; *Trusen*, in: Landau/Schröder (Hrsg.), Strafrecht, Strafprozeß und Rezeption (1984) 45 ff.

54 Vgl. *Angenendt* Geschichte der Religiosität im Mittelalter (1997) 201; *Lüderssen* Rechtshistorisches Journal **16** (1997) 166 m. w. N.

55 Vgl. *Achter* Geburt der Strafe (1951) 102, 107; mit anderem Akzent dagegen *Bader* ZRG GA **112** (1995) 1. Zum Ganzen auch *Stübinger*, Schuld, Strafrecht und Geschichte (2000), 327; *Scheerer*, in: Eser/Hassemer/Burkhardt (Hrsg.), Die deutsche Strafrechtswissenschaft vor der Jahrtausendwende (2000) 345 m. w. N.

56 *Hattenhauer* ZRG GA **100** (1983) 53, 66; s. auch *Achter* Geburt der Strafe (1951) 34 ff.

57 *M. Hirte/Hübsch* JA **2009** 606, 608; *Fried* Historisches Jahrbuch **105** (1995) 388.

Die weltlichen Behörden wenden sie an, teils in Ausführung kirchlicher Anweisungen, teils in eigener Regie.[58] Diese Beweismethode und der ihr zugrunde liegende Anspruch auf Wahrheitsermittlung harmonieren mit der durch die Rezeption allgemein in Gang gesetzten Verwissenschaftlichung des Rechts.[59] Ihr sichtbarer Ausdruck ist die zunehmende Zahl der **gelehrten Juristen.**[60]

2. Aufklärung. Ungeachtet vieler Veränderungen, insbesondere durch die Kodifikati- 15
on des materiellen und formellen Rechts in der **Carolina von 1532** und die allmähliche Herausbildung des absoluten Staates oder doch jedenfalls eines dahingehenden Anspruchs,[61] bahnt sich erst nach Jahrhunderten ein grundlegender **Wandel** an. Die politische und geistige Bewegung der **Aufklärung** dringt auf Säkularisierung, Humanisierung, Rationalisierung und Liberalisierung eines Justizsystems, das seine fragmentarischen, mit anderen Formen der Konfliktbewältigung rivalisierenden Anfänge hinter sich gelassen und eine kontinuierliche, alles beherrschende Praxis entwickelt hat. Die Schwächen dieses Justizsystems werden bloßgelegt: Die Ineffizienz, Ungerechtigkeit und Maßlosigkeit nichtöffentlicher, ohne Laienbeteiligung stattfindender Verfahren in der Hand abhängiger, für Ermittlung und Verurteilung gleichermaßen zuständiger Richter. Ebenso moralisch wie pragmatisch motiviert ist der **Kampf gegen Folter** und Hexenwahn,[62] gegen Todes- und Leibesstrafen – eng verknüpft mit einer die Fesseln der religiösen und später auch der antiken Überlieferung allmählich abstreifenden systematischen, zunächst unbegrenzt spekulativen, dann aber die Grenzen der Vernunft reflektierenden Philosophie und einer praktischen, allgemeine Probleme von Staat und Gesellschaft (wie Gewaltmonopol, Gewaltenteilung, Volkssouveränität, Freiheit und Würde der Person) aufgreifenden Philosophie.

3. Der reformierte Strafprozess des 19. Jahrhunderts. Das Ergebnis ist der **refor-** 16
mierte Prozess, der im **19. Jahrhundert** nach und nach politische Realität wird.[63] Unverändert groß bleibt das Bedürfnis nach wirksamer, Schädiger und Verletzte nicht sich selbst überlassender Friedenssicherung. Die Notwendigkeit eines öffentlichen Strafrechts in der Form der Behauptung eines Strafanspruchs der Allgemeinheit wird nicht bestritten – in dieser Hinsicht gibt es keine Reformforderungen. Neu jedoch sind die **Struktur des Verfahrens** und seine grundlegenden Prinzipien. An erster Stelle ist die Trennung von Anklage und Urteil zu nennen, nunmehr freilich – anders als in den älteren gesellschaftlich-privat organisierten Verfahren – innerhalb der Staatsgewalt,[64] die reif genug scheint, die damit notwendig werdende Selbstbindung zu ertragen. Der Justiz

58 *Trusen*, in: Landau/Schröder (Hrsg.), Strafrecht, Strafprozeß und Rezeption (1984) 45, 57; zusf. HdBStrR/*Jahn*/*Brodowski* § 17, 14 a. E.

59 Vgl. *Achter* Geburt der Strafe (1951) 17.

60 *Trusen*, in: Landau/Schröder (Hrsg.), Strafrecht, Strafprozeß und Rezeption (1984) 45, 54; *Coing*, in: Ius romanum medii aevi, V, 6 (1964) 77, 100; *Moraw*, in: Schnur (Hrsg.), Die Rolle der Juristen bei der Entstehung des modernen Staates (1986) 77 ff.; *Armbrüster* 47.

61 Vgl. *Oestreich*, Geist und Gestalt des modernen Staates (1969) 179 ff.; *Stolleis*, Geschichte des öffentlichen Rechts I (1600-1800) (1988); zusf. HdBStrR/*Jahn*/*Brodowski* § 17, 15.

62 *M. Hirte*/*Hübsch* JA **2009** 606, 611. Zur Rolle der Verteidigung in diesen Prozessen bereits oben Rn. 12.

63 Grdlg. *Ignor* (Geschichte) 211 ff.; *Heinicke* 34 ff. Zur Verteidigung im reformierten Prozess die umfangreiche Fallstudie zum Hochverratsverfahren gegen *Struve* und *Blind* von *B. Tondorf*; zusf. *Stuefer* ÖAnwBl. **2018** 297, 298; *Salditt* FS Richter II 455; HdBStrR/*Jahn*/*Brodowski* § 17, 16 f.

64 Diesen neueren Anklageprozess muss man vom älteren also sorgfältig unterscheiden; etwas irreführend, weil noch nicht vom Prinzip der Gewaltenteilung getragen, die Reklamation des Terminus für die Prozessepoche des gemeinen Rechts (so aber *Eb. Schmidt* [Geschichte] 198 ff.).

wird eine Kontrollinstanz im Namen der Allgemeinheit, der Bürger, des Volkes gegenübergestellt: die **Staatsanwaltschaft.** Unter dem Anwalt des Staates versteht man jetzt nicht den Anwalt der autoritären Staatsgewalt, sondern den Vertreter der Interessen derer, die im Staat leben und für die der Staat eine Verantwortung trägt.[65]

17 **a) Der Kampf um die freie Advokatur.** Nicht minder wichtig ist die Einsicht, dass der wegen einer Schadenszufügung Beschuldigte **nicht mehr nur Objekt** der Untersuchung sein darf, sondern in der Auseinandersetzung mit den Instanzen der Strafverfolgung als Person auftritt.[66] Daher erhält nun auch der nach allen Seiten hin **unabhängige Verteidiger** eine besondere Position; seine eigentliche Ära beginnt – erst – jetzt.

18 Das Verlangen danach hätte vielleicht weniger Resonanz gefunden, wenn es nicht mit einer weit über Strafrecht und Strafprozess hinausgehenden Bewegung von beträchtlicher Eigendynamik verknüpft gewesen wäre. Diese Bewegung ist in die Geschichte eingegangen als der Kampf um die **Freiheit der Advokatur**, der das Ziel hatte, einen Stand unabhängiger, ihre Organisation und Standesethik selbstständig verwaltender Anwälte zu etablieren.[67] Freiheit der Advokatur bedeutete vor allem **Staatsunabhängigkeit.**[68] Es ging es den Anwälten darum, ihren Berufsstand gesellschaftlich zu stärken und in dieser Position dem Staat gegenüberzutreten.

19 **b) Liberal-rechtsstaatliche Rekonstruktion der Verteidigung.** Für die Durchsetzung des Beschuldigteninteresses eröffneten sich damit **zwei Wege:** Es wird entweder zum internen Staatsziel, parteiliche **Verteidigung** ist dann sozusagen **obrigkeitlich-fürsorglich** zu verbürgen.[69] Oder es bedarf jedenfalls nicht direkt des Staates. Der Beschuldigte findet in der dem **Staat gegenübertretenden Gesellschaft** die Ressourcen für seine Verteidigung. Das ist die **hier vertretene** Rekonstruktion.[70] Der Kampf um eine am Beschuldigteninteresse orientierte Verteidigung im deutschen Strafprozess hat letzten Endes nur dem zweiten Weg gegolten. Maßgebend waren also die **liberalen Vorstellungen** über die Unabhängigkeit des Individuums vom Staat. Die Gesellschaft dieser Individuen will nicht – mehr – im Staat aufgehen, sondern sieht sich ihm gegenüber. Die Folge ist, dass ihre Mitglieder, die einzelnen Personen, auch in Stand gesetzt werden

---

65 Rechtshistorisch ist vieles noch umstritten, vgl. *Hans Günther*, Staatsanwaltschaft – Kind der Revolution (1973); *Koller*, Die Staatsanwaltschaft – Organ der Judikative oder Exekutivbehörde (1997) 21 ff.; *Collin* „Wächter der Gesetze“ oder „Organ der Staatsregierung“? (2000); *Ignor* (Geschichte) 244 ff.; *L. Schulz*, in: *Durand/Mayali/Schioppa/Simon* (Hrsg.), Staatsanwaltschaft (2005) 311 ff.; *Wohlers*, Entstehung und Funktion der Staatsanwaltschaft (1994) 49 ff.

66 Ausf. *J. Schulz* StV **1991** 360; *I. Müller* KJ **1977** 12; *Heinicke* 113 ff.; *Wassmann* 24; zusf. HdBStrR/*Jahn/Brodowski* § 17, 17.

67 Den entscheidenden Durchbruch erzielte *v. Gneist*, Freie Advocatur – die erste Forderung aller Justizreformen in Preußen (1867) 52 ff. Dazu *Rüping* FS Maiwald 735 f.; *Ignor* NJW **2011** 1537, 1542 f.; *Gaier* BRAK-Mitt. **2006** 2, 3 f.; *Busse* AnwBl. **2001** 130; *Hug* AnwBl. **1993** 372; *Redeker* NJW **1987** 2610; *Barton* (Einführung) § 1, 5; *Armbrüster* 127 ff.; *M. Kunze* 11 ff.

68 Vgl. *Römermann* NJW **2019** 2986, 2990; *Jahn* StV **2014** 40, 43; *Busse* BRAK-Mitt **2010** 190, 192; *Prütting* AnwBl. **1994** 315, 317 f.; *Pfeiffer* BRAK-Mitt. **1987** 102, 103 f.; *Kalsbach* JZ **1961** 593, 594; *Fuhrmann*, Rechtsstellung des angestellten Rechtsanwalts (1999) 55; *M. Kunze* 7 u. 143 f.

69 Das ist die Konzeption von *Beulke* (Verteidiger) 164 ff.; i. d. S. auch die weiteren Nachw. zur eingeschränkten Organtheorie unten Rn. 66. Darüber, dass früher auch von einer Bindung der Beistandschaft an den Staat gesprochen wurde, LR/*Dünnebier*[23] Vor § 137, 3 mit Belegen aus der ält. Lit.

70 Zust. *Schößling*, in: Praxishandbuch zur Verständigung im Strafverfahren (2017) Rn. 3; *Hassemer*, in: Gesamtreform des Strafverfahrens (1986) 143, 144; KMR/*Sax* Einl. IV, 27 ff.; *Grüner* 22; *Wassmann* 68 und bereits *Jahn* (Konfliktverteidigung) 223 f. sowie HdBStrR/*Jahn/Brodowski* § 17, 18 f.

müssen, diese Positionen **im Prozess** durchzuhalten. Die Parteilichkeit des Verteidigers des Bürgers, den der Staat im Interesse der Allgemeinheit einem Strafverfahren aussetzt, ist damit Ausdruck einer **Unabhängigkeit vom Staat** und nicht Derivat einer Fürsorge des Staats. Erst mit der Trennung von Gesellschaft und Staat, als Folge der rechtsstaatlichen Begrenzung der Staatsgewalt, kann diese Konstellation entstehen.[71]

Nicht die staatliche Einverleibung des Beschuldigteninteresses ist es mithin, die den Inquisitionsprozess der Moderne von dem des Mittelalters und der beginnenden Neuzeit unterscheidet, sondern die Anerkennung der **Autonomie des Beschuldigten** gegenüber dem Staat: „Dem Beschuldigten wird im Interesse eines partizipativen Strafverfahrens ein Strafverteidiger zur Seite gestellt, um Autonomiedefizite zu beseitigen, nicht aber zur Sicherung von Interessen der Strafverfolgung“.[72] Nur so wird die Auffassung verständlich, dass gerade der **reformierte Inquisitionsprozess** den ausschließlich im Beschuldigteninteresse tätigen Verteidiger fordert, weil für die Wahrheit ja schon Gericht (§ 244 Abs. 2) und Staatsanwalt (§§ 152, 160) sorgen.[73] In einem reinen Parteiverfahren könnte man die Funktion des Verteidigers insofern mit dem Ziel des Prozesses, die Wahrheit festzustellen, verknüpfen als Ankläger und Verteidiger dialektisch gerade durch ihre jeweilige Einseitigkeit der Wahrheit dienen – wobei offen bleibt, ob die Wahrheit auf diesem Wege gefunden oder produziert wird. **20**

Die Entwicklung der Verteidigerstellung konnte auf dieser Basis nicht geradlinig verlaufen. Noch bis zum Inkrafttreten der **Reichsjustizgesetze** im Jahr 1879 ist in Preußen die Strafverteidigung **beamteten Justizkommissaren** anvertraut.[74] Diese äußerste Form obrigkeitlicher Fürsorge für den Beschuldigten wird dann im Zeichen des Konstitutionalismus aufgegeben, der bereits die als Hüter der Gesellschaft gegen den Staat sich verstehenden Parlamente hervorgebracht hatte. Die **Reichsrechtsanwaltsordnung** etabliert eine Organisation, die einer nicht vom Staat abgeleiteten Verteidigertätigkeit, für die in den §§ 137–150 RStPO eine neue Grundlage geschaffen worden ist, den Weg endgültig öffnet. Die formale Ausgangsposition für eigenständige Rechte der Verteidigung ist aber – anders als die der konstitutionellen Parlamente – schwach. **21**

4. Die weitere Entwicklung von Weimar bis heute. Dass die **parlamentarische Demokratie** sich 1918 durchsetzt und die Parlamente nunmehr zur Staatsgewalt zählen, ändert an dieser Position der Verteidiger nichts. Das bringt eher die Gefahr mit sich, dass sie zusammen mit anderen im gesellschaftlichen Status verbleibenden Kräften geschwächt werden. Die realen Möglichkeiten der Verteidigung sind daher weniger von der Rechtslage als von politischen Verhältnissen abhängig. In der **Weimarer Zeit** sind sie der Verteidigung günstig,[75] in der **NS-Zeit** nicht, ohne dass der rechtliche Rahmen geändert wird. Der Verteidiger als „Rechtswahrer“ hat sich jetzt in den „über aller individueller Freiheit“ stehenden „Staat“ und die in ihm „verkörperte Volksgemeinschaft **22**

---

71 *Hesse*, in: E.-W. Böckenförde (Hrsg.), Staat und Gesellschaft (1976) 489.

72 *Bosch* Jura **2012** 938, 939.

73 Dazu grdlg. *Welp* ZStW **90** (1978) 119 und 807; dem folgend *Jahn* (Konfliktverteidigung) 134 ff.; HdBStrR/*Jahn*/*Brodowski* § 17, 19; *Barton* (Mindeststandards) 130; *Rzepka* (Fairness) 400; *Sommer* Effektive Strafverteidigung³ (2016) Kap. 1, 86 f.; *Stryz* 53; rechtsvergleichend *Summers*/*Garland*/*Stude* ZStrR **2016** 133, 170 und auf die Spitze getrieben bei *Haas* Strafbegriff, Staatsverständnis und Prozessstruktur (2008) 349, der das erkennende Gericht deshalb sogar der Exekutive zuschlagen will.

74 *Döpfer*, in: Anwälte und ihre Geschichte (2011) 191, 192 ff.; *M. Kunze* 11 ff. Genauer dazu unten Rn. 73.

75 Vgl. *Jungfer*, in: Ebert (Hrsg.), Aktuelle Probleme der Strafrechtspflege (1991) 37; zusf. HdBStrR/*Jahn*/*Brodowski* § 17, 21.

einzuordnen".[76] Die Freiheit des Berufs ist „den Maßstäben an staatsbürgerlichem Gehorsam, welche der totale Staat anlegen muß", anzupassen mit der Folge „einer bedingungslosen Unterordnung des Anwaltes und Verteidigers unter diesen veränderten Begriff der Freiheit".[77] Diese heteronome Definition des „Freiraums" der Verteidigung setzt sich, wenn auch in abgeschwächtem Maße, in der **DDR** bis 1990 fort.[78]

23 Da die Konzeption des demokratischen Staates in der Bundesrepublik Deutschland heute darin besteht, dass er sich erst in gesellschaftlichem Zusammenwirken konstituiert,[79] scheint gegenwärtig für die Stellung des Verteidigers eine staatsunabhängige **gesellschaftliche Legitimation** schon wieder fragwürdig zu sein. Wie weit die auf Repräsentation beschränkte Demokratie zu diesem Schluss wirklich zwingt, muss hier ununtersucht bleiben.[80] Trotz zunehmender Mediatisierung außerhalb der Parlamente,[81] noch immer vor allem im Zuge der Globalisierung,[82] wird die „Ferne der Zentralität" nach wie vor mit der Folge empfunden, dass die Gesellschaft vielfältige Formen der Autonomie und **Selbstregulierung** erlaubt.[83] Als Ausdruck einer funktionellen Differenzierung jedenfalls hat der Unterschied zwischen Staat und Gesellschaft nach wie vor einen Sinn.[84]

24 Diese Aufgabenverteilung wird besonders deutlich, wenn der einzelne in eine direkte Konfrontation mit Behörden gerät, speziell der in einem Strafverfahren Beschuldigte mit Staatsanwaltschaft und Gericht.[85] Zwar ist es – mit einer durchgehenden demokratischen Konstruktion – auch dann noch *sein* Staat, doch bei der Fixierung der jeweiligen Interessen und der Abwicklung der realen Vorgänge wird evident, dass die in konstitutionellen Zeiten definierte Aufgabe des von der Gesellschaft abgegrenzten Staates kaum verändert fortbesteht: Sicherung der vorstaatlichen **Freiheitssphäre des Bürgers.** Dazu gehört die Garantie des autonomen Status des Beschuldigten und damit seiner – in den Worten des EGMR[86] – **konkreten und wirklichen Verteidigung.**

25 Die vom Bürger in Anspruch genommene Freiheitssphäre ist allerdings Wandlungen ausgesetzt. Demgegenüber muss die Kontinuität der gegen die – schon geteilte – Staatsgewalt gerichteten, aus der **Gesellschaft** (als der Summe der Einzelnen, die sich noch nicht im Staat aufgehoben sehen) kommenden Bemühungen um die **Autonomie des Beschuldigten** gesehen werden. Dafür, dass dieses Bemühen sich in den Wunsch nach

---

76 *Dix* DJZ **1934** 246.

77 Zitat nochmals bei *Dix* DJZ **1934** 246; s. auch *Haussen* DR **1944** 353. Zur „Gleichschaltung" s. auch *Rüping* FS Maiwald 735, 736 f.; *Claus* FoR **1996** 79; *Krach* NJW **1995** 1384; *K. Fischer*, in: Die NS-Strafjustiz und ihre Nachwirkungen (2003) 109; *M. Kunze* 62 ff.; *J. Arnold* (Entwicklungen) S. 89 ff. und eingehend *St. König* 35 ff. Zu Folgerungen s. unten Rn. 73.

78 Vgl. *Fricke* AnwBl. **2010** 829, 833 ff.; *Busse* BRAK-Mitt **2010** 190, 191 f.; *Redeker* NJW **2010** 1341, 1343 f.; *Schümann* NJ **2001** 505.

79 *Hesse* (Grundzüge des Verfassungsrechts) Rn. 12.

80 Jüngere Literatur zum Thema bei *Hermes*, Staatliche Infrastrukturverantwortung (1998) 147 ff. („bleibende Bedeutung der Unterscheidung von Staat und Gesellschaft"); *Zumbansen*, Ordnungsmuster im modernen Wohlfahrtsstaat (2000) 34 ff.; *Chr. Möllers*, Staat als Argument (2000) 67 ff., 233 ff.

81 *Teubner*, Organisationsdemokratie und Verbandsverfassung (1978).

82 *K. Günther/Randeria*, Recht, Kultur und Gesellschaft im Prozeß der Globalisierung (2001).

83 *T. v. Trotha*, Distanz und Nähe (1986) 21.

84 *Hesse* (Grundzüge des Verfassungsrechts) Rn. 11.

85 Gerade in dieser Situation trifft das eindrucksvolle Diktum von *Niemöller/Schuppert* AöR **107** (1982), 389 zu: Es ist eine Eigenart des Strafprozessrechts, das Verhältnis von Staat und Bürger ausschnittsweise grell auszuleuchten.

86 EGMR StV **1985** 441, 442; ebenso *Gaede* (Fairness) 497 ff.; *Trechsel*, in: Strafverteidigervereinigungen (Hrsg.), 50 Jahre Grundgesetz (2000) 35; *Demko* HRRS **2006** 250, 252 ff.; ausf. § 137, 3.

einer vom Staat zu gewährenden Freiheit umgewandelt hat, gibt es keine Belege. Die Eigenständigkeit, jedenfalls diejenige der **anwaltlichen Berufsorganisationen**,[87] umzudeuten in eine spezielle Ausdrucksform staatlicher Demokratie, ginge an der Realität vorbei. Das gilt auch für den Gedanken, die Staatsräson habe sich in raffinierter Weise ein indirektes Herrschaftsinstrument geschaffen. Im Wandel begriffen sind lediglich die Gründe für die Behauptung einer nicht vom Staat zugeteilten Autonomieposition des Beschuldigten. Die ursprüngliche Freiheit des Individuums im Allgemeinen, wie im Bezug auf spezielle Interessen, wird weniger metaphysisch als soziologisch-positivistisch begriffen. Relevant bleibt in erster Linie die Tatsache, dass jenseits staatlicher Vorgaben und Einflüsse Einigungsprozesse in der Gesellschaft stattfinden und politische Verbindlichkeit erlangen.[88]

B. Folgerungen

I. Die Rechtsstellung des Strafverteidigers

1. Die Vertragstheorie

a) Der Ausgangspunkt in § 137 Abs. 1 Satz 1. Es ist Ausdruck der historisch allmählich durchgesetzten Anerkennung der Autonomie des Beschuldigten,[89] dass die in der Systematik besonders hervorgehobene Vorschrift des Elften Abschnitts in § 137 Abs. 1 Satz 1 ihm das Recht gibt, sich des Beistands eines Verteidigers „zu **bedienen**".[90] Dieses Recht ist – jeweils mehrfach – in Grundgesetz, EMRK und GRC abgesichert.[91] Dieser positivrechtliche Ausgangspunkt der Argumentation der an dieser Stelle seit der 24. Auflage 1989 vertretenen **Vertragstheorie** hat mittlerweile vielfach Zustimmung erfahren,[92] ist aber noch immer eine Minderheitsmeinung. Er wird im Nachfolgenden, mit besonderer Rück- 26

---

87 Zur Debatte *Hartung* NJW **1993** 2776 und – sehr krit. – *Redeker* NJW **1995** 1241, 1244.

88 *Lüderssen*, Genesis und Geltung in der Jurisprudenz (1996) 69.

89 Oben Rn. 16 ff.

90 Vgl. § 137, 13.

91 Vgl. § 137, 1 ff., 3 und HdBStrR/*Jahn/Brodowski* § 17, 1 ff., 37 ff. Zutr. zum Ganzen *Kirchberg* BRAK-Mitt. **2009** 95, 96: „Zusammenfassend ist danach ... festzuhalten, dass das höchste deutsche Gericht in langjähriger Rechtsprechung unter Verwendung von Elementen des Rechtsstaatsprinzips, unter Berufung auf den Anspruch des Einzelnen auf ein faires Verfahren sowie unter Bezugnahme auf die ‚freie Advokatur' und – vor allem – auf die durch Art. 12 Abs. 1 GG geschützte Berufsfreiheit der Rechtsanwälte für eine hinreichende, wenn auch dogmatisch vielleicht nicht vollkommen ausgereifte Standortbestimmung der Beistandsgewährung durch die Anwaltschaft ... im Grundgesetz gesorgt hat; und dies steht einer positivrechtlichen Normierung, wie sie zumindest hinsichtlich des Rechts auf Beistand in Verfassungen einiger Bundesländer enthalten ist, eigentlich in nichts nach".

92 Grundsätzliche Zustimmung mit Modifikationen und gegebenenfalls „Abstand zu den Details der ... Vertragstheorie" (Formulierung bei MAH Strafverteidigung/*Salditt* § 1, 81) in den konkreten Ableitungen findet bei MüKo/*Thomas/Kämpfer* § 137, 10 a. E.; AK/*Schlothauer* Vor § 213, 33; AK/*Stern* Vor § 137, 45 ff.; *Kempf*, in: Brüssow u. a. (Hrsg.), § 1, 45 ff., 52 f.; *Schößling*, in: Praxishandbuch zur Verständigung im Strafverfahren (2017) Rn. 3; *v. Briel* FS 25 Jahre AG Strafrecht im DAV (2010) 949, 961; *Scholderer* StV **1993** 229; *Plähn*, in: 13. Strafverteidigertag 207 sowie für die Rechtslage in Österreich WK/*Soyer/Schumann* § 57, 13 ff., 22 ff.; *dies.* FS Fuchs (2014) 539, 548 ff. Vgl. auch *U. Schulz* BRAK-Mitt. **2019** 63, 65 mit dem Hinweis, dass Vertragstheorie „gegenüber der Organtheorie der forensischen Praxis sicher näher kommt". Dazu auch *Plekksepp* 304: „Diese Theorie [die Vertragstheorie – *die Verf.*] wird in der Literatur immer häufiger vertreten oder anerkannt, ist aber in der Rechtspraxis nur auf wenig Zuneigung gestoßen".

sicht auf die **verfassungsrechtlichen Grundlagen** des Vertragsprinzips,[93] weiterentwickelt. Ausganspunkt dafür ist der Satz, dass der Kontakt mit dem Mandanten, innerhalb und außerhalb des Verfahrens, das **Zentrum** der **Aufgaben des Strafverteidigers** ist.[94] Die Respektierung der Subjektrolle des Beschuldigten wäre nur halb vollzogen, wenn der beistehende Verteidiger diese dienende Rolle verlassen würde und etwas ohne oder sogar gegen den Willen des Beschuldigten veranlassen dürfte, wenn und soweit ihm das Recht das nicht ausdrücklich zugesteht. Da unsere Rechtsordnung auf der anderen Seite private Positionen grundsätzlich nicht als Basis genuiner Abhängigkeitsverhältnisse anerkennt, bleibt für die Ausgestaltung der Beziehungen zwischen dem Beschuldigten und seinem Verteidiger nur die für die gesamte Privatrechtsgesellschaft typische **Rechtsform des Vertrags**. Der Mandatsvertrag des Verteidigers überführt somit, systemtheoretisch gesprochen, wirtschaftliche Rationalität in strafrechtliche Kommunikation.[95]

27 **b) Der heutige Diskussionsstand.** Die vielgestaltige **Kritik**[96] **an** der **Vertragstheorie** wird im Zusammenhang der einzelnen Fragen des Rechts der Strafverteidigung behandelt. Sie ist allerdings schon in ihren Grundlagen nicht immer leicht einzuordnen. Das gilt schon für die Rubrizierung als Unterfall der Parteiinteressentheorie,[97] von der sich die Vertragstheorie gerade durch ihr im Zivil- und Verfassungsrecht abgesichertes dogmatisches Fundament abzusetzen sucht. Auch der **Tenor der Kritik** und die darauf gestützten **Ableitungen** sind nicht ohne Weiteres in Übereinstimmung zu bringen. Dies gilt etwa für die Konzeption von *G. Wolf*, die zwar im Tenor die Vertragstheorie ablehnt,[98] in den Ausgangspunkten und bezogen auf Details im Ergebnis aber häufig übereinstimmt,[99] aber auch für die Konzeption von *Wohlers*, der aus den EMRK-Garantien den Verteidiger als Prozesssubjektsgehilfen konturiert.[100]

---

93 S. bereits *Jahn* (Konfliktverteidigung) 231; *dens.* JR **1999** 1; *dens.* StV **2000** 432 (insoweit zust. *Winkler* 72); *dens.* StV **2014** 40, 44 („verfassungsrechtlich orientierte Variante der Vertragstheorie"); *dens.* StraFo **2017** 177, 181; HdBStrR/*Jahn/Brodowski* § 17, 37 ff.

94 MüKo/*Thomas/Kämpfer* 11; *Jahn* Formularbuch, Teil I.B.1 (S. 4); HdBStrR/*Jahn/Brodowski* § 17, 38.

95 *Theile* 271 f.

96 LR/*Kühne* Einl. J, 110: „Die Vertragstheorie kann viele Regelungen des geltenden Rechts, namentlich (aber nicht nur) das Institut der notwendigen Verteidigung und die Position des bestellten Verteidigers, nur unter erheblichen konstruktiven Schwierigkeiten bewältigen". Ähnlich – und mit vertiefender Argumentation – *Roxin* FS Hanack 1, 16; *Widmaier* FG BGH IV 1045; *R. Hamm/Regina Michalke*, in: DAV (Hrsg.), Anwälte und ihre Geschichte (2011) 411, 428 f.; *Hammerstein* NStZ **1997** 13; *Paulus* NStZ **1992** 307; *Barton* StV **1990** 237; HdBStrR/*Kudlich/Knauer* § 16, 12; Radtke/Hohmann/*Reinhart* § 137, 6; SK/*Wohlers* Vor § 137, 18; *Volk/Engländer* (Grundkurs) § 11, 23; *Grüner* 79, 370 ff. (vgl. allerdings den zutr. Ausgangspunkt bei *Grüner/Wasserburg* GA **2000** 430, 434); *Winkler* 24 ff.; *Stumpf* 42 ff.; *E. K. Günther* 55 ff.; *Olk* 46 f.

97 Insbesondere bei *Ignor* FS Schlüchter (1998) 39, 40; SSW/*Beulke* Einl. 166; *dems.*, in: Alte Strafrechtsstrukturen und neue gesellschaftliche Herausforderungen in Japan und Deutschland (2000) 140; Radtke/Hohmann/*Reinhart* § 137, 7.

98 *G. Wolf* 59 ff. (zu ihm freilich wiederum krit. *Beulke* StV **2007** 261, 264 ff.; *Egon Müller* JR **2003** 51; MAH Strafverteidigung/*Salditt* § 1, 37 f.) sowie, sich dem annähernd, *Pauka* StraFo **2019** 359, 362.

99 Siehe *G. Wolf* 154, 177 (nur vom Beschuldigten abgeleitetes Beweisantragsrecht), 179 (Bestimmung der Verteidigungsführung durch den Beschuldigten), 183 (Pflicht zur Führung der Verteidigung nur im Innenverhältnis gegenüber dem Beschuldigten), 213 (begründetes Innenverhältnis zwischen Verteidiger und Beschuldigten durch einen Vertrag), 215 (keine Besonderheiten für die zivilrechtliche Haftung des Verteidigers für schlechte Verteidigung), 429 (Bestimmung der Verteidigungsstrategie durch den Beschuldigten), 380 (keine Reduzierung der Wirkung der Verteidigertätigkeit durch die Gebundenheit des Verteidigers an die Entscheidung des Beschuldigten).

100 *Wohlers* ZStrR **2012** 55, 56 f. (zu den §§ 127 f. schwStPO); *ders.* FS Paeffgen 621, 633 f.; SK/*Wohlers* Vor § 137, 28 ff., ähnl. *Gaede* (Fairness) 502 ff., 613 ff. und Radtke/Hohmann/*Reinhart* § 137, 11 („Waffenhelfer-

Für Viele steht die frontale Ablehnung *Saldítts*,[101] der der Vertragstheorie attestiert, „folgerichtig und widerspruchsfrei" zu sein, ihr aber gleichzeitig **Praxisferne** bescheinigt; sie könne nur in Hör-, nicht aber in Gerichtssälen entstanden sein.[102] Doch löst auch *Salditt* Konfliktsituationen zwischen Mandant und Verteidiger im Sinne einer vertraglichen Einigung (explizite Zustimmung oder implizite Duldung durch den Mandanten) auf und weist ausdrücklich[103] darauf hin, dass der Mandantenwille Ausgangspunkt aller übergreifenden Lösungen zur Rechtsstellung des Verteidigers sein muss. Der Unterschied zu der hier verfolgten Konzeption liegt indes in der Verweigerung der Anerkennung eines feststehenden – wenn auch selbstverständlich auslegungsbedürftigen – zivilrechtlichen Korpus' von Regeln, die zugunsten einer Dynamisierung und Flexibilisierung des Verteidiger-Mandanten-Verhältnisses in der Schwebe gehalten werden sollen. Das soll die Position des Verteidigers gegenüber seinem Klienten stärken, ohne dass es dazu Anlass noch dogmatische Rechtfertigung gäbe. Auf der anderen Seite wird mit einem – angeblichen[104] – Lügerecht des Verteidigers nach der Konzeption der Vertragstheorie eine Schwächung seiner Rechtsstellung gegenüber der Justiz perhorresziert, die es so nicht gibt. Es fragt sich in wissenschaftstheoretischer Perspektive zudem grundsätzlich, ob eine, bezogen auf das Gesetz, ausdrücklich als „folgerichtig" bezeichnete Auslegung mit dem Argument, die Praxis folge dem nicht (oder, genauer: *wolle* dem nicht folgen) überhaupt kritisiert werden kann, will man nicht die Grenzen der Rückbindung jeder Auslegung an das geltende Recht zugunsten eines dunkel formulierten Interesses des einzelnen Berufsträgers oder des „Standes" – ein Begriff, den das Berufsrecht aus gutem Grund nicht mehr kennt – aufgeben. Unabhängig davon zeigt sich deutlich die bereits kritisierte **latent antipositivistische Orientierung** einer entgegen § 137 Abs. 1 Satz 1 usurpierten Rolle, die durch die als „revolutionäre(n) Umsturz"[105] empfundene Rückführung auf ihre vertraglichen Grundlage um den Nimbus des nicht in Regeln Fassbaren gebracht wird. 28

c) Rechtsgrund des Verteidigungsvertrags (§§ 611, 675 BGB). Dass der gewählte Verteidiger auf vertraglicher Grundlage tätig wird, ergibt sich typischerweise aus der **Bevollmächtigung**. Ihr geht entweder ein **Vertrag** voraus oder es kommt mit ihr zu- 29

theorie"). Die Kritik von *Gaede* (a. a. O., 516 Fn. 108) an der hier vertretenen Position, sie verwerfe implizit die Konkretisierungspotentiale der EMRK, vermutet einen *inhaltlichen* Gegensatz, den es aus Sicht der Vertragskonzeption so nicht gibt, vgl. nur § 137, 3 und auch *Wohlers* ZStrR **2012** 55, 69 Fn. 75 unter expliziter Bezugnahme auf die Vertragstheorie.

101 MAH Strafverteidigung/*Salditt* § 1, 33 ff., 101; *ders.* AnwBl. **1999** 445, 448; *ders.*, in: Egon Müller-Symposion 25, 27; noch einmal zugespitzt bei *Salditt* StraFo **2009** 312, 317: „Wenn je das konkrete Bild eines Strafverteidigers als zu verachtendes ‚Mietmaul' entworfen werden müsste, mit der Vertragstheorie hätten wir es dann". Wiederum krit. dazu bereits *Jahn* StV **2014** 40, 45; HdBStrR/*Jahn/Brodowski* § 17, 40.

102 MAH Strafverteidigung/*Salditt* § 1, 39 a. E.; vgl. auch Radtke/Hohmann/*Reinhart* § 137, 6; *Wehnert* StV **2003** 533; *E. K. Günther* 57 f.

103 MAH Strafverteidigung/*Salditt* § 1, 32; ebenso *Gubitz* NStZ **2020** 436, 437. Siehe auch *R. Hamm* FS Lüderssen 717 gegenüber *dems.* FS Tondorf 311, 314, wo eine Verteidigungskonzeption gegen den Willen des Mandanten völlig zu Recht kritisiert wird.

104 S. sogleich Rn. 33, 114.

105 MAH Strafverteidigung/*Salditt* § 1, 35; konsequent – und vielsagend – daher *Salditt* § 1, 44: Die Reduktion auf den Geschäftsbesorgungsvertrag wäre ein „katastrophaler Rollenverlust". Bemerkenswert offen auch Radtke/Hohmann/*Reinhart* § 137, 6, der bei der Analyse der Vertragstheorie betont, dass das an sich begrüßenswerte Ziel einer Immunisierung des Verteidigers gegen hoheitliche Beschneidungen seiner Rechte auch an „der Rechtswirklichkeit und den Befindlichkeiten [!] der Beteiligten" scheitere.

gleich ein Vertrag zustande.[106] Der Gedanke, dass die Vereinbarung mit dem Verteidiger – auch dem Pflichtverteidiger[107] – zugleich die Wirkung einer öffentlich-rechtlich zu beurteilenden Mandatsstellung habe, findet im Gesetz keine Stütze.[108]

30 Der Vertrag zwischen Verteidiger und Mandant ist ein **Dienstvertrag** gem. **§ 611 BGB,**[109] der zwei Besonderheiten aufweist. Einmal handelt es sich um Dienste höherer Art, die aufgrund eines besonderen (persönlichen)[110] Vertrauens übertragen zu werden pflegen. Daher ist die Vorschrift des § 627 BGB über die jederzeitige fristlose Kündigung anwendbar.[111] Zum anderen ist Gegenstand der Dienste eine **Geschäftsbesorgung** i. S. d. **§ 675 BGB**[112] mit der Folge der Anwendbarkeit einer Reihe von Vorschriften, die an sich nur für den unentgeltlichen Auftrag gelten. Wenn die Verteidigung ausnahmsweise unentgeltlich erfolgen soll – etwa durch eine nach § 138 Abs. 2 zugelassene Person, die keinen gesetzlichen Vergütungsanspruch hat – sind die Vorschriften umstandslos anwendbar. Zu ihnen gehört insbesondere § 665 BGB, der nur unter bestimmten Voraussetzungen Abweichungen von den prinzipiell zu beachtenden Weisungen des Auftraggebers zulässt.[113] Das Ziel dieser Geschäftsbesorgung ist es dabei regelmäßig, den Mandanten vor Verurteilung zu bewahren oder jedenfalls das für den Mandanten **günstigste Verfahrensergebnis** zu erzielen.[114] Die Mittel zur Zielerreichung sind im Rahmen privatautonomer Rechtsgestaltung frei wählbar. In der Regel – keinesfalls zwingend – wird es so sein, dass der Verteidiger vor allem das vortragen wird, was seinem Mandanten nutzt oder was dieser (auch in der Hauptverhandlung) erörtert haben will. Andere Verteidigungsziele sind im Rahmen der Privatautonomie und ihrer Grenzen selbstverständlich denkbar.

31 **d) Grenzen des Verteidigungsvertrags (§§ 134, 138, 276 BGB).** Die **Grenzen des Verteidigungsvertrags** ergeben sich aus den allgemeinen Vorschriften des Bürgerlichen Rechts über Rechtsgeschäfte und Verträge. Die – häufig nur implizite – Befürchtung, dass die vertraglich dem Beschuldigten verpflichtete Verteidigung zur „Marionette" würde, die von der beschuldigten Person nach deren Belieben gesteuert werden kann, geht fehl. Auch eine allein der Beistandsleistung zugunsten der beschuldigten Person verpflichtete Verteidigung nach den zivilrechtlichen Regeln hat sich in den in die Gesamtrechtsordnung eingebetteten **Schranken** des **Bürgerlichen Rechts** zu bewegen.[115] Wichtig sind hier vor allem die §§ 134, 138, 276 BGB:

32 **aa) § 134 BGB.** Ein Rechtsgeschäft, das gegen ein gesetzliches Verbot verstößt, ist nach § 134 BGB nichtig, wenn sich nicht aus dem Gesetz ein anderes ergibt. Die Vorschrift nimmt insbesondere sämtlichen Abmachungen zwischen Verteidiger und Mandant die Wirkung, die Verstöße gegen Strafgesetze zum Inhalt haben, die zugleich

106 HdBStrR/*Jahn/Brodowski* § 17, 41; genauer § 138, 21 und unten Rn. 79 ff.

107 Unten Rn. 72.

108 Genauer unten Rn. 72.

109 HdBStrR/*Jahn/Brodowski* § 17, 41; vgl. auch § 138, 21.

110 MüKo-BGB/*Schäfer* § 662, 2: „Prinzip des persönlichen Vertrauens".

111 BGH NJW **1983** 1048; LG Duisburg StV **2017** 175, 176; MüKo-BGB/*Heermann* § 675, 26.

112 BGHSt **59** 284, 286 f. Tz. 12; OLG Stuttgart Die Justiz **2001** 194, 195; LG München AnwBl. **2000** 453, 454; MüKo-BGB/*Heermann* § 675, 6, 26; AK/*Stern* Vor § 137, 3, 10; SK/*Wohlers* Vor § 137, 166; HK/*Julius/Schiemann* § 137, 4; HK-GS/*Weiler* § 137, 8; *Barton* (Einführung) § 6, 5; *Müller-Gerteis* 30.

113 Genauer unten Rn. 50 ff.

114 *Herzog* StV **1994** 168; *Rückel* (Strafverteidigung) Rn. 90; s. § 137, 5.

115 HdBStrR/*Jahn/Brodowski* § 17, 42. Fast wortgleich – zu seiner Konzeption des Verteidigers als Prozesssubjektsgehilfe – formuliert von *Wohlers* ZStrR **2012** 55, 58.

Schutzgesetzcharakter haben. Der Mandant darf vom Verteidiger nicht verlangen, wozu dieser sich **nicht wirksam verpflichten** kann. Hier endet auch das Vertrauen als Geschäftsgrundlage des Mandats in Strafsachen.[116] Unproblematisch sind hier regelmäßig Fälle, in denen der Mandant vom Verteidiger die **Begehung von Straftaten** verlangt, also beispielsweise Urkundenfälschung, tatherrschaftliche Zeugenbeeinflussung oder Nötigung.[117]

bb) § 138 BGB i.V.m. Grundrechtsdrittwirkung. Ein Rechtsgeschäft, das gegen die guten Sitten verstößt, ist nach § 138 BGB nichtig. Der Maßstab für den unbestimmten Rechtsbegriff der **guten Sitten,** deren Verletzung den Vertrag zwischen Verteidiger und Mandant nichtig macht, kann nach der Rechtsprechung des BVerfG[118] allerdings nicht mehr ohne Weiteres unmittelbar dem anwaltlichen Berufsrecht entnommen werden. Die Annahme, wonach jeder **Verstoß gegen** das **Berufsrecht** gleichzeitig ein Verstoß gegen die guten Sitten sei, geht daher zu weit.[119] Jedoch können die Bundesrechtsanwaltsordnung (BRAO) und die Berufsordnung der Rechtsanwälte (BORA)[120] eine **Indizwirkung** für das Vorliegen eines Sittenverstoßes haben. Regelmäßig wird man bei einem Verstoß gegen die *grundlegenden* Berufspflichten – insbesondere der **§§ 43, 43a BRAO** – einen solchen Sittenverstoß annehmen müssen. Dies gilt etwa bei einem Verstoß gegen das berufsrechtliche Lügeverbot, so weit es tatsächlich reicht.[121] 33

Über die Generalklausel des § 138 BGB wirkt sich aber das Verfassungsrecht auf den Mandatsvertrag aus. Das privatautonome Element des Anwaltsvertrags kann sich daher über die **mittelbare Drittwirkung der Grundrechte** entfalten.[122] Dabei ergibt sich die prinzipielle (individuelle) **Freiheit des Verteidigungsinnenverhältnisses** und die „Präponderanz der autonomen Berufsbildkonstruktion“[123] aus der Schrankendogmatik des Art. 12 Abs. 1 GG und die (auch überindividuelle) Institutsgarantie der Verteidigung aus Art. 103 Abs. 1 GG bzw. (nach Auffassung der Rspr.) dem rechtsstaatlichen Prinzip des fairen Verfahrens.[124] Damit muss sich bei Einschränkungen der Freiheitsrechte des 34

---

116 Vgl. *Jahn* StraFo **2017** 177, 181; *Gillmeister* FS 25 Jahre AG Strafrecht im DAV (2010) 124, 132; *Lüderssen* Egon Müller-Symposion 44, 51; MAH Strafverteidigung/*Tsambikakis* § 2, 46.

117 *Scholderer* StV **1993** 229; *Jahn* (Konfliktverteidigung) 254; HdBStrR/*Jahn*/*Brodowski* § 17, 42; *M. Freund* 145; ausf. unten Rn. 92 ff.

118 BVerfGE **76** 171; **76** 196; ausf. unten Rn. 80.

119 Überzeugend – mehr als ein Jahrzehnt vor den beiden vorgenannten BVerfG-„Revolutionsentscheidungen“ (s. bereits oben Rn. 6) – *Deutsch* VersR **1974** 303; s. im Übrigen auch schon die vorkonstitutionelle Judikatur in RGZ **142** 81.

120 Nach der von der Satzungsversammlung der BRAK am 29.11.1996 beschlossenen und am 11.3.1997 in Kraft getretenen (BGH BRAK-Mitt. **1999** 233 f; **a. A.** – überholt – anfangs noch AnwG Düsseldorf NJW **1998** 2296) Berufsordnung ist es insbesondere Aufgabe des Strafverteidigers, den Mandanten vor verfassungswidriger Beeinträchtigung und staatlicher Machtüberschreitung zu bewahren (§ 1 Abs. 3 BORA), vgl. insoweit auch BVerfG (*2. Kammer* des *1. Senats*) NJW **1996** 3268; *Jahn* ZRP **1998** 104; *ders.* NStZ **1998** 392; HdBStrR/*Jahn*/*Brodowski* § 17, 42. *BRAK* These 1 Abs. 2 Satz 2 zur Strafverteidigung² (2015) greift dies wörtlich auf; zum Zusammenhang der Formulierungen s. § 137, 5.

121 Zutr. Analyse der Position der Vertragstheorie bei Gaier/*Wolf*/Göcken Anwaltliches Berufsrecht § 1, 35. BGH Beschl. v. 3.11.2014 – AnwSt (R) 5/14, juris, Tz. 8, AnwBl. **2015** 179 (Ls.) hat die im Schrifttum umstrittene Frage, ob insbesondere aus § 43 BRAO spezielle Berufspflichten unmittelbar abgeleitet werden dürfen (dagegen *Hartung* AnwBl. **2008** 782, 783; **a. A.** *Römermann* NJW **2019** 2986, 2989; Weyland-BRAO/*Träger* § 43, 12) ausdr. dahinstehen lassen; zum Ganzen *Harting* 91 ff.

122 Vgl. MüKo-BGB/*Armbrüster* § 138, 20; *Jahn* (Konfliktverteidigung) 258; HdBStrR/*Jahn*/*Brodowski* § 17, 42; *Tronicsek* 37 f.

123 *Höfling* DVBl. **1987** 881, 886.

124 Siehe zum Ganzen § 137, 2 ff.

Strafverteidigers stets die einschränkende staatliche Gewalt rechtfertigen, nicht die **Freiheitsvermutung.**[125]

35 Dies führt für die schwierigen **Grenzfälle** zu differenzierten Lösungen. Mit Blick auf das Problem der **„Konfliktverteidigung"** ist etwa umstritten, ob die Einlegung prozessordnungswidriger, also völlig unzulässiger, sachlich aussichtsloser oder rein **prozessverschleppender Rechtsmittel** wegen § 138 BGB nicht mehr vom **Weisungsrecht des Mandanten** umfasst sein darf. Begründet wird dies teilweise[126] mit dem Gedanken, dass die Einlegung von Rechtsmitteln nach der Rechtsordnung nur den Zweck haben dürfe, eine Aufhebung oder Änderung der angefochtenen Entscheidung herbeizuführen. Das hat bis in das Gebührenrecht hinein erhebliche Folgewirkungen. In der praktischen Konsequenz soll bei einer „sinnlosen" Rechtsmitteleinlegung der Erstattungsanspruch nach § 464a Abs. 2 Nr. 2 versagt werden können.[127] Auf gleicher Linie kürzen Gerichte für die Hauptverhandlung den Anspruch auf Pauschgebühr bei „bloßer" Konfliktverteidigung.[128] Dagegen wird von anderen[129] eingewandt, dass es auch Sache des Verteidigers sein könne, einen **Prozess „platzen"** zu lassen und in anderer, günstigerer Besetzung oder Atmosphäre fortzusetzen. Der Autonomiestatus des Angeklagten legt indessen zur Lösung eine **vermittelnde Position** nahe, wonach mindestens eine Pflicht zur Berücksichtigung des **Ziels** (Wunsch des Mandanten nach gezielter Konfrontation mit dem Gericht) besteht, nicht eine unbedingte Pflicht zur Befolgung des dafür vom Mandanten gewünschten **Mittels.**[130]

36 **cc) Teilnichtigkeit; § 139 BGB.** Schwierig ist die Beantwortung der Frage, welche Folgen es für den Vertrag mit dem Verteidiger hat, wenn **nur** ein **Teil** der vertraglichen Abrede mit dem Beschuldigten gem. § 138 BGB **unwirksam** ist. Für diesen Fall gilt zunächst, dass der Verteidiger sich in Abweichung von § 665 BGB an *diese* Einzelweisung nicht zu halten braucht. Die Weisung ist analog § 138 BGB unwirksam, denn jene Vorschrift ist auch auf einseitige Rechtsgeschäfte und Willenserklärungen anwendbar.[131]

37 Sieht sich der Verteidiger durch die Weisung und ihre Befolgung sogar in der Gefahr zukünftiger **Strafverfolgung,** etwa wegen § 258 StGB, kann er in den Grenzen des § 671 BGB den Geschäftsbesorgungsvertrag **kündigen.**[132] Was geschieht aber, wenn der Verteidiger dieses **Kündigungsrecht** nicht wahrnimmt, z. B. deshalb, weil er trotz der ihm unliebsamen Einzelweisung immer noch am Mandat und am Schicksal des Mandanten interessiert ist? Für diesen Fall ist zwar die Einzelweisung unwirksam, aber der **Geschäftsbesorgungsvertrag** des Verteidigers als Dauerschuldverhältnis wird davon nicht berührt. Es folgt aus dem Wesen des dienstvertraglichen Dauerschuldverhältnisses, dass einzelne unwirksame Weisungen seinen Bestand nicht berühren. Dies kann freilich, je nach Ausgestaltung des Mandatsverhältnisses, dann anders sein, wenn eine **Einzelwei-**

---

125 *Jahn* StraFo **2017** 177, 181; *ders.* (Konfliktverteidigung) 201 f.; konkrete Schlussfolgerungen daraus für die Grenzen zulässigen Verteidigungsverhaltens bei *dems.* Formularbuch, Teil I.B.1.a.bb (S. 6).

126 Vgl. AK/*Stern* Vor § 137, 38; *Hartstang* 491.

127 KG NStZ **2007** 119; Meyer-Goßner/*Schmitt* § 464a, 10.

128 OLG Köln Beschl. v. 2.12.2005 – 2 ARs 223/05 (zu § 99 BRAGO a. F.); vgl. zu § 51 RVG *J. Heinrich* Konfliktverteidigung im Strafprozess (2013) Kap. 12, 18 f.; weitergehend *de lege ferenda* (Verzögerungsgebühr) *M. Kunz* Die Erscheinungsformen der Konfliktverteidigung und die Reaktionsmöglichkeiten der Justiz (2013) 206 f. Zum Ganzen *Jahn* (Konfliktverteidigung) 256 f.

129 *Eschen* StV **1981** 365, 368; erg. § 145, 36 zur Frage eines prozessualen „Notwehrrechts" der Verteidigung.

130 Im Ergebnis ebenso *Wohlers* ZStrR **2012** 55, 71; AK/*Schlothauer* Vor § 213, 33; s. erg. § 138a, 52 ff.

131 MüKo-BGB/*Armbrüster* § 138, 9.

132 Genauer unten Rn. 62.

sung so **wesentlich** für den Bestand des Dauerschuldverhältnisses ist, dass mit ihr der ganze Vertrag „steht und fällt". Dies kann z. B. der Fall sein, wenn der Beschuldigte für beide Vertragspartner erkennbar gerade deshalb diesen Verteidiger gewählt hätte, weil jener in vergleichbaren Fällen gegenüber anderen Mandanten schon einmal konkrete Ratschläge zu einer unwahren Einlassung erteilt hatte.[133]

Nur für diesen Fall – der wohl eher selten vorkommen wird – bedarf es überhaupt 38 einer Anwendung des § 139 BGB. Nach dieser Vorschrift ist ein Rechtsgeschäft bei **Nichtigkeit eines Teils** des Geschäfts insgesamt nichtig, wenn nicht anzunehmen ist, dass es auch ohne den nichtigen Teil vorgenommen worden wäre. Allgemeine Regeln kann es hier schon deshalb nicht geben, weil der 2. Hs. des § 139 BGB gerade Ausdruck des zivilrechtlichen Prinzips der Privatautonomie ist. Als Leitlinie wird daher vorgeschlagen, dass zu fragen ist, wie der **mutmaßliche Wille der Vertragsparteien** beschaffen ist. Allein auf eine etwa vorhandene Urkunde, die das Verteidigungsziel oder die -Strategie fixiert, kann es dabei nicht entscheidend ankommen. Es sind vielmehr alle für die Ermittlung des Parteiwillens in Betracht kommenden Umstände heranzuziehen – auch solche außerhalb des Vertragstextes.[134] Das bedeutet also i. d. R., dass das **„objektiv vernünftige"** als Parteiwille anzunehmen ist. Objektiv vernünftig wird es aber sein, dass das Mandatsverhältnis jedenfalls dann fortbesteht, wenn durch die Nichtbefolgung der nichtigen Weisung das Vertrauensverhältnis zwischen Verteidiger und Mandant nicht vollends **zerrüttet** ist. Kein Gegenargument ist insoweit die – strenge – zivilistische Rechtsprechung,[135] nach der etwa ein Geschäftsbesorgungsvertrag, der gegen § 1 RBerG oder § 5 StBerG verstößt, trotz § 139 Hs. 2 BGB insgesamt nichtig ist. Denn hier ist es ja gerade so, dass der wirtschaftliche Erfolg des Vertrags vom (Rechts- oder Steuerberatungs-) Gesetz missbilligt ist. Im Falle der Strafverteidigung ist das wegen der Autonomie des Beschuldigten nicht der Fall. Doch selbst dann ist bei der Anwendung des § 139 Hs. 1 BGB Zurückhaltung geboten, weil der Mandant ja nicht davon ausgehen kann, mit einem neuen (Wahl-) Verteidiger „besser zu fahren", denn dieser wird im Zweifel wieder die Befolgung der nichtigen Weisung ablehnen und muss das wegen §§ 134, 138 BGB auch tun.

dd) § 276 BGB. Einfallstor für das Berufsrecht ist zuletzt – und vor allem – **§ 276** 39 **BGB.** Danach hat der Schuldner Vorsatz und Fahrlässigkeit zu vertreten. Über die im Verkehr erforderliche Sorgfalt, deren Verletzung nach § 276 Abs. 2 BGB die Haftung wegen Fahrlässigkeit auslöst, ist allerdings, abgesehen von den Generalklauseln der **§§ 43, 43a BRAO** auch in der **BORA** – anders als bis 1987 in den RiAA[136] –, für die Strafverteidigung nicht viel gesagt.[137] Dennoch wird man dort, wo es Regelungen gibt, auch für Einzelheiten auf die normierten Berufspflichten – mindestens im oben genannten Umfang einer Indizwirkung[138] – abstellen müssen.

133 Fallkonstellation von BGH StV **1999** 153 m. Anm. *Lüderssen* StV **1999** 537 und Anm. *Stumpf* wistra **2001** 123.

134 Vgl. BGH NJW **1986** 2576; OLG Stuttgart Die Justiz **2001** 194, 196; MüKo-BGB/*Busche* § 139, 29 ff.

135 LG Berlin Urt. v. 10.12.1993 – 2 O 122/93: „Ein unter Verstoß gegen § 5 StBerG geschlossener Geschäftsbesorgungsvertrag ist grundsätzlich auch dann insgesamt unwirksam, wenn er teilweise erlaubte Tätigkeiten umfaßt".

136 Vgl. oben Rn. 6.

137 Vgl. *Jahn* Formularbuch, Teil I.A.3 (S. 3); HdBStrR/*Jahn*/*Brodowski* § 17, 42. Sehr krit. z. B. zu § 43a Abs. 3 Satz 1 BRAO Henssler-BRAO/*Prütting* 43a, 130: „nicht justiziable Leerformel".

138 S. in Rn. 33.

40 Obwohl aber nach § 59b Abs. 2 Nr. 1, 6 BRAO ein „Mehr" an Regelungsdichte bei den Grundpflichten und den besonderen Berufspflichten gegenüber Gerichten und Behörden möglich gewesen wäre, wurde diese Lösung von der Satzungsversammlung mit knapper Mehrheit verworfen. Nur zur **Rückgabe der Akten** und zur **Robenpflicht** sind im Vierten Abschnitt des Ersten Teils (§§ 19, 20 BORA) unter der Überschrift „Besondere Berufspflichten gegenüber Gerichten und Behörden" Detailregelungen getroffen worden.[139] Für den grenzüberschreitenden Rechtsverkehr sind zudem die Berufsregeln des **CCBE** (Conseil des Barreaux Européens, Rechtsanwälte der Europäischen Union) relevant.[140] Innerstaatlich hat der **Strafrechtsausschuss der Bundesrechtsanwaltskammer** – bloße – „Thesen" vorgelegt, die das Selbstverständnis der Verteidigung zu formulieren suchen.[141] Erkauft hat man diese freiheitsorientierte Zurückhaltung gegenüber dem Rechtszustand unter den RiAA um den Preis, dass die Konkretisierung der berufsrechtlichen Generalklauseln weiterhin der Rechtsprechung überlassen bleibt.[142] Anwaltliches **Gewohnheitsrecht** mit die Tätigkeit des Strafverteidigers *beschränkender* Wirkung ist vor diesem Hintergrund jedenfalls nicht mehr anzuerkennen.[143]

e) Die Haftung des Strafverteidigers

41 **aa) Grundlagen.** Eine **Kasuistik** der zivilrechtlichen Pflichten des Strafverteidigers und der sich daran im Einzelfall anknüpfenden **Haftung** steht noch immer relativ am Anfang.[144] Als **Hauptpflicht des Verteidigers** wird man, wie bei jedem Rechtsanwalt, zunächst seine Aufgabe ansehen müssen, die vom Recht anerkannten Interessen des Mandanten in jeder Richtung umfassend wahrzunehmen. Die Verteidigung hat **alles zu unternehmen**, was sich für die beschuldigte Person positiv auswirken kann und **alles zu unterlassen**, was sich für die beschuldigte Person negativ auswirken kann.[145] Gestritten wird um die Frage, was hierunter in der konkreten Verfahrenssituation zu verstehen ist, aber auch um die weiteren haftungsmäßigen Folgen einer Pflichtverletzung.

42 **bb) Pflichtverletzung und Beweisfragen.** Nach § 675 BGB ist **kein Erfolg** geschuldet, sondern nur sachgerechte Strafverteidigung.[146] Verletzt der Verteidiger seine vertraglichen Pflichten gegenüber dem Mandanten, so kann er nach § 280 Abs. 1 BGB, dane-

---

139 Einzelheiten bei *Beulke* FS Hamm (2008) 21, 22 ff.; *Kleine-Cosack* NJW **1997** 1260 f.; *E. K. Günther* 78; *de lege ferenda* speziell für Strafsachen *Harting* 388 ff. sowie insbes. § 139, 12 und § 147, 15, 93 f., 99.

140 Einzelheiten m. w. N. bei *Soyer/Schumann* FS Fuchs (2014) 539, 541; *Henssler/Kilian* BRAK-Mitt. **2011** 178.

141 Zu Entstehung und Inhalt der BRAK-Thesen² (2015) vgl. *Wohlers* StV **2016** 197 f.; *Jahn* StV **2014** 40, 45 ff.

142 *Zuck* ZRP **1997** 279; *ders.* MDR **1997** 327.

143 Vgl. KG NJW **1989** 2894: „Das BVerfG hat ... Bedenken gegen die Heranziehung der Richtlinien des anwaltlichen Standesrechts zur Feststellung der Standeswidrigkeit erhoben; dies muß zunächst auch für die aus der Standeswidrigkeit abgeleitete Sittenwidrigkeit gelten". **A. A.** *Taupitz* NJW **1989** 2872.

144 Grdlg. *Barton* (Mindeststandards) 268 ff. (dazu *Wächtler* StV **1997** 111); *ders.* StV **1991** 324; MAH Strafverteidigung/*Barton* § 57, 11 sowie *Knierim* FS Strauda 115, 134 ff.; MAH Wirtschafts- und Steuerstrafsachen/*Knierim* § 7, 193; *Egon Müller* FS Hassemer 1089, 1092; jeweils mit Skizzen der bisherigen spärlichen Kasuistik, die allerdings teils schon wieder veraltet ist (vgl. *Jahn* StraFo **2017** 177, 181). Monografisch in jüngerer Zeit *Müller-Gerteis* 49 ff. (dazu *Barton* StV **2006** 499 f.); *Schlecht* 75 ff. und *K. Dietrich* 145 ff. Zur von vornherein haftungsvermeidenden Kanzleiorganisation des Verteidigers instruktiv *Leitner/Leipold/Weimann* StraFo **2001** 223.

145 Formulierung angelehnt an *Wohlers* ZStrR **2012** 55, 58.

146 *G. Schäfer* Egon Müller-Symposion 63, 69; SK/*Wohlers* Vor § 137, 167.

ben gegebenenfalls aus **Delikt** (§ 823 BGB, ggf. i. V. m. 253 Abs. 2 BGB) haften.[147] Die Fragen beginnen deshalb bei dem Katalog der **Pflichten**, die der Verteidiger verletzen könnte. Es gilt generell (auch) für den Strafverteidiger mit dem **Grundsatz** des **gefahrlosesten** und **sichersten Weges** zur Erreichung des für den Mandanten günstigsten Ziels ein strenger Haftungsmaßstab;[148] dieser geht also über die Mindeststandards der Strafverteidigung deutlich hinaus.[149] Auch im Haftungsrecht der Strafverteidigung haben sich insoweit Aufklärungs-, Prüfungs-, Auskunfts-, Herausgabe-, Beratungs- und Prozessführungspflichten ausdifferenziert.[150]

Um die optimale Verfolgung der Beistandsbedürfnisse des Mandanten sicherstellen 43
zu können, muss der Verteidiger im ersten Schritt den rechtlich zu prüfenden und zu bewertenden **Sachverhalt** umfassend in tatsächlicher Hinsicht **erforschen** und den Klienten zielführend befragen. Der um eine Beratung ersuchte Verteidiger ist danach zu einer erschöpfenden **rechtlichen Prüfung** und anschließend einer ausführlichen **Belehrung** des Mandanten **über** die **Rechtslage** verpflichtet. Einen solchen Pflichtverstoß konstatiert etwa ein Urteil des OLG Nürnberg,[151] durch das der Verteidiger wegen eines Kunstfehlers im Bereich der Strafzumessung – er hatte § 59 Abs. 1 Nr. 2a BeamtVG übersehen[152] – verurteilt wurde, dem Kläger die entfallenen Bezüge nebst Beihilfeleistungen bis zum Erreichen des Altersruhegeldes und von diesem Zeitpunkt an die Differenz zwischen der Beamtenversorgung und den erhaltenen Rentenleistungen zu ersetzen. Der Verteidiger hat zudem die Pflicht zu **eingehender Unterrichtung** über die einzelnen Gesichtspunkte und Umstände, die für das zukünftige Verhalten des Auftraggebers in der Angelegenheit entscheidend sein können. Zweifel und Bedenken müssen dargelegt und erörtert werden. Darüber hinaus hat er während des gesamten Mandatsverhältnisses die Pflicht, den Mandanten vor möglichen (weiteren) **Schäden** zu bewahren.[153]

Im zivilprozessualen Verfahren hat der Mandant allerdings die objektive Pflichtver- 44
letzung **darzulegen und** zu **beweisen**, gleichgültig, ob er ein Handeln oder ein Unterlassen des Verteidigers beanstandet. Im Haftungsrecht wird dem Verteidiger trotz der

---

147 MAH Strafverteidigung/*Barton* § 57, 82 ff.; *Müller-Gerteis* 128 ff.; *Eckhart Müller/Gussmann* (Berufsrisiken) Rn. 127, 148. Speziell zum Schmerzensgeldanspruch, wenn der Verteidiger einen aussichtsreichen Antrag auf Verlegung eines Termins zur Hauptverhandlung unterlässt und sein Mandant in Folge dessen nach Ausbleiben im Termin in Untersuchungshaft genommen wird, vgl. BGH NJW **2009** 3025, 3026 Tz. 10, 15; KG NJW **2005** 1284, 1285 m. Anm. *Barton* StV **2005** 450 f. und Anm. *Chab* AnwBl. **2005** 497.

148 BGH NJW **1964** 2403; OLG Karlsruhe StraFo **2020** 260; OLG Celle Beschl. v. 1.6.2010 – 3 U 59/10, juris, Tz. 12 – *Ernst August von Hannover* – m. zust. Anm. *Barton* StRR **2010** 356; LG Duisburg StV **2017** 175, 176 f.; LG Berlin StV **1991** 312 (für das Nichtrügen eines absoluten Revisionsgrunds); *Weigend* FS Schlothauer 191, 199 f.; *Neuhaus* HRRS **2009** 461, 462; *Barton* StraFo **2015** 315, 319 ff.; MAH Strafverteidigung/*Barton* § 57, 37; SK/*Wohlers* Vor § 137, 177; HdBStrR/*Jahn/Brodowski* § 17, 44; *Schlecht* 119 ff.

149 Übersichtliche Zusammenstellung jener Standards in den Ergebnissen des 40 Strafverteidigertages StV **2016** 400, 402; *Wohlers* FS Frisch (2013) 1325, 1334 ff.; genauer dazu unten Rn. 81.

150 Vgl. BGHSt **59** 318, 323 Tz. 20 ff. m. zust. Anm. *Wohlers* JR **2015** 397, 398; BGH BRAK-Mitt. **2005** 72 m. Anm. *Chab*; BGH KG NJW **2005** 1284, 1285 m. Anm. *Barton* StV **2005** 450 und Anm. *Chab* AnwBl. **2005** 497 (durch Verteidigerhandeln verschuldete Untersuchungshaft); OLG Karlsruhe StraFo **2020** 260; *Beukelmann* FS II Eisenberg (2019) 355, 357; *Egon Müller* FS Hassemer 1089, 1092; *Spoerr* StV **2019** 697, 699; *Pananis* StraFo **2012** 121, 122; *D. Krause* NStZ **2000** 225, 226 ff.; *Tronicsek* 99 ff.

151 OLG Nürnberg StV **1997** 481 m. Anm. *Barton* StV **1998** 606.

152 Ein Ruhestandsbeamter, der wegen einer nach Beendigung des Beamtenverhältnisses begangenen Tat durch ein Strafgericht wegen einer Vorsatztat zu Freiheitsstrafe von mehr als zwei Jahren verurteilt worden ist, verliert mit der Rechtskraft der Entscheidung *eo ipso* seine erworbenen Rechte.

153 OLG Düsseldorf StV **1986** 212 zum Einspruch gegen einen Strafbefehl, mit dem das Gericht wegen § 411 Abs. 4 eine höhere Strafe verhängt hatte; der Verteidiger wurde zum Ersatz des Differenzschadens verurteilt. Dazu auch *Malek* StV **2010** 200, 203 f.; *Zwiehoff* StV **1999** 556; *Schlecht* 80 ff.

Inquisitionsmaxime im Strafprozess und des Satzes *iura novit curia* unter Hinweis auf § 1 Abs. 3 BORA („... hat der Rechtsanwalt seine Mandanten ... vor Fehlentscheidungen durch Gerichte und Behörden zu bewahren ...") teilweise eine **„Richterfehlerverhütungspflicht"** zugemutet.[154] Richtigerweise gilt jedoch: „Dem Verteidiger obliegt keine allgemeine Hinweispflicht zur Einhaltung der Rechtmäßigkeit des Verfahrens".[155] Die Annahme, dass **der sicherste Weg** jedenfalls in der Tatsacheninstanz in nicht wenigen Fällen gerade in einem Fehler des Gerichts liegen wird (§§ 337, 338), zeigt indes, dass sich hier eine überzeugende Kasuistik erst noch entwickeln muss. Durchaus etabliert sind aufgrund der typischen Beweisschwierigkeiten des Mandanten gewisse Parallelen zum Arzthaftungsprozess mit seiner **abgestuften Beweislastumkehr** zumindest für schwere Verstöße gegen die *lex artis*.[156] Ein Indiz für das Nichtvorliegen eines solchen schweren Verstoßes soll dabei nach dem LG Berlin[157] sein, dass ein dem Mandanten günstiges Judikat nicht in der Sammlung BGHSt veröffentlicht ist. Diese Beschränkung, die in der Praxis aufgrund des expandierenden Marktes für Spezialliteratur zur Strafverteidigung dankbar aufgenommen wurde, ist indes rechtlich angesichts der fortschreitenden Ausdifferenzierung des Anwaltsmarktes und der berufsrechtlichen Etablierung des **Fachanwalts für Strafrecht** (§ 43c Abs. 1 BRAO i. V. m. §§ 1 Satz 2, 13 FachanwaltsO)[158] heute nicht mehr vertretbar. Die Beweislastumkehr rechtfertigt sich nach dem kontrovers diskutierten Urteil des OLG Nürnberg[159] dabei insgesamt aus dem Gedanken, dass die Vertragsverletzung des Verteidigers typischerweise mit dem beweisrechtlichen Risiko der Unaufklärbarkeit des Ursachenzusammenhangs verbunden ist. Der Zweck der von ihm verletzten Vertragspflicht sei deshalb auch darin zu sehen, beweisrechtlich Klarheit zu schaffen. Deshalb liege der Schutzzweck der verletzten Pflicht in diesen Fällen für den Verteidiger darin, dem Berechtigten die aufgetretene **Beweisnot abzunehmen**.

45 **cc) Haftungsbegründende und haftungsausfüllende Kausalität; Schaden.** Auch hat der Mandant sowohl die haftungsbegründende Kausalität wie die haftungsausfüllende darzulegen und zu beweisen. Die **haftungsbegründende Kausalität** zwischen Handlung des Verteidigers und der Pflichtverletzung erscheint regelmäßig unproblematisch.[160] Bei der **haftungsausfüllenden Kausalität** geht es aber um die nachträgliche Bewertung **hypothetischer Verläufe** in einem konkreten Strafverfahren, noch dazu aus Sicht der Zivilgerichte.[161] Eine **Reproduktion des Strafverfahrens** ist aber nicht möglich, schon des-

---

154 OLG Karlsruhe StraFo **2020** 260, 261; OLG Nürnberg StV **1997** 481 m. abl. Anm. *Barton* StV **1998** 606; *Römermann* NJW **2010** 21, 22 f.; *Jungk* BRAK-Mitt. **2003** 120; MAH Strafverteidigung/*Barton* § 57, 73; *Eckhart Müller/Gussmann* (Berufsrisiken) Rn. 133; *Hartstang* 486 (dazu *Ostler* NJW **1991** 2269, 2270).

155 BGH NStZ **2008** 299, 300. Ebenso schon *Jahn* (Konfliktverteidigung) 258 f.; diff. auch LG Berlin StV **1991** 312; *Deckenbrock* NJW **2018** 1636 f. und *Schlecht* 132 ff. *Seyfahrth* AnwBl. **2009** 48, 50 f. will die Grundsätze der gestörten Gesamtschuld anwenden und den Anspruch nur um den Teil kürzen, den das Gericht zu verantworten hat.

156 Dafür *Jahn* StV **2000** 432; *Zwiehoff* StV **1999** 561 f.; *Barton* StV **1998** 606; SK/*Wohlers* Vor § 137, 184; *Müller-Gerteis* 160 ff.

157 LG Berlin StV **1991** 310.

158 Vgl. BGH NJW **2005** 214 f.; *Kleine-Cosack* NJW **1997** 1263; *Johnigk*, in: Brüssow u. a. (Hrsg.), § 1, 147.

159 OLG Nürnberg StV **1997** 481, n. rkr. **A. A.** OLG München BRAK-Mitt. **2006** 74 (Ls.) m. Anm. *Grams*; *Neuhaus* HRRS **2009** 461, 462; *Schlecht* 244.

160 *D. Krause* NStZ **2000** 225, 233.

161 Vgl. BGH (*IX. Zivilsenat*) NJW **2019** 541, 542 Tz. 18 (für eine versehentlich übermittelte Selbstanzeige); *D. Krause* NStZ **2000** 225, 231 (mit anfechtbarer Einordnung beim Schaden); SK/*Wohlers* Vor § 137, 192 sowie zum Parallelproblem bei der Beruhensfrage aufgrund unzureichender Verteidigerleistung *Neuhaus* StV **2002** 43, 49 f. Skeptisch im Ganzen deshalb *G. Schäfer* Egon Müller-Symposion 63, 73.

halb, weil die Einflussnahme bestimmter Verfahrensbeteiligter nicht simuliert werden kann.[162] Für die Beurteilung, wie ein Gericht im Vorprozess ohne den Anwaltsfehler entschieden hätte, ist damit im Ganzen maßgeblich, wie es nach Auffassung des über den Regressanspruch erkennenden Gerichts **richtigerweise** hätte **entscheiden müssen.**[163] **Beweiserleichterungen** können sich im Übrigen über **§ 287 ZPO** ergeben. Es besteht ein weitgehender Ermessensvorbehalt bei der Feststellung, *ob* ein Schaden entstanden ist und *wie hoch* sich der Schaden oder ein zu ersetzendes Interesse beläuft.

dd) Anwendung der Haftungsgrundsätze auf die Pflichtverteidigung. Das OLG Düsseldorf[164] hat die **Pflichtverteidigung** in die Betrachtung der Haftungsfragen einbezogen. Problematisch ist hier zum einem, dass der Pflichtverteidiger nur seine Gebühren bekommt, die haftungsrechtliche Gleichbehandlung mit dem Wahlverteidiger also wertungsmäßig besonders rechtfertigungsbedürftig ist. Zum anderen konnte sich der *Senat* als Haftungsgrundlage nicht den Geschäftsbesorgungsvertrag heranziehen, weil es, jedenfalls der – abzulehnenden – h. M. zufolge, bei der Pflichtverteidigung in der Regel keine vertraglichen Beziehungen gebe. Bezeichnend ist, dass sich das OLG Düsseldorf nun auf die zum gleichen Ergebnis führende Hilfskonstruktion eines **gesetzlichen Schuldverhältnisses** beruft.[165] 46

ee) Zusammenfassung. Die notwendige Folge der bisherigen Rechtsprechung der Zivilgerichte in der Praxis ist die gestiegene Bedeutung vertraglicher **Haftungsbeschränkungen.**[166] Festzuhalten bleibt zudem, dass die Entwicklung der Haftungsfragen die Entwicklung der **Vertragstheorie** begünstigt. Deren Bedeutung wird insgesamt in dem Maße gestärkt werden, wie Haftungsprozesse gegen pflichtvergessene Verteidiger zunehmen und die dabei entstehenden praktischen Rechtsfragen einer Lösung zugeführt werden müssen.[167] Klar ist zuletzt auch, dass es sich bei der Berufsausübung des Verteidigers **nicht** mehr um eine **haftungsfreien Raum** handelt.[168] Zusammenfassend lässt sich sagen, dass die Anerkennung und Ausbildung einer berufsspezifischen Verteidigerhaftung dazu beitragen kann, „**Qualitätsstandards** für die Verteidigungstätigkeit zu **gewährleisten.** Dass dies in Zeiten eines immer komplizierter werdenden Strafprozesses um der Rechte der Mandanten willen grundsätzlich wünschenswert ist, bedarf keiner eingehenden Begründung".[169] 47

f) Grenzen der Verbindlichkeit von Weisungen des Mandanten. Klient und Strafverteidiger sind über den Geschäftsbesorgungsvertrag in einem auf eine gewisse Dauer angelegten „**Arbeitsbündnis**" befangen, für das die Frage zu beantworten ist, 48

---

162 *Zwiehoff* StV **1999** 555, 560; *G. Schäfer* Egon Müller-Symposion 63, 73. **A. A.** *Schlecht* 213 ff.; *Trüg* JZ **2008** 727.

163 OLG Karlsruhe StraFo **2020** 260, 261; *D. Krause* NStZ **2000** 225, 231; *K. Dietrich* 276.

164 OLG Düsseldorf StV **2000** 430 m. Anm. *Jahn*.

165 Dagegen *Jahn* (Konfliktverteidigung) 243 ff.; ausf. unten Rn. 72.

166 Dazu MAH Wirtschafts- und Steuerstrafsachen/*Knierim* § 7, 194; *v. Westphalen* WiB **1997** 1217. Zur Frage der Anwendung des AGB-Rechts der §§ 305 ff. BGB auf Klauseln in der Verteidigervollmacht vgl. § 138, 32.

167 So ausdr. *Barton* StV **1990** 237, 238; *E. K. Günther* 54 f.

168 *Jahn* StraFo **2017** 177, 182; *Trüg* JZ **2008** 727, 728; *Barton* StV **1998** 607; HK-GS/*Weiler* § 137, 3 a. E.; MAH Strafverteidigung/*Barton* § 57, 5; *Pfordte/Degenhard* (Anwalt) § 1, 42; HbFaStrR/*Köllner* Kap. 1, 116; eingehende und abgewogene Auseinandersetzung mit den Gegenargumenten bei *Gaede* HRRS **2007** 402, 408 ff.

169 *Krause* NStZ **2000** 225, 234.

wie die Entscheidungsbefugnisse im Innenverhältnis verteilt sind. Die Frage, inwieweit Weisungen des Mandanten für den Verteidiger verbindlich sind, weist damit weit über das Haftungsrecht in die **Professionalisierungstheorie**[170] hinaus – dort aber taucht sie selbstverständlich auch auf. Vertreten wird, dass auch ein von Weisungen abweichendes Verteidigerverhalten pflichtgemäß sein könne. Umgekehrt könne der Konsens mit dem Mandanten nicht immer die Pflichtwidrigkeit ausschließen.[171] In dieser Allgemeinheit dürfte dem indes schon für das Haftungsrecht kaum zu folgen sein.[172] Der Satz, dass die objektive Sorgfaltspflicht des Verteidigers – ausgefüllt durch das Berufsrecht – die vertragliche Beziehung zum Mandanten bestimme,[173] löst nicht das generelle Problem, in welchem Maße sich der Verteidiger dabei **vom Mandanten unabhängig** fühlen darf.

49 **aa) Grundsatz der Verbindlichkeit.** Häufig wird im Kontext der Diskussion um die Strafverteidigung schon der zivilrechtliche Grundsatz übersehen, dass sich Weisungsgebundenheit und Selbstständigkeit weder begrifflich noch inhaltlich ausschließen.[174] In der **Konzeption der** grundlegenden **Verteidigungsziele** ist der Berater deutlich unfreier als in den **strategisch-technischen Fragestellungen** ihrer **Umsetzung**. Zur objektiven Sorgfalt, zu der der Strafverteidiger verpflichtet ist,[175] gehört auch, dass er den **Weisungen des Mandanten** zwar als Berater und Beistand „nicht blindlings"[176] Folge leistet, sie aber stets aufmerksam beachtet. Das ergibt sich bereits als Umkehrschluss aus **§ 665 BGB.**[177] Außerdem aus der Aufgabe, den Mandanten i. S. d. § 1 Abs. 3 BORA vor Rechtsbeeinträchtigungen „zu bewahren", was nur schwerlich gegen dessen Willen vorstellbar ist, soweit man die zivilrechtliche Bindung im Innenverhältnis nicht zugunsten einer vornehmlich **paternalistischen Verteidigungskonzeption** neutralisiert – der Strafverteidiger, so ein subkutan geläufiges Bild, bestimmt als Kapitän den Kurs auf einem Dampfer, auf dem ihn der Mandant in der Rolle des Schiffsjungen begleiten darf.[178] Angesichts solcher Metaphern, der Defizite und Inkonsistenzen der herrschenden Auffassung ist es vorzugswürdig, einer Konzeption zu folgen, nach der die Verteidigung den eigenen Klienten **nicht wie** ein **unmündiges Kind** zu behandeln hat.[179] Die Pflicht zur Weisungsbefolgung gilt grundsätzlich selbst dann, wenn dies zu Nachteilen für den Mandanten führen kann.[180] Nicht entschei-

---

170 *Kuntze-Kaufhold* MSchrKrim. **86** (2003) 390; *Schild*, in: Strafverteidigung und Psyche 11, 37 ff.; *Wernet* (Habitus) 26 ff., 128 ff., speziell zum Wirtschaftsstrafverfahren *Theile* 278 ff., alle m. w. N.

171 *G. Schäfer* Egon Müller-Symposion 63, 70 ff.

172 So auch *D. Krause* NStZ **2000** 225, 229.

173 BGH NStZ **1995** 393; *Kniemeyer* 111 ff.

174 Zutr. Differenzierungen aber bei *Pananis* StraFo **2012** 121, 125; MüKo-BGB/*Heermann* § 675, 6; *M. Freund* 132.

175 Oben Rn. 43.

176 BGH (*IX. Zivilsenat*) NJW **2019** 541, 542 Tz. 11; OLG Karlsruhe NJW-RR **1994** 1084.

177 *Römermann* NJW **2019** 2986, 2988 f.; *Jahn* StraFo **2017** 177, 181; *ders.* StV **2014** 40, 46 f.; *ders.* (Konfliktverteidigung) 248; HdBStrR/*Jahn*/*Brodowski* § 17, 45; *Barton* (Einführung) § 6, 17; *Heeb* 35; *Heinicke* 232 f.; *M. Freund* 132 f. m. w. N. in Fn. 15. Grundsätzlich zum Selbstbestimmungsrecht des Mandanten *Rieß* Egon Müller-Symposion 1, 6 ff.

178 *Elmar Müller* (Strafverteidigung) 7. Den „der Strafverteidigung gegenüber dem Beschuldigten innewohnenden Paternalismus" mit wünschenswerter Offenheit befürwortend, aber rechtlich unzutreffend auch Gaier/*Wolf*/Göcken Anwaltliches Berufsrecht § 1, 31.

179 So auch *Pananis* StraFo **2012** 121, 122; *Wohlers* ZStrR **2012** 55, 70 zum inhaltlich § 665 BGB entsprechenden Art. 397 Abs. 1 OR: „Konzeption eines partnerschaftlichen Verteidigungs(innen)verhältnisses".

180 BGH (*IX. Zivilsenat*) NJW **2019** 541, 542 Tz. 11; *Fuhrmann*, Rechtsstellung des angestellten Rechtsanwalts (1999) 58; *M. Freund* 133. **A. A.** demgegenüber noch LG Hannover Urt. v. 27.10.2008 – 20 O 22/08, juris Tz. 35 – *Ernst August von Hannover*: „Im Falle eines Verteidigungsmandats ist der Strafverteidiger

dend ist deshalb die Einschätzung des Verteidigers darüber, was aus seiner Sicht vernünftigerweise vertretbar erscheint. Denn anderenfalls würde sich der Verteidiger, „statt **Sachverwalter seines Auftraggebers** zu sein, zu dessen Richter aufwerfen".[181] Dies verlangte vom Verteidiger jedoch, unter Verletzung seiner zivilrechtlichen Bindung im Innenverhältnis nach außen als *falsus procurator* zu agieren, weil er – etwa unter Berufung auf seine Organstellung – zu Willenserklärungen und Handlungen gezwungen wird oder sich sogar legitimiert glaubt, die außerhalb der durch das Grundgeschäft vermittelten Vertretungsmacht liegen. Wie viel insofern noch weiterer Klärung bedürftig zu sein scheint – kein Zweifel besteht jedenfalls daran, dass es Weisungen gibt, die nicht dem Berufsrecht entsprechen, gleichviel wie man es im Einzelnen auslegt.

Das Interesse muss sich daher auf die Frage konzentrieren, wie der Strafverteidiger **50**
mit diesen Weisungen umzugehen hat. Praktisch wird das nur, wenn dem Verteidiger die Weisungen nicht gefallen, weil seine Konzeption der Verteidigung von der des Mandanten abweicht. Gebietet die Pflicht zur objektiven Sorgfalt i. S. d. § 276 BGB dem Verteidiger, dass er dessen ungeachtet seine eigene Konzeption verfolgt oder dass er der Konzeption des Mandanten zur Durchsetzung verhilft? Muss also der Verteidiger etwa den **Willen des Beschuldigten** respektieren, sich **unschuldig verurteilen** zu lassen?[182] Muss er die Verhandlungsunfähigkeit des Mandanten verschweigen, wenn dies der Mandant aus Gründen seines Persönlichkeitsrechts in freiverantwortlicher Entscheidung wünscht? Muss er in *jedem* Fall die Rechtsmitteleinlegung umsetzen helfen?[183] Nach der **Grundregel** des **§ 665 BGB** sind Abweichungen von den Weisungen des Auftraggebers nur gestattet, wenn der Strafverteidiger den Umständen nach annehmen darf, dass der Auftraggeber bei Kenntnis der Sachlage die Abweichung billigen würde. Zudem trifft den Mandanten die vertragliche Nebenpflicht, den Zweck des Mandatsvertrags nicht durch **sachwidrige, unsinnige oder völlig aussichtslose Weisungen** zu gefährden.[184] Kommt es in diesem Sinne zu einer umfassenden rechtlichen Aufklärung und Erörterung,[185] so gibt die anschließende Entscheidung des Mandanten den Ausschlag. Dass der Verteidiger auf diese Entschließung durch entsprechende Begründungen in der Kommunikation mit dem Mandanten für seine Konzeption einwirken kann, ist klar. Es ändert aber nichts daran, dass bei letztlich verbleibender Divergenz die Weisung des Auftraggebers **entgegen** der noch ganz **h. M.**,[186] aber nunmehr in Übereinstimmung mit einem jüngeren Judikat des BGH-*Haftungssenats* zur Strafverteidigung,[187] **Vorrang** hat.

---

berechtigt, zugunsten des Angeklagten eine andere Prozesstaktik zu verfolgen, als der Angeklagte es wünscht, wenn anderenfalls zu befürchten ist, dass der Angeklagte durch verfehltes Agieren Nachteile erfährt. Der Verteidiger kann im Rahmen dieser Prozesstaktik grundsätzlich unabhängig von dem Angeklagten und selbstständig neben ihm tätig werden".

181 BGH NJW **2019** 316, 317 Tz. 15 m. zust. Anm. *Deckenbrock* (im Zusammenhang des § 356 StGB).

182 Dafür AK/*Stern* Vor § 137, 52; **a. A.** *Hammerstein* NStZ **1990** 264.

183 Dafür wiederum AK/*Stern* Vor § 137, 52; vgl. auch *Heeb* 165.

184 OLG Karlsruhe NJW-RR **1994** 1084, 1085 f. (für eine Rechtsmitteleinlegung); MüKo-BGB/*Schäfer* § 665, 10; *M. Freund* 134, 145 f.

185 Oben Rn. 43.

186 BGHSt **39** 301, 313; **38** 111, 114; **13** 337, 343; OLG Celle NJW **1989** 992; *Wahle* FS Hanack 105, 109; *Dünnebier* FS Pfeiffer 275; *Salditt* Egon Müller-Symposion 25, 27 f., *Trüg* JZ **2008** 727; *A. Müller* JR **1996**, 127; *Vehling* StV **1992** 86; *Hammerstein* NStZ **1990** 261, 264 f.; *Welp* ZStW **90** (1978) 820; *Dahs* (Hdb.) Rn. 31; KK/*Willnow* Vor § 137, 5; OK-StPO/*Wessing* § 137, 5; SSW/*Beulke* Einl. 168; *ders.* (Verteidiger) 71; *Schlecht* 66 f. sowie bereits *v. Liszt* DJZ **1901** 179, 180; s. auch BVerfG NJW **1995** 1952.

187 BGH (*IX. Zivilsenat*) NJW **2004** 3630, 3632: „Eine entsprechende Weisung war für die Bekl. verbindlich". Die Bedeutung des BGH-Urteils relativierend, wenn auch grds. zustimmend *M. Freund* 194 ff., 196.

51 Soweit die vom Mandanten durch die Weisung nahe gelegte Verteidigungskonzeption nicht gegen die §§ 134, 138 BGB verstößt,[188] muss der Verteidiger sie also grundsätzlich akzeptieren. Das klingt bedrohlicher für den auf seine Unabhängigkeit bedachten Verteidiger, als es ist. Denn wenn ihm die vom Mandanten gewünschte Richtung nicht passt, so kann er gem. **§ 627 BGB** jederzeit das Vertragsverhältnis kündigen.[189] Mit Blick auf die **Honorarsituation** mag das im Einzelfall schwierig sein.[190] Indessen ist dem Verteidiger so viel Lebenserfahrung zuzutrauen, dass er die Möglichkeit späterer Divergenzen voraussieht und – bei Unsicherheit des Mandanten – Vorauszahlungen (§ 9 RVG[191]) verlangt. Sollte aber das Problem darin bestehen, dass wegen der mit Blick auf die weiteren, nunmehr vielleicht entfallenen Honorare eben die Entscheidung schwer fällt, das Vertragsverhältnis zu beenden, so werden Bedingungen der Unabhängigkeit des Verteidigers vom Mandanten sichtbar, die nichts mit seiner rechtlichen, sondern mit seiner mehr oder weniger durch die Lage des Berufsstandes determinierten ökonomisch-**berufsethischen Stellung**[192] zu tun haben. Problematisch bleiben allein Fälle, in denen der Verteidiger, auch wenn er nicht mehr will, das Mandat fortführt, weil er anderenfalls dem Mandanten schweren Schaden zufügen würde, also die **Niederlegung zur Unzeit**. Die Möglichkeiten, durch **rechtzeitige Absprachen** derartige Entwicklungen zu verhindern, sind mannigfach und können eigentlich nur Berufsanfängern verborgen bleiben.[193] Sie zu schützen, sind andere Vorkehrungen erforderlich und ausreichend als die, jenseits des Vertragsrechts Stützen für die Unabhängigkeit des Verteidigers vom Mandanten zu errichten.

52 Will der Verteidiger auf der Grundlage der hier vertretenen Auffassung die Situation der Konfrontation mit einer ihm (jetzt) unliebsamen, aber verbindlichen Weisung vermeiden, beginnt die Absicherungen deshalb im Ganzen schon bei der **Anbahnung** des Vertragsverhältnisses. Ein Strafverteidiger, der Grund zu der Annahme hat, seine Unabhängigkeit könnte im Verlauf des ihm angedienten Mandats Beeinträchtigungen ausgesetzt sein, wird die zu erwartenden Probleme **vorher klären** und gegebenenfalls von einer Übernahme des Mandats absehen bzw. im Falle der notwendigen Verteidigung auf die §§ 48, 49 Abs. 2 BRAO hinweisen, wenn er sich deshalb nicht in der Lage sieht, die-

---

I. Erg. ebenso – mit unterschiedlichen Begr. – *Bernsmann* StraFo **1996** 226, 230; Radtke/Hohmann/*Reinhart* § 137, 18; AK/*Stern* Vor § 137, 52; *Heinicke* 367; *Heeb* 77 ff.; *K. Dietrich* 122 ff. Das ist auch die Lösung des österreichischen Strafprozessrechts, vgl. § 57 Abs. 2 Satz 2 öStPO (s. *Koenig/Pilnacek* ÖJZ **2008** 566).

188 Dazu oben Rn. 31 ff.

189 Siehe oben Rn. 30 sowie unten Rn. 55; zu den Folgen § 138, 27.

190 Dazu grdlg. *Römermann* NJW **2019** 2986, 2989; *Johnigk* StV **2006** 347, 350 ff.; MAH Strafverteidigung/*Kotz* § 39, 23 ff. Zu den § 138 Abs. 1 BGB entnommenen Grenzen des Honoraranspruchs des Strafverteidigers (Übersteigen des gesetzlichen Vergütungsanspruchs um mehr als das Fünffache) vgl. die höchst problematische, auf beinahe einhellige Ablehnung gestoßene Entscheidung des *IX. Zivilsenats* in BGHZ **162** 98 = NJW **2005** 2142 m. abl. Anm. *Wessing* JR **2006** 379, 381 f., abl. Anm. *Johnigk* StV **2005** 624; krit. Anm. *Henke* BRAK-Mitt. **2005** 585 f. und Anm. *Rieß* StV **2006** 168; abl. auch *Tsambikakis* StraFo **2005** 446, 451; *Lutje* NJW **2005** 2490, 2493. Zurückhaltend zu dieser Linie auch BGH (*5. Strafsenat*) NJW **2006** 3219, 3222; OLG Frankfurt AnwBl. **2006** 212 („Bedenken"); OLG Hamm Urt. v. 13.3.2008 – 28 U 71/07, S. 5 ff.; Urt. v. 5.12.2006 – 28 U 31/05, Rz. 79 ff. („bedenklich"). Das BVerfG (*2. Kammer* des *1. Senats*) StV **2010** 89, 91 Tz. 21 ff. m. zust Anm. *Wattenberg* hat die mit BGHZ **162** 98 eingeschlagene Linie dann zu Recht endgültig verlassen.

191 Vgl. *Leipold* Anwaltsvergütung in Strafsachen (2004) Rn. 180 ff.

192 Dazu *Weihrauch* FS Dahs 19; *Römermann* NJW **2019** 2986, 2990; *Prütting* AnwBl. **1994** 319; *Zahrnt* BRAK-Mitt. **1993** 73; *Hammerstein* NStZ **1990** 262; dies relativiert auch die Kritik von *Kempf*, in: Brüssow u. a. (Hrsg.), § 1, 49.

193 Anschauliche Beispiele bei *Salditt* Egon Müller-Symposion 25, 26 ff.

sen Angeklagten ordnungsgemäß zu verteidigen.[194] Viele Konfliktfälle werden auf diese Weise vermieden, weil schon die ersten Gespräche zwischen dem Strafverteidiger und seinem möglichen Mandanten in der Anbahnungsphase sich auf die Konzeption der Verteidigung zu beziehen pflegen und unterschiedliche Auffassungen deutlich gemacht werden können. Erfolgt keine Einigung, so wissen die Beteiligten, woran sie sind. Wollen sie trotzdem, dass die **Beauftragung** zustande kommt, so können sie – im Zweifel zu Beweiszwecken schriftlich – festlegen, bis zu welchen Grenzen sie jeweils dem anderen gestatten, seiner Verteidigungskonzeption den Vorrang zu geben.

bb) Verzicht auf das Weisungsrecht. Der Fall, dass der Mandant auf sein **Weisungsrecht verzichtet** und alles dem Verteidiger überlässt, ist leicht zu lösen. Die §§ 138, 134 BGB markieren die Scheidelinie. Einen schrankenlosen Freibrief für den Verteidiger stellt der Mandant dabei nicht aus. Auch hier ist veranschaulichend an die Grenzen der Einwilligung des Patienten in die ärztliche Heiltätigkeit zu denken. 53

Schwieriger liegt der umgekehrte Fall: der Verteidiger willigt ein, auf eine eigene **Verteidigungskonzeption** ganz oder teilweise zu **verzichten** und sich dementsprechend nach den Weisungen des Mandanten zu richten. Der Verteidiger ist, wenn er den Vertrag aufrechterhalten will, an die ihn jetzt möglicherweise störenden Weisungen des Mandanten grundsätzlich gem. § 665 BGB gebunden. Auch muss dem Verteidiger mit Blick auf seine Sach- und Fachkenntnisse nicht notwendig ein **eigenverantwortlicher Entscheidungsspielraum** verbleiben. Die berufliche Unabhängigkeit des Rechtsanwalts wird nicht durch die Regelungsdichte der Weisungen des Mandanten, sondern durch deren konkreten Inhalt gefährdet.[195] Nur im Grundsatz bestimmt also das **Ziel** der Geschäftsbesorgung beim Anwaltsvertrag der Auftraggeber, den dazu einzuschlagenden **Weg** der beauftragte Anwalt. Das Weisungsrecht des Mandanten ist solange unproblematisch, wie für die Entscheidung über das **„Wie"** der Zielerreichung dem Verteidiger noch ein – wenn auch nur minimaler und sich auf formale Prüfungen beschränkender – Raum für eigenverantwortliche Entscheidungen verbleibt. Dies genügt etwa im Hinblick auf den spätestmöglichen Zeitpunkt des Stellens oder Nichtstellens prozessualer Anträge, ihre exakte Formulierung oder die Einzelheiten der Interaktion mit den anderen Prozessbeteiligten, denn „nie sollte man ... vergessen, dass der Anwalt nicht antritt, um dem Klienten **Expertenwissen überzustülpen**. Er dient dem Klienten, indem er hinter ihm steht, nicht vor ihm".[196] 54

Überschreiten Weisungen des Mandanten diese vom Zivilrecht vorgezeichnete, großzügige Grenzziehung, schreibt er also dem Verteidiger das „Ob" *und* „Wie" der Erreichung des Verteidigungsziels auch in den kleinsten Details vor, kann in Fällen unversöhnlicher Gegensätze nur noch die **Kündigung des Mandatsvertrags** innerhalb der durch das Dauerschuldverhältnis begründeten gegenseitigen Treuepflicht die Folge sein (§ 627 Abs. 1 BGB).[197] Dies soll dem Verteidiger auch ersparen, ein **unzumutbar gewordenes Vertragsverhältnis** bis zum Ablauf der ordentlichen Kündigungsfrist oder der vereinbarten Beendigung fortsetzen zu müssen. Dazu soll der Kündigende auch aus wirtschaftlichen Gründen nicht gezwungen sein.[198] In der **Rechtswirklichkeit** wird hiervon 55

194 Vgl. Weyland-BRAO/*Nöker* § 49, 9.

195 MüKo-BGB/*Schäfer* § 665, 10; für die Verteidigung ebenso *Wohlers* ZStrR **2012** 55, 71. **A. A.** vormals noch MüKo-BGB/*Seiler*[6] § 665, 12; *Jahn* (Konfliktverteidigung) 252.

196 *R. Zuck* NJW **2012** 1681, 1682.

197 *Jahn* (Konfliktverteidigung) 253.

198 BGHZ **122** 9, 14.

wohl nur sparsam Gebrauch gemacht; durchschnittlich sollen nicht mehr als 5 % aller strafrechtlichen Mandate durch Kündigung aufgelöst werden.[199]

g) Vertragsprinzip und Pflichtverteidigung

56 **aa) Relevanz der Fragestellung.** Zu behandeln ist noch die Frage, ob die damit[200] fixierte Struktur der Beziehung zwischen dem Wahlverteidiger (§ 137 Abs. 1 Satz 1) und dem Beschuldigten für die Stellung des Verteidigers schlechthin maßgebend ist, oder aber, ob daraus, dass nach den §§ 140 ff. ein **Pflichtverteidiger** bestellt werden kann, der Schluss auf eine – jedenfalls insoweit – andere Konzeption des Gesetzes als diejenige des Vertragsprinzips zu ziehen ist. Der Vorwurf, die Vertragstheorie könne die Existenz der Pflichtverteidigung nicht erklären, ist zudem einer der klassischen Kritikpunkte an der hier vertretenen Konzeption der Strafverteidigung.[201]

57 **bb) Zugangshindernisse.** Die **Regelung** der Wahlverteidigung und der Pflichtverteidigung zusammen in einem Abschnitt ist indes, was die Beantwortung der Ausgangsfrage außerordentlich erschwert, auf dreifache Weise **missglückt:**[202] (*1*) Wahlverteidigung und Pflichtverteidigung sind, obwohl sie die gleichen Aufgaben haben, **nicht harmonisiert** geregelt. (*2*) Im Rahmen der notwendigen Verteidigung wird zwischen derjenigen, die wegen fehlender wirtschaftlicher Leistungsfähigkeit des Mandanten stattfinden muss, und derjenigen, die wegen eines Autonomiedefizits aufgezwungen wird, **nicht unterschieden.** Nicht jeder, der eine Pflichtverteidigung wünscht, hat ein Autonomiedefizit; fast immer ist die Armut das Motiv. (*3*) Die Pflichtverteidigung ist unter dem Aspekt der Regelung vor dem Hintergrund wirtschaftlicher Nöte viel **zu eng**, d. h., zu wenige Beschuldigte fallen darunter, und unter dem Aspekt des Zwangs zu weit, d. h., manchen wird das Autonomiedefizit unterstellt, wenn ihnen gegen ihren Willen ein Verteidiger aufgezwungen wird. Aus der Tatsache, dass man bei einer ganz kleinen Gruppe von **Zwangsverteidigern** innerhalb der notwendigen Verteidigung nicht von einem freiwillig eingegangenen Vertragsverhältnis, sondern nur von einem Kontrahierungszwang sprechen kann, darf also nichts für die anderen Gruppen der notwendigen Verteidigung gefolgert werden.[203]

58 **cc) Aporien der Lösung der herrschenden Auffassung.** Nach **h. M.**[204] sind weder die Begründung noch die Beendigung der Beziehungen zwischen dem Beschuldigten und dem Pflichtverteidiger den vertraglichen Regeln der Privatautonomie unterworfen. Bestellung und Abberufung eines Pflichtverteidigers seien, wie das BVerfG seit dem 39. Band[205] in st. Rspr. wiederholt, nach Inhalt und Qualität vielmehr mit einem begünstigenden **Verwaltungsakt** (§ 35 VwVfG) und seinem Widerruf (§§ 49 f. VwVfG) zu vergleichen. Es han-

---

199 *Vogtherr* 111.

200 In den Rn. 26 ff.

201 Vgl. nur oben Rn. 27 f.

202 Vgl. LR/*Lüderssen/Jahn* Einl. M, 56; HdBStrR/*Jahn/Brodowski* § 17, 46.

203 Zutr. *Bosch* Jura **2012** 938, 939: „Jedenfalls kann eine paternalistische Ausgestaltung von Einzelvorschriften kaum gegen die grundsätzliche Ausrichtung des Rollenbilds eines Verteidigers angeführt werden". Vgl. sogleich unten Rn. 76 a. E.

204 BGHSt **59** 284, 286 f. Tz. 12; BGH Beschl. v. 5.10.2016 – 3 StR 268/16, juris, Tz. 2; OLG Köln OLGSt StPO § 141 Nr. 5; *Weigend* NStZ **1997** 47, 48; *Hilgendorf* NStZ **1996** 1; *Ehrlicher* NStZ **1995** 357; *E. Kaiser* NJW **1982** 1367, 1369; *Vehling* StV **1992** 87; *Eisenberg* NJW **1991** 1258; *Schnarr* NStZ **1986** 489; *Hanack* (Grundlagen) 2 ff.; *Heeb* 179; *Tronicsek* 21 ff.

205 BVerfGE **39** 238, 244; BVerfG NJW **1985** 727, 728; NStZ **1998** 46; BVerfG (*3. Kammer* des *Zweiten Senats*) NJW **2005** 1264 f. S. auch § 140, 2.

dele sich um einen Fall der **Indienstnahme Privater** zu öffentlichen Zwecken. Dies sei Voraussetzung dafür, dass der Verteidiger effektiv in die von der Strafprozessordnung zugewiesene, **„amtsähnliche Rechtsstellung"** eintreten könne.[206] Dieser Gedanke ist eng mit der Vorstellung von der **Seriosität** des Strafverteidigers verbunden.[207] Zivilrechtliche Vorschriften seien auf den Mandatsvertrag daher nur bedingt anwendbar. Jedenfalls über die Generalklauseln des Zivilrechts finde Öffentliches Recht in Gestalt der wertbildenden Normen des Grundgesetzes in die Vertragsbeziehung Eingang.[208]

Für diese **öffentlich-rechtliche Komponente** gibt es in den §§ 137 ff., 140 ff. aber keinen Anknüpfungspunkt.[209] Ihre Konstruktion ist spätestens seit dem BVerfGE **39** 238 zeitlich nachfolgenden Inkrafttreten des **Verwaltungsverfahrensgesetzes** (vgl. § 103 Abs. 1 VwVfG a. F.: am 1.1.1977) mit dessen grundlegenden Rechtsgedanken **unvereinbar.** Sie scheitert schon daran, dass der bestellende Richter keine Verwaltungstätigkeit wahrnimmt und damit schon keine (Landes-) Behörde i. S. d. der entsprechenden landesrechtlichen Bestimmungen der Verwaltungsverfahrensgesetze ist, sondern Rechtsprechung i. S. d. Art. 97 Abs. 1 GG ausübt.[210] Richterliche Akte der Rechtsprechung unterliegen aber nicht dem Verwaltungsverfahrensgesetz. 59

Doch selbst dann, wenn man die Regelungen der §§ 49 f. VwVfG auf den Widerruf der Pflichtverteidigerbestellung nur analog anwenden wollte, würde dies zu inhaltlich **unzutreffenden Ergebnissen** führen.[211] Daneben wird von der herrschenden Auffassung nämlich vorgebracht, dass bei der Pflichtverteidigerbestellung keine Vertragsbeziehungen entstünden; es entstehe nur ein **gesetzliches Schuldverhältnis.** Dieses könne man mit der Vormundeshaftung des § 1833 BGB vergleichen. Doch ist schon die Gleichstellung der Pflichtverteidigung mit der **Vormundschaft** wertungsmäßig unzutreffend. Das Hauptprinzip der Vormundschaft ist gem. § 1793 Abs. 1 Satz 1 BGB die Wahrung des wohlverstandenen Mündelinteresses. Die Rechtsstellung, welche die Vormundschaft vermittelt, entspricht derjenigen, welche die Eltern aufgrund der elterlichen Gewalt gemäß § 1626 BGB gegenüber ihrem minderjährigen Kind haben.[212] Dieses Verständnis der Pflichtverteidigung als paternalistische **Verzwergung des Mandanten** im Wege seiner wohlverstandenen **Bevormundung** stimmt mit dem Gesetz nicht überein. § 665 BGB ordnet im Einklang mit dem verfassungsrechtlich garantierten Subjektstatus des Beschuldigten das Gegenteil an.[213] Außerdem ist in der Rechtsprechung des EGMR[214] aner- 60

---

206 Vgl. BVerfGE **38** 105, 119; *Liemersdorf* MDR **1989** 204; *Pfeiffer* DRiZ **1984** 342; zu Recht krit. zu dieser selbst innerhalb der h. M. umstrittenen Formulierung aber *Achim Krämer* NJW **1975** 849; *Waldowski* NStZ **1984** 449; *Krekeler*, in: Cramer/Cramer (Hrsg.), A, 6; *E. K. Günther* 171 f.; abl. unten Rn. 72.

207 *Roxin* FS Hanack 1, 13; *Wahle* FS Hanack 115; *Hanack* (Grundlagen) 31.

208 *Barton* StV **1990** 238; *ders.* (Mindeststandards) 288.

209 *Lüderssen* StV **1998** 353; *Jahn* (Konfliktverteidigung) 238 ff.; *ders.* JR **1999** 1, 2 f.; *Jahn/Zink* Barton-Symposion (2020) 49, 68 f.; *Müller-Gerteis* 32 f. (allerdings mit nicht ganz klaren Konsequenzen a. a. O. 34).

210 *Wohlers* StV **2010** 151, 155; *Jahn* FS Rissing-van Saan 275, 297; HdBStrR/*Jahn/Brodowski* § 17, 94. Die **a. A.** von *Schlothauer* FS Samson 709, 713 (Justizverwaltungsakt) führt in dieser Frage zu keinem anderen Ergebnis.

211 Siehe im Einzelnen – mit Belegen – *Jahn* JR **1999** 1, 3; *ders.* (Konfliktverteidigung) 241 Fn. 519.; HdBStrR/*Jahn/Brodowski* § 17, 48 u. 95. **A. A.** *Schlecht* 24 ff. und ohne nähere Begründung *Winkler* 27 f. Diff. *Theiß*, Die Aufhebung der Pflichtverteidigerbestellung (2003) 203 ff., der zumindest die Prämisse, es handele sich bei der Pflichtverteidigerbestellung nicht um einen Quasi-Verwaltungsakt, ausdrücklich teilt.

212 BGHZ **48** 147, 157 f.

213 Zust. insoweit auch *Busmann* StraFo **2019** 235, 240; *Römermann* NJW **2019** 2986, 2988 f.; *Neuhaus* HRRS **2009** 461; KMR/*Hiebl* Vor § 137, 10; *Müller-Gerteis* 45; ausf. bereits oben Rn. 49.

214 EGMR NJW **2019** 3627, 3629 Tz. 124; EuGRZ **1992** 542, 543. Es ist jedoch nicht zu übersehen, dass die gleichzeitige Anforderung an alle Rechtsanwälte jedenfalls beim „Kampf um das Recht" im Kontext der

kannt, dass die notwendige Verteidigung durch einen Rechtsanwalt eine Maßnahme im Interesse des Angeklagten ist und die angemessene Verteidigung *seiner* Interessen im Strafverfahren sicherstellen soll. Mit dieser individualrechtlichen Linie ist die einseitige Betonung des staatlichen Rechtspflegeinteresses nur schwer vereinbar. Die Kategorie der Verteidigerseriosität ist zuletzt **nicht** ohne Weiteres für die praktische Rechtsanwendung **operationalisierbar**.[215]

61 Erst recht kann die öffentlich-rechtliche Komponente nicht aus der **Praxis** einiger Gerichte abgeleitet werden, neben der Wahl- eine Pflichtverteidigung anzuordnen, weil sie vermuten, dass der Wahlverteidiger nicht hinreichend um die im öffentlichen Interesse liegenden Verfahrensziele bemüht sein wird, denn diese Praxis entbehrt mangels ausreichender gesetzlicher Grundlage – jedenfalls derzeit[216] – gerade der Legitimation. Schließlich müssten für die Ansprüche des Beschuldigten auf Schadensersatz die Grundsätze des Vertrags mit Schutzwirkung für Dritte angewendet werden.[217] Dieser **Unterschied** zur Wahlverteidigung bei der **Haftungsfrage**[218] wäre kaum zu rechtfertigen.

62 **dd) Ergebnis: Prinzipielle Gleichheit zwischen Wahl- und Pflichtverteidigung.** Die grundsätzliche Gleichheit zwischen Wahl- und Pflichtverteidigung kann also nur von der Wahlverteidigung aus gestiftet sein. Das ist auch die Vorstellung des Gesetzes, wie der rechtliche Vorrang der Wahl- vor der Pflichtverteidigung nach § 143a Abs. 1 S. 1 StPO erkennen lässt.[219] Wahl- und Pflichtverteidiger haben auch nach der Rspr. des BGH in Zivilsachen jedenfalls dann, wenn die Bestellung auf Wunsch oder mit Einverständnis des Beschuldigten erfolgt, die gleiche Aufgabe und Funktion, „ihre **Rechtsstellung** soll **gleich** sein".[220] Die Konzentration der Pflichtverteidigung auf das Interesse des Mandanten ergibt sich schließlich auch aus der Konzeption des **Grundrechts auf Verteidigerbeistand**:[221] „Der Verteidiger verhilft dem Beschuldigten zur Wahrnehmung seiner Rolle als selbständiger Verfahrensbeteiligter neben den anderen Beteiligten, der, um Übergriffe anderer Verfahrensbeteiligter abzuwehren und selbst aktiv auf Gang und Ergebnis des Verfahrens Einfluß zu nehmen, letztendlich weder der Fürsorge des Gerichts, noch der Unterstützung der Staatsanwaltschaft ... bedarf. Er ist somit Aus-

---

Meinungsäußerungsfreiheit, sie sollten sich „ehrenhaft und würdig" verhalten, weil die Öffentlichkeit nur dann Vertrauen in die Rechtspflege haben könne, „wenn sie der Fähigkeit der Anwaltschaft vertraut, sie wirksam zu vertreten" (EGMR NJW **2019** 3627, 3629 Tz. 139; vgl. genauer unten Rn. 93), hierzu in einem unaufgelösten Spannungsverhältnis steht.

215 So auch *Barton* (Mindeststandards) 288; *Tronicsek* 36; dies einräumend *Hanack* (Grundlagen) 32: Die öffentlich-rechtliche Komponente stelle sich im geltenden Recht als „bemerkenswert verworren" dar.

216 S. aber nunmehr § 144 Abs. 1 StPO-RegE i. d. F. des Regierungsentwurfs eines Gesetzes zur Neuregelung des Rechts der notwendigen Verteidigung v. 9.8.2019, BRDrucks. 364 **19** S. 6: „In den Fällen der notwendigen Verteidigung können dem Beschuldigten zu seinem gewählten oder einem gemäß § 141 bestellten Verteidiger bis zu zwei Pflichtverteidiger zusätzlich bestellt werden, wenn dies zur Sicherung der zügigen Durchführung des Verfahrens, insbesondere wegen dessen Umfang oder Schwierigkeit, erforderlich ist".

217 Vgl. bereits *Jahn* JR **1999** 1, 4.

218 S. bereits oben Rn. 46.

219 LR/*Jahn* § 143a, 5; HdBStrR/*Jahn*/*Brodowski* § 17, 49 f.

220 BGH (*IX. Zivilsenat*) NJW **2019** 676, 678 Tz. 17 unter Bezugnahme auf LR/*Lüderssen*/*Jahn*[26] 68 ff.; ebenso OLG Hamm ZfSch **2014** 470; OLG Köln OLGSt StPO § 141 Nr. 5; *Pschorr* StraFo **2020** 12, 19; *Lam*/*Meyer-Mews* NJW **2012** 177, 181 u. 183; *Fahl* GLJ **8** (2007) 1053, 1056; *Lüderssen* NJW **1986** 2743.

221 Zutr. *Bohnhorst* 80 f.; s. ausf. unten § 137, 2 ff.

druck der Autonomie des Beschuldigten".[222] Nach dem Willen des Gesetzgebers soll ein Beschuldigter, dem ein Pflichtverteidiger bestellt wurde, **grundsätzlich gleichen Rechtsschutz** erhalten wie ein Beschuldigter, der sich auf eigene Kosten einen Verteidiger gewählt hat.[223] Auch der i. S. d. §§ 140 ff. nach dem Wortlaut des Gesetzes nur – eher farblos – **„mitwirkende" Pflichtverteidiger leistet** also **Beistand i. S. d. § 137 Abs. 1 Satz 1** und der Beschuldigte kann sich seiner „bedienen". Damit steht fest, dass das **Vertragsprinzip Vorrang** hat. Damit ist zugleich ein häufig erhobener Gegeneinwand[224] gegen die hier vertretene Konzeption der notwendigen Verteidigung im deutschen Strafprozessrecht entkräftet.

Der Akt der Bestellung selbst kann **dogmatisch** über die allgemeinen Regeln betreffend Angebot und Annahme von Willenserklärungen über das **Recht der Stellvertretung** (§§ 145 ff., 164 ff. BGB) rekonstruiert werden.[225] Zum praktisch selben Ergebnis führt der Gedanke[226] eines hoheitlich eingeleiteten Vertragsverfahrens zwischen dem Beschuldigten und seinem Verteidiger. 63

Nach der hier vertretenen Konzeption ist der Vorsitzende Stellvertreter des Beschuldigten bei der Abgabe der Erklärung über den zu bestellenden Verteidiger. Vollzieht sich der Bestellungsakt ohne Mitwirkung des Beschuldigten, handelt es sich um einen **Fall gesetzlicher Stellvertretung** aufgrund der Vertretungsmacht, die § 142 Abs. 3 dem Richter am AG bzw. dem Vorsitzenden nach Erhebung der Anklage zuweist. Wenn der Beschuldigte einen Pflichtverteidiger „seiner *Wahl*" bezeichnet und dieser beigeordnet wird, gibt der Vorsitzende eine **eigene Willenserklärung im Namen des Beschuldigten** ab, weil er nach der Konzeption des Gesetzes im Einzelfall prüfen muss, ob der Bestellung des bezeichneten Verteidigers wichtige Gründe i. S. d. § 142 Abs. 5 Satz 3 entgegenstehen. Eine Erklärung über die Annahme des Angebots durch den Offizialverteidiger gegenüber dem Vorsitzenden oder dem Beschuldigten ist entbehrlich, denn gem. §§ 133, 157 BGB ist die Annahme des Vertragsangebots durch den Verteidiger spätestens dann zu vermuten, wenn er faktisch tätig wird (Einreichung einer Schutzschrift, Terminswahrnehmung, Einholung von behördlichen Auskünften usw.) und er nicht in den engen Grenzen der § 49 Abs. 2 i. V. m. § 48 Abs. 2 BRAO das Mandat ablehnt.[227] Konsequenz dieser **zivilrechtlichen Konstruktion der Pflichtverteidigung** ist es freilich, dass der Vorsitzende Richter im Falle der Benennung eines Verteidigers durch den Beschuldigten (§ 142 Abs. 5 Satz 3 Hs. 1) als Vertreter mit „gebundener Marschroute" erscheint. 64

Weitere Folge ist, dass mit dem **Zwangs-Pflichtverteidiger** gar **kein Geschäftsbesorgungsvertrag** zustande kommt, weil es an einer Annahmeerklärung des vom Vorsitzenden Richter übermittelten Angebots fehlt, wenn der Beschuldigte mit dem Verteidiger 65

222 *Spaniol* 8.

223 BVerfGE **9** 36, 38; BGHSt **43** 153, 155; BGH Urt. v. 20.12.2018 – 3 StR 236/17, juris, Tz. 54 (insoweit in BGHSt **64** 10, 22 nicht abgedr.) m. Anm. *Wohlers* JR **2019** 615 sowie nochmals BGH (*IX. Zivilsenat*) NJW **2019** 676, 678 Tz. 17.

224 Siehe nur *Roxin* FS Hanack 1, 16 sowie die weiteren Nachw. oben Rn. 27 f.

225 *Jahn* StV **2000** 432 f.; *ders.* JR **1999** 1, 4 f.; HdBStrR/*Jahn/Brodowski* § 17, 96. **A. A.** *Tronicsek* 46 ff. (die freilich konzediert, das hier gefundene Ergebnis sei „konsequent"); *Müller-Gerteis* 45 (die freilich konzediert, das hier vertretene Ergebnis sei „bestechend") und auch *Schlecht* 24 f. *Schlechts* Gegenargument, in der Praxis würden sich die Vorsitzenden nicht als Vertreter und die Beschuldigten nicht als Vertretene sehen (25), mag zutreffen, hat aber mit der Anwendbarkeit der §§ 164 ff. BGB nur dann etwas zu tun, wenn man – was die Verfasserin selbst einräumt – auf die mangelnde Schutzbedürftigkeit des Erklärungsempfängers abstellt. Das freilich ist wertungsmäßig unzutreffend.

226 Mehr in diese Richtung tendierend *Egon Müller* FS Hassemer 1089, 1091; *Kempf*, in: Brüssow u. a. (Hrsg.), § 1, 46 sowie noch LR/*Lüderssen/Jahn*[26] 75. **A. A.** zum Modell SK/*Wohlers* Vor § 137, 18; *G. Wolf* 237.

227 S. OLG Stuttgart Die Justiz **2001** 194, 195; vgl. auch *Schnarr* NStZ **1986** 489; *Weiß* NJW **1983** 90.

nicht zusammenarbeiten will. Die Fälle der **aufgezwungenen Verteidigung** sind also über einen **Kontrahierungszwang** erklärbar, der unserer Rechtsordnung auch sonst nicht unbekannt ist.[228] Speziell für das Prozessrecht kann allgemein auf den Anwaltszwang (§ 87 Abs. 1 Satz 1 ZPO) verwiesen werden.[229]

2. Abweichende Auffassungen

a) Die heute herrschende Meinung: Der Verteidiger als Organ der Rechtspflege

66 **aa) Leitaussagen.** Dem hier vertretenen und vorstehend ausgearbeiteten Vertragsprinzip[230] steht vor allem die in Gesetzgebung,[231] Rechtsprechung[232] und Schrifttum[233] herrschende Position gegenüber, dass der Verteidiger vornehmlich ein **Organ der Rechtspflege** sei. Er dürfe danach grundsätzlich alles tun, was in gesetzlich nicht zu beanstandender Weise seinem Mandanten nütze. Schon die allgemeine Rechtsstellung des Verteidigers im Verfahren führe dazu, dass er nur **rechtlich erlaubte Mittel** einsetzen und der staatlichen Ordnung nicht entgegentreten dürfe.[234] Ein Prozessverhalten hingegen, das nicht mehr der Wahrnehmung der berechtigten Verteidigungsinteressen diene, erfülle nicht mehr das **Mindestmaß an Kooperationsbereitschaft**, das nach den Vorstellungen des Gesetzes unerlässlich sei.[235] Der Verteidiger habe inhaltlich zudem die Aufgabe, zur

---

228 *Bydlinski* AcP **180** (1980) 1; *Paulus/Zenker* JuS **2001** 1, 5; MüKo-BGB/*Busche* Vor § 145, 12 ff.

229 *Stürner* JZ **1987** 1089; HdBStrR/*Jahn/Brodowski* § 17, 97.

230 O. Rn. 26 ff.

231 RegE eines Gesetzes zur Stärkung des Schutzes von Vertrauensverhältnissen zu Rechtsanwälten im Strafprozessrecht, BTDrucks. **17** 2637 S. 4 f.

232 EGMR NJW **2004** 3317, 3318 Tz. 38 m. Anm. *Gaede* JR **2004** 342; BVerfGE **113** 29, 49; **110** 226, 252; BVerfG (*1. Kammer* des *1. Senats*) NJW **2006** 1500, 1501; BGHSt **46** 37, 44 m. Anm. *Streng* JZ **2001** 205; BGHSt **46** 53, 55 m. abl. Anm. *Scheffler* JR **2001** 294 und Anm. *St. Cramer/Papadopolous* NStZ **2001** 148 sowie Anm. *Kudlich/Roy* JA **2001** 15; BGHSt **39** 310, 316; **38** 345, 347; **37** 395, 396; BGH NJW **2019** 2249, 2252 Tz. 38 m. Anm. *Wohlers* JR **2020** 266; OLG Jena Beschl. v. 27.10.2016 – 1 Ws 439/16, juris, Tz. 35; OLG Düsseldorf StV **1998** 66; OLG Hamburg NJW **1998** 622; OLG Frankfurt NJW **2005** 1727, 1733; NStZ-RR **1997** 77; OLG Schleswig NStZ **1988** 230; OLG Celle NStZ **1988** 426; LG Hamburg NJW-RR **2005** 789, 790; LG Hannover NdsRpfl. **2003** 73; AnwGH Dresden **2005** 31; AnwGH München BRAK-Mitt. **2003** 184 (Ls.); AnwGH Ba-Wü NJW **1997** 1316 und VG Cottbus Urt. v. 10.1.2001 – 1 K 1954/96. Komprimierte Zusammenstellung der Leitaussagen der Rechtsprechung bei MAH Wirtschafts- und Steuerstrafsachen/*Knierim* § 7, 6 ff.

233 *Beukelmann* FS II Eisenberg (2019) 355, 356 f.; *Hilgendorf* GedS Schlüchter 497, 498 ff.; *Parigger* FS 25 Jahre AG Strafrecht im DAV (2009) 219, 223; HdBStrR/*Kudlich/Knauer* § 16, 12 u. 58; MAH Strafverteidigung/*Eckhart Müller* § 55, 2; *ders.* FS Dahs 3, 4 ff.; Gaier/*Wolf*/Göcken Anwaltliches Berufsrecht § 1, 27 f.; Wabnitz/Janovsky/Schmitt/*Rettenmaier* Kap. 31, 4; *Deckers* (Strafverteidigung) 2 f.; *Bosch* Jura **2012** 938 f.; *Ignor* BRAK-Mitt. **2009** 202, 206; *Trurnit* Krim **2009** 425, 426; *Sahan* AnwBl. **2008** 698, 700; *Fahl* GLJ **8** (2007) 1053, 1057; *Wünsch* StV **1997** 48; *Hammerstein* NStZ **1997** 13; *Malmendier* NJW **1997** 232; *Dornach* NStZ **1995** 60; *v. Stetten* StV **1995** 609; *Späth* DRiZ **1995** 224; *Kintzi* DRiZ **1994** 327; *Berg* DRiZ **1994** 382; *Vehling* StV **1992** 87; *Maatz* NStZ **1992** 513; *Liemersdorf* MDR **1989** 204; Radtke/Hohmann/*Reinhart* § 137, 2; KK/*Willnow* Vor § 137, 5; KMR/*Müller* Vor § 137, 6; *Rissel* 32 ff.; *Breucker* 27 ff.; *Lamberti* 41; *Schautz* 4; *Waldhorn* 23. *Wollschläger* StV **2015** 527, 531 weist aber mit Recht darauf hin, dass die Organtheorie zumindest in den heutigen StPO-Kommentarwerken schon im Rückzug begriffen ist.

234 Vgl. BGH NJW **2006** 2421 m. Anm. *K. M. Böhm* 2371 und Anm. *Jahn* JZ **2006** 1134; OLG Düsseldorf StV **1998** 65, 66; KK/*Willnow* § 138a, 13. Zu den Konsequenzen dieser Auslegung für das Ausschließungsverfahren § 138a, 31 ff.

235 *Römer* FS Schmidt-Leichner 133, 139; *Löchner* FS Rebmann 303, 315; *Müller-Dietz* ZStW **43** (1981) 1177, 1215; *Rüping/Dornseifer* JZ **1977** 417; *Breucker* 216.

Findung einer sachgerechten Entscheidung beizutragen und dabei das Gericht vor Fehlentscheidungen zu Lasten seines Mandanten zu bewahren.[236] Zu seinen besonderen Aufgaben gehöre es auch, auf die Einhaltung der grundlegenden Verfahrensregeln zu achten; er sei **„Garant der Unschuldsvermutung“**.[237] Die entscheidende Konsequenz dieser Auffassung ist, dass der Verteidiger aus eigenem Recht tätig wird oder doch jedenfalls eine Reihe genuin eigener Rechte hat, und zwar auch dann, wenn man der Auffassung (abgeschwächte oder **eingeschränkte Organtheorie**)[238] folgt, nach der die Organschaft des Verteidigers ausschließlich im insofern obrigkeitlich-fürsorglich wahrgenommenen Beschuldigteninteresse geschaffen worden sei. Nichts anderes gilt für die ebenfalls abschwächende Formulierung der sog. **Doppelstellungstheorie**, die **Beistandsfunktion** sei gegenüber der Organstellung **vorrangig bzw. werde nur durch diese begrenzt.**[239] Diese Formel deutet allein die Richtung an, in die sich die Tätigkeit des Verteidigers entfalten soll, gibt seiner Funktion also nur einen bestimmten inhaltlichen Akzent.

bb) Kritik. Das **pro und contra** in Bezug auf die Stellung des Verteidigers als Organ 67
der Rechtspflege ist in der Literatur ausgiebig erörtert worden.[240] Vielfach[241] wird daraus sogar der Schluss gezogen, dass der Streit unfruchtbar sei. Das ist als sozialwissenschaftliche Analyse einer seit wenigstens vierzig Jahren anhaltenden Großdebatte zwar

---

236 BVerfG – *Kammer* NStZ **1997** 35; KG StV **2018** 432, 433.

237 Vgl. *Roxin/Schünemann* § 19, 10; HdBStrR/*Kudlich/Knauer* § 16, 18; *Chr. Wolf/Knauer* FS Scharf (2008) 329, 337 f.; KMR/*Hiebl* Vor § 137, 4; *Nowrousian* Krim **2018** 104, 105 („Verteidiger sind die Hüter von Beschuldigtenrechten“); *Dahs* NJW **1975** 1385, 1386; *M. Kunze* 194 („Garant des Rechtsstaats“); nicht weit davon entfernt die Metapher des EGMR (EuGRZ **1978** 314, 323) vom Verteidiger als „watchdog of procedural regularity“. S. aber auch unten Rn. 126.

238 SSW/*Beulke* § 137, 8 und Einl. 162; *Beulke* FS Roxin 1173, 1175 ff.; *ders.* FS Rudolphi 391; *ders.*, in: Alternativen zur Freiheitsstrafe (36. Strafverteidigertag) (2013) 171, 172 f.; *ders.*, in: Alte Strafrechtsstrukturen und neue gesellschaftliche Herausforderungen in Japan und Deutschland (2000) 137 ff.; *ders.* (Verteidiger) 95 ff., 116; *ders.* JR **1994** 117; *ders.* NStZ **1983** 504; *ders./Witzigmann* StV **2009** 394, 395; *ders./Ruhmannseder* (Strafbarkeit) Rn. 11 ff.; zusf. und zugleich kommentierend *Eck. Müller*, in: Strafverteidigung – Grundlagen und Stolpersteine 7, 9 ff. Ansätze, die *Beulkes* abgeschwächter Organtheorie im praktischen Ergebnis gleichkommen, finden sich bei *Wünsch* StV **1997** 48; *Hammerstein* NStZ **1997** 13; *v. Stetten* StV **1995** 609; *Dornach* NStZ **1995** 61; *dems.* 91 ff.; *Kintzi* DRiZ **1994** 327; *Berg* DRiZ **1994** 382; *Maatz* NStZ **1992** 513; *Liemersdorf* MDR **1989** 204; *Arapidou* 146 ff.; *Rückel* (Strafverteidigung) Rn. 27; nahe stehend auch *Paulus* NStZ **1992** 311 („prozessuale Theorie“); gegen ihn aber *Haas* NStZ **1993** 173); *Winkler* 36 ff.; *Temming* StV **1982** 539 („modifizierte Organtheorie“) und – ohne für eine der vorgenannten Positionen ausdrücklich Partei zu ergreifen – LR/*Kühne* Einl. J, 110; *Roxin/Schünemann* § 19, 6 ff. sowie (ausdrücklich in Übereinstimmung mit den praktischen Ergebnissen des Verständnisses von *Beulke*) *Roxin* FS Hanack 1, 11; *Pfordte/Degenhard* (Anwalt) § 1, 1; *Hartmut Schneider* Jura **1989** 344; *Krekeler* NStZ **1989** 153. In der Rspr. findet sich eine besondere Betonung dieses Verständnisses der Beistandsfunktion bei OLG Düsseldorf StV **1992** 57; OLG Frankfurt NStZ **1981** 144, 145; LG Koblenz StV **1994** 378; AG Marburg Urt. v. 26.11.2002 – 50 Ls 2 Js 11415/01; *Grüner/Wasserburg* GA **2000** 430, 434 f. Vgl. zu dem entwicklungsgeschichtlichen Aspekt dieser Differenzierung oben Rn. 19; zur Kritik sogleich unten Rn. 68.

239 Diesen Vorrang betonen OLG Düsseldorf StV **1992** 57; OLG Köln NJW **1975** 459, 460; LG Koblenz StV **1994** 378; *Krekeler* NStZ **1989** 153; *Tondorf* StV **1983** 258; *Seier* JuS **1981** 807; HdBStrR/*Kudlich/Knauer* § 16, 16; LK/*Ruß*[11] § 258, 19; *Tronicsek* 27 f. **A. A.** jedoch *Tietz* StraFo **2019** 1; *Nowrousian* Krim **2018** 104; *Pfeiffer* DRiZ **1984** 342; krit. zur Praktikabilität *Stryz* 218; *Lamberti* 82.

240 Vgl. einerseits *Beulke* (Verteidiger) 164 ff.; andererseits *Jahn* (Konfliktverteidigung) 171 ff. und HdBStrR/*Jahn/Brodowski* § 17, 27 ff., je m. w. N.

241 Zu dieser Position, die vor allem in der Praxisliteratur zur Verteidigung Oberhand gewinnt, etwa KMR/*Hiebl* Vor § 137, 13; *Malek* Rn. 16; *Rückel* Rn. 4.

richtig.[242] Die inhaltlichen Argumente sind in der Tat im Wesentlichen ausgetauscht. Das hat aber nicht die **prinzipielle Relevanz** des Meinungsstreits für ungezählte Einzelfragen beseitigt. Die Kritik, man führe – auch in dieser Kommentierung – „einen verblüffenden Kampf gegen die Windmühlenflügel der längst nur noch als Denkmalsruine sichtbaren alten Organtheorie",[243] geht damit an der Sache vorbei. Auf den Fundamenten dieser Ruine wird beständig weiter nach früheren Generalplänen, aber mittlerweile verfeinerter Architektur gebaut. Zudem stellt sich im Rahmen der Europäisierung des Strafverfahrens und der transnationalen Strafverteidigung die Frage nach der Organstellung heute in neuem Lichte, denn viele europäische Rechtsordnungen (z. B. Niederlande, Italien, Spanien, Polen sowie die Schweiz) kennen weder Begriff noch Inhalt eines „Rechtspflegeorgans Anwalt".[244] Im Folgenden kommt es damit nur darauf an, dass einige zentrale Gesichtspunkte systematisiert und zusätzliche Akzente gesetzt werden:

68 **aaa) Disziplinierungsfunktion.** Immer wieder klagen Anwälte darüber, dass die Gerichte sie unter Hinweis auf die Stellung als Organ der Rechtspflege zu **disziplinieren** versuchen.[245] Ein Fall, in dem ein Anwalt unter Berufung auf seinen **„staatlich gebundenen Vertrauensberuf"**[246] seine Verteidigerstellung zugunsten des Beschuldigten tatsächlich habe stärken können, sei ihnen nicht bekannt.[247] Diese Stellung, sagen andere hingegen, schaffe dem Verteidiger überhaupt erst die Grundlage für eine Reihe wichtiger Rechte im Strafprozess. Sie ermögliche es, den staatlichen Organen der Strafrechtspflege im Prinzip gleichrangig gegenüberzutreten und die **Vermutung der Integrität** für sich zu beanspruchen.[248] Erst mit § 1 BRAO werde, so hat auch *Hassemer*[249] gefolgert, der Verteidiger durch „die Garantie der Unabhängigkeit ... normativ in Stand gesetzt ... in einem emphatischen Sinne frei zu handeln". Das trifft freilich schon historisch-genetisch nicht zu, weil die meisten dieser Rechte in der Strafprozessordnung schon zu einer Zeit vorgesehen waren, als noch niemand behauptete, der Verteidiger sei ein Organ der Rechtspflege.[250] Ganz im Gegenteil wird der Organbegriff in der RG-Rspr. zum ersten Mal prominent verwendet, um den Verteidiger – im Kontext seiner Ausschließung aus dem Verfahren – in die Pflicht zunehmen.[251] In der Tat können Rechte des Verteidigers auch direkt gewährt werden. Weshalb dies nur auf dem Umweg über die Installierung eines Organs der Rechtspflege

242 *Jahn* StV **2014** 40, 44; *Jahn/Ebner* NJW **2012** 30, 31. S. bereits oben Rn. 1.

243 *Salditt* StraFo **2009** 312, 317.

244 *Arnold* (Grenzüberschreitende Verteidigung) 164 f.

245 Vgl. *Busmann* StraFo **2019** 235, 236; *Eck. Müller* NJW **2009** 3745, 3747 f.; *ders.* FS 125 Jahre RAK für den OLG-Bezirk München (2004) 64, 66 f.; *Scholderer* StV **1993** 229; *Paulus* NStZ **1992** 308; *Heine/Ronzani/Spaniol* StV **1987** 79; Radtke/Hohmann/*Reinhart* § 137, 3; KMR/*Hiebl* Vor § 137, 9; AK/*Stern* Vor § 137, 25; *Knapp* 104 ff.; *M. Kunze* 159 ff. Anders z. B. *Malek* Rn. 28; *Lamberti* 59.

246 BVerfGE **38**, 105, 119; **63** 266, 284.

247 S. etwa *Dahs* NJW **1975** 1387 unter Hinweis auf die Ausstrahlungswirkung des Art. 33 GG zu Lasten von Art. 12 GG. Krit. gegenüber dieser Perspektive der Strafverteidigung als „staatlich gebundener Vertrauensberuf" KMR/*Hiebl* Vor § 137, 6 („verfehlte Formulierung"); *Göddeke* 71 ff.; *Lamberti* 59; *Jahn* (Konfliktverteidigung) 183 ff.; erg. sogleich Rn. 72.

248 Vgl. *Beulke* (Verteidigung) 194 ff.; *ders.*, in: Alternativen zur Freiheitsstrafe (36. Strafverteidigertag) (2013) 171, 173; *Ignor*, in: Strafrecht und Strafverteidigung (2016) 3, 7; *ders.* BRAK-Mitt. **2009** 202, 206; *Rückel* NStZ **1987** 299.

249 *Hassemer* AnwBl. **2008** 413, 416, allerdings mit dem relativierenden Zusatz, „so behaupte ich".

250 Vgl. oben Rn. 21. Gegen den Ansatz von *Hassemer* auch *Hamacher* AnwBl. **2008** I; diff. *M. Kunze* 175 f.

251 Zu RG JW **1926** 2756, 2757 m. abl. Anm. *Alsberg* genauer sogleich unten Rn. 78.

möglich sein soll, ist nicht ersichtlich. Auch *Beulkes* einflussreiches Plädoyer für eine „eingeschränkte Organtheorie“[252] bleibt *diesen* Beweis schuldig.[253]

bbb) Keine Teilhaberschaft an „funktionstüchtiger Strafrechtspflege“. Organ der Rechtspflege könnte der Verteidiger allenfalls sein, wenn er die Pflicht hätte, Gericht und Staatsanwaltschaft bei ihrer streng objektiven, also stets auch das Entlastende berücksichtigenden (§ 160 Abs. 2), Tätigkeit zu unterstützen. Das – und damit eine unmittelbare Einbindung in das Programm einer **„funktionstüchtigen Strafrechtspflege“** – ist aber **nicht** die **Pflicht** des Verteidigers.[254] Erfreulicherweise heißt es in der Begründung[255] zum **Regierungsentwurf** eines Gesetzes zur Stärkung der Integrität in der Wirtschaft v. 16.6.**2020** nunmehr: „Auch die Stellung der Rechtsanwaltschaft als Organ der Rechtspflege gebietet keinen absoluten Schutz. Denn Aufgabe des Rechtsanwalts ist die Beratung und Vertretung seines Mandanten (§ 3 BRAO). *Ihn treffen gerade keine besonderen Pflichten, eine effektive Strafverfolgung zu gewährleisten. Diese wären auch mit seiner Stellung nicht vereinbar*“. Wer demgegenüber ein solches Prinzip annimmt,[256] hat es zudem schwer, den Verteidiger nicht *unmittelbar* auf die Wahrheitsfindung zu verpflichten. Seine **Aufgabe** ist aber vielmehr, in den Diensten des Beschuldigten **Beistand** zu leisten (§ 137 Abs. 1 Satz 1).[257] Jener ist als in der Regel rechtsunkundiger Privatmann, wenn gegen ihn wegen des Verdachts einer Straftat ermittelt wird, mit einem mächtigen und weitgehend anonymen Staatsapparat konfrontiert. Je freier und demokratischer eine Gesellschaft ist, desto sorgfältiger ist sie darauf bedacht, dieses Gefälle auszugleichen. 69

Hinzu kommt, dass **Wahrheit und Gerechtigkeit** längst nicht mehr in einheitlicher und verbindender Gestalt auftreten, sondern sich – mindestens in vielen Grenzbereichen – als miteinander rivalisierende Konzepte zeigen.[258] Ein liberaler Staat ist gut beraten, wenn er gar nicht erst versucht, die Strafverteidigung auf eine verbindliche Konzeption von Wahrheit und Richtigkeit festzulegen, sondern bereit ist, sich mit Alternativen auseinanderzusetzen. Dass die Strafverfolgung als staatliche Tätigkeit, die am tiefsten in die Rechte der Bürger eingreift, eher als andere staatliche Tätigkeiten die Etablierung einer Kontrolle durch Private provoziert hat, ist nicht zufällig, sondern bezeichnend.[259] Auch deshalb ist die in der **Rechtsprechung**[260] entwickelte Lehre von den **Mitwirkungspflichten des Verteidigers** in der Hauptverhandlung abzulehnen. Eine Mitwirkungspflicht des Verteidigers würde den Verteidiger zum Gehilfen des Gerichts machen und damit unmittelbar in **Staatsaufgaben einbinden.**[261] 70

---

252 Soeben Rn. 66 a. E.

253 Zu *Beulkes* Ansatz ebenfalls abl. Radtke/Hohmann/*Reinhart* § 137, 4 („halbherzig“); MAH Strafverteidigung/*Sulditt* § 1, 28 ff; *Stumpf* 23 f.; *Stryz* 198 ff.; *Heinicke* 326; *Lamberti* 122; *Kniemeyer* 146 ff. sowie bereits *Jahn* (Konfliktverteidigung) 182 f., 325; HdBStrR/*Jahn*/*Brodowski* § 17, 28.

254 So auch *Dahs* NJW **1975** 1388; *Welp* ZStW **90** (1978) 119; *Stryz* 53; *Jahn* (Konfliktverteidigung) 136.

255 S. 139 (zu § 160a Abs. 5 StPO-RegE – *Hervorh. v. hier*).

256 Wie *Malmendier* NJW **1997** 232; *Schaefer* NJW **1995** 1724; *Berg* DRiZ **1994** 384; *Maatz* NStZ **1992** 513; *Breucker* 27 ff. Dies dürfte der Grund für den vorsichtigen Standpunkt *Fezers* sein (Strafprozeßrecht 4/9, trotz einer gewissen Nähe zu der hier vertretenen Position [4/6–8]) und auch für die einschränkende Konzeption *Beulkes* (vgl. soeben Rn. 68 a. E.).

257 Oben Rn. 26 ff.

258 Vertiefend LR/*Lüderssen*/*Jahn* Einl. M, 100.

259 Oben Rn. 15 ff., 19.

260 Grdlg. BGHSt **38** 111, 115; genauer unten Rn. 163.

261 Zutr. – selbst aus der Sicht einer inhaltlichen Sympathisantin – *Eckertz-Höfer* NJW **2013** 1580: „Der Begriff (Organ der Rechtpflege – *d. Verf.*) als solcher, also seine Semantik, ist veraltet. Er verweist recht

71 Auch die Vorschrift in **§ 1 BRAO** – sowie der gleichsinnige Zulassungsversagungsgrund in § 7 Nr. 8 BRAO – kann für die Auffassung, dass der Verteidiger ein Organ der Rechtspflege *mit besonderen Pflichten* sei, nicht in Anspruch genommen werden.[262] Das zeigt formal-systematisch bereits § 138 Abs. 1, denn das auf den verteidigenden Hochschullehrer § 1 BRAO zu Lasten des Wirkbereichs seiner Wissenschaftsfreiheit analog angewendet werden könnte, kann im Schutzbereich des Art. 5 Abs. 3 GG nicht mit Erfolg behauptet werden.[263] Methodisch wird das Ergebnis im Ganzen nicht aus § 1 BRAO abge*leitet*, sondern damit nur abge*stützt*. Da der Begriff Organ der Rechtspflege kurz und dunkel ist, „läßt (er) sich ... auch für fast alle Begründungen mobilisieren“.[264] Das Mittel dazu ist eine **extensive Auslegung**, die weder nach ihrer Entstehungsgeschichte noch nach ihrem Wortlaut gerechtfertigt ist.

72 **ccc) Kein „staatlich gebundener Vertrauensberuf“.** Was den Terminus „Organ“ angeht, so besagt er für sich genommen nichts, was auf bestimmte Aufgaben des Rechtsanwalts schließen ließe.[265] Unter „Rechtspflege“ aber wird, unerachtet einiger Differenzierungen, überwiegend Staatstätigkeit verstanden.[266] Leider fehlt eine ganz klare Aussage im Grundgesetz. Art. 92 GG spricht nur von der rechtsprechenden Gewalt; die „Rechtspflege“ ist nicht erwähnt. Sprachlich könnte die Vorschrift also nur so gedeutet werden, dass der Rechtsanwalt ein Staatsorgan sei. Das aber meint niemand. Ohne gleichzeitige Übertragung öffentlich-rechtlicher Befugnisse kann kein öffentliches Amt entstehen. § 1 BRAO überträgt solche Befugnisse nicht, und eine andere allgemeine Vorschrift, welche diese Funktion übernimmt, gibt es nicht. Ebenfalls unstreitig ist, dass Vorschriften, die dem Rechtsanwalt spezielle Befugnisse einräumen, diesen Charakter auch nicht haben. Eine „öffentlich-rechtliche Inpflichtnahme gleichsam als apriorische Gegebenheit“ gibt es ebenso nicht.[267] Es ist vielmehr der Gedanke, für den das BVerfG[268] später die Wendung vom **staatlich gebundenen Vertrauensberuf** gefunden hat, der bei Entstehung und Handhabung des § 1 BRAO Pate gestanden hat. Die Erscheinung, „daß es eine Reihe von Berufen gibt, deren Inhaber kraft öffentlichen Rechts in einem Verhältnis zum Staat stehen, das zwar nicht Staatsdienst im technischen Sinne ist, aber

eindeutig in vordemokratische Zeiten“. Der Begriff „Mitwirkung“ in § 140 wird andererseits semantisch überschätzt, wenn daraus eine zur Verantwortung für den ordnungsgemäßen Ablauf des Prozesses verpflichtende „Einbindung“ des Verteidigers in das Verfahren abgeleitet wird (so aber *Meyer-Goßner* FG BGH IV 615, 629; *Nehm* FS Geiß 111). Genauer zum Ganzen HdBStrR/*Jahn/Brodowski* § 17, 29 und unten Rn. 163.

262 Grdlg. bereits Maunz/Dürig-GG/*Herzog* Art. 92, 98. Im Ergebnis ebenso *Mehle* FG Koch, 179, 183; *Pauka* StraFo **2019** 359, 361; *Kilian* AnwBl. **2019** 662, 667; *Busse* AnwBl. **1998** 232; *ders.* AnwBl. **1993** 422, 423; *Hartmut Schneider* Jura **1989** 346; *Redeker* NJW **1987** 2612; *Eschen* StV **1981** 365, 366; *Seelmann* NJW **1979** 1128, 1130; *Dahs* NJW **1975** 1387; *Barton* (Einführung) § 4, 11 und wohl auch *Rieß* FS Schäfer 200 f.

263 Vgl. *Kilian* AnwBl. **2019** 662, 667; *Deumeland* NStZ **1996** 100; *Hamm* NJW **1993** 289; *Paulus* NStZ **1992** 305, 309; *Eschen* StV **1981** 365, 369; *Jahn* (Konfliktverteidigung) 187 f.; Radtke/Hohmann/*Reinhart* § 137, 3. **A. A.** OLG Düsseldorf NStZ **1996** 99 (entsprechende Anwendung der BRAGO a. F. auf Hochschullehrer unter fehlgehender Bezugnahme auf KK/*Laufhütte*³ Vor § 137, 4); *Schröter* 158 f. Nach *Schröter* 13 haben immerhin bereits 38,8 % der bundesdeutschen Strafrechtslehrer Verteidigungen geführt.

264 *Redeker* NJW **1987** 2610, 2612. Ebenso *Kilian* AnwBl. **2019** 662, 667; *Jahn* StV **2014** 40, 44; HdBStrR/*Jahn/Brodowski* § 17, 30 f.; Radtke/Hohmann/*Reinhart* § 137, 3 („Leerformel“); KMR/*Hiebl* Vor § 137, 8 („Der Organbegriff als solcher ist vage, substanzlos und ideologieanfällig“).

265 So auch *Paulus* NStZ **1992** 309; *Barton* StV **1990** 239; *Redeker* NJW **1987** 2612; *Knapp* 104 ff.

266 Nachw. bei *Knapp* 107.

267 Zutr. *Knapp* 134, zust. auch *Hassemer* AnwBl. **2008** 413, 414 f.; *Dahs* NJW **1995** 1387.

268 BVerfGE **38** 105, 119; später seit BVerfGE **63** 266, 283 f. zumindest relativiert. Vgl. zu diesem Topos *Spindler* FS Streck 417, 420; *Gaier* BRAK-Mitt. **2006** 2, 4 f.

doch vermöge der Gebundenheit der Berufserfüllung, der Gestaltung der Berufspflichten, der Beaufsichtigung durch den Staat eine in die Augen springende Ähnlichkeit mit dem berufsmäßigen Beamtentum besitzt",[269] ist bald von den Staatsrechtlern registriert worden und schien dazu zu nötigen, Vertreter dieser Berufe, also auch Anwälte, als **„Halbbeamte"** anzuerkennen.[270]

So ist es wohl zu verstehen, dass, obwohl die **Reichsrechtsanwaltsordnung** von 1878 vom Organ der Rechtspflege noch nicht ausdrücklich spricht,[271] die Rechtsprechung der damaligen **Ehrengerichte** – **zum ersten Mal** im Jahre **1883** – den Begriff verwenden zu sollen glaubt.[272] Hätte die Weimarer Republik länger bestanden, wäre es sicher bei einer die Distanz gegenüber staatlicher Vereinnahmung betonenden oder sie vielleicht auch noch stärker ausdifferenzierenden Lesart des Begriffs geblieben. Mit der **NS-Zeit** gingen diese Tendenzen indessen unter, und es kam mit der Allgemeinverfügung des Reichsministers der Justiz vom 13.4.1935[273] zu einer Verfestigung des Begriffs im Sinne der nationalsozialistischen Vorstellungen eines autoritären Strafprozesses.[274] **73**

Der Neuanfang in den Westzonen[275] nach 1945 führte zurück zu jener Ambivalenz in der Zeit vor der Herrschaft des Nationalsozialismus, verharrte aber darin. Das zeigt schon die **Entstehungsgeschichte** des **§ 1 BRAO**,[276] der nun zwar – als erste gesetzliche Vorschrift – den Begriff des Organs der Rechtspflege verwendet, den man aber natürlich nicht nur nicht so legitimiert und auslegt wie in der NS-Zeit, sondern der durchaus mit der Distanz gesehen wird, wie sie in den Beratungen der Bundesjustizminister *Neumayer* zum Ausdruck gebracht hat: „Niemals darf er (der Rechtsanwalt) Instrument des Staates werden".[277] Am besten charakterisiert vielleicht die Äußerung des damaligen rheinland-pfälzischen Justizministers *Becker* die zur Formulierung des § 1 BRAO hinführenden Regelungsbedürfnisse. In dem Begriff stecke, „daß die Güte unserer Rechtspflege insbesondere aber auch das Vertrauen des Staatsbürgers zur Rechtspflege, ganz wesentlich durch die Güte und Vertrauenswürdigkeit des Rechtsanwaltsberufs mitbestimmt wird".[278] Doch selbst *Karl Peters*, einer der großen Kenner des deutschen Strafprozessrechts, hat in dem noch Mitte der 1980er Jahre umfangreichsten Lehrbuch zu diesem Rechtsgebiet ernsthaft erwogen hat, der Strafverteidiger müsse, wenn er in den Verdacht der Strafvereitelung gerate, wegen einer Tat nach § 258a StGB – Strafvereitelung *im Amt* – verfolgt werden.[279] **74**

269 *Knapp* 132.
270 *Knapp* 132; *Jahn* (Konfliktverteidigung) 185 m. w. N.
271 *Knapp* 129; *M. Kunze* 23 ff. Den Begriff gab es indes im Schrifttum bereits seit 1833, vgl. nur *Kilian* AnwBl. **2019** 662, 663.
272 EGH I, 114. Zur umstrittenen Entstehungsgeschichte des Begriffs *Eck. Müller* FS 125 Jahre RAK für den OLG-Bezirk München (2004) 64 und zur weiteren Entwicklung der Rspr. *Knapp* 36 ff.; *Isermann*, in: Holtfort (Hrsg.) 18; *M. Kunze* 37 („Einbürgerung der Formel ab 1892"), bei *Knapp* auch die richtige Relativierung der aus dem Rahmen fallenden Entscheidung des EGH im Jahre 1909 (14, 145 ff.), während *Isermann* eine konsequente Entwicklung diagnostiziert. Zur parallelen Rspr. des RG s. *Knapp* 44 ff.; *M. Kunze* 39 ff.; *Kilian* AnwBl. **2019** 662, 663. Aus neuerer Zeit vgl. BGH NJW **2019** 2249, 2252 Tz. 38 m. Anm. *Wohlers* JR **2020** 266; AnwGH Ba-Wü NJW **1997** 1316; EGH Hamm Beschl. v. 15.6.1993 – (2) 6 EVY 5/93, S. 38: „Ein Rechtsanwalt hat als unabhängiges Organ der Rechtspflege (§ 1 BRAO) Gesetz und Ordnung zu wahren".
273 Amtliche Sonderveröffentlichung der deutschen Justiz Nr. 7; s. dazu *Knapp* 76.
274 S. bereits oben Rn. 22 m. w. N.
275 Zur DDR oben Rn. 22.
276 Zu ihr ausf. *Knapp* 125 ff.
277 Bei *Knapp* 126.
278 Ebenfalls bei *Knapp* 126.
279 *Peters* (Strafprozeß) § 29 V (S. 242). Gegen diese skurrile Überlegung *Krekeler* NStZ **1989** 146; *Jahn* StV **2014** 40, 44; SSW-StGB/*Jahn* § 258a, 4.

75 Die allmähliche verfassungsrechtliche Klärung des **„Berufsordnungsrechts“** indessen ist geeignet, den Stellenwert des Begriffs „Organ der Rechtspflege“ endlich richtig zu bezeichnen. Wählt der Staat nicht den Weg der besonderen Bindung der mit einer Aufgabe betreuten Personen, etwa als Beamte oder durch einen förmlichen Bestellungsakt wie beim Notar, oder durch die Beleihung Privater mit der Wahrnehmung von Aufgaben,[280] so handelt es sich nicht mehr um genuin öffentliche Aufgaben, sondern um die aus Fürsorge für die Allgemeinheit vorgenommene Begrenzung und Kontrolle einer genuin privaten Tätigkeit. Diese Begrenzungs- und Kontrollfunktion übernehmen die vom Gesetzgeber durch Rahmengesetzgebung inaugurierten und einer staatlichen Aufsicht unterstellten, im Prinzip aber autonomen Berufsverbände oder -körperschaften.

76 **ddd) Konsequenz: Verfassungskonforme Reduktion des § 1 BRAO.** Die Rechtsprechung des BVerfG zu Art. 12 GG – **Freiheit der Berufsausübung** – hat diesen Regelungsmechanismus als **„Hauptgrundrecht“**[281] für die strukturellen verfassungsrechtlichen Rahmenbedingungen der Tätigkeit des Anwalts als Strafverteidiger in unserer Rechtsordnung so gründlich ausgebaut,[282] dass eine Interpretation des § 1 BRAO lediglich als eines Hinweises auf die **besondere Verantwortung**, die ein Rechtsanwalt in der Ausübung seines Berufs übernimmt (das ist freilich mehr als der Hinweis, dass der Rechtsanwalt nur im Rahmen der Rechtsordnung sein Ziel verfolgen dürfe[283]), jetzt den erforderlichen allgemeinen verfassungsrechtlichen Rahmen gefunden hat. Es ist bereits 1971 von *Roman Herzog*[284] und – ihm der Sache nach folgend – später von *Renate Jaeger*[285] deshalb mit Recht vorgeschlagen worden, **§ 1 BRAO** in **teleologischer Reduktion** den regelnden Gehalt zu nehmen und ihn vor ausschließlich standesideologischem Hintergrund zu lesen.

77 Gegen eine Bezeichnung des Verteidigers als Organ der Rechtspflege spricht also dann nichts, solange der Begriff nicht eine Legitimation des Verteidigers unabhängig von seiner Beziehung zum Beschuldigten impliziert. Die hier vertretene Auffassung,[286] dass der Verteidiger seine Rechte aus der vertraglichen Beziehung zum Beschuldigten bezieht, hat also keine Veranlassung, sich durch die Existenz des § 1 BRAO angesichts der Etabliertheit einer **verfassungskonform-restriktiven Auslegung der Generalklausel** widerlegt zu sehen. Dass die wahren Argumente für eine Begründung der Rechte und Pflichten des Verteidigers mit seiner Organstellung aus einer vorab fixierten Kon-

---

280 Grdlg. *Bethge*, Der verfassungsrechtliche Standort der „staatlich gebundenen“ Berufe, Diss. Köln (1968). Beispiele für sehr weitgehende Wahrnehmung öffentlicher Aufgaben durch Private sind etwa der Wirtschaftsprüfer (*Hönle* BB **1981** 466) und die Technischen Überwachungsvereine (*Scherer* JA **1987** 237); s. ausf. *Rick* 57 ff.

281 BVerfG (*1. Kammer* des *1. Senats*) NJW **2006** 1500, 1501; NJW **1996** 3268.

282 Vgl. *Mayen* NJW **1995** 2317; ähnl. *Kirchberg* BRAK-Mitt. **2009** 95, 96; *Neuhaus* StV **2002** 43, 45 f.; *Jahn* (Konfliktverteidigung) 157 ff.; *ders.* ZRP **1998** 104; *ders.* NStZ **1998** 392; *ders.* StV **2014** 40, 41 ff.; *ders.* StraFo **2017** 177, 180; HdBStrR/*Jahn/Brodowski* § 17, 32 f.; *Rick* 73 ff. Siehe erg. § 137, 2 ff.

283 Zutr. *Knapp* 127. Zur Bedeutung des Begriffes der Verantwortung für die praktische Tätigkeit instruktiv *Egon Müller* FS Richter II 399.

284 Maunz/Dürig-GG/*Herzog* Art. 92, 98.

285 *R. Jaeger* NJW **2004** 1, 2 ff.; *dies.* AnwBl. **2000** 475, 476 ff. Dem ebenfalls nahe stehend *Redeker* NJW **2010** 1341, 1342 („ist der Begriff letztlich ‚inhaltslos‘); *Busse* AnwBl. **2009** 663, 667 f.; *Salditt* StraFo **2009** 312, 316; MAH Strafverteidigung/*Salditt* § 1, 53 ff.; *Mayen*, in: Anwälte und ihre Geschichte (2011) 785, 800 f.; Gaier/*Wolf*/Göcken Anwaltliches Berufsrecht § 1, 43; HbFaStrR/*Köllner* Kap. 1, 44: „Der Begriff ‚Organ der Rechtspflege‘ hat dabei keine eigene argumentative oder normative Kraft“. **A. A.** noch *Hassemer* Formularbuch[5], Teil I.B.1, nunmehr nicht mehr aufrechterhalten bei *Jahn* Formularbuch[6], Teil I.B.1 (S. 4).

286 Oben Rn. 26 ff.

zeption seiner Aufgaben kommen und nicht aus § 1 BRAO zu deduzieren sind, ist nun noch deutlicher zu sehen als zuvor. Wenn der Staat ausdrücklich, wie im Fall der Strafverteidigung, die vertraglich fixierte Vertretung individueller Rechtspositionen anerkennt, so muss er wirklich davor Halt machen. Er darf diese private Vertretung natürlich begrenzen, aber sie umdefinieren darf er nicht. Tut er das, so eröffnet sich ein unendlicher Regress, denn von *diesem* öffentlichen Interesse müssten dann die wirklich privaten Interessen wieder abgehoben werden. Die einseitige Beistandsleistung des Verteidigers für den Beschuldigten geschieht also **nicht im öffentlichen Interesse**, sondern um des einzelnen Beschuldigten willen. Dass es im öffentlichen Interesse liegt, diese Art des Beistands durch die staatliche Gesetzgebung zu garantieren, macht die Dienstleistung noch nicht zur öffentlichen Aufgabe.

eee) Keine Ersatzfunktion einer „öffentlich-rechtlichen Komponente" des Mandatsvertrags. In der historischen Entwicklung dieses Verhältnisses liegt zugleich die von *Hanack*[287] – insoweit inhaltlich mit Recht – beschworene Notwendigkeit der Wahrung des im Kampf um die freie Advokatur durchgesetzten Anspruchs der Verteidigerschaft auf **„Seriosität"**. Sie wird nicht durch organschaftliche Teilhabe am Staat konstituiert, sondern durch Regeln, die sich der Berufsstand selbst gibt, den der moderne Staat, anders als der absolute Staat, anerkennen kann, ohne dafür darauf angewiesen zu sein, ihn zu inkorporieren.[288] Das ist der entscheidende Grund dafür, dass die Alternative zum Organ der Rechtspflege heute nicht mehr Komplizenschaft mit dem Beschuldigten ist. *Alsberg*,[289] der diese Polarisierung mit der Wendung beklagt hat, dass man zu wählen habe, ob man den Verteidiger „als einen Spießgesellen des Angeklagten ansehen ... oder ihm eine richtergleiche Stellung einräumen" müsse, hat diesen Ausweg noch nicht mit der wünschenswerten Klarheit formulieren können, weil auch damals der Anwaltschaft die Folgerungen, die sich für die staatsrechtlich exakte Definition ihrer Position aus der Komplementarität von Staat und Gesellschaft ergeben, nicht bewusst waren. Das **Missverständnis** von der Notwendigkeit, den Verteidiger zum **„Spießgesellen"**[290] oder „Söldner"[291] **des Beschuldigten** zu machen, wenn man ihn aus den (angeblichen) öffentlich-rechtlichen Bindungen entließe, ist freilich auch heute noch virulent. 78

Das **Berufsrecht** sollte die Bindungen erzeugen, die direkt aufzuerlegen vom Staat nicht mehr erwartet werden darf.[292] Insofern hat die Anwaltschaft die Freiheit, ihre Möglichkeiten, **„seriös"** zu sein, selbst **auszugestalten**. Hier ist dann auch der Ort abzuwägen, was im Interesse einer für die Mandanten generell günstigen Glaubwürdigkeit der Verteidigung vorzusehen ist. Die Grenzen dieses Berufsrechts werden, wie anderwärts auch, durch die allgemeinen Gesetze markiert und durch die staatliche Aufsicht über Normsetzung und -anwendung der Selbstverwaltungskörperschaften (Anwaltskammern) garantiert (vgl. §§ 62 Abs. 2, 92 ff. BRAO). 79

Den damit entstehenden **Freiraum** hat der Gesetzgeber mittlerweile im Berufs- und Gesellschaftsrecht **normativ anerkannt** und abgesichert. Die noch vorhandenen Reste 80

---

287 *Hanack* (Grundlagen) 2 ff.

288 Zutr. bereits *Dahs* NJW **1975** 1386; zur Historie s. bereits oben Rn. 15.

289 *Alsberg* JW **1926** 2757, ebenso nach ihm *Ebermayer* DJZ **1927** Sp. 134, 136. Erg. bereits oben zur RG-Rspr. Rn. 68.

290 Siehe etwa *A. Müller* JR **1996** 127; *Ankermann* DRiZ **1993** 67; *Beulke* (Verteidiger) 71. Zusf. zu den rechtspolitischen Auswirkungen solcher Metaphern *Wurster* 155.

291 *Meier-Göring* DRiZ **2009** 379; zutr. hingegen *Lewitzki*/*Thielmann* DRiZ **2009** 368, 369.

292 *Gaier* BRAK-Mitt. **2012** 142, 145; *Barton* (Mindeststandards) 236 ff. Gegen eine Unterschätzung der Funktion eines guten Berufsrechts auch MAH Strafverteidigung/*Kleine-Cosack* § 56, 3 ff.; *G. Wolf* 375.

des überkommenen Standesrechts sind seit den verfassungsgerichtlichen Bastille-Beschlüssen des Jahres 1987[293] mittlerweile weitgehend verschwunden. Innerhalb des Anwaltsberufs hat ein Paradigmenwechsel einen tiefgreifenden Strukturwandel eingeläutet. Gefordert wird heute **„Kundenorientierung"**[294] und anwaltliches **Qualitätsmanagement.** Grundsatz ist dabei, dass der Mandant als das „Maß aller Dinge" zu gelten hat.[295] *Chr. Wolf*[296] spricht anschaulich vom „Marktparadigma" des anwaltlichen Berufsrecht. Die erstmalige bundesrechtliche Verwendung des Begriffs Organ der Rechtspflege im „Pathoskatalog" der BRAO von 1959[297] dient hier vornehmlich nur noch der verbalen Abfederung der Tatsache, dass Strafverteidiger vielfach mittelständische Dienstleistungen oder Dienstleistungen für den Mittelstand anbieten. In plakativer Form wird aber mit dem nüchtern-analytischen Satz „Verteidigung stellt sich ... als Dienstleistung für den Mandanten dar"[298] nur nachvollzogen, was schon immer den Regeln des Bürgerlichen Rechts über die entgeltliche Geschäftsbesorgung entsprach.[299] Zunächst wurde daher auch den Verteidigern mit dem Gesetz über **Partnerschaftsgesellschaften** eine neue Rechtsform für die Kooperation zur Verfügung gestellt.[300] Entgegen dem Regierungsentwurf zu einem Gesetz über die Anwalts-GmbH vom 9.2.1998[301] wurde in der gesetzlichen Regelung des § 59a Abs. 1 BRAO auch die **Strafverteidiger-GmbH** ausdrücklich erlaubt;[302] die prinzipielle Anerkennung der **Rechtsanwalts-AG** ließ nicht lange auf sich warten.[303] Nach § 59 Abs. 1 Satz 4 BRAO ist jedenfalls bei der GmbH-Lösung Verteidiger i. S. d. §§ 137 ff. nur die für die RA-GmbH handelnde Person. Auch aus dieser Entscheidung ergibt sich wegen § 13 Abs. 3 GmbHG – wenn es dessen noch bedurft hätte – ein weiteres Argument gegen die Organthese, denn die Strafverteidiger-GmbH/AG ist kraft Gesetzes eine Kapital- und Handelsgesellschaft, keine Vereinigung von Rechtspflegeorganen.[304] Unter diesen berufspolitischen und **ökonomischen Rahmenbedingungen** kommt es einer *contra legem*-Fiktion gleich, die Unabhängigkeit des Verteidigers vom

---

293 Siehe bereits oben Rn. 6; zusf. HdBStrR/*Jahn/Brodowski* § 17, 22.

294 *Haverkate* JuS **1996** 478, 479; *Barton* (Einführung) § 1, 17.

295 So ausdrücklich *Steinbrück* NJW **1997** 1266; s. auch *Andreas Krämer* NJW **1996** 2354; *Streck* AnwBl. **1996** 57; *R. Zuck* NJW **1988** 175, 179.

296 *Chr. Wolf* AnwBl. **2010** 725, 731 f.; Gaier/*Wolf*/Göcken Anwaltliches Berufsrecht Einl., 109 ff.; krit. zu dieser Entwicklung *Stürner* JZ **2017** 905, 916 u. 918; *Arnold* ZIS **2017** 621, 626.

297 Bezeichnung bei *Busse* AnwBl. **2009** 663, 666; zur Entstehungsgeschichte *Kilian* AnwBl. **2019** 662, 664; *M. Kunze* 78 ff.;

298 *Barton* (Einführung) § 1, 16; ferner MAH Wirtschafts- und Steuerstrafsachen/*Knierim* § 7, 10.

299 Siehe oben Rn. 30 ff.

300 Gesetz vom 25.7.1994 (BGBl. I, S. 1744); dazu *K. Schmidt* NJW **1995** 1; zur daran anknüpfenden Beiordnung einer Rechtsanwalts GbR (im Zivilprozess) BGH NJW **2009** 440. Zur Anmeldung der in weltweit agierenden Sozietäten (bis zum Brexit) beliebten Gesellschaftsform der LLP zum Partnerschaftsregister *Henssler* NJW **2009** 3136, 3139; *Ewer* AnwBl. **2010** 857.

301 BTDrucks. **13** 9820; vgl. dazu *Gerlt* MDR **1998** 262; *Jahn* (Konfliktverteidigung) 163 f.

302 Vgl. *Zuck* AnwBl. **1999** 297. Unzulässig ist dagegen bislang die als GmbH & Co. KG ausgeübte Rechtsanwaltsgesellschaft, vgl. BVerfG (*2. Kammer des 1. Senats*) NJW **2012** 993 f. Tz. 10 ff.; **a. A.** *Karl* NJW **2010** 967, 972. Ob Personenhandelsgesellschaften und insbesondere die GmbH & Co. KG als Rechtsform für anwaltliche Berufsausübungsgesellschaften zuzulassen sind, soll nach einem Eckpunktepapier der Bundesregierung für eine Neuregelung des Berufsrechts der anwaltlichen Berufsausübungsgesellschaften v. 28.8.2019 im Rahmen des für die 19. Legislaturperiode vorgesehenen Gesetzesvorhabens zur Modernisierung des Personengesellschaftsrechts geprüft werden (vgl. bereits BTDrucks. **19** 3014 v. 27.6.2018 S. 2).

303 BayObLG NJW **2000** 1647 m. abl. Anm. *Kempter/Kopp* NJW **2000** 3449; vgl. dazu auch *J. Schumacher* AnwBl. **2000** 409.

304 Überzeugend *Henssler* AnwBl. **2008** 721, 726; *ders.* NJW **1993** 2143 f.; *Redeker* NJW **1987** 2612; zusf. *Hellwig* AnwBl. **2004** 213.

Mandanten zu postulieren oder jedenfalls zu fordern. Diese Dimension heutiger professioneller Rechtsberatung spricht aber für ein **entmythologisiertes Verständnis** der freien Advokatur, das die Akzessorietät der Stellung des Verteidigers zum Mandanten in den Vordergrund ihrer Betrachtung zu stellen hat.[305]

Zur Vermeidung im „luftleeren Raum" (von *Hanack*[306] mit Recht perhorresziert) bleibender Begründungen der Verteidigerstellung bedarf es also – entgegen *Hanack*[307] – nicht der Konstruktion einer **öffentlich-rechtlichen Komponente des Mandatsverhältnisses**. Gleichwohl wird sie immer wieder beschworen. Dass das auch Gegner der Organtheorie tun, ist das Bemerkenswerte. Am deutlichsten wird das bei *Barton.*[308] Er glaubt, die Begrenzung des Vertragsprinzips durch die §§ 134, 138 BGB sei gleichbedeutend mit der Anerkennung öffentlich-rechtlicher Interessen. Aber mit der öffentlich-rechtlichen Komponente des Mandanten/Verteidiger-Verhältnisses meinen deren Vertreter etwas anderes als nur die allgemeinen Grenzen, die das Recht dem Abschluss von Verträgen zieht. *Barton* selbst räumt das indirekt ein, indem er jene öffentlich-rechtliche Komponente auf die haftungsrechtlichen Mindeststandards reduziert.[309] Denn das zivilrechtliche Haftungsrecht, auf das *Barton* sich bezieht, muss öffentlich-rechtliche Interessen zwar *respektieren*, ist aber nicht das Instrument, öffentlich-rechtliche Interessen *durchzusetzen* – schon gar nicht von der Art, wie sie den Vertretern der Organtheorie vorschweben. 81

Die der öffentlich-rechtlichen Komponente zugedachte Funktion jedoch wird entweder damit begründet, dass der Verteidiger andernfalls nicht durchsetzungsfähig genug sei, oder damit, dass der Verteidiger über die Interessen des Beschuldigten hinaus der Strafrechtspflege dienen müsse. Doch gibt es keinen Grund für die Annahme, dass die Verteidigerschaft sich nicht auf ihre auch durch Ausbildung, zumindest auch-staatliche Examina abgesicherte gesellschaftliche Stellung sowie die fundamentalrechtliche dem Beschuldigten zugeordnete Position besinnen könnte, anstatt sich ihre **Autorität** durch eine staatliche Bindung erkaufen zu müssen. Für den genuin *strafverfahrens*rechtlichen **Gehalt** der Formel von der öffentlich-rechtlichen Komponente des Mandatsverhältnisses gilt dann aber dasselbe wie für den Begriff „Organ der Rechtspflege": Er **tendiert gegen Null.**[310] 82

b) Der Verteidiger als „ein Stück sozialer Gegenmacht" (*Holtfort*) oder reiner Interessenvertreter. Die radikale Kritik an der Stellung des Verteidigers als Organ der Rechtspflege wurde in den 1970er Jahren oft unter Berufung darauf vorgetragen, der Verteidiger sei in Wahrheit „ein Stück sozialer Gegenmacht".[311] Eine ausführliche dogmatische Begründung dieses Standpunkts fand und findet sich nirgends, so dass Miss- 83

305 Vgl. *Römermann* NJW **2019** 2986, 2990; *Jahn* StraFo **2017** 177, 181; *dens.* StV **2014** 40, 43; *dens.* ZWH **2012** 477, 480; HdBStrR/*Jahn/Brodowski* § 17, 23 a. E.

306 *Hanack* (Grundlagen) 35.

307 *Hanack* (Grundlagen) 2 ff.

308 *Barton* (Mindeststandards) 289 f.

309 Zusf. *Barton* StraFo **2015** 315, 321.

310 Vgl. oben Rn. 76 f.

311 *Holtfort*, in: Holtfort (Hrsg.) 45; *ders.* KJ **1977** 313, 316; *ders.* KJ **1978** 368; *R. Schneider* RuP **1976** 119; *Isermann* RuP **1977** 119; *Göddeke* 244 ff. Nahe stehend auch *Guthke/Kililkoglu/Mayer/Scherzberg*, in: Strafverteidigervereinigungen (2007) 21 („die meisten der in den Strafverteidigervereinigungen organisierten Verteidiger/innen würden, fragte man sie nach Ihrer eigenen Position, wohl eher zu der Idee einer »sozialen Gegenmacht« tendieren"); *Stroebele*, in: Dreßen (Hrsg.) 41, 54; *Gatzweiler* NJW **1990** 824; *Stellungnahme* StV **1991** 542, 543; *Wassmann* 73, 88. Zusf. *U. A. C. Müller* KJ **2011** 448, 449 ff.; *v. Plottnitz*, in: DAV (Hrsg.), Anwälte und ihre Geschichte (2011) 459, 461 ff.

verständnisse in der Auseinandersetzung damit nicht ausgeblieben sind. Da der Eindruck, dass soziale oder auch gesellschaftliche Gegenmacht hier als direkte Legitimation und nicht nur als **gemeinschaftsbezogenes Motiv** der Verteidigung begriffen wird, jedenfalls nicht von der Hand zu weisen ist, muss – entsprechend der dogmatischen Kritik an der Organthese[312] – zunächst auf die **fehlende rechtliche Fixierung** dieses Ausgangspunkts hingewiesen werden. Daraus abzuleitende rechtliche Konsequenzen für die konkrete Aufgabenerfüllung des Verteidigers kann es mithin *de lege lata* nicht geben.[313]

84 **Inhaltliche Bedenken** gegen ein Verständnis des Verteidigers als Repräsentant sozialer Gegenmacht oder ideologisch aufgeladener **einseitiger Interessenvertreter** in einer „Situation verschärfter Klassenkämpfe“[314] treten hinzu.[315] Leicht könnte es passieren, dass im Namen dieser sozialen Gegenmacht, welche für die Interessen vieler oder sogar kollektiver Interessen steht, die Wahrnehmung des Interesses eines einzelnen Beschuldigten im konkreten Verfahren zum Mittel für die Erreichung eines gesellschaftlichen Zwecks würde, etwa in Gestalt eines Musterprozesses, der aus ideologisch-weltanschaulichen „durchgezogen“ wird, obwohl die rechtliche Möglichkeit bestünde, die Strafverfolgung gegenüber dem Beschuldigten selbst in einem früheren Verfahrensstadium zu beenden. Die **Position** ist daher **überholt** und wird heute – soweit ersichtlich – in der wissenschaftlichen Diskussion nicht mehr ernsthaft vertreten. Die von *J. Arnold* (auch) unter **„Wiederbelebung“**[316] der Ideen *Holtforts* eingenommene „kritisch-emanzipatorische“ Position, nach der der Verteidiger mit der Besorgung fremder Rechtsangelegenheiten unter den sozialen Bedingungen freiheitlicher Demokratie zuallererst dem Rechtsschutzbedürfnis seiner Mandanten und damit mittelbar der legitimen Beschränkung staatlicher Macht dient, dürfte sich zwar nicht in der Dogmatik, aber inhaltlich *im Ergebnis* wohl eher dem hier[317] eingenommenen Standpunkt annähern.

85 **c) Begründung der Stellung des Verteidigers aus seiner „Berufsrolle“.** Die ebenfalls[318] nicht klar formulierte, aber in manchen Äußerungen über die Stellung des Verteidigers mitschwingende Vorstellung, dass auch die rechtlich abgrenzbare und nicht nur die nach dem Berufsrecht sich ergebende Stellung des Verteidigers aus der – „richtigen“ – **Definition seines Berufes** abgeleitet werden könne, so dass es für die Grundlegung und Ausgestaltung der Beziehung zwischen dem Verteidiger und dem Beschuldigten nicht auf den zivilrechtlichen Vertrag, geschweige denn auf dessen Einzelheiten ankomme,[319] den gleichen Bedenken ausgesetzt wie die Lehre vom Organ der Rechts-

---

312 Oben Rn. 68 ff.; insoweit zutr. *Danckert/Ignor*, in: Ziegert (Hrsg.) 15.

313 Vgl. *de lege ferenda* als Formulierungsversuch einer reinen Interessenvertreterrolle des Verteidigers § 1 Abs. 1 Satz 1 StPO-E des *Arbeitskreises Strafprozeßreform* 37 (zu Recht krit. dazu aber *Hanack* ZStW **93** [1981] 559, 560 ff.).

314 *Daumier* KJ **1972** 271, 273.

315 Dagegen auch *Paulus* NStZ **1992** 307; SK/*Wohlers* Vor § 137, 20; Radtke/Hohmann/*Reinhart* § 137, 8; *Hassemer*, in: Gesamtreform des Strafverfahrens (1986) 143, 144; *Jahn* (Konfliktverteidigung) 165 f.; HdBStrR/*Jahn*/*Brodowski* § 17, 34 f.; diff. *Stryz* 44. Zusf. *Bernsmann*, in: Blaurock (Hrsg.) 117; *ders.* StraFo **1999** 226; vgl. auch *L. Schulz* StV **2006** 389, 392.

316 So ausdrücklich *Arnold* StV **2015** 588, 597 Fn. 84. Ausf. *Arnold* ZIS **2017** 621, 628; *ders.* (Grenzüberschreitende Verteidigung) 162 ff.; *ders.* (Entwicklungen) S. 35, 40 ff.

317 O. Rn. 26 ff.

318 S. soeben Rn. 83.

319 S. – mit besonderem Akzent auf dem Verfassungsrecht – *R. Hamm* NJW **1993** 289, 293; *ders.* StraFo **1993** 42; *Horvat* Das allgemeine Missbrauchsverbot im Strafprozess – Praxis oder Recht?, Diss. Erlangen-Nürnberg (2012) 1747 ff. sowie Radtke/Hohmann/*Reinhart* § 137, 10 f.; *Jungfer* StV **1983** 393.

pflege[320] und der sozialen Gegenmacht.[321] Im **positiven Recht** fehlt es schlicht an Vorschriften, die aus der Berufsrolle eine strafprozessuale Rechtsquelle zu machen geeignet sind. Organtheorie oder Vertragstheorie – ***tertium non datur***.

d) Der Verteidiger als Vertreter des Beschuldigten (*Spendel*). Die zuletzt nur noch von *Spendel*[322] vertretene Auffassung hielt es für die Rechtsstellung des Verteidigers bestimmend, dass er den Beschuldigten vertrete. Gegen sie spricht das inzwischen unstreitige Prinzip der Autonomie des Beschuldigten, seine Subjektstellung im Prozess.[323] Dem Grunde nach **vertritt** der Verteidiger den Beschuldigten **nicht**, er leistet ihm Beistand (§ 137 Abs. 1 Satz 1).[324] Ferner tritt der grundsätzliche Mangel der Vertretungsmacht vornehmlich auch darin hervor, dass die Anwesenheit des Verteidigers die des Beschuldigten (§ 230, § 329 Abs. 1 Satz 1, Abs. 2 Satz 1, Abs. 4 Satz 1), das Anhören des Verteidigers das des Beschuldigten nicht ohne Weiteres ersetzt[325] und dass Erklärungen und Sacheinlassungen des Verteidigers nicht stets die Wirkung von solchen des Beschuldigten zukommt.[326] Dies bestätigt mittlerweile die 2017 eingeführte Neuregelung zum **„opening statement"** der Verteidigung nach § 243 Abs. 5 Satz 2, nach der die Wirkung der Erklärung **„für diesen"** ausdrücklich normiert ist.[327] Gibt der Verteidiger in Anwesenheit des Beschuldigten eine Erklärung ab, so ist diese grundsätzlich nur wirksam, wenn der Beschuldigte sie genehmigt,[328] wobei sein Stillschweigen seine Genehmigung in der Regel beinhaltet.[329] Bei Schriftsätzen muss, etwa durch Unterschrift oder durch Formulierung in „Ich"-Form, für die anderen Verfahrensbteiligten erkennbar sein, dass der Beschuldigte die Erklärung als seine eigene Äußerung verstanden wissen will und sich des Verteidigers gleichsam als „Schreib- und Formulierungshilfe" bedient. 86

Wenn auch der Verteidiger damit von Rechts wegen grundsätzlich **kein Vertreter** ist, so kann ihn der Beschuldigte doch dort, wo dies möglich ist (vgl. z. B. in der Berufungshauptverhandlung nach § 329 Abs. 2 Satz 1 im Wege nachgewiesener Vertretungs- 87

---

320 Oben Rn. 67 ff.

321 Oben Rn. 83.

322 Die Begründung, mit der *Spendel* FS Kohlmann 683, 686 ff.; *ders.* JZ **1959** 737, 740 für diese Theorie eintritt, spricht eigentlich mehr für den hier (s. Rn. 26 ff.) vertretenen Standpunkt. Seine Auffassung wurde in der Vergangenheit zu Unrecht manchmal mit der Vertragstheorie gleichgesetzt (so z. B. *Hammerstein* NStZ **1997** 13; AK/*Stern* Vor 137, 24; KMR/*Hiebl* Vor § 137, 11 f.), gegen dieses Missverständnis zutr. LR/*Kühne* Einl. J, 109.

323 Oben Rn. 26, 60. Insoweit diff. *Wohlers* FS Paeffgen 621, 633.

324 Explizit gegen den Vertretungsgedanken – mit allerdings regelmäßig zu weitgehenden Schlussfolgerungen – auch BGH Urt. v. 11.3.2020 – 2 StR 69/19, BeckRS **2020** 12385 Tz. 21; RGSt **66** 209, 211; KG Beschl. v. 9.8.2017 – 4 Ws 101/17, juris, Tz. 11; OLG München StV **2013** 301, 302; OLG Düsseldorf StV **2013** 299, 301; OLG Köln StV **2011** 659; SSW/*Beulke* Einl. 160; OK-StPO/*Wessing* § 137, 3; MüKo/*Thomas*/*Kämpfer* § 137, 10; HdBStrR/*Jahn*/*Brodowski* § 17, 36; zum ebenfalls abl. älteren Schrifttum LR/*Dünnebier*[23] Vor § 137, 2. Auf die insoweit in der EGMR-Judikatur angelegten Spannungen mit der in Straßburg favorisierten Auslegung des Art. 6 Abs. 3 lit. c EMRK weisen *Weigend* FS Kühl 947, 956 f. und *Wohlers* FS Paeffgen 621, 636 allerdings mit Recht hin.

325 RGSt **18** 141.

326 BGH Urt. v. 11.3.2020 – 2 StR 69/19, BeckRS **2020** 12385 Tz. 22; BGH NStZ **2004** 392; NStZ **2002** 555; OLG Düsseldorf StV **2002** 411 f.; OLG Celle NJW **1989** 992; RGSt **44** 285; *Park* StV **2001** 589, 593 ff.; *Eisenberg*/*Pincus* JZ **2003** 397; *G. Schäfer* FS Dahs 441; *Beulke* FS Strauda 87, 91 ff.; *Geppert* FS Rudolphi 643, 647 ff.; *Olk* 196 ff.

327 Zum Streit um die Reichweite der Vorschrift *Singelnstein*/*Derin* NJW **2017** 2646, 265); KK/*Schneider* § 243, 8 einerseits und Meyer-Goßner/*Schmitt* § 243, 31c andererseits.

328 BGH Urt. v. 11.3.2020 – 2 StR 69/19, BeckRS **2020** 12385 Tz. 22 a. E.; RGSt **18** 141.

329 RGSt **1** 198. Zu den daraus erwachsenden Problemen *Sieg* StV **1987** 415.

vollmacht), dazu bestellen und wird dies bei einem Wahlverteidiger auch oft tun.[330] In gewissen Fällen muss der Beschuldigte, wenn er vertreten werden will, sich dazu eines Verteidigers bedienen und diesen dazu **schriftlich bevollmächtigen** (s. §§ 234, 329 Abs. 2 Satz 1, 350 Abs. 2 Satz 1, 387 Abs. 1, 411 Abs. 2 Satz 1, 428 Abs. 1 Satz 1).[331] Die Erteilung der besonderen Vertretungsvollmacht durch den Angeklagten ist dann u. U. im Interesse der Rechtssicherheit gegenüber dem Gericht nachzuweisen.[332]

88 **3. Zusammenfassende tabellarische Übersicht zur Rechtsstellungsfrage.** Der heutige **Meinungsstand** zur Frage der Rechtsstellung des Strafverteidigers lässt sich insgesamt wie nachfolgend zusammenfassen:[333]

Theorie	Begründung	Strafprozessuale Konsequenz
Organtheorien	**Streng** (*ält. Rspr.*): „Organ der Rechtspflege", § 1 BRAO	Unbedingte Verpflichtung auf staatliche Verfahrensziele Wahrheit und Gerechtigkeit; schon Verteidigung des „schuldigen" Angeklagten problematisch
	Abgeschwächt (*Beulke*): Verpflichtung nur auf Kernbereich der Strafrechtspflege	Stets Abwägung zwischen öffentlichen und privaten Interessen
Doppelstellungstheorie	Beistandsfunktion (§ 137 Abs. 1 Satz 1) begrenzt durch § 1 BRAO; Verteidiger als „Garant der Unschuldsvermutung" (*C. Roxin*)	U.a. Verbot der „Trübung von Beweisquellen" und Lügeverbot i. R. d. § 203 Abs. 1 Nr. 3 StGB („Alles, was der Verteidiger sagt, muß wahr sein, aber er darf nicht alles sagen, was wahr ist" [*Friedmann*])
Vertragstheorie	An Weisungen grundsätzlich gebundener Vertragspartner; Grenzen der Bindung aus den §§ 675, 611 BGB i. V. m. § 134 BGB (StGB) § 138 BGB (Art. 12 GG in mittelbarer Drittwirkung) § 276 BGB („sicherster Weg")	Keinerlei unmittelbare Verpflichtung auf öffentliche Interessen
Reine Interessenvertretertheorien	„Soziale Gegenmacht" (*Holtfort*)	Bindung an heteronom und extern definierte Interessen
	Sonstige	Lügerecht des Verteidigers

II. Rechte und Pflichten des Strafverteidigers

89 **1. Dogmatische Bedeutung der Fragestellung.** Begnügt man sich nicht mit einem **induktiv-topischen Zugang**, der aus nachvollziehbaren Gründen das Genre der **Praktikerliteratur** zur Strafverteidigung dominiert,[334] bedarf es einer übergreifenden Konzep-

330 Ausf. dazu § 138, 23.

331 S. OLG Hamm ZfSch **2014** 470; *Wohlers* FS Paeffgen 621, 632; *Schnarr* NStZ **1986** 489; *Weiß* NJW **1983** 89, 91; erg. § 137, 30.

332 S. etwa zu § 329 Abs. 2 Satz 1 BTDrucks. **18** 3562 S. 68; KG StraFo **2018** 71, 72; *Pöschl* Recht des Angeklagten auf Vertretung (2015) 430 ff.

333 Entnommen aus *Jahn*, in: 25 Jahre Bastille-Entscheidungen (2015) 94, 105.

334 Ausf. mit systematisch geordneter Kasuistik *Eckhart Müller/Gussmann* (Berufsrisiken) Rn. 14 ff.; MAH Strafverteidigung/*Eckhart Müller* § 55, 8 ff.; *Kempf*, in: Brüssow u. a. (Hrsg.), § 1, 56 ff.; *Danckert/*

tion für den Aktionsrahmen des Verteidigers. Den Rahmen für die speziellen Probleme der Verteidigerstellung bildet die herkömmliche Unterscheidung zwischen **Rechten** und **Pflichten** des Verteidigers. Sie beruhen auf dem Gesetz, aber bei weitem nicht nur auf der StPO. *Rieß*[335] hat schon vor vier Jahrzehnten insgesamt 52 Paragraphen aufgelistet, in denen ausdrücklich an den Verteidiger angeknüpft wird. Diese Liste ist seither erheblich angewachsen, so dass hier nur eine Auswahl der daraus erwachsenden Folgefragen erörtert werden kann. Jeweils ist zu unterscheiden ist zwischen dem sachlichen **Gehalt** und den **Folgen** bei Überschreitung eines Rechts bzw. einem Pflichtenverstoß.

2. Die Rechte des Verteidigers

a) Die Rechte nach ihrem sachlichen Gehalt

aa) Zum allgemeinen Handlungsspielraum des Verteidigers. Der Handlungsspielraum des Verteidigers wird nach der hier vertretenen Konzeption **durch** den **Vertrag** mit dem Beschuldigten abgesteckt, soweit dieser im **Rahmen der** geltenden **gesetzlichen Vorschriften** (§ 134 BGB) und der verfassungsrechtlichen Werteordnung (§ 138 BGB) wirksam ist.[336] Der Vertrag ist zudem die rechtliche Grundlage für das wechselseitige Vertrauen zwischen Mandant und Verteidiger.[337] 90

Was die zu beachtenden **gesetzlichen Verbote** (§ 134 BGB) betrifft, so geht es, obgleich auch strafprozessuale Normen in Betracht kommen,[338] im Wesentlichen um **Strafgesetze:** 91

aaa) Die den Beschuldigten wie den Verteidiger treffenden Strafgesetze. Verstößt eine Einzelvereinbarung im Mandatsvertrag gegen eine gesetzliche Bestimmung, dann ist das Rechtsgeschäft nichtig, wenn sich nicht aus dem Gesetz ein anderes ergibt, § 134 BGB.[339] Ob ein Verstoß gegen ein Verbotsgesetz vorliegt, ist durch Auslegung der jeweiligen Verbotsnorm zu klären. Nur dann, wenn sich das Verbot gegen Vornahme und Inhalt des Rechtsgeschäfts richtet, um gerade seinen rechtlichen oder wirtschaftlichen Erfolg zu verhindern, ist die Norm auch Verbotsgesetz i. S. d. § 134 BGB. Schon nach den BGB-Motiven sollen **strafrechtliche Verbote** sogar das Hauptanwendungsgebiet von § 134 BGB sein.[340] 92

(1) Unproblematische Fälle. Der Beschuldigte kann vom Verteidiger also nicht wirksam verlangen, der Verteidiger kann sich dem Beschuldigten gegenüber nicht wirksam verpflichten, Aktivitäten zu unternehmen oder unternehmen zu lassen, die etwa[341] den **Tatbestand** der Urkundenfälschung,[342] der falschen uneidlichen Aussa- 93

Ignor, in: Ziegert (Hrsg.) 15, 25 ff.; HbFaStrR/*Köllner* Kap. 1, 68 ff.; *Krekeler*, in: Cramer/Cramer (Hrsg.), A 10 ff.; *Deckers* (Strafverteidigung) 10 ff. und *Jahn* Formularbuch, Teil C (S. 23 ff.).

335 *Rieß* (Leitaussagen) 4; ferner *Barton* StV **1991** 322, 324; *B. Wagner*, in: 34. Strafverteidigertag (2010) 9, 10 ff.; *Danckert/Ignor*, in: Ziegert (Hrsg.) 15, 20; *Beulke* (Verteidiger) 142; *ders.* FS Roxin 1173, 1181; HdBStrR/*Jahn/Brodowski* § 17, 107.

336 HdBStrR/*Jahn/Brodowski* § 17, 108; s. genauer oben Rn. 26 ff.; zusf. Rn. 88.

337 S. oben Rn. 32, 38.

338 Für § 146 etwa OLG Hamburg NJW **2013** 626, 627.

339 HdBStrR/*Jahn/Brodowski* § 17, 109; s. bereits oben Rn. 32.

340 MüKo-BGB/*Armbrüster* § 134, 50; HdBStrR/*Jahn/Brodowski* § 17, 109 a. E.

341 Eingehender systematischer Überblick über insgesamt zehn Straftatbestände bzw. Deliktsgruppen bei *Krekeler* FS Streck (2011) 717, 719 ff.; zusf. HdBStrR/*Jahn/Brodowski* § 17, 110.

342 Vgl. *Winkler* 383 f.; *Zeifang* 333 ff.

ge[343] oder des Meineides, der falschen Verdächtigung,[344] der Nötigung,[345] der Beleidigung – unter Beachtung der besonderen Anforderungen beim „Kampf um das Recht" im Verfahren –,[346] der Körperverletzung, des Geheimnisverrats, der Bestechung, des Parteiverrats,[347] der Ehrverletzung, der Verletzung der Vertraulichkeit des Wortes erfüllen – jeweils unter **Einschluss** nach §§ 26, 27 StGB **strafbarer Teilnahmehandlungen.**[348]

94 **(2) Organisationsdelikte (§ 129 f. StGB). Schwierigkeiten** bereiten indes die **§§ 129 f. StGB.** Grundsätzlich gelten die Straftatbestände für jedermann, mithin auch für den Verteidiger. Die Struktur bestimmter Straftatbestände birgt indessen für den Rechtsanwalt das Risiko, dass ein prozessual erlaubtes, im Rahmen wirksamer Verteidigung liegendes Verhalten in den Anwendungsbereich des Straftatbestands fallen kann. Dass Strafverteidigung **ihrer Natur nach** auf den **Schutz des Beschuldigten** vor Anklage, Verhaftung und Verurteilung ausgerichtet ist, wirkt sie sich beispielsweise auf dem Felde der Organisationsdelikte (§§ 129, 129a, b StGB) mitunter notwendigerweise günstig auf den Fortbestand einer kriminellen oder terroristischen Vereinigung aus.[349] Die Grenze soll dann erreicht sein, wenn das Verhalten sich von der Stellung des Verteidigers an der Seite von Gericht und Staatsanwaltschaft entferne und den „Kampf" des Mandanten gegen die Rechtspflege unterstütze.[350] Die **Vagheit des Tatbestandes** macht aber die Ausgrenzung dessen, was noch keine Unterstützung der Vereinigung ist, sondern „nur" Verteidigung, besonders schwierig.[351] Dies insbesondere deshalb, weil das Recht des Beschuldigten, sich als Subjekt im Prozess zur Geltung zu bringen, auch sein Interesse an der Wahrung seiner Identität, und – soweit strafrechtlich relevant – seiner „politischen

343 OLG Bamberg NStZ-RR **2007** 75, 76; AG Marburg Urt. v. 26.11.2002 – 50 Ls 2 Js 11415/01; zusf. MAH Strafverteidigung/*Eckhart Müller* § 55, 94 ff.; *Zeifang* 287 ff.; *Winkler* 360.

344 BVerfG (*1. Kammer* des *2. Senats*) NJW **2008** 570, 571 m. Anm. *Stephan* StRR **2008** 106; BGHSt **60** 198, 204 Tz. 35 f. (im Unterschied zu § 258 Abs. 5 StGB, vgl. SSW-StGB/*Jahn* § 258, 49, aber auch SSW-StGB/*Jeßberger* § 164, 10).

345 OLG Frankfurt, StV **2001** 407 (mit einer für den beschuldigten Verteidiger großzügigen Handhabung des § 240 Abs. 2 StGB); vgl. auch *Wohlers* StV **2001** 421; SK/*Wohlers* Vor § 137, 147 ff. sowie *Donus* 133; *Winkler* 432 f.; MAH Strafverteidigung/*Eckhart Müller* § 55, 99 ff.; *Eckhart Müller*/*Gussmann* (Berufsrisiken) Rn. 157 ff.

346 BVerfG NJW **2016** 2870; NJW **2014** 3357; NJW **2013** 3021; NJW **2008** 2424; BayOLG NJW **2000** 3079 (dazu *Wohlers* StV **2001** 421; SK/*Wohlers* Vor § 137, 135 ff.); OLG Jena NJW **2002** 1890, 1891; LG Düsseldorf StV **2002** 660 m. Anm. *Fahl* JA **2003** 452; AG Frankfurt StraFo **2020** 39, 40 („Immer wieder kommt es zu Aussage-gegen-Aussage-Konstellationen, bei denen denklogisch notwendig die eine Seite die Unwahrheit sagt, schlicht lügt. Wenn sich nun Verteidiger – und auch Staatsanwälte – schon allein dadurch strafbar machen könnten, dass sie eine der beiden sich widersprechenden Seiten der Lüge bezichtigen, wäre die Präsentation des Ergebnisses einer Beweiswürdigung allenfalls noch in Konjunktiven möglich"); AG Marburg NJW **2004** 1541, 1542; AnwG Hamm Beschl. v. 23.4.2008 – 6 EV 782/06, S. 3 f. (Äußerungen eines Strafverteidigers im Revisionsverfahren gegenüber dem Sachbearbeiter des GBA „an der Grenze des Hinnehmbaren"); *Gaede* FS I. Roxin 569, 570 ff.; SSW/*Beulke* Einl. 186; *ders.*, in: Alternativen zur Freiheitsstrafe (36. Strafverteidigertag) (2013) 171, 188 ff.; *Winkler* 412; *Jahn* Formularbuch, Teil I.B.4.b.aa (S. 22) m. w. N. Zu den zwingenden Konventionsstandards in diesen Fällen EGMR NJW **2019** 3627, 3629 Tz. 142; JR **2004** 339 m. Anm. *Gaede*; *Schmitt-Leonardy* AnwBl. **2016** 528; *Jahn* JuS **2016** 46 f.

347 Vgl. *Beulke*/*Ruhmannseder* FS 25 Jahre AG Strafrecht im DAV (2010) 259, 266 ff.; SSW/*Beulke* Einl. 186.

348 S. auch § 138a, 20 ff.

349 S. 138a, 70 f.

350 OLG Hamburg JZ **1979** 276; KK/*Willnow* Vor § 137, 10.

351 S. im Einzelnen § 138a, 70 ff.

Identität", einschließt und seine Stellung, dies ist immer wieder hervorzuheben, durch die Inanspruchnahme eines Verteidigers nicht verschlechtert werden darf.[352]

95 **(3) Bestimmte Kommunikationsdelikte (§§ 130, 86 f. StGB).** Ein damit eng zusammenhängendes, paradigmatisches Beispiel für die tatbestandseinschränkende Funktion der Strafverteidigung ist die Auslegung des § 86 Abs. 3 StGB i. V. m. § 130 Abs. 6 StGB.[353] Danach sind **verteidigungsbezogene politische Erklärungen** des Verteidigers nicht strafbar, es sei denn, die zu beurteilende Prozesserklärung des Verteidigers ist ohne jeden Bezug zur Verteidigung oder erweist sich als **verteidigungsfremdes Verhalten**, das sich nur den äußeren Anschein der Verteidigung gebe. So richtig die Ergebnisse dieser Differenzierungen sein mögen, sind mit ihnen gleichzeitig die Grenze der **Fremdkontrolle der Verteidigung** durch das Gericht berührt, „wenn über Ob und Wie der Strafverteidigung nicht das faktische Interesse des Beschuldigten, sondern ein ‚wohlverstandenes' Interesse entscheiden würde, das in Wirklichkeit von anderen Verfahrensbeteiligten definiert wird".[354]

96 **(4) Geldwäschestrafbarkeit des Verteidigers (§ 261 StGB).** Als problematisch hat sich bereits nach weniger als einem Jahrzehnt der **Geburtsfehler des § 261 StGB** herausgestellt,[355] die Strafverteidigung nicht von vornherein aus dem Anwendungsbereich der Norm auszuschließen.

97 Es wurde im Schrifttum anfangs die **rigide Auffassung** vertreten,[356] der **Verteidiger** mache sich wegen **Geldwäsche** strafbar, wenn er seine Tätigkeit mit Geld bezahlen lasse, das aus einer Straftat aus dem Vortatenkatalog herrührt. Auch die Annahme des Honorars sei ein Sich-verschaffen i. S. d. § 261 Abs. 2 StGB. Dann reiche es aus, wenn die bemakelte Herkunft des Geldes vom Verteidiger leichtfertig nicht erkannt werde, § 261 Abs. 5 StGB.[357] Doch dass sich Wahlverteidiger auf – rechtlich zudem nicht tragfähige[358] – „Vermeidungsstrategien"[359] wie die unbare Überweisung des Honorars einlassen müssten,[360] ist nicht tolerabel.

98 Die **Rechtsprechung** hat zunächst nicht zu einer klaren Linie gefunden. Ein derart umfassendes Verbot, bemakelte Gelder als Strafverteidigerhonorare entgegenzunehmen, stand zwar bereits nach fachgerichtlicher Ansicht des **OLG Hamburg**[361] mit verfassungs-

---

352 Ausf. *Lüderssen* FS Sarstedt 162; *Winkler* 302 ff., 319.

353 BGHSt **47** 278, 284 f. mit zust. Anm. *Stegbauer* JR **2003** 74; BGHSt **46** 36, 46 m. Anm. *Streng* JZ **2001** 205, 208 (allerdings für eine Rechtfertigungslösung eintretend) u. Anm. *Stegbauer* JR **2001** 38; BGH NJW **2006** 2421 m. Anm. *K. M. Böhm* 2371 u. Anm. *Jahn* JZ **2006** 1134; OLG Nürnberg Beschl. v. 10.5.2006 – 2 St OLG Ss 13/06; LG Hamburg StV **2003** 328. S. dazu *Widmaier* FG BGH IV 1047; *Winkler* 330 f.

354 *Hassemer* ZRP **1980** 331, s. auch *Barton* StV **1989** 46; *dens.* (Einführung) § 4, 96; *M. Amelung* AnwBl. **2002** 347; *Neuhaus* StV **2002** 43, 45 f.; *Jahn* JZ **2006** 1134; mit übersichtlicher Darstellung.

355 Vgl. die Ergebnisse einer rechtstatsächlichen Untersuchung der RAK München dazu bei *Eck. Müller* StraFo **2004** 3, 4 f.

356 *Hetzer* wistra **2000** 281, 288; *Burger/Peglau* wistra **2000** 161, 164; *Reichert* NStZ **2000** 317; *Schaefer/Wittig* NJW **2000** 1387, 1389.

357 Ausf. speziell zu § 261 Abs. 5 StGB *Sauer* wistra **2005** 89, 93 ff.

358 S. ausf. SSW-StGB/*Jahn* § 261, 60 zum Zahlungsdienstevertrag nach den §§ 675f ff. BGB.

359 Siehe die Empfehlungen bei *Eckhart Müller/Gussmann* (Berufsrisiken) Rn. 213.

360 Vgl. *R. Hamm* NJW **2000** 638; *Bernsmann* StV **2000** 40, 43; *Götz/Windholz* AnwBl. **2000** 642, 647.

361 OLG Hamburg StV **2000** 140 m. abl. Anm. *Reichert* NStZ **2000** 316; dazu ausf. *Brüssow*, in: Brüssow u. a. (Hrsg.), § 19, 17 ff. I. Erg. ebenso, wenn auch mit teilweise anderer Begründung, *T. Hartmann* AnwBl. **2002** 330, 335; *Matt* GA **2002** 137, 146 ff.; *C. Nestler* StV **2001** 641, 648; *Kargl* NJ **2001** 57, 62; *Bernsmann* StV **2000** 40; *R. Hamm* NJW **2000** 637; krit. hingegen *Ranft* Jura **2004** 759, 762; *J. Schmidt* JR **2001** 448, 450 ff.

rechtlich geschützten und tragenden Grundsätzen eines rechtsstaatlich geordneten Strafverfahrens und dem Recht des Verteidigers auf **freie Berufsausübung** nach Art. 12 Abs. 1 GG nicht in Einklang. Die erforderliche Klarstellung könne sinnvoll nur im objektiven Tatbestand des § 261 Abs. 2 Nr. 1 StGB erfolgen. Das Honorarprivileg solle seine **Grenze** erst bei den in § 261 Abs. 1 StGB beschriebenen Manipulationen finden, ferner dann, wenn der Verteidiger Mittel annehme, die an Verletzte zurückzugewähren oder ihm als Schadensersatz weiter zu reichen seien; für eine Privilegierung des Verteidigers zu Lasten von Tatopfern bestehe kein Anlass.[362] Doch erst nachdem diese verfassungsrechtlich aufgeladene Argumentation vom *2. Strafsenat* in BGHSt **47** 68[363] verworfen worden war, verhalf der *Zweite Senat* in BVerfGE **110** 226[364] dem Gedanken einer **verfassungskonform restriktiven Auslegung** des § 261 StGB endgültig zum Durchbruch.

99 Die dort[365] zur einfach-rechtlichen Umsetzung der zutreffenden verfassungsrechtlichen Ergebnisse vorgenommene Korrektur auf Ebene des **subjektiven Deliktstatbestands** des § 261 StGB ist aber durchgreifenden straftatsystematisch-dogmatischen **Bedenken** ausgesetzt.[366] Sie erklärt die Auslegung und Anwendung der Norm nur dann für verfassungsgemäß, wenn direkter Vorsatz vorliegt, der Verteidiger im Zeitpunkt der Annahme des Honorars also sichere Kenntnis von dessen bemakelter Herkunft hatte (**Vorsatzlösung**).[367]

100 Es trifft zwar zu, dass es sich um Maßnahmen mit **objektiv berufsregelnder Tendenz i. S. d. Art 12 Abs. 1 GG** handelt. Wenn der Strafverteidiger in die Verlegenheit gerät, dem Gericht mitzuteilen, er müsse den Fall wieder abgeben bzw. sich selbst zum Pflichtverteidiger bestellen lassen, so lenkt er im Geldwäscheverdachtskontext den **Verdacht** der Staatsanwaltschaft auch in der Hauptsache auf seinen Mandanten. Alle einschlägigen Ermittlungsmaßnahmen der Staatsanwaltschaft, die zu entsprechenden Offenbarungen der Herkunft des Honorars führen sollen, greifen, ohne dass es dafür Handhaben in der Strafprozessordnung gibt, in die Wahrnehmung der Aufgaben des Strafverteidigers und das Recht des Beschuldigten, sich seinem Verteidiger anzuvertrauen und Selbstbelastung zu vermeiden, mit der erforderlichen **objektiv berufsregelnden**

---

362 Wegen dieser Einschränkung äußert *Hefendehl* FS Roxin 145, 147 Zweifel und *Katholnigg* NJW **2001** 2041, 2044 sieht in ihr ein „Indiz für die Bedenklichkeit der ganzen Konstruktion des OLG Hamburg".

363 BGHSt **47** 68 m. zust. Anm. *W. Schmidt* StraFo **2003** 2, 4 ff.; *Katholnigg* JR **2002** 30; *Neuheuser* NStZ **2001** 647, 648 ff.; *Scherp* NJW **2001** 3242; *Peglau* wistra **2001** 461; *Fad* JA **2002** 14; abl. hingegen bereits *Ranft* Jura **2004** 759, 762 f.; *Zuck* NJW **2002** 1397; *C. Nestler* StV **2001** 641, 642 ff.; *Gotzens/Schneider* wistra **2002** 121, 124 ff.; dazu auch *Brüssow*, in: Brüssow u. a. (Hrsg.), § 19, 25 ff.; vgl. auch LG Berlin NJW **2003** 2694 f.

364 BVerfGE **110** 226, 251 ff. m. zust. Anm. *Dahs/Krause/Widmaier* NStZ **2004** 261; *Matt* JR **2004** 321; *Leitner* StrFo **2001** 388; *Bernsmann* StraFo **2001** 345; *Hufnagel* 150 ff.; krit. *v. Galen* NJW **2004** 3304, 3306 ff.; *Wohlers* JZ **2004** 678; *Fahl* JA **2004** 704; *Eck. Müller* BRAK-Mitt. **2004** 126 und scharf abl. *Nowrousian* Krim **2018** 104, 105; *Th. Fischer* NStZ **2004** 473. Dazu – aus der Sicht des Senats-Berichterstatters – auch *Hassemer* StV **2010** 394, 398 f.; *ders.* AnwBl. **2008** 413, 420.

365 BVerfGE **110** 226, 268 ff.; bestätigend BVerfG (*3. Kammer* des *2. Senats*) NJW **2005** 1707, 1708; NJW **2006** 3197, 3198; OLG Frankfurt NJW **2005** 1727, 1733 f.; LG Gießen NJW **2004** 1966, 1968. Siehe auch OLG Dresden NJW **2005** 450, 451; *Schünemann* StraFo **2005** 177, 183: „salomonische Lösung".

366 S. bereits SSW-StGB/*Jahn* § 261, 70 f.; *ders.* Formularbuch, Teil I.B.1.e (S. 13 f.) sowie ausf. LR/*Lüderssen/Jahn*[26] 116c-k. *De lege ferenda* argumentiert *Keppeler* DRiZ **2003** 97, 104.

367 *Matt* GA **2002** 137, 151 f.; *ders.* JR **2004** 321, 325 ff.; *ders.* FS Rieß 739, 769 („modifizierte Vorsatzlösung"); *Grüner/Wasserburg* GA **2000** 430, 439; SSW/*Beulke* Einl. 185; *Fertig* 218 f. Unzutr. *Th. Fischer* NStZ **2004** 473, 475, der meint, die Vorsatzlösung von BVerfGE **110** 226 sei „zuvor in dieser Form wohl nur von *Kempf* (in einem unveröff. Referat)" vertreten worden.

Tendenz ein.[368] Nicht nur die Wahlverteidigung übrigens kann auf diesem Wege zerstört werden; vielmehr belastet die Vorgeschichte auch die dann sich anschließende Pflichtverteidigung. Sie wird zur Pflichtverteidigung zweiter Klasse.[369] Wegen des – vom BVerfG nicht näher erörterten – **Umkehrschlusses aus** den **§§ 138a ff.**, die nicht auf § 261 StGB verweisen (vgl. § 138a Abs. 1 Nr. 3), ist der Weg zur Ausschaltung eines Verteidigers, von dem man annimmt, dass er zu tief in die Belange seines Mandanten verstrickt ist, über die bloße Aufnahme einschlägiger Ermittlungen versperrt.

Die Vorsatzlösung kommt jedoch mit Rücksicht auf die Grundregel des **§ 15 StGB** in Konflikt mit der **Wortlautgrenze** des § 261 Abs. 1 StGB,[370] soweit man diese nicht, weil nur „zuungunsten" des Angeklagten einschlägig, von vornherein als nicht verletzt ansehen wollte. Auch bleibt das Verhältnis dieser Lösung zu § 261 Abs. 5 StGB in der Schwebe.[371] Zuletzt richtet sich gegen diesen Ansatz dieselbe Kritik wie gegen jede Theorie, die den in der Praxis kaum je sicher möglichen **Nachweis „innerer Befindlichkeiten"**[372] zum Leitmotiv einer generellen Lösung erhebt. Dies zeigt sich auch darin, dass der Praxis ein ganzes Ensemble von *safe harbour*-Regeln anempfohlen werden muss,[373] die der Strafverteidiger zu beachten hat, um ein Ermittlungsverfahren wegen Geldwäscheverdachts zu vermeiden. Bezeichnend ist, dass der vom *in* BVerfGE **110** 226 entschiedene Fall – Übergabe von mit Bargeld gefüllten Koffern[374] – ein „sicherer Kandidat" für die Strafbarkeit trotz gesteigerter subjektiver Anforderungen war. 101

Solche Eingriffe in die Wahlverteidigung, die darauf hinauslaufen, dass der Verteidiger wegen der Verletzung von Rechtsgütern, die nicht direkt mit der Rechtspflege zu tun haben – wie sie etwa in den §§ 267, 164 StGB geschützt sind – strafbar ist, erregen überhaupt keinen Anstoß.[375] Bei der Geldwäsche ist es anders. Da durch die Anwendung des § 261 StGB das Institut der Wahlverteidigung im Kernbereich betroffen ist, wäre **§ 137**, wonach sich der Beschuldigte in jeder Lage des Verfahrens eines Verteidigers bedienen kann, partiell außer Funktion gesetzt. Der rechtstechnisch überzeugendere Weg zur Lösung dieses Normkonflikts ist die **teleologische Reduktion**[376] des objektiven **Deliktstatbestands.**[377] Die § 261 StGB derogierende Wirkung des § 137, angewendet auf den 102

---

368 BVerfGE **110** 226, 251 ff.; *Hufnagel* 171; **a. A.** etwa *Bussenius* 77, 188 f.

369 Dies verkennt insbesondere BGHSt **47** 68; die vergleichenden, zur Relativierung des hier geltend gemachten Arguments angestellten Überlegungen gehen an den Tatsachen vorbei; so auch *Bernsmann* StraFo **2001** 345 und *Nestler* StV **2001** 641; zutr. krit. auch *Leitner* StraFo **2001** 388.

370 Zutr. NK-StGB/*Altenhain* § 261, 128; *Rzepka* FS Tondorf 327, 346. Zum methodischen Problem LR/*Lüderssen/Jahn* Einl. M, 64 ff.

371 So auch *Ranft* Jura **2004** 759, 764; *Winkler* 301; *Balzer* 400.

372 Vgl. *Wohlers* JZ **2004** 678, 680; *Müssig* wistra **2005** 201, 204 f.; HdBStrR/*Kudlich/Knauer* § 16, 72 f.; NK-StGB/*Altenhain* § 261, 128; *Bussenius* 133.

373 Zusammenstellungen bei *Eckhart Müller/Gussmann* (Berufsrisiken) Rn. 213; *Jahn* Formularbuch, Teil I.B.1.e.bb. (S. 13).

374 BVerfGE **110** 226, 231. Zu diesen „haarsträubenden Umständen" zutr. *J. Jahn* AnwBl. **2000** 412.

375 Oben Rn. 93.

376 Zur Konstruktion *Salditt* StraFo **1992** 121, 132; *ders.* StraFo **2002** 181, 182 f.; *Barton* StV **1993** 156, 159; *Brüning* wistra **2006** 241, 243 ff.; SK/*Wohlers* Vor § 137, 163; SK-StGB/*Hoyer* § 261, 21. Zur konkurrierenden Sozialadäquanz-Lösung vgl. die Hinweise bei *Otto* JZ **2001** 436, 440; *Katholnigg* NJW **2001** 2042; skeptisch insoweit *Ambos* JZ **2002** 70, 75; *Matt* FS Rieß 739, 755 und *Kudlich* (Unterstützung) 48 ff. Einen weiteren Anknüpfungspunkt für eine teleologische Reduktion wählt mit § 261 Abs. 9 und 10 StGB *v. Galen* StV **2000** 580 ff.

377 Ebenso – wenn auch mit teilweise anderer Begründung – *Müssig* wistra **2005** 201, 206; *Muther* Jura **2001** 318, 322; *R. Hamm* NJW **2000** 636, 637; *Kulisch* StraFo **1999** 337, 339; KMR/*Hiebl* Vor § 137, 42; *Zeifang* 376 ff.; *Winkler* 294 ff.; *Brüssow*, in: Brüssow u. a. (Hrsg.), § 19, 103 sowie bereits *Hartung* AnwBl. **1994** 440, 443 f.

Strafverteidiger (**Derogationslösung**),[378] ist *deshalb* strukturell vergleichbar derjenigen, die **§ 258 StGB** trifft.[379]

103 Entscheidet man sich für die hier favorisierte teleologische Reduktion des Anwendungsbereichs des § 261 StGB, dann ist das eine generalisierende Aktion – auch wenn sie sich nur auf einen Ausschnitt aus der Anwendbarkeit dieser Vorschrift bezieht. Dieser Ausschnitt aus der Gruppe der potentiellen Normunterworfenen ist auch nicht so singulär, dass eher die Logik des **Rechtfertigungsgrunds** angebracht wäre, nach dem Prinzip, dass das, was in der Regel strafbar ist, vom Tatbestand umfasst wird, und das, was man als eine Ausnahme deklarieren möchte, eine Sache der Rechtfertigung ist. Die Gruppe der Strafverteidiger ist, obgleich Schwierigkeiten auch bei anderen Berufsgruppen (Steuerberater, Insolvenzverwalter, Notare, Zivilanwälte) entstehen können,[380] schon so repräsentativ für die möglichen Beschuldigten, dass man von einer den Regelfall erreichenden Nichtanwendbarkeit des § 261 StGB sprechen darf. Dies ist einer bloßen **Rechtfertigungslösung**[381] oder einem bloßen **Strafausschluss**[382] vorzuziehen. Von praktischer Bedeutung ist die Unterscheidung insofern, als alle **Irrtumsfragen** davon abhängen.[383]

104 **bbb) Den Beschuldigten nicht treffende Strafgesetze.** Hierzu sind die §§ 258, 120 StGB zu rechnen:

105 **(1) Strafvereitelung (§ 258 StGB).** Das Verbot des **§ 258 StGB** existiert nicht für denjenigen, der selbst der Strafverfolgung ausgesetzt ist; er ist kein tauglicher Täter („Wer ... vereitelt, dass *ein anderer* ...“).[384] Der **Verteidiger** aber muss es grundsätzlich beachten.

106 In der Diskussion der Frage, ob der Verteidiger durch § 258 StGB in seiner Beistandsleistung für den Beschuldigten gehemmt werden darf, ist zu Recht das Argument etabliert, der Verteidiger sei, wenn er seine Beistandspflicht gegenüber dem Beschuldigten **prozessual korrekt wahrnehme**, vom Geltungsbereich des § 258 StGB ausgenommen. Seit BGHSt **38** 345, 347[385] geht der BGH mit der verfassungsrechtlichen[386] und einhelli-

---

378 Entscheidet man sich – wie hier vorgeschlagen – für die Prävalenz des § 137, so derogiert im Ergebnis diese Vorschrift insoweit einen Teilbereich der Anwendbarkeit von § 261 StGB (krit. hierzu *Keppeler* DRiZ **2003** 97, 103; *Balzer* 377 f.; *Hombrecher* 127 ff.). Anderenfalls wäre es umgekehrt: § 261 StGB würde – teilweise – § 137 derogieren. In der rechtswissenschaftlichen Methodenlehre werden Vorgänge dieser Art unter dem Stichwort „abändernde Derogation“ behandelt; vgl. *Diederichsen* in: Schmidt-Hieber/Wassermann (Hrsg.) Justiz und Recht (1983) 57, 65; *Sieber* FS Roxin 1113, 1122 ff.

379 Vgl. im Einzelnen § 138a, 31 ff.

380 *Raschke* NStZ **2012** 606, 611; *Brüssow/Petri* AnwBl. **2004** 114; *Matt* JR **2004** 321, 328; *Dombek* BRAK-Mitt. **2000** 101; SSW-StGB/*Jahn* § 261, 66.

381 So noch *Lüderssen* StV **2000** 205, 206 (anders aber bereits *Lüderssen* FS Waltos 32 und LR/*Lüderssen/Jahn*[26] 116j) sowie *Bernsmann* StV **2000** 240; *ders.* FS Lüderssen 683, 689 ff.; *Ambos* JZ **2002** 70, 80 ff.; *Hombrecher* 159; *Balzer* 425; dem zuneigend auch *T. Hartmann* AnwBl. **2002** 330, 334. Gegen die Rechtfertigungslösung auch *Hefendehl* FS Roxin 145, 154 ff.; *Wohlers* StV **2001** 420, 424 ff.; *Kargl* NJ **2001** 57, 63; *Hufnagel* 242 ff.; zusf. zum heutigen Diskussionsstand *Fernandez/B. Heinrich* ZStW **126** (2014) 382, 421 ff.

382 So aber *Bussenius* 160 ff., 185.

383 Vgl. dazu die Irrtumskasuistik bei *Lüderssen* FS Roxin 468 ff.

384 Vgl. *Lüderssen* StV **1999** 538; *Jahn* StV **1996** 259, 261; *Scheffler* GA **1993** 341, 356; *Ulsenheimer* GA **1972** 1, 2; *J. Gruber* Die Lüge des Beschuldigten im Strafverfahren (2008) 173.

385 Bestätigt durch BGHSt **46** 36, 45 („Tatbestandsausschluß für Verteidigungshandeln“) sowie BGHSt **46** 53, 54; **47** 278, 283; BGH NJW **2006** 2421 m. Anm. *K. M. Böhm* 2371 u. Anm. *Jahn* JZ **2006** 1134. Zur Entwicklung der Rspr. *Stumpf* 17 ff.

386 BVerfGK (*3. Kammer* des *2. Senats*) 8, 219, 221 = NJW **2006** 3197 f.

gen obergerichtlichen Rechtsprechung[387] und weit überwiegenden Ansicht im Schrifttum[388] ausdrücklich davon aus, dass prozessual zulässiges Verhalten des Verteidigers schon den **objektiven Tatbestand** des § 258 StGB nicht erfüllen könne. Es wird also eine **Priorität des Prozessrechts** gegenüber dem materiellen Recht postuliert.

Danach gilt: Der Tatbestand des § 258 StGB ist das **Vereiteln** der Bestrafung oder Unterwerfung unter eine Maßnahme. Eine vollendete Strafvereitelung ist also jedenfalls dann gegeben, wenn das Täterverhalten eine völlige oder teilweise Einstellung des Verfahrens, einen Freispruch oder eine zu milde Bestrafung bewirkt hat, mag sich dies auch in einer höheren Instanz noch ändern.[389] Viele Handlungen des Verteidigers werden allein zu einer **Verzögerung des Strafverfahrens** führen. Es soll aber nach der von der h. M. akzeptierten[390] Vorstellung des Gesetzgebers[391] auch bereits ein **Vereiteln** des staatlichen Strafanspruchs **für geraume Zeit** vom Wortlaut gedeckt sein. Nur eine ganz geringfügige, unerhebliche Verzögerung der Strafverfolgung ist deshalb auch auf dem Boden der h. M. nicht ausreichend für die Erfüllung des Tatbestands des § 258 StGB.[392] Mit Blick auf die Konzentrationsmaxime des § 229 Abs. 1[393] ist für die Deliktsvollendung nach mittlerweile **wohl h. M.**[394] eine Verfahrensverzögerung von **mehr als drei Wochen** erforderlich. 107

Mit dem Begriff des Vereitelns ist **mehr** gemeint **als das bloße Kausalwerden** für den Erfolg. Nicht jeder Beitrag genügt. Strafbar ist nur, wer **als Täter** die Bestrafung oder Unterwerfung unter eine Maßnahme verhindert. Diese Auffassung kann sich auf den Wortlaut des § 258 StGB ebenso stützen wie auf die Veränderungen, welche die Vorschrift durch das EGStGB 1974 erfahren hat. Danach ist die „sehr weite Vorbereitungs-, Versuchs- und Teilnahmehandlungen gleichermaßen umgreifende Tathandlung des Beistandleistens durch die erfolgsbezogene Tathandlung des Vereitelns ersetzt" 108

---

387 OLG Karlsruhe JZ **2006** 1129 m. Anm. *Jahn*; OLG Düsseldorf StV **1998** 66; StV **1994** 472; StV **1992** 57; OLG Koblenz NStZ **1992** 147; OLG Frankfurt StV **1992** 361; KG StV **1988** 142; NStZ **1983** 557; LG Hannover NdsRpfl. **2003** 73.

388 *Ignor* FS Schlüchter (1998) 39, 42 ff.; *Hilgendorf* GedS Schlüchter 497, 506; *Kölbel* GA **2002** 403, 422 f.; *Jahn* ZRP **1998** 108; SSW-StGB/*Jahn* § 258, 26 ff.; HdBStrR/*Jahn* § 23, 11; *Stumpf* NStZ **1997** 11; *Niedermair* ZStW **107** (1995) 507; *Scheffler* StV **1993** 471; *Paulus* NStZ **1992** 305; *Hammerstein* NStZ **1990** 264; *Liemersdorf* MDR **1989** 207; *Bottke* ZStW **96** (1984), 729; *Eckhart Müller/Gussmann* (Berufsrisiken) Rn. 11; MAH Strafverteidigung/*Eckhart Müller* § 55, 6; *Pfordte/Degenhard* (Anwalt) § 1, 34; *Krekeler*, in: Cramer/Cramer (Hrsg.), A, 5; *ders.* NStZ **1989** 146; *Barton* (Einführung) § 6, 34 f.; *Kappelmann* 67; *Grüner* 120 ff.; *Lamberti* 30; *Wassmann* 236; *Schautz* 131; *Heinicke* 470; SK/*Wohlers* Vor § 137, 89; KK/*Willnow* Vor § 137, 5; AK/*Stern* Vor § 137, 65; Schönke/Schröder/*Hecker* § 258, 20; *Fischer* § 258, 17; *Lackner/Kühl* § 258, 8.

389 *Rudolphi* JuS **1979** 861; SSW-StGB/*Jahn* § 258, 13.

390 OLG Düsseldorf StV **1998** 65; OLG Koblenz NStZ **1992** 147; *Lackner/Kühl* § 258, 4; SSW-StGB/*Jahn* § 258, 14; *Brei* 309; *Seel* Begünstigung und Strafvereitelung durch Vortäter und Vortatteilnehmer (1999) 26. **A. A.** im Sinne eines reinen Erfolgsdelikts *Stumpf* 82, *Vormbaum* 404 ff.; *Randerath* 108; *Wappler* Der Erfolg der Strafvereitelung (1998) 170 ff.; *Wassmann* 245.

391 BTDrucks. **7** 550 S. 249.

392 OLG Koblenz NStZ **1992** 147; KG StV **1988** 141; JR **1985** 25; *Lenckner* GedS Schröder 346; *Eckhart Müller/Gussmann* (Berufsrisiken) Rn. 63.

393 Nach *Jahn* ZRP **1998** 103, 105 f. sollte unter Hinweis auf die Konzentrationsmaxime des § 229 Abs. 1 ursprünglich nur eine Verfahrensverzögerung von mehr als zehn Tagen erfolgstauglich sein. Nach der Reform dieser Vorschrift durch das 1. JuMoG v. 24.8.2004 (vgl. *Scheffler* ZIS **2007** 386, 396), das die Unterbrechungsfrist verlängert hat, ist erst ab einer Prozessverzögerung von drei Wochen von vollendeter Strafvereitelung auszugehen, vgl. *Jahn* JZ **2006** 1134, 1336 Fn. 30.

394 So auch *Hartmut Schneider* FS Geppert 607, 620 ff; *Beulke*, in: Alternativen zur Freiheitsstrafe (36. Strafverteidigertag) (2013) 171, 179; *Lackner/Kühl* § 258, 4; zahlr. weitere Nachw. bei HdBStrR/*Jahn* § 23, 33 und SSW-StGB/*Jahn* § 258, 15.

worden.[395] Die Abgrenzung ist nach der mittlerweile h. L.,[396] die vom OLG Karlsruhe[397] und OLG Nürnberg[398] ausdrücklich geteilt wird und, wie bereits mehrfach angemerkt wurde,[399] der inzidenter zugrunde gelegten Vorstellung zahlreicher Entscheidungen des BGH entspricht.[400]

109 Das muss auch dann gelten, wenn die **eigenverantwortliche Verhinderung** der Bestrafung, weil sie dem Handelnden selbst gilt, straflos ist. Zwar lässt sich im Falle der Straflosigkeit nicht von „Täterschaft" sprechen; für die richtige Einordnung von Beiträgen anderer an der Erreichung des Erfolgs Mitwirkender ist es gleichwohl von Bedeutung, in welchem Maße der straflos Bleibende für den Erfolg verantwortlich ist. Für die Feststellung der straflosen Eigenverantwortlichkeit sind dieselben Maßstäbe anzuwenden wie für die strafbare Täterschaft. Beihilfe oder Anstiftung zur in diesem Sinne eigenverantwortlichen Verhinderung der eigenen Bestrafung ist demgemäß straflos. Grundsätzlich folgt daraus für den **Verteidiger**: Ist er **Täter** i. S. des § 258 StGB, so ist er strafbar und überschreitet somit die Grenzen, innerhalb derer sich vertragliche Abmachungen mit dem Beschuldigten bewegen müssen. Ist er nur **Gehilfe** oder **Anstifter**, bleibt er straffrei und verletzt somit nicht jene Grenzen.[401]

110 Das bedeutet, dass der **Verteidiger** in derselben Lage ist **wie jeder andere**, der dem Beschuldigten hilft.[402] Das mag dem Selbstverständnis vieler Verteidiger zunächst widersprechen, führt aber im Ergebnis in keiner Weise zu Beschränkungen der Tätigkeit. Der Autonomie des Beschuldigten, die ernst zu nehmen und konsequent auszugestalten Sinn der Beistandsfunktion des Verteidigers ist, trägt gerade diese Konstruktion Rechnung. Der Verteidiger *soll* im Prinzip gar nicht aus der Rolle des Gehilfen heraustreten. Die Verteidigung ist primär das Interesse des Beschuldigten; wie sie sich gestaltet, muss in der großen Linie seine Sache bleiben.[403] Das Vertrauen, das zwischen Verteidiger und Beschuldigtem bestehen muss, bewährt sich, wenn der Verteidiger seine Beratung so einrichtet, dass der Beschuldigte seine Vorschläge nicht nur begreift, sondern sich zu eigen macht. Das heißt aber nicht weniger, als dass der Beschuldigte die „Täterschaft"

---

395 *Rudolphi* FS Kleinknecht 380.

396 *Rudolphi* FS Kleinknecht 386; *Fezer* FS Stree/Wessels 681; *Krekeler* FS Friebertshäuser 63 ff.; *Dessecker* GA **2005** 142, 149; *Jahn* ZRP **1998** 106; *ders.* Formularbuch[6], Teil I.B.1.a.cc.ccc (S. 6 f.) (unter Aufgabe der Auffassung von *Hassemer* Formularbuch[5], Teil I.B.1.a.); HdBStrR/*Jahn* § 23, 13; *Scholderer* StV **1993** 229; *Krekeler* NStZ **1989** 148; Schönke/Schröder/*Hecker* § 258, 32; *Kempf*, in: *Brüssow* u. a. (Hrsg.) § 1, 51; *U. Günther* Das Unrecht der Strafvereitelung (1998) 119; *Pellkofer* 142 ff.; *Kappelmann* 34; *Keim* 177; *Vogt* 112; *Vormbaum* 427. **A. A.** – bei im Einzelnen stark divergierenden Positionen – *Küper* FS F.-C. Schroeder 555, 556 ff.; *Küpper* GA **1988** 385, 395; *Kusch* NStZ **1985** 389; *Beulke* NStZ **1983** 504; *ders.* NStZ **1982** 330 f.; *Beulke/Ruhmannseder* FS Volk (2009) 45, 58 ff.; *Frisch* NJW **1983** 2471, 2472; *Randerath* 141; *Rosenkaymer* 244 f.; *Stumpf* 42; *G. Wolf* 291. Die bloße Vermutung, dass der Gesetzgeber diesen Effekt nicht gewollt, sondern die Frage übersehen habe (*Lenckner* GedS Schröder 352), kann demgegenüber nicht ins Gewicht fallen.

397 OLG Karlsruhe StV **1991** 519.

398 OLG Nürnberg NJW **2012** 1895, 1896.

399 *Lüderssen* StV **1999** 537; *Dencker* NStZ **1982** 461; *Stumpf* 89. **A. A.** *Lackner/Kühl* § 258, 10; *Beulke* (Strafbarkeit) 152 („Täterschaftslösung der Rechtsprechung").

400 BGH NJW **1984** 135; NStZ **1983** 503; StV **1999** 153 (zutr. Interpretation der Entscheidung bei *Meyer-Goßner* FG BGH IV 615, 639; *Stumpf* wistra **2001** 123, 129). Zum Ganzen auch § 138a, 31 ff.

401 Zu den Konsequenzen für die Ausschließung des Verteidigers s. § 138a, 33 ff.

402 *Dessecker* GA **2005** 142, 149 ff.; Jahn (Konfliktverteidigung) 303 ff.; HdBStrR/*Jahn* § 23, 13; *Vormbaum* 428: „Eine schärfere strafrechtliche Haftung für den Verteidiger als für Normaltäter würde die durch § 137 garantierte Beistandsfunktion in ihr Gegenteil verkehren, denn dem Verteidiger würde bei Strafe verboten, was jeder außenstehenden – auch strafprozeßrechtskundigen – Person folgenlos möglich wäre".

403 Oben Rn. 26 ff.

behält und der Beitrag des Verteidigers – gemessen an § 258 StGB – im Bereich der **straflosen** – und damit rechtmäßigen – **Teilnahme** an strafloser Selbstbegünstigung verbleibt. Auch das Prinzip der Unabhängigkeit vom Mandanten wird durch diese Dominanz des Beschuldigten nicht berührt. Für eine Unabhängigkeit des Verteidigers vom Mandanten im Sinne einer vom Vertrag losgelösten Selbstständigkeit des Verteidigers gibt es, wie dargelegt,[404] keine rechtliche Grundlage. Es ist die fachliche Kompetenz, die den Verteidiger vor anderen Gehilfen des Beschuldigten auszeichnet.

Diese Kompetenz führt allerdings leicht dazu, dass die Dominanz vom Beschuldigten auf den Verteidiger übergeht. Dieser hat dann nicht mehr das „Privileg" der straflosen Teilnahme an strafloser Selbstbegünstigung, sondern ist **Täter der Strafvereitelung.** Angesichts dieser Konstellation für den Verteidiger eine **Sonderrolle** zu reklamieren, die ihn von *dieser* Strafdrohung ausnimmt, besteht **kein Anlass**. Wer als Verteidiger über die Grenzen der „Quasi-Mittäterschaft" hinausgeht, kann sich also nicht mehr ohne Weiteres darauf berufen, dass er die Autonomie des Beschuldigten, wiewohl durch diesen selbst ermächtigt, unangetastet lässt.[405] Vielmehr bedarf die Ermächtigung einer besonderen Prüfung. Ein Verteidiger, der den Beschuldigten beherrscht, entspricht nicht der Tradition und auch nicht dem an der Berufsethik orientierten Selbstverständnis der Verteidiger.[406] Die hier abgerufene Unterscheidung zwischen Täterschaft und Teilnahme zwingt den Verteidiger und den Beschuldigten förmlich dazu, **missbräuchliche Usancen** der Verteidigung – etwa der Oktroy einer Sachverhalts-Version, die der Verteidigung strategisch günstig erscheint – **zu vermeiden.** 111

Verläuft die Verteidigung so, dass der Beschuldigte praktisch damit einverstanden ist, dass er Werkzeug des Verteidigers, als **mittelbarer Täter** des § 258 StGB, ist, so wird – auch wenn der Verteidiger den Beschuldigten nicht zwingt oder sich jedenfalls nicht einfach mit seiner Konzeption durchsetzt, sondern der Beschuldigte es ausdrücklich so will – bereits die durch § 138 BGB in Verbindung mit den berufsrechtlichen Regeln gesetzte Grenze der Vertragsgestaltung durchbrochen sein.[407] 112

Das damit gewählte Abgrenzungskriterium ist Versuchen, auf **berufstypisches Verhalten**[408] **des Strafverteidigers** oder die **professionelle Adäquanz**[409] seines Verhaltens abzustellen, in puncto Bestimmtheit überlegen und damit vorzugswürdig. Die dogmatischen Ausgangspunkte in der Literatur sind vielschichtig, sich teilweise gegenseitig überlagernd oder ergänzend. Die Analyse der Bewertungen, die dabei fällig werden, führt am Ende immer wieder zurück zu einzelnen **externen** rechtlichen **Regeln.** Die Versuche, aus dem Wesen der anwaltlichen Prozesshandlung die Zulässigkeit und damit auch Straflosigkeit des Verteidigerhandelns abzuleiten, müssen ebenfalls scheitern, weil auch eine gewohnheitsrechtlich ausgearbeitete Dogmatik insoweit fehlt und abrufbare übergesetzliche Strukturen bei einem von so vielen gesellschaftlichen Determinanten geprägten Berufsbild nicht existieren. 113

Keineswegs ist mit der hier getroffenen Entscheidung, dass der **Verteidiger** nur in engen Grenzen nach § 258 StGB strafrechtlich haftet, auch die Entscheidung über das 114

---

404 Oben Rn. 26 ff.

405 *Lüderssen* StV **1999** 540.

406 Dazu die Abwägungen bei *Gillmeister* FS 25 Jahre AG Strafrecht im DAV (2010) 124, 127 ff.

407 S. dazu oben Rn. 33 ff.

408 Insbes. *Balzer* 231 ff., 443 ff.; abl. dazu auch *Ernst* ZStW **125** (2013) 299, 324; *Tag* JR **1997** 49, 54; HdBStrR/*Jahn* § 23, 9; *Vogt* 62; *Lamberti* 132 f. *Frischs* (JuS **1983** 915, 921; *ders.* FS Lüderssen 539, 544 ff.) Vorschlag läuft weitgehend parallel zur Sozialadäquanzlehre; dazu auch *Lüderssen* FS Grünwald 329, 349 ff.; *Otto* JZ **2001** 436, 437 ff.; *Kudlich* (Unterstützung) 45 ff.

409 *Hassemer* wistra **1995** 81, 83; krit. *Gallandi* wistra **1996** 81, 83; *Löwe-Krahl* wistra **1995** 201, 205.

pro und contra *seiner* **Wahrheitspflicht** präjudiziert. Auf die Verbote des materiellen Strafrechts und des Strafprozessrechts hat das **Berufsrecht** grundsätzlich **keinen unmittelbaren Einfluss.**[410] Dies schlägt sich prozessual etwa darin nieder, dass ein anwaltsgerichtliches Verfahren bei paralleler Erhebung der öffentlichen Klage in einem Strafverfahren zwingend bis zu dessen Ende auszusetzen ist, § 118 Abs. 1 Satz 1 BRAO.[411] Nicht alles, was strafprozessual oder berufsrechtlich unzulässig ist, muss zur Strafbarkeit führen. Hier sind die **Unrechtsgrade** auseinanderzuhalten. Das heißt, sogar die Lüge des Verteidigers, die *unter* der Marge des für die Haftung nach § 258 StGB erforderlichen Grades der Täterschaft bleibt, kann **berufsrechtlich unzulässig** sein, wenn nicht wiederum seine Schutzaufgabe für den Mandanten vorrangig ist.[412] Wer wünscht, dass ein entsprechender Verstoß nicht ohne Folgen bleiben solle, darf nur eben nicht ohne weiteres gleich das Strafgesetz beanspruchen. Wenn also der BGH[413] im Anschluss an die schon reichsgerichtliche Rechtsprechung[414] und mit Unterstützung von erheblichen Teilen des Schrifttums[415] ausführt, dass dem Verteidiger untersagt sei, „durch **aktive Verdunkelung und Verzerrung des Sachverhalts** die Wahrheitserforschung zu erschweren", dass er „ein **Recht zur Lüge**" ebenso wenig habe wie „ein Recht zur Beratung bei der Lüge", so kann man ihm darin recht geben, ohne sich an die daraus gezogenen Konsequenzen gerade für die *Strafbarkeit* des Verteidigers zu binden. Vorzuwerfen ist allerdings, dass die Gerichte die beiden Fragen nicht trennen.[416] Eine erklärte und offizielle Freistellung des Verteidigers von der ***berufsrechtlichen*** **Wahrheitspflicht** würde allerdings – was hier nur am Rande gestreift werden soll – viele seiner Äußerungen in den Bereich der Beliebigkeit rücken, Wahres und Falsches für den Richter ununterscheidbar machen und damit die Überzeugungskraft des Verteidigers, gleichviel ob er die Wahrheit sagt oder nicht, paralysieren.[417]

115 **(2) Gefangenenbefreiung (§ 120 StGB).** Auch die Vorschrift des **§ 120 StGB** ist nicht an den sich (ausschließlich) selbst befreienden, in Untersuchungshaft befindlichen Beschuldigten oder an den eine Freiheitsstrafe verbüßenden Gefangenen adressiert. Selbstbefreiung ist nur nach § 121 Abs. 1 StGB strafbar.[418] Der **Verteidiger** in diesen Fällen ist jedoch nicht nur als Täter, sondern auch als **Teilnehmer** strafbar: Nicht, weil die Regel der Akzessorietät durchbrochen ist, sondern weil § 120 StGB Beihilfehandlungen selbstständig vertypt („verleitet oder ... fördert"), so dass sie gemäß den zu § 27 StGB

---

410 Vgl. BGHSt **46** 53, 54; OLG Nürnberg NJW **2012** 1896; *Jahn* Formularbuch, Teil I.A.3 (S. 3) sowie ausf. HdBStrR/*Jahn* § 23, 13 a. E.

411 Näher Weyland-BRAO/*Reelsen* § 118, 1.

412 *Ignor* BRAK-Mitt. **2009** 202, 206; *Kleine-Cosack* AnwBl.-K **2009** 44; *Lüderssen* StV **1999** 539; krit. *Mehle* FS Rieß 317, 322. Zu stark vereinfachend *U. Schulz* BRAK-Mitt. **2019** 63, 65.

413 BGHSt **2** 375, 377; **10** 393, 395; **29** 99, 107; **38** 345, 348; BGH Urt. v. 8.1.1957 – 5 StR 360/56. Ebenso OLG Düsseldorf StV **1998** 65, 66; OLG Frankfurt StV **1992** 360, 361; OLG Köln NJW **1975** 459, 460; LG Hannover NdsRpfl. **2003** 73; EGH EGE **V** 204, 205.

414 RGSt **66** 316, 326.

415 *Laufhütte* FS Pfeiffer 959, 970; *Dahs* FS Nehm 243, 252 f.; *ders.* StraFo **2000** 181, 186; *Liemersdorf* MDR **1989** 204, 207; MAH Strafverteidigung/*Eckhart Müller* § 55, 7; *Eckhart Müller/Gussmann* (Berufsrisiken) Rn. 12; Schönke/Schröder/*Hecker* § 258, 20; AK/*Stern* Vor § 137, 65; KK/*Willnow* Vor § 137, 7, 13; Radtke/Hohmann/*Reinhart* § 137, 12; *Waldhorn* 24.

416 Zur Kritik an dieser vagen und ausfüllungsbedürftigen Formel bereits *Jahn* JZ **2006** 1134; *ders.* (Konfliktverteidigung) 22 f.

417 Insoweit richtig *Salditt* AnwBl. **2005** 565 f.; *ders.* StV **1999** 63; *Gillmeister* FS W. Schiller 173, 184; *Beulke* FS Roxin 1173, 1186; *Widmaier* FG BGH IV 1048 Fn. 21.

418 *Fischer* § 120, 9.

geltenden Grundsätzen bestimmt werden können. Die auf Haftentlassung gerichteten Bemühungen der Verteidigung werden indessen nicht erfasst, es handelt sich insoweit um untaugliche Befreiungsmittel i. S. d. § 120 StGB. Entscheidend ist, dass eine **rechtsförmig einwandfreie Entscheidung** vorliegt.[419]

bb) Einzelne Verteidigerhandlungen und -rechte. Nicht mehr umstritten ist heute das Recht des Verteidigers auf **eigene Erhebungen.**[420] So ist die Namhaftmachung von Zeugen (§ 222 Abs. 2) typischerweise nur auf dieser Grundlage möglich, § 246 Abs. 2 verlangt für die Ablehnung des Beweisantrags, dass dem Verteidiger die für die „Einziehung von Erkundigungen" erforderliche Zeit gefehlt hat und § 364b Abs. 1 Nr. 1 spricht ausdrücklich von „Nachforschungen" zu Tatsachen oder Beweismitteln im Wiederaufnahmeverfahren.[421] Strafverteidigung ist also nicht darauf beschränkt, nur reaktiv auf das Vorgehen der Strafverfolgungsbehörden hin Beistand zu leisten (§ 137 Abs. 1 Satz 1), sondern umfasst auch die **proaktive Sachverhaltsaufklärung**; der Verteidiger kann und soll dem Beschuldigten **leistend Beistehen.**[422] Begrenzt wird diese Befugnis durch die vertraglichen Abmachungen mit dem Beschuldigten. Gegen dessen Willen darf der Verteidiger **nicht** selbst **„ermitteln"** (diese Terminologie ist richtigerweise ohnehin dem Staat vorbehalten, vgl. § 160 Abs. 2),[423] es sei denn, der Fall liegt so, dass diese Einschränkung mit den berufsrechtlichen Grundsätzen nicht vereinbar und daher über § 138 BGB[424] unwirksam ist. Grenzen, die dem Verteidiger insoweit im Rahmen der allgemeinen Rechtsordnung gezogen werden, sind nach der Rechtsprechung auch in der Strafprozessordnung zu finden. So muss sich der Verteidiger gefallen lassen, dass ihm gegenüber bei seinen „Vernehmungen" gemachte **Aussagen** in der Hauptverhandlung **nicht reproduziert** werden dürfen (§ 252 analog).[425] Auf der anderen Seite sind die Ergebnisse der Ermittlungen des Verteidigers auch durch Zeugnisverweigerungsrechte (§ 53 Abs. 1 Nr. 2, § 53a) und durch Beschlagnahmefreiheiten (§ 97) geschützt.[426] 116

Für die **Verständigung** in allen Phasen des Strafverfahrens gilt das zu den eigenen Erhebungen des Verteidigers Gesagte entsprechend.[427] Deshalb kann der Verteidiger die nach § 257c Abs. 3 Satz 4 erforderliche **Zustimmungserklärung** auch für den Angeklagten abgeben.[428] Die Behauptung, dass gerade für diese Aufgabe des Verteidigers es des 117

419 SK/*Wohlers* Vor § 137, 130; *Fischer* § 120, 5.
420 BGHSt **46** 1, 4 m. Anm. *Fezer* JR **2000** 341; BGHSt **10** 393, 394 f.; BGH Beschl. v. 7.5.2019 – 5 StR 623/18, Tz. 7; *Rückel* FG Peters II 265 f.; *Bockemühl* JSt **2010** 59, 60; *ders.* (Ermittlungen) 42; *Brunhöber* GA **2010** 571, 573 f.; *Beulke* StV **2010** 442, 445 f.; *Jahn* ZStW **115** (2003) 815, 827; *ders.* Formularbuch, Teil I.B.3.a. (S. 20); HdBStrR/*Jahn/Brodowski* § 17, 113; *Schünemann* ZStW **114** (2002) 1, 48 f.; *Dahs* NJW **1985** 1113, 1116 f.; *Egon Müller* NJW **1981**, 1801, 1806; HbStrVf/*Dallmeyer* Kap. II, 378; SK/*Wohlers* Vor § 137, 57; Meyer-Goßner/*Schmitt* Vor § 137, 2; KK/*Willnow* Vor § 137, 4; KMR/*Hiebl* Vor § 137, 24; Radtke/Hohmann/*Reinhart* § 137, 14; *M. Baumann* 197. Zur Empirie und Praxis *Beulke/Ruhmannseder* (Strafbarkeit) Rn. 84 ff.; MAH Strafverteidigung/*Neuhaus* § 15, 12 ff.; *Rostek* 33 ff.
421 Zusf. *Spoerr* StV **2019** 697 f.
422 § 137, 10 und *Jahn* b. *M. Schäfer* StV **2019** 718. Bei der Pflichtverteidigung tauchen allerdings besondere Probleme bei der Kostenerstattung auf; sie sind nach dem Grundsatz der Waffengleichheit zu lösen (Einzelheiten bei LR/*Hilger*[26] § 464a, 49).
423 Handbuch Criminal Compliance/*Jahn/Kirsch* § 33, 3.
424 S. dazu Rn. 33.
425 BGHSt **46** 1; *Volk* JuS **2001** 130.
426 *Perron* (Beweisantragsrecht) 134.
427 S. soeben Rn. 116.
428 MüKo/*Jahn/Kudlich* § 257c, 71 u. 144 m. w. N.; HdBStrR/*Jahn/Brodowski* § 17, 1116.

Rückhalts der Stellung eines „Organs der Rechtspflege" bedürfe,[429] beruht auf dem Unvermögen mancher Anwälte zu akzeptieren, dass Verständigung mit den staatlichen Strafverfolgungsorganen nicht heißen kann, Teilhabe am Staat zu erstreben, sondern zu erkennen, dass der liberale Staat die Rolle der Vertreter etablierter freier Berufe für die Erfüllung wichtiger, im Interesse einzelner liegender Aufgaben respektiert.[430]

118 Das **Akteneinsichtsrecht** des § 147 ist die notwendige Voraussetzung dafür, dass der Beschuldigte im Verfahren die Subjektstellung erlangen kann.[431] Lediglich aus Gründen der Vorsicht ist das Recht in die Hand einer Person gelegt, die entweder durch Vorbildung und Berufsrecht oder infolge der Kontrolle, die das Gericht bei der Auswahl ausübt, Gewähr dafür bietet, dass die Aktenoriginale bei der Einsicht nicht beschädigt, verfälscht oder vernichtet werden. Es wäre falsch, hieraus, wie das gelegentlich geschieht, den Schluss zu ziehen, dass das **Recht auf Akteneinsicht** dem **Verteidiger** zustehe. Nach seinem Zweck steht es vielmehr *quoad ius* dem Beschuldigten, *quoad exercitum* dem Verteidiger zu.[432]

119 Das Recht des Beschuldigten, sich – vertraglich – der Hilfe eines Verteidigers zu versichern, liefe leer, wenn er nicht grundsätzlich die unbeschränkte Möglichkeit des **persönlichen Verkehrs** mit dem Verteidiger nach § 148 Abs. 1 hätte. Auch bei dem in Untersuchungshaft befindlichen Beschuldigten gibt es nach § 119 Abs. 4 Satz 1 insoweit keine Besonderheiten (mehr).[433] Einer von seiner Beziehung zum Beschuldigten unabhängigen Legitimation bedarf der Verteidiger also auch hier nicht. Die Grenzen des Umgangs mit dem Beschuldigten ergeben sich aus den allgemeinen Gesetzen. Dass die Position des Verteidigers besser ist als die irgendeines Dritten, beruht auf dem Zutrauen in die **professionelle Qualität des Verteidigers**, ebenso wie man einem approbierten Arzt die Wege zum Patienten erleichtert, nicht hingegen auf einer besonderen Stellung des Verteidigers als Organ der Rechtspflege.

120 Für die **sonstigen Rechte** oder **Privilegien** im Verfahren gilt als gemeinsamer Ausgangspunkt, dass auch sie nur dazu dienen, der Subjektstellung des Beschuldigten im Verfahren, seiner Autonomie, volle Geltung zu verschaffen.[434] Besonders begründungsbedürftig ist die Beurteilung der Rechtslage aus Sicht der Vertragstheorie in Bezug auf das Recht des Verteidigers, **Beweisanträge** zu stellen. Nach der hier vertretenen Konzeption kann er dies nur im Einvernehmen mit dem Angeklagten. In den allermeisten Fällen wird der Mandant indes nichts dagegen haben, dass der Verteidiger nach *dessen* sachverständigem Ermessen entscheidet; das **»Wie«**, also etwa den Zeitpunkt des Stellens von Anträgen und ihre Formulierung, kann und wird der Mandant typischerweise dem Verteidiger überlassen.[435]

121 Die wichtigste Konsequenz aus der – auch von der Unschuldsvermutung geprägten – Subjektrolle des Beschuldigten ist das **Schweigerecht des Verteidigers,**[436] das durch § 203 Abs. 1 Nr. 3 StGB zu einer Schweigepflicht gesteigert wird.[437] Das *nemo ten-*

---

429 So bereits *Rückel* NStZ **1987** 299. Zu den Absprachen im Kontext der Strafverteidigung *Leitner* FS Strauda 365, 369 ff.; *Weider* Vom Dealen mit Drogen und Gerechtigkeit (2000) 147 ff.; *Jahn* (Konfliktverteidigung) 110 ff.

430 S. oben Rn. 19 ff.

431 HdBStrR/*Jahn/Brodowski* § 17, 117; a. § 147, 2 ff.

432 Näher § 147, 11 ff.

433 HdBStrR/*Jahn/Brodowski* § 17, 121; näher § 148, 41.

434 Verwiesen werden kann hier auf die umfangreiche Aufzählung bei LR/*Lüderssen/Jahn*[26] 146-156, die auch die Vereinbarkeit mit dem Vertragsgedanken im Einzelnen darlegt.

435 HdBStrR/*Jahn/Brodowski* § 17, 124; näher § 137, 26 f. Siehe auch *Perron* (Beweisantragsrecht) 33 f.; *G. Wolf* 177 f.

436 Vgl. *Beulke* FS I. Roxin 555, 556 ff.; HdBStrR/*Jahn/Brodowski* § 17, 122.

437 Sogleich Rn. 123.

etur-Prinzip für den Beschuldigten, der sich dem Verteidiger soll anvertrauen dürfen, darf nicht leerlaufen und auch nicht unterlaufen werden. Der Beschuldigte stünde, wäre es anders, **ohne Verteidiger besser**.

b) Folgen bei Überschreitung der Rechte. Der Katalog der Rechtsfolgen bei Überschreitung des vom Mandatsvertrag gezogenen Handlungsrahmens ist so **vielfältig** wie die vertraglichen Gestaltungen selbst es sind: Auflösung des Vertragsverhältnisses, Schadensersatzpflicht, Auferlegung von Kosten, berufsrechtliche Sanktionen, Ausschluss des Verteidigers, Bestrafung. 122

3. Die Pflichten des Verteidigers

a) Die Pflichten nach ihrem sachlichen Gehalt. Grundlage für die Bestimmung des Pflichtenkanons ist nach der hier favorisierten Konzeption wiederum der Vertrag zwischen dem Beschuldigten und seinem Verteidiger und das daraus hervorgehende wechselseitige Vertrauen. Insofern verhält es sich nicht anders als bei den Rechten des Verteidigers.[438] 123

aa) Schweigepflicht. Speziell bei der **Schweigepflicht** tritt die strafrechtliche Absicherung nach § 203 Abs. 1 Nr. 3 StGB hinzu. Sie setzt den – möglicherweise entgegenstehenden – vertraglichen Vereinbarungen absolute Grenzen. Der Verteidiger kann die Schweigepflicht nicht gegen den Willen des Mandanten abdingen, eine entsprechende Abrede wäre gemäß § 134 BGB nichtig. Bei wirksamer Einwilligung des Mandanten z. B. durch Vertrag geschieht die Offenbarung aber nicht unbefugt. Folglich sind auch besondere Grenzen der gesetzlichen Schweigepflicht, die mit Blick darauf gefordert werden, dass der Verteidiger ein Organ der Rechtspflege sei, nicht anzuerkennen,[439] zumal für die Durchsetzung des öffentlichen Interesses an der Durchbrechung der Schweigepflicht außerdem auch noch § 34 StGB bemüht werden muss.[440] 124

bb) Wahrheitspflicht. Zur Beantwortung der Frage nach der Existenz einer eigenen **Wahrheitspflicht des Verteidigers** sind die Ebene des Berufsrechts einerseits und des Strafrechts andererseits zu trennen.[441] 125

cc) Mitwirkungspflichten im Strafverfahren, insbesondere „Widerspruchslösung“. Anzuerkennen sind **Mitwirkungspflichten** des Verteidigers an einem geordneten Ablauf des Strafverfahrens jedenfalls dann nicht, wenn dies zu Lasten wirksamer vertraglicher Pflichten gegenüber dem Mandanten gehen würde. In der Grundsatzentscheidung BGHSt **38** 111,[442] auf die das Gericht auch in seiner jüngeren Rechtsprechung Bezug nimmt, heißt es allerdings, dass ein Verteidiger den Angeklagten in der Hauptver- 126

---

438 Siehe oben Rn. 93; grdlg. zu den Handlungspflichten des Verteidigers im Verfahren *Weigend* FS Schlothauer 191, 199 ff.

439 **A. A.** *Beulke* (Verteidiger) 121 m. w. N.

440 HdBStrR/*Jahn*/*Brodowski* § 17, 126 a. E.; auch heute noch grdlg. dazu *Kalsbach* AnwBl. **1955** 41; *Ackermann* FS DJT 1 (1960) 479 ff.

441 HdBStrR/*Jahn*/*Brodowski* § 17, 127; dazu auch bereits oben Rn. 114.

442 BGHSt **38** 111, 115, beiläufig vorher auch schon EGH Hamm AnwBl. **1977** 80 (vgl. *Jahn* [Konfliktverteidigung] 187 Fn. 195). Zust. *Meyer-Goßner* FG BGH IV 615, 629 f.; Meyer-Goßner/*Schmitt* Vor § 137, 1; *Busdorf* StV **2010** 414, 417; *Malmendier* NJW **1997** 229; *Niemöller* StV **1996** 506; *Berg* DRiZ **1994** 382; *Maatz* NStZ **1992** 517; Wichtige Klarstellungen zum Sachverhalt des zugrunde liegenden (Dortmunder) Falls bei *J. Schulz* GedS Meurer 355, 359 ff.

handlung keineswegs nach Belieben schalten und walten lassen dürfe. Ihn treffe eine Pflicht, mit dafür Sorge zu tragen, dass das Verfahren sachdienlich und in prozessual geordneten Bahnen durchgeführt werde. Hierbei sollen die Mitwirkungspflichten des Verteidigers so weit gehen, dass ab einer bestimmten Zahl von Beweisanträgen – im damaligen Dortmunder Fall waren **8.000 Beweisanträge** angekündigt, in einer neueren Entscheidung zu einem Hamburger Verfahren (*Zantop*) ging es um **320 Beweisanträge**[443] – das Gericht dem Angeklagten aufgeben dürfe, in Zukunft Beweisanträge nur noch über seinen Verteidiger zu stellen. Wenn der Verteidiger erst zu einem späteren als ihm möglichen Zeitpunkt einen Verfahrensfehler rüge, dann provoziere er u. U. „mutwillig ... mindestens ... eine Verzögerung des Verfahrens".[444] Zur Begründung wird vor allem auf die Gefährdung der rechtsstaatlich geforderten effektiven Förderung eines Strafverfahrens abgestellt. Der Verteidiger ist jedoch **nicht Mitgarant** eines **justizförmigen Verfahrens,**[445] sondern **Vertragspartner** des Mandanten. Eine allgemeine **Garantenstellung** für Wahrheit, Gerechtigkeit oder die **Effektivität des Strafprozesses** kann auch nicht aus dem „Wesen der Verteidigung"[446] herausgelesen werden.

127 Eine **spezielle Frage** betrifft die **Widerspruchslösung**, deren Theoreme in jüngerer Zeit als Unterbau für eine Ausweitung der **Rügeobliegenheiten** der Verteidigung in erweiternder Auslegung oder Weiterentwicklung des § 238 Abs. 2 gedient haben.[447] Nach ihr führe etwa die Verletzung bestimmter Beweiserhebungsverbote, etwa §§ 163a Abs. 4 Satz 2 i. V. m. § 136 Abs. 1 Satz 2, entweder tatbestandlich nicht zur Entstehung eines (unselbstständigen) Beweisverwertungsverbots oder heile jedenfalls seine Verletzung, wenn der Verteidiger nicht bis zum Zeitpunkt der nach § 257 abzugebenden Erklärung **widerspreche.**[448] Diese weit reichende Rechtsfolge für die Anwendung des § 261 ist *de lege lata* mangels ausreichender gesetzlicher Grundlage nach dem Grundsatz vom Vorbehalt des Gesetzes **abzulehnen.**[449]

128 **dd) Pflicht zur Unterlassung von Rechtsmissbrauch und Obstruktion?** Die Frage, ob ein **allgemeines Missbrauchsverbot** im Strafverfahren existiert, das auch den Freiraum des Verteidigers beschränkt, ist seit vielen Jahren Gegenstand einer intensiven wissenschaftlichen Diskussion. Das auf den ersten Blick durchaus legitime Anliegen der Begrenzung der missbräuchlichen Rechtsausübung und die illegitime Begrenzung des Gebrauchs von Rechten der Prozessbeteiligten stehen in dieser Debatte eng beieinander.

---

443 BGH NJW **2005** 2466 m. Anm. *Bünger* NStZ **2006** 305; *Duttge* JZ **2005** 1012; *Gössel* JR **2006** 128 und abl. Anm. *Dahs* StV **2006** 116.

444 OLG Jena Beschl. v. 27.10.2016 – 1 Ws 439/16 –, juris, Tz. 35.

445 Ebenso *Wohlers* ZStrR **2012** 55, 57; *Leitner* StraFo **2008** 51, 56; *Scheffler* GA **1996** 45; *R. Hamm* StV **2010** 418, 422; *ders.* NJW **1993** 289, 296 f.; *Kniemeyer* 201; *Barton* (Mindeststandards) 164; *Jahn* (Konfliktverteidigung) 188 f.; HdBStrR/*Jahn/Brodowski* § 17, 128 sowie oben Rn. 66 ff. Immerhin Bedenken auch bei *Dahs* FS Odersky, 317, 331 und *Widmaier* NStZ **1996** 446.

446 So aber u. a. *v. Stetten* StV **1995** 609.

447 Zur Entwicklung der Rspr. krit. *Püschel/Sommer* AnwBl. **2013** 168 ff. und befürwortend *Basdorf* StV **2010** 414, 416.

448 Seit BGHSt **38** 218, 225 f. Vgl. danach BGHSt **42 15,** 22 mit Zustimmung bei *Ignor* FS Rieß (2001) 185, 190 ff.; *Nagel* StraFo **2013** 221, 224 f.; *Maatz* NStZ **1992** 518; KK/*Willnow* Vor § 137, 6; *Ufer* 127 ff.

449 So auch *Gaede* wistra **2010** 210, 216; *Fezer* JZ **2006** 474; *Dahs* StraFo **1998** 258; *Roxin* JZ **1997** 346; *Ventzke* StV **1997** 547; *R. Hamm* NJW **1996** 2188 f.; *R. Meixner* Das Widerspruchserfordernis des BGH bei Beweisverwertungsverboten (2015) 267 f.; mit einem Vorschlag *de lege ferenda* (Zustimmungslösung) dazu *Schlothauer/Jahn* RuP **2012** 222, 223 ff.

Die Argumente für und wider das allgemeine Rechtsmissbrauchsverbot sind indes weitestgehend ausgetauscht.[450]

Die Existenz einer ungeschriebenen allgemeinen **Missbrauchs- oder Obstruktionsklausel,**[451] die den Freiraum der Verteidigung beschränkt, ist indes **nicht anzuerkennen**. Zwar sieht der überwiegende Teil der Rechtsprechung[452] und des Schrifttums[453] sowie insbesondere der *3. Strafsenat*[454] für den Fall, dass ein Verteidiger die ihm durch die Prozessordnung eingeräumten Rechte dazu benutzt, nur verfahrensfremde oder -widrige Zwecke zu verfolgen, die Voraussetzungen rechtsmissbräuchlichen Verhaltens – jedenfalls für **Extremfälle,**[455] was immer darunter im Einzelfall auch zu verstehen ist – als erfüllt an. Das Motiv des Missbrauchs mache die Prozesshandlung unzulässig, da kein anerkennenswertes Rechtsschutzbedürfnis gegeben sei.[456] In den Jahren zwischen 2005 und 2013[457] wurde zudem eine erhebliche Anzahl von Entscheidungen veröffentlicht, in denen der BGH vor allem in Form von obiter dicta – nichttragenden Bemer- 129

450 *Darin* stimmen *Fahl* JR **2009** 259, 260 und *Verf.* StV **2009** 663, 666, überein.

451 Überblick und grundlegende begriffliche und methodische Klärungen bei *Fezer* FS Weber 475, 477 ff.; *Hassemer* FS Meyer-Goßner 127, 128 ff.; *Weßlau* FS Lüderssen 787, 790 ff.; *Kölbel* GA **2005** 36, 48 ff.; LR/*Kühne* Einl. H, 39 ff.; *Jahn* (Konfliktverteidigung) 73 ff., 261 ff.; LR/*Lüderssen/Jahn* Einl. M, 43; HdBStrR/*Jahn/Brodowski* § 17, 131; *Kudlich* (Mißbrauchsverbot) 64 ff.; *Christensen/Kudlich*, in: Feldner/Forgó (Hrsg.), Norm und Entscheidung (2000) 189, 211 ff.; *Fahl* (Rechtsmißbrauch) 79 ff.; *Abdallah* 147 ff., 186 ff.; *Eschenhagen* 77 ff.; *Rietmann* 84 ff.; *Grüner* 82 ff.; rechtsvergleichend *Bohlander* 106 ff.

452 Vgl. BVerfG (*2. Kammer des 2. Senats*) NJW **2004** 1373, 1374 (obgleich ohne unmittelbaren Bezug zum *Strafverfahrens*recht); BGH NStZ-RR **2008** 85; LG Wiesbaden StV **1995** 239 mit abl. Anm. *Asbrock* und abl. Anm. *Kempf* FS Friebertshäuser 83; obiter dictu auch OLG Frankfurt NStZ **2006** 302, 303. Zurückhaltend für einen potentiellen *venire contra factuum proprium*-Fall aber mit Recht BGH NJW **2014** 2807 f.

453 *Krey/Windgätter* FS Achenbach (2011) 233, 238 ff.; Meyer-Goßner/*Schmitt* Einl., 111; *Meyer-Goßner* Welp-Kolloquium (2006) 81, 89; *Malmendier* NJW **1997** 227; *Niemöller* StV **1996** 501; *Hebbecker* 220 f.; *F. Henschel* 256; *Breucker* 30, *Spiekermann* 177 ff. (unter fehlgehender Heranziehung des § 34 StGB); einflussreich auf die Praxis *Fahl* (Rechtsmißbrauch) 665 ff.

454 BGHSt **51** 88 m. abl. Anm. *Kudlich* HRRS **2007** 9 und abl. Bespr. *Jahn* JuS **2007** 91 zum Problem der „unwahren" Verfahrensrüge (dazu *Jahn/Widmaier* JR **2006** 166). Abl. dazu auch *Hollaender* JR **2007** 6, 10 f.; *Gaede* StraFo **2007** 29, 32 f.; zust. aber LG Berlin NZV **2010** 529; *W. Winkler* FS Tolksdorf 425, 429 f.; *Satzger/Hanft* NStZ **2007** 185, 190; *Fahl* JR **2007** 34, 38. Der *Große Senat für Strafsachen* ist dieser dogmatischen Konstruktion in BGHSt (GrS) **51** 298, 313 Tz. 54 ff. nicht gefolgt.

455 Betont von BayObLG NStZ **2004** 647 m. Anm. *Kudlich* HRRS **2005** 10; OLG Hamburg NJW **1998** 622 m. Anm. *Kudlich* NStZ **1998** 588; *Kudlich* (Mißbrauchsverbot) 103 ff., 205; *ders.* HRRS **2007** 9, 13 f.; *ders.* JuS **1997** 510; *Roxin* FS Hanack 1, 20; *Beulke* FS Amelung 543, 563 (Verbot, „die Effektivität der Strafrechtspflege in ihrem Kernbereich zu torpedieren"); *Hassemer* FS Meyer-Goßner 127, 131 ff.; *Scheffler* GA **1996** 46; *ders.* JR **1993** 172; *Kniemeyer* 38 f.; *Grüner* 114; aus konventionsrechtlicher Sicht auch *Gaede* (Fairness) 681 f.

456 Krit. zu dieser Begründung *Danckert/Bertheau* FS Hanack 27, 36 ff.; *Herdegen* NStZ **2000** 3; *Jahn* ZRP **1998** 108; *Th. Fischer* NStZ **1997** 216; *Kempf* StV **1996** 510; *Barton* StV **1995** 290; *Mehle* StraFo **1995** 2; *J. Schulz* StV **1991** 361.

457 Beginnend mit BGH NStZ **2005** 34; NJW **2005** 2466 (Fall *Zantop*); NStZ-RR **2007** 21; **2007** 119; **2009** 207; NJW **2009** 3248; wistra **2011** 71; NZWiSt **2012** 75; weitere Beispiele – es handelt sich insgesamt um 37 Entscheidungen (vollständige tab. Zusammenstellung bei *Mandera* 187 ff.) – auch bei *Ventzke* FS Fezer 477, 481 ff.; *Ignor* ÖAnwBl. **2011** 128, 129; *Pfister* StV **2009** 550, 551 ff.: Die Strafjustiz stoße an ihre Grenzen, „wenn die Verteidigung ... zwar formal korrekt und im Rahmen des Standesrechts geführt wird, sich aber dem traditionellen Ziel des Strafprozesses, der Wahrheitsfindung in einem prozessordnungsgemäßen Verfahren, nicht mehr verpflichtet fühlt und die durch die Strafprozessordnung gewährleisteten Verfahrensrechte in einer Weise nutzt, die mit der Wahrnehmung ihrer Aufgabe, den Angeklagten vor einem materiellen Fehlurteil oder (auch nur) einem prozessordnungswidrigen Verfahren zu schützen, nicht mehr zu erklären ist". Tatsächlich nahmen aber nicht alle (seinerzeit) fünf *Strafsenate* an dieser Rechtsprechungsentwicklung in einem vergleichbaren Umfang teil, was schon deshalb aufhorchen lassen muss, weil sie

kungen bei Gelegenheit der Entscheidungsgründe – deutliche Kritik an dem Verhalten einzelner Verteidiger artikuliert und deren Prozessverhalten als dysfunktional gerügt hat. Die Begründungen variieren. Sie reichen von der Annahme der Verschleppungsabsicht beim Stellen von Beweisanträgen über den Vorwurf widersprüchlichen Prozessverhaltens bis hin zu sonst nicht näher qualifiziertem rechtsmissbräuchlichem und/oder berufsrechtswidrigem Verhalten bei der Ausübung prozessualer Gestaltungsrechte.

130 Nach hier vertretener Auffassung ist vor dem **„Missbrauch mit dem Missbrauch"** jenseits der **Grenzen** legitimer richterlicher **Rechtsfortbildung** zu warnen.[458] Auch der Umkehrschluss aus den positivierten Missbrauchstatbeständen in § 26a Abs. 1 Nr. 3, § 138a Abs. 1 Nr. 2, § 231a, § 241 Abs. 1 und 2, § 244 Abs. 3 und Abs. 6 Satz 2, § 245 Abs. 2 Satz 2 und § 266 lässt der Rechtsprechung kaum einen Auslegungsspielraum.[459]

131 **b) Folgen der Pflichtverletzung des Verteidigers.** Die **Rechtsfolgen** sind die gleichen wie beim Fehlen oder Überschreiten eines Rechts.[460]

§ 137
Recht des Beschuldigten auf Hinzuziehung eines Verteidigers

(1) [1]Der Beschuldigte kann sich in jeder Lage des Verfahrens des Beistandes eines Verteidigers bedienen. [2]Die Zahl der gewählten Verteidiger darf drei nicht übersteigen.

(2) [1]Hat der Beschuldigte einen gesetzlichen Vertreter, so kann auch dieser selbständig einen Verteidiger wählen. [2]Absatz 1 Satz 2 gilt entsprechend.

Schrifttum

P.-A. Albrecht/Stern Verteidigung in Jugendstrafsachen, StV **1988** 410; *Bannenberg u. a.* Alternativentwurf Reform des Ermittlungsverfahrens (2002); *Barton* Einführung in die Strafverteidigung² (2013); *Beckemper* Durchsetzbarkeit des Verteidigerkonsultationsrechts und die Eigenverantwortlichkeit des Beschuldigten (2002); *Beulke* Der Verteidiger im Strafverfahren (1980); *ders.* Muß die Polizei dem Beschuldigten vor der Vernehmung „Erste Hilfe" bei der Verteidigerkonsultation leisten? NStZ **1996** 257; *Bohlander* Verteidigernotdienst im strafprozessualen Ermittlungsverfahren (1992); *Bockemühl* Private Ermittlungen im Strafprozeß (1996); *Bringewat* Der „Verdächtige" als schweigeberechtigte Auskunftsperson? JZ **1981** 289; Bundesministerium der Justiz (Hrsg.) Verteidigung in Jugendstrafsachen (1987); *Corell* Muss ein Beschul-

---

grundsätzlich vergleichbares Fallmaterial aufgrund der in der Geschäftsverteilung prinzipiell nach Regionen des Bundesgebietes geordneten Zuständigkeit präsentiert bekommen. Nach dem Jahr 2009 ebbt die Welle der Entscheidungen weitgehend ab, ohne dass aufgrund äußerer Ereignisse oder Änderungen des zugrundeliegenden strafprozessualen Rechtsrahmens ersichtlich wäre, warum Folgeentscheidungen ausblieben.

458 So auch *Ignor* FS Schlüchter (1998) 39, 44 ff.; *Sven Thomas* StV **2010** 428, 430 f.; SSW/*Beulke* Einl. 163; *ders.* StV **2009** 554, 555; *Jahn* StV **2009** 663, 665 ff.; *ders.* JZ **2006** 1134 f.; *ders.* NStZ **1998** 392 f.; *ders./A. Schmitz* wistra **2001** 328; HdBStrR/*Jahn/Brodowski* § 17, 133; *Rüping* JZ **1997** 865, 869; *Kempf* StV **1997** 208; *Dahs* NJW **1992** 2865 (vermittelnd *ders.* FS Nehm 243 f.); HK-GS/*Weiler* § 137, 5 a. E.; SK/*Wohlers* Vor § 137, 63; Radtke/Hohmann/*Reinhart* § 137, 13; *Pöstges* 183 ff.; *E. K. Günther* 109 f. (mit Vorschlag *de lege ferenda* a. a. O. 167); *Horvat* Das allgemeine Missbrauchsverbot im Strafprozess – Praxis oder Recht?, Diss. Erlangen-Nürnberg (2012) 175 ff.; erg. § 138a, 52 u. 61.

459 *Th. Fischer* StV **2010** 423, 427 f.; *Kelker* StV **2008** 381, 383 f.; *Kühne* NJW **1998** 3027; *Krahl* GA **1998** 342; *R. Hamm* NJW **1993** 296; Radtke/Hohmann/*Reinhart* § 137, 14; *Pöstges* 188; *Mandera* 19 ff.; sympathisierend auch *Hartmut Schneider* FS Geppert 607, 615; KK/*Willnow* Vor § 137, 11.

460 S. oben Rn. 122.

https://doi.org/10.1515/9783110630244-002

digter auf Strafverteidigernotdienste hingewiesen werden? – Eine Untersuchung mit Blick auf Österreich und die Schweiz, StraFo **2011** 34; *Corell/Sidhu* Das Recht auf Rechtsbeistand nach dem europäischen Fahrplan zur Stärkung der Verfahrensrechte in Strafverfahren, StV **2012** 246; *Dahs* Zur Verteidigung im Ermittlungsverfahren, NJW **1985** 1113; *DAV-Forum* Reform des Ermittlungsverfahrens, AnwBl. **1986** 49; *Deckers* Verteidigung in Haftsachen, NJW **1994** 2261; *ders.* Strafverteidigung (2005); *ders.* Reform des Strafprozesses – Unverzichtbares aus der Sicht der Verteidigung, StraFo **2006** 269; *Dedy* Ansätze einer Reform des Ermittlungsverfahrens (2002); *Ernesti* Grenzen anwaltlicher Interessenvertretung im Ermittlungsverfahren, JR **1982** 221; *Freyschmidt/Ignor* Mehr Verteidigung im Ermittlungsverfahren?! Anmerkungen zum Diskussionsentwurf für eine Reform des Strafverfahrens, NStZ **2004** 465; *Fuchs* Der Verteidiger im Jugendstrafverfahren (1992); *R. Hamm* Die Verteidigungsschrift im Verfahren bis zur Hauptverhandlung, StV **1982** 490; *ders.* Rechtsbehelfe im Ermittlungsverfahren, AnwBl. **1986** 66; *ders.* Staatliche Hilfe bei der Suche nach Verteidigern – Verteidigerhilfe zur Begründung von Verwertungsverboten, NJW **1996** 2185; *Heghmanns* Verteidigung in Strafvollstreckung und Strafvollzug² (2012); *ders.* Aktuelle Reformkonzepte für das Strafverfahren, JA **2002** 985; *Herrmann* Das Recht des Beschuldigten, vor der polizeilichen Vernehmung einen Verteidiger zu befragen, NStZ **1997** 209; *Heubel* Die Verschiebung der Hauptverhandlung wegen Verspätung des Verteidigers, NJW **1981** 2678; *Ignor/Matt* Integration und Offenheit im Strafprozeß – Vorschläge zu einer Reform des Strafverfahrens, StV **2002** 102; *Jahn* „Konfliktverteidigung" und Inquisitionsmaxime (1998); *ders.* Das partizipatorische Ermittlungsverfahren im deutschen Strafprozess, ZStW **115** (2003) 815; *ders.* Aktuelle Probleme der Reform des Strafverfahrens, NJ **2005** 106; *ders.* „... but you won't fool the children of the revolution" – Der Strafverteidiger als Organ der Rechtspflege oder Vertragspartner des Beschuldigten? in: 25 Jahre Bastille-Entscheidungen – Quo vadis Anwaltschaft, (Hrsg.) Chr. Wolf/Galer 2015, 94; *ders.* Die Rechtsstellung des Verteidigers im heutigen deutschen Strafverfahren, StV **2014** 40; *ders.* Das heutige strafprozessuale Ermittlungsverfahren aus Sicht von Wissenschaft und Justiz: Die Entwicklung in den letzten drei Jahrzehnten und die rechtspolitischen Baustellen, in: Wider die wildwüchsige Entwicklung des Ermittlungsverfahrens, (Hrsg.) Barton/Kölbel/Lindemann (2015) 35; *Jahn/Krehl/Löffelmann/Güntge* Die Verfassungsbeschwerde in Strafsachen² (2017); *Jarass*, Strafrechtliche Grundlagen im Unionsrecht, NStZ **2012** 611; *Dietmar Krause* Einzelfragen zum Anwesenheitsrechts des Verteidigers im Strafverfahren, StV **1984** 173; *Kamann* Mehr Soll als Haben: Der Einfluß der Strafverteidigung auf die Gestaltung des Strafvollzugs, StV **1996** 120; *Kasten* Die „Terminshoheit" des Gerichts und das Recht auf Verteidigung (2017); *Kautenburger-Behr* Zum Rederecht des Verteidigers nach Verlesung des Anklagesatzes, Diss. Würzburg (2004); *Kutschera* Verwertungsverbot bei unterbliebenem Hinweis auf einen Strafverteidigernotdienst, StraFo **2001** 262; *Krekeler* Der Beweiserhebungsanspruch der Verteidigung im Ermittlungsverfahren unter besonderer Berücksichtigung des Sachverständigenbeweises, AnwBl. **1986** 62; *Krumm* Terminierungsfragen im Straf- und OWi-Verfahren, NJ **2019** 326; *Lappe* Kann ein verfahrensfähiger Minderjähriger selbst einen Anwalt bestellen? Rpfleger **1982** 10; *Laubenstein* Verteidigung im Strafvollzug, Diss. Frankfurt/M. (1984); *Litwinski* Strafverteidigung im Strafvollzug, Diss. Kiel (1986); *Marxen* Tonaufnahmen während der Hauptverhandlung für Zwecke der Verteidigung, NJW **1977** 2188; *Egon Müller* Strafverteidigung, NJW **1981** 1801; *ders.* Bemerkungen zu den Grundlagen der Reform des Ermittlungsverfahrens, AnwBl. **1986** 50; *Müller-Dietz* Aufgaben und Möglichkeiten der Verteidigung im Strafvollzug, StV **1982** 83; *Nelles* Der Einfluß der Verteidigung auf Beweiserhebungen im Ermittlungsverfahren, StV **1986** 74; *Nilgens* Die Verpflichtung des RA zu eigener Information, Diss. Saarbrücken (1993); *Ostendorf* Die Pflichtverteidigung im Jugendstrafverfahren, StV **1986** 308; *ders.* Der Verteidiger in Jugendstrafverfahren (Buchbesprechung), StV **1994** 53; *Pestke* Die Mitwirkung des Rechtsanwalts an öffentlich-rechtlichen Verfahren, BRAK-Mitt. **1988** 241; *Petri* Die konsensuale Terminierung in Strafsachen – eine Quadratur des Kreises? NJW **2018** 3344; *Pfordte/Degenhard* Der Anwalt im Strafrecht (2005); *Plekksepp* Die gleichmäßige Gewährung des Rechts auf Verteidigerbeistand (2002); *Renzikowski* Das Recht auf den Beistand eines Verteidigers im Lichte von Art. 6 Abs. 3 lit. c EMRK und des 6th Amendments zur US-Verfassung, FS II C. Roxin 1341; *Rieß* Der Verteidiger als Garant verfahrensrechtlicher Garantien gegenüber dem Erziehungsauftrag des Jugendstrafverfahrens, in: Verteidigung in Jugendstrafsachen. Eine Dokumentation des BMJ (1987) 40; *Rissel* Die verfassungsrechtliche Stellung des Rechtsanwalts, lbs. in seiner Funktion als Verteidiger im Strafverfahren, Diss. Marburg (1980); *Rixen* Wann darf der Verteidiger Kontakt zum Beschuldigten aufnehmen? NJ **2001** 237; *I. Roxin* Ambivalente Wirkung des Beschleunigungsgebots, GA **2010** 425; *Rzepka* Zur Fairneß im deutschen Strafverfahren (2000); *Schaefer* Zum Anwesenheitsrecht des Verteidigers bei polizeilicher Vernehmung des Beschuldigten, MDR **1977** 980; *Schlothauer* Vorbereitung der Hauptverhandlung[2] (1998); *Schmuck* § 137 Abs. 1 S. 2 StPO in der täglichen Praxis, Praxis Verkehrsrecht **2002** 352; *Hartmut Schneider* Strafprozessuale Anforderungen an Polizeibeamte zur Ermöglichung der Verteidigerkonsultation durch den festgenommenen Beschuldigten, Jura **1997** 131; *Schöch* Der Einfluß der Strafverteidigung auf den Verlauf der Untersuchungshaft (1997); *ders.* Kurze Untersuchungshaft durch frühe Strafverteidigung? StV **1997** 323; *Schrepfer* Die Anwesenheit des Verteidigers bei der polizeilichen Beschuldigtenvernehmung (2001); *Schünemann* Wohin treibt der deutsche Strafprozess? ZStW **114** (2002) 1; *Schwaben* Die Rechtsprechung des BGH zwischen Aufklärungsrüge und Verwertungsverbot, NStZ **2002** 288; *Sommer* Maßnahmen des Strafverteidigers in der Hauptverhandlung, ZAP **1994** 101; *Semran u. a.* Verteidigung junger Beschuldigter aus der Sicht von Rechtsanwälten, MschrKrim **78** (1995) 34; *Spaniol* Das Recht auf Verteidigerbeistand im Grundgesetz und in der Europäischen Menschenrechtskonvention (1990); *Stern* Zur Verteidigung des Verurteilten in der Wiederaufnahme, NStZ **1993** 409; *ders.* Verteidigung im Mord- und Totschlagsverfahren[3] (2013); *Strate/Ventzke* Unbeachtlichkeit der Verletzung des § 137 Abs. 1 S. 1 StPO im Ermittlungsverfahren? StV **1986** 30; *Thomas* Erweiterte Teilhaberechte der Verteidigung im reformierten Ermittlungsverfahren, AnwBl. **1986** 56; *Ulrich* Handlungsmöglichkeiten des Strafverteidigers im Haftverfahren? StV **1986** 268; *Vehling* Die Funktionen des Verteidigers im Strafverfahren, StV **1992** 86; *Vetter* Verteidigerkonsultation im Ermittlungsverfahren (2018); *M. Walter* Stellung und Bedeutung des Strafverteidigers in jugendkriminalrechtlichen Verfahren, NStZ **1987** 481; *ders.* (Hrsg.) Strafverteidigung für junge Beschuldigte (1997); *Widmaier* Höchstzahl von drei Verteidigern (§ 137 StPO) – nicht in der Justizvollzugsanstalt, StraFo **2011** 390; *Wohlers* Beschleunigungsgrundsatz vs. Anspruch auf den Verteidiger des Vertrauens, JR **2019** 615; *Zaczyk* Das Anwesenheitsrecht des Verteidigers bei richterlicher Vernehmung im Ermittlungsverfahren (§ 168c StPO), NStZ **1987** 535.

Entstehungsgeschichte

Der Wortlaut von Absatz 1 Satz 1 und Absatz 2 Satz 1 ist bis heute in seiner **ursprünglichen Fassung** verblieben. Bemerkenswert bleiben aber der Entwurf 1919 und der Vorentwurf 1936. Sie enthielten den Versuch einer Definition der Aufgaben des Verteidigers.[1] Durch das 1. StVRErgG wurden die Limitierungen in Absatz 1 Satz 2 und Absatz 2 Satz 2 eingefügt.[2]

Übersicht

1 Dazu BMJ/*Rieß* 40, 41.

2 Unten Rn. 62.

I. Zweck und Grundlagen der Vorschrift

1. Verfassungs-, menschen- und europarechtliche Grundlagen des Rechts auf 1
Hinzuziehung eines Verteidigers. § 137 Abs. 1 Satz 1 bestätigt einfach-rechtlich den bereits **verfassungsrechtlich verbürgten Anspruch** des Beschuldigten, sich im Strafverfahren von einem Verteidiger seiner Wahl und seines Vertrauens verteidigen zu lassen.[3] Schon in Art. 135 Abs. 2 des Verfassungsentwurfs, formuliert von *Zinn*, *Strauß* und *Dehler*,[4] war ein Recht auf Verteidigerwahl entsprechend § 137 vorgesehen („Jeder Angeklagte kann sich eines Verteidigers bedienen"). Nachdem jedoch eine Reihe von Formulierungsvorschlägen als zu weitgehend oder zu eng abgelehnt worden waren, beschloss man, die Entscheidung einer künftigen Reform der Strafprozessordnung zu überlassen.[5]

Diese zeitgeschichtlich bedingte Zurückhaltung bei der Formulierung des Texts des 2
Grundgesetzes erklärt, warum die **positiv-rechtliche Grundlage** der der Sache nach unstreitigen Garantie nicht abschließend geklärt ist. Nach der Rechtsprechung[6] gehört dieser Anspruch zum Gewährleistungsgehalt des Rechts auf ein **faires Strafverfahren** (Art. 2 Abs. 1, Art. 1 Abs. 1 Satz 1 i. V. m. Art. 20 Abs. 3 GG). Die objektiv-rechtliche Grundlage für das Prinzip des fair trial ist in der Staatsfundamentalnorm des Art. 20 Abs. 3 GG zu suchen, der zur Absicherung der Möglichkeit prozeduraler Geltendmachung die allgemeine Handlungsfreiheit des Art. 2 Abs. 1 GG und die Menschenwürdegarantie des

3 BVerfGE **34** 302; **39** 136; **39** 243; **66** 139; **70** 322 f.; **110** 226, 253; OLG Braunschweig StraFo **2004** 242; *Jahn* StV **2014** 40, 46; HdBStrR/*Jahn*/*Brodowski* § 17, 1; Meyer-Goßner/*Schmitt* 2; SK/*Wohlers* 3; AnwK-StPO/*Krekeler*/*Werner* 1; *Pfeiffer* 1. Ausf. zu den verfassungsrechtlichen Grundlagen des Verteidigerkonsultationsrechts *Beckemper* 38 f.; *Vetter* 64 f.

4 *v. Doemming* JöR n. F. **1** (1951), 741, 742.

5 Vgl. *Jahn* (Konfliktverteidigung) 21; HdBStrR/*Jahn*/*Brodowski* § 17, 4.

6 BVerfGE **68** 255; **110** 226, 253 f.; **113** 29, 47 ff. m. Anm. *Kutzner* NJW **2005** 2652; BVerfG NJW **1984** 862; BVerfG (*3. Kammer* des *Zweiten Senats*) NJW **2006** 3197, 3198; BVerfGK **19** 326, 334 f.; **17** 311, 312; BGHSt **42** 20 f.; **39** 312; OLG Bremen StV **2019** 175; NJOZ **2016** 1884, 1889 Tz. 51; OLG Köln StV **1992** 8; LG Leipzig Urt. v. 14.2.2008 – 4 Ns 638 Js 13218/07, S. 8.

Art. 1 Abs. 1 Satz 1 GG „als subjektiv-rechtliche Transmissionsriemen" beigegeben werden.[7] Mit der Verankerung des Rechts auf Verteidigung im Verfassungsprinzip des rechtsstaatlichen Strafverfahrens habe das BVerfG – so kommentiert es seine eigene Judikatur[8] – von jeher die freie Wahl und das Vertrauen als Voraussetzungen einer effektiven Strafverteidigung hervorgehoben. Demgegenüber stellt die wohl noch überwiegende Meinung im **Schrifttum**[9] darauf ab, dass das Recht auf Verteidigung durch einen Beistand durch das grundrechtsgleiche Recht auf **rechtliches Gehör** verbürgt ist. Art. 103 Abs. 1 GG sei als ein gegenüber den allgemeinen Freiheitsrechten des Beschuldigten spezielleres Recht auf Verteidigerbeistand zu interpretieren. Auf eine etwaige Inhabilität des Beschuldigten, seine Interessen selbst zielführend zu Gehör bringen zu können, kommt es nicht an. Das Gegenargument der Rechtsprechung,[10] Art. 103 Abs. 1 GG gewährleiste nur das rechtliche Gehör als solches, nicht rechtliches Gehör gerade durch die Vermittlung eines Rechtsanwalts, wirkt angesichts der allseits beklagten Komplexität des Rechts im Allgemeinen und des strafgerichtlichen Verfahrens im Besonderen heute hölzern und, denkt man an das Wirtschafts- und Steuerstrafverfahren, **fast** schon **zynisch.** Unabhängig von dieser verfassungsdogmatischen Streitfrage, deren praktische Relevanz auch wegen der Gleichordnung beider Rechte in Art. 93 Abs. 1 Nr. 4a GG zu vernachlässigen ist,[11] besteht Einigkeit über den **Gewährleistungsgehalt.**[12]

3 § 137 ist zugleich als Konkretisierung des **Art. 6 Abs. 3 lit. c Hs. 2 EMRK**, der ein Recht auf **konkrete und wirkliche Verteidigung** verbürgt,[13] in grundsätzlich allen Verfahrensstadien zu begreifen.[14] **Art. 48 Abs. 2 GRC** („Jedem Angeklagten wird die Achtung der Verteidigungsrechte gewährleistet") setzt dies voraus, denn für sich genommen bringt die Vorschrift nicht mehr zum Ausdruck, als dass dem Angeklagten überhaupt Verteidigungsrechte zustehen, die zu gewährleisten sind. Was dagegen zu diesen Verteidigungsrechten gehört und in welchem Umfang sie jeweils zu achten sind, lässt die

---

7 Zur Dogmatik *Jahn* ZStW 127 (2015) 549, 564 m. zahlr. w. N. zur der seit BVerfGE **38** 105, 111 (für den Rechtsstaatsbezug) und BVerfGE **57** 250, 274 f. (für die Grundrechte) st. Rspr.

8 In BVerfGK **17** 311, 312.

9 *Renzikowski* FS II C. Roxin 1341 f.; *Eser* FS Widmaier (2008) 147, 153; *Neuhaus* StV **2002** 43, 46 f.; *J. Schulz* StV **1991** 354, 361; *Pestke* BRAK-Mitt. **1988** 241, 243; *Gusy* AnwBl. **1984** 225, 226; *R. Schneider* NJW **1977** 875; *Rick* 87; *Spaniol* 225; *Barton* (Mindeststandards) 56; MüKo/*Thomas*/*Kämpfer* 4; AnwK-StPO/*Krekeler*/*Werner* 1; HdBStrR/*Jahn*/*Brodowski* § 17, 5. Von einer engen Verbindung zwischen Art. 103 Abs. 1 GG und dem Recht auf Verteidigung gehen OLG Bamberg DAR **2012** 87 f.; OLG Brandenburg StraFo **2009** 250 und *Paulus* NStZ **1992** 305, 310 Fn. 105 aus.

10 St. Rspr., BVerfGE **9** 124, 132; **38** 105, 118; BVerfG NJW **1984** 862; OLG Hamm ZfSch **2010** 649 f.; OLG Hamm Beschl. v. 12.9.2012 – III-3 RBs 253/12, Tz. 10, juris.

11 So auch *Haffke* StV **1981** 471, 476; *Beulke* 86; *Rissel* 79. Dies gilt insbesondere angesichts von § 1 Abs. 2 BORA: „Die Freiheitsrechte des Rechtsanwalts gewährleisten die Teilhabe des Bürgers am Recht. Seine Tätigkeit dient der Verwirklichung des Rechtsstaats". In Satz 1 werden über den Begriff der „Teilhabe" Gehalte des Art. 103 Abs. 1 GG hervorgehoben, während Satz 2 auf Art. 20 Abs. 3 GG abstellt, vgl. *Jahn* (Konfliktverteidigung) 210 Fn. 320.

12 Sogleich Rn. 4 ff.

13 Grdlg. EGMR StV **1985** 441, 442 – *Goddi*; NJW **2019** 1999, 2001 ff. Tz. 123 ff. m. w. N. – *Beuze*; BGHSt **46** 44; *Renzikowski* FS Roxin 1362; *Gaede* (Fairness als Teilhabe) 497 ff., 518; *ders.* FG Fezer 21; *Esser*/*Gaede*/*Tsambikakis* NStZ **2011** 140, 144 ff.; *Demko* HRRS **2006** 250, 252 ff.; *Vetter* 497; *Plekksepp* 66 ff. (jeweils auch zum völkerrechtlichen Hintergrund in Art 14 Abs. 3 lit. b IPBPR); Meyer-Goßner/*Schmitt* Art. 6 EMRK, 20; SSW/*Beulke* 1 sowie ausf. LR/*Esser*[26] Art. 6 Rn. 724 ff.

14 Vgl. BVerfGE **110** 253; BVerfG NJW **1984** 2403; BGHSt **38** 374; BGHSt **38** 349; BGHSt **39** 146; BGHSt **39** 314; BGHSt **46** 37, 44; *Renzikowski* FS II C. Roxin 1341, 1345 ff.; *Jahn* StV **2014** 40, 46; HdBStrR/*Jahn*/*Brodowski* § 17, 6; *Corell*/*Sidhu* StV **2012** 246 f.; *Gusy* AnwBl. **1984** 225, 226; *Rzepka* 397; SK/*Wohlers* Vor § 137, 31 f.; HK/*Julius*/*Schiemann* 1; SSW/*Beulke* 9.

Bestimmung offen.[15] Auch nach dem erläuternden Bericht und der RL 2013/48/EU ist in Übereinstimmung mit der Rspr. des EGMR[16] davon auszugehen, dass die in Art. 48 Abs. 2 GRC niedergelegten Rechte denen in Art. 6 Abs. 1-3 EMRK entsprechen. Nach Art. 3 Abs. 1 der wegweisenden **Richtlinie 2013/48/EU** muss Verdächtigen und beschuldigten Personen das Recht auf Zugang zu einem Rechtsbeistand so rechtzeitig und in einer solchen Art und Weise zukommen, dass die betroffenen Personen ihre Verteidigungsrechte **praktisch und wirksam** wahrnehmen können. Die inhaltliche und sprachliche Inspiration durch die Straßburger Judikatur ist augenfällig. Nach Art. 3 Abs. 2 dieser Richtlinie können Verdächtige oder beschuldigte Personen unverzüglich, in jedem Fall zu den dort ausdrücklich genannten Zeitpunkten Zugang zu einem Rechtsbeistand erhalten. Dies ist nach deutschem Strafverfahrensrecht gerade durch § 137 Abs. 1 Satz 1 gewährleistet.[17]

2. Abzuleitende Schutzdimensionen der Norm: Abwehrrecht und Institutsgarantie. Die Vorschrift in Absatz 1 Satz 1 wird in dem seit der Vorauflage erschienenen Kommentarschrifttum des letzten Jahrzehnts teilweise zu kleiner Münze geschlagen, wenn sie nur als „eine Art ‚Merkposten'" für die Strafverfolgungsbehörden gelesen[18] oder ihr sogar jeglicher materieller Gehalt abgesprochen wird.[19] Es gelten vielmehr die allgemeinen Auslegungsgrundsätze. Zu unterscheiden ist danach die klassisch **abwehrrechtliche Ebene** von der **Institutsgarantie** der **Strafverteidigung**. 4

Individualrechtlich können wiederum **zwei Aufgaben** unterschieden werden: Der Verteidiger als nach dem Wortlaut berufener und unabhängiger „Beistand" nach Absatz 1 Satz 1 hat seinen Mandanten zunächst einmal zu unterstützen und dessen Rechte und Interessen bestmöglich wahrzunehmen (**Beistandsaufgabe des Verteidigers**).[20] Er muss der öffentlichen Gewalt gegenüber jedes Defizit ausgleichen, das den Beschuldigten, „wenn dieser mangels Kenntnis oder mangels Fähigkeit dazu nicht in der Lage ist",[21] an der Wahrnehmung seiner Rechte als gleichwertiges und mit gleichen Waffen ausgestattetes Prozesssubjekt hindert. Er hat seinen Mandanten ferner vor Rechtsverlusten zu schützen, vor Fehlentscheidungen durch Gerichte und Behörden zu bewahren und gegen verfassungswidrige Beeinträchtigung und staatliche Machtüberschreitung zu sichern (**Schutzaufgabe des Verteidigers**).[22] Ihn trifft die Pflicht, alles zu tun, was im Rahmen seines Auftrags zugunsten des Mandanten möglich ist.[23] Das korrespondierende 5

15 *Jarass* NStZ **2012** 611, 614; Meyer-EUV/*Eser*, Art. 48, 24; Callies/Ruffert-EUV/*Blanke*, Art. 48, 5; HdBStrR/*Jahn*/*Brodowski* § 17, 7; *Plekksepp* 80 f.

16 EGMR NJW **2019** 3627, 3629 Tz. 136.

17 HdBStrR/*Jahn*/*Brodowski* § 17, 7 f.; zutr. auch BTDrucks. **18** 9534 S. 11.

18 Formulierung von SSW/*Beulke* 13.

19 Von Radtke/Hohmann/*Reinhart* 19: „Über den Inhalt und die Grenzen des Rechts auf materielle Verteidigung besagt die Vorschrift nichts"; ähnlich Meyer-Goßner/*Schmitt* 3: „Über die Befugnisse des Verteidigers sagt § 137 nichts".

20 BbgVerfG NJW **2003** 2009, 2010; VerfGH RhPf. NJW **2006** 3341, 3343 m. Anm. *Kühne*/*Haufs-Brusberg* StV **2006** 316; SSW/*Beulke* 11; HdBStrR/*Jahn*/*Brodowski* § 17, 11; *Plekksepp* 335 f. Vgl. auch *BRAK* Thesen zur Strafverteidigung[2] (2015) These 1 Abs. 2 Satz 1.

21 BGHSt **41** 69, 72.

22 BVerfG (2. *Kammer* des *Ersten Senats*) NJW **1996** 3268 m. abl. Anm. *Foth* NStZ **1997** 36; SSW/*Beulke* 11; HdBStrR/*Jahn*/*Brodowski* § 17, 11; vgl. auch *BRAK* Thesen zur Strafverteidigung[2] (2015) These 1 Abs. 2 Satz 2. Zum Zusammenhang der Formulierung s. *Jahn* in: 25 Jahre Bastille-Entscheidungen (2015) 94, 121 ff.

23 BVerfGE **101** 312, 328. Obgleich zu einer zivilprozessualen Problematik ergangen, ist diese Maxime schon angesichts des Vertragsprinzips (Vor § 137, 26 ff.) auch für das Strafprozessrecht bedeutsam, vgl. *Jahn* StV **2014** 40, 46.

Recht des Beschuldigten auf effektiven Beistand gewährleistet erst seine Stellung als Subjekt im Strafverfahren.[24]

6 § 137 Abs. 1 Satz 1 nimmt **institutionell** zudem am Rechtsstaatsprinzip des Grundgesetzes teil.[25] Nur im Rahmen seiner Aufgabe, dem Mandanten beizustehen und ihn zu schützen, ist der Strafverteidiger jedoch für ein rechtsstaatliches Verfahren selbst unmittelbar verantwortlich.[26] Der Staat muss unter dem Grundgesetz indes seiner Pflicht, das Publikum mit professioneller Hilfe bei der Rechtssuche zu versorgen, durch die Einrichtung eines institutionellen Freiraums der Verteidigung nachkommen. Der Verteidiger ist deshalb unabhängig. Das bedeutet die Freiheit von jedweder staatlichen Weisung, wie der Verteidiger seinen Mandanten berät, für ihn vor Gericht geht und wie er dort dessen Rechte wahrnimmt. Er gestaltet die Verteidigung im Einvernehmen mit seinem Mandanten **frei, selbstbestimmt** und **unreglementiert**, soweit die allgemeinen Gesetze und das Berufsrecht ihn nicht besonders verpflichten.[27] Diese **Staatsfreiheit** der Strafverteidigungstätigkeit bedeutet im Normbereich des Art. 103 Abs. 1 GG prinzipielle Freiheit von jeglicher staatlicher Ingerenz. Die Einschätzungsprärogative für *alle* Verteidigungshandlungen liegen also beim Verteidiger,[28] denn wer selbst dem Zugriff staatlicher Macht unterliegt, kann vor deren Überschreitung keinen wirksamen Schutz bieten.[29] Die institutionellen Sicherungen der Strafverteidigung sind damit auch an die Staatlichkeit gerichtete **Optimierungsgebote**, die sowohl rechtspolitisch durch den Gesetzgeber als auch bei der Anwendung und Auslegung von Normen des einfachen Rechts durch den Rechtsanwender in den Blick zu nehmen sind.[30] Der in § 137 Abs. 1 Satz 1 niedergelegte Grundsatz der freien Anwaltswahl bedingt den **bestmöglichen Schutz der Vertrauensbeziehung** zwischen Verteidiger und Mandant **im konkreten Verfahren.**[31] Dies erlangt Bedeutung insbesondere bei der gerichtlichen Entscheidung über die die wegen der Verhinderung des Verteidigers zu veranlassende Terminsbestimmung, Terminsverlegung und ggf. Aussetzung der Hauptverhandlung.[32] Zusätzlich zu den aus dem Grundgesetz abgeleiteten Garantien bekräftigen mehrere **Landesverfassungen** (Bayern, Berlin, Brandenburg, Bremen, Hessen, Saarland, Sachsen, Thüringen)[33] die Verteidigungsrechte.

---

24 Zum „Menschenwürdebezug der Strafverteidigung" BVerfGE **129** 208, 264 f. (zu § 160a Abs. 1); vgl. auch *BRAK* Thesen zur Strafverteidigung² (2015) These 1 Abs. 1 Satz 2.

25 BVerfGE **66** 139; HdBStrR/*Jahn*/*Brodowski* § 17, 12. Vgl. heute § 1 Abs. 2 der Berufsordnung der Rechtsanwälte (BORA), die *Thesen der deutschen Rechtsanwaltskammern zur anwaltlichen Selbstverwaltung* AnwBl. **2008** 91 sowie *BRAK* Thesen zur Strafverteidigung² (2015) These 1 Abs. 1 Satz 1.

26 Vgl. auch *BRAK* Thesen zur Strafverteidigung² (2015) These 2 Abs. 3.

27 Vgl. OK-StPO/*Wessing* 3 a. E. und *BRAK* Thesen zur Strafverteidigung² (2015) These 2 Abs. 1.

28 Das ist auch in der Rspr. anerkannt, vgl. etwa BGHSt **18** 396, 397 („Nur der Verteidiger kann beurteilen, ob er zur sachgemäßen Verteidigung noch weiterer Vorbereitung bedarf oder nicht") und BGHSt **35** 200, 203 („Die Prüfung der Zweckmäßigkeit seines Verhaltens findet [nicht – *d. Verf.*] statt. Das gilt auch für Äußerungen des Rechtsanwalts, die er bei der Wahrnehmung von Interessen eines Mandanten als Organ der Rechtspflege gemacht hat und die objektiv geeignet sind, dessen Sache zu dienen"); ebenso BGH StV **1988** 163, 164; OLG Nürnberg StV **1995** 287, 288; OLG Frankfurt NStZ-RR **1997** 77; StV **1994** 288, 289; OLG Düsseldorf JZ **1986** 408; LG Mainz StraFo **1996** 175.

29 *Ignor* NJW **2007** 2403, 2405; *Hellwig* AnwBl. **2008** 644, 653.

30 *Jahn* StV **2014** 40, 46; HdBStrR/*Jahn*/*Brodowski* § 17, 12.

31 Grdlg. *Gusy* AnwBl. **1984** 225, 226.

32 Im Einzelnen dazu unten Rn. 21 ff.

33 Vgl. *Barton* (Einführung) § 1, 17; HdBStrR/*Jahn*/*Brodowski* § 17, 5 a. E.

II. Der Grundsatz der freien Verteidigerwahl (Abs. 1 Satz 1; Abs. 2 Satz 1)

1. Die Wahl durch den Beschuldigten (Abs. 1 Satz 1). Die Wahl durch den Beschuldigten (Abs. 1 Satz 1) ist die **Ausgangsposition** im 11. Abschnitt der Strafprozessordnung über die „Verteidigung". Deren wesentliche Prinzipien sind in **Begriffen** festgehalten, die eine den Sprachgebrauch, die Geschichte und den Zweck der Vorschrift beachtende Dogmatik zu ihren einzelnen Konsequenzen entwickeln kann: 7

a) Beschuldigter. Das ist, in einem weiteren Sinne, jeder, der sich gegenüber einer staatlichen Strafverfolgungsbehörde in einer Situation befindet, die für ihn die Gefahr der Selbstbelastung mit sich bringt. Dieser Gefahr darf jedermann entgegentreten.[34] Dazu passt nicht, dass nach dem Stand der Dogmatik von einem Beschuldigten erst gesprochen werden soll, wenn ein „finaler Verfolgungsakt" registriert werden kann, so dass dieses Verständnis für § 137 Abs. 1 Satz 1 zu eng ist.[35] Die Bedeutung dieser **dogmatischen Streitfrage** darf aber aufgrund einer im Grundsatz begrüßenswerten Entwicklung der Rechtsprechung heute weder für die Theorie noch für die Praxis des Verfahrens überschätzt werden. Sie hat sich von ihrem ursprünglich **subjektiven Beschuldigtenbegriff**[36] immer weiter wegbewegt. Nicht mehr entscheidend ist also auch für die heutige Rechtsprechung die subjektive Vorstellung der Beamten. Sie wird, wie das Fehlen eines Verweises in § 163a Abs. 4 Satz 2 auf § 136 Abs. 1 *Satz 1* zeigt, vom Gesetz selbst für wenig verlässlich gehalten. Dies gilt umso mehr, als die Bestimmung des Anfangsverdachts innerhalb des Polizeiapparates in erster Linie den Beamten des Schutzpolizeidienstes obliegt, die vorrangig die Anzeigen von Privatpersonen aufnehmen und den Streifendienst bestreiten. Bei ihrer Tätigkeit werden häufig nicht nur rollentypische Alltagstheorien, sondern auch selbst für die Staatsanwaltschaft intransparente polizeiinterne Handlungsanweisungen effektiv. Die besondere Skepsis gegenüber dieser polizeilichen Verdachtsschöpfung ist daher auch kriminalsoziologisch gut begründbar.[37] Auch auf dem Boden der heute herrschenden, **subjektiv-objektiven Beschuldigtentheorie**[38] sind die Voraussetzungen des finalen Inkulpationsakts daher nicht aus der Perspektive des handelnden (Polizei-) Beamten, sondern aus derjenigen eines pflichtgetreuen Durchschnittsbeamten zu bestimmen. Entscheidend ist damit auch hier das regelmäßig – wenn auch nur freibeweislich – stärker **objektivierbare Element des Verhaltens** der Beamten nach außen, soweit es Rückschlüsse auf die tatsächliche Stärke des Verdachts zulässt.[39] Die **jeweilige Verfahrenslage** ist damit auch hier von besonderer indizieller Bedeutung für die Erlangung der Beschuldigteneigenschaft. Es gibt also Verhaltensweisen, die schon nach ihrem äußeren Befund belegen, dass der Polizeibeamte dem Befragten als Beschuldigten begegnet.[40] Freilich ist 8

34 *Bringewat* JZ **1981** 294; MüKo/*Thomas/Kämpfer* 5.

35 OK-StPO/*Wessing* 1.1.

36 So noch BGHSt **10** 8, 12 (zutr. dazu *A. Schumann* GA **2010** 699, 712 f.); BGHSt **34** 140; OLG Frankfurt NStZ **1988** 425, 426.

37 Vgl. *Eisenberg/Conen* NJW **1998** 2241, 2245; AK/*Schöch* Vor § 158, 6 ff.; LR/*Lüderssen/Jahn* Einl. M, 99.

38 BGHSt **51** 367, 369 ff. m. Bespr. *Jahn* JuS **2007** 962; BGHSt **38** 214, 227 f.; **37** 48, 51 f.; BGH NStZ-RR **2004** 368 f.; OLG Hamm NStZ-RR **2009** 283, 284; BayObLG wistra **2005** 239, 240; *Rogall* FS Frisch 1199, 1211 ff.; *Hellmann* FS Kühne 235, 244; *Geppert* FS Schroeder 675, 683 ff.; *Müller-Dietz* ZStW **93** (1981) 1177, 1224; *Jahn*, in: Wider die wildwüchsige Entwicklung des Ermittlungsverfahrens, 35, 67 ff.; KMR/*Pauckstadt-Maihold* Vor § 133, 4.

39 Besonders betont bei den eher objektivierenden Theorieströmungen, vgl. LR/*Gleß* § 136, 5; AK/*Gundlach* § 136, 5; *Lüderssen* wistra **1983** 232; *ders.* V-Leute (1985) 9, 10; *Trüg* StraFo **2005** 202, 203.

40 Grdlg. BGHSt **38** 214, 228.

auch nicht zu übersehen, dass die Frage, welche Verhaltensweisen diesen Rückschluss zulassen, eine **Kasuistik** provoziert hat, die verlässliche Antizipationen für zukünftige Fälle nicht eben befördert.

9 **b) Wahlverteidiger.** § 137 Abs. 1 Satz 1 handelt, wie sich aus Satz 2 ergibt, vom „gewählten" Verteidiger. Wer wählbar ist, ergibt sich aus § 138.[41] Bei einer **Anwaltssozietät** werden durch die Bevollmächtigung **alle Mitglieder** Verteidiger.[42] Jedoch gilt nicht das Umgekehrte: Beauftragt der Beschuldigte eine Rechtsanwalts-GmbH (§ 59c Abs. 1 BRAO), so wird nur der konkret für die Kapitalgesellschaft gegenüber dem Gericht handelnde Rechtsanwalt persönlicher Verteidiger im Sinne der Strafprozessordnung.[43] Bei der Beauftragung einer Sozietät in den üblichen Rechtsformen des Personengesellschaftsrechts ist die Beschränkung der Vollmacht auf ein Mitglied möglich.[44] Das ist auch – schon mit Blick auf die Limitierung in Absatz 1 Satz 2 – in der Regel sinnvoll. Denn es dürfen nicht **mehr als drei Mitglieder** einer diese Kopfzahl übersteigenden Sozietät die Wahl durch eine Erklärung oder durch ein entsprechendes Verhalten angenommen haben, weil sonst gegen § 137 Abs. 1 Satz 2 verstoßen würde.[45] Umgekehrt beweist das Vorliegen einer **unbeschränkten Vollmacht** allein noch nicht, dass auch alle Mitglieder der Sozietät tatsächlich die Verteidigung übernommen haben.[46] Von mehreren Verteidigern muss bei Vorliegen der Voraussetzungen des § 218 Satz 1 jeder einzelne **geladen** werden.[47]

10 **c) Beistand.** Der gewählte Verteidiger leistet nach der in Absatz 1 Satz 1 verwendeten Begrifflichkeit „Beistand". Dieser **bewusst weite Begriff** erfährt durch seinen Bezug zum Verfahren und die funktionale Verknüpfung mit dem Wort „Verteidiger" eine Begrenzung, **nicht** aber durch die später nachfolgenden Vorschriften über die Pflichtverteidigung in den §§ 140 ff. Sie handeln auch im Übrigen von der **„Mitwirkung"** des notwendigen Verteidigers (§ 140 Abs. 1 Satz 1 und Abs. 2 Satz 1). Der den ganzen 11. Abschnitt beherrschende Grundgedanke des Beistandleistens geht über die bloße Mitwirkung im Sinne eines primär reaktiven Verhaltensmusters auf einen von der staatlichen Justiz ausgehenden Angriff hinaus. Effektiven Beistand leistet gerade derjenige Verteidiger, der seinem Mandanten durch die aktive **Mitgestaltung** des Sachverhalts – in den durch die Rechtsordnung gezogenen Grenzen – und die proaktive Einflussnahme auf das Verfahren ab initio ***leistend*** **beisteht.** Der von § 137 Abs. 1 Satz 1 gewollte „Beistand" ist zudem **von** der **Vertretung abzugrenzen.**[48] Im Übrigen ist § 137 Abs. 1 Satz 1 systematisch und teleologisch die für die gesamte, im 11. Abschnitt behandelte Verteidigung richtungsweisende **Grundnorm.** Eine **positive Definition** dessen, was Beistand ist, enthält die Strafprozessordnung nicht, ebenso wenig wie eine positive Definition der dem Beschuldigten direkt gestatteten Verteidigung. So ist zunächst der **Verfahrensbezug des Begriffs** fruchtbar zu machen:

---

41 Unten § 138, 1 ff., 36 ff.

42 BVerfGE **43** 91; *Jahn/Kett-Straub* StV **2005** 601; *Weiß* NJW **1983** 90; SK/*Wohlers* 25; KMR/*Hiebl* Vor § 137, 53; Meyer-Goßner/*Schmitt* 6; AnwK-StPO/*Krekeler*/*Werner* 2; *Pfeiffer* 1.

43 LG Bonn AnwBl. **2000** 300; AnwBl. **2004** 727, 728; OK-StPO/*Wessing* 14.

44 BGHSt **40** 188.

45 Zu den Rechtsfolgen unten Rn. 66.

46 BVerfGE **43** 91; BGHSt **27** 127; OLG Hamm MDR **1980** 513; OLG Stuttgart Justiz **1984** 429.

47 Vgl. unten § 145a, 18.

48 Statt aller HdBStrR/*Kudlich*/*Knauer* § 16, 8; vgl. dazu bereits Vor § 137, 86 f.

Das **Verfahren**, in dem der Beistand entfaltet werden kann, dient der Aufklärung einer Straftat.[49] Die Staatsanwaltschaft als »Herrin des Ermittlungsverfahrens« (vgl. Nr. 1 RiStBV) soll, soweit das Verfahren nicht gegen Unbekannt geführt wird, darüber befinden, ob gegen den Beschuldigten ein zur Anklageerhebung und Eröffnung des Hauptverfahrens hinreichender Tatverdacht besteht.[50] Mit der näheren Untersuchung dieses Verdachtes zielen die Ermittlungen auf eine Abklärung des Grades der Wahrscheinlichkeit einer Verurteilung des Beschuldigten in einer späteren Hauptverhandlung (§ 170 Abs. 1). Sich dagegen **effektiv wehren** zu dürfen, macht das Recht des Beschuldigten auf Verteidigung aus. Dieser systematische Zusammenhang mit dem von der Beschuldigung ausgehenden **„Angriff“** definiert dementsprechend die verfahrensmäßige **Rolle des Verteidigers**; dies erklärt die bekannte *Dahs*'sche Metapher[51] von der **Verteidigung als „Kampf“**. Das, was sich nicht als Mittel zur Erreichung dieses Zwecks darstellt, ist **kein Beistand** mehr, wie z. B. die Sicherung der Beute und die Hilfe bei neuen Straftaten. Gleiches gilt für Handlungen, die nicht in Ausübung, sondern nur bei Gelegenheit der vom Gesetz ermöglichten Beistandschaft begangen werden. Von beidem handelt im Einzelnen § 138a.[52] Weitere **Grenzen legitimen Beistands** ergeben sich aus strafbewehrten oder sonstigen Verboten des materiellen Rechts und dem durch das Strafprozessrecht gezogenen Handlungsrahmen legitimer Beistandschaft.[53] 11

Das, was das Verfahrensrecht in seinem **„Kampf um das Recht“**[54] dem Beschuldigten zur Verfügung stellt, ist zudem eine Reihe ausdrücklich fixierter **Gestattungen.** Soweit sie – das ist die Regel – direkt an die Adresse des Beschuldigten gerichtet sind, konkretisieren sie gleichzeitig grundsätzlich auch das, was der Beschuldigte vom Verteidiger als (seinem) Beistand **erwarten** darf. Was dem Verteidiger darüber hinaus direkt gestattet ist, darf, auch wenn das Gesetz es nicht ausdrücklich sagt, der Beschuldigte – das folgt aus seiner Subjektstellung einerseits, der akzessorischen Stellung des Verteidigers andererseits[55] – von ihm grundsätzlich **verlangen.** Auch insoweit ist also Beistand konkretisiert. Aber diese Konkretisierungen sind **nicht** als **System** begreifbar. Sie sind, wechselnden rechtspolitischen Anstößen folgend, nach und nach und tendenziell unsystematisch zusammengekommen. Jede dem Beschuldigten – und damit grundsätzlich auch seinem Verteidiger – ausdrücklich gewährte **Handlungskompetenz** stützt also die Subjektstellung des Beschuldigten, auch wenn das Ganze fragmentarisch bleibt. Dazu treten im Einzelfall besondere Anforderungen an staatliches Handeln, das die Voraussetzungen der **effektiven Wahrnehmung** der Handlungskompetenzen sicherstellen muss. So ist etwa einem der deutschen Sprache nicht mächtigen Beschuldigten nach Art 6 Abs. 3 lit. e EMRK zur Vermeidung einer Diskriminierung nach Art. Abs. 3 GG ein **Dol-** 12

---

49 Begrifflich ausdifferenziert unten Rn. 13 ff.

50 BVerfGE **109** 351; BVerfGK **2** 28; *Rieß* FS Geerds 501, 509; *Lilie* ZStW **111** (1999) 807, 825 f.; Meyer-Goßner/*Schmitt* § 160, 11; *Dahs* (Hdb.) Rn. 222.

51 *Dahs* (Hdb.) Rn. 1; zu weiteren Nachw. Vor § 137, 2 f.

52 Unten § 138a, 20 ff., 53.

53 S. schon oben Vor § 137, 90 ff.

54 Diese Fortführung des soeben in Rn. 11 erwähnten *Dahs*'schen Sprachbilds verdankt sich der st. Rspr. zu den Grenzen der Äußerungsdelikte, insbesondere § 193 StGB, bei anwaltlicher Betätigung im Verfahren, hat also durchaus einen Sachbezug: „Nach allgemeiner Auffassung darf er im ‚Kampf um das Recht‘ auch starke, eindringliche Ausdrücke und sinnfällige Schlagworte benutzen, ferner Urteilsschelte üben oder ‚ad personam‘ argumentieren, um beispielsweise eine mögliche Voreingenommenheit eines Richters ... zu kritisieren“ (BVerfGE **76** 171, 192; ebenso BVerfGK **11** 29, 33; BVerfG NJW **2016** 2870; EGMR NJW **2019** 137, 139 Tz. 61; AnwBl. **2015** 710 m. Anm. *Jahn* JuS **2016** 468 [zahlr. weitere Nachw. zur einschlägigen EGMR-Rspr. zu Art. 10 EMRK bei *Schmitt-Leonardy* AnwBl. **2016** 528] und *Jahn*, in: Formularbuch, I.B.4.b. [S. 22]).

55 Oben Vor § 137, 80.

metscher auf Kosten der Staatskasse für notwendige **Gespräche mit** dem **Wahlverteidiger** beizuordnen.[56] Solche Gespräche sind wegen § 137 Abs. 1 Satz 2 mit einem oder mehreren frei zu wählenden weiteren Verteidigern bis zum Erreichen der gesetzlichen Höchstzahl selbst dann zu führen, wenn bereits ein Pflichtverteidiger bestellt ist.[57] Die dabei entstandenen Auslagen für einen Dolmetscher trägt grundsätzlich die Staatskasse. Nach der Gegenauffassung[58] soll eine Erstattung von Dolmetscherkosten für Wahlverteidigergespräche nur dann möglich sein, wenn eine zusätzliche Wahlverteidigung erforderlich und der Angeklagte nicht selbst in der Lage ist, die notwendigen Mittel hierfür aufzubringen. Eine derartige Parallele zu Art. 6 Abs. 3 lit. c EMRK ist für Art. 6 Abs. 3 lit. e EMRK aber gerade nicht zu ziehen.

13 **d) Bedienen.** Mit dem Verb „bedienen" verbindet sich der Hinweis des Gesetzes auf die grundsätzliche Bindung des Verteidigers an den **Willen des Beschuldigten**. Sie kann rechtlich verbindlich nur durch einen **Vertrag** zu Stande kommen, §§ 675, 611, 665 BGB.[59] Handelt der Verteidiger gegen den Willen des Angeklagten, macht er sich unter Umständen schadensersatzpflichtig.[60]

14 **e) In jeder Lage des Verfahrens.** Zur Feststellung des jeweiligen **Handlungsrahmens** für die Beistandsleistung bietet sich die Unterscheidung nach **allgemeinen Stadien** (Ermittlungs-, Zwischen- und Hauptverfahren, inklusive Rechtsmittel-, Vollstreckungs- und Wiederaufnahmeverfahren)[61] und **besonderen Arten des Verfahrens**[62] an.[63]

aa) Stadien des Verfahrens

15 **aaa) Verdachtsschöpfung und Ermittlungsverfahren.** Der Strafprozess beginnt mit der ersten **Ermittlungshandlung** der Staatsanwaltschaft oder einer ihrer Ermittlungspersonen (§ 152 Abs. 1 GVG).[64] Auch gehört die **Verdachtsschöpfung** zum Begriff des Verfahrens, selbst wenn zweifelhaft erscheint, ob nicht oder auch sogar nur präventive Maßnahmen angezeigt sind.[65] Solange aber noch kein Beschuldigter existiert,[66] ist das für die Anwendung des § 137 Abs. 1 Satz 1 indes noch nicht relevant. Die „Lage des Verfahrens" wird damit in der Regel erst ab der Situation des **ersten „Zugriffs"** der Polizeibehörden relevant. Obwohl die Begründung der Beschuldigteneigenschaft nicht hinaus-

---

56 BVerfGK (*3. Kammer* des *Zweiten Senats*) **1** 333; OLG Hamm NStZ-RR **2014** 328; OLG Brandenburg StV **2006** 28 f.; LG Düsseldorf Beschl. v. 15.12.2015 – 12 KLs 31/15, Tz. 5, juris; LG Dortmund Beschl. v. 31.1.2008 – 36 Qs 6/08; LG Duisburg StV **2000** 195; AG Kiel StV **2000** 195; MüKo/*Thomas*/*Kämpfer* 11; SSW/*Beulke* 20; OK-StPO/*Wessing* 7; zusf. *Kotz* StV **2012** 626 f.

57 LG Bielefeld StraFo **2011** 217 f.; LG Dresden StRR **2011** 156 m. zust. Anm. *Reuker* jurisPR-StrafR 9/**2011** Anm. 4.

58 OLG Düsseldorf NStZ-RR **1999** 215 f.

59 HdBStrR/*Jahn*/*Brodowski* § 17, 41 ff.; ausf. Vor § 137, 29 ff.

60 S. nur OLG Celle NJW **2012** 1227, 1232 m. w. N.

61 Sogleich Rn. 15 ff.

62 Unten Rn. 35 ff.

63 Zu den Begriffen LR/*Kühne* Einl. B, 1 f.

64 Klassisch: *Eb. Schmidt* I, 51.

65 So auch MüKo/*Thomas*/*Kämpfer* 5; SSW/*Beulke* 9; HK-GS/*Weiler* 1 (Erst-recht-Schluss); noch weitergehend für das Wirtschaftsstrafverfahren OK-StPO/*Wessing* 1.2. Zum Problem LR/*Kühne* Einl. F, 247; *Hilger* FS Rieß 171; *Jahn*, in: Wider die wildwüchsige Entwicklung des Ermittlungsverfahrens, 35, 70 ff.

66 Zu den Kriterien oben Rn. 8.

gezögert werden darf, etwa, um die Belehrungspflicht nicht auszulösen,[67] besteht in der polizeilichen **Praxis** eine unübersehbare Tendenz, die erste Phase des **„informatorischen Herumhörens“** zeitlich auszudehnen und diesen Begriff dabei auf das Äußerste zu strapazieren. Gerade in diesem sehr frühen Verfahrensstadium, das die tragenden Prinzipien des Hauptverfahrens (u. a. „Waffengleichheit“, Öffentlichkeit, Unmittelbarkeit und Mündlichkeit) nicht kennt und sich durch die Dominanz polizeilicher Handlungs- und Entscheidungsmuster auszeichnet, führt die nach derzeit noch vorherrschendem Verständnis[68] der Justitiabilität des Verdachtsurteils weitgehende Abwesenheit von Judikative und Überbetonung von Exekutive zu einer Asymmetrie der Gewaltenteilung im Strafverfahren. Hier hat § 137 Abs. 1 Satz 1 die Funktion, deutlich zu machen, dass die **Beistands- und Schutzaufgabe** des Verteidigers auch in der Auslegung der einzelnen, sich während des Verfahrens einstellenden Befugnisfragen zu berücksichtigen ist.[69]

Im Übrigen sind hier aus dem im Prinzip unbegrenzten Kreis der möglichen Verteidigeraktivitäten in erster Linie diejenigen zu behandeln, die in der durch **Reformansprüche** aus verschiedenen Richtungen geprägten Diskussion allmählich eine Hervorhebung erfahren haben. Der gemeinsame Tenor ist, im modernen **Ermittlungsverfahren** werde bereits sehr viel vorentschieden, obwohl die Verwirklichung der Prozesssubjektrolle des Beschuldigten noch zu wünschen übriglasse.[70] Eine **verstärkte Mitwirkung** des Verteidigers sei daher zwingend geboten, weil gerade im Stadium des Anfangsverdachts die Weichen für die gesamten Ermittlungen gestellt würden,[71] Ermittlungsfehler im Vorverfahren sich wie auf einer „Rutschbahn“ bis hin zur Wiederaufnahme des Verfahrens erstreckten und „die Anklageerhebung angesichts der verhältnismäßig geringen Freispruchsquote in der Hauptverhandlung die hohe Wahrscheinlichkeit bedeutet, daß auch der Angeklagte verurteilt wird“.[72] Das Reformprogramm ist also ein mehr partizipatorisch gestaltetes Ermittlungsverfahren. Darunter ist eine Verfahrensstruktur zu verstehen, die die gestalterische und kommunikative Kompetenz des Beschuldigten und seines Verteidigers durch die **Einräumung** von erweiterten **Teilhaberechten** (insbesondere Informations-, Anwesenheits-, Erklärungs-, Frage- und Beanstandungsrechten) für die Erreichung des Verfahrensziels zu nutzen versucht.[73] Die Zielsetzung vermehrter Partizipation ist dabei schon 16

67 BGHSt **38** 214, 227 f.; BayObLG NStZ-RR **2005** 175.

68 Zur Kritik an der h. M. siehe *Störmer* ZStW **108** (1996) 494, 516; *Bernsmann* NStZ **1995** 512, 513; *Grunst* Prozeßhandlungen im Strafprozeß (2002) 279; zur Gegenauffassung *Trüg* StraFo **2005** 202 f.; *Jahn*, in: Wider die wildwüchsige Entwicklung des Ermittlungsverfahrens, 35, 61 ff.

69 Dazu sogleich Rn. 18.

70 *Deckers* StraFo **2006** 269, 271 ff.; *Sven Thomas* AnwBl. **1986** 56; MüKo/*Thomas/Kämpfer* 15. Im Grundsatz zust. *Satzger* StraFo **2006** 45, 46 f.; *B.-D. Meier* GA **2004** 441, 457; *Schlothauer/Weider* StV **2004** 504; *Freyschmidt/Ignor* NStZ **2004** 465, 466; *Schünemann* ZStW **114** (2002) 1, 22; *Heike Jung* GA **2002** 65, 68 f.; *Beckemper* NStZ **1999** 221, 222; *Müller-Dietz* ZStW **93** (1981) 1177, 1227 f.; *Wolter* Aspekte einer Strafprozeßreform bis 2007 (1991) 54; *Deckers* (Strafverteidigung) 18; *Inoue* Die Pflichtverteidigung im Ermittlungsverfahren (2004) 181. Krit. *Bittmann* DRiZ **2001** 112, 120; *Marahrens* DRiZ **2001** 446.

71 Bezeichnenderweise leitet *Peters* Fehlerquellen II 299 mit dieser Feststellung den abschließenden, der Strafprozessreform gewidmeten Abschnitt ein. Gleichsinnig MAH Strafverteidigung/*Schlothauer* § 3, 1; *Dahs* NJW **1985** 1113, 1118; *Beulke* in: H.-L. Schreiber (Hrsg.), Strafprozeß und Reform (1979) 30, 46; *Salditt* StV **2001** 311; *Dombek* DRAK Mitt. **2001** 148.

72 *Egon Müller* AnwBl. **1986** 51.

73 *Beulke* FS Rieß 3, 4 ff.; *Wohlers* GA **2005** 11, 34 f.; *Kempf/Deckers/Greeve u. a.* AnwBl. **2006** 24, 26; *Jahn* ZStW **115** (2003) 815, 823 f.; *ders.* NJ **2005** 106. Vergütungsmäßige Rahmenbedingungen für eine vermehrte Teilhabe am Ermittlungsverfahren sind auch außerhalb des Bereichs der Honorarvereinbarung durch die Terminsgebühr für Teilnahme an Vernehmungen und Haftterminen (Nr. 4102 VV) zumindest ansatzweise geschaffen worden, vgl. dazu *Kroiß* JuS **2005** 33, 34.

heute in der **Auslegung der** nachfolgenden[74] **Einzelvorschriften** und Normenkomplexe des geltenden Rechts – und damit auch der §§ 137 ff. – zu verwirklichen, soweit dieses Telos nach den anerkannten methodischen Standards eine ausreichende Anknüpfung im Normtext und seiner Systematik findet und mit der Entstehungsgeschichte der Norm nicht in Widerstreit gerät. Dies betrifft insbesondere die **praktische Seite** des Rechts auf Verteidigerbeistand, die deshalb in einem eigenen Abschnitt zu behandeln ist.[75]

17 **Im Einzelnen** handelt es sich zunächst um die Bereitstellung der Bedingungen für eine angemessene Verteidigung im Ermittlungsverfahren. Gemeint sind die möglichst frühzeitige **Information** des Beschuldigten „über die Einleitung des Ermittlungsverfahrens und die sie stützenden belastenden Umstände"[76] durch **Benachrichtigungspflichten**, ferner um die rechtzeitige und umfassende **Belehrung** des Beschuldigten über alle prozessualen Rechte,[77] deren Wahrnehmung dem Beschuldigten keinen Nachteil bringen darf, weiter um die Gewährung **rechtlichen Gehörs** und die Bescheidung von Anträgen.[78] Sodann geht es um aktive **Teilhaberechte**, wie das Stellen von **Beweisanträgen** (§ 163a Abs. 2) und die Geltendmachung von Beweiserhebungsansprüchen.[79] Einflussnahme auf die **Auswahl des Sachverständigen** und den Inhalt seines Auftrags,[80] die Anfechtung ablehnender Bescheide als Teilaspekt der Rechtsbehelfe im Ermittlungsverfahren[81] und das Recht auf **eigene Erhebungen.**[82]

18 **bbb) Zwischenverfahren.** Im Zwischenverfahren hat der Beschuldigte Anspruch auf Mitteilung der Anklageschrift und die Aufforderung, eine Erklärung nach § 201 abzugeben. Von dieser Möglichkeit macht, obwohl die Chancen praktisch immer noch gering bleiben, die Anwaltschaft im Wege der **Verteidigungs- oder Schutzschrift** vor allem im Wirtschaftsstrafverfahren zunehmend Gebrauch.[83] Allerdings ist die ablehnende Entscheidung des Gerichts unanfechtbar (§ 201 Abs. 2 Satz 2). Auch der Eröffnungsbeschluss selbst kann vom Angeklagten grundsätzlich nicht angefochten werden (§ 210 Abs. 1).[84] Dementsprechend sind die **Beistandsmöglichkeiten** der Verteidigung mehr oder weniger **begrenzt.**

19 **ccc) Hauptverfahren.** Für das Hauptverfahren sind, was die **Vorbereitung der Hauptverhandlung** angeht, eindeutige Ladungspflichten vorgesehen; für den Verteidiger gilt § 218 Satz 1. Bei den Benachrichtigungspflichten sind in § 224 Abs. 1 Satz 1 Angeklagter und Verteidiger als Adressaten genannt;[85] diese und zahlreiche weitere Differenzierungen des Gesetzes lassen keinen Sinn erkennen. Ferner gibt es diverse Bekanntmachungs-

---

74 Sogleich Rn. 17.

75 Wie hier MüKo/*Thomas/Kämpfer* 11; *Vetter* 228. Siehe im Einzelnen unten Rn. 44 ff.

76 *Egon Müller* AnwBl. **1986** 52; *Richter II* StV **1985** 388.

77 *Egon Müller* AnwBl. **1986** 52; *Lüderssen* wistra **1983** 231.

78 *Sven Thomas* AnwBl. **1986** 57; *Richter II* StV **1985** 388; *Krekeler* AnwBl. **1986** 63.

79 *Rieß* GS Schlüchter 15, 24; *Beulke* FS Rieß 3, 27 f.; *Salditt u. a.* AnwBl. **2001** 31, 41; *Krekeler* AnwBl. **1986** 62, 64; *Kautenburger-Behr* 17 f. Nachweise zur streitigen dogmatischen Einordnung des § 163a Abs. 2 bei *Weigend* ZStW **104** (1992) 486, 507 Fn. 78; *Krekeler* NStZ **1991** 367, 369.

80 *Jahn* ZStW **115** (2003) 815, 841; *Ignor/Matt* StV **2002** 102, 106; *Hinz* SchlHA **2001** 245, 246.

81 *R. Hamm* AnwBl. **1986** 66.

82 S. ausf. Vor § 137, 116.

83 Vgl. dazu *R. Hamm* StV **1982** 490, 492 f.; *Schlothauer* (Vorbereitung) Rn. 118 ff. *Dahs* (Hdb.) Rn. 403; *Pfordte/Degenhard* § 15, 35.

84 Zu einer Rückausnahme BVerfGK **4** 49 m. zust. Anm. *Durth/Kempf* StV **2005** 196; Meyer-Goßner/*Schmitt* § 210, 1 a. E.

85 Dazu *Welp* JZ **1980** 134.

pflichten des Vorsitzenden; gesonderte Rechtsmittel bei Verletzung dieser Pflichten sind nicht vorgesehen. Zu den aktiven **Möglichkeiten des Angeklagten** gehört damit im Wesentlichen das Recht, Beweisanträge zu stellen, Personen unmittelbar laden zu lassen, Anträge auf Unterbrechung wegen Prüfung der Besetzung zu stellen und Besetzungseinwände zu erheben.

(1) Ausbleiben des Wahlverteidigers. Die **Hauptverhandlung** selbst ist aus der 20
Sicht des Angeklagten und seines Verteidigers vor allem geprägt durch den Grundsatz der Anwesenheit des Angeklagten nach der Grundregel in § 231. Die Ausnahmen von diesem Grundsatz werden nicht etwa durch eine Anwesenheit des Verteidigers kompensiert. Eine andere Frage ist, ob der **Wahlverteidiger anwesend sein muss** – mit der Konsequenz, dass ohne ihn nicht verhandelt werden darf. Verzichtet der Angeklagte auf die Anwesenheit seines gewählten Verteidigers, so gibt es **kein Problem**, solange nur (ggf.: jetzt) kein Fall der notwendigen Verteidigung vorliegt. Die Strafprozessordnung tritt einer solchen Abrede im Prinzip nicht entgegen. Bleibt der Verteidiger ohne oder gegen den Willen des Angeklagten der Verhandlung unvorhersehbar und unangekündigt fern, ist es nicht anders, *arg. ex* **§ 228 Abs. 2.** Der Angeklagte hat auch aus dem Grundsatz des fairen Verfahrens grundsätzlich **keinen Anspruch** darauf, dass das Gericht die Verhandlung **unterbricht** oder **aussetzt**, wenn der Wahlverteidiger verhindert ist. Nicht bei jeder Verhinderung des gewählten Verteidigers kann die Hauptverhandlung gegen den Angeklagten deshalb nicht mehr durchgeführt werden.[86] Die Vertragsverletzung, die der Verteidiger möglicherweise gegenüber dem Angeklagten begeht, muss er nur diesem gegenüber verantworten. § 228 Abs. 2 verhält sich aber nicht zur Frage, ob die Verhandlung **unterbrochen** werden kann oder muss, wenn der Verteidiger nicht anwesend ist. Die Lücke, die die Regelung lässt, füllen die in § 137 Abs. 1 Satz 1 verankerten Prinzipien der Schutz- und Beistandsaufgabe.[87] Diese Grundsätze lassen auch nach der Rspr.[88] regelmäßig eine **gerichtliche Fürsorgepflicht** entstehen, die es gebietet, bei der Geltendmachung oder offensichtlichen Erkennbarkeit wichtiger Gründen für die Verhinderung des Wahlverteidigers zu **vertagen**. Geschieht das nicht, ist allerdings allein deshalb noch keine **Befangenheit** i. S. d. § 24 Abs. 2 anzunehmen.[89] Dies ist anders bei **willkürlicher**, durch keinerlei sachliche Gründe gerechtfertigte **Ablehnung** des Verlegungsantrags.[90]

---

86 St. Rspr., vgl. BVerfG NJW **1984** 862; BGH NJW **2018** 1698, 1699 Tz. 9; NStZ **1981** 231; Meyer-Goßner/*Schmitt* 2.

87 Zur Herleitung oben Rn. 5.

88 BVerfG NStZ **1984** 176; BGH NStZ **1998** 311, BayObLG NStZ **2001** 585, 586 m. zust. Anm. *Heinrich* DAR **2001** 84; OLG Oldenburg StV **2015** 156; OLG Koblenz DAR **2010** 401, 402; NZV **2009** 569, 579; OLG Braunschweig Beschl. v. 27.2.2009 – Ss (Owl) 37/09; StV **2008** 293; OLG Jena VRS **113** (2007) 322, 323; BayObLG StV **1989** 94; **1995** 3134, OLG Hamburg StV **1995** 11; LG Oldenburg StV **2008** 479; LG Koblenz StV **1999** 593; *Heubel* NJW **1981** 2678. Wird dennoch terminiert, kann im OWi-Verfahren die Verhinderung des Wahlverteidigers (§ 137 Abs. 1 Satz 1 i. V. m. § 46 Abs. 1 OWiG) das Ausbleiben des Betroffenen in der der Hauptverhandlung entschuldigen, vgl. KG NJ **2020** 26, 27; OLG Köln DAR **2005** 576, 577 m. zust. Anm. *Biester*.

89 OLG Brandenburg JMBl. BB **2005** 96 f., BayObLGSt **2001** 111; MüKo/*Thomas/Kämpfer* 22.

90 OLG Bamberg NJW **2006** 2341, 2342 (Verlegung des Termins auf einen Zeitpunkt, der eine Abreise zur Nachtzeit erfordert oder eine mit zusätzlichen Kosten verbundene Übernachtung für Verteidiger und Betroffene erforderlich machen würde in Verbindung mit kategorischer Ablehnung erneuter Terminsverlegung); OLG Naumburg StraFo **2005** 24 f.; LG Mönchengladbach StV **1998** 533 f.; *Krumm* NJ **2019** 326, 331.

21 **(2) Kollision von Wahlverteidigung und Beschleunigungsgrundsatz.** Die **Terminierung** der Hauptverhandlung hat auch im Übrigen besonders großen Einfluss auf die praktische Ausgestaltung des Rechts auf Verteidigung. Denn eine besonders kurzfristige oder starre Terminierung kann es dem Angeklagten im Einzelfall unmöglich machen, sich einen bestimmten, vom ihm gewünschten Verteidigers zu bedienen. Insbesondere bei der **Terminsverlegung** wegen vorhersehbarer Verhinderung des Wahlverteidigers kollidieren regelmäßig die Interessen des Gerichts an einer zügigen Durchführung der Hauptverhandlung im geplanten Modus und die des Angeklagten im Hinblick auf sein Recht auf den gewählten Beistand. **Ausgangspunkt** für die **Lösung** dieser **Antinomie** ist die Pflicht des Gerichts, die Anwesenheit des Verteidigers zu ermöglichen. Das gilt für Wahl- und Pflichtverteidigung sowie gleichermaßen im OWi-Verfahren.[91] Soweit Verlegungsgründe vorgebracht werden, reicht dafür in der Regel die anwaltliche Versicherung.[92]

22 Zwar gestehen die Obergerichte[93] den Vorsitzenden der Tatgerichte bei der Beurteilung dieser Fragen wegen der Regelung in den **§ 213 Abs. 1** ein **Ermessen** zu. Sie unterziehen aber Entscheidungen, die sich als Ausdruck der **„Terminshoheit"** des Vorsitzenden darstellen, seit Jahrzehnten **verstärkter Kontrolle.** Der Vorsitzende muss sich nämlich **ernsthaft bemühen,** dem Recht des Angeklagten, sich von einem Rechtsanwalt seines Vertrauens verteidigen zu lassen, soweit wie möglich Geltung zu verschaffen und einem nachvollziehbaren Begehren dieses Verteidigers bezüglich der Terminierung im Rahmen der zeitlichen Möglichkeiten und anderer Verfahrensbeteiligter sowie des Gebots der Verfahrensbeschleunigung Rechnung zu tragen.[94] So soll zwar **grundsätzlich,** insbesondere bei im Raum stehenden einschneidenden Rechtsfolgen, das **Verteidigungsinteresse** des Angeklagten **im Zweifel Vorrang** genießen.[95] Um die Freiheitsrechte des Beschwerdeführers und weiterer Mitangeklagter zu wahren, soll der Vorsitzende nach Auffassung des BVerfG[96] aber in **Haftsachen** angesichts der wertsetzenden Bedeutung des Grundrechts der persönlichen Freiheit auf das **Beschleunigungsgebot** grundsätzlich **vorrangig** achten (dürfen), selbst wenn dies dazu führt, dass der Beschuldigte dann wegen Terminsschwierigkeiten sich nicht mehr des Beistands seines Wahlverteidiger versichern kann. Die hier zum Ausdruck kommende **Regelvermutung** ist Ausdruck eines Strafverfahrens in den Zeiten knapper Ressourcen bei gleichzeitiger **„Eilkrankheit"**.[97] Sie wendet den Beschleunigungsgrundsatz unter – dogmatisch bis heute nicht eindeutig nachgewiesener[98] – Berufung auf seine Indisponibilität für den Angeklagten

---

91 OLG Oldenburg Beschl. v. 8.3.2019 – 1 Ws 81/19; OLG Frankfurt StV **1995** 9; *Krumm* NJ **2019** 326; *Kasten* 54.

92 OLG Koblenz NZV **2009** 569.

93 BGH StraFo **2006** 371, 372; OLG Hamburg NJW **2006** 2792, 2793.

94 BGH NJW **2018** 1698, 1699 Tz. 9 m. Anm. *Wohlers* JR **2018** 527; NStZ-RR **2010** 312, 313; *Krumm* NJ **2019** 326; *Kasten* 45 ff. („konstruktive Bemühungen").

95 OLG Hamm ZfSch **2010** 649, 650; OLG Hamm Beschl. v. 25.6.2015 – III-3 RBs 200/15, Tz. 14, juris; LG Neubrandenburg Beschl. v. 13.2.2012 – 8 Qs 21/12, Tz. 11, juris; LG Neubrandenburg NZV **2012** 47.

96 BVerfG StV **2006** 451 m. Anm. *Hilger*; BGH NStZ-RR **2007** 81, 82 m. zust. Anm. *Eidam* JR **2007** 209, 212; NStZ **2006** 513; OLG Bremen StV **2016** 508 m. krit. Anm. *Schlothauer*; OLG Hamm NJW **2006** 2788, 2790 f.; OLG Hamburg NJW **2006** 2792, 2793; LG Lübeck StV **2006** 680, 682; *Nehm* DRiZ **2006** 244, 246. Krit. *Leipold* FS 25 Jahre AG Strafrecht im DAV 636, 640 f.; *Wohlers* JR **2019** 615, 621; *I. Roxin* GA **2010** 430, 439 und *Petri* NJW **2018** 3344, 3347 („gibt dem Vorsitzenden faktisch die Möglichkeit, eine vermeintlich straffe und beschleunigte Terminierung dahingehend zu nutzen, um engagierte, aber unbequeme Verteidiger von der Hauptverhandlung auszuschließen").

97 Vgl. *Kudlich*, Gutachten C zum 68. DJT (2010) C 101 ff.; *Wohlers* NJW **2010** 2470, 2475.

98 Zutr. *Burhoff* StraFo **2008** 62, 68.

selbst zumindest partiell gegen ihn. Das Beschleunigungsgebot dient zwar auch den Interessen der Justiz. Deren Belange sind aber regelmäßig grundsätzlich auch dann noch gewahrt, wenn die Verfahrensverzögerung durch Rücksichtnahme auf die Verteidigerwahl zu keiner materiellen Verschlechterung der Beweislage und Prozesssituation führt.

Die Angriffsmöglichkeiten gegen eine **Terminsverfügung**, die potentiell im Widerspruch zu § 137 Abs. 1 Satz 1 steht, sind limitiert. Die Terminsbestimmung ohne Beachtung relevanter Einwände der Verteidigung kann zwar einen Verstoß gegen das **Recht auf freie Verteidigerwahl** nach § 137 Abs. 1 Satz 1, Art. 6 Abs. 3 lit. c EMRK darstellen.[99] Dem Grundsatz nach unterliegt die Terminsverfügung aber **nicht** der **Beschwerde** nach § 305 Satz 1, denn sie geht der Urteilsfällung voraus. Die Beschwerde ist aber ausnahmsweise dann zulässig, wenn das Tatgericht sein **Ermessen fehlerhaft** ausgeübt hat.[100] Nicht der Überprüfung unterliegt hingegen die Zweckmäßigkeit der Terminierung. Dass das Recht auf Einflussnahme auf die Terminierung der Hauptverhandlung trotz der strengen Anforderungen an den Revisionsvortrag bei der Verfahrensrüge nach § 344 Abs. 2 Satz 2[101] und dem Filter der **Beruhensfrage** (§ 337), die bekanntlich selbst dann zum Tragen kommt, wenn man mit einem Teil der Rspr.[102] § 338 Nr. 8 anwendet, in der Praxis dennoch eine Rolle spielt, wird durch das Rechtsprechungsmaterial zu **Einzelfragen** belegt:[103] 23

(3) Kasuistik. Ermessensfehlerhaft kann die Terminsverfügung insbesondere dann sein, wenn das Recht des Angeklagten auf freie Wahl des Verteidigers dadurch eingeschränkt wird, dass der Verteidiger zu einem bestimmten vorgegebenen Termin verhindert ist, **ohne** dass er **Einfluss** auf die Verlegung nehmen kann[104] oder die Verteidigung aufgrund der kurzfristigen Terminierung nicht effektiv geführt werden konnte.[105] Nicht zwingend erforderlich – aber sinnvoll – ist deshalb eine rechtzeitige **Terminsabsprache** mit den Prozessbeteiligten. Ein Ermessensfehler kann auch vorliegen, wenn die Verlegung mit **pauschaler Begründung**[106] oder gänzlich ohne **Berücksichtigung** der **Belange des Angeklagten** abgelehnt wird (Ermessensausfall),[107] wenn der Antrag auf Verlegung nur mit 24

---

99 OLG Frankfurt StV **1997** 402; StV **2001** 157; *Wohlers* JR **2019** 615, 620 m. w. N.

100 OLG Saarbrücken Beschl. v. 21.5.2015 – 1 Ws 80/15; OLG Hamm Beschl. v. 25.6.2015 – III-3 RBs 200/15, Tz. 17 ff., juris; OLG Frankfurt NStZ-RR **2014** 250; OLG Celle NJW **2012** 246; KG NStZ-RR **2009** 317; OLG München StV **2007** 518; LG Oldenburg StV **2010** 479; LG Bückeburg Beschl. v. 7.5.2009 – Qs (OWi) 27/09; LG Halle Beschl. v. 1.10.2007 – 13 Qs 174/07; offengelassen in OLG Hamm NStZ-RR **2010** 283; NStZ **2010** 231; Beschl. v. 2.2.2015 – 5 Ws 36/15; MüKo/*Thomas/Kämpfer* 27; OK-StPO/*Wessing* 4. **A. A.** LG Bonn Beschl. v. 19.4.2011 – 22 Qs 31/11; *Kropp* NStZ **2004** 668: Stets unstatthaft.

101 Siehe nur BGH StV **2004** 304; OLG Oldenburg StV **2015** 156 f.; OLG Bamberg DAR **2012** 87 f.

102 OLG Braunschweig StV **2008** 293 f.; MüKo/*Thomas/Kämpfer* 28; **a. A.** – nur § 337 – BGH NJW **2018** 1698, 1699 Tz. 10; SSW/*Beulke* 28. *Wohlers* JR **2018** 527, 529 f. weist jedoch überzeugend darauf hin, dass nach der internen Logik der BGH-Rspr. das Beruhen selbst bei anderweitiger Pflichtverteidigung kaum ausgeschlossen werden kann; es handelt sich auch dann um einen „quasiabsoluten Revisionsgrund". Zum Ganzen auch LR/*Jäger*[26] § 213, 19.

103 Zutr. *Petri* NJW **2018** 3344, 3346: „einzelfallbezogene Kasuistik". Erschöpfende Kasuistik zur Beschwerdeentscheidungspraxis der Obergerichte bei *Krumm* NJ **2019** 326, 330; *Kasten* 21 ff. (mit Vorschlag *de lege ferenda* 311 ff.).

104 BGH NStZ-RR **2010** 312, 313; OLG Oldenburg StV **2015** 156; OLG Braunschweig StV **2008** 293; OLG Nürnberg StV **2005** 491, 492; *Krumm* NJ **2019** 326, 328.

105 BGH NStZ **2009** 650.

106 LG Frankfurt StV **2004** 420; OK-StPO/*Wessing* 4.

107 LG Bückeburg Beschl. v. 7.5.2009 – Qs (OWi) 27/09 sowie LG Leipzig Urt. v. 14.2.2008 – 4 Ns 638 Js 13218/07, S. 6 ff.: Termin hätte wegen nicht gewährter Akteneinsicht ohnehin aufgehoben werden müssen.

dem Hinweis auf eine **vorherige Terminierung** mit einem anderen Verteidiger abgelehnt wird,[108] wenn die besondere **Bedeutung des Verfahrens** oder die **Schwierigkeit der Sach- und Rechtslage** (z. B. im Raum stehende Beweisverwertungsverbote) nicht in die Abwägung eingestellt wird[109] oder wenn schon das Tatgericht selbst das Verfahren vorwerfbar verzögert hat und die Verlegung nur leichte weitere Verzögerungen besorgen lässt.[110] Wird der Verteidiger **andererseits** erst **kurz vor dem Termin** beauftragt und hat die Sache nur geringen Umfang, muss der Angeklagte sicherstellen, dass der Verteidiger den Termin wahrnehmen kann.[111] Ebenso kann in einem **Umfangsverfahren**, insbesondere wenn **U-Haft** vollstreckt wird, der Verlegungsantrag nur eines Mitangeklagten abzulehnen sein, wenn die Belastung der anderen Angeklagten überwiegt.[112]

25 **(4) Beistandsfähige Rechte in der Hauptverhandlung.** Die ausdrücklich geregelten **Rechte des Angeklagten** in der Hauptverhandlung beziehen sich auf Beweisanträge (§ 244 Abs. 3, 4), Erklärungen (§ 257 Abs. 1), Beurkundungen (§ 273 Abs. 3) und den Schlussvortrag (§ 258 Abs. 1, 3). Bei letztgenanntem Recht ist die jederzeitige Aktualisierung des Beschuldigtenwillens gegenüber dem Verteidiger in Absatz 3 eindeutig vorgesehen. In § 243 Abs. 5 Satz 3 erhält der Angeklagte seit dem Jahr 2017 das Recht zu einer **Eingangsstellungnahme** nach Verlesung der Anklage (sog. *opening statement*).[113]

26 Bei der zentralen Regelung zum **Beweisantragsrecht** in § 244 Abs. 3 ff. werden die Personen, denen das Recht zusteht, nicht genannt.[114] Bei § 273 werden die an der Verhandlung beteiligten Personen, also auch Angeklagter und Verteidiger, ermächtigt. In §§ 257, 258 werden Angeklagter und Verteidiger wieder ausdrücklich genannt. Angesichts dieses ersichtlich **unüberlegten Sprachgebrauchs** des Gesetzes ist erneut festzuhalten, dass auch in der Vorschrift, die den Verteidiger nicht explizit erwähnt, gleichwohl über die Beistandsfunktion beide angesprochen sind. Nicht ohne weiteres entschieden ist jedoch, wie das **Zusammenwirken** des **Angeklagtem mit** seinem **Verteidiger** jeweils gedacht ist. Sicher darf in allen Fällen der Angeklagte unabhängig von seinem Verteidiger handeln bzw. sprechen. Für den umgekehrten Fall gilt das im Zweifel nicht, denn es gilt das **Einvernehmensgebot.**[115] Deshalb ist zu differenzieren:

27 Was das **Beweisantragsrecht** nach § 244 Abs. 3 angeht, so bedarf trotz des offenen Wortlautes die Notwendigkeit der **Abstimmung** zwischen Verteidiger und Angeklagtem keiner über das bisher Gesagte hinausgehenden Begründung. Damit wird allerdings eine traditionelle Bastion der sich unabhängig vom Angeklagten zum Handeln legitimiert fühlenden Verteidigerschaft angegriffen. Nach nahezu allgemeiner Meinung darf der Verteidiger **unabhängig vom Angeklagten**, ja sogar gegen seinen Widerspruch, **Beweisanträge** stellen.[116] Aber auch, wer wenig Neigung verspürt, von dieser Meinung abzugehen, muss sich nicht von der Konzeption des Verteidigers als **Vertragspartner des Beschuldigten**

---

108 OLG München StV **2007** 518.

109 OLG Bamberg DAR **2012** 87, 88; OLG Jena VRS **113** (2007) 322, 323; LG Oldenburg StV **2010** 479.

110 Vgl. BGH StV **2004** 191, 192; OLG Koblenz StV **2010** 476 f.

111 OLG Frankfurt NStZ-RR **2014** 250.

112 KG NStZ-RR **2009** 317; *Burhoff* StraFo **2008** 62, 68; *Krumm* NJ **2019** 326, 328.

113 Umfassend dazu *Hartmut Schneider* FS Rogall 668, 669 ff.

114 Oben Rn. 19.

115 Oben Rn. 6 in Anknüpfung an *BRAK* Thesen zur Strafverteidigung[2] (2015) These 2 Abs. 1 Satz 2: „Der Verteidiger ... gestaltet die Verteidigung im Einvernehmen mit seinem Mandanten frei, selbstbestimmt und unreglementiert, soweit die allgemeinen Gesetze und das Berufsrecht ihn nicht besonders verpflichten".

116 BVerfG NJW **1995** 1951, 1952; *Beulke* (Verteidiger) 157; differenzierend immerhin *BRAK* Thesen zur Strafverteidigung[2] (2015) These 35 Abs. 1 (*Hervorh. v. hier*): „Der Verteidiger stellt Beweisanträge *grundsätzlich in Abstimmung* mit dem Mandanten".

distanzieren. Das selbstständige Stellen von Beweisanträgen kann sich ohne Weiteres im Rahmen des **Vertrags** zwischen dem Beschuldigten und seinem Verteidiger bewegen. In den allermeisten Fällen wird der Mandant nichts dagegen haben, dass der Verteidiger nach *dessen* sachverständigem Ermessen entscheidet. Das **»Ob«** der Verteidigung und die Grundlinien der Strategie zu Erreichung des Verteidigungsziels können vom Mandanten vorgegeben werden. Das **»Wie«** der Zielerreichung, also etwa der Zeitpunkt des Stellens von Anträgen und ihre Formulierung, kann und wird der Mandant typischerweise dem Verteidiger überlassen.[117] Nur bei eindeutigem und offenem **Widerspruch** des Mandanten ist dieser Weg wegen § 665 BGB versperrt, denn „unerheblich für die Bindungswirkung ist ..., ob der Beauftragte die Weisung aus seiner Sicht für zweckmäßig hält".[118]

An die Stelle der klaren gesetzlichen Regelung schiebt sich aber eine paternalistische Vorstellung von der Unmündigkeit des Mandanten, der dem Beweisantrag seines Verteidigers entgegentritt, eine Art von „Pflichtverteidigung der zweiten Linie". Obgleich eine Vorschrift wie § 297, die einer gegen den eindeutigen und erklärten Willen des Angeklagten vorgenommenen Prozesshandlung des Verteidigers die äußere Wirkung nimmt, hier fehlt, ist der Beweisantrag damit – **entgegen** der **h. M.** – gegenüber dem Gericht **nicht wirksam gestellt** und damit nicht nach § 244 Abs. 6 bescheidungspflichtig.[119] Die Konstruktion einer selbständigen Rücknahme des vom Verteidiger gestellten Beweisantrages durch den Angeklagten, die auch für den Verteidiger wirksam ist, wenn dieser jetzt nicht seinerseits widerspricht, ist wenig praktisch und trägt einen verteidigungsimmanenten Konflikt (noch mehr) in die Öffentlichkeit der Hauptverhandlung. Selbstverständlich ist das **Gericht** aber nicht gehindert, den beantragten Beweis im Rahmen der Erfüllung seiner **Aufklärungspflicht** gem. § 244 Abs. 2 zu erheben. Der **Widerspruch** des Angeklagten ist zudem als partieller **Widerruf der Vollmacht** aufzufassen.[120] 28

§ 257 Abs. 2 eröffnet dem Verteidiger ein **Erklärungsrecht** – unabhängig von dem des Angeklagten. Wieder ist die Vorschrift – wie auch die **weiteren denkbaren Fälle**, etwa im Rahmen der Anwendung des § 273 Abs. 3 – nach dem **Einvernehmensgebot**[121] dahin auszulegen, dass der Verteidiger seine Erklärungen mit dem Angeklagten abstimmen muss. Dass das **Erklärungsrecht** des Verteidigers nicht entfällt, wenn der Angeklagte die Einlassung zur Sache verweigert, steht dazu nicht in Widerspruch. Vielmehr kann zwischen dem Angeklagten und seinem Wahlverteidiger abgesprochen sein, dass der Verteidiger Erklärungen für das Schweigen seines Mandanten abgibt bzw. für diesen vorträgt, wie sich der Sachverhalt aus der Sicht der Verteidigung darstellt. Hat der Angeklagte eine dementsprechende **generelle Vollmacht** erteilt, so ist die Frage, ob er in der mitgeteilten Situation gleichwohl widerrufen darf, ebenso zu beantworten wie soeben[122] für das Beweisantragsrecht nach § 244 Abs. 3. 29

ddd) Rechtsmittel- und Rechtsbehelfsverfahren. Für die **Rechtsmittelverfahren**, das Verfahren nach dem **StrEG** und die **sonstigen Rechtsbehelfe** (Verfassungs- und Menschenrechtsbeschwerde, Dienstaufsichtsbeschwerde sowie Petitionsrecht) hängen Art und Umfang der Verteidigung von Vertrag und Vollmacht ab, gleichviel, ob von 30

117 Zu dieser Differenzierung bereits Vor § 137, 54 f., 120. Davon geht dann auch zu Recht *BRAK* Thesen zur Strafverteidigung² (2015) These 35 Abs. 2 aus: „In der Auswahl des Zeitpunkts für die Stellung von Anträgen ist der Verteidiger grundsätzlich frei".

118 MüKo-BGB/*Schäfer*⁷, § 665, 10.

119 Ausf. dazu bereits LR/*Lüderssen*/*Jahn*²⁶ § 137, 34 f.

120 S. § 138, 28.

121 Oben Rn. 6, 27.

122 Vgl. oben Rn. 27.

vornherein für alle Instanzen gegeben oder erst später aktualisiert. Wegen der besonderen **Bevollmächtigung** bei der **Verfassungsbeschwerde in Strafsachen** sind § 22 Abs. 1 BVerfGG und wegen der Vollmacht § 22 Abs. 3 BVerfGG zu beachten.[123] Soweit diese Rechtsbehelfe sich gegen Maßnahmen, Entscheidungen und Verfügungen richten, die im Rahmen eines Strafverfahrens ergangen sind, unterfallen sie der **Verteidigertätigkeit** i. S. v. § 137 Abs. 1 Satz 1.[124] Die Akteneinsicht erfolgt dann nach den spezialgesetzlichen Regelungen, etwa § 20 BVerfGG.

31 **eee) Vollstreckungsverfahren.** In der **Strafvollstreckung** gilt für Vertretung und Vollmacht das zum Rechtsmittelverfahren Gesagte[125] entsprechend,[126] während die Probleme der Anwesenheit weitgehend entfallen. Sachlich geht es in diesem Verfahrensabschnitt vor allem um die Wahrnehmung von **Rechtsbehelfen**, also um Einwände gegen die Zulässigkeit der Strafvollstreckung (§ 458 Abs. 1 Var. 3), die Überprüfung, ob die Strafe in der vom Gericht verhängten Höhe zu verbüßen ist und ferner darum, ob die Strafzeit zur Bewährung auszusetzen ist, § 454.[127] Nach § 454 Abs. 1 Satz 3 i. V. m. § 137 Abs. 1 Satz 1 ist auch der Wahlverteidiger **zu laden** und **anzuhören.**[128]

32 **fff) Kostenfestsetzungsverfahren.** Das Verfahren für die **Festsetzung der Kosten** des Verfahrens ist gem. § 464b Satz 3 Var. 2 nach den Vorschriften der Zivilprozessordnung abzuwickeln. Spezielle Vorschriften, welche die Tätigkeit des Verteidigers in diesem Verfahrensabschnitt regeln, gibt es nicht. Gleichwohl gilt § 137 Abs. 1 Satz 1 auch noch für diesen Abschnitt des Verfahrens; der Beschuldigte kann sich also auch hier noch eines Verteidigers bedienen. Es kommt also gerade nicht darauf an, ob die Zuziehung eines Verteidigers notwendig oder angemessen war. Folglich ist dies auch **nicht** im Kostenfestsetzungsverfahren **zu prüfen.**[129] Es ist mangels Rechtsgrundlage nicht erforderlich, dass der Rechtsanwalt zum Nachweis seiner Antragsberechtigung eine mit Ausstellungsdatum versehene aktuelle Vollmacht betreffend das Kostenfestsetzungsverfahren und den Geldempfang zur Akte reicht.[130]

33 **ggg) Strafvollzug.** Die Einschlägigkeit der Verteidigung gem. § 137 Abs. 1 Satz 1 auch nach Eintritt der Rechtskraft im Vollzug der Freiheitsstrafe ist weitgehend anerkannt.[131] Ähnlich wie bei der Vollstreckung sind es zunächst die Rechtsbehelfe, die in

---

123 Dazu *Sommer* in: Brüssow u. a. (Hrsg.), § 14, 16; MAH Strafverteidigung/*Eschelbach* § 28, 79; *Jahn*/Krehl/Löffelmann/Güntge, Die Verfassungsbeschwerde in Strafsachen² (2017) Rn. 317 ff.

124 Das ist bei der Bestellung nach § 141 bislang anders, vgl. OLG Rostock Beschl. v. 2.6.2010 – 1 Ws 127/10; LG Neubrandenburg StRR **2010** 479 f.; *Jahn*/Krehl/Löffelmann/Güntge, Die Verfassungsbeschwerde in Strafsachen² (2017) Rn. 9.

125 Oben Rn. 30.

126 So auch ausdr. BTDrucks. **18** 9534 S. 19: „§ 137 Abs. 1 S. 1 StPO ... gilt auch nach Rechtskraft des Urteils im Strafvollstreckungsverfahren".

127 Darüber, wie bedeutsam der Beistand eines Verteidigers in diesem Verfahrensstadium sein kann, vgl. OLG Frankfurt NStZ-RR **2001** 348.

128 LR/*Graalmann-Scheerer*²⁶ § 454, 19; wohl auch MüKo/*N. Nestler* § 454, 45; SK/*Wohlers* 20. Zusf. zum Meinungsstand OLG Hamm Beschl. v. 10.1.2007 – 2 Ws 6/07.

129 LG Göttingen Beschl. v. 11.12.2018 – 5 KLs 14/16 53 Js 899/14, S. 2; MüKo/*Thomas*/*Kämpfer* 9.

130 **A. A.** AG Koblenz Beschl. v. 10.1.2011 – 2010 Js 678/01.33 Ds, Tz. 1, juris; OK-StPO/*Wessing* 13 a. E.

131 Vgl. *Egon Müller* NJW **1981** 1801 ff.; Meyer-Goßner/*Schmitt* Vor § 137, 5; OLG Brandenburg StraFo **2009** 250; OLG München NJW **1978** 654. Zur Praxis *Müller-Dietz* StV **1982** 83 ff.; *Kamann* StV **1996** 120; *Zieger* StV **2006** 375; *Wesemann* StraFo **2009** 59, 61; *Heghmanns* 11 ff.; MAH Strafverteidigung/*Nobis* § 22, 173 ff.

das Blickfeld der Verteidigung fallen, also – bundesrechtlich – Antrag auf gerichtliche Entscheidung (§§ 109 ff. StVollzG) und Rechtsbeschwerde gegen die Entscheidung des Gerichts (§§ 116 ff. StVollzG). Dabei treten insbesondere spezielle Fragen des Akteneinsichtsrechts,[132] des Besuchsrechts sowie des Schriftwechsels[133] auf. Im vollstreckungsrechtlichen **Disziplinarverfahren** hat der Gefangene einen Anspruch auf **Hinzuziehung** eines **Verteidigers,**[134] anders als etwa bei der Vollzugsplankonferenz.[135]

hhh) Wiederaufnahme- und Gnadenverfahren. Die für die **Wiederaufnahme** speziell vorgesehenen, den Verteidiger betreffenden Regeln (§§ 364a, b) ergänzen lediglich die Pflichtverteidigung, so dass die Grundregel des § 137 Abs. 1 Satz 1 auch hier gilt.[136] Nichts anderes gilt für das **Gnadenverfahren.**[137] 34

bb) Besondere Verfahrensarten einschließlich des Jugendstrafverfahrens. Das **Strafbefehlsverfahren** sieht in § 411 Abs. 2 vor, dass der Angeklagte sich durch einen Verteidiger mit **besonderer** (zweckmäßigerweise: schriftlicher) **Vollmacht vertreten** lassen kann. Diese Vollmacht erlischt, sobald die Vollmacht des gewählten Verteidigers untergeht. Wird der nach § 411 Abs. 2 bevollmächtigte Wahlverteidiger zum Pflichtverteidiger, kann er den Angeklagten nicht mehr ohne Weiteres vertreten.[138] 35

Im **Sicherungsverfahren**, in dem gem. § 140 Abs. 1 Nr. 7 ein Fall notwendiger Verteidigung vorliegt, ist für den Fall der Hauptverhandlung bei Abwesenheit des Beschuldigten (§ 415 Abs. 1) weiter vorgeschrieben, dass der Verteidiger von der Vernehmung des Beschuldigten durch den beauftragten Richter benachrichtigt wird (§ 415 Abs. 2 Satz 1); seiner Anwesenheit bedarf es nicht. 36

Im **Verfahren bei Einziehungen** wird auf die Möglichkeit der Vertretung des Einziehungsbeteiligten hingewiesen. Zwar ist nicht von dem Verteidiger, sondern von einem „Rechtsanwalt" die Rede (§ 428 Abs. 1 Satz 1). § 137 ist jedoch ausdrücklich für anwendbar erklärt, zusammen mit den §§ 138, 139, 145a bis 149 – und damit insbesondere auch § 146[139] und § 148,[140] § 428 Abs. 1 Satz 2 sowie § 438 Abs. 3 für den Nebenbetroffenen. 37

Für das **Verfahren** bei **Festsetzung** von **Geldbuße gegen juristische Personen** und Personenvereinigungen, § 444, gelten kraft Verweises ebenfalls unter anderem die die Anwendbarkeit von § 137 Abs. 1 Satz 1 garantierenden Vorschriften über Verfahren bei Einziehungen (§ 444 Abs. 2 Satz 2 i. V. m. § 428 Abs. 1 Satz 2). 38

Was das durch **Privatklage** eingeleitete Verfahren angeht, so ist in einer Spezialvorschrift, § 387, dem Angeklagten ausdrücklich gestattet, in der Hauptverhandlung im Beistand eines Rechtsanwalts einschließlich der Fälle des § 139 zu erscheinen oder sich aufgrund einer besonderen Vollmacht durch einen solchen vertreten zu lassen. 39

---

132 Näher § 147, 70 ff.

133 S. § 148, 13.

134 Das gilt auch für die Untersuchungshaft, vgl. zum Ganzen OLG Bamberg StV **2010** 647; OLG Nürnberg StV **2012** 169; zu restriktiv OLG Bamberg NStZ-RR **2015** 93.

135 KG Beschl. v. 13.8.2007 – 2 Ws 401/07 Vollz, juris, Tz. 6, NStZ-RR **2008** 30 (Ls.).

136 Vgl. OLG Düsseldorf StV **1988** 57; MüKo/*Thomas/Kämpfer* 9. Auch zur Wahlverteidigung in der Wiederaufnahme *Stern* NStZ **1993** 409; MAH Strafverteidigung/*Strate* § 24, 1 ff.; *Wasserburg* in: Brüssow u. a. (Hrsg.), § 16, 40 ff.

137 *Graalmann-Scheerer* FS Lissau (2012) 167, 175; MüKo/*Thomas/Kämpfer* 9; SK/*Wohlers* 10; Radtke/Hohmann/*Reinhart* 19; **a. A.** HK-GS/*Weiler* 9.

138 Vgl. OLG München Beschl. v. 14.7.2010 – 4St RR 93/10.

139 S. § 146, 42.

140 S. § 148, 6 u. 22.

40 Für das **Ordnungswidrigkeitenverfahren** findet sich eine direkte Bezugnahme auf § 137 Abs. 1 Satz 1 nicht, nur auf die §§ 140, 138 Abs. 2, 146a Abs. 1 in § 60 OWiG. Seine Anwendbarkeit wird aber über die Generalklausel des § 46 Abs. 1 OWiG hergestellt.[141] Im **präventiv-polizeilichen Verfahren** soll § 137 Abs. 1 Satz 1 keine Geltung beanspruchen. Das OVG Lüneburg[142] gewährt ein letztlich analog § 137 Abs. 1 Satz 1 konstruiertes Beistandsrecht ausnahmsweise dennoch, wenn die Anwesenheit des Rechtsanwaltes die polizeiliche Arbeit nicht behindert, sie zum Schutz besonderer Gefahren für den Mandanten geboten ist oder sein Rechtsschutz sonst faktisch leerliefe.

41 Auch im **Jugendgerichtsverfahren** gilt gem. §§ 2, 109 JGG die Strafprozessordnung, also auch § 137 Abs. 1 Satz 1.[143] Abweichende Spezialbestimmungen finden sich, anders bei der Pflichtverteidigung nach § 68 JGG, nicht.[144] Insbesondere existieren **keine Hinweise** darauf, dass der Verteidiger in Jugendstrafverfahren **erzieherisch befähigt** sein muss, obwohl das JGG in § 35 Abs. 2 Satz 2 JGG für die Schöffen und in § 37 JGG für Jugendrichter und Jugendstaatsanwälte kennt. *Rieß*[145] hält deshalb sogar einen Umkehrschluss für möglich. Ob man dieser Logik den Lauf lassen soll, hängt von substantiellen Vorentscheidungen ab. Die Frage ist danach, ob der in § 137 Abs. 1 Satz 1 niedergelegte Grundsatz, dass der Verteidiger aufgrund des Vertrags mit dem Beschuldigten tätig wird,[146] mit Blick auf das Alter des Vertragspartners des Verteidigers beschränkt werden kann. Selbst dann, wenn man, wie *Bottke*[147] der Meinung sein sollte, die *lex scripta* sei insofern „offen für ambivalente Funktionszuweisungen", muss das verneint werden.

42 **Jugendliche** sind, anders als Heranwachsende, zwar nur beschränkt geschäftsfähig im Sinne des Bürgerlichen Rechts. Für das Strafverfahren gelten diese Maßstäbe aber grundsätzlich nicht. Vielmehr entscheidet die **natürliche Einsichts- und Entscheidungsfähigkeit.**[148] In dem Maße, wie sie nicht vorhanden ist, füllen dann nicht öffentliche Fürsorge, sondern die familienrechtlichen Vertretungsregeln die Lücke. Der **jugendliche Beschuldigte** als Vertragspartner kann sich also den **erzieherischen Verteidiger** verbitten. Er kann ihn aber ebenso auch favorisieren, je nachdem, wie sich das Vertrauensverhältnis zum Verteidiger etabliert. Diese Lösung schließt also den Verteidiger vom Erziehungsgedanken des Jugendstrafverfahrens keineswegs rigoros aus.[149] Es entfernt sich im Ergebnis nicht so sehr von modernen, an **Mündigkeit** und **Verantwortungsübernahme** orientierten Erziehungsvorstellungen, die mit dem Jugendstrafverfahren verbunden werden, wenn man bedenkt, dass die moderne Pädagogik das Zustimmungserfordernis des zu Erziehenden ohnehin groß schreibt.

43 Das Vertragsmodell erweist sich also als geeignet, beide Tendenzen im jugendstrafrechtlichen Schrifttum, den Erziehungsgedanken wie die Betonung der Autonomie auch

---

141 KG NJ **2020** 26, 27; OLG Hamm Beschl. v. 25.6.2015 – III-3 RBs 200/15, Tz. 14, juris; OLG Hamm Beschl. v. 12.9.2012 – III-3 RBs 253/12, Tz. 12, juris; OLG Jena VRS **113** (2007) 322, 323; *Fromm* ZfSch **2014** 608; KK-OWiG/*Lampe* § 46, 55.

142 OVG Lüneburg DVBl. **2012** 1437.

143 Vgl. *Lüderssen* StV **1998** 352 f.; *Semran u. a.* MSchrKrim. **78** (1995) 34; *Bessler* Zur Verteidigung und Beistandschaft von straffällig gewordenen Jugendlichen, Diss. Tübingen (2000) 19 ff.; *S. Fuchs* Der Verteidiger im Jugendstrafverfahren (1992); zu den Heranwachsenden MüKo-StPO-JGG/*Kaspar* § 109, 1.

144 Vgl. dazu § 140, 196.

145 BMJ/*Rieß* 41, 43.

146 Oben Rn. 13.

147 *Bottke* Entwurf einer Teleologie des fairen Jugendstrafverfahrens, in: Verteidigung in Jugendstrafsachen (Dokumentation BMJ 1987) 46, 59. Zusf. MAH Strafverteidigung/*Böttcher*/*Müller* § 51, 123 f.

148 *Lappe* Rpfleger **1982** 10.

149 Dessen Berechtigung hier nicht diskutiert werden soll, vgl. schon BMJ/*Rieß* 41, 42.

des Jugendlichen,[150] in gleicher Weise aufzufangen und ist insofern auch ein Beitrag zur Überwindung unnötiger Antagonismen in den modernen Strafzwecklehren. Der weitsichtige Hinweis von *Rieß*,[151] „im Jugendstrafrecht erziehen aus Anlass eines Tatverdachts so viele am Jugendlichen herum, daß irgendjemand aufpassen muß, damit die strafverfahrensrechtlichen Förmlichkeiten gewahrt bleiben und damit die Grenzen des materiellen Strafrechts nicht vor lauter Erziehungseifer überschritten werden", verdient Zustimmung. Das Gegengewicht, das der Verteidiger hier unter Umständen setzen muss, ist der Beistand zur Wahrung der Autonomie des jugendlichen Beschuldigten.

2. Zur praktischen Realisierung des Verteidigerbeistands

a) Grundlagen. Die in § 137 Abs. 1 Satz 1 gebrauchte Wendung **„kann sich bedienen"** setzt die Freiheit des Beschuldigten zu Vertragsschluss und Bevollmächtigung voraus.[152] Diese Freiheit ist aber nicht in jeder Lage des Verfahrens faktisch gegeben, obwohl das Gesetz insofern keine Einschränkung macht. Deshalb ist gerade hier bei der Auslegung der einzelnen Vorschriften, die mit dem Beistand des Verteidigers assoziiert sind, dessen **Schutz- und Beistandsaufgabe** im Wege der Auslegung Geltung zu verschaffen.[153] Ist der Beschuldigte vorläufig festgenommen, in Untersuchungshaft oder in Strafhaft in einer anderen Sache oder nach den Vorschriften über freiheitsentziehende Maßregeln des Strafgesetzbuchs bzw. der Unterbringungsgesetze der Länder untergebracht, so ist er für die **Realisierung seines** verfassungsrechtlich verbürgten **Rechts**, sich eines Verteidigers zu bedienen, auf **fremde Hilfe** angewiesen. Diese Hilfe ist von den jeweils **zuständigen Strafverfolgungsorganen** zu gewähren, welche die Verantwortung dafür zugewiesen bekommen, dass der Beschuldigte den seine Handlungsfreiheit beschränkenden Umständen ausgesetzt ist.[154] Die Unschuldsvermutung verbietet die Annahme, dass der Beschuldigte selbst diese Verantwortung trägt. Deshalb ist zu differenzieren: 44

b) Der „erste Zugriff"

aa) Grundsätzliche Fürsorgepflichten. Die Verpflichtung der Strafverfolgungsorgane, dem Beschuldigten die rechtzeitige Wahl eines Verteidigers zu garantieren, ergibt sich gerade beim ersten Zugriff aus **Fürsorgepflichten** gegenüber dem in einem Strafverfahren Beschuldigten. Die Fürsorge hat unter anderem der effektiven Verteidigung zu gelten. Der Beschuldigte muss in dieser Situation vor allem wissen, dass es ihm nach dem Gesetz freisteht, sich zu der Beschuldigung zu äußern oder nicht zur Sache auszusagen und jederzeit, auch schon vor seiner Vernehmung, einen von ihm **zu wählenden Verteidiger** zu befragen. Deshalb schreibt **§ 136 Abs. 1 Satz 2**, der über § 163a Abs. 3 45

150 Belege bei *Ostendorf* StV **1986** 308.
151 BMJ/*Rieß* 41, 43.
152 Vgl. Rn. 13.
153 S. dazu die oben unter Rn. 16 aufgeführten methodischen Grundlagen; wie hier MüKo/*Thomas/Kämpfer* 15.
154 So auch BTDrucks. **18** 9534 S. 22 (zu Art. 3 Abs. 4 der Richtlinie 2013/48/EU): „Nach dieser Vorschrift bemühen sich die Mitgliedstaaten, den Zugang zu einem Rechtsbeistand durch allgemeine Informationen zu erleichtern und treffen die notwendigen Vorkehrungen, um diesen Zugang auch für jene Beschuldigten sicherzustellen, denen die Freiheit entzogen ist. Im deutschen Recht kann diese Verpflichtung grundsätzlich bereits aus dem Recht des Beschuldigten gemäß § 137 Abs. 1 Satz 1, sich in jeder Lage des Verfahrens des Beistands eines Verteidigers zu bedienen, abgeleitet werden".

Satz 2 und Abs. 4 Satz 2 auch auf staatsanwaltliche und polizeiliche Vernehmungen anwendbar ist, bezogen auf den Zeitpunkt vor der **ersten Vernehmung** ausdrücklich eine entsprechende Belehrung vor. Das heißt, auch für die Entscheidung, ob er zur Sache aussagen möchte, darf sich der Beschuldigte eines Verteidigers seiner Wahl bedienen. Dieses Recht des Beschuldigten ist, soweit es um die Verteidigung geht, *auch* eine ganz spezielle Folge des Grundsatzes *nemo tenetur se ipsum accusare*.

46 Nach **§ 136 Abs. 1 Satz 5** ist ferner darüber zu belehren, dass der Beschuldigte unter den Voraussetzungen des § 140 die **Bestellung eines Verteidigers** beanspruchen kann. Dass der dabei auch auf die Kostenfolge des § 465 hinzuweisen ist, ist eine seltsame Inkonsequenz, die in der StPO auch im Übrigen ohne Beispiel ist. Dem nicht in Freiheit befindlichen Beschuldigten muss der **Zugang zu** einem **Verteidiger** damit im Ganzen **ermöglicht und**, je nach Lage des Falles, dort, wo notwendig, **erleichtert** werden.[155] Dazu gehört, dass man die Vernehmung solange unterlässt, wie nicht feststeht, dass der Beschuldigte eine der des in Freiheit befindlichen Beschuldigten vergleichbare Möglichkeit hat, sich dafür zu entscheiden, zunächst einen Verteidiger zu befragen.

47 **bb) Gesteigerte Hilfeleistungspflichten (§ 137 Abs. 1 Satz 1 i. V. m. § 136 Abs. 1 Satz 3).** Mit der Anerkennung eines Beweisverwertungsverbots in bestimmten Fällen der Beeinträchtigung des Verteidigerkonsultationsrechts hatte auch die praktische Bedeutung des § 137 Abs. 1 Satz 1 zugenommen. Heute müssen die Angebote an **„erster Hilfe"** für den Beschuldigten nicht nur in der Festnahmesituation eine Mindestqualität aufweisen, wie **§ 136 Abs. 1 Satz 3** unter dem Einfluss der **Richtlinie 2013/48/EU** seit dem Jahr **2017 ausdrücklich** erkennen lässt. Die Polizeibeamten können dabei im Rahmen der ersten Vernehmung insbesondere **Rücksichtnahme- und Hilfspflichten** treffen. Ausgangspunkt dafür ist der Grundsatz, dass dann, wenn der Beschuldigte im Anschluss an die Belehrung nach § 136 Abs. 1 Satz 2 erklärt, zunächst einen Verteidiger sprechen zu wollen, die **Vernehmung** in diesem Termin **nicht** gegen seinen Willen **fortgesetzt** werden darf.[156] Soweit die **polizeiliche Praxis** die auf Eigeninitiative des Beschuldigten beruhenden Bemühungen, nun einen Verteidiger zu bekommen, **behindert**, etwa durch den Hinweis, der Fall sei doch einfach, der Beschuldigte brauche doch gar keinen Verteidiger, er könne sich selbst verteidigen, im Übrigen koste der Verteidiger doch sehr viel Geld – bedenklicherweise zulässig ist aber der Hinweis auf die **Kostenfolge** im Falle des § 465 (**§ 136 Abs. 1 Satz 5 a. E.**) –, das solle er sich doch genau überlegen, man könne doch erst einmal ein unverbindliches Gespräch führen, den Verteidiger könne man doch später einschalten und außerdem könne durch die Einschaltung eines Verteidigers der Verdacht entstehen, es gebe etwas zu verbergen, entspricht das nicht dem Gesetz.

48 **Unzulässig** sind daher den Normbereich des § 137 Abs. 1 aushöhlende, **beharrliche Nachfragen** gegenüber einem Beschuldigten, der sich zur Frage einer Aussage zunächst mit einem von ihm benannten Verteidiger besprechen und bis dahin schweigen will, wenn die Benachrichtigung dieses Verteidigers unterbleibt.[157] Eine Fortsetzung der Ver-

---

155 LR/*Gleß* § 136, 41 ff.; *Plekksepp* 352 f.

156 BGHSt **47** 234 f. m. Anm. *Roxin* JZ **2002** 898; BGHSt **47** 174 f. m. Anm. *Wohlers* JR **2002** 294; BGHSt **42** 15, 19 mit Zustimmung bei *Beulke* NStZ **1996** 257; *R. Hamm* NJW **1996** 2185; LG Kiel StV **2005** 600. Einschränkend – und insoweit nicht überzeugend – zum daran anknüpfenden Beweisverwertungsverbot BGHSt **42** 172 f.; zutr. krit. dazu *Kutschera* StraFo **2001** 262 f.; *Schwaben* NStZ **2002** 288, 290 f.; *Herrmann* NStZ **1997** 209, 210 ff.; Meyer-Goßner/*Schmitt* § 136, 10. Dazu auch *Hartmut Schneider* Jura **1997** 131; *Dedy* 181 f.; *Ransiek* Die Rechte des Beschuldigten in der Polizeivernehmung (1990) 72 f.; *Rzepka* 130.

157 BGH NJW **2006** 1008, 1009 hält dies nur für „bedenklich".

nehmung ohne vorherige Konsultation eines Verteidigers ist nur dann zulässig, wenn sich der Beschuldigte damit ausdrücklich einverstanden erklärt und im Sinne des **§ 136 Abs. 1 Satz 3 ernsthafte Bemühungen** des Vernehmenden vorausgegangen sind, die dem Beschuldigten bei der Herstellung eines Kontakts zu einem Verteidiger bzw. einem Verteidigernotdienst effektiv helfen. Nicht ausreichend ist es also unter dem Gesichtspunkt der Ernsthaftigkeit der Bemühungen, einem sprachunkundigen Beschuldigten kommentarlos das Branchentelefonbuch einer Großstadt zu überlassen.[158]

Der **Hinweis** auf einen existierenden **Notdienst der Anwälte** gegenüber einem Be- **49**
schuldigten, der keinen ausdrücklichen Wunsch auf Zuziehung eines Verteidigers geäußert hat, war bislang regelmäßig nur *nobile officium*. Die Rechtsprechung[159] wollte von diesem Grundsatz selbst für den Fall einer unter dem Verdacht des versuchten Mordes festgenommenen, schwangeren Heranwachsenden mit schlechten Deutschkenntnissen keine Ausnahme zulassen. Die massive **Häufung solcher Faktoren**, die sämtlich für sich genommen noch keine gesteigerten Hilfeleistungspflichten auszulösen geeignet sind, konnten aber schon bislang im Einzelfall zu einer anderen Bewertung führen.[160] Mit der **Neufassung** des **§ 136 Abs. 1 Satz 4** unter dem Einfluss von Art. 3 der **Richtlinie 2013/48/EU** durch das Gesetz vom 27.8.2017[161] wurde der Hinweis auf den Anwaltsnotdienst auch in der Bundesrepublik zu einem **integralen Bestandteil der Rechte des Beschuldigten** schon bei der ersten polizeilichen Vernehmung (vgl. § 163a Abs. 4 Satz 2). Mittlerweile sind solche Notdienste vor Ort in den zwanzig größten deutschen Städten und in fast allen Mittelstädten verfügbar.[162]

Erst recht liegt ein **Verstoß** gegen § 137 Abs. 1 Satz 1 und zugleich gegen § 163a **50**
Abs. 4 Satz 2 i. V. m. § 136 Abs. 1 Satz 2 vor, wenn die Polizei dem Beschuldigten nicht rechtzeitig mitteilt, dass sich für ihn bereits ein **Verteidiger gemeldet** hat. Dabei spielt es keine Rolle, ob dieser das auf Veranlassung Dritter, etwa Angehöriger oder aufgrund einer Eigeninitiative getan hat (eventuellen Missbräuchen durch die sog. Gefängnisanwälte oder durch Presseorgane ist auf anderen Wegen vorzubeugen), ob der Verteidiger unmittelbar vorspricht, brieflich oder nur telefonisch in Erscheinung tritt oder ob das vor oder während der Vernehmung, die dann unverzüglich zu unterbrechen ist, geschieht.

cc) Tatsächliche Ermöglichung effektiver Kontaktaufnahme (§ 137 Abs. 1 Satz 1 51
i. V. m. § 136 Abs. 1 Satz 4). Ohne Weiteres unzulässig ist auch die Vereitelung der Kontaktaufnahme mit dem Verteidiger durch **Verweigerung eines Gesprächs** über den Behördenanschluss. Entscheidet sich der Beschuldigte andererseits, einen Verteidiger zu wählen, darf man ihn nicht von vornherein auf **telefonische Kontakte** beschränken. Vielmehr ist die Form des Kontakts zu ermöglichen, auf die Beschuldigter und Verteidiger sich im Rahmen des an das Gesetz gebundenen Vertrags einigen. Besondere Probleme können aber auch dann noch auftreten, wenn zwar Hilfe geleistet wird, diese aber

---

158 BGHSt **42** 15, 20 (zu dieser Entscheidung ausf. *Dudel* Das Widerspruchserfordernis bei Beweisverwertungsverboten [1999] 17 ff.); BGHSt **47** 174 f.; BGH NStZ **2004** 450, **A. A.** zu Unrecht – und durch § 136 Abs. 1 Satz 3 und 4 mittlerweile auch nach Auffassung des Gesetzgebers überholt (so auch Meyer-Goßner/*Schmitt* § 136, 10a) – BGHSt **42** 170, 172 „jedenfalls für den (...) Fall, in dem es wegen der mitternächtlichen Stunde wenig Aussichten gab, am Vernehmungsort einen Rechtsanwalt zu erreichen".

159 BGHSt **47** 234 f. und auch Meyer-Goßner/*Schmitt* § 136, 10 f.

160 So auch *Corell* StraFo **2011** 34, 37 f.; *R. Hamm* NJW **1996** 2185, 2186; zusf. *M. Klein* Inhalt und Reichweite der Belehrungsvorschrift des § 136 StPO, insbesondere zur Notwendigkeit einer qualifizierten Beschuldigtenbelehrung über das Verteidigerkonsultationsrecht (2005).

161 BGBl. I S. 3295.

162 *Corell* StraFo **2011** 34, 38 weist darauf hin, dass Notdienste in wenigstens drei Großstädten zudem eine bundesweite telefonische Erstberatung anbieten.

aufgrund von Umständen, die in der konkreten **Auswahlentscheidung** begründet liegen, nicht zum unverzüglichen Erfolg führt. Hat der Beschuldigte **einen bestimmten Verteidiger** benannt und ist dieser nicht sofort erreichbar, soll es keine weitergehende Verpflichtung der Polizeibehörden geben, auf einen Anwaltsnotdienst hinzuweisen, wenn der Beschuldigte nicht zu erkennen gibt, er wolle einen *anderen* Verteidiger wählen. Hier wird allerdings das Element der Erkennbarkeit verkannt. Das Argument,[163] der Beschuldigte habe sein Recht auf Verteidigerkonsultation letztlich nicht anders ausgeübt, als wenn er von vornherein zu erkennen gegeben hätte, dass er keinen Verteidiger konsultieren wolle, trifft nur dann zu, wenn man das Verteidigerwahlrecht mit der ersten Benennung als verbraucht ansieht. Das überzeugt nicht, denn es lebt nach der Konzeption des § 137 Abs. 1 Satz 1 („in *jeder* Lage") durch die geänderte Situation wieder auf.[164] Nur dies trägt der Tatsache Rechnung, dass das Verfahren nach einem misslungenen Anwahlversuch wieder in die Ausgangslage versetzt wird. Für diese Auslegung dürfte auch das Recht des Beschuldigten auf konkrete und wirkliche Verteidigung aus Art. 6 Abs. 3 lit. c EMRK sprechen.[165] Im Zweifel sollten die Ermittlungsbehörden hier nicht nur unter Fürsorgegesichtspunkten, sondern auch wegen des **Damoklesschwerts des Verwertungsverbots** eher großzügig verfahren.

52 Die die Chancengleichheit verbürgende Fürsorgepflicht der Strafverfolgungsorgane sollte auch **vor anderen Ermittlungshandlungen**, obwohl insofern eine Vorschrift wie § 136 Abs. 1 Satz 2 fehlt, Platz greifen. Dies wird teilweise zu Recht dort anerkannt, wenn Ermittlungsmaßnahme, etwa eine **erkennungsdienstliche Behandlung** oder eine **Gegenüberstellung,** in engem zeitlichen Zusammenhang mit einer Vernehmung stehen und somit als deren Bestandteil anzusehen sind.[166] Es muss aber auch dann gelten, wenn der Beschuldigte die Aussage verweigert oder Ermittlungshandlungen ohne Vernehmung des Beschuldigten geplant sind.[167] Ihre Durchsetzung kann den Angeklagten in ähnlicher Weise wie eine Aussage um sein Recht bringen, sich nicht selbst belasten zu müssen. Eine **Ausnahme,** etwa mit Blick auf Eilbedürftigkeit der Ermittlungen oder besondere Gefährdungslagen, kann **nicht** etwa auf **§ 34 StGB** gestützt werden.[168] Erst recht nicht kann unmittelbar das Prinzip der **Effektivität der Strafrechtspflege** mobilisiert werden, weil der Begriff der Effektivität die Realisierung der Vorschriften der Strafprozessordnung gerade einschließt.[169] Vielmehr bedürfte es insofern spezieller Ermächtigungen, die hier aber bisher ebenso ausgeblieben sind wie auf dem verwandten Gebiet der Straftataufklärung durch Straftatprovokation.[170]

53 **c) Anwesenheit des Verteidigers bei polizeilicher Vernehmung des Beschuldigten (§ 163a Abs. 4 Satz 2 i. V. m. § 168c Abs. 1).** Nach der **bis 2017** vorherrschenden

---

163 BGH NStZ **2006** 114, 115.

164 *Jahn* JuS **2006** 272. **A. A.** – für den konkreten Fall – *Bosch* JA **2006** 408, 410.

165 Dazu schon oben Rn. 3.

166 Vgl. LR/*Ignor*/*Bertheau* § 58, 9 ff.; *Odenthal* Die Gegenüberstellung im Strafverfahren, Diss. Köln (1984) 66; MüKo/*Thomas*/*Kämpfer* 17.

167 *Grünwald* JZ **1981** 426; *Odenthal* Die Gegenüberstellung im Strafverfahren 67; MüKo/*Thomas*/*Kämpfer* 17. **A. A.** KG NJW **1979** 1669.

168 Für die grundsätzliche Nichtanwendbarkeit des § 34 StGB auf staatliches Handeln („rein öffentlich-rechtliche Theorie") *Jahn* Das Strafrecht des Staatsnotstandes (2004) 416 ff. m. w. N.

169 Vgl. *Hassemer* StV **1982** 275, 277 ff.; *Lüderssen* in: Kühne/Miyazawa (Hrsg.), Strafrechtsentwicklungen im deutsch-japanischen Vergleich (1995) 195.

170 Der von *Lüderssen* Jura **1985** 126; *ders.* FG BGH IV 883 erreichte Diskussionsstand ist insoweit auch vier Jahrzehnte später im Kern unverändert.

Lesart[171] der gesetzlichen Regelungen sollte der Verteidiger ein Anwesenheitsrecht im Ermittlungsverfahren nur bei der Vernehmung des Beschuldigten durch den Staatsanwalt oder Richter haben. Doch war diese Auslegung, jedenfalls für den nicht auf freiem Fuß befindlichen Beschuldigten,[172] schon seit jeher abzulehnen. Wegen der durch § 137 Abs. 1 Satz 1 gegebenen Garantie, dass der Beschuldigte sich in „jeder Lage des Verfahrens" eines Verteidigers bedienen kann, folgte jedoch auch für den in Freiheit befindlichen Beschuldigten die Forderung *de lege ferenda* nach dem Anwesenheitsrecht des Verteidigers bei allen polizeilichen Vernehmungen des Beschuldigten.[173] Nun gehörte es zwar auch zum gesicherten Wissensbestand der Praktikerliteratur,[174] dass auch der in Freiheit befindliche Beschuldigte die Anwesenheit des Wahlverteidigers faktisch durch die Ankündigung, anderenfalls keine Angaben zur Sache machen zu wollen, regelmäßig erzwingen konnte. Den menschenrechtlichen europäischen Standards entsprach diese, auf Faktizität und nicht auf Geltung abhebende Situation nicht. Unter dem unübersehbaren Einfluss der ***Salduz*-Rechtsprechung** des *EGMR*[175] hat das Gesetz vom 27.7.2017[176] in Umsetzung des Art. 3 der Richtlinie 2013/48/EU nunmehr mit dem Verweis auf § 168c Abs. 1 in **§ 163a Abs. 4 Satz 2** das Anwesenheitsrecht sowie das korrespondierende Erklärungs- und Fragerecht sowie die Termins-Benachrichtigungspflicht (§ 168c Abs. 5) ausdrücklich normiert und damit die **Partizipationsrechte der Verteidigung** im Ermittlungsverfahren nach einer Jahrzehnte währenden Reformdiskussion endlich **entscheidend gestärkt.**

d) Anwesenheit des Verteidigers während staatsanwaltschaftlicher und richterlicher Vernehmung des Beschuldigten (§ 163a Abs. 3 Satz 2; § 168 Abs. 1). Angesichts des positiv-rechtlichen, in § 168c Abs. 1 Satz 1 normierten Anwesenheitsrechts mit den zugehörigen Frage- und Beanstandungsrechten geht es in puncto **Anwesenheit des Verteidigers** während staatsanwaltschaftlicher und richterlicher Vernehmung des Beschuldigten im Wesentlichen heute nur noch um – hier nicht weiter zu behandelnde – Reformforderungen. Sie betreffen die Relativierungen der Anwesenheitsrechte des Verteidigers durch die §§ 168c Abs. 5 Satz 2 und 3, 168d Abs. 1 Satz 2, 224 Abs. 1 Satz 2, 225, 54

171 *Dietmar Krause* StV **1984** 169, 173 f.; *Schrepfer* 46 ff. (mit eigener Lösung unmittelbar aus dem Rechtsstaatsprinzip 203 f.). BVerfG (*1. Kammer* des *Zweiten Senats*) NJW **2007** 204, 205 Rn. 205 hatte diese Auslegung verfassungsrechtlich unbeanstandet gelassen

172 Zur Argumentation ausf. LR/*Lüderssen/Jahn*[26] § 137, 74 m. w. N.; zur Verteidigung unter diesen Umständen *Schlothauer/Wieder/Nobis* (Untersuchungshaft) Rn. 66 ff.; 82 ff.; *Schöch* StV **1997** 323; *Jehle/Bossow* BewHi **2002** 73. Weiter gehend auch für den in Freiheit befindlichen Beschuldigten *Schaefer* FS Rieß 491, 498; *ders.* MDR **1977** 981 (mit dem Argument aus § 152 Abs. 1 GVG, dass die Polizei ohnehin nur von der Staatsanwaltschaft abgeleitete Rechte hat und deshalb nicht das Privileg beanspruchen dürfe, den Beschuldigten in Abwesenheit seines Verteidigers zu vernehmen) sowie *Gössel* ZStW **94** (1982) 5, 35; *Sven Thomas* AnwBl. **1986** 56, 57; MüKo/*Thomas/Kämpfer* 18.

173 Ältere Reformvorschläge finden sich bereits in § 168f Abs. 1 AE EV, vgl. *Bannenberg u. a.* 13, und in § 163a Abs. 4 Satz 1 StPO-Diskussionsentwurf (StV **2004** 234); vgl. auch Beschlüsse des 65. DJT NJW **2004** 3241, 3244 und zusf. *Jahn* ZStW **115** (2003) 815, 833. Krit. *Schünemann* ZStW **114** (2002) 1, 42 f.; *ders.* GedS Vogler 81, 84 ff.; *Rieß* GedS Schlüchter 15, 24.

174 *Freyschmidt/Ignor* NStZ **2004** 465, 468; *Jahn* ZStW **115** (2003) 815, 833; *Dahs* (Hdb.) Rn. 232, 270; HbFaStrR/*Bockemühl* B/156; einschr. *Richter II* StV **1985** 382, 387; *Krause* StV **1984** 169, 174. Dies wurde auch in der Begründung des Diskussionsentwurfs für eine Reform des Strafverfahrens (soeben Rn. 53) gewürdigt (*SPD/B90-Die Grünen/BMJ* Begründung zum Diskussionsentwurf für eine Reform des Strafverfahrens 34).

175 S. oben Rn. 3.

176 BGBl. I S. 3295.

die teilweise[177] zu Recht mit Blick auf den Grundsatz des fairen Verfahrens kritisiert werden.

55 **e) Anwesenheit des Verteidigers während der Hauptverhandlung.** Auch hierbei handelt es sich um ein Postulat des fairen Verfahrens.[178] Wird die Beweisaufnahme aus der Hauptverhandlung „ausgelagert", darf nichts anderes gelten. Dazu gehört insbesondere, dass der Verteidiger entsprechende **Mitteilungen** erhält.[179]

56 **f) Der Beschuldigte im Strafvollzug.** Hier wird die Anwendung des § 137 Abs. 1 Satz 1 aktuell in den bereits[180] gesondert behandelten Fällen der Verteidigung im Vollzug anerkannt und befürwortet. Die Generalklauseln der §§ 5 Abs. 2, 73 StVollzG und der entsprechenden landesrechtlichen Vorschriften, die eine **Belehrung und Unterstützung des Gefangenen** bei der Wahrnehmung seiner Rechte vorschreiben, genügen allein noch nicht, um sicherzustellen, dass der Gefangene auch jenseits seiner Eigeninitiative einen Verteidiger erhält. Die systemischen Defizite, die die soziale Wirklichkeit im Vollzug aufweist,[181] müssen durch den Rückgriff auf § 137 Abs. 1 Satz 1, der auch für die Strafverteidigung im Strafvollzug gilt, ausbalanciert werden. Dass die Vollzugsbehörden, wenn der Gefangene Antrag auf gerichtliche Entscheidung stellt, seine Klagegegner sind, berechtigt sie nicht dazu, faktische Barrieren gegen den freien Zugang zu einem Verteidiger zu errichten oder bestehen zu lassen.

57 **3. Wahl des Verteidigers durch den Vertreter (Abs. 2 Satz 1).** Wenn der Beschuldigte einen gesetzlichen Vertreter hat, so kann auch dieser nach § 137 Abs. 2 Satz 1 selbstständig den Verteidiger wählen. Als **gesetzliche Vertreter** kommen nach dem BGB in Betracht: Vater, Mutter, Vormund, Betreuer,[182] Pfleger[183] und im Jugendstrafverfahren der Erziehungsberechtigte, § 67 Abs. 3 JGG. Der Vertreter ist vom Willen des Beschuldigten kraft seiner gesetzlichen Vertretungsmacht **unabhängig** sowohl bei der Frage, *ob* er einen Verteidiger zuziehen will, als auch bei der, *wen* er als Verteidiger auswählt.[184] Auf der anderen Seite bleibt der **Beschuldigte** in gleicher Weise **selbstständig**. Sein Recht wird durch Abs. 2 Satz 1 nicht eingeschränkt, wenn ihm meist auch durch die Unfähigkeit, sich vertraglich zur Honorarzahlung wirksam zu verpflichten,[185] geringere Bedeutung zukommt. Einigen sich der Beschuldigte und sein gesetzlicher Vertreter nicht auf einen oder mehrere Verteidiger, sondern wählt jeder einen anderen oder auch mehrere andere, dann treten diese gemeinschaftlich auf.

58 Diese Regelung ist für die Wahl des Verteidigers für den Beschuldigten **exklusiv**, unbeschadet der Fälle der Beauftragung eines Rechtsanwalts im Strafverfahren durch Dritte für Beteiligte in anderen Verfahrensrollen als derjenigen des Beschuldigten, also des Verletzten, Privat- und Nebenklägers, Zeugen usw.[186] **Dritte**, die im Außenverhältnis

---

177 Vgl. *Rzepka* 406; MüKo/*Thomas/Kämpfer* 19.

178 Insoweit zutr. *Rzepka* 405.

179 Zum Ganzen *Dietmar Krause* StV **1984** 173 ff.; *Rzepka* 405.

180 Oben Rn. 33.

181 Dazu ausf. *Laubenstein* 116 ff.

182 KG StraFo **2013** 305; *Roggenwallner* StRR **2015** 219 f.; Radtke/Hohmann/*Reinhart* 26.

183 MüKo/*Thomas/Kämpfer* 36; Dalcke/Fuhrmann/Schäfer-*Fuhrmann* 2.

184 Vgl. Meyer-Goßner/*Schmitt* 9; MüKo/*Thomas/Kämpfer* 37.

185 OLG Schleswig NJW **1981** 1681; Meyer-Goßner/*Schmitt* 9; MüKo/*Thomas/Kämpfer* 38; Radtke/Hohmann/*Reinhart* 26; OK-StPO/*Wessing* 10.

186 Zusammengestellt bei LR/*Lüderssen/Jahn*[26] § 137, 59-64.

„für den Beschuldigten" einen Verteidiger beauftragen, handeln also nur dann wirksam, wenn der **Beschuldigte zustimmt** – damit hat *er* den Verteidiger i. S. d. § 137 Abs. 1 Satz 1 gewählt.[187]

4. Höchstzahl der Verteidiger bei Wahl durch den Vertreter (Abs. 2 Satz 2). Da das **Wahlrecht** des gesetzlichen Vertreters gewahrt bleiben muss, kann dieser die Wahl auch dann ausüben, wenn der Beschuldigte selbst schon drei Verteidiger gewählt hat und umgekehrt.[188] Da das Wahlrecht nicht auf einen Verteidiger beschränkt ist, besagt Satz 2 deshalb deutlich, dass auch der gesetzliche Vertreter **selbstständig** drei Verteidiger wählen kann,[189] so dass in einem solchen Fall, wie sich aus der Gesetzgebungsgeschichte ergibt,[190] ausnahmsweise **bis zu sechs Verteidiger** gewählt werden können. 59

5. Rechtsfolgen eines Verstoßes gegen § 137 Abs. 1

a) Verstöße gegen § 137 Abs. 1 Satz 1. In Betracht kommen die **Behinderung** bei der Realisierung des Wahlrechts selbst oder **Fehler** bei der **Belehrung** über dieses Recht. Die Frage hat im Zuge der Entwicklung der Rechtsprechung an Bedeutung sehr gewonnen, vor allem mit Blick auf die intensivierten Ansprüche des Beschuldigten auf Verteidigerkonsultation.[191] Dazu tritt seit dem **Jahr 2017** die gesetzgeberische Wertentscheidung mit der Umsetzung der Richtlinie 2013/48/EU in § 136 Abs. 1 Satz 3-5. In der Folge ist wegen der Betroffenheit des Kernbereichs der Verteidigungsrechte sowohl in Behinderungs-[192] als auch in Belehrungsdefizitfällen[193] regelmäßig ein **Beweisverwertungsverbot** anzunehmen. **Abzulehnen** sind deshalb auch die aus den vagen Grundsätzen der Abwägungslehre entnommenen **Beschränkungen** für die Frage der Entstehung und der inhaltlichen Reichweite des Beweisverwertungsverbots.[194] 60

b) Verstöße gegen § 137 Abs. 1 Satz 2. Die Folgen eines Verstoßes gegen § 137 Abs. 1 Satz 2 sind mit der **Zurückweisung** in **§ 146a Abs. 1** geregelt. Ohne die nach §§ 146a Abs. 1 Satz 1 Var. 2 (Fälle des § 146) notwendigen Differenzierungen[195] kann die 61

---

187 Zutr. deshalb LG Frankfurt StV **1988** 482: Verbot der Verwertung einer ohne Mitwirkung des Beschuldigten für diesen von einem durch Dritte beauftragten Verteidiger gegebenen Einlassung.

188 *Dünnebier* NJW **1976** 1; *Herrmann* ZStW **89** (1977) 754, 755; HK/*Julius*/*Schiemann* 11; *Joecks* 7; MüKo/*Thomas*/*Kämpfer* 40; SK/*Wohlers* 26; SSW/*Beulke* 22 a. E.; trotz Bedenken auch Radtke/Hohmann/*Reinhart* 27. **A. A.** KK/*Laufhütte*/*Willnow* 5; Meyer-Goßner/*Schmitt* 10; *Pfeiffer* 2; AnwK-StPO/*Krekeler*/*Werner* 3.

189 Wegen der Beschränkung der Zahl der Wahlverteidiger mit Blick auf das Wahlrecht des gesetzlichen Vertreters gilt das zu Rn. 57 Ausgeführte entsprechend.

190 *Dünnebier* NJW **1976** 1 mit Fn. 1 mit Verweis auf BTDrucks. **7** 2989 S. 3 f.

191 LR/*Gleß* § 136, 98 ff.

192 Grdlg. BGHSt **42** 15, 19; ebenso LG Kiel StV **2005** 600; *Jahn*, Gutachten C zum 67. DJT (2008) C 73 („Wesensgehaltsgarantie des Grundrechts auf Verteidigung") sowie *Corell*/*Sidhu* StV **2012** 246, 249; *Kutschera* StraFo **2001** 262; *Beulke* NStZ **1996** 257; *R. Hamm* NJW **1996** 2185; *Strate*/*Ventzke* StV **1986** 30, 33; MüKo/*Thomas*/*Kämpfer* 25; OK-StPO/*Wessing* 22; HK-GS/*Weiler* 16; *Vetter* 605.

193 *Eisenberg* DRiZ **2011** 365, 366; MüKo/*Schuhr* § 136, 38, 62; SSW/*Beulke* 28 i. V. m. Einl., 299; *Vetter* 604 f. **A.A.** BGH StV **2019** 159 f. Tz. 5 m. zutr. abl. Anm. *Ransiek* (für § 136 Abs. 1 Satz 3); Meyer-Goßner/*Schmitt* § 136, 21.

194 So aber BGHSt **42** 170, 172 f.; BGH NStZ **2006** 236, 237; die Frage offenlassend BGH NJW **2006** 1008, 1009; NStZ **2004** 389, 390. Krit. dazu *Renzikowski* FS II C. Roxin 1341, 1354 f.; Meyer-Goßner/*Schmitt* § 136, 10a („überholt") – aber auch a. a. O. § 136, 20 f. – sowie grundsätzlich abl. zur BGH-Dogmatik *Jahn*/*Dallmeyer* NStZ **2005** 297, 303 f.; *Jahn* Gutachten C zum 67. DJT (2008) C 66 ff. (Beweisbefugnislehre).

195 S. § 146a, 16 ff.

Revision **mangels Beruhenszusammenhangs** i. S. d. § 337 auf eine Mitwirkung von mehr als drei Verteidigern nicht gestützt werden.[196]

III. Grenzen der freien Verteidigerwahl (Abs. 1 Satz 2; Abs. 2 Satz 2)

62 **1. Grundlagen.** Die Limitierung auf drei Verteidiger wurde durch das 1. StVRErgG im Jahr 1975 eingefügt.[197] Hintergrund waren die im Zuge der **Terroristenprozesse** bis dato gemachten Erfahrungen. Die Beschränkung der Zahl der Wahlverteidiger ist heute **verfassungsrechtlich** weitestgehend außer Streit.[198] Jedenfalls nach dem BGH[199] soll der Zweck der Beschränkung darin liegen, für alle Abschnitte des Verfahrens einen durch die Mitwirkung einer Vielzahl von Verteidigern möglichen Missbrauch der Verteidigung zur Prozessverschleppung und -vereitelung zu verhindern. **Rechtspolitisch** bleibt das aber vor allem wegen der Starrheit und mit Blick darauf, dass eine Mehrfachverteidigung z. B. in komplexen Wirtschaftsstrafverfahren ohne jede ideologische Komponente gerade umgekehrt verfahrensbeschleunigend wirken kann, zu Recht **umstritten.**[200]

63 **2. Berechnung.** Die tatsächliche **Zahl** der Verteidiger ist in allen Instanzen und in jeder Verfahrenslage bei tatsächlichen Zweifeln im **Freibeweisverfahren** zu klären.[201] Die Begrenzung auf drei Verteidiger wird aber insbesondere noch nicht notwendig dadurch überschritten, dass ein Beschuldigter sich durch eine **Anwaltssozietät** verteidigen lässt, die mehr als **drei Anwälte** umfasst. Es muss nur hinreichend deutlich gemacht werden, welcher oder welche maximal drei der Anwälte den Beschuldigten verteidigen.[202] In der Praxis gehen Kanzleien, in denen mehr als drei Rechtsanwälte tätig sind, häufig so vor, dass diejenigen Anwälte, die nicht Verteidiger sein sollen, im Vollmachtsformular einfach gestrichen werden.[203] Die Vorlage einer Vollmachtsurkunde mit einer **Vertretungsanzeige**, in der mehr als drei Anwälte aufgeführt sind, begründet noch nicht die Verteidigereigenschaft aller dieser Anwälte.[204]

---

196 BGH Beschl. v. 25.2.1998 – 4 StR 7/98; *Pfeiffer* 2; Meyer-Goßner/*Schmitt* 12; SSW/*Beulke* 28; diff. *Neuhaus* StV **2002** 43, 49.

197 Oben Entstehungsgeschichte.

198 Für die Verfassungsmäßigkeit BVerfGE **39** 156; KG NJW **1977** 912 m. abl. Anm. *Sieg* NJW **1977** 1975; *Kaiser* NJW **1982** 1368; *Pfeiffer* 1; Meyer-Goßner/*Schmitt* 4; KK/*Laufhütte*/*Willnow* 2; HK/*Julius*/*Schiemann* 3; vgl. auch OLG München NJW **1976** 254. **A. A.** *M. J. Schmid* MDR **1979** 804.

199 BGHSt **27** 128.

200 Krit. deshalb auch *Schmidt* MDR **1977** 529; *Krekeler* AnwBl. **1979** 212; *Dahs* NJW **1975** 1385; HK/*Julius*/*Schiemann* 3; MüKo/*Thomas*/*Kämpfer* 29; *Vogtherr* Rechtswirklichkeit und Effizienz der Strafverteidigung (1991) 47; *Rzepka* 397. **A. A.** Radtke/Hohmann/*Reinhart* 20: „Starrheit ... aus Gründen der Rechtssicherheit ... unverzichtbar ... viele Köche [verderben] den Brei eher ...".

201 OLG Zweibrücken StraFo **2009** 516; HK-GS/*Weiler* 13.

202 BGH Beschl. v. 8.9.2016 – 1 StR 232/16, Tz. 5, BeckRS **2016** 17489 (insoweit in StV **2017** 295 Ls. nicht abgedr.); OLG Hamm MDR **1980** 513; OLG Düsseldorf JZ **1976** 491; LG Bielefeld ZfSch **2005** 314; LG Bonn AnwBl. **2004** 727, 728; LG Bonn AnwBl. **2001** 300; AG Ulm ZfSch **2004** 286; Meyer-Goßner/*Schmitt* 6; *Pfeiffer* 1; KK/*Laufhütte*/*Willnow* 3; SSW/*Beulke* 26. **A. A.** offenbar LG Konstanz Rpfleger **2008** 596.

203 Ebenso die Wahrnehmung des AG Wolfenbüttel Beschl. v. 4.4.016 – 13 OWi 908 Js 61202/15, juris, Tz. 4.

204 OLG Karlsruhe Justiz **2003** 641; LG Kempten ZfSch **2004** 285, 286; Radtke/Hohmann/*Reinhart* 22 sowie bereits oben Rn. 9.

Die Bestimmung bezieht sich nach ihrer systematischen Stellung nur auf den Wahlverteidiger. Sie ist aber wegen der Gleichheit der Aufgaben auf den **Pflichtverteidiger entsprechend** anzuwenden.[205] Daher ist auch ein Pflichtverteidiger, der dem Beschuldigten neben dem Wahlverteidiger bestellt wird, **entgegen** der **h. M.**[206] auf die Dreizahl *grundsätzlich* **anzurechnen.**[207] Ebenso ist der (nur) nach **§ 138 Abs. 2** zugelassene Verteidiger[208] sowie der selbstständig tätige Referendar (§ 139)[209] anzurechnen. Eine **Rückausnahme** ist in den Fällen der §§ 140 ff. allerdings dann anzunehmen, wenn die gerichtliche Beiordnung der – im Extremfall wie im Staatsschutzverfahren gegen den sog. NSU vor dem OLG München: drei – aufgezwungenen Pflichtverteidiger dazu führen würde, dass der Anspruch auf den **Verteidiger des Vertrauens** gänzlich leer liefe. Auch der **Unterbevollmächtigte** wird mitberechnet, wenn er neben dem Hauptbevollmächtigten und nicht nur an dessen Stelle tätig wird. Das ergibt sich schon daraus, dass er wegen der erforderlichen Zustimmung des Beschuldigten für eine wirksame Untervollmacht als weiterer gewählter Verteidiger des Beschuldigten anzusehen ist.[210] Zu weitgehend ist es aber, schon in der bloßen *Erteilung* einer Untervollmacht an einen weiteren Verteidiger einen Verstoß gegen § 137 Abs. 1 Satz 2 zu sehen.[211] 64

Scheidet einer der drei Verteidiger **aus**, wenn auch nur vorübergehend, kann der Beschuldigte, um die Zahl wieder aufzufüllen, einen neuen wählen. Die Bestimmung darf also **nicht** so verstanden werden, dass der Beschuldigte **nur einmal** drei Verteidiger wählen darf.[212] Das ergibt sich schon aus der Überlegung, dass sein Recht auf drei Verteidiger nicht durch den Tod eines von ihnen beeinträchtigt werden kann. 65

3. Rechtsfolgen beim Verstoß. Die Vorschrift ist starr („darf ... nicht") und gestattet keine Abwägung, ob nicht das Interesse an einem ordnungsgemäßen Verfahrensablauf im Einzelfall mit besonders umfangreicher und besonders schwieriger Materie hinter dem gerechtfertigten Verlangen, mit mehr als drei Verteidigern für ein gerechtes Urteil zu streiten, zurücktreten muss.[213] 66

Die früher problematische Frage, was zu geschehen hat, wenn die **Dreizahl überschritten** wird,[214] ist mit der Einfügung des **§ 146a** dahingehend entschieden, dass eine Zurückweisung erforderlich ist und bis dahin die Verteidigerbestellungen wirksam sind.[215] Die Zurückweisung steht nur dem Gericht zu, nicht z. B. der JVA.[216] 67

205 Eingehend dazu Vor § 137, 62.
206 BGH MDR **1980** 273; BayObLG StV **1988** 97; MüKo/*Thomas/Kämpfer* 32; Radtke/Hohmann/*Reinhart* 23; KMR/*Hiebl* 22; Meyer-Goßner/*Schmitt* 5; AnwK-StPO/*Krekeler/Werner* 2; SSW/*Beulke* 24; OK-StPO/*Wessing* 18.
207 So auch HK/*Julius/Schiemann* 3, 9 mit Hinweis auf das Gebot der Gleichstellung und der Gefahr der Überverteidigung gegen den Willen und auf Kosten des Beschuldigten.
208 So auch BGH MDR **1980** 273, 274; NStZ **1981** 94; *Dünnebier* NJW **1976** 1; KK/*Laufhütte/Willnow* 6; *Pfeiffer* 2; AK/*Stern* § 137, 32, 5; SSW/*Beulke* 25; OK-StPO/*Wessing* 18.
209 § 139, 12.
210 Vgl. BGH b. *Holtz* MDR **1978** 111; BGH NStZ **1981** 94, *Kaiser* NJW **1982** 1367, 1368; *Pfeiffer* 1; HK/*Julius/Schiemann* 9; Meyer-Goßner/*Schmitt* 5; KK/*Laufhütte/Willnow* Vor § 137, 14; AnwK-StPO/*Krekeler/Werner* 2; Radtke/Hohmann/*Reinhart* 21.
211 *Sieg* NJW **1977** 1975; *Schmidt-Leichner* NJW **1975** 417, 420; *M. J. Schmid* MDR **1979** 804; **a. A.** KG NJW **1977** 912.
212 Meyer-Goßner/*Schmitt* 4; vgl. erg. *Jahn* JuS **2006** 272.
213 Oben Rn. 62.
214 Vgl. dazu noch LR/*Dünnebier*[23] § 137, 11 ff.
215 S. bei § 146a, 1 ff.; über die Folgen der Zurückweisung § 146a, 12 f.
216 Unten § 146, 11.

68 4. **Rechtsmittel.** Die Fragen der **Rechtsmittel** und **Revision** entsprechen denen bei Abs. 1 Satz 2.[217]

IV. Ende der Wahlverteidigung

69 Abgesehen von den Fällen, in denen die Verteidigung durch **Erfüllung** des Vertrags, also in der Regel mit dem Ende des Verfahrens zusammenfallend, oder durch **Auflösung** des Vertrags endet, ist hier noch auf die Anträge auf **Umwandlung** der Wahl- in Pflichtverteidigung hinzuweisen.[218] Der **Tod des Angeklagten** bewirkt hingegen nicht, dass das Verteidigerverhältnis endet.[219] Wie die zivilrechtliche Vollmacht durch den Tod nicht automatisch erlischt, so erlischt auch nicht das Verteidigungsverhältnis (vgl. § 672 BGB). Der Verteidiger kann deshalb weiterhin Kostenanträge für den verstorbenen Angeklagten stellen.

§ 138
Wahlverteidiger

(1) Zu Verteidigern können Rechtsanwälte sowie die Rechtslehrer an deutschen Hochschulen im Sinne des Hochschulrahmengesetzes mit Befähigung zum Richteramt gewählt werden.

(2) [1]Andere Personen können nur mit Genehmigung des Gerichts gewählt werden. [2]Gehört die gewählte Person im Fall der notwendigen Verteidigung nicht zu den Personen, die zu Verteidigern bestellt werden dürfen, kann sie zudem nur in Gemeinschaft mit einer solchen als Wahlverteidiger zugelassen werden.

(3) Können sich Zeugen, Privatkläger, Nebenkläger, Nebenklagebefugte und Verletzte eines Rechtsanwalts als Beistand bedienen oder sich durch einen solchen vertreten lassen, können sie nach Maßgabe der Absätze 1 und 2 Satz 1 auch die übrigen dort genannten Personen wählen.

Schrifttum

Barton Die Reform der Nebenklage: Opferschutz als Herausforderung für das Strafverfahren, JA **2009** 753; *Beitlich* Anmerkungen zu dem Thema „Rechtsfolgen nach dem Tod des Angeklagten im Strafverfahren“, NStZ **1988** 490; *Bergmann* Ausländische Hochschullehrer als Strafverteidiger? MDR **1982** 97; *Bornemann* Prozeßvertretung durch Hochschullehrer und das Rechtsberatungsgesetz, MDR **1985** 192; *Deumeland* Fachhochschullehrer jetzt auch als Strafverteidiger, RpflStud **2004** 178; *St. Ebner* Der Steuerberater in der Strafverteidigung (§ 392 AO), SteuerStud **2008** 577; *Gruber* Prozessvertretung durch Rechtslehrer und das Erfolgshonorar, NJ **2018** 56; *Hilla* Volljuristen als Verteidiger, NJW **1988** 2525; *Jahn* Die Änderungen im Recht der Strafverteidigung durch das 2. Opferrechtsreformgesetz, NJW-FH Tepperwien (2010) 25; *B. Kramer* Der Rechtslehrer an einer Fachhochschule als Strafverteidiger, GedS Gülzow (1999) 83; *Ladiges* Der Hochschullehrer im Strafverfahrensrecht nach der Neuregelung des § 138 Absatz 3 StPO, JR **2013** 295; *Lehmann* Nichtjuristen als Verteidiger? Zur Auslegung des § 138 Abs. 2 StPO, JR **2012** 287; *v. Lewinski* Rechtslehrer als Berater und Vertreter in Verwaltungs- und Gerichtsverfahren, FS Hartung (2008) 93; *Mey-*

217 Oben Rn. 62.

218 Näher dazu § 142, 17.

219 OLG Nürnberg Beschl. v. 30.3.2010 – 1 Ws 113/10; KG StraFo **2013** 305; SK/*Wohlers* 12; SSW/*Beulke* 9 a. E.; HK/*Julius*/*Schiemann* 8; Meyer-Goßner/*Schmitt* Vor § 137, 7; OK-StPO/*Wessing* 12; **a. A.** OLG Hamburg StraFo **2008** 90; MüKo/*Thomas*/*Kämpfer* 9.

https://doi.org/10.1515/9783110630244-003

er-Lohkamp/Venn Vom (Un-)Sinn der schriftlichen „Strafprozessvollmacht“, StraFo **2009** 265; *Egon Müller* Zum Abschied vom „Laien-Verteidiger“ – Eine Argumentationsskizze, FS Rüßmann (2013) 1043; *Nachbaur* Professor und Rechtsanwalt – Zum Anspruch beamteter Hochschullehrer auf Zulassung zur Anwaltschaft, GedS Gülzow (1999) 93; *C. Nestler* Die Verteidigerstellung gem. § 138 Abs. 2 StPO und das Rechtsberatungsgesetz, FS Kohlmann (2003) 653; *M. Schmid* Die Untervollmacht im Strafprozeß, MDR **1979** 804; *Schröter* Der Hochschullehrer als Strafverteidiger, Diss. Regensburg (1987); *K. Schroth* 2. Opferrechtsreformgesetz – Das Strafverfahren auf dem Weg zum Parteienprozess, NJW **2009** 2916; *C. Seibert* „Andere Personen“ als Verteidiger, JZ **1951** 440; *Streck* Sind Steuerstrafverteidiger Strafverteidiger? FS 25 Jahre AG Strafrecht im DAV (2009) 863; *E. Werner* Der dienstleistende europäische Rechtsanwalt (auch als Strafverteidiger) nach dem EuRAG, StraFo **2001** 221; *Weyand* Fachhochschullehrer als Verteidiger im Strafverfahren, NWB **2004** 467; *ders.* Auswirkungen des „Ersten Justizmodernisierungsgesetzes“ auf das Steuerstrafverfahren, INF **2004** 758; *Willems* Die unterschiedliche Interessenwahrnehmungsbefugnis des Rechtslehrers im deutschen Verfahrensrecht (2001).

Entstehungsgeschichte

I. Ältere Geschichte

Obwohl der Normtext nahezu unverändert die Zeiten überdauert hat, hat es, weil die rechtlichen Rahmenbedingungen nicht konstant blieben, stets große Schwankungen bei ihrer Anwendung gegeben. Erst am 11.7.1922 wurde **Frauen** durch das Gesetz über die Zulassung der Frauen zu den Ämtern der Rechtspflege die Möglichkeit eröffnet, als Rechtsanwältinnen und damit auch als Verteidigerinnen aufzutreten. Dies geschah unter Einlösung des Versprechens der Art. 109, 128 WeimVerf. – und unter heftigen Widerständen.[1] Aufgrund des Gesetzes vom 7.4.1933[2] wurde in § 3 die Zulassung solcher Anwälte zurückgenommen, die sich im „kommunistischen Sinne betätigt hatten“.[3] Dazu zählte z. B. die wiederholte **Verteidigung von Kommunisten** und Sozialdemokraten.[4] Außerdem sah das Gesetz in § 1 die Rücknahme der Zulassung von Anwälten nichtarischer Abstammung mit einer Durchführungsfrist bis zum 30.9.1933 vor.[5] Daneben wurde am 1.4.1933 zum Boykott **jüdischer Rechtsanwaltspraxen** aufgerufen.[6] Mit der 5. Verordnung zum Reichsbürgergesetz vom 27.9.1938[7] wurden mit einer Übergangsfrist bis zum 30.11.1938 alle noch bestehenden Zulassungen nichtarischer Rechtsanwälte zurückgenommen.[8] Jüdische Angeklagte wiederum durften nicht von „deutschen“ Rechtsanwälten verteidigt werden. Ihnen wurde ein jüdischer „Konsulent“ zugeteilt, der jedoch als „Verteidiger“ vielfach diskriminiert wurde: Der Niederlassungsort wurde zugeteilt, er durfte keine Robe tragen und musste statt dessen einen Judenstern an seiner Kleidung anbringen.[9] Auch auf andere Weise wurde die freie Wahl des Verteidigers eingeschränkt: In Schutzhaftsachen musste der Verteidiger nach einer Anordnung vom 31.8.1938 das besondere Vertrauen der Staatspolizei genießen.[10] Die Vertretung vor dem Volksgerichtshof bedurfte der Zustimmung des Vorsitzenden des Ge-

1 Vgl. *Ostler* NJW **1979** 1962.
2 RGBl. I S. 175.
3 *Ostendorf* StV **1983** 121; *Ostler* AnwBl. **1983** 54.
4 *Ostendorf* StV **1983** 121.
5 *Ostler* AnwBl. **1983** 54.
6 *Ostendorf* StV **1983** 121; *Ostler* AnwBl. **1983** 54.
7 RGBl. I S. 1403.
8 *Ostler* AnwBl. **1983** 54.
9 *Ostler* AnwBl. **1983** 54 f.; *Ostendorf* StV **1983** 121, 122.
10 *Ostler* AnwBl. **1983** 54, 57; *Ostendorf* StV **1983** 121, 123.

richts.[11] Durch die **Kriegsverordnung** vom 1.3.1943 wurde die Möglichkeit geschaffen, Rechtsanwälte im Alter von über 65 Jahren in den Ruhestand zu versetzen. Außerdem waren Frauen zur Rechtsanwaltschaft nicht mehr zugelassen.[12] Am 21.5.1942 wurde durch Runderlass des Reichsjustizministers den deutschen Rechtsanwälten die Verteidigung von polnischen Angeklagten in Polen standesrechtlich verboten. Polnische Rechtsanwälte durften nur bei „Zuverlässigkeit" verteidigen.[13] Auch im Russlandfeldzug wurden den Angeklagten aus der fremden Bevölkerung Wahlverteidiger oder gar überhaupt ein Beistand verwehrt (Gerichtsbarkeitserlass „Barbarossa" vom 13.5.1941 und Kommissarbefehl vom 6.6.1941).[14]

Die oben aufgeführten Zulassungsbeschränkungen entfielen nach 1945, so dass – bei gleichlautendem § 138 – wieder eine **freie Wahl** des Verteidigers möglich wurde.

II. Die jüngere Entwicklung 2004-2009

1. Änderungen durch das 1. Justizmodernisierungsgesetz 2004 und durch das Gesetz zur Stärkung der Selbstverwaltung der Rechtsanwaltschaft 2007. Durch Art. 3 Nr. 6a des 1. Justizmodernisierungsgesetzes (1. JuMoG) vom 24.8.2004[15] sind in Absatz 1 die Worte „im Sinne des Hochschulrahmengesetzes mit der Befähigung zum Richteramt" eingefügt worden. Ziel des Gesetzgebers war es, mit Rücksicht auf die geänderte Rechtsprechung des BGH[16] klarzustellen, dass auch **Fachhochschullehrer** zu den nach § 138 Abs. 1 wählbaren Verteidigern gehören.[17] Art. 5 Nr. 1 des Gesetzes zur Stärkung der Selbstverwaltung der Rechtsanwaltschaft vom 26.3.2007[18] hat in Absatz 1 zur **Streichung** der **Qualifikation** der Rechtsanwälte, die früher „bei einem **deutschen Gericht zugelassen**" sein mussten, geführt.

2. Änderungen durch das 2. Opferrechtsreformgesetz 2009. Durch Art. 1 Nr. 12a des Gesetzes zur Stärkung der Rechte von Verletzten und Zeugen im Strafverfahren (2. OpferRRG)[19] ist Absatz 2 unter sprachlicher Neufassung auf zwei Sätze aufgeteilt worden. Zudem ist Absatz 3 durch Art. 1 Nr. 12b des 2. OpferRRG mit Wirkung zum 1.10.2009 eingeführt worden. Die Neufassung der Absätze 2 und 3 ist im Zusammenhang mit den sonstigen Änderungen der StPO im Zuge des 2. OpferRRG zu sehen.[20] Das gilt besonders mit Blick auf die **Erweiterung** und Vereinfachung der Möglichkeiten zur **Bestellung eines Opferanwalts** sowie der **gesetzlichen Anerkennung des Zeugenbeistandes**, insbesondere § 406f Abs. 1 Satz 2,[21] im neuen Absatz 3.[22] Absatz 2 blieb inhaltlich unverändert, wurde aber reformuliert, da nur der Regelungsgehalt des so 2009 neugeschaffenen Satzes 1 auf die in Absatz 3 genannten Personen übertragbar

---

11 *Ostendorf* StV **1983** 121, 122.
12 *Ostler* NJW **1979** 1962, 1963.
13 *Ostendorf* StV **1983** 121.
14 *Ostendorf* StV **1983** 121, 123.
15 BGBl. I S. 2198.
16 BGHSt **48** 350; s. erg. Rn. 19.
17 Vgl. BTDrucks. **15** 3482 S. 21; *Weyand* INF **2004** 758, 760.
18 BGBl. I S. 365.
19 BGBl. I S. 2280.
20 Näher zu den sonstigen Änderungen im Recht der Verteidigung durch das Gesetz *Jahn* FH Tepperwien 25 ff.; erg. *Jahn* FS I. Roxin 585, 586 sowie (im Ganzen krit. zum 2. OpferRRG) *Jahn/Bung* StV **2012** 754 ff.
21 *K. Schroth* NJW **2009** 2916, 2917; näher dazu LR/*Wenske*[26] Nachtr. Erl. zu § 406 f.
22 Näher unten Rn. 59 ff.

war.[23] Der Kreis der nach Absatz 2 wählbaren Personen ist nach wie vor nicht beschränkt.[24]

Übersicht

I. Verteidiger (Abs. 1)

1 Für die Begründung der Verteidigerstellung **genügt** in den Fällen des Absatzes 1 die **Wahl**, also der wirksame Abschluss des Vertrages zwischen dem Beschuldigten und dem Verteidiger.[25] Hier bedarf es keines weiteren konstitutiven Zulassungsakts durch

23 BTDrucks. **16** 12098 S. 20; OK-StPO/*Wessing* 9.
24 *Jahn* FH Tepperwien 25, 26; näher unten Rn. 38.
25 HdBStrR/*Jahn*/*Brodowski* § 17, 55; näher unten Rn. 21 ff.

das Gericht. Voraussetzung ist aber, dass der Gewählte einer der beiden **privilegierten Personengruppen** zugehörig ist, also als „Rechtsanwalt" oder „Rechtslehrer" zur **Gruppe der „geborenen" Verteidiger** gehört. Auch in Bezug auf die Vergütung werden die Hochschullehrer den Rechtsanwälten bislang in der Rechtsprechung[26] gleichgestellt.

2 **1. Rechtsanwälte.** Die Voraussetzungen, unter denen jemand in der Bundesrepublik Deutschland[27] als Rechtsanwalt zugelassen werden kann, sind mit Rücksicht auf die Richtlinie 98/5/EG der damaligen Europäischen Gemeinschaft auf dem Gebiete des Berufsrechts für Rechtsanwälte bereits vor fast zwei Jahrzehnten wegen der Niederlassungs- und der Dienstleistungsfreiheiten der (heutigen) Art. 49 ff. und 56 ff. AEUV erweitert worden.[28] Im Jahr 2007[29] ist dann die Voraussetzung der Zulassung zur (deutschen) Rechtsanwaltschaft ausdrücklich gestrichen worden. § 4 Satz 1 **BRAO** bestimmt i. V. m. §§ 6 Abs. 2, 7 BRAO damit ein Recht auf Zulassung, wenn der Bewerber die fachlichen Grundvoraussetzungen erfüllt und keine gesetzlichen Versagungsgründe vorliegen.[30] Die Qualifikationsbezeichnung **„Fachanwalt für Strafrecht"** des § 1 Satz 2 FAO dient allein der Qualitätssicherung, da zur Erlangung dieser Bezeichnung besondere theoretische und praktische Kenntnisse i. S. d. § 2 Abs. 1 FAO erforderlich sind. Bedeutung für die Zulässigkeit des Auftretens als Strafverteidiger hat sie *de lege lata* keine.[31] Eine andere, bei Abfassung dieses Manuskripts intensiv diskutierte Frage ist, ob ***de lege ferenda*** die Zulassung und Verpflichtung zu bestimmten anwaltlichen Dienstleistungen als Strafverteidiger, zum Beispiel in Umsetzung von Art. 7 der Richtlinie 2016/1919/EU (**Legal Aid-Richtlinie**) bei der Pflichtverteidigung, von einer solchen besonderen Qualifikation abhängig gemacht werden sollte und darf.[32] Danach sind über § 4 BRAO im geltenden

---

26 OLG Düsseldorf NStZ **1996** 99 f. m. Anm. *Deumeland*; LR/*Hilger*[26] § 464a, 44. Ob die entsprechende Anwendung der Sätze des RVG mangels Notwendigkeit der Unterhaltung eines eigenen Bürobetriebs durch den Hochschullehrer gerechtfertigt ist, ist allerdings zweifelhaft (OLG Düsseldorf NJW-RR **2016** 313 Tz. 21 f. [zu einem Erfolgshonorar nach § 4a RVG]; *Jahn* [Konfliktverteidigung] 179 Fn. 140; **a. A.** OK-StPO/*Wessing* 4; SK/*Wohlers* 21). Das Problem wird allerdings praktisch kaum je relevant, da Hochschullehrer eine Verteidigung typischerweise nur auf Grundlage einer Honorarvereinbarung (die sich dann im Einzelfall ggf. an den RVG-Sätzen orientieren *kann*) übernehmen werden. Zustellungen sind nach Übernahme der Verteidigung direkt am Lehrstuhl möglich (§§ 37 Abs. 1, 174 Abs. 1 ZPO, vgl. *v. Lewinski* FS Hartung [2008] 93, 113; MüKo/*Thomas/Kämpfer* 11; SK/*Wohlers* 22), so dass zwar die gemeinsame Verteidigung mit einem zugelassenen Rechtsanwalt nicht unüblich, aber – auch unter diesem Aspekt – nicht zwingend notwendig ist.

27 Zu den Voraussetzungen, unter denen nach dem Rechtsanwaltsgesetz der früheren DDR (RAG-DDR) zugelassene Rechtsanwälte tätig werden konnten und den damit verbundenen Übergangsregeln, vgl. Weyland-BRAO/*Brüggemann* § 4, 25 m. w. N.

28 HdBStrR/*Jahn/Brodowski* § 17, 56. Durch Art. 2 Ziff. 1 des Gesetzes zur Umsetzung von Richtlinien der europäischen Gemeinschaft auf dem Gebiete des Berufsrechts der Rechtsanwälte, BGBl. I 2000 S. 190. Demgemäß wurde durch Art. 10 Abs. 1 Ziff. 1 des gleichen Gesetzes das frühere Rechtsanwalts-Dienstleistungsgesetz vom 17.8.1980 (EuGRAG) außer Kraft gesetzt (dazu LR/*Lüderssen*[25] 6 f.). Über die Interims-Rechtslage zwischen dem Erlass der Richtlinie (1998) bis zu deren deutscher Umsetzung *Sobotta/Kleinschnittger* EuZW **1998** 645, 646 f.; zum heutigen Recht der europäisierten Strafverteidigung zusf. *Traut/Cunningham* StraFo **2017** 222, 223 f.

29 Oben Entstehungsgeschichte.

30 Weyland-BRAO/*Brüggemann* § 4, 1.

31 Statt aller OK-StPO/*Wessing* 1.

32 Vgl. zur Diskussion *Jahn/Zink* FS Graf-Schlicker (2018) 475, 494 sowie ausf. unten § 142, 79 ff. und konkret *Schlothauer/Neuhaus/Matt/Brodowski* HRRS **2018** 55, 60 mit dem Vorschlag eines § 49 Abs. 1

Recht **drei Möglichkeiten** des Zugangs zur Verteidigung über **Absatz 1 Var. 1** des § 138 eröffnet:

a) Befähigung zum Richteramt nach §§ 5 ff. DRiG. Die **erste**, in der Rechtswirklichkeit bei weitem häufigste **Zulassungsoption**, ist die Befähigung zum Richteramt nach dem DRiG. Die BRAO geht davon aus, dass die Befähigung für die **Zulassung zur Rechtsanwaltschaft** grundsätzlich die gleiche sein muss, wie sie für das Amt des Richters gefordert wird. Es dürfen keine geringeren, aber auch keine höheren Anforderungen gestellt werden.[33] Auch ein **Syndikusrechtsanwalt** i. S. von § 46 Abs. 2 Satz 1 BRAO kann nach Absatz 1 zum Verteidiger bestellt werden, wenn er außerhalb seines Dienstverhältnisses handelt und im Übrigen die Beschränkungen des § 46 BRAO beachtet.[34] Erforderlich ist damit die Ablegung der Ersten und Zweiten Juristischen **(Staats-) Prüfung** (§§ 5a Abs. 1, 5 Abs. 1 DRiG[35]) oder die – nicht an die Ablegung von (Staats-) Prüfungen gebundene – Ernennung zum **Professor des Rechts** an einer Universität (§ 7 DRiG). Da die Ernennung zum Rechtslehrer an anderen Hochschulen i. S. d. § 1 Satz 1 HRG nicht mit Befähigung zum Richteramt verbunden ist (Umkehrschluss zu **§ 7 DRiG**),[36] müssen insbesondere die seit dem Jahr 2004[37] grundsätzlich erfassten **Fachhochschullehrer** oder Rechtslehrer an anderen staatlichen Bildungseinrichtungen mit dem landesrechtlichen Rang einer staatlichen Hochschule[38] die Erste und Zweite Juristische (Staats-) Prüfung erfolgreich abgelegt haben, um nach Absatz 1 zu Verteidigern gewählt werden zu können.[39] Für die **verbeamteten Hochschullehrer** stellt sich zwar das Problem, dass der Anwaltsberuf mit der Stellung als aktiver Beamter grundsätzlich nicht vereinbar ist (vgl. § 7 Nr. 10 BRAO), so dass die erste Alternative des Abs. 1 für diese nur dann praktische Bedeutung erlangt, wenn sie ihre Stellung nicht angetreten, wieder aufgegeben haben oder entpflichtet sind.[40] Gerade hier greift aber die zweite Alternative 3

BRAO-neu, auf den insbesondere ein § 142 Abs. 1 StPO-neu verweisen solle: „Zur Leistung von Rechtsbeistand für Verdächtige, beschuldigte Personen und gesuchte Personen sind Fachanwälte für Strafrecht ... verpflichtet, ...".

33 Weyland-BRAO/*Brüggemann* § 4, 3; HdBStrR/*Jahn*/*Brodowski* § 17, 56.

34 SSW/*Beulke* 8; Meyer-Goßner/*Schmitt* 2b; OK-StPO/*Wessing* 3; SK/*Wohlers* 10; Hüls/*Reichling* § 392, 9. Großzügiger Radtke/Hohmann/*Reinhart* 2; MüKo/*Thomas*/*Kämpfer* 4 a. E.: Verstoß gegen § 46 BRAO sei für § 138 Abs. 1 irrelevant.

35 Für heutige Absolventen i. d. F. des Gesetzes zur Reform der Juristenausbildung v. 11.7.2002, BGBl. I S. 2592. Nach § 5 Abs. 1 DRiG in dieser Fassung erwirbt die Befähigung zum Richteramt, wer ein rechtswissenschaftliches Studium an einer Universität mit der ersten Prüfung und einen anschließenden Vorbereitungsdienst mit der zweiten Staatsprüfung abschließt; die erste Prüfung besteht aus einer universitären Schwerpunktbereichsprüfung und einer staatlichen Pflichtfachprüfung. Die Studienzeit beträgt grundsätzlich vier Jahre; diese Zeit kann unterschritten werden, sofern die jeweils für die Zulassung zur universitären Schwerpunktbereichsprüfung und zur staatlichen Pflichtfachprüfung erforderlichen Leistungen nachgewiesen sind. Zu den Übergangsregelungen für Studierende, die vor dem 1.7.2003 ihr Studium aufgenommen und Referendare, die bis zum 1.7.2005 den Vorbereitungsdienst aufgenommen hatten, vgl. Weyland-BRAO/*Brüggemann* § 4, 11.

36 Selbst der Fall des ordentlichen Professors an einer deutschen Universität mit der Lehrbefugnis (auch) für das Strafprozessrecht, der nicht die Zweite Juristische Staatsprüfung abgelegt hat, kommt derzeit vor, wenn auch – soweit ersichtlich – in weniger als einer Handvoll Fällen.

37 Oben Entstehungsgeschichte.

38 S. unten Rn. 18.

39 *Knauer*/*Wolf* NJW **2004** 2932, 2938 Fn. 71; *Gruber* NJ **2004** 134; HdBStrR/*Jahn*/*Brodowski* § 17, 56.

40 Weyland-BRAO/*Brüggemann* § 4, 13; Radtke/Hohmann/*Reinhart* 4.

des Absatzes 1.[41] Der verbeamtete Hochschullehrer muss die Tätigkeit daher gerade nicht u. a. ehrenamtlich wahrnehmen, wie es § 7 Nr. 10 Var. 1 BRAO eigentlich vorsieht.[42]

4 **b) Eingliederung nach §§ 11, 12 EuRAG.** Die **zweite Option** ist die Eingliederung nach dem Gesetz über die **Tätigkeit europäischer Rechtsanwälte** in Deutschland (EuRAG).[43] Rechtsanwälte aus **EU-Mitgliedsstaaten,** anderen Vertragsstaaten des Abkommens über den europäischen Wirtschaftsraum und der Schweiz genießen insoweit besondere Rechte. In der Regel muss für eine Eingliederung eine **mindestens dreijährige,**[44] effektive und regelmäßige **Tätigkeit** als niedergelassener europäischer Rechtsanwalt in Deutschland auf dem Gebiete des deutschen Rechts „einschließlich des Gemeinschaftsrechts" (heute in der Sache gemeint: Unionsrechts) nachgewiesen werden (§ 11 Abs. 1 Satz 1 EuRAG). Wie dieser Nachweis zu erbringen ist, bestimmt im Einzelnen § 12 EuRAG.

5 **c) Eignungsprüfung nach §§ 17 ff. EuRAG.** Voraussetzung für die **dritte Zulassungsoption**, die Ablegung der **Eignungsprüfung,**[45] ist, dass in einem Mitgliedsstaat der Europäischen Union oder eines anderen Vertragsstaates des Abkommens über den europäischen Wirtschaftsraum (z. B. Liechtenstein) eine Berufsausbildung abgeschlossen worden ist, die zum unmittelbaren Zugang zum Beruf eines europäischen Rechtsanwalts (§ 1 EuRAG) berechtigt (§ 16 Abs. 1 EuRAG). Wer seine Berufsausbildung nicht überwiegend in Mitgliedsstaaten der Europäischen Union oder anderen Vertragsstaaten des Abkommens über den europäischen Wirtschaftsraum absolviert hat, kann die Eignungsprüfung ablegen, wenn er den Beruf eines europäischen Rechtsanwalts tatsächlich und rechtmäßig mindestens drei Jahre ausgeübt hat und dies von dem Mitgliedsstaat oder Vertragsstaat bescheinigt wird, der die Ausbildung anerkannt hat (§ 16 Abs. 2 EuRAG). Was die Anforderungen an die staatliche Eignungsprüfung angeht, so muss sie unter anderem dem Umstand Rechnung tragen, dass der Antragsteller in einem Mitgliedsstaat der Europäischen Union oder einem anderen Vertragsstaat des Abkommens über den europäischen Wirtschaftsraum über eine berufliche Qualifikation zur Ausübung des Rechtsanwaltsberufes verfügt (§ 17 EuRAG).

d) Weitere formelle Voraussetzungen

6 **aa) Nachweis.** In formeller Hinsicht ist weiter erforderlich, dass der Rechtsanwalt über die Zulassung eine von der Rechtsanwaltskammer ausgefertigte **Urkunde** erhält (§ 12 Abs. 1 BRAO). Die Zulassung **erlischt** u. a., wenn durch rechtskräftiges Urteil auf Ausschließung aus der Rechtsanwaltschaft erkannt ist (§ 13 BRAO), oder wenn die Rechtsanwaltskammer die Zulassung rechtskräftig zurückgenommen hat, weil Tatsachen nachträglich bekannt geworden sind, bei deren Kenntnis die Zulassung hätte versagt werden müssen (§ 14 Abs. 1 Satz 1 BRAO).

7 **bb) Zeitlich.** Der nach Absatz 1 zum Verteidiger gewählte Rechtsanwalt muss in den Fällen notwendiger Verteidigung (§ 140) während der **gesamten Dauer der Verteidi-**

41 Unten Rn. 18.

42 Zur Frage der Anwendung der RVG-Sätze oben Rn. 1 a. E.

43 HdBStrR/*Jahn/Brodowski* § 17, 56; umfassend dazu *Lach* NJW **2000** 1609.

44 Über Ausnahmen (Verkürzung der Frist) s. §§ 13 ff. EuRAG.

45 Siehe dazu VG Stuttgart BRAK-Mitt. **2005** 143; *Eichele* BRAK-Mitt. **2006** 47 f.; zusf. Weyland-BRAO-EuRAG/*Nöker* § 17, 2 f.; HdBStrR/*Jahn/Brodowski* § 17, 56 a. E.

gung eine **Rechtsanwaltszulassung** besitzen. Ist dies nicht der Fall, begründet ein in der Hauptverhandlung bestehender Zulassungsmangel des **Scheinverteidigers** den absoluten Revisionsgrund des § 338 Nr. 5.[46] Ein gegebenenfalls erklärter Rechtsmittelverzicht ist unwirksam; der Angeklagte kann also in diesem Fall trotz Versäumung der Rechtsmittelfrist Wiedereinsetzung in den vorigen Stand erlangen.[47] Dies gilt allerdings dann nicht, wenn der Widerruf der Zulassung zur Zeit der Hauptverhandlung noch nicht bestandskräftig gewesen ist.[48]

Wird gegen einen in Deutschland zugelassenen Rechtsanwalt ein **Berufsverbot** verhängt (§§ 150 Abs. 1, 153 BRAO; § 70 Abs. 1 StGB), darf er seinen Beruf nicht ausüben (§ 155 Abs. 2 BRAO). Wird ein **Vertretungsverbot** ausgesprochen (§§ 150 Abs. 1, 153 BRAO), darf der Rechtsanwalt nicht als Vertreter und Beistand in Person oder im schriftlichen Verkehr vor einem Gericht, vor Behörden oder gegenüber anderen Personen tätig werden oder Vollmachten oder Untervollmachten erteilen (§ 155 Abs. 3 BRAO). Dieselben Wirkungen wie das Berufsverbot des § 70 Abs. 1 StGB haben das vorläufige Berufsverbot (§ 132a Abs. 1) sowie das vorläufige Verbot, auf bestimmten Rechtsgebieten als Vertreter und Beistand tätig zu werden (§ 161a Abs. 1 und 2 BRAO). Durch das Berufsverbot nach §§ 150 Abs. 1, 153 BRAO wird allerdings die **Wirksamkeit** der von dem betroffenen Rechtsanwalt gleichwohl vorgenommenen Rechtshandlungen **nicht berührt** (§ 155 Abs. 5 BRAO).[49] Nach einer vereinzelt vertretenen Ansicht[50] gelte dies auch dann, wenn der **Rechtsanwalt** sie **in eigener Sache** vornimmt. Dies ist indessen mit dem Sinn und Zweck der Norm als einer Schutzvorschrift für den gutgläubigen Mandanten nicht vereinbar.[51] Weil die Verbote nach § 70 Abs. 1 StGB und nach § 132a Abs. 1 die gleiche Wirkung haben, ist die dem Mandanten des Anwalts dienende Schutzvorschrift des § 155 Abs. 5 BRAO auf das Berufsverbot des § 70 Abs. 1 StGB und auf das vorläufige Berufsverbot des § 132a Abs. 1 entsprechend anzuwenden. 8

cc) Örtlich und instanziell. Selbst unter der Geltung des Lokalisationsprinzips (noch bis zum 1.6.2007 im Zivilprozess)[52] war nie erforderlich, dass der Rechtsanwalt in Strafsachen gerade bei dem deutschen Gericht **zugelassen** ist, bei dem die Verteidigung stattfinden soll.[53] Die allein beim **Bundesgerichtshof** (in Zivilsachen)[54] **zugelassenen Rechtsanwälte** darf der Beschuldigte jedoch nur zur Verteidigung vor diesem Gericht, dem BVerfG und internationalen oder zwischenstaatlichen Gerichten, etwa dem EGMR (Art. 19 EMRK) in Straßburg oder dem IStGH in Den Haag, wählen (§ 172 Abs. 1 BRAO);[55] wegen der zivilrechtlichen Spezialisierung der (wenigen) Rechtsanwälte mit BGH Singu- 9

---

46 BGHSt **47** 238 m. zust. Anm. *Beulke/Angerer* NStZ **2002** 443; BGH Beschl. v. 13.3.2019 – 1 StR 532/18, juris, Tz. 10, NStZ-RR **2019** 187 (Ls.); SSW/*Beulke* 48; erg. unten Rn. 49.

47 BGHSt **47** 238.

48 BGHR StPO § 338 Nr. 5 Verteidiger 6.

49 S. OLG Celle NStZ **1989** 338 m. zust. Anm. *Feuerich*; BAG NJW-Spezial **2007** 495; KK/*Willnow* 4; AK/*Stern* 11.

50 OLG Oldenburg NdsRpfl. **1963** 117.

51 Ebenso *Feuerich* NStZ **1989** 339.

52 Vgl. zum früheren Rechtszustand Weyland-BRAO/*Weyland* § 27, 18.

53 Zu regionalen Restriktionen vgl. AK/*Stern* 11.

54 § 172 BRAO dient einer sachgerechten Beratung der zivilprozessualen Parteien sowie der Erhaltung der Funktionsfähigkeit der höchstrichterlichen Rechtsprechung in Zivilsachen und genügt deshalb den verfassungsrechtlichen Anforderungen, vgl. Weyland-BRAO/*Kilimann* § 172, 2 m. w. N. aus der BVerfG-Rspr.

55 Das übersieht HK-GS/*Weiler* 2 („instanzielle Beschränkungen bestehen nicht"); diese Spezialregelung zur Singularzulassung ist nach BVerfGE **106** 216 verfassungsgemäß.

larzulassung wird dieser Fall indes **kaum** einmal **praktisch relevant** werden. Das Verbot, vor Gericht aufzutreten, schließt aber jedenfalls in der Sache auch das Verbot ein, Schriftsätze für andere als die in § 172 Abs. 1 BRAO genannten Gerichte zu unterzeichnen und bei ihnen einzureichen. **Revisionsanträge** und Revisionsbegründung (§ 345 Abs. 2) sowie Anfragen beim Instanzgericht (etwa in Bezug auf die Gesetzmäßigkeit der Besetzung) **gehören** jedoch schon **zur Verteidigung** „vor dem Bundesgerichtshof" und stehen daher auch dem am BGH zugelassenen Rechtsanwalt zu, ungeachtet des formalen Umstandes, dass die Schriftsätze zwecks dortiger Kenntnisnahme beim Landgericht einzureichen sind (§§ 341 Abs. 1, 345 Abs. 1).[56] Davon zu trennen ist die verfassungsrechtliche und rechtspolitische Frage ***de lege ferenda***, ob eine auf **Revisionen spezialisierte Rechtsanwaltschaft in Strafsachen** beim BGH und ggf. bei den Oberlandesgerichten etabliert werden sollte; die besseren – verfassungsrechtlichen – Gründe sprechen für ihre Verneinung.[57]

10 **2. Niedergelassene europäische Rechtsanwälte nach § 2 EuRAG.** Art. 2 der RL 98/5/EG[58] hatte das Recht auf Ausübung einer Anwaltstätigkeit unter der ursprünglichen Berufsbezeichnung und die Möglichkeit einer Eingliederung in den Berufsstand des Aufnahmestaats vorgesehen. Gemäß § 2 Abs. 1 EuRAG ist deshalb, wer als europäischer Rechtsanwalt auf Antrag in die für den Ort seiner Niederlassung (in Deutschland) zuständige Rechtsanwaltskammer aufgenommen wurde, berechtigt, unter der **Berufsbezeichnung des Herkunftsstaates** die Tätigkeit eines Rechtsanwalts mit allen Rechten und Pflichten nach der BRAO auszuüben (niedergelassener europäischer Rechtsanwalt).[59] Dies alles geschieht unbeschadet dessen, dass der niedergelassene europäische Rechtsanwalt überhaupt nicht zur deutschen Rechtsanwaltschaft zugelassen wird und auch nicht werden muss. **Mitglied der** örtlichen **deutschen Rechtsanwaltskammer** darf er hingegen nach der Konzeption des europäischen Richtliniengebers werden. Die Voraussetzungen für die Aufnahme sind in den §§ 2 ff. geregelt; soweit es sich um Mitglieder von Sozietäten im Herkunftsland handelt, regelt § 8 EuRAG das Erforderliche. Für Anwälte aus **WTO-Mitgliedsstaaten** (z. B. China, USA oder Israel) enthält § 206 Abs. 1 BRAO eine weitere für das Strafrecht praktisch kaum einschlägige Spezialvorschrift über die eng beschränkte Befugnis zur Rechtsberatung auf das Recht des Herkunftsstaates und des Völkerrechts.[60]

11 Der niedergelassene europäische Rechtsanwalt kann in allen Fällen tätig werden, in denen nach den Gesetzen das Handeln oder Auftreten eines Rechtsanwalts vorgeschrieben ist. Deshalb finden alle Vorschriften der deutschen Verfahrensordnungen und sonstiger Gesetze auf ihn Anwendung, die in ihrem Tatbestand an die Eigenschaft als Anwalt nach deutschem Recht anknüpfen.[61] Über diesen Mechanismus der **Behandlung „als"** (deutscher) **Rechtsanwalt** wird Absatz 1 Var. 1 des § 138 auf den niedergelassenen europäischen Anwalt anwendbar. Allerdings fehlt mit Blick auf gewisse Besonderheiten der Tätigkeit als BGH-Anwalt ein Verweis auf die Vorschriften des 8. Teils der BRAO.

---

56 Wie hier MüKo/*Thomas*/*Kämpfer* 4 a. E.; KMR/*Hiebl* 3; Radtke/Hohmann/*Reinhart* 2.

57 So auch *Keck* StV **2018** 821, 826 mit Blick auf die Berufsfreiheit des Art. 12 GG und das in Art. 3 Abs. 1 GG zum Ausdruck kommende Willkürverbot.

58 Oben Rn. 2.

59 HdBStrR/*Jahn*/*Brodowski* § 17, 60. Daraus folgt, dass niedergelassene europäische Rechtsanwälte die Bezeichnung „europäischer Rechtsanwalt" als Berufsbezeichnung in der Werbung nicht verwenden dürfen (§ 5 EuRAG).

60 Vgl. BRDrucks. 229 **10** S. 5.

61 BRDrucks. 567 **99** S. 56.

Daraus folgt, dass dem unter seiner ursprünglichen Berufsbezeichnung tätigen Rechtsanwalt der Zugang zu einer Tätigkeit vor dem Bundesgerichtshof verwehrt ist.[62] Für das Auftreten vor dem BGH *in Strafsachen* galten die im 8. Teil der BRAO ausgesprochenen Beschränkungen allerdings ohnehin nie.[63] Dass auf diesen Teil der BRAO nicht verwiesen wird, ist also für den niedergelassenen europäischen Rechtsanwalt, der in einer Strafsache tätig wird, ohne Bedeutung.

Der niedergelassene europäische Rechtsanwalt muss konsequenterweise, entsprechend der für seine deutschen Kollegen geleitenden Regelungen,[64] seine Berufsausübung in Deutschland einstellen, wenn ihm seitens der zuständigen Stelle des Herkunftslandes die **Berechtigung** zur Ausübung seiner beruflichen Tätigkeit vorläufig, zeitweilig oder dauernd **entzogen** worden ist, § 6 Abs. 3 EuRAG.[65] Im Übrigen ist er nach Maßgabe von § 6 EuRAG ebenfalls berufsrechtlichen Maßnahmen ausgesetzt. Davon zu unterscheiden ist das Verfahren über Rücknahme und Widerruf der Aufnahme in die deutsche Rechtsanwaltskammer (§ 4 EuRAG). 12

3. Dienstleistende europäische Rechtsanwälte nach §§ 25 ff. EuRAG. In § 25 Abs. 1 EuRAG wird eine bloß vorübergehende Dienstleistung unter der Berufsbezeichnung des Herkunftsstaates von der dauernden Tätigkeit unter ursprünglicher Berufsbezeichnung als niedergelassener europäischer Rechtsanwalt[66] abgegrenzt. Der **vorübergehende Charakter** ist unter Berücksichtigung der Dauer, der Häufigkeit, ihrer regelmäßigen Wiederkehr und der Kontinuität der konkreten Tätigkeit zu beurteilen.[67] Der Dienstleister ist nicht zur deutschen Rechtsanwaltschaft zugelassen und kann auch nicht Mitglied einer hiesigen Rechtsanwaltskammer werden.[68] Zwar bestimmt § 31 Abs. 1 Satz 1 EuRAG, dass der dienstleistende europäische Rechtsanwalt einen **Zustellungsbevollmächtigten**, der im Inland wohnt oder dort einen Geschäftsraum hat, zu benennen hat, sobald er in Verfahren vor Gerichten oder Behörden tätig wird. Zustellungen, die für den dienstleistenden europäischen Rechtsanwalt bestimmt sind, sind gem. § 31 Abs. 1 Satz 3 EuRAG an diesen Zustellungsbevollmächtigten zu bewirken. Allerdings steht diese Bestimmung der **Wirksamkeit der Zustellung** unmittelbar an den dienstleistenden europäischen Rechtsanwalt nicht entgegen.[69] Für die Aufnahme von aktiver Tätigkeit auf dem Gebiet der Strafverteidigung gibt es aber erhebliche Einschränkungen. Der dienstleistende europäische Rechtsanwalt kann nur zusammen mit einem **Einvernehmensanwalt** handeln.[70] Jener Einvernehmensanwalt muss ein bei einem deutschen Gericht zugelassener Rechtsanwalt sein. In Betracht kommt damit auch ein gem. §§ 11 ff. EuRAG eingegliederter oder aufgrund der Eignungsprüfung zugelassener,[71] nicht aber ein niedergelassener europäischer Rechtsanwalt.[72] Das ausdrückliche Einvernehmens- 13

---

62 BRDrucks. **567** 99 S. 45.

63 Oben Rn. 9.

64 Soeben Rn. 7 f.

65 § 6 Abs. 4 EuRAG a. F. mit geändertem Standort seit dem 18.5.2017, vgl. BGBl. I S. 1121.

66 Nach den soeben Rn. 10 ff. dargelegten Grundsätzen.

67 HdBStrR/*Jahn/Brodowski* § 17, 61; s. im Einzelnen Weyland-BRAO-EuRAG/*Nöker* § 25, 6.

68 Es gibt aber Aufsichtsrechte der Rechtsanwaltskammer, vgl. §§ 26 Abs. 2, 32 Abs. 4 EuRAG.

69 BayObLG Beschl. v. 2.12.2019 – 201 ObOWi 1817/19, NStZ-RR **2020** 259, 260 Tz. 8, BeckRS 2019 41297; ausf. *Traut/Cunningham* StraFo **2017** 222, 225.

70 OLG Bamberg Beschl. v. 15.12.2017 – 3 Ss OWi 1702/17, juris, Tz. 7; AnwK/*Krekeler/Werner* 1. Zu den kostenmäßigen Konsequenzen (Hinzuziehung eines Dolmetschers) KG NStZ **2002** 52.

71 S. oben Rn. 4 f.

72 Vgl. auch *Werner* StraFo **2001** 221, 222; sowie *Klein* AnwBl. **2000** 190; *Weihrauch* BRAK-Mitt. **2000** 155 f.

Einverständnis ist in Strafsachen in den nachfolgenden **zwei Fällen** schriftlich, und zwar zweckmäßigerweise **durch Gegenzeichnung** durch den deutschen Rechtsanwalt,[73] aber zeitlich schon **bei** erstmaliger **Aufnahme** der Tätigkeit (§ 29 EuRAG) nachzuweisen:

14 **a) Verfahren wegen Straftaten.** Das Einverständnis ist erforderlich, wenn es sich um **gerichtliche Verfahren wegen Straftaten** handelt, in denen der Mandant sich nicht selbst verteidigen kann, § 28 Abs. 1 EuRAG. Ob unter „gerichtliche Verfahren" nur das Hauptverfahren zu fassen ist und Ermittlungs- und Vollstreckungsverfahren wegen der Verfahrensherrschaft der Staatsanwaltschaft von dem Begriff der „behördlichen Verfahren" erfasst werden, kann wegen Ergebnisgleichheit dahinstehen. Gemeint sind nicht nur Fälle der **notwendigen Verteidigung**,[74] sondern auch solche Fälle in **Revision** und **Rechtsbeschwerde** (§ 345, § 79 Abs. 3 Satz 1 OWiG), in denen ein Verteidiger die eigene Verantwortung für einen Rechtsmittelschriftsatz übernehmen muss.[75] Für Wahlverteidiger gilt diese Einschränkung also nicht, so dass § 28 Abs. 1 EuRAG es den dienstleistenden europäischen Rechtsanwälten (§ 25 Abs. 1 EuRAG) ermöglicht, ihre Mandanten alleinverantwortlich in solchen gerichtlichen und behördlichen Verfahren zu verteidigen, in denen die Mandanten ihre Angelegenheiten auch selbst wahrnehmen könnten.

15 **b) Mandanten unter Freiheitsentzug.** Ebenso bedarf es des Einverständnisses bei Kontakten mit einem **nicht auf freiem Fuß** befindlichen Mandanten, § 30 Abs. 1 Satz 1 EuRAG. Erfasst sind sowohl Besuche als auch schriftlicher Verkehr.[76] Davon, dass der Verteidiger sich nicht selbst verteidigen kann, ist jetzt[77] keine Rede mehr; es sei denn, man vermutete dies im Falle der Haft unwiderleglich, was wegen des strukturellen Autonomiedefizits nahe liegend, aber keinesfalls zwingend ist. Die Regelung gilt auch für **Wahlverteidiger**. Wenn allerdings eine Gefährdung der Sicherheit nicht zu befürchten ist, kann das Gericht oder die Behörde den Besuch im Wege des **Dispenses** ohne Begleitung und den unmittelbaren schriftlichen Verkehr gestatten, § 30 Abs. 2 EuRAG.

16 **c) Entsprechende Anwendung von Vorschriften auf den Einvernehmensanwalt.** In diesem Zusammenhang ist die Regelung des § 30 Abs. 3 EuRAG zu beachten, wonach auf den Einvernehmensanwalt einige Vorschriften der Strafprozessordnung **entsprechend anzuwenden** sind, nämlich die **§§ 138a–d, 146, 146a, 148**. Das Gleiche gilt für die §§ 26, 27 Abs. 3, 29 Abs. 1 und 31 Abs. 4 StVollzG. Bei **§ 28 EuRAG fehlt** dieser Hinweis. Dafür gibt es keine logische Begründung, es sei denn, auf die dort fixierte Tätigkeit des Einvernehmensanwalts in gerichtlichen oder behördlichen Verfahren wegen Straftaten, in denen der Mandant sich nicht selbst verteidigen kann, seien jene Vorschriften *eo ipso* anwendbar. Das wird man aber schon mit Blick auf die Regelung des § 28 Abs. 3 EuRAG – es bedarf keines Vertrages zwischen Einvernehmensanwalt und Mandant, so dass der Einvernehmensanwalt lediglich Erfüllungsgehilfe des

73 BAG NJW **2013** 1620; vgl. zur Regelung in § 67 Abs. 1 Satz 1 VwGO BVerwG Beschl. v. 11.1.2006 – 7 B 64/05.

74 S. im Einzelnen Weyland-BRAO-EuRAG/*Nöker* § 28, 2.

75 OLG Bamberg Beschl. v. 15.12.2017 – 3 Ss OWi 1702/17, juris, Tz. 9.

76 Vgl. § 148, 14 ff. und 18 ff.

77 Soeben Rn. 14.

Dienstleistenden ist, der ihn im eigenen Namen beauftragt und vergütet[78] – nicht sagen können.

4. Steuerberater, Steuerbevollmächtigte, Wirtschaftsprüfer und vereidigte Buchprüfer. Über Absatz 1 hinaus können nach § 392 Abs. 1 AO in **Steuerstrafsachen** auch Steuerberater (siehe Nr. 32 Abs. 1 AStBV [St]), Steuerbevollmächtigte, Wirtschaftsprüfer und vereidigte Buchprüfer gewählt werden, soweit das Finanzamt bzw. Hauptzollamt das Verfahren selbstständig durchführt (§ 386 Abs. 1 AO). Die **Alleinvertretungsbefugnis** des steuerlichen Beraters **endet** deshalb, sobald die Strafverfolgungskompetenz von der Finanzbehörde auf die Staatsanwaltschaft übergeht. Das ist der Fall, wenn die Finanzbehörde nach Abschluss der Ermittlungen die Akten der Staatsanwaltschaft zwecks weiterer Veranlassung vorgelegt hat (§ 400 Hs. 2 AO), bereits vorher, wenn wegen der Tat ein Haft- oder Unterbringungsbefehl erlassen worden ist (§ 386 Abs. 3 AO) oder dann, wenn die Finanzbehörde die Strafsache noch während der Ermittlungen an die Staatsanwaltschaft abgegeben (§ 386 Abs. 4 Satz 1 AO) oder die Staatsanwaltschaft die Sache an sich gezogen hat (§ 386 Abs. 4 Satz 2 AO).[79] Weil im Fall des Erlasses eines Strafbefehls gem. § 408 Abs. 3 Satz 1 oder im Rechtsmittelverfahren (§ 345 Abs. 2) das Gericht bereits mit der Sache befasst war, ist ein Angehöriger der steuerlichen Berufe auch dann nicht befugt, als Alleinverteidiger gegen einen Strafbefehl Einspruch oder eine Revision zu begründen, wenn die Finanzbehörde den Antrag auf Erlass des Strafbefehls gestellt hatte.[80] Der partiellen Erweiterung durch § 392 Abs. 1 AO liegt der Gedanke strafprozessualer **Waffengleichheit** zugrunde: Weil im Steuerstrafverfahren für die Strafverfolgungsbehörden die **steuerliche Kompetenz** der Finanzverwaltung stets nutzbar ist, darf auch der Beschuldigte einen potentiell alleinverantwortlich handelnden, steuerlichen Experten hinzuzuziehen.[81] Gesellschaften – auch Steuerberatungsgesellschaften –, die aus den vorgenannten Berufsträgern bestehen, können hingegen nicht als Verteidiger tätig werden.[82] **Sonst** können die vier genannten Berufsgruppen die Verteidigung **nur in Gemeinschaft** mit einem Rechtsanwalt oder Rechtslehrer führen,[83] soweit sie nicht, wenn die Verteidigung nicht nach § 140 notwendig ist, nach Absatz 2 als – alleiniger – Verteidiger ausdrücklich zugelassen werden. Dies kann insbesondere 17

78 Vgl. Weyland-BRAO-EuRAG/*Nöker* § 28, 6.

79 *Reichling* wistra **2016** 464; HdBStrR/*Jahn/Brodowski* § 17, 62.

80 Vgl. OLG Hamm wistra **2016** 463 f. m. zust. Anm. *Reichling*.

81 *Streck* FS 25 Jahre AG Strafrecht im DAV 863, 864 ff.; *St. Ebner* SteuerStud **2008** 577 f.; Hüls/*Reichling* § 392, 17 rät dennoch dazu, von der Alleinverteidigung eines Beschuldigten durch einen Angehörigen der steuerberatenden Berufe trotz rechtlicher Zulässigkeit regelmäßig abzusehen: Zum einen sei die (Mit-)Verteidigung durch einen Rechtsanwalt oder Hochschullehrer aufgrund der insoweit überlegenen Kenntnisse des Strafprozessrechts geboten. Die Risiken für den Beschuldigten drohten durch falsche strafprozessuale Weichenstellungen. So nachvollziehbar dieses erste Argument typischerweise ist, so alltagspsychologisch ist das zweite: Vielen Angehörigen der steuerberatenden Berufe sei aufgrund ihrer eher konsensualen Tätigkeit die für die Strafverteidigung erforderliche Konfliktbereitschaft wesensfremd.

82 Hüls/*Reichling* § 392, 11. Schon durch Art. 12g Abs. 11 Nr. 1 des 1. JuMoG v. 24.8.2004 (BGBl. I S. 2198) ist § 392 Abs. 1 Hs. 2 AO redaktionell an die damalige (vgl. oben Entstehungsgeschichte) Änderung von § 138 Abs. 1 angepasst und ebenfalls mit dem Zusatz „im Sinne des Hochschulrahmengesetzes mit der Befähigung zum Richteramt" versehen worden (vgl. BTDrucks. **15** 3482 S. 26).

83 OLG Hamburg NJW **1981** 934; KG JR **1988** 391 m. Anm. *Hammerstein*; *Joecks/Jäger* 4; AnwK/*Krekeler/Werner* 3; allg. *I. Meyer* DStR **2005** 1477; *Werner* Der Steuerberater als Verteidiger im Steuerstrafverfahren, FS 15 Jahre Berufsakademie Villingen-Schwenningen (1995) 179. Zu den gebührenmäßigen Konsequenzen, wenn ein Angehöriger der steuerberatenden Berufe die Verteidigung nur gemeinsam mit einem Rechtsanwalt oder Rechtslehrer führen kann, vgl. KG NStZ **1982** 207, 208.

im Verhältnis zu den **anderen als Steuerstraftaten** der Fall sein, die materiell und verfahrensrechtlich selbstständig sind, aber gleichzeitig abgeurteilt werden. Stehen die zugleich angeklagten Straftaten des Besonderen Teils oder des sonstigen Nebenstrafrechts in einem engen Zusammenhang zu den Steuerstraftaten (z. B. Vorenthalten von Arbeitsentgelt und Lohnsteuerhinterziehung für identische Tatzeiträume), ist der Steuerberater auch im Übrigen über § 138 Abs. 2 als Verteidiger zuzulassen.[84]

5. Rechtslehrer an deutschen Hochschulen im Sinne des Hochschulrahmengesetzes

18 **a) Fachliche Voraussetzungen.** Den Rechtsanwälten strafprozessual gleichgestellt sind traditionell bestimmte Rechtslehrer.[85] Durch diese Befugnis werden die speziellen Kenntnisse und Fähigkeiten der akademischen Rechtslehrer, über welche sie aufgrund ihrer wissenschaftlichen Arbeit (nicht nur) im Straf- und Strafprozessrecht typischerweise verfügen, für die Rechtspflege bei der Rechtsfindung und -fortbildung nutzbar gemacht. Gleichzeitig werden durch den mit der forensischen Tätigkeit verbundenen Gewinn an praktischer Problemanschauung und Prozesserfahrung Forschung und Lehre befördert.[86] „Rechtslehrer" in diesem Sinne sind **selbstständig** und **hauptberuflich** ein Rechtsgebiet – nicht notwendig Straf- oder Strafprozessrecht – in Lehre und Forschung vertretende Personen. Darunter fallen also **(Universitäts-) Professoren**[87] aller Fachsäulen,[88] also auch Zivil- und Staatsrechtslehrer usw. einschließlich der nach Landesrecht ernannten **Honorarprofessoren,**[89] außerordentliche, Assistenz-, Lehr-, Qualifikations-, Tenure-Track- und **Juniorprofessoren** sowie entpflichtete oder pensionierte Professoren (Emeriti), soweit sie der Hochschule kooperationsrechtlich weiter angehören,[90] und habilitierte **(Privat-)Dozenten.**[91] **Nicht** den Rechtslehrern **zugehörig** sind die **Mittelbauangehörigen** wie wissenschaftliche (Ober-)Räte, Lehrbeauftragte mit und ohne Vergütung,[92] Lehr-

84 Überzeugend LG Hildesheim DStR **2012** 1592; ebenso MüKo/*Thomas/Kämpfer* 12; OK-StPO/*Wessing* 5.

85 HdBStrR/*Jahn/Brodowski* § 17, 58. *v. Lewinski* FS Hartung (2008) 93, 101 f. weist anhand des RDG im Einzelnen überzeugend nach, dass auch unter diesem Gesichtspunkt „im Ergebnis der Rechtsberatungsmarkt für Rechtslehrer freigegeben" wurde.

86 Vgl. *Gruber* NJ **2018** 56, 58 m. w. N. aus der Rspr. der Zivil- und Verwaltungsgerichte zu den Parallelbestimmungen in den anderen Verfahrensordnungen. Seiner eigene enge Auslegung – vertretungsbefugt seien nur aktive, verbeamtete Professoren – wird jedenfalls im Wortlaut des § 138 Abs. 1 nicht abgebildet.

87 Soweit ein Universitätsprofessor ein richterliches Nebenamt oder zweites Hauptamt ausübt (§ 4 Abs. 2 Nr. 3 DRiG), wie im Bereich des Strafrechts in Deutschland derzeit (nur) etwa ein halbes Dutzend Ordinarien, wird man von einem Vorrang des insoweit abschließenden § 41 Abs. 2 DRiG auszugehen haben, aus dessen Wertung – isolierte Möglichkeit der Übernahme von Rechtsgutachten unter bestimmten Voraussetzungen – sich die Unzulässigkeit der Übernahme einer Verteidigung nach § 138 Abs. 1 ergibt.

88 Vgl. BGHSt **34** 85, 87; MüKo/*Thomas/Kämpfer* 10. Zu einem praktischen Beispiel (Zivilrechtslehrer als Wahlverteidiger von *Ulrike Meinhof* im „RAF"-Staatsschutzverfahren in Stuttgart-Stammheim) vgl. *Heldmann* StV **1988** 183.

89 AK/*Stern* 13; KMR/*Hiebl* 18; HK/*Julius/Schiemann* 5; Meyer-Goßner/*Schmitt* 4; *Joecks/Jäger* 3; HdBStrR/*Jahn/Brodowski* § 17, 58; *Schröter* 38 m. w. N. **A. A.** *Gruber* NJ **2018** 56, 59.

90 BVerwGE **52** 161, 163; AK/*Stern* 13; KMR/*Hiebl* 18. **A. A.** erneut *Gruber* NJ **2018** 56, 59.

91 SSW/*Beulke* 17; SK/*Wohlers* 16; HdBStrR/*Jahn/Brodowski* § 17, 61; **a. A.** noch an dieser Stelle LR/*Lüderssen/Jahn*[26] 9: es sei denn, sie haben einen anderen Hauptberuf.

92 BerlVerfGH NJW **1995** 1212; *Deumeland* SZS **1989** 50; OK-StPO/*Wessing* 4; AK/*Stern* 13; HK/*Julius/Schiemann* 5; Meyer-Goßner/*Schmitt* 4; HK-GS/*Weiler* 2; SSW/*Beulke* 20 (u.H.a. die Legaldefinition in § 42 Satz 1 HRG); HdBStrR/*Jahn/Brodowski* § 17, 58; *Schröter* 47 ff., 52 m. w. N. **A. A.** (teilw. zum früheren Recht) OLG Jena StraFo **1999** 349 f.; KMR/*Hiebl* 20; Radtke/Hohmann/*Reinhart* 4; KK/*Willnow* 5 (sie seien jeden-

kräfte für besondere Aufgaben[93] und erst recht nicht wissenschaftliche **Assistenten**[94] und wissenschaftliche Mitarbeiter nach TV-L oder BAT a. F., mögen sie auch – wie übrigens selbst studentische Tutoren – einzelne Dienstleistungen in der universitären Lehre erbringen.

Die erfassten Mitglieder der vorstehend[95] genannten Statusgruppen müssen einer deutschen **Universität** oder gleichgestellten staatlichen **wissenschaftlichen Hochschule** im Sinne des § 1 HRG angehören. **Nicht** erfasst sind dagegen Rechtslehrer an einer **privaten Hochschule** (z. B. Bucerius Law School in Hamburg oder EBS in Wiesbaden), selbst wenn diese staatlich anerkannt ist (§ 1 Satz 2 HRG). Dies ergibt sich u. a. im Gegenschluss aus dem neueren, zum 1.7.2008 in Kraft getretenen und abweichenden Wortlaut von § 67 Abs. 1 Satz 1 VwGO.[96] Da bei ihnen mangels Verbeamtung die Zulassung zur Rechtsanwaltschaft möglich[97] und, jedenfalls bei den Strafrechtslehrern dieser privaten Hochschulen, soweit ersichtlich auch nicht unüblich ist, hat diese Ungleichbehandlung nicht nur sachliche Gründe, sondern auch nur begrenzte praktische Relevanz. 19

Fachhochschullehrer waren noch vor zwei Jahrzehnten nach damals herrschender, auf die Rechtsprechung des BVerwG[98] zu § 67 VwGO a. F. gestützter Auffassung keine Rechtslehrer im Sinne der Vorschrift.[99] Bereits mit Beschluss vom 28.8.2003 hatte der BGH,[100] ebenfalls in Abkehr von seiner bisherigen, allerdings nur in einem *obiter dictum* geäußerten[101] Auffassung in einer Strafsache entschieden, dass grundsätzlich auch Fachhochschullehrer zu den im Rahmen von Absatz 1 als Verteidiger wählbaren Personen gehörten. In prompter Reaktion hierauf hatte der Gesetzgeber durch Art. 3 Nr. 6a des 1. JuMoG v. 24.8.2004[102] den Kreis der in Absatz 1 genannten Rechtslehrer an deutschen Hochschulen um den Zusatz **„im Sinne des Hochschulrahmengesetzes mit Befähigung zum Richteramt“** erweitert. Damit war nicht nur eine – seit dem 1.7.2008 dann wieder asynchronisierte[103] – Vereinheitlichung mit dem bereits durch das RMBereinVpG v. 20.12.2001[104] in seinerzeitig gleichem Umfang geänderten § 67 Abs. 1 Satz 1 VwGO erfolgt, sondern auch gesetzlich besiegelt, dass Fachhochschullehrer mit der **Qualifikati-** 20

falls dann erfasst, wenn sie [nach Landesrecht? nach individueller Ausgestaltung am Fachbereich?] zur selbstständigen Lehre befugt sind).

93 *Gruber* NJ **2018** 56, 57.

94 SSW/*Beulke* 20; HdBStrR/*Jahn*/*Brodowski* § 17, 58; *Schröter* 40.

95 In Rn. 17.

96 Vgl. OK-StPO-VwGO/*Hartung* § 67 VwGO, 21 a. E.; HdBStrR/*Jahn*/*Brodowski* § 17, 58. Die Norm lautet insoweit: „Die Beteiligten können sich durch einen Rechtsanwalt oder einen Rechtslehrer an einer staatlichen *oder staatlich anerkannten* Hochschule eines Mitgliedstaates der Europäischen Union, eines anderen Vertragsstaates des Abkommens über den Europäischen Wirtschaftsraum oder der Schweiz, der die Befähigung zum Richteramt besitzt, als Bevollmächtigten vertreten lassen“. Diesen Unterschied im Wortlaut gegenüber der Vorschrift in § 138 Abs. 1 übersieht *Gruber* NJ **2018** 56, 57.

97 Es sei denn, man hielte die BRAO-Inkompatibilitätsregelungen in §§ 7 Nr. 10, 14 Abs. 2 Nr. 5 mit *Nachbaur* GedS Gülzow (1999) 93, 99 u. 103 ohnehin für verfassungs- und europarechtswidrig, da unverhältnismäßig. **A. A.** indes BVerfG (*3. Kammer des 1. Senats*) NJW **2007** 2317, 2318; BGH BRAK-Mitt. **2019** 195, 196 Tz. 8 m. w. N.

98 BVerwG NJW **1975** 1899.

99 Zum früheren Meinungsstand – mit Nachw. – *Kramer* GedS Gülzow (1999) 83, 85 ff.

100 Eingehend BGHSt **48** 350, 351 ff. m. Anm. *Gruber* NJ **2004** 134. Ebenso bereits OLG Dresden NStZ-RR **2001** 205 und OLG Jena StraFo **1999** 349 m. Anm. *Deumeland*. **A. A.** davor zuletzt noch OLG Brandenburg NStZ-RR **2004** 85.

101 BGHSt **34** 85, 87 f.

102 BGBl. I S. 219; s. oben Entstehungsgeschichte.

103 Soeben Rn. 18.

104 BGBl. I S. 3987.

on der Zweiten Juristischen Prüfung zu Verteidigern unabhängig davon gewählt werden können, ob sie einem juristischen Fachbereich angehören.[105]

21 **b) Zeitliche Voraussetzungen.** Nach dem Wortlaut des Gesetzes ist für die Eigenschaft als Rechtslehrer in zeitlicher Hinsicht eine **aktive Tätigkeit** an einem juristischen Fachbereich oder einer juristischen Fakultät **nicht erforderlich.**[106] Das ist mit Blick auf den Schutz der Rechte des Angeklagten schon aufgrund fehlender (nicht nur, wie bei Rechtsanwälten, nicht sanktionsbewehrter) Fortbildungspflicht eines z. B. seit längerem pensionierten Rechtslehrers z. B. des Zivilrechts im Einzelfall möglicherweise nicht ganz unbedenklich, aber Konsequenz der auf Vereinheitlichung bedachten gesetzlichen Konzeption.[107] Unerheblich ist auch, dass der Hochschullehrer nach erfolgter Wahl zum Verteidiger während des laufenden Mandats an eine ausländische Hochschule wechselt.[108]

II. Wahl des Verteidigers

22 **1. Verteidigervollmacht.** Die Verteidigerstellung wird nach Absatz 1 mit der **„Wahl" zugleich begründet und besiegelt.** Von Wahl eines Verteidigers spricht das Gesetz, um die Möglichkeit des Auswählens unter mehrere Alternativen (Personen) zu betonen. Rechtlich erheblich ist nicht diese Wahl als solche, sondern im Verhältnis zum Gewählten der Abschluss eines **Vertrages auf Geschäftsbesorgung** nach §§ 675, 611, 627, 145 ff. BGB.[109] Er kommt mit der Annahme durch den Gewählten zustande (vgl. § 143a Abs. 1 Satz 1: „... und dieser die Wahl angenommen hat"); damit ist das **Verteidigungsverhältnis** begründet.[110] Im Verhältnis nach außen, namentlich zum Gericht, ist das Verteidigungsverhältnis die legitimatorische Basis der Bevollmächtigung (§ 167 Abs. 1 BGB). Ob der Gewählte **dem Angebot zum Vertragsabschluss zustimmt**, steht ihm dabei nach dem Grundsatz der Vertragsfreiheit frei. Eine Verpflichtung zum Kontrahieren besteht jenseits der für die notwendige Verteidigung geltenden Regelung in § 49 Abs. 1 BRAO weder für Rechtsanwälte (§ 675 BGB, § 663 Satz 1 BGB) noch für die Gruppe der Rechtslehrer noch – im Fall des § 138 Abs. 2 – für Rechtsbeistände. Im letztgenannten Fall ist die Vollmacht bis zur Genehmigung schwebend unwirksam.

23 Die **strafprozessuale Vollmacht** dient lediglich zum Nachweis, dass ein Verteidigervertrag besteht.[111] Sie konturiert als Ausdruck der Wahl damit auch das Verteidigerverhältnis gegenüber Dritten. Wer sie erteilt, braucht, wie sich aus § 137 Abs. 2 („kann

---

105 Vgl. BTDrucks. **15** 3482 S. 21; HdBStrR/*Jahn*/*Brodowski* § 17, 58 a. E. In dem in AnwGH Celle NdsRpfl. **2015** 54 geschilderten Fall hat sich das AnwG zunächst beide Examenszeugnisse vorlegen lassen, in der mündlichen Verhandlung dann aber darauf hingewiesen, dass der erschienene Professor nicht Verteidiger sein könne, da er nicht dem juristischen Fachbereich einer wissenschaftlichen Hochschule der Bundesrepublik Deutschland angehöre. Das war zwar unzutreffend, konnte aber im anwaltsgerichtlichen Verfahren mangels Beschwerderechtszugs (§ 116 BRAO i. V. m. §§ 304 ff.) nicht mehr korrigiert werden.

106 *Weyand* INF **2004** 758, 760.

107 Weitere Bedenken bei *Barton* (Einführung) § 4, 41.

108 OLG Koblenz NStZ **1981** 403; zust. OK-StPO/*Wessing* 4; Meyer-Goßner/*Schmitt* 4; Radtke/Hohmann/*Reinhart* 4 a. E., die alle zu Recht klarstellen, dass davon nicht die Übernahme neuer Mandate *nach* dem Auslandswechsel erfasst wird. Vgl. dazu auch – teilweise **a. A.** – *Bergmann* MDR **1982** 97.

109 HdBStrR/*Jahn*/*Brodowski* § 17, 74; zum Ganzen ausf. Vor § 137, 30.

110 *Meyer-Lohkamp*/*Venn* StraFo **2009** 265, 267; *Jahn* JR **1999** 1, 2 ff.; *Schnarr* NStZ **1986** 489; *Weiß* NJW **1983** 90; SSW/*Beulke* § 137, 17; HK-GS/*Weiler* 8.

111 Statt Vieler BGHSt **36** 259, 260; HdBStrR/*Jahn*/*Brodowski* § 17, 75.

... *auch*") ergibt, **nicht geschäftsfähig** zu sein.[112] Die Vollmacht **ermächtigt zu** allen **Verteidigungshandlungen**, namentlich auch dazu, Rechtsmittel einzulegen (§ 297), doch bedarf insbesondere die Rücknahme eines Rechtsmittels ausdrücklicher Ermächtigung (§ 302 Abs. 2).[113] Die für das Strafverfahren erteilt Vollmacht gilt indes nicht auch ohne Weiteres im OWi-Verfahren.[114]

2. Vertretungsvollmacht. Von der allgemeinen Verteidigungsvollmacht ist neben der Zustellungsvollmacht (§ 145a) weiterhin die **Vertretungsvollmacht** zu unterscheiden.[115] Eine solche – und ggf. deren gehöriger Nachweis[116] – ist nur erforderlich in den Fällen von § 234, § 329 Abs. 1, § 350 Abs. 2 Satz 1, § 387 Abs. 1, § 411 Abs. 2 Satz 1. Ein bloßer Sonderfall ist mit der gesetzlichen Zustellungsvollmacht in § 145a Abs. 1 geregelt.[117] Die Vertretungsvollmacht bedarf einer **ausdrücklichen Erklärung** des Angeklagten, dass der Verteidiger über die allgemeine Verteidigervollmacht nach § 137[118] hinaus rechtswirksam Verfahrensbefugnisse für ihn wahrnehmen, ihn also **in der Erklärung und im Willen** vertreten darf.[119] **Höchstpersönliche Rechte** des Beschuldigten, die ihrer Natur nach nicht übertragbar sind, sind davon nicht erfasst. Daher ist der Verteidiger – auch als bevollmächtigter Vertreter des abwesenden Angeklagten in einer Berufungshauptverhandlung oder Betroffenen – z. B. weder zum letzten Wort (§ 258 Abs. 2 Hs. 2) aufzufordern noch kann er verlangen, nach seinem eigenen Schlussvortrag noch ein letztes Wort zu haben.[120] Entsprechend dem Rechtsgedanken des § 164 Abs. 1 Satz 1 BGB wirken Erklärungen auf der Grundlage einer Vertretungsvollmacht unmittelbar für und gegen den Angeklagten. Es genügt insoweit eine zwar ausdrücklich erteilte (vgl. § 166 Abs. 2 Satz 1 BGB), aber dem Inhalt nach allgemeine Vertretungsvollmacht. Auf die besonderen Umstände, etwa den Angeklagten in dessen Abwesenheit zu vertreten, muss inhaltlich nicht ausdrücklich abgestellt zu werden.[121] Wie bei der Verteidigervollmacht richten sich auch die Voraussetzungen der Erteilung der Vertretungsvollmacht nicht unmittelbar nach den Vorschriften über die bürgerlich-rechtliche Vertretungsvollmacht, sondern müssen denjenigen an eine **wirksame Prozesshandlung** genügen. Sie kann daher ebenfalls[122] von einem Geschäftsunfähigen erteilt werden. Soweit eine solche ausdrücklich erteilte Vertretungsvollmacht nicht erforderlich ist, kann einer Verteidigungsvollmacht grundsätzlich eine **allgemeine Vertretungsvollmacht** im Wege der Auslegung (§§ 133, 157 BGB entsprechend, § 300) zu entnehmen sein. Eine Vollmacht, den Beschuldigten bei der Annahme von **Ladungen** zu vertreten, muss jedoch wegen der 24

112 **A. A.** KG NStZ **2012** 591, von einem Vorrang des § 111 Satz 1 BGB ausgehend.

113 S. nur BGH Beschl. v. 10.7.2019 – 2 StR 181/19, BeckRS **2019** 20403, Tz. 6 ff.; BGH Beschl. v. 7.5.2019 – 2 StR 142/19, BeckRS **2019** 11393, Tz. 2 f. Zur Bevollmächtigung des Pflichtverteidigers allg. Vor § 137, 63 f.

114 OLG Zweibrücken NZV **2016** 492.

115 LR/*Jesse*[26] § 297, 7 ff.; Gaier/Wolf/Göcken-BRAO/*Johnigk* § 134, 8a; HK-GS/*Weller* 11; HdBStrR/*Jahn*/*Brodowski* § 17, 78 und ausf. Vor § 137, 87.

116 Unten Rn. 26.

117 S. unten § 145a, 1 u. 6 ff.

118 Soeben Rn. 21.

119 BTDrucks. **18** 3562 S. 67 (zu § 329 Abs. 1 Satz 1); OLG München Beschl. v. 6.12.2016 – 5 OLG 15 Ss 543/16, Tz. 12, juris; OLG Karlsruhe Beschl. v. 25.9.2013 – 2 (6) Ss 386/13, Tz. 10, juris; HdBStrR/*Jahn*/*Brodowski* § 17, 78.

120 OLG Düsseldorf Beschl. v. 30.3.2020 – 2 RBs 47/20, BeckRS **2020** 4884 Tz. 6 f.; OLG Brandenburg Beschl. v. 29.3.2019 – (1 Z) 53 Ss-OWi 107/19 (84/19), BeckRS **2019** 5999 Tz. 1; LR/*Stuckenberg*[26] § 258, 38.

121 BGHSt **9** 356, 357; OLG Bamberg NStZ **2007** 180 f.; HdBStrR/*Jahn*/*Brodowski* § 17, 78.

122 Soeben Rn. 22.

besonderen Folgen stets ausdrücklich erteilt werden (vgl. § 145a Abs. 2),[123] doch ist es zulässig, sie für sämtliche Zustellungen des Verfahrens abzugeben. Wegen der allgemeinen Vertretungsvollmacht kann der nach § 138 Abs. 2 Gewählte, wenn ihn das Gericht nicht zulässt, zwar keine Revisionsanträge schriftlich stellen (§ 345 Abs. 2), wohl aber – nicht als Verteidiger, jedoch als Vertreter des Beschuldigten – wirksam Berufung einlegen. Das **Fehlen** einer wirksamen Vertretungsvollmacht bewirkt nur, dass der in der Hauptverhandlung anwesende Verteidiger **keine Erklärungen** anstelle des Betroffenen abgeben oder entgegennehmen kann; ansonsten hat er aber sämtliche dem Verteidiger zustehenden Befugnisse.[124]

25 **3. Nachweis der Vollmacht.** Von der Erteilung der Vollmacht nach den soeben[125] dargelegten Grundsätzen ist ihr Nachweis zu unterscheiden. Eine bestimmte **Form** ist für diesen Nachweis grundsätzlich **nicht** vorgeschrieben.[126] Es genügt daher, dass der Beschuldigte die Wahl anzeigt oder auch nur durch **konkludente Handlungen** erkennbar macht.[127] Auch kann in einer vorgelegten (weitergehenden) Vertretungsvollmacht[128] eine Verteidigungsvollmacht beinhaltet sein; dies ist im Einzelfall im Wege der **Auslegung** zu ermitteln.[129] Ein Rechtsanwalt, der eine Erklärung für einen Beschuldigten abgibt, handelt deshalb **im Zweifel** in dessen **Auftrag.**[130] Es reicht also aus, wenn der Angeklagte mit einem Wahlverteidiger zur Hauptverhandlung erscheint oder dieser für ihn sonstige Verfahrenshandlungen (sonstige Terminswahrnehmung, Einholung von behördlichen Auskünften usw.) vornimmt, soweit nicht unter Aspekten der **Rechtssicherheit** – wie etwa im Sonderfall des § 145a Abs. 1 – Weitergehendes wie ein Festhalten dieses Auftretens in der Sitzungsniederschrift gefordert werden muss.[131] Namentlich greift die Vermutung der ausreichenden Bevollmächtigung regelmäßig auch dann Platz, wenn ein Rechtsanwalt, der sich als Verteidiger bezeichnet, den der Beschuldigte aber (bislang) nicht als solchen angezeigt hat, schriftliche Erklärungen zu den Akten reicht.[132] Dann ist die Vollmacht auch für alle nachfolgenden Verteidigungshandlungen grundsätzlich ausreichend nachgewiesen.[133] Der Grund hierfür ist darin zu suchen, dass ein Rechtsanwalt gem. § 43a Abs. 3 Satz 2 BRAO – sanktionsbewehrt – keine bewussten Unwahrheiten verbreiten darf, was ein **grundsätzliches**, nur bei konkreten Indizien für das Gegenteil nicht mehr gerechtfertigtes **Vertrauen der** staatlichen **Justiz** in ein Auftre-

---

123 Vgl. § 145a, 4.

124 OLG Köln Beschl. v. 5.10.2011 – III-1 RBs 278/11, Tz. 27, juris; HdBStrR/*Jahn*/*Brodowski* § 17, 78.

125 Rn. 21-23.

126 Statt vieler BayObLG wistra **2002** 160; LG Cottbus StraFo **2002** 233; AG Nauen Beschl. v. 25.2.2013 – 34 OWiE 59/13, Tz. 6, juris m. zust. Anm. *Burhoff* StRR **2013** 278; *Meyer-Lohkamp*/*Venn* StraFo **2009** 265, 267; HdBStrR/*Jahn*/*Brodowski* § 17, 79. Unzutr. und widersprüchliche Begründung dieser allgemein anerkannten Regel bei *Weiß* NJW **1983** 90, 91.

127 Soeben Rn. 23.

128 OLG Brandenburg VRS **113** (2007) 434, 436.

129 Vgl. BGHSt **36** 259, 261; *Jahn* JR **1999** 1, 3 ff.; *Schnarr* NStZ **1986** 488, 489; *Heeb* Grundsätze und Grenzen der anwaltlichen Strafverteidigung und ihre Anwendung auf den Fall der Mandatsübernahme (Diss. Tübingen 1973) 132. Unzutr. *E. Kaiser* NJW **1982** 1367.

130 OLG Düsseldorf Beschl. v. 8.2.2013 – III-1 Ws 39/13, Tz. 5, StV **2014** 208 (Ls.).

131 Ausf. § 145a, 6.

132 OLG Düsseldorf Beschl. v. 8.2.2013 – III-1 Ws 39/13, Tz. 4, StV **2014** 208 (Ls.); LG Dortmund AnwBl. **1977** 118; weitere Einzelheiten bei *Ebert* DRiZ **1984** 237.

133 Vgl. OLG Köln Beschl. v. 5.10.2011 – III-1 RBs 278/11, Tz. 19, juris. Zur Bedeutung des Nachweises der Vollmacht für die Rechtzeitigkeit des Eingangs der Revisionsbegründungsschrift BGHR StPO § 346 Absatz 1 Form 1.

ten als Verteidiger rechtfertigt.[134] Mit Blick auf ihre dienstrechtlichen Bindungen wird man – auch für das Nachfolgende – Entsprechendes jedenfalls bei den verbeamteten Rechtslehrern anzunehmen haben.

Die Wirksamkeit der Verteidigerbestellung hängt daher auch **nicht** von der **Vorlage** einer schriftlichen **Vollmachtsurkunde** ab.[135] Sie kann vielmehr mündlich erteilt und später – etwa durch **anwaltliche Versicherung** mündlicher Bevollmächtigung – noch nachgewiesen werden.[136] Ausnahme hierzu ist bei einer Verfassungsbeschwerde in Strafsachen die Vorschrift in § 22 Abs. 2 BVerfGG, wo die Vollmacht tatsächlich schriftlich erteilt werden muss. Diese Verschriftlichung kann aber selbst hier nach ständiger Praxis des BVerfG noch nach Ablauf der Frist des § 93 Abs 1 BVerfGG nachgereicht werden.[137] Erklärungen, namentlich der Rechtsmittel (auch im Revisionsverfahren, vgl. § 345) oder sonstige fristgebundene Erklärungen, sind daher rechtswirksam, wenn der Verteidiger bevollmächtigt war, als er sie abgab, auch wenn er das erst nach Ablauf der Frist nachweist.[138] Soweit keine Fristen zu beachten sind, kann in Ermangelung zur Nachforschung Anlass gebender Umstände des Einzelfalls auch gänzlich vom Nachweis der Vollmacht abgesehen werden. Eine **Vollmachtsurkunde** kann allerdings auch bei der Vornahme einzelner Verteidigungshandlungen (z. B. Akteneinsicht) dann **verlangt** werden, wenn im Einzelfall begründete **Zweifel** an der Bevollmächtigung bestehen.[139] Gegebenenfalls hat sich das Gericht in einem solchen (Ausnahme-) Fall um weitere Aufklärung zu bemühen.[140] 26

Die **Vertretungsvollmacht** muss hingegen **schriftlich** erteilt sein. Das kann das Gericht nur durch Einsicht nachprüfen. Daher ist der Nachweis der Vertretungsvollmacht durch Vorlage der schriftlichen Vollmachtsurkunde zu führen. Erteilt der mit der Vertretung Beauftragte zulässigerweise **Untervollmacht,** braucht er das aber nicht notwendig seinerseits schriftlich zu tun.[141] Die Einwilligung des Beschuldigten in die Unterbevollmächtigung berührt nur die Beziehung zwischen ihm und dem Vertreter und ist dem Gericht nicht nachzuweisen. 27

4. Dauer der Bevollmächtigung. Die Dauer der Bevollmächtigung richtet sich nach ihrem Inhalt. Die Bevollmächtigung kann auf **einzelne Prozesshandlungen** (z. B. Akteneinsicht) oder Verfahrensabschnitte (z. B. Haftverfahren, Tatsacheninstanz, Revision) beschränkt, auch zurückgenommen und vom Verteidiger, wenn auch nicht zur Unzeit (§ 627 Abs. 2 BGB; früher ausdrücklich geregelt in § 34 Abs. 4 der RiAA), durch **Mandatsniederlegung** gekündigt werden.[142] Ist sie nicht auf bestimmte Verfahrensabschnitte be- 28

134 Zutr. *Meyer-Lohkamp/Venn* StraFo **2009** 265, 268 f.

135 Das ist unstreitig, vgl. BGHSt **36** 259, 260; OLG Hamm Beschl. v. 2.8.2007 – 4 Ss Owi 393/07; KG Beschl. v. 10.4.2007 – 2 Ss 58/07 – 3 Ws (B) 148/07, Tz. 2, juris; Meyer-Goßner/*Schmitt* Vor § 137, 9. *Meyer-Lohkamp/Venn* StraFo **2009** 265 ff. legen an Hand eigener Erhebungen dennoch eine ebenso bedenkliche wie disparate Anwendungspraxis unter zumindest teilweiser Ignorierung der Rechtslage bei den bundesdeutschen Staatsanwaltschaften offen.

136 Siehe § 145a, 4 m. w. N.

137 Seit BVerfGE **1** 433, 436 st. Rspr.; vgl. *Jahn/Krehl/Löffelmann/Güntge*[2] (Verfassungsbeschwerde) Rn. 320 m. w. N.

138 RGSt **21** 125; **46** 372, **66** 210; OLG Stuttgart Beschl. v. 10.3.2016 – 4 Ss 700/15 (insoweit in NStZ-RR **2016** 152 nicht abgedr.); OLG Jena NStZ-RR **2012** 320; StraFo **2009** 363; OLG Nürnberg NJW **2007** 1767, 1768; LR/*Jesse*[26] § 297, 5.

139 LG Cottbus StraFo **2002** 233; SK/*Wohlers* § 147, 7 a. E.

140 OLG Jena VRS **108** (2005) 278.

141 OLG Hamm NJW **1963** 1793; HdBStrR/*Jahn/Brodowski* § 17, 79.

142 HdBStrR/*Jahn/Brodowski* § 17, 81; ausf. Vor § 137, 51.

schränkt, gilt sie für die **ganze Dauer des Verfahrens** einschließlich einer etwaigen Wiederaufnahme.[143] Doch umfasst etwa die in der Prozessvollmacht erteilte Ermächtigung, Rechtsmittel zurückzunehmen, nicht ohne Weiteres auch diejenige, einen Wiederaufnahmeantrag zurückzuziehen.[144] Ist die Vollmacht auf einen Verfahrensabschnitt oder eine Entscheidung innerhalb dieses Abschnitts beschränkt (etwa im Bereich der Strafvollstreckung auf ein Verfahren zur Aussetzung eines Strafrests nach § 57 StGB oder einer Unterbringung nach § 67d Abs. 2 StGB), so endet sie, wenn das erstrebte **Ziel erreicht** ist.[145] Sie berechtigt also auch, in dem Verfahrensabschnitt Beschwerden oder andere Rechtsbehelfe einzulegen oder, wenn der Antrag abgelehnt worden ist, die Überprüfung erneut zu beantragen.[146]

29 Ein – auch nur konkludenter – **Widerruf** der Vollmacht (vgl. § 167 Abs. 1, § 168 Satz 3 BGB)[147] ist nicht schon allein darin zu erblicken, dass der Beschuldigte eine einzelne Prozesshandlung selbst vornimmt.[148] Sie kann aber darin liegen, dass er einer Prozesshandlung seines Wahlverteidigers widerspricht[149] oder gleich einen anderen Verteidiger wählt,[150] jedenfalls dann, wenn erkennbar ist, dass der neue Verteidiger nicht *neben* den alten, sondern – und sei es auch nur für eine bestimmte Prozesshandlung – an dessen Stelle treten soll. Gleiches kann gelten, wenn der bisherige Wahlverteidiger zum (Wahl-) Pflichtverteidiger bestellt wird.[151]

30 Die Vollmacht **endet**, wenn die Zulassung des Rechtsanwalts erlischt (§ 13 BRAO) oder zurückgenommen wird (§§ 14, 15 BRAO). Indessen bleibt, soweit nicht anders vereinbart, eine in der Verteidigungsvollmacht enthaltene Vertretungsvollmacht wirksam.[152] Auf jeden Fall endet die Vollmacht nach zutreffender Ansicht[153] mit dem **Tod des Beschuldigten.** Die rein vermögensrechtliche Perspektive der Gegenmeinung,[154] die allein auf die §§ 168, 672 BGB abstellt, lässt außer Acht, dass die zu Lebzeiten des Beschuldigten erteilte Vollmacht nicht automatisch auf dessen Erben übergeht und der bevollmächtigte Verteidiger einen laufenden Prozess nicht ohne Weiteres namens der Erben fortsetzen könnte. Auch zivilprozessual wird das Verfahren nach § 239 Abs. 1 ZPO durch den Tod einer Partei unterbrochen und erst durch ausdrückliche Aufnahme seitens der Rechtsnachfolger fortgesetzt, wozu es einer **erneuten Vollmachtserteilung** seitens der Erben bedarf. Einer postmortalen Fortwirkung des Auftragsverhältnisses auch

---

143 OLG Braunschweig Beschl. v. 10.4.2014 – 1 Ws 55/14, juris, Tz. 10, NStZ-RR **2014** 314 (Ls.); KG NJW **2013** 182 f.; vgl. § 137, 14 ff. Speziell zum Kostenfestsetzungsverfahren noch LG Karlsruhe StV **2001** 635.

144 Vgl. OLG Braunschweig NdsRpfl. **1960** 117.

145 OLG Hamm NJW **1971** 1418.

146 Weitere Differenzierungen bei *Kaiser* NJW **1982** 1368.

147 Vgl. (speziell zur Verteidigervollmacht) KG Beschl. v. 15.6.2020 – 4 Ss 55/20, BeckRS **2020** 15531 Tz. 9; OLG Rostock Beschl. v. 30.4.2018 – 20 Ws 78/18, BeckRS **2018** 7159, Tz. 15, NStZ-RR **2018** 232 (Ls.).

148 So bereits RGSt **25** 153.

149 S. § 137, 28.

150 Vgl. OLG Köln Beschl. v. 12.6.2018 – 1 RVs 107/18, BeckRS **2018** 13378, Tz. 18 mit Bezugnahme auf BGH NStZ **1991** 94; OLG Celle NdsRpfl. **1973** 133; HdBStrR/*Jahn/Brodowski* § 17, 82.

151 LG Zweibrücken NStZ-RR **2002** 177; HdBStrR/*Jahn/Brodowski* § 17, 82.

152 HdBStrR/*Jahn/Brodowski* § 17, 83; zum Verhältnis der beiden Vollmachten zueinander oben Rn. 23.

153 So ausdrücklich OLG Hamburg NStZ **2004** 280; OLG München NJW **2003** 1133 m. Anm. *Rau* NStZ **2003** 502; OLG Karlsruhe Justiz **1983** 132; KMR/*Hiebl* Vor § 137, 102; SK/*Wohlers* § 137, 12; HdBStrR/*Jahn/Brodowski* § 17, 83.

154 OLG Frankfurt NStZ-RR **2002** 246; OLG Celle NJW **2002** 2730; OLG Hamm NJW **1978** 177; *Kühl* NJW **1978** 977, 980 f. Aus der Aufgabe der früheren Rechtsprechung (BGHSt **34** 184) zur Wirkung des Todes des Angeklagten auf das Verfahren seit BGHSt **45** 108 m. Anm. *Jahn/Becker* JA-R **2000** 115 ergibt sich für das hier zu entscheidende Rechtsproblem nichts anderes.

für die Auslagenentscheidung steht der höchstpersönliche Charakter des Prozessrechtsverhältnisses entgegen, in dem sich der Mandant als Angeklagter befindet, weshalb auch die Vollmacht erlischt.

5. Erteilung von Untervollmacht

a) Grundsatz. Die Strafprozessordnung enthält **keine ausdrücklichen Vorschriften** darüber, ob ein Verteidiger ermächtigt ist, die Verteidigung ganz oder teilweise auf einen anderen Verteidiger durch Untervollmacht zu übertragen. § 139 lässt das im Verhältnis eines Rechtsanwalts zu seinem Referendar zwar zu, ist aber seinem Inhalt nach mehr eine Ergänzung von § 138 Abs. 2 als Ausdruck einer allgemeinen Regel.[155] Immerhin ist ihm zu entnehmen, dass das Gesetz eine Unterbevollmächtigung nicht für grundsätzlich unzulässig erachtet. Dafür besteht auch keine Veranlassung. Zwar sind die Anwaltsdienste im Zweifel persönlich zu leisten (§ 675 i. V. m. §§ 613, 664, 665 BGB) und ist das Verhältnis zwischen dem Beschuldigten und seinem Verteidiger ein Vertrauensverhältnis. Es beruht jedoch auf dem Willen des Beschuldigten. Demzufolge kann, wenn dieser oder im Fall des § 137 Abs. 2 Satz 1 sein gesetzlicher Vertreter einwilligt, an der **grundsätzlichen Zulässigkeit** einer Unterbevollmächtigung **kein Zweifel** bestehen. Sie wird deshalb auch bereits seit einer reichsgerichtlichen Entscheidung aus dem Jahre 1883[156] mit Recht allgemein anerkannt.[157] 31

b) Einwilligung. Aufgrund dieser Erwägungen ist die **Einwilligung des Mandanten** die **tragende Grundlage** der Unterbevollmächtigung. Sie berührt allerdings unmittelbar nur die Beziehungen zwischen dem Beschuldigten und seinem Verteidiger und muss daher dem Gericht – wie die Hauptvollmacht[158] – **nicht** in einer bestimmten **Form** nachgewiesen werden.[159] Die Einwilligung hat indes, was für § 137 Abs. 1 Satz 2 bedeutsam ist, mittelbar den Charakter der **Wahl** eines **weiteren Verteidigers**, der – je nach dem Inhalt der Vereinbarung – für einzelne Verfahrensabschnitte oder für das ganze weitere Verfahren an die Stelle des zunächst gewählten Verteidigers tritt, häufiger diesen aber in der Weise unterstützen soll, dass er zwar nach außen auftritt, der ursprüngliche Verteidiger aber im Innenverhältnis zwischen Haupt- und Unterbevollmächtigtem die Leitung der Verteidigung behält.[160] 32

Die kann **auch** durch **konkludente** Handlungen ausgedrückt werden. Der Beschuldigte kann seine Einwilligung auch im Voraus – etwa in der Vollmacht – erteilen und die Auswahl des Vertreters seinem Verteidiger überlassen.[161] Soweit die Einwilligung bereits in der Strafprozessvollmacht erteilt wird, ist sie aber als **Allgemeine Geschäftsbedingung** an den §§ 305 ff. BGB zu messen.[162] Die damit bestehende Möglichkeit der for- 33

155 Ausdr. zust. OLG Jena NStZ-RR **2012** 320, 321; s. im Einzelnen § 139, 12.
156 RGSt **9** 279 f. sowie später RGSt **41**, 14, 15 f.; RG GA **56** (1909) 87 f.
157 OLG Jena NStZ-RR **2012** 320, 321; OLG Düsseldorf StraFo **1998** 227 f.; OLG Hamm NStZ **1986** 92; JMBlNRW **1980** 83; *Kraft* NJW **1963** 1793, *Schmid* MDR **1979** 804; *Kaiser* NJW **1982** 1367, 1368; *Jahn/Kett-Straub* StV **2006** 601; SK/*Wohlers* § 137, 9; KK/*Willnow* Vor § 137, 14; HK/*Julius/Schiemann* § 137, 6; Meyer-Goßner/*Schmitt* Vor § 137, 11.
158 Oben Rn. 24.
159 BGHSt **59** 284, 286 Tz. 11; BGH StraFo **2006** 454 f.; OLG Stuttgart Beschl. v. 10.3.2016 – 4 Ss 700/15 (insoweit in NStZ-RR **2016** 152 nicht abgedr.); OLG Düsseldorf StraFo **1998** 227 f.; OLG Hamm NJW **1963** 1793; JMBlNRW **1980** 83; MDR **1985** 157.
160 Ausdr. zust. OLG Jena NStZ-RR **2012** 320, 321.
161 RG GA **56** (1909) 87.
162 BGH StraFo **2006** 454; *Jahn/Kett-Straub* StV **2006** 601, 602.

mularmäßigen Erteilung der Einwilligung ist nicht dahin eingeschränkt, dass jedenfalls ein Verteidiger, der aufgrund seiner Prozesserfahrung und seines Bekanntheitsgrade besonderes Vertrauen für sich in Anspruch nimmt, von einem ihm eingeräumten Recht, Untervollmacht zu erteilen, keinen Gebrauch machen darf.[163] Das Gesetz behandelt alle zugelassenen Verteidiger, die ihre Stellung nicht einer Einzelfallprüfung des Gerichts verdanken (vgl. § 138 Abs. 2), gleich. Es räumt dem Gericht nicht die Möglichkeit ein, etwa im Rahmen der Prüfung der Wirksamkeit einer Untervollmacht, auf der Grundlage seiner eigenen Auffassung z. B. über die **fachliche Qualität** eines Verteidigers und das **Maß des Vertrauens** zu befinden, das er deshalb von seinen Mandanten erwarten darf. Sofern nicht ausdrücklich anders vereinbart, ist nach dem Sinn der Verteidigungsvollmacht als stillschweigend vereinbart anzusehen, dass der Beschuldigte stets in der **Hauptverhandlung** von dem von ihm gewählten Verteidiger selbst verteidigt werden will, dass dieser jedoch zu rein formellen Handlungen Untervollmacht erteilen kann, etwa dazu, ein Rechtsmittel einzulegen.[164] Die Ermächtigung, Untervollmacht zu erteilen, kann jedoch nicht auch ohne Weiteres dafür angenommen werden, dieses bzw. ein **Rechtsmittel** auch zu **begründen** und vor dem Rechtsmittelgericht zu vertreten. Dies kann sich aber aus den Umständen ergeben, etwa aus einer von dem Unterbevollmächtigten gezeichneten Revisionsbegründung unter dem Briefkopf des Verteidigers.[165] Anders kann es z. B. dann sein, wenn im Falle der Revision ein Verteidiger, der selbst nicht bei dem bzw. diesem Revisionsgericht regelmäßig auftritt, sich qua Untervollmacht eines Rechtsanwalts bedienen will, der mit der Rechtsprechung dieses Gerichts besonders vertraut ist.

34 **c) Allgemeiner Vertreter eines Rechtsanwalts.** Nach § 53 Abs. 1 BRAO muss ein Rechtsanwalt, der über eine Woche abwesend oder verhindert ist, für seine **Vertretung** sorgen. Er kann, selbst einen Vertreter bestellen, wenn dieser bei derselben Rechtsanwaltskammer zugelassen ist (§ 53 Abs. 2 BRAO). Dieser allgemeine Vertreter tritt ganz an die Stelle des gewählten Anwalts und zählt daher bei der Bestimmung der Höchstzahl des § 137 Abs. 1 Satz 2 nicht mit. Der Nachweis der Bestellung als allgemeiner Vertreter kann verlangt werden.[166] Da der Bestellungsakt allerdings formlos (§ 167 BGB) und für einen Kammeranwalt durch den Rechtsanwalt selbst vollzogen werden kann (§ 53 Abs. 2 Satz 1 BRAO), reicht gegenüber Gerichten und Dritten (gegenüber der Rechtsanwaltskammer ist die Bestellung – ohne konstitutive Wirkung[167] – nach § 53 Abs. 6 BRAO anzuzeigen) die **anwaltliche Versicherung**, dass eine Bestellung stattgefunden hat. Wird die Bestellung anwaltlich versichert, braucht es stichhaltige Gründe, um dem Bestellten, der mit den vollen Rechten des Vertretenen nach § 53 Abs. 7 BRAO ausgestattet ist,[168] die Stellung als Verteidiger zu verwehren. Auf die **Einwilligung** des Beschuldigten oder im Fall des § 137 Abs. 2 Satz 1 des gesetzlichen Vertreters kommt es, auch im Fall des § 139,[169] **nicht** an. Doch haben diese selbstverständlich das Recht, der Verteidigung durch den Vertreter zu widersprechen und, wenn es zu keiner Einigung kommt, einen

---

163 BGH StraFo **2006** 454. **A. A.** LG Duisburg StV **2006** 600 m. abl. Anm. *Jahn/Kett-Straub*.
164 RGSt **41** 14; KG JR **1981** 168; Meyer-Goßner/*Schmitt* Vor § 137, 11.
165 OLG Stuttgart Beschl. v. 10.3.2016 – 4 Ss 700/15 (insoweit in NStZ-RR **2016** 152 nicht abgedr.).
166 BGHR StPO § 338 Nr. 5 Verteidiger 8.
167 BGH NJW **1975** 542 f. (zu § 53 BRAO a. F.); ebenso für die Neufassung Weyland-BRAO/*Nöker* § 53, 36a.
168 BGH NStZ **2008** 418, 419 m. Anm. *Deckers* StV **2009** 5 (*obiter dictum*).
169 S. § 139, 11.

neuen Verteidiger zu wählen. Auch einer **Untervollmacht** im einzelnen Fall bedarf es daher nicht.[170]

Der BGH[171] hat früher angenommen, die Unterzeichnung eines Rechtsmittels mit dem **Zusatz „i. V."** begründe die widerlegliche Vermutung, der Unterzeichner sei allgemeiner Vertreter i. S. d. § 53 Abs. 1 BRAO. Daran hat das Gericht in jüngerer Zeit nicht mehr festgehalten,[172] freilich ohne abschließende Klärung durch den *Großen Senat*. Die Verwerfung eines Rechtmittels mit einem solchen Zusatz (aufgrund mangelnder Verantwortungsübernahme für den Inhalt) ist jedenfalls nur dann möglich, wenn sich der Revisionssenat zuvor überzeugt hat, dass der Unterzeichner nicht zum allgemeinen Vertreter bestellt worden ist.[173] Ohne Anhörung der Verfahrensbeteiligten liegt in diesen Fällen regelmäßig eine Verletzung rechtlichen Gehörs vor. 35

d) Personenkreis. Als Unterbevollmächtigte können alle Personen bezeichnet werden, die *ab initio* befähigt sind, eine Verteidigung selbst zu führen, d. h. regelmäßig Rechtsanwälte und Hochschullehrer.[174] Soweit die Prozesshandlung, wie das Einlegen einer Berufung, nicht zwingend durch einen Verteidiger vorgenommen werden muss, kann auch eine sonstige Person als Vertreter Untervollmacht erhalten. Soll eine sonstige Person als Verteidiger mit Untervollmacht versehen werden, so bedarf sie nach Absatz 2 dazu der Zulassung durch das Gericht.[175] Doch kann auf der anderen Seite eine einmal nach § 138 Abs. 2 zugelassene sonstige Person einem Rechtsanwalt ohne gerichtliche Genehmigung Untervollmacht erteilen. 36

III. Andere Personen (Abs. 2 Satz 1)

1. Allgemeines. Auch bei anderen Personen ist nach dem eindeutigen Wortlaut zunächst die **Wahl erforderlich** (die „*gewählte* Person"; Zulassung „*als* Wahlverteidiger"). Hinzutreten muss außerhalb des Kreises der „geborenen" Verteidiger des Absatzes 1 hier aber **noch** die **Genehmigung** des Gerichts. Liegt sie vor, so bedarf es nicht auch noch – obwohl der Wortlaut der Vorschrift („zugelassen werden") das suggerieren könnte – einer gesonderten Zulassung. Vielmehr ist die Genehmigung zugleich die Zulassung. 37

Die Vorschrift ist auch im **Nebenstrafrecht** anwendbar,[176] dagegen wegen Spezialität der Beistandsregelung des § 53 IRG **nicht** in **Auslieferungssachen.**[177] 38

2. Wählbare Personen. Der **Kreis** der Personen, die unter der Voraussetzung von § 138 Abs. 2 Verteidiger werden können, ist **nicht beschränkt.** Nach der **Entstehungsgeschichte** dient die Vorschrift insoweit nicht dem Schutz der Interessen der zugelassenen Rechtsanwälte, sondern dem **Vertrauensinteresse des Beschuldigten.**[178] Die Vor- 39

---

170 *Jahn/Kett-Straub* StV **2006** 601 Fn. 7; *Schmid* MDR **1979** 804; SK/*Wohlers* § 137, 9.
171 BGH NStZ-RR **2002** 12; NStZ **1992** 248.
172 BGH NStZ-RR **2017** 186.
173 Vgl. – für eine Nebenklägerrevision – BVerfG NJW **2014** 3320, 3322 Tz. 19 ff.
174 Oben Rn. 1.
175 OLG Celle NStZ **2011** 598, 599; s. sogleich Rn. 36.
176 OLG Koblenz NStZ **1981** 489.
177 OLG Koblenz MDR **1982** 429.
178 BGH (*V. ZS*) AnwBl. **2011** 397, 398; OLG Hamburg VersR **2013** 1278, 1282; OLG Dresden NStZ-RR **2001** 205, 206; KG JR **1956** 29; OLG Bremen NJW **1951** 123; HdBStrR/*Jahn/Brodowski* § 17, 65; krit. zu diesen Topoi *Lehmann* JR **2012** 287.

schrift des Absatz 2, nach der auch andere als Mitglieder der in Absatz 1 genannten beiden Personengruppen zu Verteidigern bestellt werden können, ist seinerzeit nach einem Antrag *Isaac Wolffsohns* aufgenommen worden. Er wollte damit eine Bestimmung der Preußischen Strafprozessordnung übernehmen, eine Anzahl Nichtrechtskundiger so heranzubilden, dass sie Rechtsanwälte, wo es an ihnen fehle, ersetzen könnten, vorzugsweise aber dem Interesse des Beschuldigten Genüge tun, von einer bestimmten Person, etwa mit technischen oder literarischen Kenntnissen, verteidigt zu werden.[179] Die Reichstagskommission hat die Vorschrift allerdings allein aus der letzteren Erwägung aufgenommen, „um dem Angeklagten eine möglichst freie Wahl und die Wahl einer Person zu sichern, welcher er sein Vertrauen zugewendet hat".[180] Daher sieht die Rechtsprechung mit Recht die **Bedeutung der Vorschrift** weniger darin, die Wahlmöglichkeit durch die gerichtliche Genehmigung einzuschränken, als vielmehr den Kreis der Verteidiger auszudehnen. Wegen des in der Systematik des Gesetzes tatsächlich angelegten **Ausnahmecharakters** der Vorschrift befürworten allerdings einige Oberlandesgerichte eine grundsätzlich restriktive Auslegung;[181] im Schrifttum wird teilweise sogar ihre **Abschaffung** gefordert.[182]

40 **„Andere Personen"** sind nach geltendem Recht auch **ausländische Staatsangehörige**,[183] wobei für Europäische Rechtsanwälte zunächst die Privilegierungen des Absatz 1 zu prüfen sind.[184] Absatz 2 unterfallen auch, soweit dieser Fall heute aufgrund Zeitablaufs noch gesonderter Erwähnung bedarf, nach damaligem Recht[185] zugelassene **Rechtsbeistände**.[186] Auch **Verwandte** können gewählt werden. Eine die Genehmigung ausschließende Interessenkollision kann nicht automatisch unterstellt werden.[187] Dies ist anders, wenn es sich bei dem Verwandten zugleich um einen wichtigen Tatzeugen handelt.[188] Vergleichbare Grundsätze sind z. B. auch für **Rechtsschutzsekretäre** von Gewerkschaften oder **sog. Laienaktivisten** anzuwenden, die zuweilen in „politischen" Strafverfahren installiert werden sollen, ohne dass die Mindestanforderungen an die Sachlichkeit der Verteidigung gewährleistet sind.[189]

---

179 *Hahn* Mat. **1** 953; eingehend auch *Egon Müller* FS Rüßmann (2013) 1043, 1045 ff.

180 *Hahn* Mat. **2** 1553.

181 OLG Stuttgart OLGSt StPO § 138 Nr. 6 („nach der Entstehungsgeschichte als Ausnahmebestimmung anzusehen"); KG Beschl. v. 31.7.2000 – 4 Ws 138/00; OLG Karlsruhe JR **1987** 387 m. Anm. *Hammerstein*; HdBStrR/*Jahn*/*Brodowski* § 17, 65; erg. unten Rn. 62. Wohl **a. A.** MüKo/*Thomas*/*Kämpfer* 13: Auch eine Vorschrift, die einen Personenkreis erweitert, könne dann *im Geltungsbereich dieser Erweiterung* restriktiv ausgelegt werden.

182 *Egon Müller* FS Rüßmann (2013) 1043, 1051.

183 *Hahn* Mat. **1** 935; KK/*Willnow* 13.

184 Oben Rn. 4 ff., 10 ff.

185 Bereits durch das 5. BRAGOÄndG v. 18.8.1980 (BGBl. I S. 1503) wurde ihr Berufsrecht neu geordnet, vgl. ausf. BVerfGE **75** 246, 249.

186 Vgl. BRDrucks. 567 **99** S. 5; BGH Beschl. v. 12.10.1998 – 5 StR 487/98; LG Cottbus Rbeistand **1994** 70; dabei kommt es nicht darauf an, ob sie bei dem Gericht, wo sie verteidigen wollen, oder bei einem anderen zugelassen sind, vgl. Vgl. BVerfGE **41** 389. Im Ganzen restriktiv hingegen BVerfGE **75** 246, 264 ff.; BayObLGSt **1971** 177; OLG Dresden NJW **1998** 90, 92 unter Bezugnahme auf LR/*Lüderssen*[24] 28.

187 OLG Hamm MDR **1978** 509 zum Schwiegersohn als Verteidiger; SSW/*Beulke* 24; Radtke/Hohmann/*Reinhart* 10. Zum gesetzlichen Vertreter s. OLG Schleswig SchlHA **1986** 104.

188 OLG Karlsruhe Beschl. v. 16.1.2017 – 2 Ws 371/16, juris, Tz. 6 (Vater als Verteidiger). Gegenbsp.: LG Hildesheim DStR **2012** 1592 (im Ermittlungsverfahren als Zeuge zu anderen Taten vernommener Steuerberater als Verteidiger).

189 Genauer sogleich Rn. 42. Vgl. z. B. AG Erkelenz Beschl. v. 9.12.2016 – 720 Js 214/16-160/16, BeckRS **2016** 123984, Tz. 5 („Ziel ist, dass wie ein Schnellballsystem am Ende viele Leute aus ihrer Ohnmacht vor den Uniform- und RobenträgerInnen herauskommen ... Es wäre ... schön, um die heiligen Hallen der

3. Ermessensausübung und Genehmigungserteilung. Zwar ist die Vorschrift eine Ermessensregelung („können"). Die **Genehmigung muss** das **Gericht** nach pflichtgemäßem Ermessen aber schon dann **erteilen**, wenn der Gewählte als hinreichend **sachkundig und vertrauenswürdig** erscheint und auch sonst keine Bedenken gegen sein Auftreten als Verteidiger bestehen.[190] Eine Versagung muss stets begründet werden.[191] Das Gericht darf die Zulassung insbesondere nicht mit dem Hinweis auf eine ständige Praxis versagen.[192] Es darf auch, wenn der Beschuldigte das Vertrauen zu einem Verteidiger darlegt, nicht den Vortrag besonderer Gründe dafür verlangen, dass der Beschuldigte an der Verteidigung gerade durch den Gewählten ein Interesse habe.[193] 41

a) Sachkunde. An die damit erforderliche **Sachkunde** sind allerdings nur inhaltliche Mindestanforderungen zu stellen. Eine „besondere" Sachkunde darf also nicht gefordert werden.[194] Nicht vorhanden *kann* sie beispielsweise dann sein, wenn die Schriftsätze des nach § 138 Abs. 2 zum Verteidiger Gewählten „phasenweise wirr und unverständlich" sind und dadurch dessen mangelnde Sachkompetenz zu Tage tritt;[195] letztlich entscheidet die Lage im Einzelfall. Für das Gericht muss aber deshalb die Möglichkeit bestehen, die Fähigkeit, die Pflichten eines Verteidigers sachgerecht wahrzunehmen, z. B. durch Vorlage von Urkunden (Zeugnisse) oder im Rechtsgespräch überprüfen zu können. 42

b) Sachlichkeit. Auch bezüglich der Gewähr der **Sachlichkeit**, deren Fehlen Bedenken gegen das Auftreten nähren können, sind nur **Mindestanforderungen** einzuhalten.[196] Das für den Anwalt dem Grunde nach einschlägige Sachlichkeitskriterium des **§ 43a Abs. 3 BRAO** gilt deshalb in entsprechender Anwendung auch für den Beistand.[197] Die Genehmigung kann zu versagen sein, wenn die **Zulassung** eines Rechtsanwalts **widerrufen** worden ist, denn nicht alle Gründe i. S. d. § 14 Abs. 2 BRAO erlauben den Schluss auf die fehlende Vertrauenswürdigkeit. Sie ist jedoch in der Regel zu versagen, wenn über die beizuordnende Person ein Widerruf der Anwaltszulassung im Bundeszentralregister (§ 10 Abs. 2 BZRG) eingetragen ist und deshalb nicht nur ein Indiz für das 43

---

arroganten Selbstgefälligkeit in Robe und Uniform in Frage zu stellen – das Phallussymbol des Rechtsstaatlichkeitsgetues zu beugen"). Zu diesem Verfahren (Auseinandersetzungen um den Braunkohletagebau Garzweiler) informativ *Sehl* Strafverteidiger ohne Robe, taz v. 23.12.2016 S. 9.

190 BVerfGK **7** 312, 318; OLG Stuttgart StV **2016** 139, 140; OLG Koblenz NStZ-RR **2008** 179; OLG Düsseldorf StraFo **2001** 270 (Zulassung eines Patentanwalts); NStZ **1999** 586, 587; NStZ **1988** 91 (Zulassung eines Strafgefangenen); KG Urt. v. 10.10.2001 – (5) 1 Ss 371/00 (10/01); OLG Karlsruhe NJW **1988** 2549; OLG Hamm MDR **1978** 509; OLG Bremen NJW **1951** 123; *Jahn* FH Tepperwien 25, 26; *Hilla* NJW **1988** 2525; *Lehmann* JR **2012** 287, 289 f.; SK/*Wohlers* 56; Meyer-Goßner/*Schmitt* 13; KK/*Willnow* 8. **A. A.** OLG Nürnberg MDR **1968** 944, das (zumindest) einen Rechtsbeistand nur in Sonderfällen zulassen wollte, in denen für die Verteidigung besondere Sachkunde erwünscht gewesen sei.

191 Vgl. OLG Zweibrücken Beschl. v. 31.3.1993 – 1 Ss 73/93.

192 BayObLGSt **1954** 33; Radtke/Hohmann/*Reinhart* 10.

193 BayObLG MDR **1978** 862; KK/*Willnow* 8.

194 Zutr. MüKo/*Thomas/Kämpfer* 19. Allg. zu den zu fordernden Fähigkeiten und Kenntnissen *Barton* (Mindeststandards) 96 ff.

195 KG Beschl. v. 4.10.2001 – 5 Ws 644/01.

196 Vgl. OLG Hamm NStZ **2007** 238, 239 für einen kaum verallgemeinerungsfähigen Extremfall („Stunksitzung der Blutrichter").

197 OLG Celle NdsRpfl. **2013** 24 f. (mit im Einzelfall allerdings anfechtbarer Einordnung von Äußerungen als Schmähkritik); OLG Koblenz NStZ-RR **2008** 179; AG Erkelenz Beschl. v. 9.12.2016 – 720 Js 214/16-160/16, BeckRS **2016** 123984, Tz. 6; *Lehmann* JR **2012** 287; Radtke/Hohmann/*Reinhart* 10.

Fehlen persönlicher Zuverlässigkeit vorliegt, sondern auch die Umgehung der BRAO-Zulassungsvorschriften zu besorgen ist.[198] Eine völlig unbedeutende **Vorstrafe** bietet für sich allein ebenfalls keinen Versagungsgrund;[199] anders kann dies z. B. bei einer Verurteilung wegen Parteiverrats,[200] Strafvereitelung oder Beihilfe zur Rechtsbeugung sein. Bei Verfahren mit Auslandsbezug lässt sich die Behauptung, dass ein ausländischer Rechtsanwalt das Verfahren nicht fördern könne, nur im Einzelfall aufstellen.[201] Seit dem mit dem **Rechtsdienstleistungsgesetz** (RDG)[202] einhergegangenen Wegfall des § 1 RBerG a. F. schon zum 30.6.2008 können Personen – insbesondere zulassungswillige, aber nicht zulassungsfähige **Assessoren** – nicht mehr schon mit der Begründung zurückgewiesen werden, die Übernahme geschäftsmäßiger Strafverteidigung sei verbotswidrig (vgl. § 1 Abs. 3 RDG).[203]

44 **c) Rechtsfolgen.** Der Gewählte ist entweder abzulehnen oder als Verteidiger zuzulassen. Die Genehmigung kann allerdings auch **stillschweigend** durch Gewährung von Verteidigerrechten erfolgen.[204] Ab **Zulassung** wird der Gewählte, wenn er die Wahl angenommen hat, **Verteidiger mit allen Rechten,**[205] auch wenn er im Fall der notwendigen Verteidigung nach Absatz 2 Satz 2 nur in Gemeinschaft mit einem anderen bestellt ist, der zu den Personen gehört, die zu Verteidigern bestellt werden dürfen.[206] Die Genehmigung kann zwar zurückgenommen werden;[207] solange das aber nicht geschehen ist, besteht sie auch für höhere Instanzen.

45 Wird die Person zugelassen, so erstreckt sich die Verteidigung auf das **gesamte Verfahren.** Der Beschuldigte kann unter Beachtung von § 137 Abs. 1 Satz 2 (nicht mehr als drei Verteidiger) die Verteidigung unter mehrere Verteidiger aufteilen, die nacheinander auftreten. Er kann auch von vornherein erklären, dass er einen Verteidiger nur für einen bestimmten **Verfahrensabschnitt** bestelle. In diesem Fall erfasst die Genehmigung auch nur die Wahl für diesen Abschnitt.[208] Darüber hinaus ist es unzulässig, dass das Gericht bei unbeschränkter Wahl eine beschränkte Genehmigung erteilt.[209] Die Genehmigung kann **jederzeit erteilt** werden, solange das Gericht mit der Sache befasst und der Verfahrensabschnitt noch nicht beendet ist, für den die vom Verteidiger vorzunehmende Prozesshandlung bestimmt ist und in dem sie wirken soll. Die Vorschrift setzt voraus, dass die Genehmigung erteilt sein muss, bevor der als Verteidiger auftretende Beauftragte des Beschuldigten eine Prozesshandlung vornimmt.[210] Die Genehmigung

198 Zutr. Differenzierung bei OLG Stuttgart StV **2016** 139, 140.

199 OLG Celle NdsRpfl. **2013** 24; OLG Hamburg NJW **1955** 644.

200 LG Stuttgart StV **2016** 139, 140.

201 OLG Stuttgart NStZ **2009** 113; OLGSt StPO § 138 Nr. 6 (im konkreten Fall allerdings mit anfechtbarer Begründung bejaht, weil nur die Hilfe bei Tataufklärung im Vordergrund gestanden habe).

202 Zutr. RegE RDG (BRDrucks. 623 **06** S. 68). Siehe allg. *B. Grunewald* NJW **2006** 2306, 2307; übersehen von OK-StPO/*Wessing* (Stand: 1.1.2018) 10.

203 Vgl. BRDrucks. 623 **06** S. 68 (RegE RDG). Zum früheren Meinungsstand LR/*Lüderssen*/*Jahn*[26] 27.

204 RGSt **55** 213, 214; BGH StV **1993** 113; OLG Düsseldorf OLGSt (a. F.) Nr. 2 zu § 138 Abs. 2 u. StraFo **2001** 270; BayObLG NStZ **1997** 424; Beschl. v. 27.5.1993 – 1 ObOWi 143/93; LG Berlin AnwBl. **2016** 693. Krit. („bedenklich") MüKo/*Thomas*/*Kämpfer* 16. **a. A.** wohl Radtke/Hohmann/*Reinhart* 9.

205 OLG Celle NStZ **2011** 598; *Jahn* FH Tepperwien 25, 26.

206 Genauer unten Rn. 52.

207 Vgl. sogleich Rn. 45.

208 RGSt **9** 80; BGH StV **1993** 113.

209 RGSt **9** 80; *Eb. Schmidt* 15. **A. A.** wohl KMR/*Hiebl* 38.

210 RGSt **55** 214.

wirkt aber zurück, so dass bereits vorgenommene Prozesshandlungen mit der Genehmigung nachträglich wirksam werden.[211]

d) Rücknahme der Genehmigung. Das Gericht ist – wie bei § 143 – grundsätzlich befugt, die einmal erteilte Genehmigung wieder **zurückzunehmen.**[212] Anlass dazu kann geben, dass der Gewählte die Verteidigung nicht zu führen vermag oder jemand bestellt worden ist, der nicht bestellt werden durfte.[213] Das **Rechtsmittelgericht** kann eine andere Beurteilung zugrunde legen als der *judex a quo*.[214] Es kann also im Gegensatz zum Vorderrichter die Genehmigung versagen, aber nur mit Wirkung für die Zukunft.[215] Die Entscheidung ergeht durch **Beschluss,** der im Fall der Ablehnung und der Rücknahme zu begründen ist (§ 34).[216] Wurde die Genehmigung **stillschweigend** erteilt, ist sie gleichwohl rechtswirksam,[217] wenn die Handlungen, aus denen sich die Genehmigung schlüssig ergibt, klar erkennen lassen, dass das Gericht den Willen hatte, die Bestellung zu genehmigen.[218] 46

4. Zuständigkeitsfragen. Zuständig ist das **Gericht,** bei dem das Verfahren **anhängig** ist. Ist ein **Rechtsmittel** eingelegt, ist das Gericht, bei dem es eingelegt ist (§ 314 Abs. 1, § 341 Abs. 1), solange zuständig, bis die Akten an das Rechtsmittelgericht gelangt sind (§ 321, § 347 Abs. 2).[219] Der *judex a quo* braucht jedoch nicht zu entscheiden, sondern kann die Entscheidung dem *judex ad quem* überlassen.[220] 47

Im **Vorverfahren** gilt mit Blick auf die Zuständigkeiten § 141 Abs. 4 Satz 1 in der Weise entsprechend, dass über die Genehmigung das Gericht (§ 138 Abs. 2; nicht nur sein Vorsitzender) entscheidet, welches für das Hauptverfahren zuständig ist.[221] Bei Eilbedürftigkeit und in den Fällen des § 141 Abs. 4 Satz 2 i. V. m. § 140 Abs. 1 Nr. 4 ist, obgleich dieser Fall in § 138 Abs. 2 offenbar im Rahmen der U-Haft-Reform 2009 als nicht regelungsbedürftig angesehen wurde, ausnahmsweise der Ermittlungsrichter als „Gericht“ i. S. d. § 138 Abs. 2 zuständig.[222] 48

5. Beschwerde. Gegen die Entscheidung des Gerichts ist die **Beschwerde** zulässig, wenn es sich nicht um Beschlüsse der Strafsenate des BGH (§ 304 Abs. 4) handelt. Es handelt sich dabei nicht etwa um eine Entscheidung i. S. v. § 305 Satz 1.[223] Auch die Beschlüsse des erkennenden Gerichts (§ 305 Satz 1) unterliegen der Beschwerde, weil sie nicht im inneren Zusammenhang mit dem Urteil stehen. **Beschwerdeberechtigt** sind 49

---

211 OLG Hamm MDR **1951** 503; OLG Schleswig SchlHA **1986** 105.
212 SK/*Wohlers* 43; KMR/*Hiebl* 42.
213 Vgl. BayObLGSt **1953** 15.
214 BGHSt **8** 196.
215 AK/*Stern* 27.
216 So auch OLG Zweibrücken NZV **1993** 493; Meyer-Goßner/*Schmitt* 12. **A. A.** (stets zu begründen) Radtke/Hohmann/*Reinhart* 9; MüKo/*Thomas/Kämpfer* 16.
217 RGSt **55** 213.
218 RGSt **61** 106.
219 RGSt **55** 214; **62** 250; RG JW **1927** 2047; BayObLGSt **24** 121; OLG Naumburg DRZ **1929** Nr. 556; OLG Hamm MDR **1951** 503; MüKo/*Thomas/Kämpfer* 17.
220 *Seibert* JZ **1951** 440.
221 Ebenso KK/*Willnow* 10; OK-StPO/*Wessing* 16.
222 Vgl. bereits (vor der U-Haft-Reform 2009) BGH StV **1993** 113; LR/*Lüderssen/Jahn*[26] 31 sowie nunmehr auch Radtke/Hohmann/*Reinhart* 9. **A. A.** MüKo/*Thomas/Kämpfer* 17: Genehmigung sei hier sachlich allein auf die Mitwirkung bei einer richterlichen Untersuchungshandlung gem. § 162 zu beschränken.
223 Vgl. BVerfG (*2. Kammer* des *1. Senats*) NJW **2016** 2099, 2100 Tz. 21; OLG Düsseldorf NStZ **1988** 91.

grundsätzlich der **Beschuldigte** und die **Staatsanwaltschaft**, ersterer jedoch nur, wenn sein Antrag abgelehnt oder eine erteilte Genehmigung zurückgenommen wird. In diesen Fällen ist auch der vom Beschuldigten **Gewählte** beschwerdeberechtigt.[224] Durch die Wahl des Beschuldigten wird er eine „andere Person" auch i. S. d. § 304 Abs. 2. Diese prozessuale Stellung wird durch die Versagung oder Rücknahme der Genehmigung berührt; das reicht zur Beschwerdeberechtigung aus. Eine „durch Gesetz begründete Rechtsposition" darf nicht gefordert werden.[225] Privat- oder Nebenkläger sowie der Verletzte haben mangels Beschwer kein Beschwerderecht.[226] Zwar kann die Entscheidung vom Beschwerdegericht nur auf Rechtsfehler hin untersucht werden.[227] Dazu gehört aber auch ein **rechtsfehlerhafter Ermessensgebrauch.** Hier fließt also die verwaltungsrechtliche Ermessensfehlerlehre mit der Folge ein, dass sowohl der Ausfall des Ermessens als auch sein fehlerhafter, also zweckwidriger oder gar willkürlicher Gebrauch vom Beschwerdegericht in vollem Umfang überprüft werden kann.[228]

50 **6. Revision.** Hat das Gericht in willkürlicher Verkennung seines pflichtgemäßen Ermessens die Genehmigung zur Wahl eines Verteidigers versagt oder zu Unrecht zurückgenommen, kann der Angeklagte mit der **Revision** eine Verletzung von **§ 338 Nr. 8** rügen.[229] Eine Verletzung des **§ 338 Nr. 5** kommt in Betracht, wenn im Falle **notwendiger Verteidigung** bei einem wesentlichen Verhandlungsteil nur die nach § 138 Abs. 2 zugelassene Person[230] oder ein bloßer **Scheinverteidiger**[231] anwesend war.

IV. Andere Personen und notwendige Verteidigung (Abs. 2 Satz 2)

51 **1. Systematik bei notwendiger Verteidigung.** Im Übrigen unterscheidet das Gesetz bei den „anderen Personen" des Absatz 2 Satz 1 noch danach, ob der Fall einer **notwendigen Verteidigung** vorliegt oder nicht:

52 Steht fest, dass ein solcher **Fall nicht** vorliegt, so müssen für die Wahl einer anderen Person zum Verteidiger über das bereits Beschriebene[232] hinaus keine weiteren Voraussetzungen erfüllt sein.

53 Liegt der **Fall** einer **notwendigen Verteidigung** nach § 140 vor, so ist noch einmal zu unterscheiden: Gehört der Gewählte zu den Personen, die als Verteidiger bestellt werden dürfen, so ist Absatz 1 anzuwenden. Gehört die gewählte Person nicht zu diesem privilegierten Personenkreis, so kann sie – unter den zu Absatz 2 Satz 1 genannten Vo-

---

224 OLG Stuttgart StV **2016** 139; OLG Oldenburg NJW **1958** 33; BayObLGSt **1954** 53; OLG Bremen NJW **1951** 123; OK-StPO/*Wessing* 21; zu eng nur für den Fall der Rücknahme (allerdings nur *obiter dictu*) OLG Frankfurt NStZ-RR **2014** 250.

225 OLG Stuttgart StV **2016** 139. **A. A.** OLG Frankfurt (3. Strafsenat) NStZ-RR **2014** 250; OLG Hamburg MDR **1969** 598; vgl. auch AnwK/*Krekeler/Werner* 5.

226 **A. A.** noch LR/*Lüderssen/Jahn*[26] 32 sowie HK/*Julius/Schiemann* 13.

227 OLG Stuttgart StV **2016** 139, 140; OLG Düsseldorf MDR **1983** 600; NStZ **1988** 91, 92; NStZ **1999** 586, 587. **A. A.** KG VRS **107** (2004) 126, 127; SK/*Wohlers* 52; KMR/*Hiebl* 54; AK/*Stern* 38; danach soll das Beschwerdegericht in vollem Umfang überprüfen können und müssen (§ 309 Abs. 2).

228 Vgl. Schoch/Schneider/Bier/*Gerhardt* § 114 VwGO, 7.

229 *Lehmann* JR **2012** 287, 290; SK/*Wohlers* 53; AnwK/*Krekeler/Werner* 6; *Eb. Schmidt* 11; weiter MüKo/*Thomas/Kämpfer* 26: jede ungerechtfertigte Zurückweisung selbst dann, wenn der Angeklagte anderweitig ordnungsgemäß verteidigt ist.

230 Vgl. BGHR StPO § 338 Nr. 5 Verteidiger 8; OK-StPO/*Wessing* 22; SSW/*Beulke* 48; KMR/*Hiebl* 22.

231 Oben Rn. 7.

232 O. Rn. 36-49.

raussetzungen (Wahl durch den Beschuldigten und Genehmigung des Gerichts)[233] – **nur in Gemeinschaft** mit jemandem Verteidiger sein, der zu den nach § 138 Abs. 1 wählbaren oder nach § 142 Abs. 1 und Abs. 2 bestellbaren Verteidigern gehört.[234] Auch die **Einlegung von Rechtsmitteln** kann dann nur in Gemeinschaft mit dem Pflichtverteidiger erfolgen. Er kann also namentlich Revisionsanträge und -begründungen anbringen,[235] muss sie jedoch im Falle notwendiger Verteidigung nach Absatz 2 Satz 2 von einer nach Absatz 1 wählbaren Person mit unterzeichnen lassen, um sie wirksam zu machen.[236] Dieser andere Verteidiger kann nach § 138 Abs. 1 gewählt oder nach § 141 bestellt werden. Das Gesetz verschleiert diese Alternative allerdings etwas, indem es diesen Vorgang und den der gerichtlichen Genehmigung der Verteidigung durch eine andere Person mit der globalen Wendung „zugelassen werden" zusammenfasst.

2. Konsequenzen. Der „Fall der notwendigen Verteidigung" ist gegeben, wenn die Voraussetzungen des § 140 Abs. 1 *oder* Abs. 2 vorliegen. Das müsste demnach, obwohl es auf die nach § 141 vorzunehmende **Bestellung** eines Verteidigers jetzt noch nicht ankommt, vom Gericht festgestellt werden. Indessen kann es dazu – bei richtiger Auslegung der Vorschrift – praktisch nicht kommen: 54

Denn ist der Beschuldigte mit dem zusätzlichen, den Erfordernissen des § 138 Abs. 1 oder § 142 genügenden Verteidiger **einverstanden**, so heißt das praktisch, dass er ihn **wählt**. Kann er ihn bezahlen, kommt es zu einem Fall nach § 138 Abs. 1. Kann er ihn nicht bezahlen, gelangen § 142 Abs. 1 Sätze 2 und 3 zur Anwendung. In beiden Fällen wird dem Beschuldigten also **kein Verteidiger aufgezwungen**. Es verhält sich vielmehr so wie in den Fällen, in denen der Beschuldigte bereits einen Verteidiger hat und nun noch eine andere Person beauftragen möchte. Hier genügt die Genehmigung des Gerichts; die Prüfung, ob ein Fall notwendiger Verteidigung vorliegt, findet bei dieser Genehmigung gar nicht statt, sondern nur im Rahmen der Bestellung nach § 142. 55

Ist der Beschuldigte mit jenem zusätzlichen Verteidiger **nicht einverstanden,** so bekommt er ihn gleichwohl (Zwangskontrahierung), wenn auch bei restriktiver Auslegung die Voraussetzungen des § 140 vorliegen. Diese Prüfung hat aber ohnehin, unabhängig von den Begehren des Beschuldigten, eine andere Person mit seiner Verteidigung zu beauftragen, zu erfolgen. Zeigt sich, dass die Voraussetzungen des § 140 nicht vorliegen, so bleibt es bei der 1. Variante des Absatzes 2; die Genehmigung des Gerichts genügt. 56

Der Fall, dass das Gericht **lediglich** für die **Entscheidung** über die **Genehmigung** der Wahl einer anderen Person als Verteidiger das Vorliegen der Voraussetzungen des § 140 feststellen muss, könnte mithin nur gegeben sein, wenn der Beschuldigte, der den zusätzlichen Verteidiger nicht wünscht, nur das Recht hätte, einen Pflichtverteidiger zu beauftragen (extensive Auslegung des § 140[237]), ein Oktroi indessen bei restriktiver Auslegung nicht erforderlich wäre. 57

Ob bei dieser Sachlage die extensive Auslegung des § 140 geboten ist, muss aber bezweifelt werden. Zwar wird dem Beschuldigten kein Verteidiger aufgezwungen, weil er ja die Freiheit hat, diesen Vorgang durch den **Verzicht** auf die Wahl einer anderen Person als Verteidiger abzuwenden. Andererseits kann man sagen, dass der Beschuldigte gerade wegen jener zusätzlichen Bedingung in seiner Freiheit, eine andere Person zu 58

233 O. Rn. 36-49.
234 BayObLG NJW **1991** 2434.
235 BayObLGSt **1955** 256.
236 BGHSt **32** 326; KG Beschl. v. 19.4.2000 – 5 Ws 265/00; KK/*Willnow* 12.
237 Vgl. Vor § 137, 57.

wählen, beschränkt ist. Die Lösung des Problems muss sich am Sinn des § 138 Abs. 2 orientieren. Der Beschuldigte soll, wenn er eine nicht gemäß § 138 Abs. 1 oder § 142 berufbare Person zu seinem Verteidiger wählt, vor unsachgemäßer Verteidigung geschützt werden, auch wenn kein Fall notwendiger Verteidigung vorliegt,[238] denn auch dann ist ja die Genehmigung des Gerichts nötig. Ist dieser Fall dem gleichzustellen, in dem der Beschuldigte überhaupt keinen Verteidiger haben will, so muss man konsequenterweise auch hier die **restriktive** Auslegung der Pflichtverteidigungsvorschriften befürworten.

59 **Gegen** diese **Gleichstellung** könnte sprechen, dass ein Verteidiger, der nicht die professionellen Mindestgarantien der nach § 138 Abs. 1 und § 142 berufbaren Personen aufweist, dem Beschuldigten unter Umständen sogar **schaden** kann, so dass es für ihn bei dieser Sachlage besser wäre, gar keinen Verteidiger zu haben als einen potentiell inhabilen „halben". Indessen würde das auf eine schwer überprüfbare Differenzierung von Autonomiedefiziten des Beschuldigten hinauslaufen, darauf nämlich zu prüfen, ob dieser Beschuldigte, wiewohl er durch sich selbst nicht so gefährdet ist, dass er einen professionellen Verteidiger braucht, doch so urteilsschwach ist, dass er jedenfalls keinen allein agierenden nicht-professionellen Verteidiger bekommen darf. Demgegenüber dürfte die generalisierende Annahme praktischer sein, dass zur Autonomie des „unvernünftigen" Beschuldigten, der keinen Verteidiger haben will, eben auch gehört, dass er stattdessen nach nicht-professionellen Helfern sucht. Auch davor ist er also nur in den Grenzen des restriktiv zu interpretierenden § 140 zu schützen, und ob diese Voraussetzung vorliegt, stellt das Gericht ohnehin fest.

V. Anwendung der Vorschrift auf Beistände von Zeugen, Privatklägern, Nebenklägern, Nebenklagebefugten und Verletzten (Abs. 3)

60 **1. Allgemeines; Ermessensausübung.** Absatz 3 stellt den Personenkreis möglicher Beistände klar. Er statuiert inhaltlich **identische Zulassungsvoraussetzungen** für Verteidiger und Beistände.[239] Mit der Regelung wurden die Wahlmöglichkeiten des Zeugen (§ 68b), Privatklägers (§ 378), Nebenklägers (§ 397a), Nebenklagebefugten (§ 406g) und des Verletzten (§ 406f) zum 1.10.2009 erweitert.[240] Jene können nach der seither eindeutigen Gesetzeslage nunmehr alle in Absatz 1 genannten Personen als Beistand **frei wählen.** Neben Rechtsanwältinnen und Rechtsanwälten sind dies auch Hochschullehrerinnen und -lehrer. Dazu treten gemäß Absatz 2 andere zur Verteidigung befugte Personen, hier allerdings nur nach Zulassung durch das Gericht. Dabei ist ungeachtet des mehrdeutigen Wortlauts („wählen") **auch** die **Bestellung** bzw. Beiordnung der in Absatz 2 genannten Personen durch das Gericht möglich.[241]

61 Die gesetzliche Klarstellung der Wahlmöglichkeiten der in Absatz 3 genannten Personen ist im Sinne des **Prinzips der Waffengleichheit** – hier in Richtung der Verletztensphäre – **konsequent.** Sie entspricht der im Schrifttum[242] bereits für den Rechtszustand bis zum 30.9.2009 erhobenen Forderung, § 138 Abs. 2 auch dort anzuwenden, wo das Recht dem Verletzten bislang (nur) den Beistand eines Rechtsanwalts gestattete. Auf

---

238 Oben Rn. 38.

239 BTDrucks. **16** 12098 S. 20; SK/*Wohlers* 56.

240 Oben Gesetzgebungsgeschichte.

241 Im Ergebnis überzeugend *Ladiges* JR **2013** 295, 298 unter Hinweis auf BTDrucks. **16** 12098 S. 20; zust. auch SSW/*Beulke* 41 Eindeutig ergibt sich dies aus den Gesetzesmaterialien freilich nicht.

242 *Ladiges* JR **2013** 295 f.; Radtke/Hohmann/*Reinhart* 13; OK-StPO/*Wessing* 18a sowie bereits LR/*Lüderssen/Jahn*[26] 25.

diesem Weg sollten seit jeher die Befugnisse des Verletzten bei der Wahl seines Beistandes an die des Beschuldigten bei der Wahl eines Verteidigers angeglichen werden.

Die seinerzeit im **Gesetzgebungsverfahren** von Seiten des Bundesrats[243] geltend 62
gemachten **Bedenken**, welchen sich *Schmidt-Sommerfeld* aus Sicht der (Strafverfolgungs-)Praxis in seiner Stellungnahme für den BTRechtsaussch.[244] unter zusätzlichem Hinweis auf die Entstehung von Verfahrensverzögerungen angeschlossen hatte, gingen hingegen von unzutreffenden Voraussetzungen aus. Dort wurde ausgeführt, dass die Neuregelung des Absatzes 3 zur Stärkung der Verletztenrechte nicht zielführend sei, da über die Absätze 2 und 3 auch **Privatpersonen** zugelassen werden könnten, denen eine **„bestimmte Mindestqualifikation"** für das Auftreten vor dem Strafgericht **fehle**.

Das aber entsprach – und entspricht – nicht dem geltenden Recht. Die **Genehmigung** 63
nach Absatz 2 hat das Gericht nach pflichtgemäßem Ermessen **nur dann zu erteilen**, wenn der Gewählte als **hinreichend sachkundig und sachlich** erscheint.[245] Deshalb war auch die Gegenäußerung der Bundesregierung[246] insoweit zweifelhaft, als dort behauptet wurde, auch beim *Beschuldigten* bestünde die Gefahr, er könne Personen als Beistand wählen, denen „bestimmte Mindestqualifikationen" fehlten. Auf die Möglichkeit der gerichtlichen Genehmigungsverweigerung im Einzelfall wurde aber dort im Ergebnis zutreffend hingewiesen. Die Pflicht zur Beachtung dieser Mindestanforderungen ergibt sich aber auch für die Fälle des Absatz 3 aus der weit reichenden Rechtsfolge des Absatzes 2. Mit der Zulassung wird der Gewählte, wenn er die Wahl angenommen hat, Verteidiger mit allen Rechten (mit gewissen Beschränkungen im Fall der notwendigen Verteidigung nach Absatz 2 Satz 2).[247] Soweit auch *Barton*[248] auf die Gefahr hingewiesen hat, dass unqualifizierte „Fachberater für Opferhilfe" oder dubiose Opferrechts-„Experten" (mit oder sogar ohne Assessorexamen) zu Verteidigern erwählt werden könnten, haben dem die Tatgerichte durch geeignete – und in diesen Fällen restriktive – **Ausübung ihres Zulassungsermessens** Rechnung zu tragen.[249] Dabei sind bei der Auswahl der Beistände nach Absatz 3 i. V. m. Absatz 2 Satz 1 ebenso **strenge Maßstäbe** wie bei der Zulassung anderer Personen zum Verteidiger nach Absatz 2 Satz 1 anzulegen.[250] Das Gericht hat auch hier stets die **Sachkunde** und die **persönliche Geeignetheit** der jeweiligen Person zu berücksichtigen.[251]

2. Ungelöste Zweifelsfragen

a) Steuerberater. Die Gleichstellung von Beiständen und Verteidigern bleibt mit 64
Blick auf die **Verteidigertätigkeit von Steuerberatern** in Strafverfahren **unvollständig:** § 392 Abs. 1 AO ist im Jahr 2009 nicht an den neugefassten Absatz 3 angepasst worden. Die in § 392 Abs. 1 AO genannten Personen der steuerberatenden Berufe können in Steuerstrafsachen ohne Weiteres als Verteidiger gewählt werden.[252] Für ihre Zulassung als Beistand – mit einem Weniger an Rechten – bedürfen sie allerdings nach wie vor

---

243 BRDrucks. 178/09 S. 4.

244 *Schmidt-Sommerfeld* Schriftliche Stellungnahme zu den Entwürfen eines Gesetzes zur Stärkung der Rechte von Verletzten und Zeugen im Strafverfahren, webarchiv.bundestag.de, 6.

245 Oben Rn. 55.

246 BTDrucks. **16** 12812 S. 19.

247 Oben Rn. 43.

248 *Barton* JA **2009** 753, 756.

249 Oben Rn. 38.

250 SK/*Wohlers* 56.

251 BTDrucks. **16** 12908 S. 30, 31.

252 Oben Rn. 17.

der Genehmigung des Gerichts gem. Absatz 3 i. V. m. Absatz 2 Satz 1.[253] Hier dürfte allerdings das **Ermessen** unter dem Gesichtspunkt der Waffengleichheit regelmäßig auf oder jedenfalls gegen **Null** reduziert sein.

65 **b) Hochschullehrer.** Durch Absatz 3 werden **Hochschullehrer** Rechtsanwälten hinsichtlich der Beistands- und Vertretungsbefugnis sowie der Vornahme sonstiger Verfahrenshandlungen für andere Personen seit dem 1.10.2009 grundsätzlich **gleichgestellt**. Das hat nicht alle Zweifelsfragen beseitigt. Obgleich Privatpersonen und **sonstige Stellen** i. S. v. **§ 475 Abs. 1** von Absatz 3 nach wie vor nicht ausdrücklich erfasst sind, wäre es ohne willkürliche Differenzierungen kaum begründbar, wenn sich der Anspruchsteller des § 475 Abs. 1 nicht durch einen Hochschullehrer vertreten lassen könnte, obwohl nach der für das gesamte Verfahren geltenden Grundregel des Absatzes 1 Hochschullehrer und Rechtsanwälte als Verteidiger auftreten dürfen.[254] Angesichts der Zielbestimmung des Absatzes 3, dem Verletzten weitergehende Wahlmöglichkeiten bei seiner Vertretung im Strafverfahren zu eröffnen,[255] kann auch für die Unterzeichnung des Antrags auf gerichtliche Entscheidung im **Klageerzwingungsverfahren** und für die Vornahme der **Akteneinsicht** nichts anderes gelten als für die Vertretung des Privat- oder Nebenklägers. Deshalb sind auch Hochschullehrer in der Lage, den Antrag in der nach § 172 Abs. 3 Satz 2 gebotenen Form zu unterzeichnen (*arg. ex* § 172 Abs. 1 Satz 1: „Verletzter") und Akteneinsicht nehmen (*arg. ex* § 147 Abs. 4: *„dem* Verteidiger").[256]

66 **3. Erste praktische Erfahrungen.** In der **Praxis** erfolgte die erste **Anwendung des Absatzes 3** schon kurz nach deren Inkrafttreten in dem Aufsehen erregenden Verfahren um die Tötung der ägyptischen Staatsbürgerin *Marwa El-Sherbini* während einer Gerichtsverhandlung in der sächsischen Landeshauptstadt.[257] In dem Strafverfahren vor dem Dresdner Schwurgericht plädierte u. a. der Präsident der ägyptischen Anwaltskammer als gewählter Vertreter der Nebenklage.[258] Dass ein weiterer Schlussvortrag sogar in arabischer Sprache vorgetragen wurde, erscheint wegen § 184 Satz 1 GVG („Die Gerichtssprache ist deutsch") zunächst ungewohnt, ist aber mit Blick auf die spezielle Regelung in § 185 Abs. 1 GVG konsequent. Diese Novität in einem deutschen Schwurgerichtssaal war also nicht nur den besonderen Umständen dieses Falles und dem Interesse der – internationalen und insbesondere arabischen – Medienöffentlichkeit geschuldet.[259] Man wird sich also auf Anträge, Prozesserklärungen und Schlussvorträge in einer **Fremdsprache** in deutschen Gerichtssälen auch zukünftig grundsätzlich einzurichten haben.

§ 138a
Ausschließung des Verteidigers

(1) Ein Verteidiger ist von der Mitwirkung in einem Verfahren auszuschließen, wenn er dringend oder in einem die Eröffnung des Hauptverfahrens rechtfertigenden Grade verdächtig ist, daß er

253 So auch HK-GS/*Weiler* 4; Radtke/Hohmann/*Reinhart* 13.
254 Vgl. *Ladiges* JR **2013** 295, 296 f. unter Hinweis auf BVerwGE **83** 315, 316 ff.
255 Oben Rn. 59.
256 Überzeugend auch insoweit *Ladiges* JR **2013** 295, 297 f.
257 Vgl. *Jahn* FH Tepperwien 25, 26.
258 Süddeutsche Zeitung Nr. 259 v. 10.11.2009 S. 1; Der SPIEGEL Nr. 44/2009 S. 40.
259 Näher zur GVG-Systematik LR/*Wickern*[26] § 184, 17 f.

https://doi.org/10.1515/9783110630244-004

1. an der Tat, die den Gegenstand der Untersuchung bildet, beteiligt ist,
2. den Verkehr mit dem nicht auf freiem Fuße befindlichen Beschuldigten dazu mißbraucht, Straftaten zu begehen oder die Sicherheit einer Vollzugsanstalt erheblich zu gefährden, oder
3. eine Handlung begangen hat, die für den Fall der Verurteilung des Beschuldigten Datenhehlerei, Begünstigung, Strafvereitelung oder Hehlerei wäre.

(2) Von der Mitwirkung in einem Verfahren, das eine Straftat nach § 129a, auch in Verbindung mit § 129b Abs. 1, des Strafgesetzbuches zum Gegenstand hat, ist ein Verteidiger auch auszuschließen, wenn bestimmte Tatsachen den Verdacht begründen, daß er eine der in Absatz 1 Nr. 1 und 2 bezeichneten Handlungen begangen hat oder begeht.

(3) [1]Die Ausschließung ist aufzuheben,
1. sobald ihre Voraussetzungen nicht mehr vorliegen, jedoch nicht allein deshalb, weil der Beschuldigte auf freien Fuß gesetzt worden ist,
2. wenn der Verteidiger in einem wegen des Sachverhalts, der zur Ausschließung geführt hat, eröffneten Hauptverfahren freigesprochen oder wenn in einem Urteil des Ehren- oder Berufsgerichts eine schuldhafte Verletzung der Berufspflichten im Hinblick auf diesen Sachverhalt nicht festgestellt wird,
3. wenn nicht spätestens ein Jahr nach der Ausschließung wegen des Sachverhalts, der zur Ausschließung geführt hat, das Hauptverfahren im Strafverfahren oder im ehren- oder berufsgerichtlichen Verfahren eröffnet oder ein Strafbefehl erlassen worden ist.

[2]Eine Ausschließung, die nach Nummer 3 aufzuheben ist, kann befristet, längstens jedoch insgesamt für die Dauer eines weiteren Jahres, aufrechterhalten werden, wenn die besondere Schwierigkeit oder der besondere Umfang der Sache oder ein anderer wichtiger Grund die Entscheidung über die Eröffnung des Hauptverfahrens noch nicht zuläßt.

(4) [1]Solange ein Verteidiger ausgeschlossen ist, kann er den Beschuldigten auch in anderen gesetzlich geordneten Verfahren nicht verteidigen. [2]In sonstigen Angelegenheiten darf er den Beschuldigten, der sich nicht auf freiem Fuße befindet, nicht aufsuchen.

(5) [1]Andere Beschuldigte kann ein Verteidiger, solange er ausgeschlossen ist, in demselben Verfahren nicht verteidigen, in anderen Verfahren dann nicht, wenn diese eine Straftat nach § 129a, auch in Verbindung mit § 129b Abs. 1, des Strafgesetzbuches zum Gegenstand haben und die Ausschließung in einem Verfahren erfolgt ist, das ebenfalls eine solche Straftat zum Gegenstand hat. [2]Absatz 4 gilt entsprechend.

Schrifttum zu den §§ 138a–d

Baumann Strafprozeßreform in Raten, ZRP **1975** 38; *Beulke* Der Verteidiger im Strafverfahren (1980); *ders./Ruhmannseder* Der Strafverteidiger als Täter und (strafloser) Teilnehmer einer Strafvereitelung, FS Volk (2009) 45; *K. M. Böhm* Verteidigerfremdes Verhalten – Neue Wege zur Ausschließung lästiger Strafverteidiger? NJW **2006** 2371; *Bohnert* Beschränkungen der strafprozessualen Revision durch Zwischenverfahren (1983); *BRAK* Ausschließung und Überwachung des Verteidigers. Stellungnahme des Strafrechtsausschusses der BRAK v. 13.9.1977 zum Entwurf eines Strafverfahrensänderungsgesetzes (Kabinettsvorlage des Bundesministers der Justiz v. 25.8.1977); *Brei* Grenzen zulässigen Verteidigerhandelns (1991); *Burhoff* Der Ausschluss des Verteidigers im Strafverfahren, ZAP **2002** F. 22 369; *ders.* Der Ausschluss des Verteidigers im Strafverfahren, StRR **2012** 404; *Dahs* Ausschließung und Überwachung des Strafverteidigers – Bilanz und Vorschau, NJW **1975** 1385; *ders.* Das „Anti-Terroristen-Gesetz" – eine Niederlage des Rechtsstaates, NJW **1976** 2145; *Dencker* Die Ausschließung des Pflichtverteidigers, NJW **1979** 2176;

Donus Ausschließung und Überwachung des Verteidigers im Strafverfahren, Diss. Tübingen 1978; *Dünnebier* Ausschließung von Verteidigern und Beschränkung der Verteidigung. Verfahren – Rechtsmittel – Vollstreckung, NJW **1976** 1; *Feuerich* Verhältnis des ehrengerichtlichen Verfahrens zum Straf- oder Bußgeldverfahren, NJW **1988** 181; *Fezer* Zur Struktur des Ausschließungsverfahrens gemäß §§ 138a ff. StPO, GedS Karlheinz Meyer (1990) 81; *Frye* Die Ausschließung des Verteidigers, wistra **2005** 86; *Göddeke* Verteidigerausschluß aufgrund „Verdachts"? DuR **1975** 325; *ders.* Die Einschränkung der Strafverteidigung (1980); *Görlitz* Verkehrsrecht des Verteidigers, ZRP **1977** 174; *Groß* Die gesetzliche Regelung des Verteidiger-Ausschlusses, ZRP **1974** 25; *ders.* Der erweiterte Verteidigerausschluß nach § 138a II StPO – eine Fehlentscheidung des Gesetzgebers, NJW **1975** 422; *Holtz* Eine gesetzliche Regelung der Ausschließung des Verteidigers? JR **1973** 357; *Jahn* »Konfliktverteidigung« und Inquisitionsmaxime (1998); *ders.* Die Rechtsstellung des Verteidigers im heutigen deutschen Strafverfahren, StV **2014** 40; *Jescheck* Die Ausschließung des Verteidigers in rechtsvergleichender Sicht, FS Dreher (1977) 783; *Keim* Beteiligung an straflosem Selbstschutz als strafbare Strafvereitelung i. S. v. § 258 StGB? Diss. Bonn (1990); *Knapp* Verteidigung des Rechtsstaats durch Bekämpfung des Verteidigers? AnwBl. **1975** 373; *Krekeler* Strafrechtliche Grenzen der Verteidigung, NStZ **1989** 146; *Kröpil* Entstehungsgeschichte der strafprozessualen Mißbrauchsvorschriften in § 241 Abs. 1 und § 138a Abs. 1 Nr. 2 StPO, DRiZ **1996** 448; *ders.* Zum Begriff des Mißbrauchs in §§ 241 Abs. 1, 138a Abs. 1 Nr. 2 StPO, JR **1997** 315; *Lamberti* Strafvereitelung durch Strafverteidiger (1988); *E.-J. Lampe* Der Ausschluß des Verteidigers im Entwurf des Zweiten Gesetzes zur Reform des Strafverfahrensrechts, JZ **1974** 696; *J. Lampe* Anlaufschwierigkeiten des neuen Strafverfahrensrechts (Streitfragen beim Ausschluß des Strafverteidigers und im Strafvollzugsrecht), MDR **1975** 529; *Lantzke* Eine gesetzliche Regelung der Ausschließung des Verteidigers? JR **1973** 357; *Liemersdorf* Die Grenzziehung zwischen zulässigem und unzulässigem Verhalten eines Strafverteidigers im Umgang mit seinen Mandanten, MDR **1989** 179; *Maul* Gesetz gegen Terrorismus und Rechtsstaat, DRiZ **1977** 207; *Mehle* Strafvereitelung durch Wahrnehmung prozessualer Rechte? FS Koch 179; *Eckhart Müller/Gussmann* Berufsrisiken des Strafverteidigers (2007); *H.-E. Müller* Falsche Zeugenaussage und Beteiligungslehre (2000); *Otto* Strafvereitelung durch Verteidigerhandeln, Jura **1987** 329; *Parigger* Die Ausschließung des Strafverteidigers de lege lata – de lege ferenda, FS Koch (1989) 199; *Paulus* Dogmatik der Verteidigung, NStZ **1992** 305; *Pramann* Die Ausschliessung des Verteidigers im Strafverfahren, Diss. Hamburg (1969); *Rebmann* Inhalt und Grenzen des Straftatbestandes „Werben für eine terroristische Vereinigung" nach § 129a StGB, NStZ **1981** 457; *Remagen-Kemmerling* Der Ausschluß des Strafverteidigers in Theorie und Praxis (1992); *Rieß* Der Ausschluß des Verteidigers in der Rechtswirklichkeit, NStZ **1981** 328; *Rudolph* Gesetzliche Regelung der Ausschließung des Verteidigers, DRiZ **1973** 257; *Schmidt-Leichner* Der Ausschluß des Verteidigers, NJW **1973** 696; *ders.* Strafverfahrensrecht 1975 – Fortschritt oder Rückschritt? NJW **1975** 417; *L. Schulz* Normiertes Mißtrauen. Der Verdacht im Strafverfahren (2001); *Seelmann* Die Ausschließung des Verteidigers, NJW **1979** 1228; *Stadtler* Die Ausschließung des Strafverteidigers. Eine Untersuchung seit der Reichsstrafprozessordnung von 1877 bis zur gesetzlichen Regelung 1974 Diss. Hagen (2013); *Sturm* Zur Bekämpfung terroristischer Vereinigungen – Ein Beitrag zum Gesetz vom 18. August 1976, MDR **1977** 6; *Ulsenheimer* Zur Regelung des Verteidigerausschlusses in §§ 138a–d, 146 n. F. StPO, GA **1975** 103; *Vogel* Strafverfahrensrecht und Terrorismus – eine Bilanz, NJW **1978** 1217; *Vogt* Berufstypisches Verhalten und Grenzen der Strafbarkeit im Rahmen der Strafverteidigung (1992); *von Stetten* Die Sperrwirkung des § 258 StGB im Rahmen der Tätigkeit eines Strafverteidigers, StV **1995** 606; *Wappler* Der Erfolg der Strafvereitelung (§ 258 Abs. 1 StGB) (1998); *Wasserburg* Ausschluß des Verteidigers von der Verhandlung bei Gefährdung des Zeugen, FS II Peters (1984) 285; *Wünsch* Richterprivileg – Verteidigerprivileg, StV **1997** 45; *Wuttke* Ausschließung des Strafverteidigers, NJW **1972** 1884.

Entstehungsgeschichte

Schon Jahrzehnte vor Inkrafttreten der §§ 138a ff. gab es mit dem *Felseneckprozess* vor dem SchwurG Berlin einen berühmten Fall, in dem ein Verteidiger wegen Prozesssabotage nach viermonatiger Verfahrensdauer ausgeschlossen wurde.[1] Die Vorschrift ist

1 KG JW **1933** 484 m. abl. Anm. *Löwenstein* DJZ **1932** Sp. 1409, 1410 hob auf die Beschwerde des Verteidigers (*Litten*) hin den Beschluss des SchwurG zunächst auf, allerdings nicht aus Rechtsgründen, sondern

aber erst durch Art. 1 Nr. 6 des 1. StVRErgG vom 20.12.**1974** eingefügt worden. Bei der Kodifikation handelt sich um die „ersten durch die **Terrorismuskriminalität**, namentlich durch die Ermordung des Kammergerichtspräsidenten *von Drenckmann* ausgelösten strafverfahrensrechtlichen Änderungen".[2] Die Einfügung ist auch eine direkte Folge des Beschlusses des BVerfG vom 14.2.1973,[3] der die Ausschließung von Rechtsanwalt *Schily* als Wahlverteidiger von *Gudrun Ensslin* im **Baader-Meinhof-Verfahren** wegen fehlender gesetzlicher Grundlage für unzulässig erklärt, gleichzeitig aber auf diesen „höchst unbefriedigende(n)" Rechtszustand hingewiesen hat, den es „in naher Zukunft" zu beseitigen gelte.

Der jetzige Absatz 4 war zunächst in Absatz 2 Satz 2 geregelt. Die Umstellung ist durch Art. 2 Nr. 2 Buchst. a des StGBÄndG vom 18.8.1976 bewirkt worden. Durch Art. 2 Nr. 2 Buchst. b desselben Gesetzes wurde Absatz 2 angefügt. Im Rahmen dieses sog. „Anti-Terrorismusgesetzes"[4] sollten durch die Erstreckung des Verteidigerausschlusses auch auf andere Verfahren „Zweifel, die bei der Anwendung in der Praxis aufgetreten sind, ausgeräumt werden".[5] Die Neufassung des § 138a vom 14.4.1978 durch das StPÄG 1978 ist eines der Ergebnisse weiterer Beratungen zur Terrorismusbekämpfung.[6] Wiederum der damalige Bundesjustizminister *Hans-Jochen Vogel* bezeichnete es als „Vorweggesetz zur Verwirklichung besonders dringlicher gesetzgeberischer Maßnahmen nach den Erfahrungen aus den **Terroranschlägen** Buback, Ponto und Schleyer".[7]

Die **Ausschließungsgründe** der Absätze 1 und 2 a. F. sind, durch das StPÄG 1978 neu geordnet, in Absatz 1 zusammengestellt.[8] Bei der Begehung von Straftaten (Absatz 1 Nr. 2) wurde die Beschränkung auf einen gewissen Strafrahmen (Absatz 2 Nr. 1 a. F.) aufgegeben. Der **Verdachtsgrad** des bisherigen Absatz 1 wurde auf alle bisherigen Ausschließungsgründe ausgedehnt (Absatz 1, Eingang). Neu eingefügt wurde Absatz 2, der in Strafsachen nach **§ 129a StGB** bereits bei minderem Verdachtsgrad die Ausschließung als Verteidiger zulässt. Zum Ausgleich erweiterte Absatz 3 **die Aufhebungsgründe** und engte den vormals einzigen (Absatz 3 a. F.) dahin ein, dass der Wegfall der Verwahrung – entgegen der früheren Rechtslage[9] – allein nicht zur Aufhebung der Ausschließung führt

---

weil es die Obstruktionsabsicht nicht als erwiesen ansah. Zur politischen Dimension des Verfahrens gegen den kommunistischen Angeklagten in der Spätphase der Weimarer Republik sowie zur voraufgegangenen Rspr. des RG vgl. *Stadtler* 21 ff.; *Jahn* (Konfliktverteidigung) 64.

2 *H.-J. Vogel* (als seinerzeit amtierender Bundesjustizminister), NJW **1978** 1217, 1219; vgl. auch aus der Dritten Lesung des Gesetzesentwurfs im Bundestag, 138. Sitzung am 18.12.1974, BTProt. S. 9515 (Stellungnahme des Abgeordneten *Lenz*). Zusf. *Mehlich* Der Verteidiger in den Strafprozessen gegen die Rote Armee Fraktion (2012) 172 ff. (dazu *U. Müller* KJ **2012** 467).

3 BVerfGE **34** 293 ff.; zeitgeschichtliche Einordnung bei *Jahn* StV **2014** 40 f.; SSW/*Beulke* 1. Die in der Folge entstandenen Regelungen waren „erkennbar auf den Fall Baader-Meinhof bezogen" (*Schmidt-Leichner* NJW **1975**, 417, 420), ebenso *Nestler-Tremel* NStZ **1988** 103, 108; *Ulsenheimer* GA **1975** 103, 114; *Göddeke* (Einschränkung) 129. § 138a wurde allerdings nicht in einem sog. Terroristenverfahren zum ersten Mal angewendet, sondern in einem Verfahren vor dem LG Köln, weil der Verteidiger unter dem Verdacht stand, Zeugen beeinflusst zu haben (Fall *Wilpert*). Das OLG Köln NJW **1975** 459, 460 hat den Antrag abgelehnt. Der Senatsvorsitzende hat in einer persönlichen Bemerkung nach Verkündung der Entscheidung (siehe *Blaise* AnwBl. **1977** 99) zu einem behutsamen Gebrauch der Neuregelung aufgerufen und Staatsanwälte und Richter davor gewarnt, die §§ 138a ff. als jederzeit einsetzbares Zuchtmittel gegen Verteidiger zu gebrauchen. Zum Ganzen *Jahn* (Konfliktverteidigung) 115 f.

4 *H.-J. Vogel* NJW **1978** 1220.

5 Bericht des BTRAussch., BTDrucks. **7** 5401 S. 71.

6 BTDrucks. **8** 322; **8** 976, **8** 1283; **8** 1482.

7 *H.-J. Vogel* NJW **1978** 1217, 1221.

8 *Kröpil* DRiZ **1996** 448.

9 Dazu LR/*Dünnebier*[23] 56.

(Absatz 3 Nr. 1 a. E.: „jedoch nicht"). Das zuvor allein in Absatz 4 geregelte Verteidigungsverbot wurde zu Satz 1 und in Absatz 4 Satz 2 durch ein **Besuchsverbot** erweitert. Die auf andere Beschuldigte bezogenen **Verteidigungsverbote** (Absatz 5) wurden in mehrfacher Hinsicht erweitert.[10]

Durch Art. 3 Nr. 2 des 34. Strafrechtsänderungsgesetzes – § 129b StGB (34. StrÄndG) vom 22.8.2002 – ist in Absatz 2[11] und in Absatz 5 Satz 1 die Verweisung auf § 129a StGB um diejenige auf § 129b StGB ergänzt worden. Nach der materiell-strafrechtlichen Erweiterung der Strafbarkeit auf **ausländische terroristische Vereinigungen**[12] durch den neuen § 129b StGB beziehen sich diese Sonderregelungen auch auf derartige Verfahren.

Zuletzt wurde durch Art. 1 Nr. 9 des Gesetzes vom 10.12.2015 m. W. v. 18.12.2015 in Absatz Nr. 3 die **Datenhehlerei** als Bezugstat ergänzt.

Bereits im Diskussionsentwurf des Bundesministeriums der Justiz u. a. für eine Reform des Strafverfahrens vom 18.2.2004 war eine – seither nicht (wieder) in Angriff genommene – **Streichung** des **Absatzes 2** vorgesehen.[13]

Übersicht

10 Begr. BTDrucks. **8** 976 S. 38, 39.

11 BGBl. I S. 3390. Die Bezugnahme auf Absatz 2 „Satz 1" im Änderungsbefehl war, da Absatz 2 nur einen Satz enthält, ein Redaktionsversehen.

12 Zur materiell-rechtlichen Neuregelung *Kempf* FS Richter II 283; *Altvater* NStZ **2002** 179.

13 Näher zum rechtspolitischen Hintergrund der Forderung *Frye* wistra **2005** 86, 87; *v. Plottnitz* ZRP **2002** 351; *Bachmann* FoR **1998** 133.

Alphabetische Übersicht

A. Allgemeines

I. Verfassungsmäßigkeit

Die Verfassungsmäßigkeit der Vorschrift steht, im vierten Jahrzehnt ihres Bestehens, heute im Wesentlichen **außer Streit**. Die dem Rechtsstaatsprinzip (Art. 20 Abs. 3, 28 GG) zu entnehmende Forderung nach einem **fairen Verfahren**,[14] zu dem gehört, dass der Beschuldigte einen Beistand gebenden Verteidiger seines Vertrauens hat, bleibt erfüllbar.[15] Zu keinem anderen Ergebnis führt es, wenn man diese Gewährleistung dem grundrechtsgleichen Recht auf rechtliches Gehör (Art. 103 Abs. 1 GG) 1

14 Seit BVerfGE **38** 105, 111 st. Rspr., vgl. dazu, je m. w. N., LR/*Kühne* Einl. I, 103 ff.; *Jahn* ZStW **127** (2015) 549, 563 f.

15 Vgl. BVerfGE **19** 347 ff.; **20** 49 ff.; **30** 383; **38** 111 ff.; **41** 250; **53** 152.

zuordnet.[16] Die gesetzlichen Einschränkungen der Vertragsbeziehung des Beschuldigten mit seinem Verteidiger respektieren die immanenten Grenzen, welche die einschlägigen Artikel des Grundgesetzes hier verfassungsimmanent ziehen.[17] Auch der **Wesensgehalt** des gem. Art. 12 Abs. 1 Satz 2 GG durch Gesetz einschränkbaren Grundrechts auf **freie Berufsausübung** des Rechtsanwalts als Strafverteidiger wird durch die Regelung des § 138a **nicht angetastet** (Art. 19 Abs. 2 GG).[18] Dies gilt ungeachtet der auch heute noch berechtigten **rechtspolitischen** und -praktischen **Kritik**, die man an der Heterogenität der mit der Ausschlussregelung verfolgten Zwecke üben kann.[19]

2 Das BVerfG hat die heutige gesetzliche Regelung demnach im Ergebnis **mit Recht** für **verfassungsgemäß** gehalten.[20] Der Fall bot dem Gericht wohl keine Veranlassung, einzelfallbezogen zum Grundsatz der **Verhältnismäßigkeit** im Rahmen der Herstellung praktisch konkordanter Grenzen des Rechts auf freie Verteidigerwahl näher Stellung zu nehmen. Erinnert man sich aber daran, dass das *Gericht* vor BVerfGE **34** 293 alle ihm mit Verfassungsbeschwerde unterbreiteten Ausschließungsentscheidungen wegen Verletzung jenes Grundsatzes aufgehoben hatte,[21] so tritt die Bedeutung der Prinzipien der **Erforderlichkeit und Angemessenheit** deutlich hervor. Gewiss hat der Gesetzgeber einen Spielraum, wie er die Ausschließungsgründe abgrenzt, und nach feststehender Rechtsprechung des BVerfG hat dieses nicht zu prüfen, ob der Gesetzgeber die zweckmäßigste, vernünftigste oder gerechteste Lösung gefunden hat.[22] Daher wird bei Absatz 1 Nr. 1 und 3 wenig Raum für richterliche Abwägung sein. Aber das im Grundgesetz verankerte Prinzip der Verhältnismäßigkeit geht dem allgemeinen Gesetz vor und beansprucht seine Geltung in **Randfällen**, die in **Absatz 1 Nr. 2** potentiell auftreten können, weil Nr. 2 Var. 1 praktisch das **gesamte Strafgesetzbuch** umfasst und der Begriff der Sicherheit einer Vollzugsanstalt (Nr. 2 Var. 2) eher weiter Auslegung zugänglich ist. Für die Entscheidung gemäß § 138a ist daher bei der Auslegung und Anwendung des einfachen Rechts im Einzelfall stets zu beachten, ob die Ausschlie-

---

16 S. zum Streitstand § 137, 2.

17 Vgl. BVerfGE **6** 37 f.; **30** 26; **45** 242.

18 BVerfG NJW **1975** 2341.

19 Nach wie vor zutr. *Seelmann* NJW **1979** 1129; *Groß* ZRP **1974** 30; *Ulsenheimer* GA **1975** 103, 106 ff. Eine dieser Kritik Rechnung tragende Beschränkung des Verteidigerausschlusses auf die Fälle der Interessenkollision zwischen dem Verteidiger und dem Beschuldigten hat seinerzeit der *AK Strafprozeßreform* 133 ff. vorgeschlagen. Eine aus heutiger Sicht zu weitgehende, aus den damaligen Umständen der Anwendung der Vorschrift (oben Entstehungsgeschichte) motivierte politische – und zum Teil mehr ideologische – Kritik findet sich bei *Bakker-Schut* Stammheim (1986) 135 ff. und *Göddecke* 9; krit. dazu schon *Heldmann* StV **1988** 183. Beachtenswerte Reformvorschläge haben *Parigger* 214; *Remagen-Kemmerling* 192 ff. sowie der Diskussionsentwurf 2004 (oben Entstehungsgeschichte) unterbreitet; speziell zu Absatz 2 (sog. Terrorismusverfahren) unten Rn. 70 ff. Für die Beibehaltung der Regelung aber *Rebmann* NStZ **1984** 241, 242; *Löchner* FS Rebmann 303, 318 und *Beulke* (Verteidiger) 55.

20 Die Leitentscheidung zur anwaltlichen Berufsfreiheit (soeben Rn. 1) BVerfG NJW **1975** 2341 stammt allerdings nur von einem Vorprüfungs- bzw. Dreierausschuss und liefert keine eingehende Begründung. Später nimmt z. B. BVerfG (*2. Kammer* des *2. Senats*) Beschl. v. 9.12.2008 – 2 BvR 2341/08, juris, Tz. 11, darauf nur noch – ebenso begründungslos – Bezug.

21 BVerfGE **15** 234; **16** 220; **22** 133; näher dazu *Jahn* StV **2014** 40, 41 f.

22 BVerfG NJW **1975** 2341 und BVerfG (*2. Kammer* des *2. Senats*) Beschl. v. 9.12.2008 – 2 BvR 2341/08, juris, Tz. 14 ff., haben auch deshalb für Absatz 1 und Absatz 2 Nr. 1 einen auf Nichtberücksichtigung der Möglichkeit eines milderen Mittels gestützten Verstoß gegen das Übermaßverbot ausdrücklich verneint.

ßung gegenüber den sonstigen Reaktionsmitteln der Strafprozessordnung die **erforderliche und angemessene Lösung** ist.[23]

II. Grundbegriffe

1. „Verteidiger“: Persönlicher Geltungsumfang bei Wahl- und Pflichtverteidigung. Der Begriff des „Verteidigers“, der nach Absatz 1 von der Mitwirkung in einem Verfahren auszuschließen ist, bedarf heute insbesondere mit Rücksicht auf gewisse Unsicherheiten der Auslegung in der Frühphase der Existenz der Vorschrift propädeutischer Erläuterung.[24] Der Begriff des Verteidigers deckt sich zunächst einmal im Wortlaut mit dem des § 138, erfasst also unstreitig den **gewählten Verteidiger.**[25] 3

Dass die §§ 138a–d auch auf **Pflichtverteidiger** anzuwenden sind, ist – spätestens, seit dem sich der BGH[26] im Einklang mit der übrigen obergerichtlichen Rechtsprechung[27] und der ganz h. M.[28] dafür ausgesprochen hat – heute weitestgehend, wenn auch nicht ausnahmslos **konsentiert.**[29] Die Ablehnung einer Erstreckung der §§ 138a–d auf den **Pflichtverteidiger** wird in erster Linie auf die Entstehungsgeschichte gestützt. Vorgebracht wird, dass das BVerfG in seiner grundlegenden Entscheidung vom 14.2.1974[30] lediglich eine Gesetzeslücke im Bereich des Verteidigerausschlusses aufgedeckt habe. Der Gesetzgeber habe dementsprechend auch nur diese Lücke durch Einfügung der §§ 138a ff. schließen wollen. Auch der systematische Standort der eingefügten Vorschriften innerhalb der Strafprozessordnung bestätige die **historisch-genetische Auslegung**. Die Platzierung der Vorschriften über den Verteidigerausschluss direkt im Anschluss an § 138 mache deutlich, dass der Gesetzgeber dieses Verfahren nur auf Wahlverteidiger angewendet sehen wolle. Die Bestellung als Pflichtverteidiger könne in den fraglichen Fällen ohne Weiteres nach § 143 (a. F.) zurückgenommen werden. 4

Bereits die vorgebrachten **historisch-genetischen Argumente** vermochten nie zu überzeugen. Die Vertreter der Gegenmeinung übersahen, dass das BVerfG[31] seinerzeit **keineswegs** völlig eindeutig **nur in Bezug auf den Wahlverteidiger** eine Gesetzeslücke 5

---

23 *Seelmann* NJW **1979** 1128, 1132 ff.

24 Sogleich Rn. 5-9.

25 Vgl. § 138, 2 ff.

26 BGHSt **42** 95 m. i. Erg. zust. Anm. *Weigend* NStZ **1997** 44.

27 OLG Bamberg Beschl. v. 23.2.2016 – 1 Ws 615/15, OLGSt StPO § 138c Nr. 3; OLG Zweibrücken Beschl. v. 20.11.2009 – 1 AR 32/09, OLGSt StPO § 138a Nr. 10; OLG Frankfurt StV **1992** 360, 361; OLG Düsseldorf NStZ **1988** 519 m. Anm. *Rogall* JR **1989** 250; OLG Braunschweig StV **1984** 500 sowie KG NJW **1978** 1538 (ohne in der damaligen Streitfrage selbst Stellung zu beziehen).

28 SK/*Wohlers* 4; MüKo/*Thomas/Kämpfer* 2; KK/*Willnow* 2; KMR/*Haizmann* 5; AK/*Stern* 9; HK/*Julius/Schiemann* 3; Radtke/Hohmann/*Reinhart* 1; Meyer-Goßner/*Schmitt* 3; BeckOK/*Wessing* 3; HK GS/*Weiler* 1; *Eckhart Müller/Gussmann* (Berufsrisiken) Rn. 381; *Parigger* FS Koch 204; *Jahn* (Konfliktverteidigung) 25; *Teske* JA **1986** 109; *Dencker* NJW **1979** 2179; *Rieß* JR **1979** 36; *Krekeler* AnwBl. **1978** 221 und schon *Dünnebier* NJW **1976** 1

29 Von BVerfG (*2. Kammer* des *2. Senats*) Beschl. v. 9.12.2008 – 2 BvR 2341/08, juris Tz. 17, deshalb mit Recht ausdrücklich als h. M. bezeichnet. Für eine Beschränkung auf die Wahlverteidiger früher hingegen BVerfGE **39** 245; OLG Koblenz NJW **1978** 2521; OLG Köln NStZ **1982** 129; *Ulsenheimer* GA **1975** 105; *Lampe* JZ **1974** 699; siehe aber auch noch *Meyer-Goßner* FS BGH IV 628 und SSW/*Beulke* 8.

30 BVerfGE **34** 293.

31 BVerfGE **34** 293.

festgestellt hat, auch wenn in dem damaligen Verfahren ein Wahlverteidiger (*Otto Schily*) betroffen war, so dass der *Senat* sich mit der Frage des Pflichtverteidigerausschlusses nicht zu beschäftigen brauchte.[32] Selbst wenn die Aufforderung des *Gerichts* dahin verstanden werden sollte, der Gesetzgeber möge eine Gesetzeslücke im Bereich der *Wahl*verteidigung schließen, kann es ihm damit nicht die Hände gebunden haben. Auch aus § 428 Abs. 1 Satz 2 ergibt sich nichts anderes. Dort gelten zwar für den gewählten Verteidiger die §§ 137 bis 139 und §§ 145a bis 149, nicht aber für den entsprechend § 140 Abs. 2 Satz 2 beigeordneten Verteidiger (§ 428 Abs. 2 Satz 2). Doch ist die Vorschrift – damals noch als § 434 a. F. – im Jahre 1968 durch Art. 2 Nr. 16 EGOWiG eingefügt worden, als es die §§ 138a ff. noch überhaupt nicht gab. Dass der Gesetzgeber sie bei Einführung der §§ 138a ff. bewusst unverändert gelassen haben sollte, ist nicht ersichtlich. Außerdem gibt es keinen sachlichen Grund für die Übernahme dieser Trennung in die Regelung der §§ 138a ff.

6 Aus den **Gesetzgebungsmaterialien** lässt sich ein Wille des Gesetzgebers, das Verfahren der §§ 138a–d auf die Wahlverteidiger zu beschränken, ebenfalls nicht herauslesen.[33] Ebenso wenig besagt die Anordnung des Ausschlussverfahrens direkt im Anschluss an § 138 (Wahlverteidiger) **systematisch** zwingend, dass es für Pflichtverteidiger nicht gelten soll.[34]

7 Keineswegs stützt die Gegenmeinung die **systematische Überlegung,**[35] der Gesetzgeber müsse nur eine Regelung für den Wahlverteidiger gewollt haben, da es praktisch und wesentlich **einfacher** als das schwerfällige Verfahren nach §§ 138a ff. sei, den **Pflichtverteidiger** nach **§ 143** (a. F.) zu **entpflichten.** Letztlich kann auch der Pflichtverteidiger das Verfahren nach §§ 138a ff. erzwingen, wenn er will, denn er muss sich nur nach der Rücknahme seiner Bestellung vom Beschuldigten als Wahlverteidiger verpflichten zu lassen.[36] Die engen materiellen und formellen Voraussetzungen des Ausschließungsverfahrens – einschließlich der Zuständigkeit des OLG und der Beschwerdemöglichkeit zum BGH (§ 138c Abs. 1, § 138d Abs. 6 i. V. m. § 304 Abs. 4 Satz 2) – wurden vom Gesetzgeber ja gerade aufgestellt, um erstens die Einheitlichkeit der Rechtsprechung zu gewährleisten[37] und um zweitens das Gericht vor dem Eindruck zu bewahren, es wolle sich in eigener Entscheidungskompetenz eines unbequemen Verteidigers entledigen.[38]

8 Der **Wortlaut** des § 138a ist damit im Lichte dieser genetischen und systematischen Überlegungen[39] **nicht auslegungsbedürftig.** Ohne weitere Differenzierung spricht die Vorschrift von „dem" Verteidiger und seit 2015 zudem in ihrer **amtlichen Überschrift** von der Ausschließung „des" Verteidigers. Im Sprachgebrauch der StPO ist der Begriff des Verteidigers, wenn sich nicht aus der Benennung oder aus dem Zusammenhang eine Beschränkung ergibt, stets umfassend gemeint. In diesem Sinne muss man also den Begriff auch hier verstehen, weil weder die §§ 138a, b noch eine andere Vorschrift eine Ausnahme für den Pflichtverteidiger vorsehen.[40]

---

32 BVerfGE **34** 293 f.
33 Eingehend bereits *Dencker* NJW **1979** 2177; *Rieß* JR **1979** 38.
34 So bereits *Krekeler* AnwBl. **1978** 322.
35 So aber noch OLG Koblenz NJW **1978** 2521.
36 Vgl. Meyer-Goßner/*Schmitt* 3.
37 BTDrucks. **7** 2526 S. 22 = AnwBl. **1974** 218.
38 BTDrucks. **7** 2526 S. 12 = AnwBl. **1974** 216.
39 Soeben Rn. 5-7.
40 Vgl. bereits *Krekeler* AnwBl. **1978** 322.

Für eine etwaige **teleologische Reduktion** des Gesetzeswortlauts[41] wäre Voraussetzung, dass man Wahlverteidigung und Pflichtverteidigung als zwei grundsätzlich unterschiedliche Formen der Verteidigung ansieht, so dass sich eine Anwendung der §§ 138a ff. auf die Pflichtverteidigung nach dem systematischen Sinn der Ausschlussregeln verbieten würde. Wahlverteidigung und Pflichtverteidigung sind jedoch gerade nicht typverschieden.[42] Gerade weil der Beschuldigte mit seinem Pflichtverteidiger nicht schlechter gestellt sein darf als derjenige, der, über die notwendigen Mittel verfügend, einen Wahlverteidiger hat, kann eine **unterschiedliche Handhabung** des Verteidigerausschlusses **nicht hingenommen** werden. 9

2. „Verfahren": Sachlicher und zeitlicher Geltungsumfang. Der Verteidiger ist von der Mitwirkung „in einem Verfahren" auszuschließen. Das ist semantisch nicht eindeutig, denn die Strafprozessordnung verwendet den Begriff des Verfahrens nicht einheitlich.[43] Mit **Absatz 5 Satz 1** ist aber eine spezielle Regelung geschaffen worden, die den **sachlichen Umfang** des Ausschlusses festlegt.[44] 10

Das Verfahren dauert in **zeitlicher Hinsicht** so lange, wie sich der Beschuldigte eines Verteidigers bedienen (§ 137 Abs. 1) kann. Erfasst sind also prinzipiell **alle Phasen** des Erkenntnisverfahrens von der Anzeige (§ 158 Abs. 1) oder dem ersten Einschreiten (§ 160 Abs. 1 Satz 1) bis zum Ende des Strafvollzugs.[45] Die Regelung umfasst damit **über** den Zeitpunkt der **Rechtskraft** des Urteils **hinaus**[46] auch das Vollstreckungsverfahren, das Nachverfahren, ein etwaiges Gnadenverfahren und selbst ein nachgelagertes DNA-Identitätsfeststellungsverfahren.[47] Das ergibt sich aus dem Wort „sonst" – also nach dem „rechtskräftigen Abschluß des Verfahrens" in § 138c Abs. 2 Satz 1. Es ist an die Stelle der ursprünglichen Wendung „im vorbereitenden Verfahren"[48] getreten[49] und umfasst deshalb **alle Abschnitte** außerhalb des Hauptverfahrens. 11

3. „Mitwirkung": Inhaltlicher Geltungsumfang. Nicht von selbst versteht sich auch, was gemeint ist, wenn nach Absatz 1 der Verteidiger „von der Mitwirkung" im Verfahren auszuschließen ist. Das Gesetz knüpft hier an § 140 Abs. 1, § 141 Abs. 3 Satz 2 an, wo von der „Mitwirkung eines Verteidigers" im Verfahren gesprochen wird. Die Regelung erfasst also alles, **was zur Verteidigung gehört**, mithin den Beistand in jeder Lage des Verfahrens (§ 137 Abs. 1 Satz 1), dazu Akteneinsicht (§ 147) und Verkehr mit dem Beschuldigten (§ 148), die Annahme von Zustellungen (§ 145a Abs. 1), aber auch – wenn auch nur mit besonderer Vollmacht – die Vertretung des abwesenden Angeklagten (§ 234). Aber nicht nur wegen jener Anlehnung dürfte die Vorschrift nicht schlicht sagen „ist von der Verteidigung auszuschließen". Vielmehr ist nach dem Sinn der Vorschrift die umständlichere Wendung „Mitwirkung in einem Verfahren" gewählt worden, um ***jede* Mitwirkung** des ausgeschlossenen Verteidigers auszuschließen, vornehmlich 12

41 Vgl. dazu bereits *Rieß* JR **1979** 38.
42 Siehe *Jahn* StV **2000** 431, 432; Vor § 137, 62.
43 Vgl. *Dünnebier* FS Schäfer 27; LR/*Kühne* Einl. B, 1 ff. Erg. zur Anwendbarkeit der §§ 138a ff. auf berufsgerichtliche Verfahren BGH NJW **1991** 2780 und auf OWi-Verfahren BGH wistra **1992** 228.
44 Unten Rn. 85 ff.
45 Vgl. § 137, 15 ff.
46 BGHSt **26** 371.
47 BVerfG (*1. Kammer* des *2. Senats*) NStZ **2008** 226; vgl. unten Rn. 85.
48 § 138c Abs. 2 Satz 1 i. d. F. von Art. 1 Nr. 6 des 1. StVRErgG.
49 Durch Art. 2 Nr. 3a StGB-ÄndG; s. unten § 138c, Entstehungsgeschichte.

also die durch jedermann mögliche Vertretung **bei** der **Einlegung von Rechtsmitteln.**[50]

13 **4. „Ausschließung": Anlass und Wirkung der Entscheidung.** Aufgrund der Ausschließung als Verteidiger ist der Ausgeschlossene kein Verteidiger mehr. Erst von der Rechtskraft der Entscheidung nach § 138c Abs. 1, § 138d Abs. 1, 5 an gehört er zu den „bei der Verhandlung nicht beteiligten Personen" i. S. d. § 177 Satz 1, § 178 Abs. 1 Satz 1, Abs. 2 GVG.[51] Zuweilen wird zudem nicht beachtet, dass eine **Rechtspflicht** zur **Betreibung** des Ausschließungsverfahrens nach § 138a besteht, wenn die Voraussetzungen hierfür vorliegen („ist"). Dieser Aspekt kann als Ausdruck der Fürsorgepflicht von Gericht und Staatsanwaltschaft im Einzelfall dann relevant werden, wenn der Verteidiger manifest gegen die Interessen der Beschuldigten handelt.[52] Ein gleichwie geartetes Ermessen steht den Staatsanwaltschaften und Gerichten in diesem Zusammenhang nicht zu.[53] Ausschluss und **Zurückweisung** konkurrieren. Wird der Verteidiger in einem Verfahren zurückgewiesen, weil er selbst angeklagt ist, ist das Ausschlussverfahren gegenstandslos.[54] Wird hingegen das Hauptverfahren gegen ihn noch nicht eröffnet, obwohl er Beschuldigter ist, sind allein die §§ 138a ff. anzuwenden.[55]

14 Entgegen der an dieser Stelle zuletzt von *Dünnebier*[56] vertretenen Auffassung sind **Prozesshandlungen** des nach § 138c Abs. 1, § 138d Abs. 1, 5 ausgeschlossenen Verteidigers **unwirksam**, ohne dass es hierfür einer besonderen Feststellung bedarf.[57] Dagegen stellt § 146a Abs. 2 ausdrücklich klar, dass die Unzulässigkeit der Verteidigung nach § 137 Abs. 1 Satz 2 und nach § 146 nicht schon kraft Gesetzes, sondern erst durch die Zurückweisung für die Zukunft wirkt.[58]

III. Rechtstatsachen

15 Die angemessene **Zurückhaltung** der Praxis bei der Anwendung des rechtlich komplexen, zugleich aber invasiven Instrumentariums des § 138a zeigt auch die **Statistik.** Nach *Rieß*[59] hat es seinerzeit nur einen einzigen Fall gegeben, in dem der Ausschluss des Verteidigers an den durch bestimmte Tatsachen begründeten Verdacht i. S. d. § 138a Abs. 2 geknüpft worden ist. Auch Jahrzehnte später wird insgesamt immer noch von der „geringen Anzahl von Verteidigerausschlüssen" gesprochen.[60]

---

50 So auch OLG Karlsruhe Die Justiz **1981** 446; zahlr. weitere Nachw. (aus der entspr. heranzuziehenden Rspr. zu § 146) bei LR/*Lüderssen*/*Jahn*[26] § 138a, 12.

51 Zum Verhältnis des § 138a zu den §§ 177, 178 GVG vor der Ausschließung *Jahn* NStZ **1998** 389, 393 m. w. N.: Derogation der sitzungspolizeilichen Vorschriften.

52 Vgl. dazu EGMR Beschl. v. 29.9.2009 – 28154/05.

53 *Frye* wistra **2005** 86, 87 f.

54 BGH wistra **2011** 149.

55 OLG Hamm NStZ-RR **2008** 252.

56 LR/*Dünnebier*[23] 10.

57 So auch Meyer-Goßner/*Schmitt* 24; KK/*Willnow* 5; SK/*Wohlers* 25.

58 Unten § 146a, 12.

59 *Rieß* NStZ **1981** 329. Erg. Entstehungsgeschichte.

60 *Parigger* 199. Ebenso HK/*Julius*/*Schiemann* 2 sowie *Remagen-Kemmerling* mit präzisen (wenn auch nicht mehr aktuellen) statistischen Angaben 89, 93 ff., 207 ff.

B. Die Regelungen im Einzelnen

I. Die Ausschließungsgründe

1. „Normale" Verfahren ohne Terrorismusverdacht: Verdachtsgrad. Die Ausschließung ist in Verfahren, denen **nicht** der Verdacht einer **Straftat nach den §§ 129a, b StGB** zugrunde liegt,[61] dann möglich, wenn der Verteidiger „**dringend oder** in einem die **Eröffnung des Hauptverfahrens rechtfertigenden Grade** verdächtig ist". Während der Begriff des dringenden Tatverdachts auf das Haftrecht verweist, wird mit dem weiteren Verdachtsgrad, der die Eröffnung des Hauptverfahrens rechtfertigt, ersichtlich auf den hinreichenden Tatverdacht der §§ 170 Abs. 1, 203 Bezug genommen. Dieses Nebeneinander ist nicht nur erklärungsbedürftig,[62] sondern war auch Gegenstand älterer Reformbestrebungen. Jedenfalls mit der Absicht, die Verdachtsschwelle generell – und nicht nur in den Terrorismusverdachtsfällen des Absatzes 2 – auf einen „durch bestimmte Tatsachen begründeten Verdacht" herabzusetzen,[63] was etwa bei den moderneren heimlichen Ermittlungsmethoden der StPO im Zugriff der Praxis einen im Tatsächlichen etwas „angedickten" Anfangsverdacht voraussetzt, hat sich die Bundesregierung seinerzeit nicht durchgesetzt.[64] Die systematisch in den beiden ersten Absätzen angelegte Unterscheidung danach, auf welches Delikt sich das Verfahren bezieht, an dem der Verteidiger mitwirkt, macht damit zunächst einmal deutlich, dass für das **„normale" Verfahren** des Absatzes 1 jedenfalls der **einfache Tatverdacht nicht ausreicht.**[65] 16

Die besonderen Schwierigkeiten, die das daraus resultierende Erfordernis eines **gesteigerten Tatverdachts** aufwirft, könnten dann relativiert werden, wenn man dem Vorschlag *Stuckenbergs*[66] folgte, auch für den zur Eröffnung des Hauptverfahrens berechtigenden Verdacht eine hohe Wahrscheinlichkeit zu fordern, ihn also dem dringenden Verdacht gleichzustellen. Das hätte zwar für sich, dass man der Antwort auf die schwierige Frage enthoben wäre, wie die – für die meist *vor* der Anklageerhebung zur Verfahrenssicherung angeordnete Untersuchungshaft – erforderliche höhere Verdachtsstufe im Falle der Eröffnung mit der größeren Gründlichkeit der Anklagevorbereitung zu kompensieren ist. Der Preis wäre aber die zwangsläufige Koppelung der Untersuchungshaft mit der Anklageerhebung. Die vorrangige Entscheidungsregel ist hier aber die **Unschuldsvermutung.**[67] Im Zweifel ist also aufgrund des latenten Spannungsverhältnisses zwischen Unschuldsvermutung und prinzipieller Zulässigkeit von Untersuchungshaft für die Lösung einzutreten, die die größere Zurückhaltung erlaubt und daher die Untersuchungshaft auf eine *ultima ratio*-Maßnahme reduziert.[68] Liegt es so, dass im Ermittlungsverfahren der Tatverdacht zwar noch weiter aufgeklärt werden kann, soll aber, weil besondere Haftgründe vorliegen, die Untersuchungshaft sofort angeordnet werden, so ist dringender Tatverdacht erforderlich. 17

---

61 Dazu unten Rn. 70 ff.

62 Allg. dazu *G. Steinberg* JZ **2006** 1045, 1048 f.; *Milzer* MDR **1990** 587; *L. Schulz* (Normiertes Mißtrauen) 223 ff., 417 ff., 475 ff. Speziell zu den Schwierigkeiten bei § 138a ausf. LR/*Lüderssen/Jahn*[26] § 138a, 16 ff.

63 Vgl. BTDrucks. **8** 1976 S. 37.

64 Vgl. BTDrucks. **8** 1482 S. 12.

65 Wie hier KG NStZ-RR **2016** 18.

66 LR/*Stuckenberg* § 203, 12, 14

67 Vgl. LR/*Kühne* Einl. J 74 ff.; grdlg. *Kühl* Unschuldsvermutung, Freispruch und Einstellung (1983); *Stuckenberg* Untersuchungen zur Unschuldsvermutung (1997); *ders.* ZStW **111** (1999), 422. Zusf. *Seher* ZStW **118** (2006) 101, 104 ff.

68 Ebenso LR/*Hilger*[26] Vor § 112, 37.

18 Die damit weiterhin verbleibende Aufgabe, **hinreichenden** und **dringenden Tatverdacht** voneinander **abzugrenzen**, stellt sich bei § 138a in Gestalt von zwei Fragen. Einmal ist zu klären, welche Gruppe von **Verdachtstatsachen** überwiegende (§§ 170 Abs. 1, 203) und welche Gruppe hohe (§§ 112 ff.) Wahrscheinlichkeit der Verurteilung indiziert. Zum anderen muss man wissen, bei **welcher Konstellation** die überwiegende Wahrscheinlichkeit genügt und bei welcher die hohe Wahrscheinlichkeit zu fordern ist.[69] Bei § 203, auf den die Wendung in § 138a („... in einem die Eröffnung des Hauptverfahrens rechtfertigenden Grade ...") unmittelbar verweist, scheint es nur auf die erste Frage anzukommen. Ist die überwiegende Wahrscheinlichkeit der Verurteilung gegeben, so beschließt das Gericht die Eröffnung. Aber diese Lesart würde übersehen, dass eine zweite Voraussetzung erfüllt sein muss. Es dürfen nur noch diejenigen Tatsachen offen bleiben, die nicht anders als in einer öffentlichen Hauptverhandlung aufgeklärt werden können. Nicht nur der **Wahrscheinlichkeitsgrad** der Prognose, sondern auch der Weg, auf dem sie überprüft werden muss, ist damit genau bestimmt.[70] Der Spielraum ist auf die **Hauptverhandlung** begrenzt.

19 Für die **Auslegung** des **§ 138a** folgt aus diesen Grundsätzen: Sind die Unsicherheiten der Beweissammlung im Ermittlungsverfahren soweit ausgeräumt, dass jetzt nur noch die – für den Verteidiger vergleichsweise risikoarme – Beweismöglichkeit in der Hauptverhandlung weiterhelfen kann, so liegen die **Voraussetzungen** für die **Eröffnung des Hauptverfahrens** vor. Wenn aber ohne diese Verhandlung, allein auf der Basis des hinreichenden Verdachts über eine Rechtsfolge – Ausschluss des Verteidigers – entschieden würde, liefe die Beschränkung der Verdachtsstufe auf hinreichenden Verdacht nicht nur leer, sondern würde sogar in ihr Gegenteil verkehrt. Der **hinreichende Tatverdacht** i. S. d. § 138a Abs. 1 darf also insgesamt nicht nur auf das Element der überwiegenden oder „hohen"[71] Wahrscheinlichkeit reduziert werden. Er wird **entgegen der Rspr.** des **BGH**[72] regelmäßig nur dann genügen, wenn das dem Verteidiger vorgeworfene strafbare Verhalten bereits so weit wie möglich **anklagereif ausermittelt** worden ist.[73] Den Beschuldigten treffende Entscheidungen sollen ja bei nur hinreichendem Tatverdacht gerade erst aufgrund der nun folgenden Hauptverhandlung ermöglicht werden, nicht aber die Hauptverhandlung insgesamt ersetzen. Diese Gesichtspunkte werden von der Rspr. des BGH indes nicht ausdifferenziert. Sie beschränkt sich im Wesentlichen auf den Satz, es sei keine Rede davon, „daß ein Verfahren wegen des Vorwurfs eingeleitet werden müßte".[74]

2. Nähe zur angeklagten Tat

a) Beteiligung an der Tat (Abs. 1 Nr. 1)

20 **aa) Beteiligung.** Der Verteidiger ist von der Mitwirkung in einem Verfahren auszuschließen, wenn er dringend verdächtig ist, an der Tat, die den Gegenstand der Untersu-

69 Vgl. OLG Frankfurt StV **1988** 516.

70 Zust. *L. Schulz* (Normiertes Mißtrauen) 617.

71 BGHSt **63** 174, 180 Tz. 18.

72 BGHSt **36** 133, 137; BGH StV **2020** 147, 148 Tz. 12, NStZ-RR **2018** 320 (Ls.); StV **1996** 470; ebenso OLG Zweibrücken Beschl. v. 20.11.2009 – 1 AR 32/09, OLGSt StPO § 138a Nr. 10; *Fezer* JR **1990** 79 und mit Einschränkungen auf der „faktischen Ebene" *Fezer* JZ **1996** 614; *Pfeiffer* 2; Meyer-Goßner/*Schmitt* 14; KMR/*Müller* 14; AnwK/*Krekeler*/*Werner* 2 a. E.; OK-StPO/*Wessing* 1.

73 So auch KG NStZ-RR **2016** 18, 19; KK/*Willnow* 6; KMR/*Haizmann* 25; SK/*Wohlers* 9; MüKo/*Thomas*/*Kämpfer* 5; offenlassen von OLG Bamberg Beschl. v. 23.2.2016 – 1 Ws 615/15, OLGSt StPO § 138c Nr. 3.

74 BGHSt **36** 133, 137; BGH StV **2020** 147, 148 Tz. 12, NStZ-RR **2018** 320 (Ls); StV **1996** 470.

chung – das ist das Verfahren gegen den Beschuldigten – bildet, beteiligt zu sein. Grundsätzlich sind **alle Formen** der **Täterschaft und Teilnahme** umfasst.[75] **Beteiligt (§ 28 Abs. 2 StGB)** an der Haupttat sind also der mittelbare Täter (§ 25 Abs. 1 Var. 2 StGB), der Mittäter (§ 25 Abs. 2 StGB), der Anstifter (§ 26 StGB) und der Gehilfe (§ 27 Abs. 1 StGB). Auch die (fahrlässige) Nebentäterschaft ist erfasst.[76] Der **strafbare Versuch** der Beteiligung **genügt.**[77] Die terminologische Einteilung nach der Grundregel in § 28 Abs. 2 StGB allein kann aber nicht maßgebend sein. Denn die Tat, die den „Gegenstand der Untersuchung bildet", kann nach der Terminologie des StGB auch eine Beihilfe usw. sein. Beteiligt i. S. d. Absatzes 1 ist daher erst recht auch der Verteidiger, der **selbst Haupttäter** ist.[78] Dabei kann der Beschuldigte mittelbarer Täter, Anstifter oder bloßer Gehilfe sein.[79]

Das Merkmal der **Beteiligung** setzt hier jedoch nicht nur eine bestimmende Mitwirkung des Verteidigers an dem seinem Mandanten zur Last gelegten Tatgeschehen voraus. Es ist stets zu prüfen, ob dieses Tatgeschehen **tatsächlich strafbar** und die Beteiligung des Verteidigers verwertbar ist.[80] Daran kann es fehlen, wenn zwischen Beihilfehandlung und Taterfolg keine **Kausalität** gegeben ist, etwa dann, wenn der Beschuldigte auch ohne Einwirkung des Verteidigers falsch ausgesagt hätte.[81] **Nicht** erforderlich ist jedoch – da bloße Verfahrensvoraussetzung – ein **Strafantrag** gegen den Verteidiger.[82] 21

bb) Tat. Bezugspunkt für die Beteiligung ist die **Tat** i. S. d. § 264. Gemeint ist der gesamte **geschichtliche Vorgang**, der das dem verteidigten Beschuldigten vorgeworfene Tun umfasst, soweit es nach der natürlichen Auffassung des Lebens eine sinnvolle Einheit darstellt.[83] Nur insoweit ist auch ein beachtlicher Interessenkonflikt denkbar.[84] Denn der **Grund für** den **Ausschluss** liegt darin, dass der in die Tat verstrickte Anwalt seine Aufgabe, als **Beistand** des Beschuldigten (§ 137 Abs. 1) die Interessen seines Mandanten durch Hervorheben der entlastenden Umstände deshalb **nicht wahrnehmen** kann, weil er ein **eigenes Interesse** daran haben könnte, die Ausermittlung des Sachverhalts zu hintertreiben.[85] Das erkennt zutr. auch die Rspr. des BGH an, weshalb nicht verständlich ist, warum sie zusätzlich noch betont, ein solcher Verteidiger sei außerstande, seine Verteidigeraufgabe so wahrzunehmen, wie dies seine Stellung „als unabhängiges Organ der Rechtspflege erfordert".[86] Er wird typischerweise in erster Linie bestrebt 22

---

75 Insoweit allg. Meinung, vgl. BGH StV **2020** 147, 148 Tz. 10, NStZ-RR **2018** 320 (Ls); *Beulke/Ruhmannseder* FS Volk (2009) 45, 47 f.; SSW/*Beulke* § 138c, 19; KK/*Willnow* 7.

76 Vgl. BGH StV **2020** 147, 148 Tz. 17, NStZ-RR **2018** 320 (Ls); OLG Zweibrücken AnwBl. **1995** 555; OLG Stuttgart b. *Hassemer* JuS **1984** 897: Der Verteidiger nimmt an der gleichen Tat (Sitzblockade) wie der spätere Mandant teil, ohne hiervon zu wissen.

77 Vgl. KK/*Willnow* 8; KMR/*Müller* 6.

78 Vgl. BGH StV **1996** 469; OLG Celle NJW **2001** 3564.

79 Vgl. *Ulsenheimer* GA **1975** 112.

80 BGH StV **1985** 487 in Abkehr von BGH AnwBl. **1981** 115 (vgl. BGHSt **36** 133); *Milzer* MDR **1990** 587; *Hammerstein* NStZ **1986** 37; AnwK/*Krekeler/Werner* 3.

81 OLG Rostock Beschl. v. 2.4.2015 – 20 Ws 74/15; indes ist hier ggf. § 159 StGB i. V. m. § 30 Abs. 1 StGB zu bedenken.

82 Vgl. BGHR StPO § 138a Abs. 1 Nr. 1 Tatbeteiligung 3; BGH wistra **2000** 311; KK/*Willnow* 8; SK/*Wohlers* 11; *Joecks* 5; AnwK/*Krekeler/Werner* 3.

83 Vgl. LR/*Stuckenberg*[26] § 264, 14.

84 Vgl. *Lantzke* JR **1973** 360.

85 Vgl. BTDrucks. **7** 2526 S. 20 = AnwBl. **1974** 217.

86 Zuletzt in BGH StV **2020** 147, 148 Tz. 10, NStZ-RR **2018** 320 (Ls), je unter Bezugnahme auf BGHSt **37** 395, 396.

sein, das Ausmaß seiner Beteiligung zu leugnen oder zumindest zu verringern. Das dürfte dann in der Regel den Beschuldigten belasten. Selbst wenn dies nach der Gestaltung des Falles ausgeschlossen sein sollte, ist doch eine **unbefangene Verteidigung** gerade wegen der Unsicherheiten dieser Feststellung kaum mehr möglich.

b) Unterstützung nach der Tat (Abs. 1 Nr. 3)

23 **aa) Allgemeines.** Wie bei Absatz 1 Nr. 1[87] besteht auch bei den **Anschlussdelikten** i. w. S. des Absatzes 1 Nr. 3 die Gefahr, dass der Verteidiger bei der Wahrnehmung der Interessen des Beschuldigten zu sehr an seine eigenen Geschicke zu denken versucht sein könnte.[88] Deshalb ist die **Systematik** des Gesetzes **nicht einsichtig**, wo sie eine andere Konstellation zwischen Nr. 1 (vor Haupttatbeendigung) und Nr. 3 (nach Haupttatbeendigung)[89] inmitten schiebt.

24 Die Qualifizierung der Handlung des Verteidigers als Straftat hängt zunächst davon ab, dass der **Beschuldigte** wegen der angeklagten Tat **verurteilt werden könnte**. Da die Entscheidung darüber nicht abgewartet werden soll – vielmehr geht es jetzt darum, dass einem zu missbilligenden Einfluss des Verteidigers auf das Zustandekommen dieser Entscheidung gerade entgegengetreten werden soll – wird ihr **Vorliegen vom Gesetz unterstellt** („für den Fall der Verurteilung des Beschuldigten ... *wäre*"). Dem Wortlaut der Vorschrift ist aber nicht zu entnehmen, was genau das bedeutet. Es könnte die *bloße Tatsache* der Verurteilung gemeint sein (erste Variante) oder außerdem das Vorliegen der Voraussetzungen für eine rechtmäßige Verurteilung. Dabei wäre noch einmal zu unterscheiden zwischen einer *prozessual korrekten* (zweite Variante) und einer zumindest *vom materiellen Recht gedeckten* Verurteilung (dritte Variante).

25 Nach allen **drei Varianten** ist es möglich, dass der Verteidiger zunächst ausgeschlossen, später aber wegen Begünstigung etc. freigesprochen wird und umgekehrt – eine notwendige Folge daraus, dass man das eine Mal eine Unterstellung genügen lässt, das andere Mal Gewissheit fordert. **Unterschiede** ergeben sich nur in Bezug auf die Begründung. Legt man die *erste Variante* zugrunde, so ist der Unterschied zwischen Fiktion und Realität des Verfahrens der Verurteilung wegen der Vortat nicht der einzige. Hinzu kommt noch, dass unterschiedliche sachliche Kriterien der Beurteilung der Vortat gelten: die für die Bestrafung erforderliche Gewissheit ist an dem tatsächlichen Vorliegen der Vortat orientiert, nicht aber die für die Ausschließung erforderliche Unterstellung. Lässt man für die Bestrafung genügen, dass eine prozessual korrekte Entscheidung wegen der Vortat vorliegt (bzw. für den Fall, dass der Prozess nicht zustande oder noch nicht zu seinem Ende gekommen ist, einen korrekt gebildeten Verdacht), so wird die *zweite Variante* interessant: die Beurteilungskriterien für Ausschluss und Bestrafung stimmen überein. Stellt man für die Bestrafung auf die materiell richtige Entscheidung ab, so bringt nur die *dritte Variante* eine Harmonisierung der Beurteilungskriterien für Ausschluss und Bestrafung.

26 Die *dritte Variante* der Harmonisierung mit einer vom materiellen Recht vollständig gedeckten Ausschließung ist sicher rechtsstaatlich besonders wünschenswert. Der Verteidiger, der für seinen Mandanten über dessen Kopf hinweg kämpft, daher – ist die Vortat gegeben – strafbarer Alleintäter gemäß § 258 StGB ist,[90] wird nach h. M., wenn

---

87 Soeben Rn. 22.

88 Vgl. dazu *AK Strafprozeßreform* 41.

89 Zu den möglichen Konstellationen der Begehung des Anschlussdelikts zwischen Vollendung und Beendigung der Haupttat SSW-StGB/*Jahn* § 257, 11 f.

90 Vor § 137, 108 ff.

der Mandant unschuldig ist, nicht wegen Strafvereitelung bestraft und sollte für diesen Fall auch nicht ausgeschlossen werden dürfen. Anderenfalls bräche man mit einer gewohnten Vorstellung: Denn eher liegt es doch so, dass die Grenzen, die dem Verteidiger durch die Bestrafung wegen Begünstigung und Strafvereitelung etc. gezogen werden, durch das, was das Strafprozessrecht ihm zugesteht, gelockert werden, als umgekehrt (was noch nicht strafbar ist nach den §§ 257 ff. StGB, soll schon zum Ausschluss nach § 138a führen und insofern die Rechte des Verteidigers im Vergleich zu dem, der sich nur nach §§ 257 ff. StGB richten muss, einschränken). Danach scheint für die *zweite Variante*, also die Ausschließung die **Unterstellung** einer **prozessual korrekten Verurteilung** geboten.

Praktische Bedeutung hätte diese Differenzierung freilich nur, wenn – was der Regelung eindeutig nicht entnommen werden kann – für die Unterstellung der Verurteilung eine Prognose erforderlich wäre. Gerade deshalb macht sie aber die Tragweite der Regelung in Nr. 3 deutlich: Sie nivelliert die unterschiedlichen Verteidigungshandlungen vollständig und kann deshalb zu einem **unberechenbaren Instrument** werden. Die Frage ist daher, ob der Gesetzgeber nicht eine befriedigendere Lösung hätte versuchen können, etwa durch Zulassung einer weiteren Differenzierungen ermöglichenden Prognose. Indessen würde auch das zu prinzipiellen Widersprüchen führen. Man müsste in Bezug auf die Beurteilung der Vortat ein besonderes Verfahren neben dem eigentlichen Verfahren zulassen und dieses zudem bei negativer Prognose eigentlich sofort durch Einstellung oder Freispruch beenden. Damit wäre aber der Zweck der Nr. 3, gerade die korrekte Durchführung des Verfahrens zu sichern, in sein Gegenteil verkehrt. Das Problem ist kaum zu lösen. Auch unter diesem Gesichtspunkt findet man eine weitere Begründung dafür, warum die Zahl der Ausschließungsverfahren rechtstatsächlich so verschwindend gering ist.[91] 27

bb) Begünstigung, Hehlerei und Datenhehlerei

aaa) Begünstigung. Bei der **Begünstigung** muss festgestellt werden, ob der Verteidiger **dringend verdächtig** ist, Hilfe geleistet zu haben, dem Beschuldigten die Vorteile der Tat zu sichern. **Beistand** i. S. d. § 137 kann das **nicht** sein.[92] Es ist aber nicht ohne Weiteres nach den für die Auslegung und Anwendung des § 257 StGB entwickelten allgemeinen Maßstäben zu verfahren. Besonderheiten für die Strafverteidigung, insbes. bei der Hinterlegung bemakelter Gelder als **Kaution** in eigenem Namen, ergeben sich – analog der Judikatur des BVerfG zur Geldwäsche durch Strafverteidiger[93] – daraus, dass der Rechtsanwalt aufgrund seiner Berufstätigkeit naturgemäß einem erhöhten Risiko ausgesetzt ist, selbst in den Verdacht einer Straftat zu geraten und ihm eine Vorsorge dagegen dadurch erschwert ist, dass er auf ein intaktes Vertrauensverhältnis mit dem Mandanten angewiesen ist. Es spricht vieles dafür, dass insoweit ein unverhältnismäßiger Eingriff in die Berufsfreiheit des **Art. 12 GG** mit der daraus resultierenden Notwendigkeit verfassungskonformer einengender Auslegung zu bejahen sein müsste. Deshalb dürften die zu § 261 StGB entwickelten, **strafbarkeitseinschränkenden Grundsätze** grundsätzlich übertragbar sein.[94] 28

---

91 Oben Rn. 15.

92 Vgl. § 137, 10 und Vor § 137, 110 f.

93 Vgl. BVerfGE **110** 226, 265 f.

94 OLG Frankfurt NJW **2005** 1727, 1733 m. Anm. *Herzog/Hoch/Warius* StV **2007** 542; AnwK/StGB/*Tsambikakis* § 257, 16; OK-StGB/*Ruhmannseder* § 257, 17.1 und grds. SSW-StGB/*Jahn* § 257, 15 („spricht ... einiges für eine Entkriminalisierung"). **A. A.** BGHSt **47** 68, 81 f.; Schönke/Schröder/*Stree/Hecker* § 257, 9; SK/*Wohlers*

29 **bbb) Hehlerei und Datenhehlerei.** Bei der **Hehlerei** und auch der **Datenhehlerei** nach § 202d Abs. 1 StGB – erstaunlicherweise ist die Geldwäsche nach § 261 StGB keine Katalogtat[95] – muss festgestellt werden, ob der Verteidiger verdächtig ist, eine der in den Tatbeständen beschriebenen Verschaffungshandlungen begangen oder beim Absatz bzw. der Verbreitung oder Zugänglichmachung mitgewirkt zu haben. Auch diese Aktivitäten können nicht Beistand i. S. d. § 137 sein; das zu § 257 StGB Gesagte gilt einschließlich der dort erwogenen Einschränkungen entsprechend.

30 **cc) Strafvereitelung.** Der auf das Verfahren zur Entscheidung über Bestrafung, Maßnahmen oder Freispruch bezogene Beistand des Verteidigers **richtet sich**, wenn der Beschuldigte das will, seiner Natur nach **auf Verhinderung der Bestrafung** bzw. der Maßnahmen oder ihre Milderung. Dieser Zusammenhang lässt sich „nur um den Preis abenteuerlicher Begrifflichkeiten" bestreiten.[96] Beides kann also – zumindest versuchte – Strafvereitelung i. S. d. § 258 StGB sein. Im Rahmen des § 138a Abs. 1 Nr. 3 reicht indes bereits der gem. §§ 258 Abs. 4, 22, 23 Abs. 1 StGB strafbewehrte **Versuch** aus.[97]

31 **aaa) Grundsatz: Keine Erfüllung des objektiven Tatbestandes bei eigenverantwortlichem Verteidigungsverhalten des Beschuldigten.** Der Möglichkeit, „daß der Verteidiger gerade durch die Erfüllung seiner Verteidigungsaufgaben in die Gefahr eines Ausschlusses gebracht wird",[98] könnte man, wie das der *Arbeitskreis Strafprozeßreform* ***de lege ferenda*** vorgeschlagen hatte, durch eine zeitliche Zäsur begegnen: „Dabei bleiben Handlungen des Verteidigers nach Aufnahme der Verhandlungen außer Betracht, welche die Übernahme der Verteidigung zum Gegenstand hatten".[99] Sicher sind dann nur die eindeutigen Fälle einer Kollision mit den Verteidigungsinteressen des Beschuldigten erfasst: „Der Verteidiger handelt in solchen Konstellationen unter der Drohung, selber Beschuldigter zu werden. Er weiß, daß der Beschuldigte dies weiß. Folglich kann er gegenüber dem Mandanten nicht unabhängig sein".[100] Doch ist der geltende § 138a eindeutig *so* nicht gemeint: „Der Ausschlußgrund des Absatz 1 Nr. 3 knüpft an die

---

19 und auch noch LR/*Lüderssen/Jahn*[26] § 138a, 33. Das Problem bedarf weiterer Klärung (vgl. nochmals SSW-StGB/*Jahn* § 257, 15).

95 Vgl. SSW-StGB/*Jahn* § 257, 37 unter Hinweis auf den *de lege ferenda*-Vorschlag von *Schrader* Die Strafbarkeit des Verteidigers wegen Geldwäsche (2008) 297 ff.

96 *Hassemer* wistra **1995**, 81, 83. Diesen Ausgangspunkt teilen BGHSt **29** 99, 102; KG StV **1988** 141, 142; *v. Stetten* StV **1995** 606, 608; *Scheffler* StV **1992** 299, 300; SK/*Wohlers* Vor § 137, 89; KK/*Willnow* Vor § 137, 6; SSW-StGB/*Jahn* § 258, 25; *Jahn* (Konfliktverteidigung) 23; LK/*Ruß*[11] § 258, 20; *Siepmann* Abgrenzung zwischen Täterschaft und Teilnahme im Rahmen der Strafvereitelung, Diss. Münster (1988) 118 und *Stryz* Die Abgrenzung von Strafverteidigung und Strafvereitelung (1983) 17.

97 BGH Beschl. v. 14.1.2010 – 2 ARs 562/09, juris, Tz. 2 (insoweit OLG Zweibrücken Beschl. v. 20.11.2009 – 1 AR 32/09, OLGSt StPO § 138a Nr. 10 bestätigend); OLG Bamberg Beschl. v. 23.2.2016 – 1 Ws 615/15, OLGSt StPO § 138c Nr. 3; KG NStZ **1983** 556, 557 m. Anm. *Mehle*; OLG Bremen NJW **1981** 2711; Meyer-Goßner/*Schmitt* 11; AnwK/*Krekeler/Werner* 5; KMR/*Haizmann* 15; *Eckhart Müller/Gussmann* (Berufsrisiken) Rn. 392; SSW-StGB/*Jahn* § 258, 61 sowie bereits oben Rn. 20. Zum unmittelbaren Ansetzen BGHSt **31** 10, 13; OLG Frankfurt StV **1992** 360, 361; KG NStZ **1981**, 449; *Lenckner* NStZ **1982** 401, 404. **A. A.** jedoch *Beulke* NStZ **1983** 504, 505, dessen Ausführungen mit der heute herrschenden individuell-objektiven Versuchslehre (vgl. BGHSt **37** 294, 297; **36** 249, 259) allerdings nicht in Einklang zu bringen sind (siehe SSW-StGB/*Jahn* § 258, 46 a. E.).

98 *AK Strafprozeßreform* 142.

99 *AK Strafprozeßreform* 10 f.; sehr krit. dazu aber *Hanack* ZStW **93** (1981) 582 f.

100 *AK Strafprozeßreform* 141.

grundsätzliche Verpflichtung des Verteidigers an, nur **rechtlich erlaubte Mittel** einzusetzen und der **Rechtsordnung nicht entgegenzutreten**".[101]

Sowohl die **bloße Teilnahme des Verteidigers** am eigenverantwortlichen Verteidigungsverhalten des Beschuldigten als **straflose Selbstbegünstigung**[102] als auch seine die Eigenverantwortung des Beschuldigten unberührt lassende **„Quasi-Mittäterschaft"**[103] fallen jedoch ebenso wenig unter den objektiven Tatbestand des § 258 StGB wie die vergleichbaren Aktivitäten eines beruflich nicht entsprechend qualifizierten Dritten. Daraus folgt auf dem Boden der h. M.:[104] 32

bbb) Einfluss des Verteidigers auf den Beschuldigten. Der Beschuldigte braucht sich zur Sache nicht einzulassen (§§ 136 Abs. 1 Satz 2, 163a Abs. 3 Satz 2, 243 Abs. 5 Satz 1). Der Verteidiger, der ihm dazu **rät**, ist jedenfalls dann, wenn die Eigenverantwortlichkeit des Beschuldigten dadurch nicht berührt wird und der Verteidiger deshalb insofern Teilnehmer bleibt, nicht nach § 258 StGB strafbar. Das Gleiche gilt für die **Empfehlung**, zur Hauptverhandlung nicht zu erscheinen.[105] Zur Straflosigkeit führt es auch, wenn der Verteidiger dem Beschuldigten dazu rät, seinen Namen nicht zu sagen. Die angeführten Vorschriften der Strafprozessordnung erlauben dem Beschuldigten das zwar nicht (vielmehr ist nach vielfach vertretener Auffassung sogar eine Sanktion nach § 111 OWiG indiziert,[106] so dass für die – die Anwendbarkeit des § 138a freilich noch nicht auslösende – Haftung des Verteidigers insofern schon die Teilnahmehandlung genügt). Die **Straflosigkeit** der Vereitelung der Bestrafung durch den Beschuldigten selbst bleibt davon indessen unberührt und damit auch die der auf eine Teilnahme daran beschränkten Aktivität des Verteidigers. 33

Dann erhebt sich freilich die Frage, ob die ausdrückliche Gestattung der die Strafverfolgung behindernden Nicht-Einlassung des Beschuldigten zur Sache den Verteidiger 34

101 OLG Düsseldorf NStZ **1991** 299; StV **1994** 472; StV **1998** 65, 66; KK/*Willnow* 13; AK/*Stern* Vor § 137, 65; *Liemersdorf* MDR **1989** 204, 207. Die Formulierung ist im zweiten Teil offenbar BGH NJW **1986** 2265 entlehnt. In der Entscheidung des *Anwaltssenats* ging es aber nicht um die Strafbarkeit des Strafverteidigers, sondern um die Frage, ob die Vermittlung einer Scheinehe in Zusammenhang mit einem Asylverfahren eine anwaltliche Standesverfehlung (damaligen Rechts) darstellen kann (vgl. *Jahn* [Konfliktverteidigung] 22 Fn. 16).

102 Dieses Verständnis entspricht der h. L. (SK/*Wohlers* Vor § 137, 89; *Jahn* ZRP **1998** 103, 106; SSW-StGB/*Jahn* § 258, 28; *Krekeler* NStZ **1989** 146, 148; *Rudolphi* FS-Kleinknecht 379, 386; *Keim* 177) und auch der Rechtsprechung des BGH NStZ **1999** 188 (*Captadon*-Fall) m. Anm. *Lüderssen* StV **1999** 537 sowie OLG Nürnberg NJW **2012** 1895, 1896 m. Anm. *Ruhmannseder* und Anm. *Barton* StRR **2012** 317 sowie *Kämpfer* ZWH **2012** 297 f. Gegen diese Interpretation, nach der der BGH in dieser Entscheidung von der Notwendigkeit, bei § 258 StGB zwischen Täterschaft und Teilnahme zu differenzieren, ausgehe, sprechen sich *Beulke* FS Roxin 1174, 1185; *ders.* (Strafbarkeit) Rn. 152; *ders./Ruhmannseder* FS Volk (2009) 45, 58 ff. und *Stumpf* wistra **2001** 123, 126 aus; s. demgegenüber die die hier vertretene Ansicht bestätigenden Erwägungen in BGH StV **2001** 109 und bereits – zumindest inzident (vgl. *Dencker* NStZ **1982** 458 [461]) – BGH NStZ **1983** 503; NJW **1984** 135; OLG Karlsruhe StV **1991** 519. Zum Ganzen ausf. Vor § 137, 108.

103 Der Verteidiger muss im Zeitpunkt des Erfolgseintritts selbst Beiträge beisteuern, die ihn entsprechend § 25 Abs. 2 StGB als denjenigen ausweisen, der das tatbestandliche Geschehen in seinem konkreten Verlauf in den Händen hält, vgl. *Ernst* ZStW **125** (2013), 299, 324; *Krekeler* NStZ **1989** 146, 148; *Rudolphi* FS Kleinknecht, 379, 387; *Graf* FS Schiller, 206, 216; *Jahn* (Konfliktverteidigung) 301 ff.; SSW-StGB/*Jahn* § 258, 28. **a. A.** *Beulke/Ruhmannseder* FS Volk (2009) 45, 58 f.; *Beulke* (Strafbarkeit) Rn. 152; *Stepmann* 138.

104 Zur Kasuistik auch die Überblicke bei *Jahn* Formularbuch, Teil I.B (S. 5-28); SSW-StGB/*Jahn* § 258, 30-33.

105 OLG Koblenz NStZ **1992** 146; OLG Düsseldorf NStZ **1991** 299. Generell gegen die Unterscheidung von Auskunft und Beratung *Jahn* Formularbuch, Teil I.B.1. (S. 8 f.).

106 Dagegen aber LR/*Gleß*[26] § 136, 17 m. w. N.

sogar auch dann von der Bestrafung nach § 258 StGB freistellt – ungeachtet denkbarer anderer Bestrafungen, z. B. wegen Nötigung –, wenn er dem Beschuldigten für seine Entscheidung praktisch nicht die Freiheit gelassen hat, die dessen **Eigenverantwortlichkeit** begründet und den Verteidiger in die Rolle des straflosen Teilnehmers verwiesen haben könnte. § 258 StGB soll dem Eintritt eines Erfolges entgegenwirken, ohne dass besondere Angriffswege bezeichnet werden. Dieses Bild wird jedoch an anderen Stellen der Rechtsordnung vielleicht korrigiert. Der Beschuldigte bewirkt, wenn er sich nicht einlässt, einen negativen prozessualen Erfolg, den die Strafprozessordnung dennoch anerkennt und der *eo ipso* den Weg in die Verletzung des durch § 258 StGB geschützten Rechtsguts versperrt. Diese Anerkennung ist aber an die **Person** des **Beschuldigten** gebunden. Er kann also durchaus zum rechtmäßig handelnden Werkzeug des Verteidigers werden, der dann seinerseits sich auf diese Rechtmäßigkeit aber nicht berufen darf.

35 Dass das in den Fällen, in denen sich die Rechtmäßigkeit des Beschuldigtenverhaltens nicht *expressis verbis* aus dem Gesetz ergibt, noch evidenter ist, stellt dieses Ergebnis nicht in Frage. Wenn die prozessualen Rechte des Beschuldigten für den Verteidiger nicht direkt, sondern nur insofern gelten, als er dem Beschuldigten bei ihrer Wahrnehmung behilflich sein darf, kann es keinen Unterschied machen, wie sie abgeleitet werden. Wann mittelbare Täterschaft und damit Strafbarkeit des Verteidigers in diesen Fällen anzunehmen ist, richtet sich im Prinzip nach den allgemeinen Regeln über die Abgrenzung von Täterschaft und Teilnahme. **Kein Vereiteln** im Rechtssinne ist daher ein **schlichtes Ursächlichwerden** für den Vereitelungserfolg. Vielmehr ist zu fordern, dass eine Handlung vorgenommen wird, die über das bloße Veranlassen des Selbstschutzes hinausgeht. Die Fälle **mittelbarer Täterschaft** (§ 25 Abs. 1 Var. 2 StGB) sind damit auf **extreme** und praktisch kaum denkbare **Ausnahmefälle** beschränkt, in denen der Mandant **nur noch Werkzeug** des Verteidigers ist.[107] Etwa entstehende **Strafbarkeitslücken** sind *de lege lata* hinzunehmen.[108]

36 Im Normalfall wird man daher in einem **Rat** des Verteidigers an den Beschuldigten, die **Einlassung** zu **verweigern, keine tatbestandsmäßige Handlung** i. S. d. § 258 StGB erblicken dürfen.[109] Aber auch dann, wenn der Beschuldigte bei der Polizei keine Angaben macht, um andere „Tatgenossen" zu decken, und der Verteidiger ihm das ausschließlich im Interesse jener Tatgenossen geraten hat,[110] liegt es nicht anders. Der BGH scheint freilich den Gedanken nicht von vornherein zu verwerfen, dass hier wenigstens versuchte Strafvereitelung des Verteidigers vorliegen könnte. In der Tat unternimmt es der Beschuldigte insofern, einen **anderen** der Bestrafung zu entziehen. Auf die Straflosigkeit der Vereitelung der ihm selbst drohenden Bestrafung kann er sich nicht berufen und damit auch nicht der Verteidiger, selbst wenn er nur Teilnehmer ist.

37 Indessen ist die Vereitelung der Bestrafung eines anderen durch **Schweigen** tatbestandsmäßig i. S. d. § 258 StGB nur dann, wenn eine **Rechtspflicht zum Handeln** nach § 13 StGB besteht.[111] Die hat der Beschuldigte aber gerade *nicht*. Eine Haupttat – auch eine versuchte, an welcher der Verteidiger sogar vollendete Teilnahme leisten könnte – liegt nicht vor. Anders verhielte es sich nur dann, wenn der Verteidiger das Heft in die Hand nähme oder auf eigene Faust handelte. Das gilt selbst dann, wenn der Beschuldig-

---

107 SSW-StGB/*Jahn* § 258, 28; HdBStrR/*Jahn* § 23, 13. **A.A** *Rosenkaymer* 184.

108 *De lege ferenda* dazu *Keim* 187. Zu weitgehend aber *Randerath* 154.

109 Grdlg. BGHSt **2** 375, 377 sowie *Jahn* Formularbuch, Teil I.B.1.b. (S. 8 f.) m. w. N. **A. A.** (freilich nur mit Hinweis auf die Unzulässigkeit, ohne die nicht automatisch gegebene spezielle Konsequenz für § 258 StGB) noch *Peters* (Strafprozeß) 228.

110 So der von BGH b. *Holtz* MDR **1982** 970 für möglich gehaltene Sachverhalt.

111 BGH NStZ **1992** 540, 541; NJW **1993** 544 f.; SSW-StGB/*Jahn* § 258, 22 m. w. N.

te sich dadurch belasten würde. An diese Strategie ist der Verteidiger gebunden, soweit der Vertrag mit dem Beschuldigten dem nicht entgegensteht oder wegen besonderer Umstände unwirksam ist.[112]

Lässt sich der Beschuldigte ein, sagt aber **nicht** die **Wahrheit**, so gilt für den Anteil des Verteidigers – gleichviel, ob er dazu rät oder die Aussage nur nicht korrigiert[113] – an diesem Vorgang nichts anderes, weil der Beschuldigte berechtigt ist, die Unwahrheit zu sagen.[114] Was speziell das **Geständnis** angeht, so ist der Verteidiger, der dem Beschuldigten davon **abrät**, ebenfalls **nur strafloser Teilnehmer**, da die „Haupttat" bereits tatbestandslos ist.[115] 38

ccc) Verhalten des Verteidigers gegenüber Zeugen. Bei dem über den Beschuldigten vermittelten Einfluss des Verteidigers auf die Aussage von Zeugen entfällt das Privileg der straflosen Teilnahme an einer schon nicht tatbestandsmäßigen „Haupttat" insoweit, als es um die Strafbarkeit wegen Teilnahme an einer Tat gemäß §§ 153 ff. StGB geht.[116] Das könnte Folgen haben für die Anwendbarkeit auch von § 258 StGB. Zwei **Konstellationen** sind zu unterscheiden: 39

(1) Unproblematisch sind die Fälle des ***omnimodo facturus***: Wer zur Falschaussage entschlossen ist, kann nicht mehr angestiftet werden.[117] Unproblematisch sind ferner die Fälle, in denen der Verteidiger es nur nicht gänzlich auszuschließen vermag, dass der Zeuge die Unwahrheit sagt. Fahrlässige Teilnahme an einer Falschaussage ist nicht strafbar. 40

(2) Liegt aber bei immerhin ernstzunehmender Gefahr *dolus eventualis* vor, so muss mit Blick auf die Pflicht des Verteidigers, möglichst viel für seinen Mandanten zu tun, eine **teleologische Einschränkung** des strafrechtlichen Verbots, zur Falschaussage eines Zeugen aktiv beizutragen, erwogen werden.[118] Will der Verteidiger dagegen sogar **wissentlich oder absichtlich** eine unrichtige Aussage eines Zeugen herbeiführen, beginnt der Versuch der Strafvereitelung mit dem **Beginn der Zeugenaussage**, es sei denn, dass der Verteidiger den Zeugen bereits benannt hat[119] oder der Zeuge faktisch keine andere Wahl hat, als falsch auszusagen.[120] Bleibt der Beeinflussungsversuch des Verteidigers erfolglos, liegt demgemäß noch kein Versuch der Strafvereitelung vor, so dass in einem solchen Fall auch kein Verteidigerausschluss angeordnet werden kann. Die in einem solchen Fall allenfalls in Betracht kommende Strafbarkeit aus § 159 StGB ist von § 138a nicht erfasst.[121] 41

112 Eine andere, nicht hierher gehörende Frage ist, ob der Verteidiger in diesem Falle wegen Parteiverrats zur Verantwortung gezogen werden könnte; vgl. dazu erneut BGH b. *Holtz* MDR **1982** 970 m. w. N.

113 So auch *Wassmann* 134 ff.; *Strzyz* 268; *Jahn* Formularbuch, Teil I.B.1.b. (S. 8 f.) sowie im Ergebnis auch BGHSt **2** 375. **A. A.** *Müller-Dietz* Jura **1979** 242, 252; *Bottke* ZStW **96** (1984), 726, 757; *Peters* (Strafprozeß) 228.

114 Ausf. Vor § 137, 109 ff.

115 Ebenso NK-StGB/*Altenhain* § 258, 39; LK/*T. Walter* § 258, 81; SSW-StGB/*Jahn* § 258, 30; *Wassmann* 136; im Ergebnis ebenso wiederum BGHSt **2** 375, 377 (anders aber für die Veranlassung des Widerrufs des Geständnisses).

116 Überblick bei *H.-E. Müller* (Zeugenaussage) 211 ff.; *Stumpf* 193 ff.; *Jahn* Formularbuch, Teil I.B.2.a. (S. 14 ff.).

117 *Kempf*, in: Brüssow u. a. (Hrsg.), § 1, 73.

118 In diesem Sinne auch *Widmaier* FG BGH IV 1054 ff.; *H.-E. Müller* (Zeugenaussage) 227 f.

119 OLG Köln StV **2003** 15 im Anschluss an BGH NJW **1983** 2112.

120 OLG Frankfurt NStZ-RR **2003** 238.

121 OLG Köln StV **2003** 15.

42 Bemerkenswert bleibt, in welchem Maße die Rechtsprechung hier bereit ist, Vieles erst auf der **subjektiven Seite** zu entscheiden.[122] Es wird ohne Weiteres das Reich der Spekulation betreten, etwa wenn es sich darum handelt, jenen inneren Vorbehalt – bezogen auf die Erwartung, dass das Gericht der **Fragwürdigkeit einer Beweisbehauptung** schon auf den Grund kommen werde – zu eruieren, der den Verteidiger vom voluntativen Element des deliktischen Vorsatzes freistellen soll, gleichviel, ob nun § 258 StGB oder – wo es aufgrund der Vorsatzgrenze schon beim *dolus eventualis* noch drängender ist – §§ 153 ff., 267 StGB zur Debatte stehen.[123]

43 **ddd) Einflussnahme auf Mitbeschuldigte.** Bei mehreren Beschuldigten tritt gelegentlich die Situation ein, dass ein in Untersuchungshaft befindlicher **Mitbeschuldigter** eine **Nachricht an** einen anderen **Mitbeschuldigten** gelangen lassen möchte und in diesem Zusammenhang die Verteidiger tätig werden. Das OLG Frankfurt[124] nimmt Strafvereitelung(-sversuch) nur dann an, wenn die Verteidiger bei den Übermittlungen die Absicht verfolgen, „daß die Angeklagten ihre Einlassungen in der Hauptverhandlung bewusst wahrheitswidrig aufeinander abstimmen". Aber diese Abstimmungen der Mitbeschuldigten wären der Versuch einer tatbestandslosen Vereitelung ihrer eigenen Bestrafung, so dass die Verteidiger, indem sie diese Abstimmung durch Übermittlung der Informationen ermöglichen, ebenfalls straflos wären, es sei denn, die Abstimmung wäre unter ihrer **Dominanz** zustande gekommen. Dementsprechend ist zu entscheiden, wenn der Verteidiger seinen Mandanten vor der Belastung durch einen Mitbeschuldigten schützen will, indem er dessen Flucht zu veranlassen sucht.[125]

44 **eee) Einflussnahme auf Strafverfolgungsorgane.** Anders liegen häufig Fälle, in denen der Verteidiger direkt **Einfluss auf** die Tätigkeit der **Strafverfolgungsorgane** nimmt:

45 Wenn er etwa den Beschuldigten kurz **nach der Tat** in seine **Kanzlei** bringt und dadurch dessen Festnahme durch die Polizei für geraume Zeit verzögert, so ist nur er und nicht auch der Beschuldigte Herr des Geschehens. Der Verteidiger erfüllt also den Tatbestand des § 258 StGB.[126]

46 Veranstaltet der Verteidiger **gegenüber** den **Ermittlungsbehörden** ein **Täuschungsmanöver**, um herauszufinden, ob seinem Mandanten eine Festnahme droht, hat er ebenfalls im Zweifel die Fäden dieser Aktion so in der Hand, dass der Mandant, gleichviel, ob er davon weiß oder sogar damit einverstanden ist, in eine untergeordnete Rolle rückt. Auch das rechtfertigt die Ausschließung des Verteidigers wegen des Verdachts einer versuchten Strafvereitelung.[127] In Sachen Täuschung kann selbst die be-

---

122 Klar erkannt schon von *Naucke* Über Generalklauseln und Rechtsanwendung im Strafrecht (1973) 24 f. Ebenso *Volk* BB **1987** 139, 142 f.; *Sessar* StV **1988** 94; *R. Hamm* NJW **1993** 289, 294; *Beulke* JR **1994** 116, 121; *Wohlers* StV **2001** 420, 421 f.

123 Vgl. BGHSt **46** 53, 54 ff. (Schmerzensgeldfall) m. Anm. *Scheffler* JR **2001** 294; OLG Celle NStZ-RR **2015** 80, 81; OLG Brandenburg StV **2008** 66, 67 f.; *St. Cramer* NStZ **2001** 148; *Kudlich/Roy* JA **2000** 15; zu dieser Entscheidung auch *Widmaier* FG BGH IV 1054, 1055; *Püschel* StraFo **2001** 261; *Wohlers* StV **2001** 420; *Jahn* Formularbuch, Teil I.B.2.a. (S. 17). Ebenso schon (zu § 267 StGB, der *dolus eventualis* genügen lässt) BGHSt **38** 345, 349 ff. m. krit. Akzenten bei *Mehle* FG Koch 179, 188; *Wünsch* StV **1997** 45, 49; *Beulke* JR **1994** 116, 121; *Scheffler* StV **1993** 470, 472; *Jahn* (Konfliktverteidigung) 311 f. unter Hinweis auf BGH Beschl. v. 16.9.1981 – 3 StR 234/81. Ausf. dazu bereits LR/*Lüderssen/Jahn*[26] § 138a, 51-51h.

124 OLG Frankfurt NStZ **1981** 144.

125 Vgl. dazu den der Entscheidung BGH StV **2001** 108 zu Grunde liegenden Sachverhalt.

126 Vgl. den Sachverhalt in OLG Hamm DAR **1960** 15 D.

127 Zutr. KG NStZ **1983** 556 m. Anm. *Mehle.*

wusste Zugrundelegung eines veralteten BZR-Auszugs beim Sachvortrag des Verteidigers hierher gehören.[128]

Erfährt der Verteidiger von der bevorstehenden Verhaftung indessen **aus den Akten** und macht dem Beschuldigten eine entsprechende **Mitteilung**, so handelt er auf der Grundlage des *quoad ius* prinzipiell dem Beschuldigten zustehenden **Akteneinsichtsrechts**[129] und damit als strafloser „Gehilfe" des durch die Benutzung dieser Information seiner eigenen Bestrafung straflos entgegenwirkenden Beschuldigten.[130] Dies gilt auch für andere bevorstehende Zwangsmaßnahmen,[131] etwa dann, wenn sich aus den Akten ergibt, dass eine Durchsuchung bevorsteht.[132] 47

fff) Einflussnahme auf Dritte. Wieder quasi-mittäterschaftliche Handlungen des Verteidigers liegen hingegen beim **Kassiberschmuggel** vor. Hier ist der inhaftierte Beschuldigte in der Rolle des selbst handlungsunfähigen „Anstifters". Auf die zusätzlichen Begründungen, die von den Gerichten[133] gegeben zu werden pflegen, kommt es nicht an. Enthalten die Kassiber Anweisungen zur Begehung weiterer Straftaten, so ist zugleich eine Strafbarkeit des Verteidigers wegen Beteiligung indiziert. 48

Auch wenn der Verteidiger sich an die Adresse eines Verfahrensbeteiligten richtet, scheidet, wenn sein Verhalten als teilnehmende oder täterschaftliche Unterstützung des seiner eigenen Bestrafung straflos entgegenwirkenden Beschuldigten aufzufassen ist, Strafvereitelung des Verteidigers aus. Das ist etwa für den Fall zu bejahen, dass der Verteidiger **Prozesserklärungen** seines Mandanten zur **Presse** gibt.[134] 49

Nach dem gleichen Grundsatz ist die **Einflussnahme** auf **Strafantragsberechtigte** und **Anzeigeerstatter** zu beurteilen. Anders als bei der Einflussnahme auf Zeugen oder die Benennung von Zeugen fehlt hier eine spezialisierte Strafdrohung, so dass die Frage, ob der Verteidiger auf diesem Wege Strafvereitelung begehen kann, sich nur stellt, wenn er im Umgang mit den Strafantragsberechtigten und Anzeigeerstattern allgemeine Normen verletzt (z. B. eine Nötigung begeht)[135] und daraus auf täterschaftliche Strafvereitelung zu schließen ist. Das ist keineswegs zwingend. Beispielsweise bleibt es auch in diesem Fall – unbeschadet der Strafbarkeit nach anderen Vorschriften – bei strafloser Teilnahme an der in der Person des Beschuldigten straflosen Strafvereitelung, wenn die **Eigenverantwortung** des Beschuldigten festzustellen ist. 50

ggg) Einflussnahme auf sächliche Beweismittel. Strafvereitelung des Verteidigers *kann* schließlich durch den **Umgang mit** den **Mitteln** des **Sachbeweises** vorliegen. Zwar darf der Verteidiger, sofern der Besitzverschaffung oder dem Besitz kein materieller Verbotstatbestand entgegensteht, Gegenstände, die als Beweismittel für die Untersuchung von Bedeutung sein können, **in Besitz nehmen**, um sie für Verteidigungszwecke 51

---

128 LG Hannover NdsRpfl. **2003** 73 f.

129 Vgl. § 147, 11.

130 LG Dresden Beschl. v. 4.3.2009 – 3 Qs 167/08, juris (Kenntnis vom Bestehen eines Haftbefehls); *Sieber* FS C. Roxin 1113, 1135; LK/*T. Walter* § 258, 82; SSW-StGB/*Jahn* § 258, 30; ausf. *Zeifang* Die eigene Strafbarkeit des Strafverteidigers im Spannungsfeld zwischen prozessualem und materiellem Recht (2004) 186 ff. **A. A.** KG NStZ **1983** 556 m. abl. Anm. *Mehle*; *Beulke/Ruhmannseder* Rn. 42 ff.; krit. auch *Kölbel* GA **2002** 403, 422; diff. *Vogt* 233 f. Weitere Einzelheiten bei § 147, 143.

131 OLG Hamburg StV **1991** 551; KK/*Willnow* § 147, 12.

132 OLG Hamburg DRAK Mitt. **1987** 163 m. Anm. *Dahs*; *Dahs* (Hdb.) Rn. 275; *Welp* FS II *Peters* 318 ff.; *Eb. Schmidt* 19. **A. A.** Meyer-Goßner/*Schmitt* 21; offen gelassen bei BGHSt **29** 103.

133 Siehe etwa BGH NJW **1972** 2140.

134 BGHSt **31** 16.

135 Dazu *Jahn* Formularbuch, Teil I.B.2.a. (S. 14 ff.); SSW-StGB/*Jahn* § 258, 31.

auszuwerten. Er kann aber kein safe-house für sächliche Beweismittel bereiten. Deshalb gehen das wahrheitswidrige Bestreiten des Besitzes gesuchter Beweismittel, für die kein Beschlagnahmeverbot besteht, deren Vernichtung (der in einem Verfahren wegen Vergehens gegen das Betäubungsmittelgesetz tätige Verteidiger erhält z. B. Rauschgift und vernichtet es) oder ein **falscher Hinweis** auf einen anderweitigen Belegenheitsort zur Vereitelung eines bevorstehenden Beschlagnahmezugriffs über die Grenzen zulässiger Strafverteidigung hinaus.[136] Die Antwort auf die Frage nach der Alleintäterschaft des Verteidigers hängt aber stets von den Umständen des Einzelfalls ab.[137]

52 **hhh) Prozessverhalten; „Konfliktverteidigung“.** Der BGH[138] hat auf die sofortige Beschwerde gegen eine Ausschließungsentscheidung des OLG Karlsruhe[139] im Fall *Zündel* für das **Prozessverhalten des Verteidigers** den Grundsatz ausgesprochen, es sei als unerlaubtes Verteidigerhandeln zu werten, wenn der Verteidiger objektiv und subjektiv das Ziel erkennen lasse, das Hauptverfahren durch andauerndes Unterlaufen der verhandlungsleitenden Anordnungen des Vorsitzenden zu sabotieren. In einem solchen Fall lägen die Voraussetzungen für die Ausschließung des Verteidigers wegen Verdachts der versuchten Strafvereitelung zu Gunsten seines Mandanten vor, da er zielgerichtet den zeitnahen Abschluss des Erkenntnisverfahrens und ggf. die Bestrafung des Angeklagten gefährde. Auf dem Boden der h. M.[140] zum **Rechtsmissbrauch im Strafverfahren** ist das nur konsequent: Sie muss prozessordnungswidrige, also völlig unzulässige, sachlich aussichtslose oder **rein prozessverschleppende Prozesshandlungen** unter den weiteren subjektiven Voraussetzungen des § 258 Abs. 1 StGB jedenfalls in Extremfällen konsequenterweise auch für strafbar halten, wenn diese Handlungen allein den Zweck verfolgen, eine Entscheidung des Gerichts in angemessener Zeit zu verhindern.

53 Die h. M. ist indes **abzulehnen.** Gegen sie ist geltend zu machen, dass hier nicht nur der Grundsatz vom Vorbehalt des Gesetzes tangiert ist, sondern auch eine vom geschriebenen Recht gelöste teleologische **Fremdkontrolle der Verteidigung** Platz zu greifen droht, die insbesondere dem Grundgedanken des § 138c Abs. 1 – Verlagerung der Entscheidungszuständigkeit weg vom Tatrichter[141] – widerstreitet.[142] Für Handeln des Verteidigers im Strafverfahren in Ausübung seiner Aufgabe ist daher bei reiner **Straf*jus**tiz*vereitelung** schon der Tatbestand des § 258 Abs. 1 StGB nicht erfüllt.[143] Indes verdienen Aktivitäten des Verteidigers *bei* bloßer *Gelegenheit* des Strafverfahrens – etwa ein der Saalöffentlichkeit zugewandtes, reines Deklamieren – jene Privilegierung nicht. Hier stellt sich der Verteidiger bewusst außerhalb der normativen Ordnung des Verfahrens

---

136 BGHSt **63** 174, 178 f. Tz. 12 m. Anm. *Mitsch* NJW **2018** 3263 f.; dazu umfassend *Beulke* StV **2019** 204, 206; *Bockemühl* NStZ **2019** 102; *Chr. Jäger* JA **2019** 154, 156.

137 Vgl. – auch zu den im Einzelfall notwendigen Differenzierungen auf Rechtfertigungsebene – KG NStZ-RR **2016** 18, 19 (Nichtrückgabe der Verfahrensakten); OLG Jena StV **2013** 160; OLG Zweibrücken AnwBl. **1983** 126; SSW-StGB/*Jahn* § 258, 33.

138 BGH NJW **2006** 2421 m. Anm. *K. M. Böhm* 2371 und Anm. *Jahn* JZ **2006** 1134; zust. auch *Römermann* NJW **2019** 2986, 2987.

139 OLG Karlsruhe JZ **2006** 1129 m. Anm. *Jahn.*

140 OLG Hamburg NJW **1998** 621, 622; *Roxin* FS Hanack, 1, 20; *Kudlich* Strafprozeß und allgemeines Mißbrauchsverbot (1998) 103 ff.; *Fahl* Rechtsmissbrauch im Strafverfahren (2004) 79 ff.; *Beulke* Der Verteidiger im Strafverfahren (1980) 93 ff. Erg. Vor § 137, 129.

141 Vgl. § 138c, 3 ff.

142 Siehe *Rüping* JZ **1997** 865, 869; *Kühne* NJW **1998** 3027, 3028; *Jahn*/*A. Schmitz* wistra **2001** 328 f.; erg. LR/*Lüderssen*/*Jahn* Einl. M, 3.

143 MAH Strafverteidigung/*Eck. Müller* § 55, 64 ff.; SK/*Wohlers* Vor § 137, 113; *Jahn* ZRP **1998** 103, 108; *Jahn* (Konfliktverteidigung) 341 ff.; SSW-StGB/*Jahn* § 158, 25 u. 32; HdBStrR/*Jahn* § 23, 10.

und leistet i. S. d. § 137 Abs. 1 **keinen Beistand** mehr.[144] Da dies auf **wenige Extremfälle** beschränkt bleiben wird und die Entscheidungszuständigkeit nicht beim Tatgericht liegt, sind bei dieser Auslegung auch die Grenzen der **Fremdkontrolle der Verteidigung** gewahrt. Nur im Ergebnis ist daher der *Zündel*-Beschluss des BGH[145] zutreffend. Die Begründung bleibt aber mit der Bemühung des vieldeutigen Begriffes **„verteidigungsfremdes Verhalten"** vage. Der Rechtsstaat muss es grundsätzlich aushalten, auch abwegige, „unappetitliche", als erratisch oder unverfroren empfundene Verhaltensweisen zu sehen und Argumente zu hören, zu würdigen und darüber zu entscheiden, wenn man einer Anwaltschaft den Raum zugestehen möchte, der die Qualifikation „unabhängig" tatsächlich verdient.[146]

iii) Rechtfertigung bei nicht eigenverantwortlichem Verteidigungsverhalten des Beschuldigten. (1) Ein Verteidiger, dessen Tätigkeit sich nicht als die eines Partners des autonomen Beschuldigten darstellt, sondern als die jemandes, der ihn dirigiert oder über seinen Kopf hinweg agiert (beispielsweise Zeugen selbstständig ohne Rücksprache benennt), kann nicht die Vermutung in Anspruch nehmen, sich außerhalb der Strafvereitelung zu bewegen. Sein insofern tatbestandsmäßiges Verhalten könnte aber immer noch **in engen Grenzen** durch § 137 Abs. 1 Satz 1 in Verbindung mit dem **Geschäftsbesorgungsvertrag** zwischen ihm und dem Beschuldigten **gerechtfertigt** sein. 54

Dass ein **privater Vertrag** an der **Rechtfertigung** der Verletzung eines Rechtsguts der Allgemeinheit[147] – des öffentlichen Sanktionsanspruchs – grundsätzlich beteiligt sein kann, findet seine Erklärung in der von der Strafprozessordnung geschaffenen Konzeption der Verteidigung.[148] Mit § 137 Abs. 1 Satz 1 („kann ... sich bedienen") wird eine Beschränkung staatlicher Macht zugunsten eines privaten Status' vorgenommen. Ein praktisches Bedürfnis hierfür ist angesichts der weitgehenden tatbestandlichen Exemtion des Verteidigers bei der Strafvereitelung heute[149] indes kaum mehr erkennbar. 55

(2) Es mag darüber hinaus Situationen geben, in denen man dem eigenmächtig handelnden Verteidiger gleichwohl eine Rechtfertigung nicht versagen möchte. Hier könnten **allgemeine Rechtfertigungsgründe** wie **§ 34 StGB** oder **§ 193 StGB** in Erwägung zu ziehen sein,[150] etwa bei einer **prozessualen Schieflage**, die wegen des von der Verteidigung nicht zu vertretenden Verlusts der Chancen, einen prozessual korrekten Entlastungsbeweis zu führen, entstanden ist und einer notstandsähnlichen Lage für den Beschuldigten gleichkommt.[151] 56

jjj) Schuldhaftes Verteidigerhandeln. Noch seltener, aber auch nicht ausgeschlossen, dürfte der Fall **mangelnder Schuld** des Verteidigers sein. Das gilt jedenfalls für die Entschuldigungsgründe der §§ 20, 21, 35 StGB; vorsichtiger bei der Ablehnung einer Exkulpation sollte man aber schon wieder sein im Falle des Verbotsirrtums (§ 17 StGB) 57

---

144 *Jahn* JZ **2006** 1134, 1135 f.; *ders.* JuS **2006** 760, 761 und oben § 137, 6.

145 BGH NJW **2006** 2421.

146 Zutr. *Römermann* NJW **2019** 2986, 2987; s. dazu auch Vor § 137, 18 ff., 52 ff.

147 Bei Rechtsgütern des Einzelnen ist das ganz geläufig, vgl. *H.-D. Weber* Der zivilrechtliche Vertrag als Rechtfertigungsgrund im Strafrecht (1986) 140.

148 Vor § 137, 26 ff.

149 S. im Einzelnen zur Konzeption LR/*Lüderssen/Jahn*[26] § 138a, 68-74.

150 Vgl. etwa LG Frankfurt AnwBl. **1971** 109; LG Hechingen NJW **1984** 1766; BGH StV **1987** 533 (Wahrnehmung berechtigter Interessen im Falle einer Beleidigung); OLG Frankfurt NJW **1979** 1172 (durch Notstand gerechtfertigte Verletzung der Vertraulichkeit des Wortes, §§ 201, 34 StGB).

151 *Jahn* (Konfliktverteidigung) 310.

wegen der nicht immer leicht zu vollziehenden Abgrenzung zum – im Prinzip nach § 16 StGB zu entscheidenden – Beurteilungsirrtum.

58 **3. Missbrauch des Verkehrsrechts (Abs. 1 Nr. 2).** Die Ausschlussgründe der Nr. 2, die noch nicht im ursprünglichen Entwurf[152] enthalten waren, sollen Gefahren vorbeugen, die entstehen können, wenn der Verteidiger den unüberwachten Verkehr mit dem verhafteten Beschuldigten für verteidigungsfremde Zwecke nutzt. Der Ausschlussgrund wurde der ursprünglichen Absicht vorgezogen, den freien Verkehr zwischen dem Verteidiger und dem Beschuldigten einzuschränken.[153]

a) Allgemeine Voraussetzungen

59 **aa) Verkehr.** Der Grundsatz, dass der Beschuldigte die Möglichkeit haben muss, mit seinem Verteidiger unbeschränkt zu **verkehren**, ist bereits § 137 Abs. 1 Satz 1 zu entnehmen und in § 148 Abs. 1 noch einmal ausdrücklich formuliert. Was im Einzelnen unter Verkehr zu verstehen ist, ergibt sich aus der Konkretisierung, welche die Vorschrift des § 148 durch Rechtsprechung und Lehre erfahren hat;[154] das gilt auch für zeitliche Grenzen[155] und Kontrollen.[156]

60 **bb) Nicht auf freiem Fuß befindlicher Beschuldigter.** Vom nicht auf freiem Fuß befindlichen Beschuldigten ist die Rede in § 35 Abs. 3, § 147 Abs. 5, § 148, § 216 Abs. 2, § 299 Abs. 1, § 350 Abs. 2 Satz 2 und Abs. 3 Satz 1 (vgl. auch § 42 Abs. 1 Nr. 2 JGG). Nach der Rechtsprechung[157] kommt jede **Freiheitsentziehung im weitesten Sinne** in Betracht, also z. B. auch der Fall, in dem die Freiheitsentziehung auf dem Willen des Vormunds beruht, der der Genehmigung des Vormundschaftsgerichts bedarf.[158] Dieser weiten Auslegung folgt *Graalmann-Scheerer*[159] für den von ihr behandelten Fall, dass mit der Vorschrift ein Fürsorgezweck verfolgt wird. Bei der hier behandelten Vorschrift ist diese weite Auslegung dagegen zweifelhaft. Von einem Fürsorgezweck kann keine Rede sein. Nicht nur durch Absatz 1 Nr. 2, sondern auch durch die Absätze 4 und 5 werden die Rechte des Verteidigers und des Beschuldigten empfindlich beschränkt. Daher muss die Vorschrift als seltene Ausnahme **eng ausgelegt** werden. Man wird daher nur den Beschuldigten als nicht auf freiem Fuß befindlich ansehen können, dem i. S. d. §§ 120, 121 StGB die Freiheit **durch behördlichen Akt** der öffentlichen Gewalt wider seinen Willen oder wider den Willen seines gesetzlichen Vertreters oder Vormunds **unmittelbar entzogen** worden ist.[160] Dafür kommen hier in erster Linie der **Haftbefehl**, der Unterbringungsbefehl, das **Strafurteil** oder die Anordnung von Erzwingungshaft (z. B. nach § 96 OWiG) in Betracht, aber auch die Unterbringungsbeschlüsse aufgrund der Unterbringungsgesetze der Länder. Ist ein Verhafteter oder Verurteilter in einem Krankenhaus untergebracht, ohne dass der Haft- oder Unterbringungsbefehl aufgehoben oder die

152 BTDrucks. **7** 2526 = AnwBl. **1974** 214; s. oben Entstehungsgeschichte.
153 *Kröpil* DRiZ **1996** 448; *ders.* JR **1997** 315. Zum Ganzen unten § 148, 29 ff.
154 Vgl. § 148, 14 ff.
155 Vgl. § 148, 7 ff.
156 Vgl. § 148, 19 ff.
157 Vgl. etwa BGHSt **4** 309.
158 BGHSt **13** 213. **A. A.** SSW/*Beulke* 23.
159 LR/*Graalmann-Scheerer* § 35, 24.
160 S. dazu nochmals die Abgrenzung bei LR/*Graalmann-Scheerer* § 35, 24 a. E.

Vollstreckung des Urteils ausgesetzt worden ist, bleibt die Unterbringung Teil der Vollstreckung; der Untergebrachte ist dann i. S. d. Absatzes 1 Nr. 2 „nicht auf freiem Fuß“.

cc) „Missbrauch“. Vom **schillernden Begriff** des Missbrauchs sprechen auch § 241 Abs. 1 (Kreuzverhör) sowie die §§ 26a, 230 Abs. 2, 231a, 244 Abs. 3, 257a und § 266 Abs. 3 Satz 1.[161] Nähere Angaben fehlen auch dort, wie überall sonst in der StPO. Es ist nicht möglich, den Missbrauch von strafprozessualen Rechten auf *einen* gemeinsamen teleologischen Ausgangspunkt zurückzuführen.[162] Daher bedarf das Merkmal der bereichsspezifischen Konkretisierung im Wege der Auslegung. Insbesondere wird dabei auf die Verfolgung **verfahrensfremder Zwecke** abgestellt.[163] Verfahrensfremde Zwecke sollen immer dann vorliegen, wenn durch eine Handlung kein Beitrag zur Wahrheitsfindung im Verfahren geleistet wird.[164] Ein **prozessfremder Zweck** soll gegeben sein, wenn eine Handlung allein darauf abzielt, Aufsehen zu erregen, für einen Geschäftsbetrieb oder eine Partei zu werben oder einen Verfahrensbeteiligten zu verunglimpfen. Diese Aufzählung sei allerdings nicht abschließend. Es komme immer entscheidend auf die Eigenart des jeweiligen Falles an.[165] Da jedoch Absatz 1 Nr. 2 die *hier* relevanten verfahrensfremden Zwecke mit der Begehung von Straftaten oder der Gefährdung der Sicherheit einer Vollzugsanstalt selbst angibt, ist das Wort „Missbrauch“ im Übrigen ohne Inhalt. Die Vorschrift böte keinen anderen Sinn, wenn das Wort „Missbrauch“ durch „verwendet“ ersetzt würde. In Absatz 1 Nr. 2 ist der **Begriff** des Missbrauchs daher inhaltslos und rein **tautologisch.**[166] Es kommt damit für die Auslegung **nur** auf die **beiden explizit genannten Zwecke** an: 61

b) Begehen von Straftaten. Straftat ist die **tatbestandsmäßige, rechtswidrige und schuldhafte Handlung.** Die bloß rechtswidrige Tat (§ 11 Abs. 1 Nr. 5 StGB) reicht nicht aus. Nach dem Sprachgebrauch des StGB fallen unter den Begriff der Straftat auch die Mittäterschaft (§ 25 Abs. 2 StGB), die mittelbare Täterschaft (§ 25 Abs. 1 2. Alt. StGB), die Anstiftung (§ 26 StGB), die Beihilfe (§ 27 Abs. 1 StGB), der Versuch (§ 22 StGB), wenn er strafbar ist (§ 23 Abs. 1 StGB), und der Versuch der Beteiligung (§ 30 StGB). 62

Die Feststellung, dass der Verteidiger solche Straftaten begangen hat, genügt nicht, auch wenn dies als Indiz für die Prognose künftiger Straftaten von Bedeutung ist.[167] Vielmehr muss der dringende Verdacht einer in Aussicht genommenen **Begehung** einer unbestimmten Zahl **konkreter Straftaten** festgestellt werden. Dabei kann freilich keine Konkretisierung auf ganz bestimmte Taten verlangt werden. Es genügt, dass Straftaten einer gewissen Gruppe oder Richtung zu erwarten sind, mögen sie auch variieren und mag auch vorher nicht gesagt werden können, welche Variante der Straftatengruppe 63

---

161 LR/*Kühne* Einl. H, 41.

162 Grdlg. *Lüderssen* FS Heinsius 457, 467; daran anschließend *Jahn* (Konfliktverteidigung) 269 f.

163 LR/*Becker*[26] § 241, 2.

164 *KG* JR **1978** 346, 347 mit dem paternalistischen Argument, dies liege auch „im wohlverstandenen Interesse“ des Angeklagten.

165 LR/*Becker*[26] § 241, 9. BGHSt **2** 284, 287 fordert nicht den Intensitätsgrad der Verunglimpfung, sondern lässt es zum Zwecke des Schutzes von Verfahrensbeteiligten genügen, wenn Angriffe auf dritte Personen diesen Unannehmlichkeiten bereiten oder sie bloßstellen.

166 *Parigger* FS-Koch 199, 206; *Jahn* (Konfliktverteidigung) 266; SSW/*Beulke* 24. **A. A.** *Kröpil* JR **1997** 315, 317: „ungeschickt formulierte Legaldefinition des Mißbrauchs für den speziellen Fall des Verteidigerausschlusses“.

167 So aber Meyer-Goßner/*Schmitt* 7; KK/*Willnow* 11. Der dort gegebene Hinweis auf Absatz 2 berechtigt, wo es *nicht* um zukünftige Taten geht, nicht zum Analogieschluss, sondern zum *argumentum e contrario* (**a. A.** insoweit SK/*Wohlers* 16).

zuerst zu erwarten ist. Damit sind die zur Konkretisierung der Haupttat bei der Beihilfe entwickelten Kriterien entsprechend heranzuziehen; die Taten müssen nur, aber immerhin **umrisshaft individualisiert** sein. Es muss, wie es bei der Beihilfe (§ 27 Abs. 1 StGB) ausdrücklich anerkannt ist, nur der wesentlichen Unrechtsgehalt der Taten konkretisiert werden.[168] Dagegen ist der bloße Verdacht, der Verteidiger werde zu irgendeiner Zeit irgendwelche Straftaten begehen, noch keine genügende Konkretisierung.

64 Im Gegensatz zur ersten Fassung dieses Ausschlussgrundes (1. StVRErgG:[169] im Höchstmaß mit mindestens Freiheitsstrafe von einem Jahr bedrohte Straftaten) reicht grundsätzlich eine auch nur **geringfügige Straftat** aus. Dabei wird jedoch im Einzelfall, etwa bei Bagatelltaten unter absolutem Antragserfordernis oder reinen Privatklagedelikten i. S. d. § 374 Abs. 1 Nrn. 1-8, der **Verhältnismäßigkeitsgrundsatz** zu beachten sein.[170]

65 Die Ausschließung des Verteidigers ist keine Strafverfolgung. Daher kommt es nach dem Wortlaut der Vorschrift grundsätzlich **nicht** darauf an, ob die Tat, die zur Ausschließung führt, noch oder schon **verfolgbar** ist. Insoweit bedarf es aber einer Präzisierung mit Blick auf die Strafverfolgungsvoraussetzung des **Strafantrags**. Nähme man den Wortlaut ernst, der der Antragsdelikte nicht gedenkt,[171] so wäre das Ergebnis verwirrend: Ein Verteidiger könnte wegen einer Tat ausgeschlossen werden, die der Antragsberechtigte oder der zur Ermächtigung Berechtigte durch seine Erklärung der Strafverfolgung entziehen könnte. Solange also nicht feststeht, ob ein Strafantrag gestellt wird, ist die Ausschließung verfrüht, weil sie in einem Zustand der Ungewissheit stattfindet.[172] Steht nach Ablauf der regelmäßig dreimonatigen Antragsfrist fest, dass kein Strafantrag mehr gestellt werden kann, die Tat also nicht mehr verfolgbar ist, so ist die Ausschließung **unverhältnismäßig.**[173] Es ist nicht erforderlich, dass der Staat dann, wenn er die Strafverfolgung in das Ermessen eines Privaten gestellt hat, bei dessen Verzicht noch prozessuale Konsequenzen zieht. Dies ergibt sich auch aus dem Aufhebungsgrund des Absatzes 3 Nr. 3. Eine in der Kenntnis, dass kein Strafantrag gestellt werden wird, vorgenommene Ausschließung wäre sofort wieder aufzuheben.[174]

66 **c) Gefährdung der Sicherheit einer Vollzugsanstalt.** Auch für diesen Ausschließungsgrund sind die in Absatz 1 angegebenen **Verdachtsgrade**[175] verbindlich.[176]

67 Mit **Vollzugsanstalten** sind gemeint: Anstalten für den Vollzug der Untersuchungshaft (§§ 112, 112a i. V. m. den UHaftVollzG der Länder) und der einstweiligen Unterbringung (§ 126a); für den Vollzug von Freiheitsstrafen i. S. d. §§ 38, 39 StGB, der Jugendstrafe (§ 17 Abs. 1 JGG) und des Strafarrestes (§§ 9, 12 WStG); für den Vollzug der Erzwingungshaft (§ 96 OWiG i. V. m. § 171 StVollzG); für den Vollzug von Maßregeln der Besserung und Sicherung (§ 61 Nr. 1-3 StGB i. V. m. § 171 StVollzG); für den Vollzug des Jugendarrestes in den Formen des Freizeitarrestes, des Kurzarrestes und des Dauerarrestes (§ 16 JGG); für den Vollzug der Ordnungshaft (Art. 6 Abs. 2 EGStGB i. V. m. § 171 StVollzG); für den Vollzug der so genannten Zivilhaft (Ordnungs-, Sicherungs-, Zwangs-

168 Vgl. BGHSt **42** 135, 138; BGH StV **2020** 147, 148 Tz. 17; NJW **1996** 2517 f.
169 Oben Entstehungsgeschichte.
170 Vgl. auch SSW/*Beulke* 27; KK/*Willnow* 11.
171 *Groß* NJW **1975** 423.
172 So auch KK/*Willnow* 11. **A. A.** KMR/*Müller* 10; Meyer-Goßner/*Schmitt* 7.
173 So auch Meyer-Goßner/*Schmitt* 7; KK/*Willnow* 11. Erg. soeben Rn. 62.
174 Vgl. auch KMR/*Müller* 10.
175 Oben Rn. 16 ff.
176 Vgl. *H.-J. Vogel* NJW **1978** 1222.

und Erzwingungshaft außerhalb von § 415 FamFG). **Krankenhäuser**, die nicht Teil einer Vollzugsanstalt sind, fallen **nicht unmittelbar** unter die Vorschrift. Sie sind aber Vollzugsanstalten gleichzustellen, wenn in ihnen Verhaftete oder Verurteilte unter Sicherungsmaßnahmen untergebracht sind, ohne dass der Haft- oder Unterbringungsbefehl aufgehoben oder die Vollstreckung des Urteils ausgesetzt worden ist.

Die **Sicherheit** „einer" Vollzugsanstalt ist **eng auszulegen.** Während es beim Vollzug der Untersuchungshaft (§ 119) um die Ordnung in der Anstalt geht, muss es sich hier um die Sicherheit der Anstalt handeln. Hieße es hingegen „Sicherheit *in* der Anstalt", könnte darunter die Verletzung einer jeden Sicherheitsvorschrift verstanden werden, auch wenn mehrere Sicherheitsvorschriften verletzt sein müssten, ehe erst die Sicherheit *der* Anstalt gefährdet wäre. Auf der anderen Seite ginge eine Auslegung in ihrem Wortlautverständnis zu weit, die nur die Gefährdung der Sicherheit einer *ganzen* Vollzugsanstalt als Ausschließungsgrund genügen ließe. Auch wenn ganze Gebäude oder Gebäudeteile außerhalb jeder Gefährdung bleiben, ist die Sicherheit einer Vollzugsanstalt erheblich gefährdet, wenn **wesentliche Teile** der Anstalt erheblich gefährdet sind,[177] z. B. die Räume für Arbeit, gemeinschaftlichen Aufenthalt und gemeinschaftliche Veranstaltungen, einzelne Zellentrakte, die Bewachungszellen, aber auch die Räume der Anstaltsverwaltung. 68

Die Missbrauchshandlung muss einen Angriff auf diese Sicherheit erwarten lassen, der eine **erhebliche konkrete Gefährdung** darstellt, das heißt sich über den Durchschnitt der denkbaren Gefährdungen erhebt. Zu einer Störung selbst braucht es nicht zu kommen, es genügt – wie im klassischen Bereich des Rechts der Gefahrenabwehr stets – die im Einzelfall bestehende konkrete Wahrscheinlichkeit, dass es zu einer solchen kommen werde.[178] **Beispiele** sind Einführung von Ausbruchs- oder Meutereiinstrumenten[179] wie Waffen und Sprengstoffen oder die Lieferung von Gebäudeskizzen. 69

4. Verfahren wegen Straftaten nach § 129a, b StGB (Abs. 2)

a) Allgemeines. Der rechtspolitische Hintergrund der Einführung dieser Sonderregelung ist die Bekämpfung des bundesdeutschen Linksterrorismus der 1970er Jahre.[180] Was § 138a Abs. 2 i. V. m. § 129a, b StGB angeht, so steht diese Diskussion nach dem fast vier Jahrzehnte alten Diktum von *Rieß* „im umgekehrten Verhältnis zur praktischen Bedeutung". Lediglich in einem einzigen Verfahren sei die Ausschließung des Verteidigers an den durch bestimmte Tatsachen begründeten Verdacht i. S. d. § 138a Abs. 2 geknüpft worden, wobei die Begründung den Eindruck erwecke, „daß der Ausschluß an der Feststellung des dringenden Tatverdachts nicht gescheitert wäre".[181] 70

Die Strafbarkeit der Bildung ausländischer terroristischer Vereinigungen wird von der ebenfalls in Bezug genommenen Vorschrift in § 129b Abs. 1 StGB differenziert geregelt, namentlich gelten bei Vereinigungen außerhalb der Europäischen Union zusätzliche Tatbestandsvoraussetzungen,[182] und die Tat darf nur mit **Ermächtigung der Bundesregierung** verfolgt werden (§ 129b Abs. 1 Satz 3–5 StGB). Die erweiterte Regelung dürfte aber ihrem Zweck nach bereits dann anzuwenden sein, wenn eine Ermächtigung 71

177 So auch Meyer-Goßner/*Schmitt* 8.
178 Vgl. *Parigger* FS Koch 206; Meyer-Goßner/*Schmitt* 8; *Joecks* 8; AnwK/*Krekeler*/*Werner* 4.
179 Vgl. KK/*Willnow* 12.
180 Darüber ausf. § 148, 30 ff.
181 *Rieß* NStZ **1981** 328. Die spätere praktische Bedeutung der Vorschrift lässt sich auch daran ablesen, dass etwa im Jahr 2005 überhaupt keine Verteidigerausschlüsse erfolgten (BTDrucks. **16** 4007 S. 7).
182 Dazu ausf. *Kempf* FS Richter II 283, 284 ff.

zwar noch nicht vorliegt, das Verfahren jedoch auch das Ziel verfolgt, festzustellen, ob die sachlichen Voraussetzungen für eine solche Ermächtigung gegeben sind.

b) Verhältnis zu Abs. 1

72 **aa) Abweichungen.** Der gegenüber Absatz 1 schwächere Verdachtsgrad („bestimmte Tatsachen den Verdacht begründen") entspricht **grundsätzlich** dem **Anfangsverdacht**, verlangt aber ein Mehr an belegbaren Tatsachen.[183]

73 Der **Missbrauch** des Verkehrsrechts gemäß Absatz 1 Nr. 2 muss bereits **geschehen** sein oder andauern. Das ergibt sich nach dem Wortlaut daraus, dass Absatz 2 Handlungen bezeichnet, die der Verteidiger „begangen hat oder begeht".

74 **bb) Parallelen.** Der Ausschließungsgrund der Beteiligung an der Tat, die den Gegenstand der Untersuchung bildet, ist mit „Handlungen", die der Verteidiger „begangen hat oder begeht", was den Zeitpunkt der Beteiligung angeht, so gefasst, dass eine Entsprechung zu der in Absatz 1 Nr. 1 gewählten Formulierung „beteiligt ist" anzunehmen ist. Diese Formulierung umfasst jedenfalls die bereits geleisteten Tatbeiträge. Sie lässt aber auch den Übergang zur Gegenwart insofern offen, als eine Fortsetzung der Beteiligung während des Verfahrens sprachlich mitgedeckt ist, weil „ist" (auch) für den Präsens steht. Bei § 129a f. StGB liegt eine solche Kontinuität freilich näher; das ist der Grund für die differenziertere, in der Sache aber nichts Neues bringende zeitliche Fixierung der Beteiligung in Absatz 2.

75 **cc) Subsidiäre Weitergeltung des Absatz 1.** Liegt bereits die nach Absatz 1 erforderliche Verdachtsstufe vor, so ist ein Ausschließungsgrund auch bei Verfahren, die sich mit dem Vorwurf einer Straftat gemäß § 129a f. StGB befassen, der **nur bevorstehende Missbrauch** des Verkehrsrechts, ferner die Gruppe der in Absatz 1 Nr. 3 zusammengestellten Handlungen (Begünstigung, Strafvereitelung, Hehlerei und Datenhehlerei) weiter möglich.[184]

c) Besonderheiten des Abs. 2

76 **aa) Beteiligung des Verteidigers.** Die Aktivitäten der Verteidiger, die dazu geführt haben, ihnen gegenüber den Vorwurf der Beteiligung an nach § 129a f. StGB strafbare Taten zu erheben, stehen in so engem Zusammenhang mit der Wahrnehmung ihrer Pflichten gegenüber den Mandanten, dass sich der Gedanke aufdrängen mag, hier seien partielle Freistellungen von strafrechtlicher Haftung ebenso indiziert wie bei § 258 StGB.[185] Demgegenüber muss zunächst festgehalten werden, dass § 129a, b StGB Tatbestände sind, die gleichermaßen gegenüber Beschuldigtem und Verteidiger ohne Abstriche Geltung beanspruchen. Das heißt, die Bemühungen des Beschuldigten, die eigene Bestrafung zu verhindern, finden an der damit verbundenen Verwirklichung dieses Tatbestandes ebenso ihre Grenze wie etwa bei der Anstiftung zur Falschaussage mit der Folge, dass auch der Verteidiger sich dieser Aktivitäten enthalten muss, gleichviel ob als Täter oder Teilnehmer.

---

183 Vgl. KG NJW **1978** 1539; *L. Schulz* (Normiertes Mißtrauen) 588 ff.; ohne diese Beschränkung SSW/*Beulke* 33. Erg. oben Rn. 16.

184 Vgl. auch KG NJW **1978** 1538.

185 Siehe Vor § 137, 105 ff.

Aufgrund des Grundsatzes der **engen Auslegung** der Vorschriften in den §§ 129a, b StGB genügt es beispielsweise nicht, wenn jemand nur die politischen oder sonstigen Endziele einer (ausländischen) terroristischen Vereinigung bejaht, „nicht aber auch die Begehung von Straftaten zur Erreichung dieser Ziele befürwortet und propagiert".[186] Auch reicht die Unterstützung lediglich einzelner Mitglieder nicht aus. Die Hilfe muss sich zugleich auch als mitursächlich für die Existenz der Vereinigung als kriminelle Gefahrenquelle erweisen. Ferner sind **sozial übliche Verhaltensweise** auszuklammern, etwa der Verkauf von Nahrungsmitteln und Kleidung, die Vermietung von Wohnungen sowie die Lieferung von allgemein zugänglichen Informationen.[187] Danach fällt ein großer Teil der **Kommunikation**, die zwischen dem wegen einer Straftat nach §§ 129a, b StGB verdächtigten Beschuldigten und seinem Verteidiger stattfindet, von vornherein nicht unter die Tatbestände der §§ 129a, b StGB. 77

Was darüber hinaus seitens der Verteidigung geschieht und sich isoliert als Unterstützung einer terroristischen Vereinigung darstellen mag, muss daraufhin geprüft werden, ob es sich um eine notwendige Nebenwirkung einer Verteidigung handelt, die sich innerhalb der durch die Strafprozessordnung gezogenen Grenzen hält. Ist das der Fall, so kommt, weil Unterstützen i. S. d. §§ 129a f. StGB als zur Täterschaft verselbstständigte Beihilfe konstruiert ist, zwar ein Tatbestandsausschluss – anders als bei § 258 StGB – nicht mehr in Betracht, wohl aber kann ein **Rechtfertigungsgrund** gegeben sein.[188] Wenn also z. B. ein Verteidiger durch die Einrichtung und den Betrieb einer **Informationszentrale** die Inhaftierten mit Informationen versorgt und eine Kommunikation zwischen den Gefangenen ermöglicht, kann sein Verhalten im Einzelfall dann gerechtfertigt sein, wenn und soweit die gegebenen Informationen und die ermöglichte Kommunikation für die **Verteidigung** ihrerseits **erhebliche Umstände** betreffen.[189] Die **BGH-Rechtsprechung**[190] kommt im Wesentlichen zu den gleichen Ergebnissen und betont die Notwendigkeit einer Abwägung zwischen dem Verbot der Unterstützung einer Vereinigung einerseits und dem Gebot, dem Mandanten Beistand zu gewähren. 78

bb) Probleme des Verfahrens. Nicht erforderlich ist, dass sich das Verfahren wegen §§ 129a f. StGB gegen den Mandanten des auszuschließenden Verteidigers richtet. Es reicht aus, dass in dem Verfahren gegen andere Beschuldigte eine Tat nach §§ 129a, b StGB verhandelt wird, wobei diese Verfahren jedoch nicht ihrerseits missbräuchlich zusammengefasst werden dürfen.[191] Ebenfalls reicht die Parallelermittlung wegen §§ 129a, b StGB gegen einen Beschuldigten aus, wenn dieser sich wegen einer anderen Tat in Haft befindet und die Ermittlungen wegen §§ 129a, b StGB allein den Haftgrund nicht ergeben würden.[192] 79

---

186 *Rudolphi* FS Bruns 331.

187 *Rudolphi* FS Bruns 332.

188 Oben Rn. 52 ff.

189 *Rudolphi* FS Bruns 337; *Ostendorf* JZ **1979** 252, 255: „Derartige Positionspapiere haben bei politisch motivierten Delikten Verteidigungscharakter, der nicht dadurch wegfällt, daß sie gleichzeitig den Kampfwillen und die Solidarität der Gruppenmitglieder bestärken".

190 BGHSt **32** 247; **31** 21: „Ohne ein solches Erfordernis ist eine wirklich freie, durch die Gefahr der Vermengung straffreier und nach § 129 StGB strafbarer Einzeläußerungen nicht belastete Verteidigung nicht gewährleistet". Restriktiver OLG Hamburg JZ **1979** 275, 276; OLG Düsseldorf AnwBl. **1983** 217, 218. Zum Ganzen einerseits *Bakker-Schut* 523 ff. mit Hinweis auf Sachverständigengutachten von *Welp* und *Hassemer*, andererseits *Römer* FS Schmidt-Leichner 133, 143.

191 Vgl. KMR/*Müller* 15.

192 Vgl. KK/*Willnow* 15.

80 Nach **Einstellung der Ermittlungen** wegen der Tat nach § 129a, b StGB kommt ein Ausschluss des Verteidigers nach Absatz 2 nicht mehr in Betracht. Das Gleiche gilt, wenn wegen einer Tat ermittelt wird, die in Tateinheit zu einer bereits abgeurteilten Tat nach den §§ 129a, b StGB steht, von der Rechtskraft dieses Urteils jedoch nicht umfasst wird.[193]

II. Wirkungen der Ausschließung (Abs. 4 und 5)

81 Dem nach § 138a Abs. 1 oder Abs. 2 missbilligten Verhalten kann wirksam nur entgegengetreten werden, wenn die Wirkung der Ausschließung soweit erstreckt wird, dass sie nicht umgangen werden kann. Das Gesetz sieht daher ein konsequentes System von **Verteidigungs- und** anderen **Kommunikationsverboten** vor.

82 **1. Verteidigungsverbote (Abs. 4 Satz 1; Abs. 5 Satz 1).** Die Verteidigungsverbote beziehen sich auf verschiedene Verfahren und Beschuldigte.[194] Die versteckt platzierte **Verweisnorm** des **§ 138a Abs. 5 Satz 2** macht die Lektüre des Gesetzes so kompliziert, dass man sich fragen muss, ob sie nicht die rechtspolitische Funktion hatte, die mit dem Ausschluss des Verteidigers ausgelöste **Kettenreaktion** von Verteidigungs- und Kommunikationsverboten optisch etwas abzumildern. Sofort erschließen würde den tatsächlichen Gehalt der Absätze 4 und 5 die folgende **direkte Formulierung**: „Solange ein Verteidiger ausgeschlossen ist, kann er den Beschuldigten und andere in demselben Verfahren ebenfalls Beschuldigte in diesem und anderen gesetzlich geordneten Verfahren nicht verteidigen und die Beschuldigten, wenn sie sich nicht auf freiem Fuß befinden, in sonstigen Angelegenheiten nicht aufsuchen. Ist ein Verteidiger in einem Verfahren ausgeschlossen worden, dass eine Straftat nach § 129a, b StGB zum Gegenstand hat, kann er, solange er ausgeschlossen ist, auch in anderen Verfahren, die eine solche Straftat zum Gegenstand haben, keine Verteidigung übernehmen und die in diesen Verfahren Beschuldigten, sofern sie sich nicht auf freiem Fuß befinden, in sonstigen Angelegenheiten nicht aufsuchen“. Dieser tatsächliche Inhalt erschließt sich aus Folgendem:

83 **a) In anhängigen Verfahren.** Die **Mitwirkung**, von der der Verteidiger auszuschließen ist, ist ein Synonym für Verteidigung.[195] Diese Mitwirkung zugunsten des Beschuldigten ist dem Verteidiger durch die Ausschließung *eo ipso* verboten (§ 138a Abs. 1, 2).

84 Das umfassende Verbot, in anhängigen („**demselben**“) **Verfahren** andere Beschuldigte zu verteidigen, ist in **Absatz 5 Satz 1 Hs. 1** ausgesprochen. Bis zum StPÄG 1978 war es in Bezug auf die Fälle des jetzigen Absatz 1 Nr. 2 eingeschränkt: insoweit galt es nämlich nur mit Blick auf Beschuldigte, die sich nicht auf freiem Fuß befanden.[196] Die Wendung **„kann ... nicht“** in Absatz 5 Satz 1 Hs. 1 ist seit der Änderung durch das StVÄG 1978 kongruent mit der in § 146 gebrauchten. Sie bedeutet: die Verteidigung ist **unzulässig.**[197] Aus dem Verhältnis zum Verbot, mehrere Beschuldigte gleichzeitig in einem Verfahren zu verteidigen (§ 146 Satz 2) ergibt sich, dass § 138a Abs. 5 Satz 1 Hs. 1 nur die Übernahme der **Verteidigung** eines **weiteren Beschuldigten** meint. Der Verweis in **Absatz 5 Satz 2** auf Absatz 4, der für den gesamten Absatz 5 Satz 1 **„entsprechend“** gilt,

193 Vgl. KK/*Willnow* 16.
194 *Frye* wistra **2005** 86, 91.
195 Über ältere Kontroversen zu dieser Frage vgl. LR/*Lüderssen*[24] § 138a, 152.
196 Zur Begr. vgl. im Einzelnen BTDrucks. **8** 976 S. 38.
197 § 146, 1ff.

bringt eine weitere Erstreckung des Verteidigungsverbots. Die entsprechende Anwendung des Absatzes 4 – jetzt mit Blick auf Satz 1 – bedeutet, dass die anderen Beschuldigten, deren Aburteilung in dem Verfahren vorgesehen ist, aus dem der Verteidiger ausgeschlossen ist, von ihm auch in jenen **anderen** gesetzlich geordneten **Verfahren nicht verteidigt** werden dürfen.

b) In anderen Verfahren. Für den **Beschuldigten** gilt Absatz 4 Satz 1. Es gibt aber jenseits der Verteidigung keine Beschränkung für den sonstigen Verkehr mit dem Beschuldigten. Sie wäre auch nicht durchsetzbar. Mit **gesetzlich geordneten Verfahren** i. S. d. Absatzes 4 Satz 1 sind zunächst andere Strafverfahren gemeint. Sodann fallen darunter **alle anderen Verfahren**, die nach einer Prozess- oder Verfahrensordnung stattfinden. Diese muss in einem Gesetz (im formellen Sinne) enthalten sein, also Bußgeld- und Berufsgerichtsverfahren sowie rechtlich geregelte Disziplinarverfahren.[198] Gesetzlich nicht geordnete Partei- oder Verbandsgerichtsverfahren, Verfahren einer „Betriebsgerichtsbarkeit“, die Verteidigung in „Unterwerfungsverfahren“ nach einem Ladendiebstahl usw. sind nicht betroffen. Die zunächst sehr weitgehend scheinende Ausdehnung der „gesetzlich geordneten Verfahren“ wird dadurch stark eingeschränkt, dass nur Verfahren in Betracht kommen, in denen die Möglichkeit der Wahl eines Verteidigers besteht. Erfasst ist daher beispielsweise das **DNA-Identitätsfeststellungsverfahren** nach § 81g.[199] 85

Für die Verteidigung **anderer Beschuldigter** gilt Absatz 5 Satz 1 2. Hs. Andere Beschuldigte kann der ausgeschlossene Verteidiger in demselben Verfahren nicht verteidigen und in anderen Verfahren dann nicht, wenn diese eine Tat nach § 129a, b StGB zum Gegenstand haben und die Ausschließung in einem Verfahren erfolgt war, das ebenfalls eine solche Straftat zum Gegenstand hat. Auch[200] diese Vorschrift hat ihre heutige Fassung durch das StVÄG 1978 erhalten. Bis dahin war der Ausschluss ebenso wie nach Absatz 5 Satz 1 Hs. 1 auf die Fälle des jetzigen Absatz 1 Nr. 2 eingeschränkt. Außerdem musste das andere **Verfahren** im Zeitpunkt der Ausschließung bereits **eingeleitet** sein. Beide Erweiterungen wurden – ersichtlich unter dem noch unmittelbar präsenten Eindruck des „Deutschen Herbsts“ 1977 – in latent martialischem Tonfall damit begründet, dass „in dem besonders gefährlichen Bereich der terroristischen Gewaltkriminalität ... der Kontakt zwischen dem Verteidiger, der mit seinem Mandanten gemeinsame Sache macht, und dem Beschuldigten rigoros unterbunden werden“ solle.[201] Die Begründung ist allerdings inhaltlich insoweit unrichtig, als es für die Ausschließung, an die das Verteidigungsverbot anknüpft, nicht darauf ankommt, ob der Verteidiger und der Beschuldigte „gemeinsame Sache“ machen, sondern allein auf den Verdacht, dass der Verteidiger bestimmte Handlungen begehen könnte. 86

Andere Kontakte sind, solange die Beschuldigten nicht inhaftiert sind, ebenso wenig verboten wie im Falle des Absatzes 4 Satz 1.[202] 87

Auch[203] die Regelung des Absatz 5 Satz 1 Hs. 2 muss im Zusammenhang mit § 146 gesehen werden. Während dort (Satz 1) nur bei mehreren **derselben Tat** Beschuldigten (dann aber ohne Beschränkung auf bestimmte Tatbestände) Mehrfachverteidigung un- 88

198 Vgl. BVerfG (*1. Kammer des 2. Senats*) NStZ **2008** 226.
199 Vgl. Nds. AGH BRAK-Mitt. **2006** 283, bestätigt durch BVerfG (*1. Kammer* des *2. Senats*) NStZ **2008** 226.
200 Oben Rn. 82.
201 BTDrucks. **8** 976 S. 38.
202 Oben Rn. 84.
203 Oben Rn. 82.

zulässig ist, verbietet § 138a Abs. 5 Satz 1 Hs. 2 das auch (allerdings unter der wieder einschränkenden Voraussetzung, dass es um Vorwürfe nach § 129a, b StGB geht) bei **wegen verschiedener Taten** verdächtigen Beschuldigten, ohne Rücksicht darauf, ob die Vereinigung etwas damit zu tun hat.[204]

89 Die „**anderen** Verfahren", von denen Absatz 5 Satz 1 2. Hs. spricht, sind anders als bei Absatz 4 Satz 1[205] nur **Strafverfahren.** Das geht klar aus ihrer Beschränkung auf Verhandlungen über die Strafbarkeit nach § 129a, b StGB hervor. Indes: **Weitere Verfahren**, in denen der Verteidiger, dessen Situation durch Absatz 5 Satz 1 Hs. 2 gekennzeichnet ist, nicht verteidigen darf, sind die „anderen gesetzlich geordneten Verfahren", die Absatz 4 Satz 1 nennt, dessen entsprechende Anwendung Absatz 5 Satz 2 vorschreibt, der für den *gesamten* Absatz 5 Satz 1 gilt. Da das erweiterte Verteidigungsverbot des Absatz 5 Satz 1 Hs. 2 in den Fällen des § 129b StGB nicht voraussetzt, dass die verschiedenen terroristischen Vereinigungen Berührungspunkte aufweisen,[206] gilt es auch für den Fall, dass zwischen dem die **ausländische terroristische Vereinigung** betreffenden Beschuldigten und dem wegen der Beteiligung an einer inländischen Vereinigung Beschuldigten keinerlei Beziehungen bestehen.

90 **2. Besuchsverbote (Abs. 4 Satz 2; Abs. 5 Satz 2).** Solange der Verteidiger ausgeschlossen ist, darf er den Beschuldigten, der sich nicht auf freiem Fuß befindet, auch in sonstigen Angelegenheiten nicht aufsuchen (Absatz 4 Satz 2). Der Grund für die Inhaftierung ist gleichgültig. Freilich ist das gerade unbefriedigend, weil auch Situationen zur Verhinderung der Kommunikation benutzt werden können, die mit dem Verfahren nichts zu tun haben. Damit wird die Motivation des Gesetzgebers nur zu deutlich: ***Jede* Kommunikation** des ausgeschlossenen Verteidigers ist **unerwünscht.** Wo sich durch das Kontrollsystem der Haftanstalt die praktische Durchsetzungsmöglichkeit zeigt, dieses Ziel auch tatsächlich zu erreichen, wird sie umfassend wahrgenommen.

91 Eine Beschränkung des Kommunikationsverbots liegt in dem Wort „aufsuchen". Andere Formen der Mitwirkung wie schriftliche oder telefonische Interkation jenseits des **physischen Aufsuchens** sind nicht erfasst.[207] Aber auch hier darf vermutet werden, dass der Gesetzgeber lediglich die Grenzen seiner Regelungsgewalt akzeptiert hat.

92 Die **„sonstigen Angelegenheiten"**, auf die sich das Besuchsverbot bezieht, sind ein **weiter Begriff.** Gemessen an der Relevanz der Kontrollmöglichkeiten ist eine Einschränkung nicht zwingend. Man sollte seinen Anwendungsbereich aber auf das beschränken, was den Verteidiger beruflich mit dem Beschuldigten verbindet, etwa Zivil- oder Verwaltungsprozesse, die er als Anwalt des Beschuldigten führt. Ein privater Besuch, etwa in einem Trauerfall, gehört nicht dazu. Daraus, dass das Wort „sonstige Angelegenheiten" an das Verteidigungsverbot anschließt, ist das allerdings nicht abzuleiten.

93 Diese Regeln ergeben sich für den Beschuldigten, dessen Verteidigung dem Verteidiger schon durch die Ausschließung vom Verfahren verboten ist, wiederum direkt aus Absatz 4 Satz 2, für **andere Beschuldigte** aus dem Rückverweis in Absatz 5 Satz 2. Das heißt, wie die Verknüpfung von Absatz 4 Satz 2 mit Absatz 5 Satz 1 Hs. 1 erhellt, der Verteidiger darf die Beschuldigten, wenn über die gegen sie erhobenen Vorwürfe in demselben Verfahren ermittelt wird, in der Haft überhaupt **nicht** in sonstigen Angelegenheiten **aufsuchen. Andere Beschuldigte** in **anderen Verfahren** darf der ausgeschlossene

204 Krit. dazu KK/*Willnow* 26.
205 Oben Rn. 85.
206 KK/*Willnow* 26.
207 Zust. Radtke/Hohmann/*Reinhart* 16.

Verteidiger, wie die Verknüpfung von Absatz 4 Satz 2 mit Absatz 5 Satz 1 Hs. 2 erbringt, in sonstigen Angelegenheiten in der Haft nur dann nicht aufsuchen, wenn diese anderen Verfahren eine Straftat nach den §§ 129a, b StGB zum Gegenstand haben und die Ausschließung ebenfalls in einem solchen Verfahren erfolgt ist.

3. Verfahrensfragen. Erste Voraussetzung für die Wirksamkeit der Verteidigungs- und Besuchsverbote ist jedenfalls die **Rechtskraft** der **Ausschlussentscheidung.** Sie tritt ein, wenn entweder kein Rechtsmittel zulässig ist, sofern der BGH über den Ausschluss entschieden hat, eine **sofortige Beschwerde** nach § 138d Abs. 6 nicht eingelegt ist oder eine negative Entscheidung über die sofortige Beschwerde vorliegt. Wenn allerdings das Gericht nicht von seinem Recht Gebrauch macht, die Vollziehung der angefochtenen Entscheidung auszusetzen (§ 307 Abs. 2, der auch für die sofortige Beschwerde gilt, § 311 Abs. 1), so ist das maßgebende Datum bereits der **Erlass** der Entscheidung (§ 307 Abs. 1).[208] 94

Das Gericht kann jedoch auch schon vor seiner Entscheidung das **Ruhen der Verteidigerrechte** auch für die in § 138a Abs. 4 und 5 bezeichneten Fälle anordnen (§ 138c Abs. 3 Hs. 2). 95

Verteidigungs- und Besuchsverbote sind die **kraft Gesetzes** eintretenden Folgen der Ausschließung. Eine Ausschließung des Verteidigers in den Verfahren, die von dem Verteidigungsverbot betroffen sind, ist – wenn nicht ein selbstständiger Ausschlussgrund hervortritt – weder möglich noch erforderlich. Spätestens seit der Einführung des § 146a kommt es aber für den Beginn der **Unwirksamkeit von Verteidigerhandlungen,** die nach § 138a Abs. 4 und 5 verboten sind, außerdem auf die **Zurückweisung** an.[209] Erst jetzt also brauchen die Beschuldigten gegebenenfalls einen neuen Verteidiger; das kann natürlich wieder ein Wahlverteidiger sein.[210] 96

III. Aufhebung der Ausschließung (Abs. 3)

Systematisch nicht unbedingt einleuchtend vor den umfassenden Rechtsfolgen der Ausschließung in den Absätzen 4 und 5 hat das Gesetz in Absatz 3 den ***actus contrarius* zur Ausschließung** geregelt: 97

1. Wegfall der Voraussetzungen (Satz 1 Nr. 1). Die Ausschließung ist, was sich im Rechtsstaat ohnehin von selbst verstünde, aufzuheben, sobald ihre Voraussetzungen nicht mehr vorliegen. Die Voraussetzungen liegen nicht mehr vor, wenn eines der Tatbestandsmerkmale des Ausschließungstatbestandes weggefallen ist, etwa dann, wenn der Verdacht erloschen ist oder wenn er nicht mehr den entsprechenden Grad erreicht. 98

Mit der Einschränkung im Hs. 2 („jedoch nicht allein deshalb, weil der Beschuldigte auf freien Fuß gesetzt worden ist") soll verhindert werden, dass der **Wechsel zwischen Inhaftierung und Freilassung** zu immer neuen Entscheidungen zwingt.[211] Diese Begründung ist nicht überzeugend. Einmal ist der Wechsel zwischen Inhaftierung, Freilassung und neuer Inhaftierung – wie es richtig heißen müsste – nicht sehr häufig, sondern *in praxi* ein seltenes Ereignis. Zum anderen können – überdies nur geringe – Unbequem- 99

208 Meyer-Goßner/*Schmitt* 23; **a. A.** SSW/*Beulke* 19.

209 Vgl. § 146a, 12 ff.; ebenso Radtke/Hohmann/*Reinhart* 18; KK/*Willnow* 28. **A. A.** Meyer-Goßner/*Schmitt* 28: Prozesshandlungen ohne Weiteres unwirksam.

210 Irreführend insofern noch LR/*Dünnebier*[23] § 140, 30.

211 BTDrucks. **8** 976 S. 38.

lichkeiten für die Justiz nicht zu Inkonsequenzen zwingen, die im Falle der Gefährdung der Sicherheit einer Vollzugsanstalt (Absatz 1 Nr. 2) umso peinlicher wirken, als mit der Freilassung des Beschuldigten, dessen Haft die Beziehung zu der Anstalt ja ursprünglich hergestellt hatte, die Anstaltsgefährdung nunmehr gänzlich ins Abstrakte verschoben wird. Tatsächlich bedeutet der „jedoch ...“-Satz einen **neuen Ausschließungsgrund** im Sinne des Absatz 1 für den **Missbrauch des Verkehrs mit** einem **freien Beschuldigten**, der früher einmal inhaftiert war, als er denselben Verteidiger hatte wie nach seiner Entlassung. Nachdem der Gesetzgeber die Ausschließung in den Fällen des Absatzes 1 Nr. 2 ausdrücklich an die Verwahrung gebunden hatte, ist der im Gegensatz zu dieser Beschränkung stehende Ausschließungsgrund **nicht zu billigen**. Für die Gefährdung der Sicherheit einer Vollzugsanstalt ist die „jedoch ...-Klausel“ nahezu bedeutungslos: Ist der Anknüpfungspunkt der Verwahrung entfallen, gibt es auch den dringenden Verdacht nicht mehr, der Verteidiger werde die Sicherheit einer Vollzugsanstalt gefährden. Zwar braucht wegen der Fassung „einer Vollzugsanstalt“ die Gefährdung nicht gerade auf diejenige gerichtet zu sein, aus der der Beschuldigte entlassen worden ist. Der Verdacht, dass ein Verteidiger den Verkehr mit einem freien Beschuldigten dazu missbrauchen könnte, die Sicherheit *irgendeiner* Vollzugsanstalt zu gefährden, kann aber praktisch nur schwer begründet werden. **Mit der Entlassung** des Beschuldigten tritt daher – von ganz seltenen, kaum vorstellbaren Ausnahmefällen abgesehen – entgegen der einschränkenden Formulierung des Gesetzes der **Aufhebungsgrund** des Absatzes 3 Nr. 1 ein. Auch in Bezug auf den ohnehin bedenklichen Ausschließungsgrund des Missbrauchs des Verkehrs zur Begehung von Straftaten verschlechtert sich mit der Entlassung des Beschuldigten die Beweislage so sehr, dass in aller Regel nach der Entlassung des Beschuldigten aus der Vollzugsanstalt der Aufhebungsgrund des Absatzes 3 Nr. 1 eintreten wird.

100 **Anzuwenden** ist Absatz 3 Nr. 1 etwa dann, wenn in dem gegen den Beschuldigten gerichteten Verfahren, in dem der Verteidiger ausgeschlossen worden ist, sämtliche Beschuldigte **freigesprochen** werden, es abgelehnt wird, gegen sie das Hauptverfahren zu eröffnen oder das Verfahren nicht bloß vorläufig eingestellt wird. Dann gibt es kein Verfahren mehr, von dem der Verteidiger ausgeschlossen werden könnte. Daher ist die Ausschließung aufzuheben. Tritt einer der genannten Umstände **nur bei einem von mehreren Beschuldigten** ein, so bleibt die Ausschließung aufrechterhalten. Das folgt aus dem Verfahrensbegriff.

101 Allerdings ist nicht, wie bei § 120 Abs. 1 Satz 2, allein auf den Akt des **Freispruchs** usw. abzustellen. Die Notwendigkeit, die Ausschließung aufzuheben, tritt vielmehr erst mit der **Rechtskraft** der genannten Entscheidungen ein. Umgekehrt ist es bei der Verurteilung: Die Voraussetzungen der Ausschließung entfallen nicht erst mit der Rechtskraft der Verurteilung, denn der Verteidiger ist auch bestellt, um nach der Rechtskraft des Urteils bei Nachtragsentscheidungen (vgl. §§ 462, 462a) mitzuwirken.

102 Das Gericht wird, mag auch eine Vorschrift nach dem Muster des § 268b (amtswegiger Beschluss über die Fortdauer der Untersuchungshaft) fehlen, bei der Urteilsfällung **von Amts wegen** prüfen, ob es dem nach § 138c Abs. 1 zuständigen Gericht die Sache vorlegen muss zu dem Zweck, die Ausschließung aufzuheben.

103 **2. Freispruch im Strafverfahren oder Nichtfeststellung des Sachverhalts im Berufsgerichtsverfahren (Satz 1 Nr. 2).** Die Ausschließung ist auch aufzuheben, wenn der Verteidiger in einem wegen des Sachverhalts, der zur Ausschließung geführt hat, eröffneten Hauptverfahren **freigesprochen** wird oder wenn in einem Urteil des Berufsgerichts eine schuldhafte Verletzung der Berufspflichten im Hinblick auf diesen Sachverhalt nicht festgestellt wird. Die im Gesetz – wie auch in §§ 343 Abs. 1 Nr. 3, 344 Abs. 2

Nr. 2 StGB – noch genannte Variante der Ehrengerichtsbarkeit hat für Rechtsanwälte keine Bedeutung mehr (vgl. §§ 116 ff. BRAO sowie §§ 95 ff. BNotO oder 89 ff. StBerG). Dies ist die gesetzliche Anerkennung eines auch schon nach früherem Recht praktisch anerkannten Anwendungsfalls der Aufhebung eines Ausschlusses.[212] Dabei wird der Wegfall der Voraussetzungen der Ausschließung, nämlich des Verdachts gegenüber dem Verteidiger, gesetzlich vermutet.

Die **Ablehnung der Eröffnung** des Hauptverfahrens durch das Gericht (§ 204) steht – hier – dem **Freispruch gleich.**[213] Liegen die Voraussetzungen der Aufhebung vor, so bleiben der Ausschluss und damit die mit ihm verbundenen Beschränkungen aufrechterhalten, bis ein aufhebender Gerichtsbeschluss ergangen ist; die Regelung des § 138c gilt für alle Entscheidungen nach § 138a.[214] 104

Gegen den die Aufhebung der Ausschließung ablehnenden Beschluss des OLG oder des BGH (§ 138c Abs. 1) steht dem **Verteidiger kein Rechtsmittel** zu. § 138d Abs. 6 erfasst diesen Fall nicht; es gilt also die allgemeine Regelung des § 304 Abs. 4. Die Entscheidung über die Aufhebung ist **ohne mündliche Verhandlung** zu treffen; § 138d Abs. 4 ist nicht anzuwenden.[215] 105

3. Ablauf eines Jahres ohne Verfahrenseröffnung oder Strafbefehlserlass (Satz 1 Nr. 3). Die Ausschließung ist schließlich aufzuheben, wenn nicht spätestens ein Jahr nach der Ausschließung wegen des Sachverhalts, der zur Ausschließung geführt hat, das Hauptverfahren eröffnet oder ein Strafbefehl erlassen worden ist. Die Vorschrift soll davor schützen, dass der Verteidiger **unverhältnismäßig lange** aus einem Verfahren ausgeschlossen bleibt, ohne dass er jenseits der Beschwerdemöglichkeit des § 138d Abs. 6 beim *iudex a quo* Gelegenheit hatte, den Verdacht gegen seine Person in einem gesetzlich geordneten Verfahren auszuräumen und so die Aufhebung des Ausschlusses zu erzwingen.[216] 106

4. Befristung; Aufrechterhaltung für die Dauer eines weiteren Jahres (Satz 2). Eine Ausschließung, die eigentlich nach Absatz 3 Nr. 3 nach einem Jahr aufzuheben ist, kann **befristet aufrechterhalten** werden, wenn die besondere Schwierigkeit oder der besondere Umfang der Sache oder ein anderer wichtiger Grund die Entscheidung über die Eröffnung des Hauptverfahrens noch nicht zulässt, allerdings längstens für die Dauer eines weiteren Jahres. Die Voraussetzungen für die Verlängerung eines Ausschlusses sind § 121 Abs. 1 nachgebildet. Die Befristung erfordert einen **Gerichtsbeschluss.** 107

5. Auswirkung der Aufhebung auf die Verteidigungs- und Kommunikationsverbote (Abs. 1, 4 und 5). Die Verteidigungs- und Kommunikationsverbote der Absätze 1, 4 und 5 **enden**, sobald die Ausschließung aufgehoben wird, **von selbst**. Im Fall des Absatz 1 endet die Ausschließung, weil sie auf das Verfahren bezogen ist, erst, wenn das Verfahren gegen alle Beschuldigte erledigt ist. Zwar könnte man fragen, ob die Ausschließung nicht aufzuheben ist, wenn in dem Verfahren gegen A, B, C und D, in dem Rechtsanwalt X als Verteidiger von A wegen Teilnahme ausgeschlossen worden ist, festgestellt wird, dass nur B, C und D mit Vorsatz, A aber vorsatzlos gehandelt hat, so dass Rechtsanwalt X, obwohl er vorsätzlich Hilfe geleistet hat, in Bezug auf den von ihm 108

212 Vgl. bereits LR/*Dünnebier*[23] 57.

213 Radtke/Hohmann/*Reinhart* 12; AK/*Stern* 42; SK/*Wohlers* 33. **A. A.** Meyer-Goßner/*Schmitt* 18.

214 Vgl. OLG Karlsruhe Justiz **1981** 446; Meyer-Goßner/*Schmitt* 20; Radtke/Hohmann/*Reinhart* 13, KK/*Willnow* § 138c, 29.

215 BGH NJW **1984** 935.

216 Vgl. BTDrucks. **8** 976 S. 38; AnwK/*Krekeler*/*Werner* 10.

Verteidigten strafrechtlich (§ 27 Abs. 1 StGB) nicht beteiligt war. Indessen ist Abs. 5 Satz 1 Hs. 1 gerade eingefügt worden, um klarzustellen, dass die Ausschließung nach Absatz 1 sich auf das ganze Verfahren und auf die (sukzessive) Verteidigung aller Mitbeschuldigten bezieht.[217] Insoweit interpretiert das Verteidigungsverbot des Absatzes 5 Satz 1 Hs. 1 den Umfang der Ausschließung nach Absatz 1.

§ 138b
Ausschließung bei Gefahr für die Sicherheit der Bundesrepublik Deutschland

[1]Von der Mitwirkung in einem Verfahren, das eine der in § 74a Abs. 1 Nr. 3 und § 120 Abs. 1 Nr. 3 des Gerichtsverfassungsgesetzes genannten Straftaten oder die Nichterfüllung der Pflichten nach § 138 des Strafgesetzbuches hinsichtlich der Straftaten des Landesverrates oder einer Gefährdung der äußeren Sicherheit nach den §§ 94 bis 96, 97a, 100 des Strafgesetzbuches zum Gegenstand hat, ist ein Verteidiger auch dann auszuschließen, wenn auf Grund bestimmter Tatsachen die Annahme begründet ist, daß seine Mitwirkung eine Gefahr für die Sicherheit der Bundesrepublik Deutschland herbeiführen würde. [2]§ 138a Abs. 3 Satz 1 Nr. 1 gilt entsprechend.

Schrifttum

Siehe bei § 138a.

Entstehungsgeschichte

Die Vorschrift wurde durch Art. 1 Nr. 6 des StVRErgG[1] eingefügt und ist seit dem 1.1.**1975** in Kraft. Im Gesetzesentwurf war noch die **Verfahrenssabotage** als Ausschließungsgrund vorgesehen gewesen.[2] Mit Blick auf die unüberwindbaren Schwierigkeiten, diesen Begriff zu definieren, wurde das Vorhaben aber fallengelassen. Satz 2 wurde neugefasst durch Art. 1 Nr. 7 StPÄG **1978**.

Übersicht

1 **1. Rechtstatsachen.** Die praktische Relevanz des § 138b ist äußerst gering. Auf diese Vorschrift gestützte Ausschließungen sind bislang nicht bekannt geworden.[3]

---

217 Vgl. BTDrucks. **7** 1005.

1 Gesetz v. 20.12.1974, BGBl. I S. 3686. Genauer oben § 138a (Entstehungsgeschichte).

2 BTDrucks. **7** 3649. Zu diesem Teil der Gesetzgebungsgeschichte ausf. *H.-J. Vogel* NJW **1978** 1217, 1223; *Jahn* (Konfliktverteidigung) 75 ff.

3 So für den Zeitraum bis 1980 ausdrücklich *Rieß* NStZ **1981** 328; SSW/*Beulke* 1; s. zur Empirie insgesamt auch schon oben § 138a, 15.

https://doi.org/10.1515/9783110630244-005

2. Verfahrensgegenstand. Die **Straftaten nach § 138 StGB** sind ein Ausschnitt aus § 120 Abs. 1 Nr. 7 i. V. m. Nr. 3 GVG. Dort lautet der Text seit Art. 22 Nr. 8 EGStGB: „... bei Nichtanzeige von Straftaten nach § 138 des Strafgesetzbuches, wenn die Nichtanzeige eine Straftat betrifft, die zur Zuständigkeit des Oberlandesgerichts gehört". In § 138b wird – wohl versehentlich – weiter an den alten Text von § 120 Abs. 1 Nr. 7 GVG angeknüpft. Einen sachlichen Unterschied begründet das nicht. **§ 120 Abs. 1 Nr. 3 GVG** hat zuletzt durch § 19 Nr. 1 HalbleiterschutzG[4] eine Erweiterung erfahren. Damit erfasst § 138b abschließend folgende Verfahrensgegenstände: §§ 94 bis 100a, 109d bis 109g, 138 Abs. 1 Nr. 3 StGB, § 52 Abs. 2 PatG isoliert sowie in Verbindung mit § 9 Abs. 2 GebrauchsmusterG und in Verbindung mit § 4 Abs. 4 HalbleiterschutzG. 2

3. Ausschließungsgrund

a) Herbeiführung einer Gefahr für die Sicherheit der Bundesrepublik durch die Mitwirkung des Verteidigers. Die **Sicherheit** der Bundesrepublik (vgl. § 87 Abs. 1, § 88 Abs. 1, § 89 Abs. 1, § 109f StGB) umfasst die äußere und die innere Sicherheit (vgl. § 92 Abs. 3 Nr. 2 StGB). Gemeint ist die Fähigkeit dieses Landes, sich nach außen und innen gegen gewaltsame Einwirkungen zur Wehr zu setzen.[5] Eine **Gefahr** für die Sicherheit (vgl. § 109e Abs. 1 und in § 109g Abs. 1 und 2 StGB) besteht, wenn nach den konkreten Umständen des Falls die Wahrscheinlichkeit gegeben ist, dass der Eintritt des Schadens ernstlich zu befürchten ist. Wahrscheinlichkeit meint hier die naheliegende Möglichkeit bzw. begründete Besorgnis.[6] **Mitwirkung** ist Verteidigung.[7] 3

b) Verdachtsgrad. Allein auf äußerlich zu Tage liegende Tatsachen kann nicht abgestellt werden. Die **Feststellung der Gefahr** erfordert, auch das als Tatsache zu bewerten, was aufgrund äußerer Tatsachen nach der Lebenserfahrung mit **ausreichender Bestimmtheit** aus dem Inneren erschlossen werden kann, etwa die Widerstandskraft des Verteidigers, Anforderungen entgegenzutreten, die an ihn von Stellen erhoben werden, denen er Gehorsam schuldet oder Entgegenkommen zu erbringen sich verpflichtet glaubt. 4

Es muss sich im Ganzen um **bestimmte Tatsachen** handeln und sie müssen eine **Annahme** begründen. Nach der amtlichen Begründung[8] soll es – was selbstverständlich ist – jedenfalls nicht genügen, dass ein Anwalt eine extreme politische Gesinnung vertritt.[9] *Dünnebier*[10] meinte an dieser Stelle noch, die Annahme sei weniger als der Verdacht, aber mehr als eine bloße Vermutung. Nach der hier vertretenen Auffassung[11] ist „Annahme" jedoch als Synonym für „Verdacht" zu verstehen. Bezogen auf § 138b gibt es dazu allerdings keine Kasuistik.[12] 5

---

4 Gesetz v. 22.10.1987, BGBl. I S. 2294.

5 KK/*Willnow* 2; Meyer-Goßner/*Schmitt* 2; AnwK/*Krekeler*/*Werner* 1; zum Schutzgut der inneren Sicherheit ausf. BGHSt **28** 316 f.

6 Vgl. *Fischer* § 34, 3; MK-StGB/*Erb* § 34, 76 ff.; ähnl. Meyer-Goßner/*Schmitt* 2; SK/*Wohlers* 2.

7 Oben § 138a, 12.

8 BTDrucks. **7** 2526 S. 21 = AnwBl. **1974** 217.

9 So auch Radtke/Hohmann/*Reinhart* 2; SK/*Wohlers* 3; Meyer-Goßner/*Schmitt* 2 und KK/*Laufhütte* 3; diff. *Remagen-Kemmerling* 74.

10 LR/*Dünnebier*[23] 4.

11 Oben § 138a, 19.

12 Vgl. oben Rn. 1.

6 **4. Keine Abwägung.** Für eine weiter gehende Abwägung ist – wiederum entgegen der hier noch von *Dünnebier*[13] befürworteten Auslegung – kein Raum. Die Vorschrift eröffnet kein Ermessen oder einen weiter gehenden Beurteilungsspielraum. Andernfalls müsste es in § 138b heißen, dass der Verteidiger ausgeschlossen werden „könne" oder „dürfe".[14]

7 **5. Aufhebung der Ausschließung (Satz 2).** Nachdem § 138a Abs. 3 S. 1 um die Aufhebungstatbestände der Nummern 2 und 3 erweitert worden war, die nur für § 138a Abs. 1 und 2, nicht aber für § 138b Bedeutung haben, wurde auch der Text des Satzes 2 dahin geändert, dass (nur) § 138a Abs. 3 Satz 1 Nr. 1 entsprechend gilt.[15] Die gegenüber der alten Fassung „gilt entsprechend" erhobenen Bedenken[16] erneuern sich hier, wenn auch in anderer Gestalt. Denn die durch den globalen Verweis mitgemeinte **Einschränkung** (die Ausschließung ist nicht allein deshalb aufzuheben, weil der Beschuldigte auf freien Fuß gesetzt worden ist)[17] ist **ohne** jeden **Inhalt**, weil die Verwahrung überhaupt nicht Tatbestandsmerkmal des hiesigen Satzes 1 ist. Nur wenn dies der Fall wäre, könnte ohne den Jedoch-Halbsatz des § 138a Abs. 3 Satz 1 Nr. 1 der Wegfall der Verwahrung als Aufhebungsgrund in Betracht gezogen werden. Da somit der „jedoch"-Halbsatz für § 138b nicht gilt, kann die entsprechende Anwendung nur zu dem Ergebnis führen, dass § 138a Abs. 3 Satz 1 Nr. 1 in folgendem, rechtstaatlich nach dem Prinzip der Erforderlichkeit völlig selbstverständlichen Sinne anzuwenden ist:[18] Die Ausschließung ist **aufzuheben, sobald** ihre **Voraussetzungen nicht** mehr **vorliegen.**

8 Für die danach allein zu beantwortende Frage, ob die Voraussetzungen der Ausschließung nicht mehr vorliegen, gilt der **Verfahrensbegriff** des § 138a.[19] Im Übrigen kann es sich nur darum handeln, ob nunmehr **bessere Erkenntnisse** nicht mehr die Annahme begründen, dass die Mitwirkung des Verteidigers die Sicherheit der Bundesrepublik Deutschland gefährden würde. Die beteiligten Behörden müssen dauernd bemüht bleiben, die Erkenntnisse so zu verbessern, dass sobald als möglich Klarheit geschaffen, an Stelle der Annahme also eine Annäherung an die „Sicherheit" bewirkt oder die Annahme ausgeräumt wird. Zur Aufhebung berechtigen nicht nur neue Erkenntnisse, also eine Änderung der dem Gericht bei der Entscheidung bekannten Tatsachengrundlage, sondern auch die bei gleichbleibender Tatsachengrundlage aufgrund neuer Überlegungen jetzt gewonnene Überzeugung des Gerichts (natürlich ggf. mittlerweile auch in anderer Besetzung), es habe zu Unrecht auf eine Gefahr geschlossen.[20]

§ 138c
Zuständigkeit für die Ausschließungsentscheidung

(1) [1]Die Entscheidungen nach den §§ 138a und 138b trifft das Oberlandesgericht. [2]Werden im vorbereitenden Verfahren die Ermittlungen vom Generalbundesanwalt geführt oder ist das Verfahren vor dem Bundesgerichtshof anhängig,

---

13 LR/*Dünnebier*[23] 6.

14 I. d. S. auch BTDrucks. **7** 2526 S. 21 = AnwBl. **1974** 217.

15 Vgl. OLG Düsseldorf NStZ-RR **1998** 336.

16 S. bereits LR/*Dünnebier*[23] 7.

17 S. oben § 138a, 99.

18 S. oben § 138a, 98.

19 S. oben § 138a, 10 ff.

20 So wohl auch SK/*Wohlers* 4; Meyer-Goßner/*Schmitt* 3; AnwK/*Krekeler*/*Werner* 2. **A. A.** früher LR/*Dünnebier*[23] 8.

https://doi.org/10.1515/9783110630244-006

so entscheidet der Bundesgerichtshof. [3]Ist das Verfahren vor einem Senat eines Oberlandesgerichtes oder des Bundesgerichtshofes anhängig, so entscheidet ein anderer Senat.

(2) [1]Das nach Absatz 1 zuständige Gericht entscheidet nach Erhebung der öffentlichen Klage bis zum rechtskräftigen Abschluß des Verfahrens auf Vorlage des Gerichts, bei dem das Verfahren anhängig ist, sonst auf Antrag der Staatsanwaltschaft. [2]Die Vorlage erfolgt auf Antrag der Staatsanwaltschaft oder von Amts wegen durch Vermittlung der Staatsanwaltschaft. [3]Soll ein Verteidiger ausgeschlossen werden, der Mitglied einer Rechtsanwaltskammer ist, so ist eine Abschrift des Antrages der Staatsanwaltschaft nach Satz 1 oder die Vorlage des Gerichts dem Vorstand der zuständigen Rechtsanwaltskammer mitzuteilen. [4]Dieser kann sich im Verfahren äußern.

(3) [1]Das Gericht, bei dem das Verfahren anhängig ist, kann anordnen, daß die Rechte des Verteidigers aus den §§ 147 und 148 bis zur Entscheidung des nach Absatz 1 zuständigen Gerichts über die Ausschließung ruhen; es kann das Ruhen dieser Rechte auch für die in § 138a Abs. 4 und 5 bezeichneten Fälle anordnen. [2]Vor Erhebung der öffentlichen Klage und nach rechtskräftigem Abschluß des Verfahrens trifft die Anordnung nach Satz 1 das Gericht, das über die Ausschließung des Verteidigers zu entscheiden hat. [3]Die Anordnung ergeht durch unanfechtbaren Beschluß. [4]Für die Dauer der Anordnung hat das Gericht zur Wahrnehmung der Rechte aus den §§ 147 und 148 einen anderen Verteidiger zu bestellen. [5]§ 142 Absatz 5 bis 7 gilt entsprechend.

(4) [1]Legt das Gericht, bei dem das Verfahren anhängig ist, gemäß Absatz 2 während der Hauptverhandlung vor, so hat es zugleich mit der Vorlage die Hauptverhandlung bis zur Entscheidung durch das nach Absatz 1 zuständige Gericht zu unterbrechen oder auszusetzen. [2]Die Hauptverhandlung kann bis zu dreißig Tagen unterbrochen werden.

(5) [1]Scheidet der Verteidiger aus eigenem Entschluß oder auf Veranlassung des Beschuldigten von der Mitwirkung in einem Verfahren aus, nachdem gemäß Absatz 2 der Antrag auf Ausschließung gegen ihn gestellt oder die Sache dem zur Entscheidung zuständigen Gericht vorgelegt worden ist, so kann dieses Gericht das Ausschließungsverfahren weiterführen mit dem Ziel der Feststellung, ob die Mitwirkung des ausgeschiedenen Verteidigers in dem Verfahren zulässig ist. [2]Die Feststellung der Unzulässigkeit steht im Sinne der §§ 138a, 138b, 138d der Ausschließung gleich.

(6) [1]Ist der Verteidiger von der Mitwirkung in dem Verfahren ausgeschlossen worden, so können ihm die durch die Aussetzung verursachten Kosten auferlegt werden. [2]Die Entscheidung hierüber trifft das Gericht, bei dem das Verfahren anhängig ist.

Schrifttum

Siehe bei § 138a.

Entstehungsgeschichte

Die Vorschrift wurde durch Art. 1 Nr. 6 des 1. StVRErgG eingefügt.[1] Durch Art. 2 Nr. 2 Buchst. b des StGBÄndG wurden in den Absatz 2 und 3 Klarstellungen vorgenommen, die sich auf das Vorgehen nach dem rechtskräftigen Abschluss des Verfahrens beziehen.

1 Dazu bereits ausf. § 138a (Entstehungsgeschichte).

Durch dasselbe Gesetz kam der jetzige Absatz 5 über die selbstständige Fortführung des Verfahrens hinzu. Eine Ergänzung zur Frage des Ruhens des Verfahrens brachte Art. 1 Nr. 8 StPÄG **1978** mit Absatz 3 Satz 1 Hs. 2. Durch das Gesetz vom 31.8.**1998**[2] wurden schließlich die Sätze 3 und 4 des Absatzes 2 sowie durch Art. 1 Nr. 4 des Opferrechtsreformg vom 24.6.**2004**[3] Absatz 2 Satz 4 („Dieser ...") geändert.

Im Referentenentwurf eines Gesetzes zur Neuregelung des Rechts der notwendigen Verteidigung des Bundesministeriums der Justiz und für Verbraucherschutz vom 11.10.**2018**[4] war noch vorgesehen, in Absatz 3 Satz 5 die Angabe „§ 142" durch die Wörter „§ 142 Absatz 3-5" als redaktionelle Folgeänderung zu ersetzen. Der Verweis sollte damit auf die Absätze des neu zu fassenden § 142 StPO-RefE beschränkt werden, die das Verfahren der Auswahl, den Kreis bestellbarer Verteidiger und – in Absatz 5 – die Statthaftigkeit der sofortigen Beschwerde betraf. Mit den Änderungen über die Vorschrift des § 142 zu Zuständigkeit und Bestellungsverfahren bei notwendiger Verteidigung bis hin zum Regierungsentwurf des gleichen Gesetzes[5] wurde der Verweis zum 13.12.**2019** auf „§ 142 Absatz 5-7" geändert.[6] Die Verweisung umfasst damit jetzt auch § 142 Abs. 7 StPO, der eine im geltenden Recht nicht vorhandene Regelung zur Statthaftigkeit der sofortigen Beschwerde gegen die Bestellung enthält. Dies dient der Vereinheitlichung der Rechtsmittel gegen die Bestellung eines Pflichtverteidigers.[7]

Übersicht

---

2 BGBl. I S. 2585, 2598.

3 BGBl. I S. 1354.

4 https://www.bmjv.de/SharedDocs/Gesetzgebungsverfahren/DE/notwendige_Verteidigung.html (zuletzt abgerufen am 1.9.2019), S. 28.

5 BRDrucks. 364 **19** S. 2.

6 BGBl. I S. 2128.

7 BRDrucks. 364 **19** S. 28.

1. Zuständigkeit (Abs. 1)

a) Strafgerichtsbarkeit. Nicht die Berufsgerichtsbarkeit, sondern die **ordentlichen Gerichte** sind für die Ausschließung für zuständig erklärt worden. Die Begründung, dass über den Inhalt und die Tragweite strafprozessualer Bestimmungen zu entscheiden sei, greift aber, wie etwa § 112c Abs. 1 Satz 1 BRAO zeigt,[8] zu kurz. Aufgrund der fragmentarischen Regelungen der Strafprozessordnung wird die spezifische Tätigkeit des Verteidigers dort weder begrifflich noch wenigstens exemplifizierend hinreichend fixiert.[9] Die theoretische Alternative, *de lege ferenda* in Anknüpfung an ältere Überlegungen zu einer Neufassung von § 161a BRAO (Gegenständlich beschränktes Vertretungsverbot) die Festlegung der Grenzen zulässigen Verteidigerhandelns auch als Ausdruck der Präponderanz autonomer Berufsbildfixierung (Art. 12 Abs. 1 GG) im Ganzen zu einer Aufgabe der **Berufsgerichtsbarkeit** zu machen, würde aber ihrerseits ein hinreichend präzises Berufsrecht erfordern.[10] 1

b) Zuständiges Gericht. Zuständig ist grundsätzlich das **OLG** – ausnahmsweise der BGH in erster Instanz[11] – und nachfolgend der **BGH** als Beschwerdeinstanz. Zuständig ist ferner für die Entscheidung über das **Ruhen** nach Absatz 3 Satz 1 das **Gericht der Hauptsache**, bei dem das Verfahren anhängig ist. 2

aa) OLG. Die Entscheidung, einen Verteidiger von der Mitwirkung in einem Verfahren auszuschließen, trifft grundsätzlich das OLG (Satz 1). Die Grundidee ist insoweit die begrüßenswerte Verlagerung der **Entscheidungszuständigkeit weg vom Tatrichter**, der häufig selbst involviert ist.[12] Das OLG entscheidet grundsätzlich im vorbereitenden Verfahren (§§ 158–177), solange das Verfahren bei dem Amtsgericht (§ 24 GVG), der Strafkammer (§ 74 Abs. 1; § 74 Abs. 2; § 74c; § 74b GVG) und dem OLG in erster Instanz (§ 120 Abs. 1, 2 und 6 GVG) oder im Revisionsverfahren (§ 333; § 121 Abs. 1 Nr. 1 GVG) anhängig ist, sowie im Nachverfahren und in der Strafvollstreckung, wenn nicht der Generalbundesanwalt Vollstreckungsbehörde ist. Ist das Verfahren bei dem OLG anhängig, entscheidet aber ein anderer Senat (Satz 3), der durch die Geschäftsverteilung (§ 21c Abs. 1 Satz 1 GVG) zu bestimmen ist. **Anhängig** wird das Verfahren beim OLG, wenn es mit der Sache befasst wird. Das ist der Fall, wenn – ist die öffentliche Klage beim Amtsgericht erhoben – die Akten auf die Revision hin (§ 347 Abs. 2) beim OLG eingegangen sind.[13] Glei- 3

8 Mit dieser Begründung hätte die verwaltungsgerichtliche Berufsgerichtsbarkeit der Verwaltungsgerichtsbarkeit zugeschlagen werden müssen, was ausweislich des Vierten Abschnitts des Fünften Teils der BRAO gerade nicht geschehen ist.

9 Vgl. Vor § 137, 8.

10 Dazu *Jahn* JZ **2006** 1134, 1136; *ders.* (Konfliktverteidigung) 155 f.

11 Sogleich Rn. 5.

12 *J. Schulz* StV **1991** 354, 361; *Jahn* (Konfliktverteidigung) 269 sowie oben § 138a, 53 und unten Rn. 27.

13 Vgl. LR/*Hilger*[26] § 125, 15.

ches gilt, sobald bei dem OLG in den Fällen des § 120 Abs. 1, 2 GVG die öffentliche Klage erhoben worden ist.

4 Im Übrigen bereitet es keine besondere Schwierigkeit, das **zuständige OLG** festzustellen: Zuständig ist dasjenige OLG, das dem erkennenden Gericht im Instanzenzug vorgesetzt ist. Im vorbereitenden Verfahren ist das – in entsprechender Anwendung von § 141 Abs. 4 – das OLG, das dem Gericht im Instanzenzug vorgesetzt ist, welches für das Hauptverfahren zuständig wäre. Im Fall des § 138a Abs. 1 Nr. 2 richtet sich die Zuständigkeit, wenn gegen den Beschuldigten mehrere Verfahren laufen, nach dem Verfahren, in dem die Untersuchungshaft angeordnet worden ist. Führt der Generalbundesanwalt die Ermittlungen (§ 142a Abs. 1, 3 GVG), ist das OLG gemäß § 120 Abs. 1 GVG zuständig (§ 142a Abs. 1 GVG).

5 **bb) BGH.** Nur ausnahmsweise ist der BGH zuständig. Einmal ist seine Zuständigkeit gegeben, wenn im vorbereitenden Verfahren (§§ 158–177) die Ermittlungen vom Generalbundesanwalt geführt (§ 142a Abs. 1, 3 GVG) werden.[14] Zum anderen ist der BGH zuständig, wenn das Verfahren nach eingelegter Revision (§ 333; § 135 Abs. 1 GVG) bei ihm bereits **anhängig** ist. Ist das Verfahren beim BGH anhängig, entscheidet ein anderer Senat (Satz 3), der durch die Geschäftsverteilung (§ 21e Abs. 1 Satz 1, Abs. 3 Satz 1 GVG) zu bestimmen ist.[15]

6 **cc) Nach- und Vollstreckungsverfahren.** Wer im **Nach- und Vollstreckungsverfahren** zuständig ist, wenn das OLG im Wege der Organleihe im Hauptverfahren Gerichtsbarkeit des Bundes nach Art. 96 Abs. 5 GG, § 120 Abs. 6 GVG ausgeübt hat, ist – wie überhaupt die gerichtliche Zuständigkeit im Nach- und Vollstreckungsverfahren – nicht bestimmt. Es ist richtigerweise auf die Zuständigkeit der **Vollstreckungsbehörde** abzustellen.[16] Vollstreckungsbehörde ist der Generalbundesanwalt beim BGH in Sachen, in denen im ersten Rechtszug in Ausübung von Gerichtsbarkeit des Bundes entschieden worden ist (§ 4 Nr. 3 StVollstrO; vgl. § 9 Abs. 2, § 24 Abs. 5 StVollstrO). Hat der GBA die Sache an die Landesstaatsanwaltschaft abgegeben (§ 142a Abs. 2 und 4 GVG), liegen die Voraussetzungen nicht mehr vor. Dann ist also das OLG zuständig.

7 **2. Zu treffende Entscheidungen (Abs. 1).** Die Vorschriften der § 138a Abs. 1, 2, § 138b Satz 1 enthalten die materiellen Voraussetzungen für die **Ausschließung** eines Verteidigers, diejenigen in § 138a Abs. 3, § 138b Satz 2 regeln die **Aufhebung** der Ausschließung. Dieser systematischen Zweiteilung müssten die Verfahrensvorschriften der §§ 138c Abs. 1, 2, 138d gerecht werden. Die Entscheidungen nach § 138c Abs. 1 scheinen daher sowohl solche über die Ausschließung als auch über deren Aufhebung zu sein. Aus § 138d Abs. 1 („Über die *Ausschließung* ... wird ... entschieden") ergibt sich indessen, dass die Verfahrensvorschriften des § 138d Abs. 1 bis 6 sich nur auf das Verfahren über die Ausschließung des Verteidigers beziehen. Deshalb **fehlt** es **für** die Entscheidung über die **Aufhebung** nach den §§ 138a Abs. 3, 138b Satz 2 **an Verfahrensvorschriften.**[17]

---

14 Wie hier SK/*Wohlers* 4. **A. A.** BGHSt **38** 52, 53 unter Hinweis auf die nicht ganz eindeutigen Materialien (BTDrucks. **7** 2526 S. 22).

15 S. schon soeben Rn. 3.

16 Wie hier SK/*Wohlers* 6. **A. A.** wiederum (soeben Rn. 5) die h. M., vgl. BGHSt **38** 52, 53 f.; SSW/*Beulke* 4; KK/*Laufhütte*/*Willnow* 1; Meyer-Goßner/*Schmitt* 1; *Pfeiffer* 1.

17 OLG Frankfurt NStZ-RR **2011** 149 f.; vgl. zu den Konsequenzen im Einzelnen unten Rn. 48 ff.

3. Veranlassung der Entscheidung (Abs. 2)

a) Im vorbereitenden Verfahren. Im vorbereitenden Verfahren (§§ 158–177) entscheidet das zur Ausschließung zuständige Gericht[18] auf **Antrag** der **Staatsanwaltschaft** (Satz 1 a. E.). Deshalb ist im Weiteren zu differenzieren: 8

Werden die Ermittlungen vom **Generalbundesanwalt** beim BGH geführt, legt dieser die Akten vor; wenn sie vom **Generalstaatsanwalt** bei einem OLG geführt werden, jener. Werden die Ermittlungen selbstständig vom **Finanzamt** oder Hauptzollamt geführt (§ 386 Abs. 2 AO), stellt dieses den Antrag, § 399 Abs. 1 AO.[19] Sofern die Ermittlungen von der **Staatsanwaltschaft** bei dem LG geführt werden, legt diese die Akten über die Generalstaatsanwaltschaft vor. Diese kann, wenn sie die Ansicht der vorlegenden Staatsanwaltschaft nicht teilt, jedoch die **Überprüfung der Vorlage** durch den Leitenden Oberstaatsanwalt beim LG verlangen. Beharrt dieser auf der Vorlage, kann der Generalstaatsanwalt diese dadurch verhindern, dass er die weiteren Amtsverrichtungen der Staatsanwaltschaft in dieser Sache selbst übernimmt (§ 145 Abs. 1 GVG). Im Prinzip kann der Generalstaatsanwalt aber auch, weil die Ausschließung keine Maßnahme der Strafverfolgung ist und deshalb nicht dem Legalitätsprinzip unterliegt, die Weisung erteilen (§ 146 GVG), die Akten nicht dem OLG vorzulegen. Praktisch wird das aber nur bei § 138a Abs. 1 Nr. 2 Var. 2 angängig sein. In den übrigen Fällen besteht eine Anklagepflicht der Staatsanwaltschaft, so dass eine abweichende Behandlung der Frage einer Ausschließung *venire contra factum proprium* wäre. Dem Unterlassen der Anklage kann der Generalstaatsanwalt damit letztlich nur mit der Übernahme der Amtsverrichtungen, nicht im Wege der Weisung entgegentreten.[20] 9

b) Nach Erhebung der öffentlichen Klage. Das Gericht, bei dem das Verfahren anhängig geworden ist, also das **mit der Sache befasste Gericht** i. S. d. § 126 Abs. 2 Satz 1, legt dem zur Ausschließung zuständigen Gericht (Absatz 1) nach Erhebung der öffentlichen Klage die Akten zur Entscheidung über die Ausschließung von Amts wegen durch Vermittlung der Staatsanwaltschaft oder auf **Antrag der Staatsanwaltschaft** vor, Satz 2.[21] Dies gilt selbst dann, wenn der Rechtsanwalt vor Eröffnung des Hauptverfahrens gegen ihn selbst von einem Mitbeschuldigten zum Verteidiger gewählt wird.[22] Da dieser Antrag ausdrücklich erwähnt wird, hat er nicht nur die Wirkung einer Anregung. Der Vorlagebeschluss ist vielmehr eine **Prozessvoraussetzung**, die für die Entscheidung **obligatorisch** ist.[23] Die **Umdeutung** eines auf Antrag der Staatsanwaltschaft erfolgten Vorlagebeschlusses in einen von Amts wegen erfolgten Vorlagebeschluss ist entgegen seinem eindeutigem Wortlaut **nicht möglich.**[24] 10

aa) Prüfungs- und Entscheidungskompetenz. Wie sich aus Satz 2 ergibt, „erfolgt" die Vorlage. Das Gericht „hat" demnach vorzulegen. Es kann die Vorlage auch dann nicht verweigern, wenn es sie nach eigener Prüfung aus sachlichen Gründen für nicht geboten hält. Für das mit dem Antrag der Staatsanwaltschaft konfrontierte Gericht be- 11

---

18 Vgl. Rn. 2 ff.
19 OLG Karlsruhe JR **1976** 205 m. Anm. *Rieß*.
20 *Dünnebier* JZ **1958** 417; *ders.* JZ **1961** 341; *ders.* RuP **1973** 121.
21 Ausf. *Frye* wistra **2005** 86, 89.
22 OLG Hamm Beschl. v. 1.4.2008 – 2 Ws 343/07, juris, Tz. 9 ff.
23 OLG Celle NStZ-RR **2015** 80, 81; OLG Jena NStZ **2005** 49 f.
24 KG Beschl. v. 28.6.2001 – 4 ARs 68/01; ausdr. offen gelassen von BGH Beschl. v. 25.3.2009 – 2 ARs 58/09, juris Tz. 2.

steht also **keine negative Entscheidungskompetenz.**[25] Auch die Entstehungsgeschichte des § 138c spricht für die hier vertretene Auffassung. In der amtlichen Begründung des Entwurfs eines Zweiten Gesetzes zur Reform des Strafverfahrensrechts,[26] aus dem die Vorschrift des § 138c durch Art. 1 Nr. 6 des 1. StVRErgG entnommen und in die StPO eingefügt wurde, heißt es: „Stellt die Staatsanwaltschaft einen entsprechenden Antrag, so ist das mit der Sache befaßte Gericht ohne eine Überprüfung des Antrags zur Vorlage an das zur Entscheidung über die Ausschließung befugte Gericht verpflichtet. Eine Prüfung des Antrags ist ausgeschlossen, da dies einer Vorentscheidung durch das erkennende Gericht gleichkommen würde". Die durch StGBÄndG und StPÄG 1978 später vorgenommenen Änderungen des § 138c waren nur noch sprachlicher Natur. Eine Neuregelung des Vorlageverfahrens sollte nicht erfolgen.

12 Zu Recht wird zudem darauf hingewiesen,[27] dass bei einer **Prüfungskompetenz des Gerichts,** das mit dem Verfahren befasst ist, von dem der Verteidiger eventuell auszuschließen ist, die Staatsanwaltschaft bei Differenzen der Auffassung auf die Revision warten müsste (§§ 305 Satz 1, 326 Satz 1, 337), um die unterlassene Vorlage an das Obergericht rügen zu können. Demgegenüber muss der Formaleinwand,[28] das erkennende Gericht dürfe nicht als bloßer Bote erscheinen, zurücktreten. Der vergleichbare Fall des § 122 Abs. 1 Hs. 2 liegt anders. Dort hat die Vorlage durch das Gericht den Sinn, dass es vorher prüfen kann, ob es den Haftbefehl aufhebt oder seinen Vollzug aussetzt und damit das Vorlageverfahren überflüssig macht.[29] Eine solche Entscheidung des erkennenden Gerichts soll aber durch das Zwischenverfahren nach § 138a ff. gerade vermieden werden. § 122 Abs. 1 Hs. 2 liefert also nicht das *argumentum e contrario*, sondern ein *argumentum a minore ad maius*.

13 **bb) Inhaltliche Mindestanforderungen an den Beschluss.** Die Vorlage hat die Form eines **Beschlusses.** Er muss nach st. Rspr. der Obergerichte **inhaltlichen Mindestanforderungen** genügen. Der Antrag der Staatsanwaltschaft sowie der Vorlagebeschluss des erkennenden Gerichts müssen inhaltlich begründet werden und die Vorschrift, auf die der Ausschluss gestützt werden soll, ist ausdrücklich anzugeben.[30] Daneben müssen sie die Beweismittel und die objektiven und subjektiven Tatsachen im Einzelnen **substantiiert mitteilen**, aus denen sich im Falle des Nachweises das den Ausschluss rechtfertigende Verhalten des Verteidigers ergeben soll (**Umgrenzungsfunktion** der Antragsschrift).[31] Ein Antrag oder eine Vorlage, die diesen Mindestanforderungen nicht genügen und nicht **aus sich heraus verständlich** sind, können *a limine* als

---

25 OLG Düsseldorf AnwBl. **1997** 566; OLG Karlsruhe NStZ **1983** 281 m. zust. Anm. *Bohnert*; Meyer-Goßner/*Schmitt* 7; HK/*Julius*/*Schiemann* 4; KK/*Laufhütte*/*Willnow* 5; AK/*Stern* 11; KMR/*Haizmann* 8. **A. A.** an dieser Stelle noch LR/*Dünnebier*[23] 9 und wohl auch OLG Koblenz NJW **1978** 2521. Nicht ganz deutlich wird, ob der *Senat* eine Befugnis des erkennenden Gerichts, den Antrag der Staatsanwaltschaft zurückzuweisen, wirklich annehmen will, oder nur die Erlaubnis einer Stellungnahme meint.

26 BTDrucks. **7** 2526 S. 22 = AnwBl. **1974** 214.

27 *Bohnert* NStZ **1983** 282, 283.

28 So früher KK/*Laufhütte*[2] (1987) 5.

29 Vgl. LR/*Hilger*[26] § 122, 6.

30 OLG Düsseldorf StV **1997** 459; StraFo **1998** 304.

31 OLG Bamberg StV **2014** 8, 9; OLG Jena NJW **2009** 1894, 1895; OLG Brandenburg StV **2008** 66, 67; KG StraFo **2008** 242 f.; OLG Düsseldorf VRS **82** (1992) 35; wistra **1997** 359; StraFo **1998** 119; OLG Hamm NStZ-RR **1999** 50; OLG Karlsruhe NJW **1975** 943 m. Anm. *Rieß* JR **1976** 205; OLG Koblenz OLGSt § 138a Nr. 2; *Rieß* NStZ **1981** 332; Meyer-Goßner/*Schmitt* 9; SK/*Wohlers* 11.

unzulässig verworfen werden.[32] Alternativ kann in **geeigneten Fällen**, wie bei einer Anklageschrift im strafprozessualen Zwischenverfahren (z. B. zur weiteren Sachverhaltserforschung, nicht aber bei reinen Rechtsfragen), die Antragsschrift vom OLG zur Nachbesserung **zurückgegeben werden.**[33] Keinesfalls kann das OLG schon aufgrund der Kürze der zur Verfügung stehenden Zeit aber verpflichtet werden, von sich aus nach den Grundlagen für eine etwaige Ausschließung zu forschen.[34] Deshalb reicht statt der Angabe der Beweismittel eine bloße **Bezugnahme** auf andere Schriftstücke oder **Beiakten** nicht aus.[35]

Nur dann, wenn diese Mindestanforderungen erfüllt sind, ist auch die Begründetheit des Antrags zu prüfen. Nach der Grundregel des § 138d Abs. 1 ist dann bei Vorliegen der übrigen Voraussetzungen **mündlich** zu **verhandeln**. Das weitere Verfahren über die Ausschließung richtet sich dann auch im Weiteren nach dieser Vorschrift.[36] Häufig **scheitern** Ausschlussverfahren jedoch bereits an der **mangelnden Substantiierung** der Vorlagen.[37] Das betrifft insbesondere die Angaben zu den Beweismitteln zur **inneren Tatseite.**[38] Denn Verteidigerverhalten ist typischerweise auf die Entlastung des Angeklagten ausgerichtet.[39] Strafverteidigung ist wesensmäßig Vereitelung von Strafe i. S. d. § 138a Abs. 1; dies lässt sich nur um den Preis abenteuerlicher Begrifflichkeiten bestreiten.[40] 14

cc) Verfahrensfragen. Legt das mit der Sache befasste Gericht die Akten **vor Beginn** der **Hauptverhandlung** (§ 243 Abs. 1 Satz 1) vor, entscheidet es in Beschlussbesetzung (§ 30 Abs. 2; § 76 Abs. 1; § 122 Abs. 1 GVG). Legt es die Akten **während** der **Hauptverhandlung** – auch einer Berufungshauptverhandlung (§§ 324 ff.) – vor, dann entscheiden das Schöffengericht (§ 30 Abs. 1 GVG) und die Strafkammer mit Schöffen (§ 76 Abs. 2 GVG), das OLG mit fünf Mitgliedern einschließlich des Vorsitzenden, soweit nicht die Hauptverhandlung in reduzierter Besetzung stattfindet (§ 122 Abs. 2 Satz 2 GVG). Die Hauptverhandlung darf **nicht** ohne Weiteres, etwa um die Schöffen auszuschalten, für das Vorlegungsverfahren **unterbrochen** werden.[41] Zum einen fehlt es dazu an einer Vorschrift. Zum anderen folgt das aus dem Aufbau des § 138c, denn nach Absatz 4 Satz 1 hat das Gericht zugleich mit der Vorlage die Hauptverhandlung zu unterbrechen oder auszusetzen. Das bedeutet aber, dass alles, was vor der Unterbrechung liegt, 15

32 Vgl. KG NStZ-RR **2016** 18; StraFo **2008** 242, 243; NJW **2006** 1537; KG Beschl. v. 25.7.2001 – 4 ARs 73/01; OLG Celle NStZ-RR **2015** 80, 81; OLG Frankfurt NStZ-RR **2003** 238; OLG Köln StraFo **1999** 233, 235; OLG Düsseldorf JZ **1986** 408; MDR **1983** 339; OLG Koblenz NJW **1978** 2521; JR **1980** 477 m. Anm. *Rieß*; Meyer-Goßner/*Schmitt* 9; MüKo/*Thomas/Kämpfer* 8.

33 OLG Düsseldorf StraFo **1998** 305; *Fezer* GedS Meyer 87; Meyer-Goßner/*Schmitt* 9; AnwK/*Krekeler/Werner* 4 a. E. Erg. unten § 138d, 4.

34 OLG Rostock Beschl. v. 2.4.2015 – 20 Ws 74/15, juris Tz. 11, StV **2016** 142 (Ls.); OLG Jena NJW **2009** 1894 f.; OLG Düsseldorf wistra **1997** 239; OLG Celle NJW **1997** 1167, 1168; Meyer-Goßner/*Schmitt* 9.

35 KG NJW **2006** 1537; KG Beschl. v. 25.7.2001 – 4 ARs 73/01; OLG Jena NStZ **2005** 49 m. abl. Anm. *Frye*; OLG Hamm NStZ-RR **1999** 50; OLG Rostock Beschl. v. 27.6.2000 – I Ws 209/01; Beschl. v. 2.4.2015 – 20 Ws 74/15, juris Tz. 14, StV **2016** 142 (Ls.); MK/*Thomas/Kämpfer* 8. In diesem Punkt differenzierend zwischen der Vorlage von Amts wegen und der Vorlage auf Antrag der Staatsanwaltschaft *Frye* wistra **2005** 86, 89.

36 Im Einzelnen unten § 138d, 3 ff.

37 Generell dazu soeben Rn. 13.

38 Prototypisch OLG Bamberg StraFo **2012** 187 und KG StraFo **2008** 242.

39 OLG Celle StV **2016** 141; OLG Bamberg StV **2014** 8, 9; OLG Jena NJW **2009** 1894, 1895, OLG Brandenburg StV **2008** 66, 67.

40 Grdlg. dazu schon § 138a, 30.

41 *Dünnebier* NJW **1976** 3; KMR/*Haizmann* 7. **A. A.** Meyer-Goßner/*Schmitt* 8.

in der laufenden Hauptverhandlung und aus diesem Grund vom voll besetzten Gericht entschieden werden muss. Das erfasst auch die Vorlage. Zwar hat das Gericht die Hauptverhandlung zugleich mit dem Akt der Vorlage zu unterbrechen, aber doch erst, nachdem es diese Vorlage – vor der Unterbrechung – beschlossen hat. Die Unterbrechung ist also erst die Folge der Vorlegung. Sie darf nicht beschlossen werden, um zu prüfen, ob eine Vorlegung geboten ist. Wird gleichwohl so verfahren, so wird das **Recht auf** den **gesetzlichen Richter** nach Art. 101 Abs. 1 Satz 2 GG verletzt.

16 **c) Nach Rechtskraft des Urteils.** Nach Eintritt der Rechtskraft entscheidet das zur Ausschließung zuständige Gericht wieder auf Antrag der Staatsanwaltschaft. Das Wort „sonst" in Abs. 2 Satz 1 hat den gleichen Inhalt wie in Absatz 3 Satz 2 die Worte „vor Erhebung der Klage und nach rechtskräftigem Abschluß des Verfahrens".

17 **d) Mitteilung an die Rechtsanwaltskammer.** Nach Satz 3 ist der Antrag der Staatsanwaltschaft oder die Vorlage des Gerichts dem **Vorstand** derjenigen **Rechtsanwaltskammer** mitzuteilen, welcher der Rechtsanwalt angehört, wenn ein solcher – was der Regelfall ist – ausgeschlossen werden soll. Das Gesetz spricht von einer **Abschrift** des Antrags der Staatsanwaltschaft und von der Vorlage des Gerichts selbst. Tatsächlich erhält die Rechtsanwaltskammer natürlich auch nicht die Urschrift der Vorlage, die ja an das zur Entscheidung über die Ausschließung zuständige Gericht geht; deshalb ist die Erwähnung der Abschrift überflüssig. Gegenstand der Mitteilung (§ 35 Abs. 2 Satz 2) ist stets eine Abschrift oder Ausfertigung der Entscheidung. Wer die Mitteilung **veranlasst**, sagt das Gesetz nicht, doch gilt § 36 Abs. 1 entsprechend.[42] Danach ordnet der **Vorsitzende** die Mitteilung an, und die Geschäftsstelle führt die Anordnung aus. § 36 Abs. 1 regelt zwar nur die Zustellung, aber die Mitteilung ist eine Ersatzform der Zustellung (§ 35 Abs. 2). Auch spricht § 36 Abs. 1 nur von Entscheidungen, doch muss man die Vorschrift, wenn Sonderregelungen fehlen, auch auf andere Willensäußerungen des Gerichts anwenden, wenn man nicht, wie dies hier geschieht (§ 35 Satz 1), unter Entscheidungen auch die prozessleitenden Verfügungen versteht. Da auch die **Staatsanwaltschaft** Zustellungsbehörde ist – wie sich aus § 36 Abs. 2 ergibt[43] – kann die Staatsanwaltschaft ihren Antrag dem Vorstand **selbst mitteilen.**

18 Über die **Mitteilung** an den **Verteidiger** und an die **sonst Beteiligten** wird weder in Absatz 2 noch in § 138d etwas gesagt; auch § 35 ist nichts zu entnehmen. Die Mitteilung ist aber erforderlich,[44] damit sich die Beteiligten, namentlich der Verteidiger, auf die mündliche Verhandlung (§ 138d Abs. 1-5) vorbereiten können. Deshalb ist sie Ausfluss des grundrechtsgleichen Rechts auf **rechtliches Gehör** (Art. 103 Abs. 1 GG). Da die Ladungsfrist sehr kurz sein kann (§ 138d Abs. 2 Satz 2 Hs. 2), muss die Mitteilung **alsbald** veranlasst werden. Sie sollte, durch das OLG oder den BGH, keinesfalls erst *uno actu* mit der Ladung des Verteidigers zum Termin oder mit der Benachrichtigung der Beteiligten von diesem (§ 138d Abs. 2) verbunden werden.[45]

19 **e) Beteiligung des Vorstands der Rechtsanwaltskammer (Abs. 2 Satz 4).** Dem **Vorstand** der **zuständigen Anwaltskammer** muss zur umfassenden Sachaufklärung

42 So auch Meyer-Goßner/*Schmitt* 10.

43 LR/*Graalmann-Scheerer* § 36, 10.

44 So auch Meyer-Goßner/*Schmitt* 10; KMR/*Müller* 7.

45 Im Ergebnis wie hier MK/*Thomas/Kämpfer* 11; SK/*Wohlers* 16; KMR/*Müller* 7. **A. A.** *Meyer-Goßner/Schmitt* 10; Radtke/Hohmann/*Reinhart* 10; nach dieser Auffassung allerdings zumindest „unverzüglich" nach Eingang beim OLG bzw. BGH.

eine Abschrift des Antrags der Staatsanwaltschaft[46] oder der Vorlage des Gerichts[47] mitgeteilt werden.[48] Diese **Mitteilung** genügt. Auf den Zweck, sich im Verfahren zu äußern, braucht dabei nicht hingewiesen zu werden, weil dem Kammervorstand der Zweck der Mitteilung der Abschrift bekannt ist. Ihm ist auch keine Frist zu setzen. Er bestimmt selbst, ob er sich äußert, und wann er es tut. Damit obliegt ihm die **volle Disposition** darüber, ob er sich zeitlich schon vor oder erst in der mündlichen Verhandlung äußert und auch, wie er die Äußerung anbringt – schriftlich oder beim Gehör in der mündlichen Verhandlung – oder gegebenenfalls durch wen er sie anbringen lässt. Mit der Äußerung ist die Beteiligung des Vorstands der Rechtsanwaltskammer erschöpft. Die **Beschwerde** steht ihm **nicht** zu (§ 138d Abs. 6 Satz 2).

f) Unterbrechung oder Aussetzung der Hauptverhandlung (Abs. 4). Stellt die Staatsanwaltschaft den Antrag, muss sie die Akten beifügen. Legt das Gericht die Akten während des Zwischenverfahrens (§§ 199 Abs. 1, 201, 202) vor, **ruht** dieses von selbst; es ist nichts zu veranlassen. Dasselbe gilt für die Vorbereitung der Hauptverhandlung nach der Eröffnung; die Hauptverhandlung kann nicht begonnen werden.[49] Legt das Gericht die Akten während der Hauptverhandlung (§§ 226–275) vor, ist diese zu unterbrechen oder auszusetzen. Die Befugnis dazu ergibt sich aus §§ 228, 229, wird aber hier, wie nicht anders möglich, zur **Pflicht** gemacht. Denn es ist nicht zulässig, dem Beschuldigten einen Pflichtverteidiger zu dem Zweck zu bestellen, die Hauptverhandlung zu Ende zu führen.[50] Damit würde nämlich die Entscheidung des nach Absatz 1 zuständigen Gerichts der Sache nach vorweggenommen. Der „alte“ Verteidiger würde von dem mit der Sache befassten Gericht aus dem Verfahren faktisch im Wege prozessualer Überholung ausgeschlossen, ehe das zur Ausschließung zuständige Gericht entschieden hat. 20

aa) Unterbrechung. Die Hauptverhandlung zu **unterbrechen** oder auszusetzen, ist **ohne Ausnahme** gesetzlich vorgeschrieben. Die Verhandlung darf also auch dann nicht weitergeführt werden, wenn der Angeklagte mehrere Verteidiger hat. Dem würde in der Regel auch entgegenstehen, dass die Verteidiger sich die Aufgaben geteilt haben werden (vgl. § 227) und die Übernahme bisher fremder Teile unter dem Druck laufender Hauptverhandlung in einem Verfahrensabschnitt mit ungewissem Ausgang schon nicht erwartet, auf jeden Fall nicht erzwungen werden kann. Die **Unterbrechung** ist – auch wenn es die erste Unterbrechung im Verfahren ist – über die Regelung des § 229 Abs. 1 (dort: drei Wochen) hinaus sogar für **dreißig Tage** zulässig (Abs. 4 Satz 2). Sie gestattet, die Hauptverhandlung am nächsten Werktag nach Ablauf der Unterbrechung wieder fortzusetzen (vgl. § 229 Abs. 4 Satz 1). Daher ist sie der Aussetzung vorzuziehen, wenn die Aussicht besteht, dass innerhalb der Unterbrechungsfrist entschieden werden wird und dass, wenn es zur Ausschließung kommt, ein neuer **Verteidiger** sich **einarbeiten** kann. Das wird jedenfalls in umfangreicheren Hauptverhandlungen immer fraglich sein. Denn zur raschen Einarbeitung werden in der Regel Besprechungen mit dem ausgeschlossenen Verteidiger erforderlich sein und dieser wird dazu nicht jederzeit zur Verfügung stehen. Auf keinen Fall genügt es, dass der neue Verteidiger durch den Vorsitzenden unterrichtet wird. Daher wird, wenn auch die Hauptverhandlung alsbald bis zu dreißig Tagen unterbrochen werden kann, öfter nur die Aussetzung in Betracht kommen. 21

46 S. Rn. 7, 11.
47 S. Rn. 9, 10.
48 Vgl. Rn. 12; zweifelnd AnwK/*Krekeler*/*Werner* 6 a. E.
49 Vgl. KMR/*Müller* 16.
50 Begr. BTDrucks. **7** 2526 S. 23 = AnwBl. **1974** 218.

22 **bb) Aussetzung.** Zur Aussetzung – mit der Notwendigkeit, die Hauptverhandlung neu zu beginnen – kommt es von selbst, wenn die Unterbrechungsfrist überschritten wird (§ 229 Abs. 4 Satz 1). Sonst ist die Aussetzung, auf jeden Fall zu Beginn des Verfahrens, zu wählen. Dies gilt insbesondere dann, wenn die Entscheidung schwierig ist oder wenn damit zu rechnen ist, dass der neue Verteidiger sich ohne den alten nicht einarbeiten kann, dessen Hilfe aber nicht jederzeit zu erwarten ist.[51] Veranlasst ist die Aussetzung auch, wenn der Prozessstoff umfangreich ist, so dass ein neuer Verteidiger, obwohl der alte ihn unterstützt, mehr Zeit braucht, sich einzuarbeiten, als ihm bei einem Monat verbleibt, nachdem das Verfahren des § 138d davon schon die meiste Zeit benötigt hat. Hier wird es also in allen Varianten auf die **Umstände** des **Einzelfalls** ankommen.

23 **g) Beschwerde.** Ist ein Antrag der Staatsanwaltschaft an das mit der Sache befasste Gericht (Satz 2), die Akten dem zur Entscheidung über die Ausschließung zuständigen Gericht (Absatz 1) vorzulegen, von jenem Gericht abgelehnt worden, steht der **Staatsanwaltschaft** gegen die ablehnende Entscheidung die **einfache Beschwerde** zu (§ 304 Abs. 1), sofern die Entscheidung nicht von einem Strafsenat, auch einem erstinstanzlich entscheidenden, erlassen worden ist (§ 304 Abs. 4). Ein Fall des § 305 Abs. 1 liegt nicht vor. Anders wäre es nur dann, wenn das zur Vorlegung aufgeforderte Gericht eine negative Entscheidungskompetenz hätte. Diese besteht aber gerade nicht.[52]

24 Ist die Sache bei einem **OLG** oder beim **BGH** anhängig, entscheiden diese Gerichte gegebenenfalls endgültig, dass das Verfahren des § 138d nicht stattfindet (§ 304 Abs. 4). § 138d Abs. 6 ist nicht entsprechend anwendbar, so dass der Staatsanwaltschaft die **sofortige Beschwerde** an den BGH gegen die Entscheidung des OLG **nicht** eingeräumt ist, wenn der staatsanwaltschaftliche Antrag auf Vorlage (Satz 2) abgelehnt wird. Denn § 138d Abs. 6 ist eine Regel für einen Ausnahmefall. Sie kann nicht, schon gar nicht bei einem derart elaborierten System wie den §§ 138a–d, im Wege der Analogie verallgemeinert werden. Auf der anderen Seite kann man mit dem Gedanken des § 138d Abs. 6 wiederum die nach § 304 Abs. 1 gegebene unbeschränkte Beschwerde gegen amts- und landgerichtliche Ablehnungen **nicht** dadurch **einschränken**, dass man die Beschwerde der Staatsanwaltschaft deshalb auf die Fälle des § 138b begrenzt, weil eine die Ausschließung des Verteidigers nach § 138a ablehnende Entscheidung nicht anfechtbar ist (§ 138d Abs. 6 Satz 3).

4. Ruhen von Verteidigerrechten (Abs. 3)

25 **a) Grundsätzliches.** Wie sich aus der Formulierung „bis zur Entscheidung des ... zuständigen Gerichts" erhellt, enthält die Bestimmung des Absatzes 3 Regeln über eine **vorläufige Maßnahme**, die bei der Vorlage oder während des Entscheidungsverfahrens für dessen Dauer getroffen werden kann. Die vorläufige Maßnahme kann nur einen Teil der Folgen vorwegnehmen, welche die endgültige Entscheidung nach § 138c Abs. 1 Satz 1 i. V. m. § 138a Abs. 1 bewirkt. Die „Rechte des Verteidigers aus den §§ 147, 148" werden also nur insoweit betroffen, als sie zur „Mitwirkung in einem Verfahren" (§ 138a Abs. 1 Satz 1) in Anspruch genommen werden können. Darunter fällt, da ja Beschuldigter und Verteidiger auch als Privatleute miteinander verkehren können, nicht der schriftliche und mündliche Verkehr des Verteidigers mit dem nicht verhafteten Beschuldigten, wie aus § 148 Abs. 1 gefolgert werden könnte. Selbstverständlich bedeutet das **Ruhen der Rechte** aus § 148 nicht, dass die über den Wortlaut des § 148 hinausgehenden schüt-

---

51 Soeben Rn. 20.

52 Oben Rn. 9.

zenden Formen des Verkehrs zwischen dem nicht inhaftierten Beschuldigten und dem Verteidiger derogiert werden.[53] Diese bleiben voll bestehen.

Das **Opportunitätsprinzip** nach Satz 1 („kann") bildet zusammen mit dem nach Absatz 5 (selbstständiges Verfahren) nach der Absicht des Gesetzgebers eine **Ausnahme** innerhalb der Bestimmungen über die Ausschließung von Verteidigern und die Beschränkung der Verteidigung: § 137 Abs. 1 Satz 2, Abs. 2 Satz 2 sowie § 138a Abs. 4, 5 und § 146 enthalten Verbote, die kraft Gesetzes wirken. Die Ausschließung nach § 138a Abs. 1, Abs. 2 und § 138b ist im Einzelfall vom zuständigen Gericht auszusprechen, wenn dieses den Tatbestand als erfüllt ansieht.[54] Lediglich das Ruhen der „Rechte des Verteidigers" und die Anordnung des selbstständigen Verfahrens[55] sind in das **Ermessen** des Gerichts gestellt. Dieses Ermessen ist als Ausgleich dafür anzusehen, dass die Bestimmung **keine materiellen Kriterien** für die Anordnung des Ruhens der genannten Rechte aufstellt. Wie jedes Ermessen steht allerdings auch dieses unter dem rechtsstaatlichen **Übermaßverbot**. Deshalb dürfen die Verteidigerrechte nur dann zum Ruhen gebracht werden, wenn dies zur Vorbeugung ihres erneuten „Missbrauchs" i. S. d. § 138a Abs. 1 tatsächlich erforderlich ist.[56] 26

b) Zuständigkeit (Satz 1 und 2). Für die Anordnung, dass gewisse Verteidigerrechte vorläufig ruhen, sind je nach Prozesslage verschiedene Gerichte zuständig. Ist das **Verfahren** bereits **anhängig**, erlässt die Anordnung das Gericht, bei dem das Verfahren anhängig ist (Satz 1). Das ist eine **bedenkliche gesetzliche Konzeption**, weil durch die – unanfechtbare (Satz 3) – Entscheidung die Beziehung zwischen Gericht und Verteidiger tief beeinträchtigt werden kann, wenn das zur Ausschließung zuständige Gericht auf die Vorlage hin die Ausschließung des Verteidigers letztlich doch nicht beschließen sollte. Zudem sollte die Identifikation des „Missbrauchs" nicht dem Tatgericht selbst überlassen werden, weil oftmals Spannungen im Verfahrensablauf vorausgegangen sein dürften, die erst im Vorwurf des „Missbrauchs" kulminieren. Das ist gerade der berechtigte Grundgedanke der Zuständigkeitskonzentrationen des § 138c Abs. 1, Abs. 3 Satz 2 (und auch des § 27).[57] Aus diesem Grund wäre es ratsamer gewesen, die einstweilige Anordnung dem nach Absatz 1 zuständigen Gericht zu übertragen, das sich ohnehin wegen der Vorlage in die Sache einarbeiten muss, aber, weil es mit ihr nicht befasst war und nicht befasst werden kann, die erforderliche Distanz aufbringt. Dem geltenden Recht ist aber aufgrund des klaren Wortlauts mit dem Mitteln der Auslegung – auch der verfassungskonformen[58] – nicht beizukommen. Immerhin hat deshalb nicht das für das Hauptverfahren zuständige Gericht jedenfalls die Entscheidungszuständigkeit für die Zeit **vor Erhebung der öffentlichen Klage** und **nach** rechtskräftigem **Abschluss des Verfahrens** erhalten (Satz 2 i. V. m. Absatz 1). 27

c) Verfahren. Das Gericht entscheidet durch **Beschluss**, je nach Verfahrenslage in voller oder in Beschlussbesetzung ebenso wie im Vorlegungsverfahren.[59] Im vorbereitenden Verfahren und nach rechtskräftigem Abschluss des Verfahrens entscheidet das Gericht, das nach Absatz 1 Satz 1 und 2 über die Ausschließung des Verteidigers zu befinden hat (Satz 2), in **Beschlussbesetzung**, der BGH in der Besetzung von fünf Mitgliedern 28

53 Näher § 148, 24.
54 Dies betont auch *Frye* wistra **2005** 86, 87 f.
55 S. Rn. 36.
56 So auch OLG Stuttgart AnwBl. **1975** 170; Meyer-Goßner/*Schmitt* 12; SK/*Wohlers* 20; KK/*Laufhütte/Willnow* 19; HK/*Julius/Schiemann* 6; AK/*Stern* 14.
57 Oben Rn. 3.
58 Vgl. LR/*Lüderssen/Jahn* Einl. M, 48.
59 Oben Rn. 15.

einschließlich des Vorsitzenden (§ 139 Abs. 1 GVG). Entscheidet das Gericht während der Hauptverhandlung, darf diese **nicht unterbrochen** werden, um das Ruhen der Verteidigerrechte anzuordnen. Denn auch diese Anordnung liegt vor der Unterbrechung, die in Absatz 4 Satz 1 angeordnet wird.[60]

29 Der Verteidiger kann – und sollte in seinem ureigenen Interesse – sich seinerseits für das Verfahren nach Absatz 3 des **Beistandes** eines **Verteidigers** bedienen. Denn das Verfahren über das Ruhen von Verteidigerrechten ist Teil des Ausschließungsverfahrens, in dem das Recht auf Verteidigung darin begründet ist, dass der Verteidiger „Beschuldigter im Ausschließungsverfahren" ist.[61]

30 Bevor das Gericht entscheidet, ist die **Staatsanwaltschaft** zu **hören** (§ 33 Abs. 2). Indes wird sie sich meist schon geäußert haben, sei es als Antragstellerin oder zumindest bei Übersendung der Akten an das nach Absatz 1 zuständige Gericht. **Rechtliches Gehör** (§ 33 Abs. 3) erhält weiter der **Beschuldigte,** weil er nicht nur durch den (Teil-)Verlust seines Verteidigers betroffen ist, sondern auch deshalb, weil durch die Beschränkung des Rechts auf freien Verkehr mit dem Verteidiger in sein Recht auf Verteidigung eingegriffen wird.[62] Rechtliches Gehör erhalten weiter der von der Antragstellung betroffene **Verteidiger** und – soweit vorhanden[63] – dessen Verteidiger; allein den vom Ausschließungsverfahren betroffenen Verteidiger zu hören, genügt in diesem Fall gerade nicht. Die Anwendung des § 33 Abs. 4 Satz 1 (Entscheidung vor rechtlichem Gehör) mag in einzelnen Fällen denkbar sein, aber keineswegs regelmäßig. Geschieht das, ist nach § 33a zu verfahren.

31 Trotz der Unanfechtbarkeit (Satz 3) wird man entgegen § 34 die **Begründung** eines derart einschneidenden Beschlusses verlangen müssen.[64] Dies ergibt sich auch daraus, dass es sich um eine Ermessensentscheidung handelt, aus der aufgrund des aus Art. 103 Abs. 1 GG folgenden Grundsatzes ersichtlich werden muss, dass sich das Gericht mit dem Vorbringen des Betroffenen auseinandergesetzt hat. Der Beschluss ist den Verfahrensbeteiligten[65] **bekannt zu machen,** je nach Verfahrenslage durch Verkündung (§ 35 Abs. 1) oder im Wege der Zustellung (§ 35 Abs. 2 Satz 1). Im letzten Fall genügt, weil die Anordnung unanfechtbar ist (Satz 3), die formlose Mitteilung (§ 35 Abs. 2 Satz 2), doch entspricht sie kaum der Bedeutung der Entscheidung. Deshalb sollten hier allfällige Kosten- und Praktikabilitätsargumente zurücktreten.

32 **d) Bedeutung des Ruhens.** Mit der Anordnung verliert der Verteidiger das **Recht,** die **Akten,** die dem Gericht vorliegen oder die im vorbereitenden Verfahren diesem bei Erhebung der Anklage vorzulegen wären, sowie die Beweisstücke **einzusehen.** Das Gesetz sieht, wenig durchdacht, auch keine Ausnahme für die in § 147 Abs. 3 genannten Niederschriften vor, obwohl der Verteidiger, solange er nicht ausgeschlossen ist, weiterhin den dort genannten Vernehmungen und Untersuchungshandlungen beiwohnen darf und daher vom Inhalt befugtermaßen Kenntnis haben kann. Auch § 147 Abs. 4 Satz 1 schafft hier für den Beschuldigten regelmäßig keinen ausreichenden Ausgleich. Dieser Ausgleich kann typischerweise nur durch die Sätze 4 und 5 sichergestellt werden:

33 **e) Provisorische Verteidigerbestellung (Sätze 4 und 5).** Die Regelung, nach der das Gericht für die Dauer der Anordnung zur Wahrnehmung der Rechte aus den §§ 147,

---

60 Ausf. dazu bereits oben Rn. 15.
61 Vgl. § 138d, 6.
62 Vgl. § 137, 1 f.
63 Soeben Rn. 29.
64 Ebenso KK/*Laufhütte*/*Willnow* 19; SK/*Wohlers* 19. **A. A.** Meyer-Goßner/*Schmitt* 12.
65 S. bereits Rn. 30.

148 einen **anderen Verteidiger** zu **bestellen** hat, soll sicherstellen, dass der Beschuldigte durch die von ihm in der Regel nicht (mit-) veranlasste Beschränkung der Rechte seines Verteidigers nicht gezwungen ist, einen neuen Verteidiger zu wählen und auf seine Kosten zu beauftragen. Insofern kommt es nicht darauf an, ob die Verteidigung notwendig ist, sondern allein darauf, dass der Beschuldigte tatsächlich verteidigt war.[66] Doch muss natürlich dem Beschuldigten die Ausübung (s)eines *Rechts*, einen Verteidiger zu wählen, freigestellt sein, § 142 Abs. 5 deshalb anwendbar; Primat ist auch hier die Regelung des § 137 Abs. 1 („*kann* ... in jeder Lage des Verfahrens"). Macht er von diesem Recht keinen Gebrauch, so ist nach § 142 Abs. 6 Satz 1 zu verfahren (Satz 5).

Welches Gericht gegebenenfalls den Verteidiger bestellt, sagt das Gesetz nicht. Es erklärt nur § 142 Abs. 5 bis 7 für entsprechend anwendbar (Satz 5), aber nicht ausdrücklich § 142 Abs. 3. Trotzdem ist davon auszugehen, dass der in § 142 Abs. 3 Nr. 3 genannte „**Vorsitzende** des Gerichts" gemeint ist. Es entscheidet also nicht „das" Gericht, sondern der Vorsitzende des Gerichts, bei dem das Verfahren anhängig ist. Gemäß § 142 Abs. 7 Satz 1 ist gegen seine Entscheidung die **sofortige Beschwerde** statthaft (Satz 5). 34

Der **provisorische Verteidiger** zur Wahrnehmung der Rechte aus den §§ 147, 148 ist in einer misslichen, **kaum zumutbaren Lage**. Er hat die Akten einzusehen und mit dem Beschuldigten zu sprechen, kann die dabei gewonnenen Erkenntnisse aber nicht selbst verwerten, weil er die Verteidigung nicht führt. Dazu müsste er den Verteidiger, der das noch tut, unterrichten, also u. a. mit Ablichtungen aus den Akten versehen. Das darf er aber wiederum nicht, wenn gegen den Hauptverteidiger ein Ausschließungsverfahren nach § 138b schwebt, weil er sonst den Zweck der einstweiligen Anordnung vereiteln würde. Auch wenn ein Ausschließungsverfahren nach § 138a Abs. 1 läuft, kann er den Hauptverteidiger nicht unbefangen unterrichten, um nicht dessen Teilnahme zu fördern. Aber auch sonst kann der mittelbare Verkehr den unmittelbaren nicht ersetzen. Die beschränkte Verteidigerbestellung zur Wahrnehmung von unabspaltbaren Teilrechten des Verteidigers, an der dem Beschuldigten kaum gelegen sein kann, ist nur eine rein „optische Lösung". In Wahrheit handelt es sich um eine **Fehldisposition** des Gesetzgebers.[67] 35

f) Bestellung eines neuen Verteidigers. Der Verteidiger zur „Wahrnehmung der Rechte aus den §§ 147 und 148" kann danach[68] die **Lücke** nicht füllen, die durch das Ruhen der Rechte des Hauptverteidigers entsteht. Der inhabile Verteidiger, der mit dem Beschuldigten nicht selbst sprechen und die Akten, soweit zulässig, nicht selbst einsehen kann, kann nicht verteidigen und ist im Rechtssinne kaum mehr als Verteidiger zu bezeichnen: **Zwei halbe Verteidiger** machen noch keinen Ganzen. Die praktischen Konsequenzen der Regelung widersprechen also der materiellen Interpretation der §§ 137 ff. StPO, die Art. 6 Abs. 3 lit. c EMRK mit dem Grundsatz konkreter und wirklicher Verteidigung fordert.[69] Daraus folgt: Dem Beschuldigten ist, weil er jetzt *de facto* „keinen Verteidiger hat" (§ 141 Abs. 1), die Chance zu geben, einen **neuen Verteidiger** zu wählen.[70] Der neue Verteidiger hat nicht nur **Teil-Aufgaben.** Freilich darf, wie schon ausge- 36

66 Vgl. *Lampe* MDR **1975** 529.

67 Ebenso SK/*Wohlers* 23. Zur Reform vgl. § 138a (Entstehungsgeschichte).

68 Soeben Rn. 35.

69 Siehe zum Grundsatz EGMR StV **1985** 441, 442; BGHSt **38** 372, 374; **39** 141, 146. Das sehen auch SSW/*Beulke* 20 und Radtke/Hohmann/*Reinhart* 14, allerdings, ohne alle daraus hier gezogenen Konsequenzen zu befürworten.

70 Ebenso SK/*Wohlers* 23 a. E.; HK/*Julius*/*Schiemann* 13; AK/*Stern* 21; KMR/*Haizmann* 25; offen AnwK/*Krekeler*/*Werner* 7 a. E.

führt,[71] mit ihm eine unterbrochene Hauptverhandlung nicht fortgesetzt werden. Aber das ist keine Beschränkung der Verteidigung, sondern ein das ganze Verfahren betreffendes Gebot. Der Beschuldigte kann nicht einen Monat oder länger ohne einen voll berechtigten Verteidiger bleiben. Die Gegenmeinung[72] beruft sich auf § 140 Abs. 1 Nr. 8, also den Fall notwendiger Verteidigung, wenn „der bisherige Verteidiger durch eine Entscheidung von der Mitwirkung in dem Verfahren ausgeschlossen ist". Dass diese Vorschrift aber mit § 138c Abs. 3 Satz 4 nicht abgestimmt ist, ist an dieser Stelle schon früher überzeugend dargelegt worden.[73] Hinzuzufügen ist, dass § 140 Abs. 1 Nr. 8 nur das **Minimum** formuliert. Darüber hinauszugehen gestattet die Grundnorm des § 137 Abs. 1 Satz 1, auch wenn die Spezialnorm des § 138c[74] einen neuen, unbeschränkt tätigen Verteidiger nicht *ausdrücklich* vorsieht.

37 Gar kein Problem ist das, sofern § 137 Abs. 1 Satz 2 unberührt bleibt, die Zahl der gewählten Verteidiger also drei nicht übersteigt. Aber selbst wenn der Fall so liegt, dass § 137 Abs. 1 Satz 2, solange der Ausschluss nicht rechtskräftig ist, formal eine Grenze setzt, bleibt es bei der prävalierenden Feststellung,[75] dass der Beschuldigte, nachdem die Anordnung gemäß § 138c Abs. 3 Satz 1 ergangen ist, **effektiv** überhaupt **keinen Verteidiger** hat. Antizipierbare und daher die Wahl eines neuen Verteidigers von vornherein belastende praktische Schwierigkeiten dürften allerdings auftreten, wenn es im Verfahren nach § 138c Abs. 1 nicht zur Ausschließung kommt. Indessen ist das wohl eher eine Sache des Berufsrechts.[76] Namentlich im Nachverfahren und in der Strafvollstreckung können Entscheidungen anfallen, bei denen der Verurteilte unverzüglich einen Verteidiger braucht, zu dem er auch unmittelbar Zugang hat. Die Unhaltbarkeit einer **„gespaltenen Verteidigung"** liegt aber auch dann auf der Hand, wenn der Beschuldigte zu beabsichtigten Zwangsmaßnahmen gehört wird (§ 119, 212) und sich mit dem Verteidiger beraten will.

38 **g) Unanfechtbarkeit (Satz 3).** Der Beschluss über die Anordnung nach Satz 1 ist unanfechtbar. Die auf den ersten Blick nicht ganz unbedenkliche Regelung wird dadurch annehmbar, dass der Anordnung das rasch abzuwickelnde Verfahren des § 138d folgt und sie daher nur von beschränkter Dauer sein kann. Auch würde das für alle Beteiligten, auch den Verteidiger, bedeutsame Verfahren nach § 138d verzögert, wenn ihm ein Beschwerdeverfahren in Bezug auf die Anordnung des Ruhens von Verteidigerrechten vorausgehen würde. In der Praxis würde daher die Beschwerdeentscheidung in der Regel mit der Entscheidung über die Ausschließung verbunden werden müssen, so dass die **Rechte** des Verteidigers und des Beschuldigten durch die Unanfechtbarkeit **kaum verkürzt** werden.

5. Selbstständiges Verfahren (Abs. 5)

39 **a) Grundsatz.** Die Ausschließung des Verteidigers nach § 138a Abs. 1 oder 2 löst kraft Gesetzes Verteidigungsverbote aus (§ 138a Abs. 4 und 5). Wenn der Verteidiger be-

---

71 Oben Rn. 15.

72 Meyer-Goßner/*Schmitt* 13.

73 LR/*Dünnebier*[23] § 140, 30 Fn. 2 sowie oben § 140, 50.

74 Hierauf weist Meyer-Goßner/*Schmitt* 13 – bei isolierter Betrachtung mit Recht – hin; im Ergebnis ebenso KMR/*Müller* 13.

75 Soeben Rn. 36.

76 Gegen eine beschränkte Verteidigertätigkeit nur KK/*Laufhütte*/*Willnow* 18; zum Ganzen ferner *Dünnebier* NJW **1976** 111; *Oellerich* StV **1981** 434.

stimmter Handlungen in gewissen Graden so verdächtig ist, dass ein Ausschluss anzuordnen sein wird, soll er sich den Verteidigungsverboten, die er zugleich mit der Ausschließung zu erwarten hat, nicht dadurch entziehen können, dass er aus dem Verfahren, in dem der Ausschluss betrieben wird, ausscheidet. Es soll also verhindert werden, dass die **Ausschlussvorschriften umgangen** werden.[77] Daher wird dem zur Entscheidung zuständigen Gericht (Absatz 1) die Befugnis eingeräumt, das durch Antrag oder Vorlage eingeleitete Verfahren mit den Wirkungen einer Ausschließung auch dann selbstständig weiterzuführen, wenn der **Verteidiger** aus dem Verfahren **ausgeschieden** ist. Zusammen mit der Möglichkeit anzuordnen, dass die Rechte des Verteidigers ruhen (Absatz 3), ist die Option des selbstständigen Verfahrens im Gegensatz zu der Ausschließung des Verteidigers (§ 138a Abs. 1 und 2, § 138b), der Unzulässigkeit der Verteidigung (§ 137 Abs. 1 Satz 1, Abs. 2 Satz 1; § 146) und den Verteidigungsverboten (§ 138a Abs. 4 und 5) in das **Ermessen des Gerichts** gestellt („*kann* dieses Gericht").

b) Ausscheiden des Verteidigers. Dies ist die erste Voraussetzung des selbstständigen Verfahrens. Obwohl es nur auf das Ausscheiden als solches ankommt, zählt das Gesetz in Absatz 5 Satz 1 zwei Möglichkeiten auf: das Ausscheiden aus eigenem Entschluss oder auf Veranlassung des Beschuldigten. Dass der Beschuldigte den Vertrag mit dem Verteidiger kündigen oder inhaltlich beschränken kann, wenn ein Ausschließungsverfahren in Gang gesetzt wird, kann selbst für den Fall nicht zweifelhaft sein, in dem der Beschuldigte an dem Handeln des Verteidigers beteiligt ist. Er braucht in jedem Falle einen Verteidiger, der im Verfahren ungehindert mitwirken kann. Wenn auch auf den eigenen Entschluss des Verteidigers abgestellt wird, kann das nur den Sinn haben, dass dem Verteidiger das Recht eingeräumt wird, auch seinerseits, auch zur Unzeit, den Vertrag zu kündigen oder inhaltlich zu beschränken. Ob die Vertragsparteien den Vertrag auflösen, ist nicht entscheidend; sie können Veranlassung haben, ihn bestehen zu lassen. Es kommt nur darauf an, dass der Verteidiger entweder die Verteidigung **niederlegt oder** als Verteidiger **entlassen** wird. 40

c) Entscheidungsveranlassung. Das zuständige Gericht[78] kann das Ausschließungsverfahren selbstständig weiterführen, wenn der Verteidiger ausgeschieden ist, nachdem das veranlasst worden ist, was das Ausschließungsverfahren in Gang setzt. Dazu gibt es zwei Möglichkeiten: Die **Vorlage** des **Gerichts**[79] oder den Antrag der **Staatsanwaltschaft.**[80] Das Gesetz macht das Weiterführen des Verfahrens davon abhängig, dass der Antrag gestellt oder die Sache dem zur Entscheidung zuständigen Gericht vorgelegt worden ist. 41

Die Wendung von der **Vorlage** (dort: der Akten) gebraucht § 121 Abs. 3 Satz 1 („werden die Akten ... vorgelegt"). Dort wird nahezu übereinstimmend angenommen, dass die Akten dann vorgelegt worden sind, wenn sie bei dem Gericht eingegangen sind.[81] So kann die Wendung hier jedoch nicht ausgelegt werden. Denn sie steht unmittelbar mit derjenigen zusammen, dass der Antrag der Staatsanwaltschaft gestellt worden ist (Absatz 5 Satz 1). Gestellt ist der Antrag aber, wenn er als Entscheidung ergangen ist.[82] Der Zeitpunkt der Wirksamkeit muss aber für den Antrag der Staatsanwaltschaft derselbe 42

77 BTDrucks. **7** 5401 S. 7; *Rieß* JR **1980** 479; s. ferner BGH NStZ **1994** 23.
78 S. Rn. 2 ff.
79 S. Rn. 10.
80 S. Rn. 8.
81 Vgl. LR/*Hilger*[26] § 121, 18.
82 Vgl. – sinngemäß – LR/*Graalmann-Scheerer* § 33, 10.

sein wie für die gerichtliche Vorlage. Abgestellt wird also auf den Zeitpunkt, in dem die Vorlage verkündet worden ist.[83] Das ergibt sich auch daraus, dass das Gericht zugleich mit der Vorlage die Hauptverhandlung zu unterbrechen oder auszusetzen hat. Als Vorlage wird also hier die **Verkündung des Vorlagebeschlusses** durch dessen vollständige Bekanntgabe verstanden.[84] Scheidet der Verteidiger vorher aus, ist das selbstständige Verfahren unzulässig.[85]

43 **d) Opportunitätsprinzip.** Das zur Entscheidung zuständige Gericht **„kann"** das Ausschließungsverfahren fortführen. Da der Verteidiger schon aus dem Verfahren ausgeschieden ist, hat das Verfahren nur für die Verteidigungsverbote des § 138a Abs. 4 und 5 Bedeutung. Diese Verbote reichen sehr weit und enthalten einen tiefgehenden **Eingriff** in die **Berufsausübungsfreiheit** des Anwalts (Art. 12 Abs. 1 GG). Sie können nach dem Wortlaut des Gesetzes nicht eingeschränkt oder durch richterliche Entscheidung vorzeitig beendet werden. Das Gericht wird daher das selbstständige Verfahren nur dann betreiben können, wenn nach den konkreten Umständen des Falles und der Persönlichkeit des Verteidigers unter Berücksichtigung seiner Angaben[86] wegen **Wiederholungsgefahr** auch in Zukunft Konflikte zu erwarten sind, denen durch die Verteidigerverbote begegnet werden muss.[87] In Fällen, in denen jedoch eine Umgehung der Absätze 4 und 5 des § 138a durch den Verteidiger nicht denkbar ist, etwa deshalb, weil gegen denselben Beschuldigten kein anderes Verfahren anhängig ist, oder weil kein anderer Beschuldigter in demselben Verfahren beschuldigt wird und der Verteidiger auch nicht in einem Verfahren mit dem Gegenstand der §§ 129a, b StGB ausgeschlossen wurde, kommt eine Fortführung damit nicht in Betracht.[88]

44 **e) Weiterführung des Verfahrens.** Sieht sich das nach Absatz 1 zuständige Gericht[89] veranlasst, das selbstständige Verfahren zu betreiben,[90] führt es das Verfahren weiter, das dadurch begonnen worden ist, dass die Staatsanwaltschaft ihren Antrag gestellt oder das Gericht den Vorlagebeschluss erlassen hat. Das Verfahren läuft grundsätzlich ebenso ab, wie das gewöhnliche Ausschließungsverfahren, nämlich nach der Vorschrift des § 138d. Einige **Besonderheiten** sind aber zu beachten. Die **Entscheidung** muss im Tenor aussprechen, aufgrund welcher Vorschrift (§ 138a Abs. 1, § 138a Abs. 2, § 138b) „die Mitwirkung des ausgeschiedenen Verteidigers" unzulässig ist. Die **Verteidigungsverbote** des § 138a Abs. 4 und 5 treten nur ein, wenn festgestellt wird, dass die Mitwirkung nach § 138a Abs. 1 und 2 unzulässig ist, und auch dann unterschiedlich, so dass auch der Absatz anzugeben ist, der die Mitwirkung des Verteidigers unzulässig macht.

---

83 Vgl. nochmals LR/*Graalmann-Scheerer* § 33, 10.

84 Im Erg. ebenso Meyer-Goßner/*Schmitt* 15.

85 OLG Düsseldorf StV **1994** 472.

86 KG Beschl. v. 31.8.2001 – 4 ARs 73/01.

87 So auch OLG Frankfurt NStZ-RR **2011** 149, 150 (vgl. auch BGH Beschl. v. 22.10.2008 – 2 ARs 406/08 u. 2 ARs 207/08, juris, sowie BVerfG Beschl. v. 9.12.2008 – 2 BvR 2341/08, juris); OLG Hamm Beschl. v. 1.4.2008 – 2 Ws 343/07, juris Tz. 15.

88 Vgl. BGH NStZ **1996** 371; NStZ **1994** 23; KG Beschl. v. 31.8.2001 – 4 ARs 73/01; OLG Düsseldorf StV **1995** 570; KK/*Laufhütte*/*Willnow* 24; HK/*Julius*/*Schiemann* 9; AnwK/*Krekeler*/*Werner* 9; diff. OLG Koblenz JR **1980** 477 m. Anm. *Rieß*, der statt schlichter Nichtfortführung einen formellen Abschluss durch Einstellung des Verfahrens fordert sowie SK/*Wohlers* 30.

89 Vgl. Rn. 34.

90 Vgl. Rn. 41 ff.

f) Wirkung. Hat das Gericht in dem weitergeführten selbstständigen Verfahren festgestellt, dass die **Mitwirkung** des ausgeschiedenen Verteidigers in dem Verfahren **unzulässig** ist, hat diese Feststellung die Wirkung, die eingetreten wäre, wenn der Verteidiger ausgeschlossen worden wäre. Da die Ausschließung selbst entfällt und damit § 138a Abs. 3 unanwendbar wird, verbleiben die Verteidigungsverbote des § 138a Abs. 4 und 5,[91] je nach der Bestimmung, die der Feststellung zugrunde liegt, die Mitwirkung des ausgeschlossenen Verteidigers sei unzulässig. Die Kostenfolge des Absatz 6 tritt jedoch nicht ein. Das ergibt sich systematisch daraus, dass sich die Verweisung des vorstehenden Absatz 5 hierauf gerade nicht erstreckt. 45

6. Kosten (Abs. 6)

a) Systematik und Regelungsgehalt. Die Vorschrift über die Kostentragungslast 46
des ausgeschlossenen Verteidigers steht systematisch an falscher Stelle. Denn sie enthält eine **Folge der Ausschließung**, und diese Regeln sind in § 138d konzentriert. Die Kostenvorschrift wäre daher als § 138d Abs. 7 zu erwarten gewesen. Dem von der Mitwirkung im Verfahren ausgeschlossenen Verteidiger können die Kosten auferlegt werden, die „durch die Aussetzung" nach Absatz 4 Satz 1 verursacht sind (Absatz 6 Satz 1). Darunter fallen **Kosten** für die Abbestellung und Neuladung von Zeugen und Schöffen und für den neuen Verteidiger, soweit die letzteren „doppelt", z. B. für einen wiederholten Prozessabschnitt, entstanden sind. **Zuständig** ist das Gericht, bei dem das Verfahren anhängig ist (Absatz 6 Satz 2). Auf das vorbereitende Verfahren findet die Vorschrift keine Anwendung, weil der Begriff „Aussetzung", wie sich aus Absatz 4 ergibt, **nur** die Aussetzung einer **Hauptverhandlung** ist (§ 228 Abs. 1). Da nach dem Ausscheiden des Verteidigers die Kostenentscheidung mit dem laufenden Verfahren gegen den Beschuldigten nicht mehr unmittelbar zusammenhängt, entscheidet das Gericht nach **Anhörung** des Verteidigers und der Staatsanwaltschaft (§ 33 Abs. 3 und 2) durch Beschluss außerhalb der Hauptverhandlung in nicht öffentlicher Sitzung und in Beschlussbesetzung.

b) Rechtsbehelf. Gegen den Beschluss ist, wenn er nicht von einem erstinstanzlich 47
entscheidenden OLG erlassen worden ist (§ 304 Abs. 4), die **einfache Beschwerde** (§ 304 Abs. 1) zulässig. Beschwerdeberechtigt ist bei inhaltlich fehlerhafter Entscheidung (vgl. Nr. 147 Abs. 1 RiStBV) die Staatsanwaltschaft sowie, wenn eine Kostenbelastung auferlegt worden ist, der mit den Kosten beschwerte Verteidiger. Da die Kosten den Verteidiger persönlich treffen, ist der Beschuldigte nicht beschwert.

7. Entscheidung über die Aufhebung der Ausschließung

a) Voraussetzungen der Aufhebung. Da sich das Wort „Entscheidungen" in Ab- 48
satz 1 Satz 1 nur auf solche bezieht, die zur Ausschließung des Verteidigers zu treffen sind,[92] ist erörterungsbedürftig, welches Gericht dazu berufen ist, die Ausschließung aufzuheben. Dabei sind zunächst die nachfolgenden Grundsätze in Erinnerung zu rufen:

Wird der Angeklagte rechtskräftig **freigesprochen**, wird die Eröffnung des Haupt- 49
verfahrens gegen ihn abgelehnt oder das Verfahren nicht bloß vorläufig eingestellt, könnte die Ausschließung kraft Gesetzes entfallen. Jedenfalls bei Rechtskraft der genannten Entscheidungen besteht kein gesetzgeberischer Anlass, mit der Entscheidung

91 Für eine Gleichstellung mit dem ausgeschlossenen Verteidiger „in jeder Hinsicht" *Rieß* JR **1980** 479.
92 Oben Rn. 7.

über die Aufhebung ein übergeordnetes Gericht oder einen anderen Senat zu beauftragen.

50 Der **staatsanwaltschaftlichen Einstellung** könnte die Aufhebung der Ausschließung jedoch nicht ohne Weiteres folgen, weil die Einstellung wieder aufgehoben werden kann und Berichtspflichten bestehen, die dazu führen können, dass die vorgesetzte Behörde zwar letztlich nicht zur Anklage anweist,[93] aber die inhaltliche Überprüfung der Einstellung verlangen und die Aufhebung der Einstellung durch die Staatsanwaltschaft erreichen kann. Es müsste in dieser Situation also nach Ablauf gewisser Zeit eine gerichtliche Entscheidung über die Aufhebung herbeigeführt werden, um in einer grundrechtswesentlichen Frage Klarheit zu schaffen.

51 Ist dagegen zu prüfen, ob eines der Merkmale oder alle Merkmale des Ausschließungstatbestands weggefallen sind, so handelt es sich um die **Korrektur** einer rechtskräftigen Entscheidung des OLG (§ 138c Abs. 1 Satz 1) oder des BGH (§ 138c Abs. 1 Satz 2). Bei ihr liegt die Entscheidung über die Aufhebung der Ausschließung nicht auf der Hand, sondern bedarf derselben Wertung und Erfahrung wie die Entscheidung über die Ausschließung.

52 **b) Zuständiges Gericht.** Zwar hätte der Gesetzgeber für diese[94] verschiedenen Fallgruppen verschiedene Zuständigkeiten bezeichnen können. Da er das indessen nicht getan hat,[95] muss sich die Auslegung daran orientieren, dass in den schwierigsten Fällen nur das **OLG** oder der **BGH** zuständig sein können. Die Entscheidungszuständigkeit aufzuteilen, ist nicht möglich, so sinnvoll das auch wäre. Wer das täte, setzte sich unzulässigerweise an die Stelle des Gesetzgebers. Wegen der Notwendigkeit, auf jeden Fall die Zuständigkeit des OLG und des BGH zu respektieren, bleibt allein die Möglichkeit, **§ 138c Abs. 1 entsprechend** anzuwenden. Erleichterung in dem etwas schwerfälligen Verfahren ist dann nur darin zu finden, dass man § 138d Abs. 1 nicht in allen Fällen entsprechend anwendet.

53 Im Einzelfall tatsächlich zuständig ist danach nicht unbedingt dasselbe Gericht, das den Verteidiger ausgeschlossen hatte. Vielmehr richtet sich die Zuständigkeit **nach** dem **Verfahrensstand.** Hat im vorbereitenden Verfahren, weil die Ermittlungen vom Generalbundesanwalt geführt wurden, der BGH den Verteidiger ausgeschlossen, und ist das Verfahren inzwischen beim OLG anhängig (§ 120 Abs. 1, Abs. 2 Satz 1 GVG), so trifft die Entscheidung über die Aufhebung der Ausschließung ein **anderer Senat** des **OLG**. Hatte das OLG den Verteidiger ausgeschlossen und ist die Sache inzwischen mit der Revision beim BGH (§ 135 Abs. 1 Alt. 1 GVG) anhängig, entscheidet ein **anderer Senat** des **BGH**. Wer hingegen entgegen der hier vertretendenen Ansicht[96] Absatz 1 unmittelbar anwendet, indem er unter „die Entscheidungen nach § 138a und § 138b" *alle* Entscheidungen zählt, also auch diejenigen, die nach § 138a Abs. 3 und § 138b Satz 2 die Aufhebung betreffen, darf nicht übersehen, dass er dann auch § 138d voll anwenden muss, was hinsichtlich der mündlichen Verhandlung zu schwer tragbaren Ergebnissen führt.

54 **c) Veranlassung der Entscheidung.** Entschließt man sich, die Bestimmung über die Zuständigkeit (Absatz 1) entsprechend anzuwenden,[97] empfiehlt es sich, auch die Bestimmungen zur Herbeiführung der Entscheidung so anzuwenden, dass sie dem Ver-

---

93 *Dünnebier* JZ **1958** 417; *ders.* **1961** 314; *ders.* RuP **1973** 121.
94 Soeben Rn. 49-51.
95 S. nochmals oben Rn. 7.
96 Oben Rn. 7.
97 Vgl. soeben Rn. 52.

fahren zur Aufhebung der Ausschließung entsprechen. Das kann dazu führen, dass einzelne Vorschriften überhaupt nicht – für Absatz 3 liegt das auf der Hand – oder **nur modifiziert** – wie Absatz 4 – **angewendet** werden. Außerdem sind die **Regeln** zu **erweitern.** Denn die Ausschließung können nur die Staatsanwaltschaft und das Gericht herbeiführen. Auch wenn Gericht und Staatsanwaltschaft stets die Aufhebung der Ausschließung im Auge behalten und gegebenenfalls die Entscheidung des zuständigen Gerichts herbeiführen müssen, so werden doch Aufhebungsanträge der Beteiligten im Vordergrund stehen.

Der Ausgeschlossene ist zwar kein Verteidiger mehr, bleibt aber, wenn er Wahlverteidiger ist, weiterhin der vom Beschuldigten Gewählte, solange der Vertrag nicht aufgelöst worden ist. Daher ist der **ausgeschlossene Verteidiger** – ebenso, wenn er einen gewählt hat, wiederum dessen Verteidiger – trotz der Rechtskraft der Ausschließungsentscheidung weiterhin **Beteiligter** im Verfahren zur Aufhebung der Ausschließung. Der Vertrag mit dem Beschuldigten und umgekehrt kann ausdrücklich aufgehoben werden, aber auch durch schlüssige Handlungen, etwa eine abschließende Honorarrechnung oder durch Übergabe der Handakten an einen neuen Verteidiger, wenn dieses Indiz auch mehrdeutig ist und daher besonderer Prüfung bedarf. Ist längere Zeit seit der Ausschließung vergangen, kann vom ausgeschlossenen Verteidiger verlangt werden, seine Legitimation zum Antrag so darzulegen, dass sie im **Freibeweis** gerichtlich geprüft werden kann. **Beteiligt** sind weiterhin der **Beschuldigte** und sein neuer **Verteidiger**, sei es ein Wahl-, sei es ein Pflichtverteidiger. 55

Da keine gesetzliche Regelung besteht, dass Verteidiger und Beschuldigter den Antrag, die Ausschließung aufzuheben, bei dem Gericht **anbringen** müssen, das mit der Sache befasst ist, muss man ihnen das Recht einräumen, den Antrag **unmittelbar** bei dem **OLG** zu stellen. Gleiches gilt, wenn im vorbereitenden Verfahren die Ermittlungen vom Generalbundesanwalt geführt werden oder wenn das Verfahren beim BGH mit Revision anhängig ist, bei diesem Gericht. Man wird ihm zudem freistellen müssen, den Antrag auch bei dem mit der Sache befassten Gericht anzubringen, bei dem sich die Akten befinden und das sich in der Regel zu dem Antrag äußern wird.[98] 56

Wegen der **Anträge** der Staatsanwaltschaft und des mit der Sache befassten Gerichts, wegen der Mitteilung des Antrags und wegen der Beteiligung des Vorstands der Rechtsanwaltskammer gilt das jeweils zu § 138c Abs. 1 Ausgeführte[99] entsprechend. 57

Zwar findet die **Vorlage der Akten** durch das entscheidende Gericht grundsätzlich an das zur Entscheidung über die Ausschließung zuständige Gericht (während der Hauptverhandlung: in voller Besetzung) statt.[100] Für einen Antrag des Gerichts, die Ausschließung des Verteidigers aufzuheben, gilt das nicht. Einmal entfällt das für die Vorlage wichtige Argument, was vor der gesetzlich angeordneten Unterbrechung liege, müsse innerhalb der Hauptverhandlung entschieden werden. Denn die Aussetzungsvorschrift ist eben nur für das Ausschließungsverfahren zwingend. Zum anderen wird nicht die Stellung einer Person angegriffen, deren Anwesenheit in der Hauptverhandlung das Gesetz vorschreibt, sondern deren Rückkehr in die Verteidigerstellung bezweckt. Es entscheidet also beim Schöffengericht der Richter beim Amtsgericht (§ 30 Abs. 2 GVG), die Strafkammer und das OLG in der **Besetzung** von drei Mitgliedern einschließlich des Vorsitzenden (§ 76 Abs. 1; § 122 Abs. 1 GVG), der BGH in der Besetzung von fünf Mitgliedern einschließlich des Vorsitzenden (§ 139 Abs. 1 GVG). 58

98 Wie hier SK/*Wohlers* 36.
99 Oben Rn. 7 ff.
100 Oben Rn. 10.

§ 138d
Verfahren bei Ausschließung des Verteidigers

(1) Über die Ausschließung des Verteidigers wird nach mündlicher Verhandlung entschieden.

(2) [1]Der Verteidiger ist zu dem Termin der mündlichen Verhandlung zu laden. [2]Die Ladungsfrist beträgt eine Woche; sie kann auf drei Tage verkürzt werden. [3]Die Staatsanwaltschaft, der Beschuldigte und in den Fällen des § 138c Abs. 2 Satz 3 der Vorstand der Rechtsanwaltskammer sind von dem Termin zur mündlichen Verhandlung zu benachrichtigen.

(3) Die mündliche Verhandlung kann ohne den Verteidiger durchgeführt werden, wenn er ordnungsgemäß geladen und in der Ladung darauf hingewiesen worden ist, daß in seiner Abwesenheit verhandelt werden kann.

(4) [1]In der mündlichen Verhandlung sind die anwesenden Beteiligten zu hören. [2]Für die Anhörung des Vorstands der Rechtsanwaltskammer gilt § 247a Abs.de 2 Satz 1 entsprechend. [3]Den Umfang der Beweisaufnahme bestimmt das Gericht nach pflichtgemäßem Ermessen. [4]Über die Verhandlung ist ein Protokoll aufzunehmen; die §§ 271 bis 273 gelten entsprechend.

(5) [1]Die Entscheidung ist am Schluß der mündlichen Verhandlung zu verkünden. [2]Ist dies nicht möglich, so ist die Entscheidung spätestens binnen einer Woche zu erlassen.

(6) [1]Gegen die Entscheidung, durch die ein Verteidiger aus den in § 138a genannten Gründen ausgeschlossen wird oder die einen Fall des § 138b betrifft, ist sofortige Beschwerde zulässig. [2]Dem Vorstand der Rechtsanwaltskammer steht ein Beschwerderecht nicht zu. [3]Eine die Ausschließung des Verteidigers nach § 138a ablehnende Entscheidung ist nicht anfechtbar.

Schrifttum

Siehe bei § 138a.

Entstehungsgeschichte

§ 138d wurde eingefügt durch Art. 1 Nr. 6 des 1. StVErgG.[1] Durch Art. 6 Nr. 3 des Gesetzes zur Intensivierung des Einsatzes von **Videokonferenztechnik** in gerichtlichen und staatsanwaltschaftlichen Verfahren vom **25.4.2013** (VidVerfG)[2] wurde mit Wirkung zum 1.11.2013 ein neuer Absatz 4 Satz 2 eingefügt. Gem. Art. 9 Satz 1 VidVerfG konnten die Länder jedoch für ihren Bereich durch Rechtsverordnung bestimmen, dass die Regelung bis längstens zum 31.12.2017 keine Anwendung finden sollte. Durch Art. 1 Nr. 12 des Gesetzes zur Einführung der **elektronischen Akte** in der Justiz und zur weiteren Förderung des elektronischen Rechtsverkehrs vom **5.7.2017**[3] wurden in Absatz 4 Satz 4 die Wörter „eine Niederschrift" durch die Wörter „ein Protokoll" ersetzt.

1 Dazu ausf. oben § 138a (Entstehungsgeschichte).
2 BGBl. I S. 935.
3 BGBl. I S. 2208, 2211.

https://doi.org/10.1515/9783110630244-007

Übersicht

1. Entscheidung über die Ausschließung

a) Grundsatz der mündlichen Verhandlung (Abs. 1 und 3). Die mündliche Verhandlung findet in **nicht öffentlicher Sitzung** statt (§ 169 Satz 1 GVG),[4] denn der verhandelnde Spruchkörper ist kein erkennendes Gericht – ist das Verfahren beim OLG oder beim BGH anhängig, entscheidet ein anderer Senat, § 138c Abs. 1 Satz 3.[5] Der BGH entscheidet, weil kein Fall des § 139 Abs. 2 Satz 1 GVG vorliegt, in der **Besetzung** von fünf Mitgliedern einschließlich des Vorsitzenden (§ 139 Abs. 1 GVG), das OLG in der Besetzung mit drei Mitgliedern einschließlich des Vorsitzenden (§ 122 Abs. 1 GVG). 1

Die mündliche Verhandlung hat den **Zweck**, die am Verfahren Beteiligten und das Gericht zusammenzubringen, damit in Gegenwart aller Beweise erhoben sowie Behauptungen vorgebracht und gewürdigt werden können, aber auch vorgebrachten Würdigungen entgegengetreten werden mag. Neben der Realisierung unmittelbaren rechtlichen Gehörs soll auf diesem Wege auch rascher als im schriftlichen Verfahren eine Entscheidung gefällt werden können. Daher ist es eine Ausnahme, dass die mündliche Verhandlung auch ohne den Verteidiger durchgeführt werden kann, wenn er in der Ladung auf die Möglichkeit der **Abwesenheitsverhandlung** hingewiesen worden ist (Absatz 3). Das ist rigoros, aber mit Rücksicht auf die vorauszusetzende professionelle Informiertheit des Verteidigers vertretbar. Aus dem Respekt vor dem Verzicht, den man bei dem fernbleibenden Verteidiger unterstellen muss, folgt, dass die Verhandlung nicht stattfinden kann, wenn der **Verteidiger** – nötigenfalls durch Vorlage geeigneter Schriftstücke und Urkunden – **glaubhaft** machen kann, dass er ernstlich und ohne sein Verschulden **verhindert** ist.[6] Das ist stets der Fall, wenn er nicht nur unbedeutend erkrankt ist. Bei kollidierenden Verpflichtungen, etwa einem bereits von ihm vereinbarten und ggf. durch anwaltliche Versicherung glaubhaft gemachten Termin in einer anderen Straf- oder Zivilsache, ist abwägend zu prüfen, ob die Interessen des Verteidigers im konkreten Fall dem öffentlichen Interesse an dem raschen Abschluss des Ausschließungsverfahrens vorgehen. Das öffentliche Interesse hat dann besonders starkes Gewicht, wenn eine Hauptverhandlung begonnen hat und Aussicht besteht, das Ausschließungsverfahren innerhalb von dreißig Tagen beenden zu können, so dass eine unterbrochene Hauptverhandlung fortgesetzt werden kann und nicht ausgesetzt werden muss.[7] 2

---

4 BGH NStZ **1981** 95; OLG Stuttgart MDR **1975** 600; *Lampe* MDR **1975** 529; SK/*Wohlers* 2; KK/*Willnow* 3; AnwK/*Krekeler*/*Werner* 1.

5 Oben § 138c, 2 ff.

6 Ebenso Meyer-Goßner/*Schmitt* 4; AK/*Stern* 7; SK/*Wohlers* 6. **A. A.** KK/*Willnow* 4.

7 Oben § 138c, 13.

3 **b) Ausnahme von der mündlichen Verhandlung bei aus Rechtsgründen offensichtlich unbegründeten Anträgen.** Es bedarf zunächst eines in sich **schlüssigen** und inhaltlichen Mindestanforderungen genügenden **Ausschließungsantrags.** Ansonsten ist die Durchführung der Hauptverhandlung nicht erforderlich; sie vermag keinen Erkenntnisgewinn zu erbringen.[8] Da ein Antrag der Staatsanwaltschaft oder eine gerichtliche Vorlage aber **offensichtlich unbegründet** sein kann, fragt es sich, ob das Gericht eine die Ausschließung ablehnende Entscheidung auch **ohne mündliche Verhandlung** erlassen kann. Die Frage ist nicht in Analogie zu § 349 Abs. 2 oder § 173 Abs. 3, jedoch auf dem methodischen Weg einer **teleologischen Reduktion** des Gesetzes entgegen der hier früher vertretenen Ansicht[9] mit der heute ganz h. M. im Schrifttum[10] und der – soweit ersichtlich – st. Rspr. aller Oberlandesgerichte[11] zu bejahen. Eine Entscheidung ohne mündliche Verhandlung und selbst ohne Anhörung des Betroffenen ist also dann zulässig und aus Gründen der Verhältnismäßigkeit auch geboten,[12] wenn die vorgebrachten Gründe das Ausschließungsbegehren schon aus Rechtsgründen **für jeden Sachkundigen erkennbar** nicht tragen. Das ist insbesondere dann der Fall, wenn die angeführten Tatsachen, auch bei Unterstellung ihrer Richtigkeit, die Ausschließung des Verteidigers aus Gründen des materiellen Rechts (fehlende Strafbarkeit des Verhaltens) oder des Prozessrechts (offensichtliches Vorliegen eines unbehebbaren Prozesshindernisses) nicht zu rechtfertigen vermögen. Nur insoweit trifft es nach dem Sinn und Zweck dieser Rückausnahme zu, wenn zahlreiche oberlandesgerichtliche Senate[13] die von ihnen regelmäßig besonders **streng gehandhabten Voraussetzungen** zur Zulässigkeit eines **Klageerzwingungsantrags** auf der begreiflichen Suche nach konsentierten Maßstäben auf das Ausschließungsverfahren übertragen wollen.

4 Die **Argumente** der – auch hier früher vertretenen – **Gegenmeinung**[14] greifen demgegenüber nicht durch. Die Verhinderung einer **Überraschungsentscheidung** ist letztlich kein durchgreifender Gesichtspunkt, denn der betroffene Verteidiger ist in diesen Fällen mangels Beschwer überhaupt nicht auf die Gewährung rechtlichen Gehörs angewiesen. Die **Zeitersparnis** durch den Verzicht auf die mündliche Verhandlung kommt ihm sogar letztlich zugute, weil der unsichere Schwebezustand des Ausschließungsverfahrens für ihn früher endet. Auch hatten die antragstellende Staatsanwaltschaft bzw. das vorlegende Gericht regelmäßig die Möglichkeit der inhaltlichen Nachbesserung,[15] die ggf. auch von vornherein hilfsweise beantragt werden mag, so dass auch sie **nicht schutzwürdig** sind.

---

8 Oben § 138c, 20 ff. Beachtliche Kritik am Fristenkonzept mit Blick auf § 229 bei HK-GS/*Weiler* 6.

9 So noch LR/*Lüderssen*[25] § 138d, 3, anders aber bereits LR/*Lüderssen/Jahn*[26] § 138d, 3. Ebenso *Fezer* GS Meyer 91; *Rieß* JR **1976** 208 und KMR/*Müller* 1.

10 SSW/*Beulke* 3; MüKo/*Thomas/Kämpfer* 1; Meyer-Goßner/*Schmitt* 1; KK/*Willnow* 1; AK/*Stern* 4; SK/*Wohlers* 1; HK/*Julius/Schiemann* 1; OK-StPO/*Wessing* 2; KMR/*Haizmann* 1; AnwK/*Krekeler/Werner* 2; krit., aber im Erg. auch zust. HK-GS/*Weiler* 2.

11 OLG Rostock Beschl. v. 2.4.2015 – 20 Ws 74/15, juris Tz. 11, StV **2016** 142 (Ls.); OLG Bamberg StV **2014** 8, 9; KG StraFo **2008** 242, 243; OLG Frankfurt NStZ-RR **2003** 238; OLG Düsseldorf MDR **1983** 339; JZ **1986** 408, NStZ **1991** 199; StV **1994** 472; StraFo **1998** 305; StraFo **1998** 304; OLG Celle NJW **1997** 1167; OLG Köln StraFo **1999** 273; OLG Karlsruhe JR **1976** 205 m. abl. Anm. *Rieß*; OLG Bremen NJW **1981** 2711; OLG Braunschweig StV **1984** 500; LG Bamberg AnwBl. **1980** 33 m. Anm. *Demmer*.

12 S. sogleich Rn. 4.

13 Etwa OLG Celle NStZ-RR **2015** 80, 81; OLG Rostock Beschl. v. 2.4.2015 – 20 Ws 74/15, juris, Tz. 11, StV **2016** 142 (Ls.); OLG Jena NStZ **2005** 49 m. Anm. *Freye*; OLG Düsseldorf wistra **1997** 239.

14 S. soeben Rn. 3.

15 Vgl. § 138c, 13.

c) Ladung; Beteiligte (Abs. 2 und 3). Absatz 2 Satz 2 bestimmt, dass der Verteidiger **zu laden** ist. Die übliche Androhung, dass er, wenn er ausbleibe, vorgeführt werden könne (vgl. § 133 Abs. 2), ist nicht zulässig. Sie wird durch den Hinweis ersetzt, dass in seiner Abwesenheit verhandelt werden kann (Absatz 3). Die Belehrung hat aber zweckmäßigerweise auf den Gesichtspunkt der Verhinderung des Verteidigers Bedacht zu nehmen.[16] Weil das Verfahren möglichst innerhalb von dreißig Tagen abgeschlossen sein soll (vgl. § 138c Abs. 4 Satz 2), beträgt die **Ladungsfrist** nur eine Woche; sie kann auf drei Tage verkürzt werden (Absatz 2 Satz 2). Die Verkürzung kommt etwa in Betracht, wenn die Ausschließung deshalb besonders dringlich ist, weil im Fall des § 138b eine besondere Gefahr für die Sicherheit der Bundesrepublik besteht. Die weiteren Beteiligten werden nicht geladen, sondern nur formlos vom Termin benachrichtigt. Unter **Beteiligten** versteht das Gesetz hier außer dem Verteidiger, die Staatsanwaltschaft, den Beschuldigten und den Vorstand der Kammer, welcher der Rechtsanwalt angehört.[17] Der Vorstand erhält in § 138c Abs. 2 Satz 4 ausdrücklich das Recht, sich – nach seiner Disposition auch schon schriftlich vor dem Verhandlungstermin – zu äußern, und wird damit Beteiligter. Soll ein Verteidiger, der z. B. als Hochschullehrer nicht Rechtsanwalt und auch nicht sonst, etwa als Rechtsbeistand, Mitglied einer Rechtsanwaltskammer ist, ausgeschlossen werden, unterbleibt die Benachrichtigung. 5

Der Verteidiger ist zwar kein Beschuldigter. Indes muss seine Rolle im Ausschließungsverfahren weitgehend **entsprechend** der eines **Beschuldigten** angesehen werden, so dass er sich in entsprechender Anwendung des § 137 Abs. 1 des **Beistands** eines Rechtsanwalts oder Hochschullehrers bedienen kann.[18] Der Verteidiger muss sich also nicht auf die mindere Option der Unterstützung durch einen Zeugenbeistand entsprechend § 68b Abs. 1 verweisen lassen.[19] Nicht folgerichtig ist es zudem, wenn der Anspruch auf einen **Pflichtverteidiger** abgelehnt wird,[20] ferner, wenn dem Verteidiger, der sich eines Rechtsanwalts als Beistand bedient, vom KG[21] die Erstattung der notwendigen **Kosten** für den Beistand aus der Staatskasse verweigert wird, sofern er nicht ausgeschlossen worden ist. Hat der vom Ausschließungsverfahren betroffene Verteidiger seinerseits analog § 137 Abs. 1 einen Verteidiger mandatiert, zählt dieser zu den Beteiligten und ist vom Termin zu **benachrichtigen.** Die anwesenden Beteiligten sind zu hören.[22] 6

d) Ablauf der Verhandlung (Abs. 4 Satz 1 bis 3). In der nichtöffentlichen Sitzung[23] muss, da Absatz 4 Satz 1 neben § 33 Abs. 3 gilt, der **gesamte Tatsachenstoff** ausgebreitet werden, auch wenn der Verteidiger zu ihm schon früher von der Staatsanwaltschaft oder dem mit der Sache befassten Gericht gehört worden ist. § 136 Abs. 1 Satz 1 bis 3 sowie – nach der hier vertretenen Ansicht[24] – § 136 Abs. 1 Satz 5 findet entsprechend Anwendung. 7

---

16 S. oben Rn. 2.

17 S. § 138c, 17.

18 Vgl. *H. Schmidt* AnwBl. **1981** 117; MüKo/*Thomas*/*Kämpfer* 2; SK/*Wohlers* 8; HK/*Julius*/*Schiemann* 2; AK/*Stern* 6.

19 So aber die Gegenmeinung zu der hier vertretenen Ansicht des KG JR **1981** 121 sowie von Meyer-Goßner/*Schmitt* 5; KK/*Willnow* 6.

20 So aber noch LR/*Dünnebier*[23] 6.

21 KG JR **1981** 121; dagegen mit Recht auch Radtke/Hohmann/*Reinhart* 9 a. E.

22 *Peters* 225; wohl auch SK/*Wohlers* 9.

23 Oben Rn. 1.

24 Oben Rn. 6.

8 Bei dem im Jahr 2013 eingefügten [25]**Absatz 4 Satz 2** handelt es sich um eine von zahlreichen Vorschriften zur **Ausweitung** des Einsatzes von **Videotechnik** im Gerichtsverfahren. Die Anordnung einer entsprechenden Anwendung des ebenfalls neuen § 247a Abs. 2 Satz 1 führt konkret dazu, dass das Gericht wie für die Vernehmung eines Sachverständigen anordnen kann, dass die **Anhörung** des **Vorstands der Rechtsanwaltskammer** in der Verhandlung über die Ausschließung des Verteidigers in der Weise erfolgt, dass dieser sich an einem anderen Ort als das Gericht aufhält und die Vernehmung zeitgleich **in Bild und Ton** in das Sitzungszimmer **übertragen** wird.

9 Dass diese Anhörung per **Videokonferenz** stattfinden kann, ist – wenngleich es sich um ein recht seltenes Verfahren handelt – in Übereinstimmung mit den in diesem Punkt einhelligen Stellungnahmen der Sachverständigen vor dem Rechtsausschuss des Bundestages zu begrüßen.[26] Sowohl das Gericht als auch der Kammervorstand werden im Falle der Anwendung des Absatzes 4 Satz 2 entlastet, was infolge einer besseren Terminfindungsmöglichkeit dem Grundsatz der **Verfahrensbeschleunigung** zugutekommt.[27] Durch die eingesparten Reisekosten und den geringeren zeitlichen Aufwand wird das Verfahren zudem **kostengünstiger.**[28] Die persönliche Anwesenheit des RAK-Vorstands dürfte auch in aller Regel für die gerichtliche Entscheidung nicht erforderlich sein.[29]

10 Die Entscheidung über den Einsatz der Videokonferenztechnik liegt im pflichtgemäßen **Ermessen** des Gerichts („kann"). Da Absatz 4 Satz 2 nicht auf § 247a Abs. 2 Satz 3 verweist, ist die Entscheidung nach dem Wortlaut des Gesetzes **nicht unanfechtbar**. § 247a Abs. 2 Satz 3 wurde zwar erst nachträglich auf Empfehlung des Rechtsausschusses eingefügt und es ist deshalb nicht gänzlich ausgeschlossen, dass im Gesetzgebungsverfahren der Anpassungsbedarf bei § 138d Abs. 4 Satz 2 übersehen wurde. Ein Redaktionsversehen liegt aber zumindest nicht auf der Hand und da die Unanfechtbarkeit die Ausnahme und nicht die Regel ist, kommt eine analoge Anwendung nicht in Betracht.

11 Das Gericht ist in der Verhandlung frei, den **Umfang** der **Beweisaufnahme** zu bestimmen (**Absatz 4 Satz 3**); § 244 Abs. 3 bis 6 und § 245 gelten nicht. *Dünnebier*[30] war hier noch der Meinung, dass deshalb, weil die Vorschrift § 118a Abs. 3 Satz 2 („Art und

---

25 Näher oben Entstehungsgeschichte.

26 Vgl. etwa auch *BRAK* Stellungnahme zum Entwurf eines Gesetzes zur Intensivierung des Einsatzes von Videokonferenztechnik in gerichtlichen und staatsanwaltschaftlichen Verfahren, Stellungnahme Nr. 30/**2010**, abrufbar über www.brak.de, 6 („Änderung begegnet keinen Bedenken"); *Gaede* Schriftliche Stellungnahme zum Entwurf eines Gesetzes zur Intensivierung des Einsatzes von Videokonferenztechnik in gerichtlichen und staatsanwaltschaftlichen Verfahren, abrufbar über www.bundestag.de, 9 („unproblematisch"); *Wimmer* Schriftliche Stellungnahme zum Entwurf eines Gesetzes zur Intensivierung des Einsatzes von Videokonferenztechnik in gerichtlichen und staatsanwaltschaftlichen Verfahren, abrufbar über www.bundestag.de, 5 („keine Bedenken"). **A. A.** – nicht überzeugend – *DAV* Stellungnahme Nr. 60/2007, 7: unmittelbare Anwesenheit des RAK-Vorstands angezeigt.

27 Vgl. allg. Gesetzentwurf des BRats v. 24.3.2010, BTDrucks. **17** 1224 S. 1, 12, 16; Gesetzesantrag des Landes Hessen v. 23.12.2009, BRDrucks. 902 **09** i. V. m. Gesetzesantrag des Landes Hessen v. 19.9.2007, BRDrucks. 643 **07** S. 1, 18.

28 Vgl. allg. Gesetzentwurf des BRats v. 24.3.2010, BTDrucks. **17** 1224 S. 2, 11, 16; Gesetzesantrag des Landes Hessen v. 23.12.2009, BRDrucks. 902 **09** i. V. m. Gesetzesantrag des Landes Hessen v. 19.9.2007, BRDrucks. 643 **07** S. 3, 14.

29 In diesem Sinne auch Beschlussempfehlung und Bericht des BTRAussch. v. 20.2.2013, BTDrucks. **17** 12418 S. 19; vgl. ferner allg. Gesetzentwurf des BRats v. 24.3.2010, BTDrucks. **17** 1224 S. 11; Gesetzesantrag des Landes Hessen v. 23.12.2009, BRDrucks. 902 **09** i. V. m. Gesetzesantrag des Landes Hessen v. 19.9.2007, BRDrucks. 643 **07** S. 14.

30 LR/*Dünnebier*[23] 8.

Umfang der Beweisaufnahme bestimmt das Gericht") nachgebildet ist,[31] man auch in Satz 2 des § 138d Abs. 4 stillschweigend ein vorangestelltes „Die Art und ..." zu ergänzen habe. Diese Auffassung beruht auf der Vermutung, dass der Gesichtspunkt der „Art" in Satz 3 vom Gesetzgeber vergessen worden sei. Das geben die Materialien aber nicht her. Hält man sich demgegenüber an den Gesetz gewordenen Wortlaut, so ergibt sich, dass die Vorschrift insoweit eben gerade **nicht** analog zu § 118a Abs. 3 Satz 2 geschaffen worden ist. Die weitestgehende **Formfreiheit** bei der mündlichen Verhandlung in der Haftprüfung – das Gericht kann dort bekanntlich gerichtliche, staatsanwaltschaftliche oder polizeiliche Vernehmungsprotokolle verlesen oder inhaltlich vortragen, es braucht den Beweisanträgen des Beschuldigten nicht nachzugehen oder sie förmlich zu verbescheiden usw. – hier also nicht Platz greifen sollte. Dafür spricht wertungsmäßig auch, dass nicht einzusehen ist, weshalb ein Verteidiger, der mit der schwerwiegenden Folge des Ausschlusses aus einem Verfahren bedroht ist, schlechter gestellt sein soll als ein Beschuldigter.[32] Daher gilt für das Verfahren nach § 138d Abs. 4 Satz 1 und 2 **entgegen** der **st. Rspr.**[33] und der h. M.[34] **nicht** der **Freibeweis.** Die §§ 136, 136a, 239, 241a, 249, 250, die sich zwar nicht auf den Umfang der **Beweisaufnahme**, wohl aber deren **formalisierte Methode** im Strengbeweis beziehen, gelten daher mit der Minderauffassung[35] **uneingeschränkt.** Auch sind die §§ 57 bis 61, 64, 66 bis 70, 72, 79 anzuwenden. Das Gericht darf die Vernehmung von Zeugen und Sachverständigen also nicht umstandslos durch das Verlesen von Protokollen ersetzen, soweit nicht insbesondere die §§ 251, 254, 256 anwendbar sind. Es darf sich nicht mit Glaubhaftmachung oder, soweit nicht gesetzlich erlaubt, mit uneidlicher Aussage begnügen. **Beweisverbote** sind zu beachten; § 252 findet Anwendung.

e) Protokoll (Abs. 4 Satz 4). Die wesentlichen Vorschriften für das Protokoll sind für anwendbar erklärt. Doch ist zu beachten, dass sie nur entsprechend gelten, wie es die Art des Ausschließungsverfahrens erfordert. Jedenfalls muss das Protokoll so abgefasst werden, dass, wenn die sofortige Beschwerde statthaft ist,[36] das Beschwerdegericht die Entscheidungsgrundlagen ohne Weiteres nachprüfen kann. Wenn der Rechtsbehelf der sofortigen Beschwerde zulässig ist, sind daher die **wesentlichen Ergebnisse** der Verhandlungen in das Protokoll aufzunehmen. § 274 hat jedoch nur für die Hauptverhandlung Sinn. Die Verweisung nach dem Semikolon nimmt ihn daher zu Recht von den Vorschriften aus, die entsprechend anzuwenden sind. 12

f) Entscheidung. Die Entscheidung ergeht im **Tenor** dahin, dass der Verteidiger von der Mitwirkung in einem bestimmten Verfahren aus einem bestimmten Grund ausgeschlossen wird oder alternativ, dass die Ausschließung des Verteidigers abgelehnt wird. Die Entscheidung ist selbstverständlich wegen ihrer weitreichenden Rechtsfolge zu **begründen.** Für die mit Rechtsmitteln anfechtbaren Entscheidungen folgt das aus 13

---

31 Vgl. Begr. BTDrucks. **7** 2526 S. 23.

32 Oben Rn. 6.

33 BGHSt **28** 116, 117 m. zust. Anm. *Willms*; BGH NStZ **1981** 95; JR **1984** 299 sowie zur Verwertung von Beweisstoff etwa OLG Bamberg Beschl. v. 23.2.2016 – 1 Ws 615/15, OLGSt StPO § 138c Nr. 3 („nach Aktenlage") und OLG Hamburg AnwBl. **1987** 44 („unter Berücksichtigung des Inhalts der Ermittlungsakte").

34 *Rieß* NStZ **1981** 332, *Hammerstein* NStZ **1986** 38; SSW/*Beulke* 11; Meyer-Goßner/*Schmitt* 7; SK/*Wohlers* 10; AnwK/*Krekeler*/*Werner* 4; KK/*Willnow* 7; AK/*Stern* 10.

35 Wie hier auch *Bottke* JR **1984** 300, 301; *Dünnebier* NJW **1976** 1, 3; MüKo/*Thomas*/*Kämpfer* 4; KMR/*Haizmann* 6 und HK/*Julius*/*Schiemann* 3.

36 Vgl. unten Rn. 16.

§ 34. Für die unanfechtbaren Entscheidungen ist es wegen der Möglichkeit einer Verfassungsbeschwerde mit Rücksicht auf den tiefgreifenden Eingriff in den Schutzbereich des Art. 12 Abs. 1 GG geboten und entspricht auch der Stellung des BGH, der nicht, ohne seine Argumente den Beteiligten, der Fachwelt und der Öffentlichkeit bekannt zu geben, eine Entscheidung trifft, die perspektivisch zu einer einheitlichen Rechtsprechung zur Frage der Ausschließung des Verteidigers beitragen soll.[37] So verfährt auch, soweit ersichtlich, die bisherige Spruchpraxis.[38]

14 **g) Bekanntmachung (Abs. 5).** Die Entscheidung ist grundsätzlich am Schluss der mündlichen Verhandlung zu **verkünden**. Maßgebend für den **Beginn der Frist** zur sofortigen Beschwerde (Absatz 6 Satz 1)[39] ist im Fall des Absatz 5 Satz 1 allein die Verkündung.

15 Kann die Entscheidung ausnahmsweise **nicht am Schluss der** mündlichen **Verhandlung** verkündet werden (Absatz 5 Satz 2), so dürfen neue Tatsachen, die nach Schluss der mündlichen Verhandlung noch bekannt werden, nicht verwendet werden. Jedoch kann das Gericht die Verhandlung wieder eröffnen, solange eine Entscheidung noch nicht ergangen ist.[40] Die Entscheidung ist, wenn Beschwerde zulässig ist, den beschwerdeberechtigten Beteiligten **zuzustellen** (§ 35 Abs. 2 Satz 1) und der Anwaltskammer mitzuteilen. Wenn keine Beschwerde statthaft ist, wird man es den bei der Verkündung nicht Anwesenden nicht wie bei einem Urteil überlassen können, sich um die Entscheidung zu kümmern. Vielmehr wird der Vorsitzende veranlassen, dass den Beteiligten eine Abschrift der Entscheidung **formlos mitgeteilt** wird (§ 35 Abs. 2 Satz 2), zumal deshalb, weil die schriftliche Begründung in der Regel bei der Verkündung noch nicht abgesetzt sein wird.

16 **h) Sofortige Beschwerde (Abs. 6 Satz 1 und 2).** Zur sofortigen Beschwerde **(§ 311) berechtigt** sind die Beteiligten mit der ausdrücklichen Ausnahme des Vorstands der Rechtsanwaltskammer (Absatz 6 Satz 2). Der ausgeschlossene Wahl- oder Pflichtverteidiger[41] kann grundsätzlich sowohl für seine eigene Person als auch für den Beschuldigten Beschwerde einlegen.[42] Die veraltete Gegenauffassung[43] kann mit ihrem Argument, der Beschluss habe keine aufschiebende Wirkung, § 138c Abs. 3 nicht vollständig erklären. Die grundsätzlich bestehende Beschwerdemöglichkeit besteht aber wegen fehlender Beschwer dann nicht, wenn sich die Beschwerde entgegen Absatz 6 Satz 3 gegen die *Ablehnung* der Ausschließung richtet.[44] Die Unzulässigkeit der Vertretung des Beschuldigten ist erst dann gegeben, wenn eine begründete, d. h. der etwaigen Nachprüfung durch das Rechtsmittelgericht standhaltende Ausschließung des Verteidigers vorliegt. Der Beschuldigte kann sich freilich auch als Beteiligter selbst der Beschwerde bedienen (§ 304 Abs. 1).[45] Dazu kann er einen neuen Verteidiger bestellen, aber auch einen Bevollmäch-

---

37 Vgl. Begr. BTDrucks. **7** 2526 S. 12 = AnwBl. **1974** 216; zust. auch SSW/*Beulke* 13.

38 Vgl. etwa die ausf. Begründung im Fall *Zündel* BGH JZ **2006** 1134 m. Anm. *Jahn*.

39 Sogleich unten Rn. 16.

40 Vgl. LR/*Graalmann-Scheerer* § 33, 10.

41 Mit Bezug auf den ausgeschlossenen Pflichtverteidiger bedarf dies nur deshalb der Hervorhebung, weil OLG Köln NStZ **1982** 129 (entgegen der hier zu § 138a, 4 ff. ausf. begründeten Ansicht) allein die Beschwerdeberechtigung des Wahlverteidigers anerkennt.

42 BGHSt **26** 291; KK/*Willnow* 14; Meyer-Goßner/*Schmitt* 12.

43 So vormals LR/*Dünnebier*[23] 13; KMR/*Müller* 7.

44 Vgl. BGH b. *Becker* NStZ-RR **2002** 258; erg. aber sogleich in Rn. 17 für den Sonderfall des § 138b.

45 Vgl. BGH AnwBl. **1979** 44.

tigten benennen. Dieser bedarf, weil er kein Verteidiger ist, nicht der Genehmigung nach § 138 Abs. 2.

Nach Absatz 6 Satz 1 ist die Beschwerde auch dann zulässig, wenn sie einen **Fall** des **§ 138b** „betrifft", also in *diesem* Fall sowohl dann, wenn ein Verteidiger ausgeschlossen als auch dann, wenn die Ausschließung abgelehnt wird. 17

Im Verfahren über die sofortige Beschwerde besitzt der *iudex a quo*, dessen Beschluss angefochten worden ist, **keine Abänderungskompetenz** (§ 311 Abs. 3 Satz 1) und nur im Fall der Verletzung des Anspruches auf rechtliches Gehör eine Abhilfebefugnis (§ 311 Abs. 3 Satz 2). Dementsprechend ist das erstinstanzliche Gericht auch nicht dazu befugt, die Unzulässigkeit des Rechtsbehelfs nach Absatz 6 festzustellen und es deshalb in eine formlose Gegenvorstellung umzudeuten.[46] Nach Absatz 1 in Verbindung mit § 138c Abs. 1 entscheidet über die Ausschließung des Verteidigers damit je nach Verfahrenslage das OLG oder der BGH. Dem Wortlaut des Absatz 6 Satz 1 nach wäre auch die sofortige Beschwerde gegen **Entscheidungen** des **BGH** theoretisch denkbar. Schon Art. 1 Nr. 23 des StVÄG 1987[47] hat mit § 304 Abs. 4 Satz 1 jedoch der früher[48] verschiedentlich vertretenen Auffassung, die Beschwerde sei auch gegen Entscheidungen des BGH statthaft, auch für den Normbereich des Absatz 6 Satz 1 endgültig den Boden entzogen.[49] 18

Auch das Beschwerdegericht **entscheidet** in **nicht öffentlicher Sitzung** ohne mündliche Verhandlung (§ 309 Abs. 1),[50] der BGH also in der Besetzung mit drei Mitgliedern einschließlich des Vorsitzenden (§ 139 Abs. 2 GVG).[51] Hat der ausgeschlossene Verteidiger oder der Beschuldigte die sofortige Beschwerde eingelegt, wird die Sache stets ein geeigneter Fall sein die Staatsanwaltschaft **anzuhören** (§ 309 Abs. 1). Hat die Staatsanwaltschaft die Beschwerde eingelegt, sind die **anderen Beteiligten** nach § 308 Abs. 1 Satz 1 zu hören. Das Beschwerdegericht kann Ermittlungen anordnen oder selbst vornehmen (§ 308 Abs. 2); zu deren Ergebnis sind die Beteiligten gegebenenfalls erneut zu hören. Neue Tatsachenbehauptungen können insoweit vom BGH berücksichtigt werden. Sie haben allerdings dann einen geringeren Beweiswert, wenn sie schon im Verfahren vor dem OLG bekannt waren.[52] Die Entscheidung ist zu **begründen** (§ 34) und durch **formlose Mitteilung** bekannt zu machen (§ 33 Abs. 2). 19

i) Revision. Die Vorschrift ist **nicht revisibel.** Der Beurteilung des Revisionsgerichts unterliegen solche Entscheidungen nicht, die mit der sofortigen Beschwerde anfechtbar sind, und solche, die nach den Vorschriften der Strafprozessordnung unanfechtbar sind (§ 336 Satz 2).[53] 20

j) Wirkung. Die Rechtskraft macht die Entscheidung, auch wenn sie irrtümlich ergangen ist, **unabänderlich.** Sie kann nur geändert werden, wenn neue Tatsachen und Beweismittel beigebracht werden, gleichwie, ob sie neu entstanden sind oder bei der Entscheidung zwar schon existierten, dem Gericht aber nicht bekannt waren. 21

---

46 Vgl. BGH wistra **2011** 149 f.

47 Vgl. BTDrucks. **10** 1313 S. 30.

48 So ausdrücklich *Peters* Der neue Strafprozeß (1975) 133.

49 Vgl. nur *Dünnebier* FS Dreher 679.

50 BGHSt **26** 221; siehe bereits oben Rn. 1.

51 Vgl. nur BGH Beschl. v. 8.8.2018 – 2 ARs 121/18, BGHSt **63** 174. Zu einem Sonderfall der Einstellung nach sofortiger Beschwerde in einem Fall fehlender Wiederholungsgefahr BGH NJW **1992** 3048.

52 Vgl. BGH Beschl. v. 22.10.2008 – 2 ARs 406/08 u. 2 ARs 207/08, Tz. 3.

53 S. auch *Dünnebier* FS Dreher 679.

22 Der **Ausgeschlossene** ist nun **kein Verteidiger** des Beschuldigten (mehr). Das betrifft nur das Verhältnis des Beschuldigten und des Verteidigers auf der einen Seite zum Gericht, der Staatsanwaltschaft und der Vollzugsanstalt auf der anderen Seite. Auf den zwischen Verteidiger und Beschuldigtem geschlossenen Vertrag hat die gerichtliche Entscheidung **keinen Einfluss**. Der Ausgeschlossene bleibt der vom Beschuldigten Gewählte, solange die beiden den Vertrag nicht auflösen.[54]

2. Aufhebende Entscheidungen

23 **a) Grundsatz.** Auch für die Entscheidung über die **Aufhebung** der Ausschließung des Verteidigers von der Mitwirkung in einem Verfahren sind je nach Verfahrenslage das OLG oder der BGH zuständig.[55] Zu klären ist deshalb nunmehr nur, ob § 138d für aufhebende Entscheidungen voll anzuwenden ist, welche Modifikationen zulässig oder geboten sind oder welches Verfahren sonst Platz greift. Dabei ist der rechtliche Ausgangspunkt, dass es für die Entscheidung über die Aufhebung an **Verfahrensvorschriften fehlt.**[56] Man sollte sich aber, wenn man schon die Bestimmung über die Zuständigkeit entsprechend anwendet,[57] auch zur Klärung der vom Gesetzgeber offen gelassenen Fragen soweit als möglich an § 138d anlehnen.

24 Bei der Überlegung, ob bei entsprechender Anwendung von § 138d auch die Aufhebung der Ausschließung in **mündlicher Verhandlung** entschieden werden müsse, könnte für diese Lösung sprechen, dass die Entscheidung über die Aufhebung, weil mit ihr ein Aufhebungsantrag abgelehnt werden kann, auch eine Entscheidung über die Ausschließung enthält. Indessen ist über die Ausschließung schon entschieden. Eine ablehnende Entscheidung im Aufhebungsverfahren bestätigt die Ausschließungsentscheidung nur. In Bezug auf die Ausschließung ist die Aufhebungsentscheidung also von geringerem Gewicht als die Ausschließungsentscheidung, so dass die mündliche Verhandlung aus *diesem* Grund nicht zwingend ist. Gegen die mündliche Verhandlung spricht auch, dass das Verfahren, das sich dann zumeist im Stadium der Hauptverhandlung befindet, zu oft unterbrochen werden müsste. Denn der Beschuldigte und der ausgeschlossene Verteidiger können, weil es an einer § 118 Abs. 3, 4 entsprechenden Vorschrift fehlt, beliebig oft und ohne Wartefrist einen Antrag auf Aufhebung der Ausschließung stellen und wiederholen.

25 **b) Schriftliches Verfahren.** Der Gesetzgeber hätte also, wenn er das Verfahren über die Aufhebung der Ausschließung geregelt hätte, die **mündliche Verhandlung** nicht zwingend angeordnet, sondern – wie in § 118 Abs. 1 bei der Haftprüfung und in § 122 Abs. 2 Satz 2 bei der 6-Monats-Haftprüfung („Das Oberlandesgericht *kann* über die Fortdauer der Untersuchungshaft nach mündlicher Verhandlung entscheiden") – in das **pflichtgemäße Ermessen** des Gerichts gestellt. Aus diesem Grund ist es zweckmäßig, dass das OLG und der BGH **grundsätzlich** im **schriftlichen Verfahren** entscheiden. Nach mündlicher Verhandlung entscheiden sie auf Antrag oder von Amts wegen nur dann, wenn es das Gericht für erforderlich hält.[58]

---

54 Vgl. nur Vor § 137, 62.
55 Oben § 138c, 52, 54.
56 Vgl. schon § 138c, 7.
57 Vgl. § 138c, 52 ff.
58 Vgl. BGHSt **32** 231.

c) Beteiligte. Beteiligt sind der ausgeschlossene Verteidiger und wiederum dessen Verteidiger, der Beschuldigte und sein neuer Beistand, sei er Wahl- oder Pflichtverteidiger.[59] Da der ausgeschlossene Verteidiger der vom Beschuldigten Gewählte bleibt,[60] ist er berechtigt, solange der Vertrag mit dem Beschuldigten besteht, den **Antrag** zu **stellen**, die Ausschließung aufzuheben.[61] Konsequenterweise muss man ihm auch das Recht einräumen, sollte der Antrag abgelehnt worden sein, hiergegen Beschwerde einzulegen. 26

d) Rechtsmittel. Auch hier gelten sinngemäß die Vorschriften über die Rechtsmittel gegen die Ausschließungsentscheidung.[62] Dabei stehen die Fälle der Aufhebung des Ausschlusses denen der Ablehnung des Ausschlusses gleich, denn die Ablehnung der Aufhebung ist im Ergebnis die Anordnung des weiteren Ausschlusses. Damit besteht, entgegen dem BGH,[63] grundsätzlich **keine Beschwerdemöglichkeit.**[64] Anders ist es nach Absatz 6 Satz 1 nur dann, wenn ein Fall des § 138b vorliegt. 27

§ 139
Übertragung der Verteidigung auf einen Referendar

Der als Verteidiger gewählte Rechtsanwalt kann mit Zustimmung dessen, der ihn gewählt hat, die Verteidigung einem Rechtskundigen, der die erste Prüfung für den Justizdienst bestanden hat und darin seit mindestens einem Jahr und drei Monaten beschäftigt ist, übertragen.

Schrifttum

Dünnebier Anwaltsreferendare als Verteidiger, JR **1973** 367; *ders.* Über Änderungen im Recht der Verteidigung, FS Pfeiffer (1988) 269; *Giehring* Referendare mit Untervollmacht als Strafverteidiger im Vor- und Zwischenverfahren, NJW **1973** 22; *Gruschwitz* Die Übertragung von Aufgaben der Rechtspflege auf Referendare – Möglichkeiten und Grenzen, DRiZ **2012** 239; *Meyer-Goßner* Das Strafverfahrensänderungsgesetz 1987, NJW **1987** 1161; *Peter* Der Rechtsreferendar als Strafverteidiger, JuS **1991** 140; *v. Pestalozza* Die rechtliche Stellung der Generalsubstituten, JW **1932** 2182; *M. Schmid* Die Untervollmacht im Strafprozeß, MDR **1979** 804; *Seibert* „Andere Personen" als Verteidiger, JZ **1951** 440; *Vehslage* Terminsvertretung für Rechtsanwälte durch Referendare, ZAP Fach 23 (**1999**) 415.

Entstehungsgeschichte

Die in § 139 genannte Beschäftigungszeit von ursprünglich zwei Jahren ist durch Art. II der VO der RReg. vom 1.6.1920[1] auf ein Jahr und drei Monate herabgesetzt worden. Sie ist seither unverändert geblieben.[2] Durch Art. 1 Nr. 6 StVÄG 1987 sind die Worte „des Angeklagten" durch die Worte „dessen, der ihn gewählt hat" ersetzt worden.[3]

---

59 Vgl. § 138c, 55.
60 Oben Rn. 22.
61 § 138c, 55.
62 Oben Rn. 16-19.
63 BGHSt **32** 231; dem Gericht zust. auch SSW/*Beulke* 22; Meyer-Goßner/*Schmitt* 13 und AK/*Stern* 15.
64 Wie hier MüKo/*Thomas*/*Kämpfer* 8; KK/*Willnow* 17 und SK/*Wohlers* 21.
1 RGBl. I S. 1108.
2 Zu den daraus resultierenden Problemen unten Rn. 13.
3 Zur Bedeutung der geänderten Formulierung unten Rn. 11.

https://doi.org/10.1515/9783110630244-008

Übersicht

1 **1. Sinn der Vorschrift.** Die Vorschrift ist systematisch als **Ergänzung zu § 138 Abs. 2** zu verstehen.[4] Ihre ursprüngliche parallel mit § 138 Abs. 2 laufende **Motivation** – es sollte dem Mangel an verteidigungsbereiten Rechtsanwälten abgeholfen werden[5] – ist längst[6] **überholt.** Angesichts von mehr als 165.000 zugelassenen Anwälten im Bundesgebiet, darunter fast 3.500 Fachanwälten für Strafrecht, stehen selbst in ländlichen Gebieten grundsätzlich **ausreichend Verteidiger** zur Verfügung.[7] Die Bestimmung behält aber ihre Berechtigung mit Blick auf die – trotz der durch das Gesetz zur Reform der Juristenausbildung vom 11.7.2002[8] von drei auf neun Monate verlängerten **Anwaltsstation** (§ 5b Abs. 4 Satz 1 DRiG) – noch immer relativ einseitige Ausbildung der Referendare mit dem Ziel der Befähigung zum Richteramt (§ 5 Abs. 1 DRiG), die die praktische Tätigkeit als Rechtsanwalt (§ 5b Abs. 2 Nr. 4 DRiG) und insbesondere als Strafverteidiger in Ermangelung verbindlich festgelegter Ausbildungsinhalte kaum ausreichend berücksichtigt.[9] Zusammengefasst dient die Vorschrift dazu, dem Stationsreferendar die Möglichkeit der **praktischen Anwendung** seiner rechtlichen Kenntnisse im Rahmen einer Strafverteidigung zu ermöglichen. Sie korrespondiert insofern mit den in dieselbe Richtung zielenden **§ 142 Abs. 2 a. F.,** der bis 2019 erlaubte, Rechtsreferendare zu Pflichtverteidigern zu bestellen,[10] und § 59 BRAO sowie den die Ausbildung bei den Gerichten in Strafsachen und Staatsanwaltschaften betreffenden § 10, § 142 Abs. 3, § 193 Abs. 1 GVG, § 2 Abs. 5, § 3 Nrn. 3c und 4c, § 22, § 24, § 31 RPflG. In den Ausbildungsplänen der Länder wird ihr mit Recht einiges Gewicht für den Ausbildungserfolg in der Anwaltsstation beigemessen.[11] Nicht übersehen werden kann dabei allerdings aus einer übergreifenden

4 OLG Jena NStZ-RR **2012** 320, 321 unter Hinweis auf LR/*Lüderssen/Jahn*[26] § 139, 19.

5 *Hahn* Mat. I 969; für § 138 Abs. 2 ebenso § 138, 38 unter Hinweis auf *Isaac Wolffsohn.*

6 *M. Kunze* Der Rechtsanwalt als unabhängiges Organ der Rechtspflege (2018) 45 weist aus der zeitgenössischen Literatur schon für die 1920er Jahre eine „Überfüllung des Rechtsanwaltsstandes" nach.

7 Vgl. BGHSt **26** 319; zust. *Peter* JuS **1991** 140; SK/*Wohlers* 1; SSW/*Beulke* 1; HK-GS/*Weiler* 1; KMR/*Haizmann* 1; HdBStrR/*Jahn/Brodowski* § 17, 63; vgl. auch *Barton* (Einführung) § 4, 46. Zu den Zahlen zum Stichtag 1.1.2017 vgl. *Beyrich/Nitschke* BRAK-Mitt. **2017** 128 f.

8 BGBl. I S. 2592.

9 Vgl. *Gruschwitz* DRiZ **2012** 239, 240 f.; *Gilles/Fischer* NJW **2003** 707, 709; *Kilger* NJW **2003** 711; *Knöfel* AnwBl. **2004** 428; HdBStrR/*Jahn/Brodowski* § 17, 63 a. E. Krit. zur früheren Rechtslage *Peter* JuS **1991** 140; HK/*Julius/Schiemann* 1; *Hahn* Mat. I 1291.

10 Aufgehoben durch das Gesetz zur Neuregelung des Rechts der notwendigen Verteidigung, vgl. BTDrucks. **19** 13829 S. 24 u. 39: „Rechtsreferendare genügen mangels durch die Zweite Staatsprüfung nachgewiesener Befähigung [den] europarechtlich vorgegebenen Qualitätsansprüchen nicht". Zur aus Art. 7 der Richtlinie 2016/1919 erwachsenden Qualitätsproblematik siehe *Jahn/Zink* FS Graf-Schlicker (2018) 475, 494.

11 So z. B. in Hessen (Ausbildungsplan für die Ausbildung in der Anwaltsstation vom 21.10.2014, JMBl. **2014** 671): „Durch eine Verteidigung auf Grund § 139 lernt die Rechtsreferendarin oder der Rechtsreferendar in besonderem Maße, eine Aufgabe selbständig und eigenverantwortlich zu erledigen ... Hier können die zunächst nur durch Anschauung in vorangegangenen Sitzungen erworbenen Kenntnisse der praktischen Handhabung der Vorschriften des Strafprozessrechts durch eigene Ausübung vertieft werden. Zugleich hat die Rechtsreferendarin oder der Rechtsreferendar hier die Möglichkeit, den angemessenen Umgang mit anderen Prozessbeteiligten durch eigene Erfahrung zu erlernen. Die vorgesehene Übertragung der Verteidigung sollte deshalb nach Möglichkeit unbedingt vorgenommen werden".

Perspektive auch, dass der Gesetzgeber im Rahmen seiner Einschätzungsprärogative den Ausbildungszweck der Vorschrift hier gegenüber den Regelungen in anderen Prozessordnungen – auch in Ansehung des **Verteidigungsinteresses des Beschuldigten** – erstaunlich hoch gewichtet. § 139 und auch § 142 Abs. 2 sind strafrechtliche Spezifika.[12]

Die Rechtskundigen bedürfen, obwohl sie zu den in § 138 Abs. 2 genannten „anderen Personen" gehören, dann nicht der **Genehmigung des Gerichts,** wenn ihnen der als Verteidiger gewählte Rechtsanwalt mit Zustimmung dessen, der ihn gewählt hat, die Verteidigung übertragen hat.[13] Die Übertragung mit Zustimmung dessen, der ihn gewählt hat, ist eine Bestellung zum Verteidiger, und die Rechtskundigen gehören daher zu den Personen, „die zu Verteidigern bestellt werden dürfen" (§ 138 Abs. 2). 2

Die **Beschränkung** auf die Verteidigung in **amtsgerichtlichen Verfahren**, die § 142 Abs. 2 bei demselben Personenkreis vorsieht, wird hier **nicht** wiederholt und darf nicht im Wege der Analogie auf § 139 übertragen werden.[14] Sie dürfte freilich in der Praxis nicht unüblich sein. 3

Die Übertragung nach § 139 ist **unzulässig**, wenn sie dem Rechtskundigen die Verteidigung in **eigener Sache** ermöglichen soll.[15] 4

2. Gewählter Rechtsanwalt. Pflichtverteidiger dürfen **nicht** nach § 139 verfahren.[16] *De lege ferenda* wäre eine Gleichstellung zu erwägen – in konsequenter Fortsetzung der durch das StVÄG 1987 begonnenen Linie.[17] Allerdings darf ein Rechtsreferendar, der nach § 53 Abs. 4 Satz 2 BRAO nach mindestens zwölf Monaten Beschäftigung im Vorbereitungsdienst durch die Rechtsanwaltskammer ausnahmsweise[18] zum allgemeinen Vertre 5

---

12 Vgl. HdBStrR/*Jahn*/*Brodowski* § 17, 64. Weder ZPO noch FamFG sehen vor, dass ein Rechtsanwalt die Vertretung in diesem Umfang – mit Ausnahme des amtlich bestellten Vertreters nach § 53 Abs. 4 Satz 2 BRAO (s. unten Rn. 14) – auf einen Referendar übertragen kann. Nur für den reinen Parteiprozess vor dem AG in Zivilsachen gestattet § 157 ZPO die (bloße) Terminsvertretung des Zivilanwalts durch seinen Stationsreferendar i. S. d. § 59 BRAO, während in Strafsachen die Verteidigung bis hin zum OLG eigenverantwortlich durch den Referendar geführt werden kann (unten Rn. 5). Und selbst im Zivilverfahren vor dem AG kommt im Falle der fehlenden Eignung zum Schutz der vertretenen Partei eine Zurückweisung entsprechend § 79 Abs. 3 ZPO in Betracht (MüKo-ZPO/*Fritsche* § 157, 1; *Gruschwitz* DRiZ **2012** 239, 240). In dem Kammerbeschluss BVerfG NJW **2005** 966, 967 heißt es dazu, es könne „nicht ohne weiteres davon ausgegangen werden, dass ein Rechtsreferendar einem Rechtsuchenden in gleicher Weise qualifizierten Rechtsrat erteilen kann wie eine Person, die das Zweite Juristische Staatsexamen erfolgreich abgelegt hat". Etwaige Folgerungen für § 139 hat der Gesetzgeber nicht gezogen, auch nicht im Kontext der Umsetzung der Legal Aid-Richtlinie (zur aus Art. 7 der Richtlinie 2016/1919 erwachsenden Qualitätsproblematik vgl. bereits § 138, 2).

13 RGSt **61** 106; OLG Oldenburg DAR **2005** 701 m. Bespr. *Jahn* JuS **2006** 660 (nach zutr. Auffassung von *Barton* [Einführung] § 4, 42 Fn. 64 ein „kurioser Fall"); *Pfeiffer* 1; problematisch deshalb LG Berlin NStZ **2000** 51, 52.

14 *Dünnebier* JR **1973** 368; *Giehring* NJW **1973** 985 Fn. 24; SK/*Wohlers* 2; SSW/*Beulke* 2; HK-GS/*Weiler* 3; *Meyer-Goßner*/*Schmitt* § 142, 18.

15 OLG Karlsruhe MDR **1971** 320; Meyer-Goßner/*Schmitt* 1; AK/*Stern* 2; SK/*Wohlers* 2 a. E.

16 Allg. Meinung, vgl. BGH NJW **1958** 1308; **1967** 165; **1975** 2351; StV **1982** 213; StV **1989** 465; NStZ **1990** 226; OLG Stuttgart NJW **1955** 1291; BayObLG StV **1992** 99; LG Berlin NStZ **2000** 51; OLG Hamm Beschl. v. 15.8.2006 – 2 (s) Sbd IX-68/06, juris, Tz. 16, NStZ-RR **2006** 392 (Ls); Meyer-Goßner/*Schmitt* 1; KMR/*Haizmann* 3; KK/*Willnow* 1; *Pfeiffer* 1; AK/*Stern* 1; HK/*Julius*/*Schiemann* 3; *Joecks* 1; SK/*Wohlers* 5; *Barton* (Einführung) § 4, 42; *Dünnebier* JR **1973** 367.

17 S. oben (Entstehungsgeschichte).

18 Primär „sollen" Rechtsanwälte bestellt werden, § 53 Abs. 1 Satz 1 BRAO. Zudem soll durch landesrechtliche Bestimmungen die Bestellungsmöglichkeit von Referendaren weitergehend eingeschränkt werden können (so, ohne diese Bestimmungen näher zu qualifizieren, Weyland-BRAO/*Nöker* § 53, 23 a. E.).

ter bestellt worden ist, den Pflichtverteidiger auch im ersten Rechtszug vor dem OLG vertreten, ohne dass das Gericht den Verhinderungsfall prüft.[19] Der BGH[20] hat für diesen Fall offengelassen, ob es der Zustimmung des Angeklagten bedarf. Spätestens seit der ausdrücklichen einfachgesetzlichen Implementierung des Bezeichnungsrechts des Beschuldigten in § 142 Abs. 1 durch das StVÄG 1987 ist die Zustimmung unverzichtbar.

6 **Unberührt** von § 139 bleibt die Möglichkeit des Pflichtverteidigers, dem Referendar die **Ausübung der Verteidigung** im Rahmen der Ausbildung zu überlassen. Der Pflichtverteidiger muss für die Verteidigung dann jedoch verantwortlich zeichnen und die jederzeit rücknehmbare **Zustimmung des Vorsitzenden** einholen.[21]

7 Die Bestimmung ist nach dem Zweck der Ausbildung, die regelmäßig in der Anwaltsstation stattfindet, auf **Rechtsanwälte** beschränkt. **Rechtslehrer** an deutschen Hochschulen sind im Hauptamt nicht an der praktischen Ausbildung in Vorbereitung auf das zweite juristische Examen beteiligt.[22] Daher dürfen sie eine von ihnen übernommene Verteidigung nicht in entsprechender Anwendung des § 139 auf Referendare übertragen, die bei ihnen gleichzeitig als Assistenten oder wissenschaftliche Mitarbeiter bzw. Hilfskräfte tätig sind.[23] Diese können nur mit Genehmigung des Gerichts nach § 138 Abs. 2 tätig werden.

8 Im **Privatklageverfahren** gilt die Vorschrift nicht nur für den Anwalt des Beschuldigten, sondern auch für den des Privatklägers (§ 387 Abs. 2).[24] **Entsprechende Anwendung** findet die Vorschrift nach ausdrücklicher gesetzlicher Anordnung für die Vertretung des **Einziehungsbeteiligten** (§ 428 Abs. 1 Satz 2)[25] und bei der **Festsetzung von Geldbußen** gegen eine juristische Person (§ 444 Abs. 2 Satz 2) sowie im Wege sachgerechter Auslegung auf den Anwalt des **Nebenklägers**[26] und in den Fällen der Beistandsleistung für den **Verletzten** (§ 406f Abs. 1, § 406h Abs. 1).[27] Im anwaltsgerichtlichen Verfahren gilt sie nach § 116 BRAO entsprechend.[28]

9 § 139 betrifft nicht den Fall, in dem der Verteidiger sich – auch in der Hauptverhandlung – der Assistenz eines Referendars bedient. Dies ist zweckmäßig im Sinne der **praktischen Ausbildung**[29] und ohne Weiteres zulässig.[30] Ein eigenes Frage-, Erklärungs- und Antragsrecht hat der Referendar in diesen Fällen nicht.[31] Das Gericht kann jedoch (entsprechend § 138 Abs. 2) seine Zustimmung zur Ausübung dieser Rechte erteilen.[32] Der Verteidiger trägt jedoch auch dann die inhaltliche Verantwortung für die Ausführungen des Referendars.[33]

---

19 BGH NJW **1975** 2352; BayObLG StV **1989** 469; *Pfeiffer* 1; AK/*Stern* 1.

20 BGHSt **26** 319.

21 BGH NJW **1958** 1308; BGH StV **1989** 465; AK/*Stern* 2.

22 Unbeschadet der Option, sich als „Professoren-Richter" im Nebenamt bzw. zweiten Hauptamt (vgl. dazu auch § 41 Abs. 2 Satz 1 DRiG) an der Ausbildung – etwa in der Wahlstation bei einem OLG oder LG – zu beteiligen.

23 Meyer-Goßner/*Schmitt* 1; *Pfeiffer* 1; AK/*Stern* 1; *Joecks* 1; KMR/*Haizmann* 2.

24 S. bereits Dalcke/Fuhrmann/Schäfer-*Fuhrmann* 2; LR/*Niethammer*[20] 7 m. w. N.

25 OK-StPO/*Temming* 428, 1.

26 RG HRR **1933** Nr. 84; KK/*Willnow* 6; AK/*Stern* 3; OK-StPO/*Wessing* 5; Radtke/Hohmann/*Reinhart* 7.

27 Zust. MüKo/*Thomas/Kämpfer* 1; *Pfeiffer* 1.

28 Gaier/Wolf/Göcken-BRAO/*Johnigk* § 116, 19; allerdings sei es „nahezu ausgeschlossen, dass dies sinnvoll sein könnte".

29 *Dahs* (Hdb.) Rn. 160.

30 Meyer-Goßner/*Schmitt* 7; AK/*Stern* 8; SSW/*Beulke* 2.

31 AK/*Stern* 8.

32 Meyer-Goßner/*Schmitt* 7; *Dahs* (Hdb.) Rn. 160.

33 Meyer-Goßner/*Schmitt* 7; AK/*Stern* 8.

3. Zustimmung. Die Übertragung bedarf **stets** der Zustimmung desjenigen, der den Verteidiger gewählt hat.[34] Die Zustimmung bedeutet die Wahl eines weiteren Verteidigers, der – je nach dem Inhalt der Vereinbarung – ganz oder für einzelne Verfahrensabschnitte, allein oder zusammen mit dem zunächst gewählten Verteidiger, als Verteidiger auftritt. Die Zustimmung kann für einen bestimmten Rechtskundigen, aber auch **allgemein** für alle vom Rechtsanwalt zur Ausbildung angenommenen Rechtskundigen **erteilt** und jederzeit zurückgenommen werden.[35] Sie betrifft nur das Verhältnis des Auftraggebers zum Anwalt und braucht daher dem Gericht nicht nachgewiesen zu werden.[36] Die Zustimmung ist **formfrei,**[37] bereits in der allgemeinen Prozessvollmacht[38] und auch durch ggf. stillschweigende Genehmigung erteilbar.[39] Zu Unrecht verlangt das *KG* eine **ausdrückliche Zustimmung** des Beschuldigten und hält die Ermächtigung im Vollmachtformular, „sich bei der Wahrnehmung der Verteidigergeschäfte durch einen Referendar vertreten zu lassen", nicht für ausreichend.[40] Das ist eine **übertrieben paternalistische Fürsorge,**[41] die dazu führt, Teilnehmer am Rechtsverkehr partiell unmündig zu machen. Wer eine Vollmacht unterschreibt, muss sie lesen. Gefällt ihm eine darin befindliche Klausel nicht, kann er verlangen, dass sie gestrichen oder modifiziert wird. Geht der Anwalt darauf nicht ein, muss der Beschuldigte einen anderen wählen.[42] 10

Die Vorschrift spricht (seit der Fassung des StVÄG 1987) von der „Zustimmung dessen, der ihn gewählt hat", und stellt damit klar, wie bereits in früheren Entwürfen intendiert,[43] dass es auf die **Zustimmung des Auftraggebers** ankommt.[44] Dies bedeutet, dass es, wenn der gesetzliche Vertreter den Verteidiger gewählt hat (§ 137 Abs. 2), auf dessen Zustimmung ankommt.[45] Bei der Wahl durch den Erziehungsberechtigten (§ 67 Abs. 3 JGG) ist konsequenterweise dessen Zustimmung erforderlich.[46] Die Zustimmung des Beschuldigten ist, wenn er nicht der Auftraggeber ist, zwar seit dem StVÄG 1987 nicht erforderlich. Es empfiehlt sich freilich dennoch, seine Zustimmung einzuholen.[47] Gegen den ausdrücklichen Willen des Beschuldigten darf die Übertragung nicht erfolgen (arg. ex §§ 298, 302 Abs. 2). Geschieht sie dennoch, hat das Gericht im Fall notwendiger Verteidigung einen **Pflichtverteidiger** zu bestellen, der neben dem Referendar als Verteidiger auftritt. 11

34 Statt aller OLG Frankfurt NJW-RR **2017** 1406 Tz. 3.

35 BGH NJW **1958** 1308, 1309; KK/*Willnow* 2.

36 RGSt **41** 14; OLG Düsseldorf JW **1928** 2801.

37 RGSt **41** 15; RGRspr **5** 591; KMR/*Müller* 5.

38 OLG Oldenburg DAR **2005** 701 m. Bespr. *Jahn* JuS **2006** 660; Meyer-Goßner/*Schmitt* 2; AK/*Stern* 5; KK/*Willnow* 2; *Joecks* 2.

39 Zum Ganzen ausf. § 138, 30 ff.

40 KG JR **1972** 207; zust. aber *Peter* JuS **1991** 141 und HK/*Julius*/*Schiemann* 4.

41 Abl. auch OLG Dresden *Alsb.* E 1 137; *Jahn*/*Kett-Straub* StV **2005** 601, 602; KK/*Willnow* 2; SSW/*Beulke* 9; AnwK/*Krekeler*/*Werner* 1; KMR/*Müller* 5; Meyer-Goßner/*Schmitt* 2; AK/*Stern* 5, Radtke/Hohmann/*Reinhart* 2; KMR/*Haizmann* 5. BGH StraFo **2006** 454 f. lässt die Frage ausdrücklich dahinstehen.

42 Vgl. *Jahn*/*Kett-Straub* StV **2005** 601, 602; im Übrigen wird sich das Problem in der Praxis kaum stellen, da die Zustimmung jederzeit – also auch während laufender Hauptverhandlung – widerruflich ist.

43 Siehe dazu LR/*Dünnebier*[23] 6 Fn. 1.

44 BTDrucks. **10** 1313 S. 20; vgl. *Rieß*/*Hilger* NStZ **1987** 148 und oben Entstehungsgeschichte.

45 KK/*Willnow* 3; Meyer-Goßner/*Schmitt* 2; AK/*Stern* 5; OK-StPO/*Wessing* 3.

46 Meyer-Goßner/*Schmitt* 2; AK/*Stern* 5; KMR/*Haizmann* 4.

47 Weitergehend AK/*Stern* 5, der die Zustimmung des Beschuldigten weiterhin für zwingend erforderlich hält.

12 **4. Folgen der Übertragung.** Die Übertragung wird durch Untervollmacht bewirkt.[48] Sie hat zur Folge, dass der Referendar **alle Verteidigerrechte** hat.[49] Der Referendar kann daher in Vertretung des gewählten Verteidigers auftreten, aber auch neben ihm. Dann wird er nach § 137 Abs. 1 Satz 2 mitgezählt.[50] Der Rechtsanwalt ist jedoch immer zur Überwachung verpflichtet.[51] Ungeachtet dessen, sind die Prozesshandlungen des Referendars ohne Weiteres wirksam.[52] Zustellungen gem. § 145a können an ihn gerichtet werden, jedoch nur in die Kanzlei des Rechtsanwalts, nicht an seine Privatadresse.[53] Auf die dem Rechtsanwalt zustehenden Gebühren hat die Übertragung auf den Stationsreferendar keine Auswirkung.[54] Der Referendar *selbst* erwirbt durch die Übernahme der Verteidigung nach § 139 – mit Ausnahme der Fälle des § 5 RVG i. V. m. § 53 Abs. 4 Satz 2 BRAO (Referendar als allgemeiner Vertreter) – **keinen** eigenen **Gebührenanspruch.**[55] Auch ist es ihm mangels Zulassung zur Rechtsanwaltschaft im Grundsatz nicht gestattet, während der Hauptverhandlung die anwaltliche Berufstracht (Robe) zu tragen (Umkehrschluss zu § 20 Satz 1 BORA[56]). Etwas anderes gilt nur dann, wenn landesrechtliche Regelungen – sofern solche im Hinblick auf § 139 überhaupt bestehen[57] – das **Tragen einer Robe** gestatten bzw. – im sui generis-Ausbildungsverhältnis des Referendars (vgl. § 5b DRiG) wohl wirksam – sogar verpflichtend vorschreiben.[58]

13 **5. Übertragungszeitpunkt.** Die Übertragung ist in allen Verfahrensstadien zulässig, also auch schon vor Eröffnung des Hauptverfahrens[59] und auch noch im Rechtsmittel-,[60] Vollstreckungs-, Vollzugs-, Gnaden- und Wiederaufnahmeverfahren.[61] Die dem früheren Wortlaut folgende Auslegung[62] nahm zu Recht an, aus dem Wort **„Angeklagter“** („mit Zustimmung *des Angeklagten*“) folge, dass das Hauptverfahren eröffnet sein müsse (§ 157).[63] Dieser Auslegung, für die ein sachlicher Grund nicht ersichtlich war, wollte

48 Vgl. dazu § 138, 30.

49 Meyer-Goßner/*Schmitt* 6; SK/*Wohlers* 10; *Joecks* 5; KMR/*Haizmann* 7.

50 KK/*Willnow* 4; AK/*Stern* 6; AnwK/*Krekeler/Werner* 4 a. E.; SSW/*Beulke* 11, vgl. § 137, 64. **A. A.** MüKo/*Thomas/Kämpfer* 5.

51 So auch KK/*Willnow* 4; AK/*Stern* 6; *Joecks* 5.

52 KK/*Willnow* 4; Meyer-Goßner/*Schmitt* 6.

53 Meyer-Goßner/*Schmitt* 6; KK/*Willnow* 4; AK/*Stern* 7; KMR/*Haizmann* 6.

54 LG Osnabrück NJW **1953** 1686; LG Heidelberg AnwBl. **1965** 184; AK/*Stern* 9; dort auch zur Frage der Anwendung auf nicht unter § 4 BRAO fallende Personen.

55 Zust. KMR/*Haizmann* 8 sowie OLG Düsseldorf NJW **1994** 1296; OLG Hamburg Rpfleger **1988** 548; OLG Koblenz StV **1993** 139; LG Aachen JurBüro **1991**, 1185, jeweils zur früheren Rechtslage nach der BRAGO.

56 Zu dessen Charakter als abschließende Regelung *Weihrauch* StV **2007** 28.

57 Keine den Fall des § 139 erfassenden landesrechtlichen Regelungen existieren in Bayern, Berlin, Brandenburg, Hamburg, Hessen, Mecklenburg-Vorpommern, Niedersachsen, dem Saarland, Sachsen und Schleswig-Holstein.

58 So in Baden-Württemberg (§ 21 Abs. 2 Nr. 1 AGGVG i. V. m. § 3 Nr. 1 VO v. 1.7.1976 – GBl. S. 527); Bremen (Ziff. I.3. AV v. 1.11.1962), Nordrhein-Westfalen (Ziff. I.3. AV v. 8.8.2006 – JMBl. NRW S. 193); Rheinland-Pfalz (Ziff. 2.2 VV v. 14.12.2004 – JBl. 2005, S. 49), Sachsen-Anhalt (AV v. 30.1.1992 – 3152-107.1) und Thüringen (§ 4 Abs. 1 Nr. 8 ThürAGGVG). S. dazu im Übrigen *Vehslage* ZAP Fach 23 (**1999**) 415, 418.

59 So auch Meyer-Goßner/*Schmitt* 5; KK/*Willnow* 5; *Pfeiffer* 2; AK/*Stern* 6; HK/*Julius/Schiemann* 4.

60 KK/*Willnow* 1.

61 KMR/*Haizmann* 1.

62 S. *Dünnebier* FS Pfeiffer 270 f.

63 Vgl. BGH NJW **1973** 64 mit abl. Anm. *Wessel*; *Dünnebier* JR **1973** 367. **a. A.** bereits LR/*Niethammer*[20] 8; offenlassend BGH Beschl. v. 24.7.1971 – 1 BJs 6/71.

das StVÄG 1987[64] die Grundlage entziehen,[65] wenngleich die Intention in der geltenden Fassung nur unvollständig zum Ausdruck kommt.[66]

14 Voraussetzung ist stets nur, dass der Referendar im Zeitpunkt der Übertragung der Verteidigung seit mindestens **einem Jahr und drei Monaten** im Justizdienst tätig ist; Beurlaubungen sind nicht mitzurechnen. Vor dem Hintergrund, dass die Regelung des § 139 aufgrund der beständigen Verkürzung des Referendariats – derzeit noch zwei Jahre (§ 5b Abs. 1 DRiG), zudem darin eingeschlossen die Zeit für die Durchführung der (zweiten) Staatsprüfung[67] – in der Praxis immer seltener genutzt wird, erscheint es ***de lege ferenda*** erwägenswert, die „Wartefrist" insbesondere im Hinblick auf die immer stärkere Ausrichtung der Referendarausbildung auf den Anwaltsberuf auf **ein Jahr** zu verkürzen.[68] Da die überwiegende Anzahl der Referendare nach der Hälfte des Vorbereitungsdienstes bereits über fundiertes Praxiswissen verfügen sollte, bestünde auf diese Weise mehr Zeit zur eigenverantwortlichen Anwendung der in der Ausbildung vermittelten Kenntnisse in Form eines *training on the job*. In die gleiche Richtung zielt de lege lata bereits § 53 Abs. 4 Satz 2 BRAO, wonach für die ausnahmsweise mögliche Bestellung des Referendars als **allgemeiner Vertreter** eines Rechtsanwalts maßgeblich ist, dass er zuvor (nur) mindestens zwölf Monate im Vorbereitungsdienst beschäftigt war. Ist ein Rechtsreferendar zum allgemeinen Vertreter eines Rechtsanwalts bestellt, so stehen ihm die anwaltlichen Befugnisse des Rechtsanwalts in vollem Umfang zu.[69] Warum angesichts dessen für § 139 in Ansehung der zeitlichen Rahmenbedingungen der Referendarausbildung etwas anderes gelten sollte, ist nicht ersichtlich.

15 **6. Rechtskundige.** Darunter werden, obwohl der Wortlaut weitergeht als die nunmehr amtliche Überschrift, nach Sinn und Zweck der Regelung[70] allgemein nur **Rechtsreferendare** verstanden, die sich derzeit im Vorbereitungsdienst (§ 5b DRiG) befinden.[71] Dies ergibt sich bereits aus einem Vergleich mit § 142 Abs. 2, der im Schlusssatz das Wort „Ausbildung" enthält.[72] Im Übrigen erstreckt sich nur auf diese noch die Aufsicht der ausbildenden Justizbehörde bei Referendaren, die Merkmale der berufsgerichtlichen Kontrolle bei Rechtsanwälten aufweist.[73] Es fällt daher **nicht unter die Vorschrift** – auch nicht im Erst-Recht-Schluss –, wer sich, nachdem er die erste Staatsprüfung bestanden hat, dem gehobenen Justizdienst z. B. als Amtsanwalt, Rechtspfleger oder Bewährungshelfer zugewandt hat. Ferner sind – mit ungleich höherer praktischer Bedeutung, z. B. nach dem Widerruf der Zulassung zur Anwaltschaft gem. § 14 Abs. 2 BRAO –

64 S. oben Entstehungsgeschichte.

65 BTDrucks. **10** 1313 S. 20; AK/*Stern* 6; *Meyer-Goßner* NJW **1987** 1162; *Rieß/Hilger* NStZ **1987** 148.

66 S. *Dünnebier* FS Pfeiffer 270 f.; weniger kritisch AK/*Stern* 6; KK/*Willnow* 5.

67 *Staats* DRiG § 5 b, 2.

68 Siehe bereits *Jahn* JuS **2006** 660 Fn. 2; darauf müssten sodann die landesrechtlichen Ausbildungspläne für den Referendardienst abgestimmt werden.

69 Weyland-BRAO/*Nöker* § 53, 23 a. E.

70 Oben Rn. 1.

71 Allg. Meinung, vgl. RGSt **61** 106; BGHSt **20** 96; KMR/*Müller* 6; Meyer-Goßner/*Schmitt* 1; KK/*Willnow* 1; AK/*Stern* 3; *Pfeiffer* 1; HK/*Julius/Schiemann* 1; *Peter* JuS **1991** 140; ebenso bereits *Eb. Schmidt* 3; LR/*Niethammer*[20] 9 mit Rückgriff auf den „Willen des Gesetzes"; vgl. mit entsprechendem Änderungsvorschlag auch *Dünnebier* FS Pfeiffer 267. Nach § 8 RpflAnpG (BGBl. I 1992 S. 1147) fand § 139 nach der deutschen Wiedervereinigung bis zum 24.4.2006 entsprechende Anwendung auf Rechtspraktikanten und Rechtsanwaltsassistenten aus dem Beitrittsgebiet, aufgehoben durch Art. 3 des Gesetzes v. 19.4.2006 (BGBl. I S. 866).

72 BGHSt **20** 96; *Dünnebier* JR **1973** 368.

73 Vgl. (zum weitergehenden früheren Recht) RGSt **61** 108; BGHSt **26** 320 f.

auch **nicht Assessoren** gemeint,[74] ebenso wenig wie **Richter im Ruhestand** oder **Rechtsanwälte ohne Zulassung**[75] usw. Die Bestellung ist in diesen Fällen nur nach § 138 Abs. 2 – unter den dortigen einschränkenden Kautelen[76] – möglich. Dies hat zur Folge, dass die Übertragung nach § 139 auch während einer laufenden Verteidigung mit dem **Ausscheiden des Referendars** aus seinem öffentlich-rechtlichen sui generis-Ausbildungsverhältnis endet und die Rechte und Pflichten der Verteidigung eo ipso an den ursprünglich gewählten Rechtsanwalt zurückfallen. Aufgrund seiner Vorbefassung mit der Sache wird der ehemalige Referendar allerdings im Einvernehmen mit dem Beschuldigten im direkten Anschluss gemäß § 138 Abs. 2 als Verteidiger zuzulassen sein, solange dessen Zulassung zur Anwaltschaft noch nicht erfolgt ist. Ein diesbezüglicher Antrag kann bereits vor dem in aller Regel zeitlich absehbaren Ausscheiden aus dem Referendardienst gestellt werden.

16 Aus der Entstehungsgeschichte des § 138 Abs. 1 ergibt sich, dass nicht alle zum Richteramt Befähigten als Verteidiger zugelassen werden sollten, da **nicht** die **gleiche Vertrauensstellung** gegeben sei bei **Assessoren,** die sich anderen Berufen zugewandt haben[77] bzw. sogar durch die Anwaltsgerichtsbarkeit entfernt wurden.[78] Die Bestimmung hat in erster Linie Bedeutung für Referendare in der Anwalts- oder Wahlstation, ist aber nach dem Wortlaut nicht auf solche beschränkt. Der Rechtsanwalt kann die Verteidigung damit auch Referendaren übertragen, die nicht bei ihm beschäftigt sind.[79] Ob der Referendar in diesem Fall nach Dienstrecht der **Genehmigung** seiner Vorgesetzten bedarf, hat das Gericht nicht zu prüfen; Übertragung und alle vorgenommenen Handlungen des Referendars bleiben auch bei Genehmigungsversagung wirksam.[80]

17 **7. Revision.** Die Verletzung von § 139 kann nach §§ 337, **338 Nr. 8** gerügt werden, wenn der Vorsitzende bzw. nach Beschlussfassung das Gericht die Verteidigung durch einen Referendar nicht zugelassen haben, obwohl ihm zulässigerweise die Verteidigung übertragen wurde, und der Angeklagte deshalb keinen Verteidiger hatte. Das Urteil wird in aller Regel auch auf diesem Verstoß **beruhen**, da nicht auszuschließen sein wird, dass von dem Referendar sachgerechte Fragen und Anträge gestellt worden wären, die zu einem anderen Urteil geführt haben würden.[81] Liegt ein Fall **notwendiger Verteidigung** vor, ist daneben auch § 338 Nr. 5 verletzt. Eine Verletzung von § 338 Nr. 5 liegt bei notwendiger Verteidigung auch vor, wenn der Pflichtverteidiger einem Referendar die Verteidigung überträgt und das Gericht gleichwohl die Verhandlung durchführt.[82]

---

74 Allg. Meinung, vgl. BGHSt **26** 319; BayObLG NJW **1991** 2434; Meyer-Goßner/*Schmitt* 3; KK/*Willnow* 1; HK/*Julius*/*Schiemann* 2; *Eb. Schmidt* 5; AK/*Stern* 3.

75 RGSt **61** 106; SK/*Wohlers* 6.

76 S. § 138, 23 ff.

77 BGHSt **26** 320; *Hahn* Mat. I 2090 f.

78 Vgl. (noch zur früheren Ehrengerichtsbarkeit) BGHSt **26** 321.

79 So auch AK/*Stern* 3; HK/*Julius*/*Schiemann* 3; MüKo/*Thomas*/*Kämpfer* 2; *Eb. Schmidt* 3; *Dünnebier* JR **1973** 368. Das ist – wiederum (oben Rn. 1 a. E.) – anders als nach § 157 ZPO im Zivilprozess; selbst für Referendare, die in der Zivilkanzlei nur eine Nebentätigkeit ausüben, gilt jene Regelung nicht (MüKo-ZPO/*Fritsche* § 157, 1).

80 So bereits *Eb. Schmidt* 3.

81 I. Erg. ebenso SK/*Wohlers* 12; SSW/*Beulke* 13; Radtke/Hohmann/*Reinhart* 9; OLG Oldenburg DAR **2005** 701 m. zust. Bespr. *Jahn* JuS **2006** 660 für die Rechtsbeschwerde.

82 BGHSt **26** 319; SK/*Wohlers* 13; SSW/*Beulke* 14.

§ 140
Notwendige Verteidigung

(1) Ein Fall der notwendigen Verteidigung liegt vor, wenn

1. **zu erwarten ist, dass die Hauptverhandlung im ersten Rechtszug vor dem Oberlandesgericht, dem Landgericht oder dem Schöffengericht stattfindet;**
2. **dem Beschuldigten ein Verbrechen zur Last gelegt wird;**
3. **das Verfahren zu einem Berufsverbot führen kann;**
4. **der Beschuldigte nach den §§ 115, 115a, 128 Absatz 1 oder § 129 einem Gericht zur Entscheidung über Haft oder einstweilige Unterbringung vorzuführen ist;**
5. **der Beschuldigte sich auf Grund richterlicher Anordnung oder mit richterlicher Genehmigung in einer Anstalt befindet;**
6. **zur Vorbereitung eines Gutachtens über den psychischen Zustand des Beschuldigten seine Unterbringung nach § 81 in Frage kommt;**
7. **zu erwarten ist, dass ein Sicherungsverfahren durchgeführt wird;**
8. **der bisherige Verteidiger durch eine Entscheidung von der Mitwirkung in dem Verfahren ausgeschlossen ist;**
9. **dem Verletzten nach den §§ 397a und 406h Absatz 3 und 4 ein Rechtsanwalt beigeordnet worden ist;**
10. **bei einer richterlichen Vernehmung die Mitwirkung eines Verteidigers auf Grund der Bedeutung der Vernehmung zur Wahrung der Rechte des Beschuldigten geboten erscheint;**
11. **ein seh-, hör- oder sprachbehinderter Beschuldigter die Bestellung beantragt.**

(2) Ein Fall der notwendigen Verteidigung liegt auch vor, wenn wegen der Schwere der Tat, der Schwere der zu erwartenden Rechtsfolge oder wegen der Schwierigkeit der Sach- oder Rechtslage die Mitwirkung eines Verteidigers geboten erscheint oder wenn ersichtlich ist, dass sich der Beschuldigte nicht selbst verteidigen kann.

Schrifttum zu den §§ 140 bis 144

Ahlbrecht/Schlei Verteidigung gegen und mit Rechtshilfe, StraFo **2013** 265; *Ahmed* Praxisprobleme beim Pflichtverteidiger nach Rechtskraft des Urteils, StV **2015** 252; *Amelung* Pflichtverteidiger auf Abruf? NStZ **1981** 341; *Artkämper* Mindeststandards der (Pflicht-)Verteidigung, NJ **1998** 134; *Balbier* Der Pflichtverteidiger in der Revisionsinstanz – Eine (kritische) Bestandsaufnahme, FS Egon Müller (2008) 15; *Bannehr* Der europäische Pflichtverteidiger (2019); *dies.* Pflichtverteidigung bei der Vorführung vor den Haftrichter, HRRS **2020** 132; *Baumhöfener* Jugendstrafverteidiger (2007); *Beckemper* Der Antrag auf Bestellung eines Pflichtverteidigers im Ermittlungsverfahren, NStZ **1999** 221; *Bernard* Wechsel der amtlichen Verteidigung: gesetzeswidrige Rechtsprechung, ZStrR **2013** 87; *Bessler* Zur Verteidigung und Beistandschaft von straffällig gewordenen Jugendlichen, Diss. Tübingen (2000); *Beukelmann* Strafrechtsgesetzgebung am laufenden Band, NJW-Spezial **2009** 456; *ders.* Gesetz zur Neuregelung des Rechts der notwendigen Verteidigung, NJW-Spezial **2018** 760; *Beulke* Die gerichtliche Bestellung eines Verteidigers, Interpretation der §§ 140 ff. StPO unter jugendrechtlichen Gesichtspunkten, in: BMJ (Hrsg.), Verteidigung in Jugendstrafsachen (1987) 170; *ders.* Wer unterrichtet den „Zwangsverteidiger"? JR **1982** 45; *ders.* Die notwendige Verteidigung in der rechtlichen Entwicklung, in: Walter (Hrsg.), Strafverteidigung für junge Beschuldigte (1997) 37; *ders.* Die notwendige Verteidigung im Jugendstrafverfahren – Land in Sicht? FS Böhm (1999) 647; *ders.* Gesamtreform der StPO-Vorschriften über „Verteidigung" – notwendig und wünschenswert? StV **2010** 442; *ders.* o.T., Editorial NStZ 10/**2019**; *Bittmann* Perspektiven zum Opferschutz – Reform der Reform, ZRP **2009** 212; *ders.* Änderungen im Untersuchungshaftrecht, JuS **2010** 510; *ders.* Gesetz zur Änderung des Untersuchungshaftrechts, NStZ **2010** 13; *Bös* Das Gesetz zur Neuregelung des Rechts der notwendigen Verteidigung, NStZ **2020** 185; *Bohnhorst* Das Institut der Pflichtverteidigung im

https://doi.org/10.1515/9783110630244-009

deutsch – US-amerikanischen Rechtsvergleich (2016); *Brackert/Staechelin* Die Reichweite der im Strafbefehlsverfahren erfolgten Pflichtverteidigerbestellung, StV **1995** 547; *BRAK* Thesen zur Praxis der Verteidigerbestellung nach §§ 140 Abs. 1 Ziff. 4, 141 Abs. 3 Satz 4 StPO i. d. F. des Gesetzes zur Änderung des Untersuchungshaftrechts vom 29.7.2009, StV **2010** 544 = BRAK-Mitt. **2010** 201; *dies.* Stellungnahme zum Gesetzentwurf der Bundesregierung eines Gesetzes zur Stärkung der Rechte von Opfern sexuellen Missbrauchs (StORMG), Stellungnahme Nr. 35/2011; *dies.* Eckpunkte einer Umsetzung der Richtlinie (EU) 2016/1919 betreffend Prozesskostenhilfe für Verdächtige und Beschuldigte in Strafverfahren, Stellungnahme Nr. 34/2018, alle abzurufen über www.brak.de; *Bringewat* Die sogenannte Pflichtverteidigung – Strafverteidigung zweiter Klasse? ZRP **1979** 248; *Brocke/Heller* Das neue Untersuchungshaftrecht aus der Sicht der Praxis – Zwischenbilanz nach einem Jahr, StraFo **2011** 1; *Burgard* Notwendige Verteidigung wegen hoher Straferwartung durch Änderung der Verfahrenssituation in der Hauptverhandlung, NStZ **2000** 242; *Burhoff* Neuregelungen in der StPO durch das 2. OpferRRG, StRR **2009** 364; *ders.* Neuregelungen in der StPO durch das Gesetz zur Änderung des Untersuchungshaftrechts, ZAP **2010** 489; *ders.* Beiordnung eines Pflichtverteidigers wegen richterlicher Vernehmung – ein erster Schritt, StRR **2018** 405; *ders.* Beiordnung eines Pflichtverteidigers wegen richterlicher Vernehmung nach dem neuen § 141 Abs. 3 S. 4 StPO, StraFo **2018** 4; *ders.* Gedanken zur nicht erfolgten Umsetzung der PKH-Richtlinie 2016/1919, StRR 7/**2019** 5; *Busch* Zur Geltung des § 140 I Nr. 4 StPO in Fällen der Überhaft und der sog. Verfahrenskumulation, NStZ 2011 633; *Busche* Der vorsorglich bestellte Pflichtverteidiger. Sonder-Schwierigkeiten für Rechtsanwälte in Terroristenprozessen, AnwBl. **1978** 6; *U. Busse* Frühe Strafverteidigung und Untersuchungshaft (2008); *F. Busmann* Pflichtverteidigung ohne Vertrauen, StraFo **2019** 235; *Claus* Das Gesetz zur Neuregelung des Rechts der notwendigen Verteidigung, jurisPR-StrafR 3/**2020** Anm. 1; *Conen* Die Neuregelung der Pflichtverteidigung. Defizite bei Umsetzung der EU-Richtlinie zu Legal Aid – was die Praxis wissen sollte, AnwBl. Online **2020** 317; *Dahs* Verfassungsrechtliche Gewährleistung umfassender Verteidigung in Revisionsverfahren, NJW **1978** 140; *ders./Feigen* Offizialverteidigung auch im Strafvollstreckungsverfahren? NStZ **1984** 66; *DAV* Empfehlungen zur Praxis der Beiordnung von Pflichtverteidigerinnen und Pflichtverteidigern nach Inkrafttreten der Neuregelungen in §§ 140 Abs. 1 Nr. 4, 141 StPO, Stellungnahme Nr. 55/2009; *ders.* Stellungnahme zum Referentenentwurf eines Gesetzes zur Stärkung der Rechte von Opfern sexuellen Missbrauchs (StORMG), Stellungnahme Nr. 10/2011; *DAV* Empfehlungen zur Praxis der Beiordnung von Pflichtverteidigerinnen und Pflichtverteidigern nach Inkrafttreten der Neuregelungen in §§ 140 Abs. 1 Nr. 4, 141 StPO, Stellungnahme Nr. 55/2009; *ders.* Stellungnahme zum Gesetzentwurf der Bundesregierung, Entwurf eines Gesetzes zur Neuregelung des Rechts der notwendigen Verteidigung zur Umsetzung der Richtlinie 2016/1919/EU (sog. Legal Aid-Richtlinie), Stellungnahme Nr. 36/2019, alle abzurufen über anwaltverein.de; *Deckers* Reform des Strafprozesses – Unverzichtbares aus Sicht der Verteidigung, StraFo **2006** 269; *ders.* 25 Jahre Strafverteidigung im Gegenwind, StraFo **2009** 2; *ders.* Einige Bemerkungen zum Gesetz zur Änderung des Untersuchungshaftrechts vom 29.7.2009, das am 1.1.2010 in Kraft tritt, StraFo **2009** 441; *Demko* Das Recht des Angeklagten auf unentgeltlichen Beistand eines staatlich bestellten Verteidigers und das Erfordernis der „interests of justice", HRRS-FG Fezer 1; *C. Dethlefsen* Die Abberufung des Pflichtverteidigers (1997); *Deutsche Strafverteidiger e.V.* Stellungnahme zu dem Referentenentwurf über ein „Gesetz zur Stärkung der Rechte von Opfern sexuellen Missbrauchs (StORMG)", deutsche-strafverteidigerev.de; *Eggert* Kostenerstattungsprobleme bei kumulativer Wahl- und Pflichtverteidigung, MDR **1984** 110; *Eisenberg* Referentenentwurf des BMJ „Gesetz zur Stärkung der Rechte von Opfern sexuellen Missbrauchs (StORMG)" 2010, HRRS **2011** 64; *Ernst* Die notwendige Verteidigung im beschleunigten Verfahren vor dem Amtsgericht, StV **2001** 367; *Esser* Zur Bestellung des Verteidigers im Ermittlungsverfahren, FS Kühne (2013) 539; *Franke* Unterbliebene Pflichtverteidigerbeiordnung im Ermittlungsverfahren – § 141 Abs. 3 Satz 1 StPO im Spannungsfeld zwischen Verwertungsverbot und sog. Beweiswürdigungslösung, GA **2002** 573; *Fromm* Verteidigerbeiordnung im verkehrsrechtlichen Ordnungswidrigkeitenverfahren, NJW **2013** 2006; *ders.* Neues zur „Umbeiordnung" des Pflichtverteidigers, NJOZ **2014** 1081; *Fühling* Ungerecht und praxisuntauglich, DRiZ 2010 17; *Galneder/Ruppert* Abwarten und ... vernehmen?: Die zeitlichen Grenzen der Pflichtverteidigerbestellung nach neuem Recht (§§ 141, 141a StPO) im Lichte des Art. 6 EMRK, StV **2021** (im Erscheinen) *Gau* Drohende Jugendstrafe – ein Fall notwendiger Verteidigung? StraFo **2007** 315; *Geisler* Reformbedarf im Jugendstrafrecht? NStZ **2002** 449; *Graalmann-Scheerer* Zur Reform des Rechts der notwendigen Verteidigung, StV **2011** 696; *Haffke* Zwangsverteidigung – notwendige Verteidigung – Pflichtverteidigung – Ersatzverteidigung, in: Vereinigung Berliner Strafverteidiger e.V. (Hrsg.), 5. Strafverteidigertag 1.–3.5.1981 in Berlin (1981) 25 = StV **1981** 471; *R. Hamm* Notwendige Verteidigung bei behinderten Beschuldigten, NJW **1988** 1820; *ders.* Die (notwendige) Verteidigung während des Vorverfahrens im Lichte der Vertragstheorie und der neueren Rechtsprechung, FS Lüderssen (2002) 717; *Hartman-Hilter* Notwendige Verteidigung im jugendgerichtlichen Vollstreckungsverfahren, StV **1988** 308; *Heinbuch* Die Erstattung von Wahlverteidigerkosten aus der Staatskasse bei gleichzeitiger Bestellung eines Pflichtverteidigers, AnwBl. **1983** 489; *Heldmann* Der verhinderte Verteidiger. Eine Prozeßdokumentation zu §§ 140, 265 Abs. 4 StPO, StV **1981** 100; *Hellwig/Zebisch* Pflichtverteidigung – Die Entpflichtung des Verteidigers wegen eines gestörten Vertrauensverhältnisses, NStZ **2010** 602; *D. Herrmann* Zur Reform des Rechts der Untersuchungshaft, StRR **2010** 4; *ders.* Aktuelles zur Pflichtverteidigung, StraFo **2011** 133; *J. Herrmann* Überlegungen zur Reform der notwendigen Verteidigung, StV **1996** 396; *ders.* Aktuelles zur Pflichtverteidigung, StraFo **2011** 133; *Herzig* Notwendige Verteidigung bei fahrlässiger Tötung im Straßenverkehr? NJW **1980** 164; *Chr. Hess* Die Zulässigkeit aufgedrängter Fürsorge gegenüber dem Beschuldigten im Strafprozess, Diss. Bonn (1989); *Heydenreich* Die Beiordnung des notwendigen Verteidigers nach neuem Recht, StRR **2009** 444; *ders.* Die Beiordnung des Pflichtverteidigers nach § 140 Abs. 1 Nr. 4 – Der schwierige Versuch einer statistischen Erfassung, StV **2011** 700; *ders.* Die unverzügliche Beiordnung – Fluch oder Segen? StraFo **2011** 263; *Hilgendorf* Die Aufhebung der Pflichtverteidigerbestellung gem. § 143 StPO, NStZ **1996** 1; *Huff* Pflichtverteidigerlisten – eine Aufgabe der Rechtsanwaltskammer? Unveröff. Referat auf der 209. Sitzung des Strafrechtsausschusses der BRAK in Hamburg am 17.10.2009; vgl. im Übrigen die Schrifttumsnachweise; *Ignor* Endlich mehr Rechte für den inhaftierten Beschuldigten, BRAKMagazin 06/**2009** 3; *Inoue* Die Pflichtverteidigung im Ermittlungsverfahren, Diss. Hannover (2004); *Jahn* Das Zivilrecht der Pflichtverteidigung, JR **1999** 1; *ders.* Die Änderungen im Recht der Strafverteidigung durch das 2. Opferrechtsreformgesetz, NJW-FH Tepperwien (2010) 25, www.jura.uni-frankfurt.de/jahn; *ders.* Untersuchungshaft und frühe Strafverteidigung im zweiten Jahrzehnt des 21. Jahrhunderts, FS Rissing-van Saan (2011) 275; *ders.* Zur Rechtswirklichkeit der Pflichtverteidigerbestellung (2014); *ders.* Die Praxis der Verteidigerbestellung durch den Strafrichter, StraFo **2014** 177; *ders.* Die Praxis der Pflichtverteidigerbestellung: Ein Graubereich auf dem Prüfstand des Art. 12 GG, in: Strafverteidigervereinigungen (Hrsg.), Der Schrei nach Strafe (41. Strafverteidigertag Bremen 2017) 177; *ders.* Schriftliche Stellungnahme für die öffentliche Anhörung im Rechtsausschuss des Deutschen Bundestages zu dem Entwurf eines Gesetzes zur Neuregelung des Rechts der notwendigen Verteidigung (BT-Ds. 19/13829) am 23.10.2019, https://www.jura.uni-frankfurt.de/82845443/Jahn__Stellungnahme_Anh%C3 %B6rung_BT_Rechtsausschuss_23_10_2019.pdf; *ders./Zink* Lage und Perspektive für die Beschuldigten- und Verteidigungsrechte in Europa, StraFo **2019** 318; *dies.* „(Wie) wolle mer se reilasse?“: Verteidiger der ersten Stunde auch in Deutschland ante portas, in: Strafverteidigervereinigungen (Hrsg.), Psychologie des Strafverfahrens (43. Strafverteidigertag Regensburg 2019) 305; *dies.* Ist Vertrauen ein Qualitätsmerkmal notwendiger Verteidigung? in: Barton (Hrsg.), Strafverteidigung 2020. Aktuelle Probleme, grundsätzliche Fragen – und ein Blick in die Zukunft (Barton-Symposion) (2020) 49; *Kaniess* Die PKH-Richtlinie EU 2016/1919 in der Haftrichterpraxis, HRRS **2019** 201; *Kazele* Änderungen im Recht der Untersuchungshaft, NJ **2010** 1; *Chr. Keller* Die Pflichtverteidigerbestellung im Ermittlungsverfahren, Krim **2020** 178; *Kett-Straub* Darf das Gericht dem Pflichtverteidiger „kündigen“? NStZ **2006** 361; *Kilian* Pflichtverteidigung (Bücherschau), BRAK-Mitt. **2006** 408; *Klaas* Die notwendige und die „Pflichtverteidigung“ – eine fallorientierte Anwendung der §§ 140 ff. StPO, JA **2020** 262; *Klemke* Unterlassene Pflichtverteidigerbestellung im Ermittlungsverfahren und ihre Konsequenzen, StV **2003** 413; *Knell-Saller* Der Sicherungsverteidiger, Diss. Passau (1994); *St. König* Schriftliche Stellungnahme zum Entwurf eines Gesetzes zur Änderung des Untersuchungshaftrechts, abrufbar über webarchiv.bundestag.de; *ders.* Untersuchungsgefangene bekommen mehr Rechte, AnwBl. **2010** 50; *ders.* Der Zugang des (noch) nicht mandatierten Verteidigers zum inhaftierten Mandanten, StV **2011** 704; *Kortz* Die Notwendigkeit der Verteidigung im Strafverfahren, Diss. Bonn (2009); *I. Krause* Verständigung im Strafverfahren – zwei Jahre nach Inkrafttreten des Verständigungsgesetzes (2013); *Krekeler* Das Gesetz zur Änderung des Untersuchungshaftrechts vom 29. Juli 2009 – eine Aufgabe auch für die Anwaltschaft, Kammerreport Hamm 4/**2009** 9, www.rechtsanwaltskammer-hamm.de; *Kretschmer* Rechtsprechungsübersicht zum Ausländerstrafrecht, NStZ **2013** 570; *Künzel* Erfahrungen eines Zwangsverteidigers, StV **1981** 464; *Lam/Meyer-Mews* Die gestörte Verteidigung – Möglichkeiten und Grenzen des Widerrufs der Pflichtverteidigerbestellung, NJW **2012** 177; *Lammel* Der Einwand der Schlechterfüllung gegen die Heranziehung zur Erstattung von Pflichtverteidigerkosten, MDR **1977** 629; *Latz* Eine effektive Hilfestellung DRiZ 2010 16; *Laubenstein* Verteidigung im Strafvollzug, Diss. Frankfurt (1984); *Lehmann* Notwendige Verteidigung bei ambulanter psychiatrischer Begutachtung, StV **2003** 356; *ders.* Die notwendige Verteidigung, JuS **2004** 492; *ders.* Zur Beiordnung des auswärtigen Verteidigers, NStZ **2012** 188; *Leipold* Die Pflichtverteidigung – Verteidigung 2. Klasse? AnwBl. **2004** 683; *ders.* Pflichtverteidigung in der Praxis, NJW-Spezial **2004** 87; *Lewitzki/Thielmann* Ein Plädoyer gegen das richterliche Ermessen bei der Pflichtverteidigerauswahl, DRiZ **2011** 306; *Litwinski* Strafverteidigung im Strafvollzug, Diss. Kiel (1986); *Magnus* Die Entlassung des Pflichtverteidigers im Strafprozess, JA **2017** 326; *Marberth-Kubicki* Gemeinsame Empfehlungen zur Praxis der Beiordnung von notwendigen Verteidigern ab dem 1.1.2010, NJW-aktuell **2010** aktuell Nr. 7 16; *Marquardt/Bettels* Bedeutung der frühen ersten Vernehmung für das Schwurgerichtsverfahren. Was wird sich zum 25.5.2019 ändern durch die Umsetzung der EU-Richtlinie 2016/1919/EU in nationales Recht? Krim **2019** 476; *von der Meden* Diener zweier Herren, Betrifft Justiz **2017** 70; *B. Mehle* Zeitpunkt und Umfang der Pflichtverteidigerbestellung, Diss. München (2005); *ders.* Zeitpunkt und Umfang der Pflichtverteidigerbestellung, NJW **2007** 969; *Meier* Die Reform des Ermittlungsverfahrens – Zur notwendigen Stärkung der Rechtsstellung der Beteiligten, GA **2004** 441; *Meyer-Goßner* Die Verteidigung vor dem Bundesgerichtshof und dem Instanzgericht, FG 50 Jahre BGH IV (2000) 615; *Meyer-Mews* Umsetzung der EU-Richtlinie über Prozesskostenhilfe im Strafverfahren, ZRP **2019** 5; *Reinhart Michalke* Reform der Untersuchungshaft – Chance vertan? NJW **2010** 17; *Molketin* Zur Auslegung und Anwendung des § 140 Abs. 2 StPO, insbesondere bei nicht der deutschen Gerichtssprache kundigen Beschuldigten, AnwBl. **1980** 442; *ders.* Stellungnahme des Angeschuldigten gemäß § 40 Abs. 3 JGG – ein Fall des § 140 StPO? ZBlJugR **1981** 378; *ders.* „Pflichtverteidigung" im Jugendstrafverfahren, ZBlJugR **1981** 199; *ders.* Die Schutzfunktion des § 140 Abs. 2 StPO zugunsten des Beschuldigten im Strafverfahren (1985); *ders.* „Erschleichen" der Pflichtverteidigung? – Zugleich ein Beitrag zur Auslegung und Anwendung des § 143 StPO, MDR **1989** 504; *ders.* Die Rechtsprechung zu § 140 Abs. 2 StPO im Jahre 1987, AnwBl. **1989** 19; *ders.* Die Rechtsprechung zu § 140 Abs. 2 StPO in den Jahren 1988/89, AnwBl. **1991** 615; *ders.* Die notwendige Verteidigung des Angeklagten nach § 140 Abs. 2 StPO, Jura **1992** 120; *ders.* Die Rechtsprechung zu § 140 Abs. 2 StPO in den Jahren 1990/91, AnwBl. **1994** 15; *ders.* Die Rechtsprechung zu § 140 Abs. 2 StPO in den Jahren 1992/93, AnwBl. **1995** 527; *ders.* Die Rechtsprechung zu § 140 Abs. 2 StPO in den Jahren 1994/95, AnwBl. **1998** 175; *ders.* Die Rechtsprechung zu § 140 Abs. 2 StPO in den Jahren 1996/97 (1. und 2. Teil), AnwBl. **2001** 85, 208; *ders.* Die Rechtsprechung zu § 140 Abs. 2 StPO in den Jahren 1998-2003, StraFo **2005** 52; *ders.* Die Rechtsprechung zu § 140 Abs. 2 Satz 1 StPO in den Jahren 2004 – 2007, StraFo **2008** 365; *ders./Jakobs* Beiordnung eines Pflichtverteidigers im Privatklageverfahren, AnwBl. **1981** 483; *Morgenstern* Die Stärkung prozessualer Garantien im Recht der Untersuchungshaft in Deutschland und Polen, ZIS **2011** 240; *Ingo Müller* Pflichtverteidiger – Verteidiger wessen Vertrauens? StV **1981** 570; *Müller-Jacobsen* Das neue Recht der notwendigen Verteidigung, NJW **2020** 575; *Münchhalffen* Rechtliche und tatsächliche Benachteiligung des Pflichtverteidigers gegenüber dem Wahlverteidiger, StraFo **1997** 230; *Neuhaus* Notwendige Verteidigung im Ermittlungsverfahren – BGHSt 46, 93, JuS **2002** 18; *U. Neumann* Die Kostentragungspflicht des verurteilten Angeklagten hinsichtlich der Gebühren und Auslagen des „Zwangsverteidigers", NJW **1991** 264; *Nitz* Das Institut der notwendigen Verteidigung – historische Entwicklung und aktuelle Forderungen, in: Die Strafjustiz in Niedersachsen (2018) 95; *Nobis* „U-Haft schafft Fakten" – Verteidigung gegen Untersuchungshaft, StraFo **2012** 45; *Nowak* Zur Zulässigkeit einer Verständigung im Jugendstrafverfahren, JR **2010** 248; *Oellerich* Voraussetzungen einer notwendigen Verteidigung und Zeitpunkt der Pflichtverteidigerbestellung, StV **1981** 434; *Ostendorf* Die Pflichtverteidigung im Jugendstrafverfahren, StV **1986** 308; *Oswald* Der verfassungsrechtliche Anspruch des Angeklagten auf ein faires Verfahren, JR **1979** 100; *Peglau* Rechtsmittelverzicht durch unvereidigten Angeklagten im Falle notwendiger Verteidigung, NStZ **2002** 464; *Peters/Krawinkel* Die notwendige Verteidigung bei Untersuchungshaft: Zum sachlichen Anwendungsbereich der neuen §§ 140 Abs. 1 Nr. 4, 141 Abs. 3 Satz 4 StPO, StRR **2011** 4; *Pfordte/Horvat* Die Bestellung des Pflichtverteidigers und ihre Rücknahme im Spannungsfeld von Verfassungs-, Strafverfahrens- und Berufsrecht, StV **2019** 200; *Pollähne* Behindertenrechte im Strafprozess – Faire Verfahren für Menschen mit Behinderungen? in: Aichele (Hrsg.), Das Menschenrecht auf gleiche Anerkennung vor dem Recht (2013) 166; *Pschorr* Die Entpflichtung des Pflichtverteidigers, StraFo **2020** 12; *Püschel* Vermeidung von Untersuchungshaft, StraFo **2009** 134; *Jochen Radbruch* Zur Reform der Verteidigung in Jugendstrafsachen, StV **1993** 53; *Republikanischer Anwältinnen- und Anwälteverein e.V.* Stellungnahme des RAV zum Referentenentwurf für ein „Gesetz zur Neuregelung der notwendigen Verteidigung" v. 11.10.18 und für ein „Gesetz zur Stärkung der Verfahrensrechte von Beschuldigten im Strafverfahren" v. 11.10.18, www.rav.de; *Rieß* Der Beschuldigte als Subjekt des Strafverfahrens in Entwicklung und Reform der Strafprozeßordnung, in: FS Reichsjustizamt (1977) 373; *Rieß* Pflichtverteidigung – Zwangsverteidigung – Ersatzverteidigung, in: Vereinigung Berliner Strafverteidiger e.V. (Hrsg.), 5. Strafverteidigertag

1.–3.5.1981 in Berlin (1981) 15 = StV **1981** 460; *ders.* Der Verteidiger als Garant verfahrensrechtlicher Garantien gegenüber dem Erziehungsauftrag des Jugendstrafverfahrens, in: Bundesministerium der Justiz (Hrsg.), Verteidigung in Jugendstrafsachen (1987) 40; *Rissing-van Saan* Die Hauptverhandlung vor dem Revisionsgericht, StraFo **2010** 359; *Rohne* Notwendige Verteidigung und Verteidigerbeiordnung im Ermittlungsverfahren (2011); *Ropohl* Der „Zwangsverteidiger", Diss. Hannover (1983); *Rotthaus* Die Pflichtverteidigung im Verfahren zur Strafaussetzung, NStZ **2000** 350; *Rüther* Strafverteidigung von Ausländern (1999); *Rzepka* Zur Fairneß im deutschen Strafverfahren (2000); *Schäpe* Die notwendige Verteidigung in der Maßregelvollstreckung, R&P **1994** 124; *Schellenberg* Notwendige Verteidigung (Anmerkungen zu *Herrmann*, StV 1966, 396), StV **1996** 641; *Schlothauer* Der Pflichtverteidiger: Vertrauensanwalt des Gerichts oder des Angeklagten? DuR **1980** 322; *ders.* Die Auswahl des Pflichtverteidigers, StV **1981** 443; *ders.* Die Flucht aus der Justizförmigkeit durch die europäische Hintertür, StV **2001** 127; *ders.* Pflichtverteidigerbeiordnung nach Inhaftierung, FS Samson (2010) 709; *ders.* Neuregelung zur Pflichtverteidigung: effektiver und praxistauglicher!? StV **2017** 557; *ders.* Europäische Prozesskostenhilfe im System notwendiger Verteidigung und Pflichtverteidigung: Zum Entwurf eines Gesetzes zur Neuregelung des Rechts der notwendigen Verteidigung (Referentenentwurf des BMJV v. 11.10.2018), KriPoZ **2019** 3; *F. Schmidt* Die Problematik des § 140 Abs. 1 Nr. 4 StPO in der Praxis, NJ **2012** 284; *Hartmut Schmidt* Die Pflichtverteidigung, Diss. München (1967); *Schmidt-Weihrich* Beiordnung eines zweiten Pflichtverteidigers zur Verfahrenssicherung, StV **2001** 558; *A. Schmitz* Betreuung inhaftierter Mandanten, NJW **2010** 1728; *Schmitz-Justen* Notwendige Verteidigung in Jugendstrafverfahren, StraFo **1997** 307; *Schnarr* Das Schicksal der Vollmacht nach Beiordnung des gewählten Verteidigers, NStZ **1988** 488; *ders.* Der bevollmächtigte Pflichtverteidiger und sein Stellvertreter, NStZ **1996** 214; *ders.* Überflüssige Verteidigung im Jugendstrafrecht? FS 25 Jahre AG Strafrecht im DAV (2010) 819; *B. Schneider* Notwendige Verteidigung und Stellung des Pflichtverteidigers im Strafverfahren, Diss. Bonn (1979); *Schoeller* Die Praxis der Beiordnung von Pflichtverteidigern (2016); *ders.* Von der Istbeschaffenheit der Pflichtverteidigerbeiordnung – Aus einer aktenanalytischen Studie zur Praxis der Beiordnung von Pflichtverteidigern, StV **2017** 194; *ders.* Das neue Recht der Pflichtverteidigung – richtlinienkonformer und praktikabler Prozesskostenhilfeersatz? Zum Referentenentwurf eines Gesetzes zur Neuregelung des Rechts der notwendigen Verteidigung, StV **2019** 190; *Schultheis* Übersicht über die Rechtsprechung in Untersuchungshaftsachen 2009/2010 – Teil 2, NStZ **2011** 682; *ders.* Übersicht über die Rechtsprechung in Untersuchungshaftfällen, NStZ **2013** 87; *Schwerin* Pflichtverteidigung im Strafvollstreckungsverfahren, StV **1981** 203; *Seier* Die Aufhebung der Pflichtverteidigerbestellung, FS H. J. Hirsch (1999) 977; *Sowada* Zur Notwendigkeit der Verteidigerbeiordnung im Ermittlungsverfahren, NStZ **2005** 1; *Spahn* Die notwendige Verteidigung in Jugendstrafsachen, StraFo **2004** 82; *Spitzer* Neuregelung der notwendigen Verteidigung, ZRP **2019** 183; *ders.* Das Gesetz zur Neuregelung des Rechts der notwendigen Verteidigung aus europarechtlicher Sicht, StV **2020** 418; *I. Staudinger* Dolmetscherzuziehung und/oder Verteidigerbeiordnung bei ausländischen Beschuldigten, StV **2002** 327; *Stelten* Die nachträgliche Beiordnung des Pflichtverteidigers (2019); *Strafverteidigervereinigungen* Gemeinsame Empfehlungen zur Praxis der Beiordnung von notwendigen Verteidigern ab dem 1.1.2010, StV **2010** 109; *dies.* Stellungnahme zum Referentenentwurf des Bundesministeriums der Justiz „Gesetz zur Stärkung der Rechte von Opfern sexuellen Missbrauchs (StORMG)"; *dies.* Policy Paper der Strafverteidigervereinigungen zum Entwurf eines Gesetzes zur Neuregelung der notwendigen Verteidigung v. 2.12.2018, alle abzurufen über www.strafverteidigervereinigungen.org; *Strafverteidigervereinigung NRW* Zur Praxis der Beiordnung von notwendigen Verteidigern ab dem 1.1.2010, abrufbar über strafverteidigervereinigung-nrw.de; *Strate* Pflichtverteidigung bei Ausländern, StV **1981** 46; *Summers/Garland/Studer* Das Recht auf Verteidigung – Anspruch und Wirklichkeit, ZStR **2016** 133; *Theiß* Die Aufhebung der Pflichtverteidigerbestellung de lege lata und de lege ferenda (2004); *Thielmann* Die Auswahl des Pflichtverteidigers, StraFo **2006** 358; *ders.* Ein Plädoyer für die Transparenz bei der Pflichtverteidigerbeiordnung, HRRS **2009** 452; *ders.* Aus dem dunklen Kämmerlein ins helle Licht – Die Zukunft der richterlichen Beiordnungspraxis, NJW **2011** 1927; *Teuter* Die Beiordnung eines Pflichtverteidigers im Ermittlungsverfahren, speziell in Haftsachen, StV **2005** 233; *Tipold* Die Bestellung des Verteidigers im Strafprozeß (1993); *Thoenneßen* Die Vergütung des Pflichtverteidigers (2012); *Tsambikakis* Moderne Einwirkungen auf die Strafprozessordnung – Beispiel: Untersuchungshaft, ZIS **2009** 503; *Tully/Wenske* Zur Pflichtverteidigerbestellung im Rahmen haftrichterlicher Vorführungen, NStZ **2019** 183; *Vetter* Verteidigerkonsultation im Ermittlungsverfahren (2018); *Vogelsang* Die notwendige Verteidigung im deutschen und österreichischen Strafprozeßrecht. Der Zugang des sozial schwachen Beschuldigten zu einer sachkundigen Verteidigung, Diss. Köln (1992); *de Vries* Wann kommen die Fallpauschalen für Pflichtverteidiger, ZRP **2011** 209; *Wächtler* Ersatzverteidigung – eine Alternative zur Zwangsverteidigung? StV **1981** 466; *J. Walther* Strafverteidigung junger Menschen vor den Jugendgerichten, MSchrKrim **80** (1997) 108; *Wasserburg* Die Pflichtverteidigerbestellung unter besonderer Berücksichtigung des Wiederaufnahmerechts, GA **1982** 304; *ders.* Gesetz zur Neuregelung des Rechts der notwendigen Verteidigung, GA **2020** 398; *Weider* Pflichtverteidigerbestellung im Ermittlungsverfahren und Opferschutzgesetz, StV **1987** 317; *ders.* Schriftliche Stellungnahme zum Entwurf eines Gesetzes zur Änderung des Untersuchungshaftrechts, abrufbar über webarchiv.bundestag.de; *ders.* Das Gesetz zur Änderung des Untersuchungshaftrechts, StV **2010** 102; *ders.* Dokumentation – Pflichtverteidigerwechsel in Fällen notwendiger Verteidigung nach § 140 Abs. 1 Ziff. 4 StPO, StV **2010** 390; *Weigend* Unverzichtbares im Strafverfahrensrecht, ZStW **113** (2001) 271; *Wenske* Die Beiordnung des „Pflichtverteidigers" (§§ 141 Abs. 4, 142 StPO) – Alte Fragen im neuen Gewand? NStZ **2010** 479; *Werner* Neuregelung der notwendigen Verteidigung für taube, stumme und blinde Beschuldigte, NStZ **1988** 346; *Wieland* Pflicht – Zwang – Vertrauen im Lorenz-Drenkmann-Verfahren, StV **1981** 577; *Wohlers* Notwendige Verteidigung im Ermittlungsverfahren – die Bedeutung des Rechts auf konkrete und wirksame Verteidigung i. S.d Art. 6 Abs. 3 lit. c EMRK als Maßstab für die Auslegung des § 141 Abs. 3 StPO, FS Rudolphi (2004) 713; *ders.* Zur gerichtlichen Beiordnung eines Rechtsbeistands in Strafvollstreckungs- und Strafvollzugssachen, FS Seebode (2008) 573; *ders.* Die „unverzügliche" Beiordnung eines Pflichtverteidigers: Gefährdung des Anspruchs auf effektive Verteidigung? StV **2010** 151; *ders.* Beschleunigungsgrundsatz vs. Anspruch auf den Verteidiger des Vertrauens, JR **2019** 615; *Zieger* Vernachlässigte Tätigkeitsfelder der Verteidigung, insbesondere Vollstreckung und Vollzug, StV **2006** 375; *Zink* Autonomie und Strafverteidigung zwischen Rechts- und Sozialstaatlichkeit (2019); vgl. im Übrigen die Schrifttumsnachweise Vor § 137.

Entstehungsgeschichte

I. Allgemeines zur Entwicklung und zum Antragserfordernis

Schon in ihrer ursprünglichen Fassung enthielt die Regelung über die Bestellung des Pflichtverteidigers einen **Katalog** und eine **Generalklausel.**[1] § 140 lautete:

(1) Die Vertheidigung ist nothwendig in den Sachen, welche vor dem Reichsgericht in erster Instanz oder vor dem Schwurgerichte zu verhandeln sind.

In Sachen, welche vor dem Landgericht in erster Instanz zu verhandeln sind, ist die Vertheidigung nothwendig:

1. **wenn der Angeschuldigte taub oder stumm ist oder das sechzehnte Lebensjahr noch nicht vollendet hat;**
2. **wenn ein Verbrechen den Gegenstand der Untersuchung bildet und der Beschuldigte oder sein gesetzlicher Vertreter die Bestellung eines Vertheidigers beantragt.**

Diese Bestimmung findet nicht Anwendung, wenn die strafbare Handlung nur deshalb als ein Verbrechen sich darstellt, weil sie im Rückfall begangen ist.

(2) In den Fällen des Abs. 1 und des Abs. 2 Nr. 1 ist dem Angeschuldigten, welcher einen Vertheidiger noch nicht gewählt hat, ein solcher von Amtswegen zu bestellen, sobald die im § 199 vorgeschriebene Aufforderung stattgefunden hat. In dem Falle des Abs. 2 Nr. 2 ist der Antrag binnen einer Frist von drei Tagen nach der Aufforderung zu stellen.

Während also § 140 in seinem letzten Absatz den Zeitpunkt der Bestellung regelte, was heute in § 141 abgebildet wird, war die Generalklausel noch nicht in § 140 Abs. 2 untergebracht, sondern beanspruchte eine besondere Vorschrift, den damaligen § 141 a. F.:

1 Grdlg. *Rieß* FS Reichsjustizamt (1977) 373, 411 ff.

In anderen als den im § 140 bezeichneten Fällen kann das Gericht und bei vorhandener Dringlichkeit der Vorsitzende desselben auf Antrag oder von Amtswegen einen Vertheidiger bestellen.

Der Katalog war im Vergleich mit den heutigen Nrn. 1-11 noch schmal. Ohne jede Einschränkung war die Verteidigung nur notwendig, wenn der „Angeschuldigte taub oder stumm" war oder das „sechzehnte Lebensjahr noch nicht vollendet" hatte. Im Übrigen war nur noch für den Fall eines Verbrechens ein Pflichtverteidiger vorgesehen (es sei denn, seine Begehung beruhte lediglich auf Rückfall) und dies auch nur unter der Voraussetzung, dass der Beschuldigte (oder sein gesetzlicher Vertreter) dies beantragte – ein Mechanismus, der seit dem 13.12.2019 mit § 141 Abs. 1 Satz 1 wieder aktuell geworden ist.

Erst mit der 1. VereinfVO trat in § 20 eine Regelung in Kraft, die das Antragserfordernis nicht mehr enthielt. Die in der Folge vom nationalsozialistischen Gesetzgeber verabschiedeten Vorschriften revidierten das nicht. Zwar tauchte in der VO vom 21.2.1940 erneut ein Antragserfordernis auf; jetzt war es aber der Staatsanwalt, der den Antrag stellen musste (§ 32 Abs. 1 Nr. 3). Eine ratio war hier freilich nicht erkennbar. In dem schwereren Fall – bei erwarteter Todes- oder lebenslanger Zuchthausstrafe – bedurfte es des Antrages der Staatsanwaltschaft ebenso wenig (Nr. 2) wie in dem auf der anderen Seite in der Werteskala dicht folgenden Fall, wenn „Totschlag [...] in Frage kommt" (Nr. 4). Erst in das VereinhG wurde das Antragserfordernis des Beschuldigten wieder aufgenommen, aber unter Erstreckung auf die Fälle der jetzigen Nr. 5 und mit der Maßgabe, dass jetzt auch der Antrag des Staatsanwalts, der (s. oben) insofern zum ersten Mal in einer nationalsozialistischen Verordnung auftaucht, ausreicht. Erst das **StPÄG 1964** ließ die Antragserfordernisse des Staatsanwalts und des Beschuldigten in § 140 ganz fallen, nahm sie aber in § 141 Abs. 3 a. F. – jetzt nicht als Ergänzung der sachlichen, sondern der zeitlichen Voraussetzungen – auf. Dabei blieb es, unbeschadet einiger späterer Modifizierungen des § 141 Abs. 3 a. F., bis zu den Änderungen durch das Gesetz zur Neuregelung der notwendigen Verteidigung vom 10.12.2019.[2] Hierdurch wurde wiederum ein eigenes Antragsrecht des Beschuldigten eingeführt, nun allerdings für das Vorverfahren.[3] In einigen Fällen bleibt daneben auch die Bestellung eines Verteidigers von Amts wegen im Vorverfahren möglich, §§ 141 Abs. 2, 142 Abs. 2.[4]

II. Die Entwicklung der sachlichen Bestellungsvoraussetzungen bei der notwendigen Verteidigung

1. Ältere Reformgeschichte bis 1988

a) Katalogfälle des Abs. 1. Was die **sachlichen Voraussetzungen** angeht, so ist der ursprüngliche schmale Katalog des Jahres 1879[5] lange unverändert geblieben. Auch die **EmmingerVO** brachte noch keine Erweiterung. Freilich brachte sie auch keine Beschränkung; die Streichung des Jugendlichenprivilegs war lediglich eine Folge der Einführung entsprechender Vorschriften im JGG. Erst das AGGewVerbrG bezog weitere Fälle ein, nämlich diejenigen, in denen „zu erwarten ist, daß die Unterbringung in einer Heil-

2 Mit Wirkung v. 13.12.2019 (BGBl. I S. 2128).
3 S. § 141, 8 ff. und dortige Entstehungsgeschichte II.4.
4 S. § 141, 18 ff.
5 Soeben Entstehungsgeschichte I.

oder Pflegeanstalt, die Sicherungsverwahrung oder die Entmannung angeordnet oder die Berufsausübung untersagt werden wird". Die nächste Erweiterung kam mit der ZustVO. Der Katalog (§ 32 Abs. 1 der VO) weist nun bereits sechs Ziffern auf. Nr. 1 ist strukturell dem § 140 Abs. 1 vergleichbar, spricht aber, was das RG angeht, von „dem **besonderen** Strafsenat" und fügt Volksgerichtshof und OLG hinzu. Nrn. 2, 3 und 4 decken sich mit § 140 Abs. 1 Nr. 2 insofern, als sie sich – nach den damaligen Kategorien – auf **Verbrechen** beziehen. Auch Nr. 5 und 6 bringen sachlich nichts Neues. Es folgte die VO vom 14.3.**1940**, die, weil sie nur eine Harmonisierung mit dem österreichischen Recht versuchte, hier übergangen werden kann. Die 4. VereinfVO strich den Katalog ganz. Durch das VereinhG bekam er im Wesentlichen seine heutige Struktur.

Diese erreichte mit dem **StPÄG 1964** ungefähr die gegenwärtige Fassung. Auch ein Abs. 3 ist erst durch das StPÄG 1964 angefügt worden. Die Entstehungsgeschichte des – mittlerweile wieder gestrichenen – **Abs. 3** a. F. ist teilweise auch die des § 141 Abs. 1 und wird dort behandelt.[6] Abs. 3 Satz 1 a. F. erhielt durch das EGStGB 1974 eine neue Fassung, die von der ursprünglichen sachlich nur in einem – freilich nicht unwesentlichen – Punkt abweicht: „die Bestellung [...] *kann* aufgehoben werden" (hinzu kam eine redaktionelle Vereinfachung: die Einführung des einheitlichen Begriffs der „Anstalt"). In Nr. 1 i. d. F. des StPÄG 1964 war allerdings noch der BGH aufgeführt (erst gestrichen durch das StaatschStrafsG) und Nr. 2 erwähnte immer noch, dass die Tat nicht nur wegen Rückfalls ein Verbrechen sein dürfe (erst gestrichen durch 1. StRG). Nr. 3 enthielt noch den Fall, dass das Verfahren zur Unterbringung in einer Heil- und Pflegeanstalt führen könne (die „Entmannung" war schon im VereinhG gestrichen worden; nur der Fall, dass die Anordnung der Sicherungsverwahrung möglich sei, wurde ausgeklammert, erst das **EGStGB 1974** reduzierte die Fälle der Nr. 3 auf die Möglichkeit eines Berufsverbotes). Nr. 5 war etwas umständlicher formuliert; sie erhielt eine neue Fassung durch das EGStGB 1974, nun modifiziert durch das Gesetz zur Neuregelung der notwendigen Verteidigung 2019. Nr. 6 wurde unverändert aus dem VereinhG (heutige Fassung wiederum durch EGStGB 1974) übernommen, ebenfalls Nr. 7 (Hauptverhandlung gegen einen Abwesenden, erst das EGStGB 1974 ersetzte sie durch die heutige Fassung, nur mit Blick auf eine prospektive Ausrichtung nochmal modifiziert durch das Gesetz zur Neuregelung der notwendigen Verteidigung 2019). Im Zuge der Einführung der §§ 138a ff. kam Nr. 8 hinzu. Das StVÄG **1987** erweiterte die Fälle der Nr. 4 a. F. um den blinden Beschuldigten. Diese Änderung wurde durch Gesetz vom 17.5.**1988**[7] nicht nur wieder rückgängig gemacht, vielmehr wurde auch der Rest der Nr. 4 gestrichen. Nun wurden die blinden Beschuldigten im Zuge des Gesetzes zur Neuregelung der notwendigen Verteidigung 2019 in den Katalog wieder in Nr. 11 aufgenommen, allerdings unter Antragsvorbehalt. Hinzu kam im Rahmen dieser jüngsten Reform auch die Nr. 10 sowie weitere kleine Änderungen, die unten zusammenhängend dargestellt werden.[8]

b) Generalklausel in Abs. 2. Die **Generalklausel** blieb nach 1879 lange ohne inhaltliche Konturierung. Erst die 1. VereinfVO brachte eine **Einschränkung**: Die Bestellung eines Verteidigers „in anderen Fällen" wurde vorgesehen, „wenn wegen der Schwere der Tat oder wegen der Schwierigkeit der Sach- oder Rechtslage die Mitwirkung eines Verteidigers dringend erforderlich ist" (§ 21). Diese Formel wurde durch die **VO** vom 26.2.**1940** dann wieder[9] nach zwei Richtungen erweitert: Statt „dringend erforderlich"

---

6 S. § 141 Entstehungsgeschichte I.
7 BGBl. I S. 606.
8 S. sogleich Entstehungsgeschichte II.2.b.
9 Soeben Entstehungsgeschichte I.

hieß es jetzt „geboten erscheint". Außerdem wurde – zum ersten Mal – der Fall ausdrücklich genannt, dass „sich der Beschuldigte seiner Persönlichkeit nach nicht selbst verteidigen kann". Auch nach der Streichung des Katalogs durch die 4. VereinfVO blieb ein Teil der Generalklausel erhalten, gestrichen wurde der Satzteil „wegen der Schwere der Tat". Ferner gab es ein paar unwesentliche redaktionelle Änderungen. Die Streichung (und auch die redaktionellen Änderungen) machte das VereinhG rückgängig; außerdem erhielt der Passus über die Verteidigungsfähigkeit des Beschuldigten seine heutige Gestalt. Schließlich brachte dieses Gesetz endlich die systematisch gebotene Überführung der Generalklausel in **§ 140 Abs. 2** und dementsprechend die Platzierung der Regelung über den Zeitpunkt der Bestellung von nun an in § 141.[10] Bei dieser Fassung blieb es bis zum **OpferschutzG 1987**, das eine besondere Situation der Verteidigungsunfähigkeit des Beschuldigten heraushob: „... namentlich, weil dem Verletzten nach dem § 397a und 406h Abs. 3 und 4 ein Rechtsanwalt beigeordnet worden ist". Erst durch das Gesetz zur Neuregelung des Rechts der notwendigen Verteidigung wurde Abs. 2 neu gefasst.

2. Änderungen durch das UHaftÄndG 2009, das SiVerwNOG und das StORMG

a) Regelungsgehalt in § 140 Abs. 1 Nr. 4 a. F. Art. 1 Nr. 9a des Gesetzes zur Änderung des Untersuchungshaftrechts (**UHaftÄndG**) vom **29.7.2009**[11] hatte mit Wirkung vom 1.1.2010 Absatz 1 Nr. 4 in der Fassung „gegen einen Beschuldigten Untersuchungshaft nach den §§ 112, 112a oder einstweilige Unterbringung nach § 126a oder § 275a Absatz 5 vollstreckt wird" neu eingeführt und die Verweisung auf § 117 Abs. 4 in Absatz 3 Satz 2 durch die Verweisung auf jenen neuen Absatz 1 Nr. 4 ersetzt. Geändert wurde Nr. 4 dann erst wieder durch das Gesetz zur Neuregelung der notwendigen Verteidigung zum 13.12.2019 insofern, als dass nun bereits bei einer Vorführung des Beschuldigten vor ein Gericht zur Entscheidung über Haft oder einstweilige Unterbringung nach §§ 115, 115a, 128 Abs. 1 oder § 129 ein Fall notwendiger Verteidigung vorliegt.

b) Bedeutung. Die wichtige Einfügung der Nr. 4 in den Katalog des Abs. 1 war im Jahr 2009 Bestandteil einer **umfassenden Neuregelung des Untersuchungshaftrechts,**[12] durch die die Rechte des Beschuldigten gestärkt und die Rechtsschutzmöglichkeiten bei drohender oder bestehender Inhaftierung verbessert werden sollten. Diese generelle **Zielrichtung** des Gesetzes wurde im Schrifttum[13] – zu Recht – begrüßt. Die Notwendigkeit der **Verbesserung** des Bestandes der **Verteidigungsrechte** ergab sich zunächst daraus, dass für den Gesetzgeber die Verteidigungsrechte des Beschuldigten trotz mancher Ausweitung im Katalog der Fälle der Pflichtverteidigung **seit** dem **StVÄG 1964** nicht mehr im Fokus des gesetzgeberischen Handelns gestanden hatten.[14] Die da-

10 S. § 141 Entstehungsgeschichte I.

11 BGBl. I S. 2274; s. allg. *Beukelmann* NJW-Spezial **2009** 456.

12 Zu den Änderungen des Untersuchungshaftrechts im Jahr 2009 insg. *St. König* AnwBl. **2010** 50; *Bittmann* NStZ **2010** 13; *Burhoff* ZAP **2010** 489; *Kazele* NJ **2010** 1; *Krekeler* Kammerreport Hamm 4/**2009** 9.

13 *Schlothauer* FS Samson (2010) 709, 711; *Nobis* StraFo **2012** 45, 46 („erhebliche Verbesserung[en]"); *D. Herrmann* StraFo **2011** 133, 135 („deutliche Verbesserung"); *Heydenreich* StRR **2009** 444; *R. Michalke* NJW **2010** 17, 20. Kritischer, unter Skizzierung weiterer – und weitergehender – Reformvorschläge *Graalmann-Scheerer* StV **2011** 696 ff.

14 Daneben wurde der Gesetzgeber zum Erlass des UHaftÄndG durch europäische Vorgaben und der Verwirklichung des Grundsatzes der Beschleunigung des Strafverfahrens veranlasst (vgl. *Beulke* StV **2010** 442, 443; *Schünemann* ZIS **2009** 484 Fn. 4).

hin gehenden, jahrzehntealten Forderungen der Strafverteidiger-Interessenvertretungen waren also inhaltlich berechtigt, so dass das UHaftÄndG auch bei ihnen eine grundsätzlich freundliche Aufnahme gefunden hatte.[15] Bei genauerem Hinsehen trat dazu, dass die Rechtsprechung die Ausweitung der Pflichtverteidigung zuweilen auch zur Beschränkung von Verteidigungsrechten an anderer Stelle genutzt hat.[16] Der Einfluss des § 140 Abs. 1 Nr. 4 i. d. F. des UHaftÄndG auf die **Kräftebalance** der **Strafprozessordnung** konnte deshalb kaum überschätzt werden. Mit der Regelung der frühen Pflichtverteidigung in Haftsachen wurde eines *der* Desiderate einer seit **Jahrzehnten während Reformdiskussion** verwirklicht.[17]

c) Weitere Regelungen des UHaftÄndG. Flankiert wurde der Schutz des Beschuldigten insbesondere durch die Belehrungspflicht nach § 114b Abs. 1 Satz 1, Abs. 2 Satz 1 Nr. 4, die auf Art. 6 Abs. 3 lit. c EMRK aufsetzte:[18] Danach war der verhaftete Beschuldigte darauf hinzuweisen, dass er jederzeit, auch schon vor seiner Vernehmung, einen von ihm zu wählenden Verteidiger befragen könne. Dem inhaftierten Beschuldigten sollte durch die Neuregelung eine **geordnete und effektive Verteidigung** gewährleistet werden. Zudem verfolgte der Gesetzgeber das Ziel, Haftzeiten zu verkürzen bzw. die Anzahl fragwürdiger Haftbefehle zu reduzieren.[19] Somit wurden durch die neue Regelung unter **fiskalischen Gesichtspunkten** auch unnötige Kosten durch den Untersuchungshaftvollzug vermieden. Aufgrund des erheblichen Grundrechtseingriffs durch die Inhaftierung war die Regelung des § 117 Abs. 4 a. F., nach der einem Beschuldigten, wenn sich dieser mindestens seit drei Monaten in Untersuchungshaft befand, durch den Haftrichter für die Dauer der Untersuchungshaft ein Verteidiger zu bestellen war, wenn die Staatsanwaltschaft, der Beschuldigte oder sein gesetzlicher Vertreter dies beantragten, vom Gesetzgeber[20] – auch unter dem Einfluss der Rechtsprechung des EGMR,[21] der seit langem eine effektive Verteidigung auch im Ermittlungsverfahren fordert – weithin als ungenügend empfunden worden. Das Gleiche galt für den Fall der Unterbringung nach § 126a. Die **Dreimonatsprüfung** nach § 117 Abs. 5 bei nichtverteidigten Inhaftierten war im Zuge der U-Haft-Reform 2009 ebenso wie dessen Abs. 4 entfallen. Für die Umsetzung der neuen Regelungen wurden von Strafverteidigervereinigungen, insbesondere bzgl. der Auswahl des Verteidigers, des Zeitraums für die Auswahl und der Beiordnung, Empfehlungen[22] aufgelegt, die der – nicht nur anwaltlichen – **Praxis** Orientierung bieten sollten.

---

15 S. *DAV* Stellungnahme Nr. 55/2009 3 („weitgehend umgesetzt") und *Strafverteidigervereinigungen* StV **2010** 109.

16 S. etwa BGH StV **2008** 617 f. („Der Senat kann offenlassen, ob angesichts der geänderten Lebenswirklichkeit – insbesondere der Ausweitung der Pflichtverteidigung [...] – die Befragung nach § 216 Abs. 2 Satz 2 StPO überhaupt zwingend mündlich zu erfolgen hat"). Zu dieser Einschätzung kommt auch *Beulke* StV **2010** 442, 444.

17 Siehe die Würdigungen bei *Tsambikakis* ZIS **2009** 503, 509; *Deckers* StraFo **2009** 2, 3 und 441, 444; zu indistinkt *Kotz* NJW **2010** 2028. Zur zeitlich parallelen, ebenfalls neuen Rechtslage und voraufgegangenen Reformdiskussion in der Schweiz *Ruckstuhl* ZStrR **128** (2010) 132, 137 ff.

18 S. BRDrucks. 459/1/10; *Demko* HRRS-FG Fezer 1, 2 ff.

19 *Ignor* BRAKMagazin 06/**2009** 3 sowie *BRAK* StV **2010** 544 mit dem Hinweis, dass sich z. B. 2007 50 % der Untersuchungshaftgefangenen tatsächlich weniger als drei Monate in Haft befanden und durch eine frühzeitige Verteidigung eine weitere Haftverkürzung erreichbar schien.

20 BTDrucks. **16** 13097 S. 18.

21 EGMR NJW **2002** 2013, 2015; NJW **2009** 3707, 3708.

22 *Strafverteidigervereinigungen* StV **2010** 109; *DAV* Stellungnahme Nr. 55/2009; zur Praxis des Zugangs des Verteidigers zum inhaftierten Beschuldigten demgegenüber *St. König* StV **2011** 704 ff.

d) Änderungen durch das SiVerwNOG 2010. Der durch Art. 2 Nr. 1 des Gesetzes zur Neuordnung des **Rechts der Sicherungsverwahrung** und zu den begleitenden Regelungen (SiVerwNOG) vom 22.12.2010[23] mit Wirkung vom 1.1.2011 schließlich noch geänderte Verweis auf **§ 275a Abs. 6** statt auf Abs. 5 der Vorschrift trug der Tatsache Rechnung, dass der Unterbringungsbefehl im Fall der Anordnung nachträglicher Sicherungsverwahrung infolge Art. 2 Nr. 4 lit. c SiVerwNOG nunmehr dort normiert war. Es handelte sich also um eine bloße **redaktionelle Folgeänderung**.

e) Änderungen durch das StORMG 2013. Durch Art. 1 Nr. 3 des Gesetzes zur Stärkung der **Rechte von Opfern sexuellen Missbrauchs** (StORMG) vom 26.6.2013[24] ist mit Wirkung vom 1.9.2013 (Art. 8 Abs. 1) der Punkt am Ende des Absatzes 1 Nummer 8 durch ein Semikolon ersetzt und eine Nr. 9 mit dem Wortlaut „dem Verletzten nach den §§ 397a und 406g Abs. 3 und 4 ein Rechtsanwalt beigeordnet worden ist" angefügt worden. Im Gegenzug sind in Abs. 2 Satz 1 nach dem Wort „kann" das Komma und die Wörter „namentlich, weil dem Verletzten nach §§ 397a und 406h Abs. 3 und 4 ein Rechtsanwalt beigeordnet worden ist" gestrichen worden.[25] Zudem wurde anschließend der Verweis auf § 406g zu § 406h angepasst.[26]

3. Änderungen durch das Gesetz zur Neuregelung der notwendigen Verteidigung

a) Gesetzgebungsgeschichte. Zum Ende des vorigen Jahrzehnts wurden die Vorschriften der §§ 140 ff. durch das Gesetz zur Neuregelung der notwendigen Verteidigung vom 10.12.2019,[27] in Kraft getreten am 13.12.2019, schließlich grundlegend reformiert. Den entscheidenden Anstoß zu diesem gesetzgeberischen Großprojekt gab nicht etwa ein plötzlich aufgekommener nationalpolitischer Wille zur Stärkung der Rechte des Beschuldigten und seines Verteidigers, sondern die für die Mitgliedstaaten der Europäischen Union verbindlichen Vorgaben der **Richtlinie (EU) 2016/1919** über Prozesskostenhilfe für Verdächtige und beschuldigte Personen in Strafverfahren sowie für gesuchte Personen in Verfahren zur Vollstreckung eines Europäischen Haftbefehls (**„PKH-Richtlinie"**).[28] Der Grundstein hierfür wurde in Europa bereits ein Jahrzehnt zuvor, im Jahr 2009, gelegt, in dem sich der Rat zu einem **Fahrplan zur Stärkung der Verfahrensrechte** von Verdächtigen oder Beschuldigten im Strafverfahren („Fahrplan") entschloss,[29]

23 BGBl. I S. 2300.

24 BGBl. I S. 1805; s. allg. *v. Galen* StV **2013** 171, 173; *F. Peter* StraFo **2013** 199, 202 f.

25 Ferner ist durch das Gesetz zur Stärkung der Verfahrensrechte von Beschuldigten im Strafverfahren (BGBl. I S. 1938) § 114b Abs. 2 Satz 1 Nr. 4a eingefügt worden, wonach der verhaftete Beschuldigte in seiner Belehrung darauf hinzuweisen ist, dass er „in den Fällen des § 140 Absatz 1 und 2 die Bestellung eines Verteidigers nach Maßgabe des § 141 Absatz 1 und 3 beanspruchen kann"; näher dazu LR/*Gärtner* § 114b, 14 bis 16. Eine entsprechende Passage wurde außerdem für die erste Vernehmung in § 136 Abs. 1 Satz 3 nach dem Wort „beantragen" eingefügt, näher dazu LR/*Gless* § 136, 40.

26 Regierungsentwurf, BTDrucks. **18** 4621; Bericht des BTRAussch., BTDrucks. **18** 6906.

27 BGBl. I S. 2128.

28 ABl. EU L 297 v. 3.11.2016 S. 1 mit Korrigendum der Umsetzungsfrist in ABl. EU 2017 L 91 v. 5.4.2017 S. 40 – also nicht erst, wie u. a. noch im BMJV-RefE Notwendige Verteidigung auf S. 1 noch am 11.10.2018 angegeben, zum *25.5.2019*. Weitere vier an sich umsetzungspflichtige Staaten (Griechenland, Kroatien, Malta und Österreich) waren ebenfalls säumig, vgl. *Jahn/Zink* StraFo **2019** 318, 323.

29 ABl. EU C 295 v. 4.12.2009.

der im Jahr 2010 zum Teil des **Stockholmer Programms** erklärt wurde.[30] Zur Umsetzung der Maßnahme C des Fahrplans zum **Rechtsbeistand und Prozesskostenhilfe** erließen im Oktober 2016 das Europäische Parlament mit überwältigender Mehrheit von 569 der 677 abgegebenen Stimmen[31] und der Rat – mit Zustimmung des deutschen Vertreters und nur gegen die Stimme Polens –[32] die PKH-Richtlinie. In der Richtlinie werden die Grundsätze kodifiziert und maßvoll weiterentwickelt, welche die einschlägige Rechtsprechung des EGMR entwickelt hat, um ein Schutzniveau für Beschuldigte in Europa zu schaffen, auf dessen Grundlage eine polizeiliche und justizielle Zusammenarbeit im Raum der Freiheit, der Sicherheit und des Rechts stattfinden kann.[33] Zur Umsetzung der PKH-Richtlinie legte das Bundesministerium der Justiz und für Verbraucherschutz dann am 11.10.2018 einen ersten Referentenentwurf vor.[34] Er sah im Ergebnis zu Recht vor, umfassend am Modell notwendiger Verteidigung als **funktionalem Äquivalent** deutscher Tradition festzuhalten,[35] obwohl es nach der PKH-Richtlinie auch möglich gewesen wäre, hierzulande ein **reines Prozesskostenhilfesystem** zu etablieren und innerhalb eines solchen neuen Systems die Richtlinienvorgaben umzusetzen.

b) Folgen der nicht fristgerechten Umsetzung für den Zeitraum zwischen dem 5.5.2019 und dem 13.12.2019. Die PKH-Richtlinie hätte eigentlich bis zum 5.5.2019 umgesetzt sein müssen, doch erst am 12.6.2019 legte die Bundesregierung einen Entwurf vor. Für die Interimszeit bis zum Inkrafttreten des Gesetzes am **13.12.2019** war zwar **nicht** von einer **unmittelbaren Geltung** der Richtlinie 2016/1919/EU auszugehen,[36] jedoch von der **Notwendigkeit** der **richtlinienkonformen Auslegung** des (damals noch) geltenden Rechts. Jedenfalls hinsichtlich der materiellen Kriterien der notwendigen Verteidigung in der Generalklausel des § 140 Abs. 2 Satz 1 mit Blick auf Art. 4 Abs. 5 der PKH-Richtlinie und wegen des Zeitpunkts der Pflichtverteidigerbestellung im Ermittlungsverfahren nach § 141 Abs. 3 Satz 4 a. F. mit Blick auf Art. 4 Abs. 5 der PKH-Richtlinie lagen die im Europarecht dafür formulierten Voraussetzungen vor.[37]

---

30 Vgl. ABl. EU C 115 v. 4.5.2010 S. 10.

31 Vgl. http://www.europarl.europa.eu/sides/getDoc.do?pubRef=-//EP//NONSGML+PV+20161004+RES VOT+DOC+PDF+V0//DE&language=DE.

32 Ratsdok. **16** 13484. Dänemark, das Vereinigte Königreich und Irland haben sich im Einklang mit europäischem Primärrecht nicht an dieser Richtlinie beteiligt und waren daher auch nicht abstimmungsberechtigt.

33 Zu diesem weniger beschuldigtenschützenden als mehr funktionalen Hintergrund *Jahn/Zink* StraFo **2019** 318, 321; *dies.*, in: Psychologie des Strafverfahrens (43. Strafverteidigertag Regensburg 2019) 305, 305, 307; *Bannehr* 221 ff.; kursorisch auch LG Schwerin Beschl. v. 5.3.2020 – 33 Qs 12/20.

34 Entwurf vom 11.10.2018, https://www.bmjv.de/SharedDocs/Gesetzgebungsverfahren/Dokumente/RefE_notwendige_Verteidigung.pdf.

35 So die Einordnung bei *Jahn/Zink* StraFo **2019** 318, 320; *dens.* FS Graf-Schlicker (2018) 475, 478; *Schlothauer/Neuhaus/Matt/Brodowski* HRRS **2018** 55, 56; *Bannehr* 307; frühzeitig krit. *Spitzer* ZRP **2019** 183.

36 Eingehend zur Begründung (u. a. keine *self executing*-Normen) *Kaniess* HRRS **2019** 201, 202; *Jahn/Zink* StraFo **2019** 318, 327.

37 Zur Begründung im Einzelnen und zu weiteren Konstellationen (IRG, Europäischer Haftbefehl, Vollstreckungshaftbefehl) KG Beschl. v. 4.7.2019 – 4 Ws 62/19, BeckRS **2019** 18928 Tz. 15; *Kaniess* HRRS **2019** 201, 203 ff.; *Burhoff* StRR 7/**2019** 5; *Jahn/Zink* StraFo **2019** 318, 328; SSW/*Beulke* 3; ebenso für die am 12.6.2019 abgelaufene Umsetzungsfrist für die Richtlinie 2016/800/EU über Verfahrensgarantien in Strafverfahren für Kinder (Umsetzung erfolgte ebenfalls erst mit Wirkung vom 10.12.2019) LG Chemnitz StV **2019** 601; *Eckel/Körner* NStZ **2019** 433, 436; *St. Bock/Puschke* ZJJ **2019** 224, 233. **A. A.** – ohne europarechtlich tragfähige Begründung – BGH Beschl. v. 4.6.2019 – 1 BGs 170/19 (n.v. und entgegen der Rechtsauffassung des GBA); *Tully/Wenske* NStZ **2019** 183, 185. Irrtierend *JuMiNds.* Schreiben v. 7.6.2019 an die Präs.

c) Inhalte. Der zentrale Art. 4 Abs. 5 der PKH-Richtlinie sieht vor, dass Prozesskostenhilfe unverzüglich und spätestens *vor* einer Befragung durch die Polizei, eine andere Strafverfolgungsbehörde oder eine Justizbehörde oder vor Durchführung einer Identifizierungsgegenüberstellung, Vernehmungsgegenüberstellung oder Tatortrekonstruktion bewilligt wird. Selbiges gilt bei Vorführung eines Beschuldigten vor einen Haftrichter, Art. 4 Abs. 4 lit. a PKH-Richtlinie. Diese Voraussetzungen stellten den deutschen Gesetzgeber vor die Herausforderung, das **System** der notwendigen Verteidigung insgesamt zeitlich auszudehnen und großflächig **in** das **Ermittlungsverfahren vorzuverlagern**. Nicht zu unrecht ist insoweit von einer „Revolution"[38] durch einen Perspektivwechsel weg von der Hauptverhandlung die Rede. Dies zog auch Änderungen im Katalog des § 140 nach sich, da die dort genannten Fälle nun einer **prospektiven Betrachtung** unterzogen werden müssen, beschreiben sie doch Fälle, deren Tatbestandsvoraussetzungen man sich in der Regel erst nach dem Ermittlungsverfahren sicher sein kann. So sind die Änderungen in den Nr. 1 („zu erwarten ist, dass die Hauptverhandlung ... stattfindet" anstatt „stattfindet") und Nr. 7 („zu erwarten ist, dass ...") zu erklären. In Nr. 1 wurde zudem das **Schöffengericht** ergänzt.

In Nr. 4 wird nun nicht mehr länger darauf abgestellt, dass Untersuchungshaft oder einstweilige Unterbringung „vollstreckt" wird, sondern – einer Reformforderung des Jahres 2009 nunmehr inhaltlich folgend –[39] die Verteidigung ist nunmehr **schon in dem Zeitpunkt** notwendig, **in dem** der Beschuldigte nach §§ 115, 115a, 128 Abs. 1 oder § 129 einem Gericht zur Entscheidung über Haft oder einstweilige Unterbringung **vorzuführen** ist. In Nr. 5 wurde die **Drei-Monats-Frist gestrichen**; ein Fall notwendiger Verteidigung liegt nun bereits vor, wenn der Beschuldigte sich aufgrund richterlicher Anordnung oder mit richterlicher Genehmigung in einer Anstalt befindet. Nr. 10 regelt nunmehr den Fall einer richterlichen Vernehmung, in der die Mitwirkung eines Verteidigers aufgrund der Bedeutung der Vernehmung zur Wahrung der Rechte des Beschuldigten geboten erscheint, im Sinne notwendiger Verteidigung. Diese Normierung wurde von § 141 Abs. 3 Satz 4 a. F. in der Fassung des Gesetzes zur effektiveren und praxistauglicheren Ausgestaltung des Strafverfahrens[40] in den Katalog des § 140 überführt, weil es sich dabei bereits zuvor um ein materielles Kriterium gehandelt hatte, das systemwidrig in der Vorschrift untergebracht war, die in der damaligen Fassung die Bestellung des Verteidigers regelte.

Schließlich wurde in Nr. 11 der Fall normiert, dass ein seh-, hör- oder sprachbehinderter Beschuldigter die Bestellung beantragt. Dieser Fall war vorher grundsätzlich in § 140 Abs. 2 S. 2 a. F. geregelt, wobei dieser allerdings nur für hör- und sprachbehinderte Beschuldigte galt. Durch das bereits erwähnte[41] Gesetz vom 17.5.1988[42] war in § 140 Abs. 2 ein zweiter Satz angefügt worden: „Dem Antrag eines tauben oder stummen Beschuldigten ist zu entsprechen". Art. 16 Nr. 2 des OLGVertrÄndG vom 23.7.**2002**[43] hatte

---

OLGe u. GenStAe (9510/1 – 404.392) „mit der Bitte um Kenntnisnahme und weitere Unterrichtung des jeweils nachgeordneten Geschäftsbereichs" des Hinweises, dass die PKH-Richtlinie einer unmittelbaren Anwendung nicht zugänglich sei.

38 *Chr. Keller* Krim **2020** 178, die freilich aus polizeilicher Sicht bezeichnenderweise für den „bislang reibungslos laufenden Motor der Ermittlungen" (a. a. O. 183) als bedrohlich empfunden wird; s. auch Meyer-Goßner/*Schmitt* 11a.

39 Oben Entstehungsgeschichte II.2.b.

40 BGBl. I S. 3202. Siehe dazu § 141 Entstehungsgeschichte II.4.

41 S. oben Entstehungsgeschichte II.1 a. E.

42 BGBl. I S. 606.

43 BGBl. I S. 2850.

in Absatz 2 Satz 2 den Begriff des „tauben oder stummen" Beschuldigten durch den des „hör- oder sprachbehinderten" ersetzt. Die Änderung war Bestandteil einer breiter ausgreifenden Regelung, mit der der Gesetzgeber in mehreren Bereichen eine Verbesserung der Situation von **behinderten Personen** zu erreichen versuchte.[44] Vergleichbare Ersetzungen des Begriffs der Stummen und Tauben finden sich, soweit sie für das Strafverfahren bedeutsam sind,[45] vor allem in der Neufassung des die Verständigung mit solchen Personen generell regelnden § 186 GVG, ferner in der (mittlerweile mit Wirkung vom 1.9.2004 wieder gestrichenen) Neufassung des § 66e sowie in den Änderungen des § 259 Abs. 2 und § 464c. Blinde wurden, nachdem sie, wie oben dargestellt,[46] bereits 1987 in den Katalog mit aufgenommen und ein Jahr später wieder herausgenommen worden waren, unter einem Antragsvorbehalt schließlich doch wieder mit hör- und sprachbehinderten Beschuldigten gleichgestellt.

Durch das Gesetz zur Neuregelung des Rechts der notwendigen Verteidigung wurde schließlich auch die **Generalklausel** in **Abs. 2** neu gefasst. Satz 2 wurde, wie soeben dargestellt, gestrichen und in Nr. 11 des Katalogs des Absatzes 1 überführt. Inhaltlich ist es bei den Kriterien der „Schwere der Tat", der „Schwierigkeit der Sach- oder Rechtslage" und der eingeschränkten Fähigkeit des Beschuldigten, sich selbst zu verteidigen, geblieben. Ergänzt wurden sie aber noch durch die „Schwere der zu erwartenden Rechtsfolge". Die **Terminologie** änderte sich, was wiederum dem gesamten Rahmen der Reform geschuldet ist: Während nach der a. F. der „Vorsitzende auf Antrag oder von Amts wegen einen Verteidiger (bestellt)" hat, wenn die genannten Kriterien vorgelegen haben, heißt es nun: „Ein Fall der notwendigen Verteidigung liegt auch vor, wenn ...". Dies ist einer Vereinheitlichung in der Terminologie auch in § 68 JGG geschuldet und ebenso der klaren **Trennung von materiellen Kriterien** für die notwendige Verteidigung und dem Bestellungsakt, die man durch die Reform eingeführt hat.

Übersicht

44 Die Aufnahme dieses Regelungskonzepts in das OLGVertrÄndG beruht auf einer erst während der parlamentarischen Beratungen im Rechtsausschuss vorgenommenen Erweiterung der gesetzgeberischen Zielsetzung. Eine Begründung, die sich überwiegend auf § 186 GVG beschränkt, findet sich allein im Bericht des BTRAussch. auf BTDrucks. **14** 9296 S. 35, 37, 40 f.

45 Entsprechende Regelungen außerhalb des Strafverfahrens etwa in § 483 ZPO und § 22 BeurkundungsG.

46 S. oben Entstehungsgeschichte II.1 a. E.

Alphabetische Übersicht

A. Die antagonistischen Zwecke des § 140

I. Die Unterscheidung von gewollter oder geduldeter Pflichtverteidigung einerseits und aufgezwungener Pflichtverteidigung andererseits

1. Subjektiv-öffentliches Recht. Die Vorschrift in § 140 behandelt innerhalb des offen gehaltenen Wortlauts in beiden Absätzen („Ein Fall der notwendigen Verteidigung liegt ... vor, wenn ...“) **zwei verschiedene Fälle**:[47] Die Norm regelt zunächst einmal die Voraussetzungen, unter denen ein Beschuldigter als subjektives öffentliches Recht gegen den Staat einen **Anspruch** darauf hat, dass ein regelmäßig von ihm bezeichneter Verteidiger (§ 142 Abs. 5 Satz 3) auch tatsächlich bestellt wird, sei es, dass er selbst den Antrag gestellt hat (§ 141 Abs. 1 Satz 1 i. V. m. § 142 Abs. 1 Satz 1), sei es, dass der Beschul- 1

47 Dazu bereits Vor § 137, 57.

digte zwar einen Verteidiger beigeordnet bekommen möchte, der Antrag aber dennoch von Amts wegen gestellt wird.[48] Während der vom positiven Recht gewährte Anspruch des Beschuldigten nicht weiter begründungsbedürftig ist, weil er dessen Rechtskreis im Rahmen eines tatsächlich geäußerten Willens erweitert, gilt für den verfahrensrechtlichen Zwang das Folgende:

2 **2. Verfahrensrechtlicher Zwang.** Zum Zweiten regelt das Gesetz in derselben Vorschrift diejenigen Fälle, unter denen dem Beschuldigten, der – aus welchen Gründen auch immer – zwar keinen Verteidiger beigeordnet bekommen möchte, aber dennoch aus **paternalistischen** Gründen seines aus Sicht einer funktionsinteressierten Rechtspflege „wohlverstandenen" Interesses **oder schlicht** zwecks **Verfahrenssicherung** ein Verteidiger **bestellt werden *muss*.** In dieser Perspektive dient der Eingriff in die Grundrechtssphäre des Beschuldigten und in die Berufsausübungsfreiheit seines (typischerweise) anwaltlichen Verteidigers durch die „Indienstnahme Privater zu öffentlichen Zwecken" dem Gemeinwohl, indem im öffentlichen Interesse dafür gesorgt wird, dass Beschuldigte in schwerwiegenden Fällen rechtskundigen Beistand erhalten und das Verfahren ordnungsgemäß abläuft.[49]

3 **a) Paternalismus und „Fürsorge".** Besonders – *horrible dictu* – augenfällig gemacht hat die **paternalistische Tradition** des § 140 das Gesetz vom 17.5.1988 und seine Begründung.[50] Das StVÄG **1987** hatte die Beiordnungsfälle der Abs. 1 Nr. 4 a. F. um den blinden Beschuldigten erweitert. Diese Änderung wurde durch Gesetz vom 17.5.1988[51] nicht nur hastig wieder rückgängig gemacht, vielmehr wurde auch der Rest des in Nr. 4 geregelten Falles gestrichen. Der vor allem von den Blindenverbänden erhobene Vorwurf, man dürfe die Blinden nicht in diskriminierender Weise bevormunden, löste bei den bestürzten Abgeordneten aller Fraktionen in der die Gesetzesänderung vorbereitenden Diskussion die dringende Frage aus, was denn seinerzeit zu dem Fehlgriff geführt habe und – zeitlich noch früher – zu der entsprechenden Regelung bei den Tauben und Stummen. Unter einen so breiten Rechtfertigungszwang gestellt, wurde den Abgeordneten des Deutschen Bundestags dann klar, dass nun nicht etwa zu konstatieren sei, man habe *alles* falsch gemacht,[52] sondern, dass es auch eine andere Argumentationslinie gab, die zur Regelung der Nr. 4 a. F. in ihrer Gesamtheit geführt hatte: Wer sich aus finanziellen Gründen nicht gemäß § 137 Abs. 1 des Beistandes eines Wahlverteidigers bedienen kann, mag zu bedauern sein, aber man kann im Prinzip darüber hinweggehen. Trifft indessen einen Tauben, Stummen oder Blinden dieses Handicap, dann sollte es ausgeglichen werden. *Diese* **Fürsorge** war offenbar gemeint, **nicht** die der **Bevormundung**, und *deshalb* hatte man bei der ganzen Regelung kein schlechtes Gewissen gehabt, sondern empfand die Hinzunahme der Blinden nur als konsequente Ergänzung. Gleichzeitig wurde damit – stillschweigend – der Grundsatz etabliert, die Fälle, in denen jemand, der einen Verteidiger nicht bezahlen kann, ihn aber gleichwohl wünscht, großzügig zu handhaben, d. h. die einschlägigen Regelungen **extensiv auszulegen.**

---

48 Zu diesen Fällen s. § 142, 19.

49 BVerfGE **39** 238, 241 f.; BVerfG (*3. Kammer* des *Zweiten Senats*) NJW **2005** 1264 f.; VerfGH Berlin NStZ-RR **2020** 190, 191; besonders betont auch bei Meyer-Goßner/*Schmitt* 1. S. ausf. *Wasserburg* GA **2020** 398, 399; *Bohnhorst* 109 f. und Vor § 137, 58.

50 Siehe oben Entstehungsgeschichte II.1.a.

51 BGBl. I S. 606.

52 Zur Reformdiskussion BTProt. **11** S. 2461 (36. Sitzung vom 5.11.1987) und BTProt. **11** S. 4663 (68. Sitzung vom 10.3.1988); zusf. *Werner* NStZ **1988** 346.

Bestätigt und sogar noch ausgebaut wird dieser Grundsatz durch die **Neuregelung** der notwendigen Verteidigung **zum 13.12.2019.** Die in § 140 Abs. 2 Satz 2 a. F. enthaltene Regelung, nach der dem Antrag eines hör- oder sprachbehinderten Beschuldigten auf Bestellung eines Pflichtverteidigers zu entsprechen war, ist in § 140 Abs. 1 Nr. 11 in der Form überführt worden, dass ein Fall notwendiger Verteidigung unter anderem auch dann gegeben *ist*, wenn ein sehbehinderter Beschuldigter die Bestellung beantragt. Die **Sehbehinderung** wird also nunmehr mit der Hör- und Sprachbehinderung gleichgesetzt. Durch die Antragsabhängigkeit nach § 141 Abs. 1 Satz 1 wird dem sehbehinderten Beschuldigten – von den Fällen der eingeschränkten Selbstverteidigungsfähigkeit des § 141 Abs. 2 Satz 1 Nr. 3 abgesehen –[53] nunmehr grundsätzlich die Möglichkeit eröffnet, **selbst** darüber **zu entscheiden,** ob er einen Pflichtverteidiger in Anspruch nehmen möchte, der verfahrensrechtliche Paternalismus ist also zurückgenommen.[54] Ausdrücklich – und damit die an dieser Stelle[55] seit drei Jahrzehnten verfolgte Konzeption bestätigend – heißt es grundsätzlich in der amtlichen Begründung[56] zur Neuregelung in § 140 Abs. 2, der nun auch auf die Schwere der zu erwartenden Rechtsfolge abstellt: „Hierbei sind alle Umstände des Falles – insbesondere auch der **Umstand**, ob der Beschuldigte **selbst** die **Beiordnung** eines Pflichtverteidigers **beantragt** ... – zu berücksichtigen“. Damit wird vom Gesetzgeber selbst die inhaltliche Verknüpfung von materieller Voraussetzung (der Notwendigkeit der Verteidigung) und der Willensrichtung des Beschuldigten nunmehr **ausdrücklich anerkannt**. 4

b) Aufgezwungene Verteidigung. Neben das Paternalismus-Motiv tritt in der Neuregelung, ebenfalls[57] mit begrüßenswerter Offenheit, die **aufgezwungene Pflichtverteidigung**, insbesondere nach § 144 Abs. 1,[58] explizit zur „Sicherung der zügigen Durchführung des Verfahrens, insbesondere wegen dessen Umfang oder Schwierigkeit“. 5

3. Ambivalentes Gesamtkonzept der §§ 140 ff. Die soeben beschriebenen Ambivalenzen durchziehen die **Neuregelung** des Rechts der **notwendigen Verteidigung** vom 10.12.2019 beinahe in Gänze.[59] Durch sie wurde im gleichen Atemzug mit verfahrenssichernden Vorschriften ein – grundsätzlich – antragsbasiertes Modell für die **erbetene notwendige Verteidigung** eingeführt. Motiviert durch die PKH-Richtlinie sind Einflüsse aus anderen Mitgliedstaaten der Union erkennbar, die über ein primär an Freiwilligkeitsgesichtspunkten ausgerichtetes System verfügen, dieses allerdings in Legal Aid-Agenturen institutionell verselbstständigt haben.[60] Mit der Reform hat man sich in Deutschland indes dagegen entschieden, diese Neuausrichtung des Systems auf das *gesamte* Recht der notwendigen Verteidigung in allen Verfahrensstadien zu beziehen, sondern hat sich auf das Ermittlungsverfahren beschränkt.[61] Dies macht es umso notwendiger, Auslegungsgrundsätze zu etablieren, die trotz der **januskköpfigen Grund-** 6

---

53 Zur europarechtskonform-restriktiven Auslegung dieser Klausel aber § 141, 13.

54 Vgl. schon *R. Hamm* NJW **1988** 1820, 1821; *Werner* NStZ **1988** 346 sowie unten Rn. 62 ff.

55 Seit LR/*Lüderssen*[24] 1 ff.; vgl. auch schon Vor § 137, 1.

56 BTDrucks. **19** 13829 S. 34; *Klaas* JA **2020** 262, 264; genauer dazu unten Rn. 72.

57 Soeben Rn. 4.

58 HdBStrR/*Jahn*/*Brodowski* § 17, 99; dazu genauer unten § 144, 1.

59 S. bereits oben Entstehungsgeschichte II.3.

60 Näher zur Rechtsvergleichung im Legal Aid-Kontext *Zink* 132 ff.; *Plekksepp* 81 ff. sowie bereits oben Vor § 137, 6. Speziell zur Einführung von staatlichen Pflichtverteidigerbüros in Deutschland *de lege ferenda* (bejahend) *Bohnhorst* 208 ff.

61 Dazu näher *Jahn*/*Zink* FS-Graf-Schlicker (2018) 475, 477 ff.; *Zink* 110 ff.; im Ganzen – zu Unrecht – sehr krit. dazu *Chr. Keller* Krim **2020** 178, 183.

struktur des Unterabschnitts über die notwendige Verteidigung in den §§ 140 bis 144 ein **stimmiges Gesamtkonzept** für alle Verfahrensstadien zu gewährleisten helfen.[62]

II. Konsequenzen aus der misslungenen Konzeption des Gesetzes: Teleologische Auslegungsgrundsätze

7 Die **Voraussetzungen** für die Pflichtverteidigerbestellung sind für beide Fallgruppen nach dem Wortlaut des § 140 **identisch** formuliert.[63] Bei der Auslegung sind indes nach dem jeweiligen **Sinn und Zweck** des Bestellungsakts **unterschiedliche Maßstäbe** anzulegen:

8 **1. Extensive Auslegung.** Da zur ersten Fallgruppe nur die Beschuldigten gehören, die entweder überhaupt keinen oder wenigstens einen bestimmten Verteidiger nicht honorieren können (einschließlich derer, die sich nur aus Mangel an Fähigkeit oder Kenntnis der Möglichkeit trotz erfolgter Belehrung nach § 141 Abs. 1 Satz 1 nicht um einen Verteidiger kümmern),[64] ist ihre **Situation** soweit wie möglich derjenigen **anzugleichen**, in der sich zur Bezahlung eines Verteidigers fähige Beschuldigte befinden.[65] Dies gebietet insbesondere **Art. 3** der **PKH-Richtlinie.** Danach ist es deren Zweck, dass Beschuldigten in Strafverfahren durch die Mitgliedstaaten finanzielle Mittel zur Verfügung gestellt werden, um ihnen Unterstützung durch einen Rechtsbeistand zu ermöglichen. Die Voraussetzungen des § 140 sind in diesen Fällen also **extensiv** auszulegen.[66] Die notwendigen Spielräume ergeben sich, wenn man zum Katalog des § 140 Abs. 1 die Regelung in **§ 141 Abs. 2 Nr. 3** hinzunimmt.[67] Allerdings betreffen diese nur das Vorverfahren. Da das Fehlen eines Verteidigers in diesem Verfahrensabschnitt für den Beschuldigten aber besonders problematisch ist,[68] hat diese Vorschrift große Bedeutung. Ganz offen für eine extensive Auslegung ist § 140 Abs. 2.[69]

9 **2. Restriktive Auslegung.** Das **Autonomieprinzip**, das eine weitestmögliche Annäherung der nur mit Blick auf die Finanzierungsmöglichkeiten unterschiedenen Fälle der Verteidigung nahe legt, gebietet ebenso eine möglichst weitgehende Reduzierung der Fälle **aufgezwungener** Verteidigung. Der Katalog des § 140 Abs. 1 sowie die Generalklauseln der § 141 Abs. 2 Nr. 3 und § 140 Abs. 2 sind insofern als Indikatoren bzw. Regeln für die Feststellung von Autonomiedefiziten beim Beschuldigten zu lesen. Diese Vorschriften erfassen im Vergleich zu anderen Vorschriften unserer Rechtsordnung, die Autonomiedefizite kompensieren wollen, allerdings zu viele Fälle, und zwar selbst dann, wenn man das Sozialstaatsprinzip des Grundgesetzes besonders ernst nimmt. Das gilt

---

62 Zur – hier vorausgesetzten – methodischen Grundlegung im Kontext des Topos des „missglückten" Gesetzes LR/*Lüderssen*/*Jahn* Einl. M, 55 f.

63 Soeben Rn. 1 ff.

64 Das ist empirisch die Regel. Deshalb stellt es die hier vorgenommene Klassifizierung nicht in Frage, wenn (etwa durch EGMR EuGRZ **1992** 542; Meyer-Goßner/*Schmitt* 1; *Pfeiffer* 1) gesagt wird, dass es in den Fällen des § 140 für die Frage der Beiordnung keine Rolle spiele, ob der Angeklagte genügend Mittel für die Bezahlung eines Wahlverteidigers hat.

65 Oben Vor § 137, 62.

66 Zustimmend *Klaas* JA **2020** 262, 264.

67 Vgl. § 141, 30 ff.

68 S. nur § 137, 16 f.

69 Zutr. bereits *J. Herrmann* StV **1996** 396, 400.

vor allem für § 140 Abs. 1. Daher ist hier eine **restriktive** Auslegung geboten:[70] Entweder der Beschuldigte verkennt seine besonders **ausgesetzte** Lage (Abs. 1 Nrn. 5, 6 und auch 8), die zu erwartende **Kompliziertheit** des Verfahrens in tatsächlicher und rechtlicher Hinsicht (Nr. 1) oder die hohe Wahrscheinlichkeit einer besonders nachhaltigen oder schweren **Sanktion** (Nrn. 2, 3, 7), wobei es auch zu einer offenen (Grundfall: sowohl Nr. 1 wie Nr. 2 sind gegeben) oder verdeckten (z. B. erweist sich das Sicherungsverfahren nach Nr. 7 als besonders schwierig) **Konkurrenz** der Gesichtspunkte kommen kann.

B. Sachliche Voraussetzungen der Bestellung

I. Katalog (Abs. 1)

1. Erstinstanzliche Hauptverhandlung vor bestimmten Spruchkörpern (Nr. 1). 10
Nach alter Rechtslage wurde die Notwendigkeit der Verteidigung nach § 140 Abs. 1 Nr. 1 nur dann begründet, wenn die Hauptverhandlung im ersten Rechtszug vor dem OLG oder dem LG „stattfindet". Nach **neuer Rechtslage** seit dem 13.12.2019 ist die Verteidigung bereits dann notwendig, wenn die Verhandlung im ersten Rechtszug vor einem dieser Gerichte **„zu erwarten ist"**. Zudem wurde begrüßenswerter Weise auch das **Schöffengericht** als dritte Variante in den Katalogfall der Nr. 1 aufgenommen, sodass nach neuer Rechtslage ein unverteidigter Angeklagter nur noch mit dem Strafrichter beim Amtsgericht konfrontiert werden kann.

a) Oberlandesgericht und Landgericht. Was das **Oberlandesgericht** angeht, so 11
ist seine Zuständigkeit mit der Änderung des § 120 Abs. 2 GVG durch das TerrorismusG 1987 und das 6. StrRG 1998 nicht unerheblich erweitert worden.[71] Allerdings liegt in allen Fällen, die 1987 hinzugekommen sind (§ 120 Abs. 2 Nr. 2 und 3 GVG), zugleich der Katalogfall der Nr. 2 vor. Eine noch breitere Zuständigkeit hat das **Landgericht.**[72] Der Begriff umfasst in Bezug auf eine Hauptverhandlung im ersten Rechtszug die Große Strafkammer (§§ 74 Abs. 1, 74a GVG), ferner die Jugendkammer (§ 74b GVG), die Wirtschaftsstrafkammer (§ 74c GVG) und das Schwurgericht (§ 74 Abs. 2 GVG). **Analoge Anwendungen**, etwa dann, wenn die Unterbringung in einer Entziehungsanstalt (§ 64 StGB) oder ein Berufsverbot zu erwarten ist, **scheiden** im systematischen Umkehrschluss aus den übrigen Katalog(maßregel)fällen (hier: Nrn. 3, 7) **aus.**[73]

b) Schöffengericht. Nach alter Rechtslage wurde die Notwendigkeit der Verteidi- 12
gung im Falle einer Anklage zum Schöffengericht in der Regel nach § 140 Abs. 2 begründet.[74] Nach einer klar erkennbaren Tendenz in der Rechtsprechung bis kurz vor der Re-

---

70 Zutr. erneut *J. Herrmann* StV **1996** 396, 397; die Antikritik von *Schellenberg* StV **1996** 641 verkennt die Doppelfunktion des § 140 (s. oben Rn. 6). **A. A.** die damalige de lege ferenda-Konzeption des *Arbeitskreises Strafprozeßreform* 59 f.

71 Vgl. LR/*Franke*[26] 120 GVG, 1 f.

72 Strittig war, ob eine Bestellung auch im Adhäsionsverfahren erfolgen musste. Dieser Streit hat sich durch Einführung des § 143 Abs. 1 zugunsten der die Frage bejahenden Ansicht zum 13.12.2019 erledigt (s. die Nachw. bei § 143, 3).

73 S. unten Rn. 26 u. 49.

74 BTDrucks. **19** 13829 S. 31. Zur obligatorischen Beiordnung im Falle einer beim Schöffengericht anhängigen Klage bereits OLG Bremen NJW **1955** 1529; OLG Hamm StV **1999** 641; OLG Naumburg StV **2014** 10; *Weider* StV **1995** 220; Meyer-Goßner/*Schmitt* 23; MüKo/*Thomas*/*Kämpfer* 12; SSW/*Beulke* 12.

form des Rechts der notwendigen Verteidigung lag die Grenze in der Regel bei einer Freiheitsstrafe von mindestens **einem Jahr.**[75] Da die Straferwartung im Falle der Anklage zum Schöffengericht allerdings bei über zwei Jahren liegt (§§ 24, 25 Nr. 2 GVG), war in diesen Fällen eine Pflichtverteidigerbestellung schon nach alter Rechtslage **obligatorisch.** Dies sollte aus Gründen der **Rechtsklarheit** nun ausdrücklich in den Katalog des § 140 Abs. 1 aufgenommen werden.[76] Für die **Zuständigkeit** des **Schöffengerichts** ergibt sich aus **§ 28 GVG**, dass dieses zuständig ist, sofern die Streitigkeit dem Amtsgericht zugewiesen ist und nicht der Strafrichter entscheidet. Er ist als Straf(Einzel-)richter gemäß § 25 GVG bei Vergehen zuständig, sofern sie im Wege der Privatklage verfolgt werden oder eine Freiheitsstrafe von über zwei Jahren nicht zu erwarten ist. Das Schöffengericht entscheidet folglich in den Fällen, in denen weder die Zuständigkeit des LG noch des OLG begründet ist, aber eine Freiheitsstrafe von **mehr als zwei Jahren** zu erwarten ist. Damit begründen auch Vergehensvorwürfe mit dieser Straferwartung einen Fall notwendiger Verteidigung.[77] Daraus ergibt sich im Umkehrschluss, dass die Notwendigkeit der Verteidigung nur noch dann **nicht** über § 140 Abs. 1 Nr. 1 begründet wird, wenn die Straferwartung unter zwei Jahren liegt oder das Delikt im Wege der Privatklage verfolgt wird.

13 **c) Prognoseentscheidung.** Nach alter Rechtslage bis zum 13.12.2019 musste mit Blick auf die Regelung des § 141 Abs. 1 a. F. „stattfindet“ als **„stattfinden soll“** gelesen werden.[78] Allerdings konnte die Bestellung im Eröffnungsverfahren nach § 143 a. F. wieder zurückgenommen werden, wenn das Verfahren tatsächlich vor dem Amtsgericht eröffnet wurde und die Verteidigung auch aus keinem anderen Grund notwendig war. Es war auch nicht entscheidend, ob die sachliche Zuständigkeit zu Recht angenommen worden war (vgl. § 269). Allein relevant war das **Faktum der Eröffnung** als solches. Damit lag ein Fall der notwendigen Verteidigung auch dann vor, wenn die Zuständigkeit an und für sich beim Amtsgericht gelegen hätte.

14 Nach **neuer Rechtslage** soll die Notwendigkeit der Verteidigung bereits dann begründet sein, wenn **„zu erwarten ist“**, dass die Hauptverhandlung vor einem der genannten Gerichte stattfindet. Maßgebend sind die **tatsächlichen Umstände** des konkreten Verfahrens.[79] Für eine zutreffende Einschätzung ist deshalb nach dem jeweiligen Verfahrensstadium zu unterscheiden:[80]

15 **aa) Ermittlungsverfahren.** Im Ermittlungsverfahren *kann* bereits der **Anfangsverdacht** (§§ 152 Abs. 2, 160 Abs. 1) der Begehung einer Tat genügen, sofern sich aus den konkreten Umständen ergibt, dass bei weiterer Verdichtung des Tatverdachts vor einem der benannten Gerichte angeklagt werde. Beim Verdacht eines Verbrechens liegt dies auf der Hand, weil eine Anklage zum Strafrichter von Gesetzes wegen (§ 25 GVG: „Vergehen“) ausgeschlossen ist.[81] Im Falle eines **Vergehens** sind zur Beurteilung der konkreten Möglichkeit der Schöffengerichtszuständigkeit **weitere Umstände heranzuziehen,**

---

75 Nachw. unten Rn. 79.

76 BTDrucks. **19** 13829 S. 31.

77 *Schlothauer* KriPoZ **2019** 3, 5.

78 Vgl. KMR/*Haizmann* 7; KK/*Willnow* 8; HK/*Julius/Schiemann* 5; SK/*Wohlers* 6; AK/*Stern* 11; *Pfeiffer* 4; Meyer-Goßner/*Schmitt* 11 und schon *Eb. Schmidt* 14.

79 LG Saarbrücken StraFo **2020** 162, 163 (zugleich zu § 68 Nr. 1 JGG n. F.).

80 Überzeugend BTDrucks. **19** 13829 S. 31.

81 BTDrucks. **19** 13829 S. 31; *Spitzer* StV **2020** 418, 419; vgl. zur Überflüssigkeit des § 140 Abs. 1 Nr. 2 sogleich unten Rn. 22.

etwa die persönlichen Verhältnisse des Beschuldigten oder der Schadensumfang.[82] Daher wird die Prognose, zu welchem Gericht die Anklage erfolgt, in der Regel **nicht schon** im Rahmen der **ersten Vernehmung** des Beschuldigten, sondern erst später im Laufe des Ermittlungsverfahrens möglich sein.

bb) Zwischenverfahren. Im Zwischenverfahren kann die **„Erwartung"** grundsätzlich dann gegeben sein, wenn von der Staatsanwaltschaft zu einem der genannten Gerichte **angeklagt wird.** Allerdings erfolgt die Beurteilung aus Sicht des Gerichts. Sofern das Gericht (willkürfrei) der Auffassung ist, dass es sich um ein Verfahren handelt, welches nicht vor einem in Absatz 1 Nr. 1 genannten Gericht zu eröffnen ist, entfällt die ursprüngliche Erwartung auch dann, wenn schon ein Verteidiger nach § 142 Abs. 3 Nr. 3 durch den Vorsitzenden bestellt worden sein sollte.[83] Wird umgekehrt zum **Strafrichter angeklagt** und beabsichtigt dieser eine Vorlage nach § 209 Abs. 2, ist die Erwartung nunmehr zu bejahen.[84] 16

cc) Rücknahme. Für die Frage der Rücknahme der erfolgten Verteidigerbestellung gilt § 143 Abs. 2 Satz 1. Er gestattet die Aufhebung, wenn die **Voraussetzungen** der notwendigen Verteidigung **weggefallen** sind.[85] Sollte also beispielsweise im Ermittlungsverfahren der **Verdacht eines Verbrechens** bestehen, im Zwischenverfahren allerdings doch lediglich wegen eines **Vergehens** zutreffend zum **Strafrichter angeklagt werden**, so darf – muss aber nicht („kann") – die Bestellung **zurückgenommen** werden. Allerdings dürfte dies aus Vertrauensschutzgründen (z. B. reibungslose Zusammenarbeit mit dem Pflichtverteidiger in Verbindung mit einer Nähe zu einem der Fälle des § 140 Abs. 2 Satz 1) ebenfalls nur bis zum Eröffnungsverfahren möglich sein.[86] 17

2. Verbrechenstatbestände (Nr. 2). Dieser Katalogfall ist ausgelöst durch eine rechtswidrige Tat, die im Mindestmaß mit Freiheitsstrafe von einem Jahr oder darüber bedroht ist **(§ 12 Abs. 1 StGB).** Diese Nummer des Katalogs ist – indirekt – aber auch an den Rechtsfolgen orientiert. Das ist nicht zuletzt mit Blick auf die Maßregeln der Besserung und Sicherung wichtig, von denen § 140 Abs. 1 in Nr. 3 nur (noch) das Berufsverbot nennt.[87] Strafschärfungen machen ein Vergehen nicht zu einem Verbrechen und Strafmilderungen ein Verbrechen nicht zu einem Vergehen (§ 12 Abs. 3 StGB). Daher ist der minder schwere Fall eines Verbrechens kein Vergehen und der besonders schwere Fall des Vergehens kein Verbrechen. **Qualifizierte Straftaten** sind nach ihrer abstrakten Strafandrohung zu beurteilen. Besonders schwere Fälle sind selbst dann keine qualifizierten Tatbestände, wenn ihnen ein benannter Fall als Beispiel beigefügt ist.[88] Die **Strafmilderungen** für Versuch (§ 23 Abs. 2 StGB), Beihilfe (§ 27 Abs. 2 Satz 2 StGB), im Falle der verminderten Schuldfähigkeit (§ 21 StGB) und beim vermeidbaren Verbotsirrtum (§ 17 Satz 2 StGB) ändern den Verbrechenscharakter nicht. Nr. 2 gilt daher für jede Begehungs- oder Teilnahmeform.[89] 18

---

82 BTDrucks. **19** 13829 S. 31; *Bös* NStZ **2020** 185, 187; *Spitzer* StV **2020** 418, 419; Meyer-Goßner/*Schmitt* 11c.

83 So auch BTDrucks. **19** 13829 S. 32; LG Saarbrücken StraFo **2020** 162, 163; *Spitzer* StV **2020** 418, 419.

84 So auch BTDrucks. **19** 13829 S. 31; Meyer-Goßner/*Schmitt* 11b.

85 Vgl. § 143, 18 f.

86 Vgl. ausf. § 143, 19 ff.

87 Vgl. dazu bereits LR/*Dünnebier*[23] 14 sowie KK/*Willnow* 10.

88 BGHSt **11** 241.

89 KK/*Willnow* 9; HK/*Julius*/*Schiemann* 6; *Pfeiffer* 4.

19 **a) Zur-Last-legen.** „Zur Last gelegt" wird dem Beschuldigten ein Verbrechen **in formalisierter Weise** jedenfalls dann, wenn es aufgrund einer Anklageschrift (§ 200), einer Nachtragsanklage (§ 266 Abs. 1 und 2),[90] eines Haftbefehles, eines Eröffnungsbeschlusses oder eines Hinweises nach § 265 Abs. 1[91] Gegenstand des Strafverfahrens wird,[92] sei es auch erst im Berufungsrechtszug[93] oder im vereinfachten Jugendverfahren.[94]

20 Damit sind jedoch nur die formalen **Mindestvoraussetzungen** des Zur-Last-Legens beschrieben. Sucht der gewählte Verteidiger in Übereinstimmung mit dem Beschuldigten um die Bestellung nach, ist nach der gebotenen **extensiven Auslegung**[95] schon während des Vorverfahrens die Bestellung vorzunehmen. Die neuere Rechtsprechung[96] ging ganz auf dieser Linie schon vor Einfügung des § 141 Abs. 2 Nr. 4 mit Recht noch einen Schritt weiter, indem sie auch die obligatorische Bestellung (nach § 141 Abs. 1 a. F.) selbst dann für angezeigt hielt, wenn die formalisierten Erklärungen noch nicht von einem Verbrechen sprechen, wohl aber die **„naheliegende Möglichkeit"** bestand, dass im Laufe des Verfahrens „die dem Gericht unterbreitete Tat ... als **Verbrechen** beurteilt werden wird".[97] Dem Beschuldigten wird damit auch im Stadium des Ermittlungsverfahrens, zumal auf Basis der auf das Ermittlungsverfahren fokussierenden Rechtslage seit dem 13.12.2019, „ein Verbrechen zur Last gelegt", wenn wegen eines solchen Vorwurfs **lediglich ermittelt** wird.[98]

21 Es ist **gleichgültig**, wenn nach dem weiteren Verfahrensverlauf die Verurteilung nicht mehr wegen des angenommenen Verbrechens, sondern nur wegen eines Vergehens erfolgt oder wenn ein **Freispruch** zu erwarten ist.[99] Die Notwendigkeit der Verteidigung wird dadurch nicht hinfällig. Vielmehr bleibt die einmal notwendige Verteidigung solange notwendig, bis **rechtskräftig** (§ 143 Abs. 1) **entschieden** ist, dass *kein* Verbrechen vorliegt.[100] Daher ist die Verteidigung auch dann noch notwendig, wenn der ursprünglich wegen eines Verbrechens Angeklagte, aber nur wegen eines Vergehens Verurteilte, allein deshalb ein Rechtsmittel einlegt, weil er trotz § 331 Abs. 1, § 358 Abs. 2 Satz 1 in der Rechtsmittelinstanz wieder wegen eines Verbrechens verurteilt werden kann.[101] Dagegen endet die Notwendigkeit der Verteidigung mit der Rechtskraft des nur wegen eines Vergehens ausgesprochenen Schuldspruchs, wenn der Angeklagte allein den Strafausspruch anficht, weil dann eine Verurteilung wegen eines Verbrechens nicht mehr in Betracht kommt.[102] Allerdings wird vor dem Hintergrund des **Vertrauensschutzes** und

---

90 RGSt **65** 246; BGHSt **9** 43; SSW/*Beulke* 15.

91 RGSt **33** 302; OLG Hamburg Beschl. v. 29.6.2016 – 1 Ws 84/16; KG StV **1985** 184; OLG Düsseldorf StV **1984** 369; KK/*Willnow* 9; SSW/*Beulke* 15.

92 *Burgard* NStZ **2000** 242, 243 ff.; HK/*Julius/Schiemann* 6.

93 KMR/*Haizmann* 9.

94 OLG Düsseldorf NStZ **1999** 211.

95 S. oben Rn. 8.

96 KG StV **1985** 184.

97 OLG Bremen StV **1984** 13; ähnl. KG StV **1985** 184; *Klaas* JA **2020** 262, 266; HK/*Julius/Schiemann* 6; SK/*Wohlers* 7; AnwK/*Krekeler/Werner* 5; MüKo/*Thomas/Kämpfer* 13; OK-StPO/*Krawczyk* 6; einschr. aber KK/*Willnow* 9.

98 Ebenso LG Magdeburg Beschl. v. 4.6.2020 – 25 Qs 855 Js 81720/19.

99 OLG Hamburg StraFo **2015** 145, 147; OLG Schleswig SchlHA **1982** 122; KMR/*Haizmann* 11; AK/*Stern* 12; SK/*Wohlers* 8.

100 OLG Oldenburg StV **1995** 345; OLG Düsseldorf StV **1984** 370; Meyer-Goßner/*Schmitt* 12; SK/*Wohlers* 8; HK/*Julius/Schiemann* 6; KK/*Willnow* 9; *Joecks/Jäger* 8. Für den Fall einer unwirksamen Berufungsbeschränkung s. BayObLG StV **1994** 65; *Pfeiffer* 4.

101 RGSt **62** 97; OLG Oldenburg StV **1995** 345.

102 OLG Schleswig SchlHA **1982** 122; KMR/*Haizmann* 11; KK/*Willnow* 9; *Pfeiffer* 4; Meyer-Goßner/*Schmitt* 12.

der Verfahrensfairness zu erwägen sein, ob die Beiordnung nicht dennoch aufrecht zu erhalten ist.[103]

b) Überschneidungen mit Nr. 1. Nach **neuer Rechtslage** ist nunmehr fraglich geworden, welcher Anwendungsbereich § 140 Abs. 1 Nr. 2 noch verbleiben soll. Sofern das Verfahren im ersten Rechtszug nicht vor dem Strafrichter stattfindet, ist die Notwendigkeit der Verteidigung bereits über § 140 Abs. 1 Nr. 1 begründet.[104] Der Strafrichter entscheidet gemäß § 25 GVG allerdings ohnehin nur bei Vergehen. Im Falle eines Verbrechens ergibt sich die Notwendigkeit der Verteidigung folglich bereits aus der Gerichtszuständigkeit nach Nr. 1, sodass Nr. 2 – abgesehen von Änderungen in der Berufungsinstanz – für die Praxis weitgehend **überflüssig** geworden ist. 22

3. Berufsverbot (Nr. 3). Bei einem Berufsverbot handelt es sich um die am tiefsten in die Grundrechtssphäre eingreifende nicht freiheitsentziehende **Maßregel** (§ 61 Nr. 6, § 70 StGB). Noch unsicherer als bei der Entscheidung, ob eine Straftat ein Verbrechen sein kann,[105] ist hier die **Prognose**. Es ist daher verständlich, dass das Gesetz nicht wie bei Nr. 2 erst einmal eine Tatsache fixiert, die dann möglicherweise durch eine andere ersetzt werden kann, sondern von vornherein einen mehrere Varianten zulassenden Spielraum absteckt („führen ... kann"). Die Beschränkung auf formalisierte Erklärungen wie bei Nr. 2[106] findet daher im Gesetz in der Nr. 3 keine Stütze. Freilich reichen sie für die Verteidigerbestellung aus.[107] In jedem Falle liegt ein Fall notwendiger Verteidigung deshalb bei der Anordnung eines **vorläufigen Berufsverbotes** (§ 132a StGB) vor,[108] ebenso dann, wenn ein Berufsverbot im Rahmen der Hauptverhandlung **Gegenstand** eines **Antrags** der Staatsanwaltschaft ist.[109] Die Judikatur ist im Übrigen spärlich.[110] Aus dem Fehlen des rechtlichen Hinweises nach § 265 wird man aber allein noch nicht schließen können, dass ein Berufsverbot nicht in Frage kommt. Vielmehr wird man auch hier darauf abstellen müssen, dass sich hinreichender Anlass ergeben hat, in der Hauptverhandlung darauf hinzuweisen.[111] 23

a) Voraussetzungen. Entscheidend ist daher auch hier[112] bereits die **naheliegende Möglichkeit** eines Berufsverbots;[113] die Rspr.[114] hat von der „nicht allzu entfernten konkreten Möglichkeit" gesprochen. Die Tatsache eines bereits in einem anderen Verfahren angeordneten Berufsverbots schließt deshalb die **wiederholte Anordnung** wegen weite- 24

---

103 So auch SK/*Wohlers* 8; OK-StPO/*Krawczyk* 6; KK/*Willnow* 9; *Pfeiffer* 4; ausf. oben Rn. 17 u. § 143, 19 ff.

104 Dies erkennt auch BTDrucks. **19** 13829 S. 31; vgl. auch OK-StPO/*Krawczyk* 6 („bleibt für Nr. 2 nur ein schmaler Anwendungsbereich").

105 Oben Rn. 19.

106 S. Rn. 19.

107 So auch *Eisenberg* NJW **1991** 1261; HK/*Julius/Schiemann* 7.

108 KMR/*Haizmann* 12; SK/*Wohlers* 9.

109 RGSt **70** 317; KK/*Willnow* 10.

110 Einige Aspekte bei BGH MDR **1954** 564; OLG Celle NJW **1964** 877 und LR/*Dünnebier*[23] 15 mit Hinweisen auf ältere Rspr.

111 Ebenso SK/*Wohlers* 9; **a. A.** KK/*Willnow* 10. Nach BGH b. *Dallinger* MDR **1957** 141 (zust. KK/*Willnow* 10; Meyer-Goßner/*Schmitt* 13) braucht indes kein Verteidiger mehr bestellt zu werden, wenn das Gericht erst in der Schlussberatung erkennt, dass ein Berufsverbot zu erwägen ist, jedoch letztlich davon absieht.

112 S. Rn. 20.

113 So auch SSW/*Beulke* 17; AK/*Stern* 14; SK/*Wohlers* 9.

114 BGHSt **4** 320, 321; BGH NJW **1953** 1481; OLG Celle NJW **1964** 877 und bereits RGSt **70** 317.

rer Delikte nicht aus. Die Prüfung ist insgesamt **nicht**, wie – immerhin insofern auch von der Formalisierung sich lösend – teilweise angenommen wird,[115] **erst in** der **Hauptverhandlung** zulässig und geboten, sondern auch schon zu dem in § 141 Abs. 2 Nr. 4 angegebenen Zeitpunkt.[116] Wenn der Beschuldigte den Wunsch äußert, einen Pflichtverteidiger beigeordnet zu bekommen, ist daher eine extensive Auslegung geboten. Hier kann es also durchaus – unbeschadet der nach § 141 Abs. 1 Satz 1 aus Antrag vorzunehmenden Verteidigerbestellung – zu einer Verteidigerbestellung auch **ohne Antrag** kommen.

25 Auch im Rahmen der Nr. 3 gilt,[117] dass die Verteidigung auch dann notwendig war, wenn die Maßregel **letztlich nicht angeordnet** wurde.[118] Dies kann auch nicht dadurch umgangen werden, dass der Richter den Angeklagten bei Aufruf der Sache darauf hinweist, er werde ein Urteil nur verkünden, wenn die Maßregel nicht angeordnet wird.[119]

26 **b) Keine analoge Anwendung.** Bei den **anderen Fällen** der **Maßregeln der Besserung** und **Sicherung** nach § 61 StGB gilt entweder wegen der Zuständigkeit (vgl. § 24 Abs. 1 Nr. 2, Abs. 2 GVG) schon Nr. 1 oder aber Abs. 2[120] sowie für den Fall des Sicherungsverfahrens Nr. 7. Insoweit hat Nr. 3 mit Blick auf Nr. 1 lediglich eine Ergänzungsfunktion.[121] Für andere Fälle der Maßregeln der Besserung und Sicherung kommt die **analoge Anwendung** von Nr. 3 im Strafverfahren daher **nicht** in Betracht.[122] Hingegen ist eine analoge Anwendung in den Fällen **berufsgerichtlicher Verfahren** gegen Ärzte zu erwägen, wenn der Ausspruch der Höchstmaßnahme mit einiger Wahrscheinlichkeit zu erwarten ist.[123]

4. Vorführung zur Entscheidung über Untersuchungshaft oder einstweilige Unterbringung (Nr. 4)

27 **a) Rechtslage zwischen 2009 und 2019.** Nach der bis zum 13.12.2009 gültigen Rechtslage war dem inhaftierten Beschuldigten erst nach Vollzug von drei Monaten Untersuchungshaft auf Antrag ein Pflichtverteidiger zwingend beizuordnen (§ 117 Abs. 4 Satz 1 a. F.).[124] Nach der Rechtslage in der anschließenden Dekade zwischen 2009 und 2019 lag erst – aber immerhin – dann ein Fall notwendiger Verteidigung vor, wenn gegen einen Beschuldigten Untersuchungshaft nach den §§ 112, 112a oder einstweilige Unterbringung nach den §§ 126a, 275a Abs. 6 **„vollstreckt"** wurde. Diese Regelung war nicht nur aus der Verteidigerschaft, sondern auch in Wissenschaft und Rechtspolitik seit Langem kritisiert worden.[125] Sowohl der Strafrechtsausschuss der BRAK (Strauda)[126] als

---

115 Meyer-Goßner/*Schmitt* 13; KK/*Willnow* 10.

116 Für § 141 Abs. 1 a. F. ebenso bereits *Eisenberg* NJW **1991** 1261; HK/*Julius/Schiemann* 7; SK/*Wohlers* 9.

117 S. bereits oben Rn. 21.

118 RGSt **70** 317, 318 ff.; KMR/*Haizmann* 12; SK/*Wohlers* 9.

119 So schon *Eb. Schmidt* 19.

120 Vgl. OLG Bremen VRS **91** (1997) 43; HK/*Julius/Schiemann* 7; KMR/*Haizmann* 12; KK/*Willnow* 10.

121 KK/*Willnow* 10; AK/*Stern* 13.

122 So auch AnwK/*Krekeler/Werner* 6; MüKo/*Thomas/Kämpfer* 15; SSW/*Beulke* 19; KK/*Willnow* 10; AK/*Stern* 13 und bereits oben Rn. 11. Zu immer noch unerfüllten Reformforderungen bereits LR/*Dünnebier*[23] 10.

123 Beachtlich deshalb VG Münster MedR **1991** 365; DiszH Bremen ZBR **1988** 99.

124 Zur älteren Diskussion Beschlüsse des 65. Deutschen Juristentages NJW **2004** 3241, 3245; *Deckers* StraFo **2006** 269, 270; *Schöch* StV **1997** 323; *Gebauer* StV **1994** 622; *Schäfer/Rühl* StV **1986** 456.

125 Vgl. auch die Forderungen des Europäischen Ausschusses zur Verhütung von Folter und unmenschlicher oder erniedrigender Behandlung oder Strafe (CPT) aus seinem Bericht an die deutsche Regierung vom 28.7.2006 (dazu *Tsambikakis* ZIS **2009** 503, 506 f.) sowie *Jahn* FS Rissing-van Saan (2011) 275, 276 ff.; *D. Herrmann* StraFo **2011** 133, 134; *Püschel* StraFo **2009** 134, 138.

126 *BRAK* Reform der Verteidigung im Ermittlungsverfahren (2004) 12 f.; *ders.* StV **2010** 544.

auch der Deutsche AnwaltVerein[127] sowie (der in der nachfolgenden 17. Wahlperiode Vorsitzende des BT-Rechtsausschusses) MdB *Siegfried Kauder*[128] und der Sachverständige im Gesetzgebungsverfahren *Weider*[129] hatten neben Stimmen aus der Wissenschaft[130] vor und im Gesetzgebungsverfahren die Verteidigerbestellung bereits für den Zeitpunkt befürwortet, in dem die Staatsanwaltschaft in der Vorführungsverhandlung Antrag auf Erlass eines Haftbefehls zu stellen beabsichtigt. Dennoch hatten entsprechende Änderungen **zunächst** im Gesetzgebungsverfahren **keine Rolle** gespielt.[131] Erst in seiner Beschlussempfehlung vom 20.5.2009[132] hatte sich der Rechtsausschuss des Deutschen Bundestages für eine Streichung der Absätze 4 und 5 in § 117 und Modifizierungen der §§ 140, 141 ausgesprochen. Dagegen hielt der Rechtsausschuss des Bundesrates in seiner Beschlussempfehlung vom 26.6.2009[133] eine Änderung im Hinblick auf die bestehenden Regelungen und – natürlich – die von den Ländern letztlich zu tragenden **fiskalischen Lasten** nicht für erforderlich. Zur Begründung wurde angeführt, es existierten keinerlei weitreichende und repräsentative Untersuchungen, welche belegten, dass eine derartige Neuregelung zu einer nachhaltigen Vermeidung von Untersuchungshaft und deren Kosten führen könne – eine angesichts des Standes der bundesdeutschen **Rechtstatsachenforschung zur U-Haft** gewagte Behauptung.[134] Eine vom Bundesrat angeregte Anrufung des Vermittlungsausschusses gemäß Art. 77 Abs. 2 GG hätte jedoch das gesamte Vorhaben wegen des Diskontinuitätsgrundsatzes kurz vor dem Ende der 16. Legislaturperiode gefährdet. Der Bundesgesetzgeber[135] hatte sich deshalb mit § 140 Abs. 1 Nr. 4 a. F. und § 141 Abs. 3 Satz 4 a. F. auf einen **Kompromiss** geeinigt, der aus der Sicht praktischer Rechtspolitik nachvollziehbar war. Die Bestellung des Pflichtverteidigers ging danach seit dem 1.1.2010 erst mit dem Beginn der Vollstreckung der Untersuchungshaft nach den §§ 112, 112a oder der einstweiligen Unterbringung nach den §§ 126a, 275a Abs. 5 einher. Sicherlich wäre ein noch früher einsetzender Bestellungsmechanismus nach dem Modell der **BRAK/DAV-Forderungen** schon damals wünschenswert gewesen. Der Pflichtverteidiger wäre so in den Stand gesetzt worden, schon in der Vorführungsverhandlung mitsamt der Vernehmung – für diese war lediglich unter den zusätzlichen Voraussetzungen des § 118a Abs. 2 a. F. ein Verteidiger zu bestellen – auf die Entschei-

---

127 *Strafrechtsausschuss und AG Strafrecht im DAV* Entwurf für eine Reform des strafrechtlichen Ermittlungsverfahrens, Stellungnahme Nr. 51/2005 11 (Beiordnung des Pflichtverteidigers ab erster Vernehmung des inhaftierten Beschuldigten, wenn Freiheitsstrafe von über einem Jahr zu erwarten).

128 *S. Kauder* BTProt. **16** 205 S. 22198.

129 *Weider* BTRAussch. Prot.-Nr. 136 S. 4, 19 („Kind bereits in den Brunnen gefallen"; s. dazu BTDrucks. **16** 13097 S. 16). Die Mehrheit der Rechtsausschuss-Sachverständigen lehnte diesen Vorschlag hingegen als zu weitgehend ab (vgl. *Schöch* BTRAussch. Prot.-Nr. 136 S. 12; *Buckow* BTRAussch. Prot.-Nr. 136 S. 2 f. und *Tschanett* BTRAussch. Prot.-Nr. 136 S. 15) bzw. favorisierte den Zeitpunkt der ersten Vernehmung des vorläufig festgenommenen Beschuldigten (*St. König* BTRAussch. Prot.-Nr. 136 S. 4; *Tsambikakis* BTRAussch. Prot.-Nr. 136 S. 14).

130 Vgl. *Schlothauer/Weider* StV **2004** 504, 516; zusf. *R. Michalke* NJW **2010** 17.

131 Weder der erste Regierungsentwurf v. 7.11.2008 (BRDrucks. 829/08) noch der durch die Föderalismusreform veranlasste zweite Regierungsentwurf v. 21.1.2009 (BTDrucks. **16** 11644) sahen Derartiges vor.

132 BTDrucks. **16** 13097. Mit Superlativen für die Bewertung dieser – ähnlich wie beim Verständigungsgesetz (siehe *Jahn/Müller* NJW **2009** 2625, 2526) – besonders selbstbewussten Haltung des 16. BT-Rechtsausschusses wurde deshalb von Seiten der berufsständischen Vereinigungen nicht gespart: *Ignor* BRAK-Magazin 06/**2009** 3 spricht von einer „kleine(n) Sensation" und *St. König* AnwBl. **2010** 50 bezeichnet den Vorgang als „Sternstunde des Parlaments".

133 BRDrucks. 587/1/09 S. 2.

134 Nachw. sogleich unten Rn. 28.

135 BTDrucks. **16** 13097 S. 14.

dung des Ermittlungsrichters zugunsten seines Mandanten einwirken zu können.[136] Dass sich diese Position seinerzeit nicht hatte durchsetzen können, war vom Standpunkt der Beschuldigtenrechte aus bedauerlich, aber als **bewusste Entscheidung des Gesetzgebers** angesichts der Gefahr des Scheiterns des Gesamtvorhabens kurz vor Ablauf der 16. Wahlperiode *de lege lata* hinzunehmen.

b) Sinn und Zweck frühzeitiger Verteidigerbestellung im Ermittlungsverfahren

28 **aa) Subjektiv-rechtliche Ebene.** Das Ende der Debatte war damit allerdings noch nicht erreicht, denn Sachgründe sprachen für eine weitergehende **Vorverlagerung** der Pflichtverteidigerbestellung. Der von der Unschuldsvermutung umhegte Beschuldigte ist der öffentlichen Gewalt bei Anordnung und Vollzug von Untersuchungshaft wie sonst nirgends ausgeliefert.[137] Neben dem offensichtlichen Eingriff in das Freiheitsgrundrecht des Art. 2 Abs. 2 Satz 2 GG kann die **Haftsituation** schwerwiegende berufliche, familiäre und soziale Konsequenzen haben, wenn der Verhaftete unvorbereitet aus seinem sozialen Kontext gerissen wird. Der Beschuldigte hat zudem selbst nun kaum noch die Möglichkeit, sich um das Erforderliche zu kümmern und seine Ansprüche auf Partizipation am Verfahren wirksam durchzusetzen, so z. B. die Suche nach Zeugen, die Durchführung von Reisen, die notwendig sind, um Beweismittel aufzufinden oder Zeugen zur Aussage zu bewegen usw.[138] Aber gerade im **Ermittlungsverfahren**, in dem bekanntermaßen die **Weichen** für den Ausgang des Verfahrens **gestellt** werden, ist die Dringlichkeit effektiver Verteidigung offensichtlich.[139] Dem entspricht die Spruchpraxis des EGMR jedenfalls seit dem Leitfall *Salduz ./.* Türkei[140] und zudem auch diejenige des BGH,[141] soweit sie dem Ermittlungsverfahren die ihm zukommende Bedeutung für die Vorbereitung des Hauptverfahrens beimisst. Der Grundsatz fairen Verfahrens des Art. 6 Abs. 1 EMRK, das **Gebot der Waffengleichheit** und nicht zuletzt die von Verfassungs wegen gebotene Chancengleichheit für wohlhabende und mittellose Inhaftierte gebieten daher die alsbaldige Bereitstellung fachkundiger Unterstützung.[142] Die dem an sich Rechnung tragende Vorschrift des **§ 141 Abs. 3 Satz 2 a. F.** vor den Änderungen durch das Recht zur Neuregelung der notwendigen Verteidigung 2019, der zufolge die Staatsanwaltschaft schon während des Vorverfahrens die Bestellung eines Pflichtverteidigers beantragen konnte, wenn nach ihrer Auffassung dessen Mitwirkung notwendig sein würde, begründete für den Beschuldigten nach – freilich zu undifferenzierter[143] – h. M.[144] keinen Rechtsan-

136 Vgl. Fraktion Bündnis 90/DIE GRÜNEN BTDrucks. **16** 13097 S. 16; *Jahn* FS Rissing-van Saan (2011) 275, 278; *D. Herrmann* StraFo **2011** 133, 135; *R. Michalke* NJW **2010** 17; *Wohlers* StV **2010** 151, 153.

137 Siehe zu diesem Ausgangspunkt *Jahn* FS Rissing-van Saan (2011) 275, 278 ff; *ders.* NStZ **2007** 255, 257.

138 *Schlothauer* FS Samson (2010) 709.

139 Zu dem von *Karl Peters* (Fehlerquellen) 299 inspirierten Bild des Ermittlungsverfahrens als „Rutschbahn" HbStrVf/*Jahn* Kap. I, 42 ff. m. w. N.

140 EGMR NJW **2009** 3707, 3708.

141 BGH NStZ **2010** 53, 54 m. (zu Unrecht) abl. Anm. *Hartmut Schneider*.

142 Nach zutreffender Einschätzung von *Danckert* 205. BTSitzung v. 12.2.2009, BTProt. **16** 22201, gab es unter der alten Gesetzeslage „den Beschuldigten, der sich von der ersten Minute an einen Verteidiger leisten kann, welcher sich für ihn einsetzt und ihn möglicherweise von der Untersuchungshaft bewahrt; andererseits ... den nichtverteidigten Beschuldigten, der festgenommen wird, in Untersuchungshaft wandert und nach drei Monaten ... möglicherweise einen Anspruch auf einen Verteidiger hat".

143 Vgl. § 141 Entstehungsgeschichte II.1.b.

144 OLG Karlsruhe NStZ **1998** 315, 316; LG Cottbus StV **2002** 414 m. abl. Anm. *Klemke*; *Meier* GA **2004** 441, 452; AnwK-StPO/*Krekeler*/*Werner* § 141, 4; KK/*Willnow* § 141, 6; Meyer-Goßner/*Schmitt* § 141, 5.

spruch; die Ablehnung der Antragstellung durch die Staatsanwaltschaft wurde konsequent, aber wiederum nicht überzeugend, als nicht anfechtbar angesehen.[145] Wohl auch deshalb wurde von der Regelung ohne ausreichende Rezeption der rechtsstaatlich aufgeladenen Rechtsprechung des EGMR zu Art. 6 Abs. 3 lit. d EMRK für die Fälle konfrontativer Zeugenbefragungen noch zu wenig Gebrauch gemacht.[146]

bb) Objektiv-rechtliche Ebene. Dass die frühzeitige Verteidigerbestellung aber nicht nur aus rechtsstaatlichen, sondern auch aus **verfahrensökonomischen** und damit letztlich fiskalischen **Gründen** angezeigt sein kann, wurde auch **empirisch** vielfach **belegt.**[147] Insbesondere kann – entgegen der Befürchtung einiger Bundesländer schon im Gesetzgebungsverfahren zur Untersuchungshaft-Reform 2009 – die rechtzeitige Einschaltung des Pflichtverteidigers zu Einsparungen führen, wenn überflüssige Kosten in Bagatellfällen vermieden werden, bei denen nur der Haftgrund der Fluchtgefahr im Raum steht. Soweit ein Teil des Schrifttums und der ihm folgende Rechtsausschuss des Bundesrates demgegenüber die der Gerichtshilfe eingegliederte **Haftentscheidungshilfe** (§ 160 Abs. 3) als Mittel zur Haftvermeidung bzw.-beendigung aktivieren wollten, hätte sich dies als nicht in gleichem Maße zweckdienlich erwiesen. Wie das Landesrecht zeigt,[148] spielt die Haftentscheidungshilfe bislang dort nur im Jugendstrafrecht und bei erwachsenen Beschuldigten bei den Haftgründen der Flucht oder Fluchtgefahr eine gewisse Rolle. Jede weitere Aufgabenübertragung würde schon deshalb zu einer deutlichen finanziellen Mehrbelastung führen, weil nicht bei allen Staatsanwaltschaften bereits Gerichtshilfestellen existieren. Darüber hinaus zählt die Gerichtshilfe zum Geschäftsbereich der Landesjustizverwaltungen mit einer Vielfalt an Organisationsmodellen (Art. 294 Satz 1 EGStGB). Wollte man die Rolle der Haftentscheidungshilfe stärken, müsste zunächst die Frage geklärt werden, ob nicht unter Gleichheitsaspekten die Befassung mit den Forderungen nach Vernetzung der ambulanten Straffälligenhilfe und bundeseinheitlicher Neustrukturierung der sozialen Dienste vorgreiflich ist.[149] Auch würde die dogmatische Folgefrage aufgeworfen, ob die Anrufung der Haftentscheidungshilfe obligatorisch sein oder weiterhin im Ermessen der Staatsanwaltschaft stehen solle. Darüber hinaus ist auf den Zusammenhang mit der kontroversen Diskussion um die Privatisierung der sozialen Strafrechtspflege hingewiesen worden.[150] Und nicht zuletzt haben empirische Untersuchungen wichtige Indizien dafür geliefert, dass der Einsatz der Haftentscheidungshilfe **kaum** die erhofften **finanziellen Einsparungen** zu erbringen vermag.[151] Mit Recht hat sich der Bundesgesetzgeber also bei der Frage des „Ob" für das Modell der frühzeitigen Verteidigerbestellung und gegen den Ausbau der Haftentscheidungshilfe entschieden. 29

145 Dazu mit Nachweisen Meyer-Goßner/*Schmitt* § 141, 5.

146 So auch *Wohlers* StV **2010** 151. Zur EGMR-Rspr. zusammenfassend BGHSt **46** 93, 94 ff.; BGH StV **2010** 342, 343 Tz. 16; zur weiterführenden Kritik an Konzeption und Rezeption *Gaede* (Fairness) 624 ff.

147 *Schöch* StV **1997** 323 ff.; *ders.* Der Einfluss der Strafverteidigung auf den Verlauf der Untersuchungshaft (1997) 68 f.; *Gebauer* StV **1994** 622 ff.; *Jehle/Bossow* BewHi. **2002** 73; *U. Busse* Frühe Strafverteidigung und Untersuchungshaft (2008) 95 ff.; 316 ff. Siehe zu einem EU-weiten Forschungsprojekt zu den Verteidigungsrechten im Vorverfahren/Pre-trial Emergency Defence *Soyer/St. Schumann* StV **2012** 495, 497 ff.

148 Verfügung des saarländischen Justizministeriums Nr. 4/1987 v. 9.3.1987, geändert durch Verfügung Nr. 6/1998 v. 4.3.1998 (4205-3); Erl. des schleswig-holsteinischen Justizministeriums v. 6.4.1990 (Abl. SchlH **1990** 317); Verfügung des brandenburgischen Justizministeriums v. 26.10.1994 (4420-IV.2) und 26.4.2001 (4210-III.24).

149 In diesem Sinne *Dünkel* NK **2003** 2, 4.

150 *Ostendorf* BewHi. **2006** 26 ff.

151 *Jehle* BewHi. **1994** 373 ff.

30 **c) Rechtszustand seit dem 13.12.2019.** Diese in der Rechtsprechung schon länger gefestigten Grundsätze wurden erst durch die **Richtlinie** (EU) 2016/1919 über **Prozesskostenhilfe** für Verdächtige und beschuldigte Personen im Strafverfahren sowie für gesuchte Personen in Verfahren zur Vollstreckung eines Europäischen Haftbefehls[152] mit dem Gesetz zur Neuregelung der notwendigen Verteidigung auf der ganzen Linie wirkmächtig. Es bestand nach Art. 4 Abs. 4 PKH-RL Änderungsbedarf, da nach dieser Vorschrift ein Verteidiger bereits dann bestellt werden muss, wenn der Beschuldigte im Anwendungsbereich der Richtlinie dem zuständigen Gericht zur Entscheidung über eine Haft oder Unterbringung **vorgeführt** werden soll.[153] Mit der Neuregelung wurde die erforderliche Vorverlagerung des Rechts notwendiger Verteidigung auf die haftrichterliche Vernehmung nunmehr eindeutig[154] gesetzlich geregelt.

31 **aa) Ergreifung aufgrund eines Haft- oder Unterbringungsbefehls.** § 140 Abs. 1 Nr. 4 besagt nunmehr, dass eine Bestellung vorzunehmen ist, wenn der Beschuldigte dem Richter zur Entscheidung über Haft oder einstweilige Unterbringung vorzuführen ist. Es kommen nunmehr **alle** denkbaren **Fälle** der **Vorführung** zur Entscheidung über eine Haft oder einstweilige Unterbringung in den Einzugsbereich der Vorschrift.[155] Mit der Inbezugnahme der §§ 115, 115a werden die Fälle erfasst, bei denen der Beschuldigte aufgrund eines bereits ergangenen Haft- oder Unterbringungsbefehls **ergriffen** wird.[156] Auch hier sind wiederum alle Arten eines Haftbefehls umfasst, also auch der **Untersuchungshaftbefehl** gemäß § 114, der Haftbefehl, der das **beschleunigte Verfahren** nach § 127b Abs. 2 sichert sowie die Anordnung von **Hauptverhandlungshaft** nach § 230 Abs. 2 und § 329 Abs. 3.[157] Erfasst sind auch die jeweils korrespondierenden Fälle der **Vorführungsanordnung**, weil sie mit erheblichen Freiheitsbeschränkungen einhergehen (vgl. § 135 Satz 2: „festgehalten").[158] Dies wird systematisch durch die Einschränkung des Antragsrechts in § 141 Abs. 2 Satz 2 bestätigt.[159] Durch die Anordnung der entsprechenden Geltung der Vorschriften zur Vorführung in § 126a Abs. 2 und § 275a Abs. 6 ist auch die Ergreifung aufgrund eines **Unterbringungsbefehls** gemäß § 126a Abs. 1 oder § 275a Abs. 6 erfasst.[160]

32 **bb) Vorläufige Festnahme.** Durch den Verweis auf die §§ 128 Abs. 1, 129 werden auch Fälle der **vorläufigen Festnahme** nach § 127 Abs. 1 oder 2 oder nach § 127b Abs. 1 Nrn. 1 und 2 der notwendigen Verteidigung unterstellt. Hier ist noch gar kein Haft- oder Unterbringungsbefehl **erlassen worden.** Eine Vorführung muss allerdings nur dann erfolgen, wenn die festgenommene Person nicht wieder in Freiheit gesetzt wird (vgl. § 128 Abs. 1 Satz 1). Es liegt nach der Gesetzesbegründung[161] daher erst unter dieser weiteren (negativen) Voraussetzung ein Fall notwendiger Verteidigung i. S. d. § 140 Abs. 1 vor. Dies führt bei **europarechtskonformer Interpretation** des deutschen Rechts zu unlös-

---

152 ABl. EU L 297 v. 4.11.2016 S. 1, s. ausf. oben Entstehungsgeschichte II.3.

153 BTDrucks. **19** 13829 S. 32; *Kaniess* HRRS **2019** 201, 202; *Burhoff* StRR **2019** 5, 6 f.; *Bannehr* 239. **A. A.** *Spitzer* StV **2020** 418, 420, der – bei gleichem Ergebnis – auf Art. 3 Abs. 2 Satz 2 lit. c RL 2013/48/EU abstellt (vgl. dazu unten § 141, 31 a. E.).

154 Zum Meinungsstand nach alter Rechtslage bis zum 13.12.2019 § 141 Entstehungsgeschichte II.4.

155 BTDrucks. **19** 13829 S. 32.

156 BTDrucks. **19** 13829 S. 32; Meyer-Goßner/*Schmitt* 14a.

157 BTDrucks. **19** 13829 S. 32; *Spitzer* StV **2020** 418, 420.

158 **A. A.** insoweit *Spitzer* StV **2020** 418, 420.

159 Hierzu § 141, 22.

160 BTDrucks. **19** 13829 S. 32.

161 BTDrucks. **19** 13829 S. 32; ebenso Meyer-Goßner/*Schmitt* 14b.

baren Friktionen, denn es solle nach der amtl. Begründung[162] erlaubt bleiben, den Beschuldigten nach vorläufiger Festnahme erst noch zu vernehmen, wenn und soweit dies zur Klärung der Frage erforderlich sei, ob ein Antrag auf Haftbefehlserlass gestellt oder der Beschuldigte in Freiheit gesetzt werde. Schon mit Blick auf die Möglichkeiten des Beweistransfers durch formlose Vorhalte und die Vernehmung der Verhörsperson im deutschen Prozessrecht ist dieses Verständnis der Gesetzesbegründung mit dem **Wortlaut** von Art. 4 Abs. 5 der **PKH-Richtlinie** („spätestens *vor* einer Befragung durch die Polizei") **nicht in Einklang** zu bringen. Eine **Vernehmung** des Beschuldigten sowie eine für die Freiheit vom Zwang zur Selbstbezichtigung nach der PKH-Richtlinie gleichermaßen relevante **Ermittlungsmaßnahme** (Identifizierungs- und Vernehmungsgegenüberstellungen und Tatrekonstruktionen) ohne Verteidigerbeistand ist daher auch zur Entscheidung der Frage, ob er nach vorläufiger Festnahme wieder in Freiheit zu setzen ist, als Ermittlungsmaßnahme **kraft Unionsrechts unzulässig.**[163]

cc) Beiordnungszeitpunkt. Nach der Rechtslage seit dem 13.12.2019 ist dem Beschuldigten, soweit er nicht ohnehin einen Antrag nach § 141 Abs. 1 Satz 1 stellt, gemäß § 141 Abs. 2 Satz 1 Nr. 1 bereits **vor der Vorführung** vor den Haft- oder Untersuchungsrichter von Amts wegen ein Pflichtverteidiger zu bestellen.[164] In Fällen der **vorläufigen Festnahme** gemäß § 127 oder § 127b Abs. 1 erfolgt die Beiordnung regelmäßig erst im Falle der **haftrichterlichen Vorführung.**[165] Bei einer vorausgehenden polizeilichen Vernehmung oder einer bei richtlinienkonformer Auslegung gleichgestellten Maßnahme ist auch dann ein Verteidiger beizuordnen, wenn nicht noch aus einem anderen Tatbestand des § 140 ein Fall notwendiger Verteidigung vorliegt. 33

dd) Dauer der Beiordnung. Die Dauer der Beiordnung richtet sich nach den allgemeinen Regeln. Sie kann aber gemäß § 143 Abs. 2 Satz 4 aufgehoben werden, wenn der Beschuldigte nach – und erst recht schon vor – der Vorführung vor den Haftrichter **auf freien Fuß gesetzt** wird und auch kein sonstiger Fall notwendiger Verteidigung vorliegt.[166] Grundsätzlich wirkt sie jedoch nach der Grundregel in § 143 Abs. 1 bis zum rechtskräftigen Abschluss des Verfahrens. Auch § 140 Abs. 1 Nr. 4 regelt also einen Fall **unbeschränkter Beiordnung**, da sonst § 143 Abs. 2 Satz 4 überflüssig wäre. 34

ee) Erstreckung auf andere Verfahren. Nach alter Rechtslage war umstritten, ob **Untersuchungshaft in anderer Sache** in den Regelungsbereich des § 140 Abs. 1 Nr. 4 a. F. oder in den des § 140 Abs. 1 Nr. 5 a.F fiel; wegen der Drei-Monats-Wartefrist in Nr. 5 a. F. war dies teilweise entscheidend.[167] Mit dem seit 13.12.2019 geltenden Rechtszustand wurde nunmehr die früher vorgenommene **Differenzierung** zwischen Untersuchungshaft und sonstiger Unterbringung **aufgehoben.**[168] Während primärer Normzweck des § 140 Abs. 1 Nr. 4 sein dürfte, den Beschuldigten vor einer ungerechtfertigten Freiheitsentziehung zu schützen, beruht der § 140 Abs. 1 Nr. 5 (noch) mehr auf dem Gedanken, dass wegen der Freiheitsentziehung in der Anstalt die Vorbereitung der Verteidigung kaum sachgerecht erfolgen kann. Zudem gilt die **Sonderregelung** zur Aufhebung der 35

---

162 BTDrucks. 19 13829 S. 32.
163 S. auch § 141, 21.
164 S. § 141, 19 ff.
165 Soeben Rn. 33.
166 Vgl. § 143, 25 ff.
167 Statt Vieler *Schlothauer* StV **2018** 169, 171.
168 Oben Rn. 31.

Bestellung nach § 143a Abs. 2 Satz 4 nicht für § 140 Abs. 1 Nr. 5. Daher stellt sich die Frage, in welchem Verhältnis Nr. 4 und 5 des § 140 Abs. 1 stehen und ob nach jetziger Rechtslage § 140 Abs. 1 Nr. 4 auch auf die Vorführung vor einen Haftrichter in anderer Sache Anwendung findet.

36 **aaa) Verhältnis zu Abs. 1 Nr. 5.** § 140 Abs. 1 Nr. 4 ist einschlägig, sobald die Vorführung vor den Haft- oder Untersuchungsrichter feststeht, während § 140 Abs. 1 Nr. 5 anzuwenden ist, sobald die Unterbringung in einer „Anstalt" erfolgt. In diesen Fällen darf die Bestellung nicht gemäß § 143 Abs. 2 Satz 4 aufgehoben werden, sondern sie wirkt nach der Regel in § 143 Abs. 1 Satz 1 fort. Wird Haft- oder Unterbringungsbefehl erlassen, ergibt sich die Notwendigkeit der Verteidigung im weiteren Verfahren nach § 140 Abs. 1 Nr. 5, sodass die Bestellung bestehen bleibt. § 140 Abs. 1 Nr. 4 stellt für die Sachverhaltsgestaltung gewissermaßen den **Vorfeldtatbestand** des § 140 Abs. 1 Nr. 5 dar. Ein Verteidigerwechsel auf Initiative des Beschuldigten ist gemäß § 143a möglich, sofern dieser tatbestandlich vorliegt.

37 **bbb) Anwendbarkeit von Abs. 1 Nr. 4 bei Vorführung in einem anderen Verfahren (Kumulationsfälle).** § 140 Abs. 1 Nr. 4 gilt nach neuer Rechtslage weiterhin nicht nur **für das zugrundeliegende Verfahren**, so wie auch § 140 Abs. 1 Nr. 5 bei Inhaftierung in anderen Verfahren anwendbar ist. Dies ergibt sich aus einem Vergleich mit dem bis zum 13.12.2019 geltenden Recht:

38 **(1) Alte Rechtslage.** Maßgebliche Frage war nach früherem Recht bis zum 13.12.2019, ob § 140 Abs. 1 Nr. 4 a. F. verfahrensbezogen zu lesen war. Der **weit gefasste Wortlaut** des **Abs. 1 Nr. 4 a. F.** stellte nicht auf ein konkretes Verfahren, sondern auf die Vollstreckung von Untersuchungshaft überhaupt ab.[169] Da bei dem in seinem Wortlaut fast identisch formulierten **§ 68 Nr. 5 JGG** a. F. allgemein[170] anerkannt war, dass dem Beschuldigten auch dann ein Pflichtverteidiger beizuordnen war, wenn er sich in einem anderen Verfahren in Untersuchungshaft befand, lag schon nach dem Wortlaut eine **extensive Auslegung** nicht fern. Daraus konnte jedoch nicht der Schluss gezogen werden, der Gesetzgeber habe diese **Kumulationsfälle**[171] von der Neuregelung des § 140 Abs. 1 Nr. 4 unberührt gesehen.[172] Gemeinsamer Grund für die Bestellung eines Pflichtverteidigers war, dass der Beschuldigte nicht die Freiheit hat, sich selbst um das Erforderliche zu kümmern, und für diesen erheblichen Grundrechtseingriff ein Ausgleich geschaffen werden sollte. Diese **Beeinträchtigung** der **Verteidigungsmöglichkeiten** ist **nicht verfahrens-, sondern situationsbezogen.** Das Schweigen der Gesetzesmaterialien indizierte deshalb, dass der Gesetzgeber die zu der Nachbarvorschrift des § 140 Abs. 1 Nr. 4

169 So auch LG Nürnberg-Fürth StV **2012** 658; *Heydenreich* StRR **2012** 103, 104 sowie *O. Möller* ZJJ **2008** 10, 15 für § 68 Nr. 5 JGG.

170 LG Berlin StV **2007** 10; LG Saarbrücken ZJJ **2007** 417 m. zust. Anm. *O. Möller* ZJJ **2008** 10.

171 Zum Begriff *Jahn* FS Rissing-van Saan (2011) 275, 282.

172 **A. A.** LG Saarbrücken StRR **2010** 308, das trotz Rezeption der Begründung des Gesetzgebers den Anwendungsbereich des § 140 Abs. 1 Nr. 4 a. F. auf das Verfahren, in welchem die Untersuchungshaft vollstreckt wird, unter Verkennung des übergeordneten gesetzgeberischen Ziels der Stärkung der Beschuldigtenrechte im Ermittlungsverfahren beschränkte. Auch das Argument von *Busch* NStZ **2011** 663, 664, die Untersuchungshaft könne angesichts der stärkeren Beschränkung der Rechte des Beschuldigten nicht mit den freiheitsentziehenden Maßnahmen nach § 140 Abs. 1 Nr. 5 a. F. auf eine Stufe gestellt werden, ging fehl. Daraus war vielmehr zu schließen, dass für Maßnahmen mit stärkerem Eingriff die Rspr. zu Nr. 5, nach der auch Haftvollstreckungen in anderer Sache erfasst sind, erst recht Anwendung finden muss.

a. F. seit Langem anerkannte Rechtsprechung stillschweigend rezipiert hatte. Auch die strengeren zeitlichen Voraussetzungen des Abs. 1 Nr. 5 standen dem nicht entgegen, da der Gesetzgeber in Kenntnis dessen die Untersuchungshaft gegenüber anderen freiheitsentziehenden Maßnahmen privilegiert hatte.[173] Demnach war ein Pflichtverteidiger immer schon zu bestellen, wenn der Beschuldigte sich richterlich angeordnet oder genehmigt in einer Anstalt befand. Eine Beziehung zu der zur Aburteilung anstehenden Tat wurde nicht verlangt. Die Notwendigkeit der Verteidigung bestand also im **Ergebnis** auch dann, wenn in anderer Sache in einem anderen Verfahren eine freiheitsentziehende Maßnahme im Sinne der §§ 112, 112a, 126, 275a Abs. 6 vollstreckt wurde.[174]

(2) Neue Rechtslage. Da die bisherige spezielle Regelung zur Vollstreckung von Untersuchungshaft bzw. einstweiliger Unterbringung in Nr. 4 a. F. entfallen ist, unterfallen Freiheitsentziehungen aufgrund dieser Maßnahmen nunmehr Nr. 5.[175] Damit stellt sich weiterhin die Frage, ob die Verteidigung auch dann notwendig ist, wenn **Untersuchungshaft in anderer Sache** vollstreckt wird. Sie ist – wie bislang –[176] zu bejahen. Zusätzlich ist anzuführen, dass weder Nr. 5 n. F. noch Art. 4 Abs. 4 der PKH-Richtlinie 2016/1919 danach differenzieren, in welchem Verfahren die Freiheitsentziehung angeordnet worden ist, sondern notwendige Verteidigung bei **schlechthin jeder Inhaftierung** bejahen.[177] 39

5. Anstaltsunterbringung (Nr. 5). Nach alter Rechtslage war der Pflichtverteidiger zu bestellen, wenn der Beschuldigte sich mindestens drei Monate richterlich angeordnet oder genehmigt in einer Anstalt befunden hatte und nicht zwei Wochen vor Beginn der Hauptverhandlung entlassen wurde.[178] Nach **neuer Rechtslage** liegt ein Fall notwendiger Verteidigung bereits dann vor, wenn der Beschuldigte sich aufgrund richterlicher Anordnung oder mit richterlicher Genehmigung in einer Anstalt **„befindet"**. Eine Beziehung zu der zur Aburteilung anstehenden Tat wurde – und wird – nicht verlangt.[179] 40

---

173 **A. A.** insoweit AG Wuppertal NStZ **2011** 720.

174 So auch OLG Hamm StV **2014** 274; OLG Frankfurt StV **2011** 218 m. zust. Anm. *Deutscher* jurisPR extra **2011** 34; LG Oldenburg StV **2018** 168 (Ls.); LG Trier Beschl. v. 2.6.2015 – 5 Qs 34/15 m. Anm. *Rueber-Unkelbach* jurisPR-StrafR 17/**2015** Anm. 1; LG Frankfurt StV **2013** 19 (Ls.); LG Ellwangen StV **2012** 462; LG Nürnberg-Fürth StV **2012** 658; LG Stade StV **2011** 663 (Ls); LG Köln StV **2011** 663; LG Berlin StV **2011** 665, 666; LG Itzehoe StV **2010** 562 f. m. zust. Anm. *Tachau*; AG Tiergarten Beschl. v. 30.9.2008 – 315 Cs 3022 PLs 2342/08 (79/08) (n.v.); *Jahn* FS Rissing-van Saan (2011) 275, 282 f.; *D. Herrmann* StraFo **2011** 133, 136; *Brocke/Heller* StraFo **2011** 1, 8; *Burhoff* StRR **2010** 308; Meyer-Goßner/*Schmitt* 14; KMR/*Haizmann* 15; Radtke/Hohmann/*Reinhart* 13; KK/*Willnow* 12; KMR/*Haizmann* 18. **A. A.** LG Dresden Beschl. v. 23.5.2018 – 14 Qs 16/18; LG Osnabrück Beschl. v. 6.6.2016 – 18 Qs 526 Js 9422/16 (17/16); LG Bonn NStZ-RR **2012** 15 f. m. zutr. abl. Anm. *Krug* FD-StrafR **2011** 324299 und Anm. *Heydenreich* StRR **2012** 103 f.; LG Oldenburg ZJJ **2011** 461 m. zust. Anm. *Sommerfeld*; LG Saarbrücken StRR **2010** 308 f. m. abl. Anm. *Burhoff*; AG Wuppertal NStZ **2011** 720; *Schlothauer* StV **2018** 169, 171; *Busch* NStZ **2011** 663, 664; *Peters/Krawinkel* StRR **2011** 4, 8; *Wohlers* StV **2010** 151, 152.

175 Oben Rn. 36. **A. A.** LG Essen Beschl. v. 5.3.2020 – 57 Qs 6 Js 651/19-39/20.

176 Soeben Rn. 38.

177 So auch OK-StPO/*Krawczyk* 12; erg. sogleich Rn. 40.

178 Dass dieses Ereignis vorhersehbar sein mag und daher die Voraussetzung für die Anwendbarkeit der Nr. 5 nachträglich wegfallen konnte, war unbeachtlich, s. LG Köln StV **2001** 344.

179 Vgl. LG Bonn Beschl. v. 20.4.2020 – 21 Qs 25/20; LG Passau Beschl. v. 15.4.2020 – 1 Qs 38/20 und AG Frankfurt Beschl. v. 30.3.2020 – 3610 Js 242150/19 – 931 Gs (jeweils zu § 140 Abs. 1 Nr. 5 n. F. seit dem 13.12.2019); LG Berlin Beschl. v. 24.7.2005 – 509 Qs 33/05 (zu § 68 Nr. 4 JGG); *Jahn/Zink* FS Graf-Schlicker (2018) 475, 485 f.; *Schlothauer* KriPoZ **2019** 3, 5; Meyer-Goßner/*Schmitt* 14; KMR/*Haizmann* 18 sowie oben Rn. 36.

Grund für die Bestellung des Pflichtverteidigers in diesen Fällen ist, dass der Beschuldigte **nicht** die **Freiheit** hat, sich selbst um das Erforderliche zu kümmern, z. B. bei der Suche nach Zeugen und Gegenzeugen, bei Reisen, die notwendig sind, um Beweismittel aufzufinden oder Zeugen zur Aussage zu bewegen, bei Schriftwechseln, um Daten klarzustellen u. Ä.[180] Daher ist kein Grund ersichtlich, nur an die Hauptverhandlung erster Instanz zu denken.[181] Es ist deshalb auch gleichgültig, aufgrund welchen Gesetzes, aus welchem Anlass und in welcher Sache die Verwahrung stattgefunden hat.[182] Auch ob die Verwahrung auf Anordnung eines deutschen oder **ausländischen Gerichts** beruht, ist unerheblich.[183] Die Regelung in Nr. 5 gilt auch im **Bußgeldverfahren.**[184] Im **Strafbefehlsverfahren** gilt Nr. 5 hingegen erst nach Einlegung des Einspruchs.[185]

41 Die alte Regelung war mit den Vorgaben von Art. 4 Abs. 4 der **PKH-Richtlinie** deshalb nicht vereinbar,[186] weil die Vorschrift des sekundären Unionsrechts die Unterstützung des Beschuldigten durch einen Rechtsbeistand *immer* dann fordert, wenn der Beschuldigte sich in Haft befindet. Deren voraussichtliche oder bisherige Dauer spielt keine Rolle, sodass die **zeitlichen Beschränkungen zu streichen** waren.[187] Die frühere **Zwei-Wochen-Frist** wurde allerdings nicht vollständig obsolet, sondern in **§ 143 Abs. 2 Satz 2** transferiert, sodass die Bestellung des Pflichtverteidigers nur dann aufgehoben werden kann, wenn der Beschuldigte mindestens zwei Wochen vor Beginn der Hauptverhandlung aus der Haft entlassen wurde.[188]

42 **a) Richterliche Anordnung.** Auf richterlichen Anordnungen beruht in erster Linie der Vollzug der **Freiheitsstrafe** (§ 38 StGB)[189] – auch dann, wenn der Strafgefangene die Erlaubnis zum Freigang (§ 11 Abs. 1 Nr. 1 StVollzG) hat –[190] und sonstiger freiheitsentziehender Strafen wie Jugendstrafe (§§ 17, 68 Nr. 5 JGG), Strafarrest (§ 9 WStG) oder Jugendarrest (§ 16 JGG);[191] insoweit kann auch der Aufenthalt in einem Erziehungsheim im Rahmen von Haftverschonung genügen, wenn die persönliche Freiheit so erheblich eingeschränkt ist, dass diese Maßnahme einem **Anstaltsaufenthalt** gleich zu erachten ist.[192] Dazu tritt **Untersuchungshaft** (§§ 112 ff., § 127b Abs. 2, § 230 Abs. 2, § 239 Abs. 3),

---

180 Deshalb hat KG StV **2018** 167 mit Recht ausgesprochen, dass es ermessensfehlerhaft ist, den Termin der Hauptverhandlung allein deshalb nach hinten zu verlegen, um die ansonsten nach § 140 Abs. 1 Nr. 5 a. F. notwendige Verteidigung zu umgehen, weil bis dahin die Entlassung aus der Haft in anderer Sache erfolgt wäre.

181 Zutreffend schon OLG Bremen NJW **1951** 454.

182 Vgl. OLG Düsseldorf StV **2001** 609; *Busch* NStZ **2011** 663, 664; SK/*Wohlers* 14; KK/*Willnow* 12.

183 Vgl. OLG Koblenz NStZ **1984** 522; AG Altenkirchen StV **2014** 540; *Busch* NStZ **2011** 663, 664; SK/*Wohlers* 14; KK/*Willnow* 12.

184 OLG Köln StV **1998** 531; BayObLG NJW **1979** 771; KK/*Willnow* 13.

185 LG Bremen StraFo **2002** 329; LG Münster MDR **1980** 335.

186 Zutr. BTDrucks. **19** 13829 S. 33.

187 BTDrucks. **19** 13829 S. 33; befürwortend auch *Müller-Jacobsen* NJW **2020** 575, 576; *Jahn/Zink* StraFo **2019** 318, 324; *dies.* FS Graf-Schlicker (2018) 475, 486; *dies.*, in: Psychologie des Strafverfahrens (43. Strafverteidigertag 2019) 305, 309; *Zink* 112; *Schlothauer/Neuhaus/Matt/Brodowski* HRRS **2018** 55, 63; *Schlothauer* KriPoZ **2019** 3, 5; *ders.* StV **2018** 169, 171.

188 S. § 143, 21.

189 Vgl. OLG Hamm NJW **1974** 248.

190 KG JR **1980** 348. Für den Fall eines aufgezwungenen Verteidigers wäre möglicherweise anders zu entscheiden (vgl. oben Rn. 8), der Sachverhalt des Beschlusses ist nicht eindeutig in Bezug auf die Frage, ob Pflichtverteidigung erbeten war.

191 SK/*Wohlers* 15.

192 LG Braunschweig StV **1986** 472 – der Verteidiger hatte sich für den Beschuldigten gemeldet (vgl. oben Rn. 8).

einstweilige Unterbringung (§ 126a), Auslieferungshaft (§§ 15, 16 IRG), Abschiebehaft,[193] der Vollzug freiheitsentziehender **Maßregeln** der **Besserung und Sicherung** (§ 61 Nr. 1 bis 3 StGB), sei es aufgrund eines Verfahrens aufgrund öffentlicher Klage (§ 170 Abs. 1), sei es auf Antrag der Staatsanwaltschaft im Sicherungsverfahren (§ 414 Abs. 2) sowie die Fürsorgeerziehung.[194] Als richterlich angeordnet i. S. d. § 140 Abs. 1 Nr. 5 wird aber auch die stationäre Durchführung einer Alkohol-Entziehungsbehandlung als Auflage eines Beschlusses gem. § 57 StGB, § 454 angesehen, unabhängig davon, dass es hierzu der Zustimmung des Angeklagten bedarf.[195]

b) Richterliche Genehmigung. Richterlich genehmigt ist in erster Linie die Unterbringung nach den **Unterbringungsgesetzen** der Länder, aber auch die Unterbringung durch den Betreuer, weil sie familiengerichtlich genehmigt werden muss, §§ 1800,[196] 1897 BGB. Ferner gehören hierher die Fälle der Unterbringung in einer **Langzeittherapie**, wenn nicht schon eine richterliche Anordnung erforderlich ist,[197] oder einer stationären **Drogentherapie**[198] in den Fällen des § 35 Abs. 1 Satz 1 BtMG („*mit Zustimmung* des Gerichts des ersten Rechtszuges“)[199] und zwar auch dann, wenn der Aufenthalt freiwillig ist.[200] 43

c) Zeitpunkt der Bestellung. Den **Zeitpunkt der Bestellung** regelt **§ 141 Abs. 2 Satz 1 Nr. 2.** Gemäß § 143 Abs. 2 Satz 2 kann die Bestellung der Verteidigung **aufgehoben** werden, sofern der Beschuldigte mindestens zwei Wochen vor Beginn der Hauptverhandlung aus der Anstalt entlassen wird.[201] Da **zwei Wochen** freier Verteidigung oft kaum ausreichen, die Hemmnisse durch eine Verwahrung auszugleichen, wird immer sorgfältig zu prüfen sein, ob die Behinderung der Verteidigung es **notwendig** macht, davon abzusehen, die Bestellung aufzuheben („*kann* ... aufgehoben werden).[202] In den Fällen der **Hauptverhandlungshaft** (§ 230 Abs. 2), auch im Rahmen des beschleunigten Verfahrens (§ 127b Abs. 2) und bei Berufungshauptverhandlungen (§ 329 Abs. 3) „soll“ die Bestellung mit der Aufhebung oder Außervollzugsetzung des Haftbefehls, spätestens zum Schluss der Hauptverhandlung, aufgehoben werden.[203] Dies gilt allerdings nur, wenn nicht aus einem anderen Grund die Verteidigung notwendig ist.[204] 44

Der Verteidiger kann nur unter engen Voraussetzungen auch noch **nach** der **Einstellung** des **Verfahrens** zu bestellen sein, wenn das zu einem Zeitpunkt beantragt worden 45

---

193 AG Offenbach InfAuslR **2001** 349.

194 Für eine insofern entsprechende Anwendung der Regelung im gerichtlichen Bußgeldverfahren OLG Köln Beschl. v. 24.4.1998 – Ss 519/97 B 366 B.

195 LG Traunstein StV **1995** 126.

196 MüKo-BGB/*Spickhoff* § 1800, 23.

197 LG Münster StraFo **2000** 195; LG Gießen StV **1986** 14; s. soeben Rn. 42.

198 S. LG Traunstein StV **1995** 126; LG Kiel StV **1988** 337; LG Hagen StV **1986** 146; LG Kleve StV **1986** 507; LG Gießen StV **1986** 14; AG Hannover StV **1986** 52; AG Kleve StV **1986** 507.

199 Nach der Gegenauffassung (OLG Jena NStZ **2010** 525, 526; OLG Koblenz StraFo **2006** 285; LG Berlin VRS **110** [2006] 117; LG Kleve StV **1986** 240; AG Erfurt StraFo **2016** 305) ist in den Fällen des § 35 Abs. 1 Satz 1 BtMG nicht § 140 Abs. 1 Nr. 5 anzuwenden, sondern – bei gleichem Ergebnis – § 140 Abs. 2.

200 LG Hagen StV **1986** 146; KK/*Willnow* 12. Nach LG Gießen StV **1991** 204 m. Anm. *Nix* und KMR/*Haizmann* 17 gilt dies allerdings nur in analoger Anwendung des § 140 Abs. 1 Nr. 5.

201 Zum Hintergrund oben Rn. 41.

202 Vgl. § 143, 20 ff.; s. zur Ausschöpfung des Ermessensspielraums bereits LG Magdeburg Beschl. v. 13.6.2016 – 25 Qs 786 Js 28295/15 (34/16).

203 Vgl. § 143, 24.

204 LG Würzburg StV **2019** 186 (Ls.).

ist, in dem die Einstellung des Verfahrens noch nicht absehbar war.[205] Eine **nachträgliche Beiordnung** kann in Haftsachen aber in Betracht kommen, auch wenn die Entscheidung über die Beiordnung erst nach der Entlassung getroffen wird.[206]

46 **6. Unterbringung zur sachverständigen Begutachtung (Nr. 6).** Die Notwendigkeit der Verteidigung dann, wenn zur Vorbereitung eines Gutachtens über den psychischen Zustand des Beschuldigten seine Unterbringung nach § 81 in Frage kommt, setzt früh ein. Es langt hin, wenn die Unterbringung **„in Frage kommt"**, d.h., wenn das Gericht sie im vorbereitenden Verfahren (vgl. § 81 Abs. 3), im Zwischenverfahren oder im Hauptverfahren auch nur begründetermaßen **erwägt** – und erst recht dann, wenn es **anordnet** –, einen Sachverständigen zu hören. Denn gleichzeitig ist der Verteidiger zu hören (§ 81 Abs. 1 Satz 1); er muss also jetzt schon bestellt sein. Zudem hat nach Nr. 70 Abs. 1 RiStBV regelmäßig **schon** im **Vorfeld** bei der Auswahl des Sachverständigen eine **Anhörung des Verteidigers** zu erfolgen. Für das Vorverfahren bedeutet das im Ergebnis, dass die **Verteidigerbestellung** in diesen Fällen **obligatorisch** wird.[207]

47 Die Verteidigung ist – und bleibt – für das **ganze Verfahren** notwendig, gleichgültig, ob das Gericht, nachdem es den Sachverständigen und den Verteidiger (§ 81 Abs. 1 Satz 1) gehört hat, die Unterbringung anordnet und wie sich das Anstaltsgutachten inhaltlich äußert. Denn über die Schuldfähigkeit nach den §§ 20, 21 StGB hat das Gericht, nicht aber der Sachverständige als sein bloßer Gehilfe,[208] abschließend zu befinden. Daher bleibt die Frage, die durch die Anstaltsunterbringung aufgeworfen worden ist, bis zur Rechtskraft des Urteils offen.[209] Eine Rücknahme nach § 143 Abs. 2 Satz 1 scheidet in diesen Fällen aus.

48 **7. Sicherungsverfahren (Nr. 7).** Nach alter Rechtslage war ein Pflichtverteidiger erst dann zu bestellen, wenn ein Sicherungsverfahren durchgeführt wird. Nach neuer Rechtslage ist die Verteidigung bereits dann notwendig, wenn **„zu erwarten ist"**, dass ein Sicherungsverfahren durchgeführt wird. Wie auch im Rahmen der identischen Formulierung in § 140 Abs. 1 Nr. 1 soll dadurch deutlich gemacht werden, dass **auch vor Einleitung** des Sicherungsverfahrens ein Fall notwendiger Verteidigung vorliegt, sobald dessen Einleitung im Raum steht.[210] Dies entspricht dem **Perspektivenwechsel** der Prognoseentscheidung, weg vom Zwischen- oder Hauptverfahren und hin zum früheren Stadium des Ermittlungsverfahrens. Im Ganzen soll damit nach dem Willen des Gesetzgebers[211] inhaltlich aber keine Ausweitung der Fälle notwendiger Verteidigung verbunden sein, denn auch nach alter Rechtslage konnte die Pflichtverteidigerbestellung durch die Staatsanwaltschaft im Vorfeld eines Sicherungsverfahrens gemäß § 141 Abs. 3 Satz 2 a.F. geboten sein.[212]

49 **§ 71 StGB** sieht die selbstständige Anordnung der Unterbringung in einem psychiatrischen Krankenhaus oder in einer Entziehungsanstalt, die Entziehung der Fahrerlaubnis sowie ein Berufsverbot auch dann vor, wenn die Durchführung eines Strafverfahrens

---

205 Zum Streitstand § 141, 2f.

206 Siehe dazu ebenfalls § 141, 2.

207 Siehe ferner zur notwendigen Verteidigung bei ambulanter psychiatrischer Begutachtung *Lehmann* StV **2003** 356.

208 BGHSt **11** 211, 212.

209 RGSt **37** 21; **67** 261; BGH NJW **1952** 797; KK/*Willnow* 17; SK/*Wohlers* 19.

210 Vgl. BTDrucks. **19** 13829 S. 33.

211 BTDrucks. **19** 13829 S. 33; *Chr. Keller* Krim **2020** 178.

212 BTDrucks. **19** 13829 S. 33; *Spitzer* StV **2020** 418, 421.

wegen Schuldunfähigkeit oder Verhandlungsunfähigkeit des Betroffenen ausgeschlossen erscheint. Weil die Unterbringung in einem psychiatrischen Krankenhaus nicht vom Amtsgericht angeordnet werden darf (§ 24 Abs. 1 Nr. 2 GVG) und die Verteidigung nach § 140 Abs. 1 Nr. 1, und dann, wenn ein Berufsverbot zu erwarten ist, nach § 140 Abs. 1 Nr. 3, notwendig ist, kommt der Bestimmung in Nr. 7 Bedeutung nur für die **Unterbringung** in einer **Entziehungsanstalt** (§ 64 Abs. 1 StGB) und für die Entziehung der **Fahrerlaubnis** (§ 69 StGB) zu. Weil das Verfahren wegen seiner Voraussetzungen – Schuld- oder Verhandlungsunfähigkeit nach § 413 – auch dann stattfinden kann, wenn der Beschuldigte selbst nicht oder nur zeitweise zugegen ist (§ 415 Abs. 3), ist die Pflichtverteidigung hier besonders wichtig, zumal im Fall der Vernehmung vor der Hauptverhandlung durch einen beauftragten Richter unter Zuziehung eines Sachverständigen bei Abwesenheitsverhandlung (vgl. § 415 Abs. 2 Satz 2: „der Verteidiger"). Daher ist dies ein Fall, in dem, wenn es im Rahmen des von § 141 Abs. 2 Satz 1 Nr. 3 eingeräumten Spielraums um die Einschätzung des richtigen Zeitpunkts geht („sobald"), eher für als gegen die Bestellung zu entscheiden ist. Das Problem der aufgezwungenen Verteidigung ist in diesen Fällen durch das neu eingeführte Antragserfordernis nach § 141 Abs. 1 Satz 1 nicht abschließend entschieden, weil es sich häufig um Beschuldigte mit **manifesten Autonomiedefiziten** handeln wird.

8. Verteidigerausschließung (Nr. 8). Die Regelung ergänzt die wenig gelungene Regelung zur provisorischen Verteidigerbestellung gemäß § 138c Abs. 3 Satz 4.[213] Ist die Mitwirkung eines Verteidigers notwendig (Abs. 1) oder geboten (Abs. 2), so ist dem Beschuldigten, wenn der nach §§ 138a, b ausgeschlossene sein einziger Verteidiger war und er demzufolge „keinen Verteidiger" nach § 141 Abs. 1 oder Abs. 2 Nr. 4 mehr hat, nunmehr ein neuer Verteidiger über den Mechanismus des § 142 Abs. 5 Satz 1 zu bestellen. Für den Fall der **notwendigen Verteidigung** aus anderen Gründen des § 140 ist die Vorschrift in Nr. 8 daher **ohne Bedeutung**. Mit Recht wird in Nr. 8 aber, wenn der Verteidiger ausgeschlossen worden ist, die Verteidigung auch für die – wahrscheinlich wenigen – Fälle (beim Strafrichter des AG) notwendig gemacht, in denen sie nicht schon nach einer anderen Nummer des Abs. 1 oder der Generalklausel des Abs. 2 notwendig ist. Der Beschuldigte soll, wenn er den „Beistand eines Verteidigers" (§ 137 Abs. 1 Satz 1) für notwendig gehalten hat, auch weiter Beistand erhalten, ohne sich im Augenblick (vgl. § 465) um die Kosten sorgen zu müssen. 50

9. Beiordnung eines Nebenklagevertreters (Nr. 9). Mit der Regelung in Abs. 1 Nr. 9, nach der die Verteidigung zwingend notwendig wird, wenn dem Verletzten nach den §§ 397a, 406h Abs. 3 und 4 ein Rechtsanwalt beigeordnet worden ist, sollte durch das **StORMG 2013** ein Ausgleich zwischen den durch zahlreiche Reformgesetze der letzten Jahrzehnte gewachsenen Beteiligungsrechten des Verletzten und den Verteidigungsrechten des Beschuldigten geschaffen werden.[214] 51

a) Normzweck. Durch die Vorschrift ist den Geboten des fairen Verfahrens und der **Waffengleichheit** Rechnung zu tragen.[215] Neben diesen beiden Gesichtspunkten soll die Regelung in § 140 Abs. 1 Nr. 9 auch den **Schutz des Verletzten** verbessern. Schließlich 52

---

213 S. § 138c, 36.

214 Oben Entstehungsgeschichte II.2.e.

215 Vgl. BTDrucks. **17** 6261 S. 11 (RegE v. 22.6.2011); OLG Celle Beschl. v. 29.6.2020 – 3 Ws 154/20, BeckRS **2020** 14857 Tz. 9; *Jahn* NJW-FH Tepperwien (2010) 25, 26; Meyer-Goßner/*Schmitt* 20a; allg. LR/*Kühne* Einl. I, 103.

könne für ihn die Auseinandersetzung mit dem unverteidigten Angeklagten belastender sein als der Umgang mit einem (gleichsam dazwischengeschalteten) Pflichtverteidiger.[216] Ob dies tatsächlich für die *Mehrzahl* derartiger Fälle angenommen werden kann, erscheint angesichts der dann eigentlich *waffenmäßig* überlegenen Stellung des verteidigten Verletzten zweifelhaft. In Einzelfällen können allerdings durchaus größere Strapazen für den Verletzten daraus resultieren, dass auf Seiten des Beschuldigten kein Verteidiger agiert, der moderierend auftritt und gegebenenfalls mäßigend auf den Beschuldigten einwirkt.

53 **b) Beschränkung auf den beigeordneten Beistand nach den §§ 397a, 406h.** Wenn auf Seiten des Verletzten ein **Wahlbeistand** auftritt, gilt Absatz 1 Nummer 9 aufgrund des eindeutigen, auch durch die Reform vom 10.12.2019 unangetasteten Wortlauts **nicht.**[217] Aus seiner Sicht macht es allerdings keinen spürbaren Unterschied, ob sich der Verletzte auf eigene oder auf Kosten des Staates eines Rechtsanwalts bedient. *Thomas/Kämpfer*[218] wollen Nr. 9 deshalb in diesen Fällen entgegen dem Wortlaut analog anwenden; der methodisch dazu gangbare Weg einer **verfassungskonformen Analogie** mit Blick auf den *fair trial*-Grundsatz erscheint jedenfalls **vertretbar.** Mehr noch besteht aber Anlass für eine Regelung des Gesetzgebers.[219] Eine Bestellung käme, lehnte man dies ab, dann typischerweise nur noch in Betracht, wenn konkrete Anhaltspunkte für die Unfähigkeit des Beschuldigten zur Selbstverteidigung nach Abs. 2 vorliegen.[220]

54 **c) Wegfall der Voraussetzungen.** Wird eine zunächst erfolgte **Bestellung** eines **Verletztenbeistands** wieder **aufgehoben,** so liegt auch kein Fall notwendiger Verteidigung nach Abs. 1 Nr. 9 mehr vor, weil das Tempus der Formulierung „beigeordnet worden *ist*" nicht so verstanden werden kann, dass eine einmal erfolgte Beiordnung des Nebenklagebeistands in einer **Art von Bestandskraft** erwächst. Dem Beschuldigten ist somit konsequenterweise – sofern jetzt kein anderer Tatbestand notwendiger Verteidigung eingreift – kein Pflichtverteidiger beizuordnen. Sofern die Bestellung bereits erfolgt ist, kann sie in einem solchen Fall gemäß § 143 Abs. 2 Satz 1 **widerrufen** werden,[221] da ein Zustand der Waffengleichheit dann auch (bzw. – aus Verletztensicht sogar streng

---

216 BTDrucks. **17** 6261 S. 11; *Nemetz* Schriftliche Stellungnahme zu den Entwürfen eines Gesetzes zur Stärkung der Rechte von Opfern sexuellen Missbrauchs, 2. **A. A.** *Böttcher* Schriftliche Stellungnahme zu den Entwürfen eines Gesetzes zur Stärkung der Rechte von Opfern sexuellen Missbrauchs, jeweils abrufbar über www.bundestag.de, 4.

217 OLG Hamburg StV **2017** 149 m. krit. Anm. *Beulke/Sander*; KG StV **2012** 417 m. krit. Anm. *Meyer-Goßner*; OLG Köln StraFo **2011** 49; OLG Jena Beschl. v. 15.3.2011 – 1 Ss 1/11; OLG Braunschweig Beschl. v. 11.2.2011 – 10 Qs 28/11; OLG Stuttgart NStZ-RR **2008** 313; OLG Saarbrücken NStZ **2006** 718; OLG München wistra **2006** 118, 119; OLG Zweibrücken StraFo **2005** 28; NStZ-RR **2002** 112; OLG Hamm StraFo **2004** 242; OLG Bremen StV **2004** 585 (Ls.); OLG Düsseldorf StV **2000** 408 (Ls.); OLG Celle StV **2000** 70 (Ls.); LG München I Beschl. v. 29.1.2019 – 28 Qs 5/19, juris, Tz. 10; LG Braunschweig Beschl. v. 4.11.2014 – 13 Qs 216/14; LG Verden NStZ-RR **2012** 287; LG Berlin Beschl. v. 30.5.2006 – 520 QS 62/06; LG Dortmund StraFo **2001** 21; LG Essen NStZ **1987** 184. Krit. auch *Eisenberg* HRRS **2011** 64, 69; *Strafverteidigervereinigungen* (Stellungnahme StORMG) III.3; *Deutsche Strafverteidiger e.V.* (Stellungnahme StORMG) 4; **a. A.** wohl KG StV **2012** 714.

218 MüKo/*Thomas/Kämpfer* 25a; zumindest in diese Richtung auch *Klaas* JA **2020** 262, 266; Radtke/Hohmann/*Reinhart* 32; SSW/*Beulke* 31.

219 Wie hier *Esser* StV **2020** 142, 144; s. dazu unten Rn. 125.

220 BTDrucks. **17** 6261 S. 11; OLG Hamburg StV **2017** 149 m. krit. Anm. *Beulke/Sander*; KG NStZ-RR **2016** 53; StRR **2012** 260 m. Anm. *Burhoff*; *Eisenberg* HRRS **2011** 64, 69; Meyer-Goßner/*Schmitt* 31.

221 Vgl. allg. § 143, 18 ff.

genommen – nur) ohne den Verteidiger auf Beschuldigtenseite gegeben ist. Nichts Anderes kann gelten, wenn sich nachträglich herausstellt, dass die Bestellung des Anwalts des Verletzten **unwirksam** war und Letzterer sodann im weiteren Verfahren ohne Rechtsbeistand bleibt.

d) Besonderheiten bei der Auswahl des Pflichtverteidigers wegen Interessenkollisionen. Dem Beschuldigten darf in demselben Verfahren nicht derselbe Rechtsanwalt beigeordnet werden wie dem Verletzten.[222] Problematisch ist aber der Fall, in dem der Beschuldigte die Beiordnung eines Verteidigers wünscht, der **derselben Sozietät** wie der Anwalt des Verletzten angehört. Gem. § 142 Abs. 5 Satz 3 kann sich der Vorsitzende nur dann gegen den gewünschten Verteidiger entscheiden, wenn der Bestellung ein wichtiger Grund entgegensteht.[223] Wie beim Fall der Vertretung mehrerer Beschuldigter durch jeweils andere Verteidiger, die in einer Anwaltssozietät zusammengeschlossen sind,[224] wird man davon ausgehen müssen, dass letztlich **kein Verbotsfall** nach dem Rechtsgedanken des § 146 vorliegt. Weil es sich bei § 142 Abs. 5 Satz 3 um eine streng zu handhabende Ausnahmevorschrift handelt, darf richtigerweise ein wichtiger Grund nur dann bejaht werden, wenn ***konkrete* Hinweise** auf das Bestehen eines Interessenkonflikts **im Einzelfall** vorliegen. 55

10. Richterliche Vernehmungen (Nr. 10). Durch das Gesetz zur **Neuregelung** der Pflichtverteidigung wurde § 140 Abs. 1 Nr. 10 derart **gestaltet**, dass ein Pflichtverteidiger auch dann zu bestellen ist, wenn die Mitwirkung eines Verteidigers bei einer richterlichen Vernehmung zur Wahrung der Rechte des Beschuldigten geboten erscheint. Dies war nach § 141 Abs. 3 Satz 4 a. F. auch schon vor dem 13.12.2019 dann notwendig, wenn die Staatsanwaltschaft dies beantragt hatte oder auch von Amts wegen, wenn dies zur Wahrung der Rechte des Beschuldigten geboten erschien. Dabei handelte es sich schon nach dem früheren Wortlaut nicht notwendig gerade um eine richterliche Vernehmung *des Beschuldigten*. 56

a) Zweck der Neuregelung. Die Regelung wurde systematisch von § 141 Abs. 3 Satz 4 mit Recht in § 140 Abs. 1 Nr. 10 verschoben, weil es sich im Kern nicht um eine Regelung des Zeitpunkts der Bestellung handelt.[225] Künftig sollen die **allgemeinen Regeln** zur Verteidigerbestellung gelten. Deshalb haben das Gericht oder die Staatsanwaltschaft gemäß § 141 Abs. 2 Satz 1 Nr. 3 **von Amts wegen** bereits **vor der Vernehmung** zu bestellen.[226] 57

b) Keine beschränkte Bestellung. Die Beiordnung dauerte nach alter Rechtslage nur **bis** zum **Ende** der **richterlichen Vernehmung** an.[227] Nunmehr gilt die Bestellung auch in diesen Fällen gemäß § 143 Abs. 1 grundsätzlich bis zum rechtskräftigen **Abschluss** des Verfahrens. Sobald die **Vernehmung abgeschlossen** ist, ist jedoch zu prüfen, ob – sofern nicht aus einem sonstigen Grund ein Fall notwendiger Verteidigung vorliegt – die Bestellung gemäß **§ 143 Abs. 2 Satz 1** durch (anfechtbaren) Gerichtsbe- 58

222 S. § 146, 41.
223 Vgl. allg. zu den wichtigen Gründen § 142, 56 ff.
224 Vgl. § 146, 15.
225 Befürwortend auch *Schlothauer* KriPoZ **2019** 3, 6; *Schlothauer/Neuhaus/Matt/Brodowski* HRRS **2018** 55, 63 f.
226 Krit. zur Verpflichtung des Richters *Spitzer* StV **2020** 418, 421.
227 *Tully/Wenske* NStZ **2019** 183, 184; *Schlothauer* StV **2017** 557; Meyer-Goßner/*Schmitt* § 141, 5d.

schluss aufzuheben sein könnte. Der **„Fremdkörper“**[228] der beschränkten Bestellung dürfte damit **beseitigt** sein.

59 **c) Anwendungsbereich.** Die frühere Regelung in **§ 141 Abs. 3 Satz 4 a. F.** war bis zum 13.12.2019 von den Voraussetzungen des § 140 unabhängig.[229] Ein Verteidiger wurde danach beigeordnet, wenn die Staatsanwaltschaft dies beantragte oder von Amts wegen durch das Gericht bestellt, wenn die Mitwirkung eines Verteidigers aufgrund der **Bedeutung der Vernehmung** zur Wahrung der **Rechte des Beschuldigten** geboten erschien. § 141 Abs. 3 Satz 4 a. F. war nach seiner systematischen Stellung, die sowohl die Beiordnung im Vorverfahren (Abs. 3 Sätze 1, 2 a. F.) als auch nach Abschluss der Ermittlungen (Abs. 3 Satz 3 a. F.) regelte, auf alle richterlichen Vernehmungen vor und nach Anklageerhebung anwendbar.[230] Es ist davon auszugehen, dass dies auch nach neuer Rechtslage seit dem 13.12.2019 weitergelten soll, da sich weder im Wortlaut noch in der Gesetzesbegründung gegenteilige Anhaltspunkte finden. Zudem sind grundsätzlich **alle Arten richterlicher Vernehmungen** umfasst, also richterliche Beschuldigtenvernehmungen, aber auch Zeugen- und Sachverständigenvernehmungen.[231] Unter Führung von *Schlothauer*[232] etablierte sich zu **§ 141 Abs. 3 Satz 4 a. F.** zudem umgehend die Ansicht, dass **haftrichterliche Vernehmungen** ohne Beiordnung eines Pflichtverteidigers kaum mehr vorstellbar seien. Dies wurde zutreffend damit begründet, dass gerade diese Vernehmung wegen der möglichen Beeinträchtigung der Freiheit der Person (Art. 2 Abs. 2 Satz 2 GG) von ganz besonderer „Bedeutung für die Wahrung der Rechte des Beschuldigten“ sei. Insbesondere *Tully* und *Wenske*[233] und ein wenig rezipierter Beschluss des BGH[234] traten dem in Anknüpfung an das Schweigen der amtlichen Begründung, die die naheliegende Auslegungsfrage trotz ihrer erheblichen Praxisbedeutung tatsächlich nicht *en detail* thematisiert hatte,[235] entgegen. Der Gesetzeswortlaut deute darauf hin, dass allein Vernehmungen und gerade keine Vorführungen umfasst seien. Umfasst seien nur Untersuchungshandlungen im Sinne des § 162 Abs. 1 Satz 3. Als weiteres Argument wurde angeführt, dass die §§ 162 Abs. 2, 168, 168a, 168c die Beschuldigteninteressen nur ausnahmsweise verfahrensbezogen absicherten.[236] Dies vermochte – und vermag – **nicht zu überzeugen.** Der Begriff der Vernehmung reicht weiter als derjenige der Vorführung. Die Vernehmung ist nach den §§ 115, 115a und 128 zudem ein wichtiger Teil der Vorfüh-

228 So *Tully/Wenske* NStZ **2019** 183, 184 („Fremdkörper“); zur Kritik daran unten § 141 Entstehungsgeschichte II.4.

229 *Schlothauer* StV **2017** 557, 558. Zur Frage der richtlinienkonformen Auslegung der Vorschrift vor dem 13.12.2019 vgl. Entstehungsgeschichte II.3.b.

230 *Burhoff* StRR **2018** 4; *ders.* StraFo **2018** 405; *Schlothauer* StV **2017** 557, 558; SSW/*Beulke* § 141, 19; Meyer-Goßner/*Schmitt* § 141, 5a. **A. A.** wohl BTDrucks. **18** 11277 S. 28; KK/*Willnow* § 141, 6 (Anwendungsbereich nur bei Beiordnung für richterliche Vernehmungen im Ermittlungsverfahren). Siehe zum seinerzeitigen Streitstand ausf. unten § 141 Entstehungsgeschichte II.4.

231 Vgl. SSW/*Beulke* § 141, 19.

232 *Schlothauer* StV **2017** 557, 558; dem folgten LG Offenburg StV **2019** 187; LG Magdeburg StraFo **2018** 314; LG Halle StraFo **2018** 351; AG Stuttgart StraFo **2018** 114; *Bannehr* HRRS **2020** 132, 133 ff.; *dies.* 309 ff.; *Kaniess* HRRS **2019** 201, 202 ff.; *Jahn/Zink* StraFo **2019** 318, 324 Fn. 49; *Burhoff* StRR **2018** 4; *ders.* StraFo **2018** 405; Meyer-Goßner/*Schmitt* 5a ff.; SSW/*Beulke* 19. Zur Frage der Entstehung der Terminsgebühr OLG Celle StraFo **2018** 534.

233 *Tully/Wenske* NStZ **2019** 183, 184; ebenso KK/*Willnow* 6; *Bonhorst* 47.

234 BGH Beschl. v. 14.8.2019 – 5 StR 228/19, Tz. 16.

235 BTDrucks. **18** 11277 S. 28 sah – unspezifisch – einen Anwendungsbereich nur bei einer Beiordnung für richterliche Vernehmungen im Ermittlungsverfahren.

236 *Tully/Wenske* NStZ **2019** 183, 184.

rung. Auch die Bezeichnung der früheren Regelung in § 141 Abs. 3 Satz 4 a.F als „Fremdkörper“ im Regelungsgefüge der notwendigen Verteidigung durch *Tully/Wenske* führt nicht weiter. Unabhängig davon, dass § 408b dann im Strafbefehlsverfahren ebenso wie § 138c Abs. 3 Satz 4 („für die Dauer der Anordnung“) **weitere Fremdkörper** wären, so dass die Frage auftaucht, ob diese Semantik weiterführt, ist die dogmatische Überzeugungskraft des Arguments im europäischen Mehrebenen-Kontext begrenzt, weil sich bei einer richterlichen Vernehmung des zentralen Belastungszeugen gem. § 168c Abs. 4 im Lichte des Art. 6 Abs. 3 lit. d EMRK ausgelegt die Beiordnung ebenfalls auf den Akt dieser Vernehmung beschränkt.[237] Durch Einführung des **§ 140 Abs. 1 Nr. 4 n. F.** hat sich dieser **Streit** mit Wirkung zum 13.12.2019 indes für die Praxis **erledigt**: Die Pflichtverteidigerbeiordnung bei der Vorführung vor Gericht zur Entscheidung über Haft oder einstweilige Unterbringung wird nunmehr ausdrücklich angeordnet.[238] Folglich handelt es sich bei § 140 Abs. 1 Nr. 10 um einen **Auffangtatbestand** für **alle** sonstigen **richterlichen Vernehmungen**, die von Bedeutung für die Rechte des Beschuldigten sind:

Konkret erfasst Nr. 10 daher Vernehmungen des Beschuldigten im Sinne des **§ 168c** 60
Abs. 1, die schon aufgrund der **Möglichkeit der Verlesung** gemäß § 254 von besonderer Bedeutung sein können.[239] Auch richterliche Vernehmungen des Beschuldigten gemäß § 166 und des Angeklagten nach § 233 Abs. 2 sind vom Anwendungsbereich der Vorschrift umfasst.[240] Zudem kann die Mitwirkung eines Verteidigers auch im Rahmen von Zeugen- und Sachverständigenvernehmungen notwendig sein.[241] Am bedeutendsten dürften in diesem Kontext wohl die Vernehmungen im Ermittlungsverfahren gemäß **§ 168c Abs. 2** sein, soweit es sich um **wesentliche Belastungszeugen** handelt.[242] Weitere Anwendungsfälle sind die **Vernehmung des Mitbeschuldigten** wie auch solche gemäß **§ 223** beim Strafrichter (vgl. § 140 Abs. 1 Nr. 1).[243] Erfasst sind auch richterliche Vernehmungen mit **Bild-Ton-Aufzeichnungen**, die in der Hauptverhandlung gem. § 255a Abs. 2 als Ersatz für die nochmalige Vernehmung des Zeugen vorgespielt werden können.

11. Seh-, hör- und sprachbehinderter Beschuldigter (Nr. 11). Zuletzt wurde in 61
§ 140 Abs. 1 Nr. 11 zum 13.12.2019 über § 140 Abs. 2 Satz 2 a. F. hinaus noch die Notwendigkeit der Verteidigung für seh-, hör- und sprachbehinderte Beschuldigte eingeführt, sofern diese einen Antrag stellen.[244] **Fehlt** es am **Antrag**, kann trotzdem eine Beiordnung nach § 140 Abs. 2 Var. 3 erfolgen, wenn ersichtlich ist, dass der Beschuldigte sich aufgrund seines Handicaps nicht selbst verteidigen kann.[245] Diese Option ist aber aufgrund der **Autonomie** des Beschuldigten **restriktiv** zu handhaben.[246]

---

237 Vgl. BGHSt **46** 93, 97 ff.; Meyer-Goßner/*Schmitt* § 168c, 4 a. E.; LR/*Erb* § 168c, 53 f.; HbStrVf/*Jahn* Kap. II, 232 u. 238, 253 ff. Zur Konzeption eines „Notverteidigers“ analog § 118a Abs. 2 Satz 3 a. F. bereits *Jahn* FS Rissing-van Saan (2011) 275, 290; *Wohlers* StV **2010** 151, 156; krit. *Schlothauer* FS Samson (2010) 709, 712 ff.

238 So auch Meyer-Goßner/*Schmitt* 20c; vgl. dazu oben Rn. 31.

239 So auch Meyer-Goßner/*Schmitt* 20d; SSW/*Beulke* 32 u. § 141, 19; vgl. zum Ganzen EGMR StV **2017** 213 – *Schatschaschwili ./. Deutschland* und zur Verlesungsmöglichkeit beim Geständnis *Jahn* FS Wolter (2013) 963, 964 ff.

240 Vgl. Meyer-Goßner/*Schmitt* § 141, 5c.

241 So auch Meyer-Goßner/*Schmitt* § 141, 5b.

242 Meyer-Goßner/*Schmitt* § 141, 5b.

243 Meyer-Goßner/*Schmitt* § 141, 5b u. § 140, 20d.

244 S. bereits oben Rn. 3 f.

245 BTDrucks. **19** 13829 S. 34.

246 S. bereits oben Rn. 9.

62 **a) Zweck der Neuregelung.** Im Gegensatz zur alten Rechtslage erstreckt sich der § 140 Abs. 1 Nr. 11 nach seinem klaren Wortlaut nunmehr auch auf **sehbehinderte Beschuldigte.**[247] Diese wurden bislang sachlich benachteiligt, weil eine Bestellung nach § 140 Abs. 2 Satz 1 a. F. nur bei einem Selbstverteidigungsdefizit denkbar war. Die Neuregelung trägt damit den Vorgaben des Art. 9 PKH-Richtlinie zum Schutz besonders **vulnerabler Beschuldigter** Rechnung, ohne dabei in das Selbstbestimmungsrecht Sehbehinderter einzugreifen, weil die Bestellung an das Antragserfordernis gekoppelt ist. Mit der inhaltlichen Erweiterung für Sehbehinderte wurde die Regelung aus § 140 Abs. 2 Satz 2 a. F. in § 140 Abs. 1 verschoben, um nunmehr eine „klare Systematik" herzustellen.[248] Da die Nr. 11 allerdings im Gegensatz zu allen anderen Katalogfällen in Abs. 1 einen **Antrag** voraussetzt, der zudem nach § 141 Abs. 1 Satz 1 ohnehin möglich wäre, **passt** sie **nicht** in das jetzige gesetzgeberische System, sehr wohl aber in die hier favorisierte Auslegungssystematik.[249]

63 **b) Materielle Voraussetzungen.** Nicht jede **Beeinträchtigung** ist eine **Behinderung.** Wann eine Seh-, Hör- oder Sprachbehinderung so **erheblich** ist, dass sie die Beiordnung eines Verteidigers erfordert, bestimmt sich nach dem Grundgedanken, dass die behinderungsbedingte Verteidigungsunfähigkeit zu **kompensieren** ist.[250] Dabei dürfte mit zu berücksichtigen sein, wieweit der Beschuldigte bei komplexeren Situationen im allgemeinen Sozialleben einer Hilfe zur Bewältigung seiner Behinderung bedarf. Eine **Schwerhörigkeit,** die er üblicherweise mit ihm vertrauten technischen Hilfsmitteln (Hörgerät) auszugleichen vermag, wird nicht ausreichen, auch nicht geringfügigere Sprechbehinderungen, die nicht an einer verständlichen Artikulation bei der Einlassung oder Ausübung des Fragerechts hindern, sondern lediglich den Empfängern gewisse Verständnisschwierigkeiten bereiten. Eine Bestellung kann nach Nr. 11 dann erfolgen, wenn der Beschuldigte zwar nicht gänzlich taub ist, aber **hochgradig** schwerhörig ist,[251] wenn er zwar nicht stumm, aber durch **Stottern** so behindert ist,[252] dass die Befürchtung besteht, er werde wegen seines Gebrechens nicht alles Notwendige sagen können oder aufgrund der psychischen Drucksituation während einer Vernehmung oder Einlassung nicht sagen wollen. **Nicht erforderlich** ist also ein **„Verlust"** des Gehörs wie bei § 226 Abs. 1 Nr. 1 Var. 2 StGB ebenso wenig wie der „Verlust" des Sprechvermögens wie bei § 226 Abs. 1 Nr. 1 Var. 3 StGB – dafür reicht z. B. Stottern gerade noch nicht aus.[253]

64 Selbst eine **nur zeitweilige** Seh-, Hör- oder Sprachbehinderung, etwa durch einen vorübergehenden Stimmverlust oder einen **Hörsturz,** steht der Anwendung der Regelung nicht grundsätzlich entgegen. Jedoch ist eine Verteidigerbestellung in solchen Fällen nur dann angebracht, wenn sich die Behinderung voraussichtlich – und insoweit ärztlich **attestiert** – während der bevorstehenden Hauptverhandlung, einer Vernehmung des Beschuldigten usw. **konkret auswirken** wird. Oft wird jedoch in solchen

---

247 Vgl. BTDrucks. **19** 13829 S. 34; s. bereits LG Hildesheim StraFo **2008** 75 (stark beeinträchtigtes Lese- und Schreibvermögen).

248 BTDrucks. **19** 13829 S. 34; befürwortend *Schlothauer/Neuhaus/Matt/Brodowski* HRRS **2018** 55, 64.

249 S. oben Rn. 3 ff.

250 OLG Düsseldorf StraFo **1997** 335 (nahezu taubstummer Angeklagter); LG Heilbronn StraFo **2002** 329 (starke Hörbehinderung); AK/*Stern* 59; HK/*Julius/Schiemann* 21; KMR/*Haizmann* 39 und KK/*Willnow* 11; vertiefend *Pollähne*, in: Aichele (2013) 186.

251 OLG Hamm NJW **1952** 1190.

252 Vgl. LG Berlin StV **2016** 487 (motorische Sprachstörung bei Morbus Parkinson); restriktiver wohl Meyer-Goßner/*Schmitt* 20e.

253 S. MüKo/*Hardtung* § 226, 24 m. w. N.

Situationen vorrangig zu prüfen sein, ob nicht die Durchführung der beabsichtigten Prozesshandlungen bis zur Gesundung hinausgeschoben werden kann, etwa durch Unterbrechung der Hauptverhandlung.

c) Folgen des Fehlens von Voraussetzungen. Fehlt es an einer der beiden Voraussetzungen, dem Antrag oder einer Behinderung mit gewisser Erheblichkeit, so muss unterschieden werden: 65

aa) Fehlen des Antrags. Unterbleibt ein Antrag, so ist, wie bereits erwähnt,[254] weiterhin die Beiordnung wegen Unfähigkeit zur Selbstverteidigung des Beschuldigten nach der Generalklausel möglich. Allerdings ist dann aufgrund des Gebots der restriktiven Auslegung des § 140 Abs. 2 **nur in Extremfällen** ein Verteidiger gegen den Willen des Beschuldigten zu bestellen. Das Antragserfordernis kann Fälle aufgezwungener Verteidigung gerade vermeiden.[255] Ist allerdings offensichtlich, dass sich der Beschuldigte aufgrund seiner erheblichen Behinderung nicht selbst verteidigen kann, ist der Verteidiger auch in diesen Fällen weiterhin gegen seinen Willen zu bestellen. Dies entspricht dem Grundgedanken des deutschen Systems notwendiger Verteidigung. 66

bb) Beeinträchtigungen unterhalb der Erheblichkeitsschwelle. Erreicht die Beeinträchtigung nicht die Schwelle des § 140 Abs. 1 Nr. 11, ist weiterhin eine Beiordnung nach **§ 140 Abs. 2** denkbar und sorgfältig zu prüfen. Die Regelung ist also **nicht umkehrschlussfähig** in dem Sinne, dass alle anderen körperlichen Gebrechen, die nicht die Intensität einer „Behinderung" erreichen, prozessual für das Verteidigungsrecht unbeachtlich wären. Dies gilt insbesondere – wenn auch ohne Indizwirkung – dann, wenn der Beschuldigte einen Antrag gestellt hat (extensive Auslegung).[256] 67

II. Generalklausel (Abs. 2)

1. Funktion. Die Generalklausel des § 140 Abs. 2 erfüllt zunächst eine wichtige **Ergänzungs- und Auffangfunktion**: Die Enumeration in § 140 Abs. 1 kann bei der Masse denkbarer Fälle von Verteidigungsnotwendigkeiten nicht abschließend sein.[257] Deshalb arbeitet der Gesetzgeber mit unbestimmten Rechtsbegriffen, die dem Rechtsanwender im Ermittlungs- und Hauptverfahren vor allem mit Blick auf das Revisionsrecht einen gewissen **Beurteilungsspielraum** öffnen.[258] Sie bedarf daher einer **ergänzenden** Norm. Dies ist der Grund für die zweigleisige Regelung in § 140. Dieses Verhältnis wird in der Rspr. ganz vereinzelt dort verkannt, wo aus der Existenz von Katalogfällen in Abs. 1 **falsche Umkehrschlüsse** für das Verständnis von Abs. 2 abgeleitet werden.[259] 68

---

254 Vgl. Rn. 61.
255 Oben Rn. 9.
256 Oben Rn. 8.
257 Vgl. bereits *Lüderssen* NJW **1986** 2742 sowie *Molketin* StraFo **2005** 52; *ders.* AnwBl. **1998** 175; *ders.* Jura **1992** 120; *ders.* wistra **1986** 97; *Oellerich* StV **1981** 436; *Bringewat* ZRP **1979** 248; AK/*Stern* 24.
258 S. unten Rn. 152; **a. A.** („Ermessen") Meyer-Goßner/*Schmitt* 21.
259 Vgl. LG Dortmund MDR **1983** 864 mit dem Argument, der Gesetzgeber habe in § 140 Abs. 1 Nr. 6 nur für den Fall der Unterbringung des Beschuldigten zur Vorbereitung eines Gutachtens über seinen psychischen Zustand die Pflichtverteidigung vorgesehen, in anderen Fällen der Anordnung psychiatrischer Untersuchung des Angeklagten dürfe man deshalb über § 140 Abs. 2 nicht den gleichen Effekt zu erreichen suchen; ähnlich unzutr. auch die Argumentation des OLG Hamm OLGSt n. F. § 140 Abs. 2 Nr. 2.

69 **Sachlich** sind beide Vorschriften dem **gleichen Maßstab** verpflichtet, wie der Gesetzgeber mit Wirkung zum 13.12.2019 mit dem in Abs. 2 – bei im Übrigen gleicher Eingangsformulierung („Ein Fall der notwendigen Verteidigung liegt vor, wenn …") – ergänzenden **„auch"** verdeutlicht. Der früher zu dieser Frage bestehende Disput ist hinfällig.[260] Abs. 2 kennt insgesamt vier Beiordnungsvarianten, wobei zwei zusammengefasst werden können, sodass es – wie vor der Neuregelung der notwendigen Verteidigung 2019 – der Sache nach bei **drei Beiordnungsalternativen** bleibt. Diese sind bei jedem Beschuldigten gesondert zu prüfen.[261] Stets kann auch das **Zusammentreffen mehrerer Gesichtspunkte** des Abs. 2 die Beiordnung gebieten.[262] Aus dem Charakter als Auffangtatbestand folgt, dass Abs. 2 primär die **Vergehenssachen** vor dem **Strafrichter beim Amtsgericht** und dem Berufungsgericht betrifft, in denen die Verteidigung nicht schon nach Abs. 1 notwendig ist.[263]

70 Die **Ausdifferenzierung** der Generalklausel ist weit fortgeschritten. Die von der Rspr. entwickelte Kasuistik ist so reichhaltig,[264] dass ein Überblick nur gelingen kann, wenn man auf mehreren Ebenen gliedert. Zunächst ist nach den **drei Prinzipien** vorzugehen, welche die Vorschrift selbst nennt: Schwere der Tat und – auf gleicher Ebene – Schwere der zu erwartenden Rechtsfolge, dann die Schwierigkeit der Sach- oder der Rechtslage und schließlich die Unfähigkeit des Beschuldigten, sich selbst zu verteidigen. Danach sind die Fälle, bezogen auf besondere Gruppen von Mandanten, zusammenzustellen. Schließlich geht es um besondere Verfahrensstadien und -arten.

2. Die drei Prinzipien

71 **a) Schwere der Tat und Schwere der zu erwartenden Rechtsfolge (Abs. 2 Var. 1).** Durch das Gesetz zur Neuregelung der notwendigen Verteidigung ist mit Wirkung vom 13.12.2019 das Merkmal der **Schwere der zu erwartenden Rechtsfolge** in die Generalklausel aufgenommen worden. Inhaltlich ist es untrennbar mit dem Merkmal der Schwere der Tat verschränkt,[265] sodass beide Merkmale im Folgenden zusammen behandelt werden können.

72 Diese **Erweiterung des Wortlauts** ist den Vorgaben in der PKH-Richtlinie geschuldet, deren Wortlaut in Art. 4 Abs. 4 der Gesetzgeber[266] hier „Eins zu Eins" umsetzen wollte. Dies geschah auch, um eine Auslegung des Begriffs der „Schwere der zu erwartenden Rechtsfolge" anhand der Maßstäbe des Art. 6 Abs. 3 lit. c EMRK und der hierzu ergangenen Rechtsprechung des EGMR und des EuGH zu erleichtern. Damit soll die Anschlussfähigkeit an die maßgebliche Rechtsprechung dauerhaft gesichert werden. Demnach wird die Rechtsprechung künftig vor dem Hintergrund des Prinzips der **Fairness des Verfahrens** zu beurteilen haben, ob die Umstände des Einzelfalls die Beiordnung eines Pflichtverteidigers erfordern. Zu Buche schlagen kann unter anderem auch, ob der

---

260 Dazu LR/*Dünnebier*[23] 31; damals unterschied sich die Terminologie in Abs. 1 (Verteidigung „ist notwendig") noch von der des Abs. 2 (Mitwirkung eines Verteidigers ist „geboten"). Heute ist sogar die Eingangsformulierung in § 68a JGG angeglichen, vgl. dazu BTDrucks. **19** 13837 S. 59.

261 Vgl. schon KG NJW **1954** 1899; AK/*Stern* 25.

262 OLG Hamm StV **2002** 320, 321; LG Hamburg StV **1983** 99; AK/*Stern* 25.

263 Vgl. auch AK/*Stern* 24; KK/*Willnow* 20; SK/*Wohlers* 28.

264 S. für die Phase der 1990er- und frühen 2000er-Jahre die ausführlichen Berichte von *Molketin* in AnwBl. **1989** 19; **1994** 15; **1995** 527; **2001** 85; **2001**, 208 und letztmals in StraFo **2005** 52.

265 **A. A.** wohl SSW/*Beulke* 38: „Damit wird die Fallgruppe der Schwere der zu erwartenden Rechtsfolge nicht als Unterpunkt der Schwere der Tat eingruppiert, vielmehr wird die Schwere der zu erwartenden Rechtsfolge als Anlass für die Notwendigkeit der Verteidigung ausdrücklich ausgewiesen".

266 BTDrucks. **19** 13829 S. 35.

Beschuldigte – in Übereinstimmung mit den oben genannten Auslegungsgrundsätzen –[267] **selbst** die Beiordnung eines Pflichtverteidigers **beantragt** hat und auch, welche persönlichen oder beruflichen Auswirkungen die Verurteilung für ihn haben könnte.[268]

Das Merkmal der Schwere der Tat bzw. der zu erwartenden Rechtsfolge ist damit **73** aus der Perspektive der **konkreten Verfahrenssituation** des Beschuldigten zu interpretieren.[269] Im Einzelnen geht es um folgende **drei Fragenkreise**: Von welchem zu erwarteten Strafmaß an ist die Schwere der Tat resp. der Rechtsfolgen regelmäßig zu bejahen? Ist eine etwaige Aussetzung zur Bewährung miteinzubeziehen? Finden sonstige mittelbare Nachteile Berücksichtigung? Je schwerer der Tatvorwurf, umso höher und empfindlicher ist die zu erwartende Sanktion. Die Schwere der Tat ergibt sich nach der Rspr. daher in einer **Gesamtbetrachtung** aus der Höhe der im Einzelfall zu erwartenden Strafe, der Schwere der Maßregel oder den sonstigen – ggf. auch hinreichend konkreten mittelbaren – Auswirkungen der verhängten Sanktionen auf das Leben des Beschuldigten,[270] etwa die förmliche Ausschließung aus der Rechtsanwaltschaft nach § 114 Abs. 1 Nr. 5 BRAO.[271] Dies kann aber auch anzunehmen sein beim **Verlust** des **Berufs** als Kraftfahrer.[272] *Allein* darauf, ob die Tat als solche schwer wiegt (z. B. „stets bei fahrlässiger Tötung"), ist also nicht abzustellen.[273] Die Gesamtbetrachtung ist auch noch im **Berufungsverfahren** zu berücksichtigen, sei es, dass das Amtsgericht die Verteidigerbestellung fehlerhaft unterlassen hatte, sei es, dass die StA nunmehr eine **höhere Strafe** oder eine **andere Strafart** anstrebt.[274] Für den Fall einer Einheitsjugendstrafe (vgl. § 68 Nr. 5 JGG) ist allein deren Höhe maßgebend, auch wenn sie nur durch Einbeziehung weiterer **Jugendstrafen** beeinflusst war.[275] Praxiswichtig sind auch die Fälle drohenden **Bewährungswiderrufs** in anderer Sache,[276] ebenso wie der Widerruf der Zurückstellung der

267 S. Rn. 8 f.

268 Vgl. BTDrucks. **19** 13829 S. 34; s. bereits oben Rn. 4 a. E.

269 So auch AK/*Stern* 26.

270 S. OLG Brandenburg Beschl. v. 30.3.2020 – (1) 53 Ss 37/20 (23/20); AG Landshut Beschl. v. 2.8.2018 – Gs 2927/18, BeckRS **2018** 18703 (mögliche berufsrechtliche Konsequenzen für Angehörige des öffentlichen Dienstes); KG Beschl. v. 5.7.2007 – 1 AR 498/07-4 Ws 54/07; OLG Jena StraFo **2005** 200; OLG Düsseldorf StV **2000** 408; AnwBl. **1978** 355 (Einweisung in eine Entziehungsanstalt gemäß § 64 StGB); KG StV **1983** 186 (Verlust der Beamtenstellung); *Spitzer* StV **2020** 418, 421; *Bös* NStZ **2020** 185, 187; *Oellerich* StV **1981** 437; AK/*Stern* 26; KK/*Willnow* 21.

271 LG Essen Beschl. v. 27.5.2019 – 67 Ns – 29 Js 159/17 – 65/19, BeckRS **2019** 20022.

272 *H. W. Schmidt* MDR **1958** 646; Meyer-Goßner/*Schmitt* 25; KMR/*Haizmann* 27.

273 **A. A.** insoweit OLG Hamm NJW **1957** 1530; LG Bayreuth StV **1993** 181; *Oellerich* StV **1981** 437; *Herzig* NJW **1980** 164; KMR/*Haizmann* 29; zur Diskussion *Molketin* (Schutzfunktion) 59 ff. m. w. N.

274 S. BGH StraFo **2016** 209; OLG Oldenburg Beschl. v. 5.5.2020 – 1 Ws 228/20; OLG Naumburg StraFo **2016** 207; OLG Dresden StV **2015** 541 (Freiheits- statt Geldstrafe); KG StraFo **2013** 424 (Berufung der StA mit Ziel des Wegfalls der Bewährung); StV **1985** 448; OLG Hamm StRR **2008** 347 (Berufung der StA gegen freisprechendes Urteil); OLG Hamm NStZ **1982** 298; OLG Köln NJW **1972** 1432; *Friedt* StraFo **1997** 236; KMR/*Haizmann* 24; Meyer-Goßner/*Schmitt* 27. Zur Frage notwendiger Verteidigung, wenn nach erstinstanzlicher Verurteilung zu einer Freiheitsstrafe von über einem Jahr nur der Angeklagte Berufung eingelegt hat und daher das Verbot der Schlechterstellung (§ 331) der Verhängung einer noch höheren Freiheitsstrafe entgegensteht, vgl. OLG München StV **1993** 65; BayObLG NStZ **1990** 142.

275 KG Beschl. v. 22.1.1998 – (4) 1 Ss 338/97 (6/98); OLG Köln StV **1991** 151; OLG Hamm NStZ **1982** 298; LG Darmstadt Beschl. v. 15.9.1997 – 2 Qs 275/97; LG Heilbronn StV **1992** 509. Darüber hinaus wollen auch auf die Schuldintensität abstellen OLG Hamburg NStZ **1984** 281 (unter Ablehnung der generellen Relevanz der „Auswirkungen") und *Eb. Schmidt* 28.

276 OLG Brandenburg Beschl. v. 30.3.2020 – (1) 53 Ss 37/20 (23/20); Beschl. v. 24.1.2011 – (1) 53 Ss 187/10 (4/11); OLG Zweibrücken Beschl. v. 13.8.2018 – 1 Ws 179/18, BeckRS **2018** 19431; KG StV **2018** 144;

Strafvollstreckung[277] oder drohende Vollstreckungsweisungen.[278] Gleiches gilt für die drohende **Unterbringung** nach § 64 StGB,[279] die einem Ausländer drohende **Ausweisung**[280] und wegen der häufig einschneidenden Rechtsfolgen im neuen Recht des Vermögensabschöpfung grundsätzlich alle Fälle der **Einziehung** nach den §§ 73 ff. StGB.[281]

74 **aa) Grenzziehungen in der Gesetzgebung.** Ob eine **generelle**, eindeutige **Grenze** für die Schwere der Tat bzw. der zu erwartenden Rechtsfolge gezogen werden kann, ist **umstritten.** Insbesondere in der Rspr. fehlt es insoweit an einer einheitlichen Linie. Auch der **Gesetzgeber** hat sich dagegen entschieden, im Zuge der Reform durch das Gesetz zur Neuregelung des Rechts der notwendigen Verteidigung eine konkrete Grenze zu normieren. Anders lag es noch mit § 140 Abs. 1 Nr. 3 StPO-E im **Referentenentwurf** für das Gesetz zur Neuregelung des Rechts der notwendigen Verteidigung, wo – insoweit allerdings nicht einmal innerhalb des Entwurfs konsistent, was auf ein uneinheitliches Meinungsbild schon innerhalb des BMJV schließen lassen könnte – an einer Stelle von einer **Mindeststraferwartung** von sechs Monaten,[282] an einer anderen von einem Jahr die Rede war.[283]

75 Im Ergebnis hat sich der deutsche Gesetzgeber zu Recht gegen eine starre Grenze entschieden. Im Rahmen der **Umsetzung** der **PKH-Richtlinie** hat sich letztmals die Frage gestellt, was nach der Rechtsprechung des **EGMR** als Untergrenze anzusetzen ist. In

---

NStZ-RR **2002** 242 (wenn insgesamt über ein Jahr); OLG Naumburg Beschl. v. 8.3.2017 – 2 Rv 7/17, BeckRS **2017** 124237; OLG Nürnberg StV **2014** 275; OLG Celle Beschl. v. 30.5.2012 – 32 Ss 52/12; StV **2007** 375; StV **2006** 686; StV **1988** 290; OLG Düsseldorf Beschl. v. 13.4.2011 – III 2 RVs 27/11; NStZ-RR **2001** 52; StraFo **2000** 414, 415; JMBlNW **1999** 239; StraFo **1998** 341; VRS **89** (1995) 367; NJW **2005** 521; VRS **100** (2001) 42 (Jugendstrafverfahren); OLG Jena StraFo **2005** 200; OLG Dresden NStZ-RR **2005** 318; BayObLGSt **1995** 56; OLG München NStZ-RR **2010** 19; Urt. v. 23.4.2007 – 5 St RR 26/07; OLG Naumburg Beschl. v. 4.3.2008 – 2 Ss 8/08 (einschr. OLGSt Nr. 19); OLG Hamm Beschl. v. 7.10.2011 – 3 Ws 321/11; Beschl. v. 10.6.2008 – 5 Ss 237/08; StV **2002** 237 (achtzehn Monate); NStZ-RR **1998** 243 (insgesamt zweiundzwanzig Monate); StraFo **1997** 142; StraFo **1996** 142; KG VRS **111** (2006) 193; StV **1994** 287; OLG Koblenz StraFo **2006** 285; OLG Köln NStZ-RR **1997** 336; StV **1993** 402; OLG Frankfurt StraFo **2003** 420; StV **1995** 628; OLG Karlsruhe Justiz **1993** 201 (zusätzlich drohende Unterbringung nach § 64 StGB); StV **1992** 313; NStZ **1991** 505; OLG Hamburg StV **1989** 521; LG Dessau-Roßlau Beschl. v. 17.6.2019, 6 Qs 615 Js 2654/14 (47/19); FD-StrafR **2017** 396035 m. Anm. *Püschel*; StraFo **2015** 515; LG Koblenz Beschl. v. 8.1.2015 – 1 Qs 306/14; LG Frankfurt NZV **2011** 408; LG Darmstadt Beschl. v. 15.6.2010 – 3 Qs 366/10; LG Berlin Beschl. v. 22.4.2010 – 504 Qs 52/10; Beschl. v. 4.8.2010 – 537 Qs 83/10; LG Magdeburg Beschl. v. 11.9.2008 – 24 Qs 92/08; LG Braunschweig Beschl. v. 28.3.2008 – 10 Qs 73/08; LG Hamburg Beschl. v. 16.4.2008 – 632 Qs 19/08; StV **1992** 461; StV **1989** 245; LG Marburg Beschl. v. 19.5.1998 – 4 Qs 54/98; LG Stuttgart Beschl. v. 7.5.1997 – 13 Qs 23/97; AK/*Stern* 33; *Pfeiffer* 5; Meyer-Goßner/*Schmitt* 25; nach LG Kleve NStZ-RR **2015** 51 aber nicht aber bei Geldstrafe im vorliegenden Verfahren und drohendem Bewährungswiderruf von einem Jahr Freiheitsstrafe.

277 OLG Hamburg StV **1999** 420 (§ 25 Abs. 6 Nr. 2 BtMG); LG Dessau-Roßlau StV **2016** 706 (zur Vorbewährung nach § 27 JGG).

278 LG Braunschweig Beschl. v. 30.9.2019 – 51 BRs 5/19, BeckRS **2019** 26466.

279 OLG Bremen NZV **1996** 250; OLG Karlsruhe VRS **84** (1993) 38; LG Braunschweig Beschl. v. 20.3.2015 – 14 Qs 21/15; LG Bremen StV **1990** 400.

280 OLG Karlsruhe StraFo **2002** 193, 194; KG Beschl. v. 9.11.2001 – 4 Ws 190/01; Beschl. v. 26.1.2000 – 4 Ws 18/00; BayObLG StV **1993** 180; LG Oldenburg StraFo **2013** 22; LG Berlin StV **2005** 15 (Beiordnung allein auf drohende Ausweisung gestützt); LG Hannover StV **2002** 300 (Beiordnung ebenfalls allein auf drohende Ausweisung gestützt); LG Heilbronn NStZ-RR **2002** 269; AG Lüneburg StV **1995** 23; *Strate* StV **1981** 46; zusf. *I. Staudinger* StV **2002** 327, 330 ff.

281 So auch *Spitzer* StV **2020** 418, 421 (der zusätzlich noch auf die Schwierigkeit der Rechtslage abhebt).

282 RefE BMJV v. 11.10.2018 S. 2; vgl. oben Entstehungsgeschichte II.3.

283 RefE BMJV S. 30.

den rechtspolitischen Stellungnahmen zu dieser Frage wurden Schwellen zwischen einer drohenden Straferwartung von mehr als 90 Tagessätzen (*Strafverteidigervereinigungen*) bis hin – wie soeben[284] erwähnt – zu einer zu erwartenden Freiheitsstrafe von mindestens einem Jahr (Begründung zum BMJV-RefE) angesetzt.[285] In diesem Zusammenhang ist zunächst zu sehen, dass der Straßburger Gerichtshof in *Mikhaylova vs. Russland*[286] klargestellt hat, dass der EMRK ein konkreter Schwellenwert nicht zu entnehmen ist. Es ist dennoch – und gerade deshalb – ein Leichtes, für diverse sich widersprechende Schwellenwerte jeweils Einzelfallentscheidungen des EGMR anzuführen.[287] Dies gilt umso mehr, als die Entscheidungen nur *inter partes* wirken[288] und Deutschland in diesem Zusammenhang bislang nicht verurteilt wurde. Seinen Grund findet dies in dem **eingeschränkten Prüfprogramm des EGMR**, das Rücksicht auf die nationalstaatlichen Besonderheiten des zugrunde liegenden Falles nimmt (*margin of appreciation*).[289] Z.T. hat sich der EGMR zu Verfahren in Konventionsstaaten positioniert, die Institute kennen, die dem deutschen Strafprozesssystem fremd sind, etwa die sog. Präventiv- oder Erzwingungshaft, wie sie im Vereinigten Königreich existiert. Deshalb lassen sich aus solchen Einzelfallentscheidungen keine konkreten oder gar zwingenden Rückschlüsse für die deutsche Pflichtverteidigerbestellung ableiten, weil der EGMR diese Fragen lediglich im Wege einer Gesamtbetrachtung der denkbaren Verletzung des Art. 6 Abs. 3 lit. c EMRK als Unterausprägung des Rechts auf ein faires Verfahren aus Art. 6 Abs. 1 EMRK im Einzelfall zu entscheiden hat.[290] Dies bedeutet, dass es nicht nur auf die Dauer des Freiheitsentzugs als solche ankommt, sondern als weiteres Kriterium etwa auch darauf, wie komplex der Fall ist usw.

bb) Grenzziehungen in der Rechtsprechung

aaa) Freiheitsstrafe. Im Blickpunkt der Judikate steht zunächst die zu erwartende **Freiheitsstrafe**. Dabei kommt es stets auf die Bewertung der Strafmaßerwartung durch das Gericht an.[291] Die Stellungnahmen in der deutschen Rechtsprechung bewegen sich regelmäßig zwischen zwei Jahren und sechs Monaten: 76

(1) Obergrenze. Herauskristallisiert hatte sich vor allem in der älteren Rspr. eine **Obergrenze** von **zwei Jahren**.[292] Sie sollte auch dann gelten, wenn sie erst wegen erfor- 77

284 In Rn. 74.

285 Zur rechtpolitischen Diskussion – unter Darstellung aller Entwürfe und Vorschläge – *Jahn/Zink*, in: Psychologie des Strafverfahrens (43. Strafverteidigertag Regensburg 2019) 305, 311 ff., dort auch zum nachfolgenden Text.

286 EGMR Urt. v. 19.11.2015 – 4699888/08 – Mikhalova/Russland, Tz. 82.

287 Vgl. nur die Kausistik bei MüKo/*Gaede* Art. 6 EMRK, 210.

288 Vgl. nur *Esser* StV **2005** 348, 349; *Jahn*, ZStW **127** (2015) 549, 596; MüKo/*Gaede* Art. 1 EMRK, 10.

289 Hierzu allg. näher *Esser* StV **2005** 348, 352; *Jahn* ZStW **127** (2015) 549, 598 u. 603; Maunz/Dürig-GG/*Walter* Art. 93, 176 f.

290 *Jahn* ZStW **127** (2015) 549, 592 f.; MüKo/*Gaede* Art. 6 EMRK, 209.

291 OLG Frankfurt StraFo **2000** 344.

292 Vgl. BGHSt **6** 199; BayObLG NStZ **1990** 250 (mehr als zwei Jahre); OLG Celle AnwBl. **1989** 103 (zwei Jahre); MDR **1986** 164; StV **1985** 184; OLG Frankfurt StV **1984** 370; StV **1983** 497; OLG Oldenburg VRS **78** (1990) 292; StV **1984** 370; OLG Zweibrücken NStZ **1987** 89 m. Anm. *Molketin* (offengelassen in NStZ-RR **2002** 112 für ein Jugendstrafverfahren); MDR **1986** 163; OLG Hamm NStZ **1982** 298; OLG Stuttgart StV **1981** 611 m. Anm. *Molketin* AnwBl. **1982** 33; OLG Hamburg NJW **1978** 1172; LG Essen StV **2000** 414 (Ls.); *Pfeiffer* 5; Meyer-Goßner/*Schmitt* 23; *Joecks/Jäger* 14; AK/*Stern* 30; KMR/*Haizmann* 21.

derlicher Einheitsjugendstrafe (vgl. § 68 Nr. 5 JGG)[293] oder einer (nachträglichen) **Gesamtstrafenbildung**[294] erreicht wurde. Da die Straferwartung im Falle der Anklage zum Schöffengericht als in § 140 Abs. 1 Nr. 1 Var. 3 seit dem 13.12.2019 wirksamen Katalogfall allerdings bei über zwei Jahren liegt, hat diese Grenze für die Pflichtverteidigerbestellung nach Abs. 2 Var. 1 keine eigenständige Bedeutung mehr;[295] sie war aber auch schon vorher durch niedrigere Grenzen in der OLG-Judikatur in Ablösung begriffen.

78 **(2) Untergrenze.** Was die **Untergrenze** anbelangt, ist noch viel offen. *Roxin/Schünemann*[296] wollen sie mit Blick auf § 56 Abs. 3 StGB bereits bei einer Straferwartung von **sechs Monaten** ohne Bewährung angesetzt wissen. Diese grundsätzlich verteidigungsfreundliche Sicht hat sich nicht durchgesetzt. In der **Literatur** werden noch weitergehende **Forderungen** erhoben. In allen Fällen, in denen **überhaupt Freiheitsstrafe** zu erwarten ist, solle ein Pflichtverteidiger bestellt werden,[297] und zwar auch dann, wenn Aussetzung des Vollzugs der Freiheitsstrafe zur Bewährung angeordnet worden ist.[298] Denn der Verurteilte müsse ja jederzeit mit dem Widerruf rechnen. Doch es kommt auf die Schwere der „Tat" an. Nach der materiell-strafrechtlichen Grundregel des § 8 StGB kommt es zur Bestimmung ihres Unrechts, das die Grundlage ihrer „Schwere" darstellt, auf den Zeitpunkt der (Tat-) Handlung an. Dass die zukünftige, ungewisse und stets einzelfallbezogene Möglichkeit eines Bewährungswiderrufs, der nur noch mittelbar mit der „Tat" verknüpft ist, den Ausschlag für den unbestimmten Rechtsbegriff „Schwere der Tat" geben soll, ist nicht einsichtig. Für den seit der Neuregelung 2019 eingeführten Passus der „Schwere der zu erwartenden Rechtsfolge" gilt das nicht gleichermaßen. Hier besteht durchaus Potential für eine zukünftige Öffnung durch die Rechtsprechung, auch mit Blick auf die erwähnte Rechtsprechungslandschaft des EGMR.[299]

79 **(3) Gesamtbetrachtung.** Die Rechtsprechung ist – angesichts ihres Ausgangspunkts[300] holistischer Gesamtbetrachtung – erwartungsgemäß – sehr uneinheitlich. Immerhin sollen die nachstehenden Grundsätze auch im **Jugendstrafverfahren** gelten,[301]

---

293 OLG Hamm NStZ-RR **1997** 78; OLG Köln StV **1991** 151.

294 KG StV **2019** 175; StV **2018** 144; Beschl. v. 6.1.2017 – 4 Ws 212/16-161 AR 190/16, BeckRS **2017** 106064; StV **1985** 448 (aber auch bereits StV **1982** 412: ein Jahr); OLG Hamm StV **1993** 180; NStZ **1982** 298; OLG Celle MDR **1986** 164 (zwei Jahre); StV **1985** 184 (zwei Jahre); OLG Stuttgart AnwBl. **1982** 32 (zwei Jahre ein Monat); NStZ **1981** 490; LG Bremen StV **2018** 155; Beschl. v. 22.12.2017 – 61 Qs 344/17 (651 Js 34393/17), BeckRS **2017** 137601; LG Halle Beschl. v. 23.11.2018 – 10a Qs 132/18, BeckRS **2018** 48847; LG Magdeburg StV **2017** 174; Meyer-Goßner/*Schmitt* 23. Anders aber bei einem nur geringfügigen Delikt, wenn in einem anderen Verfahren eine Gesamtstrafe von mehr als einem Jahr droht: OLG Hamburg FD-StrafR **2014** 362415 m. Anm. *Güttner*.

295 Vgl. BTDrucks. **19** 13829 S. 31 und bereits oben Rn. 12.

296 *Roxin/Schünemann* (Strafverfahrensrecht) § 19, 20.

297 *Oellerich* StV **1981** 434, 36; *J. Herrmann* StV **1996** 396, 400; *Peters* (Strafprozeß) 217; SSW/*Beulke* 36; AK/*Stern* 27; SK/*Wohlers* 33; weit. Nachw. zum ält. Schrifttum bei *Molketin* (Schutzfunktion) 49 ff.; vgl. auch *Arbeitskreis Strafprozeßreform* 64.

298 **A.A.** insoweit – nur dann *zwingend*, wenn keine Strafaussetzung zur Bewährung – *G. Temming* StV **1992** 221 (unter Hinweis darauf, dass „schätzungsweise mindestens 90 % aller Strafverfahren beim Amtsgericht mit Geldstrafe oder mit Bewährungsstrafen beendet werden"); Radtke/Hohmann/*Reinhart* 25.

299 S. Rn. 75.

300 Oben Rn. 73.

301 KG StV **2013** 771; OLG Naumburg NStZ-RR **2013** 287; OLG Hamm NJW **2004** 1338; NStZ **1982** 298; OLG Köln StraFo **2003** 420; StraFo **2002** 297; OLG Düsseldorf OLGSt Nr. 13; StV **2002** 236; OLG Oldenburg VRS **78** (1990) 292; LG Saarbrücken ZJJ **2020** 64, 65; LG Gera StraFo **1998** 342; LG Essen StV **1987** 310; *Pfeiffer* 5; Meyer-Goßner/*Schmitt* 23.

während im **OWiG-Verfahren** trotz grundsätzlicher Geltung (§ 46 OWiG) inhaltlich naturgemäß andere Maßstäbe anzulegen sind.[302] **Überwiegend** wird in der Praxis der oberlandesgerichtlichen Strafsenate die Grenze bei **einem Jahr**[303] gezogen. Dies gilt vor allem dann, wenn die Freiheitsstrafe **nicht** zur **Bewährung** ausgesetzt wird[304] oder weitere Strafverfahren gegen den Angeklagten anhängig sind, die zu einer **nachträglichen Gesamtstrafe** führen *können*.[305] Inzwischen wird nicht mehr selten[306] schon von einem Jahr Freiheitsstrafe auch dann, wenn die **Strafe zur Bewährung** ausgesetzt ist, ausgegangen, jedenfalls dann, wenn weitere schwerwiegende Nachteile drohen.[307] Im Einzelfall soll bei der notwendigen Gesamtschau die Jahresgrenze zudem auch unterschritten

---

302 Siehe zur Schwere der Tat bei Verkehrsordnungswidrigkeiten LG Stuttgart StRR **2013** 276; generell zur Beiordnung im verkehrsrechtlichen OWi-Verfahren LG Ellwangen StV **2012** 462; *Fromm* NJW **2013** 2006; erg. unten Rn. 81, 123.

303 OLG Brandenburg Beschl. v. 30.3.2020 – (1) 53 Ss 37/20 (23/20); KG StV **2019** 175 (Ls.); Beschl. v. 6.1.2017 – 4 Ws 212/16, juris, Tz. 6; StV **1982** 412; OLG Naumburg StV **2017** 143 (Ls.); StV **2013** 433; OLG München Urt. v. 23.4.2007 – 5 St RR 026/07; wistra **2006** 118, 119 (insbesondere, wenn der Umstand hinzutritt, dass der Nebenkläger anwaltlich vertreten ist, vgl. dazu oben Rn. 53); wistra **1992** 237; OLG Nürnberg StV **1987** 191 (mehr als ein Jahr); BayObLG NStZ **1990** 142; StV **1985** 447 (mehr als ein Jahr; verneinend bei ebenfalls einem Jahr aber noch BayObLG DAR **1983** 251); OLG Hamm NJW **2004** 1338; OLG Stuttgart StraFo **2001** 205 (allerdings war auch die Verteidigungsfähigkeit zu berücksichtigen); Justiz **1985** 175; KG VRS **111** (2006) 193; Beschl. v. 26.1.2000 – 4 Ws 18/00; StV **1985** 448; StV **1982** 412; OLG Karlsruhe Justiz **1993** 201 (etwa ein Jahr); StV **1992** 23; StV **1991** 199; OLG Frankfurt StV **1995** 628 (ab etwa einem Jahr); OLG Köln StraFo **1998** 120 (ein Jahr); VRS **78** (1990) 117; StV **1986** 238; OLG Braunschweig StV **1996** 6 (mehr als ein Jahr); OLG Düsseldorf NStZ **1995** 147; wistra **1994** 316 (ab etwa einem Jahr); Beschl. v. 15.7.1988 – 2 Ss 280/88 – 109/88 III (etwa ein Jahr); NStZ **1984** 43; AnwBl. **1978** 355 sowie LG Münster Beschl. v. 19.12.2019 – 8 Qs-72 Js 8030/19-60/19, BeckRS **2019** 35906 Tz. 19 (in der Gesamtschau dennoch abgelehnt); LG Berlin Beschl. v. 17.6.2015 – 504 Qs 67/15; Beschl. v. 4.8.2010 – 537 Qs 83/10; VRS **111** (2006) 421; Beschl. v. 20.2.2004 – 511 Qs 18/04; StV **1983** 99; LG Bremen StV **1987** 13 (ein Jahr); StV **1987** 383; LG Zweibrücken VRS **112** (2007) 270; StV **1997** 13 (ein Jahr); LG Essen StV **1987** 310 m. Anm. *Molketin* NStZ **1987** 476; LG Oldenburg StV **1983** 236 und *Molketin* AnwBl. **1989** 19; *Wasserburg* GA **1982** 318; *Dahs* NJW **1978** 140; KK/*Willnow* 21; Meyer-Goßner/*Schmitt* 23a.

304 OLG Brandenburg NJW **2005** 521 (ein Jahr mit dem Hinweis, dass auch mittelbare Nachteile der Verurteilung [drohender Widerruf einer Strafaussetzung zur Bewährung in anderer Sache] zu berücksichtigen sind); VRS **100** (2001) 42 f.; OLG Düsseldorf StraFo **2000** 414 (obiter dictu); OLG Karlsruhe NStZ **1991** 505.

305 KG StraFo **2017** 153 (potentielle Gesamtstrafenbildung auch dann relevant, wenn andere Strafe noch nicht ausgeurteilt oder rechtskräftig ist); OLG Naumburg StV **2014** 11; StV **2013** 433; OLG Hamm StV **2004** 586; StraFo **2001** 137, 138; OLG Stuttgart StV **2002** 237 (diff. aber OLG Stuttgart NStZ-RR **2012** 214); OLG Köln StV **2000** 70 (Ls.); LG Magdeburg Beschl. v. 30.4.2020 – 25 Qs 36/20 –, juris; LG Braunschweig Beschl. v. 7.12.2017 – 4 Qs 206/17, LG Dortmund Beschl. v. 28.8.2015 – 39 Qs 105/15; LG Bonn StV **2000** 414.

306 LG Wiesbaden Beschl. v. 4.3.2020 – 1 Qs 8/20 10/20; OLG Hamm NJW-Spezial **2008** 378 (keine starre Grenze); LG Braunschweig Beschl. v. 28.3.2008 – 10 Qs 73/08 (maßgeblich ist Antrag der StA). Explizit gegen das Abstellen auf die Versagung der Strafaussetzung zur Bewährung bereits OLG Frankfurt StV **2001** 106, 107; OLG Hamm StraFo **2001** 244; LG Essen StV **2000** 414 (Ls.).

307 KG Beschl. v. 26.1.2000 – 4 Ws 18/00; StV **1983** 186; *Klaas* JA **2020** 262, 267; *Molketin* wistra **1986** 97; *ders.* AnwBl. **1981** 217; Meyer-Goßner/*Schmitt* 25; einschr. OLG Hamburg NStZ **1984** 281 (Nachteile müssen dann mit Bestimmtheit zu erwarten sein). Als ein Nachteil in diesem Kontext kommt insbesondere die Entlassung aus dem Beamtenverhältnis (KG StV **1983** 186; OLG Düsseldorf wistra **1997** 318; OLG Stuttgart NStZ **1991** 505; *Pfeiffer* 5) oder eine lebenslange Fahrerlaubnissperre (LG Berlin VRS **111** [2006] 421; für „nur“ vierjährige Sperre hingegen verneint von OLG Koblenz VRS **69** [1985] 293) in Betracht.

werden können,[308] soweit sie deutlich **über sechs Monaten** liegt.[309] Dem ist im Ganzen **zuzustimmen.** Nach **§ 56 Abs. 1 Satz 1 StGB** ist bei der Verurteilung zu Freiheitsstrafe von nicht mehr als einem Jahr die Aussetzung der Vollstreckung der Strafe zur Bewährung die Grundregel, wenn zu erwarten ist, dass der Verurteilte sich schon die Verurteilung zur Warnung dienen lassen und künftig auch ohne die Einwirkung des Strafvollzugs keine Straftaten mehr begehen wird. Die **Gegenansicht**, die jede schematische Anwendung der Jahresgrenze ablehnt,[310] sich aber im Grunde wohl eher gegen die als zu großzügig empfundenen Maßstab der herrschenden Rspr. wendet, ist deshalb abzulehnen. Und auch dann, wenn die Jahresgrenze nur geringfügig – etwa um einen Monat – unterschritten wird, wird mit Recht betont, dass es sich insoweit um **keine starre Grenze**, sondern eine Grundregel handelt (vgl. auch § 56 Abs. 3 StGB).[311] Umgekehrt soll jedoch die Schwere der Tat zu verneinen sein, wenn die zu erwartende Freiheitsstrafe **mit Gewissheit** beträchtlich **unter einem Jahr** liegt.[312] Was jedoch unter „beträchtlich" verstanden werden kann, bleibt offen; es finden sich unterschiedliche Angaben, wie etwa drei,[313] höchstens fünf,[314] sechs[315] oder sieben[316] Monate zu erwartende Freiheitsstrafe. Dieser Verengung des Normbereichs von § 140 Abs. 2 kann damit nicht beigetreten werden.

80 Soweit bei Betrachtung der Schwere der Tat und der Schwere der zu erwartenden Rechtsfolge teilweise verlangt wird, man habe **zusätzlich** die **Verteidigungsfähigkeit** des Beschuldigten in den Blick zu nehmen,[317] ist dem entgegenzutreten. Denn wenn diese Fähigkeit vorhanden ist, soll eine Unterstützung durch den Verteidiger entbehrlich sein.[318] Dagegen sprechen indessen schon systematische Erwägungen. Nach Abs. 2 soll das Fehlen der Fähigkeit, sich zu verteidigen, nur dann Berücksichtigung finden, wenn entsprechende Defizite vorliegen. Dann kann aber das schlichte Nichtvorliegen solcher Defizite nicht zum Ausschluss der Beiordnung nach einem der anderen in Abs. 2 er-

---

308 OLG Koblenz StraFo **2006** 285 (vier Monate und drohender Bewährungswiderruf); OLG Jena StraFo **2005** 200; OLG Dresden NStZ-RR **2005** 318; OLG Brandenburg NStZ-RR **2002** 184, 185 (sechs Monate, Jugendstrafverfahren); KG Beschl. v. 9.11.2001 – 4 Ws 190/01.

309 BayObLG ZfJ **1995** 280 (noch nicht bei fünf Monaten); OLG Hamm StV **1993** 180 (deutlich mehr als sechs Monate); OLG Düsseldorf StV **1988** 290 (zehn Monate mit Strafaussetzung zur Bewährung, wenn aufgrund der Berufung der StA eine Erhöhung nicht auszuschließen ist); OLG Köln StV **1986** 238; LG Heilbronn StV **1983** 277; *Molketin* (Schutzfunktion) 49; s. bereits oben Rn. 78. **A. A.** in der ält. Rspr. OLG Koblenz wistra **1983** 122 (nicht bei sieben Monaten); OLG Karlsruhe Justiz **1980** 89 (nicht bei zehn Monaten).

310 OLG Hamburg Beschl. v. 30.9.1998 – I – 127/98 (für ein Jahr und zehn Monate); NJW **1978** 1172 (für ein Jahr und zwei Monate); OLG Celle StV **1991** 151 (für ein Jahr und sechs Monate [Jugend-]Strafe); StV **1986** 142 m. Anm. *Molketin* wistra **1986** 233 (für ein Jahr und sechs Monate); OLG Zweibrücken NStZ **1986** 135 (für ein Jahr und zwei Monate); OLG Koblenz VRS **69** (1985) 293; pars pro toto OLG Hamm Beschl. v. 26.3.1997 – 2 Ss 308/97, wonach „auch die Straferwartung von mehr als einem Jahr ... nicht als allein ausschlaggebendes Kriterium für die Beiordnung eines Verteidigers zu betrachten (ist).".

311 KG StV **2018** 144 (Ls.); StV **2016** 485; OLG Hamm NJW-Spezial **2008** 378; OLG Karlsruhe StV **2002** 299.

312 OLG Karlsruhe Justiz **1980** 89.

313 OLG Koblenz VRS **67** (1994) 346.

314 OLG Düsseldorf NZV **1990** 82.

315 OLG Hamburg NJW **1978** 1172; OLG Hamm StV **1993** 180 (deutlich mehr als sechs Monate).

316 OLG Koblenz wistra **1983** 122.

317 OLG Rostock Beschl. v. 24.6.2002 – I Ws 273/02; OLG Düsseldorf NStZ-RR **2001** 52; StraFo **2000** 414, 415; OLG Stuttgart StraFo **2001** 205.

318 OLG Karlsruhe NStZ **1991** 504; OLG Zweibrücken NStZ **1986** m. Anm. *Molketin*; KG StV **1985** 448; OLG Hamburg NStZ **1984** 281; OLG Stuttgart NStZ **1981** 490 m. Anm. *Molketin* AnwBl. **1982** 32.

wähnten Anordnungsgründe führen. Auch **Rechtskundige** (i. S. d. § 138 Abs. 1) können daher selbstverständlich Anspruch auf Beiordnung eines Pflichtverteidigers nach Abs. 2 haben.[319]

bbb) Geldstrafe. Ob in Fällen, in den lediglich die Verhängung einer **Geldstrafe** zu erwarten ist, die **Schwere der Tat** bejaht werden kann, ist ungeklärt. Stellenweise wird dies jedenfalls dann angenommen, wenn die gesetzliche **Höchststrafe** erreicht wird.[320] 81

b) Schwierigkeit der Sach- oder Rechtslage (Abs. 2 Var. 2). Die Schwierigkeit der Sach- oder Rechtslage ist aus der **Sicht** des konkreten **Beschuldigten** (*arg. ex* Abs. 2 a. E. „*der* Beschuldigte"), nicht etwa aus derjenigen des Gerichts oder eines „durchschnittlichen" Beschuldigten in Verfahren dieser Art, zu beurteilen.[321] Aus der erkennbaren Schwierigkeit für das Gericht, etwa wenn es sich wegen Überforderung der Hilfe eines Sachverständigen bedient, wird man jedoch regelmäßig Rückschlüsse auf die Schwierigkeit auch für den Beschuldigten zu ziehen haben.[322] 82

Die von der Rspr. entwickelten und inzwischen nach vielen Seiten hin aufgefächerten Kriterien **treffen** je nach Lage des Falles mehr oder weniger gehäuft **zusammen.** Lassen sie sich auseinanderdividieren, so werden im Folgenden die Entscheidungen an verschiedenen Stellen in Anspruch genommen. Sind die Sachverhalte so komplex, dass eine Aufteilung keine angemessene Information bietet, wird für die Einordnung der Entscheidung ein **Schwerpunkt** gewählt. Manchmal ist auch das nicht möglich.[323] Eine praxiswichtige Ausnahme von diesem Prinzip ist die Technik, mit **nur einem Indikator** zu arbeiten. Das ist der Hinweis, dass es sich um eine **Wirtschaftsstrafsache** handelt.[324] 83

aa) Schwierigkeit der Sachlage. Ob eine Schwierigkeit der Sachlage vorliegt, ist vor allem danach zu entscheiden, welche **Informationsmöglichkeiten** der **Beschuldigte** im konkreten Verfahren hat. Gemeinhin werden folgende Fallgruppen unter dieses Merkmal gefasst: 84

aaa) Beweisaufnahme. Oft geht es darum, dass die Feststellung zu Täterschaft oder Schuld eine **umfangreiche** und voraussichtlich länger dauernde **Beweisaufnah-** 85

---

319 Vgl. OLG Hamm StraFo **2004** 170 (hier spielte allerdings auch der Gesichtspunkt der Unzulässigkeit der Selbstbestellung hinein); SSW/*Beulke* 11; HK/*Julius*/*Schiemann* 14.

320 So HK/*Julius*/*Schiemann* 14; skeptischer wohl BTDrucks. **19** 13829 S. 38. Speziell zur Geldbuße in OWi-Verfahren OLG Stuttgart AnwBl. **1982** 170 m. Anm. *Molketin*; s. im Übrigen schon oben Rn. 76.

321 Zutr. OLG Düsseldorf AnwBl. **1984** 263; OLG Köln NJW **1972** 1432; *Oellerich* StV **1981** 437; AK/*Stern* 43. **A. A.** wohl noch OLG Celle NJW **1964** 877 („... führt notwendig dazu, daß bei der zu treffenden Ermessensentscheidung die persönlichen Fähigkeiten eines Angeklagten nicht gänzlich unberücksichtigt bleiben können").

322 *Lehmann* StV **2003** 356, 357; AK/*Stern* 37; HK/*Julius*/*Schiemann* 16.

323 Pars pro toto OLG Düsseldorf AnwBl. **1984** 262: Hier werden fast alle Kriterien berührt; der Beschluss nimmt deshalb innerhalb der Judikatur zur Schwierigkeit der Sach- oder Rechtslage eine auch heute noch wichtige Stelle ein. S. auch OLG Schleswig StV **1990** 12; OLG Hamm StV **1989** 56 und LG Bremen StV **1996** 372 („Totalverweigerer").

324 Zur Pflichtverteidigerbestellung in Wirtschaftsstrafsachen KG NStZ-RR **2016** 208; OLG Düsseldorf OLGSt Nr. 10 (Berufungsverfahren vor der Wirtschaftsstrafkammer); LG Magdeburg Beschl. v. 20.4.2016 – 24 Qs 37/16 (Steuerstrafverfahren); LG Essen StV **2016** 15 m. Anm. *Basar* jurisPR-StrafR 10/**2016** Anm. 1; LG Cottbus Beschl. v. 6.9.2011 – 22 Wi Qs 17/11; LG Kaiserslautern StV **1988** 521 (Verfahren vor dem AG); *Molketin* wistra **1986** 99; *ders.* wistra **1986** 235; Meyer-Goßner/*Schmitt* 28.

me erfordert.[325] Ausschlaggebend kann dabei schon sein, dass eine Fülle von Taten angeklagt ist und sich die Hauptverhandlung über mehrere Tage erstrecken wird,[326] es sich um ein Verfahren mit einer Vielzahl von – **verteidigten** – **Mitangeklagten,**[327] aus Gründen der Waffengleichheit insbesondere bei **wechselseitiger Belastung,**[328] oder **zahlreichen Zeugen**[329] handelt, der Überblick über den Verfahrensstoff also typischerweise für den Beschuldigten nicht leicht zu gewinnen ist.

86 Unabhängig davon kann die Schwierigkeit der Sachlage aber auch dann angenommen werden, wenn die Hauptverhandlung zwar nur kurze Zeit dauern wird, das Verfahren oder die **Beweisaufnahme** aber gleichwohl **besondere Probleme** aufwerfen. Darunter ist zu fassen, wenn die Aussagen eines Kindes[330] – vor allem bei einem Vorwurf aus dem Bereich der Delikte gegen die **sexuelle Selbstbestimmung** –[331] oder sich widersprechender Zeugen[332] zu würdigen sind, **Aussage gegen Aussage** eine besonders eingehende Beweiswürdigung fordert,[333] der einzige Zeuge mit dem Angeklagten verwandt ist und deshalb ein Interessenkonflikt besteht,[334] auf Aussagen von **V-Leuten** zurückgegriffen werden muss,[335] erstinstanzliche Protokolle vorzuhalten sind,[336] ein **Sachverständigengutachten** einzuholen[337] oder zu beurteilen ist,[338] die Anklage ausschließlich auf **Indizien** gestützt wird und Beweisführung und -würdigung daher ein

325 OLG Stuttgart StV **1987** 8; *Lüderssen* NJW **1986** 2745; KK/*Willnow* 22; *Pfeiffer* 6; AK/*Stern* 38; *Joecks/Jäger* 15; diff. OLG Hamm NStZ-RR **2012** 82.

326 BGHSt **15** 306; LG Frankfurt StV **1983** 69; krit. OLG Hamm OLGSt n. F. § 140 Abs. 2 Nr. 2.

327 LG Stendal Beschl. v. 25.7.2019 – 501 Qs (115 Js 4858/19) 37/19; LG Kiel StV **2016** 485 (widersprüchliche Einlassung des Mitbeschuldigten); LG Braunschweig Beschl. v. 18.5.2015 – 3 Qs 51/15; LG Magdeburg NStZ-RR **2012** 50; LG Itzehoe Beschl. v. 12.1.2012 – 1 Qs 3/12; LG Magdeburg StV **2011** 664; LG Berlin Beschl. v. 11.7.2011 – 512 Qs 74/11; LG Kassel StRR **2010** 347; Beschl. v. 20.12.2008 – 3 Qs 43/08; LG Kiel StV **2009** 236; LG Freiburg StRR **2010** 242; StraFo **2009** 384; AK/*Stern* 38; **a. A.** OLG Stuttgart StraFo **2013** 71; OLG Köln NStZ-RR **2012** 351.

328 OLG Köln Beschl. v. 20.6.2012 – 2 Ws 466/12; OLG Celle StV **2006** 686, 687; StraFo **2000** 414; LG Stralsund Beschl. v. 16.3.2020 – 23 Qs 61/20 jug (im konkreten Fall aber abgelehnt); LG Oldenburg StV **2001** 107 (Ls.); AG Saalfeld StV **2002** 406 (jugendlicher Angeklagter).

329 OLG Rostock Beschl. v. 24.6.2002 – I Ws 273/02; OLG Düsseldorf wistra **1990** 323 (Vernehmung von sechzehn Zeugen); OLG Stuttgart StV **1987** 8; OLG Zweibrücken StV **1982** 129; LG Potsdam Beschl. v. 18.9.2019 – 22 Qs 21/19; LG Düsseldorf StraFo **1997** 307.

330 OLG Koblenz OLGSt n. F. § 140 Abs. 2 Nr. 2; MDR **1976** 776; OLG Celle Beschl. v. 13.3.1974 (zit. b. *Molketin* [Schutzfunktion] 67 Fn. 23); vgl. auch OLG Celle StV **1987** 239.

331 BGH JR **1955** 190; OLG Zweibrücken NStZ-RR **2002** 112.

332 OLG Hamm StV **1985** 447.

333 KG Beschl. v. 25.9.2013 – (4) 121 Ss 147/13; OLG Frankfurt NStZ-RR **2009** 207; OLG Celle Beschl. v. 16.10.2008 – 1 Ws 517/08; LG München II FD-StrafR **2019** 415315 m. Anm. *Püschel*; LG Kiel Beschl. v. 10.11.2015 – 10 Qs 100/15, BeckRS **2016** 14056; LG Düsseldorf StraFo **2015** 163; LG Hamburg StV **2010** 514. **A. A.** LG Berlin Beschl. v. 17.5.2019 – 533 Qs 32/19 (nur eine Belastungszeugin, deren Glaubwürdigkeit überprüft werden müsse).

334 AG Bergheim Beschl. v. 4.12.2009 – 47 Ds-173 Js 110/09-118/09.

335 HK/*Julius/Schiemann* 15; AK/*Stern* 46; *Molketin* (Schutzfunktion) 109.

336 LG Hamburg StV **1997** 578.

337 OLG Nürnberg StV **2018** 340; OLG Karlsruhe Beschl. v. 20.3.2009 – 2 Ws 112/09; StV **1987** 518 (Glaubhaftigkeitsgutachten über Belastungszeugen); KG StV **2007** 94 (psychiatrisch-neurologisches Gutachten im Strafvollstreckungsverfahren); OLG Celle GA **1972** 84; LG Cottbus Beschl. v. 28.7.2014 – 24 Qs 33/13 (Verfahren nach DNA-IFG); LG Braunschweig StraFo **2002** 398 m. zust. Anm. *Molketin* Blutalkohol **40** (2003) 385 (DNA-Analyse); LG Karlsruhe StV **2001** 390; LG Bochum StV **1987** 383; LG Dortmund MDR **1983** 864; LG Osnabrück **1982** 515; AK/*Stern* 41; einschr. OLG Hamm MDR **1988** 340; StV **1987** 192.

338 OLG Hamm StraFo **2005** 391; OLG Braunschweig StV **2003** 684 (Sachverständigengutachten im Prüfungsverfahren nach § 57 StGB); OLG Karlsruhe StV **1991** 199; LG Osnabrück StV **2019** 185; LG Braun-

besonders hohes Maß an Objektivität erfordern,[339] die Beweisaufnahme sich insgesamt als komplex erweist,[340] etwa, weil die Beweislage unklar ist.[341] Ebenso wird die Schwierigkeit der Sachlage angenommen, wenn die Beurteilung des Wertes eines wiederholten Wiedererkennens im Rahmen einer **Wahllichtbildvorlage** zu würdigen ist.[342] Nicht angenommen wurde die Schwierigkeit der Sachlage zum Teil, wenn als **Zeugen** hauptsächlich oder ausschließlich **Polizeibeamte** in Betracht kommen.[343] Diese Einschätzung wird zu Recht mit dem Argument in Frage gestellt, Polizeibeamte seien – wenn nicht sogar verpflichtet –, so doch jedenfalls berechtigt, sich anhand der Ermittlungsakte auf ihre Aussage über Wahrnehmungen in amtlicher Eigenschaft vorzubereiten, so dass die Sachlage dadurch ihre Komplexität gestiftet bekommt.[344]

bbb) Akteneinsicht. Die Praxis hat sich lange Zeit mit der Frage nach der Schwierigkeit der Sachlage unter dem Aspekt beschäftigt, ob es erforderlich ist, dass der Beschuldigte **Akteneinsicht** erhält. Das war nach § 147 Abs. 7 Satz 1 a. F. nur über einen Verteidiger möglich, weshalb dieser Umstand nach st. Rspr.[345] die Schwierigkeit der Sachlage zu begründen geeignet war. Durch die **Einführung** des Akteneinsichtsrechts **für** den **unverteidigten Beschuldigten** mit § 147 Abs. 4 mit dem Gesetz zur Einführung **87**

---

schweig StV **2017** 725; LG Landshut Beschl. v. 14.12.2017 – 6 Qs 290/17, BeckRS **2017** 137598; LG Arnsberg StV **2002** 648; LG Gera PStR **2002** 217 (Gutachten im Insolvenzverfahren). **A. A.** – wenig überzeugend – LG Münster Beschl. v. 24.4.2919 – 2 Qs-89 Js-OWi 1459/18-14/19 19 OWi 137/18 bei einem Sachverständigengutachten zur Fahreridentität im Bußgeldverfahren.

339 *Eisenberg* NJW **1991** 1261 Fn. 56; *Oellerich* StV **1981** 438; *Molketin* (Schutzfunktion) 71; HK/*Julius*/*Schiemann* 16; AK/*Stern* 39. **A. A.** OLG Koblenz GA **1979** 276.

340 BVerfGE **63** 380, 391; OLG Hamburg StV **1990** 12; OLG Stuttgart StV **1987** 8; *Lüderssen* NJW **1986** 2745; AK/*Stern* 3.

341 KMR/*Haizmann* 33; *Fezer* I 4/66.

342 LG Magdeburg Beschl. v. 19.7.2019 – 25 Qs 961 Js 82097/18 (63/19), BeckRS **2019** 26463; FD-StrafR **2018** 408001 m. Anm. *Rathgeber*.

343 So AG Ebersberg Beschl. v. 6.9.2019 – 1 Ds 37 Js 16717/19, BeckRS **2019** 23507 m. zutr. abl. Anm. *Dießner* FD-StrafR **2019** 421838; großzügiger LG Dortmund Beschl. v. 14.1.2019 – 32 Qs 100 Js 646/18-6/19, BeckRS **2019** 2565; zust. *Schulz-Merkel* NVZ **2019** 308.

344 So auch LG Bielefeld Beschl. v. 15.6.2016 – 8 Qs 246/16, BeckRS **2016** 114637 (hier war die Tatsache, dass alle Zeugen Polizeibeamten waren aber nur ein Aspekt, der kumulativ mit anderen Gründen zur Anwendung von § 140 Abs. 2 führte).

345 BGH LM Nr. 18; OLG Braunschweig Beschl. v. 17.12.2019 – 1 Ws 280-1 Ws 287/19, BeckRS **2019** 33291 Tz. 17 ff.; KG StV **2015** 16 (Ls.); StV **1993** 5; OLG Köln StV **2012** 719 (allerdings unter Hinweis auf vor der Gesetzesänderung durch das UHaftÄndG ergangene eigene Senatsrspr. und ohne Absatz 7 auch nur zu erwähnen); StV **2011** 508, 509; wistra **1991** 194; StV **1986** 238; StV **1991** 294; OLG Stuttgart Beschl. v. 3.1.2011 – 2 Ws 193/10 (n.v.); OLG Frankfurt NStZ-RR **2009** 207 f.; OLG Hamm StraFo **2001** 137, 138; StV **1985** 447; BayObLG StV **1991** 294 (Protokolle über widersprüchliche Zeugenaussagen); LG Köln StV **2015** 20; LG Frankfurt StV **2015** 20 m. Anm. *Teuter*; OLG Jena StraFo **2006** 71 (maßgeblich ist der Zeitpunkt der Antragsstellung, so dass selbst danach erfolgte Akteneinsicht durch den Wahlverteidiger zu keiner anderen Beurteilung führt); StV **2004** 585; OLG Hamburg Beschl. v. 9.1.1998 – 1 Ws 340/97, StV **1992** 222; StV **1990** 12; OLG Karlsruhe StV **1991** 199; StV **1987** 518; OLG Koblenz StV **1993** 461; OLG Zweibrücken StV **1986** 240; OLG Celle StV **1983** 187; LG Essen StV **2016** 15; StV **1987** 310 m. Anm. *Molketin* NStZ **1987** 476; StV **1986** 427; LG Saarbrücken StraFo **2016** 513; LG Magdeburg Beschl. v. 2.6.2015 – 25 Qs 828 Js 75909/13; LG Waldshut-Tiengen StV **2014** 280 (Ls.); LG Itzehoe StV **2013** 206; LG Cottbus StV **2012** 525 (ggf. vorzuhaltende Protokolle), LG Hamburg Beschl. v. 28.2.2012 – 642 Qs 14/12 (n.v.); StV **1997** 578; StV **1992** 222 (Entlastungszeugen sind zu hören, die der Strafvereitelung verdächtig sind); LG Lübeck StV **2011** 664; LG Kassel StRR **2010** 347; LG Berlin NStZ **2010** 536; LG Kiel StraFo **2007** 28 (zur Vorbereitung der Hauptverhandlung sind Videoaufnahmen auszuwerten); LG Bremen StV **1994** 69; LG Stuttgart StV **1992** 103; LG Bochum StV **1987** 383; LG Amberg StV **1986** 522; LG Oldenburg StV **1983** 236; LG Osnabrück StV **1982** 515;

der elektronischen Akte in der Justiz und zur weiteren Förderung des elektronischen Rechtsverkehrs mit Wirkung vom 1.1.2018[346] hat sich die Diskussion weitgehend erübrigt, soweit nicht Untergerichte[347] die Neuregelung in § 147 Abs. 4 schlicht **übersehen oder ignorieren.**

88 **Nur** wegen der **Einschränkung nach § 147 Abs. 4,**[348] dass der Untersuchungszweck auch in einem anderen Verfahren nicht gefährdet werden darf und überwiegend schutzwürdige Interessen nicht entgegenstehen dürfen, kann noch eine sachliche Schlechterstellung des unverteidigten Beschuldigten gegenüber dem Recht auf Akteneinsicht des Verteidigers nach § 147 Abs. 1 bestehen.[349] Wird *mit dieser Begründung* dem Beschuldigten die Akteneinsicht tatsächlich oder konkret absehbar verweigert, hat sich die Diskussion um das fehlende Akteneinsichtsrecht des Beschuldigten noch nicht gänzlich erübrigt. Der Grundgedanke muss dann weiterhin sein, dass der Angeklagte die Hauptverhandlung ohne Aktenkenntnis, je nach der Situation auch mit Blick auf Akten eines anderen Verfahrens,[350] nicht genügend vorbereiten kann.[351] Dann aber würde die Nichtbeiordnung dem Gebot eines **fairen Verfahrens** widersprechen.[352] Dies wird man u. a. dann anzunehmen haben, wenn durch die Einsicht in die gerade **dem Beschuldigten vorenthaltenen Aktenteile** Erkenntnisse zu möglichen Be- oder Entlastungsbeweismitteln erlangt werden können,[353] die Akten besonders umfangreich sind,[354] Vorhalte notwendig werden,[355] oder sich in den Akten wichtige Sachverständigengutachten befinden.[356]

89 **ccc) Sonstige Kasuistik.** Sodann gibt es noch Fälle, in denen die Rspr. das Merkmal der **Schwierigkeit der Sachlage** (regelmäßig) **bejaht**, die sich aber nicht ohne Weiteres

---

AG Hamburg-Barmbek Beschl. v. 28.2.2012 – 841 Ds 6106 Js 79/09 (17/12) (n.v.); *Lüderssen* NJW **1986** 2745; *Schmidt* MDR **1958** 665; *Molketin* (Schutzfunktion) 89; KK/*Willnow* 22; HK/*Julius/Schiemann* 16; KMR/*Haizmann* 34; AK/*Stern* 40; **a. A.** – unter Hinweis auf Abs. 7 a. F. – KG Beschl. v. 25.9.2012 – 4 Ws 102/12 (n.v.).

346 BGBl. I S. 2208; vgl. dazu § 147, 114.

347 Vgl. noch unlängst LG Stralsund Beschl. v. 16.3.2020 – 23 Qs 61/20 jug („kann eine Schwierigkeit der Sachlage angenommen werden, da nur ein Verteidiger gem. § 147 Akteneinsicht erhält"); LG Wiesbaden Beschl. v. 4.3.2020 – 1 Qs 8/20-10/20; wie hier auch AG Ebersberg Beschl. v. 6.9.2019 – 1 Ds 37 Js 16717/19, BeckRS **2019** 23507 mit Bezug auf LG Dortmund Beschl. v. 14.1.2019 – 32 Qs 6/19, BeckRS **2019** 2565, wo ebenfalls verkannt wird, dass dem Beschuldigten gemäß § 147 Abs. 4 ein eigenes Akteneinsichtsrecht zusteht.

348 S. § 147, 110 f.

349 Wie hier SSW/*Beulke* 42; MüKo/*Thomas/Kämpfer* 51; *Zink* 187; **a. A.** wohl Meyer-Goßner/*Schmitt* 27a, der § 147 Abs. 4 nicht erwähnt.

350 LG Karlsruhe StV **1987** 518; HK/*Julius/Schiemann* 16.

351 Oben Rn. 87.

352 OLG Braunschweig NStZ-RR **2014** 51; OLG Hamm StV **1987** 192; *Molketin/Jakobs* AnwBl. **1981** 483; KK/*Willnow* 22.

353 OLG Köln StV **1991** 294; LG Stuttgart StV **1992** 103 sowie überzeugend LG Halle Beschl. v. 29.6.2020 – 10a Qs 59/20 (mögliche kinderpornografische Abbildungen, die „den Kern des Anklagevorwurfs [bilden], so dass sich der Angeklagte ohne deren Anschauung nicht hinreichend verteidigen könnte. In diesem Fall gebietet § 140 Abs. 2 die Beiordnung eines Pflichtverteidigers, der die Bilder in der Geschäftsstelle sichten und den Angeklagten von seinen Erkenntnissen unterrichten kann").

354 So schon OLG Oldenburg Beschl. v. 6.4.1977 (zit. b. *Molketin* [Schutzfunktion] 92 Fn. 6); OLG Köln Beschl. v. 3.10.1975 (zit. b. *Molketin* [Schutzfunktion] 90 Fn. 3); AK/*Stern* 38.

355 OLG Köln StV **2012** 719; OLG Zweibrücken StV **1986** 240.

356 BGH LM Nr. 18 (Schriftgutachten); OLG Köln NStZ-RR **1997** 336 (BAK-Gutachten); StV **1986** 238; OLG Hamm StraFo **2002** 293; Beschl. v. 15.7.1988 – 109/88 III (diff. aber OLG Hamm StV **1987** 192); OLG

in die soeben[357] skizzierten zwei wesentlichen Fallgruppen einordnen lassen, etwa dann, wenn **Staatsanwaltschaft** oder Nebenkläger gegen ein freisprechendes Urteil,[358] eine Einstellung[359] oder beschränkt auf den Rechtsfolgenausspruch[360] **Rechtsmittel eingelegt** haben, insbesondere, weil sie eine erhebliche Strafschärfung erstreben[361] oder die Beweise abweichend würdigen.[362] Gleiches muss gelten, wenn eine **Verständigung** über eine einverständliche Verfahrenserledigung nach § 257c beabsichtigt ist[363] und auch dann, wenn die Mitwirkung eines Verteidigers bei der Erörterung nach § 265 Abs. 1 geboten erscheint.[364]

Ein enger Zusammenhang zur Schwierigkeit der Rechtslage[365] besteht dort, wo **tatsächliche Vorfragen** für die Subsumtion unter einen für einen Laien schwer nachvollziehbaren Tatbestand des materiellen Rechts entscheidend sind. So kann es im Steuerstrafrecht für Fragen des Besteuerungsverfahrens darauf ankommen, welchen Entnahmewert ein Grundstück hat. Die Sachlage ist hier jedenfalls dann kompliziert, wenn verschiedene Wertgutachten zu unterschiedlichen Einschätzungen kommen.[366] 90

bb) Schwierigkeit der Rechtslage. Die Schwierigkeit der Rechtslage kann sich aus der Anwendung von **materiellem** oder **formellem** Recht ergeben. **Zwei Fallgruppen** stehen hier im Mittelpunkt: Einmal, wenn es auf die Entscheidung nicht ausgetragener oder abschließend geklärter Rechtsfragen – insbesondere auch aus dem Nebenstrafrecht – ankommt,[367] zum anderen, wenn die Subsumtion im Einzelfall problematisch ist. Da dies maßgeblich auch von der Sachlage beeinflusst wird, kommen auch hier wieder viele Überschneidungen vor.[368] 91

Schleswig SchlHA **1997** 153 (Schuldfähigkeitsgutachten); OLG Düsseldorf StV **1993** 128 (Schuldfähigkeitsgutachten); OLG Karlsruhe StV **1991** 200 (psych. Gutachten; restriktiver aber OLG Karlsruhe Justiz **1984** 214); OLG Oldenburg Beschl. v. 19.7.1977 (zit. b. *Molketin* [Schutzfunktion] 79 Fn. 12); OLG Celle GA **1972** 84; LG Koblenz Beschl. v. 1.12.2000 – 2 Qs 136/00 (Gutachtens eines Landeskriminalamtes); LG Bochum StV **1987** 383; LG Essen StV **1986** 427; LG Lübeck StV **1986** 147; LG Osnabrück StV **1982** 515; LG Verden StV **1982** 164 (Sachverständigengutachten über Schuldfähigkeit eines Mitangeklagten); AK/*Stern* 41. **A. A.** LG Dortmund MDR **1983** 864, das die Frage nur „im Einzelfall nach Abwägung aller Verfahrensumstände" beantworten möchte.

357 Rn. 85 bis 88.

358 OLG Köln StV **2004** 587; OLG Düsseldorf StV **2000** 409; StV **1990** 487; OLG Frankfurt StV **1990** 12. Allerdings ist die Ablehnung der Beiordnung auch hier vertretbar und damit – nur – willkürfrei, wenn es sich um einen einfach gelagerten Sachverhalt ohne rechtliche Schwierigkeiten handelt, so BVerfG (*3. Kammer des Zweiten Senats*), NJW **2003** 882.

359 OLG Hamburg StV **1993** 66.

360 EGMR EuGRZ **1992** 472; OLG Düsseldorf StV **1988** 290; OLG Frankfurt StV **1992** 220 m. Anm. *Temming*; *Molketin* AnwBl. **1994** 17; HK/*Julius/Schiemann* 16.

361 OLG Düsseldorf StV **1988** 290; AK/*Stern* 39.

362 OLG Köln StV **2004** 587; OLG Düsseldorf StV **2000** 409; StV **1990** 487; OLG Frankfurt StV **1990** 12; OLG Hamm StV **1989** 56; OLG Stuttgart StV **1987** 8; StV **1987** 240; OLG Karlsruhe StV **1987** 518; OLG Celle Beschl. v. 7.6.1974 (zit. b. *Molketin* [Schutzfunktion] 67 Fn. 3); OLG Bremen Rpfleger **1960** 62; NJW **1957** 151; LG Bonn StV **1986** 246; *Lüderssen* NJW **1986** 2745; KMR/*Haizmann* 33; KK/*Willnow* 23; AK/*Stern* 39; einschr. OLG Naumburg Beschl. v. 23.5.2019 – 1 Ws (s) 173/19, BeckRS **2019** 12870 m. zutr. abl. Anm. *Püschel* FD-StrafR **2019** 419050.

363 Dazu – auch *de lege ferenda* – unten Rn. 128.

364 *Schmidt-Hieber* NJW **1990** 1887; HK/*Julius/Schiemann* 16.

365 Dazu sogleich Rn. 91 ff.

366 LG Magdeburg Beschl. v. 20.4.2016 – 24 Qs 37/16, BeckRS **2016** 12007.

367 OLG Stuttgart StV **2002** 298 (bzgl. § 85 AsylVfG).

368 S. dazu soeben Rn. 91; speziell zur Beiordnung bei Verkehrsdelikten *Molketin* NZV **1989** 93.

92 Ebenso wird hier von der Praxis nachvollziehbar oft mit **Indikatoren** gearbeitet. Sie reagieren dann, wenn die Möglichkeit besteht, dass das **Berufungsgericht** zu einem **anderen Ergebnis** kommt als das Amtsgericht;[369] der hinreichende Tatverdacht von Eröffnungs- und Beschwerdeinstanz **unterschiedlich bewertet** wird;[370] bereits zwei Instanzen aus Rechtsgründen zu **abweichenden Entscheidungen** gekommen sind;[371] die Staatsanwaltschaft und das Gericht unterschiedliche Rechtsfolgenerwartungen[372] oder Schwierigkeiten haben, das Tatgeschehen rechtlich einzuordnen;[373] die **Staatsanwaltschaft** mit einem Antrag auf Pflichtverteidigerbestellung die **Beiordnung für nötig** hält, selbst dann, wenn das Gericht die Voraussetzungen der notwendigen Verteidigung eigentlich nicht als erfüllt ansieht;[374] sowie bei Aburteilung im **beschleunigten Verfahren** gem. §§ 417 ff.[375]

aaa) Materielles Recht

93 **(1) Besonderer Teil.** Im materiellen Recht geht es dabei vor allem um **schwierige Abgrenzungsfragen im Besonderen Teil.**[376] Häufig sind sie im **Tatbestand eines einzelnen komplexen Strafgesetzes** lokalisiert, etwa dann, wenn es bei § 267 StGB um die Frage geht, ob eine Identitäts- oder nur Namenstäuschung vorliegt;[377] bei Fragen der öffentlichen Urkunde gemäß § 271 StGB;[378] bei § 113 Abs. 1 StGB wegen der Feststellung und Einordnung der Vollstreckungshandlung;[379] bei § 263 StGB wegen Fragen des Vermögensvorteils;[380] bei § 201 StGB wegen einer mit einem sichtbar verwendeten Diktiergerät gefertigten Tonaufzeichnung;[381] beim Vorsatz des Bei-Sich-Führens einer Waffe (nach § 244 Abs. 1 Nr. 1a StGB);[382] bei der Geldwäsche nach § 261 StGB in Verbindung mit Maßnahmen der Vermögensabschöpfung;[383] angedacht auch für das Führen eines Kraftfahrzeugs unter berauschender Wirkung von Methamphetamin im Rahmen des § 316 StGB[384] sowie bei Inzidentprüfungen in Bezug auf ein früheres Verfahren,[385] **nicht**

---

369 OLG Karlsruhe NStZ-RR **2002** 336, 337; einschr. OLG Dresden NStZ-RR **2005** 318, 319 (bzgl. § 56 Abs. 1 StGB); KK/*Willnow* 23 („bedingt nicht ausnahmslos").

370 LG Koblenz StV **1990** 489; LG Bonn StV **1986** 246; allg. *Molketin* StraFo **2008** 365, 367.

371 OLG Brandenburg Beschl. v. 26.1.2016 – 2 Ws 5/16, BeckRS **2016** 133229; OLG Bremen NJW **1957** 151; NJW **1955** 1529; AK/*Stern* 43.

372 OLG Celle StV **2019** 175 (StA erstrebt mit Berufung die Verhängung einer Freiheitsstrafe anstelle von Geldstrafe); OLG Naumburg StV **2017** 157; OLG Frankfurt StV **2001** 106; StV **1992** 220; StV **1990** 12; OLG Köln StraFo **1998** 382; OLG Düsseldorf VRS **75** (1988) 301; restriktiver KG Beschl. v. 4.7.2019 – 4 Ws 62/19, BeckRS **2019** 18928 Tz. 12.

373 OLG Hamburg Beschl. v. 31.8.2017 – 2 Ws 141/17, BeckRS **2017** 124892 (ersetzt aber nicht eine Prüfung der sachlichen Voraussetzungen).

374 OLG Naumburg StV **2018** 138.

375 *Deumeland* NStZ **1983** 41; *Schmitt* ZStW **89** (1977) 646; *Schünemann* NJW **1968** 975; *Molketin* (Schutzfunktion) 97; AK/*Stern* 47; vgl. auch RGSt **66** 112.

376 BayObLG StV **1991** 294; LG Wiesbaden StraFo **2002** 195; LG Rostock ZfSch **2001** 230 m. Anm. *Molketin*.

377 LG Bonn StV **1986** 246.

378 LG Heilbronn Beschl. v. 22.2.2008 – 2 Qs 30/08 Hw; *Molketin* StraFo **2008** 365, 367.

379 LG Bielefeld Beschl. v. 15.6.2016 – 8 Qs 246/16, BeckRS **2016** 114637.

380 LG Bremen StV **1994** 69.

381 KG NStZ **2009** 55.

382 LG Bonn Beschl. v. 7.1.2013 – 21 Qs 98/12.

383 LG Traunstein Beschl. v. 19.1.2015 – 2 Qs 332/14 (noch zum Verfall alten Rechts).

384 LG Gera Beschl. v. 5.8.2015 – 9 Qs 313/15, BeckRS **2015** 14762.

385 LG Essen StV **2011** 663, 664.

aber aufgrund des Umstandes, dass eine dem Beschuldigten vorgeworfene Geschwindigkeitsübertretung im Straßenverkehr mithilfe eines technischen Messverfahrens festgestellt wurde.[386]

(2) Normenkomplexe des Nebenstrafrechts. Die Schwierigkeit der Rechtslage kann aber auch **ganze Normenkomplexe** betreffen, so insgesamt die Auslegung von Begriffen aus dem **Nebenstrafrecht,**[387] insbesondere dem **Wirtschaftsstrafrecht**[388] oder beim Zusammenhang mit zivilrechtlichen Ansprüchen,[389] nicht aber generell im Bereich der **Internetkriminalität.**[390] Eine schwierige Rechtslage wird auch angenommen, wenn sich der Vorwurf aus einer Strafvorschrift ergibt, die mit einer komplizierten **Verweisungstechnik** arbeitet, **ungeschriebene Tatbestandsmerkmale** verwendet und für die Konkretisierung **unbestimmter Rechtsbegriffe** auf eine Rechtsverordnung verweist.[391] 94

(3) Allgemeiner Teil. Andere beiordnungsbegründende Probleme ressortieren im **Allgemeinen Teil,** etwa die Frage nach dem Vorliegen von Rechtfertigungsgründen;[392] eines Erlaubnistatbestands- oder **Verbotsirrtums;**[393] den Voraussetzungen der Garantenstellung;[394] von Versuch und Rücktritt[395] oder nach den Regeln für die Strafzumes- 95

386 Zutr. LG Potsdam Beschl. v. 28.1.2019 – 24 Qs 11/19, BeckRS **2019** 2562.

387 OLG Stuttgart StV **2011** 83, 84 (AufenthG); OLG Dresden Beschl. v. 30.8.2010 – Ss (OWi) 812/09 (Videomessung Ampelrotlicht); OLG Rostock StraFo **2002** 230, 231; OLG Düsseldorf AnwBl. **1984** 262 (Konkursvergehen); OLG Celle StV **1987** 239; StV **1986** 142 m. Anm. *Molketin* wistra **1986** 234 (Steuerrecht); LG Stade Beschl. v. 4.5.2020 – 102 Qs 115 Js 1198/20 (19/20), StV **2020** 580 (Ls.) (Fragen des Duldungsanspruchs nach § 60a AufenthG); Beschl. v. 9.1.2019 – 70 Qs 112 Js 22748/18 (169/18), BeckRS **2019** 1684; LG Lüneburg StV **2016** 105 (AufenthG); LG Hannover Beschl. v. 19.1.2015 – 70 Qs 2/15, 70 Qs 3/15, BeckRS **2015** 7361 (Ausländerrecht); LG Stuttgart Beschl. v. 29.3.2012 – 5 Qs 13/12 (Ausländerrecht); LG Ellwangen StV **2011** 664, 665 (AsylVfG); LG Augsburg Beschl. v. 4.6.2010 – 6 Qs 251/10 (Fahren ohne Fahrerlaubnis und FeV); LG Bremen StV **1995** 126 (Fernmeldeanlagenrecht); StV **1994** 69 (Sozialhilferecht); LG Hagen StV **1987** 382 (Ausländerrecht); LG Koblenz MDR **1987** 432 (Ausländerrecht); AG Bremen-Blumenthal Beschl. v. 5.5.2020 – 32 Cs 211 35186/18 (AufenthG i. V. m. Art 31 Abs. 1 GFK); *A. Schumann* GA **2020** 281, 297 (AufenthG); *Kretschmer* NStZ **2013** 570, 578; *Molketin* wistra **1986** 97.

388 BGHSt **15** 306; KG StV **2016** 478 (Bilanzvergehen); LG Essen Beschl. v. 2.9.2015 – 56 Qs 1/15 m. Anm. *Güttner* FD-StrafR **2016** 375369; LG Hildesheim wistra **1989** 320; LG Kaiserslautern StV **1988** 512; *Schmidt* MDR **1958** 644; einschr. OLG Koblenz wistra **1983** 122: Allein aufgrund von Straftatbeständen, „die aus der Führung eines Geschäftsbetriebs resultieren", wird kein Grund für die Bestellung eines Verteidigers gesehen – allerdings in dem entschiedenen Fall wohl auch deshalb, weil der Angeklagte gelernter Betriebswirt war (dazu bereits oben Rn. 80 a. E.).

389 Etwa bei § 288 StGB, s. OLG Hamburg StV **2011** 655, 656; restriktiver LG Koblenz Beschl. v. 24.3.2014 – 2 Qs 22/14. Allein die Tatsache, dass das Gericht sich im Strafverfahren mit zivilrechtlichen Schadensersatzansprüchen auseinandersetzt, genügt für sich genommen aber noch nicht für eine Verletzung von Art. 6 Abs. 1, 3 lit. c, wenn kein Pflichtverteidiger bestellt wurde, vgl. EGMR NJW **2019** 2005.

390 OLG Koblenz StV **2020** 150 (Ls.); AG Iserlohn Beschl. v. 10.3.2017 – 16 Ds 139/17, BeckRS **2017** 106317 (allein der Vorwurf, Betäubungsmittel über das sog. Darknet bestellt zu haben, begründet noch nicht die Notwendigkeit der Verteidigung).

391 LG Bremen StV **1995** 126.

392 BGH b. *Herlan* MDR **1954** 531 (Wahrnehmung berechtigter Interessen); LG Braunschweig StV **2015** 543; LG Essen StV **1987** 311 (§ 32 StGB).

393 KG NStZ **2009** 55.

394 OLG Hamm StV **1989** 56.

395 BayObLG StV **1991** 294.

sung.[396] Überwiegend aber geht es bei den Fällen, in denen schwierige materiell-strafrechtliche Probleme zu entscheiden sind, um Fragen der **Schuldfähigkeit** (§§ 20, 21 StGB).[397]

bbb) Prozessrecht

96 **(1) Beweisverfahren.** Im **Prozessrecht** sind es wiederum vor allem rechtliche Probleme des **Beweisverfahrens**, die zur Bestellung eines Pflichtverteidigers führen können. Bei Beweiserhebungen zur **inneren Tatseite** können Probleme auftreten, die den Beistand eines Verteidigers erfordern.[398] Das Gleiche gilt für die Frage der Verwertbarkeit erhobener Beweise,[399] so z. B., wenn sich wegen Verletzung des Richtervorbehaltes ein **Beweisverwertungsverbot** aufdrängt oder zumindest **ernsthaft in Betracht kommt.**[400] Beim **Sachverständigenbeweis** wird fast immer die Mitwirkung eines Verteidigers für erforderlich gehalten.[401] Auch bei der Einnahme eines **Augenscheins** können Schwierigkeiten auftreten, welche die Bestellung eines Verteidigers angezeigt sein lassen, etwa dann, wenn es darum geht, in der Hauptverhandlung einen Videofilm vorzuführen, der dem Beschuldigten nicht bekannt ist.[402]

97 Im Rahmen der **Beweiswürdigung** ist ein Indiz wiederum[403] gegeben, wenn Staatsanwaltschaft und Richter im bisherigen Verfahren zu einer **unterschiedlichen Bewertung** der Beweise gekommen sind.[404]

---

396 LG Bremen StV **1996** 372 (zu § 53 ZDG).

397 OLG Zweibrücken Beschl. v. 6.7.2009 – 1 Ws 151/09; KG Beschl. v. 22.9.2009 – 1 Ss 350/09 (langjährige Alkoholabhängigkeit zusammen mit etwaiger Epilepsieerkrankung); StV **1990** 298; OLG Hamm StV **1987** 192; StV **1984** 66 (§ 20 StGB bei paranoiden Zügen und „Gemütsarmut"); OLG Düsseldorf MDR **1988** 340; AnwBl. **1978** 355; LG Aachen Beschl. v. 26.3.2019 – 100 Qs-703 Js 2131/18-12/19, BeckRS **2019** 5125; LG Mannheim Beschl. v. 18.6.2019 – 5 KLs 300 Js 40796/17, BeckRS **2019** 17859; LG Landshut Beschl. v. 14.12.2017 – 6 Qs 290/17, BeckRS **2017** 137598 (beginnende Polytoxikomanie); LG Berlin StraFo **2002** 90; StV **1983** 99; LG Stuttgart Beschl. v. 29.10.1997 – 14 Qs 68/97 (Erfordernis eines Sachverständigengutachtens zur Schuldfähigkeit); LG Lübeck StV **1986** 147 (Hirnschaden); LG Hamburg StV **1983** 99 (alkoholbedingte Schuldunfähigkeit zweifelhaft); LG Verden StV **1982** 164; *Oellerich* StV **1981** 438; *Roxin/Schünemann* § 19, 21; KMR/*Haizmann* 33.

398 LG Bremen StV **1994** 69; LG Hamburg StV **1985** 453; AK/*Stern* 38; restriktiver LG Berlin Beschl. v. 24.9.2018 – 538 Qs 99 u. 100/18, nachdem die Prüfung einer vorsätzlichen Tatbegehung in der Regel keine umfangreiche und diffizile Beweisaufnahme erfordere, hier allerdings im Bußgeldverfahren.

399 LG Aachen StV **1992** 371, LG Koblenz StV **1990** 489.

400 OLG Oldenburg Beschl. v. 5.5.2020 – 1 Ws 228/20; OLG Bremen StV **2011** 83; StRR **2009** 343; OLG Köln Beschl. v. 27.10.2011 – 1 RBs 253/11, BeckRS **2011** 26765 (Verstoß gegen Richtervorbehalt bei Blutentnahme nach damaligem Recht); OLG Brandenburg NJW **2009** 1287; LG Schwerin Beschl. v. 5.3.2020 – 33 Qs 12/20 (Verwertungsverbot nach möglicherweise fehlerhafter Wahllichtbildvorlage); LG Münster Beschl. v. 5.8.2019 – 10 Qs-92 Js m. Anm. *Staudinger* jurisPR-StrafR 5/**2020**; LG Hannover StV **2018** 155 m. zust. Anm. *Putzke* ZJS **2017** 506, 508 (Verstoß gegen § 163a Abs. 4 Satz 2 i. V. m. § 136 Abs. 1); LG Köln StV **2017** 173 (Durchsuchung unter Missachtung des Richtervorbehalts); LG Gera Beschl. v. 5.8.2015 – 9 Qs 313/15, BeckRS **2015** 14762 (Verstoß gegen Richtervorbehalt bei Blutentnahme nach damaligem Recht); LG Münster StV **2012** 525; LG Koblenz NZV **2010** 103 m. zust. Anm. *Nold*; LG Rostock StRR **2010** 282; LG Freiburg StraFo **2009** 516 f.; LG Zweibrücken VRS **117** (2009) 292; LG Schweinfurt StRR **2008** 390; **a. A.** LG Berlin Beschl. v. 27.4.2011 – 511 Qs 44/11.

401 S. schon oben Rn. 86.

402 LG Amberg StV **1986** 523; **a. A.** KG Beschl. v. 25.9.2012 – 4 Ws 102/12.

403 Oben Rn. 92.

404 OLG Köln StV **2004** 587; OLG Stuttgart Beschl. v. 17.2.1993 – 1 Ss 42/93.

(2) Besonderheiten im Verfahrensgang. Häufig wird die Beiordnung darauf gestützt, dass der **Verfahrensgang** als solcher **Besonderheiten** aufweist, so etwa wenn unklar ist, wer für den Antrag auf Erlass eines Strafbefehls zuständig war;[405] wenn zu prüfen ist, ob der Berechtigte den Strafantrag wirksam gestellt hat;[406] die Verhandlung in Abwesenheit des Angeklagten (§ 247) geführt wird;[407] die Zulässigkeit einer **Nachtragsanklage** in der Berufungsinstanz zweifelhaft ist;[408] der **Sitzungsvertreter** der Staatsanwaltschaft sich unangemessen **verhält** (Unterbrechen der Fragen der Verteidigung in einer Lautstärke, die nicht zu übertönen ist);[409] der Wahlverteidiger unvorhergesehen nicht erscheint[410] oder kurzfristig das **Mandat niederlegt**;[411] der Pflichtverteidiger selbst als Zeuge über eine „nicht ganz unwesentliche Frage“ vernommen wird,[412] bei einem Einreiseverbot[413] sowie bei Absehbarkeit einer möglichen Befangenheitsrüge.[414] Ebenso nicht spezifisch auf das Beweisverfahren bezogene Probleme prozessualer Art ergeben sich, wenn die Frage auftaucht, ob die Möglichkeit eines Angeklagten, sich durch **Begründung der Revision** zu Protokoll der Geschäftsstelle gemäß **§ 345 Abs. 2 Var. 2** hinreichend selbst verteidigen zu können, für die Ablehnung der Schwierigkeit der Rechtslage genügt. Grundsätzlich ist ein Angeklagter aufgrund der vom Gesetz eröffneten Möglichkeit, die Revisionsbegründung zu Protokoll der Geschäftsstelle zu erklären, nicht generell auf einen Verteidiger angewiesen.[415] Allein die Tatsache, dass die Verfahrensrüge einen hohen Formalisierungsgrad erreicht und sich der Anwendungsbereich der Sachrüge über die Darstellungsrüge der „erweiterten“ Revision immer weiter ausgedehnt hat, ändert daran entgegen eine erstarkten Auffassung[416] nichts. Auch dann, wenn erkennbar ist, dass in der Revision „noch nicht erkannte **Verfahrensfehler** aufzuspüren“ sein werden, wird die Schwierigkeit der Rechtslage mit Blick auf § 345 Abs. 2 Var. 2 heute noch zu Recht verneint.[417] Solange es die Regelung gibt, ist es Aufgabe der Justiz, die Rechtspfleger entsprechend aus- und fortzubilden. Eine Beiordnung kann jedoch dann geboten sein, wenn der Angeklagte schon mit der Darlegung seiner Beanstandungen **gegenüber dem Urkundsbeamten** überfordert[418] oder eine sachge- 98

405 LG Freiburg Beschl. v. 18.8.2015 – 8 Qs 7/15 m. Anm. *Staudinger* jurisPR-StrafR 12/**2016** (bei Steuerhinterziehung).

406 OLG Hamburg StV **1993** 66.

407 OLG Zweibrücken StV **1986** 306 m. Anm. *Molketin* NStZ **1987** 89.

408 OLG Stuttgart StV **1994** 644.

409 Vgl. BGH NJW **1953** 116; *Molketin* (Schutzfunktion) 97.

410 AG Erfurt StraFo **2019** 159.

411 Vgl. BGH NJW **1953** 116; *Molketin* (Schutzfunktion) 97.

412 BGH NJW **1986** 78; OLG Brandenburg StraFo **1997** 270.

413 OLG Stuttgart NStZ-RR **2004** 338; LG Neuruppin Beschl. v. 14.10.2002 – 11 Qs 167/02; LG Aachen StraFo **2001** 170.

414 LG Bremen StV **2005** 81, 82.

415 So die st. Rspr., vgl. OLG Hamm NStZ **1982** 345 m. sehr krit. Anm. *Dahs*; OLG Koblenz Rpfleger **1984** 366; wistra **1983** 122 (unter Hinweis auf die prozessuale Fürsorgepflicht des Rechtspflegers); OLG Schleswig **1995** 6; OLG Köln MDR **1990** 269; MDR **1990** 462; Meyer-Goßner/*Schmitt* 29. Zur Bestellung eines Pflichtverteidigers für die Revisionshauptverhandlung unten Rn. 114.

416 OLG Saarbrücken StraFo **2009** 518 („zumindest für den hier zu entscheidenden Fall“, tatsächlich aber rechtsgrundsätzlich angelegt); *Ziegler* FS 25 Jahre AG Strafrecht im DAV 930, 933 (mit Blick auf den Grundsatz der Waffengleichheit); *Dahs* NStZ **1982** 345; *ders.* JR **1985** 256; Radtke/Hohmann/*Reinhart* 30; SSW/*Beulke* 45; SK/*Wohlers* 45; AK/*Stern* 49.

417 OLG Oldenburg NStZ **1984** 523; Meyer-Goßner/*Schmitt* 29; zum Ganzen auch unten Rn. 113.

418 KG StV **2016** 790; Beschl. v. 15.3.2000 – 3 Ws 108/00; OLG Karlsruhe StraFo **2006** 497; OLG Schleswig StV **1990** 12; OLG Düsseldorf StV **1986** 143; OLG Hamburg NJW **1966** 2324; HK/*Julius*/*Schiemann* 15.

rechte Verteidigung ohne **Kenntnis der Akten** i. R. d. § 147 Abs. 4 nicht möglich ist.[419] Das gleiche Problem stellt sich bei der Begründung einer Annahmeberufung (§ 313).[420] Großzügiger verfährt die Rspr., wenn es sich um die Stellung eines **Wiedereinsetzungsantrags** handelt, der rechtlich schwierig und zweifelhaft ist, ob der Angeklagte selbst „die geeigneten Umstände hätte vortragen können".[421]

99 Auch im **Vollstreckungsverfahren** können sich rechtliche Schwierigkeiten ergeben, welche die Verteidigung nach § 140 Abs. 2 notwendig machen.[422]

100 **c) Unfähigkeit des Beschuldigten, sich selbst zu verteidigen (Abs. 2 Var. 3).** Unabhängig von der Tatschwere oder der Schwierigkeit der Sach- oder Rechtslage wird zur Beantwortung der Frage nach der Unfähigkeit des Beschuldigten, sich selbst zu verteidigen, auf die **persönlichen Fähigkeiten** des Beschuldigten abgestellt.

aa) Dauerdefizite

101 **aaa) Körperlich-seelischer Bereich.** Zu den relevanten **körperlich-seelischen**, eindeutig manifestierten **Dauer-Defiziten** sind die Fälle **unterdurchschnittlicher Intelligenz**[423] und besonders hohen Lebensalters[424] zu rechnen. Beim Einfluss neurologisch zu diagnostizierender Erkrankungen auf die kognitiven Fähigkeiten der Betroffenen kommt es auf den Einzelfall an.[425]

102 **bbb) Soziale Fähigkeiten.** Eine weitere Gruppe bilden die Fälle, in denen dem Beschuldigten **spezielle soziale Fähigkeiten** fehlen.[426] Angenommen wurde dies auch bei phasenweiser **Aggressivität** und Gewalttätigkeit.[427] Hierher gehören aber je nach Lage des Falles auch Sonderschüler mit **Lernbehinderung**;[428] mit Defiziten im Leistungs- und Sozialbereich;[429] hirngeschädigte Beschuldigte;[430] der Verlust des Kurz- und Langzeitgedächtnisses;[431] Beschuldigte nach überstandenem Gehirnschlag, dessen Folgen

---

419 KG StraFo **2007** 27; LG Koblenz StraFo **2007** 117; zu den durch § 147 Abs. 4 gebotenen Einschränkungen oben Rn. 88.

420 Vgl. *Rieß* AnwBl. **1993** 56; Meyer-Goßner/*Schmitt* 29a.

421 KG NStZ-RR **2012** 352; OLG Zweibrücken StV **1982** 128; s. auch BGH NStZ **1997** 48.

422 Vgl. LG Braunschweig Beschl. v. 30.9.2019 – 51 BRs 5/19, BeckRS **2019** 26466 (Verstöße gegen eine Abstinenzweisung); OLG Koblenz Beschl. v. 4.12.2019 – 2 OLG 6 Ss 130/19-2 Ws 760/19; AG Ebersberg Beschl. v. 6.9.2019 – 1 Ds 37 Js 16717/19; einschr. OLG Brandenburg Beschl. v. 2.10.2019 – 1 Ws 130/19, BeckRS **2019** 24706. Ausf. dazu unten Rn. 115 ff.

423 Vgl. OLG Hamm StV **2000** 92; LG Berlin StV **1983** 99. Nach KG Beschl. v. 8.1.2001 – 5 Ws 847/00 rechtfertigt jedoch eine intellektuelle Minderbegabung i. S. einer Borderline-Intelligenz (IQ 74) allein eine Verteidigerbestellung jedenfalls dann nicht, wenn der Angeklagte bei seiner Anhörung durchaus in der Lage erscheint, seine Interessen verfolgen zu können.

424 LG Freiburg Beschl. v. 30.5.2001 – 2Qs 122/01; *Molketin* (Schutzfunktion) 94, 124; AK/*Stern* 58.

425 Vgl. *Fischer/Gauggel/Lämmler* NStZ **1994** 316.

426 Vgl. OLG Celle VRS **78** (1990) 286; StV **1994** 8; StV **1983** 187; OLG Köln StV **1986** 238; LG Köln Beschl. v. 22.1.2010 – 103 Qs 126/09; LG Schweinfurt StraFo **2009** 105; LG Hildesheim StraFo **2008** 75; LG Osnabrück Beschl. v. 4.12.1991 – Qs I 124/91; SK/*Wohlers* 50. Über das anders gelagerte Problem der Sprachschwierigkeiten von Ausländern vgl. unten Rn. 126.

427 LG Flensburg Beschl. v. 20.11.2012 – II Qs 68/12.

428 OLG Zweibrücken Beschl. v. 29.5.1980, zit. b. *Molketin* (Schutzfunktion) 115 Fn. 8.

429 OLG Bremen Beschl. v. 26.8.2016 – 1 Ws 128/16.

430 OLG Celle Beschl. v. 3.12.2019 – 2 Ws 352/19, BeckRS **2019** 31573 Tz. 15; LG Lübeck StV **1986** 147.

431 LG Bochum ZfSch **2003** 470.

für die Schuldfähigkeitsfrage zu prüfen sind;[432] stark Körperbehinderte;[433] Querulanten,[434] Gemütskranke und **Wahnhafte;**[435] (in der bisherigen Diktion des § 20 StGB) „Schwachsinnige";[436] Schizophrene;[437] Beschuldigte mit **Borderline-Syndrom;**[438] Beschuldigte, denen seelische Abartigkeit zu attestieren ist;[439] in einem fortgeschrittenen Stadium HIV-infizierte Beschuldigte[440] sowie Beschuldigte mit krankheitsbedingten Verständigungsschwierigkeiten.[441] Zum **Analphabetismus** sind zum Teil[442] Entscheidungen ergangen, dass die Verteidigung nicht allein aufgrund dieses Handicaps des Beschuldigten erforderlich sei, solange nicht noch weitere Umstände wie etwa die Schwierigkeit der Sach- oder Rechtslage hinzuträten. Dies ist freilich nicht überzeugend. Eindeutig ist hier die Kommunikationsfähigkeit eingeschränkt und auch mit Blick auf das Akteneinsichtsrecht, das das Gesetz in § 147 Abs. 4 nunmehr auch für den unverteidigten Beschuldigten selbst vorsieht, wird die faktische Einschränkung offenbar, zumal es auch um die Anfertigung von Notizen geht, bei denen z. B. ein Dolmetscher nicht behilflich ist. Mithin begründet Analphabetismus die Unfähigkeit zur Selbstverteidigung.[443] Nicht jedes seelische Gebrechen führt aber ohne Weiteres zu einer Unfähigkeit zur Selbstverteidigung. Es kommt vielmehr auf **Art und Grad** der jeweiligen Einschränkung an.[444] Bereits **begründete Zweifel** am Unvermögen, sich zu verteidigen, genügen indes.[445]

ccc) Fähigkeiten im Verfahren. Noch weitergehend ist das Zugeständnis, dass 103
auch eine erst im Prozess selbst hervortretende, besonders gravierende **Fehleinschätzung der Verfahrenslage** die Unfähigkeit des Beschuldigten, sich selbst zu verteidigen, indiziert, wiewohl keine Anzeichen mehr oder weniger allgemeiner **kommunikativer Schwierigkeiten** bestehen.[446] Jedenfalls können verschiedene Defizite beim Hinzutreten weiterer Umstände in einem – an den eigenen Verteidigungszielen gemessen – völlig **verfehlten Verteidigungsgebaren** und besonderer, das normale Maß übersteigender prozessualer Unbeholfenheit zum Ausdruck kommen.[447] Dabei schließt die **Verhandlungsfähigkeit** das Unvermögen, sich zu verteidigen, nicht aus.[448]

432 OLG Köln NZV **1990** 324.
433 RGSt **74** 304 (Kriegsversehrte).
434 S. *Molketin* AnwBl. **2001** 85, 91.
435 So AK/*Stern* 61.
436 RGSt **68** 35; BGH AnwBl. **1963** 194.
437 OLG München Beschl. v. 29.7.2014 – 1 Ws 526/14; LG Limburg StRR **2013** 106.
438 LG Koblenz StraFo **2006** 257.
439 OLG Hamm StV **1984** 66.
440 LG Düsseldorf StraFo **1996** 126; SK/*Wohlers* 49 a. E.; offengelassen von LG Berlin StraFo **2002** 90.
441 OLG Düsseldorf StraFo **1997** 335.
442 LG Hamburg Beschl. v. 9.10.2019 – 628 Qs 31/19, BeckRS **2019** 23516; LG Verden StRR **2011** 166.
443 So auch LG Dortmund StV **2018** 155; LG Chemnitz Beschl. v. 17.5.2017 – 2 Qs 200/17, BeckRS **2017** 125200; AG Bremen Beschl. v. 8.5.2020 – 91b Gs 333/20 (693 Js 11293/20), StV **2020** 580 (LS.).
444 OLG Koblenz Beschl. v. 16.8.2005 – 1 Ws 501/05; SK/*Wohlers* 49; KK/*Willnow* 24.
445 OLG Hamm NJW **2003** 3286, 3287 (unter Betreuung stehender 80-jähriger Angeklagte) m. krit. Anm. *Bienwald* FamRZ **2004** 400; OLG Rostock Beschl. v. 24.6.2002 – I Ws 273/02 (Jugendlicher); OLG Düsseldorf StV **2002** 236; OLG Frankfurt StV **1984** 370; KMR/*Haizmann* 38; Meyer-Goßner/*Schmitt* 30.
446 Vgl. OLG Celle StV **1997** 624; OLG Zweibrücken StV **1985** 447.
447 OLG Celle StV **1997** 624 (Ablehnung eines günstigen Angebotes des Gerichts auf Einstellung); OLG Zweibrücken StV **1985** 447 m. zust. Anm. *Molketin* NStZ **1986** 136; OLG Frankfurt StV **1984** 370; SK/*Wohlers* 47; AK/*Stern* 62; Meyer-Goßner/*Schmitt* 30; HK/*Julius* 16; KMR/*Haizmann* 38.
448 Problematisch ist aber die Abgrenzung zur Verhandlungsunfähigkeit, vgl. BVerfG NStZ **1995** 391; OLG Düsseldorf StraFo **1997** 336; NJW **1994** 877; KMR/*Haizmann* 31.

104 **bb) Temporäre Defizite.** Schließlich sind **temporäre Behinderungen** durch Krankheit oder damit vergleichbare körperlich-seelische Veränderungen, etwa Schwangerschaft[449] oder **Drogenabhängigkeit,**[450] zu berücksichtigen. Die Fälle der unter Betreuung stehenden Personen sind mit § 140 Abs. 1 Nr. 6 oder doch jedenfalls mit dem Argument, dass dann eine schwierige Rechtslage (Schuldfähigkeit) naheliegt, weitgehend erfasst.[451] Die **Betreuung** wird zum Ausgangspunkt einer Unfähigkeit zur Selbstverteidigung nach Abs. 2 dann gemacht, wenn der Aufgabenkreis der Betreuung die Aufenthaltsbestimmung, die Vermögenssorge, die Vertretung vor Behörden und Institutionen, Wohnungsangelegenheiten sowie die Geltendmachung von Ansprüchen nach SGB I-XII erfasst.[452]

105 **3. Besondere Gruppen von Mandanten.** Die Empirie zeigt, dass es sich bei den besonderen Bedarfen bestimmter Mandantengruppen häufig – aber nicht nur – um Ausprägungen der **Unfähigkeit** zur **Selbstverteidigung** nach § 140 Abs. 2 Var. 3 handelt.

106 **a) Ausländer.** Die wesentlichen **ausländerspezifischen Probleme** der Verteidigung sind bekannt, es geht um eine dreifache Unkenntnis – der deutschen Sprache, sogar der auch für deutsche Laien grundsätzlich nachvollziehbaren Begriffe der Gerichtssprache und des deutschen Rechtssystems, insbesondere des Gerichtsverfahrens, sehr oft infolge Sozialisation in einem völlig anderen Kulturkreis. Die **Literatur**[453] ist weit überwiegend der Auffassung, dass die **Sprachunkenntnis** eines Ausländers an sich schon den Fall der Pflichtverteidigung gemäß § 140 Abs. 2 begründet. Die Anwesenheit des vom Gericht bestellten Dolmetschers[454] bedeutet keine ausreichende Kompensation jedenfalls mit Blick gerade auf die *Verteidigungsunfähigkeit.*[455]

---

449 OLG Düsseldorf NJW **1964** 877; Proteste schwangerer Frauen sind hier freilich ebenso zu erwarten wie in den Fällen der Sehbehinderung in der Vergangenheit (s. Rn. 3).

450 KG Beschl. v. 23.2.2016 – 3 Ws 87/16-141 AR 96/16, NJOZ **2016** 1754 (ein Indiz für eine Unfähigkeit zur Selbstverteidigung bei einem Drogenabhängigen liege vor, wenn dieser unter Betreuung steht); StV **1990** 298; OLG Düsseldorf StV **2002** 236, 237; StV **1998** 647 (inhaftierter Heroinabhängiger); AnwBl. **1978** 355; OLG Frankfurt StV **1984** 370; LG Heilbronn StV **1983** 277; LG Osnabrück StV **1982** 512; SK/*Wohlers* 49; zu einem Fall nicht auf richterlicher Anordnung beruhender Freiheitsbeschränkung in der Drogentherapie LG Gießen Beschl. v. 12.3.1993 – Qs 74/93.

451 Vgl. OLG Nürnberg NStZ-RR **2008** 253; OLG Hamm Beschl. v. 14.8.2003 – 2 Ss 439/03, BeckRS **2003** 8066.

452 Vgl. OLG Celle Beschl. v. 3.12.2019 – 2 Ws 352/19, BeckRS **2019** 31573 Tz. 15; LG Berlin Beschl. v. 19.9.2018 – 502 Qs 102/18, BeckRS **2018** 39322; LG Leipzig StV **2018** 156; LG Magdeburg Beschl. v. 23.8.2017 – 21 Qs 54/17, BeckRS **2017** 151487; beachte aber LG Konstanz Beschl. v. 27.5.2019 – 3 Qs 39/19, BeckRS **2019** 12875 (Notwendigkeit der Verteidigung entfällt nicht deshalb, weil die berufsmäßige Betreuerin Rechtsanwältin ist).

453 *A. Schumann* GA **2020** 281, 297 f.; *Strate* StV **1981** 46; *Oellerich* StV **1981** 437 f.; *Molketin* AnwBl. **1980** 448; SK/*Wohlers* 51; *J. Schmidt* (Verteidigung von Ausländern) Rn. 229; AK/*Stern* 66; KK/*Willnow* 24; KMR/*Haizmann* 40; einschr. Meyer-Goßner/*Schmitt* 30 („regelmäßig, aber nicht ausnahmslos").

454 Ein genereller Anspruch auf „Beiordnung" eines Dolmetschers analog § 140 Abs. 2 besteht aber nicht, vgl. OLG Düsseldorf Beschl. v. 23.12.1998 – 1 Ws 810/98; **a. A.** aber LG Hamburg Beschl. v. 9.10.2019 – 628 Qs 31/19, juris, Tz. 17; LG Berlin Beschl. v. 5.1.1999 – 538 Qs 137/99. Gleichwohl dürfte mittlerweile h. M. sein, dass die unentgeltliche Beiordnung eines Dolmetschers zumindest häufig geboten ist; vgl. OLG Frankfurt StV **1991** 457; KG StV **1990** 171 m. Anm. *Hilger* NStZ **1990** 402; LG Aachen StV **1997** 404; LG Berlin StV **1994** 11; LG Berlin NStZ **1990** 449; LG Bremen StV **1987** 193; LG Düsseldorf StV **1984** 112; AG Bremen StV **1984** 113; *Lüderssen* NJW **1986** 2746; *Pfeiffer* 7; HK/*Julius*/*Schiemann* 18; SSW/*Beulke* 51; **a. A.** OLG Düsseldorf NJW **1989** 677.

455 So auch – mit der Folge der Beiordnung nach § 140 Abs. 2 – OLG Karlsruhe StraFo **2005** 370; StraFo **2002** 193, 194; Beschl. v. 17.10.2000 – Ss 102/00 (sofern dem inhaftierten Angeklagten die Anklageschrift

In der **Rechtsprechung** ist jedenfalls eine Tendenz erkennbar, sich diesen Erwägungen zu öffnen. Freilich nennt ein Teil der Entscheidungen die mangelnde Sprachkenntnis des ausländischen Angeklagten nur neben den Indikatoren der zu erwartenden Strafe,[456] der Schwierigkeit des Verfahrensgegenstandes[457] oder dem schweren Tatvorwurf.[458] Nicht wenige Entscheidungen stützen die Beiordnung aber auch **ausschließlich** oder erkennbar **überwiegend** auf die **Sprachdefizite.** So kann es zu einer Beiordnung bei Sprachunkenntnis, Herkunft aus fremdem Kulturkreis und von der deutschen Durchschnittsnorm abweichender sozialer Herkunft (z. B. eines Landarbeiters) kommen[459] und dies auch bei relativ einfach gelagertem Sachverhalt[460] oder dann, wenn der Angeklagte geständig ist.[461] Im Ganzen empfiehlt sich aber eine **klarstellende Regelung** als Katalogfall in Anlehnung an Nr. 11.[462] **107**

---

nicht in übersetzter Fassung übermittelt wurde); LG Bielefeld StV **2020** 580 (Ls.); LG Stade Beschl. v. 4.5.2020 – 102 Qs 115 Js 1198/20 (19/20), StV **2020** 580 (Ls.) (mit Blick auf Fragen des Duldungsanspruchs nach § 60a AufenthG); LG Berlin Beschl. v. 17.5.2019 – 533 Qs 32/19; LG Itzehoe StV **1983** 454 (unter der weiteren Voraussetzung eines schweren Tatvorwurfs); AK/*Stern* 67. **A. A.** BGHSt **46** 178, 182 ff. m. Anm. *I. Staudinger* StV **2002** 327 und *Tag* JR **2002** 124; KG Beschl. v. 26.1.2000 – 4 Ws 18/00; OLG Nürnberg Beschl. v. 3.12.1997 – Ws 1165/97; OLG Düsseldorf StV **1992** 363; NJW **1989** 677; LG Itzehoe StraFo **2003** 421 m. Anm. *Molketin*; LG Frankfurt Beschl. v. 18.7.1988 – 5/6 Qs 34/88; LG Koblenz MDR **1987** 431; LG Flensburg JurBüro **1982** 1858; ditt. OLG Hamm StV **1995** 64 („nur bei in tatsächlicher Hinsicht einfach gelagerten Fällen ..., nicht aber bei solchen, die Schwierigkeiten von nur einigem Gewicht aufweisen") und ebenso OLG Frankfurt StV **1997** 573. Zusf. *Molketin* AnwBl. **2001** 208, 209.

456 OLG Karlsruhe NStZ **1991** 504; LG Kiel StraFo **2004** 381; LG Baden-Baden StV **1983** 236; AG Bünde StV **2000** 688 (§ 56f StGB bei vierzehn Monaten Restfreiheitsstrafe).

457 OLG Frankfurt StraFo **2008** 205 (komplexe Befragung der einzigen Belastungszeugin bei fehlenden Sprachkenntnissen); OLG Köln NJW **1991** 2223; OLG Stuttgart StV **1987** 240; LG Stade Beschl. v. 4.5.2020 – 102 Qs 115 Js 1198/20 (19/20), StV **2020** 580 (Ls.) (schwierige Fragen des Duldungsanspruchs nach § 60a AufenthG); LG Koblenz Beschl. v. 15.3.2019 – 2 Os 14/19 jug (Unfähigkeit zur Selbstverteidigung eines Ausländers bei mit der Untersuchung und Bewertung einer ausländischen Urkunde einhergehenden tatsächlichen und rechtlichen Schwierigkeiten); LG Dortmund Beschl. v. 21.3.2019 – 35 Qs 9/19, BeckRS **2019** 5120 (Hinzuziehung eines Dolmetschers genügt jedenfalls nicht für den Fall, dass mehrere Zeugen vernommen werden, von denen widersprüchliche Aussagen zu erwarten sind und es daher auf die Glaubwürdigkeit der Zeugen ankomme); LG Hamburg Beschl. v. 9.10.2019 – 628 Qs 31/19; LG Berlin Beschl. v. 17.5.2019 – 533 Qs 32/19; LG Bochum Urt. v. 2.2.2018 – 8 KLs 46 Js 244/15-24/17, BeckRS **2018** 17560 (Kumulation von Schwangerschaftskomplikationen und Sprachdefiziten); LG Freiburg StV **2016** 487; LG Detmold Beschl. v. 28.6.2016 – 21 Qs 49/16, BeckRS **2016** 116894; LG Kiel Beschl. v. 10.11.2015 – 10 Qs 100/15, BeckRS **2016** 14056; Beschl. v. 30.7.2010 – 46 Qs 38/10; AG Montabaur Beschl. v. 12.3.2018 – 12 Ds 2020 Js 51899/17, BeckRS **2018** 3970.

458 OLG Koblenz MDR **1994** 1137; OLG Hamm NStZ **1990** 143; LG Tübingen StV **1992** 154; LG Itzehoe StV **1983** 454.

459 Vgl. zu ähnlich gelagerten Sachverhalten OLG Brandenburg StV **2000** 169; OLG Stuttgart Beschl. v. 24.9.1998 – 3 Ss 545/98; OLG Zweibrücken StV **1988** 379 (**a. A.** aber insoweit ausdrücklich OLG Düsseldorf StV **1988** 363; OLG Hamm NStZ **1990** 143; *Glitz* NStZ **1992** 609); LG Frankfurt Beschl. v. 30.6.2017 – 5/17 Qs 26/17-213 Js 71858/16, BeckRS **2017** 148094; LG Heilbronn StV **1984** 506 (Verstoß gegen die Aufenthaltsberechtigung gem. § 20 AsylVfG); AG Hamburg Beschl. v. 19.12.1996 – 25 Js 1551/96; AG Stuttgart Beschl. v. 10.1.1991 – B 33 Ds 2732/90, LG Ansbach Beschl. v. 8.6.1990 – Qs 102/90; LG Freiburg StV **1989** 296. **A. A.** im Ganzen BGHSt **46** 178, 182; LG Tübingen Beschl. v. 4.8.2010 – 3 Qs 30/10 Hw.

460 OLG Celle NStZ **1987** 521; OLG Karlsruhe NStZ **1987** 552; LG Freiburg StV **1991** 458; LG Aachen StV **1991** 457; LG Hildesheim StV **1988** 13; LG Hannover StV **1987** 352; LG Osnabrück StV **1984** 506.

461 OLG Stuttgart StV **1987** 40.

462 Zur näheren Begr. unten Rn. 126 f.

108 **b) Jugendliche (§ 68 JGG).** Auf die Personengruppe der **Jugendlichen** und – insoweit beschränkt auf Nrn. 1, 4 und 5 (vgl. § 109 Abs. 1 Satz 1) – der **Heranwachsenden** bezieht sich die spezielle Vorschrift des **§ 68 JGG**. Der BTRAussch.[463] ist der Auffassung, dass im Rahmen der gesetzlichen Regeln der notwendigen Verteidigung mit Ermessen bzw. Beurteilungsspielraum zu berücksichtigen ist, dass die Schutzbedürftigkeit des heranwachsenden Beschuldigten gegenüber dem jugendlichen Beschuldigten deutlich eingeschränkt sei. Die Regelungen in § 68 JGG sind – zeitlich weitgehend parallel mit der Umsetzung der PKH-Richtlinie – durch die Umsetzung der **Richtlinie (EU) 2016/800** des Europäischen Parlaments und des Rates vom 11.5.2016 („Kinderrechtsrichtlinie") mit Wirkung vom **17.12.2019** durch das Gesetz zur Stärkung der Verfahrensrechte von Beschuldigten im Jugendstrafverfahren ebenfalls neu gefasst worden.[464] In **Nr. 1** dieser Vorschrift wird faktisch **auf § 140 verwiesen** („Ein Fall der notwendigen Verteidigung liegt vor, wenn ... im Verfahren gegen einen Erwachsenen ein Fall der notwendigen Verteidigung vorliegen würde"). Nur für § 140 Abs. 2 ergeben sich daraus Besonderheiten. Die **Auslegung** der Generalklausel muss, wenn es sich um jugendliche Beschuldigte handelt, **„jugendspezifisch"** erfolgen. Das meint nach dem Verständnis sowohl des Gesetzgebers[465] als auch der Rspr.[466] und des Schrifttums[467] eine **extensive und großzügige Auslegung**, weil junge Beschuldigte zur eigenen Verteidigung in einem formalisierten Verfahren typischerweise nur begrenzt in der Lage sind.[468] Für die Frage, welche Fälle aus spezifisch jugendrechtlicher und jugendkriminologischer dieser besonderen

463 BTRAussch., BTDrucks. **19** 15162 S. 6, zur Änderung des § 68 JGG u. a.

464 BGBl. I S. 2146; s. oben Entstehungsgeschichte II.3. Zu den Verteidigungsrechten der „Kinderrechtsrichtlinie" im Einzelnen *St. Bock* StV **2019** 508, 512 ff.

465 BTRAussch zur Änderung des JGG u. a., BTDrucks. **16** 6978 S. 3 („jugendgemäße Interpretation").

466 OLG Schleswig StV **2009** 86; OLG Hamm StRR **2008** 346; StV **2005** 57 m. Anm. *Theiß*; NJW **2004** 1338; StraFo **2002** 293, 294; OLG Karlsruhe Beschl. v. 28.9.2006 – 3 Ss 140/06; OLG Zweibrücken StV **2007** 9; OLG Köln StraFo **2002** 297; OLG Rostock Beschl. v. 24.6.2002 – I Ws 273/02; OLG Brandenburg NStZ-RR **2002** 184; LG Dresden Beschl. v. 9.5.2018 – 2 Qs 13/18, BeckRS **2018** 42395; LG München Beschl. v. 19.10.2007 – 17 Qs 33/07; LG Berlin StV **2007** 10 (Jugendlicher in U-Haft); LG Braunschweig StV **2005** 62, 63; LG Bremen NJW **2003** 3646; LG Gera Beschl. v. 6.4.1999 – 344 Js 27040/98 – 4 Ns (im Zweifel eher großzügige Auslegung, vor allem im Verfahren vor der Berufungskammer); StraFo **1998** 342 (bei drohender Jugendstrafe, vgl. nunmehr § 68 Nr. 5 JGG); AG Hamburg Beschl. v. 19.12.1996 – 25 Js 1551/96; AG Saalfeld StV **2002** 406 (Beiordnung schon dann notwendig, wenn Mitangeklagter verteidigt ist); AG Saalfeld StV **1994** 604 m. abl. Anm. *Bärens* NStZ **1996** 52.

467 *Gau* StraFo **2007** 315; *Spahn* StraFo **2004** 82; *Geisler* NStZ **2002** 449; *Molketin* AnwBl. **2001** 85, 92 f.; *Ostendorf* StV **1986** 109; *Eisenberg/Kölbel* § 68, 23; SK/*Wohlers* 54; SSW/*Beulke* 53.

468 *Ostendorf* StV **1986** 109; *Eisenberg/Kölbel* § 68, 23; SK/*Wohlers* 54. So auch OLG Schleswig StV **2009** 86; LG Dresden Beschl. v. 9.5.2018 – 2 Qs 13/18 = BeckRS **2018** 42395; LG Gera Beschl. v. 27.5.1998 – 651 Js 40638/97 – 4 Ns; AG Hamburg Beschl. v. 19.12.1996 – 25 Js 1551/96; „jugendgemäße Interpretation" nach BTRAussch. zur Änderung des JGG u. a., BTDrucks. **16** 6978 S. 3; für eine extensive Interpretation zugunsten jugendlicher Angeklagter auch OLG Hamm StraFo **2002** 293, 294; AG Saalfeld StV **1994** 604 m. abl. Anm. *Bärens* NStZ **1996** 52. Vgl. auch OLG Hamm StRR **2008** 346; LG Gera StraFo **1998** 342, wonach in jedem Fall drohender Jugendstrafe ein Verteidiger notwendig ist, siehe dazu auch *Gau* StraFo **2007** 315 und nunmehr § 68 Nr. 5 JGG. Für im Zweifel eher großzügige Auslegung, vor allem im Verfahren vor der Berufungskammer ebenfalls LG Gera Beschl. v. 6.4.1999 – 344 Js 27040/98 – 4 Ns. Siehe ferner OLG Karlsruhe Beschl. v. 28.9.2006 – 3 Ss 140/06; OLG Zweibrücken StV **2007** 9; OLG Hamm StV **2005** 57 m. Anm. *Theiß*; OLG Hamm NJW **2004** 1338; OLG Köln StraFo **2002** 297; OLG Rostock Beschl. v. 24.6.2002 – I Ws 273/02; OLG Brandenburg NStZ-RR **2002** 184; LG Berlin StV **2007** 10 (Jugendlicher in U-Haft); LG Braunschweig StV **2005** 62, 63; LG Bremen NJW **2003** 3646; AG Saalfeld StV **2002** 406 (Beiordnung schon dann notwendig, wenn Mitangeklagter verteidigt ist); *Spahn* StraFo **2004** 82; *Geisler* NStZ **2002** 449 und *Molketin* AnwBl. **2001** 85, 92 f. m. w. N.

Handhabung bedürfen, ist auf das jugendstrafrechtliche Schrifttum zu verweisen.[469] Berücksichtigung finden müssen auch die Wertungen der **Richtlinie** (EU) 2016/800 des Europäischen Parlaments und des Rates vom 11.5.2016 über **Verfahrensgarantien in Strafverfahren für Kinder**, die Verdächtige oder beschuldigte Personen in Strafverfahren sind,[470] deren Umsetzung das Gesetz zur Stärkung der Verfahrensrechte von Beschuldigten im Jugendstrafverfahren vom 9.12.2019 dient.[471]

Ein Eingriff in die Substanz des § 140 Abs. 2 – und nicht nur eine Ergänzung – wäre **109**
mit der Regelung des **§ 68 Nr. 1 JGG** nur dann erfolgt, wenn die Strafverteidigung bei Jugendlichen etwas grundsätzlich Anderes zu sein hätte als bei Erwachsenen. Das ist an sich schon durch die konjunktivische Formulierung des § 68 Nr. 1 JGG ausgeschlossen. Allerdings gibt es im Jugendstrafrecht bekanntlich die Auffassung,[472] der **Verteidiger** eines Jugendlichen oder Heranwachsenden habe eine **erzieherische Aufgabe**, die insofern den kontradiktorischen Strafprozess einschränke. Wäre das richtig, müssten die Auslegungsgrundsätze zu § 140 Abs. 2 mit Blick auf Jugendliche und Heranwachsende nicht nur präzisiert, sondern in ihren Grundlagen modifiziert werden. Voraussetzung dafür wäre wiederum, dass auch für den gemäß § 137 gewählten Verteidiger eines Jugendlichen das Entsprechende gelten würde.[473] Dies ist aber gerade **nicht der Fall**.[474]

c) Zeugen (§ 68b Abs. 2). Einem Zeugen kann nach § 68b Abs. 2 ein **Rechtsbei-** **110**
stand auf Staatskosten beigeordnet werden, „wenn besondere Umstände vorliegen, aus denen sich ergibt, dass der Zeuge seine Befugnisse bei seiner Vernehmung nicht selbst wahrnehmen kann". Etwaiger Analogien zu § 140 Abs. 2, die vor Einfügung des § 68b im Jahr 1999 im Anschluss an die rechtsstaatlich aufgeladene Zeugenbeistands-Rspr. des BVerfG[475] diskutiert und teils auch praktiziert[476] worden sind, bedarf es also heute nicht mehr.

d) Privatkläger (§ 379 Abs. 3). Im Rahmen der nach § 379 Abs. 3 Var. 3 vorgesehe- **111**
nen **Prozesskostenhilfe** hat sich i. V. m. § 121 ZPO eine Praxis der **Beiordnung** eines Rechtsanwaltes bei hoher Komplexität der Rechts- oder Sachlage oder dann, wenn der Privatkläger sein Recht zur Akteneinsicht gem. § 385 Abs. 3 Satz 1 durch einen Rechtsanwalt ausüben möchte, entwickelt.[477]

---

469 Einzelheiten und Kasuistik bei *Eisenberg/Kölbel* § 68, 23 ff.; *J. Walther* MSchrKrim **80** (1997) 108; *Beulke* FS Böhm (1999) 647; *Beulke* in: BMJ (Hrsg.) Verteidigung in Jugendstrafsachen (1987) 170, 195 mit einer instruktiven, allgemeinen und Jugendstrafverfahren vergleichenden „Checkliste für notwendige Verteidigung".

470 ABl. EU L 132 v. 21.5.2016 S. 1 ff.

471 BGBl. I S. 2146.

472 Speziell zu diesem Problem *Rieß* in: BMJ (Hrsg.) 40, 41 ff.; ausf. zum Diskussionsstand *Baumhöfener* 4 ff.; *Bessler* 19 ff.

473 S. Vor § 137, 62.

474 Dazu bereits ausf. § 137, 41 ff.

475 BVerfGE **38** 105. Für den mittellosen Zeugen ergebe sich hieraus jedoch kein Recht auf Beiordnung auf Staatskosten, denn er sei durch § 55 und Hinweispflichten des Gerichts und der Staatsanwaltschaft ausreichend geschützt (BVerfG StV **1983** 489 m. abl. Anm. *Hauffe*).

476 LG Verden MDR **1990** 1135 (analoge Anwendung des § 140 Abs. 2 wegen des fair trial-Grundsatzes); LG Darmstadt StV **1986** 147 (Beiordnung aufgrund der Fürsorgepflicht des Gerichts, wenn es in einer rechtlich und tatsächlich schwierigen Situation um das Recht des Zeugen aus § 55 geht); AG Bremen StV **1983** 500 m. zust. Anm. *Joester* StV **1983** 513 (Möglichkeit der Beiordnung bejaht). **A. A.** AG Stuttgart StV **1992** 262 (Bewilligung von Prozesskostenhilfe unter Beiordnung eines anwaltlichen Zeugenbeistands).

477 LR/*Hilger*[26] § 379, 19; MüKo/*Daimagüler* § 379, 12; SK/*Velten* 15.

112 **e) Nebenkläger (§§ 397a, 406h).** An die Stelle der Pauschalverweisung auf die Befugnisse des Privatklägers sind die **Spezialvorschriften** der §§ 397a und 406h Abs. 3 und 4 getreten.[478]

4. Besondere Verfahrensstadien und -arten

113 **a) Revisionsverfahren.** Im Zuge der Streichung des Antragsrechts des inhaftierten Angeklagten auf Bestellung eines Pflichtverteidigers für die Revisionshauptverhandlung in § 350 Abs. 3 a. F. durch das Gesetz zur Stärkung des Rechts des Angeklagten auf Anwesenheit in der Verhandlung mit Wirkung vom 21.12.2018[479] hat der Gesetzgeber klargestellt,[480] dass im Bereich der Revisionshauptverhandlung künftig **die allgemeinen Vorschriften** über die notwendige Verteidigung zur Anwendung kommen sollen. Damit ist die Auffassung, die Bestellung des Pflichtverteidigers wirke zwar im Revisionsverfahren grundsätzlich fort, ende aber *vor* der Revisionshauptverhandlung, nach der Streichung der Sonderregelung des § 350 Abs. 3 und angesichts des § 143 Abs. 1 – die Pflichtverteidigerbestellung endet erst mit dem rechtskräftigen Abschluss des Gerichtsverfahrens – nicht mehr haltbar.[481]

114 Neben § 140 Abs. 2 kann auch **Art. 6 Abs. 3 lit. c EMRK** die Beiordnung für die Revisionshauptverhandlung erfordern. Erscheint ein Wahlverteidiger zur Hauptverhandlung vor dem Revisionsgericht nicht, oder teilt er vorab mit, dass er nicht erscheinen werde, ist er deshalb in der Regel zum **Pflichtverteidiger für die Revisionshauptverhandlung** zu bestellen.[482] Eine Beiordnung des Verteidigers ist – in diesem Lichte ausgelegt – insbesondere dann geboten, wenn ein „schwerwiegender Fall"[483] vorliegt oder die **Rechtslage** besonders **schwierig** ist.[484] Die Notwendigkeit einer **Beiordnung** für die **Revisionsbegründung** richtet sich hingegen nach anderen rechtlichen Maßstäben.[485]

115 **b) Straf- und Maßregelvollstreckungsverfahren.** Bei der Pflichtverteidigerbestellung in der Strafvollstreckung zeigt sich zunächst im Rahmen der allgemeineren Frage nach der **Dauer der Bestellung** das Problem, ob die irgendwann einmal vorgenommene Bestellung ohne Weiteres in das Vollstreckungsverfahren hinüberwirkt oder der Pflichtverteidiger für das Vollstreckungsverfahren gesondert bestellt werden muss. Da die Neufassung des **§ 143 Abs. 1** diese Frage nach dem Willen des Gesetzgebers[486] trotz entgegenstehender Vorschläge in vorangegangenen Gesetzgebungsverfahren[487] **nicht entscheiden** sollte und nach dem Wortlaut auch nicht entschieden hat, bleibt es bei

---

478 Oben Rn. 51 ff; erg. speziell zur Prozesskostenhilfe bei Nebenklage im Revisionsverfahren *Ruppert* MDR **1995** 56.

479 BGBl. I S. 2571.

480 Vgl. BTDrucks. **19** 4467 S. 24.

481 S. § 143, 3.

482 BGH (Vfg. d. Vors.) StV **2015** 79.

483 BVerfGE **46** 202; OLG Köln StV **2016** 789 (Verurteilung wegen eines Verbrechenstatbestands in der ersten Instanz).

484 Vgl. zur Spruchpraxis der Senatsvorsitzenden BGHSt **19** 258; BGH StV **2015** 739; StV **2011** 645; OLG Hamm FD-StrafR **2013** 341905; Beschl. v. 15.1.2007 – 2 Ws 332/06; KG NStZ **2007** 663 sowie *Rissing-van Saan* StraFo **2010** 359, 362.

485 Oben Rn. 98.

486 BTDrucks. **19** 13829 S. 43 sowie § 143, 3.

487 In der Stellungnahme des Deutschen Richterbundes zur Neuordnung der Sicherungsverwahrung (BTDrucks. **17** 3403 9) war eine Beiordnung von Amts wegen ab dem Beginn des Strafvollzugs vorgeschlagen worden.

der Anwendung des § 140 Abs. 2 für den erforderlichen **neuen Bestellungsakt.**[488] Auch wenn Wortlaut und Systematik des § 140 Abs. 2 auf das Erkenntnisverfahren zugeschnitten zu sein scheinen, wird hier von einer **direkten Anwendung** des **§ 140 Abs. 2** ausgegangen.[489] Geht es um den Sonderfall der Pflichtverteidigung im Rahmen eines gegen **Jugendliche** betriebenen Vollstreckungsverfahrens, so kann direkt auf § 83 Abs. 3 Satz 2 JGG zurückgegriffen werden, der auf die sinngemäße Anwendung von § 68 JGG verweist.[490]

Anders als bei Jugendlichen ist bei Erwachsenen keine „jugendspezifisch" weite und großzügige,[491] sondern eine grundsätzlich **zurückhaltende Anwendung** des § 140 Abs. 2 geboten, weil im Vollstreckungsverfahren in geringerem Maße als in dem kontradiktorisch ausgestalteten Erkenntnisverfahren ein Bedürfnis nach Mitwirkung eines Verteidigers auf Seiten des Verurteilten besteht.[492] Es ist **von Fall zu Fall** zu entscheiden.[493] **116**

aa) Auslegungsgrundsätze im Strafvollstreckungsverfahren. Die dem Vollstreckungskontext gemäße Anwendung des § 140 Abs. 2 bedeutet nach st. Rspr.,[494] dass grundsätzlich nicht auf die besondere Schwere der abgeurteilten Tat oder auf die Schwierigkeit der Sach- oder Rechtslage im Erkenntnisverfahren, sondern auf die **Schwere des Vollstreckungsfalls** für den Verurteilten oder auf die besondere Schwierigkeit der **Sach- oder Rechtslage** gerade **im Vollstreckungsverfahren** abzustellen ist. Ferner muss eine **konkrete Entscheidung** durch die Strafvollstreckungskammer in absehbarer Zukunft bevorstehen.[495] Der Hinweis auf eine künftig von Amts wegen ohnehin durchzuführende Regelüberprüfung der Unterbringung kann die Versagung der Bestellung allerdings dann nicht rechtfertigen, wenn der Antrag mehrere Monate vor dem amtlichen Überprüfungstermin gestellt wird; „rechtsmissbräuchlichen" Anträgen kann durch eine **Sperrfrist** nach § 67e Abs. 3 Satz 2 StGB begegnet werden.[496] **117**

488 So auch KG NStZ-RR **2005** 127, 128; NStZ-RR **2002** 63, 64; Beschl. v. 19.2.2002 – 5 Ws 104-105/02; Beschl. v. 2.5.2001 – 5 Ws 212/01; OLG Frankfurt NStZ-RR **2003** 252. Von einer Fortwirkung der Bestellung gehen hingegen OLG Stuttgart NStZ-RR **2003** 114; NJW **2000** 3367; *Litwinski* 180 f. aus, freilich vor Einfügung des § 143 Abs. 1 n. F.

489 Dies dürfte nach BTDrucks. **19** 13829 S. 43 auf der Auffassung des Gesetzgebers entsprechen. I. d. S. auch KG StV **2015** 577 (**a. A.** bei Disziplinarmaßnahmen KG NStZ **2017** 115); *Wohlers* FS Seebode (2008) 573, 582 ff.; *Laubenstein* 183 f. m. w. N. Zu Praxisproblemen beim Pflichtverteidiger nach Rechtskraft des Urteils *Ahmed* StV **2015** 252; *Doleisch von Dolsperg* StraFo **2005** 45, 47 ff.

490 Vgl. *Hartman-Hilter* StV **1988** 308; genauer dazu bereits oben Rn. 108 f.

491 S. oben Rn. 108.

492 So auch die st. Rspr., vgl. BVerfG NJW **2002** 2773, 2774; OLG Koblenz Beschl. v. 25.3.2019 – 2 Ws 156/19, BeckRS **2019** 8003; Beschl. v. 25.6.2018 – 2 Ws 308/18; Beschl. v. 27.12.2016 – 2 Ws 502 u. 503/16; OLG Stuttgart StV **2018** 379; OLG Frankfurt NStZ-RR **2017** 252; NStZ-RR **2016** 229; KG Beschl. v. 6.12.2016 – 2 Ws 248/16-161 AR 145/16, BeckRS **2016** 122651; Beschl. v. 10.8.2016 – 5 Ws 105/16-121 AR 8/16, BeckRS **2016** 119933; OLG Köln StraFo **2016**, 86; **a. A.** MüKo/*Thomas*/*Kämpfer* 7; SSW/*Beulke* 56.

493 Vgl. BVerfGE **103** 21, 41; BVerfG NJW **2002**, 2773.

494 OLG Braunschweig Beschl. v. 17.12.2019 – 1 Ws 280-1 Ws 287/19, BeckRS **2019** 33291 Tz. 16; OLG Frankfurt Beschl. v. 7.10.2014 – 3 Ws 861/14; Beschl. v. 14.1.2008 – 3 Ws 26/08; OLG Celle Beschl. v. 20.9.2011 – 2 Ws 242/11; Beschl. v. 19.1.2007 – 1 Ws 6/07; OLG Nürnberg StV **2009** 145; OLG Rostock StraFo **2008** 206; OLG Bremen StV **2008** 530; OLG Hamm NStZ **2008** 219; OLG Bamberg NJW **2007** 3796; KG StV **2007** 94 (Auseinandersetzung mit einem umfangreichen psychiatrischen-neurologischem Gutachten zur Gefährlichkeitsprognose erforderlich); NStZ-RR **2006** 211; StraFo **2002** 244, 245; Beschl. v. 15.11.2001 – 5 Ws 715/01; OLG Brandenburg StV **2007** 95; OLG Schleswig SchlHA **2002** 150, 151; LG Kiel Beschl. v. 6.12.2010 – 43 StVK 91/10 (Vollstreckungshilfeverfahren); LG Heilbronn StraFo **2002** 329.

495 KG Beschl. v. 19.2.2002 – 5 Ws 104-105/02.

496 So auch OLG Oldenburg StV **2006** 429.

118 **bb) Kasuistik. § 140 Abs. 2** kann unter Berücksichtigung der vorgenannten Besonderheiten eine **Beiordnung** im **Strafvollstreckungsverfahren** rechtfertigen, wenn die **Unfähigkeit zur Selbstverteidigung** besteht,[497] die insbesondere auf einer bislang nicht aktenkundigen dissozial-narzisstischen Persönlichkeitsstörung beruht;[498] bei anderweitiger psychischer **Erkrankung**;[499] Überforderung;[500] eingeschränkten deutschen Sprachkenntnissen bei schwieriger Verfahrenslage;[501] bei unter **Betreuung** Stehenden;[502] wenn der Verurteilte eine angeborene Lernschwäche hat, welche u. a. mit Sprach- und Konzentrationsproblemen einhergeht;[503] wegen der **Schwere des Vollstreckungsfalls** bei **Widerruf** einer Strafaussetzung zur **Bewährung**;[504] bei Aussetzung der Vollstreckung einer lebenslangen Freiheitsstrafe;[505] bei schwerwiegenden ausländer- und strafvollstreckungsrechtlichen Konsequenzen, die drohen, wenn ein Antrag nach **§ 456a** gestellt wird;[506] wegen besonderer Schwierigkeit der **Sach- oder Rechtslage**, wenn bereits zweimal durch das jeweils zuständige Beschwerdegericht die vom Verurteilten angefochtenen Entscheidungen aufgrund von Verfahrensfehlern aufgehoben werden mussten;[507] bei Entscheidung über die **Änderung der Vollstreckungsreihenfolge** mehrerer Freiheitsstrafen sowie der Zurückstellung der Strafvollstreckung;[508] Sachverständigengutachten zur Therapieweisung ohne deutliche Empfehlung;[509] beim Aufenthalt in einer JVA im Ausland;[510] Divergenz zwischen Stellungnahme der Vollzugsanstalt und Sachverständigengutachten[511] oder wenn Staatsanwaltschaft und die beteiligten Gerichte die Gründe für einen Bewährungswiderruf unterschiedlich beurteilen.[512] Eine beiordnungsbegründende Schwierigkeit wurde auch angenommen, wenn nach Vollverbüßung **Führungsaufsicht** mit ggf. zahlreichen Weisungen, welche die Lebensführung des Verurteilten einschränken würden, in Betracht kommt[513] oder wenn der Verurteilte sein Recht auf **Akteneinsicht** nicht ohne einen Verteidiger wahrnehmen kann.[514]

---

497 Vgl. OLG Stuttgart Beschl. v. 5.10.2015 – 4 Ws 328/15; OLG Köln Beschl. v. 29.12.2015 – 2 Ws 834/15; ablehnend bei Heroinabhängigkeit LG Saarbrücken Beschl. v. 14.10.2015 – 4 Qs 14/15.

498 OLG Celle Beschl. v. 3.12.2019 – 2 Ws 352/19, BeckRS **2019** 31573 Tz. 15; OLG Hamburg StV **2018** 143.

499 OLG Hamm StV **2016** 513; LG Hamburg StV **2018** 156.

500 OLG Frankfurt StV **2015** 229.

501 OLG Hamm Beschl. v. 9.12.2014 – 3 Ws 431, 432/12 = BeckRS **2015** 255.

502 OLG Celle Beschl. v. 3.12.2019 – 2 Ws 352/19, BeckRS **2019** 31573 Tz. 15 (nur Indizwirkung); LG Berlin StV **2018** 156; restriktiver aber OLG Celle Beschl. v. 3.12.2019 – 2 Ws 352/19, 2 Ws 355/19 u. a.; LG Münster Beschl. v. 12.3.2020 – 9 Qs-82 Js 6888/19-14/20.

503 OLG Köln StV **2016** 512.

504 OLG Hamm Beschl. v. 9.12.2014 – 3 Ws 431, 432/12, BeckRS **2015** 00255 (zusätzlich zu eingeschränkten Deutschkenntnissen) m. Anm. *Rueber-Unkelbach* jurisPR-StrafR 16/**2015** Anm. 4; OLG Köln StV **2017** 157; LG Halle Beschl. v. 4.3.2020 – 7 BRs-383 Js 69115/16 (39/19); LG Magdeburg StraFo **2015** 116; AG Backnang StV **2015** 47; StV **2014** 39.

505 KG Beschl. v. 3.11.2014 – 2 Ws 356/14; OLG Celle NStZ-RR **2012** 29.

506 LG Hamburg StV **2018** 156.

507 OLG Köln StV **2017** 157 (mit dem Argument, dass diese prozessuale Ausnahmesituation intellektuell überfordern dürfte).

508 BTDrucks. **18** 11272 S. 35; LG Braunschweig StV **2019** 185; LG Mannheim StV **2018** 156.

509 OLG Schleswig **StV** 2016 512.

510 LG Bremen StV **2014** 39.

511 OLG Stuttgart StraFo **2016** 216; einschr. OLG Celle Beschl. v. 3.12.2019 – 2 Ws 352/19.2 Ws 355/19, BeckRS **2019** 31573 (divergierende Prognoseentscheidungen der JVA im Rahmen des Verfahrens nach § 57 Abs. 1 StGB).

512 VerfGH Sachsen StV **2019** 172.

513 KG Beschl. v. 31.1.2020 – 1 ARs 4/20.

514 OLG Braunschweig Beschl. v. 17.12.2019 – 1 Ws 280/19 u. 287/19.

cc) Maßregelvollstreckungsverfahren. In der **Maßregelvollstreckung** wurde eine Notwendigkeit der Verteidigung nach **§ 140 Abs. 2** angenommen, wenn **Besonderheiten** im **Diagnose- und Prognosebereich** bestehen, ersichtlich ist, dass sich der Verurteilte aufgrund seiner Erkrankung, einer erheblichen Intelligenzminderung oder aus anderen Gründen nicht selbst verteidigen kann oder wenn die Entscheidung unter Würdigung aller Umstände, bspw. wegen einer schon langen Dauer der Freiheitsentziehung, für den Verurteilten von besonders **hohem Gewicht** ist.[515] Eine notwendige Verteidigung wurde auch für das **Anrechnungsverfahren** nach § 450a angenommen.[516] Auch bei der Entscheidung über die **Aussetzung** der Vollstreckung einer Maßregel sollte regelmäßig ein Pflichtverteidiger bestellt werden.[517] Dabei soll er stets nicht für das gesamte Maßregelvollstreckungsverfahren, sondern nur für den einzelnen Verfahrensabschnitt bestellt werden.[518] Eine nachträgliche Beiordnung nach Verfahrensbeendigung wurde dagegen abgelehnt.[519] Die Praxis hat seit jeher auch in Verfahren, in denen es um eine **Unterbringung** in einem **psychiatrischen Krankenhaus** nach den §§ 63 ff. StGB geht, auch wenn dies gemäß **§ 463 Abs. 4 Satz 8** im Überprüfungsverfahren erst nach jeweils drei bzw., nach Ablauf von sechs Jahren, in Abständen von zwei Jahren bei Überprüfung durch einen Sachverständigen zwingend ist,[520] Verteidiger nach § 140 Abs. 2 beigeordnet.[521] Nichts anders gilt bei **Sicherungsverwahrung** (neben § 463 Abs. 8 Satz 1 für die gesamte SV-Vollstreckung existiert auch hier eine spezielle Bestellungsvorschrift in § 463 Abs. 3 Satz 5 für die in § 67c Abs. 1 StGB geregelten Fälle des Vorwegvollzugs der Strafe),[522] während nach früherem Recht eine Verteidigerbestellung erst nach einer Unterbringungsdauer von zehn Jahren zur Vorbereitung der Erledigungserklärung notwendig war, und in den Verfahren nach dem **Therapieunterbringungsgesetz** (vgl. § 7 Abs. 1 Satz 1 ThuG i. V. m. § 78 ZPO).[523] 119

dd) Strafrestaussetzungsverfahren; Widerruf. In Verfahren zur **bedingten Aussetzung** der Freiheitsstrafe gemäß § 57 StGB ist zumindest für Verfahren über die Ausset- 120

---

515 BVerfG NJW **1986** 767, 771; OLG Braunschweig Beschl v. 20.6.2017 – 1 Ws 156/17, BeckRS **2017** 114197; Beschl. v. 18.12.2014 – 1 Ws 343/14, BeckRS **2015** 2332; OLG Hamm Beschl. v. 3.11.2016 – 4 Ws 346/16, 4 Ws 347/16, BeckRS **2016** 20197.

516 LG Gießen Beschl. v. 24.6.2013 – 1 StVK 335/13.

517 OLG Düsseldorf StV **1985** 377; siehe auch BVerfG StV **1994** 93.

518 OLG Düsseldorf StrFo **2011** 371. OLG Zweibrücken NStZ **2010** 470.

519 OLG Hamm StRR **2013** 103; vgl. allg. § 141, 2 f.

520 Vgl. EGMR NStZ **1993** 148; BVerfG Beschl. v. 13.11.2005 – 2 BvR 792/05; OLG Düsseldorf StV **1983** 407.

521 Vgl. BVerfG NJW **2009** 3153; OLG Hamburg StraFo **2020** 198; OLG Celle StV **2019** 175; OLG Frankfurt StV **2015** 48; StraFo **2014** 304; OLG München StV **2015** 49; StraFo **2009** 527; OLG Stuttgart NStZ **2011** 93; NJW **2000** 3367, 3368; StV **1993** 378; OLG Braunschweig StV **2008** 590; OLG Nürnberg StraFo **2007** 418; OLG Oldenburg StV **2006** 429; KG AGS **2005** 346 (stillschweigende Beiordnung); NStZ-RR **2005** 127 (speziell zur Frage der Beschränkbarkeit der Bestellung); Beschl. v. 15.11.2001 – 5 Ws 715/01 (Ablehnung der Bestellung im konkreten Fall); OLG Köln NStZ **2005** 466; OLG Karlsruhe StV **2005** 448 (bei Abbruch der Maßregel); NStZ-RR **2004** 19 (bei Zweifeln an der Verteidigungsfähigkeit); StV **1997** 314; OLG Braunschweig StV **2001** 21; OLG Hamm StV **2001** 20; OLG Jena StV **1997** 540; OLG Düsseldorf NStZ **1996** 152; NStZ **1989** 92; SSW/*Beulke* 55.

522 Vgl. OLG Dresden StV **2015** 50 (erforderlich ist nur ein einziger Bestellungsbeschluss vor der ersten gerichtlichen Entscheidung, der für jedes weitere Verfahren bis zur Aufhebung der Bestellung fortwirkt, vgl. unten § 143, 3); OLG Düsseldorf StV **1983** 11; OLG Celle StV **1982** 262; LG Paderborn NStZ **1981** 365; KK/*Appl* § 463, 7a; Meyer-Goßner/*Schmitt* 33; SSW/*Beulke* 55 a. E.

523 Vgl. OLG Nürnberg NStZ **2011** 588; OLG München Beschl. v. 29.4.2011 – 34 Wx 183/11; OK-StPO/*Coen* § 7 ThuG, 1.

zung der **Halbstrafe** gemäß § 57 Abs. 2 StGB davon auszugehen, dass nicht nur in Ausnahmefällen,[524] sondern **regelmäßig** eine Beiordnung gemäß § 140 Abs. 2 zu erfolgen hat.[525] Denn schon im Strafverfahren ist bei zu erwartenden Freiheitsstrafen von einem Jahr in der Regel die Beiordnung eines Verteidigers geboten.[526] Aus der Sicht des Verurteilten macht es aber keinen Unterschied, ob er ein Jahr Freiheitsstrafe aufgrund des Urteils im Strafverfahren oder der Entscheidung der Strafvollstreckungskammer verbüßt, die eine Aussetzung der Halbstrafe ablehnt. Hinzu kommt, dass die Beiordnung eines Verteidigers geboten ist, wenn die Voraussetzung einer sachgemäßen Verteidigung **Kenntnis der Akten** ist.[527] Die Entscheidung über die Aussetzung der Reststrafe ergeht ohne mündliche Verhandlung unter Anhörung der Beteiligten, § 454. Empirische Untersuchungen[528] haben gezeigt, dass die Vollstreckungskammern überwiegend, d. h. zu ungefähr 75 Prozent, den Stellungnahmen der Staatsanwaltschaft und der JVA folgen. Um dieser „Grundlage“ der Aussetzungsentscheidung gewachsen zu sein, muss der Gefangene sie kennen. Das Recht zur Einsicht in die Akten – hier geht es vor allem um **Gefangenenpersonalakten**, soweit sie der Strafvollstreckungskammer vorgelegt werden – steht aber gemäß § 147 Abs. 4 dem Verurteilten nur mit Einschränkungen zu.[529]

121 Die Prüfung eines notwendigen **Widerrufs einer** Strafaussetzung zur **Bewährung** nach § 56f StGB ist hingegen **nicht** losgelöst vom Einzelfall als schwierig zu bezeichnen;[530] insbesondere dann nicht, wenn die Begehung von Straftaten während der Bewährungszeit durch den Verurteilten bereits rechtskräftig festgestellt worden ist.[531] Anders ist es dann, wenn Anlass für den Widerruf der Strafaussetzung eine Tat bietet, derentwegen die Schuldfähigkeit des Angeklagten durch ein psychiatrisches Gutachten geprüft werden muss.[532]

122 **c) Strafvollzug (§ 120 StVollzG).** Anknüpfungspunkt für die nach Eintritt der Rechtskraft notwendige Neubestellung[533] ist nicht § 140 Abs. 2, sondern **§ 120 StVollzG.** Dort ist die Verweisung auf die Vorschriften der Strafprozessordnung nur ganz allgemein vorgenommen, nicht speziell wie in § 68 Nr. 1 JGG und dem in Verbindung damit zu

---

524 OLG Schleswig SchlHA **2003** 190 (Ls.) (Aufgabe von OLG Schleswig SchlHA **1997** 153); *Rotthaus* NStZ **2000** 351; restriktiv auch OLG Nürnberg Beschl. v. 12.11.1998 – Ws 1572/97 u. Ws 1573/97 (Ablehnung mit dem Hinweis, dass es – aufgrund einer als verfrüht anzusehenden Antragstellung – gar nicht zu einer sachlichen Prüfung des Aussetzungsantrags komme); OLG Jena NStZ-RR **2003** 284 (keine Beiordnung, wenn die Voraussetzungen einer Strafaussetzung zur Bewährung zweifelsfrei vorliegen).

525 OLG Braunschweig StV **2003** 684 (bei Auseinandersetzung mit umfangreichem psychologischen Sachverständigengutachten im Prüfungsverfahren nach § 57 StGB generell Beiordnung erforderlich); OLG Hamm StraFo **2001** 394 (Gesamtabwägung führt zu notwendiger Beiordnung); OLG Hamm StraFo **2000** 32 (Unfähigkeit zur Selbstverteidigung); StV **1984** 105; NStZ **1983** 189; KG StV **1984** 502; LG Mannheim StV **1993** 256 (Beiordnung bei Kombination von § 57 Abs. 1 StGB und § 456a); LG Berlin Beschl. v. 12.1.1999 – 1 AR 1550/98-5 Ws 9/99 (vollstreckungsrechtliche Lage schwierig); StV **1991** 433.

526 S. die Nachw. oben Rn. 79.

527 S. oben Rn. 87.

528 *Aufsattler u. a.* MSchrKrim **65** (1982) 305; *Dünkel/Ganz* MSchrKrim **68** (1985) 157.

529 Speziell zu den Gefangenenpersonalakten 147, 70 ff.

530 OLG Celle Beschl. v. 19.1.2007 – 1 Ws 6/07; StV **2003** 575; OLG Schleswig SchlHA **2005** 259 (Beiordnung nicht grundsätzlich geboten); SchlHA **2002** 150, 151 (Beiordnung stellt im Vollstreckungsverfahren die Ausnahme dar); weitere Gesichtspunkte bei AG Bünde StV **2000** 688.

531 LG Potsdam NStZ **2003** 331, 332. Nach OLG Hamm StraFo **2002** 29 und OLG Schleswig SchlHA **2002** 150, 151 soll ferner die Dauer der nach dem Bewährungswiderruf ggf. noch zu vollstreckende (Rest-) Freiheitsstrafe kein alleiniges Kriterium für die Notwendigkeit der Beiordnung sein.

532 OLG Bamberg NStZ **1985** 39 m. Anm. *Pöpperl.*

533 S. bereits oben Rn. 115 zur Verteidigung in der Strafvollstreckung.

sehenden § 83 Abs. 3 Satz 2 JGG. Die Beiordnung eines Rechtsanwalts ist nur in den Fällen der §§ 109 Abs. 3, 119a Abs. 6 StVollzG vorgesehen. Im Übrigen kommt eine **entsprechende Anwendung** des § 140 Abs. 2 im gerichtlichen Verfahren nach den §§ 109 ff. StVollzG *e contrario* und wegen des Verfügungsgrundsatzes **nicht in Betracht**.[534]

d) Nicht von § 140 erfasste, anderweitig geregelte Fälle der Pflichtverteidigung. Es sind dies[535] **in** der **StPO** vor allem die Fälle der § 231a Abs. 4; 364a, b;[536] § 408b;[537] § 418 Abs. 4;[538] § 428 Abs. 2 Satz 1;[539] § 463 Abs. 3 Satz 5; Abs. 4 Satz 8; Abs. 8 Satz 1[540] sowie **außerhalb** der **StPO** insbesondere die §§ 68, 83 Abs. 3 Satz 2 JGG;[541] § 7 Abs. 1 Satz 1 ThuG i. V. m. § 78 ZPO;[542] §§ 31, 37 Abs. 6, 46 Abs. 4, 50 Abs. 2 Satz 1 IStGHG; § 60 OWiG[543] und die Fälle der **Rechtsbeistandschaft** in den §§ 40, 45 Abs. 6, 53 Abs. 2, 83j IRG.[544] Für den von **gefahrenabwehrrechtlichen** Maßnahmen Betroffenen ist der primäre Weg, staatliche Ressourcen für rechtlichen Beistand zu erlangen, die antragsabhängige[545] Prozess- bzw. Verfahrenskostenhilfe und in geringerem Umfang auch die Beratungshilfe. Bislang nur einzelne **Landespolizeigesetze** (§ 38 Abs. 3 PolG NRW, § 28d Abs. 3 BbgPolG [„wenn die Dauer der Freiheitsentziehung vier Tage überschreitet"]) halten Bestimmungen über den notwendigen **anwaltlichen Beistand** für Personen vor, gegen die eine richterlich angeordnete Ingewahrsamnahme auf polizeirechtlicher Grundlage vollzogen wird. 123

C. Reformfragen: Nicht von § 140 erfasste, noch zu regelnde Fälle der Pflichtverteidigung

Obwohl die Regelung in § 140 zuletzt durch das Gesetz zur Neuregelung des Rechts der notwendigen Verteidigung mit Wirkung vom 13.12.2019 reformiert wurde, sind noch 124

534 OLG Bremen NStZ **1982** 84; OK-StVollzG/*Euler* § 120, 5; SK/*Wohlers* 59; *Litwinski* 202 ff.

535 Vgl. auch die Zusammenstellungen der Fälle notwendiger Verteidigung außerhalb von § 140 bei *Inoue* 69 ff.; *Mehle* 142 ff. und *dems.* NJW **2007** 969, 972 (zu beiden auch *Kilian* BRAK-Mitt. **2006** 408 f.); HK/*Julius*/*Schiemann* 4.

536 Vgl. LR/*Gössel*[26] § 364a, 2 ff; § 364b, 2 ff.

537 Die nach dieser Norm erfolgte Beiordnung besteht auch für die nach Einspruch anberaumte Hauptverhandlung fort, vgl. OLG Celle NStZ-RR **2011** 295; *Lutz* NStZ **1998** 395; *Brackert*/*Staechelin* StV **1995** 547; LR/*Gössel*[26] § 408b, 2.

538 Vgl. *Ernst* StV **2001** 367; LR/*Gössel*[26] § 418, 46; SK/*Wohlers* 25 a. E.

539 Dies gilt auch für das selbstständige Einziehungsverfahren **A. A.** AG Reutlingen Beschl. v. 20.1.2020 – 5 Ds 28 Js 3435/19, wo aber der Verweis in § 435 Abs. 3 Satz 2 auf § 428 Abs. 2 übersehen wird (so auch die Beschwerdeentscheidung LG Tübingen Beschl. v. 11.2.2020 – 9 Qs 16/20, allerdings, ohne die daraus gebotenen Konsequenzen zu ziehen).

540 Vgl. ausf. oben Rn. 119.

541 Oben Rn. 108 ff.

542 Vgl. oben Rn. 119.

543 Vgl. OLG Saarbrücken NJW **2007** 309; zu den §§ 46 OWiG i. V. m. §§ 140 ff. bereits oben Rn. 72, 79.

544 Vgl. LG Kiel StV **2011** 429; LG Hamburg StV **2011** 430 (analoge Anwendung auf die §§ 59 ff. IRG); *Ahlbrecht*/*Schlei* StraFo **2013** 265. Die Begrifflichkeit „Beistand" und nicht „(Pflicht-)Verteidiger" ist Konsequenz aus der Tatsache, dass es sich bei der Auslieferung nicht um ein innerstaatliches Strafverfahren handelt, sondern völkerrechtliche Verpflichtungen der Bundesrepublik Deutschland in einem *sui generis*-Verfahren erfüllt werden, vgl. Ambos/König/Rackow-IRG/*Köberer* § 40, 508; Schomburg/Lagodny-IRG/*Hackner*/*Riegel* § 40, 8.

545 Vgl. BGH NVwZ **2016** 1430, 1432 Tz. 12 ff.; zu dem vergleichbaren Mechanismus bei der Privatklage oben Rn. 111.

immer einige regelungsbedürftige Fälle nicht oder nicht ausdrücklich erfasst. Neben weiteren bedenkenswerten Vorschlägen zur Vereinheitlichung, Klarstellung und Straffung des geltenden Rechts[546] bedürfen insbesondere folgende **drei Regelungszusammenhänge** der Normierung:

125 **1. Wahlbeistand beim Nebenkläger.** Im Rahmen des **§ 140 Abs. 1 Nr. 9** bleibt unter Aspekten der **Waffengleichheit** bislang unverständlich, warum hier nur der beigeordnete Nebenklägervertreter erfasst wird.[547] Für den Beschuldigten macht es keinen Unterschied, wer den sog. Opferanwalt honoriert. Es ist allein entscheidend, dass er dem Nebenkläger, der durch einen Rechtsanwalt oder Hochschullehrer vertreten wird, unterlegen ist. Löst man die Fälle nicht im Wege der Analogie,[548] sollte die Norm ***de lege ferenda*** für den Wahlbeistand auf Seiten des Nebenklägers in Nr. 9 angepasst werden.

126 **2. Sprachunkundige ausländische Beschuldigte.** Nicht ohne Weiteres erklärbar ist im Fall des **§ 140 Abs. 1 Nr. 11,** dass **Ausländer**, die der **deutschen Sprache** nicht mächtig sind, dem Wortlaut der Norm nicht unterfallen. Sofern sie keinerlei Sprachkenntnisse haben, dürften sie ähnliche Schwierigkeiten beim Verfolgen der Hauptverhandlung und der Artikulation haben wie hör- und sprachbehinderte Beschuldigte. Zwar haben ausländische, sprachunkundige Beschuldigte einen kompensatorischen Anspruch auf einen Dolmetscher nach § 187 GVG,[549] dies gilt aber auch für den Gebärdendolmetscher des Hör- oder Sprachbehinderten. Während hör- und sprachbehinderte Beschuldigte aber einen (antragsabhängigen) Anspruch auf Zuziehung eines Pflichtverteidigers haben, ist dies den ausländischen Beschuldigten **allenfalls** nach **§ 140 Abs. 2** möglich.[550]

127 Manifest Sprachunkundige dem Gesetzesbegriff der „Sprach- und Hörbehinderung" in Nr. 11 zu subsumieren, kann aber mit Blick auf **Art. 3 Abs. 3 GG** eine Option **verfassungskonformer Auslegung** sein. Allerdings differenziert auch Art. 3 Abs. 3 GG zwischen der sprachbezogenen Ausländer- (Satz 1) und der Behinderteneigenschaft (Satz 2).[551] Eine relevante Benachteiligung muss nach Lage des jeweiligen Falles jedenfalls dann bejaht werden, wenn die **Unfähigkeit des Verstehens und Artikulierens** in deutscher Sprache ein vergleichbares Ausmaß erreicht wie es für die Intensität einer „Behinderung" nach § 140 Abs. 1 Nr. 11 notwendig ist.[552] ***De lege ferenda*** ist gleichwohl aus Gründen der Rechtsklarheit die Aufnahme sprachunkundiger Beschuldigter in den Katalog des § 140 Abs. 1 Nr. 11 wünschenswert, da nach aktueller Rechtslage i. R. d. § 140 Abs. 2 eine **Schutzlücke** besteht.[553]

---

546 Zutr. *Graalmann-Scheerer* StV **2011** 696, 700: „Das Recht der notwendigen Verteidigung ist reformbedürftig und insgesamt für alle Verfahrensstadien – auch für die Vollstreckung – in § 140 zu regeln. Der Katalog des Abs. 1 wird ... erweitert werden müssen. § 140 Abs. 2 sollte um einen Regelbeispielkatalog ergänzt werden, der die wesentlichen, von der obergerichtlichen Rechtsprechung entschiedenen Konstellationen enthalten sollte".

547 **A. A.** für einen Einzelfall EGMR StV **2020** 142 – D. L. gegen Deutschland – m. zutr. krit. Anm. *Esser*; s. bereits oben Rn. 53.

548 Nachw. ebenfalls oben Rn. 53.

549 Oben Rn. 106.

550 S. Rn. 106 a. E.

551 Vgl. zu mangelnden Sprachkenntnissen eines Ausländers im Kontext des Diskriminierungsverbots BVerfGE **39** 334, 368; Sachs/*Osterloh* Art. 3, 299; **a. A.** Maunz/Dürig/*Langenfeld* Art. 3 Abs. 3, 51.

552 Dazu Rn. 63.

553 Keine Beiordnung erfolgte beispielsweise bei einem ausländischen Angeklagten, der gleichzeitig Analphabet war, durch LG Hamburg Beschl. v. 9.10.2019 – 628 Qs 31/19, juris, Tz. 17 (**a. A.** LG Berlin

3. Verständigung nach § 257c. Für den Fall, dass durch das Gericht und/oder die Staatsanwaltschaft eine **Verständigung** nach **§ 257c** in Betracht gezogen wird, ist zuletzt noch die Aufnahme eines neuen **Katalogfalls** notwendiger Verteidigung in § 140 Abs. 1 geboten. Hierauf hat das Gesetz zur Regelung der Verständigung im Strafverfahren vom 29.7.2009 noch verzichtet. Die – rechtlich gebotene –[554] Anwendung der **Generalklausel** des § 140 Abs. 2 ist in Fällen kleinerer und mittlerer Kriminalität im Verständigungskontext in der Praxis mit Imponderabilien belastet.[555] Doch hat nach den Ergebnissen der empirischen Studie über die Verständigungspraxis des BVerfGE **133** 168 im Auftrag des BMJV[556] der nicht anwaltlich vertretene Angeklagte nicht dieselben Chancen auf das Zustandekommen einer Verständigung wie derjenige Angeklagte, der anwaltlichen Beistand hat. Remedur verspricht insoweit *de lege lata* – nur – der **Fairnessgrundsatz.**[557] Das ist zu wenig. Auch dann, wenn eine **Verständigung** im **Jugendstrafverfahren** stattfindet, liegt nach dem Willen des Gesetzgebers[558] nur in der Regel, nicht aber zwingend ein Fall notwendiger Verteidigung vor. Auch dies bedarf der Korrektur. 128

D. Rechtsbehelfe bei den §§ 140 bis 144

I. Sofortige Beschwerde

1. Ausgangslage. Nach früherer Rechtslage bis zum 13.12.2019 war umstritten, auf welchem Weg die Entscheidungen des Vorsitzenden bzw. des Strafrichters (als Einzelrichter) über die Bestellung eines Pflichtverteidigers anzufechten sind. Nach überholter Auffassung[559] waren zwar Entscheidungen **vor Beginn der Hauptverhandlung** mit der Beschwerde nach § 304 anfechtbar.[560] **Nach Beginn** der Hauptverhandlung sollte dage- 129

Beschl. v. 18.4.2019 – 504 Qs 52/19 [n.v.]), während im Fall eines deutschen Analphabeten die Notwendigkeit der Verteidigung nach § 140 Abs. 2 durch LG Dortmund StV **2018** 155 (Ls.) bejaht wurde. Das LG Freiburg StV **2016** 487 bejaht die Notwendigkeit der Verteidigung des Ausländers nur dann, wenn zugleich rechtliche oder tatsächliche Schwierigkeiten vorliegen, die durch einen Dolmetscher nicht ausgeräumt werden können; diese Beurteilung ist ersichtlich mit erheblicher Rechtsunsicherheit verbunden. Zum Ganzen bereits oben Rn. 106.

554 Zutr. OLG Naumburg NStZ **2014** 116 m. zu Unrecht abl. Anm. *Wenske* u. abl. Anm. *Peglau* jurisPR-StrafR 6/**2014** Anm. 2; *Brocke* StraFo **2013** 441, 447; *Scheinfeld* ZJS **2013** 296, 302 f.; *Duttge* Meijo Law Review **61** (2012) 1, 7; *Tsujimoto* ZIS **2012** 612, 621; *Theile* NStZ **2012** 666, 670; *Deutscher* StRR **2014** 288, 294; *Graalmann-Scheerer* StV **2011** 696, 698; *Jahn/Müller* NJW **2009** 2625, 2627; *St. König* AnwBl. **2002** 40; *Schmidt-Hieber* NJW **1990** 1887; *I. Krause* (Verständigung) 192 ff.; AK/*Stern* 38; LR/*Stuckenberg*[26] § 257c, 46; SSW/*Beulke* 44; SSW/*Ignor* § 257c, 32; SK/*Velten* § 257c, 9; MüKo/*Jahn/Kudlich* § 257c, 84 m. w. N.

555 **A. A.** nämlich insoweit OLG Bamberg StV **2015** 539 m. zutr. abl. Anm. *St. König/Harrendorf.* Gegen eine Beiordnung auch *Ruhs* NStZ **2016** 706, 709 f.; *Hartmut Schneider* NStZ **2014** 252, 260 f.; *Moldenhauer* NStZ **2014** 493. Eher restriktiv – allerdings in einer Sonderkonstellation – auch der BGH-Vorsitzendenbeschluss v. 2.7.2014 – 1 StR 740/13, BeckRS **2014** 15067 Tz. 2: Ablehnung eines Beiordnungsantrags im Revisionsverfahren trotz Vorliegens einer Verständigung beim Tatrichter nach § 257c.

556 *Altenhain/Jahn/Kinzig*, Die Praxis der Verständigung im Strafprozess – eine Evaluation der Vorschriften des Gesetzes zur Regelung der Verständigung im Strafverfahren (2020) 541.

557 Vgl. *Feichtlbauer* Verständigung und Fairness (Diss. Frankfurt/M.; im Erscheinen) 2. Kap. § 3 B.III.5.c.; § 5 G.III.

558 BTDrucks. **16** 11736 S. 10; *Nowak* JR **2010** 248, 255 f.

559 Auch OLG Hamburg StraFo **2000** 383 sah die hier vertretene, sogleich in Rn. 130 dargestellte Auffassung bereits vor zwei Jahrzehnten als vorherrschend an.

560 OLG Hamburg JR **1986** 257 m. Anm. *Wagner*; OLG Celle StV **1985** 184; OLG Schleswig OLGSt n. F. § 141 Nr. 2. **A. A.** OLG Hamm MDR **1985** 867.

gen nur die Anrufung des Spruchkörpers gemäß § 238 Abs. 2,[561] nach früher herrschender Rspr.[562] jedoch nicht mehr die Beschwerde möglich sein.

130 Der **Ausschluss der Beschwerde** für Entscheidungen während laufender Hauptverhandlung war jedoch **nie** sachlich **gerechtfertigt**. Die Differenzierung der früher wohl vorherrschenden Rspr. war nicht konsequent, wenn sie die Beschwerde gegen die Verfügung des Vorsitzenden nach Eröffnung des Hauptverfahrens, aber noch vor Beginn der Hauptverhandlung zulässt, nicht aber danach. Denn der Beginn der Hauptverhandlung schafft auch zutr. h. M. im Schrifttum[563] **keine** für die Beschwerde nach § 304 Abs. 1 („im ersten Rechtszug"; „im Vorverfahren") relevante **Zäsur**. Zum anderen handelte es sich bei der Pflichtverteidigerbestellung oder ihrer Ablehnung durch den Richter (§ 141 Abs. 4 a. F.; § 142 Abs. 3 n. F.) nicht um eine Entscheidung des erkennenden Gerichts, die der Urteilsfällung i. S. d. **§ 305 Satz 1** vorausgeht.[564] Die Zurückhaltung der älteren Rechtsprechung, welche die Beschwerde während laufender Hauptverhandlung für unzulässig hielt, dürfte im Wesentlichen auf praktische Erwägungen zurückzuführen gewesen sein.[565] Denn um eine Entscheidung des Beschwerdegerichts im Rahmen des laufenden Verfahrens noch umsetzen zu können, musste das Tatgericht das **Verfahren** gegebenenfalls nach pflichtgemäßem Ermessen unterbrechen oder sogar **aussetzen.**[566]

131 **2. Sofortige Beschwerde als Regelrechtsbehelf.** Im Rahmen der Gesetzesänderung vom 13.12.2019 wurden mit Blick auf die Rechtsbehelfsmöglichkeiten **einschneidende Änderungen** vorgenommen. Dabei handelt es sich um die Umsetzung der Forderung von **Art. 8** der **PKH-Richtlinie**, der den Mitgliedsstaaten aufgibt, jedem Verdächtigen oder Beschuldigten einen wirksamen Rechtsbehelf zur Seite zu stellen. Hier war dem Gesichtspunkt der **Effektivität** der Rechtsbehelfe Rechnung zu tragen.[567]

132 **a) Systematik.** Dem Beschuldigten steht nach **neuer Rechtslage** seit dem 13.12.2019 grundsätzlich gegen **alle Entscheidungen** über die Pflichtverteidigerbestellung die fristgebundene **sofortige Beschwerde** i. S. d. § 311 zu. Dies ist in § 142 Abs. 7,

---

561 **A. A.** jedoch insoweit – die Entscheidung des Vorsitzenden betreffend die Pflichtverteidigerbestellung während der Hauptverhandlung sei keine Anordnung i. S. d. § 238 Abs. 2 – OLG Hamm Beschl. v. 5.9.2017 – 1 Ws 411/17, JurionRS **2017** 30674; OLG Frankfurt Beschl. v. 11.5.2007 – 3 Ws 470/07; OLG Jena NStZ **2004** 306; OLG Brandenburg OLG-NL **2003** 261.

562 Für den Beschwerdeausschluss nach Hauptverhandlungsbeginn bis in die später 1990er Jahre hinein OLG Celle NStZ **1998** 637; OLG Stuttgart Justiz **1998** 83; NStZ-RR **1996** 207; OLG Koblenz NStZ-RR **1996** 206; OLG Jena StV **1995** 346; OLG Düsseldorf StV **1995** 9; OLG München StV **1993** 180; OLG Oldenburg StV **1993** 511 m. Anm. *Köster*; OLG Köln StV **1991**; OLG Karlsruhe NStZ **1988** 287 m. Anm. *Dieblich*; vgl. im Übrigen die Übersicht bei *Paulus* NStZ **1985** 520. **A. A.** – für die Beschwerdemöglichkeit auch insoweit – KG StV **2017** 155; NStZ-RR **2014** 279; Beschl. v. 14.8.2000 – 3 Ws 377/00 (ohne Begründung); Beschl. v. 21.6.2000 – 3 Ws 281/00; StV **1985** 448; OLG Naumburg NStZ-RR **2013** 49; OLG Celle NStZ **2009** 56; OLG Koblenz Beschl. v. 16.8.2005 – 1 Ws 501/05 (letztlich offengelassen mit Blick auf § 305); OLG Brandenburg OLG-NL **2003** 261; OLG Hamburg StraFo **2000** 383; LG Potsdam StraFo **2004** 381.

563 *Dieblich* NStZ **1988** 288; *Wagner* JR **1986** 258 f.; Meyer-Goßner/*Schmitt* § 141, 10a; KK/*Willnow* § 141, 13; KMR/*Haizmann* § 141, 16; **a. A.** AnwK/*Krekeler*/*Werner* § 141, 12 a. E.

564 So auch KG StV **2017** 155; NStZ-RR **2014** 279; OLG Naumburg NStZ-RR **2013** 49; OLG Hamm StV **2011** 660; OLG Celle NStZ **2009** 56; OLG Köln Beschl. v. 3.11.2006 – 2 Ws 550/06; OLG Rostock Beschl. v. 24.6.2002 – I Ws 273/02.

565 So auch OLG Hamburg StraFo **2000** 383 (unter ausdrücklicher Aufgabe von OLG Hamburg NStZ **1985** 88): „Es entspricht im Übrigen mittlerweile h. M., dass die Ablehnung der Bestellung Rechtswirkungen entfaltet, die über die bloße Vorbereitung des späteren Urteils hinausgehen".

566 LR/*Matt*[26] § 307, 5.

567 *Jahn*/*Zink* FS Graf-Schlicker (2018) 475, 494.

§ 143 Abs. 3, § 143a Abs. 4 ausdrücklich normiert. § 144 Abs. 2 Satz 2 verweist zudem auf § 142 Abs. 7 Satz 1 und erklärt damit ebenfalls den Rechtsbehelf der sofortigen Beschwerde für anwendbar. Diese Regelung ist abschließend. Die Missachtung von Anhörungs- oder Beteiligungsrechten bei der Bestellung eines Pflichtverteidigers ist daher dem Rechtsweg nach §§ 23 ff. EGGVG nicht unterworfen.[568]

Einzig **§ 142 Abs. 7 Satz 2** erklärt die sofortige Beschwerde für die Fälle, in denen der Beschuldigte einen **Antrag auf Auswechslung** des Pflichtverteidigers gemäß § 143a Abs. 2 Satz 1 Nr. 1 stellen kann, für **ausgeschlossen.**[569] Das Vorgehen des Gesetzgebers ist insoweit kaum nachvollziehbar. Denn einerseits will er erklärtermaßen[570] für das Recht der Pflichtverteidigung *einheitlich* die sofortige Beschwerde als Rechtsbehelf vorsehen. Andererseits schließt er diese hier ohne jede Begründung aus. Ein Redaktionsversehen kann aufgrund des eindeutigen Wortlauts nicht angenommen werden. Unklar ist, ob das Gesetz nach dem Regelungszusammenhang generalisierend davon ausgeht, dass es an einem allgemeinen Rechtsschutzbedürfnis für die sofortige Beschwerde solange fehlt, wie der Auswechslungsantrag nach § 143a Abs. 2 Satz 1 Nr. 1 noch nicht gestellt wurde und die Drei-Wochen-Frist noch nicht abgelaufen ist. Sollte die Regelung so zu verstehen sein, dass die Wochenfrist des § 311 Abs. 2 erst mit dem Ende der Drei-Wochen-Frist des § 143a Abs. 2 Satz 1 Nr. 1 zu laufen beginnt, mag dies hinzunehmen sein; dann wäre aber der Ausschluss der sofortigen Beschwerde („ist ausgeschlossen, *wenn*") die zu weitgehende Rechtsfolge; es hätte die Anordnung „ist ausgeschlossen, *solange ... noch ...*" genügt. Es dürfte daher davon auszugehen sein, dass in diesen Fällen die normale **Beschwerde** nach den **§§ 304 ff. weiterhin**[571] **statthaft** ist, da ansonsten mit Blick auf die Effektivität des Rechtsschutzes im Sinne des Art. 8 der PKH-Richtlinie eine **unionsrechtswidrige Rechtsschutzlücke** bestünde. 133

b) Einschluss der Fälle der sofortigen Beschwerde vor BGH und OLG. Zum 13.12.2019 konnte eine weitere, unstreitig bestehende Rechtsschutzlücke geschlossen werden. Gegen Beschlüsse und Verfügungen des **Bundesgerichtshofs** – auch seines **Ermittlungsrichters** (§ 304 Abs. 5) – und der **Oberlandesgerichte** waren Beschwerden und sofortige Beschwerden gemäß § 304 Abs. 4 Satz 1 a. F. grundsätzlich nicht zulässig. Die typischen Konstellationen der Streitigkeiten um die Pflichtverteidigung waren bis zum 13.12.2019 in den § 304 Abs. 4 Satz 2 Hs. 2 a. F. und § 304 Abs. 5 a. F. enumerativ aufgeführten Ausnahmefällen nicht genannt, sodass die Beschwerde **nach alter Rechtslage unzulässig** war[572] und wegen § 90 Abs. 2 Satz 1 BVerfGG nur die Verfassungsbeschwerde blieb. Dieser Rechtszustand war indes mit Art. 8 der PKH-Richtlinie unvereinbar.[573] Da § 304 auch in den Fällen des § 311 anwendbar ist,[574] wurde diese Rechtsschutzlücke durch Einfügung des Satzteils „Bestellung eines Pflichtverteidigers oder deren Aufhebung" in die Kataloge der § 304 Abs. 4 Satz 2 Hs. 2 Nr. 1 und § 304 Abs. 5 geschlossen, sodass dem Beschuldigten nach **neuer Rechtslage** auch in diesen Fällen nunmehr die – sofortige – Beschwerde zusteht.[575] 134

568 OLG Oldenburg Beschl. v. 20.7.2020 – 1 VAs 12/20.
569 BTDrucks. **19** 13829 S. 43.
570 BTDrucks. **19** 13829 S. 3, 25 f.
571 Soeben Rn. 130.
572 BTDrucks. **19** 13829 S. 25 f., 50; zur singulären Ausnahmeregelung bei der Akteneinsicht in § 304 Abs. 4 Satz 2 Nr. 4 vgl. § 147, 213.
573 So mit Recht BTDrucks. **19** 13829 S. 25 f.
574 Statt Aller Meyer-Goßner/*Schmitt* § 311, 1.
575 BTDrucks. **19** 13829 S. 50.

135 **c) Bewertung des jetzigen Rechtszustands vor dem Hintergrund des Art. 8 PKH-Richtlinie.** Mit der sofortigen Beschwerde als **Standard-Rechtsbehelf** in den Fällen der **§§ 140 bis 144** hat sich der **Rechtsschutz** des Beschuldigten insgesamt in zweierlei Hinsicht zunächst einmal **verbessert**. *Zum einen* ist nun endgültig[576] vom Gesetzgeber klargestellt,[577] dass dem Angeklagten in der Hauptverhandlung **nicht lediglich** die Herbeiführung eines Gerichtsbeschlusses im Sinne des **§ 238 Abs. 2** verbleibt. Im Falle der sofortigen Beschwerde entscheidet abweichend von § 238 Abs. 2 und § 306 Abs. 2 wegen des Abhilfeverbots des § 311 Abs. 3 Satz 1 grundsätzlich nicht das Gericht, dessen Entscheidung angefochten wird. Einzige Ausnahme bilden Gehörsverletzungen nach § 311 Abs. 3 Satz 2.[578] Deshalb geht potentiell auch keine wertvolle Zeit verloren, weil der *iudex a quo* bekanntlich die Drei-Tages-Frist in § 306 Abs. 2 für die Vorlage an das Beschwerdegericht, weitgehend folgenlos, nicht beim Wort zu nehmen braucht.[579] *Zum anderen* handelt es sich bei der sofortigen Beschwerde auch um den effizienteren Rechtsbehelf im Vergleich zur einfachen Beschwerde nach § 304. Sie ist nach § 311 Abs. 1 nur für gesetzlich besonders geregelte Ausnahmefälle („Für die Fälle ...") anwendbar, in denen aufgrund eines besonderen Bedürfnisses nach Rechtssicherheit zeitnah eine obergerichtliche Entscheidung herbeigeführt werden muss.[580] Auch das hat den Vorteil, dass **„schneller Klarheit** herrscht".[581] Außerdem können Verfahrensverzögerungen, wie sie nach alter Rechtslage drohten, durch die Statthaftigkeit der sofortigen Beschwerde zumindest minimiert werden.[582] Es ist deutlich erkennbar, dass nicht nur die effektive Verteidigung des Beschuldigten, sondern auch die **Beschleunigung des Verfahrens** eines der bestimmenden Ziele bei der Richtlinienumsetzung ist.

136 Dafür wurde auf der anderen Seite in Kauf genommen, dass es in der **Kürze der Zeit** oftmals nicht möglich sein wird, das weitere Vorgehen mit dem – zumal: inhaftierten – Beschuldigten nach einer gerichtlichen Entscheidung besonnen vorzubereiten.[583] Immerhin ist die Rechtsbehelfsbegründung nach den allgemeinen Grundsätzen[584] aber auch noch **nach Ablauf der Einlegungsfrist** möglich, sodass gegenüber dem Beschwerdegericht auf ein Zuwarten bis zu deren Vorliegen angetragen werden kann und das Gericht sich dem mit Blick auf Art. 103 Abs. 1 GG kaum verschließen wird.[585] Im Zweifelsfall dürfte der – kostenpflichtige (§ 473 Abs. 1 Satz 1) – Weg über die Rücknahme nach § 302 Abs. 1 Satz 1, Abs. 2 zugleich der sicherste sein. Zudem ist eine weitreichende Konsequenz der Angreifbarkeit mit der sofortigen Beschwerde der **Ausschluss der Revision** gemäß § 336 Satz 2.[586]

---

576 S. zu der bis in die 1990er Jahre hinein vorherrschenden Rspr. o. Rn. 129; unter diesem Aspekt wäre allerdings der Systemwechsel hin zu § 311 nicht unbedingt erforderlich gewesen, weil die OLG-Rspr. sich ohnehin gewandelt hatte.

577 BTDrucks. **19** 13829 S. 42 f.

578 Vgl. LR/*Matt*[26] § 311, 1.

579 BGHSt **47** 105, 111 f. – *Schill*; Meyer-Goßner/*Schmitt* § 306, 11: „Sollvorschrift".

580 BTDrucks. **19** 13829 S. 25 f., 43; LR/*Matt*[26] § 311, 3.

581 BTDrucks. **19** 13829 S. 43.

582 S. dazu oben Rn. 130.

583 Zutr. OK-StPO/*Krawczyk* § 142. 47.

584 Vgl. nur Meyer-Goßner/*Schmitt* § 311, 4 i. V. m. § 306, 5.

585 S. nur BVerfG (*2. Kammer* des *Zweiten Senats*) NJW **2009** 1582, 1583.

586 Unten Rn. 149 ff.

3. Einzelfälle. Nach alter Rechtslage war in vielfacher Weise zu unterscheiden zwischen einfachen Beschwerden nach den §§ 304 ff. gegen die **Bestellung** als solche,[587] insbesondere wegen ermessensfehlerhafter Auswahl des Pflichtverteidigers,[588] gegen die Bestellung eines **Pflichtverteidigers neben** einem **Wahlverteidiger,**[589] gegen die aufgedrängte Bestellung eines **weiteren Pflichtverteidigers,**[590] aber andererseits auch gegen die **Ablehnung** der Bestellung eines Pflichtverteidigers als solcher,[591] gegen die **Ablehnung** der Bestellung eines **weiteren Pflichtverteidigers**[592] sowie gegen die Ablehnung der Erstreckung der Wirkung der Pflichtverteidigerbestellung[593] und gegen die **Aufhebung** der Pflichtverteidigerbestellung.[594] 137

Nach **neuer Rechtslage** seit dem 13.12.2019 existieren für die Fälle, in denen die sofortige Beschwerde angeordnet wird, nunmehr ausdrückliche Regelungen. Gemäß **§ 142 Abs. 7 Satz 1** sind **alle** tatsächlich getroffenen **Entscheidungen** über die Bestellung eines Pflichtverteidigers mit der sofortigen Beschwerde anfechtbar. Mit ihr können deshalb sowohl die **Bestellung** als auch deren **Ablehnung**[595] – auch durch absolute Untätigkeit –[596] angefochten werden. Anfechtbar sind auch **gerichtliche Bestätigungen** staatsanwaltschaftlicher Eilentscheidungen gem. § 142 Abs. 4.[597] **§ 143 Abs. 3** regelt die Anfechtbarkeit von Beschlüssen des *actus contrarius* mit der sofortigen Beschwerde, durch die eine bestehende Pflichtverteidigung wieder **aufgehoben** wird. Auch Beschlüsse über den **Wechsel** des Pflichtverteidigers sind gemäß **§ 143a Abs. 4** grundsätzlich mit der sofortigen Beschwerde anfechtbar. Und bezogen auf die Aufhebung der Mitwirkung eines zusätzlichen Pflichtverteidigers verweist **§ 144 Abs. 2 Satz 2** ebenfalls auf die sofortige Beschwerde des § 142 Abs. 7 Satz 1. Während jedoch die §§ 143 Abs. 3, 143a Abs. 4 ausdrücklich und mit identischer Formulierung die sofortige Beschwerde für statthaft erklären („Beschlüsse nach ... sind mit der sofortigen Beschwerde anfechtbar"), verweist § 144 Abs. 2 Satz 2 lediglich auf die Grundsätze des § 142 Abs. 7 Satz 1 („gilt 138

587 Vgl. OLG Celle NStZ **2009** 56 (Beschwerde durch die StA); OLG Düsseldorf StV **2004** 62, 63 (Bestellung grundsätzlich der Anfechtung entzogen, zumindest bei pauschalem Vortrag des Angeklagten, er sei in seinen Rechten verletzt).

588 S. OLG Celle Beschl. v. 1.2.1993 – 1 Ws 10/93; NStZ **1988** 39; OLG Koblenz Rpfleger **1983** 170; OLG München AnwBl. **1980** 467.

589 Vgl. dazu OLG Düsseldorf StV **2004** 62 m. Anm. *Bockemühl*; StraFo **2001** 241; OLG Frankfurt StV **1991** 9; NJW **1972** 2055; OLG Celle StV **1988** 100.

590 KG StV **2017** 155 (Zulässig jedenfalls dann an, wenn der Angeklagte substantiiert geltend macht, dass die Pflichtverteidigerbestellung sachlich nicht gerechtfertigt ist); OLG Jena StV **2012** 721 (grundsätzlich unzulässig, es sei denn, der Angeklagte beanstandet die Person des Pflichtverteidigers); OLG Düsseldorf StraFo **2001** 241, 242; Beschl. v. 6.9.1999 – 1 Ws 708/99; OLG Celle NStZ **1998** 637.

591 EGMR NJW **2019** 2005 (Verletzung des Art. 6 Abs. 3 lit. c EMRK); OLG Hamburg StraFo **2014** 383; MDR **1985** 74 (dort vom *Senat* mit Blick auf § 305 für unzulässig gehalten); KG NStZ-RR **2014** 279; StV **1985** 449; OLG Naumburg NStZ-RR **2013** 49; OLG Düsseldorf JMBlNW **2000** 98; OLG Bremen NJW **1951** 454 m. Anm. *Dahssen*; LG Köln StV **2001** 344; LG Essen Beschl. v. 11.2.2000 – 27 Qs 13/00.

592 OLG Koblenz Beschl. v. 10.12.2018 – 2 Ws 698/18, BeckRS **2018** 34217 Tz. 14; OLG Hamburg StraFo **2000** 383; OLG München NJW **1981** 2208; OLG Köln NJW **1981** 1523; OLG Karlsruhe Die Justiz **1988** 97 (unzulässig wegen § 305); MDR **1979** 780; OK-StPO/*Krawczyk* § 144, 12.

593 OLG Düsseldorf Beschl. v. 2.4.2007 – III-3 Ws 94/07 (unter Anerkennung eines eigenen Beschwerderechts des Pflichtverteidigers).

594 OLG Frankfurt StV **1997** 573; StV **1987** 379; OLG Nürnberg StV **1995** 289; *Hilgendorf* NStZ **1996** 1, 6; LR/*Lüderssen/Jahn*[26] § 143, 15 m. w. N. S. im Übrigen § 143, 29.

595 BTDrucks. **19** 13829 S. 43; OLG Hamm Beschl. v. 5.5.2020 – 4 Ws 94/20, BeckRS **2020** 9773 Tz. 2; LG Magdeburg Beschl. v. 30.4.2020 – 25 Qs 36/20 –, juris; OK-StPO/*Krawczyk* § 142, 48.

596 S. § 141, 3.

597 Zutr. OK-StPO/*Krawczyk* § 142, 48.

entsprechend"). Eine Erklärung für diesen Unterschied ist, dass der Gesetzgeber in den §§ 143 Abs. 3, 143a Abs. 4 davon ausgeht, dass eine **Beschwer stets** gegeben ist, während für § 144 Abs. 2 Satz 2 nach der Bestellung eines zusätzlichen Pflichtverteidigers nur die allgemeinen Regeln über die **Beschwer** „entsprechend" gelten, diese also im **Einzelfall** zu prüfen ist.[598] Fraglich ist allerdings, ob diese Rechtsfolgenverweisung sich auch auf die Fälle des **§ 144 *Abs. 1*** bezieht, also auf Fälle, in denen erstmals die **Bestellung** eines **weiteren Pflichtverteidigers** (Sicherungsverteidigers) **abgelehnt** wurde. Wegen der systematischen Stellung im Gesetz wäre dies eigentlich kaum anzunehmen, weil man die Regelung über die „entsprechende Geltung" der sofortigen Beschwerdemöglichkeit dann in einem Abs. 3 hätte erwarten müssen. Im ursprünglichen RefE war die Verweisungsregelung (damals noch auf „§ 142 Abs. 5 Satz 1", der dem heutigen § 142 Abs. 7 Satz 1 entspricht) noch nicht in einem eigenen Absatz, sondern nur als abschließender Satz 3 einer aus einem einzigen Absatz bestehenden Vorschrift über den „Sicherungsverteidiger" enthalten.[599] Da aber § 142 Abs. 7 Satz 1 für alle Fälle der „Bestellung eines Pflichtverteidigers" gilt, ist hier für eine entsprechende Anwendung kein Raum und die Option der sofortigen Beschwerde besteht unmittelbar.[600] Auch in den Fällen des § 144 Abs. 1 ist damit die sofortige Beschwerde statthaft, so dass Verstöße nicht revisibel sind.

139 **4. Fristen.** Die nach alter Rechtslage statthafte einfache Beschwerde nach den §§ 304 ff. ist bekanntlich an keine Frist gebunden. Sie konnte allenfalls durch den Fortgang des Verfahrens gegenstandslos und damit unzulässig werden; dies galt außerhalb des besonders grundrechtssensiblen Bereichs vor allem dann, wenn eine Änderung der angefochtenen Entscheidung nicht mehr möglich und der Vollzug beendet war (**prozessuale Überholung**).[601] Ob der rechtskräftige Abschluss des Verfahrens die Beschwerde deshalb präkludierte, war umstritten.[602] Nach **neuer Rechtslage** seit dem 13.12.2019 gilt für die sofortige Beschwerde die **Wochenfrist** des § 311 Abs. 2 ab Bekanntmachung der Entscheidung (§ 35). Mithin ist die sofortige Beschwerde binnen einer Woche ab **Bekanntmachung** i. S. v. § 35 einzulegen. Eine fristwahrende Beschwerde ist gem. **§ 300** in eine sofortige Beschwerde umzudeuten.[603] Erfolgt keine **förmliche Zustellung** (§ 35 Abs. 2 S. 1), wird durch die bloß formlose Bekanntmachung der Entscheidung aber überhaupt keine Frist in Lauf gesetzt,[604] so dass es auch keiner Wiedereinsetzung bedarf. Im Übrigen gelten die allgemeinen Vorschriften über die **Wiedereinsetzung** in den vorigen Stand (§§ 35a, 44), sofern die Frist unverschuldet versäumt wurde.[605] Insofern wurde das Beschwerderecht des Beschuldigten zugunsten der Beschleunigung eingeschränkt. Es liegt allerdings regelmäßig auch im Interesse des Beschuldigten eine rasche, rechts-

---

598 Dazu sogleich Rn. 142.

599 RefE BMJV v. 11.10.2018; vgl. oben Entstehungsgeschichte II.3.

600 Wie hier mit zutr. Begr. OLG Hamm Beschl. v. 5.5.2020 – 4 Ws 94/20, BeckRS **2020** 9773 Tz. 2; im Erg. auch OK-StPO/*Krawczyk* § 144, 12.

601 KG Beschl. v. 21.6.2000 – 1 AR 693/00-3 Ws 281/00; LG Frankfurt StV **1987** 158 m. Anm. *Krehl.*

602 Dagegen OLG Koblenz MDR **1983** 252; LG Potsdam StraFo **2004** 381; LG Magdeburg StraFo **2003** 420; **A. A.** KG Beschl. v. 5.11.2001 – 3 Ws 510/01-3 Ws 510/01 (Beschwer jedenfalls gegen nur eingeschränkte Pflichtverteidigerbestellung endet mit Rechtskraft des Urteils).

603 KG Beschl. v. 9.4.2020 – 2 Ws 30-31/20-121 AR 52/20, StraFo **2020** 326 Tz. 9.

604 Zutr. LG Magdeburg Beschl. v. 30.4.2020 – 25 Qs 36/20 –, juris.

605 OLG Dresden Beschl. v. 11.5.2020 – 1 Ws 120/20, BeckRS **2020** 14107 Tz. 7; LR/*Matt*[26] § 311, 7; Meyer-Goßner/*Schmitt* § 311, 2. Auch die anwaltliche Vertretung steht der Vermutungswirkung des § 35a bei einer fehlerhaften Rechtsbehelfsbelehrung (etwa trotz § 142 Abs. 7 nach § 304) nicht entgegen, vgl. OLG Oldenburg Beschl. v. 5.5.2020 – 1 Ws 228/20.

kräftige Entscheidung herbeizuführen und damit Gewissheit über die Rechtslage zu den Fragen der Pflichtverteidigerbestellung zu erhalten.[606]

5. Beschwerdeberechtigte und Beschwer. Die sofortige Beschwerde ist statthaft gegen die richterliche oder staatsanwaltschaftliche (§ 142 Abs. 4) Ablehnung der Bestellung eines Pflichtverteidigers sowie die Bestellung eines Pflichtverteidigers und deren Aufhebung oder sonstige Änderung, soweit eine Beschwer vorliegt.[607] **Beschwert** ist, wer durch die angefochtene Entscheidung nachteilig betroffen ist und somit das erforderliche Rechtsschutzinteresse hat.[608] In den Fällen der § 143 Abs. 3, § 143a Abs. 4 wird nach der Gesetzgebungssystematik[609] in der Regel die Beschwer vorliegen. Bei den sonstigen der Regelung in § 142 Abs. 7 Satz 1 unterstellten Fällen – auch dem des § 144 Abs. 2 Satz 2 – ist dagegen eine detaillierte Begründung und Substantiierung der Beschwerde sinnvoll, um das Vorliegen einer Beschwer plausibel zu machen. Es verbietet sich allerdings ein Umkehrschluss dahin, dass die Beschwer nur in den gesetzlich geregelten Fällen vorliegen *kann*. Dies würde entgegen Art. 8 der PKH-Richtlinie sogar eine Verschlechterung der Rechtslage darstellen. Deshalb ist zu differenzieren: 140

a) Staatsanwaltschaft. Aktivlegitimiert ist die Staatsanwaltschaft.[610] Als „Vertreterin der Rechtsordnung" kann sie grundsätzlich jede Entscheidung als rechtlich unzutreffend beanstanden.[611] Sie ist schon dann beschwert, wenn der die Pflichtverteidigung betreffende Beschluss nach ihrer Auffassung unzutreffend ist. 141

b) Beschuldigter. Weiterhin ist der Beschuldigte potentiell beschwerdeberechtigt.[612] Im Gegensatz zur grundsätzlichen Beschwer der Staatsanwaltschaft muss diese beim Beschuldigten aber **im Einzelfall** positiv festgestellt werden. Durch die ermessensfehlerfreie Beiordnung eines Pflichtverteidigers und deren Aufrechterhaltung ist ein Beschuldigter grundsätzlich nicht beschwert.[613] Etwas anderes kann aber dann gelten, wenn **Ermessensfehler** bei der Auswahl des Pflichtverteidigers substantiiert geltend gemacht werden[614] oder der Beschuldigte bereits vorher einen Wahlverteidiger beauftragt hatte, ein besonderer Anlass für die Bestellung eines Pflichtverteidigers neben dem Wahlverteidiger nach § 144 Abs. 1 aber nicht ersichtlich ist.[615] Dann kann nicht nur mit Blick auf die Aufhebung (vgl. § 144 Abs. 2 Satz 2 i. V. m. „entsprechender" Anwendung des § 142 Abs. 1), sondern auch schon wegen der Bestellung als solcher nach § 142 Abs. 7 die für die Durchführung des Rechtsbehelfs notwendige Beschwer vorliegen.[616] Ein Beschuldigter ist durch die Bestellung eines **Nebenklagebeistandes** nach § 379a entgegen der noch h. M.[617] in seiner 142

606 S. bereits oben Rn. 136.
607 Vgl. BTDrucks. **19** 13829 S. 43.
608 LR/*Matt*[26] § 304, 41.
609 S. soeben Rn. 138.
610 BTDrucks. **19** 13829 S. 43.
611 Vgl. LR/*Matt*[26] § 304, 48.
612 Sehr weit formuliert in BTDrucks. **19** 13829 S. 43.
613 OLG Köln NStZ **2010** 653; OLG Celle NStZ **1988** 39; OLG Koblenz, OLGSt n. F. § 142 Nr. 1.
614 OLG Köln Beschl. v. 3.11.2006 – 2 Ws 550/06; OLG Düsseldorf StV **2004** 62 m. Anm. *Bockemühl*; OK-StPO/*Krawczyk* § 142, 52.
615 Vgl. OLG Düsseldorf VRS **99** (2000) 57; SK/*Wohlers* § 141, 30.
616 Oben Rn. 138.
617 OLG Celle Beschl. v. 29.6.2020 – 3 Ws 154/20, BeckRS **2020** 14857 Tz. 9 (mit fehlgehender Lesart von Abs. 1 Nr. 9); OLG Hamm NJW **2006** 2057; Meyer-Goßner/*Schmitt* § 397a, 19. Wie hier aber nunmehr MüKo/*Valerius* § 397a, 57; SK/*Velten* § 397a, 7; LR/*Wenske*[26] Nachtr. § 397a, 34 a. E.; KMR/*Kulhanek* § 397a, 19.

Rechtsposition unmittelbar beeinträchtigt und daher beschwert: das indiziert Abs 1 Nr. 9. Eine Beschwer liegt allerdings dann **nicht** vor, wenn sich der Beschuldigte gegen die Bestellung eines Pflichtverteidigers **für** einen **Mitbeschuldigten** wendet.[618] Die Beschwer liegt auch bei einer **Ablehnung der Zurücknahme** der Bestellung dann vor, wenn substantiiert gerügt wird, dass sie grob ermessensfehlerhaft ist.[619] Dann besteht ebenso eine Beschwer wie bei einer ermessensfehlerhaften Bestellung,[620] die der Anfechtung nicht entzogen ist.[621]

143 Hält das Gericht an einem Pflichtverteidiger gegen den Willen des Beschuldigten fest, obwohl dieser inzwischen einen **Wahlverteidiger** wirksam **beauftragt** hat (vgl. § 143a Abs. 1 Satz 1), so kann auch dies die Verteidigung beeinträchtigen. Der Beschuldigte ist dann, was § 143a Abs. 4 voraussetzt,[622] deshalb beschwert, weil es für ihn von Nachteil sein kann, sich mit zwei Verteidigern statt nur mit einem abstimmen zu müssen.[623]

144 **c) Sonstige Verfahrensbeteiligte.** Nach dem auch i. R. d. § 311 anwendbaren **§ 304 Abs. 2** können auch andere Personen Beschwerde einlegen, wenn sie in ihren Rechten betroffen sind.

145 **aa) Pflicht- und Wahlverteidiger.** Insoweit ist anerkannt, dass grundsätzlich auch **Verteidiger** solche Personen sein können. Indes ist jeweils die Frage der Beschwer gesondert zu prüfen.[624] Der gewählte Verteidiger hat **kein** eigenes **Beschwerderecht** gegen die **Ablehnung** seiner **Bestellung** zum Pflichtverteidiger, weil kein schützenswertes Rechtsschutzinteresse ersichtlich ist.[625] In Betracht kann es aber kommen, seine sofortige Beschwerde als im Namen des (ehemaligen) Beschuldigten erhoben auszudeuten, § 300.[626] Dies gilt grundsätzlich auch für den Rechtsbehelf des Pflichtverteidigers gegen die **Aufhebung** einer ursprünglich erfolgten Bestellung nach § 143.[627] Sein Interesse an der Fortführung der Verteidigung ist damit grundsätzlich nicht durchsetzbar;[628] anders

618 Vgl. OLG Celle Beschl. v. 29.6.2020 – 3 Ws 154/20, BeckRS **2020** 14857 Tz. 12; KG Beschl. v. 1.11.2019 – 2 Ws 165/19; Beschl. v. 24.9.2018 – 2 Ws 184/18; OLG Hamm Beschl. v. 7.2.2006 – 4 Ws 48/06, juris.

619 Vgl. OLG Oldenburg NdsRpfl **2005** 229; OLG Düsseldorf StV **1997** 576 m. Anm. *Barton*; OLG Frankfurt StV **2001** 610; StV **1997** 575; KMR/*Haizmann* § 143, 21.

620 Zur Beschwerde gegen die Ablehnung der Bestellung OLG Hamburg NStZ **1985** 88; OLG Hamburg NStZ **1985** 518; OLG Celle NStZ **1985** 519 mit Anm. *Paulus*. Der Angeklagte ist insbesondere dann durch die Beiordnung eines Pflichtverteidigers beschwert, wenn er bereits einen Wahlverteidiger beauftragt hatte und kein besonderer Anlass für die Bestellung eines Pflichtverteidigers neben diesem Wahlverteidiger bestand; OLG Düsseldorf VRS **99** (2000) 57.

621 Unzutreffend ist also die pauschale Ablehnung einer Beschwerdefähigkeit in diesem Fall durch das OLG Düsseldorf MDR **1986** 604 und OLG Zweibrücken OLGSt (a. F.), § 141, S. 17. Für eine großzügigere Beurteilung der Beschwer demgegenüber OLG Düsseldorf VRS **100** (2001), 130; die einer Entpflichtung wegen Fehlverhaltens vorausgehende Abmahnung ist freilich mangels selbstständiger Beschwer auch nicht beschwerdefähig, OLG Hamburg NJW **1998** 1328; KK/*Willnow* § 143, 6.

622 Oben Rn. 138.

623 Zutr. bereits OLG Oldenburg StraFo **2006** 378.

624 BTDrucks. **19** 13829 S. 44; BGH NJW **2020** 1534 Tz. 4 f.

625 So bereits OLG Jena Beschl. v. 15.11.2005 – 1 Ws 417/05; OLG Schleswig SchlHA **2003** 190; OLG Düsseldorf StraFo **2000** 414; MDR **1986** 340; OLG Koblenz wistra **1986** 118; OLG Hamburg NJW **1978** 1172.

626 OLG Saarbrücken Beschl. v. 13.1.2009 – 1 Ws 212/08, BeckRS **2009** 10738; LG Nürnberg-Fürth Beschl. v. 4.5.2020 – JKII Qs 15/20 jug, StraFo **2020** 324 Tz. 17.

627 OK-StPO/*Krawczyk* § 143, 16; MüKo/*Thomas*/*Kämpfer* § 141, 31.

628 Vgl. BVerfGE **39** 238; BVerfG NStZ-RR **1997** 202; OLG Hamburg NJW **1998** 621; OLG Köln NStZ **1982** 129; KK/*Willnow* § 143, 6; KMR/*Haizmann* § 143, 21; SK/*Wohlers* § 143, 26; Meyer-Goßner/*Schmitt* § 143, 7. **A. A.** *Hilgendorf* NStZ **1996** 1, 6; HK/*Julius*/*Schiemann* § 143, 10; *Hellmann* § 6, 34.

verhält es sich – auch nach dem neuen Recht seit dem 13.12.2019 – nur mit seinem Gebühreninteresse (§ 56 RVG).[629] Eine Beschwer des aus dem Verfahren eskamotierten Pflichtverteidigers kommt insoweit allenfalls dann in Betracht, wenn die Aufhebung nach Lage der Dinge willkürlich erfolgte.[630] Dies ist nach den verfassungsrechtlichen Prüfkriterien nur dann gegeben, wenn die Entscheidung schlechterdings unverständlich, unter keinem rechtlichen Gesichtspunkt vertretbar und damit unhaltbar ist,[631] auch dann, wenn schwerste Verfahrensfehler vorlagen.[632] Dies gilt aber nicht für den Fall, dass ein Pflichtverteidiger gegen die Ablehnung der Zurücknahme der Bestellung eines weiteren Pflichtverteidigers vorgehen will.[633] In den Fällen eines Antrags des bisherigen Pflichtverteidigers auf einen **Verteidigerwechsel** nach § 143a Abs. 2 Nr. 2 und Nr. 3 ist eine Beschwer indes dann gegeben, wenn dieser abgelehnt wird. Pflichtverteidigern steht seit dem 13.12.2019 – und im Gegensatz zur wohl h. M. nach dem früheren Recht –[634] damit gegen die **Ablehnung** ihrer **Entpflichtung** ein eigenes Recht auf sofortige Beschwerde zu.[635]

bb) Nebenkläger. Dem **Nebenkläger** steht kein Beschwerderecht gegen die Beiordnung eines Pflichtverteidigers für den Angeklagten zu.[636] 146

6. Zuständigkeit und Förmlichkeiten. Die sofortige Beschwerde kann schriftlich oder zu Protokoll der Geschäftsstelle des Erstgerichts (§ 306 Abs. 1) erhoben werden.[637] Bei Einlegung beim Beschwerdegericht ist diese zwar an den *iudex a quo* weiterzuleiten (Art. 19 Abs. 4 GG), die Einlegung bei diesem oder einem sonst unzuständigen Gericht wirkt aber nicht fristwahrend. Der Beschuldigte ist gemäß § 35a Satz 1 über die Möglichkeit der Einlegung der sofortigen Beschwerde zu **belehren.**[638] Eine **Begründung** der sofortigen Beschwerde ist **nicht zwingend;**[639] sie kann in jedem Falle auch noch nachgeholt werden.[640] 147

7. Entscheidung des Beschwerdegerichts. Für den *iudex a quo* gilt das **Abhilfeverbot** aus § 311 Abs. 3 Satz 1. Nur in den eng begrenzten (Gehörs-)Fällen des § 311 Abs. 3 Satz 2 kann das Gericht, dessen Entscheidung angefochten wurde, sich noch korrigie- 148

---

629 So auch LG Darmstadt Beschl. v. 18.2.2020 – 2 Qs 14/20.

630 So bereits KG Beschl. v. 3.5.2000 – 4 Ws 85/00; OLG Frankfurt NStZ-RR **1996** 272; OLG Hamm MDR **1993** 1226; OLG Düsseldorf StV **1986** 239, 240; AK/*Stern* § 143, 19; *Pfeiffer* § 143, 2; MüKo/*Thomas/Kämpfer* § 143, 18. **A. A.** hingegen noch LR/*Dünnebier*[23] § 143, 13.

631 Vgl. BVerfGE **29** 49; BVerfG NStZ **1998** 46 m. Anm. *Lüderssen* StV **1998** 356, dort mit problematischer Auslegung des Art. 12 Abs. 1 GG.

632 S. OLG Köln NStZ **1982** 129.

633 Vgl. OLG Hamm NJW **2006** 2712.

634 Zum früheren Meinungsstreit – contra Beschwerderecht – KG StV **2018** 432 f.; OLG Stuttgart StV **2016** 479, 481; OLG Hamburg Beschl. v. 29.2.2016 – 2 Ws 28/16, juris, Tz. 8; OLG Köln OLGSt StPO § 141 Nr. 5; OLG Oldenburg NdsRpfl. **2005** 229 f.; MüKo/*Thomas/Kämpfer* § 143, 18; LR/*Lüderssen/Jahn*[26] § 143, 15: Meyer-Goßner/*Schmitt* § 143, 7 sowie – pro Beschwerderecht unter Hinweis auf §§ 49 Abs. 2, 48 Abs. 2 BRAO – OLG Hamm NStZ **2015** 718; OK-StPO/*Krawczyk* § 143, 11.

635 BGH NJW **2020** 1534 Tz. 3 m. zust. Anm. *Mehle/Mehle* und zust. Anm. *Gubitz* NStZ **2020** 436.

636 OLG Hamm NJW **2006** 2057; zum umgekehrten Fall schon soeben Rn. 142.

637 LR/*Matt*[26] § 311, 6; Meyer-Goßner/*Schmitt* § 311, 3.

638 LR/*Graalmann-Scheerer* § 35a, 6; Meyer-Goßner/*Schmitt* § 35a, 2.

639 Meyer-Goßner/*Schmitt* § 311, 4.

640 S. bereits oben Rn. 136.

ren.[641] Ist die sofortige Beschwerde begründet, so entscheidet das Beschwerdegericht gemäß § 309 Abs. 2 in der Sache,[642] kann also z. B. die Pflichtverteidigerbestellung **selbst vornehmen.** Diese klare Anweisung des Gesetzes hat gleichwohl gelegentlich Anlass zu einer Begründung der Beschwerdegerichte[643] gegeben, weshalb die Sache nicht zur Bestellung des Verteidigers an den Vorsitzenden der Strafkammer gemäß § 142 Abs. 3 Nr. 3 (§ 141 Abs. 4 a. F.) zurückgegeben wurde.

II. Revision

149 **1. Verbliebene Revisionsmöglichkeiten (§ 336 Satz 2). Seit** dem 13.12.2019 ist die Rechtsanwendung im Bereich der notwendigen Verteidigung der **revisionsgerichtlichen Kontrolle** in einem erheblichen Umfang **entzogen.**[644] Die grundsätzliche Anfechtbarkeit eines Beschlusses im Kontext der Pflichtverteidigerbestellung mit der einfachen Beschwerde nach den §§ 304 ff. schloss die Revision früher nicht aus.[645] Unabhängig von der Beschwerdemöglichkeit konnten Verfügungen des Vorsitzenden im Zusammenhang mit der Beiordnung oder Entpflichtung eines Verteidigers nach § 336 Satz 1 mit der Revision beanstandet werden, und zwar auch dann, wenn die Beschwerde erfolglos geblieben war.[646]

150 Die Statthaftigkeit der sofortigen Beschwerde nach § 142 Abs. 7 Satz 1 und der auf diese Norm verweisenden Vorschriften[647] nach **neuer Rechtslage** schließen die Überprüfung in der Revision gemäß § 336 Satz 2 aus. Dies gilt unabhängig davon, ob die sofortige Beschwerde eingelegt wurde oder nicht.[648] Erfasst sind also z. B. Fälle, in denen das Antragsziel des Beschuldigten nach § 141 Abs. 1 Satz 1 nach der Vorlage (§ 142 Abs. 1 Sätze 2 und 3) an das und der Entscheidung durch das Gericht nicht mehr nach § 142 Abs. 7 Satz 1 mit der sofortigen Beschwerde weiterverfolgt worden ist. In Folge dessen ist auch die Revision wegen eines absoluten Revisionsgrunds nach § 338 – und damit auch grundlegender Beschuldigtenrechte des Art. 6 Abs. 3 lit. c EMRK – in diesen Fällen grundsätzlich ausgeschlossen,[649] unabhängig von dem – hier nicht näher zu kommentierenden – Vorbehalt der Rechtsprechung, die absolute Revisionsgründe durch Kausalitätserwägungen ohnehin stark relativiert hat.[650] Rechtfertigender Grund für die weitgehende **Beschneidung des Rechtsmittels** ist, dass die sofortige Beschwerde möglichst schnell Klarheit schaffen soll, um eine Auswirkung auf das Urteil auszuschließen.[651] Die sofortige Beschwerde und die Revision stehen daher in einem Alternativverhältnis: Für die Revision ist nur dort Raum, wo die sofortige Beschwerde nicht statthaft

641 S. nochmals oben Rn. 136.

642 S. für die einfache Beschwerde nach §§ 304 ff. bereits BGHSt **43** 153, 155; OLG Rostock Beschl. v. 24.6.2002 – I Ws 273/02; OLG Düsseldorf StraFo **1999** 276; OLG Frankfurt StV **1991** 9; LG Freiburg Beschl. v. 30.5.2001 – 2 Qs 122/01; Meyer-Goßner/*Schmitt* § 141, 6a; *Pfeiffer* § 141, 3; OK-StPO/*Krawczyk* § 142, 53.

643 OLG Hamm Beschl. v. 5.11.1984 – 1 Ws 273/84; OLG Karlsruhe NJW **1974** 110.

644 S. bereits oben Rn. 136.

645 *Rieß* NStZ **1981** 447; Meyer-Goßner/*Schmitt* § 336, 6.

646 Vgl. BVerfG (3. *Kammer* des *Zweiten Senats*) Beschl. v. 3.12.2003 – 2 BvR 2000/03; NJW **2001** 3695, 3696; StraFo **1998** 17; BGH StV **1992** 406; *Jahn*/Krehl/Löffelmann/Güntge, Die Verfassungsbeschwerde in Strafsachen (2017²) Rn. 141; KK/*Willnow* § 141, 14; Meyer-Goßner/*Schmitt* § 141, 11; *Pfeiffer* 4.

647 Zusammengestellt oben in Rn. 138.

648 S. bereits *Dünnebier* FS Dreher (1977) 669, 679; Meyer-Goßner/*Schmitt* § 336, 6.

649 Vgl. LR/*Franke*²⁶ § 336, 13; KK/*Gericke* § 336, 13; Meyer-Goßner/*Schmitt* § 336, 6.

650 Einzelheiten bei LR/*Franke*²⁶ § 338, 124 ff.

651 KK/*Gericke* § 336, 12.

ist. Der Gesetzgeber war sich dessen bewusst, auch wenn diese Konsequenz der Einführung der sofortigen Beschwerde in der Gesetzesbegründung[652] zu den §§ 140 bis 144 eher beiläufig erwähnt und nicht ausführlicher begründet wird.[653] **Erfasst sein** können jedoch **nicht** Fälle, in denen die Bestellung **von Amts wegen** hätte erfolgen müssen (§ 141 Abs. 2) und entweder die Staatsanwaltschaft (§ 142 Abs. 2) oder das Gericht selbst (§ 141 Abs. 2 Nr. 4 i. V. m. § 142 Abs. 3 Nr. 3) die **Notwendigkeit** der **Verteidigung übersehen** haben, weil es insoweit an einer „gerichtlichen Entscheidung" i. S. d. § 142 Abs. 7 Satz 1 fehlt.[654] Es wäre nicht angängig, dem Beschuldigten mit dem Argument, er habe (zumal häufig ohne jeglichen anwaltlichen Beistand, um den er gerade nachsucht) einen Antrag nach § 141 Abs. 1 stellen können, den er dann mit der sofortigen Beschwerde zur Prüfung des Beschwerdegerichts hätte weiterverfolgen können, die Revisionsmöglichkeit zu nehmen.

Dem angesichts dieser positiv-rechtlichen Ausgangslage unterbreiteten **Vorschlag,**[655] **151**
die Revisionssperre des § 336 Satz 2 insoweit nicht eingreifen zu lassen, als die allein mit der sofortigen Beschwerde angreifbare Pflichtverteidigungsentscheidung auf **Willkür** beruht oder in schwerwiegende Grundrechte des Beschuldigten – hier: einer fairen Verfahrensgestaltung – eingreift, ist das Ziel nicht abzusprechen, die Forderung nach Rechtsschutzeffektivität des Art. 8 der PKH-Richtlinie umsetzen zu wollen. Methodisch würde es sich um eine **richtlinienkonforme teleologische Reduktion** des § 336 Satz 2 handeln. Derzeit ist es allerdings noch verfrüht, die praktische Unwirksamkeit des neuen Rechtsbehelfssystems i. S. d. Art. 8 der PKH-Richtlinie zu postulieren. Der Nachweis der „angemessenen Qualität" des deutschen Rechtsbehelfssystems im Monitoring-Verfahren nach Art. 10 Abs. 2 der PKH-Richtlinie wird erstmals zum 5.5.**2022** zu erbringen sein.[656]

2. Kasuistik

a) Verletzung der §§ 140, 141. In dem vorbeschriebenen eingeschränkten Um- **152**
fang[657] kann trotz § 336 Satz 2 der absolute Revisionsgrund des **§ 338 Nr. 5** weiterhin gegeben sein, wenn im Fall einer notwendigen Verteidigung der Pflichtverteidiger nicht oder nicht rechtzeitig **in** der **Hauptverhandlung** aufgetreten ist und die Verhandlung mithin **in wesentlichen Teilen** ohne ihn stattgefunden hat, ohne dass ein Wahlverteidiger tätig war.[658] Eine nur angeblich nicht ordnungsgemäß durchgeführte Verteidigung soll noch nicht von § 338 Nr. 5 erfasst werden.[659] Zu den wesentlichen Teilen[660]

---

652 Beiläufig BTDrucks. **19** 13829 S. 48.

653 Krit. auch OK-StPO/*Krawczyk* § 142, 56; nicht näher ausgeführt hingegen bei SSW/*Beulke* 63.

654 Oben Rn. 138.

655 OK-StPO/*Krawczyk* § 142, 57.

656 Vgl. *Jahn/Zink* FS Graf-Schlicker (2018) 475, 478.

657 S. oben Rn. 150. Der offensichtlich defizitäre Beschl. des OLG Brandenburg v. 30.3.2020 – (1) 53 Ss 37/20 (23/20) lässt § 338 Nr. 5 i. V. m. § 140 Abs. 2 zwar (auf der Basis einer „geklammerten" Stellungnahme der GenStA) für einen nach jeder Betrachtungsweise nach neuem Recht zu entscheidenden Fall (Sprungrevision gegen ein Urt. v. 15.1.2020) durchgreifen, diskutiert die durch § 336 Satz 2 entstandene Problemlage jedoch an keiner Stelle.

658 BGHSt **15** 306; *Klaas* JA **2020** 262, 265; LR/*Franke*[26] § 338, 93; Meyer-Goßner/*Schmitt* § 338, 41, einschr. OLG Düsseldorf StV **2001** 728; OLG Hamburg NStZ **1997** 53 sowie OLG Köln StV **2001** 330 (Heilung durch Wiederholung des Verhandlungsteils). Zu den Anforderungen an die im Rahmen der Verfahrensrüge darzulegenden Tatsachen (§ 344 Abs. 2 Satz 2) OLG Karlsruhe Justiz **1984** 214.

659 BGHSt **39** 314.

660 Näher LR/*Franke*[26] § 338, 84.

gehört es z. B. nicht, wenn lediglich die Tat eines Mitangeklagten verhandelt wurde[661] oder ein Anklagevorwurf, von dem der Angeklagte später freigesprochen wurde,[662] wohl aber die Verlesung des erstinstanzlichen Urteils in der Berufungshauptverhandlung[663] oder wenn sich im beschleunigten Verfahren die Möglichkeit der Verhängung einer Freiheitsstrafe von mindestens sechs Monaten ergibt, § 418 Abs. 4.[664] Stets ist allerdings der dem Vorsitzenden eingeräumte **Beurteilungsspielraum** – vor allem früher zuweilen irrig als „Bestellungsermessen" bezeichnet –[665] zu berücksichtigen; diesem sind jedoch durch die **unbestimmten Rechtsbegriff** des § 140 („Schwere der Tat", „Schwierigkeit der Sach- oder Rechtslage" usw.) **enge Grenzen** gesteckt.[666] Im **vorbereitenden Verfahren** kann bei Verstoß gegen § 141 wegen unterlassener rechtzeitiger Beiordnung aufgrund des dann anzunehmenden **Verwertungsverbots**[667] beim Beruhen § 337 greifen.

153 **b) Verletzung des § 141a.** Wenn der Beschuldigte im Vorverfahren ohne Pflichtverteidiger vernommen wird, ohne dass die Voraussetzungen des § 141a vorliegen, kann das **Beweisverwertungsverbot**[668] mangels Möglichkeit der sofortigen Beschwerde, die zudem von Gesetzes wegen keine aufschiebende Wirkung hätte (§ 307 Abs. 1), in der Eilfallsituation die Revision begründen, § 337.

154 **c) Verletzung des § 142.** Der Verstoß gegen § 142 Abs. 5 Satz 3 kann über das entstehende **Verwertungsverbot**[669] die Revision begründen, § 337.

155 **d) Verletzung des § 143.** Während die **Entpflichtung** nach alter Rechtslage mit der Revision – ohne vorherige Anrufung des Gerichts –[670] wegen Behinderung der Verteidigung nach § 338 Nr. 8 oder vorschriftswidriger Abwesenheit nach § 338 Nr. 5 zur Prüfung gestellt werden konnte,[671] sind nach § 143 Abs. 3 Beschlüsse über die Entpflichtung mit der sofortigen Beschwerde anfechtbar, sodass gemäß § 336 Satz 2 **kein Raum** mehr **für** die **Revision** verbleibt.[672]

156 **e) Verletzung des § 143a.** Alle Beschlüsse des § 143a Abs. 1 bis 3 sind gemäß § 143a Abs. 4 mit der sofortigen Beschwerde anfechtbar. Wegen § 336 Satz 2 ist eine Überprüfung mit der Revision daher nicht mehr möglich. Allein für § 143a Abs. 2 Satz 1

661 BGHSt **21** 180; BGH StV **1986** 288; NStZ **1983** 375.

662 BGHSt **15** 308.

663 OLG Düsseldorf StV **2001** 728.

664 OLG Frankfurt StV **2001** 342 (Ls.).

665 Siehe schon BGH NJW **1953** 116 („in ... pflichtgemäßes richterliches Ermessen gestellten Entscheidung über die Beiordnung eines Verteidigers"), aber auch noch OLG Koblenz Beschl. v. 10.12.2018 – 2 Ws 698/18, BeckRS **2018** 34217 Tz. 15 („hat der Vorsitzende der Strafkammer hier das ihm eingeräumte Ermessen nicht missbraucht").

666 Vgl. OLG Zweibrücken NStZ **1986** 135; OLG Celle wistra **1986** 233 m. Anm. *Molketin*; OLG Düsseldorf AnwBl. **1984** 262; KG StV **1983** 186; OLG Hamm NStZ **1982** 298; LR/*Franke*[26] § 338, 94; Radtke/Hohmann/*Reinhart* 21; SSW/*Beulke* 34; einschr. für § 140 *Abs. 2* OLG München AnwBl. **1979** 398. **A. A.** (volle Überprüfbarkeit) *Oellerich* StV **1981** 434, 436; SK/*Wohlers* 68.

667 S. § 141, 41 f.

668 S. § 141a, 14 f.

669 S. § 142, 92.

670 BGHSt **39** 310.

671 BGHSt **46** 212; BGH NStZ **2004** 632, 633; SK/*Wohlers* § 143, 29; LR/*Lüderssen*/*Jahn*[26] § 143, 17 m. w. N.

672 S. § 143, 30.

Nr. 1 erklärt § 142 Abs. 7 Satz 2 die sofortige Beschwerde für ausgeschlossen. Folglich kann ein Verstoß gegen diese Vorschrift **weiterhin** mit der **Revision** gerügt werden.

f) Verletzung des § 144. Auch § 144 Abs. 2 Satz 2 verweist auf § 142 Abs. 7 Satz 1 in „entsprechender" Anwendung und erklärt damit die sofortige Beschwerde für statthaft. Für Beschlüsse nach § 144 Abs. 2 Satz 1, mit denen die Bestellung des „Sicherungsverteidigers" aufgehoben wird, ist die Revision daher ebenfalls nach § 336 Satz 2 ausgeschlossen. Da § 142 Abs. 7 Satz 1 für alle Fälle der „Bestellung eines Pflichtverteidigers" gilt, ist aber auch in den Fällen des § 144 **Abs. 1** die sofortige Beschwerde unmittelbar statthaft.[673] Verstöße sind deshalb **nicht revisibel.** 157

§ 141
Zeitpunkt der Bestellung eines Pflichtverteidigers

(1) [1]In den Fällen der notwendigen Verteidigung wird dem Beschuldigten, dem der Tatvorwurf eröffnet worden ist und der noch keinen Verteidiger hat, unverzüglich ein Pflichtverteidiger bestellt, wenn der Beschuldigte dies nach Belehrung ausdrücklich beantragt. [2]Über den Antrag ist spätestens vor einer Vernehmung des Beschuldigten oder einer Gegenüberstellung mit ihm zu entscheiden.

(2) [1]Unabhängig von einem Antrag wird dem Beschuldigten, der noch keinen Verteidiger hat, in den Fällen der notwendigen Verteidigung ein Pflichtverteidiger bestellt, sobald

1. **er einem Gericht zur Entscheidung über Haft oder einstweilige Unterbringung vorgeführt werden soll;**
2. **bekannt wird, dass der Beschuldigte, dem der Tatvorwurf eröffnet worden ist, sich auf Grund richterlicher Anordnung oder mit richterlicher Genehmigung in einer Anstalt befindet;**
3. **im Vorverfahren ersichtlich ist, dass sich der Beschuldigte, insbesondere bei einer Vernehmung des Beschuldigten oder einer Gegenüberstellung mit ihm, nicht selbst verteidigen kann, oder**
4. **er gemäß § 201 zur Erklärung über die Anklageschrift aufgefordert worden ist; ergibt sich erst später, dass die Mitwirkung eines Verteidigers notwendig ist, so wird er sofort bestellt.**

[2]Erfolgt die Vorführung in den Fällen des Satzes 1 Nummer 1 zur Entscheidung über den Erlass eines Haftbefehls nach § 127b Absatz 2 oder über die Vollstreckung eines Haftbefehls gemäß § 230 Absatz 2 oder § 329 Absatz 3, so wird ein Pflichtverteidiger nur bestellt, wenn der Beschuldigte dies nach Belehrung ausdrücklich beantragt. [3]In den Fällen des Satzes 1 Nummer 2 und 3 kann die Bestellung unterbleiben, wenn beabsichtigt ist, das Verfahren alsbald einzustellen und keine anderen Untersuchungshandlungen als die Einholung von Registerauskünften oder die Beziehung von Urteilen oder Akten vorgenommen werden sollen.

673 So auch OLG Hamm Beschl. v. 5.5.2020 – 4 Ws 94/20, BeckRS **2020** 9773 Tz. 3; s. bereits oben Rn. 138.

https://doi.org/10.1515/9783110630244-010

Schrifttum

Siehe bei § 140.

Entstehungsgeschichte

I. Ältere Geschichte

Die Vorschrift bestand **ursprünglich** aus der Generalklausel des späteren § 140 Abs. 2 („In anderen als den im § 140 bezeichneten Fällen kann das Gericht und bei vorhandener Dringlichkeit der Vorsitzende desselben auf Antrag oder von Amtswegen einen Vertheidiger bestellen"), während der Gegenstand der heutigen Regelung des Abs. 1 auf § 140 Abs. 3 („In den Fällen des Abs. 1 und des Abs. 2 Nr. 1 ist dem Angeschuldigten, welcher einen Vertheidiger noch nicht gewählt hat, ein solcher von Amtswegen zu bestellen, sobald die im § 199 vorgeschriebene Aufforderung stattgefunden hat") und § 142 („Die Bestellung des Vertheidigers kann schon während des Vorverfahrens erfolgen") verteilt war.

Die **EmmingerVO** brachte, unter Beibehaltung der Standorte, einige für die weitere Entwicklung nicht ins Gewicht fallende Änderungen. In der Verordnung zur Durchführung der ZustVO vom 13.3.**1940**[1] tauchte zum ersten Mal die Vorschrift auf (Art. 2 § 7 Abs. 2), die heute der Sache nach in Abs. 2 steht. Außerdem gab es jetzt auch eine Zuständigkeitsregelung (Art. 2 § 7 Abs. 3). In die „Sondervorschriften für die Ostmark", welche diese Verordnung enthielt, wurde auch eine Bestimmung über die Dauer der Bestellung aufgenommen (Art. 3 § 18 Nr. 4). Erst das VereinhG reservierte § 141 für die gesamte Materie. Dabei fiel die Vorschrift über die Dauer der Bestellung wieder weg. Die weiteren Änderungen sind für die Interpretation der geltenden Regelung ohne Bedeutung. Mit dem **StPÄG 1964** kam in Abs. 3 eine Regelung der Antragsbefugnisse und -pflichten der Staatsanwaltschaft, die heute der Sache nach in § 142 Abs. 4 aufgegangen ist.

Nach der mit dem **StPO-Diskussionsentwurf 2004**[2] geplanten, zunächst aber nicht weiter verfolgten Neuregelung in § 141 Abs. 3 Satz 1 StPO-DE sollte die Staatsanwaltschaft einen Antrag an das Gericht stellen, wenn abzusehen ist, dass die Mitwirkung eines Verteidigers nach § 140 Abs. 1 oder 2 notwendig sein wird. Schon der Entwurf eines Ersten Justizbeschleunigungsgesetzes vom 20.5.2003[3] hatte mit einem neu zu fassenden § 141 Abs. 4 den (alternativen) Vorschlag unterbreitet, dass die Staatsanwaltschaft mit Zustimmung des Beschuldigten berechtigt sein sollte, einen Pflichtverteidiger zu bestellen.[4]

II. Neuere Entwicklungen

1. Änderungen durch das UHaftÄndG 2009

a) Bedeutung. Absatz 1 war durch Art. 1 Nr. 9b lit. a des Gesetzes zur Änderung des Untersuchungshaftrechts (**UHaftÄndG**) vom 29.7.2009[5] mit Wirkung vom 1.1.2010 an die

1 RGBl. I S. 489.
2 Abgedr. in StV **2004** 232.
3 BTDrucks. **15** 999 S. 22f.
4 Zustimmend *Jahn* ZStW **115** (2003) 815, 827, (bereits) seinerzeit mit dem zusätzlichen Vorschlag, den örtlichen Rechtsanwaltskammern aus dem Kreis der Fachanwälte für Strafrecht und der Rechtsanwälte mit dem Tätigkeitsschwerpunkt Strafverteidigungen ein bedingtes Vorschlagsrecht einzuräumen.
5 BGBl. I S. 2274.

ebenfalls geänderte Fassung des § 140 Abs. 1 angepasst worden. Der Verweis auf § 140 Abs. 1 erfasste alle Ziffern desselben unter Ausklammerung des dort zeitgleich neu eingefügten § 140 Abs. 1 Nr. 4. Abs. 3 wurde im Rahmen des Art. 1 Nr. 9b lit. b UHaftÄndG um einen Satz 4 ergänzt, welcher auf die neue Fallgruppe der notwendigen Verteidigung des § 140 Abs. 1 Nr. 4 Bezug nahm. Ebenso wurde Absatz 4 auf Grund des Art. 1 Nr. 9b lit. c UHaftÄndG durch Einfügung eines zweiten Halbsatzes an die seinerzeit neue Fassung des § 140 Abs. 1 sowie des damaligen § 275a Abs. 5 angepasst.

b) Einzelheiten. Durch das UHaftÄndG wurde in **§ 140 Abs. 1 Nr. 4** eine weitere Fallgruppe der **notwendigen Verteidigung** für den Fall eingefügt, dass gegen einen Beschuldigten **Untersuchungshaft** nach den §§ 112, 112a oder **einstweilige Unterbringung** nach § 126a oder § 275a Abs. 6[6] vollstreckt wird. Der in Abs. 1 vorgesehene Zeitpunkt der Verteidigerbestellung im Anschluss an die Aufforderung zur Erklärung über die Anklageschrift (§ 201) wurde für den Fall der Anordnung der Untersuchungshaft nicht übernommen. Vielmehr erfolgte diesbezüglich eine gesonderte Regelung in Abs. 3 Satz 4, wonach ein Verteidiger **unverzüglich** nach Beginn der Vollstreckung der Untersuchungshaft zu bestellen war. Des Weiteren wurde die Zuständigkeit für die Bestellung in Absatz 4 durch das UHaftÄndG abweichend geregelt.

Durch die neue Regelung in Abs. 3 Satz 5, die durch eine weitere Neuregelung vom 17.8.2017 in Satz 4 nach hinten verschoben wurde (i. V. m. § 140 Abs. 1 Nr. 4), normierte der Gesetzgeber erstmals eine seit langem durch die Anwaltschaft, aber auch in Wissenschaft und Rechtspolitik erhobene **rechtspolitische Forderung:**[7] Der Zeitpunkt der notwendigen Beiordnung eines Verteidigers bei einer **Inhaftierung** des Beschuldigten wurde nach vorne verlagert. Nach der bis zum 1.1.2010 gültigen Rechtslage war dem inhaftierten Beschuldigten erst nach Vollzug von drei Monaten Untersuchungshaft auf Antrag ein Pflichtverteidiger zwingend beizuordnen (§ 117 Abs. 4 Satz 1 a. F.) sowie eine Beiordnung im Vorverfahren von einem Antrag der Staatsanwaltschaft abhängig (§ 141 Abs. 3 a. F.), was den Beschuldigteninteressen nicht ausreichend Rechnung trug. Da nunmehr kein Fall mehr denkbar war, in welchem sich der Beschuldigte unverteidigt drei Monate in Haft befinden konnte, wurde die Haftprüfung nach § 117 Abs. 5 a. F. aufgehoben. Für den Beschuldigten wurde die Situation unter Geltung der alten Rechtslage zudem dadurch verschärft, dass die Möglichkeit der Beiordnung eines Verteidigers im Ermittlungsverfahren auch schon vor Ablauf der Drei-Monats-Frist des § 140 Abs. 1 Nr. 5 in der Praxis die Ausnahme darstellte.[8] Remedur sah die Rechtsprechung nur für Fälle vor, in denen anderenfalls ein **Verstoß** gegen den Grundsatz des fairen Verfahrens und die menschenrechtlichen Mindeststandards **evident** gewesen wäre: Eine Beiordnung im Ermittlungsverfahren musste demnach auch nach der Rechtslage vor dem 1.1.2010 über § 140 Abs. 2 jedenfalls dann erfolgen, wenn Belastungszeugen unter Ausschluss des Beschuldigten ermittlungsrichterlich vernommen werden sollten,[9] dem Antrag der Staatsanwaltschaft auf Erlass eines Haftbefehls ein Verbrechen zu Grunde lag,[10] der Beschuldigte zu einem komplexen Gutachten Stellung nehmen sollte[11] oder

6 Der Verweis auf Abs. 6 statt auf Abs. 5 stellte eine Folgeänderung im Rahmen des SiVerwNOG dar, s. sogleich (Entstehungsgeschichte) II.2.

7 Umfassende Nachw. bei *Jahn* FS Rissing-van Saan (2011) 275, 276 f.

8 *Wohlers* StV **2010** 151; ausf. *Busse* 61 ff.; *Kortz* 118.

9 BGHSt **46** 93, 99 f.; **47** 233, 236.

10 BGHSt **47** 172, 176 f.

11 BGHSt **47** 233, 236; OLG Zweibrücken Beschl. v. 6.7.2009 – 1 Ws 151/09, juris; OLG Karlsruhe Beschl. v. 20.3.2009 – 2 Ws 112/09.

auch für den Fall der Anordnung und Vollstreckung von Untersuchungshaft, um das Recht auf Akteneinsicht über den Pflichtverteidiger umfassend wahrnehmen zu können.[12] Obgleich im **Gesetzgebungsverfahren** die Verteidigerbestellung teilweise bereits für den **Zeitpunkt** befürwortet worden war, in dem die Staatsanwaltschaft in der Vorführungsverhandlung Antrag auf Erlass eines Haftbefehls zu stellen beabsichtigt (§§ 125, 128 Abs. 2 Satz 2), hatte sich der Bundesgesetzgeber schlussendlich nur zu einem **Kompromiss** durchringen können: Nach Abs. 3 Satz 4 ging erst mit Beginn der Vollstreckung der Untersuchungshaft oder der einstweiligen Unterbringung die notwendige Verteidigung einher.

2. Änderungen durch das SiVerwNOG 2010

Durch Art. 2 Nr. 2 des Gesetzes zur Neuordnung des Rechts der Sicherungsverwahrung und zu begleitenden Regelungen (**SiVerwNOG**) vom 22.12.2010[13] wurde mit Wirkung vom 1.1.2011 der Verweis auf § 275a an die neue Rechtslage angepasst und auf Abs. 6 geändert.

3. Änderungen durch das StORMG 2013

Durch Art. 1 Nr. 4 lit. a des Gesetzes zur Stärkung der Rechte von Opfern sexuellen Missbrauchs (**StORMG**) vom 26.6.2013[14] wurde mit Wirkung vom 1.9.2013 in Absatz 1 die Angabe „8" durch die Angabe „9" ersetzt. Ferner wurde durch Art. 1 Nr. 4 lit. b StORMG Absatz 4 neu gefasst. Bei der Ersetzung der Angabe „8" durch „9" in Abs. 1 handelte es sich um eine redaktionelle **Folgeänderung**, die durch die Einführung einer neuen Nummer 9 in § 140 Abs. 1 veranlasst worden war. Wie in den übrigen Fällen notwendiger Verteidigung (mit Ausnahme von § 140 Abs. 1 Nr. 4) war der Verteidiger bei der Zustellung der Anklage (§ 201 Abs. 1) zu bestellen. Gem. **Abs. 4** Hs. 1 war für die Entscheidung über die Pflichtverteidigerbestellung alternativ auch der **Ermittlungsrichter** zuständig, wenn die Staatsanwaltschaft eine richterliche Vernehmung gem. § 162 Abs. 1 Satz 1 oder Satz 3 beantragte und eine Entscheidung durch den Ermittlungsrichter zur Beschleunigung des Verfahrens für erforderlich hielt. Die Neuregelung galt für alle Fälle notwendiger Verteidigung außer denen des § 140 Abs. 1 Nr. 4 und hing mit den eigentlichen Zielen des StORMG nur lose zusammen. Zweck der Neuregelung war die **Vermeidung von Verfahrensverzögerungen**, was bereits im Wortlaut („Beschleunigung des Verfahrens") zum Ausdruck kommt. Die Gesetzesänderung war gleichwohl im Interesse der Beschuldigtenrechte zu begrüßen. Durch sie sollten solche Verzögerungen des Verfahrens vermieden werden, die entstehen konnten, wenn vor der Vernehmung durch den Ermittlungsrichter zunächst noch das für das Hauptverfahren zuständige Gericht über die Bestellung eines Pflichtverteidigers entscheiden musste.[15] Fortan war es der Staatsanwaltschaft möglich, zugleich einen Antrag auf ermittlungsrichterliche Vernehmung und auf Beiordnung eines Pflichtverteidigers zu stellen. Auf diese Weise konnte insbesondere auch die Notwendigkeit der Übersendung

12 Unten § 147, 12 u. 114.
13 BGBl. I S. 2300.
14 BGBl. I S. 1805.
15 BTDrucks. **17** 6261 S. 12.

der Akte (bzw. der Duplo-Akten in Haftsachen, Nr. 12 Abs. 2 RiStBV)[16] an verschiedene Gerichte vermieden werden.[17]

4. Gesetz zur effektiveren und praxistauglicheren Ausgestaltung des Strafverfahrens 2017

Durch das Gesetz zur effektiveren und praxistauglicheren Ausgestaltung des Strafverfahrens wurden am 17.8.2017[18] Abs. 3 Satz 4 und Abs. 4 in den § 141 a. F. integriert. § 141 Abs. 4 a. F. enthielt eine Zuständigkeitsregelung für die Bestellung des Pflichtverteidigers. Eine ausdifferenzierte Regelung befindet sich nun nach seit dem 13.12.2019 geltender Fassung in § 142.

5. Gesetz zur Neuregelung des Rechts der notwendigen Verteidigung 2019

Durch das Gesetz zur Neuregelung der notwendigen Verteidigung vom 10.12.2019,[19] das der Umsetzung der Richtlinie (EU) 2016/1919 über Prozesskostenhilfe für Verdächtige und beschuldigte Personen in Strafverfahren sowie für gesuchte Personen in Verfahren zur Vollstreckung eines Europäischen Haftbefehls („**PKH-Richtlinie**")[20] diente, wurde die **Zuständigkeitsregelung** des § 141 Abs. 4 aus systematischen Gründen aus § 141 gestrichen und findet sich **nunmehr in § 142** als eigene Regelung wieder. In § 141 ist nun der **Zeitpunkt der Bestellung** eines Pflichtverteidigers zusammenfassend geregelt, der zudem durch das Gesetz zur Neuregelung des Rechts der notwendigen Verteidigung richtigerweise weiter in das Ermittlungsverfahren hinein **vorverlagert** wurde. Im Einzelnen sind die ab dem 13.12.2019 geltenden Regelungen geprägt durch die **innovativen europarechtlichen Impulse** der PKH-Richtlinie, deren Vorgaben sich großteils am Leitbild eines Prozesskostenhilfemodells orientieren, das dem deutschen Strafverfahrensrecht bislang fremd war. Durch die Umsetzung dieser Regelungen in nationales Recht hat sich die **Regelungssystematik** der notwendigen Verteidigung im deutschen Recht **maßgeblich verändert**.

Übersicht

16 Vgl. unten § 147, 61.

17 *Farries* Schriftliche Stellungnahme zu den Entwürfen eines Gesetzes zur Stärkung der Rechte von Opfern sexuellen Missbrauchs, abrufbar über www.bundestag.de, 4.

18 BGBl. I S. 3202.

19 BGBl. I S. 2128.

20 ABl. EU 2016 L 297 v. 3.11.2016 S. 1.

A. Allgemeines zur Vornahme der Bestellung des Pflichtverteidigers

I. Zeitpunkt

1 **1. „In den Fällen der notwendigen Verteidigung“ in jeder Lage des Verfahrens.** In § 141 ist der **Zeitpunkt der Bestellung** eines Pflichtverteidigers zusammenfassend geregelt. Prinzipiell **in jeder Lage** des Verfahrens ist dessen Beiordnung **möglich.**[21] Das Gesetz spricht sowohl in Abs. 1 als auch in Abs. 2 nur unspezifisch und zunächst einmal ohne weitere Einschränkungen von den „Fällen der notwendigen Verteidigung“. Eine zeitliche Zäsur ist insofern – aus verfassungs- und konventionsrechtlichen Gründen ganz zu Recht[22] – nicht angegeben;[23] es gilt also das bei § 137 Ausgeführte[24] grundsätzlich entsprechend. Insbesondere sei insofern auch auf die Möglichkeit der Verteidigung in der **Situation des ersten Zugriffs** vor der ersten verantwortlichen Vernehmung ver-

21 Vgl. HK/*Julius/Schiemann* 2; SK/*Wohlers* 3; AnwK/*Krekeler/Werner* 3.
22 § 137, 2 ff.
23 S. bereits OLG Koblenz StV **1995** 537; LG Braunschweig StV **1997** 70; LG Berlin StV **1997** 517.
24 § 137, 14 ff.

wiesen (Abs. 1 Satz 2).[25] Die Bestellung ist insbesondere auch bei einer (beabsichtigten) nur vorläufigen **Einstellung** eines Verfahrens nach den §§ 153 Abs. 2, 153a Abs. 2, 154 Abs. 2 möglich,[26] wird aber durch die Rückausnahme in Abs. 2 Satz 3 ermessensabhängig beschränkt. Was – umgekehrt – die Bestellung in späteren Verfahrensabschnitten angeht, so konkurriert diese Frage mit der nach der Dauer der ersten Bestellung, die in § 143 Abs. 1 geregelt ist. Jene Vorschrift bekräftigt von Gesetzes wegen den bisher schon weithin in der Praxis anerkannten Grundsatz, dass die Pflichtverteidigerbestellung erst mit dem **rechtskräftigen Abschluss** des **Verfahrens** endet.[27]

2. Rückwirkende Pflichtverteidigerbestellung. Nur für ein bereits abgeschlosse- 2
nes Verfahren kann ein Verteidiger grundsätzlich[28] **nicht mehr** bestellt werden. Dies gilt nach billigenswerter überwiegender und ständiger Rechtsprechung der Oberlandesgerichte[29] entgegen einer unübersehbaren Resilienz bei den landgerichtlichen Strafkammern[30] und in Teilen des Schrifttums,[31] in jüngerer Zeit **insbesondere** in Fällen der verweigerten Beiordnung bei einer **Einstellung** nach **§ 153a Abs. 2**[32] oder **§ 154 Abs. 2,**[33]

25 Zur Wahlverteidigung vgl. § 137, 46 f.

26 S. nur LG Hof StraFo **2005** 247 sowie sogleich die Nachw. in Rn. 2.

27 § 143, 3.

28 Vgl. aber speziell zum Wiederaufnahmeverfahren § 143, 3 a. E.

29 OLG Oldenburg Beschl. v. 26.11.2015 – 1 Ws 635/15, BeckRS **2015** 20542 Tz. 5; OLG Celle NdsRpfl. **2013** 24; OLG Köln Beschl. v. 28.1.2011 – 2 Ws 74/11; OLG Hamm Beschl. v. 27.5.2008 – 5 Ws 184/08; OLG Schleswig Beschl. v. 24.1.2008 – 2Ws 8/08; KG StV **2007** 372; StV **2007** 343; Beschl. v. 5.11.2001 – 1 AR 1160/01 – 3 Ws 510/01; OLG Naumburg Beschl. v. 24.6.2005 – 1 Ws 342/05; OLG Düsseldorf StraFo **2003** 94; NStZ-RR **1996** 171; OLG Karlsruhe Rpfleger **1986** 149; OLG Hamburg NJW **1975** 2217. Ebenso bei den Landgerichten LG Essen Beschl. v. 5.3.2020 – 57 Qs 6 Js 651/19-39/20 (für § 154 Abs. 1); LG Münster Beschl. v. 19.12.2019 – 8 Qs-72 Js 8030/19-60/19, BeckRS **2019** 35906 Tz. 16 f.; LG Oldenburg Beschl. v. 4.1.2016 – 1 Qs 473/15; LG Leipzig Beschl. v. 4.7.2011 – 6 Qs 31/11; LG Verden StraFo **2011** 225; LG Zweibrücken VRS **116** (2009) 363; LG Neuruppin Beschl. v. 5.2.2003 – 11 Qs 13/03; zum Ganzen *Stelten* 25 ff.

30 Für die Möglichkeit einer Bestellung trotz Verfahrensabschlusses oder -abtrennung ähnlich LG Aurich Beschl. v. 5.5.2020 – 12 Qs 78/20, juris, Tz. 7; LG Passau Beschl. v. 15.4.2020 – 1 Qs 38/20; LG Wiesbaden Beschl. v. 4.3.2020 – 1 Qs 8/20-10/20; LG Neubrandenburg StV **2018** 157 (nach Abschluss des Jugendstrafverfahrens); LG Frankenthal StV **2018** 155 (Ls.); StV **2007** 344; LG Bremen StV **2018** 155 (Ls.); StV **2007** 345; NStZ-RR **2004** 113; StraFo **2002** 329; LG Magdeburg Beschl. v. 20.2.2020 – 29 Qs 2/20; StV **2017** 174 (Ls.); Beschl. v. 12.3.2010 – 22 Qs 337; StV **2007** 347; StraFo **2003** 420; LG Kassel Beschl. v. 21.12.2010 – 3 Qs 311/10; LG Dortmund StV **2007** 344; LG Erfurt StV **2007** 346; LG Schweinfurt StraFo **2006** 25; LG Hamburg StV **2019** 186 (Ls.); StV **2005** 207 m. Anm. *Rogosch* (a. A. aber LG Hamburg Beschl. v. 3.12.2013 – 632 Qs 31/13); StV **2000** 16; LG Itzehoe Beschl. v. 25.11.2008 – Qs 29/08; LG Koblenz Beschl. v. 18.3.2008 – 6 Qs 17/08; LG Berlin StV **2005** 83, 84; LG Saarbrücken StV **2005** 82; LG Potsdam Beschl. v. 31.1.2014 – 25 Qs 8/14, BeckRS **2014** 11707; Beschl. v. 15.2.2010 – 24 Qs 11/10; StraFo **2004** 381; LG Aachen StV **2004** 125; LG Köln StraFo **2003** 311; LG Hildesheim NStZ-RR **2003** 115; LG Heilbronn StV **2002** 246 (Beiordnungsantrag an die StA nach § 141 Abs. 3 a. F.); LG Osnabrück StV **2001** 447; LG Braunschweig StV **2001** 447 sowie AG Amberg Beschl. v. 9.4.2020 – 6 Gs 591/20; AG Frankfurt Beschl. v. 30.3.2020 – 3610 Js 242150/19 – 931 Gs; AG Kempten Beschl. v. 27.8.2019 – 12 Gs 1887/19; AG Tiergarten Beschl. v. 30.9.2008 – (315 Cs) 3022 PLs 2342/08 (79/08); AG Traunstein Beschl. v. 25.10.2006 – 525 Ls 230 Js 17443/03; zum Ganzen *Stelten* 37 ff.

31 SK/*Wohlers* 27; *ders.* StV **2007** 376; MüKo/*Thomas*/*Kämpfer* § 142, 9; OK-StPO/*Krawczyk* § 142, 29; AK/*Stern* 20; vermittelnd SSW/*Beulke* § 142, 39.

32 OLG Hamm StV **2012** 330.

33 Speziell für die Möglichkeit der rückwirkenden Beiordnung in den Fällen der Einstellung nach § 154 Abs. 2 vgl. LG Mannheim Beschl. v. 26.3.2020 – 7 Qs 11/20; LG Magdeburg Beschl. v. 20.2.2020 – 29 Qs 2/20; LG Bremen StV **2018** 155; LG Frankenthal StV **2018** 155; LG Hamburg StraFo **2018** 252; LG Köln Beschl. v. 9.4.2018 – 101 Qs 21/18; StV **2011** 663; LG Mühlhausen Beschl. v. 1.12.2017 – 3 Qs 205/17; LG Hildesheim NStZ-RR **2003** 115; AG Frankfurt Beschl. v. 30.3.2020 – 3610 Js 242150/19 – 931 Gs.

grundsätzlich auch dann, wenn die gerichtliche Beiordnung **vor Verfahrensabschluss beantragt** worden war, jedoch über den Antrag trotz Vorliegens der materiellen Voraussetzungen der § 140 und entgegen den **Unverzüglichkeitsgeboten** des § 141 Abs. 1 Satz 2[34] oder § 142 Abs. 2[35] durch dilatorische Sachbehandlung nicht bzw. fehlerhaft entschieden wurde. Eine nachträgliche Beiordnung kann aber in den **Haftsachen** des § 140 Abs. 1 Nr. 5 ausnahmsweise in Betracht kommen, auch wenn die Entscheidung über die Beiordnung erst nach der Haftentlassung getroffen wird, weil das Verfahren mit der Aufhebung der Freiheitsentziehung noch nicht abgeschlossen ist.[36] Die Wertung nach **„Billigkeitserwägungen"**,[37] die Nichtbestellung beruhe dann auf gerichtsinternen Vorgängen, auf die ein Außenstehender keinen Einfluss hat, ist zwar richtig. Der **effektive Rechtsschutz** wäre aber nur dann *strukturell* gefährdet, wenn notwendige Verfahrenshandlungen oder sonstige Tätigkeiten eines Rechtsanwalts, die in der Annahme erfolgen, als Pflichtverteidiger beigeordnet zu werden, nur deshalb unterblieben wären, weil er befürchten musste, rechtswidrig nicht rechtzeitig vor Verfahrensabschluss beigeordnet zu werden. Das freilich ist die Ausnahme. Zudem ist es richtig, dass auch noch nach Verfahrensabschluss *im Einzelfall* sinnvolle Verfahrensaktivitäten zu entfalten sind, etwa die Prüfung von Entschädigungsfragen nach dem StrEG, von Kostenfragen, der Freigabe von Asservaten u. ä., so dass es nicht notwendig allein um das reine, als solches *strafprozessual* nicht schützenswerte, Gebühreninteresse des Verteidigers gehen *muss*.

3 Die Unzulässigkeit erstreckt sich nach dennoch auch nach dem 13.12.2019 weiterhin zutr. **h. M.**[38] generell auf die **rückwirkende Bestellung,** jedenfalls dann, wenn es – wie häufig – lediglich darum geht, dem beiordnungswilligen Verteidiger über § 141 einen si-

34 LG Nürnberg-Fürth Beschl. v. 4.5.2020 – JKII Qs 15/20 jug, StraFo **2020** 324 Tz. 21; LG Frankenthal Beschl. v. 16.6.2020 – 7 Qs 114/20, juris; LG Bonn Beschl. v. 28.4.2020 – 21 Qs 25/20, StraFo **2020** 325; zum (inhaltlich in der Tat unstreitigen) Gebot zügiger Sachbehandlung eines Beiordnungsantrags auch nach früherem Recht schon LG Dresden Beschl. v. 6.1.2011 – 3 Ws 174/10.

35 So zuerst LG Passau Beschl. v. 15.4.2020 – 1 Qs 38/20 (zu § 141 Abs. 2 n. F. seit dem 13.12.2019).

36 So auch OLG Köln NStZ **2011** 325; OLG Koblenz StV **2011** 349, 351; LG Leipzig Beschl. v. 4.7.2011 – 6 Qs 31/11 (n.v.); LG Stade Beschl. v. 30.3.2011 – 11c Qs 123 Js 23 051/10 (55/11) (insoweit in StV **2011** 663 nicht abgedr.); LG Itzehoe NStZ **2011** 56 (insoweit in StV **2010** 562 nicht abgedr.); Beschl. v. 25.11.2008 – jug 1 Qs 29/08 (n.v.); enger LG Dresden StV **2011** 666 (nur bei *offenkundiger* Untätigkeit des Gerichts) sowie LG Frankfurt StV **2013** 19 (Ls.). In der Begr. heißt es: „Dem AG ist zwar zuzugeben, dass die Anwendung dieser Vorschrift ... nicht mehr in Betracht kommt, wenn zum frühstmöglichen Zeitpunkt der Entscheidung keine Untersuchungshaft mehr vollzogen wird. Dieser Zeitpunkt hätte jedoch – entgegen der Auffassung des AG – noch vor der Haftentlassung der Besch. gelegen ... Indem das AG die Vollstreckungsübersicht jedoch erst am ... anforderte ..., hat es den Entscheidungszeitpunkt für den Beiordnungsantrag ohne erkennbaren Grund – weitere vorrangige Bearbeitungsschritte sind der Akte nicht zu entnehmen – nach hinten verschoben, so dass der Beschwerde zu entsprechen war". **A.A.** LG Oldenburg Beschl. v. 24.5.2011 – 6 Qs 21/11 (insoweit in ZJJ **2011** 461 nicht abgedr.).

37 LG Passau Beschl. v. 15.4.2020 – 1 Qs 38/20; ähnlich LG Aurich Beschl. v. 5.5.2020 – 12 Qs 78/20, juris, Tz. 7.

38 Für das neue Recht seit dem 13.12.2019 ausdrücklich KG Beschl. v. 9.4.2020 – 2 Ws 30-31/20-121 AR 52/20, BeckRS **2020** 9383, Tz. 13. Vorher ebenso bereits BGH NStZ-RR **2009** 348; StraFo **2006** 455, 456; NStZ **1997** 299; StV **1989** 378 (Ls.); OLG Jena Beschl. v. 15.11.2005 – 1 Ws 417/05; OLG Bamberg JurBüro **1977** 1103; OLG Celle NdsRpfl. **1991** 120; OLG Düsseldorf AnwBl. **1988** 178; StV **1984** 66; NJW **1952** 1151; OLG Hamburg NJW **1965** 2217; OLG Hamm AnwBl. **1980** 486; NJW **1958** 642; JMBlNW **1952** 149; OLG Karlsruhe Rpfleger **1986** 149; Justiz **1975** 238; OLG Koblenz StraFo **1997** 256; OLG Köln JMBlNW **1964** 132; OLG München Rpfleger **1975** 107; OLG Zweibrücken OLGSt § 132 BRAGO Nr. 1; LG Hamburg StV **2005** 207; LG Nürnberg-Fürth Beschl. v. 5.2.1998 – 7 Qs 3/98, LG Osnabrück JurBüro **1984** 1050 m. zust. Anm. *Mümmler* sowie im Schrifttum KK/*Willnow* 12; *Pfeiffer* 2; einschr. AK/*Stern* 20, der zwar von der *Unzulässigkeit*, nicht aber der *Unwirksamkeit* einer solchen Bestellung ausgeht.

cheren Vergütungsanspruch gegen die Staatskasse zu verschaffen.[39] Der allgemein gehaltene Hinweis auf die Intention des Gesetzgebers der **Neuregelung** des Rechts der notwendigen Verteidigung des Jahres **2019** vermag daran nichts zu ändern.[40] Liegt ein wirksamer Antrag nach Abs. 1 vor oder waren die Voraussetzungen einer amtswegigen Beiordnung nach Abs. 2 zum Zeitpunkt der Antragstellung gegeben, kann es sich jedoch nach zutreffender Auffassung um die bloße nachträgliche Feststellung einer bereits vorher erfolgten **konkludenten Beiordnung** (nunmehr nach § 142 Abs. 3) handeln.[41] Auch die **Untätigkeitsbeschwerde** konnte nach bis zum 13.12.2019 **h. M.**[42] mit Blick auf Art. 19 Abs. 4 GG – es handelt sich um einen Ausnahmefall des gerichtlichen Rechtsschutzes gegen den säumigen Richter und die §§ 198 ff. GVG stehen nicht entgegen –[43] ausnahmsweise auch dann eingelegt werden, wenn eine Entscheidung über die Beiordnung nicht getroffen wurde. Zwar ist der StPO eine „reine" Untätigkeitsbeschwerde fremd. In bloßem Nichthandeln kann normalerweise noch keine sachliche Entscheidung liegen. Nur diese ist aber Gegenstand der Überprüfung durch das Beschwerdegericht. Die Unterlassung einer von Amts wegen oder auf Antrag zu treffenden Entscheidung ist jedoch **ausnahmsweise** dann anfechtbar, wenn die unterlassene Entscheidung selbst bzw. deren Ablehnung anfechtbar ist und der Unterlassung die Bedeutung einer Sachentscheidung i. S. e. endgültigen Ablehnung und nicht einer bloßen Verzögerung der zu treffenden Entscheidung zukommt. An diesen für die Pflichtverteidigerbestellung aufgrund des durchgängigen **Unverzüglichkeitsgebots** (vgl. § 141 Abs. 1 Satz 1, § 141 Abs. 2 Satz 1 [„sobald"]; § 142 Abs. 1 Satz 2, Abs. 2, Abs. 4 Satz 2) anwendbaren Grundsätzen hat **§ 142 Abs. 7 Satz 1** nichts geändert.[44] Je nach näherer Lage des Falles kann in der sachgrundlosen Nichtbescheidung eines wirksam gestellten Beiordnungsantrags beim Hinzutreten weiterer Umstände zudem ein Grund für die Ablehnung des Richters wegen Besorgnis der **Befangenheit** gemäß § 24 Abs. 2 liegen.[45] Zu prüfen sind, soweit das Verfahren nicht eingestellt wurde, auch **Beweisverwertungsverbote**.[46] Und zuletzt kommen in der Systematik der Fehlerfolgen rechtswidrigen Staatshandelns im Strafverfahren bei schuldhaftem Unterlassen auch auf **Sekundärebene** grundsätzlich Ansprüche aus **Amtshaftung** nach § 839 BGB, Art. 34 GG in Betracht, die – was einzuräumen ist – indes hier u. a. vom wenig geklärten Verständnis des begrenzten Spruchrichterprivilegs in § 839 Abs. 2 Satz 2 BGB für die Situation der unterlassenen Pflichtverteidigerbestellung abhängen.[47]

---

39 Dieser gebührenrechtliche Gesichtspunkt wird mit Recht grundsätzlich (zu Ausnahmen siehe Rn. 2 a. E.) betont von BGH StV **2011** 645; vgl. OLG Düsseldorf JMBlNW **1998** 22; NStZ **1996** 171; OLG Hamm Beschl. v. 20.7.2000 – 1 Ws 206/00; OLG Koblenz StV **1995** 537; LG Neuruppin Beschl. v. 5.2.2003 – 11 Qs 13/03; KK/*Willnow* 12. **A. A.** auch insoweit LG Braunschweig StV **1997** 70; LG Berlin StV **1997** 517.

40 **A. A.** LG Nürnberg-Fürth Beschl. v. 4.5.2020 – JKII Qs 15/20 jug, StraFo **2020** 324 Tz. 23 ff.; LG Mannheim Beschl. v. 26.3.2020 – 7 Qs 11/20; LG Passau Beschl. v. 15.4.2020 – 1 Qs 38/20; zweifelnd auch Meyer-Goßner/*Schmitt* 20 u.H.a. Art. 4 PKH-Richtlinie (dazu unten Rn. 10).

41 Vgl. – zum früheren Recht – BGH StraFo **2006** 455, 456; OLG Jena StV **2007** 375; OLG Celle NdsRpfl. **1991** 120; OLG Düsseldorf JMBlNW **1998** 22; LG Koblenz NJW **2004** 962; SK/*Wohlers* 27; KK/*Willnow* 12; Meyer-Goßner/*Schmitt* 8; *Stelten* 213 f.

42 LG Dresden StV **2016** 489; LG Halle StV **2011** 667; LG Köln StV **2001** 344; allg. BGHSt **28** 327, 330; Meyer-Goßner/Schmitt Vor § 296, 10.

43 Vgl. *Jahn/Krehl/Löffelmann/Güntge* Die Verfassungsbeschwerde in Strafsachen[2] (2017) Rn. 93 u. 198.

44 Ebenso OK-StPO/*Krawczyk* § 142, 48.

45 AG Hameln StV **2004** 127. **A. A.** LG Bremen StV **2018** 155; LG Hamburg StraFo **2018** 252; LG Köln Beschl. v. 9.4.2018 – 101 Qs 21/18; LG Mühlhausen Beschl. v. 1.12.2017 – 3 Qs 205/17.

46 S. unten Rn. 37.

47 *Stelten* 216 ff.; im Kontext des strafprozessualen Ermittlungsverfahrens dazu allg. BGHZ **20** 178, 179 f.; BGH NJW **1989** 96, 97; OLG Dresden StV **2001** 581 m. Anm. *Thode*; *Meyer-Mews* MDR **2004** 1218, 1219.

II. Modalitäten: Teilweise Abkehr vom Grundsatz amtswegiger Bestellung zum 13.12.2019

4 Ohne dazu durch die Vorgaben der PKH-RL verpflichtet gewesen zu sein, hat der Gesetzgeber die Umsetzung zum Anlass genommen, die Regelungen über das Ob, Wie und Wann der Verteidigerbestellung umfassend neu zu regeln.[48] Insbesondere wurde mit § 141 Abs. 1 im Erwachsenenstrafrecht eine **„Antragsberechtigung"** des Beschuldigten zum 13.12.2019 neu eingeführt, während im Jugendstrafrecht hierauf verzichte wurde (vgl. § 68a Abs. 1 JGG). Dieses „Recht" stellt sich indes als Pflicht dar, wenn der Beschuldigte seine Rechte im Verfahren umfassend gewahrt wissen möchte. Auch von einem (temporären) **„Verzicht"** auf die Pflichtverteidigung durch Nichtausübung des Antragsrechts kann **nicht** die Rede sein.[49] Eine Verzichtsmöglichkeit ist im Wortlaut der Vorschriften der PKH-Richtlinie an keiner Stelle explizit genannt; Hinweise finden sich lediglich in Erwägungsgrund 9. Die gesamte Legal Aid-Richtlinie findet indes Anwendung auf Verdächtige und beschuldigte Personen in Strafverfahren, die ein Recht auf Zugang zu einem Rechtsbeistand nach Maßgabe der Richtlinie 2013/48/EU „haben". Selbst dann also, wenn ein Beschuldigter auf Basis der Zugangs-Richtlinie verzichtet, besteht das Recht auf Legal Aid dennoch weiterhin fort, *arg. ex* Art. 9 Abs. 3 Richtlinie 2013/48/EU.[50] Dessen Wortlaut zeigt, dass das Recht, auf dessen Ausübung der Beschuldigte verzichtet hat, nicht untergegangen ist, weil der Verzicht mit *ex nunc*-Wirkung jederzeit frei widerruflich ist. Daraus ergibt sich, dass das Recht auf Legal Aid-Leistungen im Wortsinne **unverzichtbar** ist.

5 Nach § 141 Abs. 2 ist die Bestellung – wie im bisherigen Recht – weiterhin von Amts wegen möglich.[51] Die darin zum Ausdruck kommende, vom Gesetzgeber gewollte systematische **Umkehrung des Grundsatzes amtswegiger Beiordnung** durch die Hintanstellug des Abs. 2 vor dem antragsabhängigen Abs. 1 ist ebenso erklärungsbedürftig wie problematisch, die gefundene Regelung **„nicht stimmig"**.[52] Als **rechtspolitischer Kompromiss** wurde entgegen der vorzugswürdigen Fassung des Referentenentwurfs,[53] der stets eine Bestellung eines Pflichtverteidigers im Vorverfahren von Amts wegen vorsah, erst durch den Regierungsentwurf[54] das neue **Antragsrecht des Beschuldigten** in Abs. 1 Satz 1 normiert.[55] Es ist allerdings schon begrifflich nicht zu übersehen, dass das *Pflicht*verteidigungsmodell und ein Regel-*Antrag*serfordernis zueinander quer liegen.[56] Noch wenige Monaten vor dem Regierungsentwurf hatte der Bundesgesetzgeber dem Antragsmodell in verwandtem Zusammenhang eine klare Absage erteilt. In der Begründung der Neufassung des § 350 Abs. 3, der noch bis zum 1.1.2018 ein Antragsrecht des inhaftierten Angeklagten auf Bestellung eines Pflichtverteidigers für die Revisionshauptverhandlung enthielt, hieß es, dass „diese Regelung ... innerhalb des Rechts der notwen-

48 *Müller-Jacobsen* NJW **2020** 575, 576.

49 **A. A.** *Mosbacher* JuS **2020** 128, 131; *Claus* jurisPR-StrafR 3/**2020** Anm. 1.

50 So bereits *Jahn/Zink* StraFo **2019** 318, 326 f. Rechtspolitisch kritisch, die Verzichtsmöglichkeit nach der Richtlinie aber dennoch anerkennend, *Bannehr* HRRS **2020** 132, 136; *dies* 255 ff.

51 BTDrucks. **19** 13829 S. 36.

52 *Müller-Jacobsen* NJW **2020** 575.

53 Referentenentwurf (RefE) v. 11.10.2018, https://www.bmjv.de/SharedDocs/Gesetzgebungsverfahren/Dokumente/RefE_notwendige_Verteidigung.pdf.

54 RegE BTDrucks. **19** 4467 S. 24.

55 Vgl. zur rechtspolitischen Entwicklung zwischen RefE und RegE *Jahn/Zink* StraFo **2019** 318, 325 ff.; *Zink* 195 ff.; *Conen* AnwBl. Online **2020** 317; *DAV* Stellungnahme (BE: *Conen*) Nr. 36/**2019** S. 15.

56 *Jahn/Zink* StraFo **2019** 318, 325; HdBStrR/*Jahn/Brodowski* § 17, 84; *Conen* AnwBl. Online **2020** 317: „paradox"; **a. A.** *Bös* NStZ **2020** 185, 186.

digen Verteidigung einen **Fremdkörper** darstellt ...".[57] Dass die mit dem ursprünglichen (Referenten-)Entwurf ganz auf dieser Linie noch gewollte Ausweitung auf eine generelle Bestellung von Amts wegen auf starken **politischen Widerstand** aus einigen Bundesländern, insbesondere wohl Bayern und Nordrhein-Westfalen, stieß, zeigte sich besonders deutlich auf der 90. Konferenz der Justizministerinnen und Justizminister am 5./6.6.2019, in der vehement auf eine **„praxisgerechte" Umsetzung** der Legal Aid-Richtlinie gedrängt wurde. Diese gebiete es nicht, „der Polizei jede Beschuldigtenvernehmung auf freiwilliger Basis zu verbieten, nur weil noch kein Pflichtverteidiger beigeordnet ist".[58] Der Appell ging im Ganzen dahin, „das Ermittlungsverfahren vom aufwändigen und zeitintensiven Verfahren der Pflichtverteidigerbestellung insbesondere in solchen Fällen freizuhalten, in denen der nicht in Haft befindliche Beschuldigte nach Belehrung über seine Rechte bereit ist, Fragen auch ohne vorherigen anwaltlichen Rat zu beantworten".[59] Wiederum dürften auch die von den Ländern zu tragenden **fiskalischen Lasten** – wie zuvor auch bereits bei den Reformen im Rahmen des UHaftÄG[60] – keine ganz unerhebliche Rolle für diesen Sinneswandel zwischen Referenten- und Regierungsentwurf geführt haben.[61] Die in der Begründung des Regierungsentwurfs dazu entwickelte Vorstellung, wonach der juristisch nicht qualifizierte Beschuldigte in Fällen, in denen die Ermittlungspersonen von sich aus keinen Fall notwendiger Verteidigung annehmen oder dies jedenfalls nicht durch Antragstellung kundtun, nun entgegen dieser Einschätzung den erforderlichen Antrag stellen wird, um das Vorliegen eines Falls notwendiger Verteidigung **„in prekärer Lage"**[62] auf diese Weise gerichtlich (§ 142 Abs. 3) prüfen zu lassen, dürfte indes **deutlich zu voraussetzungsvoll** sein.[63] Für den Beschuldigten ist es zudem eine **Zumutung**, wenn er seine Unfähigkeit, sich „selbst verteidigen" zu können (§ 140 Abs. 2 Var. 3), zur Grundlage seiner Entscheidung machen muss, gegenüber vernehmungsbereiten Polizeibeamten einen Antrag auf Bestellung eines Pflichtverteidigers zu stellen.

Das **Antragserfordernis** kann damit im praktischen Ergebnis im jetzigen Recht nur dazu dienen, ein **Auffangnetz** für die im Ermittlungsverfahren mitunter nur schwer 6

---

57 BTDrucks. **19** 13829 S. 9 f.

58 JuMiKo-Beschluss TOP II.18, https://schleswigholstein.de/DE/Schwerpunkte/JUMIKO2019/Downloads/TOPII_18.html. Gleichsinnig hat sich auch die Landesregierung in Baden-Württemberg geäußert, was dort bereits ein parlamentarisches Nachspiel gehabt hat, vgl. die Antwort des Ministeriums der Justiz und für Europa v. 4.2.2019 auf die Anfrage der FDP/DVP auf LTDrucks. Ba-Wü **16** 5693 S. 3: Es „dürfte unter rechtsstaatlichen Aspekten eine Beteiligung eines bestellten Verteidigers an einer richterlichen Beschuldigtenvernehmung im Ermittlungsverfahren jedenfalls dann nicht geboten sein, wenn der Beschuldigte selbst auf die Bestellung eines Verteidigers bzw. auf die Beteiligung eines bestellten Verteidigers verzichtet. Diese Erwägungen gelten in gleicher Weise für das Institut des ‚Verteidigers der ersten Stunde', das durch § 141 Abs. 3 StPO-E des [BMJV-] RefE ... geregelt werden soll. Auch insofern bleibt jedoch festzustellen, dass es unter rechtsstaatlichen Gesichtspunkten nicht erforderlich erscheint, einem Beschuldigten in jedem Fall und gegebenenfalls auch gegen seinen Willen zwingend einen Verteidiger zu bestellen".

59 Zitat nochmals aus dem JuMiKo-Beschluss zu TOP II.18, https://schleswigholstein.de/DE/Schwerpunkte/JUMIKO2019/Downloads/TOPII_18.html.

60 Oben Entstehungsgeschichte II.1.

61 Sie halten sich indes in Grenzen: HdBStrR/*Jahn*/*Brodowski* § 17, 84 gehen unter Bezugnahme auf eine Schätzung der BRAK von 680.000 bis 830.000 EUR p.a. aus.

62 *DAV* Stellungnahme (BE: *Conen*) Nr. 36/2019 S. 5.

63 Ähnlich *Müller-Jacobsen* NJW **2020** 575, 577; *Conen* AnwBl Online **2020** 317, 318; krit. auch BTDrucks. **19** 14036 S. 2 Ziff. 5 (FDP-Antrag „Für eine konsequente Umsetzung der PKH-Richtlinie"); *Spitzer* StV **2020** 418, 421. **A. A.** *Bös* NStZ **2020** 185, 188; *Claus* jurisPR-StrafR 3/**2020** Anm. 1 („trägt dem Anliegen der beiden EU-Richtlinien ... mit der Schaffung eines eigenen Antragsrechts gleich zu Beginn des Verfahrens effektiv Rechnung").

überschaubare Zuständigkeit bei der Pflichtverteidigerbestellung aufzuspannen. Dies räumt letztlich auch die Gesetzesbegründung ein.[64] Das jetzige Modell, welches einen Antrag des Beschuldigten als Voraussetzung für die Gewährung von notwendiger Verteidigung in Abs. 1 vorsieht, widerspricht dem dokumentierten **Sinn und Zweck** der **PKH-Richtlinie**, wie er sich auch in Erwägungsgrund 18 widerspiegelt: Denn „ein solcher Antrag (sollte) jedoch keine materiell rechtliche Voraussetzung für die Bewilligung von Prozesskostenhilfe (bzw. notwendiger Verteidigung) sein“[65]. Dies gilt, worauf jener Erwägungsgrund 18 durch das Wort „insbesondere“ verweist, gerade nicht nur bei generell schutzbedürftigen, *besonders* vulnerablen Personen. Ein weiterer, offensichtlicher Anwendungsfall für eine antragsunabhängige Gewährung von Prozesskostenhilfe bzw. notwendiger Verteidigung ist bei **typischen Überforderungssituationen** gegeben, wie sie bei einer vorläufigen Festnahme und einer kurz darauf erfolgenden ersten polizeilichen Beschuldigtenvernehmung geradezu paradigmatisch vorliegt. Daraus erwachsen insbesondere für das Verständnis von Abs. 2 Nr. 3 im Lichte der PKH-Richtlinie erhebliche **praktische Konsequenzen.**[66] Auf den **systematischen Widerspruch** von notwendiger Verteidigung und Antrag ist der Gesetzgeber in der Expertenanhörung im Rechtsausschuss vielfach hingewiesen worden.[67] Eine wirklich eigenständige, grundrechtssichernde Funktion hätte das erst durch einen politischen Kompromiss zwischen RefE und RegE in das Reformgesetz eingewanderte **Antragsrecht** nur in einem **reinen**, von einer finanziellen Bedürftigkeitsprüfung (*means test*) abhängigen **Prozesskostenhilfesystem**, in dem überhaupt keine Verteidigerbestellung von Amts wegen erfolgt.[68] Ein solches System, das in Deutschland in den §§ 114 ff. ZPO existiert, auf vom Vorbringen des Schutzsuchenden abhängige Kriterien wie Einkommen, Vermögen, familiäre Umstände des Betroffenen, die Kosten für einen Rechtsbeistand sowie den Lebensstandard im betreffenden Mitgliedstaat abstellt und auch im Strafprozess nicht unbekannt ist – auf Vorschriften im Titel 7 der ZPO wird z. B. im Erwachsenenstrafrecht für die Privatklage mit § 379 Abs. 3, für das Adhäsionsverfahren in § 404 Abs. 5 Satz 1, für die Klageerzwingung mit § 172 Abs. 3 Satz 2 sowie mit Modifikationen für die Nebenklage in § 397a Abs. 2 verwiesen[69] –, wäre auch für den Beschuldigten nach der StPO vom Legal Aid-Reformgesetzgeber[70] anzielbar gewesen, war aber rechtspolitisch nicht gewollt.[71]

B. Einzelheiten zum Zeitpunkt der Bestellung

7 Der **Zeitpunkt** der Bestellung **variiert** nunmehr seit dem 13.12.2019[72] danach, ob die Bestellung auf **Antrag** des Beschuldigten nach Abs. 1 oder **von Amts wegen** nach Abs. 2 erfolgt:

---

64 Vgl. BTDrucks. **19** 13829 S. 36.

65 ABl. EU 2016 L 297 v. 3.11.2016 S. 3.

66 HdBStrR/*Jahn/Brodowski* § 17, 85; ausf. unten Rn. 35.

67 Vgl. z. B. *Jahn* (Stellungnahme Rechtsausschuss 23.10.2019) 16 f.; alle weiteren Nachw. aus dem Wortprotokoll dazu bei *Spitzer* StV **2020** 418, 421 Fn. 59.

68 *Müller-Jacobsen* NJW 2020 575; *Jahn/Zink* FS Graf-Schlicker (2018) 475, 484 f.; HdBStrR/*Jahn/Brodowski* § 17, 85.

69 Übersehen in BTDrucks. **19** 14036 S. 2 Ziff. 4 (FDP-Antrag „Für eine konsequente Umsetzung der PKH-Richtlinie“).

70 Oben Entstehungsgeschichte II.5.

71 Zu den Einzelheiten *Jahn/Zink* FS Graf-Schlicker (2018) 475, 478 ff.; *Zink* 195 ff.

72 O. Rn. 5 f.

I. Bestellung auf Antrag des Beschuldigten (Abs. 1)

1. Voraussetzungen

a) Zeitliche Lage des Verfahrens; Belehrungen und Nichtförmlichkeit. Der Beschuldigte – oder für ihn („namens und im Auftrag“) sein bisheriger Wahlverteidiger[73] – ist **antragsberechtigt** ab dem Zeitpunkt, in dem ihm der **Tatvorwurf eröffnet** worden ist (**Abs. 1 Satz 1 Hs. 1**). Gemeint ist üblicherweise der in § 136 Abs. 1 Satz 1 beschriebene Beginn der verantwortlichen Vernehmung des – jetzt – Beschuldigten. Die Ermittlungsbehörden müssen also auch im Kontext notwendiger Verteidigung nicht preisgeben, dass sie ermitteln, bevor sie nicht selbst den Zeitpunkt hierfür für gekommen sehen.[74] Die Verfahrensrechte des Verdächtigen sind regelmäßig solange nicht berührt, wie ein Verfahren keine Außenwirkung entfaltet, sondern nur ein Internum etwa deshalb bleibt, weil die Staatsanwaltschaft von sich aus in einem AR-Vorgang prüft, ob das Verfahren ohne weitere Veranlassung einzustellen ist. Erst mit der Begründung der Beschuldigteneigenschaft durch finale Inkulpation entstehen besondere **Belehrungspflichten** für die Strafverfolgungsorgane. Sie lauten seit dem 13.12.2019 jeweils dahin, dass der Beschuldigte darüber zu belehren ist, dass er „in den Fällen des § 140 die Bestellung eines Pflichtverteidigers (bislang: Verteidigers) nach Maßgabe des § 141 Abs. 1 und des § 142 Abs. 1 beantragen (bislang beanspruchen) kann“, vgl. § 58 Abs. 2 Satz 5, § 114b Abs. 2 Nr. 4a, § 136 Abs. 1 Satz 5 i. V. m. § 163a Abs. 3 Satz 2, Abs. 4 Satz 1. Diese Regelung nimmt derzeit freilich kaum ausreichende Notiz davon, dass den Beamten des **Polizeidienstes** ausbildungs- und situationsbedingt die **rechtliche Kompetenz** zum Verständnis der unbestimmten Rechtsbegriffe namentlich des § 140 Abs. 2 nicht nur im Einzelfall **fehlen** wird.[75] Gleichzeitig entstehen aber auch besondere Duldungspflichten für den Beschuldigten (z. B. nach den §§ 81a f. oder im Rahmen einer Wahlgegenüberstellung nach § 58 Abs. 2 Satz 1) – und der Beschuldigte scheidet von nun an als Zeuge aus, hat also keine Pflicht zur wahrheitsgemäßen Aussage zur Sache mehr. **Anträge** des Beschuldigten, die bereits **vor** der amtlichen **Eröffnung** des Tatvorwurfs erfolgen, sind damit **unzulässig**. Bloße Vermutungen über die Einleitung eines Strafverfahrens reichen damit nicht aus.[76] Ebensowenig langt es hin, wenn der Beschuldigte auf anderem Wege von der (möglichen) Existenz eines gegen ihn gerichteten Strafverfahrens erfährt.[77] Als „ausdrückliche“ Anträge auf Beiordnung eines Pflichtverteidigers sind nach dem allgemeinen Rechtsgedanken des § 300 nach Eröffnung aber auch solche zu verstehen, die **auf** die finanzielle Gewährung von **Prozesskostenhilfe** o. ä. **gerichtet** sind.[78] Zudem besteht **kein Schriftformerfordernis.**[79] 8

b) Zuständigkeit; Vorrang der Wahlverteidigung. Die Zuständigkeit für die Bestellung, nach der sich die **Zuständigkeit für die Antragsentgegennahme** (vorbehalt- 9

73 S. sogleich Rn. 9.

74 *Bös* NStZ **2020** 185, 189.

75 Zutr. BTDrucks. **19** 14036 S. 2 Ziff. 8 (FDP-Antrag „Für eine konsequente Umsetzung der PKH-Richtlinie“) mit dem Vorschlag, die Beamten zu verpflichten, den Sachverhalt unverzüglich der Staatsanwaltschaft zu unterbreiten.

76 BTDrucks. **19** 13829 S. 36; *Bös* NStZ **2020** 185, 189.

77 LG Ulm Beschl. v. 26.6.2020 – 3 Qs 39/20; dort hatte „der Verteidiger auf unbekanntem Weg Kenntnis vom Ermittlungsverfahren“ erlangt und Akteneinsicht beantragt.

78 Vgl. OLG Bamberg StV **2018** 144.

79 BTDrucks. **19** 13829 S. 41; *Müller-Jacobsen* NJW **2020** 575, 577; *Bös* NStZ **2020** 185, 192.

lich etwaiger Hinweispflichten als Ausdruck des Grundsatzes effektiven Rechtsschutzes oder zumindest *nobile officium*) richtet, ergibt sich aus § 142. Im **Vorverfahren** ist der Antrag des Beschuldigten bei der Polizei oder der Staatsanwaltschaft zu stellen; letztere legt ihn unverzüglich dem Gericht zur Entscheidung vor (§ 142 Abs. 1 Satz 1 und 2). Das dafür zuständige Gericht ist nach § 142 Abs. 3 Nr. 1 Var. 1 regelmäßig das Amtsgericht, in dessen Bezirk die Staatsanwaltschaft bzw. die zuständige Zweigstelle ihren Sitz hat, sonst das Amtsgericht, in dessen Bezirk eine Untersuchungshandlung vorzunehmen ist, wenn die Staatsanwaltschaft dies zur Beschleunigung des Verfahrens oder zur Vermeidung von Belastungen Betroffener dort beantragt (§ 142 Abs. 3 Nr. 1 Var. 2, § 162 Abs. 1 Satz 3). Besteht besondere **Eilbedürftigkeit**, darf die Staatsanwaltschaft über die Bestellung eines Verteidigers selbst entscheiden und hat im Nachgang unverzüglich, spätestens innerhalb einer Woche, die gerichtliche Bestätigung der Bestellung oder Ablehnung des Antrags zu beantragen (§ 142 Abs. 4). **Nach Erhebung der Anklage** ist der Antrag bei dem Vorsitzenden des Gerichts zu stellen, bei dem das Verfahren anhängig ist (§ 142 Abs. 1 Satz 2, Abs. 3 Nr. 3). Formale Voraussetzung für eine Bestellung ist, dass der **Beschuldigte** noch keinen Verteidiger hat. Der Beschuldigte ist auch dann i. S. d. § 141 Abs. 1 Satz 1 **unverteidigt**, wenn der bisherige Wahlverteidiger ausdrücklich oder den Umständen nach erkennbar im Namen des antragsberechtigten Beschuldigten um seine Beiordnung als Pflichtverteidiger nachsucht. Darin liegt stillschweigend die Erklärung, das Wahlverteidigungsverhältnis solle mit der Beiordnung enden.[80] Gleiches gilt, wenn der **Wahlverteidiger** im Zeitpunkt der Antragstellung – wie häufig – erklärt, er werde das **Wahlmandat** für den Fall seiner Beiordnung **niederlegen**. Diese Erklärung genügt nach § 141 Abs. 1 in der seit 13.12.2019 geltenden Fassung dem Erfordernis, dass der Angeschuldigte noch keinen Verteidiger hat, denn die Einfügung des Wortes „und" beruht grammatikalisch auf der Hinzusetzung der Voraussetzung, dass dem Beschuldigten der Tatvorwurf eröffnet worden ist. Eine Änderung hinsichtlich der Formulierung „der noch keinen Verteidiger hat" ist nicht erfolgt.[81] Dieses Verständnis trägt zudem dem Grundsatz des **Vorrangs der Wahlverteidigung** (vgl. § 143a Abs. 1 Satz 1) Rechnung.[82]

10 **c) Fall notwendiger Verteidigung.** Weitere Voraussetzung für die Pflichtverteidigerbestellung ist nur noch, dass ein **Fall notwendiger Verteidigung** vorliegt. Während vor der Neuregelung der Prüfung der Voraussetzungen der Notwendigkeit der Verteidigung ein hauptverfahrenzentriertes Bild zugrunde gelegt worden war, erfolgt mit der zum 13.12.2019 in Kraft getretenen Neuregelung eine **prospektive Beurteilung** im Zeitpunkt der Antragstellung („zu erwarten ist"),[83] um den Prüfungsmaßstab der generellen Zielrichtung der Vorverlagerung des Instituts der notwendigen Verteidigung in das Ermittlungsverfahren anzupassen. Denkbare Fälle sind etwa Konstellationen, in denen der **Anfangsverdacht** eines Verbrechens besteht (§ 140 Abs. 1 Nr. 2) oder aber eine **bestimmte Straferwartung** im Raum steht (§ 140 Abs. 2). Letzteres muss im Einzelfall auf Grundlage des Verdachtsbilds der mutmaßlich begangenen Tat vom Rechtsanwender beurteilt werden, gegebenenfalls unter Berücksichtigung des Vorlebens und der strafrechtlichen Vorbelastung des Beschuldigten.[84] Insoweit besteht, wie regelmäßig bei der

---

80 § 142, 26.

81 So auch LG Magdeburg Beschl. v. 4.6.2020 – 25 Qs 855 Js 81720/19; Beschl. v. 15.5.2020 – 21 Qs 47/20, jeweils unter zutr. Hinweis auf BTDrucks. **19** 13829 S. 36 sowie LG Nürnberg-Fürth Beschl. v. 4.5.2020 – JKII Qs 15/20 jug, StraFo **2020** 324 Tz. 26. **A. A.** – irrig – AG Detmold Beschl. v. 6.3.2020 – 2 Gs 514/20.

82 Allg. dazu Vor § 137, 62.

83 Vgl. BTDrucks. **19** 13829 S. 36.

84 Zutr. BTDrucks. **19** 13829 S. 36.

Ausfüllung unbestimmter Gesetzesbegriffe wie demjenigen des „Falls der notwendigen Verteidigung", eine gewisse **Einschätzungsprärogative.** Hierbei ist allerdings ein **nicht zu enger Maßstab** anzulegen. Zu bedenken ist einerseits, dass der Zweck der PKH-Richtlinie nach Art. 4 Abs. 4 PKH-RL im Ganzen darin besteht, dem Beschuldigten im Sinne eines differenzierten Auffangnetzes angesichts der konkreten Fallumstände den Zugang zur Justiz zu gewährleisten.[85] Wie zudem Abs. 2 Nr. 3 in systematischer Auslegung erkennen lässt, kommt es nur darauf an, dass ein Bedürfnis nach dem Beistand des Pflichtverteidigers **„ersichtlich"** ist. **Offensichtlich** – oder gar gesichert – muss dieses Bedürfnis **nicht** sein. Insbesondere kann der Notwendigkeit der Bestellung nicht entgegengehalten werden, „aktuell" stehe keine weitere Ermittlungshandlung an; eine solche Ausnahme ist dem Gesetz fremd.[86]

2. Rechtsfolge

a) Kein Ermessen. Liegen die genannten Voraussetzungen vor, **„wird"** auf der Rechtsfolgenseite dem Beschuldigten ein Verteidiger bestellt. Es besteht also jenseits der Einschätzungsprärogative der Prognoseentscheidung[87] **kein** weitergehendes **Ermessen.** Insbesondere eine zusätzliche **Prüfung** eines **Rechtspflegeinteresses** an der Beiordnung im Einzelfall erfolgt **nicht.**[88] Es handelt sich somit um einen Fall **obligatorisch notwendiger Verteidigung** auf Antrag des Beschuldigten. 11

b) Begriff der „Unverzüglichkeit". Mit Hilfe der zeitlichen Vorgabe der Unverzüglichkeit in § 141 Abs. 3 Satz 4 a. F. sollte dem Beschuldigten nach der Rechtslage bis zum 13.12.2019 in Fällen der Vollstreckung von Untersuchungshaft nach § 140 Abs. 1 Nr. 4 a. F. **rechtliches Gehör** ermöglicht und **ausreichend Zeit** geboten werden, um dem Gericht einen Verteidiger **seiner Wahl** benennen zu können.[89] Die Norm spielte auch schon vor dem 13.12.2019 mit § 142 Abs. 5 a. F. zusammen, wonach vor der Bestellung eines Verteidigers dem Beschuldigten Gelegenheit gegeben werden sollte, innerhalb einer zu bestimmenden Frist einen Verteidiger seiner Wahl zu bezeichnen. 12

Zu bedenken ist aber auch nach dem neuen Recht, dass die Freiheit, eine solche autonome Entscheidung treffen zu können, zur **Last** werden kann. Der Druck, stets eine Auswahl nach § 142 Abs. 5 treffen zu können („*ist* dem Beschuldigten Gelegenheit *zu geben*"), bekommt durch das in § 141 Abs. 1 enthaltene Zeitmoment und insgesamt die weitere Vorverlagerung des Bestellungszeitpunkts in das Ermittlungsverfahren eine neue Qualität für den Beschuldigten. Denn er findet sich in einer Situation wieder, in der er **nach Belehrung** über sein Antragsrecht (Abs. 1 Satz 1) nunmehr typischerweise **zeitnah** vernommen oder gegenübergestellt werden soll (Abs. 1 Satz 2). Insofern kann sich die Neuregelung bei unzweckmäßiger Auslegung auch negativ auf seine Lage auswirken. Insbesondere ist an Fälle zu denken, in denen die Entscheidung über die Person des zu bestellenden Verteidigers mangels ausreichender Zeit für die Formulierung eines Vorschlags durch **ostentativ aufgebauten Vernehmungsdruck** letztlich beim Gericht (§ 142 Abs. 6 Satz 1) oder bei besonderer **Eilbedürftigkeit** bei der Staatsanwaltschaft 13

85 *Jahn/Zink* FS Graf-Schlicker (2018) 475, 485 unter Aufnahme eines Begriffes („safety net") von *Cras* Eucrim 1/**2017** 34, 40.

86 A. A. – ohne Begründung – AG Detmold Beschl. v. 6.3.2020 – 2 Gs 514/20.

87 Soeben Rn. 9.

88 BTDrucks. **19** 13829 S. 37; *Müller-Jacobsen* NJW **2020** 575, 577.

89 Zur Rechtslage vor dem Gesetz zur Neuregelung des Rechts der notwendigen Verteidigung *Jahn* FS Rissing-van Saan (2011) 275, 289.

(§ 142 Abs. 4 Satz 1) verbleibt. Hier besteht die – abstrakte – **Gefahr**, dass Verteidiger beigeordnet werden, die **nicht** das **Vertrauen** des Beschuldigten, sondern der Justiz genießen. Mangels Transparenzregelung kann damit im Einzelfall der böse Anschein entstehen, für die Auswahl seien in erster Linie Routine, persönliche Bekanntschaft und die Erwartung geschmeidiger Zusammenarbeit mit dem Gericht oder der Staatsanwaltschaft verantwortlich. *Stefan König* hat deshalb – seinerzeit noch im Zusammenhang mit der Pflichtverteidigerbestellung in Untersuchungshaftfällen – von der Gefahr eines „Danaergeschenks“[90] für den Beschuldigten gesprochen. Rhetorische Zuspitzungen wie das böse Wort vom **„Geständnishelfer“**, der **„verurteilungsbegleitende Rechtsanwalt“** sowie das Berufsbild **„Beiordnungsprostitution“** stehen in ihrem sachlichen Kerngehalt für in Einzelfällen nicht *a limine* von der Hand zu weisende Bedenken.[91] An diesen lang beklagten Missständen ändert auch der neue § 142 Abs. 6 Satz 1 nichts Grundsätzliches. Nach dieser Vorschrift muss der Verteidiger zwar nun immerhin aus einem bei der Bundesrechtsanwaltskammer geführten Gesamtverzeichnis gewählt werden. Die Auswahlentscheidung selbst wird jedoch – entgegen anderslautenden Vorschlägen im Gesetzgebungsverfahren – keiner Transparenzvorschrift unterworfen noch an die Selbstverwaltungsorgane der Anwaltschaft überantwortet.[92] Vieles hängt also am Zeitmoment – und damit an einer besonders interessensensiblen Auslegung des unbestimmten Rechtsbegriffs „unverzüglich“.

14 **c) „Unverzüglich“ ist nicht notwendig „sofort“.** Mit dem Begriff „unverzüglich“ wird der nach § 142 Abs. 3 oder 4 zuständigen Stelle – und damit mittelbar auch dem derzeit noch unverteidigten Beschuldigten – auch nach Eröffnung des Tatvorwurfs (Abs. 1 Satz 1) ein gewisser **zeitlicher Spielraum** für die Bestellung des Pflichtverteidigers eröffnet. Der Gesetzgeber hat sich mit der Formulierung von den zeitlichen Anforderungen an den Bestellungsakt in den Fällen des § 141 Abs. 2 abgesetzt; dort „wird“ der Verteidiger schlicht „bestellt“. Gemeint ist damit der Sache nach eine sofortige Bestellung („sobald“).[93]

15 Schon in der früheren Regelung des § 141 Abs. 3 Satz 4 a. F., in der eine „unverzügliche“ Bestellung angeordnet wurde, sollte ausweislich der damaligen Begründung in der Beschlussempfehlung des Rechtsausschusses des Bundestages[94] die Formulierung „unverzüglich“ den **Umständen des Einzelfalles** Rechnung tragen, z. B. dann, wenn die Verkündung eines Haftbefehls auf ein Wochenende fiel oder ein vom Beschuldigten gewünschter Verteidiger nicht unmittelbar erreichbar oder *hic et nunc* bereit war, die Verteidigung zu übernehmen. Diese vernünftige, an der Autonomie des Beschuldigten orientierte gesetzgeberische Zielbestimmung lässt eine Auslegung des Gesetzesbegriffes angezeigt sein, die dem Beschuldigten einen zweckmäßigen Zeitraum zugesteht, in dem er sich wegen der Auswahl eines geeigneten Verteidigers selbst **informieren und ent-**

---

90 Vgl. *St. König* AnwBl. **2010** 50, 51. Vergleichbare Problematisierungen finden sich bei *Nobis* StRR **2012** 105 f.; *D. Herrmann* StraFo **2011** 133, 140; *Wohlers* StV **2010** 151, 153; *Wenske* NStZ **2010** 479, 480; *Heydenreich* StRR **2009** 444, 445; *DAV* Stellungnahme Nr. 55/**2009** 4 f.; *Strafverteidigervereinigungen* StV **2010** 109. Zur grundsätzlichen Diskussion *Hilbers/Lam* StraFo **2005** 70, 71; *Thielmann* HRRS **2009** 452, 454; *ders.* NJW **2011** 1927.

91 *Jahn* (Rechtswirklichkeit) 175 f.

92 Vgl. demgegenüber insbes. das elaborierte *de lege ferenda*-Konzept von *Schlothauer/Neuhaus/Matt/Brodowski* HRRS **2018** 55, 59.

93 Zur entsprechenden Rechtslage vor dem Gesetz zur Neuregelung des Rechts der notwendigen Verteidigung *Jahn* FS Rissing-van Saan (2011) 275, 289.

94 BTDrucks. **16** 13097 S. 19.

scheiden kann. Die bereits zur alten Gesetzesfassung zwischen 2009 und 2019 vertretene Gegenauffassung[95] vermochte nicht zu überzeugen. Danach konterkarierte dieses Verständnis des alten Absatzes 3 Satz 4 den Sinn und Zweck der Vorschrift. Er liege (allein) darin, dem Beschuldigten schnellstmöglich einen Verteidiger zu sichern. Dieser gesetzliche Auftrag sei für das Gericht bindend; auch der Beschuldigte könne keinen Dispens erteilen. Zur Widerlegung dieser monothematischen Interpretation der Norm mag man darüber streiten, ob die hier zugrunde gelegte Lesart des Beschleunigungsgrundsatzes als wesensmäßig objektiv-rechtliches Verfahrensprinzip sakrosankt sein muss. Sie ist, was zuzugestehen ist, jedenfalls derzeit absolut vorherrschend,[96] sodass die grundsätzliche Frage der Grenzen der Disponibilität des Beschleunigungsprinzips für den Beschuldigten hier auf sich beruhen kann. Jedenfalls ist es der **Sinn und Zweck des Unverzüglichkeitsgebots** im jetzigen § 141 Abs. 1 Satz 1 nicht, dem Beschuldigten schnellstmöglich *irgendeinen* Verteidiger zu verschaffen, sondern *den* **Verteidiger seines Vertrauens** (*arg. ex* § 142 Abs. 5 Satz 3). In Anlehnung an die gängige Auslegung des Gesetzesbegriffes „unverzüglich" und in Übereinstimmung mit den Gesetzesmaterialien ist darunter also **weder „sofort" noch „zeitgleich"** zu verstehen.[97] Allerdings muss die Bestellung doch so rechtzeitig erfolgen, dass die **Verteidigungsrechte gewahrt** werden und damit, wie Satz 2 klarstellt, jedenfalls *vor* Beginn einer Vernehmung oder Gegenüberstellung.[98] Darin spiegelt sich gleichzeitig das Interesse am **Fortgang der Ermittlungen**, die nicht durch zu langes Zuwarten substantiell erschwert oder gar durch drohenden Beweismittelverlust im Kern gefährdet werden dürfen.

d) „Ohne schuldhaftes Zögern", insbesondere in Eilfällen. Im Zivilrecht wird die Wendung „unverzüglich" häufig verwendet, nicht nur in § 121 BGB, sondern auch in den §§ 355, 510, 536c, 625, 649 und 703 BGB und in § 377 HGB. In allen Fällen besteht für den Adressaten der Erklärung eine unklare Situation, die erst durch die Mitteilung aufgeklärt wird. **Starre Fristen** sind damit tendentiell **unverträglich.**[99] In Ansehung der beiderseitigen Interessenlage muss diese Klärung aber immer **möglichst bald** erfolgen, d. h. ohne eine durch die Sachlage nicht begründete Verzögerung, damit der Schwebezustand oder der Zustand der Ungewissheit beseitigt werden kann.[100] Das entspricht der Situation zwischen dem Beschuldigten und der für die Beiordnung zuständigen Stelle im Falle des Abs. 1. Entscheidend ist also, dass die Erklärung des Beschuldigten **„ohne schuldhaftes Zögern"**[101] erfolgt, technischer: ohne eine Obliegenheit in eigenen Angelegenheiten durch zurechenbar zu langes Zuwarten zu verletzen. Nach der **Gesetzesbegründung**[102] kann die Bedenkzeit in **Eilfällen** – insbesondere denjenigen des **§ 142 Abs. 4 Satz 1** – deshalb äußerst kurz ausfallen; vorstellbar sind im Einzelfall auch Zeiträume von deutlich **weniger als einer Stunde**. 16

---

95 So zuerst *Schlothauer* FS Samson 709, 714 f.; *ders./Weider* (Untersuchungshaft^2) Rn. 296 ff.; dass sich der Mitautor *Weider* (Untersuchungshaft^2) Rn. 300 ff. im Gemeinschaftswerk dezidiert gegen diese Ansicht aussprach, belegt die Bedeutung der Streitfrage. Für eine sofortige Beiordnung auch *D. Herrmann* StraFo **2011** 133, 137; *ders.* StV **2011** 652, 653.

96 Statt vieler *Kudlich* Gutachten C für den 68. DJT 2010, S. C 16 f.; *Trüg* StV **2010** 528 f. m. w. N.

97 S. BTDrucks. **19** 13829 S. 37.

98 BTDrucks. **19** 13829 S. 37.

99 MüKo-BGB/*Armbrüster* § 121, 7.

100 S. BGHZ **76** 81, 84 f.; BGHR BGB § 121 Abs. 1 Anfechtungsfrist 1.

101 Noch zu § 141 Abs. 3 S. 5 a. F. ebenso BTDrucks. **16** 13097 S. 19; Justizministerium Thür. LT-Drucks. **5** 617 S. 1; OLG Dresden NStZ-RR **2012** 213; OLG Koblenz StV **2011** 349, 350; *F. Schmidt* NJ **2012** 284; Meyer-Goßner/*Schmitt* 3a; AnwK-UHaft/*König* 6 Fn. 13; *Jahn* FS Rissing-van Saan (2011) 275, 291.

102 S. BTDrucks. **19** 13829 S. 45.

17 Die Länge oder Kürze der Überlegungsfrist kann aber später im Verfahren Auswirkungen auf die Möglichkeit zur **Auswechslung** des bestellten Pflichtverteidigers nach **§ 143a Abs. 2 Satz 1 Nr. 1 Var. 2** bekommen.[103] Damit ist dem Beschuldigten in den Fällen der Auswahl unter hohem Zeitdruck jedenfalls auf seinen Antrag hin dann die Gelegenheit zu geben, doch noch den Anwalt seines Vertrauens suchen und bezeichnen zu können.

II. Bestellung von Amts wegen (Abs. 2)

18 Die Verteidigerbestellung bleibt neben der antragsabhängigen Variante[104] wie im bisherigen Recht bis zum 13.12.2019 weiterhin auch **von Amts wegen** möglich. Dies wird in § 141 Abs. 2 aber zusätzlichen Voraussetzungen unterstellt, bei deren Vorliegen aber auch zwingend („wird ... bestellt"). Zu den Voraussetzungen nach Abs. 1 müssen zum Teil (vgl. Abs. 2 Nr. 3: „ersichtlich ist, dass") noch weitere hinzutreten, obwohl der Wortlaut der Norm („sobald"), auch angesichts der amtlichen Überschrift („Zeitpunkt"), eigentlich suggeriert, dass hier nur rein formal auf **bestimmte Verfahrenszeitpunkte** abgestellt wird. Dies stellt in der Sache eine **Aufweichung** des Maßstabs dar, der in den einzelnen Regelungen über die Notwendigkeit der Verteidigung und insbesondere in § 140 angelegt wird, in dem trotz der Notwendigkeit der Verteidigung als Eingangsmerkmal des gesamten § 141 ein **weiterer Filter** vorgeschaltet werden soll. Die bestellungsbegründenden Tatsachen, die das Tätigwerden von Amts wegen auslösen, müssen den Justizbehörden bekannt sein. Insbesondere das **Wissen** der Staatsanwaltschaft um einen beiordnungsbegründenden Sachverhalt wird den Ermittlungspersonen **zugerechnet** und *vice versa* (§ 160 Abs. 1).[105]

19 **Erfasst** sind nach dem Wortlaut der Vorschrift folgende **vier Fälle**:

1. Bestellung bei Haftvorführung oder Vorführung über eine einstweilige Unterbringung (Abs. 2 Nr. 1)

20 **a) Grundsatz.** Sobald der Beschuldigte einem Gericht zur Entscheidung über die Inhaftierung oder einstweilige Unterbringung vorgeführt werden soll, muss ihm unabhängig von einem Antrag nach Abs. 1 von Amts wegen ein Pflichtverteidiger bestellt werden, soweit er noch keinen Verteidiger hat[106] (Nr. 1). Hier wird also nur das **wiederholt**, was in **§ 140 Abs. 1 Nr. 4** bereits als materielles Kriterium für einen Katalogfall der Notwendigkeit der Verteidigung geregelt ist.[107] Es wird hier nur noch einmal deshalb aufgeführt, weil die beabsichtigte Vorführung **gleichzeitig** den **Zeitpunkt** der Pflichtverteidigerbestellung markiert. Die Staatsanwaltschaft hat nach § 142 Abs. 2 im Vorverfahren – sofern kein Fall nach § 142 Abs. 4 vorliegt und nicht ausnahmsweise nach § 141a verfahren wird – **unverzüglich** bei dem Gericht, zu dem vorzuführen ist (§ 142 Abs. 3 Nr. 2), den Antrag zu stellen. Nach Anklageerhebung gilt § 129: Der Richter, dem der Beschuldigte zunächst vorgeführt wurde (§ 128 Abs. 1 Satz 1) bzw. der zuständige Richter (§ 125 Abs. 1) haben von Amts wegen zu bestellen.[108]

---

103 S. unten § 143a, 19.
104 Soeben Rn. 8 ff.
105 Vgl. LG Passau Beschl. v. 15.4.2020 – 1 Qs 38/20 u.H.a. BTDrucks. **19** 13829 S. 37; dazu im Einzelnen HbStrVf/*Jahn* Kap. I, 37 ff.
106 Dazu bereits oben Rn. 9.
107 S. deshalb § 140, 30 ff.
108 Vgl. *Spitzer* StV **2020** 418, 422.

In Fällen, in denen es nur um **Invollzugsetzung** eines bereits erlassenen Haftbefehls geht, ist schon die Ergreifung maßgeblich, da dann eine gesetzliche Pflicht zur Vorführung besteht.[109] In Fällen der **vorläufigen Festnahme** nach § 127 Abs. 2 kann aber – nur – so lange mit der Bestellung zugewartet werden, bis eine Entscheidung darüber getroffen worden ist, ob vorgeführt und ein Haftbefehl beantragt werden soll oder aber hiervon abgesehen wird; nur *nach* der Entschließung zur Vorführung liegt ein Fall notwendiger Verteidigung vor, weil ein Absichtsmoment vorausgesetzt wird („soll").[110] Es verbieten sich aber wegen des klaren Wortlauts von **Art. 4 Abs. 5** der **PKH-Richtlinie** („spätestens *vor einer Befragung* durch die Polizei") Befragungen in der Sache als Teil weiterer Ermittlungen, ohne dass ein Verteidiger bestellt worden wäre; das ist auch die Sichtweise des deutschen Rechts (*arg. ex.* Abs. 1 Satz 2: „*vor einer Vernehmung* des Beschuldigten"). Anderenfalls würde die materielle Frage nach dem Vorliegen notwendiger Verteidigung mit der nach dem Zeitpunkt der Bestellung unter Umgehung des unmissverständlich formulierten Schutzzwecks der Richtlinie 2016/1919/EU vermengt. Erlaubt sind ohne Verteidigerbeistand damit **nur** solche **Ermittlungsmaßnahmen**, bei denen ein Beschuldigter **nicht** in der Gefahr steht, sich selbst **aktiv zu belasten.**[111] Mit **Vernehmungen,**[112] Identifizierungs- und Vernehmungsgegenüberstellungen sowie Tatrekonstruktionen (vgl. §§ 58 Abs. 2 Satz 2, 168c Abs. 1, 163a Abs. 3 Satz 2 und Abs. 4 Satz 3) muss deshalb so lange **zugewartet** werden, **bis** eine **Entscheidung** über die Pflichtverteidigerbestellung getroffen worden ist.[113] 21

b) Ausnahme für bestimmte Verfahren und Verfahrenssituationen nach Abs. 2 Satz 2

aa) Wille des BT-Rechtsausschusses. In Abs. 2 Satz 2 findet sich eine Ausnahme für die Pflichtverteidigerbestellung von Amts wegen, die erst durch den BTRAussch.[114] nachträglich eingefügt wurde. Bei der Entscheidung über den Erlass eines Haftbefehls im **beschleunigten Verfahren** nach § 127b Abs. 2, über die Vollstreckung eines **Sitzungshaftbefehls** gemäß § 230 Abs. 2 oder eines solchen Haftbefehls in der **Berufungshauptverhandlung** § 329 Abs. 3 wird ein Pflichtverteidiger nur dann bestellt, wenn der Beschuldigte dies nach Belehrung ausdrücklich **beantragt.**[115] Zur Begründung wurde vom Rechtsausschuss angeführt, die PKH-Richtlinie 2016/1919/EU verlange zwar in allen Fällen der Haft den Zugang des Beschuldigten zu einem staatlich finanzierten Verteidiger, nicht aber die Bestellung eines Pflichtverteidigers von Amts wegen. In den Fällen der Haft im beschleunigten Verfahren wie bei (Berufungs-) Hauptverhandlungshaft genüge es zur Richtlinienumsetzung, dass der Beschuldigte die Möglichkeit erhalte, selbst die Bestellung eines Pflichtverteidigers zu beantragen. Dies gelte nur dann **nicht**, wenn es sich es sich um einen **Jugendlichen** handelt (§ 68a Abs. 2 22

---

109 So auch BTDrucks. **19** 13829 S. 37.

110 BTDrucks. **19** 13829 S. 37.

111 Wie hier *Spitzer* StV **2020** 418, 420; *Galneder/Ruppert* StV **2020** (im Erscheinen).

112 S. bereits § 140, 32. Zum strittigen Spezialfall der Vernehmung des Mitbeschuldigten *Jahn/Zink* FS Graf-Schlicker (2018) 475, 484; OK-StPO/*Krawczyk* § 142, 3.

113 Vgl. *Jahn/Zink* FS Graf-Schlicker (2018) 475, 490; *Kaniess* HRRS **2019** 201, 204; *Schlothauer* StV **2018** 169, 172; OK-StPO/*Krawczyk* § 142, 3 u. 6 (anders aber OK-StPO/*ders.* § 140, 15: „Damit öffnet Nr. 1 ein Zeitfenster, in dem eine Vernehmung des Beschuldigten ohne vorherige Bestellung eines Pflichtverteidigers möglich ist").

114 BTDrucks. **19** 15151 S. 7.

115 Zu diesen Fällen bereits in § 140, 31.

JGG), da die Richtlinie 2016/800/EU (nur) in diesen Fällen keine Verzichtsmöglichkeit eröffne.[116]

23 **bb) Bestellung von Amts wegen als Gebot richtlinienkonformer Auslegung.** Dabei wird aber übersehen, dass das deutsche Modell notwendiger Verteidigung kein reines Prozesskostenhilfe-Modell ist. Dieses „reine" Modell, das in den meisten anderen Mitgliedsstaaten der EU praktiziert wird, diente aber der PKH-Richtlinie als normatives Leitbild.[117] Die Fälle des **Freiheitsentzugs** nehmen deshalb in der **PKH-Richtlinie** ganz zu Recht eine besonders exponierte Stellung ein.[118] Sie sind ausdrücklich vom ***Auffangnetz*** des Art. 4 Abs. 4 lit. a und b für ***alle*** **Vorführungs- und Haftfälle** erfasst.[119] Der *merits*-Test, den das deutsche System der notwendigen Verteidigung zu Grunde legt, ist nach der Regelungssystematik der PKH-Richtlinie **in jedem Fall erfüllt**. Es bestand danach kein nationaler Spielraum bei der Umsetzung, der es ermöglicht hätte, bestimmte Haftsituationen herauszunehmen. Wenn ausgerechnet in diesen von der Richtlinie als besonders wichtig extrahierten Fällen eine Ausnahme im System der notwendigen Verteidigung gemacht wird, ist dies **unionsrechtswidrig**. Wegen des Anwendungsvorrangs des sekundären Unionsrechts ist die Rückausnahme in Abs. 2 Satz 2 in richtlinienkonformer Auslegung wegen Art. 4 Abs. 4 lit. a und b der Richtlinie 2016/1919/EU unangewendet zu lassen. Es verbleibt damit auch bei den in Abs. 2 Satz 2 genannten drei Fällen beim Grundsatz der Bestellung von Amts wegen nach Abs. 2 Satz 1.[120]

2. Bestellung, wenn Beschuldigter sich in einer Anstalt befindet (Abs. 2 Nr. 2)

24 **a) Grundsatz.** Ein Verteidiger muss ebenso von Amts wegen bestellt werden, sobald den Justizbehörden bekannt wird, dass der Beschuldigte, dem der Tatvorwurf eröffnet wurde, sich auf Grund richterlicher Anordnung oder mit richterlicher Genehmigung in einer Anstalt befindet (Abs. 2 Nr. 2).

25 Mit diesem Fall amtswegiger Bestellung wird die mit **§ 140 Abs. 1 Nr. 5** erfasste Konstellation aufgegriffen und in **zeitlicher Hinsicht** einer Regelung unterworfen: Ein Verteidiger muss mit Blick auf die der Anstaltsunterbringung inhärente Beeinträchtigung der Autonomie richtigerweise auch bestellt werden, wenn, je nach Verfahrensstadium und -herrschaft, den Justizbehörden (Gericht, Staatsanwaltschaft oder Ermittlungsbeamten) bekannt wird, dass der Beschuldigte sich **in *anderer* Sache** in Haft oder in Freiheitsentzug befindet.[121] Eine Beziehung zu der zur Aburteilung anstehenden Tat wird – wie bei § 140 Abs. 1 Nr. 5 und in Entsprechung zu Art. 4 Abs. 4 Satz 2 lit. b der PKH-RL – nicht verlangt.[122] Der gemeinsame Grund für die Bestellung des Pflichtverteidigers ist in diesen Fällen, dass der Beschuldigte nicht die Freiheit hat, sich selbst um das Erforderliche seine Verteidigung betreffend zu kümmern.[123] Die Bestellung muss in Übereinstim-

116 BTDrucks. **19** 15162 S. 7.

117 Oben Entstehungsgeschichte I.5.

118 Dies hatte der RegE auf BTDrucks. **19** 13829 S. 37 noch mit Recht betont.

119 Zum Begriff bereits oben Rn. 10.

120 So bereits *Jahn* (Stellungnahme Rechtsausschuss 23.10.2019) 16 f.; im Ergebnis ebenso – mit anderer Begründung – *Spitzer* StV **2020** 418, 421.

121 Vgl. BTDrucks. **19** 13829 S. 37.

122 So LG Passau Beschl. v. 15.4.2020 – 1 Qs 38/20 (zu § 140 Abs. 1 Nr. 5 n. F.); LG Berlin Beschl. v. 24.7.2005 – 509 Qs 33/05 (zu § 68 Nr. 4 JGG).

123 So auch KMR/*Haizmann* § 140, 17; SK/*Wohlers* § 140, 11. Zu Unrecht restriktiver *Spitzer* StV **2020** 418, 422: Es komme für den Zeitpunkt der Bestellung eines Verteidigers nicht auf das Bekanntwerden der

mung mit dem Mechanismus des Abs. 1 Satz 1 („dem der Tatvorwurf eröffnet worden ist“)[124] erst zu dem **Zeitpunkt** erfolgen, in dem der Beschuldigte **durch** eine **amtliche Mitteilung** über den Tatvorwurf in Kenntnis gesetzt wurde. Dann hat die Bestellung aber auch ohne weitere zeitliche Verzögerung („sobald“) zu erfolgen.

b) Ausnahme (Abs. 2 Satz 3). Eine Ausnahme vom Bestellungszeitpunkt und dem grundsätzlich korrespondierenden Grundsatz amtswegiger Bestellung nach Nr. 2 findet sich in Abs. 2 Satz 3 für bestimmte Fälle, in denen sich der Beschuldigte zwar in anderer Sache in Haft befindet, aber die **Verfahrenslage** wiederum bestimmte, vom Gesetz typisierte **Besonderheiten** aufweist. Dies ist dann der Fall, wenn *erstens* beabsichtigt ist, das Verfahren alsbald einzustellen und *zweitens* keine anderen Untersuchungshandlungen vorgenommen werden sollen als die (standardmäßige) Einholung von (BZR-)Registerauskünften oder die Beiziehung von Urteilen oder Akten, etwa, um die Vorstrafensituation näher zu beleuchten. Dann kann als Ausdruck des Prinzips der **Erforderlichkeit** von einer Verteidigerbestellung abgesehen werden. Insgesamt ist damit der Fall erfasst, in dem nur geprüft wird, ob das Verfahren im Anschluss an die Gewährung rechtlichen Gehörs für den Beschuldigten nach Aktenlage eingestellt werden kann (z. B. nach §§ 153, 153a, 170 Abs. 2). Ein praktischer Anwendungsbereich für die Ausnahmevorschrift ergibt sich also z. B. dann, wenn dem Beschuldigten erst nach der Eröffnung des Tatvorwurfs – insbesondere anlässlich seiner ersten Vernehmung – die Freiheit *in einem anderen Verfahren* entzogen wird. Gelangt die StA aber zu der Auffassung, dass das Verfahren ohnehin einzustellen sein wird, bedarf es einer Pflichtverteidigerbestellung von Amts wegen – eine eigene Antragstellung bleibt dem Beschuldigten natürlich unbenommen – nicht.[125] Sobald aber **Vernehmungen** – nicht nur solche des Beschuldigten (vgl. dazu bereits § 141 Abs. 1 Satz 2 Var. 1)[126] – oder andere **Ermittlungsmaßnahmen mit Außenwirkung** vorgenommen werden sollen, **greift** die **Ausnahmeregelung nicht**. Es muss nun, „sobald“ (Abs. 2 Satz 1 Hs. 1) diese Verfahrenslage eingetreten ist, ein Verteidiger bestellt werden.[127] Entfällt also die Einstellungsabsicht nach der Vornahme der Untersuchungshandlungen wieder – etwa weil sich bei zunächst beabsichtigter Opportunitätseinstellung aus dem Bundeszentralregister eine Vielzahl einschlägiger Eintragungen ergibt, die einer Anwendung der §§ 153, 153a nach Auffassung des Dezernenten entgegenstehen – **lebt** die **Pflicht**, dem Beschuldigten von Amts wegen einen Verteidiger beizuordnen, unverzüglich wieder **auf** und es ist jetzt ein Pflichtverteidiger zu bestellen.[128] 26

3. Bestellung bei einer Vernehmung oder Gegenüberstellung (Abs. 2 Nr. 3). In Abs. 2 Nr. 3 ist die Bestellung vor einer Vernehmung des oder einer Gegenüberstellung mit dem Beschuldigten geregelt. Im Jugendstrafrecht ist dieser Fall in § 68a Abs. 1 JGG geregelt, allerdings mit einer spezifischen Einschränkung für bestimmte Fälle der Diversion.[129] 27

Zusammenhänge eines anderen Verfahrens an, sondern auf den Zeitpunkt, in dem *im vorliegenden Verfahren* aufgrund einer richterliche Anordnung oder etwa auf Anweisung eines Vormunds mit nachfolgender gerichtlicher Genehmigung Freiheitsentzug eintrete.

124 S. oben Rn. 8.
125 *Bös* NStZ **2020** 185, 190.
126 Oben Rn. 8.
127 BTDrucks. **19** 13829 S. 39.
128 *Bös* NStZ **2020** 185, 190.
129 Mit Blick auf die „niedrigschwelligen ‚Abziehdelikte‘“: BTDrucks. **19** 15162 S. 7.

28 **a) Systematischer Sonderfall gegenüber Abs. 2 Nr. 1, 2 und 4.** Die Regelung in Nr. 3 stellt einen Sonderfall in der Vorschrift dar. Hier wird statuiert, dass dem Beschuldigten, der keinen Antrag auf Verteidigerbestellung nach Abs. 1 gestellt hat, auch ein Pflichtverteidiger von Amts wegen bestellt werden kann, **„sobald"** im Vorverfahren ersichtlich ist, dass sich der Beschuldigte, insbesondere einer Vernehmung oder einer Gegenüberstellung, nicht selbst wird verteidigen können.

29 **b) „Einfache" Fälle des § 163a Abs. 1 Satz 2. Nicht** dem Begriff der „Vernehmung" soll nach dem Willen des Gesetzgebers[130] die Gewährung der **Gelegenheit zur schriftlichen Äußerung** unterfallen, die in § 163a Abs. 1 Satz 2 in einfachen Sachen statt der Vernehmung vorgesehen ist. Das ist in dieser Allgemeinheit zweifelhaft. Ob eine Sache „einfach" ist, ist keine Frage des Ermessens. Es handelt sich vielmehr um einen unbestimmten Rechtsbegriff mit Beurteilungsspielraum.[131] **Einfach** ist die Sache entsprechend § 417 Var. 1 nur dann, wenn der **Sachverhalt** für einen verständig handelnden Staatsanwalt **leicht überschaubar** ist, mögen die Rechtsfragen auch anspruchsvoll sein. Auf die Klarheit der Beweislage (vgl. § 417 Var. 2) kann es hingegen grundsätzlich nicht ankommen, weil dies regelmäßig erst beurteilt werden kann, nachdem sich der Beschuldigte eingelassen hat. Die Schwere des Delikts hat nur Indizwirkung. Nur dann, wenn diese Voraussetzung ohne Verletzung des Beurteilungsspielraums der Strafverfolgungsbehörden bejaht worden ist, die **Einschätzungsprärogative** also **in zu billigender Weise** ausgeübt worden ist, kann die Pflichtverteidigerbestellung auch tatsächlich entfallen. Das Risiko der Fehlbeurteilung, insbesondere bei willkürlicher Versagung der Schutzfunktion des Abs. 2 Satz 1, trägt der Staat, denn auch im Übrigen wird der Beschuldigte in einfach gelagerten Fällen keineswegs schutzlos gestellt: Auch im Rahmen der Aufforderung zur schriftlichen Äußerung sind die nach § 163a Abs. 3 Satz 2 bzw. Abs. 4 Satz 2 notwendigen Belehrungen zu erteilen und dem Beschuldigten ist für seine Äußerung eine nach den Umständen des Einzelfalls angemessene Frist zu setzen.

c) Eingeschränkte Fähigkeit zur Selbstverteidigung im Lichte der Entstehungsgeschichte und der PKH-Richtlinie

30 **aa) Grundsätzliches.** Die eingeschränkte Fähigkeit des Beschuldigten zur Selbstverteidigung („ersichtlich ist, dass sich der Beschuldigte ... nicht selbst verteidigen kann") stellt sich dem Wortlaut nach als ein eigenes materielles Kriterium dar. Dies läge jedoch, wie bereits angedeutet, quer zur **systematischen Stellung** und inhaltlichen **Funktion** des § 141 Abs. 2, der ausweislich der amtlichen Überschrift lediglich den **Zeitpunkt** bestimmt, in dem ein Verteidiger zu bestellen ist. Nach der Begründung des Rechtsausschussberichts[132] soll die im Gesetzgebungsprozess erst in diesem Zeitpunkt abgeänderte Regelung des Abs. 2 Nr. 3 dazu dienen, den „Gleichlauf" der notwendigen Verteidigung im Ermittlungsverfahren mit der notwendigen Verteidigung im Hauptverfahren sicherzustellen. Wo zuvor im Regierungsentwurf noch von der **„Schutzbedürftigkeit"** des Beschuldigten die Rede war,[133] die im Ermittlungsverfahren für eine Pflichtverteidigerbestellung hinzutreten müsse, wird nun – den **Wortlaut** des **§ 140 Abs. 2 Var. 3 aufnehmend** („Ein Fall der notwendigen Verteidigung liegt ... vor, ... wenn ersichtlich ist, dass sich der Beschuldigte nicht selbst verteidigen kann") – erneut von der

---

130 BTDrucks. **19** 13829 S. 38.
131 Zum Ganzen HbStrVf/*Jahn* Kap. II, 125.
132 BTDrucks. **19** 15151 S. 7.
133 BTDrucks. **19** 13829 S. 38.

Unfähigkeit zur Selbstverteidigung gesprochen. Diese Änderung mag auch mit der Kritik zusammenhängen, die an der Fassung des Regierungsentwurfs im Vergleich zum Referentenentwurf in der Anhörung im Rechtsausschuss des Deutschen Bundestages geübt wurde.[134]

Die vom BTRAussch. gefundene Fassung hat aber die **Auslegungsschwierigkeiten** 31 nicht beseitigt. Ganz im Gegenteil: Es handelt sich um einen augenfälligen „Bruch der dogmatischen Konstruktion des Gesetzgebers".[135] Zum einen orientiert sich die Rechtsprechung zum Verständnis des § 140 Abs. 2 Var. 3 an einem **hauptverhandlungszentrierten Bild**, sodass für das Hauptverfahren typische Verfahrenskonstellationen die Unfähigkeit der Selbstverteidigung begründen. Zum anderen existieren, folgt man dem Verweis des BT-Rechtsausschusses auf § 140 Abs. 2, mannigfaltige Überschneidungen zwischen den einzelnen Merkmalen der Generalklausel in § 140 Abs. 2. So begründen die Schwere der Tat, die Schwere der zu erwartenden Rechtsfolge und die Schwierigkeit der Sach- und Rechtslage ihrerseits die Unfähigkeit des Beschuldigten zur Selbstverteidigung. Sie sind allesamt **Ausfluss eines Autonomiedefizits** des Beschuldigten. Selbst die Katalogtatbestände des § 140 Abs. 1 sind in systematischer Sicht nur Konkretisierungen der Generalklausel in Abs. 2, sodass in diesen Fällen, vom Gesetz insoweit unwiderlegbar vermutet, die Unfähigkeit zur Selbstverteidigung besteht. Zudem ist in Rechnung zu stellen, dass allein schon das Verfahrensstadium des Beginns des hoheitlich geführten Ermittlungsverfahrens typischerweise selbst die Unfähigkeit des Beschuldigten zur Selbstverteidigung strukturell nahelegt.[136] In dieser Verfahrenslage ist der unverteidigte Beschuldigte **besonders vulnerabel** und anwaltliche Hilfe ist geboten, weil der Beschuldigte nach der vorläufigen Festnahme unter einem u. U. schweren Tatvorwurf durch die Ereignisse typischerweise verwirrt und durch die ungewohnte Umgebung bedrückt und verängstigt ist.[137] Gerade diesem Umstand aber sollte durch Art. 4 Abs. 5 der **PKH-Richtlinie** 2016/1919/EU in Fortführung und Konkretisierung der Richtlinie zum Zugang zum Rechtsbeistand (Art. 3 Abs. 2 Satz 2 lit. a, b RL 2013/48/EU) abgeholfen werden.[138]

Das **europarechtliche Regressionsverbot**, das sich deklaratorisch auch in Art. 11 32 der PKH-Richtlinie findet, deren Umsetzung das Gesetz zur Neuregelung des Rechts der notwendigen Verteidigung und damit auch § 141 Abs. 2 Nr. 3 in seiner jetzigen Fassung dient,[139] gebietet, dass durch die Umsetzung der Richtlinie ein bestehendes **höheres Schutzniveau** in einem Mitgliedstaat durch die Neuregelung nicht unterlaufen werden darf.[140] Ein Antragsmodell wie in Abs. 1 birgt jedoch immer die Gefahr, dass der Beschuldigte sich nicht der vollen Tragweite seiner Entscheidung bewusst ist, keinen Verteidiger hinzuziehen, weshalb die notwendige Verteidigung Fälle umfasst, in denen beim Beschuldigten aufgrund der Sanktionsschwere, einer komplizierten Verfahrenslage oder der eingeschränkten Fähigkeit zur Selbstverteidigung ein Autonomiedefizit unwiderlegbar vermutet wird.[141] In diesen Fällen konnte der Beschuldigte bisher nicht auf die Ver-

---

134 Vgl. *Jahn* (Stellungnahme Rechtsausschuss 23.10.2019) 10 ff.
135 *Spitzer* StV **2020** 418, 423.
136 Vgl. oben § 137, 16, 45 ff.
137 Vgl. BGHSt **42** 15, 19.
138 Oben Entstehungsgeschichte II.5 und Rn. 6.
139 S. nochmals oben Entstehungsgeschichte II.5.
140 Vgl. *Laenerts* EuR **2012** 3, 14 ff.; *Ludwigs/Sikora* JuS **2017** 385, 391; GRCh/*Jarass* Art. 53 Rn. 3 f.; Streinz-EUV-AEUV/*Streinz/Michl* Art. 53 Rn. 3; Meyer-GRCh/*Borowsky* Art. 53 Rn. 14; *Bühler* Einschränkung von Grundrechten nach der Europäischen Grundrechtecharta (2005) 419 ff. sowie unten § 143, 18.
141 So bereits *Rieß* (5. Strafverteidigertag) 15, 16.

teidigerbestellung verzichten und kann es auch nach dem jetzigen Modell nicht.[142] Abs. 2 Nr. 3 würde aber mit diesem Regelungskonzept brechen, wenn § 141 nun so ausgelegt würde, dass ein Beschuldigter, bei dem ein Autonomiedefizit aufgrund der Sanktionsschwere oder einer komplizierten Verfahrenslage besteht, keinen Pflichtverteidiger bestellt bekommt, nur weil er keinen Antrag auf Pflichtverteidigerbeiordnung nach Abs. 1 stellt. Dies stellte gerade eine **Regression gegenüber** dem **bisherigen Schutzniveau** der notwendigen Verteidigung dar.[143] Dieser Problematik war sich der **Gesetzgeber** auch **bewusst.** Er hat sie aber mit dem letztlich Gesetz gewordenen Regierungsentwurf nur unzureichend aufgefangen. An anderer Stelle, nämlich in § 142 Abs. 2, wurde zwar eine Regelung getroffen, nach der die Staatsanwaltschaft vorbehaltlich § 142 Abs. 4 zur Antragstellung im Vorverfahren verpflichtet ist, wenn nicht der Beschuldigte selbst den Antrag nach § 141 Abs. 1 stellt. In der Gesetzesbegründung[144] wird ausdrücklich darauf verwiesen, dass mit der Option der Herbeiführung der Bestellung von Amts wegen im Vorverfahren das **Regressionsverbot gewahrt** werden solle. Problematisch ist indes, dass die Antragstellung sich ausweislich der Gesetzesbegründung nach dem „Zeitpunkt“[145] richten soll, der in § 141 Abs. 2 statuiert sei. Ignoriert wird hier jedoch, dass es sich bei § 141 Abs. 2 Nr. 3 nicht um eine bloße Regelung des Zeitpunktes, sondern um ein materielles Kriterium handelt.[146]

33 **bb) Richtlinienkonform-restriktives Verständnis des Selbstverteidigungsdefizit-Kriteriums.** Da das Antragserfordernis des Abs. 1 im Modell der notwendigen Verteidigung in diesem Lichte[147] lediglich dazu dienen soll, die Rechte des Beschuldigten zusätzlich abzusichern, muss – entgegen der Begründung des Rechtsausschusses des Bundestags[148] – die eingeschränkte Fähigkeit zur Selbstverteidigung i. S. d. Abs. 2 Nr. 3 im Wege richtlinienkonformer Auslegung immer schon dann angenommen werden, wenn nach prospektiver Beurteilung ein Fall notwendiger Verteidigung vorliegen wird.[149] Ein **Selbstverteidigungsdefizit** i. S. d. § 141 Abs. 2 Nr. 3 liegt damit im Ergebnis **immer schon dann** vor, wenn im Vorverfahren vor einer Vernehmung des Beschuldigten oder einer Gegenüberstellung mit ihm absehbar ist, dass ein Fall **notwendiger Verteidigung nach § 140 Abs. 1 oder 2** vorliegen wird. Eine Bestellung ist dann **stets** – von den in § 141a genannten Fällen abgesehen – **von Amts wegen** zu veranlassen. Diese Auslegung führt zu einer **Parallelisierung der Vorschriften** in den § 140 und § 141 Abs. 2 Nr. 3. Beispielsweise folgt die Notwendigkeit einer Pflichtverteidigerbestellung von Amts wegen auch bereits im Vorverfahren bei Vorliegen der Voraussetzungen des § 140 Abs. 1 Nr. 10 zwar nicht explizit aus § 141 Abs. 2 Nr. 3, muss aber in Anbetracht des

142 BTDrucks. **19** 13829 S. 49.
143 HdBStrR/*Jahn*/*Brodowski* § 17, 85; ausf. *Zink* 199 ff. u. 240 ff.
144 BTDrucks. **19** 13829 S. 40.
145 BTDrucks. **19** 13829 S. 41.
146 Oben Rn. 30.
147 Soeben Rn. 32.
148 BTDrucks. **19** 15151 S. 7.
149 HdBStrR/*Jahn*/*Brodowski* § 17, 85; ähnlich *DAV* Stellungnahme (BE: *Conen*) Nr. 36/**2019** S. 12: Schutzbedürftigkeit als „Regelfall der Situation, in welcher sich ein Beschuldigter befindet, der polizeilich mit einem Tatvorwurf konfrontiert wird, dessen Schwere nach der Rechtsordnung die Notwendigkeit seiner Verteidigung indiziert“. **A. A.** OK-StPO/*Krawczyk* § 140, 6: Richtlinienkonforme Auslegung sei *contra legem* nicht möglich, in Betracht komme nur Staatshaftung wegen unzureichender Umsetzung der Legal Aid-Richtlinie.

Regressionsverbots in **europarechtskonformer Auslegung** schon im Ermittlungsverfahren erfolgen.[150]

34 Dieses **richtlinienkonforme Verständnis** mag man als extensiv bezeichnen, hätte doch der Gesetzgeber (wohlgemerkt: erst auf Basis des Regierungsentwurfs)[151] § 141 Abs. 2 Nr. 1 wegen § 140 Abs. 1 Nr. 4 schon mit Blick auf die Vernehmungsregelung § 115 Abs. 2 nicht explizit regeln müssen, wenn Nr. 3 ohnehin alle Fälle erfasst, in denen die Verteidigung absehbar notwendig werden wird. Ein systematisches Gegenargument gegen die hier vertretene Auslegung lässt sich daraus aber nicht gewinnen. Man muss nunmehr insbesondere Abs. 2 Nr. 1 als **Auffangnetz** für Fälle verstehen, in denen die **fehleranfällige prospektive Beurteilung** einer Notwendigkeit der Verteidigung nach Lage der Dinge im konkreten Fall fälschlicherweise negativ ausfällt.[152]

35 Ganz im Gegenteil wird mit dem hier zu Abs. 2 Nr. 3 gefundenen Auslegungsergebnis das **Wesen der Pflichtverteidigerbestellung** in § 141 wieder der bisherigen beschuldigtenschützenden Regelungssystematik angenähert. Das richtlinienkonforme Verständnis rekonstruiert wieder das Leitbild des bisherigen deutschen Modells notwendiger Verteidigung, die Bestellung von Amts wegen – notfalls auch gegen den Willen des Beschuldigten – vorzunehmen. Dieses Konzept ist, wie dargelegt,[153] an mancher Stelle „zu weit", sodass in manchen Konstellationen eine restriktive Auslegung geboten ist. Diese **restriktive Auslegung** darf aber mit Blick auf das aus Sicht des Beschuldigten problematische Antragserfordernis **nicht im Ermittlungsverfahren** vorgenommen werden, das schon von *v. Liszt*[154] als „der wundeste Punkt" des Strafverfahrens für den Beschuldigten bezeichnet wurde, in dem der Überrumpelungseffekt besonders groß ist und dessen gesamte Anlage, zumal angesichts der **dysfunktionalen Belehrung** nach § 136 Abs. 1 Satz 5 Hs. 2 i. V. m. **§ 465**,[155] einer rational-autonomen Entscheidung, auf die Hinzuziehung des (Pflicht-)Verteidigers zu verzichten, in der Regel gerade entgegensteht.[156]

36 **d) Ausnahme (Abs. 2 Satz 3).** Die Ausnahmeregelung in § 141 Abs. 2 Satz 3 für den Fall, dass beabsichtigt ist, das Verfahren alsbald einzustellen und keine anderen Untersuchungshandlungen als die Einholung von Registerauskünften oder die Beiziehung von Urteilen oder Akten vorgenommen werden sollen, greift nach der erst spät durch den BT-

---

150 So auch *Bös* NStZ **2020** 185, 188.

151 S. bereits oben Rn. 30.

152 Dazu schon o. Rn. 6, 23.

153 O. § 140, 6 ff.

154 *v. Liszt* DJZ **1901** 179, 191 = StV **2001** 137, 139.

155 Zutr. *Müller-Jacobsen* NJW **2020** 575, 577; OK-StPO/*Krawczyk* § 140, 9. Der in § 136 Abs. 1 Satz 5 mit Wirkung zum 24.8.2017 vorgesehene Hinweis auf die Rechtsfolge des § 465, konterkariert das Ziel der PKH-Richtlinie auch insoweit, als diese die Option, Beschuldigte an den Kosten der Verteidigung zu beteiligen, von deren finanziellen Möglichkeiten abhängig macht (Erwägungsgrund Nr. 8, ABl. EU 2016 L 297 v. 3.11.2016 S. 2). Zu bedenken ist, dass der Hinweis auf die Kostenfolge ein beträchtliches Vollzugsdefizit verhüllt: Unter Bezugnahme auf eine Finanzkostenschätzung des Bundesministeriums der Justiz und für Verbraucherschutz wird in ZAP **2018** 971 mitgeteilt, dass nur ca. 20 % der vom Staat vorverauslagten Pflichtverteidigerkosten später tatsächlich von den Verurteilten zurückerlangt werden können. Hintergrund ist der nachgelagerte Vollstreckungsschutz bei bedürftigen Verurteilten (§§ 6 Abs. 1 JBeitrG i. V. m. den dort genannten ZPO-Vorschriften). Da im Übrigen in den Fällen, in denen dem Beschuldigten von Amts wegen ein Verteidiger beigeordnet wird, die betreffende Entscheidung nicht zur Disposition des Beschuldigten steht und unabhängig von seinen finanziellen Verhältnissen zu treffen ist, ist die Verknüpfung des Antragsrechts mit dem Hinweis auf die Kostenfolge des § 465 systemwidrig.

156 O. § 137, 16 u. 45 ff.

Rechtsausschuss[157] erweiterten Konzeption auch in den Fällen des Abs. 2 Nr. 3. Diesbezüglich sei auf die Ausführungen zu Abs. 2 Nr. 2 verwiesen.[158] Die Ausnahmevorschrift dürfte für den Fall, dass die fehlende Verteidigungsfähigkeit des Beschuldigten bereits vor der Eröffnung des Tatvorwurfs ersichtlich ist, **kaum praktische Bedeutung** erlangen. Denn zu einer Eröffnung des Tatvorwurfs durch die Ermittlungsbehörden wird es regelmäßig nur dann kommen, wenn gerade noch nicht beabsichtigt ist, das Verfahren einzustellen. Ein relevanter Anwendungsbereich für die Ausnahmevorschrift ergibt sich nur dort, wo sich die fehlende Verteidigungsfähigkeit des Beschuldigten erst nach der Eröffnung des Tatvorwurfs bei gleichzeitig wachsender – und persistierender – Einstellungsabsicht zeigt.[159]

4. Bestellung nach Anklageerhebung (Abs. 2 Nr. 4)

37 **a) Grundsätzliches.** In Abs. 2 Nr. 4 schließlich ist geregelt, dass die Verteidigerbestellung spätestens dann von Amts wegen zu erfolgen hat, wenn der Beschuldigte gemäß § 201 zur Erklärung über die Anklageschrift aufgefordert worden ist; ergibt sich erst später, dass die Mitwirkung des Verteidigers notwendig ist, so wird er sofort bestellt. Dies entspricht der alten Fassung des § 141 Abs. 1 bis zum 13.12.2019, nach dem in der Regel erst mit Aufforderung zur Erklärung über die Anklageschrift ein Verteidiger bestellt wurde. Mit der Vorverlagerung des Zeitpunkts der Pflichtverteidigerbestellung durch das Gesetz zur Neuregelung des Rechts der notwendigen Verteidigung stellt Abs. 2 Nr. 4 nunmehr einen **Auffangtatbestand** dar. Denn es ist denkbar, dass erst nach Durchführung sämtlicher Vernehmungen im Ermittlungsverfahren ein Verteidiger bestellt wird, weil sich nicht bereits vorher die Notwendigkeit der Verteidigung ergeben hat, etwa dann, wenn der Strafrichter eine **Vorlage** gemäß § 209 Abs. 2 **an** das **Schöffengericht** beabsichtigt, womit erst in diesem Zeitpunkt § 140 Abs. 1 Nr. 1 greifen würde.[160]

38 **b) Kein zeitlicher Ermessensspielraum („sobald“).** Spätestens, wenn der Angeschuldigte zur Erklärung über die Anklageschrift aufgefordert wird, also zu Beginn des **Zwischenverfahrens** (§ 201 Abs. 1 Satz 1), ist, soweit der Beschuldigte jetzt **noch keinen Verteidiger** hat, der Verteidiger zu bestellen.[161] Die Wendung **„sobald“** könnte, weil sich im Hs. 2 von Nr. 4 eine noch eindeutigere Formulierung findet („sofort“), so verstanden werden, als gebe es noch einen zeitlichen **Ermessensspielraum**. Das aber ist **nicht** der Fall. Vielmehr ist auch in der Eingangssequenz im 1. Hs. der Nr. 4 der Sache nach „sofort“ gemeint, d. h. die **Gleichzeitigkeit** von Aufforderung gemäß § 201 und Bestellung des Pflichtverteidigers; damit wird dann auch die förmliche Zustellung an den Strafverteidiger nach § 145a möglich.[162] Nicht angängig ist es deshalb,[163] das Verfahren zeitlich zu strecken, also die Anklageschrift zunächst nur mit der vorgeschriebenen Aufforderung zuzustellen und den Pflichtverteidiger erst nach Ablauf der Bezeichnungsfrist, aber noch innerhalb der Erklärungsfrist nach § 201 Abs. 1, zu bestellen. Dagegen spricht nicht nur der Wortlaut „sobald“, sondern auch inhaltlich, dass sich die Erklärungsfrist mit Beratung unnötig verkürzt und der Beschuldigte unter Umständen in der Zwischenzeit Erklärungen abgibt, die er bei anwaltlichem Beistand nicht abgegeben hätte.

---

157 BTDrucks. **19** 15151 S. 8.
158 O. Rn. 26.
159 Zutr. *Bös* NStZ **2020** 185, 191; OK-StPO/*Krawczyk* § 141, 22.
160 BTDrucks. **19** 13829 S. 38.
161 Vgl. bereits OLG Hamm NStZ-RR **1997** 78; OLG Düsseldorf StV **1997** 106; StV **1992** 100.
162 Ebenso *Eisenberg* NJW **1991** 1261; KK/*Willnow* 4; SK/*Wohlers* 8.
163 So aber noch LR/*Rieß*[25] § 201, 11.

c) Zeitliche Geltung („später“). Das Wort **„später“** ist hier im Übrigen mit keiner Einschränkung verbunden, d. h. die Vorschrift **gilt für** den **Rest des Verfahrens**, lässt aber nur mit den bereits gemachten Einschränkungen Rückwirkungen zu.[164] Dabei ist aber zu beachten, dass die Hauptverhandlung in ihren wesentlichen Teilen wiederholt werden muss, wenn der Verteidiger später bestellt wird, weil sich die Notwendigkeit der Verteidigung erst während der Hauptverhandlung ergeben hat.[165] Ein besonderer Fall einer erst während der Hauptverhandlung auftretenden Notwendigkeit der Verteidigung ist die Beiordnung eines anderen Verteidigers während der Vernehmung des Verteidigers als Zeuge.[166] 39

Die Vorschrift in Abs. 2 Nr. 4 Hs. 2 gilt ferner, soweit nicht **Spezialvorschriften** eingreifen, auch für alle Fälle der Bestellung eines Pflichtverteidigers im **Rechtsmittelverfahren.** Für die Hauptverhandlung vor dem **Berufungsgericht** ist ein Pflichtverteidiger schon dann zu bestellen, wenn aufgrund der erstinstanzlichen Verurteilung zu erkennen ist, dass nunmehr ein Fall des § 140 Abs. 2 vorliegt.[167] Im **Revisionsverfahren** ist ein in der Praxis besonders wichtig gewordener Zeitpunkt für die Bestellung eines Pflichtverteidigers erreicht, wenn es um die Begründung der bereits vom Angeklagten selbst eingelegten Revision geht. 40

III. Folgen bei unterlassener rechtzeitiger Beiordnung

Sofern entgegen Abs. 1 oder 2 nicht – oder zumindest nicht rechtzeitig – ein Verteidiger beigeordnet wurde, entsteht zum einen für die Aussage des Beschuldigten bei **richterlicher Vernehmung** ein **Beweisverwertungsverbot.**[168] Entsprechendes gilt wegen § 163a Abs. 3 auch für die staatsanwaltschaftliche Vernehmung.[169] Andernfalls könnte die europarechtlich durch die Legal Aid-Richtlinie vorgezeichnete Entscheidung zur erhöhten Schutzbedürftigkeit des Beschuldigten folgenlos unterlaufen werden. Angesichts der vom Brüsseler Richtliniengeber herausgestellten Bedeutung von **Legal Aid-Dienstleistungen** ist eine – aus Sicht des deutschen staatlichen Justizsystems – weniger gravierende Fehlerfolge nicht mehr vertretbar: Nach Art. 3 der PKH-Richtlinie muss das Recht auf Zugang zu einem Rechtsbeistand vom Beschuldigten im Einzelfall *wirksam* wahrgenommen werden können. Nach Art. 8 der PKH-Richtlinie haben die Mitgliedstaaten zudem nicht nur im Einzelfall, sondern auch **institutionell** im Kriminaljustizsystem dafür zu sorgen, dass dem Beschuldigten bei Verletzung seiner Rechte ein wirksamer Rechtsbehelf nach nationalem Recht zur Verfügung steht. Das Recht auf Pflichtverteidigerbestellung stellt im Übrigen auch innerstaatlich ein zentrales Schutzrecht des Beschuldigten dar und der Kernbereich der Verteidigung ist bei nicht (rechtzeitiger) Beiord- 41

---

164 Oben Rn. 2. **A. A.** LG Osnabrück StV **2001** 447 im Falle einer vor dem Bestellungsakt erfolgten Einstellung nach § 154 Abs. 2 (mit Rücksicht auf verbleibende Risiken für den Beschuldigten); LG Braunschweig StV **2001** 447; LG Nürnberg-Fürth Beschl. v. 5.2.1998 – 7 Qs 3/98.

165 BGHSt **9** 243; Meyer-Goßner/*Schmitt* 4; HK/*Julius/Schlemann* 14; *Pfeiffer* 2. Zu der Sorgfalt, mit der diese Notwendigkeit zu prüfen ist, vgl. BGH b. *Dallinger* MDR **1957** 141; *Burgard* NStZ **2000** 242, 245.

166 BGH StV **1985** 442. Zu weiteren möglichen Konstellationen nachträglich notwendiger Verteidigung siehe *Burgard* NStZ **2000** 242, 243 ff.

167 OLG Köln NJW **1972** 1432.

168 *Jahn/Zink* StraFo **2019** 318, 328 f.; SSW/*Beulke* 55; ebenso bereits zum früheren Recht bis 13.12.2019 *Bannehr* HRRS **2020** 132, 135; *dies.* 344 ff.; AnwK-UHaft/*König* 6; allg. auch § 137, 60 und *Jahn* Gutachten C für den 67. DJT **2008** C 73 unter Hinweis auf den Wesensgehalt des Anwaltskonsultationsrechts in (und im Anschluss an) die Situation des ersten Zugriffs.

169 Vgl. *Schlothauer* FS Samson 709, 715 Fn. 20; *BRAK* StV **2010** 544, 546; Radtke/Hohmann/*Reinhart* 9.

nung betroffen.[170] Dieses Verwertungsverbot gilt nicht nur in Form eines Verbots der Würdigung der kontaminierten Beweise **in der Hauptverhandlung** (§ 261), sondern ist u. a. auch insbesondere für die Frage der Begründung des dringenden Tatverdachts bei einem Antrag zur Anordnung von Untersuchungshaft zu berücksichtigen.[171]

42 Zum anderen ergibt sich ein **Beweisverwertungsverbot** bei nicht erfolgter oder nicht rechtzeitiger Beiordnung zu einer **polizeilichen Vernehmung** oder einer **Gegenüberstellung** nach den gleichen Grundsätzen.[172] Dies muss schon wegen der Möglichkeit gelten, die Verhörsperson in der Hauptverhandlung beweiswürdigungswirksam zu vernehmen.

IV. Rechtsbehelfe

43 Die Rechtsbehelfsmöglichkeiten sind in § 140, 129 ff. (**sofortige Beschwerde**) und § 140, 152 (**Revision**) dargestellt.

§ 141a
Vernehmungen und Gegenüberstellungen vor der Bestellung eines Pflichtverteidigers im Vorverfahren

[1]Im Vorverfahren dürfen Vernehmungen des Beschuldigten oder Gegenüberstellungen mit dem Beschuldigten vor der Bestellung eines Pflichtverteidigers abweichend von § 141 Absatz 2 und, wenn der Beschuldigte hiermit ausdrücklich einverstanden ist, auch abweichend von § 141 Absatz 1 durchgeführt werden, soweit dies
1. **zur Abwehr einer gegenwärtigen Gefahr für Leib oder Leben oder für die Freiheit einer Person dringend erforderlich ist oder**
2. **zur Abwendung einer erheblichen Gefährdung eines Strafverfahrens zwingend geboten ist.**

[2]Das Recht des Beschuldigten, jederzeit, auch schon vor der Vernehmung, einen von ihm zu wählenden Verteidiger zu befragen, bleibt unberührt.

Schrifttum

Siehe bei 140.

Entstehungsgeschichte

Die Neuregelung normiert mit Wirkung zum **13.12.2019**[1] zwei Ausnahmen von der grundsätzlichen (und nach § 141 Abs. 1 Satz 1 grundsätzlich antragsabhängigen)[2] Verpflichtung zur Pflichtverteidigerbestellung im Vorverfahren nach § 141 Abs. 1 und 2. Sie wurde im Rahmen der Umsetzung der Richtlinie (EU) 2016/1919 über Prozesskostenhilfe für Verdächtige und beschuldigte Personen in Strafverfahren sowie für gesuchte Perso-

---

170 *Jahn* Gutachten C für den 67. DJT **2008** C 66 ff. u. C 73 f.; erg. § 141a, 15.
171 *Jahn/Zink* StraFo **2019** 318, 328 f.; *Jahn* Gutachten C für den 67. DJT **2008** C 85.
172 Soeben Rn. 41; vgl. auch unten § 141a, 15.
1 BGBl. I S. 2128; siehe dazu § 140 (Entstehungsgeschichte).
2 Vgl. allerdings § 141, 6.

https://doi.org/10.1515/9783110630244-011

nen in Verfahren zur Vollstreckung eines Europäischen Haftbefehls („**PKH-Richtlinie**“)[3] eingeführt. Nach der Konzeption des Gesetzgebers stellt sie die Kehrseite der grundsätzlichen Vorverlagerung der Pflichtverteidigerbestellung in das Ermittlungsverfahren dar.

Übersicht

Alphabetische Übersicht

I. Zweck der Norm

1 Die **Ausnahmeregelung** in § 141a soll dazu dienen, angesichts der mit der Umsetzung der PKH-Richtlinie erfolgten[4] grundsätzlichen Vorverlagerung der Pflichtverteidigerbestellung in das Ermittlungsverfahren dennoch eine Vernehmung oder Gegenüberstellung des Beschuldigten noch vor der Bestellung des Pflichtverteidigers durchführen zu können. Sie findet eine **Parallele** in **§ 68b JGG**, der wenige Tage später am 17.12.2019 in Kraft getreten ist.[5] Dort wird die Ausnahme allerdings mit teilweise abweichendem Wortlaut legitimiert und unter die Voraussetzung der „Berücksichtigung des Wohls des Jugendlichen“ gestellt. Da es sich um eine Ausnahmeregelung („abweichend von ...“) handelt, ist sie angesichts des im Lichte der PKH-Richtlinie umfassend gemeinten Schutzzwecks der Vorschrift in § 141 Abs. 1 und 2[6] **eng auszulegen**. Die bloße Tatsache,

3 ABl. EU 2016 L 297 v. 3.11.2016, S. 1. Siehe zum Kontext § 141 (Entstehungsgeschichte II.5).
4 Oben § 141a (Gesetzgebungsgeschichte).
5 BGBl. I S. 2146; dazu unten Rn. 6.
6 Oben § 141, 1.

dass das Verfahren behindert und verlangsamt wird, kann insbesondere noch nicht als erhebliche Gefährdung angesehen werden.[7] Wörtlich heißt in Erwägungsgrund 31 der eng verknüpften Richtlinie 2013/48/EU[8] mit Recht: „Ein **Missbrauch** dieser Ausnahmeregelung würde die **Verteidigungsrechte** grundsätzlich **irreparabel beeinträchtigen**".

2 An der Ausnahmevorschrift wird im Schrifttum[9] im systematischen Zusammenhang der strikten Anordnung in § 141 Abs. 1 und 2 (jeweils: „wird ... bestellt") zu Recht **kritisiert**, der Tatbestand sei ein Einfallstor dafür, die mit der Neuregelung des Rechts der notwendigen Verteidigung zum 13.12.2019 verbundene zentrale **Errungenschaft** für den Strafprozess, nämlich die Sicherstellung der Verteidigung des Beschuldigten in der weichenstellenden ersten Vernehmung, im Einzelfall doch wieder **außer Kraft** zu setzen. Deutschland hat jedoch auch im Jahr 2019 (mit Recht) nicht von der grundsätzlichen Option Gebrauch gemacht, entsprechend **Art. 3 Abs. 6 RL 2013/48/EU** das allgemeine Recht auf Zugang zum Rechtsbeistand mit Wirkung für die Fälle der **Wahlverteidigung** einzuschränken. Dort heißt es: „Unter außergewöhnlichen Umständen und nur im vorgerichtlichen Stadium können die Mitgliedstaaten vorübergehend von der Anwendung der nach Absatz 3 gewährten Rechte abweichen, wenn dies angesichts der besonderen Umstände des Falles durch einen der nachstehenden zwingenden Gründe gerechtfertigt ist: a) wenn dies zur Abwehr einer Gefahr für Leib oder Leben oder für die Freiheit einer Person dringend erforderlich ist; b) wenn ein sofortiges Handeln der Ermittlungsbehörden zwingend geboten ist, um eine erhebliche Gefährdung eines Strafverfahrens abzuwenden". § 141a lässt sich also gerade nicht auf die genannte Richtlinie stützen, denn diese erlaubte im Zusammenhang mit der PKH-RL Ausnahmen vom Zugang zum Rechtsbeistand und seiner unverzüglichen Beiordnung im Falle der notwendigen Verteidigung nur, wenn nach nationalem Recht auch der Zugang zum Wahlverteidiger mit den gleichen Gründen abgelehnt werden könnte.[10] Solche Ausnahmen kennt das deutsche Recht aus guten – verfassungsrechtlichen – Gründen nicht (§ 137).[11] Insoweit führt die Ausnahmeregelung für die Pflichtverteidigerbestellung im Ermittlungsverfahren nach § 141a zu einer **verfassungsrechtlich** höchst **problematischen Ungleichbehandlung** derjenigen Beschuldigten, die typischerweise aus finanziellen Gründen nicht von der Möglichkeit der Mandatierung eines Wahlverteidigers Gebrauch machen können.[12] In der klarstellenden Passage der Norm in **Satz 2**, nach der das Recht des Beschuldigten, jederzeit, auch schon vor der Vernehmung, einen von ihm zu wählenden Verteidiger zu befragen, unberührt bleibt, zeigt sich dies nur zu deutlich: Gerade die Ausübung dieses Rechts ist einem **mittellosen Beschuldigten** praktisch nicht möglich.[13] Allein die fehlende finanzielle Leistungsfähigkeit ist jedoch grundsätzlich noch kein sachlicher, vernünftiger oder sonstwie einleuchtender Grund im Sinne des Art. 3 Abs. 1 GG für die Schlechterstellung gegenüber wahlverteidigungshabilen Beschuldigten.[14] Es han-

---

7 Eine enge Auslegung (von Art. 3 Abs. 6 RL 2013/48/EU, zum Zusammenhang sogleich Rn. 2) fordert daher mit Recht auch Generalanwalt *Bobek*, vgl. EuGH, Schlussanträge v. 7.11.2019 – C-659/18 (VW), ECLI:EU:C:2019:940, Tz. 62.

8 ABl. EU 2013 L 294 v. 6.11.2013, S. 4; zum Zusammenhang der beiden Richtlinien *Jahn/Zink* StraFo **2019** 318, 322 ff. und unten Rn. 4.

9 *Galneder/Ruppert* StV **2021** (im Erscheinen); *Wasserburg* GA **2020** 398, 405 f.; *Conen* AnwBl. Online **2020** 317, 318; *Schlothauer* KriPoZ **2019** 1, 7 ff.; *Meyer-Mews* ZRP **2019** 5, 6; *Schoeller* StV **2019** 190, 194 ff.; zurückhaltender *Bannehr* HRRS **2020** 132, 136; *Burhoff* StRR 7/**2019** 5. Zu den notwendigen Konsequenzen für die Fehlerfolgenlehre bei den Beweisverwertungsverboten unten Rn. 14 f.

10 *Müller-Jacobsen* NJW **2020** 575, 577; *Wasserburg* GA **2020** 398, 405.

11 Vgl. § 137, 2 ff.

12 Vgl. *Schlothauer* KriPoZ **2019** 1, 8; *BRAK* Stellungnahme Nr. 21/2019 13.

13 Zutr. *Schoeller* StV **2019** 190, 195; *Schlothauer* KriPoZ **2019** 1, 8.

14 Eingehend *Zink* 151 ff.

delt sich um „**Sonderrecht** allein **für Pflichtverteidigungsfälle**",[15] bei dem unklar bleibt, warum die staatliche Verantwortung für die Gewährleistung ausreichender Verteidigung für das Individuum zugunsten überindividueller Zwecke (Individualrechtsgüter einer Person oder „Gefährdung eines Strafverfahrens" als vages Allgemeinrechtsgut) zurückgenommen werden darf, während bei der Wahlverteidigung die verfassungsrechtlichen Gewährleistungen der Verteidigung[16] unverändert fortbestehen. Dies widerspricht dem auch vom Reformgesetzgeber des Jahres 2019 im Übrigen anerkannten Grundsatz der prinzipiellen **Gleichheit** zwischen **Wahl- und Pflichtverteidigung**, der sich unter anderem in § 143a Abs. 1 Satz 1 niedergeschlagen hat.[17]

II. Vorrang der Eilzuständigkeit der Staatsanwaltschaft

Aus dem Ausnahmecharakter der Norm[18] ergibt sich, dass stets **vorrangig** die **Eilzuständigkeit** der Staatsanwaltschaft für die Bestellung des Pflichtverteidigers (oder deren Ablehnung, vgl. § 142 Abs. 4 Satz 2 Var. 2) nach **§ 142 Abs. 4 Satz 1** greift.[19] In Fällen besonderer Eilbedürftigkeit wird also die Staatsanwaltschaft als Ermittlungsführerin zunächst über die Frage der Bestellung zu befinden haben. Nur dann, wenn die Voraussetzungen nach § 141a Satz 1 Nr. 1 oder Nr. 2 vorliegen, kann im Vorverfahren mit der Bestellung eines Verteidigers durch die Staatsanwaltschaft zugewartet werden, längstens jedoch, bis die Gefahr abgewehrt oder die Gefährdung abgewendet ist. 3

III. Die beiden Ausnahmefälle

1. Abwehr einer gegenwärtigen Gefahr für Leib oder Leben oder für die Freiheit einer Person (Satz 1 Nr. 1)

a) Konkretheit der Gefahr. Bereits Art. 3 Abs. 6 lit. a der Richtlinie 2013/48/EU, die in der PKH-Richtlinie sogleich in Erwägungsgrund 1 und auch sonst vielfach in Bezug genommen wird,[20] enthält eine Ausnahmeklausel für den Zugang zum Rechtsbeistand, „wenn dies zur Abwehr einer Gefahr für Leib oder Leben oder für die Freiheit einer Person dringend erforderlich ist".[21] Die deutsche Übersetzung dieser Klausel hat der Bundesgesetzgeber in Satz 1 Nr. 1 wörtlich übernommen. Es muss sich damit **inhaltlich** um eine **konkrete Gefahr** handeln. Dies ist nach den in der Dogmatik des Gefahrenabwehrrechts seit langem etablierten Grundlagen[22] eine Sachlage, die bei ungehindertem Fortgang und in absehbarer Zeit mit hinreichender Wahrscheinlichkeit zu einem Schaden für die drei genannten Rechtsgüter führen wird. Es bedarf deshalb einer nachvollziehbaren **Prognose *ex ante*** und ***ex situatione***. Hat der handelnde Amtsträger die Lage zutreffend eingeschätzt, wird die getroffene Maßnahme nicht dadurch rechtswidrig, 4

---

15 *Schoeller* StV **2019** 190, 195.
16 Zu ihnen ausf. § 137, 2 ff.
17 O. vor § 137, 62 u. § 143a, 33.
18 O. Rn. 1.
19 BTDrucks. **19** 13829 S. 39; *Spitzer* StV **2020** 418, 423.
20 Zum Zusammenhang der beiden Richtlinien im Kontext des Stockholmer Programms der EU ausf. *Jahn/Zink* StraFo **2019** 318, 322 ff.
21 Der vollständige Wortlaut ist o. Rn. 2 wiedergegeben.
22 BGH NJW **2003** 3693, 3696; OLG Frankfurt NVwZ **2002** 626 f.; VGH Mannheim NVwZ **2001** 1299; *Ehlers* DVBl. **2003** 336; *Brandt/Smeddinck* Jura **1994** 225, 227.

dass die Entwicklung im weiteren Fortgang tatsächlich anders als ursprünglich prognostiziert verläuft. Dabei werden die Anforderungen an die **Eintrittswahrscheinlichkeit** nach der **„Je-Desto"-Formel** in ein umgekehrt proportionales Verhältnis zu den potentiell bedrohten Rechtsgütern gebracht: je gewichtiger das gefährdete Schutzgut und/oder je größer der zu befürchtende Schaden ist, desto geringer sind die Anforderungen an die Mindestwahrscheinlichkeit.[23]

5 **b) Gegenwärtigkeit der Gefahr.** Das **zeitliche Moment** wird mit dem Adjektiv **„gegenwärtig"** konkretisiert. Auch hier kann auf die Spruchpraxis[24] zum Gefahrenabwehrrecht zurückgegriffen werden. Eine gegenwärtige Gefahr liegt nur dann vor, wenn die Einwirkung des schädigenden Ereignisses bereits begonnen hat oder wenn diese Einwirkung unmittelbar oder in allernächster Zeit mit an Sicherheit grenzender Wahrscheinlichkeit bevorsteht. Damit handelt es sich um die **zeitlich höchste Steigerung** des Gefahrbegriffs. Der Begriff „gegenwärtig" in den Polizeigesetzen der Länder und des Bundes deckt sich zudem mit dem in den straf- und zivilrechtlichen Notwehrvorschriften (§ 32 Abs. 2 StGB, § 227 BGB).[25] Damit wird eine klare Grenze zur Dauergefahr (§§ 34, 35 StGB) gezogen, die nicht hinlangt. Auch eine nur **latente** (abstrakte) **Gefahr** genügt gerade **nicht.** Der Gesetzgeber benutzt den Begriff „gegenwärtig" vielmehr gerade nur dann, wenn – wie im polizeilichen **Notstand** nach § 6 MEPolG oder in der Situation von **Geiselnahmen** – auch die Rechtsgüter unbeteiligter Dritter betroffen sind. Aufgrund des allgemeinen Verhältnismäßigkeitsprinzips wird der Begriff bewusst mit **eindeutig restriktiver Tendenz** verwendet.[26] Speziell für drohende **Straftaten** heißt das, dass der Täter zu ihrer Begehung bereits angehoben haben muss;[27] gemeint ist also das unmittelbare Ansetzen i. S. d. **§ 22 StGB,** also eine Handlung, die im ungestörten Fortgang ohne Zwischenakte oder jedenfalls in unmittelbar räumlichen und engem zeitlichen Zusammenhang in die Tatbestandsverwirklichung einmünden soll.[28]

6 **c) Abschließend geschützte Rechtsgütertrias.** Bezugspunkt der Gefahr sind nur die **drei abschließend** aufgeführten **Individualrechtsgüter** Leben, Leib oder Freiheit. Überindividuelle oder andere als die drei genannten Rechtsgüter des Individuums wie etwa die Ehre oder das Eigentum genügen *e contrario* § 34 Satz 1 StGB („... oder ein anders Rechtsgut") gerade nicht. Nach der Gesetzesbegründung[29] langt richtigerweise auch eine ganz leichte Körperverletzung oder allgemeine Gesundheitsgefährdung noch nicht hin. Trotz abweichenden Wortlauts der parallelen Normierung im Jugendstrafrecht muss es sich also auch hier um **„schwerwiegende" Auswirkungen** i. S. d. wenige Tage

---

23 Vgl. BVerwGE **45** 51, 61; OLG Düsseldorf NVwZ **2002** 629 f.; BayObLG NVwZ **1995** 935, 936; BayVerfGH NVwZ-RR **1995** 262, 265; OLG Nürnberg NVwZ-RR **1991** 67, 69; *Brandt/Smeddinck* Jura **1994** 225, 228; *Gloria/Dischke* NWVBl. **1989** 37, 40; *Jahn* (Staatsnotstand) 92.

24 S. nur BGH NJW **2003** 3693, 3696; VGH Mannheim NVwZ-RR **1998** 173; VGH München NVwZ **1988** 657, 658; VG München NVwZ **1988** 667; *Lisken* NVwZ **2002** 513, 515; *T. Gross* KJ **2002** 1, 3; *Jahn* (Staatsnotstand) 89.

25 Zu dieser inhaltlichen Übereinstimmung der Begriffe OLG Frankfurt NVwZ **2002** 626, 627; *P. Kirchhof* NJW **1978** 969, 970.

26 *Bös* NStZ **2020** 185, 191 („Ausnahmekonstellationen"); *Achelpöhler/Niehaus* DÖV **2003** 49, 52; *Jahn* (Staatsnotstand) 89.

27 VG Bremen NVwZ **1989** 895, 897. **A. A.** (für § 31 Abs. 1 EGGVG) MüKo/*Ellbogen* § 31 EGGVG, 2; unklar KK/*Mayer* § 31 EGGVG, 7.

28 Statt Vieler Lackner/*Kühl* § 22, 4.

29 BTDrucks. **19** 13829 S. 39; s. auch KK/*Mayer* § 31 EGGVG, 8 (genügt nur schwere Gesundheitsgefährdung).

danach in Kraft getretenen § 68b Nr. 1 JGG[30] handeln. Dies ergibt sich europarechtlich bereits daraus, dass der verbindliche englische Wortlaut von Art. 3 Abs. 6 RL 2013/48/EU „*serious* adverse consequences" fordert. Dieses **Gravitätsmoment** muss zudem auch auf das Rechtsgut Freiheit, etwa bei nur ganz kurzfristigen Einschränkungen der körperlichen Fortbewegungsfreiheit, übertragen werden. In der Gesetzesbegründung[31] wird insoweit auf § 31 Abs. 1 EGGVG verwiesen, der für die Kontaktsperre enge Voraussetzungen statuiert. Dort ist typischerweise sofortiges Handeln zum Schutz der parallel genannten drei Rechtsgüter erforderlich.[32] Auch in Art. 3 Abs. 6 der Richtlinie 2013/48/EU und in deren Erwägungsgrund 31 werden „zwingende" Gründe für die Einschränkungen des Zugangs zum Rechtsbeistand gefordert. Beides unterstreicht, dass § 141a Satz 1 Nr. 1 gerade auch[33] mit Blick auf die Individualrechtsgüter **eng auszulegen** ist. Erfasst sind im Ganzen, selbst mit Blick auf den herausragenden Stellenwert des Rechtsguts Leben in unserer Gesamtrechtsordnung,[34] nur **notstandsähnliche Situationen**, etwa die Entführung eines Kindes, in denen es zwecks Lebensrettung **um** wenige **Minuten** geht.[35]

2. Abwendung einer erheblichen Gefährdung eines Strafverfahrens (Satz 1 Nr. 2)

a) Schutzgut Strafverfahren. Mit der **„Gefährdung eines Strafverfahrens"** wird 7
der StPO ein **neues Rechtsgut** implementiert. Seinen Ursprung hat es ebenfalls[36] in Art. 3 Abs. 6 der Richtlinie 2013/48/EU, deren Buchst. b den Zugang zum Rechtsbeistand dann ausnahmsweise hemmt, „wenn ein sofortiges Handeln der Ermittlungsbehörden zwingend geboten ist, um eine erhebliche Gefährdung eines Strafverfahrens abzuwenden". Das bedeutet allerdings nicht, dass der Gesetzgeber das inhaltliche Kriterium ohne Weiteres dem deutschen Recht in der Erwartung inkorporieren kann, es sei aus sich selbst heraus verständlich. Das Strafverfahren als solches war bislang nicht Bezugsobjekt von prozessualen Sicherungen, sondern vielmehr die hinter „dem" Strafverfahren liegenden und mit ihm verfolgten Zwecke, etwa die Gefahr für die Ermittlung der Wahrheit beim Haftgrund der Verdunklungsgefahr in § 112 Abs. 2 Nr. 3. Nach der amtlichen Begründung[37] soll eine solche „Gefährdung des Strafverfahrens" vorliegen können, wenn die Vernichtung von Beweismitteln oder die Beeinflussung von Zeugen droht, sofern nicht sofort eine Vernehmung stattfindet. Auch könne die Ausnahme in Fällen Platz greifen, in denen die Flucht eines Mitbeschuldigten oder gesondert Verfolgten verhindert werden könne.[38] Beide Beispiele erhellen, dass dem Gesetzgeber Konstellationen vor Augen standen, in denen strafprozessuale Sicherungen wie die Untersuchungshaft die Durchführung des Verfahrens erst ermöglichen sollen, insbesondere bei Flucht- oder Verdunklungsgefahr i. S. d. § 112 Abs. 2 Nrn. 2 und 3. **Schutzgüter** sind also in erster Linie die **Sicherstellung** der **Anwesenheit** des Beschuldigten im Strafverfahren und die **Verhinderung von Störungen** der Tatsachenermittlung und Beweisvereitelungen oder

30 Vgl. o. Rn. 1.
31 In diese Richtung argumentiert auch *Schlothauer* KriPoZ **2019** 1, 8.
32 Unten § 148, 40.
33 S. o. Rn. 1, 3.
34 BVerfGE **27** 260, 264; **39** 1 42; **46** 160, 163 f.; **49** 24, 53: „Höchstwert".
35 Zutr. *Beulke* NStZ-Editorial 10/**2019**; SSW/*Beulke* 9.
36 O. Rn. 4.
37 BTDrucks. **19** 13829 S. 39.
38 S. nochmals BTDrucks. **19** 13829 S. 39.

Beweiserschwerungen.[39] Allerdings geht die Annahme der Gesetzesbegründung zu weit, die Flucht eines Mitbeschuldigten oder gesondert Verfolgten dürfe verhindert werden, da die Richtlinie 2013/48/EU eine Vernehmung nur für das nämliche Verfahren gestattet und daher die **Umstände** eines **anderen Verfahrens unerheblich** sind; europarechtlich ist dies ohne Belang.[40]

8 **b) Erheblichkeit der Gefährdung.** Da § 141a Satz 1 Nr. 2 in Übereinstimmung mit Art. 3 Abs. 6 der Richtlinie 2013/48/EU in besonderem Maße auf das Prinzip der Erforderlichkeit rekurriert („*zwingend* geboten") und auf die Erheblichkeit der Gefährdung abstellt, sind **hohe Voraussetzungen** zu überwinden. Selbstverständlich kann hier nicht der bloße Umstand gemeint sein, dass die Hinzuziehung des Pflichtverteidigers die Tataufklärung erschweren könnte; dies ist dem Institut der Strafverteidigung als Sand im Getriebe der Strafrechtspflege[41] immanent.[42] Auch **bloße Verzögerungen**, die durch ein etwaiges Zuwarten bis zum Eintreffen des Pflichtverteidigers eintreten können, langen **nicht** hin.[43] Es ist nach dem Wortlaut von Erwägungsgrund 50 der Richtlinie 2013/48/EU[44] vielmehr eine Situation zu fordern, die ansonsten „die laufenden Ermittlungen bezüglich einer **schweren Straftat irreparabel** beeinträchtigen würde". Zu fordern ist im systematischen Zusammenhang mit Nr. 1 deshalb auch[45] hier, dass es sich um eine **nahe und konkrete Gefahr** für die herausgehoben wichtigen Schutzgüter bei Ermittlungen im Bereich der **schweren Kriminalität** (vgl. den Katalog der besonders schweren Straftaten in **§ 100b Abs. 2 Nrn. 1-7**) handelt, mag sie auch zeitlich noch nicht ein „*sofortiges* Handeln der Strafverfolgungsbehörden" (vgl. § 68b Nr. 2 JGG)[46] erfordern. Wenn es um bloß grundsätzlich eilbedürftige Situationen geht, greift zudem als *prima ratio* die **Eilzuständigkeit** der **Staatsanwaltschaft**, die für diese Fälle in § 142 Abs. 4 ausdrücklich vorgesehen ist.[47] Spekulationen, hypothetische Erwägungen oder lediglich auf kriminalistische Alltagserfahrung gestützte, fallunabhängige Vermutungen im Bereich von Straftaten der leichten und mittleren Kriminalität reichen nie aus.[48]

9 **c) Verhältnismäßigkeit.** Als Ausdruck des Prinzips der **Verhältnismäßigkeit** ist zudem in den Fällen des Satzes 1 Nr. 2 stets zu prüfen, ob in Fällen, in denen aus Zeitgründen dem Beschuldigten kein (unüberwachtes) Vier-Augen-Gespräch mit einem (Pflicht-)Verteidiger ermöglicht werden kann, zumindest die Möglichkeit eines **telefoni-**

---

39 Vgl. BVerfGE **32** 87, 93; MüKo/*Böhm*/*Werner* § 112, 2.

40 So auch *Spitzer* StV **2020** 418, 424.

41 Vgl. nur *Niemöller*/*Schuppert* AöR **107** (1982) 389, 399; *Hassemer* StV **1982** 275, 277; *Jahn* (Konfliktverteidigung) 197.

42 Zutr. *Beulke* NStZ-Editorial 10/**2019**; SSW/*Beulke* 9.

43 GA *Bobek*, vgl. EuGH, Schlussanträge v. 7.11.2019 – C-659/18 (VW), ECLI:EU:C:2019:940, Tz. 56: „In Anbetracht dieser Beispiele ist Art. 3 Abs. 6 lit. b der Richtlinie 2013/48 dahin auszulegen, dass eine glaubhafte Gefahr bestehen muss, dass das Verfahren ohne dringende Maßnahmen für immer oder erheblich beeinträchtigt wird. Eine bloße Verzögerung des Verfahrens als solche birgt jedoch nicht notwendigerweise diese Gefahr. Die bloße Tatsache, dass das Verfahren behindert und verlangsamt wird ..., kann meines Erachtens daher nicht als ‚erhebliche Gefährdung' im Sinne dieser Bestimmung angesehen werden".

44 ABl. EU 2013 L 294 v. 6.11.2013, S. 7; zum Zusammenhang der beiden Richtlinien bereits o. Rn. 4.

45 Oben Rn. 4.

46 S.o. Rn. 1.

47 Oben Rn. 3.

48 Vgl. zur Formulierung BVerfGE **103** 142, 155; **115** 166, 197 f. m. Anm. *Jahn* JuS **2006** 491; BVerfGK **2** 254, 256; **2** 311 (315) beim vergleichbaren Problem bei der Prüfung der »Gefahr im Verzug« (§ 105 Abs. 1).

schen Kontakts besteht.[49] Es sind freilich nur wenige Fälle denkbar, in denen eine kurze telefonische Kommunikation das Strafverfahren so erheblich gefährdet, dass ein Absehen von jeglichem Verteidigerkontakt tatsächlich „*zwingend* geboten" sein dürfte. Damit besteht für Nr. 2 im Ergebnis **nahezu kein Anwendungsbereich** mehr.

IV. Kein Entfallen des Belehrungserfordernisses

§ 136 Abs. 1 Satz 2, gegebenenfalls i. V. m. § 163a Abs. 3 Satz 2 beziehungsweise Abs. 4 Satz 2, bleibt selbst dann von der Ausnahmeregelung unberührt, wenn deren Voraussetzungen dennoch vorliegen sollten.[50] Der Beschuldigte muss also in jedem Fall über sein Recht, **die Aussage verweigern** zu dürfen sowie über das Bestehen des Verteidigerkonsultationsrechts **belehrt** werden. 10

V. Beschränkter Anwendungsbereich als Ausnahme von § 141 Abs. 1 und 2

1. Aussagebereite Beschuldigte oder Gegenüberstellungen (Ausnahmen von § 142 Abs. 2). Nur dann, wenn die Voraussetzungen einer der beiden Ausnahmefälle in den Nrn. 1 oder 2 vorliegen und nachdem der Beschuldigte ordnungsgemäß über sein Schweigerecht und das Recht auf Verteidigerkonsultation belehrt worden ist, werden dennoch **aussagebereite Beschuldigte** erfasst. Jedoch greift der Ausnahmetatbestand auch in Fällen der **Gegenüberstellung** des Beschuldigten, denn diese kann wegen seiner passiven Feststellungspflicht auch gegen seinen Willen erfolgen.[51] Erfasst werden sollen nach der Gesetzesbegründung[52] zum Beispiel Fälle, in denen ein Terrorverdächtiger identifiziert werden soll, noch bevor ein Verteidiger bestellt wird, obwohl ein Fall notwendiger Verteidigung vorliegt und der Pflichtverteidiger grundsätzlich vor der Gegenüberstellung zu bestellen wäre. 11

2. Ausdrückliches Einverständnis des antragstellenden Beschuldigten (Ausnahmen von § 141 Abs. 1). Während in den Fällen einer Pflichtverteidigerbestellung von Amts wegen gemäß § 142 Abs. 2 nach ordnungsgemäßer Belehrung unterstellt wird, dass der Beschuldigte aussagebereit ist, oder es in Fällen einer Gegenüberstellung auf seine Aussagebereitschaft von vornherein wegen der passiven Duldungspflicht nicht ankommt, ist in den Fällen der **Antragstellung** auf Pflichtverteidigerbestellung **nach § 141 Abs. 1** grundsätzlich davon auszugehen, dass der Beschuldigte sein **Recht** auf Zugang zu einem Rechtsbeistand **ausüben möchte**, weil der Antrag anderenfalls ein performativer Widerspruch wäre. Es sind deshalb hohe Anforderungen für den Fall zu stellen, dass der Beschuldigte zunächst einen Antrag auf Verteidigerbestellung nach § 141 Abs. 1 gestellt hat, zu dem er sich dadurch in Widerspruch setzt, dass er nun auf die Wahrnehmung des von ihm ursprünglich eingeforderten Rechtes verzichtet. Deshalb muss der Beschuldigte jetzt sein **„ausdrückliches"** – also nicht nur konkludentes, aus seinem sonstigen Verhalten zu schließendes – **Einverständnis** mit der Durchführung einer gerichtlichen Untersuchungshandlung erklären. 12

49 So auch *Schoeller* StV **2019** 190, 195; *Spitzer* StV **2020** 418, 423.
50 BTDrucks. **19** 13829 S. 39.
51 BGHSt **39** 96, 98 f.; *Odenthal* NStZ **1985** 433, 434; HbStrVf/*Jahn* Kap. II, 81; **a. A.** *Welp* JR **1994** 37, 39; *Grünwald* JZ **1981** 423, 426.
52 BTDrucks. **19** 13829 S. 39; *Bös* NStZ **2020** 185, 191.

13 Diese Einverständniserteilung ist im Sinne der Herstellung von Rechtssicherheit nach § 168a Abs. 1 als wesentliche Förmlichkeit zeitnah zu **protokollieren.** Für ermittlungsbehördliche Untersuchungshandlungen gilt dies nach der an die Neuregelung im Recht der notwendigen Verteidigung angepassten Vorschrift in § 168b Abs. 3 Satz 2 Hs. 2.[53]

VI. Rechtsfolgen

14 Grundsätzlich ist die Regelung in § 141a geeignet, das Recht auf Zugang zum Rechtsbeistand gerade in der für das Verfahren zentralen Situation der verantwortlichen Vernehmung des Beschuldigten in allen Fällen der notwendigen Verteidigung massiv einzuschränken, so dass auch bewussten, in der Praxis freibeweislich nur schwer nachweisbaren Fehlinterpretationen bis hin zu gleichermaßen schwer nachweisbaren Missbräuchen von Beurteilungsspielräumen durch Ermittlungspersonen Raum dort gegeben wird, wo sie – vor allem aus Sicht der Verteidigung – zu vermuten sein könnten. Werden die Einschätzungsprärogative überschritten, die die beiden Klauselfälle des § 141a einräumen, soll nach den Vorstellungen der Gesetzesbegründung[54] dennoch kein automatisches **Verwertungsverbot** die Folge sein. Das ist schon grundsätzlich übergriffig, weil es nicht Aufgabe der Begründung des Gesetzes sein kann, Verwertungsverbote auszuschließen, denn diese richten sich nach (Verfassungs-)Recht und Gesetz, nicht minsterial vorformulierten Ausschlusskriterien. Verwiesen wird in der Begründung dennoch auf die Grundsätze der Abwägungslehre.[55]

15 Dem ist allerdings nur insoweit zu folgen, als dass ein Automatismus des Verstoßes gegen ein Erhebungsverbot für die Entstehung eines Verwertungsverbots tatsächlich nicht besteht.[56] Nach den Grundsätzen der eingeschränkten Beweisbefugnislehre zählt allerdings das Recht auf effektiven Verteidigerbeistand gerade in der Situation der ersten Vernehmung zum **Wesensgehalt** des Grundrechts auf Verteidigung,[57] so dass ein **Beweisverwertungsverbot** unter Aufnahme der Formulierung in Erwägungsgrund 31 der Richtlinie 2013/48/EU („*irreparabel* beschädigt")[58] entgegen der Entwurfsbegründung auch dann die **Folge** ist, wenn es – jenseits der Entgegennahme von Spontanäußerungen – im Einzelfall an einer planmäßigen, systematischen oder sonstwie willkürlichen Verletzung[59] der Grundregel des § 141 fehlen sollte, sondern die Amtswalter in gutem Glauben oder nur sonstwie fahrlässig handeln.[60]

---

53 Vgl. BTDrucks. **19** 13829 S. 39.

54 BTDrucks. **19** 13829 S. 39 f.; zust. *Spitzer* StV **2020** 418, 423; *Bös* NStZ **2020** 185, 193.

55 So auch Meyer-Goßner/*Schmitt* 11; zu deren Entscheidungsmatrix zusf. *Jahn* StraFo **2011** 117, 118.

56 *Jahn* Gutachten C zum 67. DJT (2008) C 70 ff., dort auch mit Nachw. zur Gegenauffassung der strengen Beweisbefugnislehre von *Dallmeyer* (Beweisführung im Strengbeweisverfahren) 50 ff. Erg. § 141, 41 f.

57 Vgl. BVerfGE **46** 202, 210; **63** 380, 390; *Jahn* Gutachten C zum 67. DJT (2008) C 73 f.

58 ABl. EU 2013 L 294 v. 6.11.2013, S. 4; zum Zusammenhang oben Rn. 1 a. E.

59 So aber die st. Rspr., vgl. BVerfGE **113** 29, 61; BGHSt **24** 125, 130 f.; **29** 109, 112; **44** 243, 250; **51** 285, 292 f. Tz. 25; BGH NStZ-RR **2007** 242, 243; OLG Hamburg StV **2007** 628, 629; OLG Karlsruhe NStZ **2005** 399, 400.

60 So wohl auch *Wasserburg* GA **2020** 398, 406; *Marquardt/Bettels* Krim **2019** 376, 377; SSW/*Beulke* 11; *Mosbacher* JuS **2020** 128, 131: „wird man ... ein relatives Beweisverwertungsverbot annehmen müssen ... beim Verstoß gegen den neuen § 141a, also bei der rechtsfehlerhaften Durchführung einer Vernehmung ohne zuvor erfolgte Verteidigerbestellung". **A. A.** *Bös* NStZ **2020** 185, 193; Meyer-Goßner/*Schmitt* 11.

VII. Rechtsbehelfe

Die Rechtsbehelfsmöglichkeiten sind in § 140, 129 ff. (**sofortige Beschwerde**) und § 140, 153 (**Revision**) dargestellt. 16

§ 142
Zuständigkeit und Bestellungsverfahren

(1) [1]Der Antrag des Beschuldigten nach § 141 Absatz 1 Satz 1 ist vor Erhebung der Anklage bei den Behörden oder Beamten des Polizeidienstes oder bei der Staatsanwaltschaft anzubringen. [2]Die Staatsanwaltschaft legt ihn mit einer Stellungnahme unverzüglich dem Gericht zur Entscheidung vor, sofern sie nicht nach Absatz 4 verfährt. [3]Nach Erhebung der Anklage ist der Antrag des Beschuldigten bei dem nach Absatz 3 Nummer 3 zuständigen Gericht anzubringen.

(2) Ist dem Beschuldigten im Vorverfahren ein Pflichtverteidiger gemäß § 141 Absatz 2 Satz 1 Nummer 1 bis 3 zu bestellen, so stellt die Staatsanwaltschaft unverzüglich den Antrag, dem Beschuldigten einen Pflichtverteidiger zu bestellen, sofern sie nicht nach Absatz 4 verfährt.

(3) Über die Bestellung entscheidet

1. **das Amtsgericht, in dessen Bezirk die Staatsanwaltschaft oder ihre zuständige Zweigstelle ihren Sitz hat, oder das nach § 162 Absatz 1 Satz 3 zuständige Gericht;**
2. **in den Fällen des § 140 Absatz 1 Nummer 4 das Gericht, dem der Beschuldigte vorzuführen ist;**
3. **nach Erhebung der Anklage der Vorsitzende des Gerichts, bei dem das Verfahren anhängig ist.**

(4) [1]Bei besonderer Eilbedürftigkeit kann auch die Staatsanwaltschaft über die Bestellung entscheiden. [2]Sie beantragt unverzüglich, spätestens innerhalb einer Woche nach ihrer Entscheidung, die gerichtliche Bestätigung der Bestellung oder der Ablehnung des Antrags des Beschuldigten. [3]Der Beschuldigte kann jederzeit die gerichtliche Entscheidung beantragen.

(5) [1]Vor der Bestellung eines Pflichtverteidigers ist dem Beschuldigten Gelegenheit zu geben, innerhalb einer zu bestimmenden Frist einen Verteidiger zu bezeichnen. [2]§ 136 Absatz 1 Satz 3 und 4 gilt entsprechend. [3]Ein von dem Beschuldigten innerhalb der Frist bezeichneter Verteidiger ist zu bestellen, wenn dem kein wichtiger Grund entgegensteht; ein wichtiger Grund liegt auch vor, wenn der Verteidiger nicht oder nicht rechtzeitig zur Verfügung steht.

(6) [1]Wird dem Beschuldigten ein Pflichtverteidiger bestellt, den er nicht bezeichnet hat, ist er aus dem Gesamtverzeichnis der Bundesrechtsanwaltskammer (§ 31 der Bundesrechtsanwaltsordnung) auszuwählen. [2]Dabei soll aus den dort eingetragenen Rechtsanwälten entweder ein Fachanwalt für Strafrecht oder ein anderer Rechtsanwalt, der gegenüber der Rechtsanwaltskammer sein Interesse an der Übernahme von Pflichtverteidigungen angezeigt hat und für die Übernahme der Verteidigung geeignet ist, ausgewählt werden.

(7) [1]Gerichtliche Entscheidungen über die Bestellung eines Pflichtverteidigers sind mit der sofortigen Beschwerde anfechtbar. [2]Sie ist ausgeschlossen, wenn der Beschuldigte einen Antrag nach § 143a Absatz 2 Satz 1 Nummer 1 stellen kann.

https://doi.org/10.1515/9783110630244-012

Schrifttum

Siehe bei § 140.

Entstehungsgeschichte

I. Ältere Geschichte

Die Auswahl des Pflichtverteidigers war ursprünglich in § 144 geregelt. Diese Vorschrift lautete:

(1) [1]Die Auswahl des zu bestellenden Verteidigers erfolgt durch den Vorsitzenden des Gerichts aus der Zahl der am Sitze dieses Gerichts wohnhaften Rechtsanwälte. [2]Für das vorbereitende Verfahren erfolgt die Bestellung durch den Amtsrichter.

(2) Auch Justizbeamte, welche nicht als Richter angestellt sind, sowie solche Rechtskundige, welche die vorgeschriebene erste Prüfung für den Justizdienst bestanden haben, können als Verteidiger bestellt werden.

Erst das VereinhG änderte den ersten Absatz geringfügig und überführte die ganze Vorschrift in § 142. Abs. 2 wurde durch das StPÄG 1964 geändert. In dieser geänderten Fassung fand sich noch ein Verweis auf die Nummern des § 140 Abs. 1, der dann aber mit der Streichung des Verweises auf § 140 Abs. 1 Nr. 7 durch das EGStGB 1974 und auf die wegfallende Nr. 4 durch das Gesetz vom 17.5.1988[1] beseitigt wurde. Abs. 1 wurde durch das StVÄG 1987 schließlich noch um die Sätze 2 und 3 ergänzt, um der Rspr. des BVerfG[2] Rechnung zu tragen, die den Anspruch auf den **Verteidiger des Vertrauens** gestärkt und damit zu der gesetzlichen Klarstellung zu dem von Verfassungs wegen bestehenden Auswahlrecht der/des Beschuldigten geführt hatte.[3]

Der Entwurf eines Ersten Justizbeschleunigungsgesetzes vom 20.5.2003[4] hatte – ohne Resonanz – den Vorschlag unterbreitet, dass die Staatsanwaltschaft mit Zustimmung des Beschuldigten berechtigt sein soll, bereits im Ermittlungsverfahren einen Pflichtverteidiger zu bestellen.

Art. 5 Nr. 2 des Gesetzes zur Stärkung der Selbstverwaltung der Rechtsanwaltschaft vom 26.3.2007[5] hat in Abs. 1 zur Streichung der Qualifikation der Rechtsanwälte, die früher „bei einem Gericht zugelassen" sein mussten, geführt. Die daran anschließende Neufassung nahm mit der ersatzlosen **Streichung** der nicht mehr zeitgemäßen **örtlichen Beschränkung** ausdrücklich[6] eine in der strafprozessualen Kommentarliteratur geäußerte Anregung auf.

II. Neuere Entwicklungen

1. Änderungen durch das 2. OpferRRG. Durch Art. 1 Nr. 13 des Gesetzes zur Stärkung der Rechte von Verletzten und Zeugen im Strafverfahren (2. OpferRRG)[7] war Ab-

1 BGBl. I S. 606.
2 BVerfGE **9** 36, 37 ff.; **39** 238, 243.
3 Vgl. die amtl. Begründung als Reaktion auf die vorgenannte Rechtsprechung des BVerfG: BTDrucks. **10** 1313 S. 15.
4 BTDrucks. **15** 999 S. 22 f. S. dazu § 141 (Entstehungsgeschichte I.).
5 BGBl. I S. 365.
6 BTDrucks. **16** 12098 S. 31 f. unter Hinweis auf LR/*Lüderssen/Jahn*[26] § 142, 6 ff.
7 BGBl. I S. 2280.

satz 1 mit Wirkung zum 1.10.2009 neu gefasst worden. Die Neufassung gerade im Zuge des **2. OpferRRG** erklärt sich mit dessen entsprechender Anwendbarkeit auf die Beiordnung des Zeugenbeistandes gem. § 68b Abs. 2 Satz 2 und von Verletztenbeiständen gem. §§ 397a Abs. 3 Satz 2, 406g Abs. 4 Satz 2 a. F. (heute: § 406g Abs. 3 Satz 4). Mit den Primärzielen des 2. OpferRRG, welche in der Erweiterung der Rechte von Opfern und Zeugen von Straftaten sowie der Sicherstellung einer konsequenten Durchsetzung der bereits bestehenden Rechte lagen,[8] war die Änderung des § 142 Abs. 1 – wie auch die des § 147[9] – hingegen nur lose verknüpft. Während die Klarstellung zum Kreis möglicher Verletztenbeistände in § 138[10] noch im Zusammenhang der sonstigen Änderungen beim Verletztenbeistand – insbesondere § 406f Abs. 1 Satz 2[11] – stand, waren die Neufassungen der §§ 142, 147 nur im Kontext des Bedürfnisses nach Herstellung von **Waffengleichheit** zwischen dem Verletzten und dem Beschuldigtem erklärbar. Im Ganzen sollte die Subjektstellung des Beschuldigten und sein Recht auf Verteidigung ersichtlich in einem verfahrensrechtlichen Aktionsrahmen von **Wechselseitigkeit und Partizipation** gehalten werden.

2. Änderungen durch das StORMG. Durch Art. 1 Nr. 5 des Gesetzes zur Stärkung der Rechte von Opfern sexuellen Missbrauchs (**StORMG**) vom 26.6.2013[12] war sodann in Abs. 2 die Angabe „2 und 5" durch die Angabe „2, 5 und 9" mit Wirkung vom 1.9.2013 ersetzt worden („In den Fällen des § 140 Abs. 1 Nr. 2, 5 *und 9* sowie des § 140 Abs. 2 können auch Rechtskundige, welche die vorgeschriebene erste Prüfung für den Justizdienst bestanden haben und darin seit mindestens einem Jahr und drei Monaten beschäftigt sind, für den ersten Rechtszug als Verteidiger bestellt werden, jedoch nicht bei dem Gericht, dessen Richter sie zur Ausbildung überwiesen sind"). Bei der Einfügung der Nummer 9 in **Abs. 2** handelte es sich um eine Änderung, die **Folge** der Einfügung jenes Tatbestandes in § 140 Abs. 1 war. Nach der Neuregelung durfte dem Beschuldigten für den ersten Rechtszug auch dann ein **Rechtsreferendar**, der seit mindestens 15 Monaten im Vorbereitungsdienst beschäftigt war, als Pflichtverteidiger beigeordnet werden, wenn die Mitwirkung eines Verteidigers deshalb notwendig geworden war, weil dem Verletzten nach den §§ 397a, 406g ein Rechtsanwalt beigeordnet worden ist.[13] Abs. 2 war damals bereits freilich wegen der **Kürze** des juristischen **Vorbereitungsdienstes** weitgehend **bedeutungslos** geworden.[14]

---

8 BTDrucks. **16** 12098 S. 1 f. Zur jüngeren Geschichte des Opferschutzgedankens im Strafverfahren zusammenfassend LR/*Kühne* Einl. F, 125; MAH Strafverteidigung/*Kauder* § 53, 3 ff.; krit. – auch zur überhöhenden Rhetorik der Gesetzesbegründung, nach der dem Opfer- und Zeugenschutz „die ihm gebührende Achtung zukommen" solle – *Jahn/Bung* StV **2012** 754, 759 ff. m. w. N.

9 Unten § 147, 201.

10 Oben § 138, 59.

11 § 406f Abs. 1 Satz 2 i. d. F. v. 29.7.2009 (BGBl. I S. 2280) entsprach im Grundsatz zwar dem früheren Recht, dehnte aber die Anwesenheitsbefugnis des Rechtsanwalts des Verletzten analog zu der Neuregelung des für den Zeugenbeistand geltenden § 68b Abs. 1 nunmehr auch auf die polizeiliche Vernehmung aus, vgl. OK-StPO/*Weiner* § 406f, 2.

12 BGBl. I S. 1805.

13 Krit. unter Hinweis auf das Fehlen notwendiger Spezialkenntnisse *Strafverteidigervereinigungen* (Stellungnahme StORMG) III.4.

14 *Barton* (Strafverteidigung) § 4, 43; s. auch *Jahn* JuS **2006** 660, 661 zum vergleichbaren Problem bei § 139.

3. Änderungen durch das Gesetz zur Neuregelung der notwendigen Verteidigung

a) Differenzierte Kodifikation von Zuständigkeits- und Verfahrensregelungen. Mit Art. 1 Nr. 9 des Gesetzes zur Neuregelung des Rechts der notwendigen Verteidigung vom 10.12.2019[15] erhielt die Vorschrift ein völlig neues Gesicht. Sie ist nunmehr mit Wirkung zum 13.12.2019 die **Zentralnorm** über die Zuständigkeiten und das Bestellungsverfahren. Zunächst wurde deshalb in § 142 eine **umfassende Zuständigkeitsregelung** eingeführt. Teile hiervon waren vorher in § 141 Abs. 4 i. d. F. des Gesetzes zur effektiveren und praxistauglicheren Ausgestaltung des Strafverfahrens aus dem Jahr 2017 geregelt, im Übrigen war das Verfahren zur Bestellung und Auswahl des Pflichtverteidigers zuvor nur fragmentarisch geregelt. Weil das Gesetz zur Neuregelung des Rechts der notwendigen Verteidigung erstmals ein **Antragsrecht des Beschuldigten** für die Verteidigerbestellung im Vorverfahren in § 141 eingeführt hat,[16] mussten nunmehr auch Zuständigkeits- und Verfahrensregelungen für diesen neuen Fall geschaffen werden, da sich das Recht der notwendigen Verteidigung zunehmend in das Ermittlungsverfahren vorverlagert und nicht mehr das mit der Hauptsache befasste oder zu befassende Gericht – wie vor dem Jahr 2009 – regelmäßig zuständig sein kann, weshalb dieser Fall nurmehr als Nr. 3 in Abs. 3 geregelt ist. Insbesondere entscheidet im praktisch bedeutsamen Fall des § 140 Abs. 1 Nr. 4 schon seit dem 1.1.2010 nicht mehr der Vorsitzende des für die Hauptsache zuständigen Gerichts (§ 142 Abs. 3 Nr. 3), sondern der insbesondere nach § 126 zuständige Haftrichter (§ 142 Abs. 2 Nr. 2). In § 142 Abs. 2 ist daneben eine **Verpflichtung der Staatsanwaltschaft** zur Stellung eines Antrags auf Verteidigerbeiordnung zu finden, die vorher in § 141 Abs. 3 Satz 2 geregelt war; damit wurden auch die **Unsicherheiten wieder beseitigt,**[17] die in der Auslegung der „alten“, indes erst im Jahr 2017 durch das Gesetz zur effektiveren und praxistauglicheren Ausgestaltung des Strafverfahrens eingeführten Regelung alsbald aufgekommen waren.

b) Qualitätsanforderungen an die Pflichtverteidigung. Zudem dient § 142 der Umsetzung der Mindest-Qualitätserfordernisse, die sich aus Art. 7 der **PKH-Richtlinie** für die Person des zu bestellenden Verteidigers ergeben.[18] In der Konsequenz wurde das bis zum 13.12.2019 in Abs. 2 enthaltene Recht, auch einen **Rechtsreferendar** als Pflichtverteidiger bestellen zu können, ersatzlos **gestrichen.** Der in Abs. 7 enthaltene Rechtsbehelf der sofortigen Beschwerde dient der Umsetzung von Art. 8 der PKH-Richtlinie.

Übersicht

15 BGBl. I S. 2128.

16 Oben § 141, 8 ff.

17 Zum Meinungsstreit vgl. § 141 (Entstehungsgeschichte II.4.).

18 Vgl. § 141 (Entstehungsgeschichte II.5.).

Alphabetische Übersicht

A. Die Rechtsnatur des Bestellungsaktes

Der Ausgangspunkt für die Regelung in § 142, die nach dem Wortlaut über „die" 1
Bestellung und nach der amtlichen Überschrift das zu ihr führende Verfahren handelt, ist aus rechtswissenschaftlicher Sicht ernüchternd: Die **rechtliche Qualität** des gerichtlichen Bestellungsaktes ist zwar heute immer besser erforscht,[19] aber noch **keineswegs konsentiert.** In Kommentierungen[20] des – wie man seit der auch sprachlichen Neuregelung zum 13.12.2019 auch von Rechts wegen sagen kann – Rechts der Pflichtverteidigung[21] wird der Begriff überhaupt nicht oder doch nur peripher behandelt, selbst in denen zu §§ 45 ff. RVG wird der Rechtsgrund der Bestellung teils[22] für unerheblich gehalten und für die Vergütungsfragen nur auf die Tatsache der Bestellung abgestellt. Diese wenig an den Grundlagen eines Rechtsgebiets interessierte Herangehensweise reflektiert interessanterweise das tendentiell unjuristische Selbstverständnis vieler Strafverteidiger.[23] Wie misslich sich diese Unklarheiten zur Frage der Rechtsqualität der Bestellung auswirken, zeigt bereits die ständige Spruchpraxis der Obergerichte,[24] nach der ein Pflichtverteidiger bereits *kraft Bestellung* seine Rechte **unabhängig von** den **Weisungen** des Beschuldigten auszuüben und diesen im Einzelfall auch gegen seinen Willen zu verteidigen habe. Der Verteidiger werde durch die Bestellung verpflichtet, bei der ordnungsgemäßen Durchführung des Strafverfahrens durch die stets „sachgerechte" Verteidigung des Beschuldigten mitzuwirken. Demgegenüber wird mit Recht ausgeführt, dass für das **Modell** einer **vertragsrechtlichen Begründung** auch der Pflichtverteidigung schon die **gebührenrechtlichen Gegebenheiten** sprechen. Der gesetzliche Anspruch des Pflichtverteidigers nach § 52 Abs. 1 Satz 1 Hs. 1 RVG gründet sich zwar auf die ge-

19 Vgl. *Jahn* JR **1999** 1 und LR/*Lüderssen/Jahn*[26] § 142, 1; HdBStR/*Jahn/Brodowski* § 17, 93, je unter Bezugnahme auf *Schnarr* NStZ **1986** 488, 490.

20 Etwa bei HK/*Julius/Schiemann* § 141, 1; SK/*Wohlers* § 141, 1 f.; AK/*Stern* 4.

21 Der Begriff war vorher im Sprachgebrauch der StPO nicht technisch etabliert, jedoch u. a. in der amtlichen Überschrift des § 49 BRAO, vgl. nur Weyland/*Nöker* § 49, 1.

22 Hartmann/*Toussaint* § 45, 10; vgl. auch *Leipold* Anwaltsvergütung in Strafsachen (2004) Rn. 259 ff.

23 Vgl. schon Vor § 137, 3 m. w. N.

24 BGH NJW **1983** 1047, 1048; OLG Frankfurt NStZ-RR **1997** 77; OLG Nürnberg StV **1995** 287, 288; OLG Köln StV **1992** 8, 9; KG JR **1987** 524, 525; KG JR **1978** 346, 347; LG Mainz StraFo **1996** 175; dazu demgegenüber Vor § 137, 49.

richtliche Bestellung, wird aber dem Grunde und der Höhe nach wie der privatrechtliche Gebührenanspruch des gewählten Verteidigers behandelt.[25]

2 Auch das BVerfG bezeichnet die Bestellung des Pflichtverteidigers in **st. Rspr.**[26] als „eine besondere Form der Indienstnahme Privater zu öffentlichen Zwecken", die als richterliche Verfügung „nach Inhalt und Form einem begünstigenden Verwaltungsakt" gleiche. Das bedeute, dass die (damals noch nicht in den §§ 49 f. VwVfG kodifizierte) Aufhebung der Bestellung nach den Grundsätzen über den Widerruf begünstigender Verwaltungsakte zu behandeln sei. Diese Konstruktion ist aber mit dem **Gesetz nicht vereinbar**. Weder die §§ 137 ff. noch die aus dem Verwaltungsverfahrensgesetz herangezogenen Rechtsgedanken vermögen sie zu tragen.[27]

3 Nach einer vermittelnden Ansicht[28] soll, damit die Autonomie des Beschuldigten gewahrt werde, zwischen einem öffentlich-rechtlichen Akt, der den Zahlungsanspruch des Pflichtverteidigers begründe, und der Notwendigkeit unterschieden werden, das **hoheitlich nicht oktroyierbare Vertrauensverhältnis** zwischen Verteidiger und Beschuldigtem auf andere Weise zu begründen. Dabei wird die tatsächliche Natur der geforderten Freiwilligkeit betont, die an das „sich nicht notwendig in der juristischen Form des Vertrages dokumentierende" Einverständnis beider Beteiligten gebunden sei. Das Vertragsprinzip reiche hier nicht hin. Eine **alternative Begründung** zur öffentlich-rechtlichen oder privatrechtlichen, die das tatsächlich fehlende Einverständnis überwinden könnte, wird damit aber auch **nicht geboten.**

4 Eine Klärung der Frage ist indes nur möglich, wenn man zwischen dem Verhältnis Pflichtverteidiger – Beschuldigter und dem Verhältnis des Pflichtverteidigers zum Staat scharf **unterscheidet**:

I. Das Verhältnis Verteidiger – Beschuldigter: Das Zivilrecht der Pflichtverteidigung

5 **1. Gewählter Pflichtverteidiger.** Der gewählte Pflichtverteidiger (auch: **Wahlpflichtverteidiger**) ist der vom Beschuldigten nach Abs. 5 Satz 3 **erbetene oder** bei anderweitiger Bestellung nach Abs. 6 Satz 1 **akzeptierte Pflichtverteidiger**. In diesen Fällen kommt die Pflichtverteidigung über die allgemeinen Regeln zu Angebot und Annahme von Willenserklärungen (§§ 145 ff., 164 ff. BGB) zustande. Der Akt der Bestellung vollzieht sich dogmatisch über das Recht der Stellvertretung, wobei das Gericht bzw. der Vorsitzende aufgrund von Abs. 3 – oder in Eilfällen die Staatsanwaltschaft nach Abs. 4 – gesetzliche Vertretungsmacht besitzt.[29] Darauf beschränkt sich für den Beschuldigten, was sein Verhältnis zum Verteidiger angeht, die hoheitliche Funktion des Bestellungsaktes. Dieses Pflichtverteidigungsverhältnis ist solange wirksam, wie nicht nach § 143a ein Verteidigerwechsel vorgenommen wird, weiterhin ein Fall notwendiger Verteidigung gegeben ist (§ 143 Abs. 2 Satz 1) und das Verfahren noch andauert (§ 143 Abs. 1).

25 *Johnigk* in: Brüssow u. a. (Hrsg.), § 1, 49; *Jahn* JR **1999** 1, 5; *ders.* (Konfliktverteidigung) 246 f.; HdBStrR/*Jahn*/*Brodowski* § 17, 93 a. E. **A. A.** – ohne inhaltliche Argumente – Hartmann/*Toussaint* § 52, 6; Mayer/*Kroiß* § 52, 2.

26 Seit BVerfGE **39** 238, 244 – *Croissant*; weitere Nachw. Vor § 137, 58.

27 HdBStrR/*Jahn*/*Brodowski* § 17, 94; ausf. Vor § 137, 59 ff. u. erg. sogleich Rn. 4 ff.

28 *Haffke* StV **1981** 471 f.; unbefriedigend auch OK-StPO/*Krawczyk* § 30; *Hahn* 29.

29 HdBStrR/*Jahn*/*Brodowski* § 17, 96 sowie Vor § 137, 64.

2. Aufgezwungener Pflichtverteidiger. Hier müssen noch einmal **zwei Fallgruppen** unterschieden werden: 6

a) Vertrag. Es kommt unter dem staatlichen Zwang zum Kontrahieren (§§ 48, 49 BRAO) schließlich doch noch zu einem Vertrag,[30] gleichviel, ob der Beschuldigte nur dem paternalistischen Druck der generalisierenden Regelung in § 140 folgt oder die Notwendigkeit der Verteidigung doch noch einsieht. Das ist, auch wenn bei einem Beschuldigten, der die Voraussetzungen des § 140 Abs. 1 oder 2 erfüllt, im Falle seiner Weigerung ein **Autonomiedefizit** vermutet wird, keineswegs ausgeschlossen. Die Unfähigkeit eines Beschuldigten, einzusehen, dass er einen Verteidiger braucht – diesen Fall regelt § 140 Abs. 2 Var. 3 sogar ausdrücklich –, bedeutet nicht automatisch, dass er auch unfähig ist, mit einem Verteidiger einen Vertrag zu schließen. Der Fall ist, wenn er sich so entwickelt, dann wie ein Fall des gewählten Pflichtverteidigers zu beurteilen.[31] 7

b) Geschäftsführung ohne Auftrag. Kommt es, wie dies etwa beim zusätzlichen **(Sicherungs-)Verteidiger** nach § 144 Abs. 1 durchaus der Fall sein kann, nicht zu einem Vertrag, so hat die Bestellung die Funktion, das Zustandekommen eines Auftragsverhältnisses zwischen Beschuldigtem und Verteidiger zu begründen und seine Aufrechterhaltung zu garantieren. Auch in diesem Fall nimmt der Verteidiger seine Aufgaben aber nicht als Beauftragter oder Sachwalter des Staates wahr. Vielmehr kann seine durch den Bestellungsakt inaugurierte Tätigkeit als **Geschäftsführung ohne Auftrag** im Sinne der Vorschriften des BGB begriffen werden.[32] Geschäftsherr ist der Beschuldigte. 8

Was seinen **entgegenstehenden Willen** angeht – der ausdrückliche oder durch Unterlassen eines Beiordnungsantrags nach § 141 Abs. 1 konkludent erklärte Verzicht eines Beschuldigten ist seit jeher unbeachtlich[33] –, so ist die in § 679 BGB gegebene Regelung der Voraussetzungen, unter denen er „nicht in Betracht" kommt, durch den zum **Quasi-Vertrag** führenden Bestellungsakt ersetzt; Entsprechendes gilt für den **Aufwendungsersatzanspruch** des Verteidigers als Geschäftsführer aus § 683 Satz 2 BGB.[34] Denn wenn der Wille des Beschuldigten nicht entgegensteht, kommt es zum Vertrag.[35] Im Übrigen aber bleibt es bei der Struktur der **Geschäftsführung ohne Auftrag**, vor allem dabei, dass der Geschäftsführer in dem Bewusstsein, in der Erkenntnis und mit dem Willen, im Interesse eines anderen zu handeln, tätig werden muss.[36] Diese wichtige Konsequenz aus einer auf die (hier quasi-)vertragliche Beziehung zum Beschuldigten gestützten Verteidigerkonzeption macht den Unterschied zu einer organschaftlich konzipierten Zwangspflichtverteidigung deutlich. 9

---

30 Vgl. *Schnarr* NStZ **1996** 214; HdBStrR/*Jahn*/*Brodowski* § 17, 99; erg. Vor § 137, 65.

31 Entsprechend Rn. 5; dazu HdBStrR/*Jahn*/*Brodowski* § 17, 99 und bereits Vor § 137, 64.

32 HdBStrR/*Jahn*/*Brodowski* § 17, 100; ausf. Vor § 137, 65.

33 *Molketin* AnwBl. **1982** 172 unter Hinweis auf OLG Köln Beschl. v. 3.10.1975 – Fs 277/75; AK/*Stern* 2. Nicht anders ist es nach der Legal Aid-Richtlinie, weshalb das im Gesetzgebungsverfahren noch unlängst von Seiten einiger Bundesländer zur Diskussion gestellte „Verzichtsmodell" keine europarechtskonforme Umsetzung dargestellt hätte und vom Reformgesetzgeber des Jahres 2019 zu Recht nicht weiterverfolgt wurde, vgl. *Jahn*/*Zink* StraFo **2019** 319, 327.

34 Vgl. HdBStrR/*Jahn*/*Brodowski* § 17, 101. Der Pflichtverteidiger kann nach § 52 Abs. 1 RVG seinen Gebührenanspruch gegen den Mandanten nur insoweit geltend machen, als die Staatskasse nicht schon bezahlt hat; seine Vergütung gehört zu den Auslagen der Staatskasse i. S. d. § 464a Abs. 1 Satz 1, vgl. nur LR/*Hilger*[26] § 464a, 2.

35 S. Rn. 5.

36 MüKo-BGB/*Schäfer* § 677, 1 ff.; HdBStrR/*Jahn*/*Brodowski* § 17, 101.

II. Das Verhältnis Verteidiger – Staat

10 **Besondere Pflichten**, die von denen eines Wahlverteidigers abweichen würden,[37] werden **nach** alledem durch die Bestellung **entgegen** der **h. M.**[38] **nicht** begründet. Der Gesetzgeber hat nicht den Weg beschritten, dass die Bestellung selbst das Verhältnis Beschuldigter – Verteidiger inhaltlich regelt. Die Bestellung ist vielmehr nur die Bedingung der Entstehung und der Dauer des Pflichtverteidigungsverhältnisses. Damit beschränkt sich die Funktion der Bestellung *de lege lata* auf die Lieferung des Rechtsgrunds einer **vorläufigen Kostenübernahme** durch den Staat, wenn und soweit es nicht zu einer Honorarvereinbarung nach § 4 RVG kommt, denn auch ein Pflichtverteidiger kann mit dem Beschuldigten ein von den gesetzlichen Gebühren abweichendes Honorar wirksam vereinbaren, sofern dieser freiwillig dazu bereit ist.[39] Keine Rolle spielt für die Frage der Beiordnung auch, ob der Beschuldigte genügend Mittel für die Bezahlung eines Wahlverteidigers hat.[40]

B. Das Verfahren der Verteidigerbestellung

11 Das Verfahren der Verteidigerbestellung ist für den Fall, dass der **Beschuldigte** selbst einen Antrag stellt, in **Abs. 1** geregelt. Stellt die **Staatsanwaltschaft** den Antrag, gilt hingegen **Abs. 2.**

I. Verfahren bei einem Antrag des Beschuldigten (Abs. 1)

12 In Abs. 1 ist – je nach Verfahrensabschnitt differenzierend zwischen der Zeit *vor* Anklageerehebung (Abs. 1 Satz 1) und *nach* der Anklageerhebung (Abs. 1 Satz 3) – ein Verfahren beschrieben, **wie** und **durch wen** der Antrag eines Beschuldigten auf Bestellung eines Verteidigers zu behandeln ist:

1. Antragstellung im Ermittlungsverfahren (Abs. 1 Satz 1)

13 **a) Zuständigkeiten.** Für das Ermittlungsverfahren statuiert Abs. 1 Satz 1, dass der Antrag bei den Behörden und Beamten des Polizeidienstes (Abs. 1 Satz 1 Var. 1) oder bei der Staatsanwaltschaft (Abs. 1 Satz 1 Var. 2) anzubringen ist. Zu den Behörden und Beamten des Polizeidienstes gehören die **(Kriminal-)Polizeien** aller Bundesländer, das Bundeskriminalamt, die Bundespolizei, sowie – über Verweisungsnormen – die **Finanzbehörden** (§ 402 AO), die Zollfahndungsbehörden und die mit der Steuerfahndung betrauten Dienststellen der Landesfinanzbehörden (§ 404 AO) sowie ihre Beamten ebenso wie die zur Bekämpfung der Schwarzarbeit zuständigen **Zollbehörden** (§ 14 des Schwarzarbeitsbekämpfungsgesetzes). Hierzu zählen auch die Finanzbehörden als funktionale Staatsanwaltschaft in dem selbstständig geführten Steuerstrafverfahren (§§ 386 Abs. 2, 399 Abs. 1 AO).[41]

---

37 HdBStrR/*Jahn/Brodowski* § 17, 102; dazu umfassend Vor § 137, 123 ff.

38 Nachw. oben in Rn. 1 u. 2.

39 Statt Vieler BGH NJW **1980** 1394 (Ls.); *Oppe* NJW **1967** 2042 f.; Mayer/*Kroiß* § 52, 2.

40 EGMR EuGRZ **1992** 542; Meyer-Goßner/*Schmitt* § 141, 1; *Pfeiffer* § 141, 1; HdBStrR/*Jahn/Brodowski* § 17, 103 a. E.

41 BTDrucks. **19** 13829 S. 41; *Müller-Jacobsen* NJW **2020** 575, 577; OK-StPO/*Krawczyk* 1a.

b) Weitere Sachbehandlung nach Eingang. Wenn der Antrag bei der **Polizei** gestellt wird, leitet ihn diese, obgleich das Gesetz dies nicht *ausdrücklich* gebietet, an die Staatsanwaltschaft als „Herrin des Ermittlungsverfahrens“ (vgl. Nr. 1 RiStBV)[42] weiter;[43] in Eilsituationen kann dies notfalls auch (fern-)**mündlich** erfolgen. Die **Staatsanwaltschaft** ihrerseits hat die Pflicht, den Antrag ohne schuldhaftes Zögern an das für die Entscheidung zuständige Gericht (vgl. § 142 Abs. 3) weiterzuleiten. Sie hat zusätzlich eine begründete **Stellungnahme** beizufügen (Abs. 1 Satz 2), ob die Voraussetzungen notwendiger Verteidigung aus ihrer Sicht erfüllt sind und sich ggf. zu der nach § 141 Abs. 1 Satz 1 und Abs. 2 relevanten Frage zu verhalten, ob der Beschuldigte nach ihrer Kenntnis aus den bisherigen Ermittlungen bereits einen Verteidiger hat.[44] Eine Ausnahme von der Vorlagepflicht gilt nur in **besonderen Eilsituationen**, in denen die Staatsanwaltschaft ggf. selbst über den Antrag zu entscheiden hat (§ 142 Abs. 4 Satz 1). 14

2. Antragstellung nach Erhebung der Anklage (Abs. 1 Satz 3). Nach Erhebung der **Anklage** hat der Angeschuldigte (§ 157) den Antrag gemäß § 142 Abs. 1 Satz 3 bei dem Vorsitzenden des Gerichts zu stellen, das entsprechend der Vorgabe des § 141 Abs. 3 Nr. 3 wegen Anhängigkeit zuständig ist. 15

II. Verfahren bei einer Antragstellung durch die Staatsanwaltschaft (Abs. 2)

1. Sinn und Zweck der Regelung. Die Verfahrensregelung in Abs. 2 ist dem Umstand geschuldet, dass die Gerichte, die nach Abs. 3 für die Bestellung eines Pflichtverteidigers eigentlich primär (vgl. Abs. 4: „auch“) zuständig sind – abgesehen von den Konstellationen einer Vorführung vor den Haftrichter, einer richterlichen Vernehmung oder dann, wenn ausnahmsweise richterliche Maßnahmen beantragt werden – im Ermittlungsverfahren in der Regel keine Kenntnis von dem bestellungsbegründenden Strafverfahren haben. Die Vorschrift dient damit dem Ziel, die **Wirksamkeit der Pflichtverteidigerbestellung** im Ermittlungsverfahren sicherzustellen. Sie beinhaltet deshalb auf der Rechtsfolgenseite eine Pflicht zur Stellung eines Antrags auf Pflichtverteidigerbestellung durch die Staatsanwaltschaft („stellt ... den Antrag“). Ein **Ermessen** besteht also **nicht**, wenn und soweit es sich um einen ausdrücklich geregelten Fall der notwendigen Verteidigung handelt.[45] 16

2. Voraussetzungen. Die Pflicht zur Antragstellung durch die Staatsanwaltschaft ist in Fällen vorgesehen, in denen dem Beschuldigten ein Pflichtverteidiger zu bestellen ist, der Beschuldigte aber selbst keinen Antrag nach § 141 Abs. 1 Satz 1 gestellt hat. Die inhaltlichen **Gründe** für dieses Unterlassen des Beschuldigten spielen **keine Rolle**. Wie Abs. 2 zeigt, verliert oder verwirkt der Beschuldigte seine Rechte nicht, wenn er den Antrag aus Unkenntnis, fehlerhaftem Verständnis des Verfahrens bzw. der Belehrung, zur Meidung der Kostenfolge des § 465 oder anderen Gründen nicht stellt. Die Bestellung von Amts wegen, die von der Staatsanwaltschaft initiiert wird, soll das Antragsrecht des Beschuldigten gerade im Sinne eines **Auffangnetzes** flankieren.[46] Es gelten für die 17

42 S. HbStrVf/*Jahn* Kap. I, 37 ff.

43 BTDrucks. **19** 13829 S. 41; *Müller-Jacobsen* NJW **2020** 575, 577; OK-StPO/*Krawczyk* 1a; HbStrVf/*Jahn* Kap. I, 116.

44 Vgl. BTDrucks. **19** 13829 S. 41.

45 Zu Fällen fakultativer Bestellung siehe unten Rn. 18 u. 19.

46 Vgl. § 141, 6, 10, 23 u. 34.

Entscheidung der Staatsanwaltschaft über das **„Ob" des Antrags** inhaltlich die Kriterien, die in **§ 141 Abs. 2 Nr. 1 bis 3** für die Verteidigerbestellung aufgeführt sind.[47] Zu beachten ist insbesondere die Verpflichtung zu einer richtlinienkonformen Auslegung des § 141 Abs. 2 Nr. 3, um dem Regressionsverbot Rechnung zu tragen.[48] Liegen diese Voraussetzungen vor, setzt sich die richtlinienkonforme Auslegung in der Antragsverpflichtung der Staatsanwaltschaft nach § 142 Abs. 2 fort. Ein einmal gestellter Antrag der Staatsanwaltschaft auf Beiordnung eines Pflichtverteidigers kann als Verfahrenshandlung in der Folge **nicht mehr zurückgenommen** werden.[49]

18 Wenn nach den zu § 141 Abs. 2 Nr. 1 bis 3 entwickelten Auslegungsgrundsätzen dennoch keine obligatorische Bestellung vorgesehen ist,[50] stellt sich die Frage nach den Möglichkeiten und ggf. Maßstäben für eine **fakultative Bestellung**. Sie wird jedenfalls durch Abs. 2 nicht ausgeschlossen, der nur die *Verpflichtung* positiv normiert, aber weder eine *Berechtigung* im Umkehrschluss ausschließt noch ein Ermessen nimmt; dieses **Ermessen** wächst nach Abs. 4 Satz 1 wie selbstverständlich der Staatsanwaltschaft zu. **Willkürlich** darf eine solche Beantragung freilich **nicht** erfolgen, sondern es bedarf eines im Bedürfnis nach Pflichtverteidigung wurzelnden, einleuchtenden Grundes. Die Beurteilung richtet sich für den zuständigen Dezernenten der Staatsanwaltschaft mithin danach, ob ein Fall der vom Beschuldigten möglicherweise sogar angeregten, aber – aus welchen Gründen auch immer – nicht bis zu einem Antrag nach Abs. 1 gediehenen **Wahlpflichtverteidigung** vorliegt (dann **extensive Handhabung** des Ermessens) oder ein Fall des aufgezwungenen Pflichtverteidigers (dann restriktive Handhabung) vorliegt.[51] Mit Blick auf die prinzipielle Anerkennung des Antragsrechts nach Abs. 1 wird allerdings im Zweifel keine Ermessensreduzierung auf Null anzunehmen sein. Die Staatsanwaltschaft hat den Antrag unverzüglich, das heißt auch hier **ohne schuldhaftes Zögern,**[52] bei dem jeweils im Einzelfall zuständigen Gericht des Abs. 3 zu stellen. Ein Verschulden kann beispielsweise ausgeschlossen sein, wenn durch weitere, auch zeitlich leicht überschaubare Ermittlungen bis hin zu einem Anruf bei einem Rechtsanwalt (z. B. bei Unklarheiten zur Wirksamkeit der Bevollmächtigung) festgestellt werden kann, ob der Beschuldigte bereits einen Wahlverteidiger hat. Eine Ausnahme gilt zudem dann, wenn ein Eilfall nach Abs. 4 vorliegt. In diesen Fällen kann die Staatsanwaltschaft auch selbst – mit den weiteren dortigen Maßgaben nach Abs. 4 Satz 2 (Entscheidung des Gerichts) – einen Pflichtverteidiger bestellen. Mit dem Beginn der **Vernehmung,** Identifizierungs- bzw. Vernehmungsgegenüberstellung oder Tatrekonstruktionen muss sodann **zugewartet** werden, bis eine Entscheidung über die Pflichtverteidigerbestellung getroffen worden ist. Ein darüber hinausgehender **Anspruch auf Verschiebung** der Ermittlungsmaßnahme besteht aber **nicht.**[53]

III. Verfahren des Gerichts bei einer Entscheidung ohne Antragstellung

19 Obgleich ein Antrag von Seiten der Staatsanwaltschaft (Abs. 2) oder des Beschuldigten (Abs. 1) der Regelfall ist, schließt der offene Wortlaut des Abs. 3 („Über die Be-

47 Vgl. § 141, 18 ff.
48 Vgl. § 141 Rn. 30 ff., 33 ff.
49 LG Verden StV **2018** 153 (Ls.).
50 S. dazu soeben Rn. 17.
51 Grundsätzlich dazu bereits Vor § 137, 57; § 140, 6 ff.
52 S. § 141, 14 ff.
53 Vgl. BTDrucks. **19** 13829 S. 42 f.; *Spitzer* StV **2020** 418, 422.

stellung entscheidet ...") ein **Tätigwerden** des Gerichts auch **ohne Antrag** nicht aus.[54] Das ist für Fälle, in denen bereits Anklage erhoben wurde (Abs. 3 Nr. 2 i.V.m. § 141 Abs. 2 Satz 1 Nr. 4), mangels fortbestehender Verfahrensherrschaft der Staatsanwaltschaft im Zwischenverfahren sogar naheliegend. Typischerweise dürfte sich, wenn der Richter im Ermittlungsverfahren (Abs. 3 Nrn. 1 und 2) erkennt, dass die Voraussetzungen des § 140 vorliegen, aber ein Antrag dennoch zunächst ausbleibt, eine Fühlungnahme mit der Staatsanwaltschaft mit der Option der dortigen (Neu-)Bewertung der richterlichen Bedenken – etwa mit Blick auf die Auslegung der Generalklausel in § 140 Abs. 2 – und ggf. anschließender Antragstellung nach Abs. 2 empfehlen. Auch erscheint es nicht ausgeschlossen, dass der Richter mit dem bisherigen Wahlverteidiger Kontakt aufnimmt, um ihn auf die Möglichkeit einer Antragstellung nach Abs. 1 für seinen Mandanten aufmerksam zu machen. Dies ist zwar bloßes *nobile officium*, andererseits aber auch kein „bestellter Beiordnungsantrag", sondern eine Initiative zum Vollzug geltenden Rechts auf der Grundlage europäischer Rechtsakte. Es kann aber Konstellationen geben, in denen die **Staatsanwaltschaft** – aus welchen Gründen auch immer – dennoch auf ihrer inhaltlichen Position beharrt und deshalb **keinen Antrag** stellt. Die Antragspflicht der Staatsanwaltschaft nach Abs. 2 will indes nur sicherstellen, dass ein ansonsten im Ermittlungsverfahren grundsätzlich nicht eingebundener Richter mit der Sache befasst wird. Sie hat nicht den Zweck, eine zusätzliche Hürde für eine gerichtlicherseits nach dem geltenden Recht für notwendig erachtete Verteidigerbestellung aufzustellen. Dass der Ermittlungsrichter nur höchst ausnahmsweise ein Selbsteintrittsrecht hat, steht dem nicht entgegen. Richtig ist zwar, dass antragsunabhängige Ermittlungen des Richters, also beispielsweise das Ausfindigmachen und die anschließende Vernehmung eines Zeugen, *e contrario* § 165 grundsätzlich nicht in Betracht kommen.[55] Nur bei Gefahr im Verzug und Nichterreichbarkeit eines Staatsanwalts darf der Richter in seiner Rolle als **Notstaatsanwalt** über den von der Staatsanwaltschaft gestellten Antrag hinausgehen und etwa erforderliche Untersuchungshandlungen selbst vornehmen.[56] Da es vorliegend aber nicht um die Vornahme einer Ermittlungshandlung wie einer Vernehmung oder Gegenüberstellung (vgl. § 141 Abs. 1 Satz 2), sondern um die rechtsstaatlich gebotene Sicherung ausreichender Verteidigung des Beschuldigten geht, handelt es sich vielmehr – erneut – um die Aktivierung des Leitgedankens eines **Auffangnetzes** (*safety net*),[57] um notwendige Verteidigung rechtzeitig ins Werk zu setzen.

C. Die Zuständigkeit für die Bestellung

Die grundsätzliche Zuständigkeit der **Gerichte** für die Pflichtverteidigerbestellung ist in **Abs. 3** geregelt und wird abhängig gemacht vom Verfahrensstadium bzw. der Verfahrenssituation. Eine ausnahmsweise Zuständigkeit der Staatsanwaltschaft in Eilsituationen ist in Abs. 4 geregelt. **20**

54 **A. A.** OK-StPO/*Krawczyk* § 140, 2.

55 LG Stuttgart NStZ **1983** 520 f. m. zust. Anm. *Rieß*; HbStrVf/*Jahn* Kap. II, 205.

56 Die bei *Brüning* Der Richtervorbehalt im strafrechtlichen Ermittlungsverfahren (2005) 110 f. gegen die Verfassungsmäßigkeit des § 165 geltend gemachten Bedenken vermögen nicht zu überzeugen; in der Praxis dürften die Voraussetzungen der Vorschrift spätestens seit BVerfGE **103** 142 zur Auslegung des Begriffs „Gefahr im Verzug" und der annähernd flächendeckenden Einrichtung von Bereitschaftsstaatsanwaltschaften heute ohnehin kaum noch gegeben sein.

57 Vgl. § 141, 6, 10, 23 u. 34 und oben Rn. 17.

I. Regelfall: Bestellung durch ein Gericht (Abs. 3)

21 In der **Regel** wird der Pflichtverteidiger nach Maßgabe des Abs. 3 durch ein Gericht bzw. einen Vorsitzenden Richter bestellt.

22 **1. Zuständigkeit im Ermittlungsverfahren.** In den Nr. 1 bis 3 ist die Zuständigkeit nach dem zeitlichen Ablauf des Strafverfahrens zuerst im Ermittlungsverfahren und danach für die Situation der Bestellung erst nach Anklageerhebung geregelt. Damit soll die **Vorverlagerung** der Pflichtverteidigerbestellung **in** das **Ermittlungsverfahren** betont und in der Systematik zudem chronologisch abgebildet werden.[58]

23 **a) Zuständigkeit des Amtsgerichts nach Abs. 3 Nr. 1.** Nach Abs. 3 Nr. 1 ist im Ermittlungsverfahren grundsätzlich der **Ermittlungsrichter** des Amtsgerichts zuständig, in dessen Bezirk die Staatsanwaltschaft oder ihre im Einzelfall für die Ermittlungen oder die Verfahrenshandlung zuständige Zweigstelle ihren **Sitz** hat. Für gerichtliche **Vernehmungen** und **Augenscheinseinnahmen** ist ausnahmsweise auch das Amtsgericht zuständig, in dessen Bezirk die Untersuchungshandlung vorzunehmen ist, wenn die Staatsanwaltschaft dies zur Beschleunigung des Verfahrens oder zur Vermeidung von Belastungen Betroffener dort beantragt (§ 162 Abs. 1 Satz 3), so dass dieses Gericht des Sachzusammenhangs, der Vorbefassung und der Beschleunigung in diesen Fällen auch für die Pflichtverteidigerbestellung zuständig ist.

24 **b) Zuständigkeit des Haftrichters nach Abs. 3 Nr. 2.** Die besondere Zuständigkeitsregelung für die Fälle der **Vorführung vor** den **Haftrichter** nach § 140 Abs. 1 Nr. 4 findet sich in Abs. 3 Nr. 2. Hier ist das Gericht zuständig, dem der Beschuldigte vorzuführen ist, d. h. im Falle der Vollstreckung von Untersuchungshaft der **Haftrichter.** Dieses Gericht ist, so die zutreffende Begründung schon zur Vorgängerregelung in § 141 Abs. 4 Hs. 2,[59] am besten mit der Sache vertraut, und zwar insbesondere auch dann, wenn der Haftbefehl durch das „nächste“ Amtsgericht (§ 115a) verkündet worden ist.

25 Daneben bleibt für die anderen Fälle der Pflichtverteidigerbestellung (also z. B. Kammersachen, Verbrechen, Generalklausel des § 140 Abs. 2) weiterhin das erkennende Gericht zuständig. In **Staatsschutzsachen** nach § 169 i. V. m. §§ 120, 120b GVG kann (auch) eine Zuständigkeit des Ermittlungsrichters des BGH oder des OLG-Ermittlungsrichters bestehen, wenn die Voraussetzungen sowohl der Nr. 1 als auch der Nr. 2 erfüllt sind.[60] Mit Blick auf diese **Sonderzuständigkeit** ist allerdings schon der Dezernent der Staatsanwaltschaft bei dem Landgericht behördenintern gehalten, möglichst früh den GBA zu informieren und Anträge im Zweifel beim Ermittlungsrichter des BGH zu stellen (Nr. 202 Abs. 3 RiStBV). Dazu ist angesichts der besonderen Sachkunde der Ermittlungsabteilungen des GBA und der BGH-Ermittlungsrichter auf dem Gebiet des Staatsschutzes auch dringend zu raten.[61]

26 **2. Zuständigkeit des Vorsitzenden nach Erhebung der Anklage (Abs. 3 Nr. 3).** Nach Anklageerhebung ist der **Vorsitzende** des Gerichts für die Bestellung zuständig,

58 So die begrüßenswerte Weichenstellung in BTDrucks. **19** 13829 S. 41; zu den Gründen vgl. näher § 137, 16 m. w. N.

59 BTDrucks. **16** 11644 S. 33.

60 BTDrucks. **19** 13829 S. 42.

61 Zum Ganzen HbStrVf/*Jahn* Kap. II, 209.

bei dem das Verfahren **anhängig** (§ 199 Abs. 2 Satz 2) ist. Anders als im Revisionsverfahren geht die Zuständigkeit für die Entscheidung über die Bestellung eines Pflichtverteidigers mit Anhängigkeit der Sache in der Berufungsinstanz auch für unerledigt gebliebene Anträge auf den Vorsitzenden der **Berufungskammer** über.[62] Für das **Revisionsverfahren** gilt § 350 Abs. 1 Satz 2 mit der Maßgabe des § 143 Abs. 1,[63] dass die Pflichtverteidigerbestellung fortwirkt, und zwar auch dann, wenn das Revisionsgericht die Voraussetzungen notwendiger Verteidigung selbst nicht für gegeben hält.[64] Die Auswechslung des Pflichtverteidigers im Revisionsverfahren hat in § 143a Abs. 3 eine spezielle Regelung erfahren.[65]

3. Kumulationsfälle. Die **Zuständigkeitstrias** ohne trennscharfe Abgrenzung[66] **27**
führt zu der allgemeinen Frage, wie zu verfahren ist, wenn in derselben Sache mehrere Zuständigkeiten vorliegen. So kann es sein, dass nicht nur § 140 Abs. 1 Nr. 4 i. V. m. § 142 Abs. 3 Nr. 2 einschlägig ist, sondern auch einer der anderen Katalogfälle des Abs. 3. Richtigerweise war schon die zum 1.1.2010 durch das UHaftÄndG geschaffene Rechtslage nicht so auszudeuten, dass die Pflichtverteidigerbestellung bei nur kumulativer Einschlägigkeit des § 140 Abs. 1 Nr. 4 allein durch den **Ermittlungsrichter** erfolgen könnte. Das entsprach weder der Systematik des § 141 Abs. 4 a. F., dem zum Zweck der frühen Verteidigerbestellung nur ein weiterer Halbsatz beigegeben wurde, noch dem Sinn und Zweck des Gesetzes insgesamt. Durch die Notwendigkeit der Bestellung des Pflichtverteidigers wegen eines der Fälle außerhalb des § 140 Abs. 1 Nr. 4 kann sich der **Vorsitzende** des für die Hauptsache zuständigen Gerichts (Abs. 3 Nr. 3) vielmehr – wie bisher – in den in Kürze bei ihm zur Verhandlung anstehenden Sachverhalt einarbeiten und unter dem Gesichtspunkt des Beschleunigungsgebots vor allem schon seine Terminsbelastung abschätzen. Hier bleibt es also auch im neuen Recht bei der Grundregel des Abs. 4 Hs. 1. a. F., mit der Folge einer Zuständigkeit nach Abs. 3 Nr. 3.[67] Gleiches gilt im Ergebnis, wenn in anderer Sache in einem **anderen Verfahren** eine freiheitsentziehende Maßnahme vollstreckt wird. Die Zuständigkeitszuweisung in Abs. 3 Nr. 2 ist in diesen Fällen also **teleologisch** zu **reduzieren**, soweit die Notwendigkeit der Verteidigung in dem nicht die Haftsache betreffenden Verfahren außerhalb des § 140 Abs. 1 Nr. 4 in Frage steht.[68]

4. Die Entscheidung. Das Gesetz schreibt seit jeher grundsätzlich eine **ausdrückliche Beiordnung** vor.[69] Abs. 7 Satz 1 bestätigt das nunmehr mit Wirkung zum **28**
13.12.2019, indem dort von einer „gerichtlichen *Entscheidung*" die Rede ist, mit der die Bestellung – oder deren Ablehnung – vollzogen wird. Sie ergeht typischerweise in der äußeren Form einer **Verfügung**;[70] die irrtümliche Bezeichnung als „Beschluss" ist in-

62 OLG Koblenz Beschl. v. 1.12.2014 – 2 Ws 616/14, BeckRS **2015** 3365 Tz. 9; OK-StPO/*Krawcyk* 13.
63 Unten § 143, 3.
64 OK-StPO/*Wiedner* § 350, 22.
65 Unten § 143a, 41.
66 Soeben Rn. 25.
67 *Jahn* FS Rissing-van Saan (2011) 275, 283 f. **A. A.** Meyer-Goßner/*Schmitt* 6a.
68 Wie hier *Tachau* StV **2010** 563; erg. *Jahn* FS Rissing-van Saan (2011) 275, 283 Fn. 35. **A. A.** wohl OLG Frankfurt StV **2011** 218 f. m. Anm. *Deutscher* jurisPR-extra **2011** 34; LG Nürnberg-Fürth Beschl. v. 29.5.2011 – 5 Qs 53/2012 (n.v.).
69 BGH Beschl. v. 18.1.1978 – 2 StR 617/76; AK/*Stern* 17; LR/*Lüderssen/Jahn*[26] 27. **A. A.** OLG Oldenburg NdsRpfl. **1968** 118.
70 Vgl. auch AK/*Stern* 17.

des unschädlich.[71] Die Entscheidung „*über* die Bestellung" (Abs. 7 Satz 1) bedeutet selbstverständlich, dass sie auch ablehnend sein kann.[72] In diesem Fall ist sie zu begründen (§ 34) und dem Beschuldigten – auch ohne entsprechendes Verlangen – **schriftlich** mitzuteilen (Art. 6 Abs. 2 PKH-Richtlinie, § 35). Die Entscheidung kann allerdings wirksam **auch schlüssig** ergehen, etwa durch Zustellung der Anklageschrift an den bezeichneten Rechtsanwalt,[73] Gewährung von Akteneinsicht[74] oder die Aufforderung, für den Angeklagten als Verteidiger tätig zu werden.[75] Auch eine **stillschweigende** Entscheidung ist jedenfalls beim Hinzutreten weiterer Umstände, die auf einen Beiordnungswillen schließen lassen, denkbar,[76] etwa durch Beiziehung beim Rechtsgespräch und Worterteilung.[77] Jedoch genügt nach bloßer Nichtbescheidung des Antrags des bisherigen Wahlverteidigers seine **bloße Inanspruchnahme** in der Hauptverhandlung[78] genauso wenig wie das bloße Dulden der Anwesenheit des nicht bzw. nicht für diesen Verfahrensabschnitt beigeordneten Verteidigers.[79] Anders kann es nur dann liegen, wenn ein Verteidiger, der *nicht* Wahlverteidiger ist, in der gesetzlich gebotenen Weise in Anspruch genommen wird.[80]

II. Ausnahmezuständigkeit der Staatsanwaltschaft in Eilfällen (Abs. 4)

29 **1. Voraussetzungen (Abs. 4 Satz 1).** Obgleich Abs. 4 innerhalb des § 142 aus innersystematischen Gründen für alle Verfahrenskonstellationen Geltung beanspruchen könnte, gilt er **nur für** das **Ermittlungsverfahren.** Dies ergibt sich aus dem ausdrücklichen Bezug von Abs. 1 Satz 2 bzw. Abs. 2 auf Abs. 4 („sofern sie nicht nach Absatz 4 verfährt"), während in Abs. 1 Satz 3 ein solcher Bezug für den Zeitpunkt „nach Erhebung der Anklage" fehlt.[81] Die Staatsanwaltschaft hat bei einem Vorgehen nach Abs. 4 stets auch die Vorschriften der Abs. 5 und 6 zu beachten.[82] Diese gelten für alle Verfahrenskonstellationen. Damit aber überhaupt die ausnahmsweise Zuständigkeit der Staatsan-

---

71 So auch AK/*Stern* 17.

72 Statt vieler AnwK/*Krekeler*/*Löffelmann*/*Sommer* § 141, 6; das war früher streitig, s. zuletzt LR/*Dünnebier*[23] 25.

73 LG Saarbrücken AnwBl. **1979** 280.

74 LG Heilbronn AnwBl. **1979** 280; AK/*Stern* 18.

75 OLG Hamburg NJW **1998** 621; LG Saarbrücken AnwBl. **1979** 280.

76 Vgl. BGH Beschl. v. 3.9.1970 – 3 StR 17/68; OLG Saarbrücken NJW **2007** 309; OLG Düsseldorf JMBlNW **1998** 22; OLG Koblenz AnwBl. **1998** 218; OLG Nürnberg JurBüro **1987** 246; KK/*Willnow* § 141, 4; Meyer-Goßner/*Schmitt* § 141, 7; restriktiver wohl AK/*Stern* 18 f.: nur in Ausnahmefällen.

77 S. BGH NStZ **1997** 299; OLG Düsseldorf StV **1984** 66 m. Anm. *Mümmler*; OLG Hamburg MDR **1974** 1039; OLG Hamm Rpfleger **1960** 224; OLG Koblenz OLGSt § 97 BRAGO Nr. 31; OLG Oldenburg NdsRpfl. **1968** 118; *Pfeiffer* § 141, 2; AK/*Stern* 19.

78 S. OLG Hamburg NJW **1965** 2217; Meyer-Goßner/*Schmitt* § 141, 7; siehe auch OLG Saarbrücken NJW **2007** 309; OLG Oldenburg StV **2004** 587; LG Koblenz NJW **2004** 962; LG Landau/Pf. PVR **2001** 290 (Erstreckung der Bestellung auf einbezogenes Verfahren).

79 OLG Jena NJW **2007** 1476, 1477; **a. A.** wohl OLG Saarbrücken Beschl. v. 17.9.2014 – 1 Ws 126/14, BeckRS **2014** 18593 Tz. 21 (zu § 408b); OK-StPO/*Krawczyk* 28; zweifelnd auch AK/*Stern* 19.

80 Vgl. BGH NStZ-RR **2009** 348; KG AGS **2005** 346, 347; OLG Hamm AGS **2002** 91; Rpfleger **1998** 440; OLG Koblenz StraFo **1997** 256; OLG Düsseldorf NStZ **1984** 43; Meyer-Goßner/*Schmitt* § 141, 7; KMR/*Haizmann* 9.

81 Abweichende Begründung – bei gleichem Ergebnis – bei *Spitzer* StV **2020** 418, 422.

82 So auch *Spitzer* StV **2020** 418, 422.

waltschaft begründet wird, muss nach Abs. 4 Satz 1 eine **„*besondere*" Eilsituation** vorliegen. In der Gesetzesbegründung[83] werden als Beispiele Situationen benannt, in denen eine Vernehmung oder Gegenüberstellung keinen Aufschub duldet, der zuständige Richter aber nicht erreichbar ist. Angesichts der – mit Recht – strengen Rechtsprechung zum Selbsteintrittsrecht der Polizei (und Staatsanwaltschaft) trotz der Regelzuständigkeit des Richters bei Gefahr im Verzug[84] und der Existenz **richterlicher Eildienste** (vgl. § 22c GVG) wird dies, zumal im großstädtischen Bereich, auf **seltene Ausnahmefälle** zu beschränken sein.[85] Solange ein richterlicher Vertreter zur Verfügung steht, ist zunächst dieser zu kontaktieren.[86]

2. Form- und Begründungserfordernisse. Soweit eine Zuständigkeit danach gegeben ist, erstreckt sie sich sowohl auf eine Bestellung eines Pflichtverteidigers von Amts wegen gemäß Abs. 2 – dies erhellt sich dort bereits aus dem Wortlaut („sofern sie nicht nach Absatz 4 verfährt") – als auch auf die Bescheidung eines Antrags des Beschuldigten nach Abs. 1. Eine ablehnende Entscheidung hat **schriftlich** zu ergehen und muss analog § 34 Var. 2 **begründet** werden. Dies ergibt sich auch aus Art. 4 Satz 3 PKH-Richtlinie, weil es ansonsten an einem Substrat für die gerichtliche Entscheidung fehlen würde, sowie europarechtlich aus den Notwendigkeiten der Umsetzung von Art. 6 Abs. 2 der PKH-Richtlinie. Insoweit soll es genügen, wenn erst nachträglich im Bestätigungsverfahren die ablehnende Entscheidung verschriftlicht und begründet wird.[87] Dies erscheint in dieser Allgemeinheit zweifelhaft und nur in echten Eilfällen hinnehmbar. Jedenfalls nach **Ablauf einer Woche** wird ein Begründungs- und Schriftlichkeitsmangel substantiell, weil jetzt auch die gerichtliche Bestätigung (schriftlich) beantragt werden kann. 30

3. Gerichtliche Bestätigung (Abs. 4 Satz 2). Die Entscheidung der Staatsanwaltschaft bedarf aufgrund ihres Ausnahmecharakters der gerichtlichen Bestätigung (Abs. 4 Satz 2). Die Staatsanwaltschaft trifft also eine Pflicht, ohne schuldhaftes Zögern („unverzüglich"), aber „*spätestens* innerhalb einer Woche" – die Frist darf also **nicht voll ausgenutzt** werden, wenn schon vorher eine Einholung der Bestätigung möglich ist – nach ihrer Entscheidung eine gerichtliche Bestätigung einzuholen. Versäumt es die Staatsanwaltschaft, die richterliche Bestätigung rechtzeitig einzuholen, bleibt nach dem Vertrauensschutzgedanken eine erfolgte Bestellung dennoch bestehen.[88] 31

4. Antrag auf gerichtliche Entscheidung (Abs. 4 Satz 3). Wiederum als doppelten Boden,[89] um die gerichtliche Überprüfung der Entscheidung in jedem Fall zu ermöglichen, enthält Satz 3 neben der Verpflichtung der Staatsanwaltschaft zur Einholung einer gerichtlichen Bestätigung nach Satz 2 auch ein eigenes Antragsrecht des Beschuldigten. 32

83 BTDrucks. **19** 13829 S. 42.
84 BVerfG NJW **2019** 1428, 1429 Tz. 54 ff. m. Am. *Jahn* JuS **2019** 822, 823.
85 So auch OK-StPO/*Krawczyk* 11.
86 Ebenso *Spitzer* StV **2020** 418, 422.
87 BTDrucks. **19** 13829 S. 42; OK-StPO/*Krawczyk* 11 a. E.
88 So auch mit Recht die amtl. Begr., BTDrucks. **19** 13829 S. 42; *Müller-Jacobsen* NJW **2020** 575, 577.
89 Vgl. *Jahn/Zink* FS Graf-Schlicker (2018) 475, 485 unter Aufnahme des Begriffes „safety net" von *Cras* Eucrim 1/**2017** 34, 40.

D. Die Auswahl des Pflichtverteidigers durch den Beschuldigten (Abs. 5)

I. Grundsätzliches

33 In Abs. 5 ist das **Bezeichnungsrecht** des Beschuldigten normiert (Abs. 5 Satz 1) sowie – in Abgrenzung zu Abs. 6 – das Verfahren für den Fall geregelt, dass er von seinem Wahlrecht Gebrauch macht (Abs. 5 Satz 3).

34 Abs. 5 Satz 1 („Vor der Bestellung eines Pflichtverteidigers ist dem Beschuldigten Gelegenheit zu geben, innerhalb einer zu bestimmenden Frist einen Verteidiger zu bezeichnen") war – bei im Übrigen inhaltlich gleicher Formulierung – bis zu Änderungen durch das Gesetz zur Reform des Rechts der notwendigen Verteidigung[90] **bis** zum **13.12.2019** als **bloße Soll-Vorschrift** ausgestaltet. Damit wird, in Fortführung der gesetzgeberischen Zielsetzung der Schaffung eines kalkulierten Gegengewichts zu den immer weiter ausgebauten Opferrechten, insbesondere mit dem 2. ORRG und dem StORMG,[91] eine **begrüßenswerte** inhaltliche **Richtung** beibehalten.[92]

II. Die als Pflichtverteidiger nach Abs. 5 bestellbaren Personen

35 **1. Weiter Wortlaut „Verteidiger".** Das Gesetz spricht nur von **„einem" Verteidiger**, der bezeichen- und bestellbar ist. Während nach der bis zum 1.10.2009 geltenden Fassung des § 142 Abs. 1 Satz 2 a. F. dem Beschuldigten die Gelegenheit gegeben werden sollte, einen „Rechtsanwalt" zu bezeichnen, ist seither – und nunmehr in Abs. 5 Satz 1 – vom Recht zur Bezeichnung eines **„Verteidigers"** die Rede. Daher durften nach der Fassung des 2. OpferRRG auch andere Personen, die als Verteidiger fungieren konnten – also insbesondere bestimmte Rechtslehrer (vgl. § 138 Abs. 1)[93] und, nach dem Rechtszustand bis zum 13.12.2019, Referendare (§ 142 Abs. 2 a. F.) –, vom Beschuldigten vorgeschlagen werden. Es hat sich zwar um eine *bewusste* Ausweitung des Personenkreises gehandelt.[94] Deren Reichweite blieb aber für den Personenkreis des § 138 Abs. 2 und des § 392 Abs. 1 AO unklar, weil diese, ggf. erst nach Zulassung, auch „Verteidiger" sein können, diese Konsequenz aber in den Materialien nicht angesprochen wurde.[95] Um ein **Redaktionsversehen** im technischen Sinne dürfte es sich **nicht** gehandelt haben, so dass dem Gesetzeswortlaut Geltung zu verschaffen war und auch dieser Personenkreis wählbar war. Der Befürchtung, effiziente und interessengerechte Verteidigung gerate durch die wortlautgetreue Auslegung in Gefahr,[96] war mit dem Hinweis auf das zusätzliche Erfordernis der Zulassung und ggf. gemeinschaftliche Verteidigung in den Fällen des § 138 Abs. 2, und die sachlich-gegenständlich beschränkte Reichweite des **§ 392 Abs. 1 AO** – außerhalb des Bereichs der Steuerstraftaten gilt ohnehin wieder § 138 Abs. 2

90 Oben Entstehungsgeschichte II.3.

91 Oben Entstehungsgeschichte II.1.-2.

92 S. bereits *Jahn* FH Tepperwien (2010) 25, 28; HdBStrR/*Jahn*/*Brodowski* § 17, 86.

93 S. sogleich Rn. 37.

94 BTDrucks. **16** 12098 S. 32 unter ausdrücklichem Hinweis auf LR/*Lüderssen*/*Jahn*[26] § 142, 17.

95 Vgl. HK/*Julius*/*Schiemann* 5; Radtke/Hohmann/*Reinhart* 5. Unklar Meyer-Goßner/*Schmitt* 10, wo in der Überschrift noch immer unverändert von der „Gelegenheit zur Bezeichnung eines *RA*" die Rede ist, direkt nachfolgend aber die Bestellung des „*Verteidigers*" (Meyer-Goßner/*Schmitt* 11) behandelt wird.

96 Radtke/Hohmann/*Reinhart* 5 a. E.

(vgl. § 392 Abs. 2 AO)[97] – entgegenzutreten. Für die Auswahl eines Verteidigers verbleibt es mit Blick auf § 392 AO auch nach dem 13.12.2019 bei der bisherigen Rechtslage.[98]

2. Bisheriger Wahl- als Pflichtverteidiger. Der bisherige **Wahlverteidiger** darf – 36
und wird in der Praxis häufig, auch zur Sicherung des Honoraranspruchs – natürlich auf Initiative der Verteidigung zum Pflichtverteidiger bestellt werden. Der dahingehende Antrag des Beschuldigten enthält die Erklärung, die Wahlverteidigung solle mit der Bestellung zum Pflichtverteidiger enden. Auch ein Wahlverteidiger, der die Niederlegung unter die Bedingung der Bestellung zum Pflichtverteidiger gestellt hat, kann deshalb sofort beigeordnet werden.[99] Nicht prozessordnungswidrig dürften darüber hinaus auch Fälle sein, in denen die **Bestellung** des Wahlverteidigers zum Pflichtverteidiger dadurch **erreicht** werden soll, dass der Wahlverteidiger mit seiner Mandatsübernahme zunächst die – nach § 143a Abs. 1 Satz 1 vorgeschriebene – Entpflichtung des bereits bestellten Pflichtverteidigers erreicht, um dann – verbunden mit dem Antrag, ihn als Pflichtverteidiger zu bestellen – sein Wahlmandat niederzulegen.[100] Denn keineswegs indiziert dieses Manöver (um dessen missbräuchlichen Charakter sich das Berufsrecht kümmern mag), dass der Wahlverteidiger nicht *für* den Beschuldigten tätig werden will; zudem regelt § 143a Abs. 1 Satz 2 Var. 1 diesen **(Verdrängungs-)Fall** seit dem 13.12.2019 ausdrücklich.[101] Auch ein Rechtsanwalt, der gemäß § 137 Abs. 1 Satz 2 zurückgewiesen worden ist, darf als Pflichtverteidiger zugelassen werden.[102]

3. Rechtslehrer. Auch die Rechtslehrer an deutschen Hochschulen im Sinne des 37
Hochschulrahmengesetzes mit Befähigung zum Richteramt i. S. des § 138 Abs. 1 werden in der Vorschrift mit dem weiten Begriff des „Verteidigers" ausdrücklich erwähnt. Sie waren aber auch vor dem 1.10.2009 nach allgemeiner Meinung[103] **bestellbar**. Sie sind jedoch *e contr.* § 49 Abs. 1 BRAO („der Rechtsanwalt") **nicht verpflichtet**, sich bestellen zu lassen und die Verteidigung zu übernehmen.[104]

4. Keine sonstigen a limine-Beschränkungen bei eigener Auswahl durch den 38
Beschuldigten. Im Gegensatz zur Auswahl durch das zuständige Gericht oder – in Eil-

97 Flore/*Tsambikakis* (Steuerstrafrecht) § 392, 17 f.

98 *Spitzer* StV **2020** 418, 424 Fn. 94 unter Hinweis auf LR/*Lüderssen/Jahn*[26] § 138, 8.

99 St. Rspr., vgl. BGH NStZ **1991** 94; Beschl. v. 8.7.1983 – 3 StR 204/83; StV **1981** 12; BGH b. *Holtz* MDR **1978** 461; OLG Koblenz Beschl. v. 2.7.1998 – 2 Ss 184/98; OLG Düsseldorf AnwBl. **1989** 676; MDR **1988** 431; AnwBl. **1987** 236; StV **1986** 143; StV **1983** 190; StV **1982** 127; MDR **1967** 515; OLG Nürnberg AnwBl. **1987** 236; OLG Bamberg StV **1984** 235; OLG Frankfurt StV **1983** 408; OLG Celle NStE § 141 Nr. 4; LG Magdeburg Beschl. v. 20.2.2020 – 29 Qs 2/20; LG Osnabrück StV **2001** 447 und aus dem Schrifttum MüKo/*Thomas/Kämpfer* § 140, 4; AK/*Stern* § 141, 3; HK/*Julius/Schiemann* § 141, 3, 6; OK-StPO/*Krawczyk* 44; KK/*Willnow* Vor § 137, 3.

100 So aber (Ablehnung der Bestellung) KG JR **1974** 433 mit abl. Anm. *Lantzke*; OLG Koblenz MDR **1986** 604; OLG Düsseldorf JMBlNW **1988** 34; OLG Zweibrücken NStZ **1982** 298; zust. auch OK-StPO/*Krawczyk* 44; Meyer-Goßner/*Schmitt* 7; OLG Frankfurt NStZ-RR **1996** 236; OLG Stuttgart NStZ-RR **1996** 207; OLG Düsseldorf VRS **99** (2000) 57, 58; KG Beschl. v. 27.8.2001 – 1 AR 973/01 – 4 Ws 130/01 (Aufrechterhaltung der Bestellung entgegen § 143). Eine rechtsmissbräuchliche Verdrängung verneinend LG Köln Beschl. v. 30.6.2004 – 108 Qs 33/04; LG Gera StV **2001** 443.

101 Wie hier SSW/*Beulke* 13; MüKo/*Thomas/Kämpfer* § 143, 5; zum Ganzen § 143a, 9 ff.

102 BayObLG StV **1988** 97; a. A. noch LR/*Lüderssen/Jahn*[26] § 142, 1.

103 Meyer-Goßner/*Schmitt* 4; KK/*Willnow* 3; *Pfeiffer* 1; HK/*Julius/Schiemann* 5; AK/*Stern* 2; SK/*Wohlers* 12.

104 Vgl. unten Rn. 73.

fällen – die Staatsanwaltschaft, unterliegt der Beschuldigte, wenn er eine **eigene Auswahl** des Verteidigers trifft, in seiner Wahl **keinerlei weiteren rechtlichen Beschränkungen.**[105]

39 **a) Kein Modell „Qualitätssicherung vor Auswahlrecht".** Dies gilt auch mit Blick auf die Qualitätsanforderungen des **Art. 7** der **PKH-Richtlinie** („Die Mitgliedstaaten treffen die erforderlichen Maßnahmen – auch finanzieller Art –, um sicherzustellen, dass ... ein **wirksames System** der Prozesskostenhilfe von **angemessener Qualität** besteht ...").[106] Zwar wurden im Gesetzgebungsverfahren entsprechende, sehr weitgehende Vorschläge unterbreitet. Die ursprünglich aus dem Zusammenhang des Strafrechtsausschusses der *Bundesrechtsanwaltskammer* (Strauda) heraus entstandene Arbeitsgruppe *Schlothauer/Matt/Neuhaus/Brodowski*[107] hat in ihrem elaborierten Gesetzesentwurf ganz besonderes Augenmerk darauf gelegt, dass bei der Auswahlentscheidung die Qualitätsanforderungen des Art. 7 der PKH-Richtlinie erfüllt sind. Es bestand nach diesem Modell zwar die Möglichkeit für den Beschuldigten, den Pflichtverteidiger selbst auszuwählen. Allerdings muss dieser selbst dann noch gewissen, in einem modifizierten § 49 Abs. 4 BRAO-E enthaltenen inhaltlichen Anforderungen genügen, nämlich **Fachanwalt für Strafrecht** sein oder ein Anwalt, dem die Berechtigung zur Übernahme von Pflichtverteidigungsmandaten durch die Rechtsanwaltskammern übertragen wurde; dies sind insbesondere Anwältinnen und Anwälte, die eine mindestens einjährige Zulassung besitzen und in einer im Anschluss in Präsenzform durchgeführten Fortbildungsveranstaltung der BRAK zu den spezifisch mit dem Rechtsbeistand für Verdächtige, beschuldigte oder gesuchte Personen verbundenen Legal Aid-Dienstleistungen in einem Umfang von mindestens 16 Zeitstunden teilgenommen haben. Hilfsweise muss der Anwalt einen vergleichbaren Kenntnisstand aufweisen. Selbst die **eigene Auswahl** eines Pflichtverteidigers des Vertrauens durch den Beschuldigten sollte insoweit zugunsten streng formulierter, „objektiver" Qualitätsanforderungen beschränkt werden.

40 Diese Weichenstellung des Arbeitsgruppen-Entwurfs steht in einem unübersehbaren Spannungsfeld zu der BVerfG-Judikatur,[108] die 1987 zur Einfügung von § 142 Abs. 1 a. F. und damit der gesetzlichen Klarstellung des *von Verfassungs wegen* bestehenden **Auswahlrechts des Beschuldigten** geführt hat. Der Gesetzgeber ist diesen Forderungen, die auch von Seiten anderer Stakeholder aus der organisierten Anwaltschaft (BRAK, DAV, Strafverteidigervereinigungen) keine Unterstützung gefunden haben, zu Recht nicht nähergetreten. Die Qualitätsanforderungen an die Auswahl des Pflichtverteidigers sind **„eindeutig** gesetzlich **festgelegt"**,[109] können also nicht im Wege der Auslegung erweitert werden.

41 Indes ist zu beachten, dass die Ausübung des Wahlrechts nach § 142 Abs. 5 im Ganzen **faktischen Einschränkungen** unterliegt, denn eine Vielzahl von Verteidigern (Anwälten und Hochschullehrern) wird nur aufgrund einer Gebührenvereinbarung tätig werden und deshalb keine nach RVG vergüteten Pflichtverteidigungsmandate übernehmen.[110] Trotz der anwaltlichen Pflicht zur Übernahme des Pflichtverteidigungsmandats nach § 49 Abs. 1 BRAO kann hier also nicht von einem uneingeschränkten Auswahlrecht gesprochen werden, weil diese Verpflichtung in der Praxis leicht ausmanövriert werden

---

105 Zu den Beschränkungen des Gerichts bzw. der Staatsanwaltschaft vgl. Rn. 77 ff.

106 Eingehend dazu *Jahn/Zink* Barton-Symp. (2020) 49, 53 ff.; *dies.* FS Graf-Schlicker (2018) 475, 477 f.

107 *Schlothauer/Neuhaus/Matt/Brodowski* HRRS **2018** 55, 60 f.

108 Oben Entstehungsgeschichte I u.H.a. BTDrucks. **10** 1313 S. 15.

109 *Claus* jurisPR-StrafR 3/**2020** Anm. 1 (*Verf.* ist RegDir. im BMJV in der Abt. R).

110 So auch *Kniemeyer* Das Verhältnis des Strafverteidigers zu seinem Mandanten (1997) 92 f.

kann (und wird).[111] Dies aber wiederum schmälert die Freiheit des Entschlusses des Beschuldigten jedenfalls mit Blick auf den wählbaren Personenkreis. Mithin zieht es die Forderung nach sich, die RVG-Gebühren für die Pflichtverteidigung anzuheben, um die Erfolgseignung der Ausübung des Auswahlrechts zu maximieren, indem die Übernahme von Pflichtverteidigungsmandaten **finanziell attraktiver** gemacht wird.[112] Dafür, dass die soziale Beziehung zwischen Mandant und Verteidiger auch dann, wenn sie zustande gekommen ist, darunter leiden kann, wenn der Verteidiger moniert, er werde für ein Mandat zu schlecht vergütet und leiste daher nur das Allernötigste, gibt es empirische Anhaltspunkte.[113]

b) Kein Modell „Justizielle Fremdkontrolle vor Auswahlrecht". Bei Verteidigern, 42
die nach Ansicht des zur Auswahl berufenen Richters (Abs. 3) oder Staatsanwalts (Abs. 4) die **Fähigkeit zur sachgerechten Vertretung** des Mandanten in besonders hohem Maße vermissen lassen, soll nach älterer Judikatur[114] auch jenseits der §§ 138a, 146 die Frage auftauchen, ob ihre Bestellung zum Pflichtverteidiger gleichsam bereits **„im Vorfeld"** des § 142 Abs. 1 Satz 1 verantwortet werden könne. Diese Einflussnahme wurde tatsächlich nicht immer in die Kasuistik „wichtiger Gründe", die einer Bestellung entgegenstehen, eingepasst; dies schon allein deshalb, weil § 142 Abs. 1 Satz 3 a. F. dieses Merkmal erst mit Wirkung zum 1.4.1987 enthielt.[115] Die Rechtsprechung hat in einigen Fällen jedenfalls im praktischen Ergebnis die **Ablehnung der Bestellung** für zulässig erklärt, etwa deshalb, weil der Rechtsanwalt ohne ausreichende vorherige Prüfung staatliche Stellen des Mordes an Untersuchungsgefangenen bezichtigt habe[116] oder der Verteidiger in einem anderen Strafverfahren in so eklatantem Maße in die Prozessführungsbefugnisse des Vorsitzenden in berufsrechtswidriger Weise eingegriffen habe, dass besonderer Anlass zu der Befürchtung der Wiederholung derartiger Manöver im anhängigen Verfahren bestehe.[117] Die Vorschriften der Strafprozessordnung enthalten aber jenseits der einer Bestellung entgegenstehenden „wichtigen Gründe" gerade keine Anhaltspunkte für eine solche Einschränkung.[118] Eine **justizielle Fremdkontrolle** widerspräche gerade der **Staatsferne** des Instituts der Strafverteidigung, denn durch die Einführung des (allein durch die Abwesenheit eines „wichtigen Grundes" bedingten) Anspruchs gemäß § 142 Abs. 5 Satz 3 sollte gerade dem Beschuldigteninteresse an einem Verteidiger seines Vertrauens stärkere Geltung verschafft werden.[119] Dem entspricht es, wenn der Gesetzgeber ausdrücklich darauf hinweist, ein „wichtiger Grund" im Sinne des (heuti-

111 Siehe nur die Kasuistik in Rn. 73 und das Beispiel unten Rn. 62.

112 Vgl. *Deutsche Strafverteidiger e.V.*, Stellungnahme Nr. 2/2018 zum BMJV-RefE zur Reform des Rechts der notwendigen Verteidigung, S. 11, www.bmjv.de/SharedDocs/Gesetzgebungsverfahren/Stellungnahmen/2018/Downloads/12122018_Stellungnahme_DStVeV_notwendige-Verteidigung.pdf.

113 Siehe die bei *Jahn/Zink* StraFo **2019** 318, 321 skizzierte Studie für die EU-Kommission.

114 Vgl. BGH MDR **1996** 120; wistra **1992** 223; OLG Düsseldorf NJW **1990** 528; LR/*Dünnebier*[23] 26 (Verdacht auf Vorliegen eines Ausschließungsgrundes solle genügen).

115 Oben Entstehungsgeschichte I.

116 KG JR **1978** 346.

117 OLG Köln StV **2007** 288; OLG Düsseldorf StraFo **1999** 124; OLG Karlsruhe AnwBl. **1980** 306. Der Hintergrund dieser Rechtsprechung ist nicht (immer) nur die Besorgnis, dem Beschuldigten werde der geeignete Beistand fehlen; vielmehr wird außerdem auf die Gefährdung des ordnungsgemäßen Ablaufs des Verfahrens abgestellt, so insbes. OLG Köln NStZ **1982** 129.

118 Dazu genauer unten Rn. 64.

119 Vgl. OLG Düsseldorf NStZ **1988** 566, 567; OLG Zweibrücken NStZ **1988** 144, 145; *Barton* StV **2016** 475; *Thielmann* StraFo **2006** 358, 359 ff. mit kritischer Betrachtung der Praxis sowie Vor § 137, 16 ff., 95. Überholt daher auch OLG Karlsruhe NJW **1978** 1064.

gen) Abs. 5 Satz 3 könne niemals darin bestehen, dass damit zu rechnen ist, dass der Verteidiger im Rahmen seiner gesetzlichen Befugnisse die Interessen des Beschuldigten besonders energisch vertritt.[120] Es besteht daher bei **verfassungskonformer Auslegung** des Abs. 5 im Lichte der Institutsgarantie der Strafverteidigung **kein** gerichtliches oder staatsanwaltschaftliches **Auswahlrecht**, Verteidiger mit „Auffälligkeiten" im Sinne von **konfliktbereiter Verteidigung** von Vornherein nicht zu bestellen.[121] Ein etwaiger Regelungsbedarf, für den derzeit kein reales Bedürfnis erkennbar ist, fiele dann ohnehin primär in die Zuständigkeit des anwaltlichen Berufsrechts.[122]

III. Die Rolle des Beschuldigten

43 **1. Die Bedeutung der Bestellung des Vertrauensanwalts.** Indem es dem Beschuldigten zugestanden wird, selbst einen Verteidiger auszuwählen, wird ihm vom geltenden Recht die Möglichkeit eröffnet, dass er tatsächlich den **Anwalt seines Vertrauens** erhält. Bereits vor der Einführung des eigenen Wahlrechts des Beschuldigten vor dem Jahr 1987[123] war eine eindeutige Tendenz in der Rechtsprechung zu erkennen, dem Beschuldigten zunächst **rechtliches Gehör** zu gewähren (jetzt: Abs. 5 Satz 1)[124] und ihm dann den von ihm bezeichneten Anwalt seines Vertrauens zu bestellen (jetzt: Abs. 5 Satz 3),[125] und zwar selbst dann, wenn die einfach-rechtliche Gesetzeslage z. B. die Bestellung eines auswärtigen Verteidigers noch nicht ohne Weiteres zulässig machte[126] oder andere Kontraindikationen jedenfalls nicht sofort von der Hand zu weisen waren.[127] Allerdings ist die Rechtsprechung[128] seinerzeit noch nicht so weit gegangen, dem Beschuldigten einen Anspruch auf Beiordnung einer bestimmten, von ihm auserwählten Person zuzuerkennen, sondern lediglich einen **Anspruch auf ermessenfehlerfreie Entscheidung** über die Person des Verteidigers. In Streit geraten war unter Geltung des § 141 Abs. 3 Satz 4 a. F. mit dem UHaftÄndG zudem die besonders praxisrelevante Frage, ob die Anhörungs-Sollvorschrift in § 142 Abs. 1 Satz 1 a. F. auch für die Pflichtverteidiger-

---

120 BTDrucks. **10** 1317 S. 21 zur damaligen Fassung in § 142 Abs. 1 Satz 3 a. F.

121 MüKo/*Thomas*/*Kämpfer* 15; SSW/*Beulke* 24; OK-StPO/*Krawcyk* 39; *Barton* (Mindeststandards) 213; *Jahn* (Konfliktverteidigung) 222.

122 Vgl. bereits KG JR **1974** 437 m. abl. Anm. *Lantzke*; *Schlothauer* StV **1981** 452.

123 Oben Entstehungsgeschichte I.

124 OLG Hamm StV **1984** 245; OLG Bamberg StV **1981** 612; LG Hannover NJW **1978** 1932.

125 Nur für den zweiten – aufgezwungenen – Pflichtverteidiger soll das nach früherer Rspr. *eo ipso* nicht gelten (vgl. OLG Karlsruhe StV **2001** 559 m. Nachw. ält. Rspr. und abl. Anm. *Braum* StV **2001** 560). Eindeutig i. d. S. ist, dass § 142 Abs. 5 Satz 3 (damals § 142 Abs. 1 S. 2 a. F.) auch für den zweiten Pflichtverteidiger gilt, BVerfG StV **2001** 601.

126 OLG Frankfurt StV **1985** 315 u. 449; LG Frankfurt BRAK-Mitt. **1985** 235; LG Bamberg StV **1985** 454.

127 Vgl. zu diesen Konstellationen OLG Karlsruhe NJW **1978** 1064; AnwBl. **1980** 199 (es müsse zudem hingenommen werden, dass bestimmte Anwälte im Vergleich zu anderen häufiger als Pflichtverteidiger bestellt würden); OLG München AnwBl. **1980** 467; OLG Stuttgart AnwBl. **1981** 288; OLG Hamburg StV **1983** 234.

128 BGHSt **43** 153, 154; BGH Urt. v. 20.12.2018 – 3 StR 236/17, BeckRS **2018** 39814 Tz. 54 (insoweit in BGHSt **64** 10 nicht abgedr.) m. Anm. *Wohlers* JR **2019** 615; BGH b. *Pfeiffer*/*Miebach* NStZ **1987** 217; OLG Hamm NStZ **2006** 589; OLG Rostock StraFo **2002** 85, 86; KG Beschl. v. 4.4.2001 – 1 AR 345/01 – 5 Ws 181-182/01; OLG Rostock Beschl. v. 24.6.2002 – I Ws 273/02; OLG Celle StV **1982** 369; OLG Koblenz wistra **1986** 118; OLG Düsseldorf NStZ **1998** 55; StV **1995** 573; zuletzt noch LG Mannheim Beschl. v. 23.5.2018 – 4 Qs 20/18, BeckRS **2018** 13744 Tz. 5.

bestellung gerade **in U-Haft-Fällen** Geltung beanspruchte. Nach zutreffender Ansicht,[129] die auch in der Rechtsprechung[130] auf breiter Front geteilt wurde, änderte das seinerzeitige Erfordernis der „unverzüglichen" Verteidigerbestellung gem. Absatz 3 Satz 4 a. F. nichts am Bestehen des **Anhörungs- und Bestimmungsrechts** des Inhaftierten. Die Gegenauffassung[131] vermochte nicht zu überzeugen. Nicht die Einräumung der Möglichkeit der Verteidigerbezeichnung bedurfte im Untersuchungshaft-Fall einer einfachgesetzlichen Grundlage, sondern umgekehrt deren Einschränkung. Eine verfassungsimmanente Beschränkung des Bezeichnungsrechts des Beschuldigten aus Art. 103 Abs. 1 GG zugunsten des Grundsatzes der Verfahrensbeschleunigung war aber in der Praxis regelmäßig nicht erforderlich, darüber hinaus aber auch nicht angemessen.

Mit § 142 Abs. 5 Satz 1 hat der Gesetzgeber diesen Zusammenhang nunmehr mit Wirkung zum 13.12.2019 ausdrücklich anerkannt. Durch die unzweideutig **zwingende Ausgestaltung** des heutigen Abs. 5 Satz 3 („ist ... zu bestellen") besteht nunmehr ein eigener **Anspruch des Beschuldigten** auf Bestellung des Verteidigers seiner Wahl, soweit nicht ausnahmsweise doch ein wichtiger Grund entgegensteht. Das ist angesichts der Entwicklung der letzten vier Jahrzehnte gesetzgeberisch begrüßenswert konsequent,[132] wenn man das **verfassungsrechtliche Postulat** ernst nimmt,[133] der Beschuldigte, der sich keinen Wahlverteidiger leisten könne, dürfe gegenüber dem Beschuldigten, der diese Chance habe, schon in der Ausgangslage nicht schlechter gestellt sein. 44

2. Die Voraussetzungen des Anspruchs auf Wahlpflichtverteidigung

a) Gelegenheitgeben zur Bezeichnung. Die Gelegenheit, einen Verteidiger zu bezeichnen, sollte schon in dem Zeitpunkt gewährt werden, der durch die Regelung des § 137 Abs. 1 Satz 1 mit „in jeder Lage des Verfahrens" gekennzeichnet ist.[134] Das meint vor allem in **ausreichendem zeitlichen Abstand** zu der ersten verantwortlichen Vernehmung des Beschuldigten,[135] so dass der Verteidiger das Anwesenheitsrecht bei der polizeilichen Beschuldigtenvernehmung (§§ 163a Abs. 4 Satz 3 i. V. m. § 168c Abs. 1 Satz 1) ohne Verzögerung des Verfahrens wahrnehmen kann. Das kann je nach den örtlichen Umständen, der Tageszeit und den Verkehrsverhältnissen angesichts (mindestens) der Notwendigkeit des unüberwachten Erstgesprächs des Verteidigers mit dem Beschuldigten (§ 148 Abs. 1) unter Heranziehung der jetzt etwa schon vorliegenden Aktenteile (z. B. Haftbefehl oder privilegierte Aktenteile nach § 147 Abs. 3) **viele Stunden** vor der geplanten Vernehmung liegen. Allerspätestens ist aber Gelegenheit zu dem Zeitpunkt zu 45

---

129 *Jahn* FS Rissing-van Saan (2011) 275, 284 f.; *Lam/Meyer-Mews* NJW **2012** 177, 180; *F. Schmidt* NJ **2012** 284; *Wohlers* StV **2010** 151, 153; HK-GS/*Weiler* § 141, 6; AnwK-UHaft/*König* § 141, 4 u. § 142, 8; OK-StPO/*Krawczyk* 18.

130 OLG Dresden NStZ-RR **2012** 213; KG StV **2012** 656, 657; OLG Düsseldorf NJW **2011** 1618 m. Anm. *D. Herrmann* StV **2011** 652, 653 f.; OLG Düsseldorf StV **2010** 350, 351 m. zust. Anm. *Burhoff* StRR **2010** 223 und Anm. *Wollschläger* jurisPR-extra **2010** 208; OLG Koblenz StV **2011** 349, 350; LG Dresden StraFo **2012** 14; LG Krefeld StV **2011** 274; LG Bonn StV **2010** 180, 181; LG Frankfurt/O. StV **2010** 235, 236; AG Stuttgart StV **2010** 677.

131 *Schlothauer* FS Samson (2010) 709, 711 ff.

132 S. schon soeben Rn. 43.

133 Mit Recht betont in BVerfGE **9** 36, 38; BGHSt **43** 153, 154 f.; BGH Urt. v. 20.12.2018 – 3 StR 236/17, BeckRS **2018** 39814 Tz. 54 (insoweit in BGHSt **64** 10 nicht abgedr.) m. Anm. *Wohlers* JR **2019** 615; OLG Zweibrücken StV **1984** 193; OLG Koblenz StV **1985** 454; *Staechelin* StV **2001** 607; eingehend bereits Vor § 137, 62 und oben Entstehungsgeschichte I. m. w. N.

134 Vgl. OLG Düsseldorf StV **1990** 536; OLG Frankfurt StV **1991** 9; im Einzelnen dazu oben § 137, 14;

135 S. LG Hagen StV **1987** 432.

geben, der nach der Vorschrift des **§ 141 Abs. 1 oder 2** die Bestellung vorschreibt.[136] Verbindet der Beschuldigte **schon seinen Antrag** nach Abs. 1 Satz 1 mit der Bezeichnung eines Verteidigers, hat es damit sein Bewenden, es sei denn, dass die Bezeichnung uneindeutig ist (z. B. Nennung mehrerer Rechtsanwälte ohne Priorisierung); dann ist der Beschuldigte ggf. mit kurzer Frist zur endgültigen **Konkretisierung** aufzufordern. Kommt dies nach den Umständen des Einzelfalls nicht in Betracht, trifft der Richter (Abs. 3 Nr. 1-3) bzw. Staatsanwalt (Abs. 4) die Auswahl nach pflichtgemäßem Ermessen, ohne dass es entscheidend auf die Reihenfolge der Meldungen zur Akte ankäme, zumal dann, wenn diese in engstem zeitlichen Zusammenhang erfolgen.[137]

46 Im Lichte der verfassungsgerichtlichen Rechtsprechung normiert die als **zwingend** in Abs. 5 Satz 1 ausgestaltete („ist ... Gelegenheit zu geben") Vorschrift als Ausfluss des Anspruchs auf **rechtliches Gehör** (Art. 103 Abs. 1 GG) eine unbedingte **Anhörungspflicht**.[138] Von ihr kann – anders als nach der Soll-Vorschrift des § 142 Abs. 1 Satz 1 a. F. („soll ... Gelegenheit gegeben werden") – selbst in Ausnahmefällen[139] nicht mehr abgewichen werden. Die schlichte Mitteilung „falls sich innerhalb einer Woche kein Verteidiger für Sie meldet, wird Ihnen ein Pflichtverteidiger beigeordnet", reicht jedenfalls nicht hin.[140]

b) Weitere Modalitäten

47 **aa) Keine Substantiierung.** Indem das Gesetz in Abs. 5 Satz 1 lediglich die **„Bezeichnung"** eines Verteidigers verlangt, wird der Beschuldigte von der früher vor allem bei der Benennung eines auswärtigen Verteidigers teilweise[141] befürworteten Obligation, ein **besonderes Vertrauensverhältnis substantiieren** zu müssen,[142] **entbunden. Indikator** für das besondere Vertrauensverhältnis war meistens, dass der Anwalt den Beschuldigten schon einmal in einer anderen Sache **verteidigt** hatte und/oder im anhängigen Verfahren bereits als Wahlverteidiger tätig geworden (z. B. U-Haft-Besuche) war.[143] Auch persönliche Beziehungen konnten eine Rolle spielen, ebenso kulturelle oder lands-

---

136 S. dazu OLG Düsseldorf StV **1986** 239; *Schlothauer* StV **1981** 443.

137 Vgl. OLG Oldenburg NStZ-RR **2004** 115.

138 So auch BTDrucks. **19** 13829 S. 42; *Barton* StV **2016** 475, 476; OK-StPO/*Krawczyk* 16; HdBStrR/*Jahn*/*Brodowski* § 17, 87.

139 So noch zur a. F. BVerfG NJW **2001** 3695, 3697; BGH NJW **2001** 237, 238; BGH NStZ **1997** 401 m. Anm. *Rogat* JR **1998** 251, 252; OLG Dresden Beschl. v. 6.6.2007 – 3 Ws 38/07; OLG Koblenz StraFo **2006** 242; OLG Naumburg StV **2005** 120 (Ls.); OLG Karlsruhe StV **2001** 557, 558 m. krit. Anm. *Braum*; OLG Schleswig SchlHA **2001** 137, 138; OLG Düsseldorf JMBlNW **2000** 190 (u.H.a. mit dem Beschleunigungsgebot nicht vereinbare Verzögerung der Durchführung der Hauptverhandlung) m. Anm. *Staechelin* StV **2001** 607; LG Zwickau StV **2017** 174 (Ls.); LG Fulda Beschl. v. 12.4.2006 – 2 Qs 39/06 u. a.; *Jahn* JR **1999** 1, 4.

140 OLG Hamm StV **1987** 478.

141 OLG Rostock StraFo **2002** 85, 86; OLG Stuttgart Justiz **1987** 509; OLG Frankfurt StV **1985** 449; LG Dessau-Roßlau StV **2020** 164 (Ls.) (ortsfremder Verteidiger); LG Frankfurt BRAK-Mitt. **1985** 235; LG Verden StV **1982** 217.

142 Inhaltlich gefordert von OLG Oldenburg NStZ-RR **2004** 115 (Auswahl bei mehreren bezeichneten Verteidigern); KG Beschl. v. 4.4.2001 – 1 AR 345/01 – 5 Ws 181-182/01; Beschl. v. 7.8.2000 – 1 AR 926/00 – 4 Ws 142/00; OLG Frankfurt NStZ-RR **1996** 236; OLG Düsseldorf (*1. StS*) StV **1987** 240; StV **1986** 143; StV **1986** 239; MDR **1984** 775; NStZ **1981** 35 (Ls.); OLG Düsseldorf (*3. StS*) StV **1985** 450; StV **1981** 226; OLG Schleswig StV **1987** 478 – unter der zusätzlichen Voraussetzung, dass dadurch die Kosten nicht oder nur unerheblich erhöht würden und eine Verzögerung des Verfahrens nicht zu besorgen sei –; OLG Zweibrücken StV **1984** 193; StV **1981** 288; OLG Bremen StV **1982** 260; OLG Saarbrücken StV **1983** 362; LG Koblenz KJ **1980** 104 m. Anm. *Zieger*.

143 BGH StV **1997** 564; BayObLG StV **2006** 6 (dann keine weitere Darlegung durch Beschuldigten erforderlich); OLG Zweibrücken StV **2002** 238; OLG Oldenburg Beschl. v. 8.10.1996 – 1 Ws 198/96; OLG Koblenz

mannschaftliche Verbundenheit.[144] Ein solches **Vertrauensverhältnis** muss aber weder näher dargelegt noch freibeweiskräftig **substantiiert** werden.[145] Es langt vielmehr für die wirksame Ausübung des Bezeichnungsrechts hin, wenn die Person des Verteidigers nach den Umständen des Einzelfalls eindeutig zu **identifizieren** und mit noch **vertretbarem Rechercheaufwand** (z. B. Ermittlung einer Telefonnummer oder E-Mail-Adresse über eine einfache Suchmaschinenanfrage) zu kontaktieren ist.

bb) Frist. Allerdings wird die Wahlfreiheit dadurch eingeschränkt, dass der Beschuldigte fristgerecht einen Verteidiger zu bezeichnen hat, um nicht des Anspruchs auf Bestellung verlustig zu gehen; es handelt sich nach Wortlaut und Zwecksetzung um eine **Ausschlussfrist.**[146] Die Frist kann im Einzelfall äußerst **knapp** ausfallen, was dann wiederum mit der Auswechslung des Pflichtverteidigers nach **§ 143a Abs. 2 Satz 1 Nr. 1** korrespondiert.[147] **48**

Wie und – davon abhängig – mit ***welcher Frist*** die „Gelegenheit" i. S. d. Abs. 5 Satz 1 zu gewähren ist, richtet sich dementsprechend stets nach den jeweiligen **konkreten Umständen** des Einzelfalls.[148] Zum Beispiel ist, wenn die Kürze der zur Verfügung stehenden Zeit eine schriftliche Erklärung nicht zulässt, die Anhörung **fernmündlich oder** auch **per Fax** in der JVA durchzuführen.[149] Dass angesichts der flächendeckenden Verbreitung moderner Kommunikationstechnik in Untersuchungshaftanstalten und Justizbehörden eine solche fernmündliche Anhörung „erhebliche" Verfahrensdauer in Anspruch nehmen könnte, ist praktisch auszuschließen. Freilich darf hier **keine Überrumpelung** des Beschuldigten erfolgen. Die ultimative Forderung einer Erklärung *hic et nunc*, verbunden mit der Drohung, dass sonst nach Abs. 6 Satz 1 vorgegangen werde, ist unzulässig und kann zudem unerwünschte prozessuale Weiterungen nach sich ziehen. **49**

Was die Frist anlangt, so darf sie jedenfalls **nicht zu kurz** bemessen werden,[150] wenngleich sie in begründeten Eilfällen auch im Sinne einer knappen Bedenkzeit bemessen werden darf, denn zum Ausgleich wurde in § 143a Abs. 2 Nr. 1 die Möglichkeit zur Auswechslung eines Pflichtverteidigers eingeführt. Zumindest eine der Komplexität des Sachverhalts angemessene Überlegungszeit ist **auch im Ausnahmefall** einzuräu- **50**

StV **1995** 118; StV **1981** 227; OLG Düsseldorf StV **1995** 573; wistra **1991** 120; OLG Saarbrücken StV **1983** 362; OLG Zweibrücken StV **1981** 288; OLG Düsseldorf (1. StS) MDR **1984** 775; OLG Frankfurt StV **1987** 286; StV **1985** 449; StV **1983** 408; OLG Nürnberg StV **1987** 191; LG Offenburg Beschl. v. 23.8.1996 – Qs 15/96; LG Verden StV **1982** 217; LG Oldenburg StV **1984** 506; LG Frankfurt BRAK-Mitt. **1985** 235. **A. A.** LG Neuruppin Beschl. v. 14.10.2002 – 11 Qs 167/02.

144 OLG Rostock StraFo **2002** 85, 86. Fehlten solche Indikatoren, wurde teilweise dennoch dann beigeordnet, wenn sich der auswärtige Verteidiger mit einer Beschränkung des Vergütungsanspruches auf die Bedingungen eines ortsansässigen Anwalts ausdrücklich einverstanden erklärte, vgl. OLG Naumburg StraFo **2005** 73; LG Frankfurt StV **1987** 158 m. krit. Anm. *Krehl*, **a. A.** (Konstruktion gebührenrechtlich unzulässig) OLG Stuttgart MDR **1990** 76; OLG Düsseldorf (*1. StS*) JZ **1985** 147.

145 Vgl. bereits OLG Düsseldorf StV **1995** 573.

146 S. BTDrucks. **19** 13829 S. 42; OK-StPO/*Krawczyk* 26 und zum früheren Rechtszustand bis zum 13.12.2019 ebenso OLG Koblenz Beschl. v. 10.12.2018 – 2 Ws 698/18, BeckRS **2018** 34217 Tz. 6 m. w. N.; OLG München StV **2010** 233; **a. A.** zum früheren Recht OLG Köln StV **2015** 20; LG München I StV **2015** 26 (der die Pflichtverteidigerbestellung anordnende Richter müsse sich auch nach Fristablauf bei der Staatsanwaltschaft nach einer dort vorliegenden Erklärung des Beschuldigten erkundigen); LG Frankfurt/O. StV **2010** 235 f.

147 S. BTDrucks. **19** 13829 S. 42; s. im Einzelnen § 143a, 18 ff.

148 BTDrucks. **19** 13829 S. 42; HdBStrR/*Jahn/Brodowski* § 17, 88.

149 So zutr. OLG Düsseldorf StV **2004** 62, 63; BayObLG StV **1988** 97; LG Zwickau Beschl. v. 3.8.2016 – 1 Qs 138/16, juris, Tz. 1, StV **2017** 174 (Ls.).

150 *Bockemühl* StV **2004** 63, 65 in krit. Anm. zu OLG Düsseldorf StV **2004** 62.

men.[151] Widrigenfalls würde rechtliches Gehör zum *nudum ius*. Deshalb erscheint eine **Prüfungs- und Überlegungsfrist** von **einer Woche regelmäßig** angemessen.[152] Anders kann dies im Einzelfall etwa dann sein, wenn der Beschuldigte in der U-Haft zwischen zwei JVAen verlegt worden ist und die Postlaufzeit zwischen der Justizvollzugsanstalt und dem Amtsgericht schon für sich genommen eine Woche beträgt.[153]

51 Ist die Bestellung eines Pflichtverteidigers nach Abs. 6 Satz 1 erfolgt, **ohne dass** die dem Beschuldigten gemäß Abs. 5 Satz 1 gesetzte **Frist** zur Benennung eines Verteidigers **schon abgelaufen** ist, steht dies dem Fall gleich, dass dem Beschuldigten entgegen Abs. 5 Satz 1 die erforderliche Gelegenheit zur Benennung eines Verteidigers erst gar nicht gegeben worden ist.[154]

52 **cc) Gelegenheitgeben zur weiteren Stellungnahme zu beabsichtigter und nach erfolgter Ablehnung.** Die vom Gesetz ausnahmslos geforderte Gelegenheit zur Benennung eines Verteidigers erfordert auch, dass der Beschuldigte eine Chance erhält, zu einer geplanten Ablehnung der Bestellung aus wichtigem Grund nach Abs. 5 Satz 3 Stellung zu nehmen. Auch[155] das ist ein spezieller Ausdruck des Anspruchs auf die Gewährung **rechtlichen Gehörs.**[156] Der Beschuldigte muss, wenn der Richter die gewollte Bestellung ablehnen möchte, die Möglichkeit haben, seine gegenteilige **Auffassung darzulegen.** Dies gilt auch in den Fällen des Abs. 7 Satz 2 i. V. m. § 143a Abs. 2 Satz 1 Nr. 1, weil insoweit bei einem erleichterten Verteidigerwechsel zwar die Beschwer oder jedenfalls das Rechtsschutzbedürfnis für eine sofortige Beschwerde fehlen mag, nicht aber ein Anspruch auf rechtliches Gehör.

53 **Lehnt** der Richter die Bestellung des benannten Verteidigers aus wichtigem Grund nach Abs. 5 Satz 3 **ab,** muss dem Beschuldigten nunmehr **erneut Gelegenheit** gegeben werden, einen anderen Verteidiger zu benennen, soweit die Umstände des Einzelfalles es zeitlich zulassen. Denn der Beschuldigte, der „nur" auf einen Wahlpflichtverteidiger zurückgreifen kann, soll nicht schlechter stehen als derjenige, der sich einen Wahlverteidiger leisten kann und dem ebenfalls die Möglichkeit offensteht, weitere Wahlverteidiger bis zur numerischen Grenze des § 137 Abs. 1 Satz 2 um die Übernahme der Verteidigung zu bitten.[157]

54 **dd) Nichtausübung des Bezeichnungsrechts. Nutzt** der Beschuldigte die vom Gesetz eröffnete Möglichkeit, einen Verteidiger zu benennen, **nicht,** so ist der Vorsitzende in seinem Ermessen, wen er beiordnet, nurmehr nur an die Voraussetzungen des Abs. 6 gebunden.[158]

3. Die Rechtsfolgen der Bezeichnung eines Verteidigers durch den Beschuldigten

55 **a) Bestellung (Abs. 5 Satz 3 Hs. 1).** Ein vom Beschuldigten bezeichneter Verteidiger ist grundsätzlich zu bestellen, der Beschuldigte hat hierauf einen **Anspruch.**[159] Sofern der Be-

---

151 Vgl. BTDrucks. **19** 13829 S. 42 f.; *Spitzer* StV **2020** 418, 424: „kurze Bedenkzeit".
152 Näher zur Begründung § 143a, 19 a. E.
153 So die Konstellation in LG Halle Beschl. v. 20.11.2009 – 2b Qs 252/09 (n.v.).
154 Zutr. OLG Hamm Beschl. v. 13.8.2019 – 1 Ws 484/19, BeckRS **2019** 38987 Tz. 10, OLG Celle StV **2012** 720.
155 S. oben Rn. 43 u. 46.
156 OLG Hamm StV **1994** 8.
157 S. oben Rn. 44 und Vor § 137, 62.
158 HdBStrR/*Jahn*/*Brodowski* § 17, 92; dazu genauer unten Rn. 78 ff.
159 HdBStrR/*Jahn*/*Brodowski* § 17, 86; dazu bereits oben Rn. 36 u. 44.

schuldigte einen Verteidiger seiner Wahl benennt, steht dem Gericht **kein Ermessen** bei der Auswahlentscheidung mehr zu.[160] Ausschließlich ein wichtiger Grund im Sinne des § 142 Abs. 5 Satz 3 kann der Bestellung jetzt noch entgegenstehen.[161] Was die für diese Entscheidung bestehenden **Zuständigkeiten** angeht, so gilt das zu den Abs. 3 und 4 Gesagte.[162] Vor der Bestellung des Verteidigers muss noch der **Staatsanwaltschaft rechtliches Gehör** gewährt werden (§ 33 Abs. 2); das ist fernmündlich mit anschließendem Aktenvermerk, per Telefax oder E-Mail möglich und aus Beschleunigungsgründen häufig geboten. Einer Anhörung des im Falle einer Anklageerhebung zuständigen Gerichts bedarf es entgegen einer aus der Praxis empfohlenen Handhabung mangels Rechtsgrundlage nicht; sie ist auch unter Beschleunigungsaspekten untunlich und wegen des in Großstädten mittlerweile üblichen Turnussystems auch nicht mehr möglich.

b) Nichtbestellung wegen wichtigen Grundes. Nichtbestellung des Pflichtverteidigers bedeutet, es wird entweder gar kein Verteidiger bestellt (dann richtet sich das weitere Verfahren nach Abs. 7 Satz 1 oder 2[163]) oder ein anderer als der bezeichnete Verteidiger; hingegen ist der Austausch eines bereits bestellten Pflichtverteidigers gegen einen anderen Pflichtverteidiger in § 143a speziell geregelt.[164] **Voraussetzung** für die **Nichtbestellung** des bezeichneten Verteidigers ist, dass **„wichtige Gründe"** dem Vorschlag des Beschuldigten entgegenstehen, § 142 Abs. 5 Satz 3 Hs. 2. 56

Zur Anerkennung der **Autonomie des Beschuldigten** in einem rechtsstaatlichen Strafverfahren gehört es, dass er sein Interesse an der für ihn richtigen Verteidigung, auch was die Person des Verteidigers betrifft, jenseits paternalistischer staatlicher Einmischung selbst zu definieren vermag. Daher sind die entgegenstehenden **wichtigen Gründe** des Abs. 5 Satz 3 Hs. 1 als streng zu handhabende **Ausnahme** zu verstehen und nach zutr. **h. M.**[165] **restriktiv auszulegen.** 57

aa) Verhinderung des Verteidigers als Regelbeispiel (Abs. 5 Satz 3 Hs. 2). Ein wichtiger Grund liegt im Sinne eines Regelbeispiels („auch") bei der **Verhinderung eines Verteidigers** vor, § 142 Abs. 5 Satz 3 Hs. 2. Diese Regelung zielt vor allem auf **Eilsituationen** im Ermittlungsverfahren („nicht rechtzeitig"), kann aber auch in einer Bestellung innerhalb des Hauptverfahrens eine Rolle spielen, wenn der Verteidiger wegen *konkreter* **Terminskollisionen** oder Ortsabwesenheit oder aus anderem Grunde gar „nicht" zur Verfügung steht.[166] Allein die abstrakte Möglichkeit, dass es aufgrund der beruflichen Auslastung des Verteidigers zu Terminschwierigkeiten kommen könnte, begründet deshalb noch keinen der Bestellung entgegenstehenden wichtigen Grund, wenn die Verfügbarkeit mit dem Verteidiger nicht zuvor abgeklärt wurde.[167] Das in Haftsachen geltende **Beschleunigungsgebot** ist also grundsätzlich nur dazu geeignet, ausnahmsweise die 58

---

160 *Wohlers* StV **2010** 151, 154; AnwK-UHaft/*König* § 141, 7.

161 Zu ihnen unten Rn. 56 ff.

162 S. Rn. 20 ff.

163 Vgl. unten Rn. 93.

164 S. unten § 143a, 18 ff.

165 S. bereits OLG Köln NStZ **1991** 248 m. Anm. *Wasserburg*; *Zwiehoff* JR **2006** 415, 416 f.; SK/*Wohlers* 17; MüKo/*Thomas*/*Kämpfer* 11; SSW/*Beulke* 19; OK-StPO/*Krawczyk* 32.

166 Im konkreten Fall offengelassen in BGH Beschl. v. 26.2.2020 – StB 4/20, BeckRS **2020** 3078 Tz. 22.

167 Vgl. BGH Urt. v. 20.12.2018 – 3 StR 236/17, BeckRS **2018** 39814 Tz. 57 ff. (insoweit in BGHSt **64** 10 nicht abgedr.); BGH StV **2010** 170 Tz. 4 („nicht unbedenklich"); *Wohlers* JR **2019** 615, 620 ff.; OK-StPO/*Krawczyk* 33. **A. A.** – und im konkreten Fall überzogen mit bloßem Hinweis auf eine senatsbekannte „terminliche Eingebundenheit und berufliche Auslastung" des Rechtsanwalts – OLG Naumburg NStZ-RR **2009** 114, 115; OLG Celle NStZ **2008** 583.

Beiordnung eines bestimmten Verteidigers zu verhindern. Dies gilt insbesondere dann, wenn durch die gewünschte Beiordnung das Beschleunigungsgebot im Hinblick auf **Mitangeklagte** nicht gewahrt werden könnte.[168] Eine **Verlegung** des Hauptverhandlungstermins – z. B. **um acht Wochen** – kann eine solche Verhinderung indes in einer Nichthaftsache vermeiden, insbesondere dann, wenn den Mitangeklagten ebenfalls noch Pflichtverteidiger beigeordnet werden müssen und diesen vorher rechtliches Gehör zu gewähren ist.[169] Für die einschlägigen Konkordanzentscheidungen in der Abwägung der **widerstreitenden Gesichtspunkte** kann hier auf die reiche Judikatur zur Kollision von Wahlverteidigung und Beschleunigungsgrundsatz verwiesen werden.[170]

59 **bb) Keine fortbestehende Relevanz des Kriteriums der Ortsferne.** In der bis zum 1.10.2009 geltenden Fassung sah § 142 Abs. 1 Satz 1 a. F. noch vor, dass das Gericht als Pflichtverteidiger möglichst einen Rechtsanwalt auszuwählen hatte, der im Bezirk des ihn nach § 141 Abs. 4 a. F. bestellenden Gerichts(vorsitzenden) **kanzleiansässig** war. Die Vorschrift galt kraft Verweisung auch bei der Beiordnung eines Zeugenbeistandes (§ 68b Satz 3 a. F.), bei der Bestellung des Nebenklägerbeistandes (§ 397a Abs. 1 Satz 4, Abs. 2 Satz 2 a. F.) und bei der Bestellung eines Beistands für den Nebenklagebefugten (§ 406g Abs. 3 Satz 1, Abs. 4 Satz 2 a. F.).

60 Das überkommene **Lokalisationsprinzip** war aber u. a. angesichts schneller Verkehrsverbindungen und der jederzeitigen Möglichkeit elektronischer Kommunikation bereits **obsolet** geworden.[171] Es war durch die Rechtsprechung ohnehin – und zu Recht – unter dem Gesichtspunkt des Anspruchs auf den Verteidiger des Vertrauens so durchlöchert, dass man kaum mehr von einem Prinzip sprechen konnte.[172] Befürchtungen,[173] dass insbesondere in den Fällen, in denen ein Beschuldigter die Beiordnung eines ihm bis dahin unbekannten auswärtigen Rechtsanwalts wünschte, ihm dieser ohne weitere Nachfragen oder Prüfungen durch das Gericht beizuordnen sei, erwiesen sich als unbegründet. Sie nährten sich daraus, dass wegen der in **§ 49 Abs. 1 BRAO** enthaltenen Regelung der weit entfernt ansässige Rechtsanwalt ein Mandat zu Pflichtverteidigerbedingungen übernehmen müsse, nur weil ein Beschuldigter dies beantragt. Dabei wurde aber zunächst übersehen, dass auch unter der früheren Rechtslage der *ortansässige* Verteidiger zur Übernahme des Mandats eines ihm bis dato unbekannten Beschuldigten verpflichtet sein konnte, wenn ihn dieser benannte. Es ist nicht bekannt geworden, dass diese seit einem halben Jahrhundert bestehende Rechtslage zu größeren Unzuträglichkeiten geführt hätte.[174]

---

168 BVerfG NStZ **2006** 460 m. Anm. *Hilger*; OLG Köln StV **2006** 463; OLG Hamm StV **2006** 481; StV **2006** 482, 484; LG Dessau-Roßlau StV **2020** 164 (Ls.); *Jahn* NStZ **2007** 255, 258 f.

169 LG Stendal Beschl. v. 25.7.2019 – 501 Qs 37/19, BeckRS **2019** 16428 Tz. 17.

170 S. oben § 137, 21 ff.

171 Anders offenbar *Dölling* Schriftliche Stellungnahme zu den Entwürfen eines Gesetzes zur Stärkung der Rechte von Verletzten und Zeugen im Strafverfahren, webarchiv.bundestag.de, 3, der praktische Probleme im Zusammenhang mit der Beiordnung nicht ortsansässiger Verteidiger befürchtete.

172 Symptomatisch ist, dass der – soweit ersichtlich – die landgerichtliche Spruchpraxis zu § 142 Abs. 1 Satz 1 a. F. abschließende Beschluss einem in Magdeburg Angeklagten letztlich doch den gewünschten Berliner Strafverteidiger beiordnete (LG Magdeburg Beschl. v. 22.9.2009 – 24 Qs 83/09 [n.v.]).

173 Vgl. *Deutscher Richterbund* Stellungnahme zum Regierungsentwurf eines Gesetzes zur Stärkung der Rechte von Verletzten und Zeugen im Strafverfahren (2. Opferrechtsreformgesetz), Stellungnahme Nr. 4/ 2009, 3.

174 Das ist berufsrechtlich auch der durch § 49 Abs. 2 BRAO i. V. m. § 48 Abs. 2 BRAO ermöglichten Option zur kurzfristigen Aufhebung der Beiordnung schon beim Vorliegen gewichtiger Gründe (z. B. tatsächli-

Einen **„wichtigen" Grund** vermag aber spätestens nach der Neuregelung zum 1.10.2009 die **fehlende Ortsnähe** *als solche* **nicht mehr** darzustellen.[175] Richtig ist zudem, dass das Merkmal der Ortsansässigkeit nach dem gesetzgeberischen Willen nicht über eine fiskalisch motivierte Auslegung des Merkmals „wichtiger Grund" und die erforderliche Berücksichtigung von (Reise)Mehrkosten durch die Hintertür doch bei der Auswahl des Pflichtverteidigers wieder eine Bedeutung erlangen darf.[176] Die Einwendungen gegen die Bestellung des vom Beschuldigten gewünschten Verteidigers, die in der langen Kette von vor Einführung des jetzigen Abs. 5 Satz 3 Hs. 1 ergangenen Entscheidungen zurückgewiesen worden sind, dürfen jetzt nicht als wichtiger Grund i. S. d. Satzes 3 **wiederkehren.**[177] Die in verschiedenen – meist begründungslosen – Schattierungen in Rechtsprechung[178] und zuweilen auch im Schrifttum[179] vertretene Gegenauffassung (jedenfalls) zu § 142 Abs. 1 a. F., nach der dieser Gesichtspunkt vom Gericht weiterhin stets, lediglich nicht mehr vorrangig, zu berücksichtigen sei, ist abzulehnen. Die Heranziehung des Kriteriums der **Ortsferne** muss **auf** solche extremen **Ausnahmefälle beschränkt** bleiben, in denen die Kontaktmöglichkeiten zu dem Mandanten ***konkret*** **beeinträchtigt** erscheinen, der Verteidiger also i. S. d. Abs. 5 Satz 3 Hs. 2 **jedenfalls nicht rechtzeitig** zur Verfügung steht.[180] Das mag der Fall sein, wenn die JVA, in der der Beschuldigte inhaftiert ist, und der Kanzleisitz jeweils in ländlicher Region fernab der großen Verkehrswege und zudem **viele hundert Kilometer** voneinander **entfernt** liegen. Entsprechendes muss dann auch für den Fall der ausbleibenden Bezeichnung eines Verteidigers durch den Beschuldigten im Rahmen der **Geeignetheitsprüfung** nach Abs. 6 Satz 2 a. E. gelten. 61

Lassen es die Umstände zu und liegen belastbare Gründe für die Annahme vor, dass in der Person des Verteidigers ein **„wichtiger Grund"** vorliegen wird (der ersichtlich mittellose Beschuldigte eines Flensburger Supermarktdiebstahls benennt einen berühmten Strafverteidiger und Honorarprofessor aus München, der sich nach § 49 BRAO darauf berufen wird, „bereits übermäßig mit Verteidigungen belastet"[181] zu sein), sollte das Gericht mit diesem Verteidiger Kontakt aufnehmen, auf den Umstand der erfolgten Bezeichnung **hinweisen** und ggf. eine daraufhin erfolgende inhaltliche Erklärung des Verteidigers als **Aktenvermerk** niederbringen. Im Sonderfall des Unverzüglichkeitsgebots 62

---

che Verhinderung des Rechtsanwalts durch einwöchige Ortsabwesenheit oder unzureichende Vertrautheit des Anwalts mit der Rechtsmaterie) geschuldet, vgl. Vor § 137, 67.

175 So auch LG Dessau-Roßlau StV **2020** 164 (Ls.); *Lehmann* NStZ **2012** 188, 190 f.; SK/*Wohlers* 24 a. E.; *ders.* StV **2010** 151, 154; Radtke/Hohmann/*Reinhart* 7 a. E.; HK-GS/*Weiler* 5; AnwK-StPO/*Krekeler/Löffelmann/Sommer* 3; HK/*Julius/Schiemann* 1, 7 a. E.; vgl. auch LG Dresden StraFo **2012** 14; Meyer-Goßner/*Schmitt* 5 („keine wesentliche Voraussetzung für eine sachdienliche Verteidigung mehr").

176 Zutr. OLG Stuttgart StV **2018** 144 (Ls.); *Burhoff* StRR **2009** 364, 367.

177 Ebenso im Grundsatz bereits KG StV **1987** 428; OLG Hamm StV **1987** 478.

178 OLG Köln NStZ-RR **2011** 49 m. abl. Anm. *Burhoff* StRR **2011** 64; OLG Hamburg Beschl. v. 17.12.2012 – 2 Ws 175/12 (n.v.); zurückhaltender OLG Köln Beschl. v. 29.6.2012 – 2 Ws 485/12, juris, mit der Maßgabe, dass zusätzlich eine sachdienliche Verteidigung des Beschuldigten und der ordnungsgemäße Verfahrensablauf gefährdet sein müsse. Einem bestehenden Vertrauensverhältnis sei trotz sehr großer Entfernung zum Gerichtsort jedenfalls dann der Vorrang einzuräumen, wenn der Angeklagte am Ort der Anwaltskanzlei wohnt und beide von dort anreisen müssen; OLG Oldenburg StV **2010** 351, 352 m. Anm. *Burhoff* StRR **2010** 268 (jedenfalls „im Einzelfall"); LG Duisburg Beschl. v. 3.9.2012 – 35 Qs 716 Js 9/12 – 102/12 (n.v. und auf die Streichung von § 142 Satz 1 a. F. nicht eingehend).

179 *Lehmann* NStZ **2012** 188, 189 ff. (bei auswärtigen Verteidigern bestehe eine erhöhte Darlegungslast mit Blick auf ein bestehendes Vertrauensverhältnis) und wohl auch *Volk/Engländer* (Grundkurs) § 11, 33.

180 So auch OLG Stuttgart StV **2018** 144 (Ls.); *Schlothauer* StV **2018** 169, 174; SK/*Wohlers* 26; OK-StPO/*Krawcyk* 36.

181 Weyland/*Nöker* § 49, 9; s. bereits oben Rn. 41 und unten Rn. 73.

bei der Verteidigerbestellung im Zusammenhang mit Untersuchungshaft muss dem Beschuldigten, gegen den Haftbefehl erlassen worden ist, nach § 148 Abs. 1 ein unüberwachtes **telefonisches Anbahnungsgespräch** mit dem in Aussicht genommenen Verteidiger gewährt werden.[182] Auch auf diese Weise kann verhindert werden, „dass etwas zusammengeführt wird, was nicht zusammen passt".[183] Lassen die Umstände dieses Verfahren ausnahmsweise nicht zu, ist nötigenfalls nach §§ 143, 143a zu verfahren, die Bestellung aufzuheben und ein Verteidigerwechsel zu initiieren.[184]

63 **cc) Der zur Beistandsleistung im Einzelfall inhabile Verteidiger.** Der von Abs. 5 Satz 3 mit dem unbestimmten Rechtsbegriff des „wichtigen" Grundes belassene **Spielraum** – ein solcher Kontrollraum richterlicher oder staatsanwaltlicher Fremdkontrolle besteht insbesondere nicht im Vorfeld des „wichtigen Grundes"[185] – eröffnet im Rahmen des **Fürsorgeprinzips** nur **in engsten Grenzen** die Möglichkeit, die Wahlpflichtverteidigung, was die Person des Verteidigers betrifft, entgegen dem geäußerten Willen des Beschuldigten einzuschränken.[186] Eine solche Lage kann dann gegeben sein, wenn die Wahl des Beschuldigten auf einen Verteidiger fällt, der aufgrund offensichtlich fehlender basaler Rechts- und Verfahrenskenntnisse nicht fähig oder nicht willens ist, die Autonomie des Beschuldigten im Verfahren zu respektieren, und von dem deshalb keine Pflichtverteidigung zu erwarten ist, die **rückhaltlosen Beistand** für den Beschuldigten zu leisten imstande ist. Entsprechende *eindeutige* Äußerungen und Erklärungen des Verteidigers, die diese Besorgnis aus der **Sicht eines neutralen Dritten** zu wecken geeignet sind, sind also tunlichst noch vor Erlass der Verfügung zu würdigen, mit der die Bestellung durch das nach Abs. 3 zuständige Gericht bewirkt wird. Die Fürsorgepflicht des Vorsitzenden verbietet es damit auch, einen Verteidiger zu bestellen, der wegen eines konkreten **Interessenkonflikts** die Verteidigung nicht mit vollem Einsatz führen kann.[187] Allein die abstrakte Möglichkeit eines solchen (z. B. weltanschaulich-ideologischen) Konflikts reicht jedoch nicht aus; erforderlich sind vielmehr **konkrete Anhaltspunkte** für die Besorgnis. Dies kann – muss aber nicht – im Einzelfall auch bei Verteidigung mehrerer derselben Tat Beschuldigter in einem Verfahren durch Mitglieder **derselben Anwaltssozietät**[188] sowie im Fall der **sukzessiven Mehrfachverteidigung**[189] der Fall sein. Zur Feststellung des Ausmaßes der etwa drohenden Interessenkollision bedarf es jedoch stets einer Anhörung sowohl des Verteidigers als auch des Beschuldigten.[190]

---

182 *Wohlers* StV **2010** 151, 154 f.; *Jahn* FH Tepperwien (2010) 25, 27; vgl. im Einzelnen unten § 148, 7 u. 15.

183 *Schlothauer/Weider/Nobis* (Untersuchungshaft) Rn. 307 a. E.

184 Zu den Einzelheiten § 143, 14 ff.

185 Dazu bereits o. Rn. 42.

186 Vgl. OLG Köln StV **1991** 9; *Schlothauer* StV **2018** 169, 172 f.; *Jahn* FH Tepperwien (2010) 25, 27; OK-StPO/*Krawczyk* 38. Zu weitgehend ursprünglich *Schlothauer/Neuhaus/Matt/Brodowski* HRRS **2018** 55, 66, deren maximales Qualitätssicherungsmodell bei der Pflichtverteidigerbestellung den Gesetzgeber gerade nicht zu überzeugen vermocht hat, s. oben Rn. 39.

187 BGHSt **48** 170, 173; BGH StV **2016** 473 f. Tz. 19 m. Anm. *Barton*; BGH NJW **1992** 1841; OLG Naumburg StraFo **2016** 515, 516; OK-StPO/*Krawczyk* 35.

188 BGH StV **2016** 473, 474 f. Tz. 24 m. Anm. *Barton*; OLG Hamm StV **2004** 641, 642; OLG Rostock StV **2003** 373; OLG Stuttgart (5. StS) StV **2000** 656. **A. A.** noch OLG Stuttgart (1. StS) OLGSt StPO § 142 Nr. 5 (mittlerweile aufgegeben).

189 BGHSt **48** 170 (Beurteilungsspielraum des Vorsitzenden bzgl. Annahme einer konkreten Gefahr) m. Anm. *Berz/Saal* NStZ **2003**, 378; BGH Beschl. v. 26.2.2020 – StB 4/20, BeckRS **2020** 3078 Tz. 18.

190 BGH NStZ **2006** 404, 405; *Barton* StV **2016** 475, 476; OK-StPO/*Krawczyk* 16.

Ein wichtiger Grund kann auch darin liegen, dass konkrete Anhaltspunkte dafür vorliegen, der gewünschte Verteidiger werde seine Stellung ***ausschließlich*** zu **verfahrensfremden Zwecken** nutzen. Es wäre ein Wertungswiderspruch, wenn man denjenigen, der gemäß **§ 138a** als Verteidiger ausgeschlossen werden müsste, zunächst zum Pflichtverteidiger bestellen würde. Dem soll es gleichstehen, wenn der Verteidiger in der Vergangenheit ein Verhalten gezeigt hat, das seine Abberufung als Pflichtverteidiger aus wichtigem Grund rechtfertigen würde und konkreter Anlass bestünde, mit einer Wiederholung dieses Verhaltens zu rechnen. Die aus dieser Fremdkontrolle der Verteidigung durch den Vorsitzenden resultierenden **Gefahren** sind hier freilich zu dominant, so dass (auch) kein „wichtiger Grund" vorliegt.[191] 64

4. Bedeutung des Verweises auf § 136 Abs. 1 Sätze 3 und 4 (Abs. 5 Satz 2)

a) Grundsätzliches. Mit Abs. 5 Satz 2 wird auf die Vorschrift des § 136 Abs. 1 Sätze 3 und 4 rückverwiesen. Demnach sind dem Beschuldigten zielführende Informationen zur Verfügung zu stellen, die ihm eine selbstbestimmte Wahl eines Pflichtverteidigers seines Vertrauens effektiv erst ermöglichen sollen, wenn er keinen Verteidiger zu bezeichnen vermag. Damit gelten unter dem Einfluss von Art. 3 der Richtlinie 2013/48/EU die gleichen neugefassten Grundsätze **wie bei** der **Wahlverteidigung** des § 137 Abs. 1 Satz 1.[192] Ebenso ist demnach in Pflichtverteidigungsfällen auf bestehende **anwaltliche Notdienste** hinzuweisen.[193] 65

b) Listen mit zur Übernahme von Pflichtverteidigungen bereiten Rechtsanwälten. Obgleich das in Abs. 6 Satz 1 angesprochene Gesamtverzeichnis der Bundesrechtsanwaltskammer nach § 31 BRAO eine *dem Grunde nach* geeignete Informationsbasis auch für die in Pflichtverteidigungsfällen häufige Frage sein könnte, welcher Verteidiger bezeichnet werden soll, ist es in Abs. 5 Satz 1 nicht ausdrücklich in Bezug genommen. Das ist widersinnig, richtet sich dieses Gesamtverzeichnis nach dem eindeutigen Wortlaut des § 31 Abs. 2 Var. 3 BRAO doch gerade auch an den **rechtssuchenden Beschuldigten**. Selbst dann, wenn man das Gesamtverzeichnis für auch im Rahmen des Abs. 5 „entsprechend" konsultierbar hielte, enthält es trotz seiner Suchfunktionalität (§ 31 Abs. 2 Satz 3 BRAO) allerdings gerade noch **nicht *alle* Informationen**, die die „Bezeichnung" i. S. d. Abs. 5 als rationale Auswahl eines vollständig informierten Akteurs charakterisieren könnten.[194] 66

Auch der Verweis auf Informationen über einen Verteidiger in der **Belehrung** nach Abs. 5 Satz 2 i. V. m. § 136 Abs. 1 Satz 3 bringt den Beschuldigten zwar dem Wortlaut gemäß „*einem* (Wahl-)Verteidiger", nicht notwendig aber gerade dem ***pflichtverteidigungs*****bereiten Rechtsanwalt** näher, von Rechtslehrern nicht zu reden (was hier aber vernachlässigt werden mag). Dies müsste aber das Ziel der Regelung sein.[195] Andererseits drängt wegen der Notwendigkeit der Beiordnung vor Vernehmungsbeginn (§ 141 Abs. 1 Satz 2 Var. 1) regelmäßig die Zeit. Zusätzlich zu dem seit 2017 auch *de lege lata scripta* verpflichtenden Hinweis auf bestehende anwaltliche Notdienste steht – wie bereits vor Einführung dieser Regelung – deshalb im Raum, ob sich insbesondere für die Übernahme von Pflichtverteidigung in Haftsachen (in den Grenzen der § 49 Abs. 2 i. V. m. 67

191 S. oben Rn. 42.
192 S. oben § 137, 47 ff. zu den mit Wirkung vom 5.9.2017 (BGBl. I S. 3295) geänderten Vorschriften.
193 S. dazu ebenfalls oben § 137, 51 f.
194 De lege ferenda dazu *Holtermann* »Verteidiger der ersten Stunde« – die Anwaltschaft in der Pflicht (Editorial), StV 5/**2020** I.
195 Vgl. nur LG Frankfurt/O. StV **2010** 235 f.

§ 48 Abs. 2 BRAO) empfiehlt, bei den Justizbehörden spezielle, mindestens jährlich zu aktualisierende Listen vorzuhalten. Sie wären dazu bestimmt – und müssen dazu auch geeignet sein –, dem noch **unentschlossenen und unsicheren Beschuldigten**, der sich zu dem Zeitpunkt, in dem er die Auswahl treffen soll, in der psychischen Ausnahmesituation nach vorläufiger Festnahme befindet, als **effektive Auswahlhilfe** zu dienen.[196]

68 Es wäre sinnvoll gewesen, der StPO-Gesetzgeber hätte die – technisch mögliche – Entscheidung getroffen, in das BRAK-Gesamtverzeichnis neben dem Fachanwaltstitel, der Dauer der Zulassung zur Anwaltschaft und der Bereitschaft zur Übernahme von Pflichtverteidigungsmandaten nach dem geltenden Abs. 6 Satz 2 auch aufzunehmen, welche **drei Tätigkeitsschwerpunkte** i. S. d. § 7 Abs. 1 BO der übernahmebereite Rechtsanwalt hat, ob er möglicherweise sogar auf Legal Aid-Fälle **spezialisiert** ist,[197] welche **Fremdsprachen** er spricht und welche Sonderqualifikationen er hat, um dem Auswählenden eine interessengerechte Auswahlentscheidung anhand dieser objektiven Kriterien jenseits des *numerus clausus* des § 31 Abs. 3 Nrn. 1-10 BRAO zu ermöglichen. Obwohl der Gesetzgeber sich, wohl auch wegen datenschutzrechtlicher Bedenken von Seiten der organisierten Anwaltschaft, dagegen entschieden hat, heißt dies nicht, dass solche **Listen** nicht dennoch (weiter-)[198] **geführt** werden könnten. Angesichts des Ziels möglichst effektiver Verteidigung sollten dabei insbesondere Rechtsanwälte mit einschlägigen Tätigkeitsschwerpunkten, Fortbildungsnachweisen im Legal Aid-Bereich (z. B. Erfahrungen im Umgang mit dem Europäischen Haftbefehl)[199] unter Hervorhebung weiterer einschlägiger **Zusatzqualifikation(en)** (z. B. Wirtschaftsprüfer, Steuerberater, vereidigter Buchprüfer),[200] besonderer Fremdsprachenkenntnisse,[201] der Dauer ihrer Zulassung zur Anwaltschaft und der Erreichbarkeit auch an Wochenenden sowie Sonn- und Feiertagen (Handynummer) aufgenommen werden.[202] Diesen Anforderungen genügende Fotokopien sind dem Beschuldigten i. R. d. § 163a Abs. 4 Satz 2 i. V. m. § 136 Abs. 1 Sätze 3 und 4 i. d. R. **vor der polizeilichen Vernehmung** physisch **auszuhändigen**, da ein Zugang über das Internet aus vollzuglichen Gründen gerade in den Fällen des § 141 Abs. 2 Nr. 1 i. V. m. § 140 Abs. 1 Nr. 4 nicht ohne Weiteres umsetzbar sein wird. Daneben sind dem vorläufig Festgenommenen im Einzelfall dem Zweck der Auswahlentscheidung des Abs. 5 dienende **Telefonate** und Sprechstunden mit Vertrauenspersonen zum Zwecke der weiteren verteidigungsbezogenen Informationsbeschaffung **zu ermöglichen.**[203]

---

196 Zu den seinerzeitigen Vorschlägen nach dem UHaftÄndG im Einzelnen *BRAK* StV **2010** 544, 545; *DAV* Stellungnahme Nr. 55/2009 4; *Strafverteidigervereinigungen* StV **2010** 109, 110; *Thielmann* HRRS **2009** 452, 454 f.; *Heydenreich* StRR **2009** 444, 447; AnwK-UHaft/*König* § 140, 4 f., der daneben auch für eine freigiebige Ermöglichung von Telefonaten und Sprechstunden mit Vertrauenspersonen zum Zwecke der Informationsbeschaffung plädiert; vgl. zur gebotenen Hilfe bei der Verteidigerauswahl ferner *F. Schmidt* NJ **2012** 284, 286.

197 S. dazu oben Rn. 43 (zu dem Inhalt eines im Gesetzgebungsverfahren vorgeschlagenen § 49 Abs. 4 BRAO-E). Zu den hervorragenden Erfahrungen mit spezialisierten Legal Aid-Dienstleistungen und systemischer Infrastruktur wie Legal Aid-Boards in anderen EU-Ländern – insbesondere in den Niederlanden – siehe *Zink* 132 ff., 156 ff.

198 Zur bisherigen Praxis der Verteidigerlisten *Jahn* StraFo **2014** 177, 187 f.

199 Vgl. § 140, 123.

200 Zu diesem Gesichtspunkt KG Beschl. v. 7.8.2000 – 1 AR 926/00 – 4 Ws 142/00; OLG München StV **1986** 422; LG Freiburg StV **1989** 117.

201 Vgl. LG Osnabrück StV **1987** 383.

202 Vgl. *Wohlers* StV **2010** 151, 154; *Jahn* FS Rissing-van Saan (2011) 275, 294 f. Die von *Schlothauer/Weider/Nobis* (Untersuchungshaft) Rn. 317 aufgeführten weiteren Kriterien wie Publikationen, Vorträge und Falllisten sind zweifelhaft.

203 So auch AnwK-UHaft/*König* § 140, 4 a. E. Zur Praxis demgegenüber *Jahn* StraFo **2014** 177, 187.

Die bisherige **Praxis** der Aufstellung und Nutzung solcher Listen war in den Gerichtsbezirken jedenfalls äußerst heterogen, **intransparent** und gemessen an dem Ziel der Regelung der §§ 140 ff., dem Beschuldigten eine effektive und geordnete Verteidigung unabhängig von seinen finanziellen Möglichkeiten zu gewährleisten, in einer Vielzahl von Fällen **unzureichend.**[204] Zum einen existierten eine Vielzahl von Listen **unterschiedlichster Urheberschaft** (örtliche Rechtsanwaltskammern, lokale Strafverteidigervereinigungen, Anwaltvereine, Haftrichter) – vorgeschlagen wird eine Erstellung durch die örtlichen Rechtsanwaltskammern im Einvernehmen mit den lokalen Anwaltvereinen und Strafverteidigervereinigungen und deren Bereitstellung für Gerichte und Staatsanwaltschaften –[205] und zum anderen enthalten die Listen bislang häufig keine Aussage zur Qualifikation und Befähigung der genannten Verteidiger und zu möglichst allen sachlichen Auswahlkriterien. 69

Es sei nicht verschwiegen, dass analog der durchaus komplexen Rechtslage bei Insolvenzverwaltern[206] bislang nicht gerichtlich entschiedene **Wettbewerbsfragen** aufgeworfen werden können, wenn beispielsweise einem auch für Schwurgerichtsverfahren bestellungswilligen auswärtigen Anwalt mit einer Zulassung von weniger als einem Jahr die Aufnahme in eine solche Liste verweigert würde. Diese Fragen haben vor dem Hintergrund des Art. 12 Abs. 1 GG durchaus verfassungsrechtlichen Gehalt, der allerdings durch die Zivilgerichte für die Anwaltschaft bislang noch nicht ausgelotet werden musste.[207] 70

IV. Die Rolle des Verteidigers

1. Kein eigener Anspruch des Verteidigers auf Bestellung. Die Aufgabe der Pflichtverteidigung besteht auch nach der Neuordnung des Rechts der notwendigen Verteidigung zum 13.12.2019 weiterhin nicht darin, dass „dem Anwalt zu seinem eigenen Nutzen und Vorteil eine zusätzliche Gelegenheit beruflicher Betätigung“ verschafft wird.[208] Vielmehr ist es der **Beschuldigte,** auf dessen Interessen das Gesetz Rücksicht nimmt. Daher hat der präsumtive (Pflicht-)Verteidiger **kein subjektiv-öffentliches Recht** auf Bestellung.[209] Der Wahlverteidiger selbst kann mangels gesetzlicher Grundlage und, wie Abs. 7 Satz 2 erkennen lässt („der Beschuldigte“), mangels Beschwer einen solchen Anspruch nicht haben, sondern nur der Beschuldigte (vgl. Abs. 5 Satz 3: „*ist* zu bestellen“).[210] Der bestellte Verteidiger kann sich zur **Verständigung mit dem Beschuldigten** der in § 186 GVG genannten Verständigungsmittel – auch eines dazu geeigneten 71

---

204 Für eine insgesamt transparente Beiordnungspraxis *Strafverteidigervereinigungen* StV **2010** 109, 110; *Schoeller* StV **2017** 194, 202; *Heydenreich* StV **2011** 700, 701; *Jahn* (Rechtswirklichkeit) 127 ff.; *ders.* StraFo **2014** 177, 194; *ders.*, in: 41. Strafverteidigertag 177, 194 f.

205 **A. A.** *Krekeler* Kammerreport Hamm 4/2009 9: „In erster Linie wird es Aufgabe der örtlichen Anwaltvereine sein, ... den für die Anordnung strafprozessualer Zwangsmaßnahmen zuständigen Abteilungen der Amtsgerichte Rechtsanwältinnen und Rechtsanwälte zu benennen, die bereit sind, sich beiordnen zu lassen ...“.

206 Vgl. BVerfGK **4** 1, 6; BVerfGE **103** 111, 137 f.; BVerfG NJW **2006** 2613 Tz. 23 f.

207 Zu den Einzelheiten *Huff* 4 ff.; *Jahn*, in: 41. Strafverteidigertag 177, 193 (verfassungsrechtlicher Anspruch auf Aufnahme in die Liste aus Art. 12 GG).

208 Vgl. zum bisherigen Recht BVerfGE **39** 238, 242 – *Croissant*; BGH b. *Pfeiffer/Miebach* NStZ **1987** 217; OLG Düsseldorf AnwBl. **1988** 178; NStZ **1987** 41; OLG Köln NStZ **1982** 129.

209 OLG Schleswig SchlHA **2003** 190; OLG Düsseldorf Beschl. v. 28.1.1999 – 1 Ws 74/99; wistra **1992** 320.

210 Einzelheiten vgl. Rn. 55.

Dolmetschers oder sonstigen Verständigungshilfen – bedienen.[211] **Kosten**, die dadurch entstanden sind, dürfen ihm nach § 464c grundsätzlich nicht auferlegt werden.

72 **2. Pflicht des Rechtsanwaltes zur Übernahme der Pflichtverteidigung.** Als Gegenstück zum Kontrahierungszwang[212] lässt sich die in **§ 49 Abs. 1 BRAO** ausgesprochene rechtliche Bindung des Rechtsanwalts zur **Übernahme** von **Pflichtverteidigungsmandaten** als organisatorisch notwendige Folge der Zurverfügungstellung (bei Zwangspflichtverteidigung gemäß § 144 Abs. 1: Aufdrängung) staatlicher Mittel zur Wahrnehmung persönlicher Interessen in der Auseinandersetzung mit den staatlichen Strafverfolgungsorganen rechtfertigen.[213]

73 Gleichwohl gibt es zahlreiche **Ausnahmen** von dieser Verpflichtung.[214] Der Rechtsanwalt kann nach § 49 Abs. 2 (i. V. m. § 48 Abs. 2) BRAO seinerseits beantragen, ihn nicht beizuordnen oder die Beiordnung aufzuheben, wenn dafür **wichtige Gründe** vorliegen. Gründe allgemeiner Art (insuffiziente RVG-Gebührenhöhe o. ä.) genügen zwar nicht, sehr wohl aber bereits, wenn der Rechtsanwalt mit dem Strafrecht und dem Strafverfahren nicht vertraut ist, weil er seit Jahren nur andere Rechtsmaterien bearbeitet; er bereits übermäßig mit Verteidigungen belastet ist; das Vertrauensverhältnis des Anwalts zum Beschuldigten nicht hergestellt werden kann, etwa, weil die Ideologien, die der Tat zugrunde liegen, dem Anwalt so wesensfremd sind, dass er dem Beschuldigten nicht das Gefühl geben könnte, er werde sich voll für ihn einsetzen, oder sich der Anwalt wegen hohen Alters den Anstrengungen einer Hauptverhandlung nicht mehr gewachsen fühlt.

74 **3. Keine Pflicht des Rechtslehrers zur Übernahme der Pflichtverteidigung.** Eine vergleichbare Verpflichtung des Hochschullehrers i. S. d. § 138 Abs. 1 Var. 2 zur **Übernahme** von Pflichtverteidigungsmandaten besteht nicht. Es fehlt gerade an einer Norm wie § 49 Abs. 1 BRAO,[215] so dass er nur mit seinem Einverständnis beigeordnet werden kann. Dass der Einbeziehung der Rechtslehrer in den Kreis bestellbarer Pflichtverteidiger **keine Übernahmepflicht** korrespondiert, mag mit Blick auf die Ausführungen zur Einheit des Kontrahierungszwanges[216] *prima facie* widersprüchlich erscheinen. Die Erklärung ist, dass die Verteidigung durch Rechtslehrer ohnehin nicht zwingend zum System des Strafprozessrechts gehört, sondern eine historisch gewachsene Konzession ist,[217] die – nur aus Gründen der Reinheit der Doktrin – abzuschaffen keine Veranlassung besteht.

75 **4. Untervollmacht und Vertretung bei der Pflichtverteidigung.** Nach überwiegender Meinung ist die **Erteilung** einer **Untervollmacht** durch den Pflichtverteidiger[218]

---

211 Zur gleichgelagerten Frage der Hinzuziehung eines Dolmetschers bei einem der deutschen Sprache nicht mächtigen Beschuldigten s. LR/*Wickern*[26] § 185 GVG, 10 f. m. w. N.

212 Vgl. *Lüderssen* NJW **1986** 2742, 2744; *Jahn* (Konfliktverteidigung) 240 f. sowie unten § 143, 2 u. Vor § 137, 57 u. 65. **A. A.** *Haffke* StV **1981** 471, 477.

213 So bereits BVerfG AnwBl. **1987** 194; BGH b. *Pfeiffer/Miebach* NStZ **1983** 208.

214 Vgl. zur Spruchpraxis BGH NStZ **1995** 296; StV **1993** 564; NStZ **1992** 293; OLG Hamm NJW **1975** 1283; OLG Oldenburg NdsRpfl. **1972** 245; Weyland/*Nöker* § 49, 9. Anders noch (das Ablehnungsrecht sei eng auszulegen) OLG Frankfurt AnwBl. **1975** 30; OLG Koblenz MDR **1971** 679.

215 Das ist unstreitig, vgl. nur MüKo/*Thomas/Kämpfer* 20; SK/*Wohlers* 12; AnwK/*Krekeler/Löffelmann/Sommer* 2; OK-StPO/*Krawcyk* 46. Zu einer Konsequenz hieraus für Abs. 6 Satz 1 unten Rn. 80.

216 Vgl. Vor § 137, 57 u. 65.

217 Vgl. § 138, 18 f.

218 BGH NStZ-RR **2020** 118 (Ls.); BGH b. *Kusch* NStZ **1996** 21; BGH NStZ **1995** 356 m. zust. Anm. *Ehrlicher*; BGH b. *Pfeiffer/Miebach* NStZ **1983** 208 u. 354; BGH StV **1982** 213; StV **1981** 393; KG JR **1981** 86; OLG

ebenso unzulässig wie die Übertragung der Verteidigung auf den Sozius des beigeordneten Rechtsanwalts.[219] Diese Auffassung ist offenbar stark von der mit der Pflichtverteidigerstellung nach st. Rspr.[220] verbundenen öffentlichen Komponente geprägt. Geht man hingegen – wie hier –[221] von der Notwendigkeit aus, die Pflichtverteidigung der Wahlverteidigung, soweit rechtlich zulässig, anzugleichen, bestehen allerdings dann keine Bedenken gegen die Erteilung einer Untervollmacht, wenn der Beschuldigte damit – wie im Falle des § 139 bei der Übertragung des Wahlmandats[222] auf den Referendar – **ausdrücklich einverstanden** ist.[223]

In der **Praxis** wird ohnehin faktisch die Erteilung von Untervollmacht akzeptiert, 76
wenn ausnahmsweise bei vorübergehender Verhinderung die Vertretung des Pflichtverteidigers zulässig sein soll.[224] Die Versuche, die Vertretung in diesen Fällen zu rechtfertigen,[225] sind äußerst mühsam und machen einmal mehr deutlich, wie dysfunktional eine Konzeption der Pflichtverteidigung sein muss, die sich den einfachen Weg zum Institut der Untervollmacht verstellt.

Der nach § 53 BRAO bestellte **allgemeine Vertreter** des Pflichtverteidigers darf in 77
dieser Funktion hingegen an Stelle des beigeordneten Rechtsanwaltes die **Verteidigung führen.**[226] Wird offenbar, dass der allgemeine Vertreter hierzu nicht in der Lage ist – etwa weil in *seiner* Person die oben[227] angeführten wichtigen Gründe vorliegen –, kann die Bestellung auch hier zurückgenommen werden.[228]

E. Die Auswahl des Pflichtverteidigers durch das Gericht oder die Staatsanwaltschaft (Abs. 6)

Bezeichnet der Beschuldigte innerhalb der ihm gesetzten angemessenen Frist kei- 78
nen Verteidiger – was in der Praxis keinen Einzelfall darstellt –,[229] obliegt es dem Gericht (Abs. 3) oder in Eilfällen der Staatsanwaltschaft (Abs. 4), nunmehr nach Abs. 6 **amtswegig** einen Verteidiger zu bestellen. Da die Auswahlentscheidung von dritter Seite getrof-

---

Hamburg NStZ **1983** 88; *Schnarr* NStZ **1996** 214; OK-StPO/*Krawczyk* 30; Meyer-Goßner/*Schmitt* 15; HK/*Julius/Schiemann* 13. **A. A.** früher OLG Hamburg NJW **1963** 2040; OLG Stuttgart NJW **1955** 1291.

219 BGH StV **1981** 12; OLG Hamm StV **1998** 600; OLG Düsseldorf NJW **1993** 2002; BayObLG StV **1983** 55; NJW **1981** 1629; LG Berlin NStZ **2000** 51; Meyer-Goßner/*Schmitt* 15; HK/*Julius/Schiemann* 1.

220 Oben Rn. 1 f.

221 Oben Rn. 5 ff.

222 Oben § 139, 5.

223 Mit anderer Begründung im Ergebnis ebenso LG Potsdam Beschl. v. 11.5.2011 – 24 Qs 32/11, BeckRS **2011** 21188.

224 Vgl. OLG Frankfurt NJW **1980** 1703; LG Potsdam Beschl. v. 11.5.2011 – 24 Qs 32/11, BeckRS **2011** 21188; KK/*Willnow* 10; *Dahs* (Hdb.) 150.

225 Vgl. noch LR/*Dünnebier*[23] 10 m. w. N. zur ält. Rspr.: Es liege eine stillschweigende Bestellung des zweiten Verteidigers vor, der allerdings keinen eigenen Gebührenanspruch habe, sondern aufgrund einer Vereinbarung der beiden Verteidiger hierauf verzichte. Zweifel an dieser Konstruktion offenbar auch bei Meyer-Goßner/*Schmitt* 15.

226 BGH NStZ-RR **2020** 118 (Ls.); NStZ **1992** 248; NJW **1975** 2351; OLG Düsseldorf NJW **1994** 1296; BayObLG StV **1989** 469; OLG Frankfurt NStZ **1988** 239; NJW **1980** 1703; OLG Schleswig SchlHA **1991** 165; KK/*Willnow* 10.

227 Rn. 73.

228 BGH NStZ **1992** 248; Meyer-Goßner/*Schmitt* 17.

229 Vgl. für die Untersuchungshaftfälle *Schlothauer* FS Samson (2010) 709, 716; *F. Schmidt* NJ **2012** 284, 285; *Jahn* (Rechtswirklichkeit) 115 ff.; zu Gründen (z. B. Informationsdefizit) bereits soeben Rn. 67.

fen wird, ist das Vertrauen, wie es zwischen dem Beschuldigten und einem von ihm bezeichneten Verteidiger prospektiv hergestellt werden könnte, nunmehr kein Kriterium für die Auswahlentscheidung.[230] Stattdessen dient Abs. 6 der **Qualitätssicherung.**

I. Bedeutung der Qualitätsanforderungen der PKH-Richtlinie

79 Art. 7 der PKH-Richtlinie,[231] dessen Umsetzung § 142 Abs. 6 dient, besagt in Abs. 1, dass die Mitgliedstaaten die erforderlichen Maßnahmen – auch finanzieller Art – zu treffen haben, um sicherzustellen, dass ein **wirksames System** der Prozesskostenhilfe von **angemessener Qualität** besteht und die Qualität der mit der Prozesskostenhilfe verbundenen Dienstleistungen angemessen ist, um die Fairness des Verfahrens zu wahren. Andererseits ist auch die Unabhängigkeit der Rechtsberufe gebührend zu achten. Art. 7 stellt für eine Richtlinie auf diesem Regelungsgebiet damit **ungewöhnlich explizite Vorgaben** auf.[232]

80 Deshalb hat man die Vorschrift des § 142 Abs. 6 vor diesem europarechtlichen Hintergrund zu lesen. Richtigerweise hat der deutsche Gesetzgeber die **Qualitätsanforderungen** nur auf Fälle **beschränkt**, in denen nicht der Beschuldigte selbst bereits die Auswahlentscheidung (nach Abs. 5 Satz 3) getroffen hat, denn diesen Fällen ist bereits das Vertrauen, das der Beschuldigte dem von ihm gewählten Verteidiger entgegenbringt, ein hinreichender Indikator für qualitativ hochwertige Verteidigung.[233] Dessen ungeachtet muss man, zumal vor dem Hintergrund des Monitoring durch die EU-Kommission im Rahmen der Umsetzungskontrolle der Legal Aid-Richtlinie, über die Vorgaben des Abs. 6 hinaus weiter diskutieren, ob und wie zusätzlich eine transparente Beiordnungspraxis gewährleistet werden kann. Dem Vorwurf der Bevorzugung bestimmter Verteidiger, insbesondere solcher, die dem Gericht bekannt sind oder einen einseitig konsensualen Verteidigungsstil ohne latent vorhandene Konfliktbereitschaft oder auch nur -fähigkeit pflegen und dann dem Beschuldigten beigeordnet werden,[234] kann, wie dies durch den Deutschen AnwaltVerein schon lange gefordert wird,[235] durch die regelmäßige **wissenschaftliche Evaluierung der Beiordnungspraxis** und der damit einhergehenden Schaffung von **Transparenz** vorgebeugt werden.[236] Eine vollständige und insbesondere kontinuierliche Umsetzung dieser Forderung steht noch aus.[237] Voraussetzung ist dafür

---

230 Eingehend dazu *Jahn/Zink* Barton-Symp. (2020) 49, 65 f.

231 Vgl. oben Entstehungsgeschichte II.3.b. sowie Rn. 39.

232 *Cras* Eucrim 1/**2017** 34, 43; *Zink* 47 f.; s. auch die Forschungsergebnisse der Projektgruppe „QUALAID" zur Einhaltung der Legal Aid-Qualitätsstandards in den EU-Mitgliedstaaten, *Jahn/Zink* Barton-Symp. (2020) 49, 59 ff.; *Burchard/Jahn/Zink et al.* Allgemeine Standards für Anbieter staatlich finanzierter Strafverteidigung (2018) 12 ff., http://www.jura.uni-frankfurt.de/75785045/Allgemiene_Standards_Qual_Aid.pdf (URL zuletzt abgerufen am 1.10.2020).

233 Eingehend dazu *Jahn/Zink* Barton-Symp. (2020) 49, 66 f.; *Nitz* 95 und bereits oben Rn. 39 ff. **A. A.** *Schlothauer/Neuhaus/Matt/Brodowski* HRRS **2018** 55, 60 f.

234 S. unten Rn. 86.

235 *DAV* Stellungnahme Nr. 55/2009 6 f.

236 Vgl. für die Umsetzung der PKH-Richtlinie auch *Conen* AnwBl. Online **2020** 317, 319; *Strafverteidigervereinigungen* Regensburger Thesen zum Strafprozess (2019) 15 f.

237 Zu Recht krit. *Heydenreich* StRR **2009** 444, 448; *ders.* StV **2011** 700; *ders.* NJW **2011** 1927, 1928. Die Stellungnahme des Justizministeriums des Freistaates Sachsen v. 1.7.2010 auf LTDrucks. **5** 2642 zeichnet hingegen ein Bild, nach dem der Beschuldigte i. d. R. einen Verteidiger benennt und dieser ihm auch beigeordnet wird.

auch eine grundsätzliche Bereitschaft in der (Ermittlungs-)Richterschaft, die ermessensleitenden Gründe für eine Beiordnung anonymisiert zu dokumentieren.[238]

II. Die als Pflichtverteidiger nach Abs. 6 bestellbaren Personen

1. Auswahl aus dem Gesamtverzeichnis der Bundesrechtsanwaltskammer. Das 81
Gericht muss nach Abs. 6 Satz 1 („ist er ... auszuwählen“) dann, wenn der Beschuldigte sein Bezeichnungsrecht nicht nutzt, einen zugelassenen Rechtsanwalt auswählen, der im **Gesamtverzeichnis der Bundesrechtsanwaltskammer** nach § 31 BRAO gelistet ist. Aus dem Kreis der bestellbaren Personen fallen – anders als bei Abs. 5 –[239] also die Rechtslehrer von vornherein heraus. Begründet werden kann diese Ungleichbehandlung mit dem sachlichen Grund von Praktikabilitätserwägungen wie Fragen der Erreichbarkeit von Hochschullehrern mangels Kanzleibetriebs und der fehlenden Pflicht der **Rechtslehrer** zur Übernahme des Pflichtverteidigungsmandats.[240]

a) Fachanwälte für Strafrecht (Abs. 6 Satz 2 Var. 1). Zusätzlich „soll“ **in aller Regel nach Abs. 6 Satz 2** eine von zwei Voraussetzungen erfüllt sein: **Entweder** der Verteidiger hat einen **Fachanwaltstitel im Strafrecht** nach § 1 Satz 2 Var. 2 FAO, der ihm aufgrund besonderer Kenntnisse nach § 13 FAO und nachhaltiger praktischer Erfahrungen nach § 5 Abs. 1 lit. f FAO verliehen wurde. 82

b) Andere geeignete Verteidiger (Abs. 6 Satz 2 Var. 2). Oder der bestellungswillige Verteidiger hat zwar keinen Fachanwaltstitel im Strafrecht, hat jedoch sein **Interesse** an der Übernahme von Pflichtverteidigungen gegenüber der Rechtsanwaltskammer **angezeigt**, was nach § 31 Abs. 3 Nr. 10 BRAO auch im **BRAK-Gesamtverzeichnis** aufscheint. Um die Auswahl eines Verteidigers, der die in Abs. 6 Satz 2 genannten Kriterien erfüllt, praktisch auch zu ermöglichen, muss das Verzeichnis neben einer Suchmöglichkeit für die Fachanwaltsqualifikation (§ 31 Abs. 3 Nr. 5 BRAO, § 7 Abs. 1 Nr. 6 der auf § 31c BRAO beruhenden Rechtsanwaltsverzeichnis und -postfachverordnung [RAVPV]) auch eine Suchfunktion aufweisen, in der Auskunft darüber gegeben wird, ob der Rechtsanwalt sein Interesse an der Übernahme von Pflichtverteidigungsmandaten bekundet hat (§ 31 Abs. 3 Nr. 10 BRAO, § 7 Abs. 1 Nr. 7 RAVPV).[241] Der Grund für diese Erweiterung des bestellbaren Personenkreises liegt nach der Gesetzesbegründung in der für einige ländlich geprägte Bundesländer gut nachvollziehbaren Erwägung, dass „auch in der Fläche“[242] der Bedarf an qualifizierter Pflichtverteidigung sicherzustellen ist. Dazu tritt aber noch die weitere, mehr implizite Erwägung, dass man einen *closed shop* von Fachanwälten zu vermeiden hat, weil ohne Pflichtverteidigungsmandate Junganwälte mit dem Interessengebiet Straf- 83

---

238 *Meier-Göring* DRiZ **2011** 307.
239 Vgl. oben Rn. 37.
240 Vgl. oben Rn. 74.
241 Die technische Umsetzung im Gesamtverzeichnis der BRAK ist wegen der Verknüpfung mit dem besonderen elektronischen Anwaltspostfach – beA – (§ 31 a BRAO) bei Drucklegung dieser Kommentierung noch nicht abgeschlossen. Das beA dient der elektronischen Kommunikation der in das Gesamtverzeichnis verpflichtend eingetragenen Mitglieder der Rechtsanwaltskammern (§ 1 RAVPV), der Rechtsanwaltskammern und der Bundesrechtsanwaltskammer mit den Gerichten auf einem sicheren Übermittlungsweg sowie der elektronischen Kommunikation der Mitglieder der Rechtsanwaltskammern, der Rechtsanwaltskammern und der Bundesrechtsanwaltskammer untereinander, vgl. Weyland/*Brüggemann* § 31a, 3.
242 Vgl. BTDrucks. **19** 13829 S. 42.

recht Schwierigkeiten bekommen könnten, die für den Nachweis nachhaltiger praktischer Erfahrungen nach § 5 Abs. 1 lit. f FAO erforderliche Mindestzahl von Fällen überhaupt in überschaubarer Zeit sammeln zu können. In dieser zweiten Variante muss der Verteidiger zusätzlich „für die Übernahme der Verteidigung **geeignet**" sein, während im Falle des Fachanwalts die Eignung so lange unwiderlegbar vermutet wird, wie er nicht des Titels im Wege von Rücknahme oder Widerruf (§ 25 FAO) verlustig geht. Mit diesem unbestimmten Rechtsbegriff will der Gesetzgeber den Beschuldigten davor bewahren, dass **„ausnahmsweise** (zum Beispiel in einem **besonders schwierigen Fall**) eine interessierte Rechtsanwältin oder ein interessierter Rechtsanwalt für die Übernahme der Pflichtverteidigung nicht geeignet erscheint (zum Beispiel weil sie oder er **noch sehr unerfahren** ist)".[243] Dies habe das Gericht individuell zu berücksichtigen.

84 Die Frage, wie der Richter oder – zumal in einem Eilfall nach Abs. 4 – der Staatsanwalt diejenigen Tatsachen erkennen oder im Zweifelsfall sogar ermitteln soll, aus denen sich die (zu große) Unerfahrenheit für den (zu schwierigen) Fall im Rahmen des Abs. 6 Satz 2 ergeben soll, hat der Gesetzgeber nicht angesprochen. Das bedeutet allerdings **nicht**, dass die **Rechtsanwaltskammern**, nachdem die öffentlich-rechtliche Selbstverwaltung der Anwaltschaft die historische, rechtspolitisch greifbare Chance hat verstreichen lassen, die Zuständigkeit für die Auswahl des Pflichtverteidigers zu übernehmen, der dann nur noch von Gericht oder Staatsanwaltschaft formal bestellt wird,[244] nun über den Begriff der „Geeignetheit" **selektieren** dürften, welche Rechtsanwälte die erforderliche Eignung aufweisen. Die Rechtsanwaltskammern sind allein zur Entgegennahme solcher Interessenbekundungen nach der StPO legitimiert.[245] Allenfalls die zurückhaltende Formulierung von **Indikatoren**, die in der notwendigen **Gesamtschau** angesichts des ***konkreten*** **Tatvorwurfs** gegen einen Eignungsmangel sprechen können, ist **zulässig.**

85 In der Literatur[246] und in rechtspolitischen Stellungnahmen[247] wurde zum Teil vertreten, dass insbesondere das Kriterium der Anzeige des Interesses an der Übernahme von Pflichtverteidigungsmandaten kein hinreichend qualitätssicherndes Kriterium sei. Gleichwohl hat der Gesetzgeber sich für diesen **relativ niedrigschwelligen Zugang** zu Pflichtverteidigungsmandaten entschieden; die Grenze hat er ausweislich der gleichzeitigen Streichung des § 142 Abs. 2 a. F. mit Blick auf strafjuristische Qualifikation und praktische Verteidigungserfahrung erst beim Rechtsreferendar gezogen. Bei der Bewertung, ob die Kriterien des Art. 7 der PKH-Richtlinie erfüllt sind, empfiehlt sich ohnehin eine holistische Betrachtung des gesamten Systems, in der auch andere Kriterien – wie beispielsweise die Qualität der Juristenausbildung oder von Fortbildungen – eine nachgelagerte Regulierung der Zugangsvoraussetzungen ersetzen können.[248]

---

243 Vgl. BTDrucks. **19** 13829 S. 42.

244 Vgl. dazu einerseits *Schlothauer* StV **2019** 169, 174; SSW/*Beulke* 61 und – mit ausformuliertem Gesetzesvorschlag – *Schlothauer/Neuhaus/Matt/Brodowski* HRRS **2018** 55, 61 und andererseits *BRAK* Stellungnahme Nr. 34/2018, 5 Ziff. 11: Die „noch zu bestimmende Art und Weise", wie die Anwaltskammern „in die Auswahl des Pflichtverteidigers" miteinbezogen werden, wurde nie konkretisiert.

245 Vgl. hierzu auch das Schreiben des BMJV – RB2 – an die BRAK v. 21.11.2019 („Verfahren zur Interessenbekundung bei den Rechtsanwaltskammern").

246 SSW/*Beulke* 61 („frommer Wunsch"); *Spitzer* StV **2020** 418, 424 („nur bedingt hilfreich"); *Conen* AnwBl. Online **2020** 317, 319; *Schlothauer* KriPoZ **2019** 3, 11 f.

247 *BRAK* Stellungnahme Nr. 1/2019 (zum RefE des BMJV eines Gesetzes zur Neuregelung des Rechts der notwendigen Verteidigung) 10; materiell hat sich in diesem Punkt im seit 13.12.2019 geltenden Recht nichts mehr geändert.

248 Sog. Toolbox-Prinzip, vgl. *Jahn/Zink* Barton-Symp. (2020) 49, 60; *Burchard/Jahn/Zink et al.* Allgemeine Standards für Anbieter staatlich finanzierter Strafverteidigung (2018) 10 ff., http://www.jura.uni-frank

c) Auswahl eines anderen Rechtsanwalts. Die Auswahl eines Verteidigers, der keines der beiden vorgenannten Kriterien[249] erfüllt, ist im Prinzip denkbar. Bei Abs. 6 Satz 2 handelt sich nur um eine **„Soll"-Regelung**. Ausnahmsweise zulässig ist die Bestellung eines Nicht-Anwalts ohne eingetragene Interessensbekundung in Fällen, in denen ein geeigneter Verteidiger **nicht rechtzeitig** zur Verfügung steht. Das wird indes vor dem Hintergrund des Art. 7 PKH-Richtlinie auf besondere **zeitliche Ausnahmefälle** beschränkt bleiben müssen.[250] Die Regelung will gerade eine **klandestine Beiordnungspraxis** von fachlich im Strafrecht wenig qualifizierten Personen verhindern, die aber das Vertrauen der bestellenden Person genießen.[251] Auch in diesen Fällen soll das Gericht oder die Staatsanwaltschaft deshalb dafür Sorge tragen, dass die Person für die Übernahme der Pflichtverteidigung geeignet ist.[252] 86

2. Sachliche Kriterien bei der Pflichtverteidigerauswahl nach Abs. 6 Satz 2

a) Kein freies Bestellungsermessen. Der nach Abs. 6 bestellungspflichtige Richter oder Staatsanwalt sieht sich in der **Praxis** einem Gesamtverzeichnis gegenüber, das hunderte oder – vor allem im großstädtischen Bereich – möglicherweise sogar **tausende von Rechtsanwälten** ausweist, die die genannten Formalkriterien nach Abs. 6 Satz 2 erfüllen.[253] Eine richterliche Verteidigerbestellung ohne die Heranziehung generalisierender, aber sachlich begründeter **Auswahlkriterien** kann sich deshalb dem Vorwurf einer Konterkarierung des schon mit dem UHaftÄndG 2009 und nunmehr mit dem Gesetz zur Neuregelung der notwendigen Verteidigung 2019 verfolgten Regelungsziels der Stärkung der Verteidigungsrechte im Vorverfahren aussetzen und mit dem Recht des Beschuldigten auf ein **faires Verfahren** in Konflikt geraten.[254] Deshalb steht dem Gericht, entgegen einer teilweise anders verfahrenden Praxis, **kein freies Ermessen** bei der Pflichtverteidigerauswahl zu.[255] 87

b) Tatsächliches Zur-Verfügung-Stehen. Die Bestellung des Verteidigers kommt, ungeachtet der grundsätzlichen berufsrechtlichen Verpflichtung zur Übernahme des Mandats, sinnvollerweise nur dann in Betracht, wenn er tatsächlich in der Lage ist, den Beschuldigten zu verteidigen. Auch im Rahmen des Abs. 6 muss der „Verteidiger **zur Verfügung stehen**", wie dies bereits **Abs. 5 Satz 3** (negativ) formuliert.[256] Dabei kann auch dem Kriterium der **Ortsferne** trotz der Streichung des expliziten Kriteriums der 88

---

furt.de/75785045/Allgemiene_Standards_Qual_Aid.pdf (URL zuletzt abgerufen am 1.10.2020); im Ergebnis ebenso *Bös* NStZ **2020** 185, 192.

249 Vgl. soeben Rn. 81, 82.

250 Ebenso OK-StPO/*Krawczyk* 43.

251 Zu einschlägigen Vorwürfen aus der Anwaltschaft in der Vergangenheit (pointiert *Ahmed* StV **2015** 65, 68; aber auch *Leitmeier* StV **2016** 515) mit den zuzuordnenden Rechtstatsachen *Schoeller* StV **2017** 194, 202; *Jahn* (Rechtswirklichkeit) 122 ff.

252 Vgl. BTDrucks. **19** 13829 S. 43; OK-StPO/*Krawczyk* 43.

253 Siehe schon zu den bisherigen „U-Haft-Listen" nach § 140 Abs. 1 Nr. 4 a. F. *Jahn* (Rechtswirklichkeit) 107: Listen mit bis zu 500 Namenseinträgen keine Seltenheit.

254 Siehe bereits *Jahn* FS Rissing-van Saan (2011) 275, 295 f.

255 So auch *Schlothauer* FS Samson (2010) 709, 717; *Conen* AnwBl. Online **2020** 317, 318; AnwK-UHaft/*König* § 140, 9; HK/*Julius/Schiemann* § 142, 11; **a. A.** wohl *Wohlers* JR **2019** 615, 618 („eigentliches Auswahlermessen").

256 Ebenso (zum bisherigen Recht vor dem 13.12.2019) OLG Naumburg NStZ-RR **2009** 114, 115; *Wohlers* JR **2019** 615, 618; SK/*ders.* 20. Zu weitgehend aber Meyer-Goßner/*Schmitt* 9a (Verfügbarkeit des Verteidigers an sämtlichen Hauptverhandlungsterminen).

Ortsansässigkeit durch das 2. OpferRRG noch ausnahmsweise eine gewisse Rolle zukommen. Dies muss aber beschränkt auf solche Einzelfälle bleiben, in denen z. B. die Kontaktmöglichkeiten zu einem in der JVA einsitzenden Mandanten nach der Beiordnung *konkret* beeinträchtigt wären.[257] Der stereotype Hinweis auf das staatliche Kosteninteresse mit dem Ziel der Bestellung eines ortsansässigen Verteidigers genügt jedenfalls nicht.

89 **c) „Schematische" Bestellung und richterliche Unabhängigkeit.** Aus der Anwaltschaft[258] wird gefordert, neben fachlichen Aspekten eine **gleichmäßige Verteilung** bei der Bestellung von Pflichtverteidigern sicherzustellen, da die Wahrnehmung solcher Mandate mindestens für solche Rechtsanwälte, deren beruflicher Schwerpunkt das Strafrecht ist, vielfach einen erheblichen Anteil an der wirtschaftlichen Grundlage ihrer Tätigkeit hat. Es wurde bereits vor Einführung der Neuregelung durch das Gesetz zur Änderung des Rechts der notwendigen Verteidigung und auch im Rahmen der Umsetzung der PKH-Richtlinie angeregt, den auswählenden Richtern – bzw. in Eilfällen Staatsanwälten – solche Pflichtverteidigerlisten an die Hand zu geben, die diese nach **schematisierten Verfahren** (Abarbeitung **von „A bis Z"**, Bestellung nach dem Zufallsprinzip o. ä.) zu erschöpfen hätten. So könne auch den turnusmäßigen Eilrichtern im Nacht-, Feiertags- und Wochenenddienst die Auswahl erleichtert werden.

90 Diesen Vorschlägen sollte nicht nähergetreten werden. Es wird **übersehen**, dass eine rein schematische Bestellung von Pflichtverteidigern den Interessen des Beschuldigten jedenfalls in solchen Fällen nicht ausreichend Rechnung tragen kann, in denen dieser an Hand der Aktenlage nachvollziehbare Wünsche – etwa bestimmte **Sprach- oder Rechtskenntnisse** – zur Qualifikation seines Verteidigers äußert. Wird dennoch „schematisch" bestellt, liegt ein **Ermessensausfall** vor, der zur Rechtswidrigkeit der Entscheidung führt.[259] Die Frage der Justiziabilität nach Abs. 7 Satz 1 mangels Begründungspflicht steht freilich auf einem anderen Blatt. Eine Auswahl nach einem ohne inhaltlichen Spielraum vorgegebenen Muster ohne die ergänzende Heranziehung sachlicher Kriterien im Einzelfall dürfte indes für den Normalfall der Bestellung durch den Richter nach Abs. 3 nur schwerlich mit der **richterlichen Unabhängigkeit** zu vereinbaren sein.[260] Legt man die für den Bereich der Insolvenzverwaltung durch das BVerfG[261] entwickelten Kriterien zum Rechtsprechungsbegriff i. S. d. **Art. 92 GG** an, wird man nicht umhin können, die Pflichtverteidigerbestellung als letztverbindliche Klärung der Rechtslage im Rahmen eines besonders geregelten Verfahrens anzusehen.[262] Der Gegenposition,[263] nach der die Pflichtverteidigerbeiordnung zwar dem Beschuldigten gegenüber Akt der Rechtsprechung sei, dem Rechtsanwalt gegenüber jedoch ein reiner Justizverwaltungsakt gem. § 23 EGGVG auf Grundlage

---

257 So auch *Wohlers* StV **2010** 151, 155 unter Hinweis auf *Jahn* FH Tepperwien (2010) 25, 27; erg. oben Rn. 61. **A. A.** OLG Köln NStZ-RR **2011** 49; OLG Hamburg Beschl. v. 17.12.2012 – 2 Ws 175/12 (n.v.). Das OLG Oldenburg StV **2010** 351, 352 m. Anm. *Burhoff* StRR **2010** 268 geht immerhin davon aus, dass eine große Entfernung (gemeint ist wohl: nur noch) „im Einzelfall" einer Bestellung eines auswärtigen Rechtsanwalts entgegenstehen kann.

258 Vgl. nur *Thielmann* StraFo **2006** 358, 359; *Lewitzki/Thielmann* DRiZ **2011** 306; im Rahmen der Umsetzung der PKH-Richtlinie *Strafverteidigervereinigungen* Regensburger Thesen zum Strafprozess (2019) 15 f.

259 So auch *BRAK* StV **2010** 544, 547; *Schlothauer* FS Samson (2010) 709, 720; in diese Richtung auch AnwK-UHaft/*König* § 140, 9.

260 So auch *Wohlers* StV **2010** 151, 156; *Fühling* DRiZ **2010** 17; *Jahn* FS Rissing-van Saan (2011) 275, 297. **A. A.** *Thielmann* StraFo **2006** 358, 362; *Hilbers/Lam* StraFo **2005** 70, 71.

261 BVerfGK **4** 1, 6 unter Hinweis auf BVerfGE 103 111, 137 f.

262 So auch *Wohlers* StV **2010** 151, 155. **A.A.** *Wenske* NStZ **2010** 479, 481 ff., u. a. in Verkennung der zivilrechtlichen Fundierung der Pflichtverteidigung, vgl. dazu oben Rn. 4 ff.

263 *Schlothauer* FS Samson (2010) 709, 713 f.; *ders./Weider/Nobis* (Untersuchungshaft) Rn. 309.

von § 49 BRAO, ist nicht zu folgen. Diese – nicht weiter begründete – „Theorie von der Bestellungsaktrelativität" kann schon deshalb nicht überzeugen, weil jeder Akt der öffentlichen Gewalt i. S. d. Art. 1 Abs. 3 GG bereits aus Gründen der Rechtssicherheit in seiner Rechtsnatur grundsätzlich unteilbar ist.[264] Es muss damit in letzter Konsequenz jedenfalls bei einer Auswahl durch den **Richter ihm** selbst **überlassen** bleiben, den nach seiner Einschätzung geeignete(re)n Verteidiger zu bestellen.

Ob dies alles für den Fall des Abs. 4 auch **für den Staatsanwalt** gilt, dem bekanntlich keine richterliche oder richtergleiche Unabhängigkeit zusteht,[265] ist eine noch offene Frage. 91

F. Fehlerfolgen

Bei **Missachtung des Anhörungs- und Bestimmungsrechts** des Beschuldigten ist die Bestellung des Verteidigers im weiteren Verfahren nach **§ 143a Abs. 2 Nr. 1** aufzuheben und der vom Beschuldigten nunmehr bezeichnete Verteidiger zu bestellen. Dies gilt auch dann, wenn keinerlei Anhaltspunkte für eine Störung des Vertrauensverhältnisses zum bisherigen Pflichtverteidiger bestehen.[266] Sofern entgegen Abs. 5 Satz 3 trotz Bestehens des Anspruchs kein Verteidiger beigeordnet wurde, entsteht für eine dennoch erfolgte Aussage des Beschuldigten bei richterlicher **Vernehmung** ein **Beweisverwertungsverbot**.[267] Entsprechendes gilt wegen § 163a Abs. 3 auch für die staatsanwaltschaftliche[268] und § 163a Abs. 4 für die polizeiliche Vernehmung. Andernfalls könnte die klare gesetzgeberische und europarechtlich determinierte Entscheidung zur erhöhten Schutzbedürftigkeit des Beschuldigten in der für das Ermittlungsverfahren typischen Ausnahme- und Überrumpelungssituationen – und erst Recht des inhaftierten Beschuldigten – folgenlos unterlaufen werden. 92

G. Rechtsbehelfe (Abs. 7)

Die Rechtsbehelfe nach Abs. 7 werden wegen der Wechselwirkungen mit der Revision (§ 336 Satz 2) zu § 140, 129 ff. (**sofortige Beschwerde**) und § 140, 154 (**Revision**) im Gesamtzusammenhang dargestellt. 93

§ 143
Dauer und Aufhebung der Bestellung

(1) Die Bestellung des Pflichtverteidigers endet mit der Einstellung oder dem rechtskräftigen Abschluss des Strafverfahrens einschließlich eines Verfahrens nach den §§ 423 oder 460.

---

264 S. für den Verwaltungsakt gegen die „Lehre vom relativen VA" nur *Stelkens*/Donk/Sachs § 35, 23 m. w. N.

265 Zum Problem EuGH NJW **2019** 2145, 2149 Tz. 80 ff. m. Anm. *D. Schubert*: „Mittelbar wird die Entscheidung also Anlass sein, die Stellung der Staatsanwaltschaften in Deutschland (weiter) kritisch zu diskutieren".

266 S. § 143a, 16 ff.

267 S. bereits § 141, 41 ff. sowie § 141a, 15 und AnwK-UHaft/*König* § 141, 6. Allg. zur Begründung *Jahn* Gutachten C für den 67. DJT 2008 C 73 unter Hinweis auf den Wesensgehalt des Anwaltskonsultationsrechts in der und im Anschluss an die Situation des ersten Zugriffs der Strafverfolgungsbehörden.

268 Siehe *Schlothauer* FS Samson (2010) 709, 715 Fn. 20; *BRAK* StV **2010** 544, 546; Radtke/Hohmann/*Reinhart* § 141, 9.

https://doi.org/10.1515/9783110630244-013

(2) [1]Die Bestellung kann aufgehoben werden, wenn kein Fall notwendiger Verteidigung mehr vorliegt. [2]In den Fällen des § 140 Absatz 1 Nummer 5 gilt dies nur, wenn der Beschuldigte mindestens zwei Wochen vor Beginn der Hauptverhandlung aus der Anstalt entlassen wird. [3]Beruht der Freiheitsentzug in den Fällen des § 140 Absatz 1 Nummer 5 auf einem Haftbefehl gemäß § 127b Absatz 2, § 230 Absatz 2 oder § 329 Absatz 3, soll die Bestellung mit der Aufhebung oder Außervollzugsetzung des Haftbefehls, spätestens zum Schluss der Hauptverhandlung, aufgehoben werden. [4]In den Fällen des § 140 Absatz 1 Nummer 4 soll die Bestellung mit dem Ende der Vorführung aufgehoben werden, falls der Beschuldigte auf freien Fuß gesetzt wird.

(3) Beschlüsse nach Absatz 2 sind mit der sofortigen Beschwerde anfechtbar.

Schrifttum

Siehe bei § 140.

Entstehungsgeschichte

Die seit 1877 unverändert gebliebene Vorschrift ist im Zuge der Umsetzung der Richtlinie (EU) 2016/1919 über Prozesskostenhilfe für Verdächtige und beschuldigte Personen in Strafverfahren sowie für gesuchte Personen in Verfahren zur Vollstreckung eines Europäischen Haftbefehls („**PKH-Richtlinie**")[1] mit Wirkung zum **13.12.2019**[2] völlig **neu gefasst** worden. Bis 2019 war in § 143 a. F. lediglich die Rücknahme der Beiordnung des Pflichtverteidigers wegen Bestellung eines Wahlverteidigers geregelt:

Die Bestellung ist zurückzunehmen, wenn demnächst ein anderer Verteidiger gewählt wird und dieser die Wahl annimmt.

Dieser Inhalt, der mit sprachlichen Änderungen, in § 143a Abs. 1 Satz 1 überführt worden ist, wird nunmehr seit 2019 umfassender in einem neugeschaffenen **§ 143a** normiert. Daneben war § 140 Abs. 3 Satz 2 a. F. als weitere Normierung der Rücknahme seit der umfassenden Neuregelung des Rechts der Untersuchungshaft im Jahr 2009 nur auf eine bestimmte Konstellation bei Vollzug der Untersuchungshaft anwendbar.[3] Der umfassende § 143 normiert seit dem Gesetz zur Neuregelung des Rechts der notwendigen Verteidigung nunmehr erstmals ausdrücklich die Dauer der Pflichtverteidigerbestellung in einer Vorschrift. Absatz 1 regelt den **Grundsatz** sowie Absatz 2 mehrere (Ausnahme-) Fälle, in denen die Pflichtverteidigerbestellung **ausnahmsweise** schon **früher** aufgehoben werden kann.[4] Diese Frage war vorher **nur fragmentarisch geregelt** und wurde im Übrigen der Rechtsprechung überlassen. Der Gesetzgeber hat sich damit der auch hier[5] geäußerten Kritik geöffnet, nach der dieses Vorgehen zwar im Grundsatz verfassungsrechtlich nicht zu beanstanden war, allerdings die generalklauselartige Anwendung des § 143 die Gefahr einer extensiven, rechtsstaatswidrigen Praxis heraufbeschwor und deshalb der Verhältnismäßigkeitsgrundsatz, ausgeformt durch Art. 6 Abs. 3 lit. c EMRK, besonders sorgsam zu beachten war. In einem neuen Absatz 3 wird seither im Sinne eines

1 ABl. EU 2016 L 297 v. 3.11.2016, S. 1; siehe dazu oben § 140 (Entstehungsgeschichte).
2 BGBl. I S. 2128, siehe dazu ebenfalls § 140 (Entstehungsgeschichte).
3 LR/*Lüderssen/Jahn*[26] Nachtr. § 140, 18.
4 BTDrucks. **19** 13829 S. 43.
5 Vgl. LR/*Lüderssen/Jahn*[26] § 143, 7 f.

Gleichlaufs der Rechtsbehelfe auch in den Fällen des § 143 Abs. 1 und 2 die sofortige Beschwerde nach der **Grundregel** des § 142 Abs. 7 für statthaft erklärt.

Übersicht

Alphabetische Übersicht

I. Allgemeines

Aufgrund der systematischen **Neustrukturierung** des Rechts der Pflichtverteidigung durch die „PKH-Richtlinie“[6] ist die **Dauer der Pflichtverteidigerbestellung** nach neuer Rechtslage **einheitlich** in § 143 **geregelt**. Während Absatz 1 den Grundsatz regelt,[7] 1

6 Oben Entstehungsgeschichte.
7 Sogleich Rn. 3.

normiert Absatz 2, wann die Pflichtverteidigerbestellung ausnahmsweise schon vorzeitig aufgehoben werden kann.[8] Im Rahmen der Reform des Pflichtverteidigerrechts sollte auch eine Vereinheitlichung des Rechtsmittelrechts stattfinden.[9] § 143 Abs. 3 ergänzt die Regelung zur Dauer der Pflichtverteidigerbestellung für die Rechtsbehelfsfrage deshalb ebenfalls (grundsätzlich) einheitlich dahin, dass die vorzeitige Aufhebung der Pflichtverteidigerbestellung fortan mit der **sofortigen Beschwerde** anfechtbar ist (vgl. auch §§ 143a Abs. 4 sowie §§ 142 Abs. 7 Satz 1, 144 Abs. 2 Satz 2).

2 Der Rechtsanwalt muss sich grundsätzlich zum Pflichtverteidiger wählen lassen (§ 49 Abs. 2 i. V. m. § 48 Abs. 2 BRAO), es sei denn, er ist Rechtslehrer (§ 138 Abs. 1 Var. 2). Insofern unterliegt der Anwalt **einem Kontrahierungszwang.**[10] Ist die Notwendigkeit der Verteidigung bejaht und ein Verteidiger bestellt worden, so bleibt es grundsätzlich dabei, vgl. § 143 Abs. 1 („endet mit der Einstellung oder dem rechtskräftigen Abschluss des Strafverfahrens").[11] Spiegelbildlich zu diesem Kontrahierungszwang stellt die **Aufhebung** der Bestellung einen **Zwang** zur **Beendigung** des **Vertrages** (bei der Wahlpflichtverteidigung) bzw. der Geschäftsführung ohne Auftrag (bei der Zwangspflichtverteidigung) dar.

II. Dauer der Bestellung eines Pflichtverteidigers (Abs. 1)

3 **1. Grundsatz und obligatorische Fälle.** § 143 Abs. 1 stellt den Grundsatz auf, dass die Pflichtverteidigerbestellung erst mit dem rechtskräftigen Abschluss des Gerichtsverfahrens endet. Dieser Grundsatz entspricht der zum früheren Recht seit jeher h. M.[12] Daraus folgt, dass die Bestellung **grundsätzlich** für das **ganze Verfahren,**[13] also auch für das gesamte **Rechtsmittelverfahren** gilt.[14] Die Auffassung, die Wirksamkeit der Bestellung des Pflichtverteidigers ende *vor* der **Revisionshauptverhandlung**, ist nach der Streichung der Sonderregelung des § 350 Abs. 3 a. F. und angesichts des § 143 Abs. 1 nicht mehr haltbar.[15] Die Bestellung umfasst grundsätzlich auch die Vertretung des Angeklagten im **Adhäsionsverfahren**, denn es gehört „zum Strafverfahren" (*arg. ex* § 403).[16] Die Bestellung im **Strafvollstreckungsverfahren**, wie sie auch schon vor dem

---

8 Unten Rn. 14 ff.

9 BTDrucks. **19** 13829 S. 30.

10 S. § 142, 72.

11 Vgl. z. B. LG Bonn StraFo **2016** 295.

12 Vgl. LR/*Lüderssen*/*Jahn*[26] § 141, 28 m. w. N.; daran knüpft der Gesetzgeber ausdrücklich (BTDrucks. **19** 13829 S. 43) an.

13 KG Beschl. v. 20.12.2017 – 2 Ws 194/17, juris, Tz. 7; OLG Oldenburg NStZ-RR **2009** 208; OLG Köln NStZ **2006** 352, 353; zum Begriff des Verfahrens im Einzelnen § 137, 15 ff.

14 Vgl. BGH Beschl. v. 16.10.2018 – 4 StR 184/18, juris, Tz. 1; NStZ **2010** 714; StV **2001** 606; OLG Saarbrücken NJW **2007** 309; OLG Köln NStZ **2006** 352, 353; OLG Düsseldorf JZ **1984** 636; MAH Strafverteidigung/*Lütz-Binder* § 16, 43; Meyer-Goßner/*Schmitt* § 140, 8.

15 Vgl. BTDrucks. **19** 4467 S. 24; HdBStrR/*Jahn*/*Brodowski* § 17, 104 sowie § 140, 113.

16 OK-StPO/*Krawczyk* § 140, 3. Ebenso sahen schon im bisherigen Recht bis zum 13.12.2019 das Adhäsionsverfahren als erfasst an OLG Schleswig StraFo **2013** 305; OLG Rostock StV **2011** 656, 657; OLG Köln StraFo **2005** 394; OLG Hamm StraFo **2001** 361; LG München StV **2018** 153; LG Berlin StraFo **2004** 400; AG Schwelm Beschl. v. 23.12.2015 – 50 Ds 500 Js 454/14; SSW/*Beulke* § 140, 5; LR/*Lüderssen*/*Jahn*[26] § 141, 28. **A. A.** OLG Karlsruhe Beschl. v. 23.8.2018 – 2 Ws 246/18, BeckRS **2018** 22243; StV **2013** 690; OLG Koblenz NStZ-RR **2014** 184; OLG Hamm NJW **2013** 325; OLG Düsseldorf Beschl. v. 11.4.2012 – 1 Ws 84/12; OLG Hamburg StraFo **2010** 307; OLG Oldenburg StraFo **2010** 306; OLG Bamberg NStZ-RR **2009** 114; OLG Jena

13.12.2019 für das gesamte Verfahren möglich war,[17] bleibt von § 143 Abs. 1 n. F. nach dem Willen des Gesetzgebers[18] unberührt. Daher kann dort weiterhin nach den allgemeinen Regeln ein Pflichtverteidiger entsprechend § 140 Abs. 2 oder den Spezialvorschriften für das Verfahren der (Therapie-)**Unterbringung** oder **Sicherungsverwahrung** (§ 463 Abs. 3 Satz 5; Abs. 4 Satz 8; Abs. 8 Satz 1; § 7 Abs. 1 Satz 1 ThuG i. V. m. § 78 ZPO) für das **gesamte Verfahren** beigeordnet werden, soweit dies geboten erscheint.[19] Für den Fall der **Einstellung** endet die Bestellung ebenfalls, sobald die Einstellungsentscheidung wirksam wird, dann aber ebenfalls **automatisch.**[20] Ferner wirkt die Bestellung im Falle des Todes des Beschuldigten bis zur Rechtskraft der das Verfahren förmlich abschließenden Einstellungsentscheidung (§ 206a oder § 260 Abs. 3) fort.[21] Die Bestellung wirkt – entgegen früherer Rechtslage vor dem 13.12.2019 – **nicht** mehr in das **Wiederaufnahmeverfahren** fort, endet also im Falle der Erneuerung der Hauptverhandlung nicht erst mit der Rechtskraft des Beschlusses, mit dem nach § 370 Abs. 2 die **Wiederaufnahme** des Verfahrens angeordnet wird.[22] Die Bestellung endet jenseits der beiden ausdrücklich geregelten Ausnahmefälle (§§ 423, 460) vielmehr mit der Rechtskraft der Entscheidung auch hier automatisch, so dass kein weiterer Gerichtsbeschluss notwendig ist.[23]

Auch die **Ablehnung der Bestellung** durch das Gericht erster Instanz **„wirkt"** für 4
das gesamte Verfahren bis zu dessen rechtskräftigem Abschluss **fort**, es sei denn, es ergeben sich neue Gesichtspunkte, die nachträglich eine Bestellung gebieten. Die Bescheidung eines Antrags auf Bestellung, der überhaupt keine neuen, über die ursprüngliche Ablehnung hinausgehende Begründung substantiiert, ist vor Verwerfung der Revision wegen fehlender Begründung daher grundsätzlich nicht erforderlich.[24]

a) Separates Einziehungsverfahren (§ 423). Darüber hinaus wirkt die Bestellung 5
nach Abs. 1 Satz 1 sogar **nach Rechtskraft** des übrigen Urteils im mit dem Gesetz zur Reform der strafrechtlichen Vermögensabschöpfung eingeführten separaten **Einziehungsverfahren** nach **§ 423** fort. Dabei handelt es sich um einen durch Abtrennung ausgelagerten Teil des bisher einheitlichen Verfahrens, der für den Beschuldigten oft

---

StRR **2008** 429; OLG Celle NStZ-RR **2008** 190; OLG Stuttgart NStZ-RR **2009** 264; OLG Dresden Beschl. v. 10.12.2013 – 2 Ws 569/13; StV **2010** 276; OLG München StV **2004** 38; LG Potsdam Beschl. v. 15.11.2010 – 24 Qs 208/10.

17 OLG Stuttgart NStZ **2011** 93, 94; NStZ-RR **2003** 114; NJW **2000** 3367; OLG Dresden StV **2008** 313, 314; **a. A.** zu Unrecht OLG Düsseldorf StraFo **2011** 371; OLG Zweibrücken OLGSt StPO § 141 Nr. 7 = NStZ **2010** 470; KG NStZ-RR **2005** 127, 128; NStZ-RR **2002** 63, 64; Beschl. v. 19.2.2002 – 5 Ws 104-105/02; Beschl. v. 2.5.2001 – 5 Ws 212/01 sowie OLG Frankfurt NStZ-RR **2003** 252.

18 BTDrucks. **19** 13829 S. 43.

19 BTDrucks. **19** 13829 S. 43; Beschl. v. 9.4.2020 – 2 Ws 30-31/20-121 AR 52/20, StraFo **2020** 326 Tz. 14; OLG Dresden StV **2015** 50; KK/*Appl* § 463, 7a sowie ausf. § 140, 119 a. E. **A. A.** OLG Hamburg StraFo **2020** 198 f.

20 S. BTDrucks. **19** 13829 S. 43.

21 OLG Hamburg StraFo **2008** 90; KG NStZ-RR **2008** 295 f.; OLG Karlsruhe NStZ-RR **2003** 286.

22 So die früher wohl h. M., vgl. OLG Brandenburg Beschl. v. 14.2.2019 – 1 Ws 21/19, juris, Tz. 2; KG NJW **2013** 182, 183; OLG Koblenz MDR **1983** 252; OLG Bremen AnwBl. **1964** 288; LG Berlin Beschl. v. 12.10.1998 – 503 63/6 7 Js 805/85 (30/98); SSW/*Beulke* § 140, 4; LR/*Gössel*[26] § 364a, 5; Meyer-Goßner/*Schmitt* § 364a, 2; AK/*Loos* § 364a, 5; **a. A.** OLG Oldenburg NStZ-RR **2009** 208. Speziell zur Fortwirkung der Bestellung bei Aussetzung der Jugendstrafe gem. § 57 JGG nach früherer Rechtslage OLG Karlsruhe StV **1998** 348; KK/*Willnow* § 141, 9.

23 BTDrucks. **19** 13829 S. 43; OLG Frankfurt Beschl. v. 6.3.2020 – 1 Ws 29/20, BeckRS **2020** 3895 Tz. 6 (unter ausdrücklicher Aufgabe früherer Senatsrechtsprechung).

24 OLG Stuttgart Justiz **2004** 249; OLG Stuttgart NStZ-RR **2003** 334, 335.

einschneidende Konsequenzen hat.[25] Deshalb ist hier eine Fortwirkung der Bestellung sinnvoll. Dies entsprach im Übrigen auch der Auffassung zur früheren Rechtslage vor dem Jahr 2019.[26]

6 **b) Nachtragsverfahren zur Gesamtstrafenbildung (§ 460).** Auch für das Verfahren der **nachträglichen Gesamtstrafenbildung** nach **§ 460** ordnet das Gesetz trotz Rechtskraft der Urteile in den Erkenntnisverfahren ausdrücklich die Fortgeltung der Pflichtverteidigerbestellung an. Auch dieser Fall war nach der Rechtslage vor dem Jahr 2019 in st. Rspr.[27] schon von der zeitlichen Reichweite der Pflichtverteidigerbestellung umfasst. Mit Recht ist dies aber nunmehr aus Gründen der Rechtssicherheit im geltenden Recht klargestellt worden.[28]

7 **2. Nicht ausdrücklich geregelte Einzelfälle.** Klärungsbedürftig ist jenseits der in Absatz 1 ausdrücklich geregelten Fälle der Verfahren nach den §§ 423, 460,[29] wie sich der Grundsatz des Endes der Pflichtverteidigerbestellung erst mit dem rechtskräftigen Abschluss des Strafverfahrens auf die beschränkte Bestellung sowie die Fortgeltung der Pflichtverteidigerbestellung in der Revisionshauptverhandlung auswirkt.

a) Beschränkte Bestellung

8 **aa) Rechtslage bis zum Jahr 2019.** Nach der **Rechtslage bis 2019** war die **beschränkte Bestellung** nur für eine gewisse Zeit oder nur für einzelne Stadien des Verfahrens grundsätzlich nicht vorgesehen. Indes war sie aber immerhin **eingeschränkt möglich.** In den Katalogfällen notwendiger Verteidigung des § 140 Abs. 1 a. F. war sie unzulässig, aber in denjenigen der Generaklausel des § 140 Abs. 2 ausnahmsweise statthaft.[30] Denn die Bestellung eines Verteidigers für **einzelne Prozessabschnitte oder -handlungen** war der Strafprozessordnung nie gänzlich fremd, wie § 117 Abs. 4 Satz 1 a. F. bis 2009 („für die Dauer der Untersuchungshaft"), §§ 140 Abs. 1 Nr. 4, Abs. 3 Satz 2 a. F. bis 2019 („wenn nicht") zeigten und § 138c Abs. 3 Satz 4 („für die Dauer der Anordnung") im geltenden Recht noch immer statuiert.[31] Insbesondere **§ 140 Abs. 3 Satz 2 a. F.** berechtigte aber nicht zu einem *argumentum e contrario* (mit der Tendenz: in anderen Fällen, in denen die Fortdauer der Bestellung nicht angeordnet ist, erlischt sie); vielmehr war diese Erstreckung nötig, weil die Bestellung nicht nach den generellen Regeln, sondern „nur" aus Anlass der Haftprüfung erfolgte.[32] Die Befugnis, die Bestellung gänzlich abzulehnen, schloss daher nach dem Satz *maius minus continent* in den Generalklauselfällen des § 140 Abs. 2 auch die Ermächtigung ein, die Beiordnung auf bestimmte Abschnitte des Verfahrens zu beschränken.[33] Im Zweifel war die Beschrän-

---

25 Zutr. BTDrucks. **19** 13829 S. 43 f.

26 Vgl. Meyer-Goßner/*Schmitt* § 140, 5; SK/*Wohlers* § 141, 23; KK/*Willnow* § 141, 10; KMR/*Haizmann* § 141, 24; vgl. auch OLG Saarbrücken NJW **2007** 309.

27 OLG Bamberg Beschl. v. 11.6.2019 – 1 Ws 265/19, S. 4; StV **1985** 140; KG NStZ-RR **2011** 86 f.; OLG Jena Beschl. v. 13.10.2005 – 1 Ws 378/05; weitere Nachw. bei KK/*Willnow* § 141, 10; LR/*Lüderssen/Jahn*[26] § 141, 28.

28 Vgl. BTDrucks. **19** 13829 S. 44.

29 Soeben Rn. 5, 6.

30 KK/*Willnow* § 141, 10; LR/*Lüderssen/Jahn*[26] § 141, 31; siehe auch OLG Frankfurt StV **1995** 68 (zweiter Pflichtverteidiger); OLG Stuttgart MDR **1990** 174 (Beschränkung auf einzelne Tage).

31 S. – auch zur Kritik am geltenden Recht – § 138c, 33 ff.

32 Vgl. LR/*Lüderssen/Jahn*[26] Nachtr. § 140, 18 f.

33 Vgl. OLG Düsseldorf Rpfleger **1986** 150 (Bestellung eines Pflichtverteidigers [nur] für die Anfertigung der Revisionsbegründung).

kung jedoch abzulehnen (extensive Auslegung).[34] Anders war dies beim Zwangspflichtverteidiger. Für den Beschuldigten, der überhaupt keinen Verteidiger haben wollte, war die Beschränkung kein Problem. Aus der Sicht des Gerichts handelte es sich um einen für die Beurteilung des Autonomiedefizits zusätzlich eröffneten Spielraum, für dessen Ausfüllung allerdings auch hier der Grundsatz der restriktiven Auslegung galt. Das hieß, wenn überhaupt ein Verteidiger bestellt wurde, dann möglichst nur für ausgewählte Abschnitte des Verfahrens; das konnten[35] auch **Teile der Hauptverhandlung** sein.

bb) Insbesondere: Strafbefehlsverfahren. Eine weitere – auch in zeitlicher Hinsicht stets umstrittene[36] – **Spezialregelung** enthielt **§ 408b a. F.** für das Strafbefehlsverfahren. § 408b Satz 1 sah vor, dass der Richter dem unverteidigten Beschuldigten einen Pflichtverteidiger bestellt, wenn er erwägt, dem Antrag der Staatsanwaltschaft auf **Erlass eines Strafbefehls** mit der Rechtsfolge einer Freiheitsstrafe bis zu einem Jahr (§ 407 Abs. 2 Satz 2) zu entsprechen. § 408b Satz 2 erklärte das Antragserfordernis des § 141 Abs. 3 a. F. für entsprechend anwendbar. Die zusammen mit der Neuregelung von § 143 veranlasste **Aufhebung** der in § 408b Satz 2 vormals enthaltenen **isolierten Verweisung** auf § 141 Abs. 3 bewirkt, dass nunmehr auch im **Strafbefehlsverfahren** die **§§ 141 bis 144 insgesamt** zur Anwendung kommen.[37] Dies bedeutet für den Fall des Strafbefehlserlasses, dass nach § 143 Abs. 1 die Bestellung endet, wenn dieser in **Rechtskraft** erwächst. Legt der Angeschuldigte dagegen Einspruch ein und folgt eine Hauptverhandlung (§ 411 Abs. 2), ist zu unterscheiden: Ist die Verhängung einer Freiheitsstrafe von mindestens einem Jahr zu erwarten, liegt in Übereinstimmung mit der Rechtsprechung zu § 140 Abs. 2 Satz 1 schon vor dem Jahr 2019[38] ohnehin ein Fall notwendiger Verteidigung vor, so dass die Bestellung nach § 143 Abs. 1 fortdauert. Ist hingegen nur eine Freiheitsstrafe von **weniger als einem Jahr** zu erwarten, so kann die Bestellung, wenn auch im Übrigen kein Fall des § 140 vorliegt, nach pflichtgemäßem Ermessen des Gerichts aufgehoben werden. Indes werden bei der Ermessensausübung **Gesichtspunkte des Vertrauensschutzes** regelmäßig für eine Beibehaltung der Bestellung streiten.[39] 9

cc) Abschließende Regelung im geltenden Recht. Nach neuer Rechtslage ist mit § 143 Abs. 1 nach dem Willen des Gesetzgebers[40] eine umfassende und damit auch **abschließende Regelung** erfolgt, so dass sich das Problem der beschränkten Bestellung des Pflichtverteidigers **erledigt** hat. Absatz 1 besagt nunmehr, dass die Pflichtverteidigerbestellung grundsätzlich bis zum rechtskräftigen Abschluss des Verfahrens bestehen bleibt, also **nicht beschränkbar** ist. **Ausnahmen** hiervon regelt Absatz 2 im engsten systematischen Zusammenhang **abschließend.** Im Speziellen besagt § 143 Abs. 2 Satz 4 für die praktisch bedeutsamen Fälle der §§ 115, 115a, 128 Abs. 1, 129, in denen der Beschuldigte einem Gericht zur Entscheidung über die Haft oder eine einstweilige Unterbringung vorzuführen ist, dass die Aufhebung der Bestellung erfolgen soll, sofern der Beschuldigte auf freien Fuß gesetzt wird. Dies stellt die spiegelbildliche Regelung zu 10

---

34 LR/*Lüderssen/Jahn*[26] § 141, 31.

35 LR/*Lüderssen/Jahn*[26] § 141, 31 a. E., **a. A.** vormals noch LR/*Dünnebier*[23] § 141, 43.

36 Zu der Frage, ob die Verteidigerbestellung hier auch für das nachfolgende Einspruchsverfahren galt, OLG Oldenburg StV **2018** 152; OLG Düsseldorf NStZ **2002** 390; LR/*Gössel*[26] § 408b, 13.

37 BTDrucks. **19** 13829 S. 51.

38 LR/*Lüderssen/Jahn*[26] § 140, 57 m. w. N.

39 S. unten Rn. 14 ff. Das war auch schon vor dem Jahr 2019 anerkannt, vgl. LR/*Lüderssen/Jahn*[26] § 143, 8 m. w. N.; in der Tendenz wohl auch BTDrucks. **19** 13829 S. 43.

40 BTDrucks. **19** 13829 S. 43: „umfassende Regelung des gesamten Bereichs".

§ 140 Abs. 1 Nr. 4 dar, so dass auch in **Haftsachen** eine unbeschränkte Bestellung erfolgt, die (nur) gemäß § 143 Abs. 2 Satz 4 aufgehoben werden „soll". Eine über Absatz 2 **beschränkte Bestellung** ist **im Gesetz** nicht mehr vorgesehen.

b) Fortgeltung auch für die Revisionshauptverhandlung

11 **aa) Rechtslage bis zum Jahr 2019.** Nach **alter Rechtslage** wollte die h. M.[41] eine weitere,[42] besonders wichtige Einschränkung des Grundsatzes der unbeschränkten Bestellung zulassen, soweit es um die **Revisionshauptverhandlung** ging. Das wurde mit den Spezialregelungen des Revisionsrechts begründet: Der Angeklagte brauche nicht anwesend zu sein (§ 350 Abs. 2 Satz 1 Var. 1). Für die Bestellung eines Verteidigers war zudem bis zum 21.12.2018 ein besonderes Verfahren vorgesehen (§ 350 Abs. 3 a. F.).[43]

12 Indessen waren die **Schlussfolgerungen** auch schon vor Streichung des § 350 Abs. 3 a. F. **anfechtbar**. Weshalb der mit schriftlicher Vollmacht des abwesenden Angeklagten vertretende Verteidiger i. S. d. § 350 Abs. 2 Satz 1 nicht auch der bereits bestellte und mit besonderer Vollmacht ausgestattete Pflichtverteidiger sein konnte, war nie überzeugend begründbar.[44]

13 **bb) Erstreckung auf die Revision im geltenden Recht.** Mit Recht hat der Gesetzgeber, in konsequenter Fortführung des mit der Streichung von § 350 Abs. 3 a. F. beschrittenen, ohnehin vom sekundären Unionsrecht vorgezeichneten Weges und unter Aufnahme der im Schrifttum geäußerten Bedenken[45] nunmehr die Pflichtverteidigerbestellung ausdrücklich **auch in** die **Revisionshauptverhandlung** hinein fortwirken lassen, *arg. e contrario* § 143a Abs. 3 Satz 1 („Für die Revisionsinstanz ist die Bestellung des bisherigen Pflichtverteidigers aufzuheben ..., wenn ..."). Eine gesonderte Bestellung für das Revisionsverfahren ist nur noch dann notwendig, wenn die Notwendigkeit der Verteidigung **sich erst hier ergibt.**[46] In Anbetracht des formalisierten Revisionsverfahrens, auch und gerade in der Hauptverhandlung, liegt die verpflichtende Mitwirkung eines Verteidigers hier allerdings nahe. Hat der Angeklagte keinen Wahlverteidiger, ist ihm bereits bei **sachgerechter Auslegung des § 140 Abs. 2** ein Verteidiger zu bestellen; dies gilt nicht nur für die Revisionsbegründung, sondern auch für die Hauptverhandlung in Revisionsstrafsachen. Nur so kann eine – letztlich auch verfahrensfördernde – Erörterung der entscheidungserheblichen Rechtsfragen und ihrer Tatsachenbasis im Zusammenhang der sog. erweiterten Revision[47] erfolgen. Wie sich aus § 349 Abs. 2 und 4 ergibt, wird es bei Anberaumung einer Hauptverhandlung häufig an einer Einstimmigkeit im Strafsenat fehlen oder – nach ständiger Terminierungspraxis – eine eigentlich im

---

41 LR/*Franke*[26] § 350, 8 („wirkt widersprüchlich, ist aber dennoch richtig"); KK/*Willnow* § 141, 10; SK/*Wohlers* § 141, 25; *Pfeiffer* 1; vgl. außerdem BGH StraFo **2006** 455, 456; BGH StV **2001** 606; BGH NStZ **1997** 299 und OLG Düsseldorf StV **1984** 66 mit zahlreichen Nachw. Unter Berücksichtigung der neuen Rechtslage seit 2018 (Neugestaltung des § 350); **a. A.** Meyer-Goßner/*Schmitt* § 140, 9.

42 Vgl. zum Grundsatz oben Rn. 8.

43 § 350 Abs. 3 a. F. wurde aufgehoben durch das Gesetz zur Stärkung des Rechts des Angeklagten auf Anwesenheit in der Verhandlung v. 17.12.2018 (BGBl. I S. 2571) in Umsetzung der EU-Richtlinie 2016/343/EU vom 9.3.2016 über die Stärkung bestimmter Aspekte der Unschuldsvermutung und des Rechts auf Anwesenheit in der Verhandlung in Strafverfahren (ABl. EU Nr. L 65 v. 11.3.2016, S. 1).

44 Ausf. dazu LR/*Lüderssen/Jahn*[26] § 141, 30 m. w. N.

45 Vgl. soeben Rn. 12.

46 BTDrucks. **19** 13829 S. 43. Zum Nachfolgenden ausf. *Deutsche Strafverteidiger e.V. (BE: Krug/Fröba/Jahn)*, Stellungnahme Nr. 01/2018 des Gesetzgebungsausschusses 3 ff.

47 Statt Vieler *Barton* FS Fezer (2008) 333, 340 ff.; *Knauer* NStZ **2016** 1, 3.

Beschlussverfahren entscheidbare Revision der Staatsanwaltschaft zur Verhandlung anstehen,[48] so dass eine rechtliche Erörterung mit einer klar akzentuierten Position der Verteidigung zwingend ist. Unerwünschter Zwangspflichtverteidigung wird im Übrigen Rechnung dadurch getragen, dass der Beschuldigte nach § 143a Abs. 3 Satz 1 einen Anspruch auf Auswechselung des Pflichtverteidigers für die Revisionsinstanz hat.[49] So bleibt dem Beschuldigten ein **Wahlrecht**, ob er die Revision einschließlich einer etwaigen Revsionshauptverhandlung mit seinem bisherigen Pflichtverteidiger aus der Tatsacheninstanz bestreiten will oder den nach § 143a Abs. 3 Satz 1 fristgebundenen Antrag auf Auswechselung stellt. Allerdings **endet die Zuständigkeit** mit der Urteilsverkündung (§ 356) bzw. ihren funktionalen Äquivalenten (§ 34a) bei einer Entscheidung im Beschlusswege. Für einen mit einer **Anhörungsrüge** nach § 356a verbundenen Antrag auf Aufhebung der Pflichtverteidigerbestellung u. ä. besteht also keine Zuständigkeit des Senats mehr.[50]

III. Abberufung des Pflichtverteidigers (Abs. 2)

1. Grundsätzliches zur Ermessensausübung

a) Rechtslage bis zum Jahr 2019. Nach **alter Rechtslage** ergab sich *e contrario* § 140 Abs. 3 Satz 1 a. F., dass der nachträgliche Wegfall der Voraussetzungen des § 140 Abs. 1 oder 2 jenseits der beiden Fälle in § 140 Abs. 1 Nr. 4 und 5 **grundsätzlich keinen Widerruf** der Pflichtverteidigerbestellung zu rechtfertigen vermochte.[51] Dieser Fall konnte also insbesondere dann eintreten, wenn eine der in § 140 Abs. 1 Nr. 1 bis 3 aufgeführten **Voraussetzungen** für die **Bestellung** des Pflichtverteidigers **später wegfiel.**[52] Das Gleiche konnte passieren, wenn gemäß § 140 Abs. 1 Nr. 8 ein Pflichtverteidiger bestellt worden war und später der ausgeschlossene Wahlverteidiger wieder zum Verfahren zugelassen werden konnte. Schließlich konnte auch der **Verlauf des Verfahrens** ergeben, dass aus einem schweren Fall gemäß § 140 Abs. 2 ein leichter, keine Pflichtverteidigung mehr fordernder Fall wurde. Allerdings genügte dafür nicht, dass allein der Vorsitzende des jetzt mit der Sache befassten (z. B.: Berufungs-) Gerichts seine Ansicht über die Schwierigkeit der Sach- und Rechtslage geändert hatte.[53] Eine Rücknahme in einem solchen Falle bei objektiv unveränderter, nicht wesentlich geänderter Sachlage widersprach dem Grundsatz des **prozessualen Vertrauensschutzes.**[54] 14

Aus demselben Grund war es auch **nicht zulässig**, dass dem Beschuldigten, wenn ihm zunächst **zwei Pflichtverteidiger** bestellt worden waren, später wieder **einer entzo-** 15

48 Vgl. dazu auch BVerfGE **112** 185, 203 f.; krit. *Barton* in: Jahn/Nack (Hrsg.), Strafprozessrechtspraxis und Rechtswissenschaft – getrennte Welten? Referate und Diskussionen auf dem 1. Karlsruher Strafrechtsdialog (2008) 77, 83.

49 Ausführlich § 143a, 42 ff.

50 BGH Beschl. v. 19.2.2020 – 3 StR 422/19, BeckRS **2020** 4023 Tz. 4.

51 Vgl. *Hilgendorf* NStZ **1996** 1, 3; KK/*Willnow* § 140, 26. Vgl. für die Fälle § 140 Abs. 1 BGHSt **7** 69; KG StV **2017** 154; StV **2016** 485; OLG Düsseldorf StV **1995** 117; dies galt aufgrund prozessualen Vertrauensschutzes in der Regel auch für die Fälle des § 140 Abs. 2, vgl. OLG Stuttgart StV **2001** 329, 330; StV **1985** 140.

52 S. OLG Schleswig SchlHA **1996** 93; OLG Düsseldorf StV **1995** 117; OLG Jena StV **1995** 346; OLG Stuttgart StV **1985** 140; AG Bergheim StV **1996** 592; AK/*Stern* 8.

53 BGHSt **7** 69; KG Beschl. v. 20.12.2017 – 2 Ws 194/17, juris, Tz. 7; StV **2018** 144 (Ls.); Beschl. v. 4.9.2000 – 1 AR 1095/00, 5 Ws 629/00.

54 KG StV **2018** 144; OLG Düsseldorf NStZ **2011** 653; OLG Stuttgart StV **2001** 329, 330; StV **1985** 140; LG Hamburg StV **2016** 156, 157; LG Berlin StV **2003** 156; AK/*Stern* 5; HK/*Julius*/*Schiemann* 7.

gen wurde, weil der Vorsitzende der Strafkammer, an die das Verfahren abgegeben wurde, der Auffassung war, ein Verteidiger reiche aus.[55] Auch eine vertrauensschutzwidrige Ersetzung des an einen Termin verhinderten Verteidigers durch einen anderen brauchte der Beschuldigte **nicht hinzunehmen.**[56] Das Vertrauen des Beschuldigten auf die Pflichtverteidigerbestellung war allerdings dann **nicht schutzwürdig**, wenn sich im Nachhinein die für die Anordnung der Pflichtverteidigung maßgeblichen **Umstände änderten** oder wenn das Gericht bei der Beiordnung von **objektiv falschen Umständen** ausgegangen war.[57]

16 **b) Geltendes Recht.** § 143 Abs. 2 regelt nach **neuer Rechtslage** seit 2019 nunmehr **enumerativ**[58] die Ausnahmen vom Grundsatz der Fortgeltung der Pflichtverteidigerbestellung bis zum Abschluss des Verfahrens. Er stellt es nach dem Wortlaut (**„kann"**) in das **Ermessen des Gerichts**, die Pflichtverteidigerbestellung aufzuheben, sofern ein Fall notwendiger Verteidigung nicht mehr besteht. Nach dem **Wortlaut** wäre daher eigentlich ein **freies Ermessen** des Gerichts anzunehmen. Dieses wird durch den **Gesichtspunkt des Vertrauensschutzes** eingeschränkt,[59] der der durch das Verfassungsrecht gewährleisteten Verfahrensfairness (Art. 2 Abs. 1, 1 Abs. 1 Satz 1 GG i. V. m. Art. 20 Abs. 3 GG) zuzuordnen ist.[60]

17 Das durch Vertrauensschutzgesichtspunkte im Sinne einer **Fortgeltung der** einmal **erfolgten Bestellung** nach dem Leitprinzip des Absatzes 1 vorgeprägte Ermessen wird aber unter **fiskalischen Gesichtspunkten** in der Gesetzesbegründung in die andere Richtung relativiert. Dort wird ausgeführt, dass das Gericht bei Wegfall der Voraussetzungen notwendiger Verteidigung wegen der zumindest vorübergehenden Belastung der Staatskasse die Beiordnung aufheben **„soll"**.[61] Das ist aber mit dem Wortlaut des Gesetzes nicht in Einklang zu bringen. Weitergehend wird sogar davon gesprochen, dass die Aufhebung der Bestellung „grundsätzlich zwingend vorzunehmen ist".[62] Diese Unklarheiten sind zugunsten einer normtextnahen Auslegung zugunsten des Vertrauensschutzes aufzulösen; einen Auslegungsgrundsatz „im Zweifel wie die Entwurfsbegründung" gibt es – auch im Strafprozessrecht – nicht.[63]

18 Zur Frage der Dauer der Beistandsbewilligung wird in Erwägungsgrund 25 der **PKH-Richtlinie** (EU) 2016/1919 über Prozesskostenhilfe für Verdächtige und beschuldigte Personen in Strafverfahren[64] ausgeführt, dass die rechtliche Vertretung während des gesamten Strafverfahrens fortgeführt werden sollte. Es wäre angesichts des europarechtlichen Regressionsverbots im Übrigen kaum nachvollziehbar, wenn die Rechte des Beschuldigten im Rahmen der Umsetzung **einer Richtlinie *zugunsten*** der **Beschuldigtenrechte** beschnitten würden. Während nach alter Rechtslage in der Regel **zugunsten des Vertrauensschutzes** des Beschuldigten entschieden wurde,[65] würde nach der Begründung des Regierungsentwurfs nach neuer Rechtslage in der Regel **zugunsten der**

---

55 OLG Frankfurt StV **1984** 502; vgl. auch KG Beschl. v. 13.6.2001 – 1 AR 984/99, 3 Ws 312/01.

56 BGH StV **1992** 53 (mit Bezugnahme auf Art. 6 Abs. 3 lit. c EMRK); vgl. auch OLG Köln NJW **2006** 76.

57 KG StV **2018** 144; OLG Stuttgart StV **2001** 329, 330; Stuttgart StV **1985** 140; OLG Düsseldorf StV **1995** 117.

58 HdBStrR/*Jahn*/*Brodowski* § 17, 104; vgl. schon oben Rn. 10.

59 Insoweit zutr. BTDrucks. **19** 13829 S. 44.

60 Vgl. nur *Jahn* ZStW **127** (2015), 549, 571 m. w. N.

61 BTDrucks. **19** 13829 S. 43.

62 BTDrucks. **19** 13829 S. 44.

63 Vgl. Schönke/Schröder/*Hecker* § 1, 46; *Jahn* (Staatsnotstand) 349.

64 Oben Entstehungsgeschichte.

65 BGHSt **7** 69, 71 f.; KG StV **2017** 154; KG StV **2016** 485; OLG Stuttgart StV **2001** 329, 330; OLG Düsseldorf StV **1995** 117; OLG Stuttgart StV **1985** 140; LG Berlin StV **2003** 156.

Staatskasse entschieden werden. Das **Regressionsverbot,**[66] das deklaratorisch auch in Art. 11 der PKH-Richtlinie niedergelegt wird, gebietet es, dass durch die Umsetzung der Richtlinie ein vorhandenes höheres Schutzniveau in einem Mitgliedstaat nicht unterlaufen wird. Die **Legal Aid-Richtlinie** will den Rechtskreis des Beschuldigten aber **erweitern, nicht beschneiden.** *Nur* mit dieser Maßgabe widerspricht die ausnahmsweise Zulässigkeit einer frühzeitigen Aufhebung der Verteidigerbestellung nicht den in Erwägungsgrund 25 der Richtlinie formulierten Erwartungen.[67]

2. Aufhebung nach § 143 Abs. 2 Satz 1. § 143 Abs. 2 Satz 1 stellt eine **Ausnahme** zum Grundsatz des § 143 Abs. 1 dar und enthält eine allgemeine Regelung für die Aufhebung: Die Beiordnung „kann" aufgehoben werden, wenn **kein Fall notwendiger Verteidigung mehr vorliegt.** Die amtliche Begründung[68] nennt den Fall, dass zunächst eine Anklage zum Schöffengericht prognostiziert wurde (vgl. § 140 Abs. 1 Nr. 1 Var. 3), später aber doch nur zum Strafrichter angeklagt wird und auch (zwischenzeitlich) kein anderer Tatbestand des § 140 vorliegt. Die Aufhebung wird hier nach Lage des Einzelfalles in das **Ermessen** des Gerichts gestellt, weil Gründe des **Vertrauensschutzes** (z. B. reibungslose Zusammenarbeit mit dem Pflichtverteidiger in Verbindung mit einer Nähe zu einem der Fälle des § 140 Abs. 2 Satz 1) die Fortdauer der Beiordnung rechtfertigen können.[69] Dass nach der Gesetzes*begründung* das Ermessen in der Regel zugunsten der fiskalischen Interessen der Staatskasse ausfallen solle, kann nach dem Gesetzes*text* nicht dazu führen, dass der Vertrauensschutz in den Hintergrund tritt.[70] 19

3. Aufhebung nach § 143 Abs. 2 Sätze 2 und 3. § 143 Abs. 2 Satz 2 schränkt die in § 143 Abs. 2 Satz 1 statuierte Ausnahme vom Grundsatz der Stabilität der Pflichtverteidiger-Beschuldigten-Beziehung für **Fälle der Freiheitsentziehung** sogleich wieder ein und stellt insofern eine **Rückausnahme** im Sinne einer Rückkehr zum Grundsatz des Absatzes 1 dar. § 143 Abs. 2 Satz 3 schränkt die Beschränkung der Aufhebungsmöglichkeit nach § 143 Abs. 2 Satz 3 für bestimmte Haftbefehlstypen ihrerseits ein und enthält damit eine Ausnahme von der Rückausnahme. 20

a) Beschränkung der Aufhebungsmöglichkeit in Haftsachen (§ 143 Abs. 2 Satz 2). Die Aufhebung darf nach Wegfall des richterlich angeordneten Freiheitsentzugs in einer Anstalt **nur dann** erfolgen, wenn der Beschuldigte **mindestens zwei Wochen vor Beginn der Hauptverhandlung** aus der Anstalt entlassen wurde. Die Zwei-Wochen-Grenze entspricht der früheren, bis 2019 gültigen Rechtslage (§ 140 Abs. 1 Nr. 5, Abs. 3 a. F.).[71] Der Inhalt wurde im Zuge der Neustrukturierung der Pflichtverteidigungsvorschriften systematisch zutreffend in § 143 Abs. 2 Satz 2 verschoben. 21

Die Regelung liegt inhaltlich darin begründet, dass während der **Inhaftierung** eine **Vorbereitung** auf die Hauptverhandlung nur ganz eingeschränkt erfolgen kann.[72] Da 22

---

66 Allg. *Ludwigs/Sikora* JuS **2017** 385, 391; *Laenerts* EuR **2012** 3, 14 ff.; *Bühler* Einschränkung von Grundrechten nach der Europäischen Grundrechtecharta (2005) 419 ff.; speziell *Zink* Autonomie und Strafverteidigung zwischen Rechts- und Sozialstaatlichkeit (2019) 199 ff. sowie oben § 141, 32.

67 Vgl. *Schlothauer* KriPoZ **2019** 3, 14; ein grundsätzlich zu enges Verständnis des Regressionsverbots im Legal Aid-Kontext indes bei *Bös* NStZ **2020** 185, 186 Fn. 6.

68 BTDrucks. **19** 13829 S. 44.

69 Zutr. BTDrucks. **19** 13829 S. 44; s. bereits § 140, 17.

70 Oben Rn. 17 f.

71 BTDrucks. **19** 13829 S. 44.

72 Zutr. BTDrucks. **19** 13829 S. 44.

zwei Wochen in Freiheit oft kaum ausreichen werden, die Hemmnisse durch die Anstaltsverwahrung auszugleichen, wird immer sorgfältig zu prüfen sein, ob die Behinderung der Verteidigung es im **Einzelfall notwendig** macht, davon **abzusehen**, die Bestellung des Verteidigers **aufzuheben** („*kann* [...] aufgehoben werden"). Im Unterschied zur inhaltlich zweifelhaften Gesetzesbegründung zu § 143 Abs. 2 Satz 1 werden hier die **Belange des Beschuldigten** wegen der Freiheitsentziehung in Kombination mit dem Vertrauensschutzgedanken regelmäßig deutlich **schwerer wiegen** als fiskalische Interessen.[73]

23 Was andererseits die **Entlassung** vor „der" **Hauptverhandlung** angeht, so ist jeder Typ von Hauptverhandlung gemeint. Daher kann auch die Entlassung vor der Berufungshauptverhandlung (§ 324) die Notwendigkeit der Verteidigung entfallen lassen. Nichts anderes gilt im Revisionsverfahren nach Streichung des § 350 Abs. 3 a. F.[74] War die Bestellung bereits angeordnet, so kann sie zurückgenommen werden.[75]

24 **b) Rückausnahme von der Beschränkung in Haftsachen (§ 143 Abs. 2 Satz 3).** § 143 Abs. 2 Satz 3 enthält eine Rückausnahme von der mit § 143 Abs. 3 Satz 2 enthaltenen Aufhebungsmöglichkeit.[76] Er gilt für Fälle der **Hauptverhandlungshaft** (§ 230 Abs. 2), auch im Rahmen des beschleunigten Verfahrens (§ 127b Abs. 2) und bei Berufungshauptverhandlungen (§ 329 Abs. 3). In diesen Fällen wird der Haftbefehl erst dann außer Vollzug gesetzt, wenn der **Beschuldigte** zur Hauptverhandlung **erscheint.** Geschieht dies nicht, so bleibt der Haftbefehl bestehen und wird erst mit dem Ende der Hauptverhandlung gegenstandslos.[77] § 143 Abs. 3 Satz 2 würde in diesen Fällen dazu führen, dass die Pflichtverteidigerbestellung *vor* der Hauptverhandlung in der Regel nicht aufgehoben werden könnte. Der Beschuldigte könnte sich daher nach der 2019 geschaffenen Rechtslage durch ein schlichtes **Nichterscheinen** in der Hauptverhandlung einen **Pflichtverteidiger** – auch für weitere Instanzen (§ 143 Abs. 1) – **verschaffen.** Diesem Missbrauchspotential soll nach dem Willen des Gesetzgebers[78] dadurch vorgebeugt werden, dass – von **atypischen Fällen** abgesehen – eine grundsätzliche Pflicht („soll") des Gerichts eingeführt wird, die Pflichtverteidigerbestellung mit der Aufhebung oder Außervollzugsetzung des Haftbefehls, spätestens aber zum Schluss der Hauptverhandlung aufzuheben.

25 **4. Aufhebung gem. § 143 Abs. 2 Satz 4 nach einem Vorführungstermin.** Nach § 143 Abs. 2 Satz 4 soll – muss also nicht – die Beiordnung des Pflichtverteidigers in Durchbrechung des Grundsatzes des Abs. 1 aufgehoben werden, wenn der Beschuldigte gemäß § 140 Abs. 1 Nr. 4 dem Gericht zur Entscheidung über die Haft oder eine einstweilige Unterbringung vorgeführt wurde, er aber anschließend auf **freien Fuß gesetzt** wurde.

26 Im Rahmen des § 140 Abs. 1 Nr. 4 wird dem Beschuldigten für den Vorführungstermin ein Pflichtverteidiger bestellt, da diese Verhandlung maximal **grundrechtsintensive Auswirkungen**, namentlich die Freiheitsentziehung, zur Folge haben kann.[79] Sofern

73 Vgl. zur Ausschöpfung des Ermessensspielraums angesichts der sehr kurzen Zwei-Wochen-Frist LG Magdeburg Beschl. v. 13.6.2016 – 25 Qs 786 Js 28295/15 (34/16).
74 Vgl. oben Rn. 11.
75 Meyer-Goßner/*Schmitt* § 140, 17.
76 Vgl. BTDrucks. **19** 13829 S. 44; vgl. auch § 140, 44.
77 S. BTDrucks. **19** 13829 S. 44.
78 BTDrucks. **19** 13829 S. 44.
79 Vgl. nur *Schlothauer* StV **2017** 557, 558 sowie § 140, 33.

allerdings *nur* aus diesem Grund die Pflichtverteidigung anzuordnen war, ist es grundsätzlich **folgerichtig**, dass die Bestellung **wieder aufgehoben** wird, wenn gegen den Beschuldigten in dem durchgeführten Termin weder U-Haft noch die Unterbringung angeordnet wurde. Dasselbe gilt, wenn nach einer Ergreifung aufgrund eines Haftbefehls dieser aufgehoben oder außer Vollzug gesetzt wird.[80]

Wegen des typischerweise nur kurzzeitigen Kontakts mit dem Pflichtverteidiger im Termin wiegen auch **Vertrauensschutzgesichtspunkte** zugunsten der Grundrechtsposition des Beschuldigten in der Regel **nicht** besonders **schwer.** Von atypischen Einzelfällen abgesehen, die bei der Rechtsfolge „soll" nach den allgemeinen Regeln immer in den Blick zu nehmen sind, besteht damit nach der Grundregel des § 143 Abs. 1 grundsätzlich eine **Pflicht** des Gerichts zur **Aufhebung** der Pflichtverteidigerbestellung.[81] Von dieser Pflicht unberührt bleiben selbstverständlich diejenigen Fälle, in denen noch aus einem anderen Grund – mittlerweile – ein Fall notwendiger Verteidigung vorliegt. Es muss also stets geprüft werden, ob nicht (mittlerweile) ein **anderer Beiordnungsgrund** des § 140 Abs. 1 oder Abs. 2 gegeben ist.[82] 27

IV. Zuständigkeit

Für die **Zuständigkeit** zur **Aufhebung** der Pflichtverteidigerbestellung gilt mangels Spezialregelung und nach dem häufig, aber nicht zwingend einschlägigen Grundgedanken des *actus contrarius* **§ 142 Abs. 3 Nr. 1-3 entsprechend.**[83] Insbesondere ist damit nach Erhebung der Anklage der Vorsitzende des Gerichts zuständig, bei dem das Verfahren anhängig ist (§ 142 Abs. 3 Nr. 3), mag auch die ursprüngliche Bestellung durch das Amtsgericht erfolgt sein. Für die Fälle des § 143 Abs. 2 Satz 4 ist gemäß § 142 Abs. 3 Nr. 2 das **Gericht** zuständig, bei dem der Beschuldigte **vorgeführt** worden ist. 28

V. Rechtsbehelfe (Abs. 3)

Während nach früherem Recht gegen die Entscheidung über die Aufhebung der Pflichtverteidigerbestellung grundsätzlich die einfache Beschwerde (§ 304 Abs. 1) gegeben war,[84] ist nach § 143 Abs. 3 zur Herstellung von Rechtssicherheit und im Sinne eines **Gleichlaufs der Rechtsbehelfe** seit dem 13.12.2019 gegen die Entscheidungen im Zusammenhang mit der Pflichtverteidigerbestellung auch in den Fällen des § 143 die sofortige Beschwerde nach der **Grundregel** des **§ 142 Abs. 7** statthaft.[85] 29

Die Überprüfung mit der **Revision** ist in den Fällen des § 143 Abs. 3 nunmehr gemäß § 336 Satz 2 Var. 2 nicht mehr möglich.[86] 30

---

80 BTDrucks. **19** 13829 S. 44.
81 BTDrucks. **19** 13829 S. 44.
82 *Burhoff* (Ermittlungsverfahren) Rn. 1229e.
83 Dies war im Zusammenspiel von § 143 a. F. und § 141 Abs. 4 a. F. schon bisher anerkannt, vgl. BGH Beschl. v. 23.10.1978 – 1 StE 2/77/StB 216/78; LR/*Lüderssen*/*Jahn*[26] § 143, 14 m. w. N.
84 Vgl. § 140, 137.
85 Vgl. ausf. § 140, 138.
86 S. § 140, 155.

§ 143a
Verteidigerwechsel

(1) [1]Die Bestellung des Pflichtverteidigers ist aufzuheben, wenn der Beschuldigte einen anderen Verteidiger gewählt und dieser die Wahl angenommen hat. [2]Dies gilt nicht, wenn zu besorgen ist, dass der neue Verteidiger das Mandat demnächst niederlegen und seine Beiordnung als Pflichtverteidiger beantragen wird, oder soweit die Aufrechterhaltung der Bestellung aus Gründen des § 144 erforderlich ist.

(2) [1]Die Bestellung des Pflichtverteidigers ist aufzuheben und ein neuer Pflichtverteidiger zu bestellen, wenn

1. **der Beschuldigte, dem ein anderer als der von ihm innerhalb der nach § 142 Absatz 5 Satz 1 bestimmten Frist bezeichnete Verteidiger beigeordnet wurde oder dem zur Auswahl des Verteidigers nur eine kurze Frist gesetzt wurde, innerhalb von drei Wochen nach Bekanntmachung der gerichtlichen Entscheidung über die Bestellung beantragt, ihm einen anderen von ihm bezeichneten Verteidiger zu bestellen, und dem kein wichtiger Grund entgegensteht;**
2. **der anlässlich einer Vorführung vor den nächsten Richter gemäß § 115a bestellte Pflichtverteidiger die Aufhebung seiner Beiordnung aus wichtigem Grund, insbesondere wegen unzumutbarer Entfernung zum künftigen Aufenthaltsort des Beschuldigten, beantragt; der Antrag ist unverzüglich zu stellen, nachdem das Verfahren gemäß § 115a beendet ist; oder**
3. **das Vertrauensverhältnis zwischen Verteidiger und Beschuldigtem endgültig zerstört ist oder aus einem sonstigen Grund keine angemessene Verteidigung des Beschuldigten gewährleistet ist.**

[2]In den Fällen der Nummern 2 und 3 gilt § 142 Absatz 5 und 6 entsprechend.

(3) [1]Für die Revisionsinstanz ist die Bestellung des bisherigen Pflichtverteidigers aufzuheben und dem Beschuldigten ein neuer, von ihm bezeichneter Pflichtverteidiger zu bestellen, wenn er dies spätestens binnen einer Woche nach Beginn der Revisionsbegründungsfrist beantragt und der Bestellung des bezeichneten Verteidigers kein wichtiger Grund entgegensteht. [2]Der Antrag ist bei dem Gericht zu stellen, dessen Urteil angefochten wird.

(4) Beschlüsse nach den Absätzen 1 bis 3 sind mit der sofortigen Beschwerde anfechtbar.

Schrifttum

Siehe bei § 140.

Entstehungsgeschichte

§ 143 a. F. regelte in seiner **alten**, seit 1877 unveränderten **Fassung** lediglich die **Ersetzung** des Pflichtverteidigers **durch einen Wahlverteidiger.**[1] Die **Umsetzung** der Richtlinie (EU) 2016/1919 über Prozesskostenhilfe für Verdächtige und beschuldigte Personen in Strafverfahren sowie für gesuchte Personen in Verfahren zur Vollstreckung eines Europäischen Haftbefehls (**„PKH-Richtlinie“**)[2] machte schon zum 5.5.2019 eine de-

1 Oben § 143 (Entstehungsgeschichte).

2 ABl. EU 2016 L 297 v. 3.11.2016, S. 1; siehe § 140 (Entstehungsgeschichte II.3.).

https://doi.org/10.1515/9783110630244-014

taillierte Regelung notwendig. **Art. 7 Abs. 4** PKH-Richtlinie sieht vor, dass beschuldigte und gesuchte Personen auf entsprechenden Antrag das Recht haben, den Rechtsbeistand, der ihnen im Rahmen der notwendigen Verteidigung bestellt wurde, unter bestimmten Voraussetzungen auswechseln zu lassen. Dies wurde in § 143a umgesetzt.

Mit der Neuregelung mit Wirkung zum **13.12.2019**[3] wurde deshalb nicht nur § 143 a. F. als Teil des § 143a Abs. 1 unter sprachlichen Änderungen in seinem Standort verändert. Nach neuer Rechtslage ist seither zudem nicht mehr nur die **Auswechselung** des Pflichtverteidigers durch einen Wahlverteidiger geregelt (§ 143a Abs. 1), sondern auch die Auswechselung des Pflichtverteidigers durch einen **anderen Pflichtverteidiger** in der Tatsacheninstanz (§ 143a Abs. 2) und im Revisionsverfahren (§ 143a Abs. 3). In einem neuen Absatz 4 ist seit 2019 im Sinne eines **Gleichlaufs der Rechtsbehelfe** auch in den Fällen des § 143a Abs. 1-3 die sofortige Beschwerde entsprechend der **Grundregel** in § 142 Abs. 7 statthaft.

Übersicht

3 BGBl. I S. 2128; siehe dazu § 140 (Entstehungsgeschichte).

Alphabetische Übersicht

I. Allgemeines; im Gesetz nicht ausdrücklich geregelte Fälle konsensualer Umbeiordnung

1 § 143a soll mit Wirkung vom 13.12.2019 an grundsätzlich[4] **alle Konstellationen regeln**, die den **Wechsel des Pflichtverteidigers** betreffen. Dabei handelt es sich jeweils um **gebundene Entscheidungen**, so dass der Antragsteller bei Vorliegen der Voraussetzungen einen **Anspruch auf Auswechselung** hat. Die **Möglichkeit** der **Auswechselung des Pflichtverteidigers** hatte der Gesetzgeber bei Einfügung des § 142 Abs. 1 Satz 2 und 3 a. F. durch das StVÄG 1987 in § 143 noch nicht geschaffen. Er wollte vielmehr späteren Auseinandersetzungen und Anträgen auf Auswechselung des Pflichtverteidigers gerade vorbeugen.[5] Um so begrüßenswerter ist es im Grundsatz, dass diese Fehlkonstruktion des Gesetzes bei der notwendigen Verteidigung nunmehr unter europäischem Einfluss repariert und damit Kritik des Schrifttums zu § 143 a. F.[6] aufgegriffen worden ist.

2 Zum einen war dies in Umsetzung der PKH-Richtlinie notwendig.[7] In **Art. 7 Abs. 4 PKH-Richtlinie** wird das Recht des Beschuldigten normiert, den Verteidiger, der ihm zugewiesen wurde, auswechseln zu lassen, sofern die konkreten Umstände dies rechtfertigen. Im bisherigen deutschen System vor dem Jahr 2019 ermöglichte bekanntlich nur

4 Zu einer praxiswichtigen Ausnahme sogleich Rn. 3.
5 BTDrucks. **10** 1313 S. 20.
6 Vgl. nur LR/*Lüderssen/Jahn*[26] § 143, 9; **a. A.** seinerzeit etwa *Meyer-Goßner* FG BGH IV 615, 626.
7 *Jahn/Zink* FS Graf-Schlicker (2018) 475, 493.

eine seit Langem praktizierte erweiternde Auslegung des § 143 a. F. unter bestimmten Voraussetzungen den Wechsel des beigeordneten Verteidigers, zumal nach einer durch den zeitlichen Druck der Haftsituation veranlassten Verlegenheitswahl.[8] Zum anderen sollte diese fachgerichtliche Rechtsprechung in positives Recht gegossen werden, um **mehr Rechtssicherheit** zu schaffen. Hier gab es Nachsteuerungsbedarf,[9] weil insbesondere in den Fällen der Beiordnung bei Vollzug der Untersuchungshaft nach § 140 Abs. 1 Nr. 4 a. F. i. d. F. des UHaftÄndG seit dem Jahr 2009 in der Praxis **erhebliche Vollzugsdefizite** trotz an sich klarer Rechtsprechungsdirektiven verbucht werden mussten.[10] Auch deshalb war von Gesetzes wegen klarzustellen, dass nicht nur, aber auch dann, wenn der Beschuldigte unter dem zeitlichen Druck der Legal Aid-Situation eine Verteidiger-„Verlegenheitswahl" hat treffen müssen oder er situationsbedingt gar keinen Wunsch geäußert hat, ihm ein **einmaliger Verteidigerwechsel** möglich sein sollte, sofern der Umbeiordnung nach der Grundregel in § 142 Abs. 5 Satz 3 kein wichtiger Grund entgegensteht.[11]

Die schon nach **alter Rechtslage** bis zum 13.12.2019 nach der Judikatur – soweit ersichtlich – wohl aller deutschen Oberlandesgerichte[12] prozessual ohne Weiteres zulässige, **konsensuale Umbeiordnung** bei **Einverständnis** des Mandanten, des bisherigen Verteidigers und des neuen Verteidigers bleibt nach dem ausdrücklichen Willen des Gesetzgebers[13] von der Neuregelung in § 143a unberührt. Ihre Begründung findet die Zulässigkeit des einvernehmlichen Verteidigerwechsels in der gerichtlichen Fürsorgepflicht in Verbindung mit dem allseitigen Konsens der Beteiligten. In einem solchen Fall muss eine für die Beiordnung sonst erforderliche[14] Störung des Vertrauensverhältnisses ausnahmsweise nicht dargelegt werden. Voraussetzung ist neben dem beiderseitigen Einverständnis des bisherigen und des präsumtiven Pflichtverteidigers kumulativ, dass kein zeitlicher (**keine** wesentliche **Verfahrensverzögerung**) oder kostenmäßiger (**Neutralität für** die **Staatskasse** unter dem Gesichtspunkt unnötiger Doppelaufwendungen)[15] Mehraufwand innerhalb der Instanz entsteht. Dies gilt auch für die in **§ 463 Abs. 8 Satz 1** geregelten 3

---

8 Rechtstatsächliche Angaben bei *Jahn* (Rechtswirklichkeit) 149 ff.; krit. auch Ergebnisse des 41. Strafverteidigertags StV **2017** 427, 428; *Ahmed* StV **2015** 65, 68.

9 Zu Recht attestierten *Lam/Meyer-Mews* NJW 2012 177, 182 der obergerichtlichen Rechtsprechung zu § 143 a. F., sie sei „einzelfallorientiert und ohne inneres Band".

10 Nachw. dazu in der Erhebung von *Jahn* (Rechtswirklichkeit) 144 ff.

11 Diese ursprünglich nur rechtspolitische Forderung (etwa bei *Jahn* StraFo **2014** 177, 194) wurde im Zuge des durch die PKH-Richtlinie geöffneten politischen Opportunitätsfensters europarechtlich zielverbindlich, vgl. *Jahn/Zink* FS Graf-Schlicker (2018) 475, 493.

12 KG Beschl. v. 27.8.2019 – 2 Ws 135/19; StraFo **2016** 513; NStZ **1993** 201, 202; OLG Karlsruhe NStZ **2020** 247, 248 Tz. 7; NStZ **2017** 304, 305; OLG Stuttgart Die Justiz **2018** 555 f.; OLG Nürnberg NStZ **2017** 118, 119; OLG Celle Beschl. v. 28.7.2017 – 3 Ws 370/17, juris, Tz. 7; OLG Naumburg StraFo **2016** 515, 516; OLGSt StPO § 142 Nr. 8; OLG Saarbrücken StraFo **2016** 514; OLG Oldenburg NStZ-RR **2010** 210; OLG Frankfurt StV **2008** 128; OLG Köln StraFo **2008** 348; NStZ **2006** 514; OLG Hamm NStZ-RR **2009** 264 (Ls.); StV **2004** 642; OLG Brandenburg StV **2001** 442; OLG Hamburg StraFo **1998** 307 m. Anm. *Moore*; OLG Düsseldorf StraFo **2007** 156 f. sowie LG Nürnberg-Fürth StraFo **2018** 262, 263; LG Hagen StRR **2015** 463 f. m. Anm. *Burhoff*; LG Köln StV **2001** 442, 443; offengelassen von OLG Schleswig SchlHA **2007** 286. Zusf. *Jahn* StraFo **2014** 177, 192; *Barton* StV **1997** 577; KMR/*Haizmann* § 143, 20.

13 BTDrucks. **19** 13829 S. 45: „Unbeschadet dessen soll der – insbesondere für sonstige Wechsel zwischen den Instanzen relevante – in der herrschenden Rechtsprechung der Oberlandesgerichte anerkannte konsensuale und zeit- und kostenaufwandsneutrale Verteidigerwechsel weiterhin möglich bleiben". Zustimmend *Bös* NStZ **2020** 185, 192; OK-StPO/*Krawczyk* 34.

14 Unten Rn. 30 ff.

15 Mit dem Begriff der Mehrkosten werden Fiskalinteressen geschützt: Der Fiskus soll durch den Sinneswandel des Beschuldigten nicht belastet werden. Unter Berücksichtigung dieser Wertung ist der Begriff

Fälle der Bestellung eines Verteidigers bei Vollstreckung der **Sicherungsverwahrung**[16] und für den **Nebenklägerbeistand** nach **§ 397a.**[17] Unter diesen Voraussetzungen steht ein Wechsel nicht nur im Ermessen des Gerichts, sondern es besteht eine **Verpflichtung** des Gerichts zum Widerruf der Bestellung des bisherigen und zur Beiordnung eines neuen Pflichtverteidigers.[18] Warum der Gesetzgeber dies in der Neufassung des § 143a nicht ausdrücklich mitberücksichtigt hat, ist nicht nachvollziehbar.[19] Auch die allgemein[20] anerkannte Auswechselung des Pflichtverteidigers zwischen dem erstinstanzlichen Verfahren und der **Berufungsinstanz** wurde nicht in die Neuregelung aufgenommen. Nur zum Verteidigerwechsel in der Revision gibt es mit § 143a Abs. 3 nunmehr eine Spezialregelung, die die bisherige OLG-Rspr.[21] aufnimmt. Sie darf aber nicht zu einem **falschen Umkehrschluss** dergestalt verführen, dass in der Berufung oder auch sonst eine konsensuale Umbeiordnung nach den von der Rspr. der Oberlandesgerichte *praeter legem* entwickelten Kriterien seit dem 13.12.2019 unzulässig geworden wäre.

II. Aufhebung der Bestellung wegen Hinzuziehung eines Wahlverteidigers (§ 143a Abs. 1)

4 **1. Grundsatz des Vorrangs der Wahl- vor der Pflichtverteidigung.** § 143a Abs. 1 Satz 1 („Die Bestellung des Pflichtverteidigers ist aufzuheben, wenn der Beschuldigte einen anderen Verteidiger gewählt und dieser die Wahl angenommen hat") entspricht im Wesentlichen der früheren Regelung des § 143 a. F. Sie besagte bis zum 13.12.2019: „Die Bestellung ist zurückzunehmen, wenn demnächst ein anderer Verteidiger gewählt wird und dieser die Wahl annimmt". Allerdings wurden sowohl in **rechtlicher** als auch in **sprachlicher Hinsicht „Präzisierungen"**[22] vorgenommen.

5 In der Rechtswirklichkeit dominiert heute die Pflichtverteidigung.[23] § 143a Abs. 1 macht aber äußerlich den ***rechtlichen*** **Vorrang der Wahlverteidigung** vor der Pflicht-

---

dahingehend zu verstehen, dass diejenigen Gebührenpositionen ausgeschlossen werden sollen, die durch die Umbeiordnung doppelt entstehen und damit den Fiskus ohne wichtigen Grund belasten würden (OLG Celle StV **2020** 150). Nicht mehr kostenneutral ist die Auswechselung des Pflichtverteidigers etwa dann, wenn der Angeklagte seinem bisherigen Pflichtverteidiger die nach Nr. 4100 VV RVG anfallende Grundgebühr noch nicht als Vorschuss geleistet hat, denn diese würde sonst doppelt anfallen: OLG Köln NStZ **2006** 514.

16 BTDrucks. **17** 9874 S. 27 (entsprechende Anwendung des § 143 a. F.); OLG Karlsruhe NStZ **2020** 247, 248 Tz. 8; OLG Nürnberg NStZ **2017** 118 m. Anm. (und Vorschlag *de lege ferenda*) *Pollähne* StV **2018** 141, 143.

17 OLG Köln NStZ-RR **2010** 22 f.

18 **A. A.** wohl nur OLG Jena NJ **2008** 421 m. abl. Anm. *Felsinger*.

19 So auch *Pschorr* StraFo **2020** 12, 21: „erklärt sich nicht".

20 Für die Berufungsinstanz: OLG Stuttgart Die Justiz **2018** 555, 556; OLG Bremen NStZ **2014** 358; OLG Düsseldorf StraFo **2007** 156, 157; OLG Bamberg NJW **2006** 1536; OLG Hamburg StV **1999** 588; KG NStZ **1993** 201, 202; zusf. *Fromm* NJOZ **2014** 1081, 1083. Nach LG Mönchengladbach StV **1999** 588; AK/*Stern* 9 sind für eine Auswechselung des Pflichtverteidigers zwischen den Instanzen „in der Regel" die Voraussetzungen gegeben.

21 Für die Revisionsinstanz: OLG Saarbrücken StraFo **2016** 514, 515; OLG Braunschweig StraFo **2008** 428; OLG Frankfurt NJW **2005** 377.

22 Ausdruck in BTDrucks. **19** 13829 S. 45. Die Korrektur des Normtextes des § 143 a. F. war seit jeher wünschenswert (vgl. *Hilgendorf* NStZ **1996** 1); die Formulierung „gewählt wird" (Futur) zusammen mit „annimmt" (Präsenz) ist logisch nicht möglich.

23 *Schoeller* StV **2017** 194, 204 hat in seiner aktenanalytischen Studie herausgearbeitet, dass die Quote der ausschließlich wahlverteidigten Beschuldigten bei nur 13 % lag.

verteidigung deutlich.[24] Auch **Art. 6 Abs. 3 lit. c EMRK** verbrieft, dass der Angeklagte das Recht auf Verteidigung durch den von ihm ***gewählten* Verteidiger** hat. Daraus den Schluss zu ziehen, der Pflichtverteidiger sei rechtlich zweitrangig zu behandeln oder als etwas ganz anderes, wäre verfehlt.[25] Vielmehr zeigt die Strafprozessordnung in § 143a Abs. 1 Satz 1 nur, was für sie das Ideal der Verteidigung ist. Es wird von der modernen Strafrechtspraxis und -wissenschaft, die auf einen verfassungsrechtlichen Fundus zurückgreifen kann, der dem Gesetzgeber von 1877 noch nicht zur Verfügung stand, konsequent weiterentwickelt. Dabei wird auf verschiedenen Wegen, aber im Ziel weitgehend einig, versucht, die **Pflichtverteidigung** der **Wahlverteidigung anzugleichen.**[26]

2. Wahl eines „anderen" Verteidigers. Das Gesetz spricht von einem **„anderen" Verteidiger.**[27] Es findet aber auch Anwendung, wenn der Beschuldigte den **Pflichtverteidiger** nunmehr als seinen **Wahlverteidiger beauftragt**[28] oder **mehrere Verteidiger benennt.** Als andere Verteidiger gewählt werden können die in § 138 Abs. 1 Genannten.[29] Bei **anderen Personen** i. S. d. § 138 Abs. 2, die der Beschuldigte gewählt hat,[30] darf die Bestellung nicht zurückgenommen werden.[31] 6

3. Präzisierung des Wortlauts gegenüber § 143 a. F. („angenommen hat"). Nach **alter Rechtslage** war die Bestellung zurückzunehmen, wenn demnächst ein anderer Verteidiger gewählt und dieser die Wahl annehmen würde. Der jetzige Wortlaut („wenn der Beschuldigte einen anderen Verteidiger gewählt und dieser die Wahl ***angenommen hat***") macht in Übereinstimmung mit der Rspr.[32] vor dem Jahr 2019 deutlich, dass die **Aufhebung** der Pflichtverteidigerbestellung erst dann erfolgen kann, wenn das **Mandatsverhältnis** tatsächlich **zustande gekommen ist.**[33] Eine Entpflichtung durfte – und darf – also ebenso nicht bei einem Wahlverteidiger erfolgen, der **nur temporär** zur Unterstützung des Pflichtverteidigers an der Verhandlung teilnimmt.[34] 7

4. Zwei abschließende Ausnahmen von der Pflicht zur Aufhebung. Zusätzlich wurden im Zuge der Neuregelung in § 143a Abs. 1 Satz 2 zum 13.12.2019 **Einschränkungen** ausdrücklich normiert, unter deren Voraussetzungen ein Anspruch auf Auswechselung des Pflichtverteidigers wegen Zuziehung eines Wahlverteidigers nicht besteht. Der Sache nach sind die beiden Fallgruppen nicht neu, sondern waren seit jeher in der ein- 8

---

24 Vgl. zum rechtlichen Vorrang der Wahlverteidigung (zu § 143 a. F.) BGH NStZ **1987** 34; OLG Frankfurt StV **1987** 379; StV **1983** 234; *U. Neumann* NJW **1991** 264; KMR/*Haizmann* § 143, 1; HK/*Julius*/*Schiemann* § 143, 2; *Pfeiffer* § 143, 1.

25 *Bernard* ZStrR **2013** 87, 100.

26 *Lam*/*Meyer-Mews* NJW 2012 177 f.; *Hilgendorf* NStZ **1996** 1; *Lüderssen* NJW **1986** 2742, 2743; *Seier* FS H. J. Hirsch (1999) 977; *Barton* (Mindeststandards) 267; MüKo/*Thomas*/*Kämpfer* § 143, 8 sowie ausf. Vor § 137, 62.

27 Zur Bestellung und Auswechselung eines „Not"-Pflichtverteidigers s. OLG Karlsruhe StraFo **2000** 192; zu einem Austauschbegehren des Angeklagten bzgl. eines ihm ohne vorherige Anhörung beigeordneten Pflichtverteidigers s. OLG Naumburg StV **2005** 120; OLG Düsseldorf StV **2001** 606 m. Anm. *Staechelin*.

28 Zutr. *Hilgendorf* NStZ **1996** 1.

29 S. § 138, 1 ff.

30 § 138, 36 ff.

31 Vgl. auch § 138, 52.

32 KG StraFo **2016** 342; OLG Koblenz StV **2016** 144; OLG Karlsruhe StV **2010** 179, wonach entgegen dem Wortlaut von § 143 a. F. eine bereits erfolgte Mandatierung erforderlich war.

33 BTDrucks. **19** 13829 S. 45.

34 KG StV **2017** 156, 157 f.; vgl. auch OLG Oldenburg StraFo **2006** 378 f.

helligen OLG-Judikatur[35] etabliert. Es sollten aber „aus Gründen der Rechtsklarheit und -sicherheit“[36] die beiden von der Rechtsprechung entwickelten Ausnahmen von der Verpflichtung des Gerichts, die Bestellung bei Anzeige der Vertretung durch einen Wahlverteidiger aufzuheben, kodifiziert werden. Wenn die Kodifikation der Ausnahmen erfolgt, um Rechtsklarheit und Rechtssicherheit herzustellen, ist davon auszugehen, dass **weitere Ausnahmen** *de lege lata* **nicht existieren**, sonst würde das Ziel der Rechtsklarheit verfehlt.

9 **a) Niederlegung und Beiordnungsantrag (§ 143a Abs. 1 Satz 2 Var. 1).** Ein Anspruch auf Auswechselung besteht gemäß § 143a Abs. 1 Satz 2 Var. 1 dann nicht, wenn die Beauftragung des Wahlverteidigers nur erfolgt, um die **Entpflichtung** des bisherigen Pflichtverteidigers **zu erzwingen.**[37] Vor dem Hintergrund, dass die Absätze 2 und 3 umfangreiche Möglichkeiten zur Auswechselung des Pflichtverteidigers vorsehen, soll hier durch das Gesetz möglichem **Missbrauch vorgebeugt** werden.[38] Ein solcher Missbrauch ist dann anzunehmen, wenn nach den **konkreten Umständen** des Einzelfalls zu besorgen ist, dass der neue „Zunächst-Wahlverteidiger“ das Mandat demnächst **niederlegen und** seine **Beiordnung** als Pflichtverteidiger **beantragen wird**, um den bisherigen Pflichtverteidiger aus dem Verfahren **herauszudrängen.**

10 Nach **alter Rechtslage** vor dem Jahr 2019 war umstritten, ob auch dann die Aufhebung der Bestellung unterbleiben muss, wenn zu befürchten ist, dass der Wahlverteidiger das Mandat gerade **wegen Mittellosigkeit** seines **Mandanten** demnächst wieder niederlegen werde. Dies wurde von der st. Rspr.[39] bejaht, wobei allerdings oft eine Einschränkung vorgenommen wurde, wenn der Wahlverteidiger diese Befürchtung durch substantiierte **Erklärungen auszuräumen** vermochte.[40] Allerdings war es richtiger (Minder-)Ansicht[41] nach auch unter der alten Rechtslage **nicht zulässig**, mit der Zurücknahme der Bestellung zuzuwarten, wenn zu befürchten war, dass der Wahlverteidiger

---

35 OLG Brandenburg Beschl. v. 14.2.2019 – 1 Ws 21/19, juris, Tz. 8; OLG Stuttgart StV **2016** 142, 143 f.; OLG Celle NStZ-RR **2010** 381 f.; OLG Köln NJW **2006** 389; OLG Oldenburg NdsRpfl. **2005** 229; KG Beschl. v. 9.8.2017 – 4 Ws 101/17, juris, Tz. 8 f.; Beschl. v. 27.8.2001 – 1 AR 973/01, 4 Ws 130/01; Beschl. v. 12.4.2000 – 1 AR 349/00, 3 Ws 168/00; OLG Nürnberg Beschl. v. 15.6.2000 – Ws 520/00; OLG Düsseldorf OLGSt StPO § 140 Nr. 30 und VRS **99** (2000) 57; StV **1997** 576 m. abl. Anm. *Barton*; OLG Koblenz MDR **1986** 604; zusf. VerfGH Sachsen Beschl. v. 21.2.2013 – Vf. 107-IV-12 (HS), juris, Tz. 31; *Pfordte/Horvat* StV **2019** 200, 203; *F. Busmann* StraFo **2019** 235, 237; *Fromm* NJOZ **2014** 1081, 1082; *Lam/Meyer-Mews* NJW 2012 177, 180 f.; *Hilgendorf* NStZ **1996** 1, 2; *Molketin* MDR **1989** 504 ff.; Meyer-Goßner/*Schmitt* 143, 2. **A. A.** MüKo/*Thomas/Kämpfer* § 143, 5 und – aufgrund der neuen Rechtslage zum 13.12.2019 so nicht mehr aufrecht zu erhalten – LR/*Lüderssen/Jahn*[26] § 142, 22: primär Frage des Berufsrechts.

36 BTDrucks. **19** 13829 S. 45.

37 Schon nach alter Rechtslage gemäß § 143 a. F. st. Rspr.; s. BGH StraFo **2008** 505 und die Nachw. zur OLG-Rspr. soeben in Rn. 8.

38 BTDrucks. **19** 13829 S. 46; *Pschorr* StraFo **2020** 12, 15.

39 OLG Brandenburg Beschl. v. 14.2.2019 – 1 Ws 21/19, juris, Tz. 8; KG Beschl. v. 9.8.2017 – 4 Ws 101/17, juris, Tz. 8; StV **2010** 63, 64; OLG Oldenburg NStZ-RR **2010** 63 f.; OLG Köln StraFo **2008** 348; OLG Düsseldorf StV **1997** 576; OLG Stuttgart NStZ-RR **1996** 207, 208; OLG Zweibrücken NStZ **1982** 298, 299; LG Koblenz ZJJ **2012** 321 f.; LG Freiburg Beschl. v. 7.2.2005 – 7 Ns 420 Js 24557/03; LG Mainz Rpfleger **1987**, 477, 478; zust. auch *Hilgendorf* NStZ **1996** 1, 2; KMR/*Haizmann* § 143, 8; AK/*Stern* § 143, 4; AnwK/*Krekeler/Werner* § 143, 1; krit. HK/*Julius/Schiemann* § 143, 5.

40 BGH StV **2017** 141, 142; OLG Oldenburg Beschl. v. 18.12.2008 – 1 Ws 743/08, juris, Tz. 1; Meyer-Goßner/*Schmitt* § 143, 2.

41 Wie hier HK/*Julius/Schiemann* § 143, 5; **a. A.** indes OLG Stuttgart NStZ-RR **1996** 207, 208; OLG Zweibrücken NStZ **1982** 298, 299; LG Freiburg Beschl. v. 7.2.2005 – 7 Ns 420 Js 24557/03; LG Mainz Rpfleger **1987** 478; *Hilgendorf* NStZ **1996** 1, 2; Meyer-Goßner/*Schmitt* § 143, 2; KMR/*Haizmann* § 143, 8; AK/*Stern* 4.

wegen der Mittellosigkeit des Beschuldigten das Mandat alsbald niederlegen könnte. Die Rechtsprechung[42] hat zudem eine Entpflichtung des Pflichtverteidigers eines sich in Untersuchungshaft befindlichen Angeklagten mit Hinweis auf das Beschleunigungsgebot in Haftsachen abgelehnt, wenn die Hauptverhandlung kurz vor ihrem Abschluss stand.

Nach **neuer Rechtslage** seit dem 13.12.2019 ist davon auszugehen, dass sich dieser Streit[43] zugunsten der hier vertretenen (Minder-)Ansicht erledigt hat. Der Gesetzgeber hatte es in der Hand, *sämtliche* Ausnahmen in § 143a Abs. 1 Satz 2 zu regeln und hätte dies zur Gewährleistung des selbstgesetzten Ziels der Rechtsklarheit auch tun müssen. Wird eine **Fallgruppe** allerdings **nicht in die Ausnahmeregelung** des Abs. 1 Satz 2 **integriert**, ist davon auszugehen, dass es nicht länger dem Willen des Gesetzgebers entspräche, wenn eine Bestellung entgegen dem Grundprinzip in Abs. 1 Satz 1 in derartigen Fällen unterbliebe. Etwas anderes ergäbe sich nur dann, wenn diese Fallkonstellation auch eine der Fallgruppen des § 143a Abs. 1 Satz 2 subsumiert werden könnte. Dies ergibt sich aber weder aus dem Wortlaut der Vorschrift noch aus der Gesetzesbegründung, die auf die missbräuchlichen Fälle des Herausdrängens des bisherigen Pflichtverteidigers abstellt, den Mandanten und seine wirtschaftlichen Verhältnisse aber nicht einmal im Ansatz erwähnt.[44] Damit ist nunmehr auch vom Boden der h. M. aus **nicht** länger davon auszugehen, dass die **mögliche Mittellosigkeit** des Beschuldigten von § 143a Abs. 1 Satz 2 Var. 1 **umfasst** ist. Entsprechende Erklärungen des Wahlverteidigers sind also zwar möglich, aber nicht erforderlich. Auch eine Ablehnung der Auswechselung des Verteidigers allein deshalb, weil das **Verfahren kurz vor dem Abschluss** steht, ist *e contrario* § 143a Abs. 1 Satz 2 nicht statthaft. 11

b) Aufrechterhaltung aus Verfahrenssicherungsgründen erforderlich (§ 143a Abs. 1 Satz 2 Var. 2). Zudem besteht gemäß § 143a Abs. 1 Satz 2 Var. 2 auch dann **kein Anspruch** auf Aufhebung der Pflichtverteidigerbestellung, wenn der bestellte Pflichtverteidiger als **Sicherungsverteidiger** im Sinne des § 144 auch weiterhin **benötigt** wird.[45] 12

III. Auswechselung des Pflichtverteidigers aus wichtigem Grund (§ 143a Abs. 2)

§ 143a Abs. 2 regelt die Auswechselung des Pflichtverteidigers gegen einen anderen Pflichtverteidiger, wenn hierfür ein **wichtiger Grund** vorliegt. Der typischerweise nach § 141 Abs. 1 Satz 1 unverzüglich im Vorverfahren beigeordnete Verteidiger ist grundsätzlich für das gesamte Verfahren bestellt, § 143 Abs. 1. Zum Beiordnungszeitpunkt ist aber regelmäßig noch nicht absehbar, welche Entwicklungen das weitere Verfahren nehmen wird. Somit kann es zu einer Kollision mit dem Recht des Beschuldigten auf effektive Verteidigung, z. B. gegen einen Tatvorwurf, der spezielle Sachkenntnisse des Verteidigers erfordert, kommen, auch wenn die frühzeitig erfolgte Beiordnung als Eilmaßnahme nachdrücklich **zu begrüßen** ist.[46] Ein Verteidigerwechsel auf Initiative des Beschuldigten war über den damaligen Wortlaut hinaus vor dem 13.12.2019 analog § 143 in der 13

42 OLG Bremen Beschl. v. 27.9.2006 – 911 Js 3215/05; s. auch BGH NStZ **2006** 460 (Ablehnung der Beiordnung eines Pflichtverteidigers des Vertrauens); OLG Frankfurt StV **2012** 612 f.

43 Soeben Rn. 9.

44 Vgl. BTDrucks. **19** 13829 S. 45.

45 BTDrucks. **19** 13829 S. 45. S. dazu § 144, 1 ff.

46 S. nur *Jahn* (Rechtswirklichkeit) 143 m. w. N.

Praxis immer dann möglich, wenn ein wichtiger Grund vorlag. Die an solche Gründe zu stellenden inhaltlichen Anforderungen blieben aber stets umstritten.[47] Die Neuregelung versucht, das Recht des Beschuldigten auf den Anwalt seines Vertrauens als Teilaspekt effektiven rechtlichen Gehörs und eines fairen Verfahrens mit dem Beschleunigungsgrundsatz und fiskalischen Aspekten zu einem **praktisch konkordanten Ausgleich** zu bringen.[48] Einem Pflichtverteidigerwechsel nach § 143a Abs. 2 darf – anders als beim einvernehmlichen Verteidigerwechsel –[49] nicht unter der Maßgabe entsprochen werden, dass der **Landeskasse** hierdurch keine zusätzlichen **Kosten** entstehen dürfen. Für eine solche Beschränkung gibt es keine rechtliche Grundlage.[50]

14 **1. Allgemeines.** Nach **früherer Rechtslage** unter der fragmentarischen Norm des § 143 a. F. war bis Dezember 2019 allein die Rücknahme der Bestellung des Pflichtverteidigers wegen der Mandatierung eines Wahlverteidigers positivrechtlich geregelt.[51] Eine Regelung zur Zulässigkeit der Auswechselung des Pflichtverteidigers **aus anderen Gründen fehlte**. Sie war aber nach ganz h. M.[52] dennoch zulässig, wenn Umstände vorlagen, die den Zweck der Pflichtverteidigung, dem Beschuldigten einen geeigneten Beistand zu sichern und einen ordnungsgemäßen Verfahrensablauf zu gewährleisten, ernsthaft gefährdeten. Bei besonders **grober Pflichtverletzung** war die Entpflichtung des Pflichtverteidigers nach herrschender Interpretation der alten Rechtslage unabhängig vom Eingreifen der §§ 138a ff. im Einzelfall sogar geboten; dazu entstand eine reiche **Kasuistik.**[53] Eine ausdrückliche Normierung wurde aber in Umsetzung des Art. 7 Abs. 4 **PKH-Richtlinie** notwendig, auch zur Gewährleistung einer besseren Überprüfbarkeit durch die EU-Kommission.[54] Diese wird ab Mai 2022 den Nachweis der „angemessenen Qualität" des deutschen Systems der notwendigen Verteidigung als funktionalem Legal Aid-Äquivalent im Monitoring-Verfahren nach Art. 10 Abs. 2 der PKH-Richtlinie fordern.[55]

15 **2. Auswechselung des Pflichtverteidigers auf Initiative des Beschuldigten.** Der Beschuldigte hat einen Anspruch auf Auswechselung des Pflichtverteidigers („ist ... zu bestellen") gemäß § 143a Abs. 2 Satz 1 Nr. 1, wenn alle Voraussetzungen vorliegen. Die Vorschrift bringt damit den in § 142 Abs. 5 Satz 3 angelegten und verfassungsrechtlich abgesicherten **Grundsatz des Vorrangs der „Wahlpflichtverteidigung** des Vertrauens" vor der Bestellung durch den Richter zur Geltung.[56]

---

47 *Lam/Meyer-Mews* NJW **2012** 177, 183; *Wenske* NStZ **2010** 479, 484; *Jahn* FS Rissing-van Saan (2011) 275, 287. Genauer dazu sogleich Rn. 14.

48 Vgl. BTDrucks. **19** 13829 S. 45; weitergehend *Schlothauer/Matt/Neuhaus/Brodowski* HRRS **2018** 55, 59 u. 67. Einseitig den Beschleunigungsgrundsatz betonend demgegenüber der zu Recht nicht aufgegriffene *de lege ferenda*-Vorschlag von *Arenhövel* DRiZ **2011** 120, 121.

49 Oben Rn. 3.

50 Zutr. LG Darmstadt Beschl. v. 18.2.2020 – 2 Qs 14/20.

51 Oben § 143 (Entstehungsgeschichte).

52 Das BVerfG (2. *Kammer* des 2. *Senats*) BayVBl. **2009** 185 hat sich stets in diese h. M. eingereiht, ohne Bedenken mit Blick auf den Vorbehalt des Gesetzes im Strafprozessrecht (dazu LR/*Lüderssen/Jahn* Einl. M, 57 ff.) auch nur anzudeuten.

53 Nachw. unten in Rn. 33 u. 40.

54 Vgl. BTDrucks. **19** 13829 S. 45.

55 *Jahn/Zink* FS Graf-Schlicker (2018) 475, 478 m. w. N.

56 *Schoeller* StV **2017** 194, 204 weist nach, dass in der heutigen Praxis die Wahlpflichtverteidigung schon gegenüber den Fällen der Bestellung des Verteidigers allein durch den Richter dominant ist; zum Grundsatz des Vorrangs der Wahlpflichtverteidigung Vor § 137, 62.

a) Beschränkung bei ursprünglicher Auswahl des Pflichtverteidigers. Erste Voraussetzung für die Auswechselung des Pflichtverteidigers ist, dass der **Wille des Beschuldigten** bei der Auswahl des Pflichtverteidigers **nicht ausreichend berücksichtigt** werden konnte, weil ein wichtiger Grund entgegenstand oder der Beschuldigte die Entscheidung unter hohem Zeitdruck treffen musste. Dabei muss alternativ nur eine der Konstellationen vorliegen („oder"). 16

aa) Ursprünglich versagte Beiordnung aus wichtigem Grund (§ 143a Abs. 2 Satz 1 Nr. 1 Var. 1). Der Wille des Beschuldigten konnte nicht ausreichend berücksichtigt werden, wenn dieser innerhalb der Frist des § 142 Abs. 5 Satz 1 einen **Verteidiger benennt**, der Beiordnung dieses Verteidigers aber ein **wichtiger Grund entgegenstand.** Der Grund, warum der Verteidiger nicht bestellt werden konnte, spielt für den Tatbestand des § 143a Abs. 2 Satz 1 Nr. 1 Var. 1 selbst keine Rolle. Er kann sich aber auf die Frage auswirken, ob der zunächst bestellte Verteidiger durch den ursprünglich benannten Verteidiger ausgewechselt werden kann.[57] Eine Auswechselung durch den zunächst benannten Verteidiger des Vertrauens des Beschuldigten kommt dann in Betracht, wenn jener lediglich (z. B. durch ein laufendes Mandat oder urlaubsbedingt) **seinerzeit verhindert** oder (z. B. wegen Ortsabwesenheit oder krankheitsbedingt) **nicht rechtzeitig erreichbar** war. Gerade das in Haftsachen geltende **Beschleunigungsgebot** kann es gebieten, ausnahmsweise die Beiordnung eines bestimmten Verteidigers abzulehnen. Dies gilt auch dann, wenn durch die gewünschte Beiordnung das Beschleunigungsgebot im Hinblick auf Mitangeklagte nicht gewahrt werden könnte.[58] Dagegen kommt eine Bestellung des ursprünglich bezeichneten Verteidigers auch weiterhin nicht in Betracht, wenn der Ablehnung des Antrags bis auf weiteres nicht behebbare Umstände, wie beispielsweise ein **persistierender Interessenskonflikt**, zugrunde lagen.[59] 17

bb) Auswahl des Verteidigers unter hohem Zeitdruck (§ 143a Abs. 2 Satz 1 Nr. 1 Var. 2)

aaa) Entwicklung vom UHaftÄndG 2009 zur Reform der Pflichtverteidigung 2019. Auf die Vorläufigkeit des Verteidigerbeistands nach § 140 Abs. 1 Nr. 4 a. F. i. d. F. des UHaftÄndG 2009 reagierte die Rechtsprechung[60] trotz der Forderungen des Schrifttums[61] und gleich dreier Interessenvertretungen der Strafverteidiger[62] vor dem 13.12.2009 anfänglich **nicht durchweg** mit einer Herabsetzung der Anforderungen an einen Pflichtverteidigerwechsel nach § 143 a. F. Immerhin hatte aber der Ermittlungsrichter des BGH zeitnah nach Inkrafttreten der Neuregelung klargestellt, dass die Anforderungen an die Darlegung einer Störung des Vertrauensverhältnisses **„nicht überspannt"** werden dürften, wenn dem Beschuldigten „wegen der Gegebenheiten des 18

57 BTDrucks. **19** 13829 S. 46; s. im Einzelnen oben § 142, 56 ff.

58 OLG Jena StV **2009** 576, 577; OLG Celle NStZ **2008** 583; MüKo/*Thomas/Kämpfer* § 143, 16; § 142, 58.

59 Vgl. BTDrucks. **19** 13829 S. 46; s. im Einzelnen oben § 142, 63 f.

60 Stellungnahme des Justizministeriums Sachsen v. 5.2.2010 zum Antrag der Fraktion Die Linke, LTDrucks. **5** 1047 S. 4; OLG Braunschweig StV **2012** 719 f.; OLG Düsseldorf StV **2011** 85; LG Osnabrück StV **2010** 563; LG Berlin StV **2011** 665, 666; zusf. *Heydenreich* StV **2011** 700, 703; *Wohlers* StV **2010** 151, 157.

61 *Schlothauer* FS Samson (2010) 709, 715; *Jahn* FS Rissing-van Saan (2011) 275, 287; AnwK-UHaft/*König* 10; *ders.* AnwBl. **2010** 50, 51; HK/*Julius/Schiemann* § 141, 9; ebenfalls zust., aber krit. zur praktischen Durchsetzbarkeit *Heydenreich* StRR **2009** 444, 446 („frommer Wunsch").

62 *DAV* Stellungnahme Nr. 55/2009 7; *BRAK* StV **2010** 544, 547; *Strafverteidigervereinigungen* StV **2010** 109, 110.

Verfahrens zur Haftbefehlseröffnung eine nur sehr eingeschränkte Überlegungszeit für die Auswahl eines Verteidigers eingeräumt werden konnte".[63] Eine Auswechselung des Pflichtverteidigers auch **ohne** ein **gestörtes Vertrauensverhältnis** war nach der schon zuvor in einem anderen BGs-Verfahren vom BGH-Ermittlungsrichter gebilligten Auffassung des GBA zumindest dann zulässig, wenn es sich bei dem beigeordneten Verteidiger lediglich um eine **„Verlegenheitswahl"**[64] handelte, der Beschuldigte selbst einen Wechsel ausdrücklich wünschte, der bisher beigeordnete Verteidiger damit einverstanden war und keine Verfahrensverzögerungen und – wie regelmäßig – nennenswerten Mehrkosten entstanden.[65] Einem nochmaligen Wechsel konnte hingegen umgekehrt regelmäßig entgegenstehen, dass der Beschuldigte bis zur Äußerung seines erstmaligen Wechselbegehrens ausreichend Bedenkzeit hatte.[66] Darüber hinaus musste ein Wechsel ohne ein gestörtes Vertrauensverhältnis auch in Fällen möglich sein, in denen dem Beschuldigten **keine ausreichende Mitwirkungsmöglichkeit** an der Verteidigerauswahl eingeräumt worden war (**„Vorenthaltungsfälle"**).[67] Das ergibt sich bereits aus der verfassungsrechtlichen Grundlage der Regelung in § 142 im **Rechtsstaatsprinzip** und dem Grundsatz rechtlichen Gehörs.[68] Von der Soll-Vorschrift des § 142 Abs. 1 Satz 1 a. F. konnte also auch in den Fällen des § 140 Abs. 1 Nr. 4 a. F. nur in seltenen Ausnahmefällen abgewichen werden; sie kam *in praxi* einer **Anhörungspflicht** gleich.[69] Sofern also die nach § 142 Abs. 1 Satz 1 a. F. erforderliche Anhörung unterblieben war, war der vom Gericht bestellte Verteidiger auf Antrag des Beschuldigten nach § 143 a. F. schon in der Dekade zwischen 2009 (UHaftÄndG) und 2019 (Neuordnung der notwendigen Verteidigung) richtigerweise zu entpflichten und der vom Beschuldigten benannte Rechtsanwalt beizuordnen, sofern dem seinerseits keine (anderen) wichtigen Gründe entgegenstanden.[70] Ebenso war zu verfahren, wenn ein Pflichtverteidiger nach § 140 Abs. 1 Nr. 4 a. F. bereits **vor** dem ungenutzten **Verstreichen** der dem Beschuldigten zu setzenden **angemessenen Frist** gem. § 142 Abs. 1 Satz 1 bestellt bzw. dem Beschuldigten **keine** der Untersuchungshaftsituation angemessene **Möglichkeit** eingeräumt wurde, sich über die

---

63 Beide Zitate bei BGH (Ermittlungsrichter) StraFo **2013** 23.

64 Zum Begriff *Jahn* (Rechtswirklichkeit) 144 ff.

65 Stellungnahme des GBA v. 1.3.2010 – 2 BGs 73/10 b. *Weider* StV **2010** 390, 391; Meyer-Goßner/*Schmitt* § 143, 5a. Kommt es während des Ermittlungsverfahrens zum Pflichtverteidigerwechsel, entstehen durch die Beiordnung des neuen Pflichtverteidigers eine weitere Grundgebühr (VV RVG Nr. 4100, 4101) und eine Verfahrensgebühr (VV RVG Nr. 4104, 4105). Die Zusatzkosten belaufen sich also auf € 299,-. Dem neu bestellten Verteidiger einen Verzicht auf die Geltendmachung dieser Gebühren anzusinnen, musste angesichts der besonderen Anforderungen, die mit der Verteidigung von nicht auf freiem Fuß befindlichen Beschuldigten verbunden sind, ausscheiden (so auch *BRAK* StV **2010** 544 f.).

66 Vgl. AnwK-UHaft/*König* 10; *DAV* Stellungnahme Nr. 55/2009 7.

67 Zum Begriff *Jahn* (Rechtswirklichkeit) 158 ff.

68 Oben § 142, 46.

69 S. § 142, 46.

70 BGH StV **2013** 610; OLG Braunschweig StraFo **2013** 115, 116; OLG Celle StV **2012** 720; OLG Düsseldorf StV **2010** 350 m. zust. Anm. *Burhoff* StRR **2010** 223 und Anm. *Wollschläger* jurisPR extra **2010** 208; OLG Karlsruhe StV **2010** 179; OLG Jena StraFo **2012** 138, 139; OLG Dresden NStZ-RR **2012** 213; KG StV **2012** 656, 657; StV **2010** 63, 65; OLG Hamm Beschl. v. 8.5.2007 – 4 Ws 213/07, juris, Tz. 10; LG Bamberg StV **2019** 186 (Ls.); LG Landau/Pfalz StV **2015** 23 f.; LG Stendal StV **2015** 543; LG Magdeburg StV **2012** 525 (Ls.); LG Siegen StRR **2012** 104, 105 m. Anm. *Nobis*; LG Dresden StraFo **2012** 14; LG Heilbronn StV **2011** 222; LG Frankfurt (Oder) StV **2010** 235, 236; LG Landshut Beschl. v. 1.7.2010 – 4 Qs 172/10 (n.v.); AG Stuttgart StV **2010** 677; *Jahn* FS Rissing-van Saan (2011) 275, 287 f.; *ders.* StraFo **2014** 177, 192 ff.; *Lam/Meyer-Mews* NJW **2012** 177, 180; *Bittmann* JuS **2010** 510, 513; SSW/*Beulke* § 143, 20; AnwK-UHaft/*König* 10; HK/*Julius/Schiemann* § 142, 8; Meyer-Goßner/*Schmitt* § 141, 3a.

zur Verfügung stehenden Verteidiger **zu informieren.**[71] Entsprechendes galt, wenn die Mitteilung der Frist nach § 142 Abs. 1 a. F. entgegen § 35 Abs. 2 Satz 1 nicht förmlich **zugestellt** worden war und deswegen nicht geklärt werden konnte, ob der Beschuldigte die Frist hatte verstreichen lassen.[72]

bbb) Inhalt der Neuregelung in § 143a Abs. 2 Satz 1 Nr. 1 Var. 2. Seit dem 13.12.2019 hat der Beschuldigte einen Anspruch auf Auswechselung, wenn ihm im Rahmen des § 142 Abs. 5 Satz 1 eine **(zu) „kurze Frist"** zur Benennung eines Verteidigers gesetzt wurde. Mit § 143a Abs. 2 Satz 1 Nr. 1 Var. 2 soll dem Beschuldigten zur Verwirklichung seiner Rechte aus der Richtlinie und des verfassungsfesten Anspruchs auf den Verteidiger seines Vertrauens deshalb begrüßenswerterweise **einmal** die **Möglichkeit** gegeben werden, erneut einen **Verteidiger seiner Wahl** zu benennen. Der **Anspruch** des Beschuldigten auf Auswechselung des Pflichtverteidigers erlischt also dann, wenn er innerhalb einer ihm bestimmten, angemessenen Frist keinen Verteidiger benannt hat und dieser daraufhin von Amts wegen ausgewählt und bestellt wurde.[73] Eine **(zu) „kurze Frist"** soll nach der Gesetzesbegründung[74] jedenfalls dann anzunehmen sein, wenn diese **lediglich** auf eine **kurze Bedenkzeit reduziert** war. Im Übrigen sei die „angemessene Länge der Frist eine **Frage des Einzelfalls**, die – wie bisher – von der Rechtsprechung zu konkretisieren sein wird".[75] Dies ist allerdings etwas **widersinnig.** Einerseits will der Gesetzgeber Rechtsklarheit und Rechtssicherheit schaffen.[76] Andererseits überlässt er die praktische Ausgestaltung der Rechtsprechung. Dies bringt aber, jedenfalls zunächst, ein nicht unerhebliches Maß an Rechtsunsicherheit mit sich. Es bietet sich daher an, als **Richtwert** an die **bisherigen Grundsätze** in den **U-Haft-Fällen** anzuknüpfen. Mit dem Begriff „unverzüglich" in § 141 Abs. 3 Satz 4 a. F. („wird der Verteidiger unverzüglich nach Beginn der Vollstreckung bestellt") wurde dem Gericht seinerzeit – und damit mittelbar auch dem Beschuldigten – wie auch bei § 143a Abs. 2 Satz 1 Nr. 1 Var. 2 ebenfalls bewusst[77] ein gewisser **zeitlicher Spielraum** für die Bestellung des Pflichtverteidigers bei Vollzug der Untersuchungshaft eröffnet. Eine Prüfungs- und Überlegungsfrist von **einer Woche** (zu berechnen nach § 43 Abs. 1) erschien geboten, aber auch ausreichend.[78] Dieses Verständnis sollte nunmehr auch der „kurzen Frist" in § 143a Abs. 2 Satz 1 Nr. 1 Var. 2 regelmäßig zugrunde gelegt werden. Eine Frist von nur drei 19

---

71 LG Bochum StV **2011** 155; LG Krefeld StV **2011** 274; AG Arnsberg StRR **2012** 104, 105 m. Anm. *Nobis*; AG München StV **2011** 668 (Ls.); AG Stuttgart StV **2010** 677; *Wohlers* StV **2010** 151, 157; Meyer-Goßner/*Schmitt* § 141, 3a; AnwK-UHaft/*König* 10. Ein erleichterter Wechsel wurde vor dem UHaftÄndG 2009 bei zu kurzer Überlegungsfrist hingegen nur vereinzelt gewährt, s. etwa LG Berlin StV **2009** 14.

72 LG Bochum StV **2012** 526.

73 BTDrucks. **19** 13829 S. 46; AnwK-UHaft/*König* 10; *DAV* Stellungnahme Nr. 55/2009 7; zur Begründung über den Verwirkungsgedanken *Jahn* (Rechtswirklichkeit) 177.

74 BTDrucks. **19** 13829 S. 46.

75 BTDrucks. **19** 13829 S. 46.

76 S. bereits oben Rn. 8; zu einem weiteren Kritikpunkt unten Rn. 35.

77 S. BTDrucks. **16** 13097 S. 19.

78 *BRAK* StV **2010** 544, 545; *Jahn* FS Rissing-van Saan (2011) 275, 291, im Sinne einer Regelvermutung auch *DAV* Stellungnahme Nr. 55/2009 6 („Regelfrist von einer Woche"); *Brocke/Heller* StraFo **2011** 1, 7 („in der Regel" eine Woche); *St. König* AnwBl. **2010** 50, 51; Meyer-Goßner/*Schmitt* § 141, 5e („regelmäßig" eine Woche); Radtke/Hohmann/*Reinhart* § 142, 8. **A. A.** (zwei Wochen) LG Krefeld StV **2011** 274; *Strafverteidigervereinigungen* StV **2010** 109; *Heydenreich* StraFo **2011** 263, 265; *Thielmann* NJW **2011** 1927, 1928; *Lam/Meyer-Mews* NJW **2012** 177, 180; *F. Schmidt* NJ **2012** 284, 286; *Wohlers* StV **2010** 151, 153; HK/*Julius/Schiemann* § 141, 10.

Tagen ist deshalb jedenfalls nicht lang genug.[79] Dass eine „Bedenkzeit von nur wenigen Minuten" zu kurz ist, versteht sich.[80]

b) Antrag des Beschuldigten innerhalb der Drei-Wochen-Frist

20 **aa) Fristbemessung.** Zudem ist formell weitere Voraussetzung, dass der Beschuldigte **innerhalb** von **drei Wochen** nach Bekanntgabe der gerichtlichen Entscheidung über die Pflichtverteidigerbestellung einen **Antrag** auf Auswechselung des Verteidigers stellt. Ursprünglich war im Regierungsentwurf[81] noch eine Frist von lediglich zwei Wochen vorgesehen. Sie wurde, wohl auch aufgrund einer zur Fristbemessung kritischen Stellungnahme in der Sachverständigenanhörung,[82] vom Ausschuss für Recht und Verbraucherschutz in der Beschlussempfehlung auf drei Wochen ausgeweitet. Die Anpassung der Frist, innerhalb derer der Beschuldigte einen Verteidigerwechsel beantragen kann, trage dem Umstand Rechnung, dass insbesondere in Haftsituationen eine zweiwöchige **Frist** für den Beschuldigten **zu kurz** sein könne, „um eine Entscheidung darüber zu treffen, ob im gesamten weiteren Verfahren von dem ihm zunächst beigeordneten Pflichtverteidiger verteidigt werden möchte".[83]

21 Das trifft zu; mit dieser Begründung hätte sich aber eine längere Frist empfohlen. Eine **zeitliche Beschränkung** ist im Hinblick auf die Belastung der Staatskasse sowie mit Blick auf die Prozessökonomie **sinnvoll**, wenn nicht unerlässlich. Innerhalb von drei (statt, wie im Regierungsentwurf, zwei) Wochen kann indes nach wie vor allenfalls festgestellt werden, ob Sympathie zur Person des Pflichtverteidigers vorliegt. Das notwendige **Vertrauen** in der Mandatsbeziehung gründet aber in erster Linie auf die **tatsächliche Beistandsleistung** des Pflichtverteidigers, die innerhalb dieser kurzen Frist kaum sinnvoll mit einem Sachverhalt aus Verteidigungsaktivitäten unterlegt werden kann.[84] Nach drei Wochen ist im Falle einer Inhaftierung typischerweise allenfalls eine erste Haftprüfung erreicht. Ist der Beschuldigte nicht inhaftiert, hat der Verteidiger in diesem Zeitpunkt in der Regel noch nicht einmal vollständige Akteneinsicht, geschweige denn die Möglichkeit, zusammen mit seinem Mandanten den Inhalt der Akten zu erörtern, um eine Verteidigungskonzeption zu fixieren. Vor allem am **Anfang** einer **Mandatsbeziehung** ist das Mandatsverhältnis von einem **Vertrauensvorschuss** seitens des Beschuldigten geprägt. Ob dieses Vertrauen gerechtfertigt ist, zeigt sich meist erst später

---

79 So auch – zum neuen Recht – OK-StPO/*Krawczyk* § 142, 21.

80 So – ebenfalls zum neuen Recht – SSW/*Beulke* 8.

81 BTDrucks. **19** 13829 S. 46; auf diesem – überholten – Stand befinden sich auch noch die Ausführungen von *Wasserburg* GA **2020** 398, 412.

82 So auch *Pschorr* StraFo **2020** 12, 20. Vgl. *Jahn* Schriftliche Stellungnahme für die öffentliche Anhörung am 23.10.2019 im Rechtsausschuss des Deutschen Bundestages zu dem Entwurf eines Gesetzes zur Neuregelung des Rechts der notwendigen Verteidigung (BTDrucks. **19** 13829 S. 19) 17 f.: „Die grundsätzliche Einführung des § 143a Abs. 2 Nr. 1 StPO-RegE, der dem Beschuldigten einen Anspruch auf Auswechselung des Pflichtverteidigers gewährt, ist nicht nur im Hinblick auf die Qualitätsvorstellungen der PKH-Richtlinie unerlässlich, sondern nach den Ergebnissen unserer praktischen Untersuchungen an der Frankfurter Forschungsstelle für Recht und Praxis der Strafverteidigung auch geboten. Allerdings gibt es keinen plausiblen Grund, diese Möglichkeit auf nur zwei Wochen nach der Bestellung zu beschränken". Siehe dazu rechtstatsächlich *Jahn* (Rechtswirklichkeit) 143 ff.

83 BTDrucks. **19** 15151 S. 8.

84 *Gubitz* NStZ **2020** 436, 438; *Müller-Jacobsen* NJW **2020** 575, 578; *Jahn/Zink* Barton-Symposion (2020) 49, 67 f. S. auch OLG München NJW **2010** 1766, 1767; OLG Koblenz StV **2011** 349, 351; KG StV **2012** 656, 657 f.; LG Dresden StraFo **2012** 14 zur vertrauensvollen Zusammenarbeit zwischen Mandant und Pflichtverteidiger über einen längeren Zeitraum.

im Laufe des Verfahrens. Ein Anspruch auf Auswechselung des Pflichtverteidigers **bis zur Eröffnung des Hauptverfahrens** wäre daher rechtspolitisch zielführender gewesen.[85] Die Entscheidung des Gesetzgebers ist freilich zu respektieren; sie sollte die **richtlinienkonforme Umsetzung** nicht substantiell in Frage stellen.[86]

bb) Gerichtliche Entscheidung; Bekanntmachung. Unter der gerichtlichen Entscheidung im Sinne des § 143a Abs. 2 Satz 1 Nr. 1 ist zum einen der originäre **Gerichtsbeschluss** zu verstehen, zum anderen aber auch die **gerichtliche Entscheidung** über die **Bestellung** eines Pflichtverteidigers bzw. durch die Staatsanwaltschaft unter Inanspruchnahme ihrer Eilzuständigkeit aus § 142 Abs. 4 Satz 1.[87] Eine Anknüpfung an die richterliche Entscheidung über die Bestellung durch die Staatsanwaltschaft (§ 142 Abs. 4 Sätze 2 und 3) ist essentiell, weil das Gericht den Sachverhalt unter Umständen anders bewertet und so ein früher gestellter Auswechselungsantrag obsolet werden kann.[88] Mit dem Begriff der **Bekanntmachung** wird auf § 35 Bezug genommen.[89] 22

c) Kein entgegenstehender wichtiger Grund. Letzte Voraussetzung ist – wie bei der Grundregel des § 142 Abs. 5 Satz 3 – wiederum, dass der Bestellung kein wichtiger Grund entgegensteht. Ein **wichtiger Grund** liegt jedenfalls dann vor, wenn der Verteidiger nicht oder **nicht rechtzeitig erreichbar** ist.[90] Außerdem liegt ein wichtiger Grund bei einem tatsächlichen **Interessenkonflikt** vor.[91] **Kein wichtiger Grund** ist dagegen gegeben, wenn der vom Beschuldigten bezeichnete Rechtsanwalt nicht dem in § 142 Abs. 6 Satz 2 vom Gericht vorrangig zu berücksichtigenden Personenkreis bei amtswegiger Bestellung angehört. In diesen Fällen müsse der Rechtsanwalt selbst entscheiden, ob sich er in der Lage sieht, die Beiordnung zu übernehmen oder sie gemäß § 49 Abs. 2 BRAO ablehnt.[92] 23

Die **Verweisung** des § 143a Abs. 2 Satz 2 auf **§ 142 Abs. 5 und 6** bezieht sich dem eindeutigen Wortlaut nach **nicht** auf **§ 143a Abs. 2 Satz 1 *Nr. 1***. Der Grund ist, dass eine Anwendung des § 142 Abs. 5 auf diese Fälle **keinen Sinn** ergäbe, da die Versagung der Mitwirkungsmöglichkeit gerade Voraussetzung für die Einschlägigkeit der Nr. 1 in den „Vorenthaltungsfällen" ist.[93] Mit Blick auf **§ 142 Abs. 6** ist aber fraglich, ob jene Vorschrift über die amtswegige Bestellung dann dennoch **direkt anzuwenden** ist, oder aber, ob auch hier **kein Anwendungsbereich** verbleibt. Steht der Bestellung des nach § 143a Abs. 2 Satz 1 Nr. 1 vom Beschuldigten bezeichneten Pflichtverteidigers ein wichtiger Grund entgegen, so könnte entweder der bereits bestellte Verteidiger in der Pflicht bleiben oder aber ein gelisteter Pflichtverteidiger gemäß § 142 Abs. 6 i. V. m. § 31 BRAO bestellt werden. Eine direkte Anwendung könnte in Betracht kommen, weil die Anwendung des § 142 Abs. 6 nach dem offenen Wortlaut („wird ... bestellt") nicht auf die Fälle des § 142 Abs. 5 beschränkt ist. Dagegen spricht allerdings, dass auch in den Fällen der 24

85 *Conen* AnwBl. Online **2020 317,** 319 Fn. 11 („kosmetische Änderung"); *Jahn* Schriftliche Stellungnahme für die öffentliche Anhörung am 23.10.2019 im Rechtsausschuss des Deutschen Bundestages zu dem Entwurf eines Gesetzes zur Neuregelung des Rechts der notwendigen Verteidigung (BTDrucks. **19** 13829 S. 19.
86 So auch *Pschorr* StraFo **2020** 12, 20: „jedenfalls vertretbare Abwägung".
87 Vgl. BTDrucks. **19** 13829 S. 46.
88 S. auch BTDrucks. **19** 13829 S. 46.
89 BTDrucks. **19** 13829 S. 46.
90 Oben Rn. 17.
91 S. nochmals oben Rn. 17.
92 BTDrucks. **19** 13829 S. 42; siehe dazu bereits Vor § 137, 64.
93 Oben Rn. 18.

endgültigen Zerstörung des Vertrauensverhältnisses des § 143a Abs. 2 Satz 2 Nr. 3 eine Bezeichnung durch den Beschuldigten erfolgen kann, hier aber § 142 Abs. 6 ausdrücklich nur entsprechend anzuwenden ist.[94] Von einer planwidrigen Regelungslücke ist damit nicht auszugehen, sodass für den Fall, dass ein **wichtiger Grund** der Bestellung des benannten Verteidigers **entgegensteht**, nicht von Amts wegen ein gelisteter Verteidiger bestellt wird, sondern der **bisherige Verteidiger** in seiner Pflichtenstellung **verbleibt.** Dies entspricht auch dem Normzweck des § 143a Abs. 2 Satz 1 Nr. 1, dem **Vorrang der Wahlpflichtverteidigung** Geltung zu verschaffen.[95] Kann der Wahlpflichtverteidiger ausnahmsweise nicht bestellt werden, besteht auch kein Grund für eine Auswechselung des Pflichtverteidigers.

25 **d) Entscheidung.** Beim Vorliegen der Voraussetzung hat der Beschuldigte einen **Anspruch** auf Rücknahme der ursprünglichen Pflichtverteidigerbestellung und **Bestellung seines Wahlpflichtverteidigers.** Wird dem Beschuldigten die Auswechselung versagt, kann er dies gemäß Abs. 4 mit der sofortigen Beschwerde anfechten (vgl. § 142 Abs. 7 Satz 1).

3. Auswechselung des Pflichtverteidigers auf Initiative des Verteidigers nach § 143a Abs. 2 Satz 1 Nr. 2

26 **a) Allgemeines.** Die Pflicht des Verteidigers, in gewissen Grenzen die Verteidigung übernehmen zu müssen (Kontrahierungszwang),[96] hat zur Folge, dass er grundsätzlich auch **kein Recht** hat, ohne Weiteres die **Rücknahme der Bestellung** zu verlangen.[97] Aber so, wie es **Ausnahmen** von der Übernahmepflicht gibt (vgl. § 49 Abs. 2 BRAO), muss es aus vergleichbaren Gründen auch ausnahmsweise die Möglichkeit geben, dass der Verteidiger auf seinen Wunsch hin entpflichtet wird (vgl. § 48 Abs. 2 BRAO).

27 Der Verweis in § 143a Abs. 2 Satz 2 bewirkt, dass der Beschuldigte für den Fall der Aufhebung der Bestellung auf Initiative des bisherigen Pflichtverteidigers nach § 143a Abs. 2 Satz 1 Nr. 2 gemäß **§ 142 Abs. 5 erneut** die **Möglichkeit** bekommt, einen **Wahlpflichtverteidiger zu bezeichnen**; anderenfalls ist von Amts wegen nach **§ 142 Abs. 6** zu verfahren.

28 **b) Unzumutbare Entfernung zum künftigen Aufenthaltsort des Beschuldigten.** § 143a Abs. 2 Satz 1 Nr. 2 erfasst Fälle, in denen der Beschuldigte gemäß **§ 115a Abs. 2** dem **nächsten Richter zur Vernehmung vorgeführt** wird. In diesen Fällen ist dem Beschuldigten gemäß Art. 4 Abs. 4 Satz 2 lit. a der PKH-Richtlinie ein **Pflichtverteidiger zu bestellen.**[98] In der Regel wird dem Beschuldigten dann aber mit Blick auf das Unverzüglichkeitsgebot (§ 115a Abs. 2 Satz 1) nur eine (zu) **kurze Frist zur Benennung** des Verteidigers eingeräumt werden können, so dass sich der **Anspruch *des Beschuldigten*** auf einen Verteidigerwechsel bereits aus § 143a Abs. 2 Satz 1 Nr. 1 ergibt.[99] **§ 143a Abs. 2 Satz 1 Nr. 2** soll darüber hinaus dem unter diesen Umständen bestellten **Verteidiger** einen eigenen **Anspruch auf Auswechselung** geben, wenn ihm die weitere Übernahme

94 Vgl. BTDrucks. **19** 13829 S. 47.
95 S. oben Rn. 15.
96 S. Vor § 137, 64 f.
97 OLG Bamberg MDR **1990** 460. **A. A.** BGH NJW **1993** 3277; StV **1988** 470; OLG Köln StV **1994** 234 m. Anm. *Münchhalffen*; HK/*Julius*/*Schiemann* § 143, 6.
98 BTDrucks. **19** 13829 S. 46; *Jahn*/*Zink* FS Graf-Schlicker (2018) 475, 487; *Schlothauer* StV **2017** 557, 558.
99 Zutr. BTDrucks. **19** 13829 S. 46.

der Pflichtverteidigung aus **wichtigem Grund unzumutbar** ist. Dabei wird insbesondere auf die **unzumutbare Entfernung** zum künftigen Aufenthaltsort des Beschuldigten Bezug genommen. Diese kann sich daraus ergeben, dass der Beschuldigte nach Erlass des Haftbefehls in eine weit entfernte Justizvollzugsanstalt gebracht wird.[100] Nicht anders ist der Fall zu behandeln, dass gem. § 115a Abs. 3 i. V. m. § 115 nach Transport die Vernehmung vor dem zuständigen Haftrichter ansteht. Zudem kann eine Entpflichtung auch dann statthaft sein, wenn die **Inhaftierung** des Beschuldigten zwar **nicht erfolgt** (vgl. § 115a Abs. 3 Satz 3), allerdings aus einem anderen Grund ein Fall notwendiger Verteidigung vorliegt und der Beschuldigte sich an einen weit entfernten Aufenthaltsort begibt.[101] Entscheidend sind hier im Übrigen weniger fixe Kilometergrenzen, sondern die **verkehrstechnischen Umstände** des Einzelfalls.

c) Sonstige wichtige Gründe. Der Wortlaut, nach dem ein wichtiger Grund **„insbesondere" bei** unzumutbarer Entfernung vorliege, lässt mit der Regelbeispielsmethode auch **andere wichtige Gründe** zu. Der bestellte Pflichtverteidiger soll also auch dann einen Anspruch auf seine Auswechselung haben, wenn dieser für den Vorführungstermin (gerade) noch Kapazitäten hatte, nicht allerdings für eine längerfristige Übernahme der Verteidigung. Der **Antrag** ist dann **unverzüglich** (§ 121 Abs. 1 BGB) nach Beendigung des Vorführungsverfahrens gemäß § 115a zu stellen, um eine kontinuierliche Verteidigung für den Beschuldigten zu gewährleisten.[102] Nicht anders dürfte nach den konkreten örtlichen Gegebenheiten der Fall zu behandeln sein, bei dem dem Verteidiger bei **Verweisung** der Sache an ein anderes nächstes Amtsgericht oder sonstigen Zuständigkeitsstreitigkeiten i. R. d. § 115a nicht zugemutet werden kann, auch dort zu verteidigen.[103] 29

4. Auswechselung des Pflichtverteidigers wegen Gefährdung der Verteidigung. Mit § 143a Abs. 2 Satz 1 Nr. 3 wurden zwei von der ständigen Rechtsprechung zu § 143 a. F. auch schon bislang anerkannte Fälle des Anspruchs auf einen Pflichtverteidigerwechsel mit Wirkung zum 13.12.2019 (zumindest schlagwortartig) kodifiziert. Für das **Verfahren** der **Auswahl** des neuen Pflichtverteidigers gelten gemäß § 143a Abs. 2 Satz 2 die Absätze 5 und 6 des **§ 142** entsprechend. Weitere Verfahrensregelungen sind nicht getroffen worden. Eine der Abbestellung vorausgehende **Abmahnung** des Verteidigers durch das Gericht, wie dies zu § 143 a. F. teilweise[104] gefordert wurde, wird daher **nicht ausdrücklich** vorausgesetzt. Sie ist aber in den Fällen einer geplanten Abberufung von Amts wegen aufgrund deren *ultima ratio*-Charakter empfehlenswert; in diesen Fällen[105] ist auch dem Beschuldigten rechtliches Gehör zu gewähren. 30

a) Endgültige Zerstörung des Vertrauensverhältnisses (§ 143a Abs. 2 Satz 1 Nr. 3 Var. 1). Der Anspruch auf Auswechselung des Verteidigers ist zunächst bei **endgültiger Zerstörung des Vertrauensverhältnisses** gemäß § 143a Abs. 2 Satz 1 Nr. 3 31

---

100 BTDrucks. **19** 13829 S. 47.

101 BTDrucks. **19** 13829 S. 47; krit. *Pschorr* StraFo **2020** 12, 21.

102 BTDrucks. **19** 13829 S. 47.

103 Vgl. zu dieser Konstellation grds. OLG Celle NdsRpfl. **1983** 125.

104 OLG Hamburg NJW **1998** 621; *Kett-Straub* NStZ **2006** 364; offen SSW/*Beulke* § 143, 26 und krit. *Seier* FS H. J. Hirsch (1999) 989, der die Gefahr einer „Disziplinierung" des Verteidigers durch das Gericht sieht.

105 Vgl. zu dieser Konstellation OLG Bremen StV **2019** 175, 176 f.; OLG Stuttgart StV **2016** 479, 481 m. Anm. *M. Koch*; OLG Celle NdsRpfl. **1983** 125.

Var. 1 zu erfüllen. Zu klären ist, wer in diesem Fall antragsberechtigt ist; danach richtet sich auch die **jeweils einschlägige Kasuistik:**

32 **aa) Antrag des Beschuldigten.** Unzweifelhaft muss der **Beschuldigte antragsberechtigt** sein.[106] Gerade seine Rechtssphäre will die Vorschrift in § 143a Abs. 2 Nr. 3 schützen, wenn und soweit in den Fällen manifester Störung des Vertrauensverhältnisses sachfremde Motive seines Beistands sein legitimes Verteidigungsinteresse zu verdrängen drohen. Dann gerät auch das Vertragsverhältnis mit dem Pflichtverteidiger in eine irreparable Disbalance.[107] Bei Vorliegen eines zerstörten Vertrauensverhältnisses kann er sowohl die Bestellung eines von ihm gewählten Verteidigers beantragen als auch die Auswahl dem Gericht überlassen (§ 143a Abs. 2 Satz 2).[108]

33 Zur Beantwortung der Frage, wann im **Einzelfall** eine Zerstörung des Vertrauensverhältnisses aus Sicht des Beschuldigten anzunehmen ist, ist nach der Vorstellung des Gesetzgebers[109] weiterhin auf die Rechtsprechung zu § 143 a. F. zurückzugreifen. Maßgeblich ist danach der objektivierte Standpunkt eines **vernünftigen**, in rationaler Selbstbehauptung auf seine legitimen Verteidigungsinteressen bedachten **Beschuldigten.**[110] Anderenfalls hätte es der Beschuldigte sonst einerseits in der Hand, jederzeit unter schlichter Geltendmachung fehlenden Vertrauens zu seinem Verteidiger einen Wechsel in dessen Person herbeizuführen. Ein **freies Abwahlrecht** gibt es deshalb, wie auch der Umkehrschluss aus § 143a Abs. 3 zeigt, im Rahmen des Absatzes 2 **nicht.**[111] Andererseits ist der Grundsatz der prinzipiellen Gleichstellung von Wahl- und Pflichtverteidigung in den Blick zu nehmen.[112] Die **Tendenz der Rechtsprechung** ging vor dem Inkrafttreten der Neufassung zum 13.12.2019 deshalb zu Recht vielfach dahin, einen Bruch des Vertrauensverhältnisses, der einen Wechsel des Pflichtverteidigers notwendig machte, jedenfalls außerhalb laufender Hauptverhandlung **großzügiger** anzunehmen. So sollte nach dieser weniger restriktiven Linie auch bei **Unstimmigkeiten über** das **Verteidigungskonzept**, bei denen keine Einigung erzielt werden konnte, der Austausch des Pflichtverteidigers im Einzelfall durchaus erfolgen können.[113] Solche Unstimmigkeiten führen nach dem Wortlaut des § 143a Abs. 2 Nr. 3 nunmehr dann zum Anspruch auf Auswechselung, wenn in ihnen eine ***endgültige* Zerstörung** des Vertrauens des Beschuldigten in seinen Verteidiger zum Ausdruck kommt. Dies wird, wenn der **Beschuldigte** den **Antrag** auf Auswechselung des Pflichtverteidigers

---

106 Unten Rn. 37 ff.

107 S. Vor § 137, 62.

108 BTDrucks. **19** 13829 S. 47; vgl. oben Rn. 30 a. E.

109 BTDrucks. **19** 13829 S. 47; BGH NJW **2020** 1534, 1535 Tz. 10 m. Anm. *Gubitz* NStZ **2020** 436; Beschl. v. 26.2.2020 – StB 4/20, BeckRS **2020** 3078 Tz. 6.

110 Vgl. *Jahn/Zink* Barton-Symposion (2020) 49, 65 f.

111 Zutr. *Mehle/Mehle* NJW **2020** 1536. Das war auch schon vor dem 13.12.2019 seit jeher anerkannt, vgl. nur BGHSt **39** 310, 315 f.; BGH Urt. v. 20.12.2018 – 3 StR 236/17, juris, Tz. 65 (insoweit in BGHSt **64** 10, 22 nicht abgedr.) m. insoweit zust. Anm. *Wohlers* JR **2019** 615, 617; BGH Beschl. v. 16.10.2018 – 4 StR 184/18, juris, Tz. 1; OLG Brandenburg Beschl. v. 14.2.2019 – 1 Ws 21/19, juris, Tz. 4; KG Beschl. v. 9.8.2017 – 4 Ws 101/17, juris, Tz. 10 a. E.; LG Ingolstadt Vfg. v. 23.8.2017 – 1 KLs 383 Js 228567/16, juris, Tz. 16 f. **A. A.** – mindestens einmalige, freie Abwahl – *Schlothauer/Matt/Neuhaus/Brodowski* HRRS **2018** 55, 67 und wohl auch MüKo/*Thomas/Kämpfer* § 143, 9.

112 *Jahn/Zink* Barton-Symposion (2020) 49, 68 f.; ausf. dazu Vor § 137, 62.

113 BGH NJW **2020** 1534, 1535 Tz. 11 m. Anm. *Gubitz* NStZ **2020** 436; BGH (ER) StV **2013** 610, 611 („dürfen die Anforderungen an die Darlegung eines gestörten Vertrauensverhältnisses ... nicht überspannt werden"; „kommt es auf die Frage, ob die verschiedenen vom Beschuldigten erhobenen Behauptungen tatsächlich zutreffen, nicht maßgeblich an"); Stellungnahme des GBA v. 1.3.2010 – 2 BGs 73/10 b. *Weider* StV **2010** 390, 391; BGH NStZ **1995** 296 („unter Umständen") m. Anm. *A. Müller* JR **1996** 124; OLG Koblenz

stellt und zumindest umrisshaft und nach Laienart durch **Tatsachen substantiiert** (§ 45 Abs. 2 Satz 1 entsprechend),[114] **regelmäßig anzunehmen** sein, um dem Vorrang der Wahlpflichtverteidigung gerecht zu werden. Die Grenze für die diese **Offenbarungsobliegenheit** zieht der legitime Schutz der Geheimsphäre der Verteidigung.[115]

Weitere **Einzelfälle**[116] sind ein schwerwiegender Vertrauensbruch bei Erstattung einer **Strafanzeige** des Verteidigers gegen den Mandanten;[117] die Abgabe einer Sachdarstellung, ohne die Verteidigungslinie mit dem Angeklagten abgesprochen zu haben,[118] das richten von **Anträgen** an das Gericht gerichtet, die weder mit dem Beschuldigten abgesprochen noch ihm zuvor bekannt gegeben wurden, jedenfalls dann, wenn diese Anträge seinen Interessen diametral entgegenlaufen und ihm sogar schaden können;[119] die Erschütterung des Vertrauens, wenn der Verteidiger in anderer Sache Ansprüche zur Insolvenztabelle derjenigen Gesellschaft angemeldet hat, deren früheren Geschäftsführer er nun verteidigt;[120] das wiederholte **Bedrängen** des Beschuldigten ungeachtet dessen erklärter Ablehnung, eine schriftliche Vereinbarung über ein Honorar abzuschließen, das die gesetzlichen Gebühren um ein Mehrfaches übersteigen würde, bei gleichzeitigem zum Ausdruck bringen, ohne den Abschluss dieser Vereinbarung sei seine Motivation, tätig zu werden, eingeschränkt;[121] die Äußerung des Verteidigers, der An- 34

NStZ **2014** 423 („wenn sich die Beteiligten zur Einigung über das Verteidigungskonzept nicht in der Lage sehen"); OLG Hamm NJW **2006** 2502, 2503 f.; StV **1982** 510; LG München I StV **2011** 667 f.; AG Bitterfeld-Wolfen StV **2014** 281 f.; *Lam/Meyer-Mews* NJW 2012 177, 178 f.; HK-GS/*Weiler* § 143, 5; MüKo/*Thomas/Kämpfer* § 143, 11; in der Tendenz auch KK/*Willnow* § 143, 5. **A. A.** etwa OLG Köln NStZ **2012** 351 (Ls.); StV **2011** 659; KG Beschl. v. 24.11.2008 – 2 Ws 595/08, juris, Tz. 4.

114 Vgl. BGH Beschl. v. 26.2.2020 – StB 4/20, BeckRS **2020** 3078 Tz. 7; OLG Bremen StV **2019** 175, 178; KG StV **1990** 347; OLG Hamm NJW **1975** 1238; StV **1982** 511.

115 Vgl. OLG Karlsruhe NStZ **1988** 239; *Mehle/Mehle* NJW **2020** 1536; *Hellwig/Zebisch* NStZ 2010 602, 604; MüKo/*Thomas/Kämpfer* § 143, 9.

116 Vgl. auch BVerfG (*3. Kammer* des *2. Senats*) NJW **2001** 3695, 3697 (Verteidiger hatte Bf. verklagt und wollte ihn zu einer rechtlich unzulässigen Abtretung veranlassen); BGH NStZ **2004** 632 (keine gestörte Vertrauensbeziehung bei Vorschlag des Rechtsanwalts der Übernahme des Mandats durch seinen Sozius); JR **1998** 251 m. Anm. *Rogall* (Bereiterklärung zur Übernahme der Pflichtverteidigung ohne Rücksprache mit dem Angeklagten); NStZ **1995** 296; StV **1989** 45 m. Anm. *Barton*; StV **1988** 469 (keine gestörte Vertrauensbeziehung bei Niederlegung des Wahlmandats mit Zustimmung des Angeklagten); OLG Naumburg OLGSt StPO § 142 Nr. 8 (keine gestörte Vertrauensbeziehung, wenn sich der Angeklagte lediglich auf „kein gutes Vertrauensverhältnis" beruft, weil sein Pflichtverteidiger ihn nach seiner Auffassung nicht gut vertrat und er befürchte, dieser werde für ihn nichts Gutes erreichen); OLG Köln StraFo **2007** 157; OLG Hamm StV **1999** 587; KG Beschl. v. 9.8.2017 – 4 Ws 101/17, juris, Tz. 11 (keine gestörte Vertrauensbeziehung, bloß weil der Rechtsanwalt „seine Sache nicht so [mache], wie er sollte"); NStZ-RR **2012** 352 (frühere Vertretung eines Mitangeklagten durch in derselben Bürogemeinschaft tätigen Verteidiger); Beschl. v. 20.11.1997 – 1 AR 1431/97; KG NStZ **1993** 201, 202; KG StV **1987** 428, 429; OLG Stuttgart NStZ-RR **1996** 207; OLG Köln StV **1994** 234, 235 (bloße Andeutungen zu möglicherweise standeswidrigem Verhalten des Pflichtverteidigers) m. krit. Anm. *Münchhalffen*; OLG Düsseldorf MDR **1988** 431; OLG Hamburg JR **1986** 257 m. krit. Anm. *Wagner*; LG Düsseldorf Beschl. v. 28.1.1999 – 1 Ws 73/99. Zusf. *Eisenberg* NJW **1991** 1257, 1263.

117 BGHSt **39** 310, 314 f.; BGH Urt. v. 20.12.2018 – 3 StR 236/17, juris, Tz. 65 (insoweit in BGHSt **64** 10, 22 nicht abgedr.) m. insoweit zust. Anm. *Wohlers* JR **2019** 615, 617; diese Anzeige darf aber nicht zur Überzeugung des Gerichts provoziert worden sein (OLG Schleswig SchlHA **2005** 260), etwa durch Beschimpfen des anderen Teils (OLG Hamm Beschl. v. 13.10.2009 – 2 Ss 324/09 [n.v.]).

118 OLG München StV **2015** 155 f.

119 OLG Frankfurt Beschl. v. 28.7.2020 – 5-2 StE 1/20-5a – 3/205 – Fall *Stephan E.*

120 OLG Naumburg StV **2018** 144.

121 KG StV **2013** 142 f.; KK/*Willnow* § 143, 4; ähnl. LG Marburg NStZ-RR **2012** 317 m. abl. Anm. *Burhoff* StRR **2012** 349, 350 (Aufforderung, Zusatzhonorar zu zahlen).

geklagte solle „endlich mit der Wahrheit herausrücken";[122] die Nichtoffenbarung entlastender Umstände für den Angeklagten durch seinen Verteidiger[123] und das **Ausbleiben** persönlichen **Kontakts** nach mehrwöchiger Inhaftierung oder Unterbringung, wenn der Pflichtverteidiger dazu überhaupt keine geeigneten Anstrengungen unternimmt, insbesondere dann, wenn in dieser Zeit die Weichen für das spätere Verfahren gestellt werden können.[124] Macht der Beschuldigte nachvollziehbar geltend, der beigeordnete Verteidiger habe **Anträge an das Gericht** gerichtet, die weder mit ihm abgesprochen noch ihm zuvor bekannt gegeben wurden, so begründet das jedenfalls dann eine endgültige Zerstörung des Vertrauensverhältnisses, wenn diese Anträge seinen Interessen diametral entgegenlaufen und ihm sogar schaden können.

35 **bb) Antrag des bisherigen Pflichtverteidigers.** Der Gesetzeswortlaut spricht von einer Zerstörung des Vertrauensverhältnisses zwischen dem Pflichtverteidiger und seinem Mandanten und nimmt – anders als Abs. 3 („... wenn *er* dies ... beantragt") – **keine Einschränkung auf den Beschuldigten** bei der Beantwortung der Frage nach der **Antragsberechtigung** vor. Folglich kann auch der Antrag des Pflichtverteidigers selbst auf § 143 Abs. 2 Satz 1 Nr. 3 gestützt werden; die Vorschrift ist insofern ***lex generalis*** gegenüber **§ 143 Abs. 2 Satz 1 Nr. 2.** Dass in Nr. 2 die Antragsberechtigung des bestellten Verteidigers für die besondere Situation des § 115a ausdrücklich genannt ist, darf nicht zu einem Umkehrschluss für die Nr. 3 verführen.

36 Auch dann, wenn der Pflichtverteidiger den Antrag stellt, sollten **keine allzu hohen Anforderungen** formuliert werden, um der wechselseitigen Mindestvertrauensbasis in der Verteidiger-Klienten-Beziehung gerecht zu werden. Auch hier bedarf es ggf. der Substantiierung durch **Tatsachenvortrag** (§ 45 Abs. 2 Satz 1 entsprechend),[125] ggf. nach partieller Schweigepflichtentbindung durch den Mandanten.[126] Eine Grenze ist erst dort zu ziehen, wo der Antrag aus der Sicht eines **verständigen Pflichtverteidigers** überhaupt **nicht** mehr **nachvollziehbar** erscheint. Denn es kann nicht in der Hand der Verteidigung liegen, die weitere Durchführung einer bis dahin wenig erfolgreich verlaufenen Hauptverhandlung im Sinne einer „Notbremse" unmöglich zu machen.[127] Eine Zerstörung des Vertrauensverhältnisses aus Sicht eines **verständigen Pflichtverteidi-**

---

122 OLG Düsseldorf StV **1993** 6.

123 OLG Karlsruhe NStZ **1988** 239 f.

124 OLG Braunschweig StV 2012 719; OLG Düsseldorf NStZ-RR **2011** 48 f. (keine Kontaktaufnahme in U-Haft innerhalb von über zwei Monaten); OLG Köln StraFo **2007** 157; LG Ingolstadt Vfg. v. 23.8.2017 – 1 KLs 383 Js 228567/16, juris, Tz. 16 (kein Besuch in U-Haft innerhalb von fünf Monaten); LG Paderborn StV **2016** 157 f.; LG München I Beschl. v. 13.7.2020 – 12 Qs 9/20 (kein U-Haft-Besuch über einen Zeitraum von fünf Monaten, auch während Corona-Pandemie); StV **2015** 27 (Ls.); LG Berlin StV **2011** 665 f. (kein Besuch in U-Haft innerhalb von knapp drei Monaten); LG Osnabrück StV **2010** 563 f.; LG Aachen StraFo **2005** 246; LG Aachen StraFo **2005** 439; AG Frankfurt StraFo **2019** 387 m. Anm. *F. M. Peter*; AG München StV **2011** 668 m. zust. Anm. *G. Sack* jurisPR-StrafR 6/**2012** Anm. 1; AG Ottweiler ZJJ **2007** 312; SSW/*Beulke* § 143, 16. AG Köln StV **2016** 491, 492 rechtfertigt konsequenterweise mit der beharrlichen Weigerung des Vorsitzenden, den derzeitigen Pflichtverteidiger des Angeklagten zu entpflichten, obwohl ihn dieser über einen Zeitraum von etwa 2 ½ Monaten nicht in der JVA zu einem Mandantengespräch und zur Vorbereitung der Verteidigung aufgesucht und ihn in der Hauptverhandlung zum ersten Mal gesehen hat, die Besorgnis der richterlichen Befangenheit (vgl. dazu auch BGH NStZ-RR **2016** 115, 116).

125 BGH NStZ **2000** 326, 327 hält diese Erklärung dann nicht für notwendig, wenn sich der entbindungswillige Pflichtverteidiger gegen tatsächliche Vorwürfe des Mandanten „zur Wehr setzen" müsse.

126 S. bereits oben Rn. 33.

127 Vgl. – zugleich zutreffende Einwände gegen ein generelles Misstrauen gegen Pflichtverteidiger formulierend – *F. Busmann* StraFo **2019** 235, 239.

gers wurde unter der Geltung des § 143 a. F. zum **Beispiel** dann angenommen, wenn der Beschuldigte es ablehnt, Kontakt zu dem Verteidiger aufzunehmen, weil dem Verteidiger die ideologisch-politischen Auffassungen des Beschuldigten in keiner Weise nachvollziehbar seien und der Verteidiger dem Beschuldigten infolgedessen auch nicht das Gefühl vermitteln könne, er werde sich voll für ihn einsetzen,[128] oder wenn der Angeklagte den Pflichtverteidiger sogar mit solcher innerer Motivation tätlich angreift.[129] Ein vergleichbarer Fall ist gegeben, wenn der Verteidiger nur durch völlig passives Verhalten vermeiden zu können glaubt, dass die Verteidigung ihn in die Gefahr bringen wird, sich selbst der Strafverfolgung auszusetzen.[130] Ein wichtiger Grund lag aber auch schon bislang z. B. dann nicht vor, wenn der Angeklagte ehrenrührige, auf eine Verletzung der anwaltlichen Berufspflichten hinauslaufende Bemerkungen macht.[131]

cc) Auswechselung des Pflichtverteidigers von Amts wegen. In ganz **eng umgrenzten Einzelfällen** ist es auch vorstellbar, dass das Gericht die Auswechselung des Verteidigers aufgrund eines endgültig zerstörten Vertrauensverhältnisses von Amts wegen initiiert. Das ist allerdings, wie die **systematische Platzierung der Nr. 3** hinter den beiden vorstehenden Nummern bereits andeutet, ***ultima ratio***. Die äußerste zurückhaltende Handhabung entspricht zudem dem **Sinn und Zweck** der Vorschrift. Das Gericht hat **grundsätzlich nicht zu überwachen**, ob ein bestellter Verteidiger seine Pflichten ordnungsgemäß erfüllt.[132] Verteidigung – auch notwendige – hat grundsätzlich frei von staatlicher Ingerenz zu bleiben, denn der Pflichtverteidiger ist unabhängig. Er gestaltet das Pflichtverteidigungsmandat im Einvernehmen mit seinem Mandanten frei, selbstbestimmt und unreglementiert, soweit die allgemeinen Gesetze und das Berufsrecht ihn nicht besonders verpflichten; dies wird institutionell durch das geltende Verfassungsrecht abgesichert.[133] Die prozessuale Fürsorgepflicht[134] vermag eine **Zweckmäßigkeits-Fremdkontrolle** durch das Gericht deshalb **nicht** zu begründen.[135] 37

Eine **Ausnahme** kommt nur dann in Betracht, wenn eine **ordnungsgemäße Verteidigung** des Beschuldigten ohne das Eingreifen des Gerichts **offenkundig** überhaupt **nicht** mehr **denkbar** wäre.[136] Dann – aber auch *nur* dann – kann eine Abberufung auch menschenrechtlich geboten sein.[137] Nach der Gesetzesbegründung[138] soll eine Auswechselung von Amts wegen auch **gegen** den **Willen des Beschuldigten** jedenfalls in den Fällen des § 143a Abs. 2 Satz 1 Nr. 3 Var. 2 („keine angemessene Verteidigung des Be- 38

---

128 OLG Hamm NJW **1975** 1238 f.; *Lam/Meyer-Mews* NJW 2012 177, 182; *Hellwig/Zebisch* NStZ 2010 602, 603.

129 *F. Busmann* StraFo **2019** 235, 238; Radtke/Hohmann/*Reinhart* § 143, 4; *Lam/Meyer-Mews* NJW 2012 177, 182; einschr. *Hellwig/Zebisch* NStZ 2010 602, 603 („fragwürdig"). **A. A.** KG AnwBl. **1978** 241; vgl. *Schueler* AnwBl. **1978** 218, 219 am Beispiel des *Mahler-Meinhof-* und des *Drenkmann*-Verfahrens.

130 BGH StV **2001** 315 m. Anm. *Kudlich*.

131 OLG Köln StV **1994** 234 m. krit. Anm. *Münchhalffen*.

132 BGH b. *Cierniak/Zimmermann* NStZ-RR **2010** 65, 68 Nr. 19.

133 S. § 137, 6.

134 Vgl. *Marczak* StraFo **2004** 373, 376; *W. Schmidt* Prozessuale Fürsorgepflicht und fair trial: Identität und Unterschiede (2010) 175 ff.

135 Insoweit allg. Meinung, vgl. *Barton* StV **2016** 475 ; *ders.* StV **1995** 290, 292; *ders.* StV **1989** 45, 46; *M. Koch* StV **2016** 482, 483; *Weigend* StV **2009** 573, 575 f.; *Jähnke* NJW **1988** 1888, 1893; *Hassemer* ZRP **1980** 326, 331; *Jahn* (Konfliktverteidigung) 219 f.

136 BGH Beschl. v. 10.6.2020 – 5 StR 174/20, BeckRS **2020** 13450 Tz. 9; NStZ-RR **2019** 349; NStZ-RR **2018** 84; StV **2016** 770 f.

137 Vgl. EGMR NJW **2008** 2320, 2321 m. Anm. *Meyer-Mews*; NJW **2003** 1229, 1230 Tz. 57.

138 BTDrucks. **19** 13829 S. 47.

schuldigten“) ausdrücklich möglich sein. Indes kann eine angemessene Verteidigung auch dann gefährdet sein, wenn das Vertrauensverhältnis in der Mandatsbeziehung **unrettbar zerstört** ist. Ist dies – was keinesfalls zwingend ist – für das Gericht tatsachenfundiert klar ersichtlich, so müsste es ohnehin die Auswechselung nach § 143 Abs. 2 Satz 1 Nr. 3 Var. 2 vornehmen. In diesen Fällen ist **§ 143a Abs. 2 Satz 1 Nr. 3 Var. 1** („Vertrauensverhältnis zwischen Verteidiger und Beschuldigtem endgültig zerstört“) ***lex specialis***. Indes sollte sich die Frage in der Praxis selten stellen, weil in der Regel der Beschuldigte oder der Pflichtverteidiger den Antrag stellen werden.[139] Eine Auswechselung von Amts wegen aufgrund des gestörten Vertrauensverhältnisses muss deshalb auch aus diesem verfahrensrechtlichen Grund besonders **restriktiv** gehandhabt werden. Zunächst ist die vorherige **Abmahnung** des Verteidigers zu empfehlen.[140] Fruchtet sie nicht, ist dem Beschuldigten vor der Abberufung **rechtliches Gehör** zu gewähren. Der Gesetzgeber ist dafür zu kritisieren, dass er *eine* **Fallgruppe** der Zerstörung des Vertrauensverhältnisses ausdrücklich **normiert**, aber die Frage, wann *generell* das Vertrauen zerstört ist, weiterhin der **Rechtsprechung überlässt**. Hier wurde entgegen der Ankündigung des Entwurfs insoweit wiederum[141] nicht wesentlich an Rechtssicherheit und -klarheit gewonnen.

39 **b) Keine angemessene Verteidigung aus sonstigem Grund (§ 143a Abs. 2 Satz 1 Nr. 3 Var. 2).** Gemäß § 143a Abs. 2 Satz 1 Nr. 3 Var. 2 hat der Beschuldigte auch dann einen Anspruch auf Auswechselung des Pflichtverteidigers, wenn dies aus Gründen der **Verfahrensfairness** geboten ist, weil die **angemessene Verteidigung gefährdet** ist. Das können zum einen *externe* Faktoren wie eine längerfristige Erkrankung des Verteidigers sein, die die Fortsetzung des Verfahrens unmöglich macht.[142] Zum anderen kommt in engen Grenzen vorausgegangenes Verfahrensgeschehen als *interner* Faktor in Betracht. Doch nicht schon jedes unzweckmäßige, prozessordnungswidrige oder den Verfahrensablauf störende Verhalten des Verteidigers vermag dessen Abberufung zu rechtfertigen. Dies kann nur dann der Fall sein, wenn dem Verteidiger besonders **grobe Verstöße** gegen die ordnungsgemäße Wahrnehmung seiner Aufgaben vorgeworfen werden müssen, die eine angemessene Verteidigung im **konkreten Einzelfall** offensichtlich und ernstlich gefährden.[143] Zudem darf auch dann **kein milderes Mittel** ersichtlich sein, um die Verteidigung dennoch zu gewährleisten. Dies ist nach der Entwurfsbegründung der 2019 erfolgten Neuregelung[144] etwa der Fall, wenn der Verteidiger seinen Mandanten in einer **Haftsache** über **Monate nicht aufsucht** und auch sonst **völlig untätig** bleibt. Die Auswechselung kann in diesem Fall sogar gegen den Willen des Beschuldig-

---

139 S. bereits oben Rn. 32 u. 35.

140 Oben Rn. 30.

141 S. bereits oben Rn. 19.

142 OLG Hamm Beschl. v. 31.3.2020 – 4 Ws 59/20.

143 I. d. S. schon (nach alter Rechtslage vor dem 13.12.2019) BGH StV **2017** 141; OLG Stuttgart StV **2016** 479 m. Anm. *M. Koch*; OLG Köln Beschl. v. 3.6.2015 – 2 Ws 345/15 (n.v.), S. 5; Beschl. v. 15.7.2005 – 2 Ws 280-282/05, juris, Tz. 7; *Hilgendorf* NStZ **1996** 1, 4; *Eisenberg* NJW **1991** 1257; *Ulsenheimer* GA **1975** 110; *Waller* DRiZ **1974** 177; Radtke/Hohmann/*Reinhart* § 143, 3. Bedenklich weit bei der Anwendung dieser Grundsätze aber das KG StraFo **2009** 66, 67 und Beschl. v. 9.2.2011 – 4 Ws 16/11, juris, Tz. 16, das ein Auftreten genügen lassen will, „mit dem [der Verteidiger – *d. Verf.*] bei jeder von ihm als prozessordnungswidrig empfundenen Situation versucht, die Verhandlungsleitung des Vorsitzenden zu torpedieren, mit dem er Unterbrechungen der Hauptverhandlungen erzwingt und offensichtlich bemüht ist, mit den kaum zumutbaren häufigen verbalen Ausfällen, das Gericht, insbesondere den Vorsitzenden lächerlich zu machen“.

144 BTDrucks. **19** 13829 S. 47.

ten erfolgen, der aber vorher **anzuhören** ist.[145] Ein Antrag des Pflichtverteidigers auf seine eigene Entpflichtung wegen unangemessener Verteidigungsbemühungen ist hier allenfalls theoretisch denkbar.[146] Bei besonders **groben Pflichtverletzungen** kann die Entpflichtung des bisherigen Verteidigers nach den bereits dargestellten Grundsätzen[147] im Ausnahmefall von Amts wegen **geboten** sein.

Festzustellen, wann die angemessene Verteidigung im Kern konkret gefährdet ist, **40**
ist wie schon im Rahmen des § 143 a. F. und bei Nr. 3 Var. 1 n. F.[148] im Übrigen weiterhin Sache der **Rechtsprechung**. Eine ausreichend grobe **Pflichtverletzung** ist **beispielsweise**[149] **angenommen** worden bei einem Pflichtverteidiger, dessen Anwaltszulassung mit sofortiger Wirkung widerrufen wurde (vgl. § 156 Abs. 2 BRAO);[150] der aus Zeitgründen eine über die allgemeine Sachrüge hinausgehende Revisionsbegründung verweigert;[151] bei wiederholter Verweigerung weiterer Verteidigertätigkeit,[152] auch in einem beabsichtigten Wiederaufnahmeverfahren;[153] nur ganz fragmentarischer Teilnahme an den Hauptverhandlungsterminen;[154] bei manifesten – nicht nur virtuellen – **Interessenkonflikten**, insbes. in Fällen des § 146,[155] oder in einem extremen Ausnahmefall klar erkennbarer Unfähigkeit zu sachgemäßer Verteidigung.[156] **Unzulässig** ist dagegen die Auswechselung eines Pflichtverteidigers, der an (nur) einem von drei anberaumten Hauptverhandlungsterminen verhindert ist. Es muss vielmehr bei der Terminierung zunächst ernsthaft versucht werden, dem Anspruch des Angeklagten, sich von einem Anwalt seines Vertrauens verteidigen zu lassen, Rechnung zu tragen.[157] Eine Auswechse-

145 Die Anhörung ist auch hier (vgl. soeben Rn. 35) obligatorisch und war auch nach alter Rechtslage erforderlich, vgl. nur BGH StV **2016** 473, 474 Tz. 21 m. Anm. *Barton*; LG Zwickau StV **2017** 174 (Ls.).

146 Im Unterschied zu der oben in Rn. 35 dargestellten Situation; ein solcher Antrag mag eher Anlass geben, über eine Entpflichtung von Amts wegen nachzudenken.

147 S. bereits oben Rn. 37.

148 S. bereits oben Rn. 34 u. 36.

149 Vgl. desweiteren BGH Urt. v. 11.7.1995 – 1 StR 189/95; NStZ **1988** 510; OLG Düsseldorf StV **1998** 256; OLG Nürnberg Beschl. v. 2.4.1998 – Ws 350/98; OLG Hamburg NStZ **1998** 586 m. Anm. *Kudlich*; OLG Nürnberg StV **1995** 287 m. krit. Anm. *Barton*; OLG Celle StV **1988** 100; LG Berlin StV **1990** 15; LG Bremen StV **1989** 475. Zusf. *Kett-Straub* NStZ **2006** 361.

150 KG Beschl. v. 14.5.2009 – 4 Ws 45/09, juris, Tz. 4.

151 OLG Köln Beschl. v. 3.6.2015 – 2 Ws 345/15 (n.v.), S. 5; OLG Stuttgart StV **2002** 473; vgl. nunmehr auch § 143a Abs. 3 (sogleich Rn. 41).

152 OLG Karlsruhe StV **2005** 77.

153 OLG Schleswig SchlHA **2002** 152.

154 OLG Stuttgart StV **2016** 479, 481 m. Anm. *M. Koch*; Die Justiz **2011** 294 f.

155 BVerfG NStZ **1998** 46; BGH Beschl. v. 26.2.2020 – StB 4/20, BeckRS **2020** 3078 Tz. 8 ff., insbes. 18 (restriktiv bei sukzessiver Mehrfachverteidigung); BGH StV **2016** 473, 473 f. Tz. 19 m. Anm. *Barton*; NStZ **2014** 660, 662 Tz. 32 ff., 36 („es wäre widersprüchlich und überdies grob unbillig anzunehmen, die Regelungen der StPO zwängen Strafverteidiger dazu, Pflichtmandate zu übernehmen oder aufrechtzuerhalten, deren ‚unverzügliche' Niederlegung aus Gründen des Mandantenschutzes ihnen das Berufsrecht im Fall der Wahlverteidigung gebietet"); OLG Bremen StV **2019** 175 m. Bespr. *Pfordte/Horvat* StV **2019** 200, 205 zu § 3 Abs. 2 BORA sowie (im selben Verfahren) Beschl. v. 24.9.2018 – 1 Ws 59/18, juris, Tz. 21, StV **2020** 151 (Ls.); OLG Naumburg StraFo **2016** 515, 516; OLG Stuttgart Die Justiz **2011** 294, 295; OLG Jena NJW **2008** 311; OLG Köln StraFo **2002** 205; *Lam/Meyer-Mews* NJW 2012 177, 182.

156 KG NJ **1992** 41; LG Trier StV **2012** 591 f. („ist für die Kammer aufgrund eigener Erfahrungen in der Vergangenheit durchaus nachvollziehbar"); SSW/*Beulke* § 143, 12. **A. A.** – jedoch viel zu weit (zutr. OK-StPO/*Krawczyk* § 143, 6 a. E.) – LG Marburg Beschl. v. 27.9.2018 – 11 StVK 126/17, Tz. 15, wo die juristische Qualifikation des Verteidigers examiniert wird; bedenklich auch KG StraFo **2009**, 66, 67 („unzureichende Kenntnisse der Strafprozessordnung") m. abl. Anm. *Barton* StRR **2009** 101, 102.

157 OLG Hamm StV **2004** 642.

lung kommt ebenfalls nicht in Betracht, wenn der Pflichtverteidiger es im Haftprüfungstermin ablehnt, unter Verzicht auf die Einhaltung der Ladungsfristen gleich in die Hauptverhandlung einzutreten,[158] wegen zu beanstandender „Amtstracht"[159] oder mit dem pauschalen Vorwurf der „Konfliktverteidigung",[160] weil die Möglichkeit der Abberufung des Pflichtverteidigers ansonsten als Ersatz für die vom Gesetzgeber der §§ 176 ff. GVG nicht gewährte Ordnungsgewalt gegenüber Anwälten missbraucht und die engen Grenzen der Anwendungsmöglichkeit des § 138a Abs. 1 Nr. 3 unterlaufen würden.[161]

IV. Auswechselung des Pflichtverteidigers in der Revisionsinstanz (§ 143a Abs. 3)

41 Gemäß § 143a Abs. 3 kann eine Auswechselung des Pflichtverteidigers mit Blick auf die Revisionsinstanz *e contrario* Abs. 2 Satz 1[162] auch gänzlich **ohne** das Vorliegen eines rechtfertigenden **Grundes** erfolgen. **Antragsberechtigt** ist allein der **Beschuldigte** („... wenn *er* dies ... beantragt"). Begründet wird die beschuldigtenfreundliche Vorschrift damit, dass für eine **Revisionsbegründung** insbesondere mit Blick auf Verfahrensrügen **besondere Kenntnisse** erforderlich sind. Zudem sind vertiefte Kenntnisse im strafprozessualen Revisionsrecht nützlich, die Instanzverteidigern nicht selten fehlen.[163] Nach § 344 Abs. 2 Satz 2 muss der Beschwerdeführer, der eine Verletzung des Verfahrensrechts geltend machen will, die den Mangel enthaltenden Tatsachen angeben. Dies hat so vollständig und genau zu geschehen, dass das Gericht allein aufgrund der Rechtfertigungsschrift prüfen kann, ob ein Verfahrensfehler vorliegt, wenn die behaupteten Tatsachen erwiesen werden.[164] Mit Blick auf die praktischen Erfahrungen beim Umgang zahlreicher Verteidiger – auch mit einschlägiger Fachanwaltsqualifikation – insbesondere mit der (jedenfalls in der heutigen Interpretation durch die Rechtsprechung)[165] besonders herausfordernden Regelung zum notwendigen Revisionsvortrag bei verfahrensrechtlichen Beanstandungen ist diese gesetzgeberische Begründung überzeugend. Die vom Gesetz eröffnete Option der Begründung zu Protokoll der Geschäftsstelle (§ 345 Abs. 2 Var. 2) ist hierfür kein gleichwertiger Ersatz. Außerdem wird der in erster oder zweiter Tatsacheninstanz verurteilte Beschuldigte häufig den nachvollziehbaren Wunsch haben, von einem **anderen**, zudem auf das stark formalisierte **Revisionsrecht spezialisierten Verteidiger** vertreten zu werden.[166]

42 **1. Voraussetzungen.** Voraussetzung für die Auswechselung des Verteidigers nach § 143a Abs. 3 ist lediglich ein **Antrag** des Beschuldigten beim ***iudex a quo*** (§ 143a Abs. 3

158 KG StV **2008** 68, 69 m. Anm. *Dallmeyer*; SSW/*Beulke* § 143, 18.

159 OLG Zweibrücken StV **1988** 142; SSW/*Beulke* § 143, 17; **a. A.** OLG München StV **2007** 27, 28 m. zutr. abl. Anm. *Weihrauch*.

160 Vgl. *M. Koch* StV **2016** 482, 484; *Weigend* StV **2009** 573, 575; *ders.* NStZ **1997** 47, 48; *Jahn* JR **1999** 1, 4; *ders.* (Konfliktverteidigung) 222. **A. A.** LG Ansbach StV **1995** 287 – *Flachslanden*; *Malmendier* NJW **1997** 227, 232.

161 Vgl. § 138a, 52 f.

162 S. bereits oben Rn. 26 ff.

163 BTDrucks. **19** 13829 S. 47; vgl. dazu auch *Jahn* FS Widmaier (2008) 821. Dennoch sollte von der Einführung einer spezialisierten Rechtsanwaltschaft für Revisionsstrafsachen auch aus verfassungsrechtlichen Gründen Abstand genommen werden, zutr. *Keck* StV **2018** 821, 826.

164 St. Rspr., BGHSt **3** 213, 214; **29** 203; BGH NJW **1997** 1516.

165 Vgl. nur BVerfGE **112** 185, 208 ff.

166 BTDrucks. **19** 13829 S. 47.

Satz 2), der sich die **Bezeichnung** eines **neuen Verteidigers** entnehmen lässt (§ 300). Diese ist zwingend,[167] da eine Auswahl von Amts wegen *e contrario* § 143a Abs. 2 Satz 2 i. V. m. § 142 Abs. 6 nicht stattfindet. Die bisherige Rechtsprechung, nach der eine konsensuale Auswechselung des Pflichtverteidigers möglich ist, wird durch die mit Wirkung zum 13.12.2019 erfolgte Neuregelung in Absatz 3 nicht berührt.[168] Daher ist die (für die konsensuale Umbeiordnung erforderliche) **Kostenneutralität** im Rahmen des § 143a Abs. 3 mit Recht **keine Voraussetzung.**[169] Es handelt sich um eine **gebundene Entscheidung.** Die Bestellung eines bezeichneten Pflichtverteidigers darf nur aus einem wichtigen Grund abgelehnt werden, etwa dann, wenn er nicht verfügbar ist oder ein Interessenkonflikt besteht.[170] Damit dies durch das angegangene Gericht überprüft werden kann, ist zu fordern, dass der neue Verteidiger zumindest auf Anfrage bestätigt, dass der Bestellung kein solcher entgegensteht. Damit angesichts der Kürze der Frist[171] kein Zeitverzug eintritt, sollte diese Bestätigung **schon in** der **Antragsschrift** enthalten sein.[172]

Allerdings muss der Antrag zur Auswechselung des Pflichtverteidigers in formaler **43**
Hinsicht **spätestens eine Woche** nach Beginn der Revisionsbegründungsfrist gestellt werden. Die Gesetzesbegründung[173] rechtfertigt dies nachvollziehbar damit, dass der Instanzverteidiger zusammen mit dem Beschuldigten auch nach vorsorglicher Einlegung der Revision die Möglichkeit haben soll, Urteilsbegründung und Protokoll zu überprüfen und dann über die Frage der Bestellung eines „Revisionsspezialisten" zu entscheiden. Die **Revisionsbegründungsfrist** ist typischerweise gem. § 345 Abs. 1 Satz 2 zu berechnen, wenn das Urteil also erst zugestellt wurde, als die Revision innerhalb der Wochenfrist bereits eingelegt war. Entscheidend für den Beginn des Laufs der Monatsfrist ist dann, an welchem Tag das Urteil wirksam zugestellt wurde (§ 37 Abs. 1 Satz 1 i. V. m. §§ 166 ff. ZPO).

2. Kritik. Es ist schwer verständlich, warum § 142 Abs. 5 Satz 3 Hs. 2 („ein wichtiger **44**
Grund liegt *auch* vor, *wenn der Verteidiger nicht oder nicht rechtzeitig zur Verfügung steht*") nicht ausdrücklich auf § 143a Abs. 3 erstreckt wurde, zumal gerade die auf Revisionsrecht spezialisierten Verteidiger nicht besonders zahlreich sind und zudem wegen der Kürze der einmonatigen, bekanntlich auch in Umfangsverfahren *de lege lata* nicht verlängerbaren Revisionsbegründungsfrist aus Gründen der Arbeitsbelastung nicht immer zur Verfügung stehen (können). Insbesondere die **nicht rechtzeitige Erreichbarkeit** des Revisionsverteidigers stellt aber auch im Rahmen des § 143a Abs. 3 einen **wichtigen Grund** dar, bei dem die **Bestellung** unbedingt **unterbleiben muss.** Dies sieht die amtliche Begrün-

---

167 Zutr. BTDrucks. **19** 13829 S. 47.

168 BTDrucks. **19** 13829 S. 45, 48; vgl. oben Rn. 3.

169 BTDrucks. **19** 13829 S. 48; so bereits *Jahn* FS Rissing-van Saan (2011) 275, 288; SSW/*Beulke* § 143, 22 m. w. N. Nicht mehr kostenneutral ist der Austausch des Pflichtverteidigers im Revisionsverfahren, wenn der bisherige Pflichtverteidiger über die Revisionseinlegung hinaus bereits Aktivitäten entfaltet hat, die die Verfahrensgebühr Nr. 4130 VV RVG ausgelöst haben. Dies soll selbst für den Fall gelten, dass der bisherige Wahlverteidiger, der zum Pflichtverteidiger bestellt werden möchte, auf diese ihm ebenfalls zustehende Gebühr verzichtet, da ein solcher Verzicht nach § 49b Abs. 1 Satz 1 BRAO unwirksam sein soll, vgl. OLG Bremen NStZ **2014** 305; OLG Naumburg OLGSt StPO § 142 Nr. 8; OLG Köln StV **2011** 659; StraFo **2008** 348; OLG Jena JurBüro **2006** 365 f. **A. A.** OLG Stuttgart Die Justiz **2018** 555, 556; OLG Frankfurt NStZ RR **2008** 47 unter überzeugendem Hinweis auf BTDrucks. **12** 4993 S. 31 sowie bereits LR/*Lüderssen*/*Jahn*[26] § 143, 9 Fn. 46. Eine andere Frage war, ob dies dem Verteidiger auch angesonnen werden sollte (so auch *BRAK* StV **2010** 544 f.).

170 *Spitzer* StV **2020** 418, 425.

171 Genauer sogleich Rn. 45.

172 Zutr. *Spitzer* StV **2020** 418, 426.

173 BTDrucks. **19** 13829 S. 48.

dung[174] zwar auch für den Fall des § 143a Abs. 3 vor, regelt dies aber nicht ausdrücklich im Gesetzestext. Immerhin empfiehlt die Gesetzesbegründung,[175] bereits vor dem Auswechselungsantrag Kontakt mit dem in Aussicht genommenen Verteidiger aufzunehmen.

45 Rechtspolitisch fragwürdig ist generell die **Kürze der Frist** für den Verteidigerwechsel in der Revisionsinstanz; dies steht im Gesamtzusammenhang der berechtigten Kritik an der starren Revisionsbegründungsfrist trotz dynamischer Urteilsabsetzungsfrist.[176] Der Beschuldigte muss die Gelegenheit haben, zusammen mit seinem Instanzverteidiger die Urteilsbegründung und die Protokolle zu sichten, um dann die rational begründete Entscheidung zu treffen, ob die Beauftragung eines Revisionsspezialisten notwendig ist. Diesem bleiben dann im Einzelfall erheblich **weniger als drei Wochen** für die Abfassung der Revisionsbegründung. Der ***iudex a quo***, bei dem der Antrag zu stellen (§ 143a Abs. 3 Satz 2) und zu verbescheiden (§ 142 Abs. 3 entsprechend)[177] ist, ist aus Gründen der Fairness und Effektivität rechtlichen Gehörs entsprechend Nr. 12 i. V. m. Nr. 153 RiStBV zur **besonders beschleunigten Bearbeitung** verpflichtet, denn häufig vergehen bis zur Beiordnungsentscheidung schon durch die Aktenübersendung wertvolle Tage. Verfassungsrechtlich unterlegt ist aber die Pflicht des Tatgerichts, über den eine Woche nach Ende der Revisionseinlegungsfrist gestellten Antrag auf Wechsel des Pflichtverteidigers so rechtzeitig zu entscheiden, dass der neue Verteidiger die eingelegte Revision **umfassend begründen** kann.[178]

V. Zuständigkeit

46 Mangels Spezialregelung ist wegen der Zuständigkeiten **§ 142 Abs. 3 entsprechend** anzuwenden.[179] Über den Verteidigerwechsel entscheidet also vor Anklageerhebung das **Amtsgericht**, in dessen Bezirk die Staatsanwaltschaft oder ihre zuständige Zweigstelle ihren Sitz hat, oder das nach § 162 Abs. 1 Satz 3 zuständige Gericht und **nach Erhebung der Anklage** der **Vorsitzende** des Gerichts, bei dem das Verfahren anhängig ist (§ 142 Abs. 3 Nr. 3).

VI. Rechtsbehelfe

47 Gemäß § 143a Abs. 4 sind alle Beschlüsse nach § 143a Abs. 1-3 mit der **sofortigen Beschwerde** anfechtbar. Damit wird nunmehr auch dem Pflichtverteidiger, der sich ge-

---

174 BTDrucks. **19** 13829 S. 48.

175 BTDrucks. **19** 13829 S. 48.

176 Bericht der Expertenkommission zur effektiveren und praxistauglicheren Ausgestaltung des allgemeinen Strafverfahrens und des jugendgerichtlichen Verfahrens, BMJV (Hrsg.) (2015) 155, allerdings mit gegenteiligem Mehrheitsvotum (14:6:1). Nach dem Minderheitsvotum „spricht für eine Verlängerung der Revisionsbegründungsfrist, dass die geltende Monatsfrist die Verfahrensbeteiligten – namentlich die Verteidigung – unter großen Zeitdruck setzen kann. Dies gilt insbesondere dann, wenn der Angeklagte erst nach Zustellung des Urteils einen in Revisionssachen erfahrenen Verteidiger aufsucht. Bei Umfangsverfahren könnte sich die Frage stellen, ob die starre Monatsfrist mit den Erfordernissen eines effektiven Rechtsschutzes noch in Einklang zu bringen ist".

177 Sogleich Rn. 46.

178 Vgl. BGH StraFo **2020** 22 f. (zum früheren Recht vor dem 13.12.2019).

179 BGH Beschl. v. 26.2.2020 – StB 4/20, BeckRS **2020** 3078 Tz. 3; SSW/*Beulke* 17. Dies entspricht der lückenhaften Rechtslage bei § 143 a. F., nach der § 141 Abs. 4 a. F. entsprechend anzuwenden war, vgl. LR/*Lüderssen/Jahn*[26] § 143, 14; SSW/*Beulke* § 143, 23.

gen die Ablehnung seiner Entpflichtung wendet, eine Beschwer und ein eigenes, fristgebundenes Beschwerderecht zugestanden.[180] Dadurch wird aber gleichzeitig mit Wirkung zum 13.12.2019 die **Revision** gemäß § 336 Satz 2 **ausgeschlossen.**[181]

§ 144
Zusätzliche Pflichtverteidiger

(1) In den Fällen der notwendigen Verteidigung können dem Beschuldigten zu seinem gewählten oder einem gemäß § 141 bestellten Verteidiger bis zu zwei Pflichtverteidiger zusätzlich bestellt werden, wenn dies zur Sicherung der zügigen Durchführung des Verfahrens, insbesondere wegen dessen Umfang oder Schwierigkeit, erforderlich ist.

(2) [1]Die Bestellung eines zusätzlichen Verteidigers ist aufzuheben, sobald seine Mitwirkung zur zügigen Durchführung des Verfahrens nicht mehr erforderlich ist. [2]§ 142 Absatz 5 bis 7 Satz 1 gilt entsprechend.

Schrifttum

Siehe bei § 140.

Entstehungsgeschichte

Die Regelung der Bestellung eines oder mehrerer zusätzlicher Pflichtverteidiger wurde im Zusammenhang mit der Umsetzung der Richtlinie (EU) 2016/1919 über Prozesskostenhilfe für Verdächtige und beschuldigte Personen in Strafverfahren sowie für gesuchte Personen in Verfahren zur Vollstreckung eines Europäischen Haftbefehls („**PKH-Richtlinie**")[1] kodifiziert.

Bereits **früher** war es auf Grundlage der st. Rspr. insbesondere in Umfangsverfahren hergebrachte **Praxis**, zusätzlich zu einem Wahl- oder Pflichtverteidiger weitere Verteidiger zu bestellen, was vor allem der Sicherung der Durchführung der Hauptverhandlung dienen sollte.[2] Die neue Vorschrift in § 144, der ursprünglich die Auswahl des zu bestellenden Verteidigers geregelt hatte[3] und seit Jahrzehnten unbesetzt geblieben war, dient selbst nicht der Umsetzung der PKH-Richtlinie. Vielmehr wurde das Umsetzungsgesetz nur zum äußeren Anlass genommen, mit einer Vorschrift **Rechtsklarheit** zur Frage der Bestellung eines zusätzlichen Pflichtverteidigers zu schaffen, denn das Institut des sog. Sicherungsverteidigers in den Fällen **aufgezwungener Pflichtverteidigung** neben dem Wahl- oder Wahlpflichtverteidiger war zumindest in

180 § 140, 145.
181 Zu den Rechtsmitteln ausführlich § 140, 129 ff.; zum früheren Recht auf Revision BVerfG (*3. Kammer des 2. Senats*) NJW **2001** 3695, 3696; BGHSt **39** 310, 312; VerfGH Berlin Beschl. v. 19.3.2013 – 166/12, juris, Tz. 8; SSW/*Beulke* § 143, 30 ff., LR/*Lüderssen/Jahn*[26] § 143, 17.
1 ABl. EU 2016 L 297 v. 3.11.2016, S. 1; siehe § 140 (Entstehungsgeschichte).
2 Umfangreiche Nachw. bei LR/*Lüderssen/Jahn*[26] § 141, 39 ff.; OLG Hamburg Beschl. v. 13.1.2020 – 2 Ws 3/20, BeckRS **2020** 538 Tz. 12.
3 RGBl. 1877 S. 253.

https://doi.org/10.1515/9783110630244-015

der wissenschaftlichen Literatur immer umstritten geblieben.[4] Dies war auch dem Bundesgesetzgeber nicht entgangen.[5] Aus diesem Widerstand heraus erklärt sich auch eine wichtige Änderung in der **Terminologie**, wie sie von der Fassung des Referentenentwurfs zum Gesetz zur Änderung des Rechts der notwendigen Verteidigung zum Regierungsentwurf hin vorgenommen wurde. Während im – nur auf einen Absatz verteilten, aber im Übrigen inhaltsgleichen – Referentenentwurf[6] die Vorschrift noch mit dem jedenfalls pejorativ konnotierbaren Schlagwort **„Sicherungsverteidiger"** überschrieben war, hat man im Regierungsentwurf[7] den **meliorativ-deskriptiven Begriff** des „zusätzlichen" Pflichtverteidigers gewählt. Damit sollte Kritik von Seiten der Strafverteidigerorganisationen aufgefangen werden.[8] Der eigentliche Zweck der Norm, im öffentlichen Interesse dem Beschuldigten einen Verteidiger auch gegen dessen Willen aufzudrängen, wird dadurch allerdings eher verschleiert.

Übersicht

Alphabetische Übersicht

4 Vgl. *Haffke* StV **1981** 471, 486; LR/*Lüderssen*/*Jahn*[26] § 141, 43 ff.; **a.A.** aber *Rieß* FS Schäfer (1980) 155, 201 ff.; *Welp* ZStW **90** (1978) 804, 823; *Schueler* AnwBl. **1978** 218, 219; zusf. *U. Neumann* NJW **1991** 264 f.

5 Vgl. BTDrucks. **19** 13829 S. 49; zutr. OLG Hamburg Beschl. v. 13.1.2020 – 2 Ws 3/20, BeckRS **2020** 538 Tz. 12.

6 Referentenentwurf eines Gesetzes zur Neuregelung des Rechts der notwendigen Verteidigung v. 11.10.2018, S. 9, www.bmjv.de/SharedDocs/Gesetzgebungsverfahren/Dokumente/RefE_notwendige_Verteidigung.pdf.

7 BTDrucks. **19** 13829 S. 13.

8 S. insbes. die Kritik in der *DAV* Stellungnahme (BE: *Conen*) Nr. 36/2019 S. 3 f. an „einer Figur, die dem anwaltlichen Selbstbild ebenso wenig entsprechen kann wie der berechtigten Erwartung von Mandanten, dass primär ihre Interessen vertreten werden".

I. Tatbestandliche Voraussetzungen der Erforderlichkeit zur Verfahrenssicherung

Voraussetzung für die Bestellung eines zusätzlichen Pflichtverteidigers nach § 144 Abs. 1 ist stets, dass dies zur **Sicherung** der zügigen Durchführung des **Verfahrens**,[9] insbesondere wegen dessen Umfangs oder Schwierigkeit, im **Einzelfall** tatsächlich erforderlich ist. Es handelt sich um **unbestimmte Rechtsbegriffe**, die der Konkretisierung im Einzelfall bedürfen. Die Beiordnung eines weiteren Pflichtverteidigers muss zur Sicherung der Durchführung des Verfahrens wenn auch nicht unerlässlich, so aber doch zumindest notwendig sein.[10] Ausweislich der Gesetzesbegründung[11] kann sich die Erforderlichkeit zum einen aus der **Person** des bisherigen **Verteidigers** ergeben, was z. B. der Fall sein kann, wenn wegen bestehender oder sich derzeit schon konkret abzeichnender **Krankheit** seine Teilnahme am weiteren Verfahren nicht gesichert ist. Es reicht deshalb nicht aus, wenn es sich um eine nach allgemeiner Lebenserfahrung nur mögliche Sachlage handelt, es muss vielmehr eine **hinreichende Wahrscheinlichkeit** bestehen, dass sich die Gefahr in absehbarer Zeit auch verwirklicht. Nur in einem solchen Fall ist die Beiordnung auch „erforderlich“. Ohne weitere Anhaltspunkte (etwa konkrete Krankheitsverdachtsfälle im näheren Umfeld des ersten Pflichtverteidigers o. ä.) ergibt sich zum Beispiel nach dem Kenntnisstand des Jahres 2020 aus der allgemeinen Ansteckungsgefahr mit dem **SARS-CoV-2-Virus** kein Risiko, welches nennenswert über das allgemeine Risiko, dass Verfahrensbeteiligte krankheitsbedingt an der Hauptverhandlung nicht teilnehmen können, hinausgeht.[12] Ebenso kommt eine Bestellung eines zusätzlichen Verteidigers wegen des **Umfangs** des **Verfahrens** in Betracht, zum Beispiel dann, wenn bei einer Vielzahl von Fortsetzungsterminen Ausfälle und Terminkollisionen unvermeidlich sind, die Hauptverhandlung aber dennoch stattfinden muss, weil Unterbrechungsfristen einzuhalten sind oder – insbesondere in Haftsachen – der Beschleunigungsgrundsatz dies gebietet. Eine die Durchführung des Verfahrens **beschleunigende Wirkung** muss der Beiordnung selbst, wie die Verwendung des Adjektivs „zügig“ vermuten lassen könnte, hingegen **nicht** zukommen. Der Gesetzgeber dürfte hier vielmehr seiner Hoffnung Ausdruck verliehen haben, dass durch die Beiordnung das Verfahren auch (weiterhin) „zügig“ durchgeführt werden kann.[13] 1

Der Gesetzgeber wollte mit der Neuregelung mit Wirkung zum 13.12.2019 damit im Ganzen Grundsätze kodifizieren, die bereits zuvor durch die Rechtsprechung ausgeformt waren.[14] Ein **„unabweisbares Bedürfnis“** bestand auch schon vor der Einführung des § 144 nach der Rechtsprechung unter anderem bei **besonderer Schwierigkeit der Sach- oder Rechtslage** sowie dann, wenn sich die Hauptverhandlung über einen **längeren** 2

---

9 Grdlg. BGHSt 15 306; zum Problem gegenläufiger Aktivitäten des Wahl- und Sicherungsverteidigers AK/*Stern* Vor § 140, 49 ff.

10 OLG Celle Beschl. v 11.5.2020 – 5 StS 1/20; bestätigt durch BGH Beschl. v. 9.7.2020 – StB 21/20, BeckRS **2020** 17328 Tz. 5.

11 BTDrucks. **19** 13829 S. 49 f.

12 OLG Hamm Beschl. v. 5.5.2020 – 4 Ws 94/20, BeckRS **2020** 9773 Tz. 1; OLG Celle Beschl. v 11.5.2020 – 5 StS 1/20.

13 OLG Celle Beschl. v 11.5.2020 – 5 StS 1/20; wohl auch VerfGH Berlin NStZ-RR **2020** 190, 192.

14 Vgl. BTDrucks. **19** 13829 S. 49; OLG Celle Beschl. v 11.5.2020 – 5 StS 1/20 (bestätigt durch BGH Beschl. v. 9.7.2020 – StB 21/20, BeckRS **2020** 17328 Tz. 5): „Auf die bisherige ober- bzw. höchstrichterliche Rechtsprechung bezüglich der Voraussetzungen für die Beiordnung eines sogenannten Sicherungsverteidigers kann somit bei der Auslegung des § 144 [gemeint: Abs. 1 – d. *Verf.*] weitestgehend zurückgegriffen werden“.

Zeitraum erstreckt und zu ihrer ordnungsgemäßen Durchführung unter Berücksichtigung des Beschleunigungsgrundsatzes sichergestellt werden muss,[15] dass auch bei einem vorübergehenden Ausfall eines Verteidigers weiter verhandelt werden kann, oder aber der Verfahrensstoff so **außergewöhnlich umfangreich** oder **schwierig** ist,[16] dass er nur bei arbeitsteiligem **Zusammenwirken mehrerer Verteidiger** beherrscht werden kann.[17] Eine trennscharfe Definition ist nicht ohne Weiteres möglich.[18] **Indiziell** kann angesichts der Wertung der § 76 Abs. 3 Var. 2 GVG, § 243 Abs. 5 Satz 3 und der (älteren) Rechtsprechung zum Fristenlösungsmodell beim Beweisantragsrecht[19] eine Dauer von voraussichtlich mehr als **zehn Hauptverhandlungstagen** sein.[20] Aus der Rechtsprechung zu § 140 Abs. 2 Var. 3 (Schwierigkeit der Sach- oder Rechtslage) kann hingegen für § 144 Abs. 1 nichts Zwingendes abgeleitet werden.[21]

3 **Unzulässig** bleibt es unter Berücksichtigung der vor der Kodifikation ergangenen Rechtsprechung beispielsweise, einen zweiten Pflichtverteidiger nur mit der Maßgabe beizuordnen, dass nur eine Gebühr erstattet wird[22] oder etwa nur als **„Ersatzverteidiger"** für den Fall der Verhinderung des ersten Verteidigers, obwohl die Kontinuität der Verteidigung auch anderweitig gesichert ist.[23] Ferner darf nach der Rechtsprechung ein Pflichtverteidiger nicht schon deshalb gegen den Willen des Beschuldigten neben dem Wahlverteidiger bestellt werden, weil dieser aus **terminlichen Gründen** verhindert ist, einen Hauptverhandlungstermin wahrzunehmen[24] oder sich in der Hauptverhandlung aus nachvollziehbaren Gründen verspätet.[25] Ein sachliches Bedürfnis für die Bestellung eines weiteren Pflichtverteidigers zur Sicherstellung einer ordnungsgemäßen Durchführung des Verfahrens ist schließlich ferner nicht allein deshalb zu bejahen, weil Verhaltensweisen des Verteidigers aus Sicht des Gerichts **störend** oder **ärgerlich** sind,[26] etwa

---

15 OLG Karlsruhe StV **2001** 557 m. krit. Anm. *Braum*; OLG Düsseldorf StraFo **2001** 241, 242; OLG Koblenz Rpfleger **1988** 116; OLG Hamm NJW **1978** 1986; *Meyer-Goßner* FS BGH IV (2000) 628 mit Nachw. ält. Lit.

16 Vgl. LG Gera StV **2005** 84 (erforderliche Beiordnung eines Fachanwalts für Steuerrecht).

17 Siehe OLG Hamburg Beschl. v. 13.1.2020 – 2 Ws 3/20, BeckRS **2020** 538 Tz. 11; OLG Frankfurt Beschl. v. 11.5.2007 – 3 Ws 470/07; OLG Brandenburg OLG-NL **2003** 261, 262; OLG Rostock StraFo **2002** 230; KG Beschl. v. 6.7.2016 – 2 Ws 176/16, BeckRS **2016** 111377 Tz. 8 (insoweit in StV **2017** 155 nicht abgedr.); Beschl. v. 28.9.2001 – 4 Ws 154/01; Beschl. v. 25.4.2001– 3 Ws 219/01; Beschl. v. 6.12.2000 – 3 Ws 597/00; Beschl. v. 4.10.2000 – 4 Ws 189/00; OLG Schleswig SchlHA **2001** 137; OLG Hamburg StV **2000** 409 m. Anm. *Sieg*; OLG Stuttgart NStZ-RR **1996** 207; OLG Karlsruhe wistra **1993** 279; OLG Düsseldorf MDR **1990** 460; JZ **1986** 137; OLG Frankfurt NJW **1972** 1964.

18 Vgl. OLG Celle Beschl. v 11.5.2020 – 5 StS 1/20; *Gatzweiler* FS Koch (1989) 93, 99 f.; *Wassermann* NJW **1994** 1106; *Rebmann* NStZ **1984** 241, 242 vor Fn. 14; *Römer* ZRP **1977** 92; *Herrmann* ZStW **85** (1973) 255.

19 S. BGHSt **52** 355, 362 Tz. 17 a. E.; krit. *Jahn* StV **2009** 663, 669; in die Regelung des § 244 Abs. 6 Satz 2 wurde diese Frist nicht übernommen (dazu KK/*Krehl* § 244, 87a).

20 Vgl. bereits OLG Hamm NJW **1978** 1986; zu restriktiv OLG Hamburg Beschl. v. 13.1.2020 – 2 Ws 3/20, BeckRS **2020** 538 Tz. 17 u. 22 (entgegen dem LG auch nicht – trotz weiterer positiver Indikatoren – bei 28 Hauptverhandlungstagen).

21 OLG Celle Beschl. v 11.5.2020 – 5 StS 1/20.

22 Vgl. OLG Düsseldorf StV **1997** 576 m. Anm. *Barton*; OLG Frankfurt NJW **1980** 1703; KK/*Willnow* 9; Meyer-Goßner/*Schmitt* 2. Zur Begründung für die Ablehnung eines dritten Pflichtverteidigers vgl. OLG Köln NJW **1981** 1523.

23 OLG Brandenburg OLG-NL **2003** 261, 262; OLG Hamburg StV **2000** 409, 410 m. Anm. *Sieg*; KG Beschl. v. 4.10.2000 – 4 Ws 189/00; Beschl. v. 28.9.2001 – 4 Ws 154/01; OLG Frankfurt StV **1995** 68. **A. A.** *Rudolph* FS Schmidt-Leichner (1975) 168 f.; *ders.* DRiZ **1975** 219.

24 OLG Frankfurt StV **1995** 68; **a. A.** OLG Karlsruhe StV **2001** 557, 558 m. krit. Anm. *Braum*.

25 OLG Bamberg StraFo **2003** 419.

26 OLG Köln Beschl. v. 3.11.2006 – 2 Ws 550/06.

die Weigerung des Wahlpflichtverteidigers, in der Hauptverhandlung einen weißen Langbinder (Krawatte) anzulegen.[27]

II. Rechtsfolge: Grundsätze der Ermessensausübung

Die Entscheidung über die Beiordnung eines zusätzlichen Pflichtverteidigers obliegt – wie bislang[28] – in der Hauptverhandlung dem pflichtgemäßen **Ermessen** („können") des **Vorsitzenden** (§ 142 Abs. 3 Nr. 3), ansonsten dem gerichtlichen Ermessen.[29] Es kann sich bei Bejahung eines unabwendbaren Bedürfnisses im Einzelfall auf Null reduzieren.[30] Dies *kann* die Notwendigkeit der Bestellung eines weiteren Pflichtverteidigers nach § 144 Abs. 1 **in** einer **laufenden Hauptverhandlung** nach sich ziehen, etwa beim (vorübergehenden) krankheitsbedingten Ausfall des bisherigen Pflichtverteidigers.[31] Andererseits darf es aber auch nicht an der Erforderlichkeit im Sinne eines unabweisbaren Bedürfnisses ersichtlich fehlen.[32] Im Übrigen gelten für die Ermessungsausübung im **Einzelfall** zur Frage der Zahl der zusätzlich bestellten Verteidiger die nachfolgenden Grundsätze:[33] 4

III. Bestimmung der Anzahl der zusätzlich bestellten Verteidiger

1. Maximale numerische Anzahl. Insgesamt können dem Beschuldigten neben seinem gewählten (§ 137 Abs. 1) oder bestellten (§ 141) Verteidiger **bis** zu maximal **zwei** (weitere) **Pflichtverteidiger** bestellt werden. Das kann in außergewöhnlich dimensionierten Umfangsverfahren (z. B. „NSU" oder „Love Parade"-Strafprozess) zu Schwierigkeiten führen. Sie muss jedoch als Ausdruck der gesetzgeberischen Einschätzungsprärogative hingenommen werden,[34] soweit man nicht im Wege verfassungskonformer Auslegung, aber *contra legem* über den Grundsatz des fairen Verfahrens in extrem gelagerten Einzelfällen zu einem anderen Ergebnis meint kommen zu müssen oder jedenfalls zu können. Die Tatsache, dass es nach dem geltenden (einfachen) Recht insgesamt bis zu drei Pflichtverteidiger geben darf, zeigt, dass § 137 Abs. 1 Satz 2 auch für die Pflichtverteidigung gilt, was den Grundsatz der Gleichstellung von Wahl- und Pflichtverteidigung reflektiert.[35] 5

---

27 Vgl. BGH NStZ **1988** 510; OLG Zweibrücken NStZ **1988** 144; s. auch unten § 145, 18. **A. A.** – mit rechtsmethodisch fragwürdiger Argumentation – OLG München NJW **2006** 3079 m. zutr. abl. Anm. *Weihrauch* StV **2007** 28.

28 OLG Frankfurt Beschl. v. 11.5.2007 – 3 Ws 470/07; OLG Köln Beschl. v. 3.11.2006 – 2 Ws 550/06; der *Senat* geht von einem weiten Ermessen aus.

29 Vgl. BTDrucks. **19** 13829 S. 50; BGH Beschl. v. 9.7.2020 – StB 21/20, BeckRS **2020** 17328 Tz. 4; SSW/*Beulke* 4.

30 OLG Rostock StraFo **2002** 230, 231; KG Beschl. v. 6.12.2000 – 3 Ws 597/00.

31 OLG Celle Beschl. v 11.5.2020 – 5 StS 1/20; ebenso zum bisherigen Recht bis zum 13.12.2019 etwa KG Beschl. v. 6.7.2016 – 2 Ws 176/16, BeckRS **2016** 111377 Tz. 8 (insoweit in StV **2017** 155 nicht abgedr.).

32 Soeben Rn. 3.

33 Sogleich Rn. 5-9.

34 Zu Recht kritisch zu der starren numerischen Begrenzung *Schlothauer* KriPoZ **2019** 3, 15 f.; SSW/*Beulke* 5 unter Verweis auf den „NSU"-Prozess (zu den dortigen Verfahrenstatsachen – fünf Jahre Prozessdauer, fast 400 Prozesstage – *Sasse* NJ **2018** 373; *Friedrichsen* Der Prozess [2019] 13).

35 Vgl. Vor § 137, 62.

6 **2. Extensive Auslegung, wenn die Beiordnung eines zusätzlichen Verteidigers dem Willen des Beschuldigten entspricht.** Die konkrete Anzahl muss sich innerhalb dieser beschränkten numerischen Optionen *zunächst* nach der **Stärke des Sicherungsbedürfnisses** bzw. der **Schwierigkeit der Rechts- oder Sachlage** richten.[36] Mit der Sicherung der zügigen Durchführung des Verfahrens *kann* jedoch begrifflich grundsätzlich auch gemeint sein, dass der rechtsstaatliche **Schutz des Beschuldigten** garantiert sein soll (prozessuale Fürsorgepflicht).[37] Hinter dieser Zielsetzung kann sich also auch eine Bestellung des Verteidigers zum **Ausgleich des Autonomiedefizits** beim Beschuldigten verbergen. Verhält es sich so, kann auch die im Namen der Verfahrenssicherung vorgenommene Bestellung eines zusätzlichen Pflichtverteidigers zulässig sein. Es sollte dem Beschuldigten aber prinzipiell möglich sein, die **Zahl** der potentiellen Wahlpflichtverteidiger auch **auszuschöpfen.**[38] Zu beachten sind daher die Grundsätze extensiver Auslegung bei einer Bestellung, die dem Willen des Beschuldigten entspricht.[39] Eine Rechtfertigung einer Einschränkung der Anzahl der bestellten Pflichtverteidiger aus dem Gesichtspunkt einer richterlich zu beurteilenden Angemessenheit der Verteidigung des Beschuldigten durch mehrere Verteidiger darf es bei der Gleichheit der Aufgaben aller Verteidiger nicht geben. *Willnow*[40] führt noch an, dass die Bestellung mehrerer Verteidiger die Einheitlichkeit der Verteidigung gefährden könne und *deshalb* nur ausnahmsweise vorgenommen werden dürfe, auch wenn ein anderes Kriterium für die Vermeidung generell fiskalisch motivierter, im Einzelfall dann aber willkürlich getroffener Beschränkung der Verteidigerzahl offensichtlich nicht zur Verfügung steht. Damit ist eine **extensive Auslegung** dann geboten, wenn die **Beiordnung** eines oder mehrerer (weiterer) Pflichtverteidiger dem **Willen des Beschuldigten** entspricht.[41]

7 **a) Pflichtverteidiger neben Wahlverteidiger.** Mit § 144 Abs. 1 ist klargestellt, dass ein zusätzlicher Pflichtverteidiger sowohl neben einem bereits bestellten Pflichtverteidiger als auch neben einem Wahlverteidiger bestellt werden kann. Wegen der Gleichheit der Aufgaben von Wahl- und Pflichtverteidigung muss die **sukzessive Möglichkeit,** weitere Verteidiger zu bekommen, also auch für **Pflichtverteidiger** gelten. Schließlich ist nicht zu erkennen, weshalb sich daran etwas ändern sollte, wenn zu Wahlverteidigern Pflichtverteidiger oder zu Pflichtverteidigern Wahlverteidiger **sukzessiv hinzutreten.**[42] In **§ 143a Abs. 1 Satz 2** a. E. wird verdeutlicht, dass es der Bestellung eines Sicherungsverteidigers nicht notwendig entgegensteht, wenn der Beschuldigte bereits einen Wahlverteidiger hat.

8 **b) Gewählter Pflichtverteidiger neben Wahlverteidiger.** Dieser Fall kann eintreten, wenn der Beschuldigte die Möglichkeiten des § 137 Abs. 1 Satz 2 ausschöpfen würde, aber finanziell dazu nicht in der Lage ist;[43] es gilt auch hier – grundsätzlich ungeachtet fiskalischer Rücksicht – die extensive Auslegung. Denkbar sind damit alle Kombinationen: zwei Pflichtverteidiger, ein Wahlverteidiger oder ein Pflichtverteidiger, zwei Wahlverteidiger.

---

36 Insoweit zutr. BTDrucks. **19** 13829 S. 50.

37 Vgl. OLG Schleswig SchlHA **2003** 190.

38 Zutr. bereits OLG Frankfurt StV **1993** 348; StV **1991** 9.

39 Vgl. bereits Vor § 137, 57. **A. A.** OLG Hamburg Beschl. v. 13.1.2020 – 2 Ws 3/20, BeckRS **2020** 538 Tz. 13 ff.

40 KK/*Willnow* 9.

41 So auch (wenn auch primär rechtspolitisch ausgerichtet) *Schlothauer* KriPoZ **2019** 3, 15.

42 Die zweite Variante ist eher selten, vgl. den Fall bei LG Mainz Rpfleger **1987** 477. Zu den Kosten eines Wahlverteidigers neben dem Pflichtverteidiger OLG Celle Beschl. v. 30.5.1988 – 3 Ws 177/88.

43 Hierzu schon *Rieß* StV **1981** 463.

3. Restriktive Auslegung bei Zwangspflichtverteidigung. Entsprechend dem Postulat[44] der möglichst radikalen Reduzierung der Fälle des Kontrahierungszwangs bei aufgezwungener Verteidigung mit Blick auf die Autonomie des Beschuldigten ist auch hier zu beachten, dass die Vorschrift möglichst **restriktiv auszulegen** ist, wenn der Beschuldigte **keinen zusätzlichen Pflichtverteidiger** wünscht. Die zusätzliche aufgezwungene Pflichtverteidigung ist dann nur in dem Maße **zulässig**, wie es der Beschuldigte unterlässt, neben dem oder den Wahlverteidigern Pflichtverteidiger zu beantragen *und* dies zugleich Ausdruck seiner Unfähigkeit ist, für seine ausreichende Verteidigung zu sorgen. Fälle dieser Art dürften außerordentlich **selten** sein.[45] Die Bestellung eines zusätzlichen Verteidigers erfolgte dann allein im Interesse der Verfahrenssicherung, das zumindest nicht *eo ipso* über die Autonomie des Beschuldigten gestellt werden darf. 9

IV. Dauer der besonderen Bestellung (Abs. 2 Satz 1)

In Abs. 2 ist die Dauer der besonderen Bestellung eines zusätzlichen Verteidigers nach dem Grundsatz der **Erforderlichkeit** geregelt. Die Bestellung ist auch hier aufzuheben, wenn kein Fall notwendiger Verteidigung mehr vorliegt, wie es § 143 Abs. 2 Satz 1 bereits für die reguläre Bestellung des Pflichtverteidigers vorsieht.[46] Ebenso ist die Bestellung aufzuheben, wenn die Erforderlichkeit der Anwesenheit eines zusätzlichen Verteidigers nach Abs. 1 entfällt, das heißt, wenn die zügige Durchführung des Verfahrens dies nicht mehr gebietet. Wenn der zusätzliche Verteidiger der Sicherung der Durchführung einer umfangreichen Hauptverhandlung dienen soll, entfällt dessen Erforderlichkeit in der Regel also **erst mit Abschluss** der Hauptverhandlung.[47] 10

V. Eigenes Bezeichnungsrecht des Beschuldigten (Abs. 2 Satz 2 i. V. m. § 142 Abs. 5)

Der Verweis mit § 144 Abs. 2 Satz 2 auf § 142 Abs. 5 stellt klar, dass der Beschuldigte selbstverständlich[48] auch hier die Gelegenheit erhalten muss, einen konkreten Verteidiger zu **bezeichnen** und damit, wie es verfassungsrechtlich geboten ist, den **Anwalt seines Vertrauens** zu erhalten.[49] 11

VI. Qualitätserfordernis (Abs. 2 Satz 2 i. V. m. § 142 Abs. 6)

Durch den weiteren Verweis in Satz 2 des Abs. 2 auf § 142 Abs. 6 wird deutlich, dass konsequenterweise auch hier die üblichen **Qualitäts-Mindestkriterien** bei der Bestellung Beachtung finden müssen.[50] 12

---

44 Vgl. bereits Vor § 137, 57 u. 65.
45 S. bereits LR/*Lüderssen/Jahn*[26] § 141, 39 a. E.
46 S. § 143, 19.
47 Zutr. BTDrucks. **19** 13829 S. 50.
48 S. nur BayObLG StV **1988** 98; LR/*Lüderssen/Jahn*[26] § 141, 38.
49 Vgl. nur § 142 (Entstehungsgeschichte).
50 S. § 142, 79 ff.

VII. Rechtsbehelfe (Abs. 2 Satz 2 i. V. m. § 142 Abs. 7 Satz 1)

13 Wegen der Bestellung des oder der zusätzlichen Verteidiger(s), deren Ablehnung[51] sowie deren (Nicht-)Aufhebung steht dem Beschuldigten und der Staatsanwaltschaft nach § 142 Abs. 7 Satz 1 (im Falle des § 144 Abs. 1) bzw. kraft Verweisung in Abs. 2 Satz 2 auf § 142 Abs. 7 Satz 1 in „entsprechender" Anwendung die **sofortige Beschwerde** zu Gebote.[52] Der **Ausschluss der Revision** ergibt sich damit in beiden Fällen aus § 336 Satz 2.[53]

§ 145
Ausbleiben oder Weigerung des Pflichtverteidigers

(1) [1]Wenn in einem Falle, in dem die Verteidigung notwendig ist, der Verteidiger in der Hauptverhandlung ausbleibt, sich unzeitig entfernt oder sich weigert, die Verteidigung zu führen, so hat der Vorsitzende dem Angeklagten sogleich einen anderen Verteidiger zu bestellen. [2]Das Gericht kann jedoch auch eine Aussetzung der Verhandlung beschließen.

(2) Wird der notwendige Verteidiger erst im Laufe der Hauptverhandlung bestellt, so kann das Gericht eine Aussetzung der Verhandlung beschließen.

(3) Erklärt der neu bestellte Verteidiger, daß ihm die zur Vorbereitung der Verteidigung erforderliche Zeit nicht verbleiben würde, so ist die Verhandlung zu unterbrechen oder auszusetzen.

(4) Wird durch die Schuld des Verteidigers eine Aussetzung erforderlich, so sind ihm die hierdurch verursachten Kosten aufzuerlegen.

Schrifttum

Ahmed Praxisprobleme beim Pflichtverteidiger, StV **2015** 65; *Börker* Aussetzung der Hauptverhandlung wegen Wechsels des notwendigen Verteidigers, MDR **1956** 578; *Milger* Sitzungsgewalt und Ordnungsmittel in der strafrechtlichen Hauptverhandlung, NStZ **2006** 121; *Oellerich* Voraussetzungen einer notwendigen Verteidigung und Zeitpunkt der Pflichtverteidigerbestellung, StV **1981** 434; *Schlothauer* Gerichtliche Hinweispflichten in der Hauptverhandlung, StV **1986** 213; *Strate* Zum Härdle-Beschluß des BGH, StV **1981** 261; *Thielmann* Richter als Hüter der Staatskasse, ZRP **2005** 123; *ders.* Der Vorsitzende Richter und sein „benutzter" Pflichtverteidiger, HRRS **2017** 71. Vgl. im Übrigen die Schrifttumsnachweise bei § 141.

Entstehungsgeschichte

Die Bestimmung ist lange unverändert geblieben. Durch Art. 2 Nr. 12 AGGewVerbrG wurde zwischen dem ersten und zweiten Absatz eine dem jetzigen § 141 Abs. 2 entsprechende Vorschrift eingefügt und in Satz 2 der Vorschrift bestimmt, dass Absatz 1 Satz 2 entsprechend gelte. Schon das VereinhG[1] hat in Art. III Nr. 54 die heutige Fassung festgelegt. In Absatz 1 wurde die Wendung „oder die Bestellung eines Verteidigers in Gemäßheit des § 141 erfolgt ist" gestrichen. Die durch das AGGewVerbrG eingesetzte Vorschrift

---

51 Näher § 140, 137.

52 S. § 140, 138, dort auch zur Begründung der Differenzierung zwischen § 144 Abs. 1 (direkte Anwendung) und § 144 Abs. 2 („entsprechende" Anwendung).

53 Näher § 140, 157.

1 Vgl. LR/*Kühne* Einl. F, 88.

https://doi.org/10.1515/9783110630244-016

wurde in § 141 Abs. 1 aufgenommen. In Absatz 4 wurden die Worte „vorbehaltlich dienstlicher Ahndung“ gestrichen.

Mit dem Regierungsentwurf eines Gesetzes zur Neuregelung des Rechts der notwendigen Verteidigung vom 9.10.2019[2] wurde in Absatz 2 der Verweis auf (den mit § 141 Abs. 1 Satz 1 StPO-RegE nach Umsetzung nunmehr obsoleten) § 141 Abs. 2 bisheriger Fassung als redaktionelle Folgeänderung zum 13.12.**2019** ersatzlos gestrichen.

Übersicht

I. Anwendungsbereich

1. Sinn und Zweck. Die Vorschrift ergänzt die Regelungen über die Pflichtverteidigung, insbesondere § 140 Abs. 1 und 2, § 141 Abs. 1 und 2, § 231a Abs. 4.[3] Sie soll den Zweck dieser Bestimmungen für den Fall sichern, dass die vom Gesetz eröffnete Möglichkeit für den Beschuldigten, sich in jeder Lage des Verfahrens eines Verteidigers zu bedienen, in der Hauptverhandlung nicht wirksam wird.[4] § 145 ist **keine** Bestimmung, welche die **Verfahrenssicherung** im Auge hat. Dem Recht des Beschuldigten zur freien Wahl eines ausreichend auf die Hauptverhandlung vorbereiteten Verteidigers und damit der **effektiven und wirklichen Verteidigung** i. S. d. Art. 6 Abs. 3 lit. c EMRK gebührt daher immer der **Vorrang** vor dem Beschleunigungsinteresse.[5] 1

Die Vorschrift bringt im Übrigen den sonst in der Strafprozessordnung nicht ausgesprochenen, sondern als selbstverständlich vorausgesetzten Grundsatz zum Ausdruck, dass in Fällen notwendiger Verteidigung der Verteidiger zu den Personen gehört, deren **Anwesenheit** in der **Hauptverhandlung** (§ 226) das Gesetz vorschreibt.[6] Darüber hi- 2

---

2 BTDrucks. **19** 13829 S. 12, 49.

3 So auch Meyer-Goßner/*Schmitt* 2; AK/*Stern* 1; *Pfeiffer* 1; *Joecks* 1; anderer Akzent bei SK/*Wohlers* 1.

4 Vgl. auch BGH StV **1992** 358; *Barton* StV **1995** 291; HK/*Julius*/*Schiemann* 1; AK/*Stern* 1.

5 Ausdr. zust. zur hier vorgelegten Konzeption BGHSt **58** 296, 298 Tz. 19; LG Dresden Beschl. v. 29.12.2006 – 3 Qs 155/06, juris, Tz. 26; wohl auch Radtke/Hohmann/*Reinhart* 10 a. E.; **a. A.** SK/*Wohlers* 1; offen MüKo/*Thomas*/*Kämpfer* 1; SSW/*Beulke* 1. S. zu den Abwägungen im Einzelnen unten Rn. 19, 25.

6 RGSt **44** 17; KG StV **1992** 315; KK/*Willnow* 1; Meyer-Goßner/*Schmitt* 3; HK/*Julius*/*Schiemann* 1; *Pfeiffer* 1; AK/*Stern* 1.

naus will die Vorschrift sicherstellen, dass der Verteidiger sich ausreichend auf die (weitere) Hauptverhandlung **vorbereiten** kann.[7]

3 **2. Notwendige Verteidigung.** § 145 greift **nur** in **Fällen notwendiger Verteidigung** ein. Dies gilt unabhängig davon, ob der ausgebliebene Verteidiger ein Wahl- oder Pflichtverteidiger ist.[8] Notwendige Verteidigung liegt nicht nur vor, wenn die Voraussetzungen des § 140 Abs. 1 oder Abs. 2 gegeben sind.[9] Als notwendig gilt die Verteidigung weiterhin, wenn ein Pflichtverteidiger bestellt war, die Beurteilung der Voraussetzungen für die Pflichtverteidigerbestellung sich aber nachträglich geändert hat.[10] Eine Ausnahme hiervon ist nur in den seltenen Fällen zu machen, in denen die Verteidigerbestellung wegen veränderter Umstände zurückgenommen werden darf. Das Gericht ist dann nicht verpflichtet, nach § 145 vorzugehen und einen neuen Pflichtverteidiger zu bestellen.[11]

4 Treten erst **während** der **Hauptverhandlung** Umstände zutage, welche die **Verteidigung notwendig** machen könnten, und ist der (gewählte) Verteidiger ausgeblieben, so hat das Gericht durch **Beschluss** auf Antrag oder von Amts wegen festzustellen, ob die Verteidigung notwendig ist, und nunmehr gegebenenfalls einen Pflichtverteidiger zu bestellen.[12]

5 **3. Hauptverhandlung.** Die Bestimmung gilt **nur für** die **Hauptverhandlung.**[13] Es entspricht dem Schutzbedürfnis des Angeklagten, dass er während der ganzen Dauer der Hauptverhandlung den Beistand eines Verteidigers hat. Im Sinne dieser Bestimmung umfasst die Hauptverhandlung **alle wesentlichen Teile**[14] – die Urteilsverkündung inbegriffen[15] –, **nicht** aber **vorweggenommene Abschnitte**, also insbesondere nicht die kommissarische Vernehmung von Zeugen und Sachverständigen (§ 223) und des Angeklagten (§ 233 Abs. 2), weil hierfür ausdrücklich das Erscheinen des Verteidigers freigestellt ist (§ 224 Abs. 1 Satz 1 Hs. 2; § 233 Abs. 3 Satz 1 Hs. 2).[16]

6 **4. Mehrere Verteidiger.** Die Maßnahmen nach Absatz 1 können nur angeordnet werden, wenn der Angeklagte, weil einer der drei Fälle des Absatzes 1 Satz 1 vorliegt, nicht verteidigt wird. Hat der Angeklagte **mehrere Verteidiger** (§ 137 Abs. 1 Satz 2), genügt es selbstverständlich, wenn einer von ihnen die Verteidigung in der Hauptverhandlung führt.[17] Es ist also nicht erforderlich, dass sämtliche Verteidiger auch gleichzeitig anwesend sind.[18] Das Gesetz geht davon aus, dass sie sich gegenseitig gemäß **§ 227** un-

---

7 RGSt **77** 155; KK/*Willnow* 1; *Pfeiffer* 1.

8 So auch KMR/*Müller* 1; HK/*Julius/Schiemann* 1; AK/*Stern* 3; SK/*Wohlers* 4.

9 KG JR **1983** 83; OLG München MDR **1979** 779; KK/*Willnow* 2; KMR/*Müller* 1; AK/Stern 3; SK/*Wohlers* 4.

10 Ebenso KK/*Willnow* 2; AK/*Stern* 3.

11 Ebenso KK/*Willnow* 2; wohl auch KMR/*Müller* 1.

12 BGHSt **15** 307; RGSt **44** 218; OLG Zweibrücken wistra **1986** 233 m. Anm. *Molketin;* SK/*Wohlers* 3; vgl. auch OLG Zweibrücken NStZ **1986** 135; BVerfGE **65** 171.

13 Mot. *Hahn* **1** 144; RGSt **28** 414; OLG Frankfurt JR **1950** 570; BayObLG NJW **1952** 1066; OLG Hamm NJW **1963** 1416; KK/*Willnow* 1; Meyer-Goßner/*Schmitt* 2; KMR/*Müller* 1; AK/*Stern* 4.

14 RGSt **28** 216; RGSt **44** 18; wenige kurze Abschnitte können ausgenommen sein, vgl. KMR/*Müller* 1.

15 BGH b. *Dallinger* MDR **1973** 372.

16 So auch KMR/*Müller* 1; AK/*Stern* 4.

17 Ebenso BGH b. *Dallinger* MDR **1966** 201; BGH NJW **1973** 1985; OLG Dresden Beschl. v. 11.5.2020 – 1 Ws 120/20, BeckRS **2020** 14107 Tz. 9; SK/*Wohlers* 5; KK/*Willnow* 1; KMR/*Müller* 2; AK/*Stern* 5; Meyer-Goßner/*Schmitt* 5.

18 BGH NJW **1973** 1985; BGH b. *Dallinger* MDR **1966** 201; OLG Köln StV **1997** 122; KMR/*Müller* 2; KK/*Willnow* 1, 3.

terrichten werden.[19] Von einem Ausbleiben im Sinne des Abs. 1 ist deshalb nur dann auszugehen, wenn entweder sämtliche Verteidiger nicht zum Termin erscheinen oder die erschienenen Verteidiger ohne den Fehlenden nicht zu einer Verteidigung fähig oder willens sind.

Bei **mehreren Verteidigern**[20] kommt es deshalb grundsätzlich nicht darauf an, *wie* sie die **Verteidigung** unter sich **aufgeteilt** haben. Ist also z. B. ein Pflichtverteidiger bestellt, darf sich der Wahlverteidiger grundsätzlich darauf verlassen, dass die Verteidigung des Angeklagten durch diesen sichergestellt werde, und es trifft ihn keine unbedingte Erscheinungspflicht. Anders kann es aber dann sein, wenn der Wahlverteidiger nicht darauf vertrauen kann, dass der Pflichtverteidiger tatsächlich zur Hauptverhandlung erscheinen wird. Hier kommt es auf die Umstände des **Einzelfalls** an.[21] Tritt in der Person eines Verteidigers einer der in Absatz 1 Satz 1 genannten Umstände ein, hat das Gericht die Verhandlung zu unterbrechen oder auszusetzen, damit sich der verbleibende Verteidiger einarbeiten kann.[22] Ist im Einzelfall der **Verhandlungsstoff** so **umfangreich**, dass er ohne Verteilung unter mehreren Verteidigern nicht bewältigt werden kann, hat das Gericht für den weggefallenen Verteidiger einen Pflichtverteidiger zu bestellen oder die Verhandlung zu unterbrechen bzw. nötigenfalls auszusetzen und dem Angeklagten Gelegenheit zu geben, einen neuen Verteidiger zu wählen.[23] Die anders gelagerte Frage der Bestellung eines Pflichtverteidigers neben dem Wahlverteidiger, weil der Wahlverteidiger allein nicht in der Lage ist, die Verteidigung zu führen, soll nunmehr in § 144 Abs. 1 StPO-RegE geregelt werden.[24] 7

Gehört bei mehreren Verteidigern der **verbleibende** nicht zu den Personen, die zu **Verteidigern bestellt** werden dürfen (§ 142 Abs. 1), ist der Angeklagte als verteidigungslos zu behandeln.[25] 8

§ 145 findet **keine Anwendung**, wenn **mehrere Verteidiger nacheinander** die Verteidigung führen. Wenn die Einarbeitung und Information des neuen Pflicht- oder Wahlverteidigers zu dem zurückliegenden Prozessstoff gewährleistet ist, kann die Verhandlung ohne Wiederholung einzelner Teile weitergeführt werden.[26] 9

5. Bestellung eines neuen Pflichtverteidigers. Erscheint der gewählte oder bestellte Verteidiger in der Hauptverhandlung nicht oder stellt sich erst in der Hauptverhandlung heraus, dass ein Fall notwendiger Verteidigung vorliegt (§ 141 Abs. 2 Nr. 4), hat der Vorsitzende sogleich einen neuen **Pflichtverteidiger** zu **bestellen**. Wird jedoch die Hauptverhandlung ausgesetzt oder unterbrochen, ist dem Angeklagten in **analoger** 10

19 Insoweit zutr. KK/*Willnow* 3 und auch OLG Stuttgart NStZ **2016** 436, 437, allerdings m. abl. Anm. *Koch* StV **2016** 482, 484 zu den weitergehenden Folgerungen des Senats: „Wenn Verteidiger daher ihre Verrichtungen nicht nur untereinander teilen können, sondern aus §§ 226, 227 auch keine schematische Anwesenheitspflicht aller Pflichtverteidiger eines Angeklagten gefolgert werden kann, geht die vermeintliche gewichtige Pflichtverletzung rechtlich ins Leere"; vgl. dazu auch die Dokumentation in StV **2017** 210. Im Ganzen krit. auch *Eisenberg* NJW **1991** 1263; *Strate* StV **1981** 262; HK/*Julius*/*Schiemann* 15.

20 Soeben Rn. 6.

21 Vgl. OLG Stuttgart StV **2020** 151, 153 Tz. 15 f. m. Anm. *Theile*, unter Hinweis auf „[d]ie Besonderheit des vorliegenden Falles"; *Wohlers* JR **2020** 266, 268. **A. A.** *Wasserburg* GA **2020** 398, 406 f.; *U. Sommer* StraFo **2020** 110: „Ein solcher Rechtssatz existiert nicht".

22 RGSt **71** 354; s. auch BGH b. *Dallinger* MDR **1966** 200; *Strate* StV **1981** 262 f.; KMR/*Müller* 6.

23 Vgl. OLG Celle AnwBl. **1975** 248; KMR/*Müller* 1.

24 BRDrucks. 364 **19** S. 6, 50.

25 So auch KMR/*Müller* 1.

26 BGHSt **13** 340; RGSt **33** 333; *Börker* MDR **1956** 578; Meyer-Goßner/*Schmitt* 3; HK/*Julius*/*Schiemann* 15; AK/*Stern* 6; KK/*Willnow* 1. **A. A.** *Eb. Schmidt* Nachtr. I 12 ff.

Anwendung des **§ 142 Abs. 5 Satz 1** Gelegenheit zu geben, einen **Verteidiger** seiner Wahl **zu bezeichnen.**[27] **Wählt** der Angeklagte **selbst** einen neuen Verteidiger, ist mangels Erforderlichkeit von der Pflichtverteidigerbestellung nach § 145 **abzusehen.**[28] Denn bei ordnungsgemäßem Vorgehen wäre die Bestellung des Pflichtverteidigers sofort wieder zurückzunehmen, sobald der Wahlverteidiger sich zu den Akten meldet (§ 143).

11 **6. Notwendige Verteidigung auch bei Absatz 4.** Die Vorschrift des § 145 gilt in *allen* Absätzen **nur**, wenn die **Verteidigung notwendig** ist. Bei den Absätzen 1 und 2 ergibt das der Gesetzestext, bei Absatz 3 der Zusammenhang mit den beiden ersten Absätzen. Aber auch für Absatz 4 besteht dieser Zusammenhang nach seiner Stellung im Gesetz. Hätte mit diesem Absatz ein selbstständiger Gedanke zum Ausdruck gebracht werden sollen, so wäre systematisch ein besonderer Paragraph erforderlich gewesen. Bestätigt wird dies durch die seit dem 17.7.2015 amtliche Überschrift der Norm („... des *Pflicht*verteidigers"). Auch **Absatz 4** findet daher **nur** bei der **notwendigen Verteidigung** Anwendung.[29]

12 Im Rahmen der **notwendigen Verteidigung** ist es – was eigentlich selbstverständlich ist – auch bei Absatz 4 gleichgültig, ob der ausgebliebene Verteidiger ein Pflicht- oder Wahlverteidiger ist.[30] Denn der Zwang, im Falle der notwendigen Verteidigung die Hauptverhandlung auszusetzen, besteht bei beiden Arten von Verteidigern gleichermaßen.

II. Fehlende Verteidigung nach Absatz 1

1. Tatbestandliche Voraussetzungen

13 **a) Ausbleiben.** Ein Verteidiger ist **ausgeblieben**, wenn er zu Beginn der Hauptverhandlung **nicht erscheint**. Dies gilt auch dann, wenn er sich nur **verspätet.**[31] Eine **Wartefrist** des Gerichts im Umfang von etwa 15 Minuten ist aus Fürsorgegründen zu empfehlen und bei unverzüglicher Mitteilung der Verspätung – typischerweise auf der Geschäftsstelle des Gerichts, aber ggf. auch in sonstiger Weise (E-Mail, SMS) – unter Nennung eines nachvollziehbaren Grundes, zum voraussichtlichen Umfang der weiteren Verspätung und jedenfalls bei normaler Terminlage des Gerichts am Verhandlungstag auch üblich.[32] Das Erscheinen des allgemeinen Vertreters[33] (§ 53 BRAO), eines Unterbevollmächtigten[34] oder sonstigen Vertreters[35] genügt.[36] Der Aufruf der Sache nach § 243

---

27 SSW/*Beulke* 10; OK-StPO/*Wessing* 6. Vgl. genauer unten Rn. 23.

28 Ebenso *Oellerich* StV **1981** 434; KK/*Willnow* 6; Meyer-Goßner/*Schmitt* 4; AnwK/*Krekeler*/*Werner* 5.

29 RGSt **44** 213; BayObLG NJW **1952** 1066; OLG München AnwBl. **1979** 394; OLG Hamm NJW **1963** 1416; KK/*Willnow* 11; Meyer-Goßner/*Schmitt* 17.

30 OLG Stuttgart StV **2020** 151, 152 Tz. 7; OLG München AnwBl. **1979** 394; BayObLG NJW **1952** 1066; KK/*Willnow* 11; Meyer-Goßner/*Schmitt* 17. Unterscheidungen trifft aber dennoch OLG Köln StV **1997** 122.

31 KK/*Willnow* 3; AK/*Stern* 7; KMR/*Müller* 3. **A. A.** Meyer-Goßner/*Schmitt* 5; SSW/*Beulke* 5; SK/*Wohlers* 7: Nur verspätetes Erscheinen falle nicht unter die Vorschrift.

32 Vgl. z. B. OLG Hamm NStZ **2009** 251 m. Anm. *Weidemann* NStZ **2010** 472; zur Wartepflicht des Gerichts unter Kostenaspekten nach Absatz 4 s. Rn. 36.

33 Vgl. AK/*Stern* 7.

34 KMR/Müller 2; erg. unten Rn. 14.

35 OLG Frankfurt StV **1988** 195; HK/*Julius*/*Schiemann* 3.

36 HK/*Julius*/*Schiemann* 3; AK/*Stern* 7; SK/*Wohlers* 7.

Abs. 1 Satz 1 fällt noch nicht unter die Vorschrift,[37] wohl aber die Vernehmung des Angeklagten über seine persönlichen Verhältnisse gem. § 243 Abs. 2 Satz 2.[38] Ausgeblieben i. S. d. § 145 ist ein Verteidiger nur dann, wenn er **ordnungsgemäß geladen** wurde.[39] Auf die ordnungsgemäße Ladung des Verteidigers kann der Angeklagte verzichten.[40] Für die Frage des Ausbleibens ist es aber zunächst ohne Bedeutung, ob die **Ladungsfrist** (§ 218 Satz 2 i. V. m. § 217 Abs. 1) eingehalten wurde.[41] Denn auch bei Unterschreitung der Ladungsfrist hat der Verteidiger zu erscheinen; er kann jedoch die **Aussetzung** der Hauptverhandlung verlangen (§ 218 Satz 2 i. V. m. § 217 Abs. 2).[42] Der Aussetzungsantrag kann bereits vor der Hauptverhandlung gestellt werden.[43] Hat der Verteidiger vor Beginn der Hauptverhandlung keinen Aussetzungsantrag gestellt und ist er ausgeblieben, kann der Angeklagte den Verzicht auf die Einhaltung der Ladungsfrist selbst erklären.[44] Verzichtet der Angeklagte auf die Einhaltung der Ladungsfrist, kann der Vorsitzende unverzüglich einen neuen Pflichtverteidiger bestellen; verzichtet der Angeklagte nicht, ist die Bestellung eines anderen Verteidigers unzulässig.[45]

Dem **Ausbleiben steht** es **gleich**, wenn ein erschienener Verteidiger infolge seines **14**
geistigen Zustandes (Geisteskrankheit, Rauschmittelabusus, Trunkenheit)[46] **unfähig** ist, der Verhandlung zu folgen, ihre Ergebnisse zuverlässig aufzunehmen und sie zur Verteidigung zu verwerten.[47] Über das Vorliegen einer zur Verhandlungsunfähigkeit führenden Erkrankung muss sich der Verteidiger selbst schlüssig werden.[48] Der in diesem Sinne verhandlungsunfähige Verteidiger ist abzugrenzen von einem **lediglich unzureichend** verteidigenden Verteidiger. Aufgrund der eng zu ziehenden Grenzen der Fremdkontrolle der Strafverteidigung durch das Gericht sind hier im Sinne der Wahrung von **Mindeststandards** nur **extreme Ausnahmefälle** relevant.[49] So ist ein „besonders erfahrener und in der Öffentlichkeit bekannter Verteidiger" nicht schon dann ausgeblieben, wenn er in der Hauptverhandlung nicht in Person erscheint, sondern einen Unterbevollmächtigten aus seiner Sozietät entsendet.[50]

---

37 RG HRR **1928** 2332; ähnl. HK/*Julius/Schiemann* 4; Meyer-Goßner/*Schmitt* 5. Missverständlich deshalb BerlVerfGH NJW **2018** 846, 847 Tz. 20: „§ 145 schreibt eine Anwesenheit des Verteidigers lediglich für die mit dem Aufruf beginnende Hauptverhandlung vor".

38 HK/*Julius/Schiemann* 3.

39 RGSt **53** 264; OLG Brandenburg Beschl. v. 1.9.2011 – 1 Ws 135/11, juris, Tz. 17; Meyer-Goßner/*Schmitt* 5; KK/*Willnow* 3; KMR/*Müller* 3; HK/*Julius/Schiemann* 3; *Pfeiffer* 1; AK/*Stern* 7; SK/*Wohlers* 8. Zu den Voraussetzungen einer ordnungsgemäßen Ladung s. LR/*Jäger*[26] § 218, 13-16.

40 RGSt **53** 265; **a.A.** noch LR/*Dünnebier*[23] 8 unter Verkennung der vorgenannten reichsgerichtlichen Entscheidung. Zum Verzicht auf die Ladung s. LR/*Jäger*[26] § 218, 17 ff.

41 So auch HK/*Julius/Schiemann* 3; SK/*Wohlers* 8. **A. A.** KMR/*Müller* 3.

42 SSW/*Beulke* 3. Verlangt ist ein Antrag, die bloß mündliche Bitte an den Vorsitzenden genügt also nicht, so zutr. OLG Celle NJW **1974** 1258.

43 LR/*Jäger*[26] § 218, 24.

44 Zu den diesbezüglich einzuhaltenden Grundsätzen LR/*Jäger*[26] § 218, 19.

45 *Hartmut Schmidt* Die Pflichtverteidigung (1967) 75.

46 Vgl. BGHSt **23** 334.

47 RGSt **57** 373; SSW/*Beulke* 4; Meyer-Goßner/*Schmitt* 5; Radtke/Hohmann/*Reinhart* 3; *Pfeiffer* 1; AK/*Stern* 8; *Joecks* 2; SK/*Wohlers* 7.

48 Vgl. BGH JR **1962** 428; KMR/*Müller* 1.

49 Vgl. OLG Hamm NJW **1963** 1416; *Barton* StV **1995** 291; *ders.* StraFo **2015** 315; *Annohn* HRRS **2016** 253, 255; HK/*Julius/Schiemann* 3; AK/*Stern* 12.

50 Wie hier SSW/*Beulke* 5 a. E.; Meyer-Goßner/*Schmitt* 21. **A. A.** LG Duisburg StV **2006** 600 m. abl. Anm. *Jahn/Kett-Straub*: Das Gesetz ermöglicht dem Gericht keine Differenzierung zwischen „guten", „schlechten" und Verteidigern mittlerer Art und Güte.

15 **b) Entfernen.** Der Verteidiger entfernt sich unzeitig, wenn während seiner Abwesenheit **Prozesshandlungen** vorgenommen werden müssten, die für die Führung der Verteidigung **wesentlich** sind.[51] Kein „unzeitiges" Entfernen im Rechtssinne ist es aber, wenn der Verteidiger nur kurzzeitig den Saal verlässt (z. B. bei der Notwendigkeit eines dringenden Toilettengangs) und unverzüglich (vgl. § 121 BGB) zurückkehrt.

16 Ein unzeitiges Entfernen liegt jedoch auch in Fällen vor, in denen sich der Verteidiger **mit Einverständnis des Gerichts** entfernt, also etwa dann, wenn der Vorsitzende den Pflichtverteidiger ohne Zurücknahme der Bestellung aus der Hauptverhandlung entlässt oder er dem Wahlverteidiger ein Entfernen gestattet, obwohl tatsächlich ein Fall notwendiger Verteidigung vorliegt. Es handelt sich um eine auch für das Gericht **nicht disponible** Schutzvorschrift zugunsten des Angeklagten. Die **Beurteilung** nach § 231c wird von § 145 allerdings nicht erfasst.[52]

17 **c) Verteidigungsverweigerung. Die Weigerung, die Verteidigung zu führen,** kann entweder einer ausdrücklichen Erklärung des Verteidigers entnommen werden, die er etwa als Protest gegen einen Gerichtsbeschluss abgibt,[53] oder aber seinem **schlüssigen Verhalten**, indem er in der Hauptverhandlung untätig verharrt, wo er als Verteidiger zu handeln verpflichtet wäre.[54] Wenn er sich z. B. **weigert**, den **Schlussvortrag** zu halten, fehlt es an einer solchen Handlungspflicht, weil § 258 Abs. 1 als Ausfluss des Art. 103 Abs. 1 GG weder dem Wortlaut nach („erhalten ... das Wort") noch nach seinem Sinn und Zweck eine prozessuale Pflicht begründet.[55] Kein „Entfernen", aber ein Fall der Weigerung liegt dann vor, wenn der anwaltliche Verteidiger ohne Robe im Zuschauerraum Platz nimmt.[56] Allerdings ist es im Falle der Inaktivität des Verteidigers dort, wo man „üblicherweise" eine Handlung erwarten würde, **nicht Sache des Gerichts**, das **Verteidigungskonzept** zu überprüfen oder sogar inhaltlich zu bestimmen.[57] Deshalb hat auch der Vorsitzende bei etwaigen Zweifeln nicht die Pflicht nachzufragen, ob das Verteidigerverhalten auf schlichter Weigerung oder Strategie beruht.[58]

18 **d) Rein berufsrechtswidriges Verhalten.** Allein der Verstoß gegen berufsrechtliche Normen, auch sog. **„Konfliktverteidigung"**, kann die Anwendung des § 145 grundsätzlich nicht rechtfertigen.[59] Anwaltliche **Ungebühr** vor Gericht ist keine Weigerung, die Verteidigung zu führen, sondern lediglich ungebührliche Verteidigung, die – mangels Einschlägigkeit der **§§ 177, 178 GVG** – allein über das Berufsrecht der Rechtsanwälte

---

51 RGSt **44** 18; **63** 249; OLG Köln NJW **2005** 3588, 3589; OLG Koblenz NStZ **1982** 43; *Pfeiffer* 1; AK/*Stern* 9.

52 KK/*Willnow* 4; Meyer-Goßner/*Schmitt* 6; SK/*Wohlers* 8.

53 Vgl. etwa OLG Frankfurt StV **1981** 289; zum Verschulden s. Rn. 36.

54 BGH StV **1992** 358; BGH StV **1993** 566; BGH NJW **1993** 341 unter Hinweis auf Art. 6 Abs. 3 lit. c EMRK sowie KK/*Willnow* 5; Meyer-Goßner/*Schmitt* 7; SK/*Wohlers* 10; KMR/*Müller* 5; MüKo/*Thomas/Kämpfer* 6; HK/*Julius/Schiemann* 5; *Pfeiffer* 1; *Joecks* 3. Vgl. auch OLG Karlsruhe StV **2003** 152; OLG Hamm NJW **1963** 1417; BGH NJW **1958** 1736; AK/*Stern* 10.

55 LR/*Stuckenberg*[26] 258, 24; Meyer-Goßner/*Schmitt* 258, 11; *Nehm* FS Geiß 111, 120 ff. **A. A.** *Ahmed* StV **2015** 65, 71 und noch LR/*Lüderssen/Jahn*[26] § 145, 17.

56 BGH StV **1993** 566; *Ahmed* StV **2015** 65, 70 f.

57 Allg. Meinung, vgl. *Ahmed* StV **2015** 65, 71; KK/*Willnow* 5; *Pfeiffer* 1; AK/*Stern* 12; *Jahn* (Konfliktverteidigung) 221.

58 Vgl. HK/*Julius/Schiemann* s5.

59 OLG Zweibrücken NStZ **1988** 144; *Barton* StV **1995** 290, 292; SSW/*Beulke* 8 a. E.; Meyer-Goßner/*Schmitt* 7; KMR/*Müller* 5; *Pfeiffer* 1; HK-GS/*Weiler* 6; AK/*Stern* 12. Ebenso bereits LR/*Dünnebier*[23] 13, der aber gleichwohl (Rn. 33) die Aussetzung bei ungebührlichem Verhalten des Verteidigers – unzutreffenderweise (Rn. 36) – noch für zulässig gehalten hat. **A. A.** wohl OLG Stuttgart StV **2020** 151, 153 Tz. 15 unter

zu unterbinden ist.[60] Ebenso wenig darf ein Verteidiger als ausgeblieben und/oder verteidigungsunwillig angesehen werden, der nicht so erscheint, wie es einige Bundesländer in Ausführungsgesetzen zum GVG[61] oder ein teilweise – methodisch kurzschlüssig – perhorresziertes „Gewohnheitsrecht“ trotz § 20 BORA teilweise noch verlang(t)en, der also etwa keine **Robe**[62] oder andere als die übliche Straßenkleidung, jedenfalls nicht Hemd und **weißen Langbinder** trägt.[63] Damit ist § 145 im Ganzen, weder unter Aspekten des Zwecks der Norm noch unter Gesichtspunkten der Erforderlichkeit, **kein prozessualer Notbehelf** des Gerichts **gegen** auf Konflikt programmierte Verteidiger oder auf sonstige Weise durch Äußerlichkeiten justiziellen Vorstellungen von „würdigem“ Verhalten nicht entsprechenden **Rechtsanwälten.**[64] Insbesondere darf auch die latente Drohung der Kostentragungspflicht des Absatzes 4 **nicht** zu einer **Maßregelung** „unliebsamer“ Anwälte führen.[65]

2. Folgen

a) Aussetzung (Abs. 1 Satz 2). Liegt einer der Anwendungsfälle des Absatzes 1 19
Satz 1 vor, hat das Gericht einen **anderen Verteidiger** zu bestellen.[66] Es kann jedoch nach Absatz 1 Satz 2 „auch“ beschließen, die Hauptverhandlung auszusetzen.[67] **Aussetzung** der Hauptverhandlung (§ 228 Abs. 1 Satz 1 Var. 1) ist das Abbrechen der Verhandlung mit der Maßgabe, dass demnächst, aber – anders als bei der bloßen Unterbrechung (§ 229) und später als in den dafür vorgesehenen Fristen – also regelmäßig bei einem Zeitraum über drei Wochen – eine **neue Hauptverhandlung** stattfinden werde (§ 229 Abs. 4 Satz 1).[68] Das Aussetzen zwingt auf der einen Seite, die Hauptverhandlung vollständig zu **wiederholen**, kann aber, wenn der Verteidiger nur vorübergehend ausgefallen ist, einen **Verteidigerwechsel** ersparen. So wäre das **Ermessen** („kann“) allein nach dem Wortlaut („auch“) und der Systematik zwar so auszuüben, dass zunächst die Bestellung eines anderen Verteidigers ins Auge zu fassen ist. Da dem Beschuldigten nach Möglichkeit aber der eingearbeitete und vertraute Verteidiger zu erhalten ist (**Grundsatz der**

Hinweis auf Pflichten der „gewissenhaften Ausübung des Anwaltsberufs“ m. diff. Anm. *Theile* und abl. Anm. *U. Sommer* StraFo **2020** 110; *Wasserburg* GA **2020** 398, 406 f.; diff auch *Wohlers* JR **2020** 266, 268.

60 Vgl. *Dahs* FS Odersky 317, 331; *Beulke* FS Hamm (2008) 21, 237; *Jahn* (Konfliktverteidigung) 220; MüKo/*Thomas/Kämpfer* 6; KMR/*Müller* 5. **A. A.** OLG Hamm NJW **1954** 1053, dagegen aber zu Recht OLG Hamm JZ **2004** 205 m. zust. Anm. *Jahn.*

61 Anders aber z. B. mittlerweile in Schleswig-Holstein (vgl. AnwBl. **2014** M 228) und Berlin (vgl. BlnAnwBl. **2009** 458).

62 Vgl. auch BGH NStZ **1988** 510; OLG Zweibrücken NStZ **1988** 144; AG Mannheim Beschl. v. 27.10.2008 – 29 Ds 408 Js 15343 – AK 1005/2007, juris; restriktiv mit Recht auch LAG Niedersachen AnwBl. **2008** 883, 885. Zur Frage der gewohnheitsrechtlichen Verankerung ist der Beschl. v. 18.2.1970 in BVerfGE **28** 21, 28 ff. heute so kaum mehr zeitgemäß; vgl. *Pielke* NJW **2007** 3251, 3252 und schon *J.-W. Berlit* [Amtsrichter in Hannover], in: R. Wassermann (Hrsg.), Justizreform (1970) 144, 150. **A. A.** – für eine Robenpflicht in Strafsachen – aber *Beulke* FS Hamm (2008) 21, 26.

63 Vgl. OLG München NJW **2006** 3079 m. zutr. abl. Anm. *Weihrauch* StV **2007** 28 f. („T-Shirt-Verteidiger“); MüKo/*Thomas/Kämpfer* 4. Zusf. *Jahn* JuS **2007** 774.

64 *Barton* StV **1995** 292; *Jahn* (Konfliktverteidigung) 221. Zur der daran anschließenden Frage, welche Sanktionen von Seiten des Gerichts verhängt werden dürfen, vgl. eingehend OLG Karlsruhe JZ **2006** 1129, 1132 f. m. Anm. *Jahn* (Fall *Stolz*); *Milger* NStZ **2006** 121, 126 ff.

65 *Thielmann* ZRP **2005** 123, 124.

66 Sogleich Rn. 21.

67 Zu den Auswirkungen auf die Verschuldensfrage unten Rn. 34 a. E.

68 Zur Kostenfolge in diesem Fall s. unten Rn. 34.

Kontinuität der Verteidigung), verdient die **Aussetzung** trotz der dadurch eintretenden Verfahrensverzögerung **vor** der **Bestellung** eines neuen Verteidigers nach dem Sinn und Zweck der Regelung letztlich grundsätzlich den Vorzug,[69] wenn Anzeichen dafür bestehen, dass der Verteidiger nicht aus Gleichgültigkeit oder weil er die Bestellung als Pflichtverteidiger ablehnt ausgeblieben ist, sich unzeitig entfernt oder nicht verhandelt hat, sondern aus anderen sach- und mandatsbezogenen Umständen, die ihm nicht vorzuwerfen sind und behoben werden können.[70] Ob aufgrund der besonderen Anforderungen des **Beschleunigungsgrundsatzes** in der Rechtsprechung des BVerfG im Einzelfall etwas anderes zu gelten hat, ist entsprechend den bereits dargestellten Maßstäben in Fällen von Terminkollisionen zu entscheiden.[71] Ein „Aussetzen" liegt indes nicht vor, wenn eine noch gar nicht begonnene Hauptverhandlung abgesetzt wird.[72]

20 Das Gericht ist nicht gehindert, sondern durch das verfassungsrechtliche Prinzip der **Verhältnismäßigkeit** in der Unterausprägung der Erforderlichkeit im Einzelfall sogar verpflichtet, die Hauptverhandlung zunächst **nur** zu **unterbrechen** (§ 228 Abs. 1 Satz 2, § 229 Abs. 1-3), um die Gründe eines Entfernens oder einer Weigerung, die Verteidigung zu führen, zu klären und für Abhilfe Zeit zu geben.[73] Bei der einzelfallbezogenen Prüfung, ob der Grundsatz der **Kontinuität** der Verteidigung **zurücktreten** muss, ist zu beachten, dass es sich, auch wenn ein anderer Verteidiger bestellt wird, schon wegen der zu gewährenden Einarbeitungszeit bei größerem Aktenbestand und/oder rechtlich komplizierten Sachverhalten in der Regel nicht vermeiden lassen wird, die Hauptverhandlung zu wiederholen.

21 **b) Anderer Verteidiger (Abs. 1 Satz 1 a. E.).** Ist die Fortführung der Verhandlung nach einer Unterbrechung nicht möglich und ist eine neue, ungestörte Hauptverhandlung auch nach einer Aussetzung nicht zu erwarten, hat der Vorsitzende dem Angeklagten sogleich **einen anderen Verteidiger** zu bestellen. Das wird der Aussetzung auch dann vorzuziehen sein, wenn der Verteidigermangel zwar behebbar, aber verschuldet und die Hauptverhandlung schon fortgeschritten ist, jedoch mit dem anderen Verteidiger dennoch fortgesetzt werden kann, also nicht wiederholt zu werden braucht. Das ist stets der Fall, wenn der bisherige Verteidiger sich weigert, die Hauptverhandlung als **Wahlverteidiger** zu führen, aber bereit ist, das als **Pflichtverteidiger** zu tun; im Sinne des Gesetzes ist er dann ein „anderer" Verteidiger.[74] Allerdings sollte der bisherige Wahlverteidiger nach dem in § 142 Abs. 1 Satz 2 niedergelegten Prinzip grundsätzlich nicht gegen den Willen des Angeklagten zum Pflichtverteidiger bestellt werden.[75]

22 Der andere Verteidiger kann auch erst bestellt werden, nachdem die Hauptverhandlung unterbrochen oder ausgesetzt war. Die Anordnung in Absatz 1 Satz 1, dass er **„sogleich"** zu bestellen ist,[76] bedeutet nur, dass zuvor **keine wesentlichen Prozesshandlungen** vorgenommen werden dürfen.[77]

---

69 Wie hier BGHSt **58** 296, 298 Tz. 19; OLG Köln NStZ-RR **2010** 245 f.; Meyer-Goßner/*Schmitt* 9; KK/*Willnow* 7; zu weitgehend BGH wistra **1988** 152.

70 OLG Celle NdsRpfl. **1961** 137, 138: „Weigerung aus Gewissensgründen".

71 Oben § 137, 21 ff.

72 OLG Nürnberg AnwBl. **1971** 25.

73 Ausdr. zust. BGHSt **58** 296, 298 Tz. 18.

74 BGH NStZ **1992** 292; OLG Freiburg HESt **3** 33; OLG Stuttgart JR **1979** 170; *Pelchen* JR **1979** 173; KMR/*Müller* 10; Meyer-Goßner/*Schmitt* 3.

75 Vgl. bereits *Eb. Schmidt* 10. **A. A.** OLG Stuttgart JR **1979** 170.

76 Wegen der Unterbrechung zur Unterrichtung des neuen Verteidigers s. unten Rn. 27.

77 RGSt **44** 17; Meyer-Goßner/*Schmitt* 3: „... sogleich, d. h. ohne weitere Verhandlung in der Sache, ...".

Da die Bestellung eines Pflichtverteidigers in erster Linie eine vom Angeklagten gewünschte Verteidigung gewährleisten soll, § 145 insoweit also nur eine auf die Hauptverhandlung zugeschnittene Ausprägung der Vorschriften über die Pflichtverteidigung ist, muss dem Angeklagten in analoger Anwendung des § 142 Abs. 1 Satz 2 **Gelegenheit** gegeben werden, einen Verteidiger **zu bezeichnen.**[78] Scheitert diese Initiative oder muss – ebenfalls analog zu § 142 Abs. 1 Satz 2 – die Bestellung des vom Angeklagten bezeichneten Verteidigers aus wichtigem Grund unterbleiben, so gelten die im Rahmen des § 142 entwickelten Grundsätze.[79] Bei der vom Vorsitzenden zu bestimmenden Frist kann dann allerdings berücksichtigt werden, dass die Hauptverhandlung lediglich unterbrochen ist und innerhalb der Fristen des § 229 fortgeführt werden soll.[80] 23

III. Bestellung eines Pflichtverteidigers während laufender Hauptverhandlung (Absatz 2)

Das Gericht kann, wenn sich **im Laufe** des Verfahrens herausstellt, dass ein Fall notwendiger Verteidigung vorliegt und die Beiordnung eines Verteidigers erfolgt ist, die **Aussetzung** des Verfahrens **beschließen**. Dies kommt namentlich dann in Betracht, wenn wesentliche Teile der Hauptverhandlung in Anwesenheit des neu bestellten Verteidigers wiederholt werden müssen oder der Verteidiger sich während der laufenden Hauptverhandlung nicht genügend vorbereiten kann.[81] 24

IV. Aussetzung oder Unterbrechung nach Absatz 3

Erklärt der nach Absatz 1 oder Absatz 2 neu bestellte Verteidiger, dass ihm die zur Vorbereitung erforderliche Zeit nicht verbleiben würde, hat das Gericht die Verhandlung zu unterbrechen oder auszusetzen. Die **Erklärung** nach Absatz 3 kann nach dem eindeutigen Wortlaut **nur** der **Verteidiger**, nicht aber der Angeklagte selbst, abgeben.[82] Die Entscheidung, ob eine Erklärung nach Absatz 3 abzugeben ist, entzieht sich zudem inhaltlich der Kompetenz des Angeklagten, weil sie von rein professionellen Erwägungen abhängig ist. Nichtsdestoweniger muss aber auch sie – nach der hier vertretenen Konzeption als Ausdruck des Vertragsprinzips[83] – prinzipiell mit dem Angeklagten abgestimmt werden. Sie kann mit Blick auf die Formulierung des Absatzes 3, wo von „Vorbereitung *der* Verteidigung“ die Rede ist, nur bei Beginn der **Übernahme** des **Mandats**, nicht aber zu einem beliebigen späteren Zeitpunkt erfolgen.[84] Allerdings darf das Ge- 25

---

78 S. bereits oben Rn. 10.

79 S. BVerfGK **10** 294, 306.

80 Erg. oben Rn. 19.

81 BGH NStZ **2013** 122, 123; Meyer-Goßner/*Schmitt* 10; MüKo/*Thomas/Kämpfer* 11; KK/*Willnow* 8; zur Aussetzung bei einem neuen Wahlverteidiger s. unten Rn. 32. Zu den hier bestehenden Ermessensspielräumen vgl. BGH StV **2000** 402 (extensive Auslegung) mit scharfer Kritik – vor allem daran, dass der Verstoß gegen § 145 Abs. 3 nicht zur Anwendung des § 338 Nr. 8 führen soll – bei *Stern* StV **2000** 404 f.; s. auch *Hammerstein* NStZ **2000** 327. Im Ganzen krit. HK-GS/*Weiler* 2: Die Anwendung von Absatz 2 auf Fälle der Mehrfachverteidigung sei grds. zweifelhaft.

82 So auch BGHSt **58** 296, 301 Tz. 24; BGH NJW **1973** 1986; BGH NJW **1963** 1114; KK/*Willnow* 9; Meyer-Goßner/*Schmitt* 14, 15; *Pfeiffer* 4.

83 Vor § 137, 26 ff.

84 Vgl. BGHSt **13** 339; BGH NJW **1973** 1985; Meyer-Goßner/*Schmitt* 11; *Pfeiffer* 4.

richt – auch in Umfangsverfahren – nicht die Beiordnung von der **Erklärung** des präsumtiven Pflichtverteidigers abhängig machen, er werde **keinen Antrag** nach Absatz 3 stellen. Dagegen spricht bereits der Umstand, dass das Vorgehen des Gerichts bzw. seines Vorsitzenden in einem solchen Fall darauf abzielt, eine gesetzliche Bestimmung, die dem Beschuldigten und seiner effektiven Verteidigung dient, zugunsten hier nachrangiger Verfahrenssicherungsziele ins Leere laufen zu lassen.[85]

26 Das Gericht hat die Erklärung des Verteidigers andererseits auch **nicht** zu **überprüfen.**[86] Dies gilt auch für aus Sicht der staatlichen Justiz als **„rechtsmissbräuchlich"** erscheinende Erklärungen.[87] Gibt der Verteidiger die Erklärung ab, soll es nach der vom BGH geteilten noch h. M.[88] im pflichtgemäßen Ermessen des Gerichts stehen, ob es die Verhandlung aussetzt oder unterbricht. Nach zutreffender, wohl im Vordringen begriffener Gegenansicht hat man jedoch dem **Verteidiger** das **Wahlrecht** zuzugestehen.[89] Nur er kann sicher übersehen, ob die Interessen der Verteidigung auch bei einer bloßen **Unterbrechung** noch gewahrt sind. Erklärt der Verteidiger, eine Unterbrechung für die Dauer von drei Wochen (§ 229 Abs. 1) reiche zur Vorbereitung der Hauptverhandlung nicht aus, hat das Gericht die Verhandlung daher auszusetzen. Zu diesem Ergebnis gelangt man in den meisten Fällen allerdings auch auf der Basis der h. M. Denn von der pflichtgemäßen Ausübung des Ermessens kann nur dann die Rede sein, wenn die gerichtliche Entscheidung die legitimen, nachvollziehbar dargestellten Belange der Verteidigung ausreichend in ihre Ermessenserwägungen einstellt.[90] Wird dem Verteidiger z. B. erst unmittelbar vor Beginn der Hauptverhandlung die Akte für maximal dreißig Minuten überlassen, reicht dies etwa für eine angemessene Vorbereitung der Verteidigung nicht aus.[91]

27 Danach wird eine **Unterbrechung** nur dann **in Betracht** kommen, wenn die Hauptverhandlung unter Beteiligung eines Verteidigers schon begonnen hatte, die Verteidigung aber weggefallen ist und bereits durch eine Unterbrechung sichergestellt werden kann, dass der alte den neuen Verteidiger ausreichend **unterrichtet.**[92] Scheidet der Verteidiger aus, weil er nach § 138a Abs. 1 ausgeschlossen worden ist, so genügt es nicht, dass der alte Verteidiger den neuen unterrichtet; in den Fällen des § 138a Abs. 2 und § 138b kommt es auf die Umstände des Einzelfalles an. Es genügt in keinem Fall, dass der neue Verteidiger allein durch den Vorsitzenden unterrichtet wird.[93] Denn der Vorsitzende beobachtet die Hauptverhandlung aus einer anderen Blickrichtung als der Vertei-

---

85 S. oben Rn. 1. Ebenso – mit konkreter Fallschilderung – *Thielmann* HRRS **2017** 71, 78.

86 Ebenso BGH b. *Holtz* MDR **1979** 108; BGH NStZ **2013** 122, 123 (mit nicht erforderlichem Rückgriff auf den Topos „Organ der Rechtspflege"); KK/*Willnow* 9; MüKo/*Thomas/Kämpfer* 13. Zu den revisionsrechtlichen Folgen der Ablehnung des Aussetzungsantrags des Verteidigers (§ 338 Nr. 8) unten Rn. 41.

87 Zweifelnd für den insoweit vergleichbaren Fall der Zustimmung zur Nachtragsanklage BGH NStZ-RR **1999** 303 (*obiter dictum*) m. abl. Anm. *Jahn/A. Schmitz* wistra **2001** 328.

88 BGHSt **13** 343; **58** 296, 298 f. Tz. 20; *Eisenberg* NJW **1991** 1263; KK/*Willnow* 10; Meyer-Goßner/*Schmitt* 11, 12; KMR/*Müller* 9; *Pfeiffer* 4.

89 *Peters* JR **1974** 248; SSW/*Beulke* 17; MüKo/*Thomas/Kämpfer* 15; Radtke/Hohmann/*Reinhart* 10; SK/*Wohlers* 12; HK/*Julius/Schiemann* 18.

90 Vgl. BGHSt **58** 296, 299 f. Tz. 21; BGH NStZ **2013** 122, 123, jeweils mit dem Maßstab der „evidenten" Interessenwidrigkeit.

91 OLG Zweibrücken Beschl. v. 7.7.2003 – 1 Ss 76/03.

92 KK/*Willnow* 10.

93 BGH Urt. v. 20.12.2018 – 3 StR 236/17, Tz. 59 (insoweit nicht in BGHSt abgedr.); *Eb. Schmidt* 11. **A. A.** noch RGSt **33** 333.

diger. Gleiches gilt für den Staatsanwalt. Auch die Unterrichtung durch den **Angeklagten** ist in der Regel unzulänglich: Wenn er einen Verteidiger nach § 140 benötigt, kann er **grundsätzlich nicht beurteilen**, was jener wissen muss.[94]

28 Eine **Aussetzung** der Hauptverhandlung hat **immer dann** zu erfolgen, wenn die Unterbrechung nicht genügt, den neuen Verteidiger durch den alten zu unterrichten. Das Gleiche gilt, wenn eine solche Unterrichtung nicht möglich ist, weil der alte Verteidiger dazu nicht in der Lage ist oder die Unterrichtung ablehnt, oder wenn im Falle des Absatzes 2 der neue Verteidiger sich in der relativ kurzen Frist einer Unterbrechung nicht einarbeiten kann. Bei sachlich und rechtlich sehr schwierigen und **umfangreichen Verfahren** ist es deshalb im Allgemeinen geboten, die Hauptverhandlung auszusetzen.[95] So ist im Übrigen immer dann zu verfahren, wenn die Hauptverhandlung ohnehin wiederholt werden muss. Denn dann besteht kein Anlass, den Verteidiger zu einer schnellen und daher möglicherweise nicht so sorgfältigen Vorbereitung der Verteidigung anzuhalten, wie dies geboten sein kann, wenn durch bloße Unterbrechung ein neuer Verfahrensbeginn vermieden werden könnte. Der Gesichtspunkt der beschleunigten Abwicklung des Verfahrens hat jedoch **im Zweifel** immer hinter dem **Interesse** des Angeklagten an einer sorgfältig vorbereiteten Verteidigung **zurückzutreten.**[96]

29 Das Gericht muss darauf achten, dass der neu bestellte Verteidiger, der keine Erklärung nach Absatz 3 abgibt, tatsächlich auf die Verteidigung vorbereitet ist.[97] Stellt das Gericht fest, dass der Angeklagte nicht ordnungsgemäß verteidigt ist, hat es aus Gründen der **Fürsorgepflicht** die Hauptverhandlung auszusetzen oder zu unterbrechen.[98]

30 Die Unterbrechung oder Aussetzung der Hauptverhandlung kann der **Angeklagte nicht erzwingen.**[99] Nichts anderes gilt für die sonstigen Prozessbeteiligten, insbesondere die **Staatsanwaltschaft** und den **Nebenkläger.**[100] Sie können diese Maßnahmen aber beim Gericht **anregen.** Aus dem Verzicht auf die bloße Verfahrensanregung kann allerdings nicht der Schluss gezogen werden, der Anregungsberechtigte sei mit dem Vorgehen einverstanden.[101]

31 § 145 Abs. 3 findet seinem Wortlaut nach nur auf den bestellten Verteidiger Anwendung, gilt aber auch **entsprechend** für einen neu eingetretenen **Wahlverteidiger.**[102]

32 Neben der Aussetzung oder Unterbrechung nach Absatz 3 hat das Gericht von Amts wegen oder auf Antrag zu prüfen, ob eine **Aussetzung** nach **§ 265 Abs. 4** in Betracht kommt.[103]

---

94 Vgl. OLG Brandenburg Beschl. v. 1.9.2011 – 1 Ws 135/11, juris, Tz. 18; OLG Köln NStZ-RR **2010** 245, 246; *Hartmut Schmidt* Die Pflichtverteidigung (1967) 62.

95 BGHSt **13** 337; KK/*Willnow* 10; KMR/*Müller* 9.

96 Zu denkbaren Ausnahmen oben Rn. 19.

97 RGSt **71** 353; **77** 153; BGH NJW **1958** 1736; **1965** 2164 m. Anm. *Schmidt-Leichner*; BGH NStZ **1983** 281; KK/*Willnow* 9; MüKo/*Thomas*/*Kampfer* 14.

98 RGSt **77** 153; OLG Köln Beschl. v. 24.11.2010 –2 Ws 763/10, juris, Tz. 5; KK/*Willnow* 9; dies ist offenbar in dem Fall BGH wistra **1988** 152 nicht beachtet worden.

99 BGHSt **13** 399; BGHSt **58** 296, 301 Tz. 24; *Wohlers* JR **2013** 373, 377; Meyer-Goßner/*Schmitt* 14; s. ferner schon BGH NJW **1973** 1986.

100 BGH NJW **1963** 1114; NJW **1973** 1985.

101 BGHSt **58** 296, 301 Tz. 24 (für den Angeklagten).

102 Ebenso OLG Karlsruhe StV **1991** 199; KK/*Willnow* 9; Meyer-Goßner/*Schmitt* 15; KMR/*Müller* 11; *Pfeiffer* 4.

103 RGSt **71** 354; BGH NJW **1965** 2164 m. Anm. *Schmidt-Leichner*; NJW **1973** 1985; NStZ **1981** 231; NStZ **2013** 122, 123; Meyer-Goßner/*Schmitt* 13; s. auch *Schlothauer* StV **1986** 228.

V. Kostenlast (Absatz 4)

33 **1. Grundsatz.** Die Überbürdung der Kosten kann nach dem eindeutigen Wortlaut des Absatzes 4 **nur bei** der **Aussetzung** der Verhandlung – natürlich auch der Berufungs- nd Revisionshauptverhandlung i. S. d. §§ 324, 351 –,[104] nicht also bei ihrer bloßen Unterbrechung[105] oder bei schlichter Aufhebung eines Hauptverhandlungstermins[106] erfolgen. Die Kostentragungspflicht ist jedenfalls dann ausgelöst, wenn die Aussetzung auf den in Absatz 1 genannten drei Gründen **beruht. Umstritten** ist, ob Absatz 4 trotz Nichtvorliegens der Voraussetzungen von Absatz 1 **analog** anwendbar ist.[107] Der zur Begründung bemühte plakative Hinweis auf die Nichtgeltung des Analogieverbots des materiellen Strafrechts nach Art. 103 Abs. 2 GG im Strafprozessrecht verfängt nicht. Nach dem methodischen Grundsatz,[108] dass bei den Angeklagten belastenden Eingriffen ohne hinreichend bestimmte gesetzliche Grundlage eine Analogie unzulässig ist, ist hier, obgleich die Kostentragungspflicht den Verteidiger selbst trifft, eine **entsprechende Anwendung** mangels eindeutiger gesetzlicher Grundlage einer für die Verteidigung grundrechtswesentlichen Frage **nicht statthaft.** Der Angeklagte ist hier mehr als nur durch einen reinen Rechtsreflex betroffen.[109] Absatz 4 ist deshalb in Übereinstimmung mit der gesetzlichen Systematik nur eine Sanktionsfolge für ein Verhalten nach Absatz 1. Die Vorschrift begründet **keine** darüber hinausgehende, dem Analogieschluss zugängliche **allgemeine Schadensersatzpflicht** des Verteidigers für eine schuldhaft herbeigeführte Verfahrensaussetzung.[110]

34 **2. Schuld.** Die Aussetzung muss zudem „durch die Schuld des Verteidigers" erforderlich geworden sein. Hierfür genügt nach allgemeinen Regeln (Gedanke des § 276 Abs. 1 BGB) **auch fahrlässiges Handeln.**[111] Dies ist dann der Fall, wenn sich der Verteidiger objektiv **prozessordnungswidrig** und subjektiv vermeidbar **pflichtwidrig** verhalten hat.[112] Ein Verschulden setzt unter dem Gesichtspunkt der **Vorhersehbarkeit** zudem voraus, dass der Verteidiger Kenntnis von dem Termin hatte[113] und um die Notwendigkeit der Verteidigung wusste.[114] Der bestellte Pflichtverteidiger hat diese Kenntnis im-

---

104 S. nur BGH Urt. v. 2.10.2008 – 3 StR 236/08, BeckRS **2008** 22456, Tz. 9.

105 OLG Celle MDR **1979** 864; KK/*Willnow* 11; KMR/*Müller* 14; Meyer-Goßner/*Schmitt* 17. Gegen ältere Pläne zur Einbeziehung von Unterbrechungen *de lege ferenda* mit Recht Strafrechtsausschuss BRAK BRAK-Mitt. **1995** 234; dafür *Huber* NStZ **1996** 532.

106 OLG Nürnberg AnwBl. **1971** 25; Meyer-Goßner/*Schmitt* 17.

107 Dafür OLG Bremen, Beschl. v. 24.9.2018 – 1 Ws 59/18, juris, Tz. 27, StV **2020** 151 (Ls.); OLG Nürnberg Beschl. v. 12.8.1998 – Ws 817/98; OLG Hamm NJW **1963** 1416; NStZ **1983** 186; KK/*Willnow* 12; weitergehend noch LR/*Dünnebier*[23] 28, 32 f.

108 LR/*Lüderssen*/*Jahn* Einl. M, 60 u. 63; dies hat BVerfGK **15** 121, 126 zu oberflächlich abgehandelt.

109 Zu seinem eigenen Beschwerderecht unten Rn. 39 a. E.

110 Gegen eine analoge Anwendung mit Recht auch OLG Jena NStZ-RR **2003** 158; OLG Köln StV **2001** 389, 390; KG NStZ-RR **2000** 189, 190; OLG Bamberg StV **1989** 470; SSW/*Beulke* 19; Meyer-Goßner/*Schmitt* 17; MüKo/*Thomas*/*Kämpfer* 16.

111 KG Beschl. v. 28.9.2001 – 2 AR 141/01; SSW/*Beulke* 22; HK/*Julius*/*Schiemann* 12.

112 Vgl. OLG Köln NJW **2005** 3588 (mit anwaltsgerichtlicher Folgeentscheidung AnwGH Hamm NJW-RR **2006** 1491); OLG Hamm NJW **1963** 1416; NStZ **1983** 186; OLG Koblenz NStZ **1982** 43; LG Duisburg StV **2006** 600 m. Anm. *Jahn*/*Kett-Straub*; LG Berlin Beschl. v. 20.2.2004 – 511 Qs 18/04; Meyer-Goßner/*Schmitt* 19; KMR/*Müller* 17.

113 OLG Hamm JMBlNRW **1978** 57; Meyer-Goßner/*Schmitt* 19.

114 Ebenso OLG Brandenburg Beschl. v. 1.9.2011 – 1 Ws 135/11, juris, Tz. 10 ff.; LG Bielefeld StV **2004** 32; Meyer-Goßner/*Schmitt* 20.

mer, ebenso der Wahlverteidiger in den Fällen des § 140 Abs. 1.[115] Im Rahmen des § 140 Abs. 2 ist Kenntnis des (Wahl-)Verteidigers zumindest dann gegeben, wenn der Vorsitzende die Notwendigkeit der Verteidigung bereits festgestellt hat.[116] Ein **Verschulden** des Verteidigers i. S. v. Absatz 4 ist im Ganzen mangels Zurechnungszusammenhangs **ausgeschlossen**, wenn die durch ihn verursachte Störung der Hauptverhandlung auch durch eine bloße Unterbrechung hätte behoben werden können, das Gericht aber gleichwohl das Verfahren ausgesetzt hat.[117]

3. Einzelfälle. Ein **Verschulden** des Verteidigers ist in folgenden Fällen **angenommen** worden: Ein **unterbevollmächtigter Referendar** trat in der Hauptverhandlung auf, obwohl der Angeklagte glaubte, der Verteidiger werde ihn selbst verteidigen;[118] der **allgemeine Vertreter**[119] eines Verteidigers hatte den Angeklagten nicht befragt, ob er mit der Verteidigung durch ihn einverstanden sei, und sich lange Zeit nicht um ihn gekümmert;[120] ein Verteidiger hatte sein Auftreten davon abhängig gemacht, dass der Angeklagte einen **Honorarvorschuss** zahlte, ihm aber keine Frist gesetzt, dem Gericht keine Mitteilung gemacht und die ihm angetragene Pflichtverteidigung nicht übernommen;[121] ein Verteidiger hatte unmittelbar vor der Hauptverhandlung, also zur **Unzeit** (§§ 675, 663 ff., 627 BGB), das Mandat **niedergelegt**, weil der Angeklagte seiner Zahlungspflicht nicht nachgekommen war;[122] ein Verteidiger teilte den Umstand, dass er sich nicht **ausreichend vorbereiten** konnte, zu spät mit;[123] ein Verteidiger hatte den **Termin** schlicht **vergessen**[124] oder schuldhaft darauf vertraut, der Termin werde nicht stattfinden;[125] ein Verteidiger entfernte sich wegen abfälliger Äußerungen des Mandanten aus der Hauptverhandlung[126] oder weil der Vorsitzende Polizeibeamte zur Aufrechterhaltung der Ordnung in der Sitzung hinzugezogen hatte;[127] ein Verteidiger hatte sich **vorzeitig** ohne Zustimmung des Gerichts sowohl aus dem Sitzungssaal als auch dem Gerichtsgebäude **entfernt**, so dass aus diesem Grunde eine Weiterverhandlung in einem Schwurgerichtsverfahren mit mehrtägiger Dauer, in dem sich der Angeklagte in U-Haft befand, nicht möglich war;[128] ein Verteidiger führte durch die unsachgemäße Erörterung eines beabsichtigten Befangenheitsantrages die Verhandlungsunfähigkeit eines gesundheitlich angegriffenen Angeklagten herbei;[129] der 35

115 OLG Stuttgart StV **2020** 151, 153 f. Tz. 21 ff.; KMR/*Müller* 16.

116 OLG Hamm NJW **1974** 328; StraFo **1997** 79; OLG München MDR **1979** 779; LG Berlin Beschl. v. 24.1.2008 – 510 Qs 1/08, juris, Tz. 15 ff.; StV **1995** 295; Meyer-Goßner/*Schmitt* 20; MüKo/*Thomas*/*Kämpfer* 19; vgl. auch BayObLGSt **52** 156.

117 Wie hier MüKo/*Thomas*/*Kämpfer* 18; s. auch oben Rn. 19.

118 KG JR **1972** 206; KK/*Willnow* 11; Meyer-Goßner/*Schmitt* 21; missverstanden von LG Duisburg StV **2006** 600 m. abl. Anm. *Jahn*/*Kett-Straub*.

119 Vgl. eingehend § 138, 33.

120 RG JZ **1916** 575.

121 OLG Düsseldorf AnwBl. **1972** 63; KK/*Willnow* 11; Meyer-Goßner/*Schmitt* 21.

122 OLG Koblenz MDR **1975** 773; KK/*Willnow* 11; Meyer-Goßner/*Schmitt* 21; KMR/*Müller* 17.

123 OLG Düsseldorf AnwBl. **1981** 201; Meyer-Goßner/*Schmitt* 21; KK/*Willnow* 11.

124 OLG Düsseldorf JMBlNRW **1982** 235; KK/*Willnow* 11; KMR/*Müller* 17; Meyer-Goßner/*Schmitt* 21.

125 OLG Düsseldorf wistra **1990** 79; StV **1984** 8; KG Beschl. v. 23.5.2000 – 1 AR 470/00; 4 Ws 97/00.

126 OLG Köln MDR **1977** 598 m. abl. Anm. *Terhorst*; Meyer-Goßner/*Schmitt* 21.

127 OLG Schleswig MDR **1977** 775; Meyer-Goßner/*Schmitt* 21.

128 OLG Koblenz NStZ **1982** 43; ähnlich OLG Stuttgart StV **2020** 151, 153 Tz. 15 m. diff. Anm. *Theile* und abl. Anm. *U. Sommer* StraFo **2020** 110, 112: Verteidigerin war im Gerichtsgebäude anwesend, weigerte sich aber, an der Hauptverhandlung teilzunehmen. Indes kommt es hier auf die Umstände des Einzelfalls an (oben Rn. 7).

129 OLG Hamburg NStZ **1982** 171.

Verteidiger hatte **sexuelle Kontakte** mit einer als Belastungszeugin aufgetretenen Prostituierten, ohne dies mitzuteilen;[130] dem Verteidiger wurde die **Zulassung** zur Rechtsanwaltschaft **widerrufen** und die sofortige Vollziehung des Widerrufsbescheids angeordnet.[131] Die Niederlegung des Mandats wegen **Spannungen mit** dem **Vorsitzenden** kann schuldhaft sein, wenn der Verteidiger die Möglichkeit nicht ausnutzt, die Entscheidung des Gerichts herbeizuführen.[132] Schuldhaft kann auch die **verspätete Rückgabe der Akten** sein, wenn dadurch die Akte dem Gericht zum Termin nicht vorliegt und die Hauptverhandlung deswegen ausgesetzt werden muss.[133]

36 **Keine Schuld** des Verteidigers im Sinne der Vorschrift liegt vor, wenn er sich wegen **prozessordnungswidriger Anordnungen** oder wegen einer Anordnung, deren Zulässigkeit rechtlich umstritten ist,[134] oder aus **nachvollziehbarem Gewissenszwang**[135] weigert, die Verteidigung zu führen, es sei denn, eigene Nachlässigkeit des Verteidigers hat dazu geführt, dass er den Konflikt zu spät bemerkt oder trotz rechtzeitiger Erkenntnis eine Mitteilung an das Gericht unterlassen hatte.[136] **Prozessordnungsgemäßes Verhalten** kann daher allgemein die Überbürdung der Kosten **nicht** rechtfertigen; die Prozessordnungsgemäßheit ist also inzident zu prüfen.[137] Nicht schuldhaftes Handeln liegt auch dann vor, wenn sich nach Beantragung der Aufhebung seiner Beiordnung als Pflichtverteidiger ein von ihm benannter **neuer Verteidiger** bei Gericht meldet und neben seiner Beiordnung als Pflichtverteidiger die Aussetzung des Verfahrens beantragt, weil er nicht ausreichend Zeit zur Vorbereitung hatte.[138] Das **Verlassen der Sitzung** aus Protest gegen eine prozessual in keiner Weise gedeckte Maßnahme des Gerichts – was sowohl vom Tat- als auch vom Rechtsmittelgericht im Einzelnen zu prüfen ist – ist weder berufsrechtswidrig[139] noch schuldhaft.[140] Eine darüber hinausgehendes **allgemeines „prozessuales Notwehrrecht"** dahin, dass der Verteidiger bei jedem missliebigem Verhalten des Gerichts die Hauptverhandlung verlassen darf, gibt es freilich **nicht.**[141] Ein Verschulden ist auch ausgeschlossen, wenn der Verteidiger die Verhinderung rechtzeitig ordnungsgemäß angezeigt hat[142] oder er bei einer maßvollen Verspätung von z. B. 15 Minuten auf ein Zuwarten des Gerichts vertrauen durfte.[143] Ein

---

130 Vgl. – im konkreten Fall aber verneinend – OLG Köln StV **2001** 389, 390.

131 LG Dortmund BRAK-Mitt. **2008** 24 (von BVerfGK **15** 121, 125 ff. nicht beanstandet).

132 OLG Hamm NJW **1967** 897; Meyer-Goßner/*Schmitt* 21; zur Rechtslage bei kurzfristiger Absage vgl. OLG Düsseldorf JurBüro **1997** 372 und bei Verstoß gegen § 43 BRAO LG Ansbach Beschl. v. 1.3.1995 – KLs Js 6569/93 jug.

133 LG Berlin NStZ **2003** 280.

134 BayObLG NJW **1956** 390.

135 BGH StV **1981** 133; OLG Breslau GA **51** (1904) 374.

136 OLG Celle NdsRpfl. **1961** 137; AnwBl. **1975** 249.

137 Vgl. BGHSt **10** 207; OLG Frankfurt JR **1950** 570 (**a. A.** zu Unrecht OLG Frankfurt NJW **1977** 913); Meyer-Goßner/*Schmitt* 18; KK/*Willnow* 11; KMR/*Müller* 18; AnwK/*Krekeler/Werner* 11; bedenklich OLG Hamburg AnwBl. **1982** 160 m. abl. Anm. *Chemnitz*.

138 KG StV **2000** 406, 407.

139 RAK Frankfurt StV **1981** 210.

140 **A. A.** OLG Frankfurt StV **1981** 289; Meyer-Goßner/*Schmitt* 21; offengelassen bei KK/*Willnow* 11. Nicht überzeugend die ausdrückliche Kritik an der hier eingenommenen Position durch OLG Köln NJW **2005** 3588, 3589 (beachte dazu auch AnwGH Hamm NJW-RR **2006** 1491), denn der *Senat* erörtert selbst – zutreffend – die Prozessordnungsgemäßheit des tatgerichtlichen Verfahrens.

141 *Insoweit* richtig OLG Köln NJW **2005** 3588, 3589; dem folgend AGH Nordrhein-Westfalen BRAK-Mitt. **2006** 139, 140 f.; i. d. S. ebenso *Zwiehoff* JR **2006** 505, 508 f.; SSW/*Beulke* 23; OK-StPO/*Wessing* 14.

142 OLG Hamm StV **1995** 514; OLG Frankfurt StV **1987** 8.

143 Vgl. OLG Düsseldorf StV **1984** 372; KK/*Willnow* 11; Meyer-Goßner/*Schmitt* 21; vgl. schon oben Rn. 13.

Verschulden entfällt auch dann, wenn der Verteidiger sich in **analoger Anwendung von § 51 Abs. 2 Satz 3** nachträglich entschuldigt.[144] Ein **krankheitsbedingter Ausfall** des Verteidigers kann nur bei substantiierten Zweifeln am Vorliegen tragfähiger Gründe amtsärztlich überprüft werden.[145] Ferner liegt keine Schuld bei Abwesenheit des Wahlverteidigers vor, wenn der Pflichtverteidiger anwesend war.[146] **Weitere Fälle** werden von Absatz 4 **nicht** erfasst.[147]

4. Kosten. Der Verteidiger – nicht sein Mandant – hat die durch die Aussetzung bedingten Kosten in dem **Umfang** zu tragen, in dem sie der Angeklagte im Falle einer Verurteilung oder die Staatskasse im Falle des Freispruchs zu tragen hätte.[148] Nach Absatz 4 wird lediglich die Kostentragungspflicht des Verteidigers dem Grunde nach festgestellt. Über die **Höhe** der Kosten wird im Verfahren nach § 464b entschieden.[149] 37

VI. Verfahren

1. Zuständigkeit. Zuständig für die Entscheidungen nach dieser Vorschrift ist das erkennende **Gericht**, nicht der Vorsitzende allein.[150] „Der Vorsitzende" hat zwar den Verteidiger in vielen Situationen zu bestellen (§ 145 Abs. 1 Satz 1, § 142 Abs. 3 Nr. 3) und kürzere Unterbrechungen anzuordnen (§ 228 Abs. 1 Satz 2). Welche Maßnahme unter den mehreren grundsätzlich zur Verfügung stehenden indessen im Einzelfall angewendet werden soll, beschließt „das Gericht" ggf. als kollegialer Spruchkörper (Abs. 1 Satz 2, Abs. 2); das gilt im systematischen Zusammenhang der Vorschrift **auch** für Absatz 3. Deshalb ist § 145 auch nicht mit Blick auf die Fälle des § 142 Abs. 3 Nr. 2 (Bestellung durch den Ermittlungsrichter in U-Haft-Fällen) korrekturbedürftig.[151] Der erforderliche **Gerichtsbeschluss** wird regelmäßig **in** der **Hauptverhandlung** ergehen. Jedoch kann die Entscheidung auch später durch mitzuteilenden (§ 35 Abs. 2 Satz 2) Beschluss erlassen werden, etwa, nachdem die Hauptverhandlung zunächst unterbrochen worden war, um die Sachlage umfassend zu klären.[152] Dann entscheidet das Gericht in der **außerhalb der Hauptverhandlung** vorgesehenen Besetzung (§ 76 Abs. 1 Satz 1 GVG).[153] Vor einer Überbürdung der Kosten nach **Absatz 4** ist der Verteidiger – soweit möglich – zu **hören**, ggf. auch außerhalb der Hauptverhandlung und 38

---

144 So auch OLG Köln Beschl. v. 24.11.2010 –2 Ws 763/10, juris, Tz. 7 (im konkreten Fall zu Recht verneint); Meyer-Goßner/*Schmitt* 23; SSW/*Beulke* 25; offengelassen noch von OLG Köln NJW **2005** 3588, 3589 und OLG Düsseldorf StV **1984** 8.

145 Etwas weiter (auch ohne solche Zweifel) OLG Hamm NStZ **1983** 186; OLG Hamburg NStZ **1982** 172; Meyer-Goßner/*Schmitt* 21; KK/*Willnow* 11; **a. A.** noch LR/*Lüderssen/Jahn*[26] § 145, 36.

146 KG StV **2000** 406; OLG Köln Beschl. v. 25.6.1996 – 2 Ws 198/96.

147 Zur (Nicht-)Analogiefähigkeit bereits oben Rn. 33.

148 OLG Karlsruhe NJW **1980** 951; KK/*Willnow* 11; Meyer-Goßner/*Schmitt* 24; einschr. *H. Schmitt* AnwBl. **1977** 100.

149 So auch SSW/*Beulke* 27; Meyer-Goßner/*Schmitt* 24.

150 OLG Hamm StV **1995** 514.

151 **A. A.** (zu § 140 Abs. 1 Nr. 4 a. F.) – allein Radtke/Hohmann/*Reinhart* 6: „gesetzgeberisches Versehen".

152 OLG Stuttgart StV **2020** 151, 154 Tz. 27; MüKo/*Thomas/Kämpfer* 23.

153 Im ausdr. Anschluss an die hier vertretene Position BVerfGK **15** 121, 127 sowie OLG Brandenburg Beschl. v. 1.9.2011 – 1 Ws 135/11, juris, Tz. 7; OLG Stuttgart NStZ-RR **2009** 243, 244; MüKo/*Thomas/Kämpfer* 7, 23.

nicht erst in einem etwaigen Beschwerdeverfahren.[154] Die in der Rechtsprechung[155] angemahnten Einschränkungen nach dem Auszug des Verteidigers aus der Hauptverhandlung verstehen sich von selbst. Auch im Bereich des Art. 103 Abs. 1 GG gilt der Satz *volenti non fit iniuria*. In diesem Fällen ist freilich – wie stets – rechtliches Gehör nachzuholen (vgl. § 33a).

39 **2. Beschwerde.** Wird ein Antrag, die Hauptverhandlung zu unterbrechen oder auszusetzen, **abgelehnt** oder statt einer beantragten Aussetzung nur Unterbrechung gewährt, so ist die **Beschwerde** grundsätzlich **nicht statthaft** (§ 305 Abs. 1).[156] Wird dagegen **Unterbrechung** oder **Aussetzung beschlossen**, dann steht diese Entscheidung mit der Urteilsfällung nicht in innerem Zusammenhang, so dass für alle an der Hauptverhandlung Beteiligten die **Beschwerde möglich** ist.[157] Im Falle des **Absatzes 4** ist Beschwerde (§ 304 Abs. 1) des Verteidigers und der Staatsanwaltschaft (§ 296 Abs. 2) sowie des Angeklagten[158] **statthaft,**[159] wobei allerdings die 200-Euro-Wertgrenze des § 304 Abs. 3 gilt.[160]

40 Die Entscheidungen des Vorsitzenden über die **Pflichtverteidigerbestellung** sind nach den allgemeinen Regeln[161] **anfechtbar.**

41 **3. Revision.** Ein Verstoß gegen **Absatz 1 Satz 1** – die Nichtbestellung eines (neuen) Verteidigers bei Ausbleiben des (alten) Verteidigers – begründet die **Revision.** Gleiches gilt für den Fall, dass bei einer Verteidigung, die erst in der Hauptverhandlung notwendig wird, zwar ein Verteidiger bestellt, die Verhandlung aber nicht – soweit erforderlich – wiederholt wird.[162] Eine **Verletzung** von **Absatz 1 Satz 2 und des Absatzes 3** begründet die Revision dann, wenn das Gericht die Frage, ob das Verfahren auszusetzen sei, nicht von Amts wegen geprüft hat,[163] das Gericht einem Unterbrechungs- oder Aussetzungsantrag zu Unrecht nicht stattgegeben[164] oder nur die Unterbrechung beschlossen hat, obwohl die Aussetzung des Verfahrens zur Vorbereitung der Verteidigung erforderlich gewesen wäre. In diesen Fällen kann zugleich **§ 338 Nr. 8** verletzt sein.[165] **§ 265 Abs. 4** ist verletzt, wenn ohne Aussetzung weiter verhandelt wird, obwohl von zwei Verteidigern derjenige die Verteidigung niedergelegt hat, der die Hauptlast der Verteidigung übernommen hatte.[166] Das Gleiche gilt für den Fall, dass das Gericht einem Aussetzungsantrag des Angeklagten nicht stattgibt, obwohl der Termin lediglich mit dem Pflichtverteidiger, nicht aber mit dem Wahlverteidiger abgestimmt war und der Wahlverteidiger rechtzeitig mitgeteilt hatte, dass er an dem mit dem Pflichtverteidiger vereinbarten Ter-

---

154 Ebenso SSW/*Beulke* 25. **A. A.** HK/*Julius/Schiemann* 14; KMR/*Müller* 20; Meyer-Goßner/*Schmitt* 23: Verschaffung rechtlichen Gehörs im Beschwerdeverfahren reicht aus; s. auch OLG Düsseldorf StV **1984** 8.

155 OLG Köln NJW **2005** 3588, 3589; erg. zu diesem Verfahren AnwGH Hamm NJW-RR **2006** 1491.

156 KK/*Willnow* 13; Meyer-Goßner/*Schmitt* 25; KMR/*Müller* 21; SK/*Wohlers* 21.

157 OLG Rostock b. *Alsb.* E 2 168; OLG Neustadt DRiZ **1949** 189; KK/*Willnow* 13; SSW/*Beulke* 29.

158 S. oben Rn. 33, unzutr. dargestellt bei SSW/*Beulke* 30. **A. A.** KMR/*Müller* 21.

159 OLG Köln NJW **2005** 3588.

160 OLG Brandenburg Beschl. v. 1.9.2011 – 1 Ws 135/11, juris, Tz. 5; Meyer-Goßner/*Schmitt* 25; SSW/*Beulke* 30; OK-StPO/*Wessing* 16.

161 Vgl. § 140, 129 ff.

162 BGHSt **9** 244.

163 St. Rspr., RGSt **77** 155; BGH NStZ **1983** 281; BGHSt **58** 296, 298 Tz. 18.

164 KK/*Willnow* 15; SK/*Wohlers* 23.

165 Vgl. BGHSt **58** 296, 300 Tz. 22; BGH NStZ **1983** 281; OLG Zweibrücken Beschl. v. 7.7.2003 – 1 Ss 76/03; SSW/*Beulke* 31; HK-GS/*Weiler* 11.

166 RGSt **71** 354; vgl. aber auch BGH NStZ **2013** 122, 123.

min verhindert ist.[167] Die §§ 145, 217 sind schließlich verletzt, wenn wegen Ausbleibens des früheren Verteidigers ein neuer bestellt worden ist, obwohl der ursprüngliche Verteidiger überhaupt **nicht geladen** worden war.[168]

§ 145a
Zustellungen an den Verteidiger

(1) Der gewählte Verteidiger, dessen Vollmacht sich bei den Akten befindet, sowie der bestellte Verteidiger gelten als ermächtigt, Zustellungen und sonstige Mitteilungen für den Beschuldigten in Empfang zu nehmen.

(2) [1]Eine Ladung des Beschuldigten darf an den Verteidiger nur zugestellt werden, wenn er in einer bei den Akten befindlichen Vollmacht ausdrücklich zur Empfangnahme von Ladungen ermächtigt ist. [2]§ 116a Abs. 3 bleibt unberührt.

(3) [1]Wird eine Entscheidung dem Verteidiger nach Absatz 1 zugestellt, so wird der Beschuldigte hiervon unterrichtet; zugleich erhält er formlos eine Abschrift der Entscheidung. [2]Wird eine Entscheidung dem Beschuldigten zugestellt, so wird der Verteidiger hiervon zugleich unterrichtet, auch wenn eine Vollmacht bei den Akten nicht vorliegt; dabei erhält er formlos eine Abschrift der Entscheidung.

Schrifttum

Bergmann Vollmachtslos zur „Verjährungsfalle"? DAR **2010** 662; *Blankenheim* Zustellung des Strafbefehls an Nichtseßhafte, MDR 1992 926; *Dünnebier* Fristberechnung bei mehrfacher Zustellung (§ 37 Abs. 2 StPO), JZ **1969** 94; *F. O. Fischer* Die Zustellung im Verfahrensrecht, JuS **1994** 510; *Kaiser* Die Verteidigervollmacht und ihre Tücken, NJW **1982** 1367; *Kohlhaas* Zustellung des in Abwesenheit des Angeklagten verkündeten Urteils, NJW **1968** 538; *Marco Mayer* Die Zustellungsvollmacht im Strafprozessrecht, NStZ **2016** 76; *Oppe* Neue Zustellungsprobleme im Strafprozeß, NJW **1968** 829; *Schnarr* Das Schicksal der Vollmacht nach Beiordnung des gewählten Verteidigers, NStZ **1986** 488; *ders.* Die Zustellung an einen Verteidiger mit Zustellungs-, aber ohne Verteidigervollmacht – ein Beitrag zu § 145a StPO, NStZ **1997** 15; *Weiß* Die „Verteidigervollmacht" – ein tückischer Sprachgebrauch, NJW **1983** 89.

Entstehungsgeschichte

§ 145a ist eingefügt worden durch Art. 3 Nr. 4 des StPÄG **1964**. Die Vorschrift wurde geändert durch das StVÄG **1987** v. 27.1.1987.[1] In Absatz 1 wurden nach dem Wort „Zustellungen" die Worte „und sonstige Mitteilungen" eingefügt. Aufgehoben wurde Absatz 2, der in seiner ursprünglichen Fassung lautete: „Die Ermächtigung nach Abs. 1 gilt nicht, wenn das Gesetz die Zustellung an den Beschuldigten durch Übergabe vorschreibt (§ 232 Abs. 4)".

Art. 1 Nr. 15 des Gesetzes v. **5.7.2017**[2] hat m. W. v. 1.1.2018 in Umsetzung des BMJV-Diskussionsentwurfs eines Gesetzes zur **Einführung** der **elektronischen Akte** in Strafsachen[3] in Absatz 3 Satz 2 vor dem Wort „Vollmacht" das Wort „schriftlich" gestrichen.

167 BGH StV **1986** 515.
168 RGSt **53** 265.
1 BGBl. I S. 475; s. dazu unten Rn. 10.
2 BGBl. I S. 2208.
3 Näher dazu (mit synoptischer Übersicht zu den Entwürfen) LR/*Graalmann-Scheerer* Vor § 33, 10 ff.

https://doi.org/10.1515/9783110630244-017

Die Änderung erschöpft sich in der hieraus resultierenden, nunmehr medienneutralen Fassung der Vorschrift.

Übersicht

1 **1. Zwecke der Vorschrift.** Ein Sonderfall der Vertretungsvollmacht ist die Zustellungsvollmacht,[4] die mit § 145a umfassend geregelt ist. Die Vorschrift verfolgt gleichzeitig **drei Zielrichtungen**. Sie soll in Absatz 1 zunächst sicherstellen, dass an den Beschuldigten gerichtete Entscheidungen (vgl. z. B. für Urteile Nr. 154 Abs. 1 Satz 1 RiStBV: „Das Urteil, gegen das der Angeklagte ein Rechtsmittel eingelegt hat, ist dem Verteidiger zuzustellen, wenn sich dessen Vollmacht bei den Akten befindet [Wahlverteidiger] oder wenn er zum Verteidiger bestellt worden ist [Pflichtverteidiger]") und sonstige Schriftstücke **ordnungsgemäß zugestellt** werden können.[5] Daneben soll sie – insbesondere in Absatz 3 – gewährleisten, dass der Verteidiger die für seine Beistandsfunktion erforderlichen Informationen möglichst lückenlos erhält (**Grundsatz der Informationsparität**).[6] Die Vorschrift ist insoweit Ausdruck **prozessualer Fürsorge.**[7] Zuletzt **vereinfacht** sie in einer dritten Zweckdimension das **Zustellungswesen** und sorgt für Rechtssicherheit, weil z. B. eine öffentliche Zustellung (§ 40) als *ultima ratio* unzulässig ist, solange noch an einen Verteidiger zugestellt werden kann.[8]

2 Die Strafprozessordnung geht nach § 145a Abs. 1 Satz 1 **grundsätzlich** davon aus, dass **an den Verteidiger** zugestellt wird.[9] Dieses Gebot ergibt sich also nicht erst aus § 37 Abs. 1 i. V. m. § 172 Abs. 1 ZPO, da insoweit allein die Vorschriften der StPO maßgeblich sind.[10] Dem entspricht auch die Verwaltungsvorschrift in Nr. 154 Abs. 1 Satz 1

---

4 Vgl. HdBStrR/*Jahn*/*Brodowski* § 17, 80 und ausf. oben § 138, 23.

5 OLG Brandenburg Beschl. v. 1.4.2019 – (1 Z) 53 Ss-OWi 104/19 (76/19), juris, Tz. 15; KK/*Willnow* 1; AK/*Stern* 1; *Pfeiffer* 1; HdBStrR/*Jahn*/*Brodowski* § 17, 80. Zum Anspruch des Angeklagten auf rechtliches Gehör bei alleiniger Zustellung an den Verteidiger BGH NStZ-RR **2002** 257, 258.

6 VerfGH Berlin StV **2019** 690, 692; KG StV **2015** 228 f.; *Bockemühl* StV **2011** 87, 88; AK/*Stern* 1; *Pfeiffer* 1; *Joecks* 1; SK/*Wohlers* 1; ausf. Rn. 14. Einen wichtigen Teilaspekt beleuchtend, so aber sinnverkürzend OLG Stuttgart Beschl. v. 30.12.2008 – 2 Ws 363/08, juris, Tz. 8 und ebenso OLG Köln Beschl. v. 10.6.2011 – III-2 Ws 308/11, juris, Tz. 1: „§ 145a Abs. 3 S. 2 dient nach herrschender Auffassung der Fristenkontrolle durch den Verteidiger. Der Verurteilte soll sich darauf verlassen können, dass auch der Verteidiger von der Zustellung Kenntnis erhält und sodann seine Interessen auch ohne weitere Rückfrage wahrnehmen kann.".

7 VerfGH Berlin StV **2019** 690, 692; KG StRR **2013** 162; SSW/*Beulke* 1; KK/*Willnow* 6; Radtke/Hohmann/*Reinhart* 9; Meyer-Goßner/*Schmitt* 13; HK/*Julius*/*Schiemann* 1.

8 Vgl. KG Beschl. v. 24.10.2018 – 3 Ws (B) 264/18, juris, Tz. 3; Beschl. v. 29.8.2008 – 1 AR 1166/08 – 2 Ws 436/08, juris, Tz. 7; LG Stuttgart Beschl. v. 17.5.2013 – 6 Qs 3/13, BeckRS **2013** 10025; SSW/*Beulke* 1; Meyer-Goßner/*Schmitt* 2; SK/*Wohlers* 1; MüKo/*Thomas*/*Kämpfer* 1; OK-StPO/*Krawczyk* 1 a. E.; HdBStrR/*Jahn*/*Brodowski* § 17, 80 a. E.

9 Ebenso OLG Stuttgart NStZ-RR **2009** 254; *Bockemühl* StV **2011** 87, 88; SK/*Wohlers* 6; KK/*Willnow* 1. Das ist auch in Haftfällen mit Blick auf Art. 5 Abs. 4 EMRK nicht zu beanstanden (EGMR **2008** 2320, 2321 m. krit Anm. *Meyer-Mews*; HK/*Julius*/*Schiemann* 2).

10 BGH NStZ **2019** 24, 25.

RiStBV.[11] Zustellungen können jedoch weiterhin wirksam **an** den **Beschuldigten** selbst erfolgen (*arg. ex* § 145a Abs. 3 Satz 2).[12] Sie sind selbst dann **wirksam**, wenn dieser ausdrücklich um Zustellung an den Verteidiger gebeten hat.[13] Eine unbedingte strafprozessuale Pflicht zur Zustellung an den Verteidiger besteht auch in Ansehung des Grundsatzes eines fairen Verfahrens nicht.[14] Umgekehrt kommt es bei wirksamer Zustellung an den Verteidiger auf eine Übersendung des Urteils an den Angeklagten nicht an.[15] Absatz 1 verfolgt also jenseits seiner Tatbestandsmerkmale nicht den gesetzgeberischen Zweck, die bei Zweifelsfällen für den Angeklagten jeweils günstigste Rechtsfolge zu bewirken; sie ist mithin für ihn **keine Meistbegünstigungsklausel**.[16] Die Grenze für ein Verbot der Zustellung an den Beschuldigten selbst dürfte erst bei dessen für den die Zustellung Bewirkenden offensichtlichen **Verhandlungsunfähigkeit** erreicht sein.[17] Für einen Sonderfall (Intelligenzminderung des Angeklagten im Grade des [noch so bezeichneten] Schwachsinns, dessen besondere Schutzbedürftigkeit durch die Verteidigung nicht kompensiert werden konnte, weil diese faktisch untätig geblieben ist) hat der BGH[18] mit Blick auf Art. 6 EMRK deshalb zutreffend sogar Wiedereinsetzung von Amts wegen gewährt. Hat der Beschuldigte oder sein gesetzlicher Vertreter (§ 137 Abs. 2)[19] **mehrere Verteidiger** gewählt oder sind mehrere Verteidiger bestellt worden, *muss* nicht an jeden Verteidiger zugestellt werden.[20] Geschieht dies dennoch, gilt für die **Fristberechnung bei Doppelzustellung** die Vorschrift des § 37 Abs. 2.[21] Bei Urteilen *soll* nach Nr. 154 Abs. 1 Satz 2 RiStBV sogar nicht an jeden Verteidiger individuell zugestellt werden, was indes eine andere Handhabung z. B. durch den Vorsitzenden zur Erreichung einer fallangemessenen Revisionsbegründungsfrist nach § 345 Abs. 1 Satz 2 nicht ausschließt.[22] Das **Unterbleiben** der **Zustellung** an einen Verteidiger macht die Zustellung zwar nicht unwirksam, so dass auch in diesem Fall die Frist für alle Verteidiger zu laufen beginnt. Die unterbliebene Zustellung kann aber im Einzelfall einen **Wiedereinset-**

---

11 Soeben Rn. 1.

12 Statt Vieler BGH Beschl. v. 18.9.2018 – 3 StR 92/18.

13 OLG Hamm Beschl. v. 18.3.2019 – 1 RBs 42/19, juris, Tz. 2; OLG Nürnberg Beschl. v. 15.6.1998 – Ws 571/98; OLG Karlsruhe Justiz **2003** 641, 642; OLG Brandenburg DAR **2005** 99; LR/*Graalmann-Scheerer* § 37, 102; AnwK/*Rotsch* § 37, 5.

14 Vgl. BVerfG (*3. Kammer* des *2. Senats*) Beschl. v. 12.6.2014 – 2 BvR 1004/13, juris, Tz. 8; OLG Düsseldorf NStZ **1989** 88; OLG Hamm Beschl. v. 4.11.2008 – 2 Ws 328/08, juris, Tz. 12 und Beschl. v. 8.5.2007 – 4 Ws 210/07, juris, Tz. 5; Meyer-Goßner/*Schmitt* 6; SK/*Wohlers* 6.

15 BGH Beschl. v. 8.10.2019 – 2 StR 30/19; Meyer-Goßner/*Schmitt* 13.

16 Vgl. KG Beschl. v. 24.10.2018 – 3 Ws (B) 264/18, juris, Tz. 3; **a. A.** wohl OLG Düsseldorf VRS **73** (1987) 389, 390. (Anwendung des Absatzes 2 auch dann, wenn die Vollmacht des Verteidigers, an den zuletzt zugestellt worden war, im Zeitpunkt der Zustellung noch gar nicht zu den Akten gereicht worden war).

17 Vgl. (obiter dictu) OLG Hamm Beschl. v. 27.6.2017 – III-3 Ws 247/17, juris, Tz. 7.

18 BGH NStZ-RR **2017** 381, 382.

19 Zum Sonderproblem der Vollmachtserteilung durch einen Minderjährigen KG NJW **2012** 2293.

20 BVerfG NJW **2001** 2533; BVerfG (*3. Kammer* des *2. Senats*) Beschl. v. 12.6.2014 – 2 BvR 1004/13, juris, Tz. 7, 13; BGHSt **34** 371, 372; BGH NStZ-RR **1997** 364; StraFo **2008** 509; NStZ **2018** 153, 154; OLG Hamm Beschl. v. 14.4.2016 – 4 Ws 101/16; SK/*Wohlers* 27; KK/*Willnow* 3; *Pfeiffer* 2. **A. A.** noch LR/*Lüderssen*[25] § 145a, 3 und AK/*Stern* 10.

21 BGH Beschl. v. 18.12.2018 – 3 StR 482/18, Tz. 3; OLG Hamm Beschl. v. 13.2.2007 – 3 Ws 16/07, juris, Tz. 7; OLG Jena Beschl. v. 7.11.2007 – 1 Ss 273/07, juris, Tz. 9; SSW/*Beulke* 15 sowie unten Rn. 14. Allg. dazu LR/*Graalmann-Scheerer* § 37, 102 ff.; *Jahn* JuS **2000** 383, 385.

22 BGH NStZ **2018** 153, 154; im konkreten Fall war (wie auch in BGH Beschl. v. 26.4.2017 – 1 StR 88/17, juris, Tz. 2) die Frist allerdings bereits abgelaufen, so dass trotz des vom Vorsitzenden ausdrücklich verfügten Zusatzes „Die Zustellung erfolgt zur Ingangsetzung der Revisionsbegründungsfrist" keine neue Frist in Gang gesetzt wurde.

zungsgrund darstellen.[23] Es ist selbstverständlich, dass der dem Verteidiger zuzustellenden Entscheidung die dem Angeklagten zu erteilende **Rechtsmittelbelehrung** (§ 35a) hinzuzufügen ist. Eine alleinige Zustellung an den Beschuldigten kann aber nach § 44 die **Wiedereinsetzung** in den vorigen Stand **begründen,**[24] insbesondere dann, wenn die bei Zustellung an den Beschuldigten erforderliche Mitteilung an den Verteidiger nach Absatz 3 Satz 2 unterblieben ist.[25] Die Wiedereinsetzung in den vorigen Stand ist auch zu gewähren, wenn dem der **deutschen Sprache nicht mächtigen** Angeklagten das Urteil nebst Rechtsmittelbelehrung nur in deutscher Sprache zugestellt wurde.[26] Denkbar ist eine Wiedereinsetzung gem. § 120 Abs. 1 StVollzG, § 14 Abs. 3 Satz 3 VwVfG schließlich auch im Zusammenhang mit § 145a Abs. 3 Satz 2.[27] Eine Wiedereinsetzung ist jedoch auch dann ausnahmsweise ausgeschlossen, wenn die Zustellung ausschließlich an den Beschuldigten erfolgt ist und der zunächst als Verteidiger auftretende Rechtsanwalt den Willen zur Niederlegung des Mandats offenkundig gemacht hat.[28]

3 **2. Arten der Vollmacht; Beschränkbarkeit.** Absatz 1 begründet eine **gesetzliche Zustellungsvollmacht,**[29] die deshalb vom Willen des Beschuldigten oder Betroffenen (§ 51 Abs. 3 Satz 1 Hs. 1 OWiG) unabhängig ist.[30] Die Notwendigkeit einer Zustellungsvollmacht ergibt sich gerade daraus, dass der Verteidiger im deutschen Strafverfahren kein „Prozess*bevollmächtigter*" oder sogar Vertreter des Beschuldigten ist.[31] Diese Zustellungsvollmacht kann daher nicht durch eine Vereinbarung zwischen Verteidiger und Mandant beschränkt werden. Eine in die Vollmacht ausdrücklich aufgenommene **Ausnahme** für die „Empfangsvollmacht" erweist sich deshalb als ebenso **unwirksam** wie eine entsprechende **Streichung** innerhalb einer an sich unbeschränkten Vollmachtsurkunde.[32]

4 Von der gesetzlichen Vollmacht nach Absatz 1 ist die **rechtsgeschäftliche Verteidigervollmacht** nach den allgemeinen Regeln des Zivilrechts (vgl. § 37 Abs. 1 i. V. m. § 171 Satz 1 ZPO) zu trennen. Sie bedarf dann keiner besonderen Form (§ 167 BGB), so dass sie **auch mündlich** erteilt werden und auf deren Vorliegen aus konkludentem Handeln

---

23 BVerfG NJW **2002** 1640; BGH NStZ **1987** 422; BGHSt **34** 378 m. Anm. *Wendisch* JR **1988** 468; BayOLG NJW **1993** 150; LG Verden StV **1992** 102; LR/*Graalmann-Scheerer* § 37, 102 a.E; KK/*Willnow* 3; AK/*Stern* 10; SK/*Wohlers* 26; Meyer-Goßner/*Schmitt* 14. Zu restriktiv OLG Nürnberg NStZ-RR **1999** 114.

24 BGH Beschl. v. 12.2.2014 – 4 StR 556/13, juris, Tz. 4.

25 BGH NJW **1977** 640; VerfGH Berlin StV **2019** 690, 692 (gilt auch dann, wenn sich der Beschuldigte als Verteidiger selbst vertritt); BayObLGSt **1981** 193; BayObLG NJW **1993** 150; OLG Hamm NJW **1973** 1338; NJW **1965** 2217; OLG Frankfurt NJW **1982** 1297; OLG Düsseldorf StV **1997** 121; KK/*Willnow* 6; Meyer-Goßner/*Schmitt* 14; vgl. auch *Martin* GA **1995** 128.

26 OLG Celle StV **1994** 7; SK/*Wohlers* 26. **A. A.** OLG Nürnberg Beschl. v. 15.6.1998 – Ws 571/98.

27 KG NStZ-RR **1996** 158: „Hat der Anstaltsleiter es unterlassen, den Verfahrensbevollmächtigten des Gefangenen zugleich mit der Bekanntgabe eines Bescheids an den Gefangenen hiervon in Kenntnis zu setzen, und führt dies zur Versäumung der Antragsfrist, so kann dies die Notwendigkeit einer Wiedereinsetzung von Amts wegen begründen".

28 KG Beschl. v. 3.5.2006 – 1 AR 371/06.

29 Meyer-Goßner/*Schmitt* 2; SK/*Wohlers* 3; AnwK/*Krekeler*/*Werner* 1; AK/*Stern* 1.

30 BayObLGSt **1969** 10; Meyer-Goßner/*Schmitt* 2; AK/*Stern* 1; *Pfeiffer* 1.

31 BGHSt **18** 354; OLG Hamm NJW **1991** 1317; OLG Düsseldorf NStZ **1989** 88; SK/*Wohlers* 3; KK/*Willnow* 1. **A. A.** (Vertreter des Beschuldigten) noch *Spendel* JZ **1956** 737, 740; zur Ablehnung dieser Position ausf. Vor § 137, 86.

32 BayObLG Beschl. v. 11.2.2020 – 202 ObOWi 38/20, BeckRS **2020** 6468 Tz. 3; OLG Hamm Beschl. v. 18.3.2019 – 1 RBs 42/19, BeckRS **2019** 16162 Tz. 1 („in der Praxis seit langem einhellig anerkannt"); OLG Dresden NStZ-RR **2005** 244; OLG Köln NJW **2004** 3196; OLG Jena NJW **2001**, 3204, jeweils für den dem § 145a nachgebildeten § 51 Abs. 3 Satz 1 Hs. 1 OWiG.

geschlossen werden kann.[33] Freilich hat die rechtsgeschäftliche Verteidigervollmacht, soweit die Vollmacht nach Absatz 1 reicht, regelmäßig keine eigene Bedeutung.[34] Praktisch relevant wird die rechtsgeschäftliche Vollmacht erst dann, wenn die Voraussetzungen des Absatzes 1 später **wegfallen** oder tatsächlich **nie vorlagen.**[35] Das kann etwa der Fall sein, wenn sich der Verteidiger mit einer außergerichtlichen Vollmacht bei Gericht meldet, durch Verfahrenshandlungen eine **Verteidigerstellung** nur **suggeriert**[36] oder eine Vollmacht vorlegt, die über die Fiktion des Absatzes 1 hinausgeht.[37] Die rechtsgeschäftliche Vollmacht wirkt zudem bereits, sobald sie erteilt ist und nicht erst, wenn sie dem Gericht bekannt wird.[38] Ihr bloßer **Nachweis** kann **auch später** erbracht werden (vgl. § 37 Abs. 1 i. V. m. § 171 Satz 2 ZPO), etwa durch nachträgliche Einreichung einer zeitlich bereits vor der Zustellung erteilten besonderen Zustellungsvollmacht, durch Bestätigung einer derartigen Bevollmächtigung im Rahmen eines unterschriebenen Empfangsbekenntnisses („*Ich bin zur Entgegennahme legitimiert* und habe heute erhalten“[39]) oder auch durch anwaltliche Versicherung.[40]

Noch nicht abschließend geklärt ist, ob eine **außergerichtliche Vollmacht** wie die 5
Anzeige einer Wahlverteidigung zu behandeln ist. Zurzeit ist die Rechtsprechung zu dieser Frage zersplittert.[41] Eine Gleichstellung der außergerichtlichen Vollmacht mit der Wahlverteidigungsanzeige wird regelmäßig dann angenommen, wenn eine solche Vollmacht allein zur Verwirrung der Verwaltungsbehörden im **Bußgeldverfahren** eingesetzt wird (sog. **„Verjährungsfalle“**).[42] Im Bußgeldverfahren (§ 51 Abs. 3 OWiG) mag dies angehen, ohne dass dies hier abschließend zu entscheiden wäre. Im Strafprozess sind allerdings andere Maßstäbe anzulegen.[43] In welchem Umfang **widersprüchliches Verhalten** im Strafprozess Beachtung finden und mit Sanktionswirkungen belegt werden kann, bedarf noch weiterer Diskussion. Jedenfalls allein die Berufung auf den allgemeinen

---

33 KG Beschl. v. 15.6.2020 – 4 Ss 55/20, BeckRS **2020** 15531 Tz. 12; OLG Celle ZfSch **2019** 413 (Tz. 4); OLG Braunschweig NJW **2013** 3111.

34 Zur Nichtanwendbarkeit von § 145a bei rechtsgeschäftlicher Zustellungsvollmacht statt vieler OLG Stuttgart Justiz **2003** 300, 301.

35 Vgl. KG Beschl. v. 15.6.2020 – 4 Ss 55/20, BeckRS **2020** 15531 Tz. 10; NJW **2012** 245; OLG Hamburg StV **2020** 159 (Ls.); OLG Bamberg OLGSt StPO § 145a Nr. 5; OLG Köln NStZ-RR **2016** 175.

36 Vgl. KG NStZ-RR **2016** 289; NZV **2016** 148; OLG Saarbrücken Beschl. v. 20.4.2016 – 1 Ws 40/16; OLG Karlsruhe Beschl. v. 8.10.2015 – 2 (7) SsBs 467/15; OLG Braunschweig NJW **2013** 3111.

37 BGH NStZ **1997** 293.

38 Vgl. BGH StraFo **2010** 339; KG Beschl. v. 15.6.2020 – 4 Ss 55/20, BeckRS **2020** 15531 Tz. 14; OLG Jena Beschl. v. 21.2.2007 – 1 Ss 23/07, juris, Tz. 15; *M. Mayer* NStZ **2016** 76; *Reichling* StRR **2013** 26, 27, **a. A.** OLG Hamm NStZ-RR **2009** 144; Meyer-Goßner/*Schmitt* 8.

39 BayObLGSt **2004** 1, 3 f.; OLG Karlsruhe Beschl. v. 8.10.2015 – 2 (7) SsBs 467/15, juris, Tz. 12 (*Hervorh. i. Orig*). **A. A.** wiederum (obiter dictu) OLG Hamm Beschl. v. 17.2.2009 – 3 Ss 67/09, juris, Tz. 21, „da dann § 145a weitgehend ausgehöhlt würde“.

40 I. d. S. zusf. zum hier zugrunde gelegten Stand der Rspr. OLG Celle ZfSch **2019** 413 (Tz. 5); OLG Hamburg StraFo **2017** 339 f.; OLG Saarbrücken Beschl. v. 20.4.2016 – 1 Ws 40/16, juris, Tz. 9, NStZ-RR **2016** 218 (Ls.); OLG Naumburg Beschl. v. 6.11.2013 – 1 Ws 666/13, juris, Tz. 10 ff., StV **2014** 205 (Ls.); KG VRS **125** (2013) 230, 231.

41 Vgl. OLG Braunschweig NJW **2013** 3111 m. Anm. *Bergmann* DAR **2013** 525; ausf. Darstellung der divergierenden Judikate der Oberlandesgerichte bei *Bergmann* DAR **2010** 662.

42 So etwa KG NStZ-RR **2016** 289, 290; OLG Brandenburg VRS **117** (2009) 305, 306 f.; OLG Düsseldorf JR **2008** 522 m. zust Anm. *Fahl*; *C. Schwind* NStZ **2012** 484, 486; **a. A.** OLG Köln DAR **2013** 337. Offengelassen bei BayObLG Beschl. v. 11.2.2020 – 202 ObOWi 38/20, BeckRS **2020** 6468 Tz. 3 a. E.; OLG Hamm Beschl. v. 18.3.2019 – 1 RBs 42/19, BeckRS **2019** 16162 Tz. 1; erg. bereits oben Rn. 3.

43 Zutr. BGH NStZ-RR **2009** 144. **A. A.** *Bergmann* DAR **2010** 662, 666; OLG Braunschweig Beschl. v. 26.2.2009 – 1 Ss 16/09.

Rechtsgedanken des Verbots des *venire contra factum proprium* bei der Auslegung von vollmachtsbezogenen Willenserklärungen des Verteidigers ist zu unspezifisch und käme einer der StPO **wesensfremden Prozessstrafe** gleich.[44]

6 **3. Zustellungsvollmacht (Absatz 1).** Absatz 1 soll sicherstellen, dass der Verteidiger als Zustellungsbevollmächtigter behandelt wird.[45] Der Verteidiger muss dann prinzipiell **in allen** weiteren bekannten **Ermittlungsverfahren** wegen derselben Tat (§ 155) über ergangene Entscheidungen **unterrichtet** werden, auch wenn die Vollmachtsurkunde nur in einem Verfahren vorgelegt worden sein mag.[46] Die Zustellungsvollmacht hat zudem ganz erhebliche praktische **Folgewirkungen für Haftfragen.** So kann ihr Vorliegen wegen § 230 Abs. 2 ein Indiz darstellen, sich dem Verfahren stellen zu wollen,[47] und bei einem EU-Ausländer könne dann keine Fluchtgefahr angenommen werden, wenn er familiäre Bindungen nach Deutschland hat und durch die Vollmacht sichergestellt ist, dass er zur Hauptverhandlung geladen werden kann.[48] Der **Pflichtverteidiger**, dessen Verteidigerbestellung für das Gericht feststeht, gilt dabei stets als ermächtigt, Zustellungen für den Beschuldigten in Empfang zu nehmen;[49] dies gilt gemäß § 46 Abs. 1 OWiG auch im Bußgeldverfahren. Der **Wahlverteidiger** hat die Ermächtigung **nur** dann, wenn sich seine Vollmacht – auch in Form einer unbeglaubigten **Abschrift** oder bloßen **Kopie**[50] – spätestens bei Ausführung der Anordnung einer Zustellung durch den Vorsitzenden (§ 36 Abs. 1 Satz 1) bei den Akten befindet.[51] Befindet sich im Falle der Wahlverteidigung **keine Vollmacht** bei den Akten, ist eine dennoch bewirkte **Zustellung unwirksam.**[52] Kommen mehrere Ermächtigte in Betracht, bedarf es grundsätzlich der ausreichenden **Individualisierung des** tatsächlich ermächtigten **Verteidigers.** Allerdings dürfen die Anforderungen nicht überspannt werden. Ergibt sich aus der Vollmachtsurkunde nur der Name einer Rechtsanwaltskanzlei, nicht aber der Name des bevollmächtigten Rechtanwalts, liegen die Voraussetzungen des Absatzes 1 dennoch vor, solange sich höchstens drei Rechtsan-

---

44 Vgl. dazu (für das Beweisantragsrecht) BGHSt **29** 149, 151; BGH StV **1986** 374, 375, s. aber auch *Bottke* NStZ **1994** 81 und BGH b. *Dallinger* MDR **1975** 369, 371 für Ablehnungsgesuche. Zum methodischen Problem einf. LR/*Lüderssen/Jahn* Einl. M, 3.

45 Vgl. LR/*Graalmann-Scheerer* § 37, 5; zum Begriff „Zustellungsbevollmächtigter" präzisierend AnwK/*Rotsch* § 37, 5.

46 LG Köln StraFo **2005** 247, 248.

47 OLG Dresden StV **2007** 587; KG StV **2015** 646, 648; **a. A.** – unter einseitiger, eindimensionaler Überbetonung der Belange einer funktionstüchtigen Strafrechtspflege – OLG Hamburg StraFo **2018** 473, 474: „Die Ladungs- und Zustellungsvollmacht ist grundsätzlich in tatsächlicher Hinsicht ohne jede Bedeutung für die Beurteilung der Haftfrage ... Die Ladungs- und Zustellungsvollmacht ist ... auch aus Rechtsgründen – entgegen der vorgenannten obergerichtlichen Rechtsansicht – grundsätzlich ohne jede Bedeutung für die Beurteilung der Haftfrage".

48 LG Fulda StV **2017** 454 f.; krit. dazu *L. Wolf* StV **2019** 573, 577: indirekte europarechtswidrige Ungleichbehandlung aus Gründen der Staatsangehörigkeit, da eine solche Pflicht bei Deutschen grundsätzlich nicht bestehe. Sie übersieht freilich, dass es hier nicht um eine *Pflicht* geht, sondern eine *Option*, um die Annahme der Fluchtgefahr zu vermeiden.

49 BVerfG (*3. Kammer* des *2. Senats*) Beschl. v. 12.6.2014 – 2 BvR 1004/13, juris, Tz. 7; Meyer-Goßner/*Schmitt* 7; AK/*Stern* 3; *Pfeiffer* 2; LR/*Graalmann-Scheerer* § 37, 5. Zu Abgrenzungsfragen bei vorangegangener Wahlverteidigung *Schnarr* NStZ **1997** 15; OLG Rostock NStZ-RR **2003** 336, 337; BayObLG NJW **2004** 1263, 1264.

50 BayObLG b. *Ruth* DAR **1983** 252; Meyer-Goßner/*Schmitt* 8; OK-StPO/*Krawczyk* 8; AK/*Stern* 4; *Pfeiffer* 2.

51 BayObLGSt **1971** 229; BayObLG DAR **2003** 380; OLG Stuttgart Justiz **1983** 466; Meyer-Goßner/*Schmitt* 7; KK/*Willnow* 2; AK/*Stern* 4; *Pfeiffer* 2; LR/*Graalmann-Scheerer* § 37, 5; AnwK/*Rotsch* § 37, 5. Zum notwendigen Inhalt der Vollmacht vgl. Vor § 137, 87.

52 Statt Vieler OLG Düsseldorf Beschl. v. 6.12.2019 – IV-2 RBs 171/19 (zu IV.).

wälte (§ 137 Abs. 1 Satz 2) bestellt haben.[53] Als im Sinne des Absatz 1 ausreichend bevollmächtigt gilt auch der Verteidiger, dem der Beschuldigte in der Hauptverhandlung **zu Protokoll** Vollmacht erteilt hat.[54] Ebenso ist nach zutreffender Auffassung zahlreicher Oberlandesgerichte,[55] auch wenn sie unter Führung des BGH[56] von anderen Teilen der Rechtsprechung und des Schrifttums bestritten wird,[57] das in der Sitzungsniederschrift festgehaltene Auftreten des Verteidigers in der Hauptverhandlung und in Anwesenheit des Angeklagten als **konkludente Erteilung** ausreichender Vollmacht anzusehen. Auch in diesen Fällen ist der gewählte Verteidiger dann Zustellungsbevollmächtigter. Der Inhalt des Hauptverhandlungsprotokolls ist in diesen Fällen in Übereinstimmung mit § 167 BGB und in sinngemäßer Anwendung des Wortlauts von § 145 Abs. 1 die Vollmacht, „die sich bei den Akten befindet". Deshalb treten letztlich auch keine Probleme mit dem Telos der Rechtssicherheit auf. Bei Aufrechterhaltung der Verteidigervollmacht ist deshalb keine Aberkennung der Zustellungsvollmacht zulässig.[58] Dies alles **gilt** jedoch **nicht**, wenn die Anwesenheit des Verteidigers nur in der Niederschrift einer kommissarischen Vernehmung beurkundet wurde.[59] Als nicht ausreichend wird mit Recht aus insoweit wieder vorrangigen Gründen der Rechtssicherheit auch das wiederholte Auftreten eines Verteidigers allein ***außerhalb* der Hauptverhandlung** angesehen;[60] hier fehlt es an der notwendigen aktenmäßigen Dokumentation.

Die wirksame Erteilung von **Untervollmacht** bewirkt Zustellungsvollmacht für den 7
dadurch bevollmächtigten Rechtsanwalt.[61] Bedarf die Verteidigerbestellung der **Genehmigung** durch das Gericht (§ 138 Abs. 2), gilt der Verteidiger erst mit dieser Genehmigung als ermächtigt, Zustellungen in Empfang zu nehmen. Die Zustellung wird daher konsequenterweise auch erst nach Vorliegen der Genehmigung wirksam.[62] Die **Genehmigung** durch das Gericht kann aber **ebenfalls**[63] **konkludent** erfolgen.[64] Die Vorlage der Vollmacht durch eine der in § 138 Abs. 2 genannten Personen kann indes eine ausdrückliche Zustellungsvollmacht enthalten, die unabhängig von der gerichtlichen Genehmigung wirksam ist.

---

53 OLG Hamm NStZ-RR **2013** 23; **a. A.** OLG Zweibrücken NZV **2016** 492; AG Weimar StRR **2015** 83; AG Neuruppin StRR **2013** 233.

54 KG Beschl. v. 15.6.2020 – 4 Ss 55/20, BeckRS **2020** 15531 Tz. 8; OLG Saarbrücken Beschl. v. 20.4.2016 – 1 Ws 40/16, juris, Tz. 7, NStZ-RR **2016** 218 (Ls.); BayObLGSt **1975** 150; BayObLG b. *Ruth* DAR **1985** 244; OLG Celle NJW **1984** 444; OLG Düsseldorf VRS **68** (1985) 461; AnwBl. **1985** 586; KK/*Willnow* 1; SK/*Wohlers* 7; Meyer-Goßner/*Schmitt* 9; AK/*Stern* 6; *Pfeiffer* 2.

55 BayObLG StV **1981** 117; OLG Karlsruhe NJW **1983** 895; OLG Düsseldorf AnwBl. **1985** 586; Rpfleger **1985** 316; VRS **68** (1985) 461; NStZ **1988** 32; vgl. auch schon RGSt **25** 153 sowie im Schrifttum *E. Kaiser* NJW **1982** 1368; Meyer-Goßner/*Schmitt* 6; AK/*Stern* 7 und KMR/*Müller* 1.

56 BGHSt **41** 303, 304; BGH NStZ-RR **2009** 144; NStZ-RR **1998** 18.

57 KG Beschl. v. 15.6.2020 – 4 Ss 55/20, BeckRS **2020** 15531 Tz. 8; BayObLGSt **1992** 157; OLG Celle NJW **1984** 444; OLG Schleswig b. *Ernesti/Lorenzen* SchlHA **1984** 101; OLG Schleswig b. *Ernesti/Lorenzen* SchlHA **1985** 130; OLG Karlsruhe NStZ-RR **1996** 237; OLG Jena Beschl. v. 21. 2.2007 – 1 Ss 23/07, juris, Tz. 14; SSW/*Beulke* 5; Radtke/Hohmann/*Reinhart* 3; MüKo/*Thomas/Kämpfer* 3; KK/*Willnow* 1; SK/*Wohlers* 8; OK-StPO/*Krawczyk* 9; *Pfeiffer* 2; HK-GS/*Weiler* 6 (unter unzutr. Abstellen auf einen inexistenten Absatz 4).

58 OLG Jena StraFo **2001** 413.

59 BayOLG wistra **1993** 198.

60 OLG Schleswig SchlHA **2002** 152.

61 OLG Koblenz VRS **64** (1983) 275; *Kaiser* NJW **1982** 1368; SK/*Wohlers* 10; KK/*Willnow* 3; Meyer-Goßner/*Schmitt* 10; AK/*Stern* 9; *Pfeiffer* 2.

62 Meyer-Goßner/*Schmitt* 3; KK/*Willnow* 2; AK/*Stern* 8; SK/*Wohlers* 10; MüKo/*Thomas/Kämpfer* 3; KMR/*Müller* 6; *Pfeiffer* 1.

63 Soeben Rn. 6.

64 *Kaiser* NJW **1982** 1369.

8 **4. Zeitraum.** Die Zustellungsvollmacht nach Absatz 1 setzt ein nach außen (ggf.: schon oder noch)[65] **wirksames Verteidigungsverhältnis** voraus.[66] Beim **gerichtlich bestellten Verteidiger** fällt die Dauer der Ermächtigung mit der **Dauer der Bestellung** zusammen. Sie beginnt also mit dem Wirksamwerden der Bestellung und endet mit deren Rücknahme[67] bzw. der rechtskräftigen Beendigung des Strafverfahrens.[68] Deshalb ist z. B. das Nachverfahren nach § 460 i. V. m. § 55 StGB erfasst.[69] Der **Wahlverteidiger** gilt demgegenüber so lange als ermächtigt, bis dem Gericht die **Beendigung des Mandats** – zweckmäßigerweise durch den Verteidiger selbst, wirksam aber auch durch den Beschuldigten – ausdrücklich oder im Wege der Auslegung (§§ 133, 157 BGB) ermittelbar **angezeigt**[70] oder der Verteidiger gemäß § 146a zurückgewiesen wird.[71] Dies gilt aus Gründen der Rechtssicherheit auch dann, wenn die Vollmacht im Innenverhältnis zwischen Mandant und Verteidiger bereits früher widerrufen wurde.[72] Einen Schluss allein vom Verhalten der Beteiligten auf das Erlöschen der Vollmacht wird man, wiederum im Interesse der Rechtssicherheit, nicht zulassen können.[73]

9 **Erlischt** die **Zulassung** des Rechtsanwaltes oder wird sie **zurückgenommen** (§§ 13 ff. BRAO), endet das Verteidigerverhältnis und damit auch die Zustellungsvollmacht,[74] wenn das Gericht nicht die Genehmigung nach § 138 Abs. 2 erteilt.[75] Die Zustellungsvollmacht besteht jedoch weiterhin bei einem nur vorläufigen oder beschränkten **Berufsverbot.**[76]

10 **5. Zustellung durch Übergabe.** § 145a Abs. 2 a. F. nahm die Zustellung durch Übergabe im Falle eines **Abwesenheitsurteils** nach § 232 Abs. 4 von der Zustellungsvollmacht nach Abs. 1 aus. Diese Regelung war seit jeher ohne rechten Sinn.[77] Abs. 2 a. F. ist daher schon durch das StVÄG 1987 ersatzlos gestrichen worden. Zugleich ist durch die Hinzufügung des letzten Halbsatzes in § 232 Abs. 4 klargestellt worden, dass § 145a Abs. 1 sinnvollerweise auch für Abwesenheitsurteile gilt.[78]

11 **6. Ladungen (Absatz 2).** Für Ladungen ist zwar keine Zustellung vorgeschrieben, doch ist sie dann **notwendig**, wenn am Tag der Hauptverhandlung nachgewiesen wer-

---

65 Zur speziellen Frage der Erforderlichkeit einer erneuten Zustellungsvollmacht bei Wiederaufnahme eines zunächst niedergelegten Mandats s. OLG Stuttgart NStZ-RR **2002** 369; OVG Bremen Beschl. v. 7.3.2017 – 1 PA 282/15, juris, Tz. 8.

66 Allg. Meinung, vgl. Meyer-Goßner/*Schmitt* 3; KK/*Willnow* 2; AK/*Stern* 2; *Pfeiffer* 1.

67 KG NStZ-RR **2011** 86, 87; KK/*Willnow* 2. Zu den speziellen Voraussetzungen der Beendigung des Mandats eines zweiten Wahlverteidigers durch schlüssige Erklärung des anderen Verteidigers vgl. BGH NStZ **2006** 461, 462.

68 KG VRS **117** (2010) 166, 167 f.; OLG Düsseldorf Beschl. v. 10.2.2000 – 2 Ws 336-337/99 u. a.

69 OLG Hamm Beschl. v. 23.2.2016 – III-2 Ws 49/16, juris, Tz. 11; KG NStZ-RR **2011** 86, 87.

70 OLG Köln NStZ-RR **2016** 175, 176; OLG Düsseldorf StraFo **1998** 227; NStZ **1993** 403; BayObLG VRS **38** (1970) 194; OLG Koblenz VRS **71** (1986) 203; Meyer-Goßner/*Schmitt* 11; AK/*Stern* 11; *Pfeiffer* 2.

71 § 146a, 12; ebenso OLG Bamberg Beschl. v. 17.6.2005 – 2 Ss OWi 579/05 Tz. 7, juris, StV **2007** 70 (Ls.); *M. Mayer* NStZ **2016** 76, 77; AK/*Stern* 11; Meyer-Goßner/*Schmitt* 3; SK/*Wohlers* 9; SSW/*Beulke* 6; OK-StPO/*Wessing* 146a, 5.

72 OLG Köln NStZ **2016** 175; KG NJW **2012** 245; MüKo/*Thomas/Kämpfer* 4.

73 Skeptisch auch OLG Köln NStZ-RR **2016** 175, 176; **a. A.** SK/*Wohlers* 9.

74 SK/*Wohlers* 9; AK/*Stern* 11; KK/*Willnow* 2.

75 Hier gelten dann die bereits in Rn. 4 dargelegten Grundsätze.

76 Ebenso KK/*Willnow* 2; SK/*Wohlers* 9.

77 S. an dieser Stelle bereits LR/*Dünnebier*[23] 8.

78 BTDrucks. **10** 1313 S. 50; vgl. oben Entstehungsgeschichte.

den muss, dass die Ladungsfrist eingehalten worden ist (vgl. § 35 Abs. 1 Satz 1, § 217 Abs. 1: „Zustellung der Ladung"), oder wenn es als Urteilsvoraussetzung beim ausgebliebenen Angeklagten u. a. auf den Nachweis ankommt, dass er ursprünglich ordnungsgemäß geladen worden ist (§ 232 Abs. 1: „in der Ladung"). Die Ladung wird daher in der Praxis zweckmäßigerweise **in der Regel zugestellt**; auch das Gesetz geht in § 217 Abs. 1 zwanglos von dieser Form der Ladung aus. Die Ladung des Beschuldigten kann jedoch dessen ungeachtet wirksam **auch telefonisch** über den Verteidiger erfolgen.[79]

Die Zustellung kann neben dem Angeklagten auch an den **Zustellungsbevollmächtigten** bewirkt werden.[80] Sowohl der Wahl- als auch der bestellte **Verteidiger**[81] können Ladungen allerdings **nur** dann wirksam in Empfang nehmen, wenn sie **besondere Ladungsvollmacht** besitzen und wenn diese zu den Akten gegeben worden ist oder der Angeklagte in der Hauptverhandlung seinen Verteidiger zur Inempfangnahme von Ladungen bevollmächtigt hat.[82] Die in den gängigen **Vollmachtsformularen** häufig verwendete Formulierung, „... Zustellungen aller Art entgegenzunehmen ...", **genügt** hierfür **nicht.**[83] Zudem wirft dies Zweifelsfragen der Anwendung des § 305c BGB über überraschende und mehrdeutige Klauseln auf.[84] Die Vollmacht ist im Übrigen nur dann wirksam, wenn sie eindeutig, d. h. für jeden auf Anhieb **zweifelsfrei** als solche **zu erkennen** ist.[85] Insbesondere muss die Vollmachtsurkunde des (Wahl-)Pflichtverteidigers vom Beschuldigten unterzeichnet sein.[86] 12

7. Verhältnis zu § 116a Abs. 3 in U-Haft-Fällen (Absatz 2 Satz 2). Aufgabe des Zustellungsbevollmächtigten eines gegen **Sicherheitsleistung** entlassenen Beschuldigten, der nicht im Geltungsbereich der Strafprozessordnung wohnt (§ 116a Abs. 3), ist es ausdrücklich, Ladungen[87] und Urteile[88] entgegenzunehmen. Bei ihm wird daher **ausnahmsweise keine** besondere **Ladungsvollmacht** verlangt (Abs. 2 Satz 2).[89] Infolge der Verweisung gilt dasselbe im Fall des § 127a (vgl. dessen Abs. 2).[90] Der Sache nicht anderes gilt auch im Fall des § 132, dessen Abs. 1 Nr. 2 mit § 116a Abs. 3 übereinstimmt, auch wenn *expressis verbis* nur § 116a Abs. 1 für entsprechend anwendbar erklärt wird, die gesetzliche Regelung also *prima facie* zu falschen Umkehrschlüssen verleitet.[91] 13

8. Unterrichtung (Absatz 3). Nach Absatz 1 kann an den Beschuldigten *oder* den Verteidiger zugestellt werden, wenngleich regelmäßig die Zustellung an den Verteidiger 14

---

79 BGH NJW **1992** 2039; SK/*Wohlers* 21.

80 RGSt **43** 321; **66** 79; *Kaiser* NJW **1982** 1368; vgl. auch OLG Karlsruhe MDR **1980** 687.

81 Vgl. OLG Köln StV **1982** 460; OLG Düsseldorf StV **1982** 127; KK/*Willnow* 5; Meyer-Goßner/*Schmitt* 12; *Pfeiffer* 3.

82 OLG Celle Nds.Rpfl. **1994** 314; BayObLG NJW **2004** 532; OLG Karlsruhe StraFo **2011** 509; *Kaiser* NJW **1982** 1368; HdBStrR/*Jahn*/*Brodowski* § 17, 80 a. E.

83 So auch OLG Köln NStZ RR **1998** 240; OLG Karlsruhe MDR **1980** 687; SSW/*Beulke* 10; KK/*Willnow* 5; Meyer-Goßner/*Schmitt* 12; MüKo/*Thomas*/*Kämpfer* 10; SK/*Wohlers* 20; *Pfeiffer* 3; *Joecks* 9.

84 Dazu BGH StraFo **2006** 454 f. und *Jahn*/*Kett-Straub* StV **2006** 601, 602.

85 OLG Hamm NStZ **2017** 432, 433; OLG Stuttgart NStZ-RR **2005** 319, 320; OLG Köln StV **1993** 402; OLG Düsseldorf StV **1990** 536.

86 OLG Köln NStZ-RR **1999** 334.

87 BGHSt **10** 63.

88 RGSt **77** 212.

89 Unklar OLG Hamm NStZ **2017** 432, 433 („eine an § 116a Abs. 3 angelehnte Auflage").

90 *M. Mayer* NStZ **2016** 76, 81; näher LR/*Hilger*[26] § 127a, 9 f.

91 Überzeugend LR/*Hilger*[26] § 132, 7.

zu bewirken ist.[92] Absatz 3 soll deshalb im Sinne der **Vermeidung von Informationsasymmetrien** sicherstellen, dass jeweils derjenige, an den nicht zugestellt wird, von dieser Zustellung zumindest **Nachricht bekommt** und zugleich formlos eine Abschrift der Entscheidung erhält (vgl. Nr. 154 Abs. 1 Satz 3 RiStBV).[93] Absatz 3 dient also in der Praxis dem Zweck, dem bevollmächtigten Verteidiger die **Fristenkontrolle** zu **übertragen**, so dass sich der Beschuldigte darauf verlassen können soll, dass der Verteidiger Kenntnis von der Zustellung der Entscheidung erhält, nach der er sich ohne zusätzliche Rückfragen bei dem Beschuldigten richten kann. Wird dennoch an beide zugestellt, richtet sich gem. § 37 Abs. 2 die Berechnung einer Frist nach der zuletzt bewirkten Zustellung.[94] Die Benachrichtigung sollte gleichzeitig mit der Zustellung zur Post gegeben werden. Die Unterrichtung ist keine Bekanntmachung im Sinne der § 35 Abs. 1, § 35a. Es bedarf daher **keiner Rechtsmittelbelehrung**.[95] Der Verteidiger bekommt die Benachrichtigung und die Abschrift **auch** dann, **wenn** sich **keine Verteidigervollmacht** bei den Akten befindet (Abs. 3 Satz 2). Es langt hin, wenn für das Gericht erkennbar war, dass er für den Beschuldigten tätig geworden ist.[96]

15 Bei Absatz 3 handelt es sich nach beinahe allgemeiner Auffassung um eine **Regelung**, deren Verletzung das weitere **Verfahren** grundsätzlich **nicht kontaminiert**;[97] die früher sog. Kategorie **„bloßer" Ordnungsvorschriften** sollte allerdings, entgegen dem persistierenden Sprachgebrauch in der Praxis, endgültig aufgegeben werden.[98] Unterbleibt die Nachricht, ist dies ohne Wirkung auf den Lauf der Zustellungsfrist.[99] Die **unterbliebene Benachrichtigung** kann jedoch die **Wiedereinsetzung** in den vorigen Stand – ohne Weiteres auch von Amts wegen nach § 45 Abs. 2 Satz 3 – rechtfertigen, wenn die Fristversäumung hierauf beruht.[100] Das **Beruhen** kann aber im **Einzelfall ausgeschlossen** sein, wenn der Betroffene wegen besonderer Umstände des Einzelfalls den-

---

92 Oben Rn. 3.

93 Oben Rn. 1.

94 Vgl. nochmals Rn. 3.

95 OLG Karlsruhe Die Justiz **1989** 68; SK/*Wohlers* 25 a. E.; **a. A.** MüKo/*Thomas*/*Kämpfer* 12 a. E.

96 So auch KK/*Willnow* 6. Zur Frage des Ausreichens einer Erklärung des Verteidigers OLG Frankfurt ZfSch **2004** 283, 284.

97 BVerfG NJW **2002** 1640; Beschl. v. 12.3.1985 – 2 BvR 249/85; BGH NJW **1977** 640; BGHR StPO § 145a Unterrichtung 1; BGH b. *Miebach*/*Kusch* NStZ **1991** 28; OLG Frankfurt NJW **1982** 1297; KG StV **2003** 343; StV **2015** 228 f.; OLG Stuttgart Beschl. v. 30.12.2008 – 2 Ws 363/08, juris, Tz. 8; OLG Köln Beschl. v. 10.6.2011 – III-2 Ws 308/11, juris, Tz. 1; OLG Jena Beschl. v. 27.10.2016 – 1 Ws 439/16, juris, Tz. 33; LG Frankfurt Beschl. v. 31.10.2019 – 5/9 Qs OWi 70/19; SSW/*Beulke* 15; KK/*Willnow* 6; Meyer-Goßner/*Schmitt* 14; *Pfeiffer* 4; *Joecks* 11; SK/*Wohlers* 23; AnwK/*Krekeler*/*Werner* 7. Unzutr. OLG München StV **2011** 87, 88 m. abl. Anm. *Bockemühl*.

98 Zu den Gründen näher BGHSt **25** 325, 329; *Jahn*/*Dallmeyer* NStZ **2005** 297, 304; *Jahn*, Gutachten 67. DJT **2008** C 42 ff.; *Weber-Petras* Ordnungs- und Sollvorschriften im Strafprozeßrecht (1992) 164 f.

99 BGH NStZ **2010** 584; NJW **1977** 640; OLG Brandenburg Beschl. v. 1.4.2019 – (1 Z) 53 Ss-OWi 104/19 (76/19), juris, Tz. 15; OLG Hamburg NJW **1965** 1614; MDR **1971** 775; OLG Köln VRS **42** (1972) 127; SK/*Wohlers* 23; KMR/*Müller* 3; Meyer-Goßner/*Schmitt* 14; KK/*Willnow* 6; s. auch BayObLG StV **2000** 407.

100 BGH NJW **1977** 640; OLG Saarbrücken Beschl. v. 20.4.2016 – 1 Ws 40/16, juris, Tz. 13, NStZ-RR **2016** 218 (Ls.); KG StV **2015** 228; OLG Stuttgart StV **2011** 85 m. zust. Anm. *Bockemühl*; BayObLGSt **1981** 193; BayObLG NJW **1993** 150; OLG München NJW **2008** 3797, 3798; OLG Hamm NJW **1965** 2217; NJW **1973** 1338; OLG Frankfurt NJW **1982** 1297; OLG Düsseldorf StV **1997** 121; KG Beschl. v. 26.9.2001 – 2 Ss 227/01; OLG Köln StraFo **2002**, 17, 18; OLG Nürnberg Beschl. v. 30.3.2010 – 2 Ws 500/09; OLG Hamm Beschl. v. 8.5.2007 – 4 Ws 210/07, juris, Tz. 5; LG Köln StraFo **2005** 247, 248; LG Zweibrücken NZV **2007** 431; LG Aurich StRR **2011** 348; LG Hildesheim StV **2013** 143 (auch bei Verschulden der Polizeibehörden aufgrund verzögerter Weiterleitung); LG Frankfurt Beschl. v. 31.10.2019 – 5/9 Qs OWi 70/19; KK/*Willnow* 6; Meyer-Goßner/*Schmitt* 14; *Pfeiffer* 4; SK/*Wohlers* 26.

noch **sichere Kenntnis** erlangt hat[101] oder sich dem Verfahren durch Flucht entzieht, so dass die Erfüllung der prozessualen Fürsorgepflicht für das Gericht faktisch unmöglich wird.[102] Der Verurteilte ist aber rechtlich nicht verpflichtet, seinen Verteidiger selbst von der an ihn erfolgten Zustellung zu benachrichtigen. Er darf vielmehr darauf vertrauen, dass die Gerichte das vorgeschriebene Verfahren einhalten und sein Verteidiger somit auch ohne sein Zutun rechtzeitig Kenntnis von der Zustellung und damit von dem Fristbeginn erlangen wird.[103] Ein **absichtliches Unterlassen** der Benachrichtigung stellt – ungeachtet etwaiger Sekundäransprüche des Betroffenen und jedenfalls theoretisch denkbarer disziplinarischer Konsequenzen – einen Verstoß gegen das Gebot des **fairen Verfahrens** dar.[104]

9. Entsprechende Anwendung von Absatz 3. Die Regelung in Absatz 3 Satz 1 gilt 16
nach ihrem **Wortlaut** nur bei Zustellungen von Entscheidungen „nach Absatz 1". Sie ist aber **entsprechend anzuwenden**, wenn dem Verteidiger nicht mit den Folgen der gesetzlichen Zustellungsvollmacht nach Absatz 1, sondern aufgrund einer ausdrücklichen **rechtsgeschäftlichen Zustellungsvollmacht**[105] zugestellt wird.[106] Auch **Satz 2** gilt als **allgemeiner Rechtsgedanke.** Immer dann, wenn dem Beschuldigten selbst zugestellt wird – also auch im Falle des § 232 Abs. 4 durch Übergabe – ist der **Verteidiger** von der Zustellung **zu unterrichten.**[107] So sieht es ausdrücklich auch **Nr. 108 RiStBV** vor: „Der Verteidiger ... ist über § 145a hinaus über alle Entscheidungen zu unterrichten, die dem Beschuldigten mitgeteilt werden. Der Verteidiger soll dabei neben dem Beschuldigten und gleichzeitig mit diesem unterrichtet werden".

Die Vorschrift des Absatzes 3 bezieht sich **indes nicht** auf **Anträge** und **sonstige** 17
Mitteilungen,[108] etwa die speziell in § 349 Abs. 3 Satz 1 geregelte Mitteilung einer Antragsschrift der Bundesanwaltschaft oder der Generalstaatsanwaltschaft an den Angeklagten.[109] Allerdings ist im Sinne der Vermeidung verfahrensunzuträglicher Informationsasymmetrien auch[110] hier zu empfehlen, nach Absatz 3 – ungeachtet der (ohnehin nur geringen) fiskalischen Mehrbelastung – auch außerhalb seines eigentlichen Anwendungsbereichs zu verfahren.[111]

Auf **Ladungen** bezieht sich Absatz 3 ebenfalls **nicht.**[112] Der Gesetzentwurf zum 18
StVÄG 1987 sah zwar noch ausdrücklich vor, den Verteidiger auch von Ladungen des

---

101 OLG Hamm NStZ-RR **2016** 216; Beschl. v. 8.5.2007 – 4 Ws 210/07, juris, Tz. 5 ff.; LG Frankfurt Beschl. v. 31.10.2019 – 5/9 Qs OWi 70/19; KK/*Willnow* 6.

102 KG StRR **2013** 162; Radtke/Hohmann/*Reinhart* 10.

103 Klar ausgeführt bei KG VRS **117** (2010) 166, 167 f.; OLG München NJW **2008** 3797, 3798; LG Siegen ZfSch **2010** 289; zu dem mit der Informationsparität hier betroffenen Unterzweck des § 145a oben Rn. 1.

104 Zugleich – auch zu den revisionsrechtlichen Konsequenzen zutr. – OLG Frankfurt NStZ **1990** 556; SSW/*Beulke* 18; MüKo/*Thomas*/*Kämpfer* 17; HK/*Julius*/*Schiemann* 12; OK-StPO/*Krawczyk* 11.

105 O. Rn. 4.

106 Ebenso OLG Saarbrücken Beschl. v. 20.4.2016 – 1 Ws 40/16, juris, Tz. 13, NStZ-RR **2016** 218 (Ls.); SK/*Wohlers* 24; MüKo/*Thomas*/*Kämpfer* 11.

107 So auch OLG München NJW **2008** 3797, 3798; LG Aurich StRR **2011** 348.

108 Ebenso BGH b. *Pfeiffer* NStZ **1981** 95; BGH FzSt § 33a Nr. 1; Meyer-Goßner/*Schmitt* 13.

109 So auch BGH StraFo **2003** 172; SSW/*Beulke* 14; etwas missverständlich MüKo/*Thomas*/*Kämpfer* 12.

110 Oben Rn. 3, 14.

111 So auch KK/*Willnow* 8.

112 Ebenso SK/*Wohlers* 24; Meyer-Goßner/*Schmitt* 14.

Beschuldigten zu unterrichten.[113] Dass der Gesetzgeber dem nicht gefolgt ist, hat jedoch keine große praktische Bedeutung.[114] Denn die erforderliche **Unterrichtung des Verteidigers** von Ladungen wird bereits durch andere Vorschriften, nämlich § 168c Abs. 5 Satz 1 bei richterlichen **Vernehmungen**, § 163a Abs. 3 Satz 2 (entsprechende Geltung) bei Vernehmung durch die Staatsanwaltschaft und § 218 für die Ladung zur Hauptverhandlung gewährleistet.[115]

§ 146
Verbot der Mehrfachverteidigung

[1]Ein Verteidiger kann nicht gleichzeitig mehrere derselben Tat Beschuldigte verteidigen. [2]In einem Verfahren kann er auch nicht gleichzeitig mehrere verschiedener Taten Beschuldigte verteidigen.

Schrifttum

Bachmann Die Priorität der Angst vor der Freiheit, FoR **1998** 133; *Beulke* Verbot der gemeinschaftlichen Verteidigung nur bei Interessenkollision? NStZ **1985** 289; *Dietenmeier* Das Verbot der gemeinschaftlichen Verteidigung (1999); *Eylmann* Die Interessenkollision im Strafverfahren, StraFo **1998** 145; *Franke* Verbot der Mehrfachverteidigung im Ordnungswidrigkeitenverfahren, JZ **1978** 264; *H.-L. Günther* Zur strafprozessualen Problematik der sog. sukzessiven Verteidigung mehrerer Beschuldigter durch einen Verteidiger, JZ **1981** 816; *Heinicke* Das Gemeinsame beim „gemeinschaftlichen Verteidiger" i. S. des § 146 StPO, NJW **1978** 1497; *Heldmann* Von neuem Strafprozeß und altem Grundgesetz, DuR **1975** 315; *Kempf* Das Dilemma mit dem Konflikt, FS Busse (2006) 191; *Kleine-Cosack* Verteidigung mehrerer Beschuldigter durch Mitglieder einer Sozietät, StraFo **1998** 149; *Achim Krämer* Die „gemeinschaftliche Verteidigung" i. S. des § 146 StPO, NJW **1976** 1664; *ders.* Das Verbot der Mehrfachverteidigung gem. § 146 StPO, AnwBl. **1978** 14; *M. Kilian* Die Vertretung widerstreitender Interessen in Sozietäten, AnwBl. **2012** 597; *Krekeler* Das Verbot der Mehrfachverteidigung gem. § 146 StPO und seine extensive Auslegung durch die Rechtsprechung, AnwBl. **1981** 5; *Th. Lampe* Sockelverteidigung (1999); *Eckhart Müller* Die Sockelverteidigung, StV **2001** 649; *W. Müller* Zum Begriff der Tatidentität im Sinne des § 146 StPO bei der Verteidigung mehrerer Beschuldigter in getrennten Verfahren, StV **1981** 196; *Nestler-Tremel* Das Verbot der Mehrfachverteidigung gem. § 146 StPO in aktuellen Verfahren wegen Mitgliedschaft in einer terroristischen Vereinigung, NStZ **1986** 534; *ders.* Die durch das StVÄG 1987 gebotene Neuorientierung beim Verbot der Mehrfachverteidigung gem. §§ 146, 146a StPO, NStZ **1988** 103; *Pellkofer* Sockelverteidigung und Strafvereitelung (1999); *Petzold* Interessenkonflikte bei der anwaltlichen Vertretung in Kartellbußgeldsachen, NZKart **2014** 170; *Quedenfeld/Füllsack* Verteidigung in Steuerstrafsachen[5] (2016); *Rebmann* Das Verbot der Mehrfachverteidigung nach § 146 StPO, NStZ **1981** 41; *Richter II* Sockelverteidigung, NJW **1993** 2152; *Rübenstahl* Zum Referentenentwurf eines Gesetzes zur Bekämpfung der Unternehmenskriminalität – Punitives und „abspracheförderndes" Verbandssanktionenrecht (Teil 2), ZWH **2019** 265; *Sahan* Anwälte einer Sozietät als Vertreter widerstreitender Interessen, AnwBl. **2008** 698; *Sannwald* Verfassungsrechtsprechung zu § 146 StPO, AnwBl. **1980** 10; *Schubarth* Zur Problematik des Verbots der Mehrfachverteidigung, FS zur 150-Jahr-Feier des Rechtsanwaltsvereins Hannover e.V. (1981) 241; *Sommer* Teamverteidigung, StraFo **2013** 6; *Wächtler* Thesen zur rechtspolitischen Diskussion des § 146 StPO n. F., DuR **1983** 49; *Wasmuth* Honoraranspruch des Verteidigers im Falle der Mehrfachverteidigung? NStZ **1989** 348.

---

113 BTDrucks. **10** 1313 S. 21; s. oben Entstehungsgeschichte.

114 Ebenso SK/*Wohlers* 24; KK/*Willnow* 7.

115 Zutr. BTDrucks. **10** 1313 S. 49.

https://doi.org/10.1515/9783110630244-018

Entstehungsgeschichte

Die Vorschrift lautete unverändert bis zum 1.1.1975:

(1) Die Verteidigung mehrerer Beschuldigter kann, sofern dies der Aufgabe der Verteidigung nicht widerstreitet, durch einen gemeinschaftlichen Verteidiger geführt werden.

(2) [1]Ist in einem Fall, in dem ein Verteidiger die Verteidigung mehrerer Beschuldigter führt, eine Zustellung von Schriftstücken an den Verteidiger vorzunehmen, so bedarf es auch in Angelegenheiten, die alle oder mehrere der Beschuldigten betreffen, nur einer Zustellung. [2]Eine der Zahl der Beschuldigten entsprechende Anzahl der Schriftstücke soll der Zustellung beigefügt oder formlos mitgeteilt werden.

Der Zwischensatz zum Widerstreit mit der „Aufgabe der Verteidigung" in Absatz 1 war die wesentliche Grundlage der Rechtsprechung für die Ausschließung von Verteidigern. Im Zusammenhang mit der Einfügung der §§ 138a ff. hatte die Bestimmung durch Art. 1 Nr. 8 des 1. StVRErgG vom 20.12.**1974** die bis zum 1.4.1987 gültige Fassung erhalten. Sie lautete:

Die Verteidigung mehrerer Beschuldigter durch einen gemeinschaftlichen Verteidiger ist unzulässig.

Durch Art. 1 Nr. 11 des StVÄG **1987** wurde die Vorschrift erneut geändert. Sie erhielt ihre heutige Fassung und § 146a wurde eingefügt. Durch § 146a sind die verfahrensrechtlichen Folgen in den Fällen der §§ 137 Abs. 1 Satz 2 und 146 eigenständig gesetzlich geregelt worden.

Nach dem Generalverweis mit § 27 des **Regierungsentwurfs** eines Gesetzes zur Sanktionierung von verbandsbezogenen Straftaten **(VerSanG-RegE)** v. 16.6.**2020** sind auf „den betroffenen Verband ... im Sanktionsverfahren die Vorschriften der Strafprozessordnung über den Beschuldigten entsprechend anzuwenden". Die Begründung[1] stellt speziell heraus, dass deshalb auch das Verbot der Mehrfachverteidigung nach **§ 146** gilt. Danach sei die **Verteidigung mehrerer** beschuldigter **Verbände** wegen derselben Tat, unabhängig davon, ob diese gesellschaftsrechtlich miteinander verbunden sind, ein Fall verbotener Mehrfachverteidigung. Insoweit sei auch keine Ausnahme hinsichtlich einer gleichzeitigen Vertretung des Verbandes im Sanktionsverfahren und der **Vertretung einer Leitungsperson** wegen der zugrundeliegenden Verbandsstraftat vorzusehen. Umgekehrt seien Interessenskollisionen zwischen dem Verband und der Leitungsperson jedoch nicht weniger naheliegend als dies bei mehreren Beschuldigten der Fall ist. § 146 beziehe sich allerdings auch[2] in Verfahren nach dem Verbandssanktionengesetz nur auf den einzelnen Anwalt und stehe der Verteidigung einer natürlichen Person wegen der Verbandsstraftat oder der auf die Verbandsstraftat bezogenen Aufsichtspflichtverletzung durch verschiedene **in einer Sozietät** zusammengeschlossene Anwälte nicht entgegen. Auch stehe § 146 nicht entgegen, wenn sich verschiedene Verteidiger untereinander beraten und Informationen sowie Arbeitsergebnisse austauschen.[3] Ein tatsächlicher Interessengegensatz könne sich in der Praxis des Wirtschaftsstrafrechts insbesondere in Zusammenhang mit einer durch den Verband beauftragten **unternehmensinternen Untersuchung** nach § 16 VerSanG-RegE

---

1 Begr. des BMJV zum VerSanG-ReGE S. 110.

2 Dazu unten Rn. 17.

3 Zur Sockelverteidigung genauer unten Rn. 17. Potentielle Umgehungsstrategien in Konzernstrukturen beschreibt *Rübenstahl* ZWH **2019** 265, 273.

und dem Umgang mit den hieraus gewonnenen Ergebnissen im Verlauf des Verfahrens ergeben. Der Verband könne hier im Einzelfall mit Blick auf seine eigene Verteidigungsstrategie, aber zum Beispiel auch in Bezug auf zivilrechtliche Haftungsfragen ein Interesse an einer weiteren Aufklärung beziehungsweise an einer Mitwirkung hieran haben, das den Verteidigungsinteressen der Leitungsperson zwingend zuwiderlaufe.[4] Deshalb sieht § 28 Abs. 2 **VerSanG-ReGE** auch ausdrücklich vor, dass eine (mit-)beschuldigte natürliche Person von der Vertretung des Verbandes im Verfahren ausgeschlossen ist. Insoweit geht die Regelung von einem unauflösbaren Interessenkonflikt aus.[5]

Übersicht

I. Grundlagen und Auslegungsgrundsätze

1 **1. Gesetzgeberische Ziele der Vorschrift.** Der Sinn und Zweck der Vorschrift ergibt sich aus ihrer in einen besonderen zeitgeschichtlichen Kontext eingebetteten Historie. Im Zusammenhang mit der Regelung der Ausschließung von Verteidigern in §§ 138a, 138b durch das 1. StVRErgG von 1974 war zu entscheiden, ob auch die Interessenkollision, die bei gleichzeitiger Verteidigung mehrerer Beschuldigter durch denselben Verteidiger auftreten kann, als Ausschließungsgrund mit richterlicher Entscheidung (vgl. §§ 138c, 138d) aufgenommen werden sollte. Der **Gesetzgeber** hat seinerzeit die richterliche Einzelabwägung aufgegeben und die Verteidigung mehrerer Beschuldigter durch einen gemeinschaftlichen Verteidiger schlechthin *kraft Gesetzes*, also ohne die Möglichkeit richterlicher Prüfung im Einzelfall, für unzulässig erklärt. Er ging dabei von folgenden Erwägungen aus: Die **Gefahr einer Interessenkollision** bestehe in der **Regel**; im Einzelfall könne das Gericht

4 Begr. des BMJV zum VerSanG-ReGE S. 111; krit. *Rübenstahl* ZWH **2019** 265, 273.

5 Begr. des BMJV zum VerSanG-ReGE S. 111.

schwer beurteilen, ob ein Ausschließungsgrund vorliege.[6] Die Rspr.[7] geht sogar teilweise so weit, zu postulieren, dass die Norm eine abweichende Regelung selbst dann nicht zulasse, wenn ein Interessenwiderstreit *sicher* auszuschließen ist. Eine spätere Ausschließung könne zu prozessualen Komplikationen führen, daher sei die generelle Unzulässigkeit klarer und eindeutiger als ein Ausschließungsgrund.[8]

Die nunmehr seit mehr als drei Jahrzehnten geltende Fassung des StVÄG 1987 nimmt aber in Satz 1 die Verteidigung mehrerer Beschuldigter nacheinander durch einen Verteidiger, die **sukzessive Mehrfachverteidigung**, vom Verbot des § 146 trotz des Festhaltens am restriktiven Grundsatz ausdrücklich aus („gleichzeitig“).[9] In diesen Fällen habe § 146 a. F. nämlich „regelmäßig erheblich verfahrensverzögernde Auswirkungen“ gehabt und daher „zusätzlichen Verfahrensaufwand“[10] mit sich gebracht. Satz 2 stellt andererseits seither klar, dass verbotene Mehrfachverteidigung nicht nur bei Tatidentität, sondern **auch** schon **bei bloßer Verfahrensidentität** gegeben ist. 2

2. Kritik am generellen Regelungsbedarf. Mit Schwierigkeiten oder einem generellen Regelungsdefizit bei der Anwendung des § 146 in der von 1879 bis 1975 gültigen Fassung lässt sich aber die **Notwendigkeit** einer den Einzelfall verabsolutierenden Vorschrift entgegen dem Vorstehenden[11] **nicht erklären**. Für das (annähernd) erste Jahrhundert ihres Bestehens findet sich nur eine veröffentlichte höchstrichterliche Entscheidung zu § 146.[12] Nennenswerte Probleme bei der Anwendung der Vorschrift waren vormals nicht ersichtlich.[13] Erst die vom Gesetzgeber beabsichtigte „Klarheit“ und „Eindeutigkeit“ beim Vorliegen einer Mehrfachverteidigung hat ab 1975 zu einer Flut von Gerichtsentscheidungen geführt. Sie demonstriert, dass sich Beschuldigte in zahlreichen Fällen gegen das rigorose Verbot der Mehrfachverteidigung gewandt haben. Ihr tatsächliches Interesse an *diesem* Verteidigungsverhältnis stand also offenbar in Widerspruch zu der gesetzlichen Vermutung, im Beschuldigteninteresse sei eine Interessenkollision zu verhindern. 3

3. Erheblich nachteilige Auswirkungen des Regelungskonzepts des 1. StVRErgG 1974. Die Verteidigung ist nach der generalisierenden Vorstellung des Gesetzgebers auch dann unzulässig, wenn sie im Einzelfall **ohne Interessenkollision** möglich wäre und von den Beschuldigten auch gewollt wird. Dies ist etwa der Fall bei geständigen Eheleuten, welche die gemeinschaftliche Verantwortung übernehmen und in der Darstellung der jedem von ihnen zufallenden, jeweils gemeinschaftlich gewollten Tatteile voll übereinstimmen.[14] 4

---

6 Zu dieser Wertung zusf. BGHSt **52** 307, 311 Tz. 19; knapp auch *Rettke* wistra **2018** 527, 528; LG Arnsberg Beschl. v. 29.11.2016 – 2 Qs 68/16, juris, Tz. 16: „Widerstreitende Interessen liegen bei einer gleichzeitigen Mehrfachverteidigung stets nahe“.

7 KG StraFo **2018** 425, 427.

8 Vgl. Begr. BTDrucks. **7** 2526 S. 25; ebenso später BTDrucks. **10** 1313 S. 22 re. Sp.; weit. Nachw. zum Gesetzgebungsverfahren bei *Dünnebier* FS Pfeiffer 269; LR/*Lüderssen*[25] 4 ff., 15; *Mehlich* Der Verteidiger in den Strafprozessen gegen die Rote Armee Fraktion (2012) 142 ff. (dazu *U. Müller* KJ **2012** 467). Zusf. zu den rechtspolitischen Forderungen nach dem Ende des RAF-Terrorismus *Bachmann* FoR **1998** 133.

9 Vgl. BGHSt **52** 307, 311 Tz. 19; BGH wistra **2001** 470; OLG Jena NJW **2008** 311; LG Dessau-Rosslau StraFo **2008** 74 f.; *Rudolph/Gerson* StV **2019** 209, 211; MüKo/*Thomas/Kämpfer* 14.

10 Begr. BTDrucks. **10** 1313 S. 21; zu den Motiven im Einzelnen LR/*Lüderssen*[25] 14 ff.

11 O. Rn. 1 und 2.

12 RGSt **35** 190.

13 Vgl. *Dünnebier* FS Pfeiffer 275, 278; *Heldmann* DuR **1975** 315 in Fn. 25 mit Nachw. aus der damaligen Rspr. und Lit.; zust. auch MüKo/*Thomas/Kämpfer* 3.

14 Beispiel bereits bei LR/*Dünnebier*[23] 2.

Nichts anderes gilt – was der zeitgeschichtlichen Ursache der Regelung näher kommt[15] – bei Mitgliedern derselben Vereinigung i. S. d. §§ 129, 129a, b StGB.

5 Die **Nachteile für** die **Beschuldigten** sind:[16] Die Ausschaltung erfahrener Verteidiger in umfangreichen Verfahren, die Zersplitterung und strukturell vorprogrammierte Desinformation der Verteidigung in solchen Verfahren, in denen ihr eine umfassend informierte und in zahlreichen gleichen Verfahren geschulte Staatsanwaltschaft gegenübersitzt;[17] die Beschränkung der freien Verteidigerwahl, weil der einzige spezialisierte Verteidiger schon den anderen Beschuldigten verteidigt; die Verteuerung von Verfahren, die – obwohl nicht umfangreich – nun mehrere Verteidiger für mehrere Beschuldigte erfordern;[18] gegebenenfalls Verfahrensunterbrechungen und damit einhergehende Belastungen des Beschuldigten durch häufig erfolgte Zurückweisungen der Verteidigung erst nach längerer Tätigkeit im Verfahren und die für den Beschuldigten und den Verteidiger unberechenbaren und unüberschaubaren Voraussetzungen. Besondere Probleme bestehen für die Vertretung von Beschuldigten in sog. **Terrorismusverfahren.**[19]

6 Das Verbot der Mehrfachverteidigung soll **nicht nur im Erkenntnisverfahren,** sondern auch bei der Mandatsanbahnung, im Rechtsmittelverfahren, im Strafvollstreckungsverfahren und sogar im Strafvollzug gelten sowie nicht nur im Straf-, sondern auch im Bußgeld- und Disziplinarverfahren. Und in demselben Verfahren ist die Mehrfachverteidigung unabhängig davon verboten, ob den Beschuldigten eine gemeinsame Tat vorgeworfen wird.[20]

7 Damit bleiben nur **wenige Fälle** übrig, für die **§ 146 nicht gelten** soll: Die Vertretung eines weiteren Beschuldigten nach dem Tod des Erstbeschuldigten,[21] die Fortführung des ersten Mandates nach Zurückweisung eines später übernommenen Mandats[22] und, freilich auf Basis schwankender Rechtsprechung, die Vertretung mehrerer Beschuldigter durch Verteidiger der gleichen Sozietät.[23]

8 **4. Keine substantielle Abhilfe durch das StVÄG 1987.** Sie hat, wenn man die Auslegung des § 146 in der Fassung bis 1975 zu Grunde legt,[24] im Kern eigentlich nur *eine* wichtige Klarstellung gebracht: Die gleichzeitige Verteidigung ist unzulässig.[25]

9 **5. Notwendigkeit verfassungskonformer Auslegung der Norm.** Indem § 146 nach alledem die Interessenkollision in *jedem* Falle generell ausschließen will, „wird kein Minimum festgelegt, sondern ein **Maximum.**“[26] Der Gesetzgeber hat jedoch nicht zu begrün-

---

15 O. Rn. 1.

16 Vgl. zusf. *Rübenstahl* ZWH **2019** 265, 273 f.; *Wächtler* DuR **1983** 49; *Heldmann* DuR **1975** 322; MüKo/*Thomas/Kämpfer* 3 sowie *Kohlmann* wistra **1982** 2, 6 ff. zu speziellen Problemen im Steuerstrafverfahren.

17 Vgl. *Nestler-Tremel* NStZ **1986** 535.

18 Dies gilt insbesondere für Verfahren nach dem OWiG, vgl. *Axster* GRUR **1977** 738.

19 So *Rebmann* NStZ **1981** 41; vgl. auch die unveröff. Rspr. bei *Nestler-Tremel* NStZ **1986** 534. Zusf. LR/*Lüderssen*[25] 10 a. E.

20 Im Einzelnen dazu unten Rn. 33 ff.

21 BGHSt **27** 315.

22 BGHSt **27** 148, vgl. auch KG Beschl. v. 2.20.2013 – 4 Ws 126-128/13, juris, Tz. 21 f.

23 Im Einzelnen unten Rn. 17.

24 Oben Rn. 1 ff.

25 Weitere Klarstellungen ergaben sich für die Verfahrens- (unten Rn. 27 ff.) und Tatidentität (Rn. 19 ff.) sowie das Verfahren der Zurückweisung (§ 146a, 1).

26 *Dünnebier* FS Pfeiffer 279.

den vermocht, weshalb die Mehrfachverteidigung auch dann verboten sein soll, wenn sie von den Beschuldigten gewünscht wird, ohne dass ein Interessenwiderstreit in der Verteidigung auftritt, oder die Verteidigung durch *einen* Verteidiger nach den dargestellten Leitlinien[27] sogar eindeutig im gemeinsamen Interesse der Beschuldigten liegt. Aus der Autonomie des Beschuldigten folgt vielmehr, dass er seinen Verteidiger frei wählen und ihn nach seinem Ermessen beauftragen und gegebenenfalls das Mandat kündigen kann, wenn kein Vertrauen mehr besteht. Das Institut der notwendigen Verteidigung durchbricht dieses Prinzip nicht.[28] Dementsprechend sollte der **paternalistische Schutz** des Beschuldigten vor einer Verteidigung, die seinen Interessen zuwiderlaufen könnte, **nur in Extremfällen** soweit gehen, dass sein Recht so verteidigt zu werden, wie er es für richtig hält, gänzlich außer Kraft gesetzt wird. Das Schrifttum hat daher immer wieder betont, dass der generalisierende Ausschluss der Mehrfachverteidigung, der gegen den Wunsch der Beschuldigten erfolgt und faktisch zu einer sehr weitgehenden Beschränkung seines Rechts auf Verteidigung führt, sachlich nicht gerechtfertigt ist.[29] Die Vorschrift ist, wie das BVerfG[30] bestätigt hat, zwar **nicht** wegen Verstoßes gegen das Übermaßverbot **verfassungswidrig**.[31] Sie muss aber im Einzelfall bei dem offensichtlichen Fehlen einer die Vermutung der Interessenkollision rechtfertigenden Sachlage **verfassungskonform** restriktiv **ausgelegt** werden. Insbesondere ist daran zu erinnern, dass der Beschuldigte gegen konkrete Interessenkollisionen ohnehin schon über die Strafvorschriften der §§ 203, 356 StGB[32] und die berufsrechtlichen Normen geschützt ist. Die Norm ist damit eine grundsätzlich engauszulegende **Ausnahmebestimmung**, weil sie die von Art 2 Abs. 1 GG geschützte Privatautonomie[33] und die Berufsfreiheit des Art. 12 GG[34] sonst zu weitgehend beschränkt. Sie enthält insbesondere **keinen allgemeinen Rechtsgedanken** und ist **nicht analogiefähig**.[35]

II. Die Regelung im Einzelnen

1. Verteidigung und Interessenkollision. Wegen der „wohl von niemandem vorhergesehenen"[36] weiten Auslegung des § 146 gibt es in der Rechtsprechung eine gewisse Tendenz, in besonders unbefriedigenden Einzelfällen gegenzusteuern, d. h. nach einer 10

27 Vgl. dazu oben Rn. 5.

28 Vor § 137, 62.

29 So hat die Einführung des § 146 einen „Aufschrei der Empörung" (*H.-L. Günther* JZ **1981** 816 Fn. 4) ausgelöst; vgl. i. d. S. u. a. *Dahs* NJW **1975** 1385, 1390; *Dünnebier* NJW **1976** 1, 7; *Achim Krämer* NJW **1976** 1664; *Schmidt-Leichner* NJW **1975** 417, 419; *Ulsenheimer* GA **1975** 103, 115; heute daran anknüpfend *Rübenstahl* ZWH **2019** 265, 273 f.

30 BVerfGE **39** 156 ff. sowie BVerfG (Vorprüfungsausschuss) NJW **1977** 801: Die Verfassungsmäßigkeit des § 146 folge daraus, dass die Verteidigung eine Aufgabe im öffentlichen Interesse sei, die der Verteidiger als Organ der Rechtspflege ausübe (generelle Kritik an dieser Position Vor § 137, 66 ff.).

31 So auch MüKo/*Thomas/Kämpfer* 3; Radtke/Hohmann/*Reinhart* 2, der aber mit Recht Reformen *de lege ferenda* anempfiehlt. Konkrete Vorschläge dazu bereits bei *AK Strafprozeßreform*, §§ 2 und 19 des GesE mit Begr. S. 48, 145. **A. A.** *Dietenmeier* 26 ff. und *Heldmann* DuR **1975** 315, 319 f.: verfassungswidrig, da nicht erforderlich und unangemessen.

32 Vgl. *Lüderssen* FS Triffterer 343; *H.-L. Günther* JZ **1981** 816.

33 Siehe Vor § 137, 26 ff.

34 BVerfG NJW **2016** 2099, 2101; HK-GS/*Weiler* 1.

35 Wie hier jetzt auch MüKo/*Thomas/Kämpfer* 5; ausf. zur daraus resultierenden Kasuistik unten Rn. 33 ff.

36 *Wächtler* DuR **1983** 50.

konkreten Interessenkollision zu fragen.[37] Dieses zusätzliche Tatbestandserfordernis im Einzelfall, das freilich dem Willen des historischen Gesetzgebers zum Teil widerstreitet,[38] ist aus hiesiger Sicht Konsequenz eines verfassungskonform **restriktiven Verständnisses** des Normbereichs.[39]

11 Die Bestimmung bezieht sich nach ihrem Wortlaut und systematischen Standort gegenständlich auf die Verteidigung schlechthin. Sie betrifft sachlich also gleichermaßen **Wahl- wie Pflichtverteidigung**. Sie erfasst in persönlicher Hinsicht auch unterbevollmächtigte Verteidiger[40] und den allgemeinen Vertreter nach § 53 Abs. 2 BRAO.[41] Zeitlich setzt „Verteidigung" nach dem Sinn und Zweck der Vorschrift hier voraus, dass die **Beschuldigteneigenschaft** bereits durch den förmlichen Akt der Inkulpation **begründet** worden war.[42]

12 **a) Gemeinschaftlicher Verteidiger; Sockelverteidigung.** § 146 soll **nicht jede Mehrfachverteidigung** schlechthin ausschließen.[43] Gemeinschaftlicher Verteidiger i. S. d. § 146 ist also nicht schon begriffsnotwendig, wer tatsächliche Verteidigungshandlungen für mehr als einen Beschuldigten vornimmt.[44]

13 Für diese Konstellationen hatte sich zunächst der Sammelbegriff der **„Blockverteidigung"**[45] etabliert, teilweise wird auch von **„Teamverteidigung"**[46] gesprochen. Seit einigen Jahrzehnten hat sich – neutraler – der Begriff **Sockelverteidigung** etabliert.[47] Gemeint ist damit die wechselseitige Information und Absprache mehrerer Verteidiger über eine **gemeinsame Strategie** sowie der Austausch von Arbeitsergebnissen. Die Sockelverteidigung ist damit zunächst abzugrenzen von den Verständigungen unter mehreren Verteidigern *eines* Beschuldigten. Hierfür ist § 227 die Grundlage.[48] Auch bei mehreren Beschuldigten verletzt Sockelverteidigung als solche aber kein Verfahrensinteresse und ist daher nicht nur **rechtlich unbedenklich**, sondern im Einzelfall im Verteidigungsinteresse sogar geboten.[49] Die Grenze der Zulässigkeit ist erst erreicht, wenn sie

---

37 Wie selbstverständlich etwa BGH Beschl. v. 4.7.2012 – 4 StR 141/12, juris („... Die Rüge der Verletzung von § 146 bleibt ohne Erfolg, weil die Revision nichts für einen konkreten Interessenkonflikt des Pflichtverteidigers des Angeklagten ... vorgetragen hat"). Zusf. Überblick bei *Beulke* NStZ **1985** 289; *W. Müller* StV **1981** 196.

38 S. nur oben Rn. 3.

39 Soeben Rn. 9.

40 BVerfG (Vorprüfungsausschuss) NJW **1976** 231; OLG München NJW **1976** 253; OK-StPO/*Wessing* 1.

41 BGH NStZ **2012** 276, 277.

42 Das gilt insbesondere auch für die Verteidigung im Kartellrecht, vgl. *Petzold* NZKart **2014** 170, 171.

43 Oben Rn. 7.

44 So auch BGH NStZ-RR **2002** 12 (Abgabe von Revisionserklärungen des Verteidigervertreters für einen erkrankten Mitverteidiger).

45 Vgl. MAH Strafverteidigung/*Pfordte*/*Tsambikakis* § 17, 5; s. aber auch noch OLG Stuttgart Beschl. v. 5.9.2000 – 5 Ws 31/2000, BeckRS **2000** 30130115; MüKo/*Thomas*/*Kämpfer* 13.

46 *Sommer* StraFo **2013** 6.

47 Der nunmehr von *D. Krause* ZGR **2016** 335, 345 vorgeschlagene Begriff „konzertierte Verteidigung" drückt nichts Anderes aus. Zu den praktischen Fragen der Zusammenarbeit von Verteidigern mehrerer Beschuldigter grdlg. *Richter II* NJW **1993** 2152.

48 S. LR/*Becker*[26] § 227, 10 f.; zur zulässigen Absprache einer gemeinsamen Verteidigungsstrategie OLG Düsseldorf StV **2002** 533; zur gebotenen Terminsabsprache zwischen den (Pflicht-)Verteidigern BGH NStZ **2017** 59, 62 Tz. 25.

49 Begr. zu § 27 VerSanG-ReGE des BMJV, S. 110 (vgl. oben Entstehungsgeschichte): „§ 146 verbietet auch nicht, dass verschiedene Verteidiger sich untereinander beraten und Informationen sowie Arbeitsergebnisse untereinander austauschen". Ebenso *Jahn* (Formularbuch) 17; OK-StPO/*Wessing* § 137, 20.

strafprozessual praktisch auf eine Umgehung der Vorschrift des § 146 hinausläuft.[50] Gleiches gilt dann, wenn sie zur Kollision mit Vorschriften des materiellen Strafrechts wie § 258 StGB[51] oder § 356 StGB[52] führt. Viele **Einzelheiten** sind indes nach wie vor streitig und gleichzeitig werden neue Fragen durch die Praxis – vor allem des beratungsintensiven **Wirtschaftsstrafrechts** – aufgeworfen. Insbesondere können schon *de lege lata*[53] Fragen der **Grenzen** der Sockelverteidigung im Kontext **unternehmensinterner Erhebungen** entstehen, wenn und soweit solche Untersuchungen mit einem Mandat der Individualverteidigung eines Beschuldigten aus dem Unternehmen verknüpft sind oder werden. Diese Problemlagen haben die Rechtsprechung häufig nicht oder zumindest noch nicht erreicht.[54]

b) Mandatsanbahnung. Das Verbot der Mehrfachverteidigung kann bei Mandats- 14
anbahnungsgesprächen[55] in zweierlei Weise Bedeutung erlangen: Einmal kann, wenn solche Gespräche stattgefunden haben, fraglich sein, ob dadurch die **Verteidigung** eines weiteren Beschuldigten oder die Anbahnung eines Mandats mit ihm **überhaupt noch zulässig** ist. Zum anderen kann fraglich sein, ob Mandatsanbahnungsgespräche mit weiteren Beschuldigten zulässig sind, wenn ein Verteidigungsverhältnis mit einem Beschuldigten bereits besteht.

aa) Mandatsanbahnung selbst noch keine Verteidigung gemäß § 146. Unstreitig 15
liegt kein Fall für die Anwendung der Vorschrift vor, wenn ein Anbahnungsgespräch nicht zur Übernahme der Verteidigung geführt hat. Ohne ein förmliches Mandatsverhältnis ist § 146 nicht anwendbar.[56] Der Verteidiger kann daher solange, bis er eine Verteidigung übernommen hat, auch mit mehreren Beschuldigten Anbahnungsgespräche führen.[57] Da seit 1987 nur noch die *gleichzeitige* Mehrfachverteidigung verboten ist,[58] können die für die Verteidigung des bereits von ihm vertretenen Beschuldigten bedeutsamen Informationen, die der Verteidiger aus einem Anbahnungsgespräch mit einem anderen Beschuldigten erhalten hat, **keine Interessenkollisionen** i. S. d. § 146 auslösen. Ebenso wenig ist dies der Fall, wenn er vor dieser Verteidigung schon einen anderen Beschuldigten vertreten hat. Aus dem

---

50 Eingehend dazu *Pellkofer* 177 ff.

51 *Pellkofer* 183 ff.; SSW-StGB/*Jahn* § 258, 30.

52 LG Frankfurt NStZ-RR **2008** 205; *Rudolph/Gerson* StV **2019** 209, 211; *Kämpfer* AnwBl. **2018** 349; *Eck. Müller* 11.

53 Im Kontext eines Sanktionenrechts gegen juristische Personen, das Gegenstand laufender rechtspolitischer Debatten ist, stellten sich bei der Verteidigung des Verbandes und der natürlichen Person (z. B. eines Organs) ebenfalls Fragen zur Anwendung des § 146, vgl. dazu Begr. zu § 27 VerSanG-RegE des BMJV, S. 110 (oben Entstehungsgeschichte); *Witte/Wagner* BB **2014** 643, 648; *R. Hamm*, in: Jahn/Schmitt-Leonardy/Schoop (Hrsg.), Das Unternehmensstrafrecht und seine Alternativen (2015) 185, 205 f.

54 Zu einer Ausnahme unten Rn. 42. Ausf. zur Problemlage *D. Krause* ZGR **2016** 335, 345 ff.; *Petzold* NZKart **2014** 170 f.; *Eck. Müller* StV **2001** 649; *Richter II* NJW **1993** 2152; MAH Strafverteidigung/*Pfordte/Tsambikakis* § 17, 21 ff.; HbFaStrR/*Groß-Bölting/Kaps* Kap. 4/34 ff. sowie *BRAK* Thesen zur Strafverteidigung² (2015) Thesen 13, 14 und 75.

55 Genauer zum Begriff § 148, 7 f.

56 OLG Düsseldorf StV **1984** 106; SK/*Wohlers* 14; *Hassemer* Anm. zu KG StV **1985** 405; das KG folgt dieser Auffassung, macht aber andererseits – insbesondere bei einem Tatvorwurf gem. § 129a StGB – das Mandatsverhältnis zur Voraussetzung dafür, dass ein unüberwachtes Anbahnungsgespräch gem. § 148 Abs. 1 erlaubt wird.

57 BGH b. *Schmidt* MDR **1983** 3; OLG Karlsruhe MDR **1986** 605; MüKo/*Thomas/Kämpfer* 11; unzutr. OLG München MDR **1985** 865.

58 Oben Rn. 2.

Mandatsanbahnungsgespräch erwächst dem Verteidiger keine „aktuelle Beistandsaufgabe" mehr. Nur diese kann aber zum Verbot der Mehrfachverteidigung führen.[59]

16 **bb) Verteidigung und zusätzliche Mandatsanbahnung.** Aus dem gleichen Grund ist aber auch die Auffassung der höchstrichterlichen Judikatur,[60] der Verteidiger eines Beschuldigten dürfe schon kein Anbahnungsgespräch mit einem anderen Mitbeschuldigten führen, nicht haltbar.[61] Die unzutreffende Ansicht,[62] es handele sich bei derartigen Kontakten mit einem Beschuldigten schon um ein zunächst nicht in Erscheinung tretendes „Verteidigen" i. S. d. § 146, ist nach der zutreffenden Gegenauffassung im Schrifttum[63] nicht damit in Einklang zu bringen, dass die Vorschrift nur die gleichzeitige Verteidigung verbietet und bei einem Anbahnungsgespräch noch keine Verteidigung i. S. d. § 146 stattfindet.

17 **c) Anwaltssozietät und Bürogemeinschaft.** Verboten ist nach dem Wortlaut der Vorschrift nur die Verteidigung mehrerer Beschuldigter durch *einen* Anwalt. Daher liegt **kein Fall** des § 146 vor, wenn **mehrere Beschuldigte** durch jeweils **andere Verteidiger** vertreten werden, die sich in einer **Anwaltssozietät** zusammengeschlossen haben.[64] Daran ändert es auch nichts, wenn die **Vollmacht** des Beschuldigten auf alle oder mehrere Anwälte der Sozietät ausgestellt ist.[65] Maßgeblich für die Anwendung des § 146 ist, ob ein Verteidigungsverhältnis vorliegt. Dieses ergibt sich aber noch nicht aus dem bloßen Vorliegen der Vollmachturkunde, vielmehr muss ein **Vertrag** mit dem Verteidiger bestehen.[66] In den Blick zu nehmen ist aber, dass § 43a Abs. 4 BRAO i. V. m. **§ 3 Abs. 2 Satz 1 BORA** greift, der eine Vertretung durch verbundene Anwälte im Grundsatz ausschließt.[67] Da die Regelung des § 3 Abs. 2 Satz 1 BORA nicht verfassungswidrig ist,[68] kann sie zwar zur Auslegung des § 146 – und damit zur weitergehenden Beschränkung als nach der parlamentsgesetzlichen Vorschrift der StPO eigentlich vorgesehen – im Sinne einer „Ori-

---

59 BTDrucks. **10** 1313 S. 22. **A. A.** (ohne nähere Begr.) Meyer-Goßner/*Schmitt* 4.

60 BVerfG (Vorprüfungsausschuss) NJW **1976** 231; BGHSt **28** 67, 68; in BGHSt **26** 291, 293 noch offengelassen.

61 Vgl. schon LR/*Dünnebier*[23] 26.

62 So OLG München NJW **1983** 1688; Meyer-Goßner/*Schmitt* 7; AnwK/*Krekeler/Werner* 15.

63 So auch *Beulke* (Verteidiger) 126; SSW/*Beulke* 10 sowie *Kratzsch* JA **1983** 675; *Krämer* NJW **1976** 1665; Radtke/Hohmann/*Reinhart* 6; dem zuneigend wohl auch *Petzold* NZKart **2014** 170, 171.

64 BVerfGE **43** 79 (dazu *Kempf* FS Busse 191, 195 ff.; *Steindorf* FS Rob. Fischer [1979] 741, 753 f.; MAH Wirtschafts- und Steuerstrafsachen/*Knierim* § 7, 56; MAH Strafverteidigung/*Kleine-Cosack* § 56, 57; vgl auch BVerfGE **108** 150 m. Anm. *Kirchberg* BRAK-Mitt. **2003** 236 f.); OLG Stuttgart StV **2000** 656, 657; zweifelnd BVerfGE **45** 272, 295 ff.; OLG Frankfurt NJW **1978** 2164 m. Anm. *Ostendorf* AnwBl. **1979** 193; s. ferner Begr. zu § 27 VerSanG-RegE, S. 110 (s. dazu oben Entstehungsgeschichte); OLG Karlsruhe NStZ **1999** 212 m. krit. Anm. *Stark*. **A. A.** BVerfG StV **1998** 356 m. krit. Anm. *Lüderssen*.

65 BGHSt **27** 124, 127; OLG Frankfurt NStZ **1983** 472; Meyer-Goßner/*Schmitt* 8; SK/*Wohlers* 32; AnwK/*Krekeler/Werner* 13.

66 S. § 138, 9.

67 OLG Celle Beschl. v. 29.6.2020 – 3 Ws 154/20, BeckRS **2020** 14857 Tz. 14 (im konkreten Fall mangels Rechtsverletzung dahinstehenlassend); Weyland-BRAO-BORA/*Träger* § 3, 11. Umfassend zum Ganzen aus Sicht des Berufsrechts Brüssow u. a./*Johnigk* § 1, 198 ff.; *Kleine-Cosack* StraFo **1998** 149; *Eylmann* StraFo **1998** 145; *Leitner/Leipold/Weimann* StraFo **2001** 223, 229 f.; *Deckenbrock* AnwBl. **2011** 705, 709 f.

68 BVerfG NJW **2006** 2469; BGH NStZ **2014** 660, 663 Tz. 36; **a. A.** *Kilian* AnwBl. **2012** 597. Für eine verfassungskonform enge Auslegung *Deckenbrock* AnwBl. **2009** 16, 19 ff.; *ders.* AnwBl. **2009** 170, 177.

entierungswirkung“ grundsätzlich herangezogen werden.[69] Auch bei der Bestellung zum **Pflichtverteidiger** sind deshalb Interessenkonflikte dann zu beachten, wenn zwei derselben Sozietät angehörende Rechtsanwälte bestellt werden sollen.[70]

Entscheidend ist jedoch vor dem verfassungsrechtlichen Hintergrund der Berufsausübungsfreiheit des **Art. 12 GG** nur ein sich ***konkret*** **abzeichnender Konflikt** widerstreitender Interessen. Ein solcher Interessenkonflikt ist bei der Verteidigung von Mitbeschuldigten durch Rechtsanwälte derselben Sozietät – und erst recht bloßer Bürogemeinschaft – deshalb nicht schon immer dann gegeben, wenn Anklage wegen einer gemeinsam begangenen Tat erhoben worden ist. Die gegenteilige Auffassung des OLG Bremen,[71] insoweit komme stets „eine wechselseitige Bezichtigung der Begehung größerer Tatbeiträge in Betracht ... oder auch die interessenwidrig veranlasste unterbleibende Einlassung zur Sache, die im Falle wahrheitsgemäßer Angaben zur Belastung des anderen führen würde“, was nur nach den Umständen des Einzelfalls anders sein könne und „was insbesondere auf der Grundlage des Einlassungsverhaltens der Beschuldigten zu überprüfen ist“, verfängt nicht. Aus dem Zusammenspiel von StPO und den vorgenannten berufsrechtlichen Normen ergibt sich vielmehr, dass die Prüfung, ob eine Interessenkollision i. S. d. § 3 Abs. 2 BORA vorliegt, allein dem **Verantwortungsbereich des Rechtsanwalts** zuzuordnen ist. Alles andere hieße, es müssten die mit dem Einlassungsverhalten verbundenen Mandatsinterna dem Gericht mitgeteilt werden. Das würde dem Fairnessgrundsatz widerstreiten.[72] Zudem ist es, im Gegensatz zur früheren Fassung, nach § 3 Abs. 2 Satz 2 BORA seit der grundlegenden Neuregelung des Jahres 2005[73] möglich, dass sich der Mandant mit einer solchen Vertretung einverstanden erklärt.[74] Anwälte aus einer Sozietät müssen daher den entsprechenden, **umfassenden Informationspflichten** gegenüber ihren Mandanten nachkommen.[75] Das führt zu dem praktischen Dilemma, dass einerseits die berufliche Verschwiegenheit gewahrt werden muss, andererseits die Informationen wahrheitsgemäß und umfassend sein müssen. Die Aufklärung sollte insoweit zumindest darlegen (und dies **schriftlich dokumentieren)**, welche Personen vertreten werden, welchen Tatvorwürfen sie sich jeweils ausgesetzt sehen und aus welchen Tatsachen sich die mögliche Interessenkollision ergibt.[76] Ganz zuletzt kann seit 1987[77] noch eine **nachträgliche Beschränkung** auf jeweils einen Beschuldigten die Anwendung des § 146 ausschließen, wenn sie vor dem Zurückweisungsbeschluss erfolgt. Dann ist nämlich kein Fall gleichzeitiger Verteidigung mehr gegeben.[78] 18

69 Vgl. BGH NStZ **2014** 660, 663 Tz. 33; OK-StPO/*Wessing* 2 a. E.

70 BGH NStZ **2014** 660, 663 Tz. 34; OLG Bremen Beschl. v. 2.3.2018 – 1 Ws 12/18, NStZ-RR **2018** 188 (Ls.); KG NStZ-RR **2012** 352, 353; AG Rudolstadt Beschl. v. 5.3.2012 – 770 Js 21821/10 1 Ls, FD-StrafR **2012** 330143 m. Anm. *Krug*.

71 OLG Bremen Beschl. v. 2.3.2018 – 1 Ws 12/18, NStZ-RR **2018** 188 (Ls.).

72 Überzeugend *Pfordte/Horvat* StV **2019** 199 f.

73 In Kraft getreten zum 1.7.2006 (vgl. BRAK-Mitt. **2006** 79, 80).

74 *Sahan* AnwBl. **2008** 698, 699; *Kilian* AnwBl. **2002** 597 f.

75 Im Einzelnen aufgelistet bei Weyland-BRAO-BORA/*Träger* § 3, 17.

76 *Kilian* AnwBl. **2012** 597; *Pfordte/Horvat* StV **2019** 199, 202.

77 Anders noch – zur Rechtslage vor dem StVÄG 1987 – BGH NStZ **1983** 228; OLG Karlsruhe MDR **1977** 69.

78 *Nestler-Tremel* NStZ **1988** 107; SK/*Wohlers* 32 sowie unten § 146a, 4 ff. Unzutr. daher OLG Hamm MDR **1984** 72; KK/*Willnow* 9 mit Verweis auf die zum alten Recht ergangene Entscheidung BGH NStZ **1983** 228 sowie Meyer-Goßner/*Schmitt* 8 mit Verweis auf OLG Karlsruhe MDR **1977** 69, ebenfalls vor dem StVÄG 1987 ergangen.

2. Mehrere derselben Tat Beschuldigte

19 **a) Tatidentität.** § 146 verbietet bei getrennten Verfahren – in demselben Verfahren soll schon die Verfahrensidentität das Verbot begründen –[79] die Verteidigung mehrerer „derselben Tat" Beschuldigter. Damit ist klargestellt,[80] dass insbesondere für den Zeitpunkt der **Hauptverhandlung** *höchstens* die Tatidentität gemäß § 264 Anknüpfungspunkt für ein Verbot gem. § 146 sein kann.[81]

20 Gegen die **Verwendung** des Begriffs der **Tatidentität** gem. § 264 als unterschiedslosen Auslöser des Verbotes der Mehrfachverteidigung in allen Verfahrensstadien und -situationen ergeben sich jedoch **Bedenken.** § 264 behandelt das Verhältnis des Urteils zur Anklage und bestimmt sowohl die Kognitionspflicht des Gerichts als auch, in welchem Umfang die richterliche Entscheidung die Strafklage verbraucht.[82] Der Begriff der Tatidentität, die sich auf alle Vorgänge erstreckt, „die nach Auffassung des Lebens ein einheitliches geschichtliches Ereignis sind",[83] ist weit gefasst und im Einzelfall keiner eindeutigen Auslegung zugänglich. Diese weite Definition ist eindeutig auf das Verfahren zwischen Anklage und Urteil bezogen. Für das **Ermittlungsverfahren** passt sie daher nur bedingt. Da sie zudem das jeweilige Verfahren als Bezugspunkt hat, bleibt zweifelhaft, ob die Tatidentität als Maßstab für die Beurteilung der Zulässigkeit der Mehrfachverteidigung **in anderen Verfahren** herangezogen werden kann. Daher ist die Vermutung des Gesetzgebers, gerade die Tatidentität begründe *immer* die Gefahr einer (wenn auch nur verdeckten) Interessenkollision, für das Ermittlungsverfahren und für getrennte Verfahren nicht plausibel. Folglich ist bei der Frage, ob dieselbe Tat gemäß § 146 vorliegt, im Ermittlungsverfahren und bei getrennten Verfahren erneut[84] eine **restriktive Auslegung** erforderlich.

21 **b) Verfahren nach §§ 129a, b StGB.** Nochmals gesteigerte Schwierigkeiten bereitet der Begriff der Tatidentität bei Verfahren mit einer Beschuldigung gemäß §§ 129, 129a, 129b StGB.[85] Denn diese Beschuldigung kann trotz materiell-rechtlicher Tatmehrheit dazu führen, dass die konkreten Taten, die keinen einheitlichen Lebensvorgang betreffen, weil sie zeitlich und örtlich weit auseinander liegen, durch die **Klammerwirkung** des Organisationsdelikts zu Teilen derselben Tat werden. Wegweisend ist eine Entscheidung des KG[86] aus dem Jahre 1980. In diesem Verfahren ging es darum, dass die Straftat, die einem Beschuldigten vorgeworfen wurde, der verdächtig war, derselben Vereinigung anzugehören wie der Beschuldigte im ersten Verfahren, Jahre nach Beendigung des Mandatsverhältnisses mit dem ersten Beschuldigten begangen worden war. Somit hatte der geschichtliche Vorgang, der Gegenstand des ersten Verfahrens war, nur bis zum

---

79 Unten Rn. 27.

80 Vgl. BTDrucks. **10** 1313 S. 22. Das gilt auch für den Sonderfall, dass ein Beschuldigter, der zugleich selbst Rechtsanwalt ist, sich selbst *und* einen Mitbeschuldigten verteidigen will (BGH StV **1996** 469).

81 Vgl. BGHSt **52** 307, 312 Tz. 19; OLG Zweibrücken PStR **2005** 207 (abl. zum konkreten Fall *Merz/Ebner* PStR **2013** 60); AGH Celle Urt. v. 26.6.2017 – AGH 3/16, juris, Tz. 41; LG Berlin DAR **2002** 91; LG Waldshut-Tiengen NStZ **2002** 156, 157; *Lehmann* JR **2018** 312, 313; *Beulke* NStZ **1985** 291; KK/*Willnow* 7; Meyer-Goßner/*Schmitt* 14.

82 LR/*Stuckenberg*[26] § 264, 1 f.

83 BGHSt **11** 130, 133.

84 Oben Rn. 9.

85 Vgl. schon *Dünnebier* FS Pfeiffer 283; *I. Müller* StV **1981** 197; *Nestler-Tremel* NStZ **1986** 534; *Rebmann* NStZ **1981** 44; KK/*Willnow* 7.

86 KG StV **1981** 14. Ebenso KG Beschl. v. 11.7.1980, b. *I. Müller* StV **1981** 201; zust. *Rebmann* NStZ **1981** 44 Fn. 51; ähnlich auch SK/*Wohlers* 22.

Ende des Mandatsverhältnisses auch einen Bezug zur Verteidigung. Das *KG* lehnte daher Identität mit einem Vorgang, der Jahre später stattfand, ab, obwohl auf Grund der Struktur des § 129 StGB als Dauerdelikt und der möglicherweise auch zum Zeitpunkt der zweiten Verteidigung fortbestehenden Zugehörigkeit des ersten Mandanten zu der kriminellen Vereinigung eigentlich Tatidentität vorlag. Der von der Rechtsprechung[87] mehrfach gebrauchte Satz, die Mitgliedschaft mehrerer Beschuldigter in derselben Vereinigung gemäß §§ 129, 129a StGB führe zur Anwendung des § 146, wenn sich die Beschuldigten **in etwa derselben Zeit** als **Mitglied** beteiligt hatten, ist weniger präzise, entspricht aber im Ergebnis den Überlegungen des *KG*.

Das Verbot der **Mehrfachverteidigung** kann deshalb auch in Verfahren wegen Un- 22
terstützung einer terroristischen Vereinigung oder Werbung dafür nicht allein darauf gestützt werden, dass es um zeitlich sich **überschneidende Beteiligungen** gehe.[88] Die zusätzlich zur Beteiligung an der Vereinigung erhobenen Vorwürfe müssen tatidentisch gemäß § 264 sein.[89]

Die Konzentration auf die Frage, welcher Tatvorwurf Gegenstand der Verteidigung 23
ist, muss aber auch fruchtbar gemacht werden für die Fälle, in denen das Verhalten mutmaßlicher **verhafteter Mitglieder terroristischer Vereinigungen** – Fortführung der terroristischen Vereinigung aus der Haft heraus[90] – zeitgleiche Mitgliedschaft zu Tatvorwürfen gegen andere mutmaßliche Mitglieder begründen soll. Solange das Verhalten des inhaftierten Beschuldigten nicht ausdrücklich zum Gegenstand eines Ermittlungsverfahrens oder des laufenden Strafverfahrens gemacht worden ist und ihn der Verteidiger in einem dieser Verfahren vertritt, ist eine Anwendung des § 146 **ausgeschlossen.**[91]

Wird einem Angeklagten ein konkretes Delikt zur Last gelegt, das von einer Organi- 24
sation ausgegangen sein soll, wird er jedoch gem. §§ 129, 129a, b nicht beschuldigt und einem anderen Angeklagten die Zugehörigkeit zu der Organisation zur Last gelegt, nicht jedoch eine konkrete Beteiligung an deren Taten, so liegt keine verbotene Mehrfachverteidigung vor.[92]

3. Gleichzeitige Verteidigung. § 146 verbietet nur die gleichzeitige Verteidigung 25
mehrerer Beschuldigter. Gleichzeitig ist die Verteidigung dann, wenn dem Verteidiger aus den Mandatsverhältnissen zur selben Zeit Beistandsaufgaben erwachsen.[93] Wegen des **weiten Verfahrensbegriffs**[94] fällt eine praktische Bedürfnisse befriedigende positive Definition der Gleichzeitigkeit schwer. Die formelle Beendigung des Mandatsverhältnisses *kann* sich aus dem Abschluss eines Verfahrens ergeben, etwa aus dem rechtskräf-

---

87 BGHSt **27** 148, 153; **28** 67; BGH b. *Pfeiffer* NStZ **1981** 95 nennt „zeitlichen Zusammenhang zwischen den Taten"; *Rebmann* NStZ **1981** 44.

88 Zu der – seinerzeit kaum veröffentlichten – Rechtsprechung zu derartigen Fällen vgl. die Nachweise bei *I. Müller* StV **1981** 199.

89 *Rebmann* NStZ **1981** 45 hält dafür einen zufälligen zeitlichen und örtlichen Zusammenhang zwischen den Taten nicht für ausreichend, sondern fordert einen „direkten engen sachlichen Zusammenhang (...) z. B. eine Verabredung"; zust. auch SK/*Wohlers* 22; KK/*Willnow* 7.

90 Zu der materiell-rechtlich umstrittenen Frage, ob Handlungen in der Haft den Tatbestand des § 129a StGB erfüllen können, vgl. *Nestler-Tremel* NStZ **1986** 538 mit Nachw. in Fn. 59. **A. A.** SK/*Wohlers* 22 a. E.

91 *Nestler-Tremel* NStZ **1986** 539.

92 OLG Frankfurt (Beschl. des Vors.) StV **1996** 84.

93 Oben Rn. 2, 15. Zur speziellen Konstellation, in der ein Verteidiger einen Beschuldigten verteidigt und zugleich selbst Mitbeschuldigter ist, OLG Celle NJW **2001** 3564, 3565.

94 Vgl. dazu § 137, 14 ff.

tigen Freispruch oder der endgültigen Verfahrenseinstellung.[95] Das *muss* aber nicht so sein.

26 So führen **Rechtskraft** oder **Einstellung** des Verfahrens dann nicht zum Mandatsende, wenn das Mandatsverhältnis weitere Verfahrensabschnitte – im Falle der Verurteilung etwa das Vollstreckungsverfahren – umfasst. Ob die Verteidigung beendet ist, so dass keine Gleichzeitigkeit besteht, richtet sich daher nach den allgemeinen Regeln über den zeitlichen Umfang der Verteidigung,[96] speziell bei der Wahlverteidigung nach dem zwischen Mandanten und Verteidiger geschlossenen Vertrag[97] und im Falle der der Pflichtverteidigung nach dem Umfang der Bestellung.[98] Damit besteht generell die Möglichkeit, dass durch **Beendigung des früheren Mandats** die Voraussetzungen für die Zulässigkeit der Verteidigung eines weiteren wegen des gleichen Tatvorwurfs Beschuldigten geschaffen werden.[99] Bei der Pflichtverteidigung hat der Verteidiger die Rücknahme der Bestellung infolge der Anzeige, dass er den Beschuldigten nicht mehr vertritt, abzuwarten und notfalls die Rücknahme förmlich zu beantragen.[100] Eindeutig ist die Dauer des Mandatsverhältnisses, wenn bei der Wahlverteidigung durch die Vollmacht und bei der Pflichtverteidigung durch den beiordnenden Beschluss präzise ausgewiesen ist, **welche Verfahrensabschnitte** von der Verteidigung umfasst sind. Liegt – was in der Praxis die Regel sein dürfte – eine allgemein gehaltene Bevollmächtigung oder Beiordnung vor, ist die Dauer des Verteidigungsverhältnisses bei der Wahlverteidigung nach den für den Umfang der Vollmacht allgemein üblichen Regeln, bei der Pflichtverteidigung nach den für den Umfang der Beiordnung allgemein üblichen Regeln vorzunehmen.[101] In der **Konkretisierung der Vollmacht auf** einzelne **Verfahrensteile** liegt die Möglichkeit für die Verteidigung, von vornherein die Bedingungen für das Entstehen gleichzeitiger, verbotener Verteidigungsverhältnisse zu begrenzen.[102]

27 **4. Verfahrensidentität, § 146 Satz 2.** Satz 2 stellt klar, dass schon die **bloße Verfahrensidentität** bei verschiedenen Taten (§ 264) zum Verbot der gleichzeitigen Verteidigung mehrerer Beschuldigter führt. Die dafür gegebene Begründung konzediert zwar, dass der aus der bloßen Verfahrensidentität herrührende **Interessenkonflikt** nicht stets so evident ist wie der sich aus der Tatidentität ergebende, stellt dann aber fest: „Er kann aber regelmäßig nicht so sicher ausgeschlossen werden, daß es vertretbar erscheint, die gleichzeitige Mehrfachverteidigung bei bloßer Verfahrensidentität zu gestatten. Denn auch die rein verfahrensmäßigen Interessen mehrerer Beschuldigter können und werden häufig durchaus unterschiedlich sein; ihnen kann ein gemeinschaftlicher Verteidiger nicht gleichzeitig Rechnung tragen."[103]

28 Die Frage, ob allein die **Verfahrensidentität** zur **Unzulässigkeit** der Mehrfachverteidigung führen kann, wurde in Rechtsprechung und Literatur vor der Einführung der

---

95 Überholt daher OLG Bamberg NJW **1977** 822; OLG Koblenz MDR **1977** 335, 336. Ist das Urteil gegen einen Angeklagten rechtskräftig geworden, so liegt in der späteren Verteidigung eines Mitangeklagten keine verbotene gleichzeitige Mehrfachverteidigung, BGH NStZ **1994** 500; LG Dessau-Rosslau StraFo **2008** 74, 75.

96 Dazu genauer § 137, 14 ff.

97 Dazu näher Vor § 137, 26 ff.

98 Dazu Vor § 137, 56 ff.

99 OLG Celle StV **1989** 471; OLG Karlsruhe AnwBl. **1989** 54; LG Bonn MDR **1989** 480; LG Frankfurt/O. Beschl. v. 2.12.1994 – 23 AR 47/94.

100 So auch Begr. des Regierungsentwurfs BTDrucks. **10** 1313 S. 23.

101 Vgl. bei § 138, 15.

102 Vgl. schon OLG Karlsruhe NJW **1976** 1417.

103 BTDrucks. **10** 1313 S. 22.

Regelung in § 146 Satz 2 allerdings kontrovers behandelt; diese Argumente sind auch heute noch für die Auslegung der Vorschrift beachtlich.[104] Häufig[105] wurde nämlich über die formale Verfahrensidentität hinaus eine **konkrete Prüfung im Einzelfall** verlangt. Für die Unzulässigkeit der Mehrfachverteidigung bei Verfahrensidentität wurde demgegenüber angeführt,[106] bei der Verteidigung mehrerer Beschuldigter durch einen gemeinschaftlichen Verteidiger in einem Verfahren bestehe, unabhängig von der Frage der Tatidentität, in der Regel die Gefahr einer Interessenkollision, „da kaum ein Strafverfahren vorstellbar ist, das hinsichtlich der Verteidigung mehrerer Beschuldigter exakt parallel verläuft."[107] Interessenkonflikte seien auch bei Prozesshandlungen,[108] der Terminsgestaltung, der Auswahl von Sachverständigen und bei Fragen der Verhandlungsfähigkeit[109] möglich.

Die übersimplifizierende **Konzeption des Gesetzes** in Satz 2 seit dem StVÄG 1987 kann angesichts des vorherigen Streitstands[110] **nicht überzeugen**. Treten Probleme der Terminsgestaltung, insbesondere bedingt durch die Verhandlungsunfähigkeit eines der Mitbeschuldigten, auf, so können diese durch die Abtrennung des Verfahrens einfach gelöst werden; das Recht des Beschuldigten auf einen Verteidiger seines Vertrauens ist höherrangig.[111] Die für § 146 typische Konfliktgefahr bei der Beweisaufnahme im selben Verfahren durch gegenseitige Belastung der Mitangeklagten ist bei verschiedenen Taten, die nur wegen peripherer Gleichartigkeit gemäß § 237 verbunden werden, so gering, dass ein Verbot der Mehrfachverteidigung in diesen Fällen als **„überzogene petitio principii"**[112] erscheint. Hier sollte deshalb das in diesen Fällen zu weitgehende Verbot des § 146 wiederum[113] restriktiv in dem Sinne angewendet werden, dass bei ***offensichtlich* fehlender Verbotswürdigkeit** nach dem Prinzip der Erforderlichkeit verfahren und von der Anwendung des undifferenzierten Gesetzesbefehls auf dem methodischen Weg **verfassungskonform-teleologischer Reduktion** Abstand genommen wird. 29

Durch die **Verbindung von Verfahren** durch das Gericht im Zeitpunkt **nach** der **Eröffnung des Hauptverfahrens** nach **§ 237** darf aufgrund des Grundsatzes **fairer Verfahrensgestaltung** jedenfalls eine zunächst zulässige Verteidigung nicht nachträglich unzulässig werden.[114] Denn die Nachteile der Erstreckung des § 146 auf diese Fälle können erheblich sein.[115] Mit der Verfahrensverbindung, die zur Unzulässigkeit der Verteidigung führt, würden zudem exakt die **prozessökonomischen Schwierigkeiten** eintreten, die mit der Beschränkung des § 146 auf das Verbot der *gleichzeitigen* Mehr- 30

104 Sogleich Rn. 29 ff.

105 Von BayObLG NJW **1977** 820; OLG Celle VRS **67** (1984) 347; OLG Stuttgart GA **1979** 395; NStZ **1985** 326; *Krekeler* AnwBl. **1981** 6; *Sannwald* AnwBl. **1980** 14; *Heinicke* NJW **1978** 1502; *Sieg* MDR **1977** 423; *Schmidt* MDR **1977** 529; *Krämer* NJW **1976** 1666.

106 Dafür OLG Düsseldorf NJW **1975** 2220; *Rebmann* NStZ **1981** 42; für verfassungsrechtlich unbedenklich erklärt durch BVerfGE **45** 354; ausdr. offengelassen bei OLG Bremen NStZ **1985** 89.

107 Auf diese Formulierung in BTDrucks. **7** 2526 S. 25, die auf *Rudolph* DRiZ **1973** 260 zurückgreift, beruft sich *Deulke* NStZ **1985** 293; zweifelnd gegenüber dieser Argumentation OLG Stuttgart NStZ **1985** 326.

108 Z. B. bei Beweisanträgen oder Richterablehnung, so OLG Düsseldorf NJW **1975** 2220.

109 So die damalige Auffassung der Bundesanwaltschaft, wiedergegeben in BVerfGE **45** 354, 359.

110 Soeben Rn. 28.

111 *Heinicke* NJW **1978** 1501 f.

112 *Heinicke* NJW **1978** 1502.

113 Oben Rn. 9.

114 BVerfG (*3. Kammer* des *2. Senats*) StV **2002** 578, 580; BVerwG NZWehrr **2015** 119, 120; OLG Düsseldorf MDR **1976** 70; *Nestler-Tremel* NStZ **1988** 105 f.; SK/*Wohlers* 26. Unzutr. deshalb OLG Celle NStZ **2011** 236 f.

115 Vgl. BayObLG NJW **1977** 820.

fachverteidigung verhindert werden sollen. Zwar hat der Beschuldigte auf Verfahrensverbindung oder -trennung grundsätzlich keinen Anspruch.[116] Mit dem Verlust der Verteidigung durch einen Anwalt seines Vertrauens sind aber erhebliche rechtliche Interessen des Beschuldigten berührt. Eine Verbindung, die allein Gründen der prozesstechnischen Erleichterung dienen kann,[117] verstößt daher wegen der Folgen für das Recht des Beschuldigten auf eine möglichst effektive Verteidigung gegen den verfassungsrechtlichen **Grundsatz der Verhältnismäßigkeit** und ist deshalb ermessensmissbräuchlich.[118] *Das* gilt konsequenterweise nicht nur für Verbindungen nach § 237, sondern auch für Verbindungen durch die **Anklage (§ 2)** und durch Entscheidung des Gerichts nach den §§ 4, 13 Abs. 2.

31 Unklar ist, wann im **Ermittlungsverfahren** von Verfahrensidentität auszugehen ist. Vorgeschlagen wird, das Vorliegen von Verfahrensidentität im Ermittlungsverfahren an Hand der Rechtsprechung des BGH zur prozessualen Gemeinsamkeit von förmlichen Ermittlungen gegen mehrere Mitbeschuldigte zu § 52 Abs. 1 zu bestimmen.[119] Danach begründet **weder** die bloße **Gleichzeitigkeit der Ermittlungen**[120] **noch** die **faktische Zusammenführung** mehrerer Ermittlungsverfahren in einen Vorgang[121] Verfahrensidentität. Notwendig ist vielmehr, dass die prozessuale Gemeinsamkeit durch eine nach außen erkennbare, zumindest konkludente **Verbindungserklärung** der Staatsanwaltschaft ausdrücklich fixiert und begründet wird. Es muss also eine prozessuale Gemeinsamkeit in dem Sinne bestehen, dass die Beschuldigten „in Bezug auf das gleiche historische Ereignis nach prozeßrechtlicher Betrachtungsweise förmlich Mitbeschuldigte gewesen sind."[122] Angesichts des Wortlauts des Gesetzes wird man nicht so weit gehen können, über die Mitbeschuldigteneigenschaft die Tatidentität zum Kriterium für die Verfahrensidentität im Ermittlungsverfahren zu erheben.[123] Der vorgeschlagenen Auslegung[124] des § 146 Satz 2 für das Ermittlungsverfahren über das Kriterium der prozessualen Gemeinsamkeit ist aber aus zwei Gründen zuzustimmen. Einmal wird vermieden, dass allein die Zufälligkeiten der Verfahrensgestaltung durch Polizei und Staatsanwaltschaft im Ermittlungsverfahren das Verbot der Mehrfachverteidigung auslösen können. Zum anderen ist damit der einzig mögliche **verlässliche Maßstab** gegeben, an dem das Gericht, das nach § 146a über die Zulässigkeit der Verteidigung zu befinden hat,[125] seine Entscheidung orientieren kann. Soll das Verbot der Mehrfachverteidigung nicht der Willkür *faktisch* gemeinsamer Ermittlungstätigkeit unterworfen sein, bedarf es eines formalisierten prozessualen Kriteriums. In Betracht dafür kommt – analog der Rechtsprechung zu § 52 – die ausdrückliche oder konkludente **Verbindungserklärung** der Staatsanwaltschaft.[126] Darüber hinaus ist ein Rechtsanwalt, der im Ermittlungsverfahren die **Interessen eines Zeugen** wahrgenommen oder als **Zeugenbeistand** (§ 68b

---

116 LR/*Becker*[26] § 237, 9.

117 BGHSt **19** 182; BGHSt **26** 273.

118 Ebenso *Niemöller/Schuppert* AöR **107** (1982) 387, 439; *Sannwald* AnwBl. **1980** 13 f.; *Heinicke* NJW **1978** 1502; LR/*Erb* § 2, 12; SK/*Wohlers* 26; MüKo/*Thomas/Kämpfer* 19.

119 Vgl. KK/*Willnow* 8; im Grundsatz auch SK/*Wohlers* 25.

120 BGH NStZ **1985** 419, 420; SK/*Wohlers* 25.

121 So auch AG Bremen StV **1982** 67; SK/*Wohlers* 26; ebenso für das Berufungsverfahren BayObLG MDR **1978** 510.

122 BGHSt **34** 138, 139 f.; BGH NStZ **1985** 419.

123 In diese Richtung aber AG Bochum AnwBl. **1983** 43.

124 Vgl. nochmals KK/*Willnow* 8 (übernommen vom Vorkommentator *Laufhütte*).

125 Unten § 146a, 11.

126 OLG Frankfurt Beschl. v. 14.10.1997 – 3 Ws 796/97.

Abs. 1) agiert hat, im späteren Verfahren gegen den Angeklagten nicht nach § 146 ausgeschlossen.[127]

5. Zusammenfassung. Verfahrensidentität gemäß § 146 Satz 2 ohne das Vorliegen von Tatidentität kann nur in den Fällen zur Mehrfachverteidigung führen, in denen ein **Hauptverfahren** gegen mehrere Beschuldigte wegen verschiedener Taten geführt wird und der Verteidiger eines Beschuldigten die Vertretung eines weiteren Beschuldigten übernehmen will. Im **Ermittlungsverfahren** ist die ausdrückliche oder konkludente Verfahrensverbindung Voraussetzung für die Zurückweisung des Verteidigers; für das Zwischenverfahren ist die Anklage ausschlaggebend. Eine Herbeiführung der Verfahrensidentität durch Verbindung (mit der Anklageerhebung, § 2 und in den späteren Verfahrensabschnitten, §§ 4, 13 Abs. 2, 237) ist wegen Ermessensmissbrauchs unzulässig, wenn sie zum Verbot der Mehrfachverteidigung führen würde. 32

III. Einschlägige Verfahrensarten

1. Grundsatz: Differenzierende Betrachtung unter dem Einfluss des Verfassungsrechts. Die Rechtsprechung hat den Anwendungsbereich des § 146 weit über das Strafverfahren im engeren Sinn, das Erkenntnisverfahren, hinaus auf alle **anderen Verfahrensstadien und -arten** erstreckt, in denen „Verteidigung“ stattfindet. Argumentiert wurde damit, dass § 146 *jede* Interessenkollision in der „Verteidigung“ verhindern solle. Doch ist die Vorschrift **nicht analogiefähig.**[128] Eine entsprechende Anwendung aufgrund einer möglicherweise eine Interessenkollision begründenden Vertretung in Zivilstreitigkeiten[129] oder sogar auf den Beistand eines Bewährungshelfers, der dadurch in einen Interessenkonflikt zu seiner Auftragstätigkeit für das Gericht geraten könnte,[130] scheidet deshalb aus.[131] Kann § 146 daher nicht *jeden* denkbaren Interessenkonflikt in der Verteidigung verhindern, so ist im Einzelnen **differenzierend** zu prüfen, für **welche Verfahrenstypen** und Verfahrenskonstellationen zu Recht davon ausgegangen werden kann, dass die Anwendung des Verbots der Mehrfachverteidigung der Reichweite des § 146 entspricht. Diesen Bedenken hat sich im Grundsatz auch das BVerfG nicht verschlossen, wenn es in einem Kammerbeschluss zur Anwendung des § 146 im anwaltlichen Rügebescheidseinspruchsverfahren (wenn auch nur *obiter dictu*) ausführt, es bestünden erhebliche **verfassungsrechtliche Bedenken** gegen die entsprechende, allein auf § 74a Abs. 2 Satz 2 BRAO gestützte Anwendung des § 146 im **berufsgerichtlichen Verfahren**, weil diese Analogie streng an ihrem Zweck zu messen sei.[132] 33

2. Strafvollstreckung. § 146 betrifft nur die Fälle der Verteidigung, in denen der Mandant einer Tat noch beschuldigt wird. *Laufhütte* hat daraus den Schluss gezogen, § 146 sei seit 1987 *generell* nicht mehr[133] auf **Verfahren nach Rechtskraft** des Urteils 34

127 OLG Düsseldorf StV **1991** 251 (Ls.); LG Kiel StV **2017** 187.

128 Oben Rn. 9.

129 So OLG Koblenz NJW **1980** 1058.

130 So OLG Düsseldorf MDR **1987** 694.

131 So auch *Bringewat* MDR **1988** 617; vgl. auch SK/*Wohlers* 2 a. E., 31.

132 BVerfG (*2. Kammer* des *1. Senats*) NJW **2016** 2099, 2101 m. zust. Anm. *Gersemann* BRAK-Mag. 3/**2016** 13. Erg. unten § 146a, 1 a. E.

133 Anders noch KK/*Laufhütte*[1] 2 für die Rechtslage vor 1987 (vgl. oben Rn. 8).

anwendbar.[134] Für die Fälle, in denen es auch im Vollstreckungsverfahren um die Beschuldigung wegen einer Tat geht, lässt sich die generelle Nichtanwendbarkeit des § 146 so aber nicht begründen. Man muss vielmehr weiter differenzieren:[135]

35 Folgende **Verfahrenskonstellationen** sind denkbar: Zwei Mandate im Vollstreckungsverfahren[136] oder ein Mandat im Erkenntnisverfahren und eines im Vollstreckungsverfahren. Dabei ist die Unterscheidung zu machen, ob die Tatidentität sich aus dem – vom Vollstreckungsverfahren her gesehen – abgeschlossenen Verfahren ergibt[137] oder darin besteht, dass zur Grundlage der Aussetzungsentscheidung ein noch anhängiges Verfahren herangezogen wird.[138]

36 Geht es um Entscheidungen über die **Aussetzung des Strafrests** gemäß § 454, liegt nicht die für die Annahme eines Interessenkonflikts typische Situation vor, dass der eine Beschuldigte den anderen belasten könnte, um sich selbst zu entlasten. Grundlage der Entscheidung nach § 57 StGB sind zunächst das Verhalten des Gefangenen im Vollzug und die Sozialprognose – Kriterien, bei deren Anwendung ein Interessenkonflikt nicht denkbar ist. Allein „die **Umstände der Tat**" (§ 57 Abs. 1 Satz 2, Abs. 2 Nr. 2 StGB) können für mehrere Beschuldigte gemeinsam von Bedeutung sein. Da die Strafvollstreckungskammer und das Rechtsmittelgericht aber im Rahmen der Entscheidung nach § 57 StGB an die Tatsachenfeststellungen des Urteils gebunden sind,[139] ist lediglich die Bewertung und Gewichtung dieser Umstände für die Verteidigung offen. In diesem, jeweils auf die individuelle Situation des jeweiligen Mandanten bezogenen, Argumentationszusamenhang ist aber ein **Interessenwiderstreit kaum vorstellbar.**[140]

37 Die gleiche Situation ist gegeben, wenn die Tatidentität mit Blick auf das durch Urteil abgeschlossene Verfahren anzunehmen ist. Auch Entlastungsversuche im **Erkenntnisverfahren**, die den schon Verurteilten belasten, sind für dessen Vollstreckungsverfahren unbeachtlich.[141] Informationen aus dem Vollstreckungsverfahren, die im Erkenntnisverfahren Bedeutung erlangen, kann der Verteidiger auch haben, wenn das Mandat schon beendet ist. Bei gleichzeitigen Mandaten ist andererseits nicht ersichtlich, worin ein Interessenwiderstreit in der Wahrnehmung von Beistandspflichten liegen könnte, wenn **Informationen** eingebracht werden, die für die Verteidigung nur **von Vorteil** sind. Die Vertretung des Mandanten aus dem Vollstreckungsverfahren kann nicht beeinträchtigt sein, wenn sein Verteidiger daraus Informationen für das Erkenntnisverfahren erhält; ihre Verwendung kann allenfalls im Hinblick auf § 203 StGB problematisch sein. Aus der Perspektive des anderen Mandanten mag es problematisch sein, wenn der Verteidiger für ihn nachteilige Informationen hat. Diese Möglichkeit besteht aber unabhängig von der Gleichzeitigkeit der Verfahren, und entscheidend für die Verteidigung ist die Frage, ob sie gut daran tut, riskante Informationen einzubringen. Das hat aber **mit § 146 nichts** mehr **zu tun.**[142]

---

134 Übernommen von KK/*Willnow* 3.

135 Zum Folgenden detailliert *Nestler-Tremel* NStZ **1988** 105.

136 So der Fall bei OLG Schleswig SchlHA **1985** 131.

137 So der Fall bei OLG München NJW **1980** 1477.

138 So der Fall bei OLG Düsseldorf StV **1986** 96.

139 Dazu ausführlich OLG Celle NStZ **1986** 456 m. Anm. *Schöch.*

140 **A. A.** OLG München NJW **1980** 1477; OLG Schleswig SchlHA **1985** 131, allerdings zum vor 1987 (vgl. oben Rn. 8) geltenden Recht.

141 Auch hier ist die Strafvollstreckungskammer wieder an die Feststellungen des Urteils gebunden; vgl. oben Rn. 36.

142 Vgl. *H.-L. Günther* JZ **1981** 820.

Anders ist die Sachlage, wenn Gegenstand der im Vollstreckungsverfahren anstehenden Entscheidung(en) zumindest auch die Beurteilung einer **noch nicht abgeurteilten Straftat** ist.[143] In diesem Fall ist die von § 146 anvisierte Konstellation vorstellbar, dass auch im Vollstreckungsverfahren der eine Mandant sich dadurch zu entlasten versucht, in dem er den anderen belastet – und umgekehrt. **Nur bei dieser Fallkonstellation** ist § 146 also im Vollstreckungsverfahren **anwendbar.** 38

3. Strafvollzug. Im Strafvollzug kann § 146 nur dann Anwendung finden, wenn Gegenstand der Strafvollzugssache eine **Disziplinarmaßnahme**, das heißt, ein gegen den Strafgefangenen gerichteter Tatvorwurf ist.[144] In der Rechtsprechung wird durchaus registriert, dass auch im Strafvollzug „Verteidigung" stattfindet und Interessenkollisionen vorstellbar sind, so dass § 146 grundsätzlich auch auf die Verfahren nach dem StVollzG bzw. der entsprechenden Landesgesetze anwendbar erscheint.[145] Strafprozessuale Normen gelten, soweit ihre **entsprechende** Anwendung möglich ist (§ 120 StVollzG).[146] Da sich § 120 StVollzG unbestritten aber nur auf die **Verfahren** nach dem **Strafvollzugsgesetz** bezieht und keine Verweisungsnorm für den *gesamten* Strafvollzug ist, entstünde bei der schrankenlosen Anwendung des § 146 die kuriose Situation, dass ein Verteidiger zwar mehrere Gefangene innerhalb des Strafvollzugs beraten dürfte, aber nicht mehr in einem möglicherweise der Beratung folgenden gerichtlichen Verfahren. Hinzu kommt, dass es im Strafvollzug nicht um ein Verfahren geht, in dem der Beschuldigte einem Tatvorwurf ausgesetzt ist, sondern um das Rechtsverhältnis zwischen dem Gefangenen und der Strafvollzugsbehörde. 39

Die Dogmatik des § 146 wird ganz aufgegeben, wenn an die Stelle der Tatidentität gemäß § 264 als Anknüpfungspunkt eine **gemeinsame Vollzugssituation** mehrerer Gefangener tritt, aus der sich Interessenkollisionen bei der Vertretung durch den Verteidiger ergebe.[147] Abzulehnen ist auch die Begründung,[148] wonach das Verbot der Mehrfachverteidigung im Strafvollzug dann Anwendung finden solle, wenn **mehrere Gefangene** wegen einer **gemeinsamen Tat** gemäß § 264 verurteilt worden sind. Abgesehen von den generellen Bedenken gegen die undifferenzierte Anwendbarkeit des § 146 auf Verfahren nach dem Strafvollzugsgesetz gilt hier das Gleiche wie im Vollstreckungsverfahren bezüglich abgeurteilter Taten.[149] Im Strafvollzugsverfahren ist der dem Verbot der Mehrfachverteidigung gemäß § 146 zugrunde liegende Regelfall – der eine Beschuldigte belastet den anderen, um sich zu entlasten – **ausgeschlossen.** 40

4. Privat- und Nebenklageverfahren. Im Privatklageverfahren gilt § 146 bei der Vertretung mehrerer Beschuldigter durch einen Rechtsanwalt.[150] Der Vorprüfungsausschuss des BVerfG hat die Anwendbarkeit des § 146 allein mit der **strukturellen Ähn-** 41

---

143 Vgl. etwa den Sachverhalt bei OLG Düsseldorf NStZ **1985** 521: Widerruf einer Reststrafaussetzung wegen einer Tat, bezüglich derer der Verteidiger im Ermittlungsverfahren einen anderen Mandanten vertreten hat.

144 KG NStZ **1981** 75; OLG München Beschl. v. 19.1.1978 – 1 Ws 1322/77; OK-StPO/*Wessing* 6, SK/*Wohlers* 12; AK/*Stern* 20; KK/*Willnow* 3 und *Dünnebier* FS Pfeiffer 283 (allerdings mit nicht überzeugender Begründung).

145 OLG München NStZ **1985** 383; OLG Celle StV **1986** 108; LG Hamburg b. *Franke* NStZ **1985** 349, 355.

146 Vgl. zum Folgenden *Nestler-Tremel/Prittwitz* StV **1986** 109.

147 So aber OLG Celle StV **1986** 108; zutr. krit. *Nestler-Tremel* NStZ **1986** 535.

148 So OLG München NStZ **1985** 383.

149 Oben Rn. 37.

150 BVerfG (Vorprüfungsausschuss) AnwBl. **1977** 223 m. Anm. *Achim Krämer*; OLG Karlsruhe Justiz **1978** 114; zust. SK/*Wohlers* 10; Meyer-Goßner/*Schmitt* 10; SSW/*Beulke* 6.

lichkeit der Rolle des Verteidigers im Privatklage- wie im allgemeinen Strafverfahren begründet. Systematischer hat das OLG Karlsruhe argumentiert.[151] Da die allgemeinen Bestimmungen der Strafprozessordnung, soweit sie nicht durch die §§ 374 ff. ausgeschlossen oder geändert sind – was für § 146 nicht zutrifft – auch für das Privatklageverfahren verbindlich sind, muss § 146 in der Tat angewendet werden.[152] Aus diesem Grund ist es andererseits überzeugend, wenn die Rspr.[153] § 146 im Bereich der **Nebenklage** generell **nicht** anwenden will. Eine **Mehrfach- bzw. Gruppenvertretung ist** grundsätzlich **zulässig**, da diese hier nicht per se mit Interessenskonflikten verbunden ist. § 146 **gilt** gerade **nicht entsprechend** (*arg. e contr.* § 397a Abs. 1 Satz 4). Aus Gründen der Rechtssicherheit und -klarheit hat dies der Gesetzgeber mittlerweile in **§ 397b** Abs. 1 m. W. v. 13.12.2019 ausdrücklich ermöglicht.[154]

42 **5. Einziehungs- und Nebenbeteiligung.** Der Vertreter eines Einziehungs- oder Nebenbeteiligten oder Bußgeldbetroffenen, der häufig als **Unternehmensverteidiger** agieren wird (vgl. § 444 Abs. 2 Satz 2 bzw. § 438 Abs. 3 i. V. m. § 428 Abs. 1 Satz 2),[155] kann **nicht** gleichzeitig Verteidiger der Beschuldigten sein. Neben- und Einziehungsbeteiligte und Beschuldigte können gegenläufige Interessen haben.[156]

43 **6. Bußgeldverfahren.** Gegen die Anwendung des § 146 im Verfahren nach dem Ordnungswidrigkeitengesetz wird eingewandt, die gesetzgeberische Prämisse, Mehrfachverteidigungen begründeten *in der Regel* die Gefahr von Interessenkollisionen, ermangele der tatsächlichen Grundlage, da es etwa in den Verfahren zur Ahndung von Verstößen gegen das **Kartellrecht** zuweilen mehrere tausend Betroffene mit völlig identischen Interessen gebe.[157] Die Rechtsprechung übersehe zudem, dass nach dem für das Bußgeldverfahren maßgebenden Opportunitätsprinzip die Frage, ob und wie eine Ordnungswidrigkeit verfolgt werde, stets unter Berücksichtigung des Einzelfalls zu beurteilen sei. Im Ordnungswidrigkeitenrecht könne daher der gesetzgeberischen Konzeption des § 146, von der auf den Einzelfall bezogenen Prüfung der Interessenkollision abzusehen, nicht gefolgt werden; eine sinngemäße Anwendung (§ 46 OWiG) komme nur in Betracht, wenn im jeweiligen Einzelfall die **konkrete Gefahr einer Interessenkollision** bestehe.[158] Diese Argumentation überzeugt, da unter **quantitativen Gesichtspunkten** die generelle, auch hier geteilte Linie der Kritik an § 146, die abstrakte Gefahr von Interessenkollisio-

---

151 OLG Karlsruhe Justiz **1978** 114.

152 OLG Karlsruhe Justiz **1978** 114; **a. A.** *Achim Krämer* AnwBl. **1977** 225.

153 OLG Köln StV **2014** 278, 279; OLG Hamburg NStZ-RR **2013**.

154 Zutr. bereits *Pues* StV **2014** 304, 309; *Barton* »Die Geister, die sie riefen« – Nebenklage heute, StV 3/**2018** I (Editorial), www.strafverteidiger-stv.de/system/files/users/user5/Editorial_StV_2018_03.pdf.

155 In diesen Fällen ordnet § 428 Abs. 1 Satz 2 an, dass zahlreiche der für die strafprozessuale Verteidigung geltenden Vorschriften „entsprechend" anzuwenden sind, vgl. zum Unternehmensanwalt *Jahn* ZWH **2013** 1, 2 f. Etwas missverständlich daher HK-GS/*Weiler* 6 und SSW/*Beulke* 12 a. E.; s. erg. § 148, 6.

156 Vgl. OLG Stuttgart AGS **2018** 459 m. zust. Anm. *Hiéramente* jurisPR-StrafR 24/**2018** Anm. 4; OLG Hamm StraFo **2018** 63, 67 m. Anm. *Hinderer*; OLG Hamburg NJW **2013** 626 f. m. zust. Anm. *Meyer-Mews*; OLG Düsseldorf NStZ **1988** 290; LG Kleve Beschl. v. 7.4.2020 – 120 Qs 23/20 u. a.; LG Hildesheim Beschl. v. 3.12.2018 – 22 Qs 8/18, juris, Tz. 5; *Rettke* wistra **2018** 527, 528; Radtke/Hohmann/*Reinhart* 7; LR/*Gössel* § 434, 3. **A. A.** noch OLG Karlsruhe Justiz **1983** 163: Die gemeinschaftliche Verteidigung eines Beschuldigten und der dazugehörigen Personenvereinigung gem. § 30 OWiG verstoße nicht gegen § 146; das ist in dieser Allgemeinheit wegen § 444 Abs. 2 Satz 2 i. V. m. § 428 Abs. 1 Satz 2 unzutreffend.

157 *Petzold* NZKart **2014** 170 f.; *Franke* JZ **1978** 265 unter Hinweis auf *Schmidt-Leichner* NJW **1975** 419 Fn. 24.

158 *Franke* JZ **1978** 265.

nen werde auch gegen die Fälle ausgespielt, in denen die Interessen der Beschuldigten eindeutig identisch seien, besonders deutlich wird.[159]

7. Weitere Verfahren. Hier ist jeweils zu prüfen, ob es sich um einen Tatvorwurf handelt, der demjenigen, der gegen einen Beschuldigten im normalen strafprozessualen Erkenntnisverfahren erhoben wird, vergleichbar ist. Im **Disziplinarverfahren** wird § 146 daher von der Rechtsprechung prinzipiell für anwendbar erklärt.[160] Das erscheint aus systematischen Gründen bedenklich. Bereits *Dünnebier*[161] hat darauf aufmerksam gemacht, dass die Verteidigung in Disziplinarverfahren nicht grundsätzlich den Regeln der Strafprozessordnung unterliegt, sondern in § 138a Abs. 4 ausdrücklich als Verteidigung „in *anderen* gesetzlich geordneten Verfahren" gekennzeichnet wird. Nach dieser Vorschrift ist das Disziplinarverfahren von § 146, der die Verteidigung nicht auf andere gesetzlich geordnete Verfahren erstreckt, also **nicht erfasst**. Im **Auslieferungsverfahren** nach §§ 2 ff. IRG ist § 146 grundsätzlich **anwendbar**, § 40 Abs. 3 IRG.[162] Im Rahmen des Exequaturverfahrens und den insofern zu prüfenden wesentlichen Verfahrensgarantien dürfte es allerdings einschränkend allein darauf ankommen, ob durch die gemeinschaftliche Vertretung eine effektive Verteidigung des Verurteilten schlechterdings nicht möglich war.[163] Besondere Konstellationen ergeben sich im **Steuerstrafverfahren** mit Blick auf die erforderlichen Kompetenzen im Steuerrecht.[164] Speziell die praxisbedeutsame Frage, ob das Verbot der Mehrfachverteidigung nach § 146 auch für die **Selbstanzeigeerstattung** gilt, ist im Ergebnis im Regelfall zu bejahen.[165] 44

§ 146a
Zurückweisung eines Wahlverteidigers

(1) [1]Ist jemand als Verteidiger gewählt worden, obwohl die Voraussetzungen des § 137 Abs. 1 Satz 2 oder des § 146 vorliegen, so ist er als Verteidiger zurückzuweisen, sobald dies erkennbar wird; gleiches gilt, wenn die Voraussetzungen des § 146 nach der Wahl eintreten. [2]Zeigen in den Fällen des § 137 Abs. 1 Satz 2 mehrere Verteidiger gleichzeitig ihre Wahl an und wird dadurch die Höchstzahl der wählbaren Verteidiger überschritten, so sind sie alle zurückzuweisen. [3]Über die Zurückweisung entscheidet das Gericht, bei dem das Verfahren anhängig ist oder das für das Hauptverfahren zuständig wäre.

---

159 Oben Rn. 33 sowie für § 30 OWiG OLG Karlsruhe Justiz **1983** 163. Weniger restriktiv BVerfGE **45** 272, 287 ff.; Meyer-Goßner/*Schmitt* 10; HK/*Julius/Schiemann* 9; SK/*Wohlers* 6.

160 BVerwG NZWehrr **2015** 119, 120 (Wehrdisziplinarsache nach § 91 WDO); NJW **1994** 1019; NJW **1985** 1180 (Ls.); BVerfG Beschl. v. 17.8.1977 – 2 BvR 449/77, zit. n. KK/*Willnow* 12; OVG Berlin-Brandenburg Beschl. v. 4.3.2010 – OVG 91 HB 1.08, juris, Tz. 7 (Verfahren nach HeilBerG); SK/*Wohlers* 11. Zweifelnd HK/*Julius/Schiemann* 1 und ausdr. offenlassend für das förmliche Disziplinarverfahren gegen Notare OLG Celle Beschl. v. 30.10.2008 – Not 9/08, juris, Tz. 4. Im Ganzen **a. A.** KMR/*Müller* 3.

161 *Dünnebier* FS Schäfer 27.

162 KG StraFo **2018** 425, 427; OLG Rostock NStZ **2012** 101; *Fromm* NJ **2016** 358, 362; MüKo/*Thomas/Kämpfer* 11; **a. A.** SSW/*Beulke* 5; Radtke/Hohmann/*Reinhart* 3.

163 LG Krefeld Beschl. v. 14.8.2017 – 21 StVK 218/16, juris, Tz. 76.

164 Vgl. *Streck* MDR **1978** 893; *Kohlmann* wistra **1982** 2, 6 ff.; Kohlmann-AO/*Hilgers-Klautzsch* § 370, 1343.1; *Quedenfeld/Füllsack* Rn. 34 ff.

165 Mit Hüls-AO/*Reichling* § 392, 41 ff. und gegen *Egon Müller* FS Kühne 437, 440 f.; MüKo/*Thomas/Kämpfer* 9. Einzelfallbezogene Ausnahmen sind freilich nach den oben in Rn. 9 zusammengefassten Grundsätzen denkbar.

https://doi.org/10.1515/9783110630244-019

(2) Handlungen, die ein Verteidiger vor der Zurückweisung vorgenommen hat, sind nicht deshalb unwirksam, weil die Voraussetzungen des § 137 Abs. 1 Satz 2 oder des § 146 vorlagen.

Schrifttum

Siehe bei § 146.

Entstehungsgeschichte

Die Vorschrift ist im Zusammenhang mit der Neufassung des § 146[1] durch Art. 1 Nr. 12 StVÄG **1987** eingefügt worden.[2] Sie regelt die verfahrensrechtlichen Fragen der Zurückweisung in den Fällen der §§ 137 Abs. 1 Satz 2 und 146.

Übersicht

1 **1. Zurückweisung.** Satz 1 berechtigt und verpflichtet („ist") – in Einklang mit der vorausgehenden Rechtsprechung des BGH[3] – das Gericht, einen Verteidiger zurückzuweisen, sobald es erkennt, dass die Voraussetzungen der §§ 146, 137 Abs. 1 Satz 2 vorliegen. Von den zugrunde liegenden Tatsachen muss es sich gegebenenfalls im Wege des **Freibeweises** überzeugen.[4] § 146a stellt damit klar, dass die Folge der Normverletzung nicht schon kraft Gesetzes eintritt,[5] sondern erst mit dem **Konstitutivakt** der gerichtlichen Zurückweisung.[6] Diese Klarstellung wird in den Materialien[7] mit dem zutreffenden Hinweis begründet, die von der BGH-Rechtsprechung vormals vertretene Auffassung sei zwar sachgerecht, ihre dogmatische Vereinbarkeit mit dem geltenden Recht jedoch nicht zweifelsfrei. Der Wahlverteidiger verliert daher erst **ab diesem Zeitpunkt** seine Befugnisse. Das Gesetz sieht die Zurückweisung **nur beim Wahlverteidiger** vor, § 146a Abs. 1 Satz 1 Hs. 1 („als Verteidiger gewählt worden"). Im Fall der **Pflichtverteidigung** soll an die Stelle der Zurückweisung die Bestellung eines anderen Verteidigers treten.[8] Das ist zwar gesetzessystematisch konsequent.[9] In der Sache folgen aber die Rücknahme der Beiordnung des Pflichtverteidigers und die Bestellung eines neuen denselben Grundsätzen.[10] Das BVerfG hat zum sachlichen **Anwendungsbereich** im Übrigen überzeugende

---

1 Vgl. oben § 146, 8.

2 Vgl. § 146, Entstehungsgeschichte.

3 BGHSt **26** 291, 294.

4 OLG Zweibrücken StraFo **2009** 516; LG Düsseldorf StV **1991** 410; SK/*Wohlers* 3.

5 So noch LR/*Dünnebier*[23] § 146, 13.

6 OLG Bremen, Beschl. v. 24.9.2018 – 1 Ws 59/18, juris, Tz. 25, StV **2020** 151 (Ls.), im ausdr. Anschluss an die hier vertretene Konzeption.

7 BTDrucks. **10** 1313 S. 23.

8 BTDrucks. **10** 1313 S. 23 re. Sp.; AnwK/*Krekeler*/*Werner* 2.

9 So schon *Dünnebier* FS Pfeiffer 286.

10 Vgl. BGH NJW **1978** 384; OLG Bremen, Beschl. v. 24.9.2018 – 1 Ws 59/18, juris, Tz. 25, StV **2020** 151 (Ls.); Meyer-Goßner/*Schmitt* 3 f.; KK/*Willnow* 2; *Joecks* 3; SK/*Wohlers* 5. Zum Verfahren in diesen Fällen unten Rn. 10.

Bedenken geltend gemacht, ob es mit der Berufsausübungsfreiheit (Art. 12 Abs. 1 GG) vereinbar ist, § 146a Abs. 1 im **anwaltsgerichtlichen Verfahren** anzuwenden.[11]

Satz 1 Hs. 2 sieht die gleiche Regelung wie im ersten Halbsatz für den Fall vor, dass erst aufgrund einer späteren **Verfahrensverbindung** Verfahrensidentität eintritt und damit die zunächst zulässige Verteidigung mehrerer Beschuldigter durch einen Verteidiger unter das **Verbot der Mehrfachverteidigung** fällt.[12] 2

Die Zurückweisung ist **nicht erforderlich,** wenn die unzulässige Mehrfachverteidigung keinerlei Auswirkungen mehr auf das weitere Verfahren haben kann. Insoweit ist der Anwendungsbereich der Norm teleologisch zu reduzieren. So verhält es sich im **Revisionsverfahren,** wenn zwar ein Verstoß gegen § 137 Abs. 1 Satz 2 vorliegt, die Revision aber ohnehin nach § 349 Abs. 2 zu verwerfen ist. Dann darf das Gericht ohne gesonderten Beschluss[13] gemäß § 146a sofort die das Verfahren abschließende Entscheidung treffen.[14] 3

2. Wahlrecht (Abs. 1 Satz 2). Satz 2 bestimmt, dass das Gericht alle Verteidiger zurückzuweisen hat, wenn in den Fällen des § 137 Abs. 1 Satz 2 mehrere Verteidiger gleichzeitig ihre Wahl anzeigen und dadurch die **zulässige Höchstzahl** der wählbaren Verteidiger überschritten wird. Dem Gericht kann schon aufgrund der Grenzen der Fremdkontrolle der Verteidigung nicht zugebilligt werden, die Zahl von sich aus zu reduzieren und damit für den Beschuldigten zu entscheiden, welche Verteidiger *er* zu behalten wünscht.[15] Vor der Zurückweisung ist deshalb dem Beschuldigten und seinen Verteidigern gem. § 33 rechtliches Gehör zu gewähren, so dass es dem Beschuldigten überlassen bleibt, die (unter diesen Umständen bereiten) **Verteidiger** zu **bezeichnen,** deren Beistandes er sich zulässigerweise weiter bedienen will. Damit hat er es in der Hand, die Verteidigungsverhältnisse so zu gestalten, dass eine **Zurückweisung entbehrlich** wird.[16] 4

Da außer Zweifel steht, dass das Gericht nicht anstelle des Beschuldigten die Auswahl der Wahlverteidiger treffen kann,[17] ist **Satz 2** nur eine **Klarstellung.** Dass die Regelung nur für die Fälle gilt, in denen mehrere Verteidiger ihre Wahl gleichzeitig anzeigen, ist ebenso selbstverständlich, aber auch in der praktischen Handhabung unproblematisch. Melden sich **mehrere Verteidiger nacheinander,** ist, sobald sich drei Verteidiger gemeldet haben, jeder weitere im Anschluss an seine Meldung zurückzuweisen. 5

Wahlmöglichkeiten existieren aber nicht nur in den Fällen des Satzes 2. Auch dann, wenn gem. § 146 das Verbot der Mehrfachverteidigung wegen Identität durch Verfahrensverbindung erst nachträglich entsteht (Satz 1 Hs. 2)[18] oder sich – was bei getrennten Verfahren nie auszuschließen ist – die Einschlägigkeit des Verbots der gleichzeitigen Mehrfachverteidigung wegen Tatidentität erst im weiteren Verfahren herausstellt, ist der **Verteidiger** vor der Zurückweisung **zu hören** (§ 33). Damit ist ihm Gelegenheit zu geben, 6

---

11 BVerfG (*2. Kammer* des *1. Senats*) NJW **2016** 2099, 2101; anders noch BVerwG NZWehrr **1994** 33, 35 (Wehrdisziplinarsache). Genauer § 146, 33 a. E.

12 Oben § 146, 30 ff.

13 Unten Rn. 11.

14 So auch KK/*Willnow* 6; SK/*Wohlers* 12; SSW/*Beulke* 7.

15 Siehe BTDrucks. **10** 1313 S. 23; OVG Berlin-Brandenburg Beschl. v. 4.3.2010 – OVG 91 HB 1.08, juris, Tz. 4 (Verfahren nach HeilBerG).

16 BTDrucks. **10** 1313 S. 24; OLG Zweibrücken StraFo **2009** 516; OK-StPO/*Wessing* 4.

17 Soeben Rn. 4.

18 Oben Rn. 2.

die Verteidigerbeziehung zu einem der Beschuldigten zu beenden.[19] Die Gesetzesbegründung[20] nennt diesen Weg ausdrücklich nur für den soeben erstgenannten Fall, dass durch Verbindung Verfahrensidentität herbeigeführt wird. Aber **auch** bei **Tatidentität** muss der Verteidiger sich entscheiden können, welches Mandat er aufgeben will, so dass das andere Mandat dann zulässig wird, weil keine gleichzeitige Mehrfachverteidigung mehr vorliegt.[21]

7 Um unverhältnismäßige Eingriffe in die Belange der Verteidigung zu verhindern, hat der BGH die Fortführung der zuerst übernommenen Verteidigung nach Zurückweisung der später übernommenen Verteidigung für zulässig erachtet[22] und die Zurückweisung aller Verteidiger nur für den Fall vorgesehen, dass sich eine Reihenfolge nicht ermitteln lässt.[23] Mit dem Verbot *nur* der gleichzeitigen **Verteidigung** mehrerer Beschuldigter ist dem Verteidiger faktisch das **„Recht der Auswahl"**, das ihm der BGH gerade nicht einräumen wollte,[24] dennoch gegeben. Er kann – im Rahmen des berufs- und strafrechtlich Zulässigen[25] – unter Nutzung dieser Mechanik ein Mandat niederlegen, um das andere zu übernehmen. Die sachgerechte Entscheidung für eine dem gesetzgeberischen Ziel der Vermeidung von Interessenkonflikten möglichst nahe kommende Auswahl, welche Verteidigung fortgeführt werden soll, ist damit dem Verteidiger überlassen.

8 Die **Entscheidung**, welche Verteidigung aufgegeben werden soll, kann nur der **Verteidiger** treffen. Eine Zurückweisung von beiden Verteidigungen würde beide und nicht nur einen der Beschuldigten benachteiligen. Sie wäre zudem nur durch Erwägungen zu rechtfertigen, die vom seit dem StVÄG 1987 gültigen Normzweck des § 146 – Verbot (nur) der *gleichzeitigen* Verteidigung –[26] nicht gedeckt sind. Gibt es mit der zeitlichen Reihenfolge der Verteidigungen zwar einen formalen Anhaltspunkt für eine Entscheidung des Gerichts, welche Verteidigung unzulässig ist, so kann das nicht bedeuten, dass dem Verteidiger das **Recht der Auswahl** genommen wird. Andernfalls würde ein Kriterium eingeführt, das nach § 146 irrelevant ist – unterschieden wird nur noch in gleichzeitige oder nicht gleichzeitige, aber nicht in **„frühere" und „spätere" Verteidigung.**[27] Der Verteidiger kann aber stets die Zurückweisung in *einem* Verfahren dadurch korrigieren, dass er die Verteidigung im *anderen* Verfahren beendet und sich neu bestellt.

9 In allen Fällen, in denen das Verbot der Mehrfachverteidigung erst nachträglich eintritt oder erkannt wird, ist dem Verteidiger daher Gelegenheit zu geben, sich zu entscheiden, welche Verteidigung er – unter Aufgabe der anderen – fortführen will. Nur dann, wenn der Verteidiger diese **Entscheidung** nicht **in angemessener Zeit** – in Anlehnung an das Unverzüglichkeitsgebot des § 141 Abs. 3 Satz 5[28] – trifft, kann das Gericht den Verteidiger von sich aus zurückweisen. Bei **Verfahrensidentität** hat das Gericht den

---

19 Ebenso SSW/*Beulke* 5; SK/*Wohlers* 9 und wohl auch *Dünnebier* FS Pfeiffer 283; generell zur Wahlmöglichkeit des Verteidigers nach § 146a *Nestler-Tremel* NStZ **1988** 106 f.

20 BTDrucks. **10** 1313 S. 24.

21 Oben § 146, 32.

22 BGHSt **27** 148; zust. *Bottke* NStZ **1985** 327, 328; MüKo/*Thomas/Kämpfer* 5 (*arg. e contr.* Satz 2). **A. A.** OLG Hamm NStZ **1985** 327; NStZ **1984** 425.

23 Krit. zu dieser an rein formalen Gesichtspunkten orientierten und die Interessen der Beschuldigten letztlich hintanstellenden Auslegung, die ein Wahlrecht des Verteidigers ausdrücklich ablehnt (BGHSt **27** 148, 153) *Schubarth* FS Rechtsanwaltsverein Hannover (1981) 243; *Nestler-Tremel* StV **1986** 519 Fn. 25.

24 BGHSt **27** 148, 153.

25 Vgl. dazu Vor § 137, 37 u. 51.

26 Oben § 146, 2 u. 25 ff.

27 Zutr. *Nestler-Tremel* NStZ **1988** 106; zust. auch SK/*Wohlers* 9.

28 Vgl. § 141, 12 ff.

Verteidiger dann von allen Verteidigungen zurückzuweisen,[29] denn anderenfalls müsste es eine Entscheidung für oder gegen einen der Beschuldigten im selben Verfahren treffen. Bei **Tatidentität**[30] weist das Gericht den Verteidiger von der Verteidigung zurück, die sich wegen Gleichzeitigkeit mit der Verteidigung eines anderen Beschuldigten als unzulässig herausgestellt hat. Mit dieser Zurückweisung trifft das **Gericht** *de facto* eine **Entscheidung** für die Zulässigkeit der anderen – nunmehr erlaubten – Verteidigung. Da das Gericht aber allein über die Zurückweisung der Verteidigung in seinem Verfahren zu entscheiden hat, ist diese Nebenfolge der Entscheidung ohne Belang.

Auch dem bestellten Verteidiger steht ein **Wahlrecht** zu. Die Gesetzesbegründung[31] 10
stellt nur lapidar fest, dass dann, wenn die Voraussetzungen des § 146a vorliegen oder eintreten, bei einem bestellten Verteidiger an die Stelle der Zurückweisung die Bestellung eines anderen Verteidigers tritt. Aus dem vorzugswürdigen Verständnis des Wesens der Pflichtverteidigung ergibt sich,[32] dass für sie hier nichts anderes gelten kann als für die Wahlverteidigung. Auch[33] dem **bestellten Verteidiger** ist daher bei Verfahrensidentität die **Möglichkeit** zu geben, **sich** dazu **zu äußern**, welche Verteidigung er weiterführen will. Seine Wahl hat das Gericht bei seiner anstehenden Entscheidung zu berücksichtigen, für welche Verteidigung ein anderer Verteidiger bestellt wird. Bei Tatidentität in verschiedenen Verfahren ist dem Verteidiger Gelegenheit zu geben, durch Niederlegung des Mandats oder Antrag auf Rücknahme der Bestellung in anderen Verfahren zu verhindern, dass das Gericht über die Bestellung eines anderen Verteidigers nur nach seinem Ermessen entscheidet.

3. Zuständigkeit (Abs. 1 Satz 3). Die Zurückweisung nimmt nach **Abs. 1 Satz 3** pri- 11
mär das **Gericht** vor, bei dem die Strafsache **anhängig ist.** Der Beschluss ist mit **Gründen** zu versehen (§ 34). Die **Staatsanwaltschaft** kann, weil sie über die Möglichkeit der Verbindung von Verfahren verfügt,[34] auf diesem Weg mittelbar auch die Grundlage für eine Zurückweisung der Verteidigung schaffen.[35] Da unmittelbar gegen die Entscheidung der Staatsanwaltschaft über die Verfahrensverbindung wie auch über die dann folgende Zurückweisung des Verteidigers kein ordentliches Rechtsmittel gegeben ist, wäre es eine **„bittere Ungerechtigkeit“**[36] im Vergleich zur ausführlichen Verfahrensregelung des Ausschlusses in den § 138a ff., gegen den zudem die sofortige Beschwerde ohne Weiteres möglich ist (§ 138d Abs. 6 Satz 1; § 304 Abs. 4 Satz 3),[37] wenn der Beschuldigte und der Verteidiger keine Möglichkeit hätten, die Entscheidung der Staatsanwaltschaft fachgerichtlich überprüfen zu lassen. Deshalb ist im **vorbereitenden Verfahren** für die Entscheidung über die Zurückweisung ausnahmslos das Gericht anzurufen, das **für** die **Hauptverhandlung zuständig** wäre (Abs. 1 Satz 3 a. E.). Im Fall einer **Zuständigkeitswahl** nach § 24 Abs. 1 Nrn. 2, 3 GVG entscheidet das Gericht, bei dem Anklageerhebung beabsichtigt ist.[38] Ist angesichts der Strafdrohung nach § 74 Abs. 1 GVG die

29 BTDrucks. **10** 1313 S. 23.

30 Diese kann sich nur in getrennten Verfahren nachträglich erweisen. Im selben Verfahren bestünde schon ein Fall verbotener Verfahrensidentität, vgl. oben § 146, 27 ff.

31 Vgl. oben Rn. 1.

32 S. hierzu Vor § 137, 62.

33 Für die Wahlverteidigung bereits oben Rn. 4.

34 Siehe nur Nr. 17 Abs. 2 RiStBV und Meyer-Goßner/*Schmitt* § 163, 5; vgl. auch LR/*Stuckenberg* § 199, 12.

35 Oben § 146, 31.

36 So schon prägnant schon LR/*Dünnebier*[23] § 146, 26.

37 Oben § 138d, 16.

38 LG Hildesheim Beschl. v. 3.12.2018 – 22 Qs 8/18, juris, Tz. 7 f; OK-StPO/*Wessing* 4 a. E.

Große Strafkammer für das Hauptverfahren zuständig, hat sie – und **nicht** etwa der **Haftrichter** – auch über die Zurückweisung zu entscheiden.[39] Andere Stellen, etwa eine **JVA,** können anstelle des Gerichts **nicht** z. B. unter Hinweis auf § 137 Abs. 1 Satz 2 Beschränkungen gegenüber einem weiteren Verteidiger vornehmen.[40]

12 **4. Folgen der Zurückweisung (Absatz 2).** Nach der ausdrücklichen Regelung in **Absatz 2** bleiben diejenigen Handlungen des zurückgewiesenen Verteidigers **wirksam,** die vor der Zurückweisung liegen. Absatz 2 hat somit den bis zum StVÄG 1987 bestehenden Streit um die Frage beendet,[41] welche Folgen eine nach § 137 Abs. 1 Satz 2 oder § 146 unzulässige Verteidigung hat.[42] Deshalb ist eine vor der Zurückweisung vorgenommene **Zustellung**[43] ebenso wirksam wie die **Begründung einer Revision** nach § 345 Abs. 2 Var. 1 trotz Zurückweisung zulässig bleibt.[44]

13 Die amtliche Begründung zu Absatz 2 betont überdies zu Recht, dass für die von der früheren Rechtsprechung befürwortete Ausnahme von dem Grundsatz, dass die Verteidigung erst mit der Zurückweisung und damit nur ***pro futuro*** unzulässig wird, kein praktisches Bedürfnis besteht. Man kann der Regelung in Absatz 2 deshalb die Bestätigung eines heute ausnahmslos gültigen **allgemeinen Rechtsgedankens** entnehmen.[45]

14 **5. Gebühren.** Absatz 1 stellt klar, dass die Verteidigung bis zur Zurückweisung zulässig war („sobald"), deshalb waren auch die vorgenommenen Handlungen nach Absatz 2 bis zur Konstitutiventscheidung des Gerichts wirksam. Damit stehen der Verteidigung auch die **Verteidigergebühren bis** zur **Zurückweisung** zu. Die gegenteilige, wohl noch vorherrschende Ansicht,[46] der gegen § 146 verstoßende Mandatsvertrag sei gem. § 134 BGB jedenfalls dann nichtig, wenn der Verstoß gegen § 146 für den Verteidiger bei der Mandatsübernahme erkennbar war, und dies gelte unabhängig davon, ob eine förmliche Zurückweisung erfolgt ist, verkennt die Rechtswirkung der Zurückweisung gem. § 146a. Durch sie wird nicht mehr nur deklaratorisch das Verbot der Mehrfachverteidigung festgestellt, sie **wirkt** vielmehr **konstitutiv.**[47] Für ein Auseinanderfallen der zivil- und damit kostenrechtlichen Beurteilung der Mehrfachverteidigung und ihrer prozessrechtlichen Gültigkeit gibt das Gesetz daher mit der im Vordringen begriffenen Ansicht[48] keinen Raum mehr.

---

39 So zutr. KG Beschl. v. 2.10.2013 – 4 Ws 126-128/13 u. a., juris, Tz. 18.

40 *Widmaier* StraFo **2011** 390 f.

41 Vgl. BTDrucks. **10** 1313 S. 24.

42 Vgl. dazu zuletzt LR/*Lüderssen*[24] § 146a, 13. Zutr. lakonisch deshalb BGH NStZ **2013** 299, 300.

43 S. § 145a, 8 mit allen Nachw.

44 OLG Celle Beschl. v. 4.4.2016 – 1 Ss 16/16.

45 Vgl. BTDrucks. **10** 1313 S. 24; BGH StV **2015** 339, 341 Tz. 39 („… gilt dies jedenfalls bis zur Zurückweisung des Verteidigers" – insoweit in BGHSt **59** 205 nicht abgedr.); NStZ **2013** 299, 300; LG Lübeck wistra **2018** 527; *Dünnebier* FS Pfeiffer 282; SSW/*Beulke* 12. Die entgegenstehende Ansicht von KK/*Laufhütte*[2] § 146, 15 hat KK/*Willnow* § 146a, 5 mittlerweile aufgegeben, weshalb auch über die noch von *Foth* NStZ **1987** 441 genannten Missbrauchsmöglichkeiten die Zeit hinweggegangen sein dürfte (vgl. dazu überzeugend krit. bereits *Nestler-Tremel* NStZ **1988** 107).

46 OLG Stuttgart AGS **2018** 459, 461 f. Tz. 19 f.; OLG Rostock NStZ **2012** 101; LG Koblenz MDR **1998** 309; LR/*Hilger*[26] § 464a, 33 m. w. N.

47 Oben Rn. 1.

48 LG Braunschweig Nds.Rpfl. **1989** 182; LG Bamberg NStZ **1989** 387; SSW/*Beulke* 15; Radtke/Hohmann/*Reinhart* 6; MüKo/*Thomas*/*Kämpfer* 13 (wenn dem Verteidiger nur Fahrlässigkeit vorzuwerfen ist).

6. Rechtsmittel gegen die Zurückweisung. Gegen die Zurückweisung durch das Gericht haben alle davon betroffenen **Beschuldigten und** der zurückgewiesene **Verteidiger** bei erkennbarem Handeln namens und im Auftrag des Beschuldigten[49] das Rechtsmittel der einfachen Beschwerde nach § 304 Abs. 1.[50] Ein ***eigenes* Beschwerderecht** hat nach der hier vertretenen Konzeption entgegen der ganz h. M.[51] aber weder der Wahl- noch der Pflichtverteidiger, weil es jeweils an der Beschwer fehlt.[52] Wird der Antrag der Staatsanwaltschaft auf Zurückweisung eines Verteidigers abgelehnt, hat sie ebenfalls das Rechtsmittel der Beschwerde gemäß § 304 Abs. 1 (§ 296).[53] **Unanfechtbar** ist aber der **Zurückweisungsbeschluss** des **Oberlandesgerichts** nach § 304 Abs. 4 Satz 2,[54] so dass insofern, je nach Auffassung zu deren grundsätzlicher Zulässigkeit und Verhältnis zueinander, Gegenvorstellung[55] und Anhörungsrüge (§ 33a)[56] möglich und mit Blick auf die Subsidiarität der Verfassungsbeschwerde auch erforderlich ist bzw. sind.[57] Die Beschwerde gegen Entscheidungen des Ermittlungsrichters beim BGH ist mit dem StVÄG 1987 entfallen, da nach Absatz 1 Satz 3 auch im Vorverfahren das erkennende Gericht für die Zurückweisung zuständig ist.[58] 15

7. Revision. Der Revision können **zwei Fallkonstellationen** zugrunde liegen: Die Verteidigung hat gegen das Verbot des § 146 verstoßen, der Verteidiger ist aber nicht zurückgewiesen worden[59] oder der Verteidiger ist zurückgewiesen worden, ohne dass die Voraussetzungen des § 146 vorlagen.[60] 16

Mit Erfolg soll die Revision auf das **Unterlassen der Zurückweisung** dann gestützt werden können, wenn die Verteidigung der mehreren Beschuldigten der Aufgabe der Verteidigung im Einzelfall tatsächlich widersprochen hat.[61] Unterschiedlich wird die Fra- 17

---

49 Vgl. BGHSt **26** 291; **27** 148; OLG Stuttgart Justiz **1984** 430; OLG München NJW **1976** 863; LG Regensburg NJW **2005** 2245; *Schmidt* MDR **1977** 529; Meyer-Goßner/*Schmitt* 8 und § 305, 5.

50 KG Beschl. v. 2.10.2013 – 4 Ws 126-128/13 u. a., juris, Tz. 14; LG Düsseldorf Beschl. v. 24.4.1991 – 1 Qs 27/91 BuK; SK/*Wohlers* 15; KK/*Willnow* 7. **A. A.** – irrig – OLG Hamm NStZ **1987** 476. Soweit dort über die generelle Frage der Zulässigkeit von Beschwerden gegen Entscheidungen über die Verteidigerbestellung hinaus auf die Fassung des § 304 Abs. 5 durch das StVÄG 1987 verwiesen ist, in dem die Beschwerde gegen die Zurückweisung des Ermittlungsrichters beim BGH nicht mit aufgezählt wird, geht dies fehl. Die Änderung des § 304 Abs. 5 wurde allein deswegen erforderlich, weil aufgrund des § 146a nicht mehr der Ermittlungsrichter, sondern nur noch das erkennende Gericht zuständig ist, vgl. BTDrucks. **10** 1313 S. 30.

51 BVerfGE **39** 156, 161 f.; BGHSt **26** 291; **28** 67; KG Beschl. v. 2.10.2013 – 4 Ws 126-128/13 u. a., juris, Tz. 15 f.; OLG Köln NStZ **1982** 129; OLG München NJW **1976** 863; *Sannwald* AnwBl. **1980** 10, 11; KK/*Willnow* 7; Meyer-Goßner/*Schmitt* 8; SK/*Wohlers* 16; MüKo/*Thomas*/*Kämpfer* 15.

52 So auch KMR/*Müller* 11.

53 Unstr., vgl. nur Meyer-Goßner/*Schmitt* 8; KK/*Willnow* 7 a. E.

54 BGH NJW **1977** 156; *Schmidt* MDR **1977** 532; SK/*Wohlers* 15; LR/*Matt*[26] § 304, 84 a. E. Im Verfahren nach dem OWiG hingegen ist die Beschwerde gegen Entscheidungen des OLG zulässig, die außerhalb der Hauptverhandlung erfolgen, vgl. BGH NJW **1987** 451.

55 Vgl. dazu LR/*Jesse*[26] Vor § 296, 77 ff.

56 HK-GS/*Weiler* 7.

57 Zu den Einzelheiten *Jahn*/Krehl/Löffelmann/Güntge, Die Verfassungsbeschwerde in Strafsachen[2] (2017), Rn. 200 ff.

58 Vgl. BTDrucks. **10** 1313 S. 30 und oben Rn. 11 zu der deshalb notwendigen redaktionellen Änderung des § 304 Abs. 5.

59 Sogleich Rn. 17. Zu den Fällen des § 146a Abs. 1 Satz 1 Var. 1 (mehr als drei Verteidiger entgegen § 137 Abs. 1 Satz 2) s. bereits § 137, 61.

60 Sogleich Rn. 19.

61 BGHSt **27** 22 m. Anm. *Meyer* JR **1977** 211; BGHSt **27** 154, 159; BGH StV **1981** 117; OLG Koblenz NJW **1980** 1058; LG Frankfurt NJW **1978** 2164; AnwK/*Krekeler*/*Werner* 8.

ge beurteilt, ob in einem solchen Fall der absolute Revisionsgrund des **§ 338 Nr. 5 oder** ein Revisionsgrund gemäß **§ 337** gegeben ist. Die Befürworter einer Lösung nach § 338 Nr. 5 meinen, dass die durch das Vorliegen einer konkreten Interessenkollision bedingte Verhinderung, die Verteidigung uneingeschränkt wahrzunehmen, einer fehlenden Verteidigung gleichzusetzen sei.[62] Diese Argumentation ist allerdings auf die Fälle notwendiger Verteidigung beschränkt, denn nur hier ist das Fehlen der Verteidigung ein absoluter Revisionsgrund (§§ 226, 338 Nr. 5). § 338 Nr. 5 soll anwendbar sein, weil bei gemeinschaftlicher Verteidigung der Verteidiger schon von Gesetzes wegen „kein Verteidiger" sei.[63] § 146a legt aber fest, dass die Verteidigung erst durch die rechtskräftige Zurückweisung als Konstitutiventscheidung unzulässig wird.[64] Dass nicht *jede* gemäß § 146 unzulässige Mehrfachverteidigung auch bei notwendiger Verteidigung den Revisionsgrund des § 338 Nr. 5 auslösen kann,[65] ist damit offenkundig.[66] Die Differenz reduziert sich daher auf die Fälle, in denen festgestellt wird, dass die Mehrfachverteidigung tatsächlich zu einem **Interessenkonflikt** geführt hat. Dann macht es in der Sache – abgesehen von Fällen, in denen die Verteidigung schon nicht gemäß § 140 notwendig war – zunächst einmal keinen fundamentalen Unterschied, ob die Revision nach § 337 oder § 338 Nr. 5 begründet wird. Denn die Feststellung eines tatsächlichen Interessenkonflikts indiziert stets die Möglichkeit, dass das Urteil auf dem Verstoß gegen § 146 i. S. d. § 337 Abs. 1 **beruht.**[67] Da deshalb eine Beurteilung zu der Frage des tatsächlichen Vorliegens eines Interessenkonfliktes erforderlich ist, die Verletzung des § 146 *allein* also gerade nicht zu der unwiderlegbaren Vermutung führen soll, dass das Urteil auf dem in § 338 Nr. 5 genannten Verfahrensfehler beruht,[68] kann die **Revision** im Ergebnis nur **nach § 337** begründet werden.[69]

18 Eine nach diesen Grundsätzen auf die Rüge, die verbotene Mehrfachverteidigung habe einen **tatsächlichen Interessenwiderstreit** bewirkt, gestützte Revision steht im Einklang mit der Auslegung des § 146, die es verbietet, auf die Einzelabwägung zurückzugreifen.[70] Dass der Beschuldigte vor *konkreten* Interessenkollisionen im Einzelfall zu schützen ist, wird von niemandem bestritten. Andererseits gelten die gegen eine Einzelfallprüfung genannten Einwände – Einmischung in die Belange der Verteidigung, willkürliche Selektion zwischen genehmen und unerwünschten Verteidigern durch Staatsanwaltschaft und Gericht während des Hauptverfahrens – im Revisionsverfahren nicht mehr. Somit kann die Revision damit begründet werden, die Verteidigung habe ihrer Aufgabe auf Grund einer **konkreten Interessenkollision** nicht nachkommen können. Das gilt gleichermaßen für **andere Rechtsmittel**, die gegen Entscheidungen eingelegt wurden, an deren Zustandekommen ein Verteidiger beteiligt war, der trotz der Situation einer konkreten Interessenkollision gehandelt hat. Der Rechtsmittelführer muss aber im

---

62 So ersichtlich BGH StV **1981** 117 – allerdings ohne Begründung; OLG Koblenz NJW **1980** 1058.

63 Vgl. SSW/*Beulke* 19; ausf. dazu bereits LR/*Dünnebier*[23] § 146, 18.

64 Oben Rn. 1, 14.

65 Diese Folge hat allerdings nur LR/*Dünnebier*[23] § 146, 18 als Konsequenz des Gesetzes angenommen. Die Rechtsprechung setzt in jedem Fall das Vorliegen einer tatsächlichen Interessenkollision voraus, zur Begründung vgl. BGHSt **26** 291, 294.

66 *Nestler-Tremel* NStZ **1988** 107; **a. A.** *Dünnebier* FS Pfeiffer 278.

67 Generell zum Beruhensmaßstab LR/*Franke*[26] § 337, 177 ff.

68 LR/*Franke*[26] § 338, 1.

69 So auch BGHSt **27** 22 m. Anm. *Meyer* JR **1977** 211; BGHSt **27** 154, 159; LR/*Franke*[26] § 338, 93; Meyer-Goßner/*Schmitt* 9; MüKo/*Thomas*/*Kämpfer* 16; OK-StPO/*Wessing* 8; offenlassend SK/*Wohlers* 19.

70 *Beulke* NStZ **1985** 292 Fn. 44 zitiert für die kritisierten Beispiele einer einzelfallbezogenen Rechtsprechung zwar auch die Revisionsentscheidungen des BGH, setzt sich aber im Folgenden nicht mit der besonderen Situation im Revisionsverfahren auseinander; s. im Übrigen HK/*Julius*/*Schiemann* 9.

Revisionsverfahren nach den allgemeinen Grundsätzen des § 344 Abs. 2 Satz 2 alle **Tatsachen darlegen**, aus denen sich das ergibt.[71] Ob dem Tatrichter der Verstoß bekannt war, ist unerheblich.[72] Dass der Verteidiger eines **Mitangeklagten** hätte zurückgewiesen werden müssen, kann hingegen schon **mangels Beschwer** nicht gerügt werden.[73] Das gilt auch im Verhältnis zwischen Angeklagtem und **Nebenkläger**.[74]

Ist ein Verteidiger zurückgewiesen worden, obwohl die **Voraussetzungen** des § 146 **19**
nicht gegeben waren, ist die Revision wegen **fehlenden Beruhens** (**§ 337**) nach h. M.[75] jedenfalls dann nicht begründet, wenn der Beschuldigte durch einen (bzw.: den[76]) anderen Verteidiger ordnungsgemäß verteidigt war.

§ 147
Akteneinsichtsrecht, Besichtigungsrecht; Auskunftsrecht des Beschuldigten

(1) Der Verteidiger ist befugt, die Akten, die dem Gericht vorliegen oder diesem im Falle der Erhebung der Anklage vorzulegen wären, einzusehen sowie amtlich verwahrte Beweisstücke zu besichtigen.

(2) ¹Ist der Abschluss der Ermittlungen noch nicht in den Akten vermerkt, kann dem Verteidiger die Einsicht in die Akten oder einzelne Aktenteile sowie die Besichtigung von amtlich verwahrten Beweisgegenständen versagt werden, soweit dies den Untersuchungszweck gefährden kann. ²Liegen die Voraussetzungen von Satz 1 vor und befindet sich der Beschuldigte in Untersuchungshaft oder ist diese im Fall der vorläufigen Festnahme beantragt, sind dem Verteidiger die für die Beurteilung der Rechtmäßigkeit der Freiheitsentziehung wesentlichen Informationen in geeigneter Weise zugänglich zu machen; in der Regel ist insoweit Akteneinsicht zu gewähren.

(3) Die Einsicht in die Protokolle über die Vernehmung des Beschuldigten und über solche richterlichen Untersuchungshandlungen, bei denen dem Verteidiger die Anwesenheit gestattet worden ist oder hätte gestattet werden müssen, sowie in die Gutachten von Sachverständigen darf dem Verteidiger in keiner Lage des Verfahrens versagt werden.

(4) ¹Der Beschuldigten, der keinen Verteidiger hat, ist in entsprechender Anwendung der Absätze 1 bis 3 befugt, die Akten einzusehen und unter Aufsicht amtlich verwahrte Beweisstücke zu besichtigen, soweit der Untersuchungszweck auch in einem anderen Strafverfahren nicht gefährdet werden kann und überwiegende schutzwürdige Interessen Dritter nicht entgegenstehen. ²Werden die Akten nicht elektronisch geführt, können ihm an Stelle der Einsichtnahme in die Akten Kopien aus den Akten bereitgestellt werden.

---

71 BGHSt **27** 22; **27** 154, 159; BGH StV **1981** 117; Meyer-Goßner/*Schmitt* 9.

72 Vgl. *Meyer* JR **1977** 213; OLG Koblenz NJW **1980** 1058.

73 BGH StV **1984** 493; SK/*Wohlers* 18; SSW/*Beulke* 17 a. E. Erst das Beruhen verneint, bei gleichem praktischen Ergebnis, Radtke/Hohmann/*Reinhart* 8.

74 OLG Celle Beschl. v. 29.6.2020 – 3 Ws 154/20, BeckRS **2020** 14857 Tz. 12.

75 BGHSt **27** 154, 159; BayObLG NStZ **1988** 281; KK/*Willnow* 9; *Pfeiffer* 2; Meyer-Goßner/*Schmitt* 9; *Joecks* 6; AnwK/*Krekeler*/*Werner* 8. **A. A.** – mit beachtlichen Argumenten – MüKo/*Thomas*/*Kämpfer* 18: stets Verstoß gegen § 338 Nr. 8 i. V. m. Art. 6 Abs. 3 lit. c EMRK (freie Verteidigerwahl).

76 Einschr. HK-GS/*Weiler* 7 a. E.: § 338 Nr. 8 nur bei einschlägiger Spezialisierung des Verteidigers.

https://doi.org/10.1515/9783110630244-020

(5) [1]Über die Gewährung der Akteneinsicht entscheidet im vorbereitenden Verfahren und nach rechtskräftigem Abschluss des Verfahrens die Staatsanwaltschaft, im Übrigen der Vorsitzende des mit der Sache befassten Gerichts. [2]Versagt die Staatsanwaltschaft die Akteneinsicht, nachdem sie den Abschluss der Ermittlungen in den Akten vermerkt hat, versagt sie die Einsicht nach Absatz 3 oder befindet sich der Beschuldigte nicht auf freiem Fuß, so kann gerichtliche Entscheidung durch das nach § 162 zuständige Gericht beantragt werden. [3]Die §§ 297 bis 300, 302, 306 bis 309, 311a und 473a gelten entsprechend. [4]Diese Entscheidungen werden nicht mit Gründen versehen, soweit durch deren Offenlegung der Untersuchungszweck gefährdet werden könnte.

(6) [1]Ist der Grund für die Versagung der Akteneinsicht nicht vorher entfallen, so hebt die Staatsanwaltschaft die Anordnung spätestens mit dem Abschluß der Ermittlungen auf. [2]Dem Verteidiger oder dem Beschuldigten, der keinen Verteidiger hat, ist Mitteilung zu machen, sobald das Recht zur Akteneinsicht wieder uneingeschränkt besteht.

(7) (weggefallen)

Schrifttum

Arloth Geheimhaltung von V-Personen und Wahrheitsfindung im Strafprozeß (1987); *Bahnsen* Das Akteneinsichtsrecht der Verteidigung im Strafverfahren (1996); *Bell* Beschlagnahme und Akteneinsicht bei elektronischen Medien (2016); *Bender/Nack* Unzulässige Beschränkung der Verteidigung durch Vorenthaltung der Spurenakten? ZRP **1983** 1; *Beulke* Das Einsichtsrecht des Strafverteidigers in die polizeilichen Spurenakten, FS Dünnebier (1982) 285; *ders.* Der Beitrag des Europäischen Gerichtshofs für Menschenrechte zur Entwicklung des deutschen Verfahrensrechts aus Sicht eines deutschen Strafverteidigers, in: Höland (Hrsg.), Wirkungen der Rechtsprechung des Europäischen Gerichtshofs für Menschenrechte im deutschen Recht (2011) 71; *ders./Witzigmann* Das Akteneinsichtsrecht des Strafverteidigers in Fällen der Untersuchungshaft, NStZ **2011** 254; *Bittmann* Gesetz zur Änderung des Untersuchungshaftrechts, NStZ **2010** 13; *Bode* Ist ein Verteidiger berechtigt, nach Eröffnung des Hauptverfahrens dem Angeklagten einen Aktenauszug zu überlassen? MDR **1981** 287; *Börner* Akteneinsicht nach Durchsuchung und Beschlagnahme, NStZ **2007** 680; *ders.* Das Recht auf Akteneinsicht gemäß § 147 StPO im Lichte der EMRK, MRM **2010** 97; *ders.* Grenzfragen der Akteneinsicht nach Zwangsmaßnahmen, NStZ **2010** 417; *Böse* (K)ein Akteneinsichtsrecht für den Beschuldigten? StraFo **1999** 293; *Bohnert* Untersuchungshaft, Akteneinsicht und Verfassungsrecht, GA **1995** 468; *Borggräfe/Schütt* Grundrechte und dinglicher Arrest, StraFo **2006** 133; *Borgs* Steuerakten – Vorlage für parlamentarische Untersuchungen (Art. 44 GG, § 30 AO), JZ **1985** 112; *Bosch* Akteneinsicht, Aussageverweigerung und Untersuchungshaft, StV **1999** 333; *BRAK* Stellungnahme zum Referentenentwurf des Bundesministeriums der Justiz „Gesetz zur Überarbeitung des Untersuchungshaftrechts", Stellungnahme Nr. 37/2008; *dies.* Stellungnahme zum Gesetzentwurf der Bundesregierung zur Stärkung der Rechte von Verletzten und Zeugen im Strafverfahren, Stellungnahme Nr. 9/2009; *dies.* Stellungnahme zum Entwurf der Bundesregierung eines „Gesetzes zur Änderung des Untersuchungshaftrechts", Stellungnahme Nr. 10/2009, jeweils abrufbar über www.brak.de; *Bruschke* Das Akteneinsichtsrecht im steuerlichen Verfahren, ZSteu **2006** 374; *Burhoff* Das Akteneinsichtsrecht des Strafverteidigers nach § 147 StPO, ZAP F 22 (**2002**) 345; *Burkhard* Zum Recht des Strafverteidigers auf Akteneinsicht in strafrechtlichen Ermittlungsverfahren, wistra **1996** 171; *ders.* Akteneinsichtsrecht des Strafverteidigers im Steuerstrafverfahren, StV **2000** 526; *ders.* Probleme mit dem Akteneinsichtsrecht in Steuerstrafverfahren, DStR **2002** 1794; *Buschbell/Janker* Gewährung von Akteneinsicht durch die Polizei – ein Weg zur Beschleunigung der Schadensabwicklung in Verkehrsunfallsachen? ZRP **1996** 475; *Cierniak/Niehaus* Akteneinsichts- und Offenlegungsrechte im Bußgeldverfahren, DAR **2014** 2; *dies.* Neuere Entwicklungen zum Recht auf Einsichtnahme in Messunterlagen, DAR **2018** 541; *Czaschke* Einsicht in Gefangenenpersonalakten, NStZ **1983** 441; *DAV* Stellungnahme zum Diskussionsentwurf des BMJ für ein eines Gesetz zur Einführung der elektronischen Akte in Strafsachen, Stellungnahme Nr. 79/2012, abrufbar über www.anwaltverein.de; *Deckers* Einige Bemerkungen zum Gesetz zur Änderung des Untersuchungshaftrechts, StraFo **2009** 441;

Dedy Die Neuregelung des Akteneinsichtsrecht durch das Gesetz zur Änderung und Ergänzung des Strafverfahrensrechts (Strafverfahrensänderungsgesetz 1999) – Fortschritt oder Stillstand? StraFo **2001** 149; *Deutscher Richterbund* Stellungnahme zum Diskussionsentwurf des Bundesministeriums der Justiz eines Gesetzes zur Einführung der elektronischen Akte in Strafsachen, Stellungnahme Nr. 22/2012; *ders.* Stellungnahme zum Referentenentwurf eines Gesetzes zur Einführung der elektronischen Akte in Strafsachen, Stellungnahme Nr. 30/2012, jeweils abrufbar über www.drb.de; *Donath/Mehle* Akteneinsichtsrecht und Unterrichtung des Mandanten durch den Verteidiger, NJW **2009** 1399; *Esser/Gaede/Tsambikakis* Übersicht zur Rechtsprechung des EGMR in den Jahren 2008 bis Mitte 2010 – Teil I, NStZ **2011** 78; *Fetzer* Einsichtsrecht des Strafverteidigers in gerichtliche Dateien, StV **1991** 142; *Flümann* Die Vorlage von Akten nach § 99 VwGO im Rahmen von Auskunftsverlangen aus Kriminalakten, NJW **1985** 1452; *Frohn* Strafverteidigung und rechtliches Gehör – verfassungsrechtliche Anmerkungen zur Strafverfahrensreform, GA **1984** 555; *v. Galen/Maass* Verwendung strafrechtlicher Ermittlungsakten und datenschutzrechtliche Zweckbindung, BlnAnwBl. **2015** 446; *Gatzweiler* Folgen des Strafverfahrensänderungsgesetzes 1999 (StVÄG 1999) – Änderungen des Akteneinsichtsrechts, StraFo **2001** 1; *Gehm* Das Recht auf Akteneinsicht im Steuerstraf- sowie im Besteuerungsverfahren, StV **2016** 185; *Björn Gercke* Überwachung der Telekommunikation – von der Ausnahme zur Regel, StraFo **2014** 94; *Gerson* Die elektronische Akte als Herausforderung für das Strafverfahren, StraFo **2017** 402; *Gröger* Das Akteneinsichtsrecht im Strafverfahren unter besonderer Berücksichtigung der Europäischen Menschenrechtskonvention (2009); *Groh* Zum Recht des Strafverteidigers auf Einsichtnahme in staatsanwaltschaftliche Ermittlungsakten, DRiZ **1985** 52; *Haas* Zu den Auswirkungen der Entscheidung des EGMR zur Akteneinsicht von Beschuldigten, NStZ **1999** 442; *R. Hamm* Digitale Strafakten und das Einsichtsrecht der Verteidigung, FS Schlothauer (2018) 105; *Hansmann* Das Gefecht um das Akteneinsichtsrecht – eine aktuelle Rechtsprechungsübersicht, DAR **2012** 609; *D. Herrmann* Zur Reform des Rechts der Untersuchungshaft, StRR **2010** 4; *Hiebl* Ausgewählte Probleme des Akteneinsichtsrechts nach § 147 StPO (1994); *Hilger* Zur Akteneinsicht Dritter in von Strafverfolgungsbehörden sichergestellte Unterlagen, NStZ **1984** 541; *ders.* § 147 V StPO – Untersuchungshaft, GA **2006** 294; *Jahn* Das partizipatorische Ermittlungsverfahren im deutschen Strafprozess, ZStW **115** (2003) 815; *ders.* Die Änderungen im Recht der Strafverteidigung durch das 2. Opferrechtsreformgesetz, NJW-FH Tepperwien (**2010**) 25, abrufbar über www.jura.uni-frankfurt.de/jahn; *ders.* „Parität des Wissens"? – Die konventionskonforme Auslegung der Neuregelung des Akteneinsichtsrechts (§ 147 StPO), FS I. Roxin (2012) 585; *ders./Lips* Hat der Strafverteidiger die Pflicht bei der Rekonstruktion außer Kontrolle geratener Verfahrensakten mitzuwirken? StraFo **2004** 229; *Jörke* Akteneinsicht als Voraussetzung effektiver Verteidigung (1987); *Kazele* Änderungen im Recht der Untersuchungshaft, NJ **2010** 1; *Keller* Das Akteneinsichtsrecht der Strafgefangenen, NStZ **1982** 17; *Kempf* Zur verfassungsgerichtlichen Entwicklung des Akteneinsichtsrechts, StraFo **2004** 299; *ders.* Die Rechtsprechung des EGMR zum Akteneinsichtsrecht und §§ 114, 115 Abs. 3, 115a Abs. 3 StPO, FS Rieß (2002) 217; *Kettner* Der Informationsvorsprung der Staatsanwaltschaft im Ermittlungsverfahren (2002); *Kieschke/Osterwald* Art. 5 IV EMRK contra §§ 147 ff. StPO, NJW **2002** 2003; *Kiethe* Zum Akteneinsichtsrecht des Verletzten (§ 406e StPO), wistra **2006** 50; *Knierim* Elektronische Dokumente im Strafprozess, FS W. Schiller (2014) 371; *M. Kuhn* Akteneinsicht contra Strafverfolgungsinteresse (2003); *B. Kuhn* Das Recht auf Akteneinsicht gemäß § 147 StPO im strafrechtlichen Ermittlungsverfahren (2007); *Lange* Vollständige oder teilweise Akteneinsicht für inhaftierte Beschuldigte in den Fällen des § 147 II StPO? Falsche und richtige Folgerungen aus den Urteilen des EGMR vom 13.2.2001 gegen Deutschland, NStZ **2003** 348; *Lehmann* Einsicht in die Handakten der Staatsanwaltschaft? GA **2017** 36; *Lesch* Die Akten im Strafprozess – ein Beitrag aus Sicht der Strafverteidigung, FS Paeffgen (2015) 527; *Lingen* Die Akteneinsicht durch den Beamten und den Verteidiger im strafrechtlichen Ermittlungsverfahren und während der disziplinarrechtlichen Vorermittlungen, DÖV **1980** 193; *Marberth-Kubicki* Die Akteneinsicht in der Praxis, StraFo **2003** 366; *Meyer* Das Akteninformationsrecht des Beschuldigten nach § 147 StPO i. d. F. des StVÄG 1999 (2002); *Reinhart Michalke* Reform der Untersuchungshaft – Chance vertan? NJW **2010** 17; *ders.* Das Akteneinsichtsrecht des Strafverteidigers – Aktuelle Fragestellungen, NJW **2013** 2334; *Molketin* Zum Anspruch des Strafgefangenen auf Einsichtnahme in die von der Vollzugsbehörde über ihn geführten Krankenunterlagen, MDR **1980** 544; *Morgenstern* Die Stärkung prozessualer Garantien im Recht der Untersuchungshaft in Deutschland und Polen, ZIS **2011** 240; *dies.* Verteidigung bei Untersuchungshaft, FS Eisenberg (2019) 475; *Müller-Jacobsen/Kai Peters* Schwarzmalerei in Steuerstrafsachen, wistra **2009** 458; *Nehm* Das Akteneinsichtsrecht des inhaftierten Beschuldigten, FS Graßhof (1998) 239; *Neue Richtervereinigung* Stellungnahme zum Diskussionsentwurf des BMJ zu einem Entwurf eines Gesetzes zur Einführung der elektronischen Akte in

Strafsachen, abrufbar über www.nrv.de; *Oswald* Aktenaushändigung in die Kanzlei des Bevollmächtigten, AnwBl. **1983** 253; *Paeffgen* § 119 StPO soll reformiert werden!? GA **2009** 450; *ders.* Schriftliche Stellungnahme zum Entwurf eines Gesetzes zur Änderung des Untersuchungshaftrechts, abrufbar über webarchiv.bundestag.de; *Pawlita* Die Wahrnehmung des Akteneinsichtsrechts im gerichtlichen und behördlichen Verfahren durch Überlassung der Akten in die Rechtsanwaltskanzlei, AnwBl. **1986** 1; *Peglau* Akteneinsichtsrecht des Verteidigers in Untersuchungshaftfällen, JR **2012** 231; *Pfeiffer* Das Akteneinsichtsrecht des Strafverteidigers, FS Odersky (1996) 453; *Rauwald* Verwendung der Strafakte zur Anspruchsverfolgung durch den Beschuldigten, NJW **2018** 3679; *Rieß* Amtlich verwahrte Beweisstücke (§ 147 StPO), FS II Peters (1984) 113; *Rixecker* Verborgene Räume der Strafaktenführung, FS Tolksdorf (2014) 365; *Rübenstahl* Zum Akteneinsichtsrecht des Verteidigers gem. § 147 StPO nach Einstellung des Verfahrens, WiJ **2019** 6; *Senge* Aktuelle Rechtsprechung des Bundesgerichtshofes zur zeitweiligen Beschränkung des Rechts der Verteidigung auf Akteneinsicht nach § 147 Abs. 2 StPO, FS Strauda (2006) 459; *H. Schäfer* Das Recht eines früheren Beschuldigten auf Akteneinsicht und das Geheimhaltungsinteresse des öffentlichen Dienstes, MDR **1984** 454; *ders.* Die Grenzen des Rechts auf Akteneinsicht durch den Verteidiger, NStZ **1984** 203; *ders.* Die Einsicht in Strafakten durch Verfahrensbeteiligte und Dritte, NStZ **1985** 198; *Schlag* Beweisstücke – unnutzbares oder ungenutztes Verteidigungspotential? FS Koch (1989) 229; *Schlothauer* Zum Rechtsschutz des Beschuldigten nach dem StVÄG 1999 bei Verweigerung der Akteneinsicht durch die Staatsanwaltschaft, StV **2001** 192; *ders.* Reform des Ermittlungsverfahrens, StV **2016** 607; *Roland Schmitz* Das Recht auf Akteneinsicht bei Anordnung von Untersuchungshaft, wistra **1993** 319; *Schnarr* Zur Dauer der Aufbewahrung von Spurenakten nach vorläufiger Einstellung des Ermittlungsverfahrens, ZRP **1996** 128; *Egon Schneider* Problemfälle aus der Prozeßpraxis – Akteneinsicht durch Aktenüberlassung, MDR **1984** 108; *Hartmut Schneider* Grundprobleme des Rechts der Akteneinsicht des Strafverteidigers, Jura **1995** 337; *Schoreit* Verwaltungsstreit um Kriminalakten, NJW **1985** 169; *Th. Schröder* Das Akteneinsichtsrecht im Straf- und Ordnungswidrigkeitenverfahren im Spannungsfeld nationaler, unionsrechtlicher und völkerrechtlicher Vorgaben, in: Oğlakcıoğlu et. al. (Hrsg.), Axiome des nationalen und internationalen Strafverfahrensrechts (2016) 121; *Schuhmann* Zur Akteneinsicht im Steuerstrafverfahren, wistra **1995** 181; *Seibert* Parlamentarischer Untersuchungsausschuß und Steuergeheimnis, NJW **1984** 1001; *von Stetten* Die elektronische Akte in Strafsachen: Segen oder Fluch? ZRP **2015** 138; *Strafverteidigervereinigungen* Stellungnahme zu dem Gesetzentwurf der Bundesregierung „Entwurf eines Gesetzes zur Änderung des Untersuchungshaftrechts", abrufbar (html) über www.strafverteidigervereinigungen.org; *Taschke* Die behördliche Zurückhaltung von Beweismitteln im Strafprozeß (1989); *ders.* Akteneinsicht und Geheimnisschutz im Strafverfahren, CR **1989** 299, 410; *Tormöhlen* Akteneinsicht im Steuerstrafverfahren, AO-StB **2017** 53; *Traut/Cunningham* Akteneinsichtsrecht des Verteidigers mit Kanzleisitz im Ausland – Theorie und Praxis, StraFo **2017** 222; *Trück* Herausgabe von Bändern einer Videovernehmung an den Verteidiger im Wege der Akteneinsicht? NStZ **2004** 129; *Tsambikakis*, Das „geteilte" Akteneinsichtsrecht, FS Richter II (2006) 529; *ders.* Moderne Einwirkungen auf die Strafprozessordnung – Beispiel: Untersuchungshaft, ZIS **2009** 503; *ders.* Schriftliche Stellungnahme zum Entwurf eines Gesetzes zur Änderung des Untersuchungshaftrechts, abrufbar über webarchiv.bundestag.de; *Viertelhausen* Akteneinsicht in das Fallheft im Besteuerungs- und Steuerstrafverfahren? wistra **2003** 409; *Walischewski* Probleme des Akteneinsichtsrechts der Verteidigung im Ermittlungsverfahren (1998); *ders.* Das Recht auf Akteneinsicht bei strafprozessualen Zwangsmaßnahmen im Ermittlungsverfahren, StV **2001** 243; *Warg* Der Begriff der Akte und ihre Vorlage im Strafverfahren, NJW **2015** 3195; *Wasserburg* Das Einsichtsrecht des Anwalts in die kriminalpolizeilichen Spurenakten, NJW **1980** 2440; *ders.* Einsichtsrecht des Verteidigers in kriminalpolizeiliche Spurenakten, NStZ **1981** 211; *ders.* Einschränkung des Akteneinsichtsrechts bei Gefährdung der Staatssicherheit oder bei Gefährdung eines Zeugen, FS II Peters (1984) 285; *Weider* Das Gesetz zur Änderung des Untersuchungshaftrechts, StV **2010** 102; *ders.* Schriftliche Stellungnahme zum Entwurf eines Gesetzes zur Änderung des Untersuchungshaftrechts, abrufbar über webarchiv.bundestag.de; *Welp* Probleme des Akteneinsichtsrechts, FS II Peters (1984) 309; *ders.* Rechtsschutz gegen verweigerte Akteneinsicht, StV **1986** 446; *Wendt* Das Recht auf Offenlegung der Messunterlagen im Bußgeldverfahren, NZV **2018** 441; *Wettley/Nöding* Akteneinsicht in Telekommunikationsdaten, NStZ **2016** 633; *Wessing* Die Akteneinsicht im Kartellbußgeldverfahren, WuW **2010** 1019; *Wessing/Hiéramente* Akteneinsicht im Kartellrecht – Der Aspekt des Vertrauens- und Geheimnisschutzes, WuW **2015** 220; *dies.* Akteneinsichtsrecht und Aktenweitergabe durch die Verteidigung im Kartellverfahren, NZKart **2015** 168; *Wieczorek* Kriminalpolizeiliche Spurenakten. Einsichtsrecht des Verteidigers? Krim **1984** 598; *Wölky* Beschränkung der Verteidigung durch Einschränkung des Akteneinsichtsrechts, StraFo **2013** 493; *Wohlers/Schlegel* Zum Umfang des Rechts der Verteidigung auf Akteneinsicht gemäß § 147 Abs. 1 StPO, NStZ **2010** 486; *Zieger* Akteneinsicht des Verteidigers bei Untersuchungshaft, StV **1993** 320; *Ziemann* Akteneinsicht und Aktenverwertung im Kinderpornografieverfahren – ein neues Strafbarkeitsrisiko für effektive Verteidigung? StV **2014** 299.

Entstehungsgeschichte

§ 147 lautete in der ursprünglichen Fassung:

(1) Der Verteidiger ist nach dem Abschlüsse der Voruntersuchung und, wenn eine solche nicht stattgefunden hat, nach Einreichung der Anklageschrift bei dem Gerichte zur Einsicht der dem Gerichte vorliegenden Akten befugt.

(2) Schon vor diesem Zeitpunkte ist ihm die Einsicht der gerichtlichen Untersuchungsakten insoweit zu gestatten, als dies ohne Gefährdung des Untersuchungszweckes geschehen kann.

(3) Die Einsicht der Protokolle über die Vernehmung des Beschuldigten, der Gutachten der Sachverständigen und der Protokolle über diejenigen gerichtlichen Handlungen, denen der Verteidiger beizuwohnen befugt ist, darf ihm keineswegs verweigert werden.

(4) Nach dem Ermessen des Vorsitzenden können die Akten, mit Ausnahme der Überführungsstücke, dem Verteidiger in seine Wohnung verabfolgt werden.

Art. II § 31 I der ZustVO knüpfte das Akteneinsichtsrecht – ohne Änderung des § 147 – an bestimmte Voraussetzungen: Der Verteidiger konnte die Akten erst einsehen, wenn der Staatsanwalt einen Antrag auf Aburteilung im beschleunigten Verfahren bei Gericht gestellt hatte (Satz 1) und nur, wenn das Verfahren durch das Akteneinsichtsrecht nicht aufgehalten wurde (Satz 2). Satz 1 dieser Regelung fand – durch Art. III Nr. 56 VereinhG – als § 147 Abs. 1 Satz 2 Eingang in die Strafprozessordnung. Das **StPÄG 1964** beseitigte diese Regelung wieder, formulierte das Akteneinsichtsrecht in Absatz 1 zum ersten Mal als unbeschränkten Grundsatz, während in den Absätzen 2 und 3 die bis heute gültigen Ausnahmen bzw. Rückausnahmen fixiert wurden und fügte die Absätze 5 und 6 an. Das 1. StVRG brachte mit Blick auf die Abschaffung der gerichtlichen Voruntersuchung weitere Änderungen. Außerdem wurde in Absatz 6 ein Satz 2 angefügt.

Durch das **StVÄG 1999** wurde Absatz 5 – entsprechend dem RegE[1] – um einen Satz 2 ergänzt, der den bisherigen obergerichtlichen Streit über Anfechtbarkeit und Rechtsweg bei Verweigerung der Akteneinsicht zumindest für die Phase nach dem förmlichen Ermittlungsabschluss erledigen sollte und nach kontroverser Debatte im Rechtsausschuss[2] um den Fall des nicht auf freiem Fuß befindlichen Beschuldigten ergänzt wurde. Schließlich wurde durch das StVÄG 1999 ein neuer Absatz 7 eingefügt, mit dem erstmals ein eigenes Recht auf Auskunft und Erteilung von Abschriften des unverteidigten Beschuldigten normiert wurde, was freilich der Entwicklung der Rechtsprechung des EGMR zu Art. 6 EMRK Rechnung trug. Dies hat weitergehende Reformforderungen allerdings nicht verstummen lassen.[3]

Durch das Gesetz zur Stärkung der Rechte von Verletzten und Zeugen im Strafverfahren (**2. OpferRRG**) vom **31.7.2009**[4] wurden mit Wirkung zum 1.10.2009 in Absatz 5

1 BTDrucks. **14** 1484 S. 6.
2 BTDrucks. **14** 2595 S. 6.
3 Siehe im Einzelnen unten Rn. 223.
4 BGBl. I S. 2280.

Satz 2 die Wörter „nach Maßgabe des § 161a Abs. 3 Satz 2 bis 4" durch die Formulierung „durch das nach § 162 zuständige Gericht" ersetzt. Zudem wurde ein neuer Satz 3 eingefügt. Durch das Gesetz zur Änderung des Untersuchungshaftrechts (**UHaftÄndG**), das ebenfalls auf den 31.7.**2009** datiert,[5] wurden Absatz 2 und Absatz 7 mit Wirkung zum 1.1.2010 neu gefasst. Ferner war durch das Gesetz zur **Stärkung der Verfahrensrechte von Beschuldigten** im Strafverfahren[6] § 114b Abs. 2 Satz 1 Nr. 7 eingefügt worden, wonach der verhaftete Beschuldigte in seiner Belehrung darauf hinzuweisen ist, dass er „nach Maßgabe des § 147 Absatz 7 beantragen kann, Auskünfte und Abschriften aus den Akten zu erhalten, soweit er keinen Verteidiger hat". Außerdem heißt es in § 114b Abs. 2 Satz 2: „Der Beschuldigte ist auf das Akteneinsichtsrecht des Verteidigers nach § 147 hinzuweisen".[7] Durch Art. 1 Abs. 2 Nr. 13 des Gesetzes zur Einführung der **elektronischen Akte** in Strafsachen vom 5.7.2017[8] wurden mit Wirkung zum 1.1.**2018** weitere Änderungen wirksam. In Absatz 3 wurde der Begriff „Niederschriften" durch „Protokolle" ersetzt. Absatz 4 wurde insgesamt neu gefasst. Außerdem wurden in Absatz 6 Satz 2 nach dem Wort „Verteidiger" die Wörter „oder dem Beschuldigten, der keinen Verteidiger hat," eingefügt sowie **Absatz 7** (zugunsten des neuen Absatzes 4) aufgehoben.

Nach dem Generalverweis mit § 27 des **Regierungsentwurfs** eines Gesetzes zur **Sanktionierung** von **verbandsbezogenen Straftaten (VerSanG-RefE)** v. 16.6.**2020** sind „auf den betroffenen Verband ... im Sanktionsverfahren die Vorschriften der Strafprozessordnung über den Beschuldigten entsprechend anzuwenden". Die Begründung[9] stellt heraus, dass deshalb dem Verteidiger des Verbandes nach **§ 147** Akteneinsicht zu gewähren ist. Sie übersieht aber mit dem gleichzeitigen Hinweis, „hat der Verband keinen Verteidiger(,) gilt § 147 Absatz 7", dass dieser Absatz bereits mehr als zwei Jahre zuvor weggefallen war.

Übersicht

5 BGBl. I S. 2274.

6 BGBl. I S. 1938.

7 Näher dazu LR/*Lind*[26] Nachtr. § 114b, 21, 25.

8 BGBl. I S. 2208.

9 Begr. zum VerSanG-RegE S. 110; diesen sachlichen Fehler enthielt an gleicher Stelle bereits der erste (inoffizielle) VersanG-RefE vom 15.8.2019 und auch der zweite RefE vom 20.4.2020.

Alphabetische Übersicht

I. Zweck der Vorschrift

1. Bedeutung. Neben dem Beweisantrags- und dem Fragerecht ist das Recht auf **Akteneinsicht** ein **Kernstück der Verteidigung**.[10] Nur wer weiß, mit welchem Vorwurf er konfrontiert wird, worauf der Vorwurf sich gründet und welche Beweismittel vorhanden sind, vermag sich auch sinnvoll zu schützen und zu wehren.[11] 1

10 *Beulke/Witzigmann* StV **2013** 75; *R. Michalke* NJW **2013** 2334 („gehört zu den fundamentalen Rechten einer effektiven Verteidigung im Strafverfahren"); *Wessing* WuW **2010** 1019, 1020 („elementares Recht der Verteidigung und im Ermittlungsverfahren das wichtigste Mittel zur Informationsgewinnung"); *Wohlers/Schlegel* NStZ **2010** 486 („unverzichtbares Basisrecht der Verteidigung"); *Hartmut Schneider* Jura **1995** 337 („Herzstück der Strafverteidigung"); *Groh* DRiZ **1985** 54 („essentielles Recht der Verteidigung"); *Peters* 231 („stellt eine wesentliche Voraussetzung der Verteidigung dar") und *Schlüchter* 109 („eine wichtige Befugnis der Verteidigung"); *Radtke/Hohmann* 1, zusf. *Dierlamm* FS Schlothauer 205, 206; *Tsambikakis* FS Richter II 529; *Th. Schröder*, in: Oğlakcıoğlu et. al. (Hrsg.), Axiome des nationalen und internationalen Strafverfahrensrechts (2016) 121, 125; *Jahn* FS Beulke 801, 805 f., *ders.* FS I. Roxin 585; *ders.* JuS **2014** 1046, 1047; HdBStrR/*Jahn/Brodowski* § 17, 117.

11 Vgl. BGHSt **29** 99, 102; KK/*Willnow* 1; SK/*Wohlers* 1; *Jahn* Formularbuch, Teil I.B.1.c.aa (S. 9).

2. Verfassungsrechtliche Grundlagen

2 **a) Rechtliches Gehör.** Das Recht auf Akteneinsicht geht auf verschiedene rechtsstaatliche Grundprinzipien zurück. Es ist zunächst und wesensmäßig eine sachlogische **Voraussetzung** eines nicht nur formal verstandenen grundrechtsgleichen Rechts auf **rechtliches Gehör.** Denn Art. 103 Abs. 1 GG fordert im Grundsatz, dass „einer gerichtlichen Entscheidung nur solche Tatsachen und Beweisergebnisse zugrunde gelegt werden, zu denen Stellung zu nehmen den Beteiligten Gelegenheit gegeben war".[12] Erst die Kenntnis der Akten schafft die Voraussetzung für die sinnvolle Ausübung des Stellungnahmerechts. Ohne Akteneinsicht bleibt rechtliches Gehör ein ***nudum ius.*** Daher folgt aus dem Anspruch auf **rechtliches Gehör** gem. Art. 103 Abs. 1 GG auch das **Recht** des Beschuldigten **auf Akteneinsicht** im Strafverfahren.[13]

3 In der Literatur wird hingegen zum Teil[14] vertreten, die Ableitung des Akteneinsichtsrechts allein aus dem Anspruch auf rechtliches Gehör **kollidiere mit** dem **Unmittelbarkeitsprinzip** des § 261. Die Kenntnis vom Inhalt der Akten und der sich aus ihnen ergebenden Belastungs- und Entlastungsmomente sei bei einem auf den „Inbegriff der Verhandlung" gegründeten Urteil nicht geboten. Da das Gericht nur das verwerten dürfe, was auch in mündlicher Verhandlung erörtert wurde und Art. 103 Abs. 1 GG nur verlange, dass der Angeklagte sich zu den Tatsachen äußern konnte, die das Gericht seiner Entscheidung zugrunde gelegt hat, könne dem Angeklagten, wenn die Basis dafür nur das Gehörsrecht wäre, sogar jede Akteneinsicht verweigert werden. Doch ist die Auslegung von *Welp* **nicht überzeugend**; sie hat zu Recht keine Gefolgschaft gefunden. Die bloße Teilnahme an der Hauptverhandlung oder die nur mündliche Information des Beschuldigten bzw. seines Verteidigers vermögen angesichts des erforderlichen hohen Maßes an Spontanität und vor dem Hintergrund einer möglicherweise komplizierten Sach- und Rechtslage eine durch Akteneinsicht ermöglichte ausreichende Vorbereitung nicht zu ersetzen. Was die Aktenführung und -einsicht angeht, verbietet es der Grundsatz des rechtlichen Gehörs, Schriftstücke, aus denen sich schuldspruch- oder rechtsfolgenrelevante Umstände ergeben können, den Akten fernzuhalten: Was für das **Verfahren geschaffen worden** ist, **darf** der **Akteneinsicht nicht entzogen** werden. Bei dem Grundsatz der Aktenvollständigkeit und -wahrheit handelt es sich um **„Essentialia für das**

---

12 BVerfGE **18** 399, 404; ebenso BGHSt **17** 387; BGHSt **30** 141.

13 Vgl. BVerfGE **18** 399, 405 und BGH NStZ-RR 2010 281, 282: „Zum rechtlichen Gehör vor Gericht gehört insbesondere die Möglichkeit, sich auf Antrag über alle entscheidungserheblichen Tatsachen und Beweismittel durch Einsicht in die Akten zu informieren". Ebenso VerfGH Saarland NZV **2018** 275, 278 f. Tz. 28; VerfGH Sachsen Beschl. v. 27.9.2010 – 60-IV-10, juris, Tz. 17 f.; OLG Köln StV **2015** 677; LG Kaiserslautern ZfSch **2019** 471, 472; LG Berlin StV **2010** 352 f.; VG Mainz Urt. v. 16.1.2020 – 1 K 129/19, BeckRS **2020** 5419 Tz. 42; Maunz/Dürig/*Remmert* Art. 103 Abs. 1 GG, 89; *Rixecker* FS Tolksdorf 365, 367; *Mitsch* NJW **2019** 2108; *Lehmann* GA **2017** 36, 37 f.; *R. Michalke* NJW **2013** 2334; *Jahn/Lips* StraFo **2004** 229, 233; HdBStrR/*Jahn/Brodowski* § 17, 118; *Frohn* GA **1984** 554, 564; *H. Schäfer* NStZ **1984** 203, 204; NStZ **1985** 199; MüKo/*Thomas/Kämpfer* 1; *Bahnsen* 18 f.; generell zur Verortung der Strafverteidigung in Art 103 Abs. 1 GG bereits oben § 137, 2. Das BVerfG (E **63** 45, 60; NStZ **2007** 274 f.) lässt es aber in späteren Judikaten offen, ob der Anspruch des Beschuldigten auf rechtliches Gehör *unmittelbar* ein Recht auf Akteneinsicht statuiert. **A. A.** – mit Konsequenzen für die Rügepflichten nach § 344 Abs. 2 Satz 2 (vgl. unten Rn 221 ff.) – KG NStZ **2020** 104 Tz. 9; KG Beschl. v. 13.6.2019 – 3 Ws (B) 173/19, juris, Tz. 4: „Das Recht auf einen ‚Gleichstand des Wissens' ... ist jedoch nicht Ausfluss des Anspruchs auf rechtliches Gehör, sondern hat seinen Ursprung vielmehr im Recht auf Gewährleistung eines fairen Verfahrens nach Art. 6 EMRK".

14 *Welp* FS II Peters 309; ihm folgen *Wohlers/Schlegel* NStZ **2010** 486, 487; vgl. auch schon RGSt **72** 273 f.

Akteneinsichtsrecht“.[15] Der **Gesetzgeber** hat dies im UHaftÄndG mit der Normierung in Absatz 2 Satz 2 a. E. („in der Regel ist insoweit Akteneinsicht zu gewähren“) mittlerweile grundsätzlich anerkannt.[16] Zugleich ist es nicht nur eines der wichtigsten, sondern leider auch in der Praxis am häufigsten **ignorierten Prinzipien** des Strafverfahrensrechts.[17]

b) Faires Verfahren. In diesem Sinne ist das uneingeschränkte Akteneinsichtsrecht zugleich eine notwendige Voraussetzung dafür, dass der Beschuldigte nicht Objekt der strafrechtlichen Untersuchung bleibt, sondern eine Subjekt-Rolle erhält und im Verfahren durchzuhalten vermag. Gegenüber der „rechtlich ermöglichten Leitungsmacht der Staatsanwaltschaft bei den Ermittlungen fungiert das Akteneinsichtsrecht **als Kompensation**“.[18] Die materielle Komponente des Rechts auf Akteneinsicht ist nach dem Vorstehenden[19] die auf prozessuale Waffengleichheit zielende **„Parität des Wissens“**.[20] Sie erlaubt es dem Beschuldigten – und *daher* auch seinem Verteidiger –, den Gang des *gesamten* Verfahrens informiert aktiv zu beeinflussen und beschränkt dies nicht nur auf das Verfahren „vor Gericht“ (Art. 103 Abs. 1 GG). Das Akteneinsichtsrecht ist also auch mit Elementen des von der Rechtsprechung aus dem Rechtsstaatsprinzip und der Menschenwürde abgeleiteten Rechts auf ein **faires Strafverfahren** unterlegt.[21] Für den Rechtsanwalt als Strafverteidiger ist die Ausübung des Akteneinsichtsrechts zugleich ein wesentliches Element seiner **Berufsausübung** im Schutzbereich des **Art. 12 Abs. 1 GG.**[22] 4

Zur **Fairness** des Verfahrens gehört damit auch, dass dem Beschuldigten Akten und Beweisstücke **so frühzeitig wie möglich** offengelegt werden, auf jeden Fall aber – und dann ohne Ausnahme –, wenn die Ermittlungen abgeschlossen sind (vgl. Absatz 2 Satz 1), damit er von dem Ergebnis der Ermittlungen, auch von einem negativen, Kenntnis erlangt, sich darauf einstellen und, wenn nötig, rechtzeitig Verteidigungsmittel selbst beschaffen und vorbringen kann. In diesem Sinne ist **„früh“ gewährtes Recht** „gutes“ Recht. In der Rechtsprechung hat der für die Praxis bedeutsame Kammerbe- 5

15 Zitat bei *Wohlers/Schlegel* NStZ **2010** 486, 487, ebenso betont von BVerfGE **112** 304, 320; BGHSt **37** 204, 205; BGH StV **2016** 132 (Ls.); OLG Köln StV **2015** 677; LG Frankfurt StraFo **2005** 379; VG Mainz Urt. v. 16.1.2020 – 1 K 129/19, BeckRS **2020** 5419 Tz. 42; *Kleinknecht* FS Dreher 722; *Wesemann* FS 25 Jahre AG Strafrecht im DAV 891, 893 f.; LR/*Stuckenberg* § 199, 11; Meyer-Goßner/*Schmitt* 14; SSW/*Beulke* 18; MüKo/*Thomas/Kämpfer* 12; OK-StPO/*Wessing* 15. Genauer dazu unten Rn. 27, 32.

16 Unten Rn. 172 f.

17 So zu Recht *Löffelmann* JR **2017** 596, 602.

18 *Keller* GA **1983** 510; ebenso MAH Strafverteidigung/*Schlothauer* § 3, 42.

19 Soeben Rn. 3.

20 Die von *Welp* FS II Peters 309 geprägte Formulierung ist vielfach aufgegriffen worden, so etwa von und in BVerfGE **110** 226, 253; BGHSt **36** 305, 309; VerfGH Saarland NZV **2018** 275, 279 Tz. 33; OLG Karlsruhe Beschl. v. 16.7.2019 – 1 Rb 10 Ss 291/19, juris, Tz. 27; KG NStZ **2020** 104 Tz. 9 („Gleichstand des Wissens“); KG Beschl. v. 13.6.2019 – 3 Ws (B) 173/19, juris, Tz. 4; LG Köln DAR **2019** 698; *Tsambikakis* FS Richter II 529, 532; *Wettley/Nöding* NStZ **2016** 633, 636; *Wohlers/Schlegel* NStZ **2010** 486, 487; *Wessing* WuW **2010** 1019, 1020; *Jahn* FS Beulke 801, 805 f.; *ders.* FH Tepperwien 25, 26; *ders.* ZStW **115** (2003) 815, 826; *ders.* Formularbuch, Teil I.B.1.c.aa (S. 9); HdBStrR/*Jahn/Brodowski* § 17, 118; *Dahs* (Hdb.) Rn. 259; Radtke/*Hohmann* 1 a. E. Zu den Folgerungen für den funktionellen Aktenbegriff unten Rn. 24, 45 ff.

21 VerfGH Saarland NZV **2018** 275, 278 f. Tz. 26 f.; OLG Karlsruhe Beschl. v. 16.7.2019 – 1 Rb 10 Ss 291/19, juris, Tz. 25 ff.; LG Hannover StV **2015** 683, 685; Leibholz/Rinck/*Burghart*, GG (77. Lfg. 10/2018), Art. 20, 1277 m. w. N. zur Rspr.; *Cierniak/Niehaus* NStZ **2014** 527 f.; *Meyer* 21 ff.; *M. Kuhn* 21 ff. Generell zum *fair trial*-Bezug des Rechts der Strafverteidigung bereits oben § 137, 2.

22 BVerfGE **62** 338, 343; HdBStrR/*Jahn/Brodowski* § 17, 118 a. E.

schluss des BVerfG vom 11.7.1994[23] die Einsicht begründet, dass es vor allem der Grundsatz des rechtlichen Gehörs gebietet, dem in **Untersuchungshaft** befindlichen Beschuldigten einen Anspruch auf Akteneinsicht über seinen Verteidiger zuzubilligen, wenn und soweit er diese Informationen benötigt, um auf die besonders grundrechtsinvasive Haftentscheidung **effektiv einwirken** zu können. Die Einschränkungen, die sich bei der Anordnung von Untersuchungshaft im Zusammenhang mit der Beschränkung der Akteneinsicht der Verteidigung danach ergeben, wurden in der Folge auf den **dinglichen Arrest,**[24] beendete **Durchsuchungen**[25] und **Telekommunikationsüberwachungen**[26] entsprechend angewendet, **nicht** in jedem Fall aber für die einfache **Beschlagnahme.**[27] Diese Rechtsprechungsentwicklung hat dann im Jahr 2010 – nach dem Wortlaut für den Teilbereich der U-Haft – zur Kodifikation in § 147 Abs. 2 Satz 2 geführt. So müssen die Ermittlungsbehörden, solange sie es für erforderlich halten, die Ermittlungen dem Beschuldigten nicht zur Kenntnis gelangen zu lassen, jedenfalls auf die Beantragung von Untersuchungshaft und vergleichbar invasive Grundrechtseingriffe verzichten. Die Staatsanwaltschaft steht nunmehr jeweils vor der Frage, ob sie die Zurückhaltung der Akten favorisieren möchte (dann keine Untersuchungshaft) oder die Untersuchungshaft (dann keine Verweigerung der Akteneinsicht).[28] Das Akteneinsichtsrecht dient damit, dies allerdings nur mittelbar, der **Verhinderung von grundrechtsinvasiven Fehlentscheidungen.**[29]

6 **3. Verhältnis von Akteneinsichtsrecht und Besichtigungsrecht.** § 147 unterscheidet schon ausweislich der seit dem Jahr 2015 amtlichen Überschrift zwischen dem Recht zur **Einsicht** in die **Akten** und dem Recht zur **Besichtigung** der Beweisstücke.[30] Das Besichtigungsrecht ist dabei als Ergänzung des Einsichtsrechts konzipiert.[31] Beide Rechte werden indes vom Gesetz in Absatz 1 gleich behandelt. Daher ist im Folgenden mit „Akteneinsichtsrecht", wenn nichts Besonderes vermerkt ist, der umfassende Begriff gemeint. Lediglich bei der Form, dem „Wie" der Einsichtnahme, ergeben sich Unterschiede. Während die **Akten,** soweit sie nicht elektronisch verfügbar sind (§ 32f Abs. 1 Satz 1), in Papierform zwar grundsätzlich in den Diensträumen einzusehen sind (§ 32f Abs. 2 Satz 1), aber auf besonderen Antrag zur Einsichtnahme in die Kanzlei oder Geschäftsräume des Verteidigers mitgegeben werden (§ 32f Abs. 2 Satz 3), sofern nicht wichtige Grün-

---

23 BVerfG (*2. Kammer* des *2. Senats*) NJW **1994** 3219, 3220 f.; folgerichtig deshalb KG AnwBl. **1998** 278, 279; OLG Hamm StV **2002** 318 m. zust. Anm. *Deckers*; OLG Köln NStZ **2002** 659; AG Frankfurt/O. StRR **2014** 402 (Ls.); AG Magdeburg StraFo **2014** 74.

24 BVerfG (*3. Kammer* des *2. Senats*) NStZ **2006** 459, 460 m. zust. Anm. *Borggräfe/Schütt* StraFo **2006** 133; BGH NJW **2019** 2105, 2107 Tz. 35 m. Anm. *Mitsch* und Anm. *Börner* NStZ **2019** 478; LG Magdeburg StV **2004** 327 f. Vgl. auch *Jahn* NStZ **2007** 255, 257 Fn. 33.

25 BVerfG NStZ **2007** 274, 275; BGH Beschl. v. 31.7.2019 – StB 17/19, juris, Tz. 15; OLG Brandenburg Beschl. v. 27.6.2019 – 2 Ws 112/19, BeckRS **2019** 13873; OLG Naumburg NStZ-RR **2011** 50 (Ls.).

26 BVerfG NStZ-RR **2008** 16, 17.

27 Restriktiv LG Berlin Beschl. v. 16.12.2005 – 505 Qs 217/05; großzügiger (für eine Sicherstellung) LG Kiel StV **2015** 623. BVerfG (*3. Kammer* des *2. Senats*) Beschl. v. 9.8.2018 – 2 BvR 1228/16, juris, Tz. 7, bezeichnet diese Frage aber ausdrücklich als verfassungsrechtlich noch nicht abschließend geklärt; genauer dazu unten Rn. 160.

28 Vgl. bereits *Schlothauer* StV **2001** 195, 196.

29 *Börner* NStZ **2010** 417, 422 f.; zu weitgehend aber *Wasserburg* NJW **1980** 2241; *ders.* NStZ **1981** 211.

30 Grdlg. *Rieß* FS II Peters 120 f.

31 *Rieß* FS II Peters 120 Fn. 35 m. w. N.

de entgegenstehen,[32] gibt § 147 bei den **Beweismitteln** nur den Anspruch auf Besichtigung.[33]

II. Träger des Akteneinsichtsrechts und einsichtsberechtigte Personen

1. Der Beschuldigte als Träger des Akteneinsichtsrechts

a) Die Entwicklung unter dem maßgeblichen Einfluss der EGMR-Rechtsprechung. Bei der Gewährung des Akteneinsichtsrechts und des Rechts auf Besichtigung amtlich verwahrter Beweisstücke sind die in Art. 6 Abs. 1, Abs. 3 lit b. EMRK enthaltenen Gewährleistungen zu berücksichtigen.[34] Die Akteneinsicht dient dem **Beschuldigten.** § 147 Abs. 4 Satz 1 stellt heute klar, dass der unverteidigte Beschuldigte als subjektiv-öffentliches Recht nicht mehr nur einen **aktenbezogenen Informationsgewährungsanspruch** wie noch mit § 147 Abs. 7 a. F. hat,[35] sondern ein eigenes Recht zur Akteneinsicht („*ist befugt* ... einzusehen und ... zu besichtigen"). Dass vor dem Urteil des EGMR im Fall ***Foucher***[36] und seiner noch mangelhaften Umsetzung durch das **StVÄG 1999** Akteneinsicht **nur** dem **Verteidiger**, nicht jedoch dem Beschuldigten zu gewähren war,[37] wurde seinerzeit noch häufig[38] auf die Erwägung gestützt, aus Gründen der **Vorsicht** sei die Akteneinsicht in die Hand einer Person gelegt, die entweder durch Vorbildung und Berufsrecht (§ 138 Abs. 1) oder wegen der Kontrolle, die das Gericht bei der Auswahl ausübt (§§ 138 Abs. 2, 142 Abs. 2 a. F.), Gewähr dafür biete, dass die Akten bei der Einsicht nicht beschädigt, verfälscht oder vernichtet würden. Dies verschlug jedoch schon immer mit dem Aspekt der Aufsicht bei der Ausübung des Rechts (vgl. heute § 147 Abs. 4 Satz 1: „unter Aufsicht") jedenfalls für das Integritätsinteresse bei den Beweisstücken nicht. Wenig überzeugend war auch das weitere Argument,[39] mit der Beschränkung des Akteneinsichtsrechts auf den Verteidiger sei die Erwartung verknüpft, dass dieser sein **Wissen nicht** in vollem Umfang mit dem Beschuldigten **teile.** Denn der Verteidiger ist gerade befugt und sogar verpflichtet, seinem Mandanten zu Verteidigungszwecken grundsätzlich alles mitzuteilen, was er aus den Akten erfahren hat.[40] 7

---

32 Nach zutr. Auffassung von Meyer-Goßner/*Köhler* § 32f, 11 ist zur Auslegung des unbestimmten Rechtsbegriffs auf die Rspr. zu § 147 Abs. 4 Satz 1 a. F. zurückzugreifen; sie ist ausf. bei LR/*Lüderssen/Jahn*[26] 145 f. dargestellt.

33 Vgl. im Einzelnen unten Rn. 115 ff.

34 BGH NStZ **2014** 347, 349 Tz. 28; *Gröger* 22 f.; HdBStrR/*Jahn/Brodowski* § 17, 119.

35 Ausf. zur früheren Rechtslage LR/*Lüderssen/Jahn*[26] 8a; *Meyer* 231 ff.

36 EGMR NStZ **1998** 429 m. zust. Anm. *Deumeland* und *Böse* StraFo **1999** 293; vgl. auch *Vahle* Krim **2004** 656; *Gröger* 42 f., 89 ff.; *Kettner* 38 ff.; *Meyer* 133 ff. Schon ein BMJ-RefE v. 30.9.1982 sah in § 147 Abs. 6 ein eigenes Akteneinsichtsrecht des Beschuldigten vor (zit. nach *Welp* FS II Peters 314; vgl. auch *Frohn* GA **1984** 554): „Dem Beschuldigten kann die Einsicht in die Akten auf der Geschäftsstelle des Gerichts oder der StA oder bei einer anderen Behörde unter Aufsicht gestattet werden, soweit nicht gewichtige Gründe entgegenstehen.".

37 BGHSt **29** 102 m. Anm. *Kuckuck* NJW **1980** 298 und Anm. *Müller-Dietz* JR **1981** 73; BGH MDR **1980** 67, NJW **1977** 2086.

38 OLG Zweibrücken NJW **1977** 1699; *Frohn* GA **1984** 565; *Klussmann* NJW **1973** 1965; *Welp* FS II Peters 314, 323; *Lobe* JW **1926** 2726; *Alsberg* JW **1926** 2726.

39 *Beulke* (Verteidiger) 90 m. w. N. in Fn. 42; **a. A.** aber nunmehr SSW/*Beulke* 2: „Im Lichte heutiger Vervielfältigungsmöglichkeiten der Strafverfolgungsbehörden, die damit die Akten vor Manipulationen schützen können, ist diese Annahme überholt".

40 Unten Rn. 121 ff.

8 Der EGMR erkannte deshalb mit Recht in den drei am selben Tag ergangenen Urteilen gegen Deutschland in den Rechtssachen ***Schöps***, ***Lietzow*** und ***García Alva***[41] nach dem StVÄG 1999 eine **Verletzung** des **Art. 5 Abs. 4 EMRK** darin, dass dem Verteidiger des inhaftierten Beschuldigten die Akteneinsicht verweigert wurde.[42] Diese Linie wurde durch die beiden EGMR-Urteile in der Sache *Mooren* – mit der Entscheidung der *Großen Kammer* sogar einstimmig – sowie im *Falk*-Fall bestätigt.[43] Demnach ist **Waffengleichheit** dann nicht gewährleistet, wenn dem Verteidiger der Zugang zu denjenigen Dokumenten in der Ermittlungsakte verweigert wird, die wesentlich sind, um die Rechtmäßigkeit der Haftentscheidung gegen seinen Mandanten angreifen zu können.

9 Das Straßburger Gericht hat zudem klargestellt, dass die **Informationen**, die in einem **Haftbefehl** enthalten sind (*García Alva/Lietzow*) und die zusätzlich durch den Haftrichter mündlich gegeben werden (*Schöps*), nur eine Zusammenfassung von und Schlussfolgerung aus Tatsachen sind, die der Haftrichter in der ihm von der Staatsanwaltschaft vorgelegten Ermittlungsakte vorfindet. Auf der Grundlage einer solchen Zusammenfassung wird die Verteidigung in einem **kontradiktorischen Verfahren** noch nicht in die Lage versetzt, deren inhaltliche Belastbarkeit substantiell überprüfen zu können. Die dogmatisch interessante Frage, inwieweit hier auch der Normbereich des Art. 6 EMRK tangiert ist, hat der EGMR hingegen nicht ausdrücklich behandelt. Sie muss auch hier unentschieden bleiben.[44] Aus den beiden *Mooren*-Urteilen des EGMR ergibt sich jedenfalls mit aller Deutlichkeit, dass bloß **mündliche Zusammenfassungen** des Akteninhalts den Anforderungen des Art. 5 Abs. 4 EMRK **nicht genügen**. Der Beschuldigte muss vielmehr Einsicht in alle Schriftstücke erhalten, die für eine wirksame Anfechtung der Rechtmäßigkeit der Haft wesentlich sind.[45] Die Integration jener zustimmungswürdigen Rechtsprechung in den Regelungskomplex des § 147 wurde in den Regierungsentwürfen[46] zu einem der **vor-**

---

41 Jeweils EGMR StV **2001** 201 ff. m. Anm. *Kempf*; zusf. *Beulke*, in: Höland (Hrsg.), Wirkungen der Rechtsprechung des Europäischen Gerichtshofs für Menschenrechte im deutschen Recht (2012) 71, 74 ff.; *Morgenstern* FS Eisenberg (2019) 475, 479 f.; *dies.* ZIS **2011** 240, 242; LR/*Esser*[26] Art. 5 EMRK, 343; *Gröger* 47 ff. Mit Recht hebt *Börner* MRM **2010** 97, 107 zusf. hervor: „Maßgeblicher Wegbereiter der rechtsstaatlich begrüßenswerten Entwicklung ist Art. 5 Abs. 4 EMRK in jener Auslegung, welche die Norm vom EGMR beginnend mit der *Lamy*-Entscheidung erfahren hat. Motor dieses Entwicklungsprozesses sind indes jene Vertreter der Anwaltschaft gewesen, die mit Beharrlichkeit den gerichtlichen Diskurs über Inhalt und Geltung der Art. 5 und 6 EMRK vorangetrieben haben".

42 Zu diesem Zeitpunkt konnte die Staatsanwaltschaft das Recht auf Einsichtnahme in die Ermittlungsakten noch vollständig verweigern, wenn dadurch der Untersuchungszweck gefährdet werden konnte, vgl. oben Entstehungsgeschichte.

43 Zunächst EGMR (*5. Kammer*) Mooren/D 13.12.2007, StV **2008** 475 m. Anm. *Pauly*; Anm. *Hagmann* StV **2008** 483 und Anm. *D. Herrmann* StRR **2008** 99 f.; sodann EGMR (*Große Kammer*) 9.7.2009 Mooren/D, StV **2010** 490 m. Anm. *Pauly* sowie EGMR Falk/D 11.5.2008, NStZ **2009** 164 m. Anm. *Strafner*. Zur Entwicklung der EGMR-Rspr. ausf. *Esser/Gaede/Tsambikakis* NStZ **2011** 78, 81; *Schultheis* NStZ **2011** 682, 688; *Börner* NStZ **2007** 680 ff.; *ders.* MRM **2010** 97, 98 ff.; *Paeffgen* (Stellungnahme) 8 ff.; *Tsambikakis* (Stellungnahme) 3 ff.; HK/*Julius/Schiemann* 15; LR/*Esser*[26] Art. 5 EMRK, 344 ff.

44 Siehe dazu LR/*Esser*[26] Art. 6 EMRK, 635 ff.

45 LR/*Esser*[26] Art. 5 EMRK, 358; *Meyer-Ladewig* Art. 5, 89; OK-StPO/*Valerius* Art. 5 EMRK, 10; *Jahn* FS I. Roxin 585, 588 (dort auch zum Folgenden); i. d. S. auch AG Frankfurt/O. StRR **2014** 402; *Wohlers* StV **2009** 539; *Gaede* (Fairness) 245 f.; *Ambos* § 10, 47; *Hecker* § 3, 54 a. E.; *Joecks* 23 a. E. Genauer dazu unten Rn. 105 ff.

46 BRDrucks. 829 **08** S. 2, 48 f. v. 7.11.2008 und BTDrucks. **16** 11644 S. 1 v. 21.1.2009.

rangigen Ziele der ins Auge gefassten **Neuregelung** erklärt. Gelungen ist das, wie darzustellen sein wird,[47] leider nur zu einem geringen Teil.

Die mit § 147 Abs. 4 vollzogene endgültige Aufgabe des früheren Leitgedankens der Beschränkung des unbedingten Akteneinsichtsrechts auf die Person des Verteidigers hat daher nicht zuletzt mit **dem Wandel der tatsächlichen Verhältnisse** zu tun. Solange die Anfertigung von (ggf. auf DVD elektronisch gespeicherten) Duploakten (Nr. 12 Abs. 2 RiStBV) technisch und organisatorisch nur mit großem Aufwand zu erreichen war, mag es gerechtfertigt gewesen sein, die Akteneinsicht nur dem Verteidiger zu gewähren, der sich dann mit der Anfertigung von Notizen begnügen oder die aufwendigere Herstellung einer Abschrift durch einen „mit dem Federkiel bewaffneten Kanzleiangestellten"[48] veranlassen konnte. Der **technische Fortschritt**, der es heute mühelos erlaubt, eine beliebige Anzahl von jederzeit und jeden Ortes verfügbaren Aktenduplikaten herzustellen oder Akteninhalte – wie in Großkanzleien schon seit Jahrzehnten gebräuchlich – beim Fotokopieren sofort als computerlesbares Dokument („pdf-File") zu generieren (vgl. § 32f Abs. 1 Satz 1) und elektronisch zur Verfügung zu stellen (vgl. § 147 Abs. 4 Satz 2), machte die Beschränkung des Akteneinsichtsrechts auf den Verteidiger zum vorwiegend den unzureichenden sächlichen Ressourcen im Justizbereich geschuldeten **Anachronismus.**[49] 10

b) Der Beschuldigte als Träger des Akteneinsichtsrechts quoad ius. Träger des Rechts auf Akteneinsicht ist daher nach geltendem Recht **der Beschuldigte** („Der Beschuldigte ... ist ... *befugt*", Absatz 4 Satz 1). Nach seinem Zweck steht es ***quoad ius*** dem Beschuldigten, ***quoad exercitum*** dem Verteidiger dann zu,[50] *wenn* er einen solchen hat (*arg. ex* Abs. 4 Satz 1). Dann kommen dem das Akteneinsichtsrecht ausübenden Verteidiger die Erleichterungen des Absatzes 1 gegenüber Absatz 4 Satz 1 zustatten (fehlende Aufsichtsklausel bei den Beweisstücken, keine Untersuchungszweckklausel). Kann der Verteidiger aber das Akteneinsichtsrecht ohne Mitwirkung des **Beschuldigten** nicht wirkungsvoll wahrnehmen, so ist jenem als Inhaber des Rechts die **Anwesenheit** bei der Einsichtnahme **zu gestatten.**[51] Strafverteidigung ist gerade nicht nur das Geschäft des Verteidigers; sie bedarf der kundigen und informierten Mitkonzeption und Mitwirkung des 11

---

47 Unten Rn. 105 ff. Ausdrücklich gewürdigt hat dies aber immerhin im Grundsatz EGMR (*5. Kammer*) 10.12.2013 – 53792/09, juris, Tz. 53: „Der *Gerichtshof* hat insbesondere entschieden, dass Informationen, die für die Beurteilung der Rechtmäßigkeit einer Freiheitsentziehung wesentlich sind, dem Anwalt des Tatverdächtigen in geeigneter Weise zugänglich gemacht werden sollten (siehe *García Alva* ...). Der *Gerichtshof* stellt fest, dass dieser Grundsatz offenbar auch seinen Niederschlag in § 147 Abs. 2 gefunden hat, dem zufolge dem Verteidiger, wenn sich der Beschuldigte in Untersuchungshaft befindet, die für die Beurteilung der Rechtmäßigkeit der Freiheitsentziehung wesentlichen Informationen in geeigneter Weise zugänglich zu machen sind und in der Regel Akteneinsicht zu gewähren ist".

48 *Welp* FS II Peters 315.

49 So auch LG Ravensburg NStZ **1996** 100; *Donath/Mehle* NJW **2009** 1399; *Haass* NStZ **1999** 442; *Bohnert* 470; SK/*Wohlers* 6, 61 a. E.; HdBStrR/*Jahn/Brodowski* § 17, 119. **A. A.** OLG Frankfurt NStZ-RR **2001** 374; LG Mainz NJW **1999** 1271 m. abl. Anm. *Böse* StraFo **1999** 296; *M. Kuhn* 46.

50 MüKo/*Thomas/Kämpfer* 5; SK/*Wohlers* 5; HK/*Julius/Schiemann* 2; *Jahn* Formularbuch, Teil I.B.1.c.aa (S. 10 f.); HdBStrR/*Jahn/Brodowski* § 17, 119. Ebenso schon zum früheren Recht vor Einfügung des Absatzes 4 n. F. BVerfGE **62** 338, 343 („Hierbei nimmt er ein Recht des Beschuldigten wahr, in dessen Verteidigungsinteresse die Befugnis gewährt ist"); OLG Zweibrücken NJW **1977** 1699; AK/*Stern* 3; *Wasserburg* NJW **1980** 2440, 2441; *Jahn/Lips* StraFo **2004** 233; *Alternativentwurf Strafprozeßordnung* 100. **A. A.** zunächst *Beulke* (Verteidiger) 142; SSW/*Beulke* 1 lässt die Frage nunmehr ausdrücklich dahinstehen.

51 Vgl. KG NStZ **2018** 119, 120; OLG Frankfurt Beschl. v. 13.9.2013 – 3 Ws 897/13, juris, Tz. 6; SSW/*Beulke* 28 sowie allg. BRAK-These 2 Abs. 1 Satz 2: Der Verteidiger „gestaltet die Verteidigung im Einvernehmen mit seinem Mandanten frei, selbstbestimmt und unreglementiert".

Mandanten. Die Kenntnisse, auf denen sie aufbaut, müssen präzise sein, es kommt nicht selten – und nicht nur im Wirtschaftsstrafverfahren – auf den Wortlaut oder auf andere Einzelheiten an.[52]

12 Unter dem Gesichtspunkt der **„Parität des Wissens"**[53] hat der Gesetzgeber deshalb vorgesehen, dass dem unverteidigten Beschuldigten **Fotokopien** aus den Akten bereitgestellt werden können, wenn die Akten nicht elektronisch geführt werden (Absatz 4 Satz 2). Nicht selten dient die Akteneinsicht nach Absatz 4 für den Beschuldigten auch der **Förderung des Verfahrens**. Das ist namentlich dann der Fall, wenn der Beschuldigte, der keinen Verteidiger wählen kann oder will und dem ein Verteidiger auch wegen der vielfach noch zu engen Auslegung des § 140 Abs. 2 nicht bestellt wird, erst durch umfassende Informationsgewährung veranlasst werden kann, zur Sachaufklärung beizutragen. Entsprechend der Informationsgewährung an den Verletzten (**§ 406e Abs. 3**)[54] und – mit schwächerer Ausgestaltung – an Dritte (**§ 475 Abs. 4**)[55] ist nun auch die Informationsgewährung für den Beschuldigten im Sinne der Herstellung **prozessualer Waffengleichheit** gesetzlich verankert.[56] Aus den bundes- und landesrechtlichen **Informationationsfreiheits- und Transparenzgesetzen** ergibt sich indes **kein Recht** auf strafprozessuale Akteneinsicht. Die §§ 474 ff. regeln die Voraussetzungen, unter denen im Strafverfahren einer Privatperson Auskünfte aus Verfahrensakten erteilt oder Akteneinsicht gewährt werden darf, abschließend. Diese Vorschriften bilden die erforderliche gesetzliche Grundlage für den mit der Akteneinsicht verbundenen Eingriff in das Recht des Beschuldigten auf informationelle Selbstbestimmung. Sie enthalten für die Gewährung von Akteneinsicht an Privatpersonen **abschließende Vorschriften**, die sowohl dem Schutz der Rechte des Beschuldigten als auch der Sicherung der Zwecke des Strafverfahrens dienen.[57]

13 **2. Der Verteidiger als Benefiziar des Akteneinsichtsrechts quoad exercitum.** Die Akteneinsicht wird, vorbehaltlich der Sonderregelung für den unverteidigten Beschuldigten in Absatz 4, auch in der Praxis in erster Linie durch den **Verteidiger** ausgeübt, so dass die Systematik des Gesetzes der Rechtswirklichkeit entspricht. Verteidiger ist zunächst der **Wahlverteidiger** (§ 138).[58] Eine analoge Anwendung der Vorschrift des § 147 Abs. 1 kommt aber nicht in Betracht, wenn dem Akteneinsichtsbegehren eines neuen Verteidigers ausschließlich eigene (finanzielle) Interessen zugrunde liegen.[59] Hat ein Beschuldigter **mehrere Verteidiger** gewählt, so steht jedem einzelnen von ihnen ein eigenes Akteneinsichtsrecht zu. Eine etwa an § 227 angelehnte Zurechnung des infolge Akteneinsicht gewonnenen Wissens unter ihnen oder des Pflichtverteidigers zum Wahlverteidiger ist nicht statthaft.[60] Benefiziar ist selbstverständlich auch der **Pflichtvertei-**

---

52 Vgl. OLG Köln StV **1999** 12; *Jahn* Formularbuch, Teil I.B.1.c.aa (S. 10).

53 Siehe bereits oben Rn. 4.

54 Ausf. *Kiethe* wistra **2006** 50; LR/*Hilger*[26] § 406e, 1 ff.

55 Vgl. OLG Düsseldorf Beschl. v. 13.3.2019 – Kart 7/18 (V), juris, Tz. 72 f.; LR/*Hilger*[26] § 475, 1 ff.

56 Der Gesetzgeber ist damit einem Petitum von – neben anderen – LR/*Lüderssen*/*Jahn*[26] 10 nachgekommen.

57 Überzeugend VG Koblenz DRiZ **2020** 148 Tz. 18 ff. (verallgemeinerungsfähig zu den §§ 2, 3 LTranspG Rhl.-Pf.). Nichts anders gilt für das Akteneinsichtsrecht des Abgeordneten (nach den Landesverfassungen), vgl. VerfGH Bln Beschl. v. 20.5.2020 – VerfGH 154/19, BeckRS **2020** 9325 Tz. 21 ff.

58 Zu den praktischen Problemen für ausländische Verteidiger *Traut*/*Cunningham* StraFo **2017** 222, 229; dazu ausf. § 138, 2.

59 LG Regensburg NJW **2004** 531.

60 OLG Köln StV **2010** 179 (Ls.); SSW/*Beulke* 6; KK/*Willnow* 3; SK-StPO/*Wohlers* 7; zu den kostenmäßigen Konsequenzen zutr. OLG Celle NJW **2012** 1671 f.; AG Landau/Pf. Beschl. v. 10.5.2017 – 7107 Js 13427/08 7 Ls, juris, Tz. 5; **a. A.** OLG Naumburg NStZ **2011** 599 f. m. zutr. abl. Anm. *D. Herrmann* StRR **2011** 276, 277.

diger (§ 141). Nach einem erfolgreichem Entpflichtungsantrag ist das Akteneinsichtsrecht nunmehr von dem dann notwendig zu bestellenden neuen Pflichtverteidiger oder einem beauftragten Wahlverteidiger wahrzunehmen.[61] Verteidiger im Sinne der Vorschrift sind weiter der **Rechtsreferendar**, dem die Verteidigung gemäß § 139 übertragen wurde, und die nach § 138 Abs. 2 als Verteidiger **zugelassenen Personen**,[62] unabhängig davon, ob ein Fall notwendiger Verteidigung vorliegt. Im **Steuerstrafverfahren** haben weiterhin die nach § 392 AO als Verteidiger wählbaren Personen einen Anspruch auf Akteneinsicht.[63]

Da das Akteneinsichtsrecht nur dem „Verteidiger" zusteht, haben der gesetzliche **Vertreter** oder der **Beistand** (§ 149) **kein Recht** auf Einsichtnahme der Akten. Ihnen *kann* jedoch – wie schon nach früherem Recht dem Beschuldigten[64] – unter den beschränkenden Kautelen des Absatzes 4 Einsicht gewährt werden. 14

Aus dem Grundsatz der Waffengleichheit und dem Satzungsrecht des § 19 Abs. 1 Satz 1 BORA folgt, dass der Verteidiger die **Wahrnehmung** des Akteneinsichtsrechts nicht nur in Umfangsverfahren auf **juristische Mitarbeiter** i. S. d. § 53a Nr. 1-3 übertragen darf.[65] 15

Dem Verteidiger steht Akteneinsicht grundsätzlich **unabhängig** davon zu, ob er eine **schriftliche Vollmacht** vorgelegt hat;[66] auch aus der **DSGVO** ergibt sich nichts anderes.[67] Die Vorlage einer Vollmachtsurkunde kann nur – muss dann aber ggf. auch – verlangt werden, wenn im Einzelfall **begründete Zweifel** an der Bevollmächtigung bestehen.[68] 16

Der **selbst beschuldigte Rechtsanwalt** hat in der Regel[69] in seiner Verfahrensrolle *als Verteidiger* kein Akteneinsichtsrecht.[70] Insoweit ist er als Beschuldigter i. S. d. Absatzes 4 mit den dortigen Restriktionen zu behandeln. 17

Als Vertreter bestimmter **anderer Verfahrensbeteiligter** hat der Rechtsanwalt Anspruch auf Akteneinsicht, also etwa als Vertreter des **Einziehungsbeteiligten** (§§ 428 Abs. 1 Satz 2, 444 Abs. 2 Satz 2).[71] Gleiches gilt für **Privat- und Nebenkläger** (§§ 385 Abs. 3 Satz 1, 397 Abs. 1, 406e).[72] Als **Zeugenbeistand** hat er, wie der Umkehrschluss 18

---

61 OLG Frankfurt NStZ-RR **2001** 374.

62 Ebenso Radtke/*Hohmann* 3; SK/*Wohlers* 7.

63 Genauer dazu unten Rn. 192.

64 OLG Zweibrücken NJW **1977** 1699; *Welp* FS II Peters 313; *Schroeder* NJW **1987** 303; *Krekeler* wistra **1983** 46 f.; *Lüttger* NJW **1951** 745; KMR/*Müller* 23; *Beulke* (Verteidiger) 142; SSW/*Beulke* 4; *Jahn* Formularbuch, Teil I.B.1.c.aa.bbb (S. 11).

65 Meyer-Goßner/*Schmitt* 9; SSW/*Beulke* 5; Radtke/*Hohmann* 4; zu eng OLG Brandenburg NJW **1996** 67 m. krit. Anm. *Krack* JR **1996** 172; offen BGH NStZ **2014** 347, 349 Tz. 29.

66 St. Rspr., vgl. nur OLG Jena VRS **108** (2005) 276, 278; LG Chemnitz StraFo **2009** 207; LG Oldenburg StV **1990** 59 sowie *Burhoff* StRR **2011** 427, 428; MüKo/*Thomas*/*Kämpfer* 5; Radtke/*Hohmann* 5.

67 Ohne nähere Begründung zweifelnd AG Kitzingen Beschl. v. 16.11.2019 – 2 OWi 962 Js 7776/19: „Es ist jedoch unabhängig von strafprozessualen Erwägungen nach Inkrafttreten der Datenschutzgrundverordnung, auch wenn hierzu höchstrichterliche Rechtsprechung noch nicht vorhanden ist, keineswegs gesichert, ob die von Teilen der Anwaltschaft teilweise aus inhaltlich kaum nachvollziehbaren Erwägungen sehr vehement verfochtene Praxis, eine Vollmachtsurkunde nicht zu den Akten geben müssen, weiterhin so gehandhabt werden kann".

68 Näher § 138, 25 a. E.

69 Für ein Akteneinsichtsrecht des sich selbst verteidigenden Rechtsanwalts in Angelegenheiten von geringer Bedeutung (OWi) mit beachtlichen Argumenten aber LG Hamburg NJW **1993** 3152.

70 *Klussmann* NJW **1973** 1965 (gegen ihn *Plöger* NJW **1974** 634); *Bode* MDR **1981** 287; SSW/*Beulke* 7; Meyer-Goßner/*Schmitt* 3.

71 *Wessing* WuW **2010** 1019, 1020; SSW/*Beulke* 4.

72 *Quedenfeld* FS Wessing 189, 193 ff.; Meyer-Goßner/*Schmitt* 2.

aus diesen Regelungen für § 68b belegt, indes **kein Recht** auf Akteneinsicht.[73] Seine Rechtsstellung leitet sich aus der des Zeugen ab. Er hat keine eigenen Rechte als Verfahrensbeteiligter und keine weitergehenden Befugnisse als der Zeuge selbst. Der Zeugenbeistand darf deshalb trotz des insoweit missverständlichen, da an § 137 Abs. 1 angelehnten Wortlauts des § 68b Abs. 1 Satz 1 („bedienen") den Zeugen weder in der Aussage vertreten noch auf den Aussageinhalt Einfluss nehmen. Würde er den Akteninhalt kennen, könnte der prozessrechtstreue Zeugenbeistand zudem in erhebliche Interessenkonflikte geraten.

III. Inhaltliche Reichweite des Akteneinsichtsrechts

19 **1. Grundsatz: Kein Anspruch auf Anfertigung von Kopien.** Einen unmittelbaren Anspruch auf **Fertigung von Fotokopien** haben nach heute allgemeiner Auffassung[74] weder der Beschuldigte noch der Verteidiger. Für den Verteidiger hat der Gesetzgeber diese Sichtweise durch § 32f Abs. 2 Satz 2 („Bereitstellen einer Kopie") unlängst bestätigt. Für den Beschuldigten liegt es nach § 147 Abs. 4 Satz 2 („können ... Kopien aus den Akten bereitgestellt werden") nicht anders. § 147 Abs. 1 gibt insoweit unmittelbar nur einen **Anspruch auf Einsicht** in die Akten und die Anfertigung von Abschriften oder Fotokopien durch den Verteidiger. Für den Beschuldigten gilt dies – mit den weiteren verfahrensmäßigen Restriktionen – nach Absatz 4 nicht anders. Darüber hinaus besteht nur, aber immerhin ein **Anspruch auf ermessensfehlerfreie Entscheidung** über die Anfertigung von Fotokopien usw. nach § 32f Abs. 2 Satz 2 bzw. § 147 Abs. 4 Satz 2.

20 Die zur Entscheidung über die Akteneinsicht zuständige Stelle kann damit **Fotokopien** der Akten **bereitstellen** (nicht: „erteilen", es handelt sich also nicht um eine staatliche „Bring- oder Schickschuld"), wenn der **Beschuldigte keinen Verteidiger** hat, also etwa dann, wenn er sich, ohne dass ein Fall notwendiger Verteidigung vorliegt, selbst verteidigen will. Die Gewährung von Akteneinsicht an den nicht verteidigten Beschuldigten kann unter dem Gesichtspunkt der Aufklärungspflicht (§ 244 Abs. 2) wegen einer **Ermessensreduzierung auf Null** deshalb dann zwingend sein, wenn nur so eine Aufklärung des Sachverhaltes zu erwarten ist.[75] Auch bei umfangreichen **Beweisstücken mit Urkundenqualität** kann sich das Besichtigungsrecht nach Absatz 1 in einen **Anspruch** auf Herstellung **amtlich gefertigter Fotokopien** wandeln.[76]

21 **2. Ausnahme: Anspruch auf Überlassung von Abschriften und Ablichtungen.** Von dem Grundsatz, dass der Verteidiger oder der Beschuldigte keinen Anspruch auf

---

73 BGH NStZ-RR **2010** 246, 247 m. abl. Anm. *Meyer-Lohkamp/Block*; KG NJW **2015** 3255, 3256; NStZ **2008** 587 (Ls.); LG Hamburg StraFo **2019** 335, 337 m. abl. Anm. *Rieckhoff*; *Brune/Vollmer* wistra **2019** 175, 176; SSW/*Beulke* 4; zu weit AG Rudolstadt StV **2014** 282: *Jedenfalls* dann kein Recht auf Akteneinsicht, wenn kein Geständnis vorliegt und der Zeuge zu einem für die Urteilsfindung essentiellen Beweisthema gehört werden soll.

74 BVerfG (Vorprüfungsausschuss) AnwBl. **1984** 261 m. abl. Anm. *H. Schmidt*; BGH b. *Dallinger* MDR **1975** 725; MDR **1973** 371; OLG Hamburg NJW **1963** 1024; KK/*Willnow* 10; Meyer-Goßner/*Schmitt* 6; KMR/*Müller* 20. **A. A.** *H. Schmidt* AnwBl. **1984** 261, 262. Auch das Gegenargument von *H. Schäfer* NStZ **1985** 202 aus Nr. 182 Abs. 1 Satz 2 RiStBV a. F. ist – abgesehen davon, dass die Vorschriften für den Richter ohnehin nur unverbindliche Empfehlungen darstellen – durch die Neufassung der §§ 475 ff. und des Abschn. IX der RiStBV überholt. Aus dem Kostenrecht ergibt sich für die hier zu beantwortende Frage nichts.

75 So schon *Lüttger* NJW **1951** 744, 745 m. w. N.

76 So auch *Rieß* FS II Peters 127; s. unten Rn. 122, 130 f.

Erteilung von Abschriften oder auf Anfertigung von Fotokopien haben,[77] gibt es **Ausnahmen.** Dies gilt zum einen für einen ausnahmsweise bestehenden Anspruch auf Anfertigung von Kopien von **Beweisstücken**, die Urkundsqualität haben,[78] und zum anderen für Kopien der Images von elektronischen Datenträgern.[79] Wenn der umfassenden Akteneinsicht durch den Verteidiger derzeit noch Bedenken entgegenstehen (Absatz 2) und der Verteidiger deshalb gehindert ist, selbst Abschriften oder Fotokopien fertigen zu lassen, muss zum anderen die Einsicht in die nach Absatz 3 privilegierten Unterlagen durch **Überlassung von Abschriften oder Ablichtungen** gewährt werden.[80] Wird die Einsicht in diesen Fällen verwehrt, ist der Anspruch auf rechtliches Gehör verletzt.[81] Es wäre zweckmäßig, wenn für die in Absatz 3 genannten privilegierten Urkunden die Herausgabe von Abschriften an Verteidiger und Beschuldigte vorgesehen würde; sie könnten mühelos als Ablichtungen gefertigt werden.

Einen **gesetzlichen Anspruch** auf die Erteilung einer Abschrift gibt ferner **§ 35** 22
Abs. 1 Satz 2. Die Vorschrift bezieht sich allerdings allein auf **Entscheidungen** und nicht auf andere Aktenbestandteile.[82] Darüber hinaus kann auch die prozessuale **Fürsorgepflicht**[83] als Auslegungsrichtlinie zur erweiternden Auslegung der Regelung in § 35 Abs. 1 Satz 2 die **Erteilung von Abschriften** gebieten.[84] Dies gilt insbesondere für das **Sitzungsprotokoll** und Teile der Sitzungsniederschrift bei **mehrtägigen Hauptverhandlungen.** Hier steht zwar die überwiegende Auffassung[85] grundsätzlich auf dem Standpunkt, Abschriften oder Ablichtungen des Protokolls oder wesentlicher Teile des Protokolls könnten vor Beendigung der Hauptverhandlung und Fertigstellung des Protokolls nicht verlangt werden. Begründet wird diese Auffassung mit dem Argument, das Protokoll über die gesamte Hauptverhandlung bilde eine Einheit. Seine Fertigstellung vor dem letzten Sitzungstag sei rechtlich nicht möglich.[86] Ein Anspruch auf Überlassung von Abschriften der Sitzungsprotokolle soll sich jedoch ausnahmsweise dann ergeben, wenn es sich um **umfangreiche Beschlüsse** handelt, die in der Hauptverhandlung verkündet werden, da der Angeklagte nur dann eine klare und unverrückbare Unterlage für weitere Prozesshandlungen in der Hand habe.[87]

Wenn die gerichtliche Fürsorgepflicht es in diesen Fällen gebietet, ausnahmsweise 23
eine Abschrift oder Ablichtung zur Verfügung zu stellen, dann muss dies konsequenterweise auch für **Ablichtungen des** – noch nicht fertig gestellten – **Protokollentwurfs** gelten. Denn die Revisionsbegründungsfrist beträgt, unabhängig davon, ob es sich um eine eintägige oder mehrtägige, unter Umständen über Jahre hinweg erstreckende Hauptverhandlung handelt, einen Monat. Der Lauf dieser Frist beginnt zwar erst mit der Zustellung des Urteils (§ 345 Abs. 1 Satz 2), die vor Fertigstellung des Protokolls nicht erfolgen darf (§ 273 Abs. 4). Gerade bei mehrtägigen Hauptverhandlungen ist es oftmals

77 Oben Rn. 16.
78 Unten Rn. 130.
79 Unten Rn. 89.
80 BGHSt **18** 372 für unter Geheimschutz stehende Akten.
81 Oben Rn. 2.
82 OLG Koblenz Beschl. v. 12.3.2018 – 2 Ws 88/18, juris, Tz. 17; KG Beschl. v. 4.6.1997 – 3 AR 96/95, juris, Tz. 4.
83 LR/*Kühne* Einl. I, 121 ff.
84 Vgl. LR/*Graalmann-Scheerer* § 35, 9; Meyer-Goßner/*Schmitt* § 35, 6; SK/*Wohlers* 59; KMR/*Ziegler* § 35, 6.
85 BGHSt **29** 394, 395; BGH b. *Dallinger* MDR **1973** 371; RGSt **44** 53, 54; OLG Koblenz Beschl. v. 12.3.2018 – 2 Ws 88/18, juris, Tz. 8; Meyer-Goßner/*Schmitt* 6.
86 BGHSt **16** 306, 307; BGH b. *Dallinger* MDR **1975** 725; RGSt **30** 205.
87 MüKo/*Thomas*/*Kämpfer* 10; SK/*Wohlers* 69 sowie bereits *Eb. Schmidt* § 35, 11.

aber nur unter großen Schwierigkeiten oder überhaupt nicht möglich, die fristgebundenen Verfahrensrügen ohne die wortlautpräzise Grundlage im Protokoll in der vorgeschriebenen Form (§ 344 Abs. 2 Satz 2) anzubringen.[88] In diesen Fällen kann es die Fürsorgepflicht gebieten, Abschriften oder Ablichtungen von den betroffenen **Teilen des Sitzungsprotokolls** anzufertigen und dem Verteidiger zur Verfügung zu stellen, wenn nur so gewährleistet werden kann, dass die Verfahrensrügen form- und fristgerecht erhoben werden können. Dann kommt es – wofür allerdings Vieles spricht – nicht mehr entscheidend darauf an, ob daneben auch ein **Anspruch auf Fertigstellung des Protokolls** besteht,[89] da die Unterlassung der Fertigstellung des Hauptverhandlungsprotokolls das Akteneinsichtsrecht der Verteidigung unterläuft, da das Protokoll erst mit seiner Fertigstellung Bestandteil der Akten wird und erst dann nach Absatz 1 eingesehen werden kann.

IV. Akten

1. Der Aktenbegriff des § 147

24 **a) Zur Begründung des funktionellen Aktenbegriffs.** Der Begriff Akte leitet sich vom lateinischen Wort *acta* ab, was so viel bedeutet wie Aufzeichnungen, Geschehnisse, Taten und Urkunden.[90] Die Strafprozessordnung enthält weder in § 147 noch in den anderen **fast zwei Dutzend Vorschriften**, in denen von „Akten" die Rede ist,[91] eine **Definition** des Begriffs. Der Begriff der „Strafverfahrensakte"[92] oder „Justizakte" (vgl. § 1 JAktAG[93]) ist deshalb schillernd und **mehrdeutig.** Zu den Akten, auf die das Einsichtsrecht der Verteidigung sich erstreckt, werden gemeinhin[94] **alle** vom ersten Zugriff der Polizei (§ 163 Abs. 1) an gesammelten **be- und entlastenden Schriftstücke** gezählt sowie die nach Anklageerhebung entstandenen Aktenteile und die vom Gericht herangezogenen oder von der Staatsanwaltschaft nachgereichten Beiakten.

25 Die verschiedenen **Problemfälle des Aktenbegriffs**[95] zeigen jedoch, dass der so bestimmte Aktenbegriff zwar zunächst gut handhabbar, aber gerade deshalb noch zu **unpräzise** ist. Es ist bei der Auslegung deshalb ein aus dem Gesamtzusammenhang der jeweiligen Regelung abzuleitender **funktioneller Aktenbegriff** zugrunde zu legen.[96] Nicht adaptiert wird daher im Folgenden der zu weitgehend auf Einschätzungsprärogative der Staatsanwaltschaft setzende (enge) **formelle Aktenbegriff**,[97] der auf die aus

88 Vgl. *Dahs* (Hdb.) Rn. 891 ff.

89 Bejaht von OLG Koblenz Beschl. v. 12.3.2018 – 2 Ws 88/18, juris, Tz. 8 ff.

90 *Grundmann/Greve* NVwZ **2015** 1726; ähnl. *Warg* NJW **2015** 3195.

91 Aufzählung bei LR/*Stuckenberg* § 199, 7 mit Fn. 11.

92 Zur eAkte unten Rn. 224.

93 Gesetz zur Aufbewahrung und Speicherung von Akten der Gerichte und Staatsanwaltschaften nach Beendigung des Verfahrens v. 22.3.2005 (BGBl. I S. 837).

94 Mit im Einzelnen in Nuancen abweichenden Ansätzen LG Hannover StV **2015** 683, 684 f.; *Wohlers/Schlegel* NStZ **2010** 486, 489; Radtke/*Hohmann* 8; Meyer-Goßner/*Schmitt* 14; KK/*Willnow* 4; HK/*Julius/Schiemann* 5; KMR/*Müller* 3; *Joecks* 12; AK/*Stern* 13; sehr weit *H. Schäfer* NStZ **1984** 203, 204: „Sämtliche verkörperten Ermittlungs- und Verhandlungsergebnisse ..., die im Verlauf der Ermittlungen durch die Staatsanwaltschaft oder ihre Hilfsbeamten sowie nach Anklageerhebung bei Gericht angefallen ... sind".

95 Siehe ausf. unten Rn. 39 ff.

96 So auch *Lesch* FS Paeffgen 527, 543 ff., 550; LR/*Stuckenberg* § 199, 9; *ders.* StV **2010** 231 f. (anders noch LR/*Rieß*[25] § 199, 41); SK/*Paeffgen* § 199, 4 und KMR/*Seidl* § 199, 2 f.

97 Namentlich vertreten in BGHSt **30** 131, 138 f.; für unbedenklich gehalten von BVerfGE **63** 45, 62 ff.; **112** 304, 320. Siehe im Einzelnen unten Rn. 37 ff.

Sicht der Anklagebehörde zu bestimmende Identität von Tat und Täter abstellt. Eine Absage ist damit auch dem konkurrierenden (zu weiten) **materiellen Aktenbegriff**[98] zu erteilen, der seinerseits auf die konkretisierende Funktion des Tatbegriffs vertraut.

Aus dem hier vertretenen **funktionellen Aktenbegriff** folgt für die Auslegung des § 147, dass zunächst nach dem prozessualen **Kontext des Akteneinsichtsrechts** zu fragen ist. Dies führt zum systematischen **Zusammenhang mit § 199**: Das Ermittlungsverfahren dient nach klassischer Lesart[99] zunächst dem Zweck, der Staatsanwaltschaft die Entscheidung darüber zu ermöglichen, ob das Verfahren eingestellt (§ 170 Abs. 2, §§ 153 ff.) oder Anklage erhoben werden soll (§ 170 Abs. 1). Im Falle der Anklageerhebung hat das zuständige Gericht über die Eröffnung des Hauptverfahrens zu entscheiden. Grundlage sind die von der Staatsanwaltschaft mit der Anklage übersandten Akten (§ 199 Abs. 2 Satz 2). Daher müssen sie mit den Akten übereinstimmen, die der Staatsanwaltschaft bei ihrer Entscheidung nach § 170 Abs. 1 zur Verfügung standen.[100] Da dem Beschuldigten sowohl vor der Entschließung über die Erhebung der öffentlichen Klage als auch vor der Entscheidung über die Eröffnung des Hauptverfahrens rechtliches Gehör zu gewähren ist (§§ 163a Abs. 1 Satz 1, 201 Abs. 1 Satz 1) und der **Anspruch auf rechtliches Gehör** nur dann gewahrt ist, wenn dem Beschuldigten Gelegenheit gegeben wird, zu dem *gesamten* Material Stellung zu nehmen, das auch Gericht oder Staatsanwaltschaft ihrer Entscheidung zugrunde legen,[101] muss die Akteneinsicht auf alle Unterlagen erstreckt werden, die Staatsanwaltschaft oder Gericht zur Verfügung standen. Der **Aktenbegriff** in **§ 147** und **§ 199** ist daher **identisch.**[102] Dies bedeutet, dass die Staatsanwaltschaft – und erst recht nicht die Polizeibehörden – nicht mit bindender Wirkung für Gericht (§ 199) oder Verteidigung (§ 147) entscheiden können, welche Aktenteile oder schriftlichen Unterlagen zu den Ermittlungsakten genommen werden. Aus dem aus § 160 Abs. 1 folgenden Grundsatz der **Allzuständigkeit der Staatsanwaltschaft** folgt vielmehr, dass diese nach außen die rechtliche Verantwortung für solche Unterlassungen zu übernehmen hat, die auf mangelnder Organisation in der Zusammenarbeit mit den Beamten des Polizeidienstes oder ausbleibender Wahrnehmung ihrer Befugnisse gegenüber den Polizeibehörden beruhen.[103] 26

b) Der Grundsatz der Aktenvollständigkeit und -wahrheit. Das Ermittlungsverfahren der Strafprozessordnung ist ein **schriftliches Verfahren** insofern, als *alle* Ermittlungsschritte und Beweisergebnisse in Verkörperungen fixiert werden müssen.[104] Das gesamte Verfahren muss daher lückenlos dokumentiert und alle im Rahmen des Ermittlungsverfahrens anfallenden Unterlagen müssen zu den Akten genommen werden. Insofern gilt der **Grundsatz der Aktenvollständigkeit.**[105] Es handelt sich um eine **dynamische Pflicht.** Der Grundsatz des fairen Verfahrens verpflichtet das Gericht deshalb, dem 27

98 Namentlich vertreten von *Peters* NStZ **1983** 275, 276. Siehe im Einzelnen unten Rn. 42 f.

99 BVerfGE **109** 279, 351; BVerfGK **2** 27, 28; *Lilie* ZStW **111** (1999) 807, 825 f.; *Rieß* FS Geerds 501, 509; Meyer-Goßner/*Schmitt* § 160, 11; KK/*Griesbaum* § 160, 19.

100 Wie hier LR/*Stuckenberg* § 199, 11.

101 Zum verfassungsrechtlichen Hintergrund bereits oben Rn. 2.

102 So auch OLG Schleswig StraFo **2013** 205, 206; OLG Stuttgart Justiz **2013** 181, 183 f.; LG Hannover StV **2015** 683, 684; LG Berlin StV **2014** 403, 404 f.; LG Nürnberg-Fürth StraFo **2011** 225, 226; VG Mainz Urt. v. 16.1.2020 – 1 K 129/19, BeckRS **2020** 5419 Tz. 43; *Wohlers/Schlegel* NStZ **2010** 486, 491; SSW/*Beulke* 13; SK/*Wohlers* 27 f.; LR/*Stuckenberg* § 199, 10, KMR/*Seidl* § 199, 10. Zur Gegenansicht namentlich von *Dünnebier* StV **1981** 501 unten Rn. 44.

103 LG Berlin StV **2014** 403, 405 unter Bezugnahme auf HbStrVf/*Jahn* Kap. II, 17.

104 Vgl. Meyer-Goßner/*Schmitt* § 163, 18 und Einl. 62; KK/*Griesbaum* § 163, 26.

105 Zur verfassungsrechtlichen Absicherung bereits oben Rn. 3, 27.

Angeklagten und seinem Verteidiger das Ergebnis verfahrensbezogener (natürlich auch heimlicher) Ermittlungen mitzuteilen, die es **nach Eröffnung** oder auch noch **während der Hauptverhandlung** vorgenommen hat, so dass diese von ihrem Informationsrecht aus § 147 unter dem Gesichtspunkt der Wissensparität Gebrauch machen können.[106] Folge dieser auf einschränkungslose Vollständigkeit zielenden Leitlinie ist es allerdings auch, dass auch ein durch ein Verwertungsverbot für eine etwaige Hauptverhandlung gesperrtes Beweismittel, etwa ein nicht verwertbares TÜ-Protokoll,[107] selbst dann, wenn es nach unzutreffender Anwendung des geltenden Rechts dem Kernbereichsschutz unterliegt, dennoch zunächst zur Akte genommen werden muss.[108]

28 Hätten Polizei, Staatsanwaltschaft oder Gericht es in der Hand, Vorgänge, Wahrnehmungen oder Bekundungen aus den Akten fernzuhalten, indem sie zwar **mündlich Informationen** entgegennehmen, diese Informationen aber nicht schriftlich festhalten, entstünde gleichwohl eine unter dem Gesichtspunkt der Wissensparität nicht hinzunehmende Lücke. Der Aktenbegriff in § 147 impliziert daher nicht nur, dass alle *bereits angefallenen* schriftlichen Unterlagen zu den Akten zu nehmen sind. Er beinhaltet auch, dass über alle im Verfahren anfallenden mündlichen Informationen oder sonstige für die Prozessvoraussetzungen, die Schuld- oder die Straffrage relevanten Vorgänge vom jeweils zuständigen Amtswalter je nach Lage der Dinge Vermerke, Niederschriften o. Ä. anzufertigen sind, die die Verteidigung erst in den Stand setzen, an diesen Informationen zu partizipieren. Soweit die Staatsanwaltschaft solche Hinweise entgegennimmt oder das Gericht eigene Ermittlungen anstellt, diese aber zunächst nicht oder nicht vollständig in einem schriftlichen Vermerk in den Akten festhält oder zeitlich auch nur festhalten kann, ist sie zur **nachträglichen Anfertigung** eines **Aktenvermerks** oder, soweit bereits vorhanden, zu dessen Ergänzung **verpflichtet.**[109]

29 Die **Art der Konservierung** der verfahrensbezogenen Informationen ist **unerheblich.** Insbesondere besteht, soweit die Akten nicht ohnehin schon elektronisch geführt werden,[110] ein Recht zur Einsicht in **Computer-Dateien**, die verfahrensbezogene Informationen enthalten – die Dateien sind Bestandteil der Akten.[111] Das Akteneinsichtsrecht bezieht sich auch auf **Ton- und Bildaufnahmen**, soweit der Vorwurf in tatsächlicher oder rechtlicher Hinsicht auch auf sie gestützt wird. Dazu gehören beispielsweise Kalibrierungsfotos, wie sie im Rahmen von Radarmessungen erstellt werden, sowie die durch solche Kameras aufgenommenen Beweisfotos.[112]

30 **c) Ausnahmen vom Prinzip der Lückenlosigkeit.** Die Akteneinsicht soll danach eine **lückenlose Information** über die im Ermittlungsverfahren angefallenen schriftlichen Unterlagen möglich machen. Dabei kommt es vor allem darauf an, dass die Verteidigung in die Lage versetzt wird, eigenverantwortlich zu prüfen, welche Unterlagen sie für verteidigungsrelevant hält. Eine inhaltliche **Vorauswahl** der von Polizei oder Staatsanwaltschaft vorzulegenden Akten darf es deshalb **grundsätzlich nicht** geben, mag die Staatsanwalt-

106 Ausf. unten Rn. 86.

107 StA Frankenthal StraFo **2005** 425.

108 *Schlothauer* StV **2016** 607, 614 fordert allerdings *de lege ferenda*, dass Ermittlungsergebnisse, die einem Beweisverwertungsverbot unterliegen, nicht zum Gegenstand der Urteilsfindung gemacht werden dürfen.

109 Wie hier OLG Schleswig StraFo **2013** 205, 206, einschr. aber für einen Einzelfall BGH b. *Cierniak/Zimmermann* NStZ-RR **2010** 65, 68 f.

110 Zur verpflichtenden Einführung der eAkte ab 1.1.2026 unten Rn. 224 ff.

111 *H. Fetzer* StV **1991** 142; AK/*Stern* 14; SK/*Wohlers* 25; AnwK/*Krekeler*/*Werner* 9.

112 OLG Celle DAR **2012** 216 f.; BayObLG NStZ-RR **1997** 246, 247.

schaft auch bestimmte Unterlagen nicht für entscheidungserheblich halten.[113] **Ausnahmen** sind nur denkbar für Ergebnisse von Untersuchungshandlungen, die auf den ersten Blick eines Sachkundigen offensichtlich **völlig bedeutungslos** für das weitere Verfahren sind (**Offensichtlichkeitsmaßstab**). Das Risiko der Fehleinschätzung trägt der zuständige Dezernent der Staatsanwaltschaft als aktenführender Behörde.[114]

Aus dem Grundsatz der Aktenwahrheit in § 147 folgt, dass die Darstellung eines **unwahren Sachverhalts** in den Ermittlungsakten **unzulässig** ist. Diesen ursprünglich vom 4. BGH-Strafsenat[115] unmissverständlich ausgesprochenen Grundsatz hat die Leitentscheidung des 2. Strafsenats[116] zur Zulässigkeit sog. **legendierten Kontrollen** löchrig werden lassen. In ihr wurde das Verhalten der Ermittlungsbehörde, strafprozessuale Hintergrundermittlungen gegen einen Angeklagten zunächst nicht aktenkundig zu machen und damit einem zur Entscheidung berufenen Ermittlungsrichter einen unvollständigen Sachverhalt zu unterbreiten, *obiter dictu* nur als „nicht unbedenklich" herunterqualifiziert. Ein solches Verhalten der aktenführenden Behörde ist unter dem Gesichtspunkt der Aktenwahrheit und -vollständigkeit jedoch nicht hinzunehmen.[117] Den legitimen staatlichen **Geheimhaltungsinteressen** trägt Absatz 2 Satz 1 ausreichend, aber auch abschließend Rechnung. Im Einzelfall *kann* es ausreichen, wenn die betreffenden Informationen rechtzeitig vor Anklageerhebung zur Akte gelangen und dem Verteidiger unverzüglich übermittelt werden;[118] das Risiko einer letztlich dennoch zu spät beseitigten Informationsasymmetrie tragen die Strafverfolgungsbehörden. 31

d) Keine „Akten" i. S. d. § 147

aa) Handakten der Staatsanwaltschaft. Nicht zu den Akten, auf die das Einsichtsrecht der Verteidigung sich erstreckt, gehören als **rein innerdienstliche Vorgänge** i. S. d. Nr. 186 Abs. 3 RiStBV die **Handakten der Staatsanwaltschaft.**[119] Hierzu zählen[120] Berichte an vorgesetzte Stellen (GStA, Ministerien), Entwürfe der Staatsanwaltschaft oder Weisungen des Vorgesetzten,[121] Aufzeichnungen des Sitzungsvertreters der Staatsanwaltschaft[122] sowie Schriftverkehr mit fremden Behörden oder Stellen, soweit er sich nicht unmittelbar auf den Gegenstand des Strafverfahrens, sondern lediglich auf formelle Aspekte bezieht. Demgegenüber unterliegen dem Recht auf Akteneinsicht Sachstandsanfragen in BZR-kundigen Parallelverfahren gegen den Beschuldigten, durch Kranken- 32

---

113 LG Frankfurt StraFo **2005** 379; LG Itzehoe StV **1991** 555; *Wesemann* FS 25 Jahre AG Strafrecht im DAV 891, 894; *Peters* NStZ **1983** 276.

114 Zu den möglichen staatshaftungsrechtlichen Folgen bei einem Verstoß gegen den Grundsatz BGHR BGB § 839 Abs. 1 S 1 Staatsanwalt 7.

115 BGH NStZ **2010** 294.

116 BGHSt **62** 123, 142 Tz. 53.

117 *Börner* StraFo **2018** 1, 5: „Der Grundsatz der Aktenwahrheit und Aktenvollständigkeit erlaubt keine Legenden". In der Hauptsache ebenso *Kempf* FS Fischer 673, 688; *Krehl* StraFo **2018** 265, 272; *Löffelmann* JR **2017** 596, 602; *Lenk* StV **2017** 692, 698 f.; *Schiemann* NStZ **2017** 657, 658; HK/*Julius/Schiemann* 6 a. E., KK/*Willnow* 15; MüKo/*Thomas/Kämpfer* 12; OK-StPO/*Wessing* 8; *Schefer* Zur Vortäuschung eines Zufallsfunds im Ermittlungsverfahren (2019) 248, 291 ff. **A. A.** *Nowrousian* NStZ **2018** 254, 256 ff.

118 Vgl. *Böse* ZJJ **2019** 323, 328; s. auch *Brodowski* JZ **2017** 1124, 1128.

119 VG Karlsruhe Urt. v. 16.6.2016 – 3 K 4229/15, juris, Tz. 24; *Rixecker* FS Tolksdorf 365, 369; *Lehmann* GA **2017** 36, 39 f., *Warg* NJW **2015** 3195, 3198; *Beulke* NJW **1980** 2441; KK/*Willnow* 8; MüKo/*Thomas/Kämpfer* 17; SK/*Wohlers* 32; KMR/*Müller* 3. **A. A.** *Burkhard* StV **2000** 526, 528.

120 Vgl. LR/*Stuckenberg* § 199, 24 f.; *Kleinknecht* FS Dreher 723.

121 **A. A.** *Peters* § 23 III 3 b.

122 OLG Schleswig StraFo **2013** 205 f. m. Anm. *Park* StV **2014** 327.

versicherungsträger oder betreffend die Anforderung bzw. Versendung von Akten in die Hauptakten.[123] Sie können für den Verfahrensgang, insbesondere auch vermeidbare Verzögerungen, und damit in Haftsachen für die Sechsmonatsprüfung und im Übrigen für Fragen des Vollstreckungsabschlags bedeutsam sein oder jedenfalls werden. Selbst der innerbehördliche Vorgang der Aktenvorlage nach § 147 Nr. 2 GVG kann, wenn es hier zu vermeidbaren Verzögerungen kommt, relevant werden und ist daher zu den Hauptakten zu nehmen, ebenso wie alle Dokumente, die für Fragen der Ausübung des externen **Weisungsrechts** relevant werden können. In den Handakten dürfen mit Ausnahme der Regelung des § 147 Abs. 2 damit insgesamt nicht solche **Bestandteile zurückgehalten** werden, die nach dem Grundsatz der Aktenvollständigkeit[124] zu den Akten hätten genommen werden müssen.[125]

33 **bb) Gerichtsinterne Aktenbestandteile.** Ebenfalls nicht der Akteneinsicht unterliegen **gerichtsinterne Aktenbestandteile wie** die **Notizen des Protokollführers oder** die **Mitschriften des** richterlichen **Berichterstatters** (vgl. auch § 299 Abs. 4 ZPO, § 100 Abs. 3 VwGO), für die freilich die vorgenannten Grundsätze der Aktenführung (Aktenvollständigkeit und -wahrheit)[126] entsprechend zu gelten haben. Diese richterlich gefertigten Aufzeichnungen aus der Hauptverhandlung in Strafsachen erlangen in ihrem fortschreitenden Entstehen den Schutz durch das Beratungsgeheimnis. Sie sind weder einer Beweisaufnahme noch der Akteneinsicht zugänglich.[127] Wurden in einem anderen Verfahren Aufzeichnungen, Mitschriften o. Ä. gemacht und hätten diese ausnahmsweise zu den Verfahrensakten genommen werden müssen, erstreckt sich das Akteneinsichtsrecht richtigerweise auch auf diese Schriftstücke, soweit sie als verfahrenserheblich angesehen werden. Das wird sich – wenn auch nur retrospektiv[128] – vor allem aus ihrer Verwertung ergeben.[129]

34 **aaa) Senatsheft.** Ein Einsichtsrecht in das beim BGH und OLG separat geführte **Senatsheft** (und dort, wo existent, ein „Kammerheft" beim LG) besteht **nicht.** Abgesehen von handschriftlichen Notizen, kopierten Fundstellen, Bearbeitungshinweisen und den schriftlichen Voten des Senatsvorsitzenden, des Berichterstatters oder der weiteren Senatsmitglieder, auf die sich das Akteneinsichtsrecht naturgemäß nicht beziehen kann (allgemeiner Rechtsgedanke, vgl. §§ 43, 45 DRiG, § 19 Abs. 2 GOBGH v. 3.3.1952), befinden sich dort darüber hinaus ausschließlich Vorgänge, die im Original oder in Ablichtung auch in den Sachakten bereits enthalten sind (wie z. B. das angefochtene Urteil, die Revisionseinlegungs- und -begründungsschrift, der Antrag nach § 349 Abs. 3 Satz 1) oder zu ihnen gelangen werden, so dass auch insoweit **kein Bedürfnis** für ein gesondertes Akteneinsichtsrecht besteht.[130] Speziell für zeitgeschichtliche Einsichtsinteressen

123 Teilweise **a. A.** noch LR/*Lüderssen/Jahn*[26] 31.

124 Oben Rn. 27.

125 Krit. zur Praxis auch SK/*Wohlers* 32 (unter Hinweis auf Art. 6 EMRK); *Kettner* 86; *M. Kuhn* 56; *Meyer* 103.

126 Oben Rn. 27 ff.

127 Vgl. BGHSt **54** 37, 39 Tz. 9.

128 Zur Revision unten Rn. 218 f.

129 Vgl. *Th. Fischer* StraFo **2004** 420 zu OLG Hamm StraFo **2004** 419 f.; *Wohlers/Schlegel* NStZ **2010** 486, 488 f.; SK/*Wohlers* 34.

130 St. Rspr., vgl. BGH StraFo **2017** 192; Beschl. v. 18.4.2016 – 2 ARs 410/14 u. a., juris, Tz. 3; Beschl. v. 9.1 2015 – 2 ARs 157/14 u. a., juris, Tz. 1; StRR **2014** 122; Beschl. v. 5.2.2009 – 1 StR 697/08, juris, Tz. 4: StraFo **2005** 29; NStZ **2001** 551; MüKo/*Thomas/Kämpfer* 17; SK/*Wohlers* 34. Zweifelnd *Th. Fischer* FS Kirchberg (2017) 571, 579 f. und krit. *Kühne* Rn. 218.

wird dies durch die Sonderregelung in § 35b Abs. 5 Satz 2 BVerfGG bestätigt, die Einsicht in die Senatsakten des BVerfG betreffend „Entwürfe von Urteilen, Beschlüssen und Verfügungen, Arbeiten zu ihrer Vorbereitung und Dokumente, die Abstimmungen betreffen", erst nach Ablauf von sechzig Jahren gestattet.[131] § 147 regelt aber im Ganzen **nicht** die Frage des Einsichtsrechts in den senatsinternen **Geschäftsverteilungsplan.**[132]

bbb) Tonbandaufnahmen. Im Einverständnis der Verfahrensbeteiligten angefertigte **Tonbandaufnahmen** der **Hauptverhandlung**, die § 169 Abs. 2 Satz 1 GVG wegen ihrer andersartigen Zwecksetzung als Gedächtnisstütze für die Beratung und Urteilsabsetzung nicht verbietet, sind hingegen zu den Akten zu nehmen. Sie unterliegen ebenso wie angefertigte Abschriften *mutatis mutandis* dem vollen **Akteneinsichtsrecht** des Verteidigers.[133] 35

2. Problemfälle des Aktenbegriffs

a) Spurenakten. Der Aktenbegriff ist insbesondere im Zusammenhang mit der Vorlage von Spurenakten eingehend diskutiert worden. Dies bezeichnet **begrifflich** Aktenvorgänge über letztlich erfolglose Ermittlungshandlungen, die Rechenschaft über **Indizien oder Spuren** ablegen, denen zur Aufklärung nach Auffassung der Strafverfolgungsbehörden letztlich nicht weiter nachzugehen war.[134] 36

aa) Formeller Aktenbegriff der Rechtsprechung. Nach der von der Rechtsprechung seither fast durchweg in Bezug genommenen BGH-Leitentscheidung im 30. Band der amtlichen Sammlung[135] sollen zu den Verfahrensakten nur die Akten gehören, die durch die **Identität** der **Tat** und die **Identität** des **Täters** konkretisiert sind. Für Spurenakten gelte kein anderer Maßstab. Weil sie nicht auf Grund des Verfahrens gegen den Angeschuldigten und des durch Tat und Täter bestimmten Prozessgegenstandes entstanden seien, handele es sich um „verfahrensfremde" Akten, auch wenn sie tatbezogene Ermittlungen zur Überprüfung eines Gegenstandes, eines Sachverhaltes oder einer anderen Person enthalten.[136] 37

Die inhaltliche Prüfung, ob Spurenakten durch Tat und Täter konkretisiert sind und damit zu den dem Gericht vorzulegenden Akten gehören, soll nach dem *Zlof*-Urteil BGHSt **30** 131, 139 von der **Staatsanwaltschaft** vorgenommen werden, die bei der Auswahl der vorzulegenden Akten dem gesetzlich fixierten **Grundsatz der Objektivität** nach **§ 160 Abs. 2** verpflichtet sei. Eine derartige Vorauswahl der vorzulegenden Akten durch die Staatsanwaltschaft hielt der BGH aus zwei Gründen für unerlässlich. Zum einen könne die Einsicht in verfahrensfremde (Spuren-)Akten **öffentliche** oder **private Interessen** berühren, deren Vernachlässigung zugunsten des Informationsinteresses der 38

131 Vgl. *Lenz/Hansel* § 35b BVerfGG, 9: „spektakuläre Neuregelung".

132 Zutr. – und aus anderen Gründen ein unbedingtes Einsichtsrecht zu Recht bejahend – OLG Düsseldorf MDR **2019** 502, 503.

133 LR/*Wickern*[26] § 169 GVG, 50 (wo jedoch unzutr. von einem Mitgabeverbot für Kopien ausgegangen wird, vgl. unten Rn. 100); **a. A.** *Rottländer* NStZ **2014** 138 f. unter Verweis auf OLG Bremen NStZ **2007** 481, wo zu dieser Frage jedoch nichts gesagt ist.

134 Zur Begriffsbestimmung auch *Meyer-Goßner* NStZ **1982** 353; *Dünnebier* StV **1981** 504 Fn. 6; *Wasserburg* NJW **1980** 2441; LR/*Stuckenberg* § 199, 18; SK/*Wohlers* 35. Zur Frage der Dauer der Aufbewahrung von Spurenakten nach vorläufiger Einstellung des Ermittlungsverfahrens vgl. *Schnarr* ZRP **1996** 128.

135 BGHSt **30** 131, 138 f. m. Anm. *Dünnebier* StV **1981** 500. Bestätigend BGHSt **37** 204, 206; **49** 317, 327; **50** 224, 229; **52** 58, 62; BGH NStZ **2010** 530, 531; StV **2010** 228, 29 Tz. 20.

136 BGHSt **30** 131, 139.

Verteidigung nur gerechtfertigt erscheine, wenn ein Sachzusammenhang im Sinne der möglichen schulderheblichen oder rechtsfolgenrelevanten Bedeutung des Akteninhalts bestehe. Zum anderen müsse die **Aufklärungspflicht des Gerichts** überschaubar bleiben und erfüllbar sein. Ihre Grundlage seien der Verfahrensablauf und die dem Gericht tatsächlich vorliegenden Akten. Die Aufklärungspflicht werde ohne sachliche Anhaltspunkte ins Uferlose ausgedehnt und die Durchführbarkeit des Verfahrens gefährdet, „wenn man die Ansicht[137] billigen würde, daß diese Spurenakten ohne weiteres als ‚Bestandteile der Haupt- und damit der Gerichtsakten' anzusehen und infolgedessen mit den Hauptakten vorzulegen sind."

39 Das **BVerfG**[138] hat diese Auslegung der §§ 147, 199 auf Basis des formellen Aktenbegriffs für mit der Verfassung vereinbar erklärt. Es hat darin weder eine Verletzung des Rechts des Beschuldigten auf rechtliches Gehör vor Gericht noch einen Verstoß gegen den Anspruch eines Beschuldigten auf ein faires Strafverfahren gesehen. Art. 103 Abs. 1 GG wolle nur verhindern, dass das Gericht ihm bekannte, dem Beschuldigten aber verschlossene Sachverhalte zu dessen Nachteil verwerte. Davon sei die weitergehende Frage zu trennen, ob das Gericht sich und den Prozessbeteiligten die Information über Sachverhalte, die es selbst nicht kenne, weil sie ihm nicht unterbreitet worden seien, **erst** noch **zu verschaffen** habe. Denn es sei nicht Sinn und Zweck der grundgesetzlichen Gewährleistung rechtlichen Gehörs vor Gericht, dem Beschuldigten Zugang zu dem Gericht nicht bekannten Tatsachen zu erzwingen. Auch wenn man unterstelle, „daß der Anspruch des Beschuldigten auf rechtliches Gehör ihm – unter welchen Voraussetzungen und in welchen Grenzen auch immer – ein Recht auf Kenntnis von Akteninhalten einräumt, ist dieses Recht daher jedenfalls beschränkt auf die dem Gericht ***tatsächlich vorliegenden Akten***".[139]

40 Dieses Konzept wird **arrondiert** durch Hinweise darauf,[140] dass der Beschuldigte die Möglichkeit hat, **Beweisanträge** zu stellen oder mit Beweisermittlungsanträgen Anregung(...)en für eine weitere Sachaufklärung an das Gericht heranzutragen. Zudem ist ihm die nach den **§§ 23 ff. EGGVG** durchsetzbare Möglichkeit gegeben, durch Vermittlung eines Rechtsanwalts Einsicht in die Spurenakten unmittelbar bei der für die Ermittlungen verantwortlichen Staatsanwaltschaft zu beantragen. Die Bestimmung des § 147 selbst gebe aber **keinen Anspruch** auf **Bildung** eines **größeren Aktenbestandes**. Zu den vorzulegenden Akten gehören nur diejenigen Unterlagen, die durch die Identität der Tat und des Täters konkretisiert werden („formeller Aktenbegriff"). Ein Recht zur Einsicht in andere Unterlagen soll nach einer diesen Grundsatz akzeptierenden revisions- und rechtsbeschwerderechtlichen Rechtsprechungslinie dann bestehen, wenn der Antragsteller **konkrete Anhaltspunkte** benennt, aus denen sich ergibt, dass diese Unterlagen **relevante Erkenntnisse** für das Verfahren enthalten.[141]

41 Spurenakten, in denen tatbezogene Untersuchungen gegen Dritte und deren Ergebnisse festgehalten wurden, gehörten danach nicht notwendig zu den Hauptakten, weil sie **außerhalb** der Ermittlungen **gegen den Beschuldigten** entstanden seien. Sie müssten dem Gericht nur dann vorgelegt und damit der Einsicht des Verteidigers zugänglich gemacht werden, wenn ihr Inhalt für die Feststellung der dem Beschuldigten vorgewor-

---

137 Insbesondere diejenige von *Wasserburg* NJW **1980** 2440, 2441.

138 BVerfGE **63** 45 m. Anm. *Peters* NStZ **1983** 273 und m. Anm. *Amelung* StV **1983** 177. Bestätigend BVerfGE **112** 304, 320; KG NStZ **2020** 104 Tz. 8 ff.; OLG Karlsruhe Beschl. v. 16.7.2019 – 1 Rb 10 Ss 291/19, juris, Tz. 25.

139 BVerfGE **63** 59 f. (*Hervorh. i. Orig.*).

140 Vgl. BVerfGE **63** 65 f.; BayObLG Beschl. v. 2.8.2019 – 201 ObOWi 1338/19 m. w. N.

141 Genauer dazu unten Rn. 218 f.

fenen Tat und für etwaige gegen ihn zu verhängende Rechtsfolgen von irgendeiner Bedeutung sein kann.[142] Habe der Staatsanwalt hinsichtlich einzelner Ermittlungsvorgänge Zweifel, dürfe er die Vorgänge aber nicht zurückhalten. Er müsse sie dem Gericht dann im Interesse rechtsstaatlicher Verfahrensgestaltung vorlegen.[143]

bb) Materieller Aktenbegriff im Schrifttum. Nach dem viel weiteren, in einem Teil des Schrifttums[144] vertretenen **materiellen Aktenbegriff** gehören zu den von der Staatsanwaltschaft vorzulegenden und damit auch vom Akteneinsichtsrecht der Verteidigung umfassten Akten *alle* Vorgänge, die im Rahmen eines durch die Tat konkretisierten Sachverhalts angefallen sind. Darunter fallen auch **alle Spurenakten.** Alle Vertreter eines materiellen Aktenbegriffs heben übereinstimmend hervor, dass die **Auswahl** der vorzulegenden Akten **nicht allein der Staatsanwaltschaft** überlassen werden könne. Denn obwohl die Staatsanwaltschaft zur Objektivität verpflichtet sei (§ 160 Abs. 2), könne nicht ausgeschlossen werden, dass sie durch „Nachlässigkeit und Betriebsblindheit" eine Auswahl zuungunsten des Angeklagten treffe.[145] Sie bedürfe daher der umfassenden Kontrolle durch Verteidigung *und* Gericht.[146] 42

Die Begründungen für dieses Ergebnis differieren. *Wasserburg*[147] und zum Teil auch *Beulke*[148] nehmen **Art. 103 Abs. 1 GG** zum Ausgangspunkt ihrer Überlegungen. Sie interpretieren den Anspruch des Beschuldigten auf rechtliches Gehör dahingehend (vom hiesigen Standpunkt[149] aus betrachtet: erweiternd), dass er auch die Möglichkeit eröffnen müsse, zu den Beweisergebnissen und Ermittlungen Stellung nehmen zu können, die dem Gericht nicht zur Kenntnis gebracht worden sind. *Wasserburg*[150] begründet seine Auffassung zudem mit dem Hinweis auf die **Chancen-** und **Waffengleichheit** zwischen Anklage und Verteidigung und mit **prozessökonomischen** Erwägungen. Bei nur nachträglicher Einführung von Beweismitteln durch die Staatsanwaltschaft müsse die Hauptverhandlung ausgesetzt werden, damit die Verteidigung Gelegenheit habe, sich auf die veränderten Umstände einzustellen. 43

Dünnebier[151] hat die Lösung noch über die **Aufspaltung des Aktenbegriffs** gesucht. In der Vorenthaltung von Spurenakten sah er keine Verletzung des § 147, sondern nur des § 199 Abs. 2 Satz 2, da erstere Vorschrift sich nur auf die dem Gericht „vorliegenden" – und nicht auch auf die vorzulegenden – Akten erstrecke. Dieses Argument ist ausweislich des heutigen Wortlauts des § 147 Abs. 1 („... oder diesem im Falle der Erhebung der Anklage vorzulegen wären") überholt.[152] 44

cc) Position des funktionellen Aktenbegriffs. Die Beantwortung der Frage, ob die Spurenakten als Bestandteil der Gerichtsakten anzusehen sind und damit dem Akteneinsichtsrecht nach § 147 Abs. 1 und 4 unterfallen, hat, was ihre **praktische Relevanz** be- 45

---

142 BVerfGE **63** 62.
143 BVerfGE **63** 64.
144 *Peters* NStZ **1983** 276; *Wasserburg* NJW **1980** 2441; NStZ **1981** 211; *Beulke* FS Dünnebier 285, 294 und SSW/*Beulke* 15 a. E.; MüKo/*Thomas/Kämpfer* 13; HK-GS/*Weiler* 5; *Meyer* 99.
145 So namentlich *Beulke* FS Dünnebier 285, 290.
146 *Wasserburg* NStZ **1981** 211; *Dünnebier* StV **1981** 506; *Peters* NStZ **1983** 276.
147 *Wasserburg* NStZ **1981** 211.
148 *Beulke* FS Dünnebier 285, 293 f.
149 Oben Rn. 26.
150 *Wasserburg* NJW **1980** 2241, 2242.
151 *Dünnebier* StV **1981** 501.
152 So bereits *Beulke* FS Dünnebier 285, 289.

trifft, einiges an Schärfe eingebüßt, nachdem das BVerfG[153] der Verteidigung ein nach §§ 23 ff. EGGVG einklagbares Recht auf Einsicht auch in alle Spurenakten zuerkannt hatte, die Polizei oder Staatsanwaltschaft dem Gericht nicht vorgelegt haben. Im Ergebnis kann die Verteidigung sich daher – wenn auch unter deutlichem Mehraufwand – einen Überblick über alle Spuren verschaffen, die im Rahmen des Ermittlungsverfahrens verfolgt und später als bedeutungslos weggelegt worden sind.

46 Dennoch ist die Frage praktisch nicht völlig irrelevant. Die Rechtsprechung des BGH[154] und die sie bestätigende und teils modifizierende Entscheidung des BVerfG[155] haben die **Verantwortung** für die Auswertung und Verwertung der dem Gericht nicht vorgelegten Spurenakten **der Verteidigung** überbürdet. Damit wird das Gericht in nicht unerheblichem Umfang aus der Pflicht entlassen, den Inhalt der gesamten Akten, die im Rahmen des Ermittlungsverfahrens wegen derselben Tat angefallen sind, auf ihre Relevanz für die Beurteilung des gegen den Angeklagten erhobenen Vorwurfs zu untersuchen. Auswirkungen kann dies namentlich auf den Erfolg einer **Aufklärungsrüge** nach § 244 Abs. 2 dann haben, wenn sich aus den Spurenakten Anhaltspunkte für die Erforderlichkeit weiterer Sachaufklärung ergeben und der Verteidiger der Tatsacheninstanz diese Anhaltspunkte nicht gesehen hat.

47 Praktische Konsequenzen kann es auch für die erst im Urteil mitgeteilte **Beweiswürdigung** geben. Eindrucksvoll ist dargelegt worden,[156] dass sich gerade aus Spuren, die nicht zu dem angeklagten Verdächtigen führen, entlastende Aspekte ergeben können, die zu einer anderen Beurteilung der Täterwahrscheinlichkeit zwingen. Wie das Gericht die Indizien bewertet und worauf es seine Überzeugung von der Täterschaft des Angeklagten stützt, wird die Verteidigung oft erst mit der Urteilsbegründung erfahren. Die **gerichtliche Überzeugungsbildung** kann dann nicht mehr durch Beweisanträge erschüttert werden. Aus diesem Grunde sollte die Sichtung des gesamten Materials, das im Rahmen der Ermittlungen wegen einer Tat angefallen ist, nicht allein auf die Verteidigung übertragen werden. Das Gericht sollte sein Urteil in voller Kenntnis des Ergebnisses aller, auch erfolglos gebliebener Ermittlungsansätze fällen.

48 Zutreffend ist zudem die **Reserve gegenüber** dem aus **§ 160 Abs. 2** entnommenen Argument der Vertreter des formellen Aktenbegriffs. Die mit der Verankerung im *fair trial*-Prinzip einhergehende Aufblähung dieser strafprozessualen Vorschrift zu einer Art Ehrenkodex der Staatsanwaltschaft[157] steht nicht im Einklang mit dem durch die Praxis bestätigten Eingeständnis, dass die normative Verhaltensanforderung jener Vorschrift „mehr auf dem Papier steht".[158] Es ist daher nicht verfehlt, die **funktionelle Parteilichkeit der Staatsanwaltschaft**, die schon vor vielen Jahrzehnten von einem früheren Generalbundesanwalt herausgestellt wurde,[159] auch im Ermittlungsverfahren in demselben Umfang anzuerkennen, wie die Rechtsstellung des Verteidigers von öffentlich-rechtlich Bindungen gelöst und auf ihre zivilrechtlichen Grundlagen zurückgeführt wird.[160] In der

---

153 BVerfGE **63** 45 ff.; oben Rn. 39.

154 BGHSt **30** 131 ff.

155 BVerfGE **63** 45 ff.

156 *Bender/Nack* ZRP **1983** 1 ff.

157 Siehe etwa *Deutscher Richterbund* DRiZ **1955** 254, 256: § 160 Abs. 2 als „Stolz" des Staatsanwaltsberufs.

158 (GenStA a. D.) *Ostendorf* NJW **1978** 1345, 1348. Ebenso *Jahn* ZStW **118** (2006) 427, 456; *Heghmanns* GA **2003** 433, 444 f.; *Kühne* StV **1996** 684, 687. Auch BVerfGE **103** 142, 154 erkennt an, dass von der Staatsanwaltschaft keine „strikte Neutralität" erwartet werden kann, was gegenüber dem noch in BVerfGE **63** 45, 63 f. beschworenen Objektivitätspostulat die deutlich realistischere Sichtweise ist.

159 *Güde* AnwBl. **1961** 3, 4; zust. *Jahn* GA **2004** 272, 284.

160 S. Vor § 137, 26 ff.

Konsequenz liegt es nahe, bei § 147 denselben Aktenbegriff zugrunde zu legen wie bei § 199.[161]

b) Geheimhaltungsbedürftige Akten. Geht man von einem funktionellen Aktenbegriff aus, der unabhängig davon zu bestimmen ist, welche Akten Polizei oder Staatsanwaltschaft der Akteneinsicht durch den Verteidiger faktisch zugänglich machen oder dem Gericht vorlegen, stellt sich die Frage, ob **Geheimhaltungsgründe** den normativ zu bestimmenden **Aktenbestand** einschränken können. Von Bedeutung ist die Frage insbesondere bei behördlichen Akten, die Staatsanwaltschaft oder Gericht zur **„vertraulichen Behandlung"** oder mit einem **Sperrvermerk nach § 96** übersandt worden sind, sowie dann, wenn die Polizeibehörden gegenüber der Staatsanwaltschaft oder dem Gericht unter Hinweis auf einen eigenen Geheimnisbereich die Vorlage von Akten oder die Erteilung von Auskünften verweigern.[162] 49

aa) Polizeiliche und staatsanwaltschaftliche Akten. Für die Akten der Polizei über repressiv-polizeiliche Vorgänge und der Staatsanwaltschaft gilt gleichermaßen, dass sie in **vollem Umfang** der **Vorlagepflicht** nach § 199 und damit auch dem Akteneinsichtsrecht der Verteidigung unterliegen, wenn sie im Rahmen des Ermittlungsverfahrens gegen den jeweiligen Beschuldigten entstanden sind.[163] Für das Verhältnis der **Polizeibehörden** zur Staatsanwaltschaft ergibt sich dies daraus, dass die Polizeibehörden im Rahmen der Strafverfolgung lediglich als **Mandatar der Staatsanwaltschaft** (Ermittlungspersonen i. S. d. § 152 Abs. 1 GVG) tätig werden.[164] Insofern gibt es **keinen staatsanwaltsfreien Raum** im Ermittlungsverfahren,[165] also auch keine selbstständigen polizeilichen Ermittlungsakten in Strafsachen. Auch Ausnahmen für **notstandsähnliche Fälle** sind **nicht** anzuerkennen. Die Beamten des Polizeidienstes können sich nicht auf die allgemeinen strafrechtlichen Rechtfertigungsgründe berufen.[166] Etwas anderes gilt nur dann, wenn die Polizeibehörden ausschließlich **präventiv** tätig werden. Dann nehmen sie eigenständige Aufgaben wahr, für die sie Geheimnisschutz beanspruchen können. 50

Ebenso wenig wie die Polizeibehörden befugt sind, im Verhältnis zur Staatsanwaltschaft Informationen aus dem laufenden Verfahren zurückzuhalten,[167] ist jene ihrerseits befugt, Informationen dem Gericht vorzuenthalten. **Gericht und Staatsanwaltschaft** sind zwar voneinander unabhängige Einrichtungen der Strafrechtspflege, die in keinem Weisungsverhältnis – wie etwa Polizeibehörden und Staatsanwaltschaft – zueinander stehen (vgl. § 150 GVG). Die Pflicht zur umfassenden Aktenvorlage und damit **lückenlosen Informationsübermittlung** ergibt sich hier vielmehr aus der prozessualen Stellung der Staatsanwaltschaft, die dem Gericht in einem System gegenseitiger Kontrolle ver- 51

161 Oben Rn. 26.

162 S. auch LR/*Stuckenberg* § 199, 14.

163 So auch *Keller* StV **1984** 525 f.; *Taschke* StV **1986** 55; *ders.* (Zurückhaltung) 142 ff.; LR/*Stuckenberg* § 199, 14 (anders noch LR/*Rieß*[25] § 199, 13); SK/*Wohlers* 42, 47. Teilweise **a. A.** oder differenzierend KK/*Hartmut Schneider* § 199, 12; Meyer-Goßner/*Schmitt* 16; KMR/*Seidl* § 199, 8.

164 *Geißer* GA **1983** 385; *Görgen* Die organisationsrechtliche Stellung der Staatsanwaltschaft (1971).

165 BGHSt **62** 123, 142 f. Tz. 53; *Lesch* FS Paeffgen 527, 541; *Krohl* StraFo **2018** 265, 273; *Lilie* ZStW **111** (1999) 807, 822; *Roxin* DRiZ **1997** 109, 121; *Füllkrug* ZRP **1984** 194; SSW/*Beulke* 15; AK/*Schöch* § 152, 14.

166 *Jahn* Strafrecht des Staatsnotstandes (2004) 416 ff. m. w. N. **A. A.** KK/*Moldenhauer* § 170, 10, dort bezogen auf die Vorlage bei Gericht.

167 Soeben Rn. 50.

bunden ist.[168] Bereits *Niethammer* hat dies hier[169] vor mehr als sechzig Jahren mit erstaunlicher Klarheit festgestellt: „Würde eine zum Dienst in der Strafrechtspflege eingesetzte Polizeibehörde einen solchen Vorbehalt (scil. der vertraulichen Behandlung) mit der Übergabe ihrer Akten an das Strafgericht verbinden, so wäre der Vorbehalt vom Gericht nicht zu beachten, weil er im Widerspruch zu der Aufgabe stünde, die von der Polizeibehörde im Dienst der Strafrechtspflege zu erfüllen ist“. Dies gilt nicht nur für die Polizeibehörden, sondern *mutatis mutandis* auch für die Staatsanwaltschaft. Was für das Verfahren **geschaffen** worden ist, kann ihm **nicht vorenthalten** werden.

52 Aus diesem Grunde war eine **Praxis der Polizeibehörden**, die von der Rechtsprechung[170] auch schon vor der Durchkodifikation der Zeugen- und Geheimnisschutzvorschriften in den letzten drei Jahrzehnten gebilligt wurde, **rechtswidrig**, die Namen von V-Leuten, vertraulichen Anzeigeerstattern etc. aus den Akten fernzuhalten.[171] Die **behördliche Zurückhaltung von Informationen**, die im Rahmen repressiver Ermittlungen angefallen sind, stellt sich heute nur noch außerhalb des Anwendungsbereichs der weitgefassten gesetzlichen Zeugen- und Geheimnisschutzvorschriften, namentlich in den §§ 68 Abs. 2, 3, 68a sowie Nrn. 130a Abs. 2 ff. RiStBV,[172] zugleich als **Verletzung des § 147** dar. Um zu vermeiden, dass **binnenjustizielle Konflikte** allein zu Lasten der Verteidigungsinteressen gelöst werden, kann es der Grundsatz eines fairen Verfahrens deshalb gebieten, das **Verfahren** bis zur Freigabe nach **§ 96** geheim gehaltener Ermittlungsakten nach § 265 Abs. 4 **auszusetzen**, weil – wie auch dann, wenn erhebliche Aktenbestandteile des Ermittlungsverfahrens nicht zur Gerichtsakte gelangt sind – eine derart veränderte Sach- und Verfahrenslage vorliegt, dass diese einschneidende Maßnahme zur genügenden Vorbereitung der Verteidigung mit Blick auf den Anspruch der Angeklagten auf ein faires Verfahren notwendig ist.[173]

53 **bb) Akten anderer Behörden.** Im Rahmen eines Strafverfahrens können Akten oder Auskünfte von an der Strafverfolgung nicht beteiligten Behörden Bedeutung für den Schuld- oder Strafausspruch erlangen. Hierbei handelt es sich entweder um Behörden, die im weitesten Sinne der Gefahrenabwehr verpflichtet sind, also insbesondere **MAD, BND** und das **Bundesamt sowie die Landesämter für Verfassungsschutz**, oder sonstige **Behörden**, die **reine Verwaltungsaufgaben** wahrnehmen (Arbeitsämter, Sozialämter, Finanzämter etc.). Für diese Behörden gilt zunächst, dass sie gemäß Art. 35 Abs. 1 GG zur Amtshilfe verpflichtet sind und Akten demgemäß vorgelegt werden müssen. Sie genießen zwar den strafprozessualen Geheimnisschutz des § 96. Werden die Akten aber auf Ersuchen der Staatsanwaltschaft oder des Gerichts freigegeben, erstreckt

168 *Taschke* StV **1986** 55 m. w. N.

169 LR/*Niethammer*[20] § 147, 8e.

170 BGHSt **17** 382; **30** 34; **33** 83, 91; BGH StV **1981** 110; **1981** 111; **1981** 596; *Griesbaum* NStZ **1998** 433, 434; *Buggisch* Zeugenbedrohung und Zeugenschutz in Deutschland und den USA (2001) 146 ff.

171 *Taschke* StV **1986** 56 Fn. 22; *ders.* (Zurückhaltung) 127 ff.; s. auch *Hetzer* StV **1999** 165 ff. **A. A.** *M. Lorenz* StraFo **2016** 316, 325 f.

172 Siehe dazu *Buggisch* Zeugenbedrohung und Zeugenschutz (2001) 186 ff. Krit. *Eisenberg* NJW **1993** 1033, 1036.

173 BGHSt **49** 330 f.; OLG Karlsruhe NStZ-RR **2010** 287 f.; LG Berlin StV **2014** 403; LG Hannover StV **2013** 79, 80; LG Leipzig StV **2008** 514 f.; *Pananis* NStZ **2005** 573; *Detter* StraFo **2006** 550, 551 sowie *Lesch* FS Paeffgen 527, 556 ff.; *Tsambikakis* FS Richter II 529, 534 und MüKo/*Thomas/Kämpfer* 53, die sich mit guten Gründen „in Extremfällen“ für die Annahme eines Prozesshindernisses aussprechen. Die Praxis versucht jedoch stets, neben prozessualer Remedur (Aussetzung) die neuralgischen Fälle auf andere Art und Weise zu lösen, etwa über besondere Rabatte bei der Strafzumessung, eine besonders zurückhaltende Beweiswürdigung oder Beweisverwertungsverbote, vgl. zusf. *Jahn* JuS **2007** 1058 m. w. N.

sich das Akteneinsichtsrecht der Verteidigung gemäß § 147 auch hierauf. Dies wird nicht angezweifelt, soweit diese Akten dann auch (faktisch) zu den Gerichtsakten genommen werden.[174]

Ist das noch nicht der Fall, räumt die Praxis unter teilweiser Billigung der Literatur der **Staatsanwaltschaft** die **Befugnis** ein, Akten oder Aktenteile von der **Vorlage** an das Gericht **auszunehmen**. Die Verwaltungsvorschrift in Nr. 111 Abs. 5 RiStBV geht in der Tat davon aus, dass die Staatsanwaltschaft Akten, Schriftstücke oder Beweismittel, die im Ermittlungsverfahren angefallen sind, zurückhalten darf. In der Strafprozessordnung gibt es für diese Verwaltungsvorschrift indes **keine parlamentsgesetzliche Grundlage**, was bei einer derart grundrechtswesentlichen Frage[175] erforderlich wäre. Sind Akten, Schriftstücke oder Beweismittel und auch mündliche Auskünfte von Behörden, die dann in Form eines Vermerks schriftlich zu den Akten zu nehmen sind, durch Übersendung zu den Verfahrensakten gelangt, werden sie entgegen Nr. 111 Abs. 5 Satz 1 („erklärt“) ohne weitere Willensentschließung der Staatsanwaltschaft **zwingend** zu deren **Bestandteil** und können der Akteneinsicht nicht entzogen werden.[176] Verfahrensakten ausländischer Strafverfolgungsbehörden, die noch nicht beigezogen wurden, werden hingegen nicht vom Akteneinsichtsrecht umfasst.[177] 54

Aber auch die jedenfalls bis vor einigen Jahren noch geübte Praxis von Behörden insbesondere aus dem Bereich der deutschen Sicherheitsarchitektur, der Staatsanwaltschaft Akten mit der **Bitte um vertrauliche Behandlung** zu übersenden oder nur mit der ausdrücklichen Auflage zugänglich zu machen, sie dem Verteidiger nicht zu öffnen, ist von der Strafprozessordnung nicht gedeckt.[178] Für das Verhältnis zum Gericht scheint diese Praxis glücklicherweise schon früher endgültig zu den Akten gelegt worden zu sein.[179] Die um Aktenvorlage ersuchte Behörde bzw. deren oberste Dienstbehörde darf daher nur unter den **gesetzlichen Voraussetzungen des § 96** das Ersuchen ablehnen und die Vorlage von Akten verweigern. Die nach § 96 abgegebene **Sperrerklärung** ist jedoch **nicht teilbar** in dem Sinne, dass zwar die Staatsanwaltschaft, nicht aber Gericht und Verteidiger Kenntnis von den Akten erhalten sollen (**Alles-oder-Nichts-Prinzip**). Die Vorlage von Akten an die Staatsanwaltschaft bewirkt vielmehr, dass sie zum Bestandteil der Verfahrensakten oder zu Beiakten werden, die dem Akteneinsichtsrecht nicht mehr entzogen werden können. 55

Auch unter **Geheimnisschutz** stehende Akten (**Verschlusssachen**) dürfen der Akteneinsicht nicht entzogen werden.[180] Hinsichtlich der hierbei zu beachtenden Modalitäten vgl. **Nr. 213 Abs. 3-5 RiStBV.**[181] 56

---

174 Vgl. BGHSt **18** 370; LR/*Rieß*[25] § 199, 13; SK/*Rudolphi* § 96, 4; KK/*Greven* § 96, 9; KK/*Willnow* 7; s. auch BGH NJW **1996** 2171; dazu *Gillmeister* NStZ **1997** 43.

175 Oben Rn. 2 ff., 4 ff.

176 So auch SK/*Wohlers* 46; HK/*Julius*/*Schiemann* 7; *Taschke* (Zurückhaltung) 5 ff.

177 OLG Frankfurt NStZ-RR **1996** 238; SK/*Wohlers* 29 a. E.

178 Vgl. BGHSt **42** 71; SK/*Wohlers* 47; LR/*Menges* § 96, 46.

179 Dass eine vertrauliche Übersendung an das Gericht nicht zulässig ist, ist jedenfalls im Schrifttum nicht mehr streitig. Selbstverständlich muss – worauf bereits LR/*Dünnebier*[23] 5 Fn. 2 hingewiesen hat – „das Verfahren, die Akten dem Gericht nicht vorzulegen, sie aber neben dem Vorsitzenden‘ liegenzulassen (RGSt **72** 239), ... Mißtrauen bei den Beteiligten erwecken und sollte streng vermieden werden“.

180 BGHSt **18** 369; *Jahn* FS Beulke 801, 809 f.; SK/*Wohlers* 48; KK/*Willnow* 13. Zu der Anfertigung von Abschriften in diesen Fällen siehe unten Rn. 94.

181 Erg. unten Rn. 92.

57 **c) Gesetzliche Geheimhaltungsgründe.** Für sonstige gesetzliche Geheimhaltungsgründe (etwa § 30 AO,[182] § 30 VwVfG und § 35 SGB I)[183] ergeben sich keine Besonderheiten. Ob Verwaltungsbehörden die Vorlage von Akten oder die Erteilung von Auskünften unter Berufung auf gesetzliche Geheimhaltungsgründe verweigern können oder müssen, bestimmt sich nach der **Reichweite** der **einzelnen Geheimhaltungsvorschriften** und ist an dieser Stelle nicht zu erörtern.[184] Werden die geheimhaltungsbedürftigen Informationen jedoch an die Staatsanwaltschaft weitergegeben, sind sie entweder als **Beiakten**, soweit ganze Akten vorgelegt werden, oder als **Bestandteile der Hauptakte** zu behandeln, die der uneingeschränkten Akteneinsicht unterliegen.[185] Die Akten übersendende oder Auskünfte erteilende Behörde kann auch hier[186] bei den gesetzlichen Geheimhaltungsgründen, ähnlich wie bei § 96, **keine Aufteilung des Geheimnisschutzes** in der Form bewirken, dass das Amtsgeheimnis gegenüber der Staatsanwaltschaft nicht geschützt, gegenüber allen anderen Verfahrensbeteiligten, insbesondere aber der Verteidigung und dem Gericht, gewahrt bleiben soll.[187]

58 **d) Gemeinsames Verfahren gegen mehrere Beschuldigte.** Die Akteneinsicht bezieht sich auf die Akten des einheitlichen Verfahrens, von der bestimmte Aktenteile nicht ausgenommen werden dürfen. Besondere Probleme können deshalb auftreten, wenn ein **einheitliches Verfahren** gegen mehrere Beschuldigte geführt wird. Die umfassende Akteneinsicht an den Verteidiger kann dazu führen, dass er und sein Mandant Kenntnis von Geheimnissen erhalten, die im Bereich der Mitbeschuldigten angefallen sind und einem gesteigerten Geheimnisschutz (etwa des **Steuergeheimnisses**, § 30 AO) unterliegen. Keine Bedenken bestehen, wenn die Kenntnis der die Mitbeschuldigten betreffenden Geheimnisse zu Verteidigungszwecken erforderlich ist. Anders verhält es sich, wenn z. B. die Mitbeschuldigten als Nebentäter gehandelt haben und das die gemeinsame Durchführung des Verfahrens begründende Element allein darin besteht, dass sie im Zusammenwirken mit dem Haupttäter gehandelt haben. *H. Schäfer*[188] nennt als Beispiel, dass der Täter einer Vielzahl von Steuerpflichtigen Belege über angeblich nicht entstandene Betriebsausgaben zur Verfügung stellt und sich dadurch an der jeweiligen Hinterziehung der Einkommensteuer der einzelnen Steuerpflichtigen beteiligt. Ein ähnliches Problem stellt sich, wenn im Rahmen eines einheitlichen Ermittlungsverfahrens gegen Verantwortliche mehrerer Firmen, Betriebe oder Unternehmen Beschlagnahmen von Geschäftspapieren, Vorstandsprotokollen, Kalkulationsunterlagen, Gesellschafterbeschlüssen u. Ä. erfolgen. Da die umfassende Akteneinsicht sich auch auf diese Beweismittel erstreckt, können ansonsten sorgsam gehütete **Geschäftsgeheimnisse** offenbar werden.

59 Soweit die Verteidigung des einen Beschuldigten nicht auch die Kenntnis der den oder die anderen Beschuldigten betreffenden Vorgänge erfordert, ließe sich daran denken, die unter besonderem Geheimnisschutz stehenden Akten von der Einsicht auszu-

---

182 Zum Schutz des eine Steuerstraftat anzeigenden Dritten LG Mühlhausen wistra **2005** 357 m. krit. Anm. *Scharf*; *Wegner* PStR **2005** 256.

183 Weitere Geheimhaltungsvorschriften bei *Schnapp* NJW **1980** 2165 Fn. 3; vgl. auch Meyer-Goßner/*Schmitt* § 161, 5 f.

184 Vgl. z. B. Meyer-Goßner/*Schmitt* § 161, 3-6.

185 Soeben Rn. 55 a. E.

186 Soeben Rn. 55.

187 So auch SK/*Wohlers* 46; KK/*Willnow* 9; MAH Strafverteidigung/*Schlothauer* § 3, 37.

188 *H. Schäfer* NStZ **1984** 203, 206.

nehmen. Diese Lösung ist jedoch mit § 147 nicht zu vereinbaren.[189] Werden die Ermittlungen gegen mehrere Nebentäter gemeinsam geführt, besteht ein **umfassender Anspruch auf Akteneinsicht**. Einem gesteigerten Geheimnisschutz kann nur dadurch Rechnung getragen werden, dass die Staatsanwaltschaft von Anfang an mehrere Verfahren führt oder nachträglich eine zulässige Verfahrenstrennung vornimmt. Freilich wirft dies nicht nur erhebliche praktische Schwierigkeiten auf.[190] Es ist auch zweifelhaft, ob mit der anfänglichen oder späteren Trennung das gewünschte Ziel überhaupt erreicht werden kann, da sich das Recht auf Akteneinsicht grundsätzlich auch auf die abgetrennten Verfahren gegen frühere Mitbeschuldigte erstreckt.[191]

e) Getrennte Verfahren gegen mehrere Beschuldigte. Auch in diesen Verfahren 60
treten Probleme praktischer und rechtlicher Natur auf:

Praktische Probleme entstehen, weil die Akteneinsicht für mehrere Verteidiger 61
mehrerer Beschuldigter sich oftmals unangemessen verzögert, wenn die Akten nicht von vornherein elektronisch geführt werden, § 32f Abs. 1 Satz 1. Wenn die beschleunigte Bearbeitung des Verfahrens oder eine effiziente Verteidigung es erfordern, müssen daher **nicht nur in Haftsachen**, wo die Sechsmonatshaftprüfung den Dezernenten der Staatsanwaltschaft zur besonderen Beschleunigung auch im Servicebereich (dem früheren Sekretariat) anhält, von vornherein, jedenfalls aber unverzüglich dann, wenn ein Akteneinsichtsgesuch eines Mitbeschuldigten gestellt worden ist, in ausreichender Anzahl (ggf. auf DVD „gebrannte") **Duplo-Aktensätze** angefertigt werden, damit mehrere Verteidiger zur gleichen Zeit die Akten auf dem aktuellen Stand einsehen können (**Nr. 12 Abs. 2 Satz 1 RiStBV**).[192] Unterbleibt dies auch auf die formlose Gegenvorstellung des Verteidigers hin und wird dadurch die Verteidigung eines Beschuldigten beeinträchtigt, lassen sich kaum Einwände gegen das in der Praxis geübte Verfahren geltend machen, dass ein Verteidiger seine Ablichtungen der Akte den Verteidigern der Mitbeschuldigten zur Verfügung stellt,[193] sofern dadurch nicht gleichzeitig die gegen einen oder mehrere Beschuldigte gerichtete Akteneinsichtssperre der Staatsanwaltschaft unterlaufen wird.

Rechtliche Probleme ergeben sich bei mehreren Beschuldigten in folgender Hin- 62
sicht: Wird ein **einheitliches Verfahren** geführt, erstreckt sich die Akteneinsicht selbstverständlich auf die gesamten Akten.[194] Aktenteile, welche die Tat nur *eines* Beschuldigten betreffen, dürfen selbst dann nicht zurückgehalten werden, wenn sie keine Relevanz für die Taten der Mitbeschuldigten haben.[195]

Wird ein ursprünglich gemeinsames Ermittlungsverfahren gegen mehrere Beschul- 63
digte (Ursprungsverfahren) **getrennt** und gesondert gegen einzelne Beschuldigte fortgeführt oder wird gegen den Beschuldigten ein weiteres, noch nicht abgeschlossenes Ermittlungsverfahren geführt, welches mit dem Verfahren, in dem Anklage erhoben worden ist, in einem Zusammenhang steht, erstreckt sich die **Akteneinsicht** auch auf die Akten **des Ursprungsverfahrens**.[196] Dies gilt nur dann nicht, solange in jenem Ver-

189 *H. Schäfer* NStZ **1984** 203, 207.
190 Vgl. nochmals *H. Schäfer* NStZ **1984** 203, 207.
191 S. unten Rn. 63.
192 Vgl. BGH Beschl. v. 10.12.2019 – 5 StR 578/19 Tz. 7; NStZ-RR **2008** 208.
193 So wohl auch *Rieß* FS II Peters 128 (für Beweisstücke). Zur Überlassung von Fotokopien durch den Verteidiger an den Beschuldigten s. unten Rn. 141 ff.
194 *H. Schäfer* NStZ **1984** 203, 206; MAH Strafverteidigung/*Schlothauer* § 3, 38.
195 Oben Rn. 59.
196 OLG Hamm StV **1993** 299; OLG Bremen StV **1993** 377; OLG Karlsruhe AnwBl. **1981** 18 f.; *H. Schäfer* NStZ **1984** 203, 206.

fahren die Ermittlungen nicht abgeschlossen sind und die Gewährung von Akteneinsicht nach pflichtgemäßer Beurteilung der Staatsanwaltschaft den Untersuchungszweck gefährden würde.[197] Die Verteidigungsinteressen des Beschuldigten müssen gegebenenfalls durch partiell zu gewährende Akteneinsicht Berücksichtigung finden, andernfalls ist die gebotene Geheimhaltung eingehend zu begründen. Inwieweit ein Beschuldigter Einsicht auch in die Teile der Akten von Mitbeschuldigten verlangen kann, die **nach Trennung** des Ursprungsverfahrens angefallen sind oder in die gesamten Akten, wenn die Ermittlungsverfahren von Beginn an getrennt geführt worden sind, ist noch **nicht abschließend geklärt**. Teilweise[198] wird für die Anwendbarkeit der §§ 475, 478 votiert. Ein Akteneinsichtsanspruch dürfte aber jedenfalls dann dem Grunde nach, solange also wiederum keine Gefährdung des Untersuchungszwecks i. S. d. § 147 Abs. 2 Satz 1 eintritt, gegeben sein, wenn der Inhalt der gesonderten Akten von Bedeutung für die Feststellung der dem Beschuldigten vorgeworfenen Tat und gegen ihn zu verhängende Rechtsfolgen sein kann.[199]

64 Soweit das Gericht in diesen Fällen die betreffenden Akten bereits **beigezogen** hat, ist der **Vorsitzende Adressat** des Einsichtsgesuchs. Befinden sich die Akten noch bei der Staatsanwaltschaft, ist der Antrag auf Akteneinsicht bei dieser anzubringen. Im Weigerungsfall ist die Akteneinsicht dann über einen Antrag nach den §§ 23 ff. EGGVG beim OLG durchsetzbar.[200] Davon unberührt bleibt die einzelfallbezogene Verpflichtung des Gerichts, im Rahmen seiner Aufklärungspflicht die Akten der Verfahren gegen Mitbeschuldigte beizuziehen, soweit sie für seine Entscheidung von Bedeutung sind.

65 **f) Beiakten.** Die Akteneinsicht erstreckt sich nach dem Wortlaut des § 147 auf die Akten, die dem Gericht vorliegen oder im Falle der Erhebung der Anklage vorzulegen wären. Hierzu zählen auch alle Formen von **Beiakten.**[201] Der Oberbegriff umfasst etwa Vorstrafenakten, Personalakten, Akten über Zivil- oder Verwaltungsprozesse, Steuerakten. Sie dürfen sämtlich der Kenntnisnahme des Beschuldigten über seinen Verteidiger nicht entzogen werden.

66 Mit Blick auf die Mitnahmebefugnis der Akten nach § 32f Abs. 2 Satz 3 und der Besichtigungsbefugnis der Beweisstücke nach Absatz 1 a. E. kann die Frage von Bedeutung sein, ob **Beiakten als Teil der Akten** oder als dem **erhöhten Bestandsschutz unterliegende** Beweisstücke zu behandeln sind, die nur in den Räumen der Staatsanwaltschaft oder eines Gerichts eingesehen werden dürfen. Zum Teil[202] werden zu den Akten des Verfahrens lediglich die der Staatsanwaltschaft oder dem Gericht gehörenden Akten gezählt und alle Beiakten justizfremder Behörden als Beweismittel mit der Folge des bloßen Besichtigungsrechts nach § 147 Abs. 1 behandelt. Eine derart weite Auffassung ist jedoch mit dem **Beweismittelbegriff der Strafprozessordnung** im Allgemeinen und dem speziellen (funktionellen)[203] Beweismittelbegriff des § 147 im Besonderen nicht zu

197 BGH NJW **2005** 304; JR **2006** 433; *Senge* FS Strauda 467 ff.

198 OLG Hamm wistra **2002** 118.

199 Vgl. BVerfGE **63** 45, 62.

200 S. unten Rn. 210 ff.

201 BVerfGE **62** 338, 343; OLG Schleswig StraFo **2013** 205, 206; LG Nürnberg-Fürth StraFo **2011** 225, 226; LG Stralsund StraFo **2005** 341 (Recht des unverteidigten Beschuldigten auf Einsicht in die Beiakten nach § 147 Abs. 7 a. F.); LR/*Stuckenberg* § 199, 13, 15; Radtke/*Hohmann* 9; MüKo/*Thomas*/*Kämpfer* 15; Meyer-Goßner/*Schmitt* 14; SK/*Wohlers* 29; KK/*Willnow* 4; KMR/*Müller* 3.

202 *H. Schäfer* NStZ **1984** 203, 206.

203 Oben Rn. 26 ff.

vereinbaren.[204] Beiakten oder deren Teile sind nur dann als Beweismittel anzusehen, wenn sie für das weitere Verfahren lediglich wegen der individuellen Beschaffenheit ihrer Substanz Bedeutung erlangen können.[205] Sind sie dagegen „*nur* Träger einer in ihnen verkörperten, nicht notwendig mit ihrer Substanz verbundenen Information",[206] zählen sie zu den **(Papier-) Akten** i. S. d. § 147 Abs. 1 Var. 1, § 32f Abs. 2 Satz 3, die dem **Einsichtsrecht** und nicht lediglich der Besichtigungsbefugnis unterliegen.

Dies kann dazu führen, dass Beiakten **teils** als **Beweismittel**, **teils** als **Akten** einzuordnen sind. Wird etwa im Rahmen eines Ermittlungsverfahrens wegen des Verdachts des Betrugs im Zusammenhang mit der Erschleichung von Sozialhilfe die den Vorgang betreffende Akte der Behörde beigezogen, ist die von dem Beschuldigten mit seinen Angaben unterzeichnete Erklärung über die sozialhilferechtlich erheblichen Tatsachen sowohl Akte als auch Beweismittel: Akte insofern, als die – falschen – Angaben jederzeit reproduzierbar sind, Beweismittel insoweit, als mit dem verkörperten Sozialhilfeantrag der Beweis für das Täuschungsmerkmal des § 263 StGB geführt werden kann, dass der Beschuldigte ihn tatsächlich unterzeichnet hat. Die aktentechnische Behandlung hat hier nicht anders als sonst auch zu erfolgen: Die als Beweismittel in Betracht kommenden Urkunden sind der Akte zu entnehmen und können vom Verteidiger oder dem Beschuldigten besichtigt werden (§ 147 Abs. 1 Var. 2, Abs. 4 Satz 1), sie verbleiben dann mit der Handakte als **Retent** in der Behörde. Der übrige Teil der Beiakte muss, wenn nicht ausnahmsweise wichtige Gründe i. S. d. § 32f Abs. 2 Satz 3 entgegenstehen, zur Einsicht in den Geschäftsräumen oder in der Wohnung des Verteidigers überlassen werden.[207] 67

g) Strafregisterauszüge. Die Akteneinsicht umfasst **auch** die **Strafregisterauszüge.**[208] Dies ergibt sich auch hier nicht nur aus dem Recht auf rechtliches Gehör,[209] sondern ebenfalls aus der durch § 147 gewährleisteten **„Parität des Wissens"**.[210] Für die Vorbereitung der Verteidigung kommt es insbesondere auf die vollständige Rekonstruktion der eventuell für die Festsetzung der Rechtsfolgen bedeutsamen Umstände, hier die Vorstrafen des Beschuldigten, an. Sie erschließen sich typischerweise weder (mangels Kenntnis) dem Verteidiger noch dem Beschuldigten (mangels Wissens, etwa um die Tilgungsfristen) vollständig. 68

h) Vollstreckungsheft. Die Akteneinsicht umfasst **auch** das **Vollstreckungsheft.**[211] Es handelt sich nicht in Analogie zur Handakte um einen innerdienstlichen Vorgang gem. Nr. 186 Abs. 3 RiStBV, weil nur mit Kenntnis von Gang und Stand der Vollstreckung eine sachgerechte Prüfung in Frage kommender Anträge im Vollstreckungsverfahren möglich ist. Es ist deshalb schon mit Blick auf den Zeitablauf nicht angezeigt, den Verteidiger darauf zu verweisen, zunächst auf eine gerichtliche Entscheidung der Strafvollstre- 69

204 Vgl. hierzu eingehend unten Rn. 116 ff.
205 *Rieß* FS II Peters 122.
206 *Rieß* FS II Peters 122 (*Hervorh. i. Orig.*).
207 S. unten Rn. 87.
208 BVerfGE **62** 338; OLG Frankfurt NJW **1960** 1731; SK/*Wohlers* 53; Meyer-Goßner/*Schmitt* 15; KK/*Willnow* 4; KMR/*Müller* 3; *Eb. Schmidt* Nachtr. 17; *Krüger* Krim **1974** 396; *K. H. Schmidt* NStZ **1983** 89 f. **A. A.** zuletzt LG Hildesheim NStZ **1983** 88 f. – aufgehoben durch BVerfGE **62** 338.
209 Vgl. *K. H. Schmidt* NStZ **1983** 89 f.; ausf. bereits o. Rn. 2.
210 S. oben Rn. 4, 12.
211 OLG Oldenburg StV **2018** 340 (Ls.); LG Ulm StV **2012** 378.

ckungskammer und im Falle der Ablehnung des Antrags auf eine Beschwerdeentscheidung anzutragen, um erst im weiteren Verfahren Akteneinsicht zu erhalten.

i) Gefangenenpersonalakten

70 **aa) Umfang des Einsichtsrechts.** Bei der Frage nach der Einsicht in Gefangenenpersonalakten[212] sind **zwei Konstellationen** zu unterscheiden: Einerseits die Einsicht zur Vorbereitung des oder während eines gerichtlichen Verfahrens und andererseits ein allgemeines, verfahrensunabhängiges Einsichtsrecht.

71 Für das **gerichtliche Verfahren** ist es mittlerweile h. M.,[213] dass der anwaltliche Beistand eines Gefangenen ein Recht auf Akteneinsicht jedenfalls in die dem Gericht tatsächlich vorliegenden Akten einschließlich der herangezogenen Beiakten hat. Auch das, was für den Strafvollzug geschaffen worden ist, darf seiner Kontrolle durch das Gericht nicht vorenthalten werden.[214] Zwar mag es gute Gründe für die Haltung der Vollzugsbehörden geben, die Gefangenenpersonalakten einer umfassenden und uneingeschränkten Akteneinsicht entziehen zu wollen. Wenn die Vollzugsbehörde aber legitimer Weise Aktenteile von der **Einsicht ausnehmen** will, darf sie diese Teile auch nicht dem Gericht übersenden.[215]

72 Die **Begründungen** differieren jedoch. Während das Akteneinsichtsrecht überwiegend und zu Recht aus **§ 147 i. V. m. §§ 109 Abs. 1, 120 Abs. 1 Satz 2 StVollzG** abgeleitet wird,[216] weil **§ 185 StVollzG** und die entsprechenden landesrechtlichen Vorschriften (wie § 64 HStVollzG), die nur außerhalb des gerichtlichen Verfahrens gelten,[217] insoweit keine Spezialregelung sind, fixiert die Gegenmeinung die Rechtsgrundlage in entsprechender Anwendung des § 100 VwGO.[218] Ein Anspruch auf Akteneinsicht aus § 100 VwGO scheidet indes aus, da das Strafvollzugsgesetz eine entsprechende Anwendung nicht vorsieht[219] und § 147 auch die sachnähere Regelung ist.[220] Teilweise wird der Anspruch auf Akteneinsicht auch unmittelbar aus Art. 103 Abs. 1 GG abgeleitet.[221] Das überzeugt insbesondere dann, wenn z. B. der gerichtliche Sachverständige im Verfahren zur Anordnung der Fortdauer der Sicherungsverwahrung in seinem Gutachten auf die betreffenden Akten Bezug nimmt und anderenfalls eine **Stellungnahme nicht substantiiert**

---

212 Zum deren Inhalt *Czaschke* NStZ **1983** 443.

213 BVerfGK **1** 3, 5 ff. m. Anm. *Heischel* StV **2003** 409 f.; BVerfG NStZ **1982** 44 (Bestätigung von OLG Celle NStZ **1982** 45); OLG Frankfurt RDV **2019** 40 f.; StV **1992** 483; OLG Koblenz StV **1981** 286; StV **1981** 80 (Ls.); LG Braunschweig StV **1981** 80 (Ls.). Zum Umfang zunächst zu restriktiv (Ausschluss von Beiakten) OLG Celle NStZ **1982** 45, dann aber zutr. OLG Celle StV **1982** 264. In der Tendenz einschränkend aber auch OLG Koblenz ZfStrVo. **2003** 301; OLG Hamm NStZ **2002** 615; für einen Sonderfall (Erteilung von Kontoauszügen) auch OLG Frankfurt NStZ-RR **2004** 316.

214 S. oben Rn. 51.

215 Zum Alles-oder-Nichts-Prinzip bereits oben Rn. 51.

216 OLG Frankfurt RDV **2019** 40 f.; OLG Nürnberg StV **2012** 168, 169; OLG Koblenz StV **1981** 286; OLG Koblenz StV **1981** 80 (Ls.); OLG Celle StV **1982** 264; *Volckart* StV **1984** 385; *Czaschke* NStZ **1983** 442; *Haß* NJW **1980** 466; SSW/*Beulke* 16 a. E.; SK/*Wohlers* 57; OK-StVollzG/*Euler* § 120, 4; *Voigtel* Zum Freibeweis bei Entscheidungen der Strafvollstreckungskammer (1998) 304. Offen gelassen bei OLG Celle StV **1981** 80 (Ls.).

217 Eingefügt durch Art. 1 des Gesetzes v. 26.8.1998 (BGBl. I S. 2461), vgl. *Arloth* JuS **2003** 1041, 1047; *Zieger* StV **2006** 375, 379.

218 LG Braunschweig StV **1981** 80 (Ls.); *Keller* NStZ **1982** 20; weit. Nachw. bei *Joester* StV **1981** 81 Fn. 5.

219 *Czaschke* NStZ **1983** 442.

220 So auch SK/*Wohlers* 57.

221 Zu weiteren Begründungsversuchen vgl. *Müller-Dietz* NStZ **1986** 286.

möglich ist.[222] Nahezu unstreitig ist indes der Zeitpunkt. Das Einsichtsrecht soll bereits dann gegeben sein, wenn es um die Vorbereitung eines gerichtlichen Verfahrens geht.[223]

Die Übertragbarkeit dieser für die Gefangenenpersonalakten geltenden Grundsätze[224] ist in der Sache auch für **Krankenunterlagen** anerkannt.[225] Im Anschluss an die Rechtsprechung des BGH in Zivilsachen,[226] die dem Patienten grundsätzlich ein Recht auf Einsicht in die ihn betreffenden Krankenunterlagen zuerkennt, wird teilweise[227] ausdrücklich offengelassen, ob insoweit überhaupt ein Ermessen der Vollzugsbehörde besteht, und im Ergebnis jedenfalls eine **Ermessensreduzierung auf Null** angenommen, während andere Stimmen im Schrifttum[228] von vornherein ein unbedingtes **Recht auf Akteneinsicht** bejahen. 73

Für die Akteneinsicht im **Maßregelvollzug** gelten ebenfalls die für Gefangenenpersonalakten entwickelten[229] Grundsätze.[230] 74

Ein über § 185 StVollzG hinausgehendes, **allgemeines Recht auf Akteneinsicht** unabhängig von einem Zusammenhang mit der Wahrnehmung der rechtlichen Interessen des Gefangenen **gibt es** hingegen **nicht**. Die Fälle, in denen eine gerichtlich überprüfungsfähige Entscheidung der Vollzugsbehörde noch nicht vorliegt, sind nach § 185 StVollzG zu beurteilen, wenn der Verteidiger des Gefangenen darlegt, dass er einen Antrag zu stellen oder zumindest die Erfolgsaussichten eines Antrags (etwa auf Urlaubsgewährung, Vollzugslockerung, Halbstrafen- oder Zweidrittelerlass usw.) zu prüfen beabsichtigt. Auch dies vermittelt aber kein Recht auf Einsicht in interne, lediglich vorbereitende Arbeitsgrundlagen und Entwürfe der an der Vollzugsplanfortschreibung beteiligten Mitarbeiter.[231] Für den **Vollzugsplan** selbst ist die die Aushändigung teilweise landesrechtlich (z. B. nach § 9 Abs. 5 Satz 2 NJVollzG) vorgesehen[232] und im Übrigen zur Erreichung des Vollzugsziels geboten.[233] 75

bb) Träger des Einsichtsrechts. In Bezug auf die Personalakten ist Träger nach den allgemeinen Regeln der Gefangene; *quoad exercitum* steht das Recht dem **Verteidiger** zu[234] 76

---

222 Überzeugend OLG Nürnberg StV **2012** 168, 169.

223 OLG Celle StV **1983** 512; OLG Koblenz StV **1981** 80 (Ls.); *Czaschke* NStZ **1983** 444.

224 Soeben Rn. 70 ff.

225 OLG Brandenburg StV **2008** 308, 309; OLG Karlsruhe NStR-RR **2008** 186, 187 f.; KG StV **2008** 311, 312 m. krit. Anm. *Linkhorst*; OLG Celle NStZ **1986** 285; OLG München ZfStrVo. **1980** 124; LG Berlin StV **1984** 384; *Volckart* StV **1984** 385; *Müller-Dietz* NStZ **1986** 286; SK/*Wohlers* 56; MüKo/*Thomas*/*Kämpfer* 22.

226 BGHZ **85** 327. Das OLG Schleswig SchlHA **2004** 229 wertet die Entscheidung des Gerichts, solche Unterlagen nicht beizuziehen, allerdings als nicht isoliert anfechtbar; zust. *Pollähne* SchlHA **2006** 211.

227 OLG Celle NStZ **1986** 284 m. zust. Anm. *Müller-Dietz*.

228 *Keller* NStZ **1982** 17; offen gelassen von *Pollähne* SchlHA **2006** 211, 215. Nach ihm muss es der Verteidigung aber mindestens möglich sein zu prüfen, ob die Verweigerung der Akteneinsicht aus Gründen des Gesundheitszustandes des Mandanten in jenen Akten eine Grundlage findet.

229 Soeben Rn. 70 ff.

230 Vgl. OLG Karlsruhe NStZ-RR **2002** 283; *Volckart* StV **1984** 386.

231 KG StRR **2011** 117 f.

232 OLG Celle Beschl. v. 14.2.2019 – 3 Ws 10/19 (StrVollz), BeckRS **2019** 7743 Tz. 9.

233 Mit der h. L. dahin tendierend auch OK-StVollzG/*Anstötz* § 7, 10: „sinnvoll – wenn nicht gar erforderlich …". Restriktiver (nur dann, wenn dies zur Wahrung der Rechte des Gefangenen erforderlich ist) OLG München StV **2009** 200, 201 m. zutr. abl. Anm. *Dung*: „Der Ablehnung eines Anspruchs des Gefangenen auf Aushändigung einer Abschrift des Vollzugsplans liegt nicht nur eine … systematisch und teleologisch fragwürdige, sondern auch eine verfassungsrechtlich bedenkliche Interpretation zugrunde".

234 Vgl. OLG Celle NStZ **1984** 85; *Volckart* StV **1984** 387; SK/*Wohlers* 55; *Voigtel* Zum Freibeweis bei Entscheidungen der Strafvollstreckungskammer (1998) 304; s. allg. oben Rn. 13.

und für den unverteidigten Beschuldigten gilt Absatz 4.[235] Das Interesse der Vollzugsbehörden, nicht mit grundlosen Akteneinsichtsanträgen eines Gefangenen konfrontiert zu werden, wird dadurch angemessen berücksichtigt, dass es sich um eine Ermessensentscheidung der Staatsanwaltschaft (Absatz 4 Satz 2 i. V. m. Absatz 5 Satz 1) handelt, bei der im Einzelfall erhebliche Gegengründe der Justizverwaltung berücksichtigt werden können.

77 **cc) Spezielle Rechtsmittel.** Der von der Vollzugsbehörde abgelehnte Antrag auf Einsicht in die Personalakten oder Krankenunterlagen kann – seit dem 1.6.2013 ohne vorheriges Widerspruchsverfahren (§ 109 Abs. 3 StVollzG)[236] – mit dem Antrag auf gerichtliche Entscheidung nach **§ 109 Abs. 1 StVollzG** angefochten werden.[237] Die Verweigerung von Akteneinsicht durch die Strafvollstreckungskammer kann mit der **Beschwerde** angefochten werden.[238]

78 **j) Akteneinsicht vor richterlichen Entscheidungen im Ermittlungsverfahren.** Das vorbereitende Verfahren liegt in der Hand der Staatsanwaltschaft. Dennoch sind bestimmte Entscheidungen in diesem Verfahrensstadium dem **Richter** vorbehalten: Erlass eines Haftbefehls (§§ 112 ff.), richterliche Entscheidung über die Anordnung einer Beschlagnahme (§ 98) oder die Rechtmäßigkeit einer Durchsuchung, sowie etwa die richterlichen Entscheidungen über die vorläufige Anordnung eines Berufsverbotes (§ 132a), einstweilige Unterbringung (§ 126a Abs. 1), vorläufige Entziehung der Fahrerlaubnis (§ 111a) oder die Anordnung einer Beschlagnahme oder eines Vermögensarrests (§ 111j Abs. 1 Satz 1). Soweit die vorherige Anhörung des Beschuldigten nicht erforderlich ist (vgl. insbesondere § 33 Abs. 4) oder der Verteidiger des Beschuldigten zuvor umfassende Akteneinsicht hatte, ergeben sich mit Blick auf § 147 keine Probleme. Das Akteneinsichtsrecht bezieht sich selbstverständlich auch auf die den Beschuldigten betreffenden Akten über die Untersuchungshaft.[239]

79 Anders verhält es sich, wenn die Staatsanwaltschaft unter Hinweis auf die **Gefährdung des Untersuchungszweckes** die Akteneinsicht versagt (§ 147 Abs. 2), gleichwohl aber der Erlass einer richterlichen Entscheidung erforderlich ist. Für diese Fälle war früher kontrovers erörtert worden, wer über die Gewährung der Akteneinsicht zu entscheiden hat.[240] Der Gesetzgeber hat die Frage ausdrücklich zugunsten des nach **§ 162 zuständigen Gerichts** entschieden (Abs. 5 Satz 2 Var. 3 i. V. m. Abs. 2 Satz 2).

80 In der Sache geht es vor allem darum, **welche Akten** das Gericht seiner Entscheidung zugrunde legen darf, wenn die Staatsanwaltschaft die Akteneinsicht unter Berufung auf Absatz 2 Satz 1 eingeschränkt hat. Die im Verwaltungsprozess bestehende Möglichkeit, staatlichen Geheimhaltungsbedürfnissen dadurch Rechnung zu tragen, dass die Kenntnisnahme von den maßgeblichen Informationen auf das Gericht beschränkt bleibt (***in camera***-Verfahren), hat das BVerfG[241] für den Bereich des Strafprozesses wegen der besonderen Anforderungen an die Rechtsstaatlichkeit abgelehnt. Aus dem An-

---

235 Vgl. schon zur Rechtslage vor der Neuregelung *Keller* NStZ **1982** 17; *Müller-Dietz* StV **1982** 83, 89.

236 Statt Vieler OK-StVollzG/*Euler* § 109, 16.

237 OLG Celle NStZ **1982** 45; OLG Celle StV **1983** 512; OLG Celle NStZ **1986** 284; *Volckart* StV **1984** 386; *Czaschke* NStZ **1983** 445.

238 OLG Celle StV **1982** 264; OLG Koblenz StV **1981** 286.

239 Vgl. BGH StV **1998** 3.

240 Einerseits *Welp* FS II Peters 324: Zuständigkeit des mit der Sache befassten Gerichts, andererseits OLG Hamm NStZ **1982** 348; OLG Stuttgart Justiz **1970** 113: Staatsanwaltschaft.

241 BVerfG NStZ-RR **2008** 16, 17; NStZ **2007** 274 f.; NStZ **2006** 459, 460 sowie BGH NJW **2019** 2105, 2107 Tz. 34 m. Anm. *Mitsch* und Anm. *Börner* NStZ **2019** 478.

spruch auf **rechtliches Gehör**[242] und dem Recht des Beschuldigten auf ein faires, rechtsstaatliches Verfahren in der Unterausprägung, die es auch durch Art. 5 Abs. 4 EMRK erfahren hat,[243] folgt damit zumindest ein Anspruch des inhaftierten Beschuldigten auf diejenigen in den Akten befindlichen **Informationen**, die er benötigt, um auf die **bevorstehende gerichtliche Haftentscheidung** einwirken zu können.[244] Eine **vollständige Akteneinsicht** kann danach zu gewähren sein, wenn sämtliche Aktenbestandteile in diesem Sinne als erheblich anzusehen sind.[245] § 147 Abs. 2 Satz 2 erkennt dies einfachrechtlich ausdrücklich an. Gleichzeitig liegt ein Verstoß gegen § 147 vor, da der Verteidiger alle Akten einsehen darf, die auch dem Gericht vorliegen.[246]

Hier könnte mit der **nachträglichen Gewährung rechtlichen Gehörs** geholfen wer- 81
den, indem man dem Beschuldigten nach Wegfall der Aktensperre Gelegenheit gibt, über seinen Verteidiger Akteneinsicht zu nehmen und sodann die ihn entlastenden Tatsachen vorzutragen. Dieser Weg, den die Prozessordnung in § 33a für alle Fälle eröffnet, in denen eine Beschwerde oder ein weiterer Rechtsbehelf nicht möglich sind, scheidet für die vorliegenden Fallkonstellationen jedoch aus. Denn nicht selten wird zwischen der richterlichen Entscheidung und dem Wegfall der Gründe für die Versagung der Akteneinsicht durch die Staatsanwaltschaft ein so langer Zeitraum liegen, dass ein wirksamer Schutz der Interessen des Betroffenen durch die nachträgliche Gewährung rechtlichen Gehörs nicht mehr gewährleistet ist. Die spürbare Belastung des Betroffenen dauert in diesen Fällen aufgrund einer richterlichen Anordnung fort, die auf der Grundlage von Tatsachen und Beweismitteln ergangen ist, zu denen der Beschuldigte sich nicht äußern konnte. Daher muss in diesem Fall ein **verfassungsrechtliches Verwertungsverbot** hinsichtlich des Tatsachenstoffs in den dem Verteidiger und dem Beschuldigten unbekannten Aktenteilen die Folge sein, wenn die Akteneinsicht unberechtigt verweigert worden ist.[247]

V. Praktische Modalitäten der Einsichtnahme in die Akten (§§ 147, 32f)

1. Einsichtnahme während des Ermittlungsverfahrens. Der Verteidiger kann die 82
Akten – **während des Ermittlungsverfahrens** nach seiner Einschätzungsprärogative selbstverständlich auch mehrmals – einsehen. Sie befinden sich nach Aushändigung an den Verteidiger in dienstlicher Verwahrung i. S. d. § 133 Abs. 1 Var. 2 StGB.[248]

---

242 Vgl. BVerfGE **18** 399, 404; BVerfG StV **2004** 411; LG Kiel StV **2006** 465; *Kempf* StraFo **2004** 299.

243 EGMR StV **1993** 283 (Fall *Lamy*); StV **2001** 200, 203, 205 m. Anm. *Kempf*; OLG Hamm StV **2002** 318 m. zust. Anm. *Deckers* StV **2002** 319 f.; OLG Köln NStZ **2002** 659; *Zieger* StV **1993** 320; *Schmitz* wistra **1993** 319. Nicht eindeutig zum Umfang der Akteneinsicht die Formulierung des EGMR StV **2001** 201, 204, 206: „die wesentlichen Dokumente".

244 BVerfG NJW **1994** 3219, 3220 f., bestätigt und erweitert für die Akteneinsicht beim Arrest durch BVerfG NStZ **2006** 459, 460 m. Anm. *Borggräfe/Schütt* StraFo **2006** 133; dazu auch BGH NJW **2019** 2105, 2107 Tz. 35 m. Anm. *Mitsch* und Anm. *Börner* NStZ **2019** 478; BGH (ER) NJW **1996** 734; LG Ravensburg NStZ-RR **2007** 114; *Walischewski* StV **2001** 240. Vgl. auch schon BVerfG StV **1994** 1 m. Anm. *Lammer*; KG StV **1993** 370 m. Anm. *Schlothauer*; KG StV **1994** 318.

245 *Borggräfe/Schütt* StraFo **2006** 136; *Hilger* GA **2006** 296; *Marberth-Kubicki* StraFo **2003** 368; *Lange* NStZ **2003** 348, 352; *Kempf* StV **2001** 206; *Kettner* 133. Für die generelle Gewährung von nur teilweiser Akteneinsicht hingegen OLG Köln NStZ **2002** 659; *Lange* NStZ **2003** 348; *Walischewski* StV **2001** 245, 248; diff. LG Ravensburg NStZ-RR **2007** 114, 116.

246 Vgl. OLG Koblenz StV **1981** 286 für die Gerichtsakten der Strafvollstreckungskammer.

247 Vgl. OLG Hamm StV **2002** 318 m. zust. Anm. *Deckers*; *Schlothauer* StV **2001** 195 f.; *Burhoff* StraFo **2002** 380; *B. Kuhn* 351 ff.

248 BGH NStZ-RR **2011** 276, 277.

83 Die früher umstrittene Frage,[249] ob bei erstmaliger Gewährung von Akteneinsicht notfalls auch **Verzögerungen der Ermittlungen** in Kauf zu nehmen sind, stellt sich bei sinnvollem Einsatz moderner Kopiertechnik heute nicht mehr (vgl. § 32f Abs. 2 Satz 2).[250] Dasselbe gilt, wenn die Akten zum Zwecke einer richterlichen Entscheidung im Ermittlungsverfahren an das Gericht gesandt worden sind und der Verteidiger die Akten zur Begründung eines Antrages oder einer Beschwerde benötigt. Auch hier lassen sich Zeitverzögerungen über die Anlegung und kontinuierliche Aktualisierung von **Duplo-Aktensätzen** nicht nur in Haftsachen oder bei Verfahren mit zahlreichen Verteidigern leicht vermeiden (Nr. 12 Abs. 2 RiStBV). Dann entstehen auch bei nochmaliger Akteneinsicht keine Probleme.[251]

84 Ohne Beachtung der soeben[252] skizzierten technischen Vorkehrungen kann sich dann, wenn der (oder die) Vertreter des (oder der) Verletzten und der Verteidiger des Beschuldigten **gleichzeitig Akteneinsicht** beantragen, die Frage stellen, welches Akteneinsichtsgesuch **zeitlich vorrangig** zu behandeln ist, soweit keine oder noch keine ausreichende Anzahl von Duplo-Akten hergestellt worden ist (Nr. 12 Abs. 2 RiStBV).[253] § 406e Abs. 2 Satz 3 und Nr. 184 RiStBV lösen das Problem nicht unmittelbar, denn eine unangemessene Verfahrensverzögerung würde in beiden Richtungen eintreten. Zutreffend dürfte es sein, die Wertung des Versagungstatbestandes in § 406e Abs. 2 Satz 1 Var. 1 („überwiegende schutzwürdige **Interessen des Beschuldigten**“) heranzuziehen, der vom Gesetzgeber systematisch an hervorgehobener Stelle positioniert worden ist. Gemeint sind richtigerweise nicht nur Geheimnisschutzinteressen, sondern auch das durch Absatz 1 verbriefte elementare Verteidigungsinteresse des Beschuldigten.[254] In der Konsequenz ist also **zunächst dem Verteidiger** des Beschuldigten Akteneinsicht zu gewähren.

85 Die Erhebung einer **Auslagenpauschale** vom Verteidiger als Kostenschuldner von derzeit € 12 (Nr. 9003 GKG-KV)[255] für die Aktenversendung in einem strafrechtlichen Ermittlungsverfahren über das bloße Bereitstellen i. S. v. § 32f Abs. 2 Satz 2 Var. 2 hinaus verletzt weder Art. 12 Abs. 1 Satz 2 GG noch das Recht auf Akteneinsicht.[256]

86 **2. Einsichtnahme während laufender Hauptverhandlung.** Der Verteidiger hat entgegen einer teilweise vertretenen Auffassung,[257] die zumindest auch auf die unzutref-

---

249 Für einen Vorrang des Akteneinsichtsrechts OLG Hamm VRS **49** (1975) 113; NJW **1972** 1096; OLG Hamburg JR **1966** 274; SK/*Wohlers* 62; KK/*Willnow* 15; Meyer-Goßner/*Schmitt* 12; MAH Strafverteidigung/*Schlothauer* § 3, 39; *Eb. Schmidt* 11; enger noch LR/*Dünnebier*[23] 11.

250 Siehe bereits oben Rn. 19.

251 Oben Rn. 10, 61, 102.

252 Rn. 83.

253 Zu den Anwendungsgrundsätzen *Jahn/Lips* StraFo **2004** 229, 231.

254 Dem steht auch die bisher h. M. nicht entgegen, da sie nur „in erster Linie persönlichkeitsrechtliche Interessen“ (LR/*Hilger*[26] § 406e, 18) zu schützen beabsichtigt.

255 Zur Frage der Reichweite der Anwendbarkeit nach dem 2. KostRModG OLG Saarbrücken NStR-RR **2016** 32 (Ls.); KK/*Willnow* 10 a. E.; Radtke/*Hohmann* 37.

256 BVerfG (*2. Kammer* des *2. Senats*) NJW **1996** 2222 f.; VGH Mannheim DÖV **2014** 132 (Ls.); OLG Koblenz NStZ-RR **1996** 96; LG Göttingen StV **1996** 166; SK/*Wohlers* 72. Nach AG Koblenz Beschl. v. 14.8.2006 – 2010 Js 28996/06 und AG Koblenz Beschl. v. 18.8.2006 – 2040 Js 34256/06 kann die Pauschale auch von einem neu zugelassenen Rechtsanwalt erhoben werden, selbst wenn ihm von Seiten der Justizverwaltung (noch) kein Gerichtsfach zur Verfügung gestellt werden kann.

257 So Meyer-Goßner/*Schmitt* 10; KK/*Willnow* 20.

fende Interpretation eines reichsgerichtlichen Judikats zurückgehen dürfte,[258] das Recht auf Akteneinsicht auch **während der Hauptverhandlung.**[259] Dies gilt also nicht nur dann – was unbestritten ist –, wenn der Verteidiger erst im Verlauf der Hauptverhandlung bestellt oder gewählt worden ist,[260] wenn er ein besonderes Interesse an der Akteneinsicht geltend macht – etwa dann, wenn der Verteidiger bislang keine vollständige Akteneinsicht erhalten hatte[261] – oder wenn **ab** dem Zeitpunkt des **Eröffnungsbeschlusses** neue Ermittlungsergebnisse oder Urkunden zu den Akten gelangt sind. Mit Letzterem korrespondiert die unstreitige Pflicht des Gerichts, den Beteiligten durch Unterrichtung Gelegenheit zur Kenntnisnahme zu verschaffen.[262] Für den Verteidiger kann es aber auch darüber hinaus gute Gründe geben, die Akten während der Hauptverhandlung ggf. erneut einzusehen.

Zu einer **Darlegung** seines rechtlichen **Interesses** kann er dabei **nicht gezwungen** 87
werden.[263] Da nach dem Abschluss der Ermittlungen (§ 169a) die Akteneinsicht nicht mehr beschränkt werden kann, fehlt es *e contrario* § 147 Abs. 2 Satz 1 an einer gesetzlichen Handhabe, die Einsicht während der Hauptverhandlung nunmehr dennoch zu verweigern. Hieran kann auch eine bereits erfolgte Akteneinsicht nichts ändern, denn das Akteneinsichtsrecht ist kein Recht, das dem Verteidiger nur einmal zustünde oder das er verwirken könnte; er bleibt vielmehr „befugt" i. S. d. Absatzes 1. Da das Gericht während der Hauptverhandlung die Akten aber grundsätzlich zur Hand haben muss,[264] kann die Gewährung von Akteneinsicht nach dem **Vorbehalt des Möglichen** mit Einschränkungen versehen werden; insbesondere kann der Verteidiger jetzt nicht verlangen, die Akten zur Einsicht in sein Büro zu erhalten (**§ 32f Abs. 2 Satz 3**), weil jetzt das Interesse an der Durchführung der **Hauptverhandlung** als **wichtiger Grund** entgegensteht. Er muss die Akten deshalb jetzt grundsätzlich auf der **Geschäftsstelle** des Gerichts,[265] ggf. auch in allfälligen Verhandlungspausen im Gerichtssaal[266] oder im Zimmer des Vorsitzenden oder z. B. des Berichterstatters einsehen. Die Arbeitsfähigkeit des Gerichtes bleibt dann ungeschmälert erhalten.

Das Tatgericht hat **Hinweispflichten**, insbesondere ist es aus Gründen der Verfah- 88
rensfairness nach Art. 6 Abs. 1 EMRK verpflichtet, den Prozessbeteiligten Gelegenheit zu geben, sich Kenntnis von außerhalb der Hauptverhandlung angestellten verfahrensbezogenen Ermittlungen zu verschaffen.[267] Der Pflicht zur Erteilung eines solchen Hinweises ist das Tatgericht auch dann nicht enthoben, wenn es die Ergebnisse der Ermittlungen selbst **nicht** für **entscheidungserheblich** hält. Es muss den übrigen Verfahrensbeteilig-

---

258 Schon LR/*Dünnebier*[23] 12 berief sich für die unzutreffende Auffassung, der Verteidiger könne während der Hauptverhandlung grundsätzlich keine Akteneinsicht beanspruchen, auf RG JW **1932** 1748. In dieser Entscheidung ging es aber um die Frage, unter welchen Voraussetzungen einem Beweisermittlungsantrag nach Beiziehung von Beiakten zu entsprechen ist. Indes hat auch *Beling* JW **1932** 1749 in seiner Anmerkung die Entscheidung dahin interpretiert, die Akteneinsicht sei während der Hauptverhandlung in das Ermessen des Gerichts gestellt, und damit den – unzutreffenden – Ton für die nachfolgende Diskussion gesetzt.

259 So auch SK/*Wohlers* 68; AK/*Stern* 34.

260 OLG Stuttgart NJW **1979** 560; Meyer-Goßner/*Schmitt* 10; SK/*Wohlers* 67.

261 OLG Hamm NJW **2004** 381.

262 Sogleich Rn. 88.

263 OK-StPO/*Wessing* 22. **A. A.** OLG Hamm NJW **2004** 381.

264 Insoweit zutr. jedenfalls der Ausgangspunkt von KK/*Willnow* 20.

265 OLG Stuttgart NJW **1979** 560; SSW/*Beulke* 11; SK/*Wohlers* 68; OK-StPO/*Wessing* 22.

266 OLG Hamm NJW **1972** 1096. Zu den revisionsrechtlichen Konsequemzen unten Rn. 218.

267 BGHSt **56** 235, 237 Tz. 17; **36** 305, 308; BGH NStZ **2017** 549; StV **2001** 4; SK/*Wohlers* 67; Meyer-Goßner/*Schmitt* 15. Zu den revisionsrechtlichen Konsequenzen unten Rn. 146.

ten überlassen bleiben, selbst zu beurteilen, ob es sich um relevante Umstände handelt.[268] Die Hauptverhandlung ist **auszusetzen**, wenn und soweit dies erforderlich ist, damit die Verteidigung sich mit nachträglich von der Staatsanwaltschaft ergänzten und **vervollständigten Akten** vertraut machen kann.[269] Wird die Hauptverhandlung ausgesetzt, um der Verteidigung Einsicht zu gewähren, ist die gegen diese Entscheidung gerichtete Beschwerde der Staatsanwaltschaft unzulässig.[270]

3. Einsichtnahme in elektronische Aufzeichnungen und Dateien

89 **a) Notwendige Differenzierungen.** Kopien elektronisch gespeicherter **Videoaufzeichnungen**, z. B. von Zeugenvernehmungen (§ 58a Abs. 2 Satz 3),[271] Aufzeichnungen des Tatgeschehens durch Videokameras im öffentlichen Raum,[272] polizeilichen Tatrekonstruktionen u. Ä., vervielfältigte **CD/DVD-Bildtonträger** oder ausgedruckte **Fotografien,**[273] Kopien von **Audiodateien**, etwa mit **TÜ-Inhalten** oder Aufzeichnungen des in einer Wohnung oder außerhalb von Wohnungen nicht öffentlich gesprochenen Wortes, und alle Formen der Kopien des beschlagnahmten Images von **computerlesbaren Dateien** stehen nach ihrer Zweckbestimmung den in Absatz 3 genannten Protokollen gleich. Sie gehören also nicht zu den Beweisstücken i. S. d. Absätze 1 und 4 mit der Folge, dass sie nicht nur (beim Beschuldigten: unter Aufsicht) besichtigt werden dürfen, sondern um bloße **Beweisstückkopien.**[274] Solche elektronischen Vervielfältigungen können, anders als die Tatwaffe, ein analoges Tonband[275] oder der bei der Polizei befindliche Server mit den Originalen der TÜ-Aufzeichnungen nicht in ihrer Substanz gefährdet werden, so dass das durch den Grundsatz der Amtsaufklärung (§ 244 Abs. 2) und die freie Beweiswürdigung (§ 261) motivierte **Integritätsinteresse** durch die Mitgabe **nicht beeinträchtigt** werden kann.[276] Selbst bei einem Totalverlust der kopierten CD/DVD oder mobilen Festplatte durch Zerstörung bliebe dieser Vorgang für die spätere richterliche Aufklärung und Überzeugungsbildung ohne Belang. Auch durch den Beschuldigten oder den Verteidiger vorgenommene Veränderungen des Inhaltes der Kopien aufgezeichneter Daten oder Telefongespräche wären irrelevant, da Beweismittel die verkörperten und zur Akte gelangten Urstücke bzw. Datenoriginale sind und diese erfor-

---

268 So auch BGH NStZ **2017** 549 f. m. zust. Anm. *Tully* (Auswertung eines Mobilfunkgeräts); BGH MDR **1989** 267 (Telefonüberwachung).

269 KG StV **1989** 9; LG Koblenz StV **1997** 239. **A. A.** – unzutr. – OLG Hamm NJW **2004** 381 für den Fall, dass die Verteidigung frühzeitig Akteneinsicht genommen hat, ohne dies mit dem weiteren Antrag zu verknüpfen, bei zu erwartender Vervollständigung der Akten erneut Einsicht gewährt zu bekommen.

270 KG StV **1989** 9 m. zust. Anm. *Danckert*.

271 OLG Stuttgart StV **2003** 17.

272 LG Augsburg Beschl. v. 18.2.2020 – J Qs 51/20 jug (insoweit in StraFo **2020** 150 nur z. T. abgedr.).

273 Das gilt auch für entgegen den RiStBV (s. unten Rn. 128) durch Verschulden der Staatsanwaltschaft über das Akteneinsichtsrecht an die Verteidigung gelangte kinder-, tier oder gewaltpornografische Fotografien, vgl. *Beulke/Witzigmann* FS Schiller 49, 53 ff.; *Barton* StRR **2013** 348; **a. A.** OLG Frankfurt NJW **2013** 1107 Tz. 23 m. zutr. abl. Anm. *St. König*.

274 LG Marburg Beschl. v. 25.5.2012 – 4 KLs 2 Js 3505/10, S. 21 f. (unveröff.) unter Bezugnahme auf eine Formulierung von *Jahn* FS Beulke 801, 808; *Wu* HRRS **2018** 108, 111; *Bell* 95, 195. **A. A.** OLG Frankfurt NJW **2013** 1107, 1108 Tz. 23.

275 Dazu unten Rn. 118.

276 Eingehend und überzeugend OLG Stuttgart StV **2003** 17; LG Bremen StV **2015** 682, 683; *Beulke/Witzigmann* FS Schiller 49, 56; *B. Gercke* StV **2015** 13, 14; *Wölky* StraFo **2013** 493, 496; MüKo/*Thomas/Kämpfer* 3 a. E. **A. A.** – ohne nähere Begründung – BGH NStZ **2014** 347, 349 Tz. 24 m. zutr. krit. Anm. *B. Gercke* StV **2015** 13, 15; OLG Frankfurt StV **2001** 611.

derlichenfalls in der Hauptverhandlung rekonstruiert und dann ausgewertet und abgehört werden können.

b) Mitgabegebot bei Beweisstückkopien. Kopien auswechselbarer Informationsträger sind damit insgesamt vom **unbeschränkten Akteneinsichtsrecht**, nicht nur vom Besichtigungsrecht erfasst. Dies bestätigt insbesondere der bislang in der Diskussion zu wenig beachtete Verweis auf § 147 in **§ 58a Abs. 2 Satz 3** mit der ausdrücklichen, durch die Neufassung nicht auf das „Besichtigungsrecht" der amtlichen Überschrift geänderten Inbezugnahme des **Akteneinsichtsrechts** und dem zusätzlichen Hinweis, dass grundsätzlich Kopien der AV-Aufzeichnungen der Zeugenvernehmungen angefertigt werden können. Ab dem 1.1.2020 gilt diese Regelung zudem auch bei AV-Aufzeichnungen von bestimmten Beschuldigtenvernehmungen (§ 136 Abs. 4 Satz 3 i. V. m. 58a Abs. 2 Satz 3). Es besteht also gerade kein Mitgabeverbot, so dass eine Übersendung an den Verteidiger bzw. anderweitige Zurverfügungstellung zum elektronischen Abruf rechtlich möglich und schon aus Gründen der Informationsparität **in der Regel angebracht** sein wird (**Mitgabegebot**).[277] 90

Aus dem von der **Gegenauffassung** häufig für ihre Position in Anspruch genommenen Beschluss BGH NStZ **2014** 347, 349 Tz. 24 ergibt sich nichts anderes, „denn dort stellte das Gericht bei seiner Einordnung als Beweisstücke erkennbar auf die originär bei der Polizei gespeicherten Aufzeichnungen und nicht auf die verkörperten Kopien dieser Aufzeichnungen ab".[278] Auch **§ 32f Abs. 1 Satz 3** steht **nicht entgegen.**[279] Nach dem Wortlaut sieht er vor, dass ein Aktenausdruck oder ein Datenträger mit dem Inhalt der E-Akte auf Antrag nur dann übermittelt wird, wenn der Antragsteller hieran ein berechtigtes Interesse darlegt. Soweit die Daten also noch nicht Inhalt einer elektronischen Akte i. S. d. § 32b Abs. 2, sondern einer Papierakte waren, unterfallen sie der Regelung nicht. Soweit dies mit dem zeitlichen Näherrücken des 1.1.2026 mehr und mehr der Fall sein wird,[280] ist wegen des engen Grundrechtsbezugs des Akteneinsichtsrechts[281] vom **Vorliegen** eines **berechtigten Interesses** des Verteidigers auszugehen.[282] 91

277 Vgl. OLG Saarbrücken StV **2019** 179, 180; KG (*3. Strafsenat*) NStZ **2018** 119, 120; OLG Zweibrücken StV **2017** 437, 438 m. insoweit zust. Anm. *Wölky*; OLG Celle (*1. Strafsenat*) StV **2017** 158, 159 (*obiter dictum*); OLG Hamburg StraFo **2016** 344; OLG Frankfurt StV **2016** 148 f. m. Anm. *Killinger*; OLG Stuttgart StV **2003** 17; LG Augsburg StraFo **2020** 150 f.; LG Regensburg StraFo **2017** 451, 452 m. zust. Anm. *Arnemann*; LG Stade StV **2018** 80 (Ls.); LG Bremen StV **2015** 682; LG Marburg Beschl. v. 25.5.2012 – 4 KLs 2 Js 3505/10, S. 22 (n.v.); LG Essen StraFo **2012** 100; LG Bonn StV **1995** 632 m. zust. Anm. *Köllner* StraFo **1996** 26 f.; AG Stuttgart DAR **2014** 406; *Jahn* FS Beulke 801, 816 f.; *Mosbacher* JuS **2017** 127, 128; *Wettley/Nöding* NStZ **2016** 633, 639; *Knauer/Pretsch* NStZ **2016** 307, 308; *Ziemann* StV **2014** 299, 300; *R. Michalke* NJW **2013** 2334, 2335; *Stuckenberg* StV **2010** 231; *Schlothauer* StV **1999** 47; Meyer-Goßner/*Schmitt* 19c; Radtke/*Hohmann* 25; MüKo/*Thomas/Kämpfer* 34, 37; SSW/*Beulke* 19; *Dell* 193. **A. A.** KG (*2. Strafsenat*) NStZ **2016** 693; OLG Karlsruhe StV **2013** 74 m. zutr. abl. Anm. *Beulke/Witzigmann* u. abl. Anm. *Meyer-Mews* NJW **2012** 2743 sowie zutr. Kritik bei *B. Gercke* StraFo **2014** 94, 96 ff. und *Wölky* StraFo **2013** 493, 494 f.; OLG Stuttgart NStZ-RR **2013** 217; OLG Frankfurt Beschl. v. 13.9.2013 – 3 Ws 897/13, juris, Tz. 6; LG Flensburg Beschl. v. 31.5.1999 – II KLs 23/97; *Trück* NStZ **2004** 129; ausdr. offen gelassen von KG NStZ **2018** 119; OLG Köln Beschl. v. 30.6.2016 – 2 Ws 388/16, juris, Tz. 16; OLG Koblenz StV **2003** 608.

278 *Wettley/Nöding* NStZ **2016** 633, 634.

279 Ebenso LG Augsburg StraFo **2020** 150, 151.

280 Unten Rn. 224.

281 Oben Rn. 2 ff.

282 Meyer-Goßner/*Köhler* § 32f, 10.

92 **c) Weitere Modalitäten.** Deshalb kann die Ausübung des Rechts auf Akteneinsicht entgegen teilweise entgegenstehender Praxis[283] auch nicht von der Abgabe einer offenbar selbst über Nr. 213 RiStBV hinausgehenden **„Verpflichtungserklärung der Verteidigung"** (als schriftliche Zusage, die zur Verfügung gestellten Daten vertraulich zu behandeln, Dritten nicht zugänglich zu machen, keine weiteren Kopien herzustellen und die Datenträger nach Abschluss des Verfahrens zurückzugeben) abhängig gemacht werden. Auf „überwiegende schutzwürdige Interessen Dritter" können *e contr.* § 147 Abs. 4 Satz 1 a. E. weder die Versagung insgesamt noch Modalitäten der Ausübung des Rechts auf Akteneinsicht gestützt werden, denn diese Formulierung für das Akteneinsichtsrecht des Beschuldigten selbst wird in § 147 Abs. 1 und 2 nicht aufgegriffen.[284] Zudem sind solche Erklärungen **ohne gesetzliche Grundlage** rechtlich nicht bindend, ihre Einhaltung tatsächlich nicht überprüfbar.[285] Reicht die Besichtigung der Originaldateien am Ort der Verwahrung zu Informationszwecken damit nicht aus, hat der Verteidiger einen Anspruch auf Herstellung und Überlassung von Kopien der Dateien.[286] Ein Anspruch auf **kostenfreie Bereitstellung von Software** zur Nutzung besteht aber bei handelsüblichen Computerprogrammen grundsätzlich ebenso wenig wie ein Anspruch auf ein Notebook, einen Videorecorder oder DVD-Player. Bei spezieller Lesesoftware kann das anders sein, insbesondere dann, wenn eine Verschlüsselung erst durch Maßnahmen der Strafverfolgungsbehörden herbeigeführt wurde (von der Polizei im Laufe des Strafverfahrens verschlüsselten Rohdaten beschlagnahmter elektronischer Daten). Dies kann selbst dann gelten, wenn ein solches Programm bei den Justizbehörden vorhanden ist.[287]

93 **4. Recht auf Anfertigung von Abschriften und Ablichtungen.** Der Verteidiger kann auch sonst, namentlich bei umfangreichen Sachen, seine Aufgabe nicht lediglich an Hand von Notizen erfüllen. Er ist daher berechtigt, **Abschriften** oder **Ablichtungen** aus den Akten anzufertigen oder anfertigen zu lassen,[288] grundsätzlich aber nur durch eigenes Büropersonal[289] oder, falls Abschriften oder Ablichtungen außerhalb der Büroräume oder durch bürofremdes Personal hergestellt werden, unter Beachtung der Grundsätze des § 203 Abs. 3, 4 StGB und des § 19 Abs. 1 Satz 3 BORA.

94 Auch bei Akten, die **Verschlusssachen** sind, selbst bei Staatsgeheimnissen, darf die Anfertigung von Abschriften nicht untersagt werden. Die Abschriften sind aber ihrerseits als Verschlusssachen zu behandeln (vgl. Nr. 213 Abs. 3 RiStBV). Auch können hier zusätzlich Auflagen über die Verwahrung und Zugänglichkeit der Abschriften, ein Verbot, weitere Abschriften, Ablichtungen oder Auszüge zu fertigen, sowie über den Perso-

---

283 So beim OLG Celle NStZ-RR **2017** 48, 50 und LG Bremen StV **2015** 682, 683 (Wortlaut: „Unbeschadet der ohnehin bestehenden gesetzlichen Verpflichtungen zur Vertraulichkeit und Aktenverwahrung und -vernichtung erklärt der unterzeichnende Verteidiger ..."); ähnlich wohl auch KG NStZ **2018** 119, 120 („Verpflichtung des Verteidigers, zu der er sich im Rahmen des rechtlich Möglichen bereit erklärt hat").

284 S. auch unten Rn. 125.

285 Zutr. OLG Köln StraFo **2015** 25, 26 (zu Erklärungen nach dem VerpflG); StV **2009** 686 (Ls.); zu Recht krit. auch OK-StPO/*Wessing* 15; SSW/*Beulke* 34.

286 Dazu unten Rn. 122, 130 f.

287 Vgl. BGH NStZ **2014** 347, 350 Tz. 32; LG Hamburg StV **2016** 158 (Ls.); LG Düsseldorf StraFo **2008** 505 f.; *Meier/Böhm* wistra **1992** 166, 170; SK/*Wohlers* 74.

288 BGHSt **18** 369; KG NStZ **2018** 119, 120; BayObLGSt **53** 28; OLG Hamburg NJW **1963** 1024; LG Augsburg StraFo **2020** 150, 151; *Lüttger* NJW **1951** 745; *Bode* MDR **1981** 287; SK/*Wohlers* 73; KK/*Willnow* 12; *Dahs* (Hdb.) Rn. 271; Meyer-Goßner/*Schmitt* 6; *Joecks* 28. **A. A.** – irrig – OLG Hamburg NJW **1963** 1024 mit der bemerkenswert fernliegenden Erwägung, der Verteidiger brauche keine Abschriften, weil das Gericht selbst die Wahrheit zu erforschen habe.

289 Meyer-Goßner/*Schmitt* 7; KK/*Willnow* 10.

nenkreis, mit dem der Verteidiger die Schriftstücke erörtern darf, erteilt werden (Nr. 213 Abs. 4, 5 RiStBV, §§ 93 ff., 203, 353b StGB).[290] Für die **Weitergabe** von Aktenauszügen und -kopien **an den Mandanten**, die als Verschlusssachen deklariert sind, gilt § 19 Abs. 2 BORA.[291] Der Verteidiger haftet in Bezug auf Abschriften, die er Verschlusssachen entnimmt, berufsrechtlich und ggf. auch strafrechtlich für das ordnungsgemäße Verhalten seines Personals bei der Anfertigung der Abschriften und beim Umgang mit ihnen.

Entsprechendes gilt für die Anfertigung von **Kopien** von **Tonbandaufzeichnungen,**[292] Bild-,[293] Filmaufnahmen und Videobändern (vgl. insbes. § 58a Abs. 2 Satz 3, ggf. i. V. m. § 136 Abs. 4 Satz 3).[294] Für **Kopien elektronischer Akten** gilt § 32f Abs. 5. Macht allerdings ein **Zeuge** von seinem nach **§ 58a Abs. 3** gewährten Recht Gebrauch und widerspricht er der Überlassung einer Kopie der **AV-Aufzeichnung** seiner Vernehmung, so beschränkt sich das Akteneinsichtsrecht auf die Besichtigung der Aufzeichnung bei der Staatsanwaltschaft oder auf ein zu errichtendes und den Berechtigten zu überlassendes Protokoll. 95

Nutzt der Verteidiger die Aktenkenntnis zu Zwecken, die mit dem konkreten Strafverfahren nichts zu tun haben, ist – wenn deshalb kein Ausschließungsgrund vorliegt (vgl. insbes. § 138a Abs. 2) – Abhilfe durch die örtlich zuständige Rechtsanwaltskammer zu suchen, ggf. im berufsgerichtlichen Verfahren. Dagegen ist es *de lege lata* auch im **„Missbrauchsfall“** unzulässig, dem Verteidiger das Recht zu entziehen, die Akten einzusehen. Solange jemand Verteidiger ist, hat er alle Rechte eines Verteidigers. Die einzige Ausnahme bildet für die Befugnis zur Akteneinsicht § 138c Abs. 3 Satz 1 und 2.[295] 96

5. Einsicht in den Geschäftsräumen oder der Wohnung des Verteidigers (§ 32f Abs. 2 Satz 3). Das Entfallen der früher in Absatz 4 enthaltenen Regelung, wonach die Akten dem Verteidiger auf Antrag, soweit nicht wichtige Gründe entgegenstehen, zur Einsichtnahme mitgegeben werden sollen, wird **seit** dem **1.1.2018** kompensiert durch die allgemeine Regelung in **§ 32f.** In dessen Absatz 1 Satz 1 ist für die Einsichtnahme in die elektronische Akte als (zukünftiger) Normalfall das **Bereithalten** der Akte **zum Abruf** vorgesehen. Gem. § 32f Abs. 1 Satz 2 soll auf besonderen Antrag Akteneinsicht durch Wiedergabe der Akte auf einem Bildschirm in Diensträumen oder durch **Übermittlung elektronischer Dokumente** (Satz 3) gewährt werden. § 32f Abs. 1 Satz 3 sieht jedoch vor, dass ein Aktenausdruck oder ein Datenträger (Festplatte, DVD, **Kopien von Audiodateien**, etwa mit TÜ-Inhalten oder Aufzeichnungen des in einer Wohnung oder außerhalb von Wohnungen nicht öffentlich gesprochenen Wortes) mit dem Inhalt der E-Akte auf Antrag nur übermittelt wird, wenn der Antragsteller hieran ein **berechtigtes Interesse** darlegt. 97

Nach § 32f Abs. 3 ist eine Entscheidung nach Satz 3 nicht anfechtbar.[296] Auch die früher umstrittene Frage,[297] wie die Formulierung des Gesetzes in Absatz 4 Satz 1 a. F., „auf Antrag sollen dem Verteidiger ... die Akten ... mitgegeben werden“, zu verstehen 98

---

290 BGH JZ **1963** 60 m. Anm. *Arndt*; SK/*Wohlers* 78.
291 Genauer unten Rn. 141.
292 OLG Frankfurt StV **2001** 611.
293 Meyer-Goßner/*Schmitt* 7.
294 Vgl. auch unten Rn. 142.
295 Dazu § 138c, 20.
296 Dazu sogleich Rn. 103.
297 Zum damaligen Streitstand LR/*Lüderssen*/*Jahn*[26] 141. Die Gegenmeinung (BGH NStZ **2000** 46; BayObLG NStZ-RR **2004** 82) ist damit ebenso überholt wie die frühere Formulierung in Nr. 189 Abs. 3 RiStBV a. F.

ist, ist im Zuge der Regelung zur Führung der elektronischen Akte in Strafsachen mit § 32f Abs. 2 Satz 3 und der bestätigenden Verwaltungsvorschrift in Nr. 187 Abs. 2 RiStBV mittlerweile vom Gesetzgeber entschieden. Der Verteidiger hat, sofern nicht **wichtige Gründe** entgegenstehen, einen **Rechtsanspruch auf Überlassung** der Akten in seine Kanzlei („Geschäftsräume") oder Wohnung (vgl. § 32f Abs. 2 Satz 3: „werden ... mitgegeben").[298]

99 Soweit der Anspruch auf Überlassung besteht, sind die Staatsanwaltschaft und das Gericht verpflichtet, die Akten einem **auswärtigen Verteidiger zuzusenden** oder über die Geschäftsstelle des Gerichts seines Kanzlei- oder Wohnorts zuzuleiten (vgl. Nr. 187 Abs. 2 RiStBV: „... sollen ... übersandt werden").[299] Erfolgt die Einsicht in die Akten in den Räumen des Verteidigers, so hat er diese sorgfältig zu verwahren und **unverzüglich zurückzugeben** (§ 19 Abs. 1 Satz 3 BORA). Im Ermittlungsverfahren erhält der Verteidiger die Akten zumeist mit der Formularaufforderung übersandt, die Akten nach einer Frist von drei Tagen zurückzusenden. Dies ist gerade bei umfangreichen Verfahren zu kurz. Es muss eine **Frist** gewährt werden, die dem Aktenumfang (z. B. in Wirtschaftsstrafverfahren) und der Schwierigkeit der Einsichtnahme im Einzelfall entspricht.[300]

100 Bei der Überlassung der Akten zur Mitnahme oder bei ihrer Übersendung dürfen einzelne Aktenteile und Beiakten nicht ausgenommen werden, es sei denn, es handelt sich um **Beweisstücke**. Diese dürfen – abgesehen von vereinzelten Ausnahmen[301] – aus dem **amtlichen Gewahrsam** nicht entlassen werden.[302]

101 Werden **Aktenteile** – sofern wichtige Gründe i. S. d. § 32f Abs. 2 Satz 3 der Mitgabe oder Versendung entgegenstehen – oder in den Akten befindliche Beweismittel **ausgeheftet** und bei Gericht oder Staatsanwaltschaft im Retent einbehalten, ist dies dem Verteidiger **mitzuteilen**. Nur so wird sichergestellt, dass er jene Teile in den Diensträumen der Staatsanwaltschaft oder des Gerichts einsehen oder besichtigen kann.[303]

102 **„Wichtige Gründe"** i. S. d. § 32f Abs. 2 Satz 3, die der Mitnahme entgegenstehen können, müssen stets „stärker wiegen als das im Interesse sachgerechter Verteidigung liegende effektive Akteneinsichtsrecht".[304] Als solche kommen insbesondere in Betracht:[305] Die Kennzeichnung der Akten als **Verschlusssachen**,[306] die – konkret begrün-

---

298 *Rieß* FS II Peters 127; *Groh* DRiZ **1985** 52, 53; OK-StPO/*Wessing* 26; SK/*Wohlers* 70; HK/*Julius/Schiemann* 10; AnwK/*Krekeler/Werner* 16. Zur Folgefrage des Bestehens der Besorgnis der Befangenheit bei der Entscheidung des Vorsitzenden, die begehrte Einsichtnahme nur durch Einsichtnahme auf der Geschäftsstelle oder durch Mitnahme in das Anwaltszimmer zur Fertigung von Fotokopien zu gewähren, vgl. KG VRS **102** (2002) 205; MüKo/*Thomas/Kämpfer* 53.

299 So auch AG Stuttgart DAR **2014** 406; *Rieß* FS II Peters 127; SK/*Wohlers* 71. **A. A.** – alle zu § 147 Abs. 4 Satz 1 a. F. – BGH NStZ-RR **2008** 48; OLG Brandenburg Beschl. v. 2.7.2008 – 1 Ws 107/08, juris, Tz. 20; KG NZV **2002** 334; AG Gladbeck Beschl. v. 7.2.2011 – 8 Ds 6/11, juris, Tz. 5; ausdr. offengelassen – nur Anspruch auf willkürfreie Entscheidung – bei BVerfG (*1. Kammer* des *2. Senats*) NJW **2012** 141, 142 Tz. 30 m. Anm. *Burhoff* StRR **2011** 427 f.; KG StV **2016** 546, 547; OLG Frankfurt NStZ **1981** 191.

300 SSW/*Beulke* 20; Meyer-Goßner/*Schmitt* 12. Zu den möglichen strafrechtlichen Weiterungen bei verzögerlicher Rücksendung nach Berufsrecht und unter den weiteren Voraussetzungen der (versuchten) Strafvereitelung BGH NStZ-RR **2011** 276, 277; SSW-StGB/*Jahn* § 258, 30 a. E. m. w. N. zur Rspr.

301 S. unten Rn. 129.

302 Unten Rn. 127.

303 So auch SK/*Wohlers* 71.

304 So bereits (zu § 147 Abs. 4 Satz 1 a. F.) *Groh* DRiZ **1985** 53. Diese Auslegung ist auch nach neuer Rechtslage fortzuführen; wie hier MüKo/*Thomas/Kämpfer* 35; OK-StPO/*Wessing* 26.

305 Siehe schon BGH (*Pf/M*) NStZ **1985** 13; OLG Stuttgart NJW **1979** 65 m. Anm. *Pelchen* JR **1979** 71; OLG Koblenz VRS **72** (1987) 284; *Rieß* FS II Peters 127; *Pawlita* AnwBl. **1986** 2.

306 Meyer-Goßner/*Köhler* § 32f, 11; SK/*Wohlers* 75; erg. oben Rn. 86, 94.

dete – Gefahr der **Einsichtnahme** oder Beeinträchtigung des Aktenbestands **durch Dritte** oder auch die unmittelbar bevorstehende oder laufende Hauptverhandlung, wenn der Verteidiger zuvor das Recht auf Akteneinsicht schon wahrnehmen konnte.[307] Die **beschleunigte Durchführung des Verfahrens** kann nach dem soeben Gesagten **nur in sehr engen Grenzen** als wichtiger Grund anerkannt werden.[308] Soweit eine Beeinträchtigung der staatsanwaltlichen Ermittlungstätigkeit in Frage steht, darf die als organisatorische Störung des Ermittlungsablaufs empfundene Weggabe der Akten nicht etwa zum Vorwand genommen werden, deren Mitnahme durch den Verteidiger zu verweigern. Derartige organisatorische Störungen hat die Staatsanwaltschaft durch Anfertigung von (ggf. auf DVD gespeicherten) **Duplo-Akten** oder elektronische Aktenführung dort, wo die Infrastruktur bereits besteht, zu vermeiden.[309]

Zwar ist nach § 304 Abs. 1 die Beschwerde gegen alle von den Gerichten im ersten **103**
Rechtszug oder im Berufungsverfahren erlassenen Beschlüsse und gegen die Verfügungen des Vorsitzenden zulässig, soweit das Gesetz sie nicht ausdrücklich einer Anfechtung entzieht. Letzteres ist aber hier der Fall, denn nach **§ 32f Abs. 3** in der seit dem 1.1.2018 geltenden Fassung ist, wie schon nach § 147 Abs. 4 Satz 2 a. F., die Entscheidung über die Modalitäten einer bewilligten Akteneinsicht – **auch für** die **Staatsanwaltschaft**[310] – **unanfechtbar.**[311]

Der Streit ist durch die gegenüber § 147 Abs. 4 Satz 2 a. F., bei dem schon nicht nach **104**
möglichen Anfechtungsberechtigten unterschieden wurde, noch eindeutigere **Neufassung** des § 32f Abs. 3 erledigt („sind nicht anfechtbar"). Andernfalls hätte es nahegelegen, dass der Gesetzgeber den Anfechtungsausschluss vor dem Hintergrund des ihm bekannten Streits in der Rechtsprechung zu § 147 Abs. 4 Satz 2 dahingehend konkretisiert, dass § 32f Abs. 3 nur für die Verteidigung gilt.[312] Die teilweise[313] dennoch weiterhin geäußerten Zweifel sind angesichts des Wortlauts und der Materialien[314] kaum verständlich. Die Neuregelung entspricht inhaltlich § 147 Abs. 4 Satz 2 a. F. und bringt lediglich die schon dort für alle Verfahrensbeteiligten geregelte **Unanfechtbarkeit** von Entscheidungen über die Art und Weise (das „Wie") der Akteneinsichtsgewährung **noch deutlicher** und an der nach der Neuregelung des Vierten Abschnitts des Ersten Buchs („Aktenführung und Kommunikation im Verfahren") systematisch richtigen Stelle zum Ausdruck. Der Beschluss bedarf aber einer **Begründung** in den Fällen des § 34 Var. 2.[315]

---

307 Meyer-Goßner/*Köhler* § 32f, 11; SK/*Wohlers* 75.

308 *Groh* DRiZ **1985** 53 f.; OK-StPO/*Wessing* 26; SK/*Wohlers* 75.

309 S. bereits oben Rn. 10, 61, 83.

310 OLG Saarbrücken StV **2019** 179, 180 m. zust. Anm. *Staudinger* jurisPR-StrafR 12/2019 Anm. 3; OLG Hamburg wistra **2018** 229, 230; *Wu* HRRS **2018** 108, 119; SSW/*Beulke* 57; KK/*Willnow* 28. Ebenso schon zu § 147 Abs. 4 Satz 2 a. F. zutr. OLG Frankfurt StV **2016** 148, 149 m. Anm. *Killinger*; OLG Hamburg (*2. Strafsenat*) StV **2017** 160; OLG Celle (*1. Strafsenat*) StV **2017** 158, 159; OLG Zweibrücken StV **2017** 437 m. insoweit zust. Anm. *Wölky*. **A. A.** zu § 147 Abs. 4 Satz 2 a. F. OLG Celle (*2. Strafsenat*) NStZ-RR **2017** 48, 49 und NStZ **2016** 305 m. krit. Anm. *Knauer/Pretsch*; OLG Hamburg (*3. Strafsenat*) NStZ **2016** 695, 696; OLG Köln Beschl. v. 30.6.2016 – 2 Ws 388/16, juris, Tz. 13; OLG Nürnberg StraFo **2015** 102 m. zutr. abl. Anm. *Wesemann/Mehmeti*; OLG Karlsruhe NJW **2012** 2742 m. abl. Anm. *Meyer-Mews*.

311 BGH NStZ-RR **2019** 255; Beschl. v. 26.11.2015 – 3 StR 17/15, juris, dort Tz. 103 (richtig: Tz. 100; in BGHSt **61** 48 nicht abgedr.) – *Nürburgring*; OLG Saarbrücken StV **2019** 179; LG Chemnitz Beschl. v. 29.10.2008 – 2 Qs 117/08, juris, Tz. 2; AG Gladbeck Beschl. v. 7.2.2011 – 8 Ds 6/11, juris, Tz. 3; vgl. bereits BGH NStZ **2000** 46; OLG Hamm MDR **1993** 788.

312 Äußerst ausf. dazu OLG Hamburg NStZ-RR **2016** 282, 283 f.; OK-StPO/*Wessing* 37 a. E.

313 Bei Meyer-Goßner/*Köhler* § 32f, 12.

314 BTDrucks. **18** 12203 S. 74.

315 So auch Meyer-Goßner/*Köhler* § 32f, 13; SK/*Wohlers* 76; *B. Kuhn* 318.

6. Das Akteneinsichtsrecht des unverteidigten Beschuldigten (Abs. 4)

105 **a) Umfang des Einsichtsrechts.** Der inhaltlich zum 1.1.2018 vollständig neu formulierte Absatz 4 sieht – unter Wegfall des bisherigen Absatzes 7 – ein **eigenständiges Akteneinsichtsrecht** des unverteidigten Beschuldigten vor. Absatz 4 setzt damit weiterhin voraus, dass er **keinen Verteidiger** i. S. d. § 147 Abs. 1 hat.[316] Die Vorschrift hilft also nicht weiter, wenn der Verteidiger entgegen seinen Pflichten und dem Berufsrecht dem Mandanten die Akte nicht zur Verfügung stellt, z. B. um ein Druckmittel für offene Gebührenforderungen zu haben o. Ä. Grundsätzlich sind aber die Rechte des Beschuldigten als originärem Träger des Akteneinsichtsrechts in Ansehung der jahrzehntelangen Rechtsprechungslinie des **EGMR**[317] zum Akteneinsichtsrecht des sich selbst verteidigenden Beschuldigten und ihrer vormals unzureichenden Umsetzung mit Absatz 7 a. F. gestärkt worden.[318]

106 Das Argument, einem generellen Akteneinsichtsrecht stünden **Missbrauchsmöglichkeiten** des Beschuldigten entgegen, lässt sich im Zeitalter der Einführung der **elektronischen Akte** nicht mehr aufrechterhalten.[319] Manipulationsgefahren im Zusammenhang mit dem dann möglichen Bereitstellen einer bloßen Leseversion sind kaum noch denkbar. Gleiches gilt für den Einwand zu hohen gerichtlichen oder behördlichen Aufwands im Zusammenhang mit der Verpflichtung zur Herstellung von Duplikaten. Das elektronische Generieren von Duplo-Akten ist in Anbetracht des technischen Fortschritts ohne größere Schwierigkeiten möglich.[320] Auch ein erheblich erhöhter Zeit- und Arbeitsaufwand, weil stets geprüft werden müsse, ob dem Antragsteller Akteneinsicht teilweise verwehrt werden könne oder müsse (vgl. § 147 Abs. 4 Satz 1),[321] ist nicht zu besorgen. Zum einen sind auch beim Akteneinsichtsbegehren des Verteidigers nach Absatz 2 Satz 1 regelmäßig vergleichbare Prüfungen vorzunehmen. Zum anderen können diese rein fiskalischen Interessen ein Außerachtlassen der einschlägigen konventionsrechtlichen Vorgaben nicht rechtfertigen.

107 Bis zum Jahr 2010 bestand für die Ermittlungsbehörden im Rahmen des Absatzes 7 a. F. zudem ein Ermessensspielraum bei der Zugänglichmachung von Informationen aus den Akten an den Beschuldigten („können"). Schon seit dem UHaftÄndG 2010 räumt der Gesetzgeber dem Beschuldigten einen **Anspruch** ein („sind"),[322] der zum 1.1.2018 der Sache nach unverändert in Absatz 4 n. F. übernommen worden ist („ist ... befugt"). Art. 7 Abs. 1 der **Richtlinie** des Europäischen Parlaments und des Rates über das **Recht auf Belehrung und Unterrichtung in Strafverfahren** vom 22.5.2012[323] knüpfte an die *Foucher*-Rechtsprechung des EGMR[324] an und sieht ein generelles, freilich gegenständlich nur auf die „wesentlichen" Unterlagen bezogenes, jedoch im Umkehrschluss aus

---

316 BGH Beschl. v. 5.2.2009 – 1 StR 697/08, juris, Tz. 3.

317 S. bereits Rn. 7 f.

318 Den Rahmen des Möglichen nach Absatz 7 ausschöpfend aber zuletzt noch KG NStZ-RR **2013** 116 f.; überholt damit *Morgenstern* FS Eisenberg (2019) 475, 480. Zu Recht krit. zur früheren Rechtslage im Ganzen *Kucharski* Der unverteidigte Beschuldigte im Strafverfahren (2017) 199 ff.

319 S. Rn. 228. **A. A.** *Deutscher Richterbund* Stellungnahme Nr. 30/2012 4 f.: Jedenfalls müsse die Strafbarkeit der Verbreitung des Akteninhalts neu geregelt werden bzw. die Akteneinsicht gesetzlich auf justizeigene Terminals (und auf bloße Aktenkopien) beschränkt werden.

320 Vgl. bereits oben 10, 61, 83.

321 So aber *Deutscher Richterbund* Stellungnahme Nr. 30/2012 4.

322 Zur Spruchpraxis zu Absatz 7 a. F. OLG Karlsruhe NStZ-RR **2010** 287; KG Beschl. v. 25.9.2012 – 4 Ws 102/12 (unveröff.); LG Essen StV **2011** 663, 664; zusf. Radtke/*Hohmann* 31.

323 RL 2012/13/EU, ABl. EU L 142 v. 1.6.2012, S. 1; vgl. dazu (mit berechtigter Kritik am ursprünglichen, generalklauselartigen Ratsvorschlag) *Brodowski* ZIS **2011** 940, 947.

324 Oben Rn. 7.

Absatz 4 („*abweichend von den Absätzen 2 und 3*") grundsätzlich nicht beschränkbares Akteneinsichtsrecht des nicht verteidigten Beschuldigten vor:

Artikel 7 [Recht auf Einsicht in die Verfahrensakte] 108

(1) Wird eine Person in irgendeinem Stadium des Strafverfahrens festgenommen und inhaftiert, so stellen die Mitgliedstaaten sicher, dass alle Unterlagen zu dem gegenständlichen Fall, die sich im Besitz der zuständigen Behörden befinden und für eine wirksame Anfechtung der Festnahme oder Inhaftierung gemäß dem innerstaatlichen Recht wesentlich sind, den festgenommenen Personen oder ihren Rechtsanwälten zur Verfügung gestellt werden.

(2) Die Mitgliedstaaten stellen sicher, dass Verdächtigen oder beschuldigten Personen oder ihren Rechtsanwälten Einsicht in zumindest alle im Besitz der zuständigen Behörden befindlichen Beweismittel zugunsten oder zulasten der Verdächtigen oder beschuldigten Personen gewährt wird, um ein faires Verfahren zu gewährleisten und ihre Verteidigung vorzubereiten.

(3) [1]Unbeschadet des Absatzes 1 wird Zugang zu den in Absatz 2 genannten Unterlagen so rechtzeitig gewährt, dass die Verteidigungsrechte wirksam wahrgenommen werden können, spätestens aber bei Einreichung der Anklageschrift bei Gericht. [2]Gelangen weitere Beweismittel in den Besitz der zuständigen Behörden, so wird Zugang dazu so rechtzeitig gewährt, dass diese Beweismittel geprüft werden können.

(4) [1]Abweichend von den Absätzen 2 und 3 kann, sofern das Recht auf ein faires Verfahren dadurch nicht beeinträchtigt wird, die Einsicht in bestimmte Unterlagen verweigert werden, wenn diese Einsicht das Leben oder die Grundrechte einer anderen Person ernsthaft gefährden könnte oder wenn dies zum Schutz eines wichtigen öffentlichen Interesses unbedingt erforderlich ist, wie beispielsweise in Fällen, in denen laufende Ermittlungen gefährdet werden könnten oder in denen die nationale Sicherheit der Mitgliedstaaten, in denen das Verfahren stattfindet, ernsthaft beeinträchtigt werden könnte. [2]Die Mitgliedstaaten stellen sicher, dass im Einklang mit den Verfahren des innerstaatlichen Rechts die Entscheidung, die Einsicht in bestimmte Unterlagen gemäß diesem Absatz zu verweigern, von einer Justizbehörde getroffen wird oder zumindest einer richterlichen Prüfung unterliegt.

(5) Die Einsichtnahme nach diesem Artikel wird unentgeltlich gewährt.

Wenn und soweit die Akten noch in Papierform geführt werden, können auch dem 109
Beschuldigten selbst gem. Absatz 4 Satz 2 an Stelle der Einsichtnahme **Kopien** aus den Akten bereitgestellt werden. Dies beinhaltet nach dem Wortlaut („bereitgestellt") aber nicht notwendigerweise zugleich einen **Anspruch auf Übersendung** der Aktenkopien wie beim Verteidiger, sondern meint nur die Bereitstellung zur Mitnahme i. S. d. § 32f Abs. 2 Satz 2.[325]

b) Beschränkungen. Mit Absatz 4 n. F. werden die **Beschränkungsmöglichkeiten** 110
des früheren, aktenbezogenen Informationsanspruchs nach Absatz 7 a. F. (Gefährdung des Untersuchungszwecks; kein Entgegenstehen schutzwürdiger Interessen Dritter) fortgeführt. Ob sie sich tatsächlich auf Art. 7 Abs. 4 der Richtlinie stützen können, ist nicht abschließend geklärt.[326] Dem Beschuldigten ohne Verteidiger darf die Akteneinsicht verweigert werden, soweit überwiegende **schutzwürdige Interessen Dritter** entgegenstehen. Hier kommen insbesondere die Wahrung der Intimsphäre Dritter, der Schutz gefährdeter Zeugen sowie von Betriebs- und Geschäftsgeheimnissen in Betracht.[327]

Zudem wurden die Möglichkeiten der Staatsanwaltschaft, die Akteneinsicht wegen 111
des unbestimmten Rechtsbegriffs einer Gefährdung des Untersuchungszwecks abzuleh-

---

325 Vgl. BTDrucks. **18** 12203 S. 74; OK-StPO/*Wessing* 2. Zum weitergehenden Anspruch des Verteidigers oben Rn. 99.

326 Vgl. schon *Wohlers* StV **2009** 539.

327 SSW/*Beulke* 49.

nen, entgegen bisheriger Rechtsprechung[328] auf **„andere Strafverfahren"** erweitert. Damit sollen Fälle eines zugleich gegen denselben Beschuldigten oder andere noch unbekannte Mitbeschuldigte laufenden Strafverfahrens erfasst werden, in dem sich die Ermittlungen noch in einem frühen Stadium befinden. Die Gewährung von Auskünften und Abschriften aus den Akten könne hier unerwünschte Rückschlüsse auf laufende und geplante Ermittlungen zulassen und unter Umständen zu Verdunklungshandlungen führen.[329]

112 **c) Modalitäten der Einsichtnahme, insbesondere in Haftsachen.** Der **Umfang der Einsichtnahme** ist hingegen anders als Absatz 7 a. F. in der nun geltenden Fassung **nicht** mehr mit der schwer fassbaren **Einschränkung** versehen, dass sie „zu einer angemessenen Verteidigung erforderlich" sein müsse. Dies ist zu begrüßen, da die verteidigte Person selbst beurteilen können muss, welche Akteninhalte für eine effektive Verteidigung geeignet und nötig sind. Ein der **deutschen Sprache unkundiger** Beschuldigter kann in Fällen, in denen er in erster Linie durch Zeugenaussagen belastet wird, einen Anspruch auf Überlassung von verschrifteten und in die deutsche Sprache **übersetzten Fassungen** dieser Aussagen – nicht aber der gesamten Akte – haben.[330]

113 Insbesondere in **besonders umfangreichen Haftsachen** kann es zur Durchsetzung des Akteneinsichtsrechts auch dann, wenn der Beschuldigte verteidigt ist, geboten sein, von der generellen Versagung des Besitzes eines elektronischen Geräts zur Lesbarmachung der Ermittlungsakten **in der Haftzelle** unter dem Gesichtspunkt der Erforderlichkeit Ausnahmen zuzulassen.[331] Zumindest bei einer Wirtschaftsstrafsache von außergewöhnlichem Umfang muss der Zugang des Beschuldigten zur digitalisierten Ermittlungsakte bei vollzogener Untersuchungshaft im Einzelfall dadurch gewährleistet sein, dass dem Beschuldigten die Nutzung eines auf seine Kosten anzuschaffenden **reinen Lesegeräts** (präparierter eBook-Reader, nicht-internetfähiger PC oder Laptop) ermöglicht wird.

114 Die **praktische Relevanz** der Vorschrift in Absatz 4 dürfte sich freilich gegenüber dem alten Recht des weggefallenen Absatzes 7 trotz der Erleichterungen im Ganzen deutlich **verringert** haben. Denn als Kompensation für die Nichtgewährung eines vollgültigen Akteneinsichtsrechts mit dem früheren Absatz 7 war zwar über § 140 Abs. 2 – Schwierigkeit der Sachlage – häufiger ein Pflichtverteidiger zu bestellen, um über die Akteneinsicht des Verteidigers **Informationsparität** herstellen zu können.[332] *Diese* Notwendigkeit ist zwar mit dem neuen Absatz 4 weitestgehend entfallen.[333] Infolge der Neufassung der §§ 140, 141 wird dem Beschuldigten aber nun ohnehin häufiger bereits in einem frühen Verfahrensstadium ein (Pflicht)Verteidiger beistehen. Damit ist aber über diesen Weg der Anwendungsbereich der Grundregel des § 147 Abs. 1 eröffnet.[334] Auf der Basis der neuen Rechtslage ist eine **Verteidigung** aufgrund der Schwierigkeit der Sachlage im Übrigen weiterhin **notwendig** i. S. d. § 140 Abs. 2, soweit dem unverteidigten

---

328 OLG Schleswig StV **1989** 95, 96.

329 BTDrucks. **16** 11644 S. 34.

330 Vgl. BGH NStZ **2008** 230, 231; OLG Dresden NStZ-RR **2012** 64 (Ls.), restriktiver – nur in „besonderen Ausnahmefällen" – OLG Hamburg StV **2014** 534, 535.

331 OLG Rostock StV **2016** 168, 169 f. m. zust. Anm. *St. König*; LG Frankfurt StV **2018** 670 (Ls.); StV **2015** 307 f.; OK-StPO/*Wessing* 2. Siehe auch zur Reform im Zusammenhang der Einführung der elektronischen Akte unten Rn. 229 sowie § 148, 16.

332 Ausf. Nachw. bei § 140, 87.

333 Zu Ausnahmen § 140, 88.

334 OLG Hamburg StV **2014** 534, 535; *Bittmann* NStZ **2010** 13, 16; AnwK/*Krekeler*/*Werner* 31; HK/*Julius*/*Schiemann* 22.

Beschuldigten die Akteneinsicht aus Gründen versagt wird, aus denen sie dem Verteidiger nicht verweigert werden dürfte,[335] z. B. in einem gegen den Beschuldigten geführten Strafverfahren wegen des Vorwurfs des Besitzes von kinderpornografischem Bildmaterial.[336]

VI. Beweismittelbesichtigungsrecht

1. Bedeutung. Das Recht auf **Besichtigung der Beweismittel** (§ 147 Abs. 1 Var. 2, Abs. 4 Satz 1 Var. 2) ergänzt das Recht auf Einsicht in die Akten.[337] Beide Rechte „sind in ihrer prozessualen Funktion **gleichwertige Informationsbefugnisse** des Beschuldigten",[338] wie die Systematik des Gesetzes erkennen lässt. Dies ist namentlich für die Frage der Verwertung von Bedeutung.[339] **115**

2. Beweismittelbegriff. Zu den **„amtlich verwahrten Beweisstücken"** im Sinne der Vorschrift – der Begriff in Absatz 1 und Absatz 4 ist grundsätzlich der gleiche[340] – gehören **alle körperlichen Gegenstände** (§ 90 BGB), die nach den §§ 94 ff. **beschlagnahmt oder sichergestellt** sind sowie die nach den §§ 111b ff. sichergestellten Gegenstände, soweit sie als Beweismittel in Betracht kommen.[341] Dem unterfallen auch Druckwerke und sonstige Schriften, von denen in der Regel zumindest ein Exemplar als Beweismittel zu beschlagnahmen ist, sowie **Einziehungsgegenstände** i. S. d. § 74d StGB und über den engeren Wortlaut hinaus generell **„alle (potentiellen) Augenscheinsobjekte**, aber auch solche körperlichen Gegenstände, die Grundlage für einen Sachverständigenbeweis oder (wegen ihrer Beschaffenheit) Gegenstand eines Vorhalts bei Zeugen- oder Beschuldigtenvernehmungen werden können".[342] **116**

Das Besichtigungsrecht erstreckt sich nach dem Wortlaut des § 147 Abs. 1, 4 nur auf die **„amtlich verwahrten"** Beweisstücke. Daraus folgt aber nicht, dass dem Verteidiger die gemäß § 94 Abs. 1 Var. 2 in anderer Weise (formlos) sichergestellten Beweismittel verschlossen bleiben.[343] Dies ist so selbstverständlich, dass *Dünnebier*[344] zur methodisch korrekten Begründung an dieser Stelle noch ein Redaktionsversehen angenommen hatte. Hierfür liegen nach der Entstehungsgeschichte des § 147 jedoch keine Anhaltspunkte vor.[345] Eine das verfassungsrechtlich abgesicherte[346] Informationsinteresse des Beschuldigten berücksichtigende Auslegung des § 147 Abs. 1, 4 erfordert daher, das Besichtigungsrecht dahingehend zu interpretieren, dass Staatsanwaltschaft und Gericht dem Verteidiger die Möglichkeit verschaffen müssen, die in anderer Weise sichergestellten Beweisstücke besichtigen zu können. Dies geschieht durch konkludente **Umwandlung** der Sicherstellung in sonstiger Weise **in** eine **amtliche Verwahrung** bei der antragsge- **117**

---

335 SSW/*Beulke* 48.
336 LG Halle Beschl. v. 29.6.2020 – 10a Qs 59/20; vgl. § 140, 88.
337 Meyer-Goßner/*Schmitt* 19.
338 *Rieß* FS II Peters 121.
339 S. unten Rn. 141 ff.
340 *Rieß* FS II Peters 120; SK/*Wohlers* 85.
341 OLG Jena NJW **2001** 1293 m. abl. Anm. *Hohmann* wistra **2001** 197; Meyer-Goßner/*Schmitt* 19; SK/*Wohlers* 87.
342 *Rieß* FS II Peters 122. Ebenso Meyer-Goßner/*Schmitt* 19; SK/*Wohlers* 86.
343 Allg. Meinung, vgl. *Rieß* FS II Peters 123; Meyer-Goßner/*Schmitt* 19; KMR/*Müller* 13; *Joecks* 16.
344 LR/*Dünnebier*[23] 7.
345 So auch *Rieß* FS II Peters 123.
346 Oben Rn. 2 ff.

mäßen Bescheidung des Besichtigungsgesuchs.[347] Keinesfalls darf der Verteidiger darauf verwiesen werden, das in sonstiger Weise sichergestellte Beweisstück erst in der Hauptverhandlung besichtigen zu dürfen.

118 **3. Kasuistik. Beweismittel sind** danach alle Gegenstände unabhängig von ihrem Aggregatzustand, die sinnlicher Wahrnehmung zugänglich sind, an denen **Tatspuren haften** oder die sonst zum Beweis der Tat oder zur Entlastung des Angeklagten dienen können.[348] Der zweiten Variante unterfallen damit auch die originalen **Film-, Video-**[349] und **Tonbandaufnahmen**[350] der Tat (§ 264). Vervielfältigte **TÜ-Aufzeichnungen** unterfallen hingegen **nicht** dem **Beweismittelbesichtigungsrecht**, sondern dem Recht auf Akteneinsicht.[351] Auch **Urkunden** (§§ 249 ff.) und Urkundensammlungen können zu den Beweismitteln gehören.[352] Kommt es bei ihnen für das weitere Verfahren jedoch nur auf den in ihnen verkörperten gedanklichen Inhalt und nicht auf ihre Beschaffenheit an, sind sie als Aktenbestandteile im Sinne der jeweils ersten Variante der Absätze 1 und 4 zu behandeln.[353] Gleichfalls zählen auch **Beiakten** von justizfremden Behörden zu den Verfahrensakten und nicht zu den Beweismitteln, sofern bei ihnen nur der verkörperte gedankliche Inhalt von Bedeutung ist.[354] Ungeachtet des engen Wortlauts ist anerkannt, dass sich das Besichtigungsrecht auch auf **Räume** und Wohnungen erstreckt.[355]

119 Das Besichtigungsrecht der Verteidigung erstreckt sich wegen der formal-funktionalen Fassung des Beweismittelbegriffs auch auf solche Gegenstände, die möglicherweise einem **Verwertungsverbot** unterliegen.[356] Denn über das Verwertungsverbot wird regelmäßig erst in einem späteren Verfahrensstadium *nach* der Beschlagnahme oder Sicherstellung entschieden, und hierzu muss der Beschuldigte oder sein Verteidiger sich nach eigener unmittelbarer Sachprüfung (z. B. eines **Tagebuchs**) äußern können.

120 **4. Praktische Abwicklung der Besichtigung der Beweismittel durch den Verteidiger (Abs. 1 Var. 2).** Im Gegensatz zu der Einsicht in die Akten, die auf Antrag in der Kanzlei des Verteidigers zu gewähren ist, wenn nicht wichtige Gründe entgegenstehen (§ 32f Abs. 2 Satz 3),[357] erfolgt die **Besichtigung der Beweisstücke** an der Stelle, an der sie sich befinden. Das wahrt sowohl das Integritätsinteresse in einem weiteren Sinne als auch die praktischen Erfordernisse, etwa bei unhandlichen oder unter Umwelteinflüssen veränderlichen Beweisstücken. Die Besichtigung findet deshalb etwa im **Asservatenraum** der Staatsanwaltschaft oder, wenn es sich um umfangreiche Geschäftsunterlagen handelt, in den zur Aufbewahrung der Akten bestimmten Räumlichkeiten oder der Geschäftsstelle statt; Staatsanwaltschaft oder Gericht können die Beweisstücke zum Zwe-

---

347 Ähnlich *Rieß* FS II Peters 123; SK/*Wohlers* 87. Da sich die Gegenstände auch im Falle des § 94 Abs. 2 Var. 2 in dienstlicher Verwahrung i. S. d. § 133 Abs. 1 StGB befinden (vgl. nur *Fischer* § 133, 4), entsteht durch die hier gewählte Begründung materiell-rechtlich kein neues Strafbarkeitsrisiko.

348 Vgl. SK/*Wohlers* 86.

349 OLG Schleswig NJW **1980** 352; AG Ludwigslust DAR **2004** 112; SK/*Wohlers* 86.

350 Vgl. AG Ludwigslust DAR **2004** 44. Zur praktischen Abwicklung in diesen Fällen sogleich Rn. 121.

351 Oben Rn. 89.

352 Vgl. *Rieß* FS II Peters 122; Meyer-Goßner/*Schmitt* 19; SK/*Wohlers* 86; AK/*Stern* 23; noch offen gelassen von OLG Köln NJW **1985** 336, 337.

353 S. bereits oben Rn. 67.

354 S. nochmals oben Rn. 67.

355 *Beulke/Witzigmann* StV **2013** 75 Fn. 2; OK-StPO/*Wessing* 19; SK/*Wohlers* 87.

356 *Rieß* FS II Peters 122 Fn. 44; Meyer-Goßner/*Schmitt* 19; SK/*Wohlers* 88; HK/*Julius/Schiemann* 23. **A. A.** *H. Schäfer* NStZ **1984** 203, 208.

357 S. oben Rn. 102.

cke der Besichtigung auch in dafür besser geeignete, z. B. klimatisierte und schallgeschützte Räume bringen.[358] Die Besichtigung muss jedoch stets unter **zumutbaren Bedingungen** ermöglicht werden,[359] weil der enge Grundrechtsbezug des Einsichtsrechts[360] auch eine gewisse leistungsrechtliche Seite aufweist. Insbesondere dann, wenn sie – etwa bei Aktensammlungen – längere Zeit in Anspruch nimmt, muss der Verteidiger sich nicht darauf verweisen lassen, die Beweisstücke in einem ungeheizten und fensterlosen Aktenkeller zu besichtigen.[361]

Die Besichtigung von **Film-, Video- oder Tonbandaufnahmen** erfolgt auch heute **121** noch grundsätzlich in der Weise, dass der Verteidiger sie sich – auch mehrmals – **auf** der **Geschäftsstelle** vorspielen lässt.[362] Allerdings wird die Besichtigung in amtlicher Verwahrung im Einzelfall zu Informationszwecken nicht ausreichen. Allerdings lässt sich eine Überlassung an die Verteidigung *nicht allein* mit dem schieren Umfang der Daten begründen. Denn mit dem Umfang steigen typischerweise auch die Schwere der drittbelastenden Grundrechtseingriffe, die Zahl der betroffenen Personen und der mögliche drohende Schaden für die betroffenen Rechtsgüter.[363] So kann eine sinnvolle Besichtigung der Beweismittel in den Räumen der amtlichen Verwahrung, also bei Polizei, Staatsanwaltschaft oder Gericht, im Einzelfall bereits aus **Praktikabilitätsgründen** angesichts der Masse der Beweismittel und der Notwendigkeiten zur **Aufrechterhaltung** eines **geordneten Behördenbetriebs** (Öffnungszeiten, Raumfragen, Aufsicht) scheitern. Ist die Besichtigung auf der Geschäftsstelle zur Informationsvermittlung deshalb nicht ausreichend oder sogar unzumutbar, hat der Verteidiger aus der gebotenen Gleichbehandlung von Akteneinsichts- und Besichtigungsrecht heraus grundsätzlich einen **Anspruch auf Herstellung** einer **amtlich gefertigten Kopie** des Video- oder Tonbandes bzw. des Films.[364]

Soweit man – irrig[365] – Kopien digitaler Aufzeichnungen (z. B. CD/DVD-Bildtonträ- **122** ger, Audiodateien mit TÜ-Inhalten usw.) als Beweisstücke und nicht als Aktenbestandteile qualifiziert, ergibt sich nach den für analoge Audio- oder Videokassetten seit langem anerkannten Grundsätzen jedenfalls ein **Anspruch** gegen die Justizbehörden **auf Herstellung und Überlassung von Reproduktionen** digitaler Informationsträger,[366] z. B. durch „Brennen" von CDs/DVDs oder Kopieren auf USB-Sticks bzw. mobile Festplatten. Es gilt: „Wenn der Rechtsstaat zur Strafverfolgung immer mehr Daten aufzeichnet, muss er auch in der Lage sein, der Verteidigung den Zugang zu diesen Daten und ihre Auswertung effektiv zu ermöglichen".[367] Ist die Besichtigung dem Verteidiger aus Gründen, welche in seiner Person liegen, unzumutbar – insbesondere wegen angesichts der überschaubaren potentiellen Beweisbedeutung zu großer Entfernung seiner Kanzlei vom

---

358 Vgl. *Rieß* FS II Peters 124.

359 BGH NStZ **2014** 347, 349 f. Tz. 30; MüKo/*Thomas/Kämpfer* 38; SSW/*Beulke* 30.

360 Oben Rn. 2 ff.

361 So auch SK/*Wohlers* 90; vgl. auch *Rieß* FS II Peters 124. **A. A.** BGH Beschl. v. 17.12.1982 – 2 StR 83/82, zit. b. *Hilger* NStZ **1983** 344 Fn. 150.

362 BGH NStZ **2014** 347, 349 Tz. 26 m. Anm. *B. Gercke* StV **2015** 13; OLG Celle NStZ-RR **2017** 48, 50; Radtke/*Hohmann* 25; SK/*Wohlers* 90; AK/*Stern* 25; Meyer-Goßner/*Schmitt* 19a. Erg. unten Rn. 128.

363 KG NStZ **2018** 119, 120.

364 OLG Frankfurt StV **2001** 611; BayObLG StV **1991** 200; *Rieß* FS II Peters 126 Fn. 63; SK/*Wohlers* 93; Meyer-Goßner/*Schmitt* 19c.

365 Zum Meinungsstand oben Rn. 89.

366 *Wu* HRRS **2018** 108, 115; *B. Gercke* StV **2015** 13, 14; *Beulke/Witzigmann* StV **2013** 75, 77; *St. König* NJW **2013** 1110; *Bell* 196. *Schlothauer* StV **2016** 607, 612 fordert mit guten Gründen einen klarstellenden gesetzlichen Anspruch auf Herstellung amtlich gefertigter Kopien *de lege ferenda*.

367 *Mosbacher* JuS **2017** 127, 129.

Sitz der Staatsanwaltschaft oder Gerichtsort –, kann er im Einzelfall zur Mitwirkung gehalten sein. Er hat dann entweder Einsicht bei dem Gericht seines Kanzleisitzes zu nehmen oder etwa im Einzelfall auf seine Kosten (Material, Porto) eine geeignete Leerkassette oder einen **Datenträger** (z. B. mobile Festplatte oder DVD-Rohling) zur Fertigung einer amtlichen Kopie zu **übersenden.**[368]

123 Auf die **Herstellung von Verschriftungen** über geführte Telefongespräche usw. hat die Verteidigung hingegen keinen Anspruch.[369] Auch besteht kein Anspruch auf eine Auflistung aufgezeichneter Gespräche mit zusätzlichem Ausweis der Gesprächsteilnehmer und ihrer Rufnummern sowie der Gesprächsdauer u. Ä.[370]

124 Fehlende personelle oder technische **Ausstattung der Justizbehörden** kann dem gesetzlich verbürgten Einsichtsrecht nicht mit Erfolg entgegengehalten werden.[371] Es ist Sache der Justizverwaltung, für das Vorhandensein funktionstüchtiger Abspielgeräte und für deren Bedienung qualifizierten Personals zu sorgen. Auch der technische, personelle und **finanzielle Aufwand**, etwa für das Brennen von Audiodateien auf DVDs, spielt „in rechtlicher Hinsicht **keine Rolle**".[372] Würde man den Arbeitsaufwand für die Herstellung von Beweismittelkopien als legitimen Abwägungsfaktor anerkennen, führte dies zu der absurden Folge, dass gerade große Datenmengen, an deren Mitgabe in Form einer Kopie der Verteidiger angesichts der enthaltenen Informationsfülle ein nachvollziehbares Interesse hat, lediglich zur Besichtigung in den Amtsräumen der Verfolgungsbehörden zur Verfügung gestellt werden müssten.[373]

125 Für ein *generelles* Verbot der Herausgabe von (Telekommunikations-) Daten mit Blick auf **Grundrechte unbeteiligter Dritter** – insbesondere Art. 10 GG bei Telekommunikationsinhaltsdaten – oder die Einhaltung der Lösungsregelung in § 101 Abs. 8 Satz 1 ist nichts ersichtlich. Es ist zudem nicht einsichtig, weshalb der Gesetzgeber ausweislich **§ 32f Abs. 5** nunmehr darauf vertraut, dass der Verteidiger mit in den Akten enthaltenen personenbezogenen Daten vertraulich umgehen werde, während ein Teil der Rechtsprechung dem Verteidiger das gleiche Vertrauen bei TÜ-Aufzeichnung bislang nicht entgegen zu bringen vermochte.[374] Deshalb ist eine umfassende**, mehrdimensionale Abwägung** im Einzelfall vorzunehmen, wobei neben den Persönlichkeitsrechten und Datenschutzinteressen der von der (Telekommunikations-)Überwachung betroffenen Dritten, die allerdings nur in § 147 Abs. 4 Satz 1 a. E. für einen anderen Fall (Akteneinsicht durch den Beschuldigten selbst) ausdrücklich genannt sind,[375] mit deshalb regelmäßig überwiegendem Gewicht das Grundrecht des Beschuldigten auf rechtliches Gehör und das Interesse an einem fairen Verfahren nach Art. 6 Abs. 1 EMRK und einer effektiven Verteidigung zu berücksichtigen ist.[376] Den schutzwürdigen Interessen unbeteiligter Dritter kann angesichts der berufs- und strafrechtlichen Armierung etwaiger Missbräuche für den Rechtsanwalt als Strafverteidiger (§§ 19, 43, 43a Abs. 2 BRAO, 203 Abs. 1 Nr. 3 StGB) im Rahmen des Erforderlichen durch eine personalisierte Passwort-Verschlüsse-

---

368 Vgl. bereits OLG Koblenz NStZ-RR **2000** 311.

369 OLG Koblenz NStZ **1995** 611; KG Beschl. v. 20.3.2000 – 1 HEs 243/99; MüKo/*Thomas/Kämpfer* 3.

370 Insoweit zutr. BGH NStZ **2014** 347, 349 Tz. 27.

371 OLG Frankfurt StV **2001** 611.

372 *Beulke/Witzigmann* StV **2013** 75, 78.

373 Nochmals überzeugend *Beulke/Witzigmann* StV **2013** 75, 78.

374 Zutr. OK-StPO/*Wessing* 24.

375 Oben Rn. 89.

376 KG (*3. Strafsenat*) NStZ **2018** 119, 120 – zu eng jedoch KG (*2. Strafsenat*) NStZ **2016** 693, 695 („in besonderen Fallkonstellationen Ausnahmen vom Verbot der Herausgabe") –; OLG Celle NStZ-RR **2017** 48, 50; OLG Zweibrücken StV **2017** 437, 438 m. Anm. *Wölky* (bemerkenswert klares *obiter dictum*); LG Bremen

lung der herauszugebenden Dateien[377] und ggf. weiteren Maßnahmen **technischer Prävention** Rechnung getragen werden.

126 Auch bei der Besichtigung der Beweisstücke ist der Verteidiger, wie bei Akten,[378] grundsätzlich befugt, sich **Aufzeichnungen** zu machen oder die **Beweisstücke** zu **fotografieren.** Die Verteidigung hat zudem mit Blick auf die leistungsrechtliche Seite des Einsichtsrechts[379] gegebenenfalls einen Anspruch darauf, sich mit Hilfe eines Sprachkundigen zu vergewissern, ob die gefertigten Übersetzungen der TÜ-Protokolle vollständig und richtig sind. Auch jenseits von Sprachschwierigkeiten gilt, dass dann, wenn die Kopien ohne Erklärungen des Angeklagten – dann ohne die Beschränkungen nach § 147 Abs. 4 Satz 1, also ohne weitere Aufsicht durch eine Justizperson – oder eines **Dolmetschers** unverständlich bleiben, deren **Anwesenheit beim Abhören** zu gestatten ist.[380] Auch darf der Verteidiger **Sachverständige** bei der Besichtigung hinzuziehen.[381] Ein *eigenes* Recht auf Akteneinsicht hat der Sachverständige indes – jenseits von § 475 Abs. 1 – über § 147 nicht.[382]

127 **a) Grundsätzliches Mitgabeverbot.** Im Umkehrschluss aus § 32f Abs. 2 Satz 1 und 3, der für nur in Papierform vorliegende Akten die Mitgabe in die Kanzlei für den Verteidiger auf Antrag grundsätzlich ermöglicht, dürfen nach § 147 Abs. 1 Var. 2 die Beweisstücke im Regelfall nicht zur Einsichtnahme in die Kanzlei oder die Wohnung des Verteidigers mitgegeben werden. Die Option zur Mitgabe der Akten ist bei Beweisstücken damit nicht nur, wie nach § 32f Abs. 2 Satz 3, in das pflichtgemäße Ermessen der verwahrenden Behörde gestellt, sondern nicht gestattet. Die Vorschrift des § 147 Abs. 1 ist also angesichts der Existenz des § 32f Abs. 2 Satz 3 heute nicht so zu lesen, dass über die Mitgabe von Beweisstücken nach pflichtgemäßem Ermessen zu entscheiden ist, sondern *e contrario*: „Die **Mitgabe** von **Beweisstücken** ist (grundsätzlich) **untersagt**".[383] Das ist unter Berücksichtigung der Entstehungsgeschichte des § 147 bereits vor Einfügung des § 32f Abs. 2 überzeugend dargelegt worden.[384]

128 Hieraus folgt, dass Beweisstücke, die auch zu Aktenbestandteilen geworden sind (z. B. eine in die Akte eingelegte Original-DVD), regelmäßig den **Akten zu entnehmen**

StV **2015** 682, 683; VG Mainz Urt. v. 16.1.2020 – 1 K 129/19, BeckRS **2020** 5419 Tz. 42 („Der Grundsatz des Datenschutzes steht dem Anspruch des Verteidigers auf Akteneinsicht nicht entgegen"); *Wu* HRRS **2018** 108, 115; *Wettley/Nöding* NStZ **2016** 633, 635 f., 639; *Knauer/Pretsch* NStZ **2016** 307 f.; *Killinger* StV **2016** 149, 150 f.; *B. Gercke* StraFo **2014** 94, 96 ff.; *Wölky* StraFo **2013** 493, 497; *Beulke/Witzigmann* StV **2013** 75, 77; SSW/*Beulke* 29; HK-GS/*Weiler* 11; OK-StPO/*Wessing* 24; SK/*Wohlers* 93; umfassend dazu oben Rn. 2 ff., 4 ff. **A. A.** OLG Köln Beschl. v. 30.6.2016 – 2 Ws 388/16, juris, Tz. 17 ff.; OLG Nürnberg StraFo **2015** 102, 103 f.: „Ausfluss der zum Schutz der Rechte der betroffenen Dritten vorhandenen Regelungen ist, dass die gewonnenen Daten stets der vollen staatlichen Kontrolle unterliegen ... Dies ist nur möglich, wenn eine Herausgabe der Daten an Verteidiger oder Angeklagte ausgeschlossen ist".

377 Dies ist heute durchaus gängige Praxis, vgl. etwa AG Magdeburg StraFo **2014** 74.

378 Vgl. schon oben Rn. 11 f.

379 Soeben Rn. 122.

380 Vgl. OLG Frankfurt Beschl. v. 13.9.2013 – 3 Ws 897/13, juris, Tz. 6; StV **2001** 611; OLG Köln StV **1995** 12; LG Düsseldorf StraFo **2008** 505 f.; s. auch bereits oben Rn. 11.

381 Ebenso MAH Strafverteidigung/*Schlothauer* § 3, 45. S. des Weiteren sogleich Rn. 129.

382 Zutr. KG Beschl. v. 13.6.2019 – 3 Ws (B) 173/19, juris, Tz. 8 f.

383 Zur Formulierung – allerdings ohne die in Rn. 128 sogleich näher darzulegenden Ausnahme – bereits *Rieß* FS II Peters 114 Fn. 3.

384 *Rieß* FS II Peters 117, 119 f.; *Beulke/Witzigmann* StV **2013** 75, 76; SSW/*Beulke* 26; SK/*Wohlers* 92; KK/*Willnow* 10; AK/*Stern* 24; vgl. auch BGH Beschl. v. 24.4.1979 – 5 StR 513/78, zit. n. *Pfeiffer* NStZ **1981** 95; s. genauer bereits LR/*Lüderssen/Jahn*[26] 114. **A. A.** KMR/*Müller* 18.

sind, wenn diese zur Einsichtnahme übersandt werden. In Verfahren wegen diverser Delikte gegen die sexuelle Selbstbestimmung ordnet **Nr. 225 RiStBV** zudem an, dass bestimmte verwahrte Schriften, also insbesondere **kinder- oder gewaltpornografische Darstellungen** (§ 11 Abs. 1 Nr. 3 StGB), in einem besonderen Umschlag zu verwahren sind.[385] Lichtbilder von **Verletzten**, die diese ganz oder teilweise **unbekleidet** zeigen, sind nach **Nr. 220 Abs. 2 RiStBV** ebenfalls in einem verschlossenen Umschlag oder gesondert geheftet zu den Akten zu nehmen und bei der Gewährung von Akteneinsicht vorübergehend aus den Akten zu entfernen. Insoweit ist nach Absatz 4 Satz 1 Akteneinsicht auf der Geschäftsstelle zu gewähren.[386] Bei Urkunden mit Beweisqualität gelten Besonderheiten.[387]

129 Trotz dieses **generellen Mitgabeverbots**[388] ist eine **Ausnahme** dann anzuerkennen, wenn nur dadurch eine wirksame Verteidigung gewährleistet ist. Dies gilt namentlich dann, wenn der Verteidiger einen **Sachverständigen** beauftragen möchte, der sein Fachgutachten, ungeachtet des Anwesenheitsrechts bei der Besichtigung in der Justizbehörde,[389] aus praktischen Gründen oder wegen wissenschaftlicher Notwendigkeiten (z. B. spezieller, schwer transportabler Untersuchungsgerätschaften) nur bei Überlassung des Beweisstücks erstellen kann. Denn wenn man dem Verteidiger das Recht eigener Erhebungen zum Sachverhalt zugesteht,[390] dann muss er auch private Sachverständigengutachten in Auftrag geben dürfen.[391] Hierzu sind ihm nötigenfalls die Beweismittel auszuhändigen. Auf Antrag des Verteidigers sind Staatsanwaltschaft oder Gericht in diesen Fällen ausnahmsweise auch befugt, die Beweismittel ohne weitere Zwischenschaltung des Verteidigers direkt an den Sachverständigen zu geben. Diese Verpflichtung zur **Aushändigung des Beweismittels** besteht auch dann, wenn bereits von Amts wegen ein Sachverständiger eingeschaltet ist.

130 **b) Vorgehen bei Beweisstücken mit Urkundenqualität, insbesondere im Wirtschaftsstrafverfahren.** Gerade in umfangreicheren **Wirtschaftsstrafverfahren**, in denen es typischerweise zur Beschlagnahme **umfangreicher Geschäftsunterlagen** gekommen ist, lässt sich das Besichtigungsrecht der Verteidigung häufig nicht sinnvoll durch Besichtigung der Beweismittel in den Räumen von Staatsanwaltschaft oder Gericht ausüben.[392] Durch bloße Lektüre umfangreicher Urkundensammlungen lässt sich ihr Inhalt nicht aufnehmen und für das weitere Verfahren verfügbar halten, ebenso wenig reichen handschriftliche Notizen oder Abschriften aus.[393] Aus diesem Grunde ist die aus dem *fair-trial*-Prinzip abgeleitete Forderung erhoben worden,[394] in diesen Fällen dem Verteidiger ausnahmsweise auch die Beweismittel zur Einsicht in sein Büro zu überlassen oder ihm zumindest Fotokopien der Beweismittel zur Verfügung zu stellen. Abge-

---

385 Zu den Konsequenzen bei dennoch gewährter Akteneinsicht unten Rn. 145.

386 OLG Köln Beschl. v. 5.3.2015 – III-2 Ws 115/15, juris, Tz. 6 m. Anm. *Barton* StRR **2015** 305 f.

387 Dazu sogleich Rn. 130.

388 Oben Rn. 127.

389 Soeben Rn. 126.

390 Vor § 137, 116.

391 LG Marburg Beschl. v. 25.5.2012 – 4 KLs 2 Js 3505/10, S. 22 (unveröff.) unter Bezugnahme auf *Jahn* FS Beulke 801, 817; *Beulke/Witzigmann* FS Schiller 49, 57; *St. König* NJW **2013** 1111.

392 Vgl. *Rieß* FS II Peters 117, 119 f.; SK/*Wohlers* 92; KK/*Willnow* 10; AK/*Stern* 24; vgl. auch BGH Beschl. v. 24.4.1979 – 5 StR 513/78, zit. n. *Pfeiffer* NStZ **1981** 95; s. genauer bereits LR/*Lüderssen/Jahn*[26] 114. **A. A.** KMR/*Müller* 18.

393 *Rieß* FS II Peters 126; SK/*Wohlers* 93; OK-StPO/*Wessing* 24.

394 *Krekeler* wistra **1983** 47; krit. zur Ableitung aus dem fair-trial-Prinzip *Rieß* FS II Peters 126.

sehen von dem soeben[395] dargelegten Fall gibt es von dem Mitgabeverbot jedoch keine Ausnahmen. Dies bedeutet, dass aus **Gründen des Integritätsschutzes** die Beweismittel *de lege lata* auch dann nicht herausgegeben werden dürfen, wenn ihre Besichtigung in den Räumen der Staatsanwaltschaft oder des Gerichts nicht ausreicht, damit der Verteidiger den legitimen Informationsinteressen des Beschuldigten gerecht werden kann.

Allerdings gebietet eine das Besichtigungsrecht in seiner verfassungsrechtlichen Funktion berücksichtigende Auslegung es dann, dem Verteidiger **amtlich gefertigte Fotokopien** der Beweismittel zur Verfügung zu stellen. Der Anspruch auf Besichtigung „wandelt sich in diesen Fällen in einen solchen auf Herstellung und Überlassung von Ablichtungen".[396] Die Richtigkeit dieser Lösung wird bei vergleichender Betrachtung der Rechtslage bei Aktenbestandteilen mittlerweile durch **§ 32f Abs. 2 Satz 2** bestätigt. In Verfahren mit mehreren Beschuldigten und **mehreren Verteidigern** bedarf es aber lediglich *einer* mit entsprechendem zeitlichen Vorlauf von Amts wegen herzustellenden Ablichtung, welche die übrigen Verteidiger ihrerseits fotokopieren können.[397] **131**

Hinsichtlich der dadurch entstehenden **Kosten** wird die Auffassung vertreten,[398] der Verteidiger – auch der Pflichtverteidiger, jener aber mit Anspruch auf Erstattung der Auslagen und Zahlung eines Vorschusses – habe zunächst die Kosten für die Ablichtungen zu tragen. Dieser Auffassung kann jedoch nicht zugestimmt werden.[399] Die Kosten fallen, wenn das Besichtigungsrecht nur durch Überlassung amtlich gefertigter Fotokopien gewährt werden kann, jedenfalls zunächst (§ 464 Abs. 1 Satz 1) der Staatskasse zur Last. **132**

5. Praktische Abwicklung der Besichtigung der Beweismittel durch den Beschuldigten (Abs. 4 Satz 1 Var. 2). Auch dem Angeklagten selbst ist unter Aufsicht die Besichtigung der Beweismittel dann zu gestatten, wenn dadurch der Untersuchungszweck – auch in anderen Verfahren – nicht beeinträchtigt wird und schutzwürdige Interessen Dritter nicht entgegenstehen (§ 147 Abs. 4 Satz 1).[400] **133**

VII. Zeitraum des Bestehens des Einsichtsrechts

1. Zeitlicher Beginn. Der Verteidiger kann die Akten, seiner Beistandsfunktion nach § 137 Abs. 1 Satz 1 entsprechend, in **jeder Lage des Verfahrens** einsehen. Deshalb **beginnt** das Recht auf Akteneinsicht in zeitlicher Hinsicht jedenfalls **mit dem Verfahren.**[401] Das ergibt sich auch aus dem Fall, in dem das Verfahren mit der Verhaftung anfängt. Dann ist der Beschuldigte unverzüglich richterlich zu vernehmen (§ 115 Abs. 2). An der Vernehmung kann der Verteidiger teilnehmen (§ 168c Abs. 1). Dazu bedarf er der Akteneinsicht als Grundvoraussetzung für eine sinnvolle Ausübung des Anwesenheits- **134**

---

395 Rn. 129.
396 *Rieß* FS II Peters 126 f. Ebenso SK/*Wohlers* 93; MAH Strafverteidigung/*Schlothauer* § 3, 47; subsidiär auch *Krekeler* wistra **1983** 47. Bedenken im Hinblick auf den hierdurch entstehenden Arbeitsanfall bei Staatsanwalt oder Gericht macht *Koch* wistra **1982** 63, 66 geltend; hiergegen zutreffend *Rieß* FS II Peters 128.
397 *Rieß* FS II Peters 128; *B. Gercke* StV **2015** 13, 14.
398 *Rieß* FS II Peters 129.
399 So auch MAH Strafverteidigung/*Schlothauer* § 3, 47 a. E.; SK/*Wohlers* 93 a. E.
400 Das war der Sache nach schon vor der neuen Gesetzesfassung anerkannt, vgl. OLG Köln StV **1995** 12; *Rieß* FS II Peters 124; HK/*Julius*/*Schiemann* 23; KK/*Willnow* 10; AK/*Stern* 25; SK/*Wohlers* 91.
401 Zum Begriff oben § 137, 15 ff.

und Fragerechts.[402] Nichts anderes gilt für die erste verantwortliche polizeiliche Vernehmung, wo dem Verteidiger das Anwesenheits- und Fragerecht ebenfalls zusteht (§ 163a Abs. 4 Satz 3 i. V. m. § 168c Abs. 1).

135 In entsprechender Anwendung der Vorschrift ist ein Akteneinsichtsrecht auch in Fällen zu bejahen, in denen die Staatsanwaltschaft noch prüft, ob sie ein Ermittlungsverfahren einleiten soll (Phase der **Vor- oder Vorfeldermittlungen**).[403] Das gilt ohne Zweifel für den Fall der förmlichen Ladung zur staatsanwaltschaftlichen Vernehmung (§ 163a Abs. 3 Satz 2 i. V. m. § 168c Abs. 1). Die Staatsanwaltschaft darf es auch in den Fällen, in denen Vor- und Vorfeldermittlungen ausnahmsweise zulässig sind, nicht in der Hand haben, die Akteneinsicht durch eine – im Einzelfall gar: bewusst – **zu späte Einleitung** eines Ermittlungsverfahrens zu beschränken. Es gelten damit die gleichen Grundsätze wie beim Vorenthalten des Rechts auf Belehrung über Schweigerecht und Verteidigerkonsultation.[404]

136 Dem berechtigten Personenkreis steht das Recht auf Akteneinsicht zu, sobald sie Verteidiger sind, d. h. wenn sie gewählt oder bestellt worden sind.[405] In der **Anbahnungsphase** im Vorfeld einer Mandatserteilung besteht gleichfalls ein Recht auf Akteneinsicht, wenn der Verteidiger prüfen will – und ggf. aus Gründen des Interessenwiderstreits: muss (§ 43a Abs. 4 BRAO, § 356 StGB)[406] –, ob er das Mandat übernimmt.[407] Hierfür muss er jedoch in geeigneter Weise die Aufforderung des Beschuldigten vorweisen, die Verteidigung zu übernehmen.[408]

137 **2. Zeitliches Ende.** Das **Akteneinsichtsrecht endet** für den Wahlverteidiger, sobald seine **Vollmacht erlischt**.[409] Die Vollmacht gilt, wenn sie nicht beschränkt ist, für die ganze Dauer des Verfahrens, einschließlich des Vollstreckungs-,[410] des Wiederaufnahme- und Gnadenverfahrens.[411] Für den **Pflichtverteidiger** gilt im Prinzip nichts anderes.[412]

138 Ferner **endet** das **Akteneinsichtsrecht**, wenn der Verteidiger nach § 146a **zurückgewiesen**,[413] das **Ruhen** der Rechte aus den §§ 147, 148 nach § 138c Abs. 3 Satz 1 **angeordnet** worden oder der Beschluss über die **Ausschließung** nach §§ 138a ff. **rechtskräftig** geworden ist.[414]

139 Auch nach der **Einstellung** des Ermittlungsverfahrens **gem. § 170 Abs. 2** hat der Verteidiger in entsprechender Anwendung des § 147 noch einen Anspruch auf Einsicht in die Akten, um die Rechtmäßigkeit des Verfahrens überprüfen und ggf. weitergehende

---

402 *Jahn* ZStW **115** (2003) 815, 826.

403 So ausdr. BGH NStZ-RR **2009** 145; *D. M. Krause* FS Strauda 351, 358 f.; Radtke/*Hohmann* 7; HK-GS/*Weiler* 4; OK-StPO/*Wessing* 4; MüKo/*Thomas/Kämpfer* 5; SSW/*Beulke* 9. **A. A.** *Senge* FS Hamm 701, 712.

404 S. nochmals *D. M. Krause* FS Strauda 351, 359.; im Einzelnen dazu § 137, 15.

405 S. oben Rn. 13 ff.

406 S. § 146, 10 ff.

407 *R. Michalke* NJW **2013** 2334; *Danckert* StV **1986** 171 f.; Radtke/*Hohmann* 5; MüKo/*Thomas/Kämpfer* 5; Meyer-Goßner/*Schmitt* 9; SK/*Wohlers* 21. **A. A.** OLG Hamburg StV **2017** 184, 187 Tz. 32; gegen diese formelle Engführung des Begriffs der Verteidigung ausf. unten § 148, 7.

408 Meyer-Goßner/*Schmitt* 9; KMR/*Müller* 1; HK/*Julius/Schiemann* 9; AK/*Stern* 11; SK/*Wohlers* 21; s. auch § 148, 10.

409 SK/*Wohlers* 21; HK/*Julius/Schiemann* 9; AK/*Stern* 35; Meyer-Goßner/*Schmitt* 9.

410 Vgl. § 137, 34.

411 Vgl. § 137, 37.

412 Vgl. Vor § 137, 62.

413 S. auch § 146a, 12.

414 HK/*Julius/Schiemann* 9; SK/*Wohlers* 21 a. E.; AnwK/*Krekeler/Werner* 4; Meyer-Goßner/*Schmitt* 9.

Ansprüche für seinen Mandanten gegen den Staat (z. B. nach dem StrEG) oder Dritte prüfen zu können.[415] Der restriktive Sonderweg speziell für das Akteneinsichtsrecht des ehemaligen Betroffenen nach Abschluss des Kartellbußgeldverfahrens des (für das BKartA nach § 162 örtlich allein zuständigen) AG Bonn,[416] das den Inhalt der Kartellakten möglichst weitgehend vor den Einblicken Dritter zu schützen beabsichtigt, da diese regelmäßig außergewöhnlich sensible Daten, wie Umsätze, Gewinne oder Lohnkalkulationen enthalten, ist inhaltlich zweifelhaft,[417] aber jedenfalls nicht auf die generelle Anwendungspraxis des § 147 übertragbar. Auch ein **rechtliches Interesse** muss der frühere Beschuldigte **nicht** darlegen. Es ergibt sich *de jure* bereits daraus, dass die Staatsanwaltschaft die Ermittlungen jederzeit wieder aufnehmen kann.[418]

Der Einstellung nach § 170 Abs. 2 steht die **Einstellung nach** den **§§ 153, 153a ff.** 140
gleich. Auch hier ist Einsicht in die Akten zu gewähren, da der Einstellungsentscheidung keine oder nur bedingte Rechtskraft zukommt und die Ermittlungen unter bestimmten Voraussetzungen wieder aufgenommen werden können.[419] Nach einer Einstellung des Verfahrens gemäß **§ 153d** kann die Einsicht versagt werden, wenn sie die dort genannten Interessen gefährdet und mit der Einstellung des Verfahrens gerade die Einsichtnahme durch Dritte, sei es den Verteidiger oder den Beschuldigten, vermieden werden sollte.[420]

VIII. Verwertung der durch das Einsichtsrecht erlangten Informationen

1. Weitergabe an den Beschuldigten. Der Verteidiger ist berechtigt und verpflich- 141
tet, die durch die Akteneinsicht erlangten **Kenntnisse** an den Beschuldigten **weiterzugeben.**[421] Dies gilt grundsätzlich für **alle Verfahrensarten**, also z. B. auch das Kartellrecht,[422] und für **alle Verfahrenssituationen**, also z. B. auch bei einem in Haft befindlichen Beschuldigten.[423] In gleichem Umfang ist er auch berechtigt, dem Beschuldigten kopierte **Aktenauszüge,** Abschriften oder **Kopien** aus den Akten **auszuhändi-**

415 Vgl. OLG Hamm NJW **1984** 880; LG Frankfurt StraFo **2005** 379; LG Oldenburg NStZ **1992** 555; *Rübenstahl* WiJ **2019** 6, 8 ff., 12; LR/*Graalmann-Scheerer* § 170, 48; HK/*Julius/Schiemann* 16; AK/*Stern* 33; SK/*Wohlers* 22. **A. A.** *H. Schäfer* MDR **1984** 455; einschr. LG Hamburg StraFo **2019** 335, 337 m. abl. Anm. *Rieckhoff*; Meyer-Goßner/*Schmitt* 11.

416 S. OLG Düsseldorf Beschl. v. 13.3.2019 – Kart 7/18 (V), juris, Tz. 74; AG Bonn BB **2016** 979 f.

417 *Hiéramente/Pfister* BB **2016** 968, 973 sowie grdlg. *Wessing/Hiéramente* WuW **2015** 220, 232 f.; *Wessing* WuW **2010** 1019, 1027. *Gänswein* WuW **2017** 369, 374 empfiehlt – wenig befriedigend – nach Einstellung des Kartellbußverfahrens eine Lösung über § 475 Abs. 1 Satz 1, Abs. 2. Ausdr. offenlassend OLG Düsseldorf Beschl. v. 13.3.2019 – Kart 7/18 (V), juris, Tz. 73.

418 SK/*Wohlers* 22; KK/*Willnow* 21; diff. LR/*Graalmann-Scheerer* § 170, 48.

419 Einzelheiten bei Meyer-Goßner/*Schmitt* § 153, 37 f.

420 SK/*Wohlers* 22 a. E.

421 BGHSt **29** 99, 102 m. Anm. *Müller-Dietz* JR **1981** 76 und Anm. *Kuckuck* NJW **1980** 298 sowie Bespr. *Hassemer* JuS **1980** 455; BGH NStZ **2014** 347, 350 Tz. 35; GA **1968** 307; BGH b. *Dallinger* MDR **1968** 728; OLG Frankfurt NJW **2013** 1107, 1108 Tz. 16 m. insoweit zust. Anm. *St. König*; NStZ **1981** 144; *Welp* FS II Peters 316; *Jahn* FS Beulke 801, 808; *R. Michalke* NJW **2013** 2334, 2335 f.; *Donath/Mehle* NJW **2009** 1399; *Krekeler* wistra **1983** 47; *Bode* MDR **1981** 287; *Lüttger* NJW **1951** 744; SSW/*Beulke* 22; KK/*Willnow* 14; HK/*Julius/Schiemann* 19; SK/*Wohlers* 80; AK/*Stern* 36; Meyer-Goßner/*Schmitt* 20; *Peters* § 29 V 2; *B. Kuhn* 61 f.; *Wassmann* 148 ff.; einschr. MAH Strafverteidigung/*F. Müller/Leitner* § 39, 13 ff. und *Beulke* (Verteidiger) 90 ff.; *ders.* StV **1994** 575; dagegen wiederum *Jahn* Formularbuch, Teil I.B.1.c.aa (S. 9 f.), wie hier nunmehr aber SSW/*Beulke* 22.

422 *Wessing/Hiéramente* NZKart **2015** 168, 175.

423 *Münchhalffen* StraFo **2003** 151.

gen.[424] Außer Streit dürfte auch sein, dass für Kopien aus den Akten nichts anderes gelten kann als für die Einrichtung einer geschützten „Cloud“ oder die sonstige Informationsvermittlung. Diese seit der Leitentscheidung BGHSt **29** 99 anerkannten Grundsätze werden heute nicht nur vom Berufsrecht in § 19 Abs. 2 BORA, sondern auch von der Strafprozessordnung bestätigt, in dem § 147 Abs. 4 Satz 1 für den unverteidigten Beschuldigten auf die „entsprechende“ Anwendung des § 147 Abs. 1 verweist und die Option der Aushändigung von Aktenkopien an den Beschuldigten eröffnet (§ 147 Abs. 4 Satz 2), also von grundsätzlicher **Wissenspermeabilität** ausgeht.

142 Dies gilt **auch**, wenn es sich bei den Akten um **Verschlusssachen** handelt.[425] Wird dem Verteidiger nicht ausdrücklich untersagt, Ablichtungen oder Abschriften der Akten an den Beschuldigten auszuhändigen (vgl. Nr. 213 Abs. 3-5 RiStBV, BRAK-These 51), ist er hierzu befugt. Eine solche Beschränkung enthält § 58a Abs. 2 Satz 4 mit dem **Verbot der „Weitergabe“ von Kopien** der Aufzeichnungen von **AV-Vernehmungen von Zeugen** (und ab dem 1.1.2020 auch bei AV-Aufzeichnungen von bestimmten Beschuldigtenvernehmungen, § 136 Abs. 4 Satz 3 i. V. m. 58a Abs. 2 Satz 3) indes trotz insoweit missverständlichen Wortlauts nicht. Da das Recht aus § 147, das nach § 58a Abs. 2 Satz 2 entsprechend anzuwenden ist, *quoad ius* dem Beschuldigten zusteht,[426] handelt es sich insoweit nicht um eine Weitergabe an Dritte. Die Überlassung der Originalakten ist jedoch generell unzulässig.[427] Eine parlamentsgesetzliche Grundlage jenseits der Verwaltungsvorschrift in Nr. 213 Abs. 5 RiStBV für die Verpflichtung eines Verteidigers zur Verschwiegenheit im Zusammenhang mit der Einsicht in Verschlusssachen-Akten besteht nicht.[428]

143 Eine besondere Verpflichtung des Verteidigers zur Zurückhaltung bei Weitergabe von Informationen etwa über eine **bevorstehende Durchsuchung**, Beschlagnahme **oder Verhaftung** aus den Akten, weil anderenfalls der Untersuchungszweck gefährdet würde, kann **nicht anerkannt** werden, obgleich die Rechtslage den Ausweis einer h. M. zu dieser Frage nicht zulässt.[429] Dies liefe darauf hinaus, dass der Verteidiger die Beurteilung der Verfolgungsbehörde zu korrigieren hätte. Denn diese hätte ja gegebenenfalls nach § 147 Abs. 2 Satz 1 dem Verteidiger die Akteneinsicht grundsätzlich verweigern dürfen. Der Schutz solcher Verfahrens- und Verfolgungsinteressen ist Sache der Behörden, nicht des Verteidigers, und die Behörden haben durchaus die Möglichkeit, diesen Schutz zu gewährleisten (vgl. z. B. Nrn. 213 Abs. 1, 220 Abs. 2 RiStBV).[430]

144 Das Gegenargument, die Akteneinsicht werde dem Verteidiger im Vertrauen auf eine **gewisse Solidarität** mit der **Strafverfolgungsbehörde** gewährt, ist schon mit Blick auf

---

424 BGHSt **29** 99, 102; LG Landshut StV **2004** 32 m. zust. Anm. *Heimann*; *Jahn* FS Beulke 801, 808; *Krekeler* wistra **1983** 47; *Lüttger* NJW **1951** 744; Meyer-Goßner/*Schmitt* 20; *B. Kuhn* 73. Bedenken bei *Füllkrug* Krim **1988** 391.

425 Oben Rn. 56, 94.

426 Oben Rn. 11.

427 KG StV **2016** 546, 547; OLG Frankfurt NJW **1965** 2312; SK/*Wohlers* 80; AK/*Stern* 27.

428 KG StV **1997** 624; *Zieger* StV **1995** 197; erg. oben Rn. 90.

429 Restriktiv wie hier OLG Hamburg BRAK-Mitt **1987** 163 m. zust. Anm. *Dahs*; *Welp* FS II Peters 320; SK/*Wohlers* 83 und Vor § 137, 103; AK/*Stern* 40; *Eb. Schmidt* Nachtr. I, 31; *Dahs* (Hdb.) Rn. 63; *Fezer* 4/54; *Kühne* Rn. 220; *Dessecker* GA **2005** 151; *Krekeler* wistra **1983** 47; *Mehle* NStZ **1983** 587; *Tondorf* StV **1983** 257 sowie BRAK-These 54. **A. A.** jedoch BVerfG NJW **2006** 3197, 3198; *Meyer-Goßner* FG 50 Jahre BGH IV 637; *Liemersdorf* MDR 1989 204, 207; KK/*Willnow* 14; Meyer-Goßner/*Schmitt* 21; KMR/*Müller* 21; *Joecks* 19; *Beulke* (Verteidiger) 29 ff. sowie auch noch an dieser Stelle LR/*Dünnebier*[23] 18 ff. Über die strafrechtliche Haftung des Verteidigers nach § 258 StGB in diesen Fällen § 138a, 37 ff. und SSW-StGB/*Jahn* § 258, 30; weiter aber auch hier Schönke/Schröder/*Hecker* § 258, 20. Weitere Nachw. oben § 138a, 47.

430 *Jahn* FS Beulke 801, 814; *ders.* Formularbuch, Teil I.B.1.c.aa.bbb (S. 11).

die Entstehungsgeschichte nicht haltbar. Die Klausel des § 147 Abs. 2 ist nämlich „überhaupt nur deswegen in das Gesetz aufgenommen worden, weil als selbstverständlich unterstellt worden ist, daß der Verteidiger seinen Mandanten über den Akteninhalt informieren werde".[431] Der von der Rechtsprechung[432] vorgeschlagenen Rückausnahme für den Fall, dass der Beschuldigte durch die Mitteilungen des Verteidigers „nur" in die Lage versetzt werde, sich ein falsches Alibi zu verschaffen, sei der Verteidiger zur Zurückhaltung ausnahmsweise nicht verpflichtet, ist auf Basis der hier eingenommenen Position ohne Bedeutung.

Auch eine Beschränkung der Weitergabe von Aktenauszügen und Kopien mit der Berufung darauf, der Verteidiger verfolge sonstige, **außerhalb der Verteidigung liegende Zwecke**, ist heikel. Der BGH[433] hat dies für die Weitergabe in der Akte befindlicher kinderpornografischer Ablichtungen durch den Verteidiger geprüft und festgehalten, dass der Strafverteidiger zu Verteidigungszwecken Aktenmaterial, das **kinderpornografische Schriften** (§ 11 Abs. 1 Nr. 3 StGB) enthält, auswerten und dazu auch Berufshelfer einschalten kann. Er ist aber einschränkend der Ansicht, ein Eingriff in den absolut geschützten Kernbereich der Verteidigung liege nicht vor, wenn gegenüber einem Sachverständigen „freiwillig offenbarte Informationen" gewürdigt würden. Das überzeugt nicht. Unabhängig von der Herkunft und Zielrichtung der verwerteten Informationen sprechen die besseren Gründe dafür, dem Verteidiger bei der Entscheidung darüber, ob die Überlassung der inkriminierten Bilder der Erstellung des Sachverständigengutachtens dienlich ist, mit Blick auf die Berufsfreiheit, das Gebot effektiver Verteidigung und das Recht auf ein faires Verfahren einen weiten Einschätzungsspielraum einzuräumen. Denn zum Kernbereich der Verteidigung, der keiner Fremdkontrolle unterliegt, wird man neben der vom BGH angesprochenen Kommunikation zwischen dem Rechtsanwalt und dem Sachverständigen auch die Entscheidung über die **Art und Weise** der **Überprüfung des Akteninhalts** zu zählen haben.[434] 145

Der Verteidiger ist nicht verpflichtet, sehr wohl aber berechtigt, die dem Beschuldigten überlassenen **Aktenauszüge** nach Kenntnisnahme oder nach Beendigung des Mandats zurückzufordern.[435] Der Verteidiger sollte den Beschuldigten dahingehend belehren und diese Belehrung in seinem eigenen Interesse durch Unterschrift des Mandanten dokumentieren, die Unterlagen **Dritten** nicht **zugänglich** zu machen (§ 353d StGB).[436] 146

2. Weitergabe an Dritte und sonstige Nutzung; Datenschutz. Der Verteidiger hat die aus den Akten gewonnenen Erkenntnisse allein zu Zwecken der Verteidigung zu verwenden.[437] Diesen aus dem Datenschutzrecht bekannten **Zweckbindungsgrundsatz** stellt § **32f Abs. 5 Satz 2** auch für den Verteidiger ausdrücklich klar.[438] Ihre **sonstige Nutzung** jenseits der durch § 32f Abs. 5 Satz 2 und 3 gezogenen Grenzen, etwa für Privatgespräche oder literarische Verwertung, ist unzulässig.[439] Dies gilt grundsätzlich auch 147

---

431 *Welp* FS II Peters 320; *Jahn* FS Beulke 801, 811.

432 BGHSt **29** 99, 103; OLG Frankfurt NStZ **1981** 145.

433 BGH NStZ **2014** 515 m. Anm. *Meyer-Lohkamp/Schwerdtfeger* StV **2014** 772, 774; *Jahn* JuS **2014** 1046, 1048.

434 Vgl. *Jahn* JuS **2014** 1046, 1048; *Beulke/Witzigmann* FS Schiller 49, 63 f.; *Ziemann* StV **2014** 299, 304; *St. König* NJW **2013** 1110.

435 Meyer-Goßner/*Schmitt* 23. **A. A.** SK/*Wohlers* 80.

436 Meyer-Goßner/*Schmitt* 23; AK/*Stern* 41; SK/*Wohlers* 80 a. E.

437 *v. Galen/Maass* BlnAnwBl. **2015** 446, 450; *Freyschmidt/Nadeborn* StRR **2012** 364, 367; Meyer-Goßner/*Schmitt* 21; AK/*Stern* 41; HK/*Julius/Schiemann* 20; SK/*Wohlers* 84.

438 *Rauwald* NJW **2018** 3679, 3683.

439 LG Essen StraFo **2012** 100; Meyer-Goßner/*Schmitt* 21; SK/*Wohlers* 84.

für die Überlassung eines Aktenauszuges an die **Presse** (vgl. auch §§ 353d, 27 StGB).[440] Anders kann dies bei bloßer Information von Journalisten durch Mitteilung inhaltlich zusammengefasster aktenbezogener Informationen zur Wahrung der Interessen des Beschuldigten sein.[441] Der Strafverteidiger, der Akteneinsicht erhalten hat, muss die von dieser Datenverarbeitung betroffenen Personen nicht gemäß Art. 14 Abs. 1, 3 **DSGVO**, §§ 29 ff. BDSG innerhalb eines Monats informieren (vgl. § 33 Abs. 1 Nr. 2 lit. b BDSG).[442]

148 Das durch die Aktenkenntnis erlangte Wissen darf der Verteidiger jedoch in **sachgleichen Zivilverfahren** oder in anderen Verfahren, die mit gleicher Zielrichtung wie die Verteidigung geführt werden, verwerten.[443] Das gilt auch auf der Grundlage der mit **§ 32f Abs. 5 Satz 3** getroffene ausdrücklichen Regelung, da die Abwehr zivilrechtlicher Ansprüche ein berechtigtes Interesse i. S. d. § 475 Abs. 1 Satz 1 begründet und dem Beschuldigten zu diesem Zweck Akteneinsicht nach Absatz 4 gewährt werden dürfte.[444]

149 Was den Schutz der in der Akte eventuell enthaltenen **„Drittgeheimnisse"** angeht, so muss zunächst auf das materielle Strafrecht verwiesen werden.[445] Im Übrigen gilt, dass der Verteidiger, der nach § 147 Akteneinsicht erhalten hat, jedenfalls dann nicht **Garant** dieses Drittgeheimnisses ist, wenn er den Mandanten über den sorgfaltsgerechten Umgang mit den Akten belehrt hat.[446]

IX. Besonderheiten bei Gefährdung des Untersuchungszwecks

1. Gefährdung des Untersuchungszwecks (Abs. 2 und 4)

150 **a) Allgemeines.** Das Recht auf Akteneinsicht besteht grundsätzlich für die gesamte Dauer des Verfahrens.[447] Ausnahmsweise kann die Akteneinsicht aber ganz oder teilweise versagt werden, wenn der Abschluss der Ermittlungen noch nicht in den Akten vermerkt ist (§ 169a). Nach § 147 Abs. 2 Satz 2 gilt diese Beschränkung aber dann wiederum grundsätzlich nicht, wenn der **Beschuldigte inhaftiert** ist oder dies beantragt worden ist und das aktengegenständliche Beweismaterial die Haftentscheidung (mit-)determiniert.[448] Eine **analoge Anwendung** von § 147 Abs. 2, 4 Satz 1 **nach Abschluss** der Ermittlungen zum Nachteil des Berechtigten kommt indes **nicht** in Betracht.[449]

151 **b) Begriff und Ratio.** Die rechtsfehlerfreie Annahme des Vorliegens der Voraussetzungen des – gerichtlich voll überprüfbaren – unbestimmten Rechtsbegriffs einer Gefährdung des Untersuchungszwecks nach **§ 147 Abs. 2 Satz 1** verlangt die durch Tatsachen belegte **konkrete Gefahr**, der Zweck der Ermittlungen im gegenständlichen Verfahren (§ 264) werde durch die **Weitergabe** des bei der Akteneinsicht gewonnenen

---

440 BTDrucks. **18** 9416 S. 58; SSW/*Beulke* 24; MüKo/*Thomas/Kämpfer* 48; zu den Einzelheiten *Dahs* (Hdb.) Rn. 286.

441 MüKo/*Thomas/Kämpfer* 44; SK /*Wohlers* 84, diff. AK/*Stern* 41.

442 So i. Erg. auch *Basar* StraFo **2019** 222, 226.

443 *Otto* GA **1989** 289, 294; AK/*Stern* 41; SK/*Wohlers* 84; *Dahs* (Hdb.) Rn. 285; s. ferner LR/*Hilger*[26] § 406e, 9.

444 So auch OK-StPO/*Wessing* 31 a. E.

445 Schönke/Schröder/*Eisele* § 203, 39 ff.; ausf. *Stucke* Berufliche Schweigepflicht bei Drittgeheimnissen als Vertrauensschutz, Diss. Kiel (1981) 133 ff.

446 S. oben Rn. 146.

447 Vgl. Rn. 134 ff.

448 Zu den menschenrechtlichen Grundlagen bereits oben Rn. 5.

449 OLG Hamburg MDR **1991** 1072; LG Berlin Beschl. v. 16.12.2005 – 505 Qs 217/05; *Lehmann* StraFo **2016** 326, 327; SK/*Wohlers* 94.

Wissens durch den Verteidiger **an den Beschuldigten** beeinträchtigt.[450] Im Falle des **§ 147 Abs. 4 Satz 1** darf der Untersuchungszweck auch in anderen als dem gegenständlichen Verfahren durch die **Weitergabe** des Wissens **an den Beschuldigten selbst** nicht gefährdet werden.

Daher wird man nicht, wozu der Wortlaut ohne Kenntnis der Entstehungsgeschichte verführen könnte, auf die Lebenserfahrung abstellen dürfen, dass die Annahme näherliegt, jemand werde die Ermittlungen beeinträchtigen, wenn er das gefahrlos tun kann, als das Verfahren tatenlos über sich ergehen lassen. Es müssen vielmehr nach der im Verhalten zum Ausdruck kommenden **Persönlichkeit des Beschuldigten**, nach der **Art des Delikts**, nach dem Umfang und der **Eigenart der Ermittlungen** durch Tatsachen belegte **Umstände** erkennbar sein, die die konkrete Gefährdung nahelegen. **Nicht ausreichend** sind „reine Spekulationen, hypothetische Erwägungen oder lediglich auf kriminalistische Alltagserfahrung gestützte, **fallunabhängige Vermutungen**".[451] Durch den **Fortgang einer Hauptverhandlung** kann eine vor Beginn der Beweisaufnahme bestehende Gefährdung des Untersuchungszwecks – auch sukzessiv – entfallen. Dies gilt namentlich dann, wenn Vernehmungsinhalte etwa im Wege des Urkundsbeweises vollständig in die Hauptverhandlung eingeführt worden sind und der Verletzte hiervon vollen Umfangs Kenntnis genommen hat.[452] 152

Hierbei ist in systematischer Perspektive auch der Zweck des Versagungsgrunds nach Absatz 2 – Gewährleistung der Erreichung des Untersuchungszwecks – zu berücksichtigen. Die Strafprozessordnung kennt im Haftgrund der **Verdunkelungsgefahr** ein weiteres Mittel, den Beschuldigten von einer unzulässigen Beeinflussung des Verfahrens („Ermittlung der Wahrheit") mit den in § 112 Abs. 2 Nr. 3 lit. a-c genannten Mitteln abzuhalten. Die Versagung der Akteneinsicht wegen der Gefährdung des Untersuchungszwecks tritt ergänzend an die Seite dieses Haftgrunds und stellt ein milderes Mittel dar, die unzulässige Einflussnahme durch den Beschuldigten zu verhindern. Man muss an die Verhängung von Untersuchungshaft, weil sie massiv in die Freiheitsrechte des Beschuldigten eingreift, höhere Anforderungen stellen als an die Versagung der Akteneinsicht (vgl. auch § 112 Abs. 1 Satz 2). Auf einen durch Tatsachen belegten Verdacht zu erwartender Verdunkelungshandlungen darf angesichts des hohen Stellenwerts des Akteneinsichtsrechts jedoch nicht verzichtet werden. 153

Daher darf die Versagung der Akteneinsicht wegen einer Gefährdung des Untersuchungszwecks nach § 147 Abs. 2 Satz 1 – anders als naturgemäß bei § 147 Abs. 4 Satz 1 – auch nicht auf Gründe gestützt werden, die in der **Person des Verteidigers** liegen. Soweit nicht die Ausschließungstatbestände der §§ 138a ff. eingreifen, insbesondere die An- 154

---

450 Vgl. LG Landau StV **2001** 613 m. Anm. *Schlothauer*; *Dierlamm* FS Schlothauer 205, 206; *Schlothauer* StV **2001** 192, 195; *Eisenberg* NJW **1991** 1257, 1260; *Groh* DRiZ **1985** 52; *Keller* GA **1983** 511; *Arbeitskreis Strafprozeßreform* 99; *Strafrechtsausschuss BRAK*, Stellungnahme zum Gesetzentwurf des Arbeitskreises Strafprozeßreform 40 f.; MüKo/*Thomas/Kämpfer* 25; HK/*Julius/Schiemann* 14; Radtke/*Hohmann* 15; OK-StPO/*Wessing* 6; AK/*Stern* 46; SK/*Wohlers* 97; SSW/*Beulke* 32; *M. Kuhn* 69; *Meyer* 226; *Kettner* 102 ff.; offen gelassen von LG Regensburg StV **2004** 369. **A. A.** – abstrakte Gefahr genügt – Meyer-Goßner/*Schmitt* 25; KMR/*Müller* 5; KK/*Willnow* 15.

451 OLG Hamburg StraFo **2015** 25 f.; LG Regensburg StV **2004** 369: lediglich *nicht ausschließbare* Weitergabe von Kenntnissen aus dem Akteninhalt durch den inhaftierten Beschuldigten an andere Bandenmitglieder.

452 Formulierung in BVerfGE **103** 142, 155; **115** 166, 197 f. m. Anm. *Jahn* JuS **2006** 491; BVerfGK **2** 254, 256; 311, 315 zum insoweit vergleichbaren Problem bei der Prüfung der Voraussetzungen des Anfangsverdachts (§ 152 Abs. 2) und der „Gefahr im Verzug" (§ 105 Abs. 1).

ordnung des Ruhens der Rechte aus §§ 147, 148 gemäß § 138c Abs. 3 Satz 1,[453] ist von einem pflichtgemäß handelnden Verteidiger auszugehen.[454]

155 Die Versagung darf nur auf die **Gefährdung des Untersuchungszwecks**, nicht auf **technische Schwierigkeiten,** etwa die Versendung der Akten zum Zwecke von Ermittlungen an die Polizeibehörden oder auf ein Einsichtsgesuch eines Dritten (z. B. der Versicherung eines Geschädigten) oder auch mit der Akteneinsicht notwendig verbundene **zeitliche Verzögerungen** gestützt werden; hier hat die Staatsanwaltschaft durch geeignete Maßnahmen (etwa die Anfertigung von **Duplo-Akten**[455]) die Voraussetzungen für die Einsicht zu schaffen. Die Versagung ist vielmehr allein dann möglich, wenn die Akteneinsicht den Untersuchungszweck gefährden könnte. Das Akteneinsichtsrecht hinsichtlich beigezogener Akten eines anderen gegen den Angeklagten geführten Verfahrens kann nicht deshalb versagt werden, weil die Ermittlungen in jenem Verfahren noch nicht abgeschlossen seien und eine Gefährdung des Untersuchungserfolges eintreten könnte.[456]

156 **c) Rechtsfolge („kann").** Da in den Fällen der Absätze 1 und 4 grundsätzlich Akteneinsicht zu gewähren „ist", sind die Ausnahmetatbestände insgesamt **eng auszulegen.**[457] Dies zeigt sich auch darin, dass selbst dann, wenn die Einsichtnahme den Untersuchungszweck gefährden kann, diese nicht versagt werden *muss*; die Staatsanwaltschaft **„kann"** das nach dem klaren Gesetzeswortlaut tun.[458] Sie handelt also auch bei Gefährdung des Untersuchungszwecks im Einzelfall rechtmäßig, wenn sie aus verfahrensimmanenten Gründen dennoch Akteneinsicht gewährt. Es besteht eine **Begründungspflicht,** die in geeigneter Weise durch Dokumentation in den Akten zu erfüllen ist, und auf den Antrag des Verteidigers (Absatz 1) oder Beschuldigten (Absatz 4) hin eine **Bescheidungspflicht.**[459]

2. Informationsrecht des Verteidigers (Abs. 2 Satz 2)

157 **a) Anwendungsbereich bei tiefgreifenden Grundrechtseingriffen.** Seit dem UHaftÄndG sieht Absatz 2 Satz 2 mit Wirkung zum 1.1.2010 nach dem Wortlaut auch bei einer Gefährdung des Untersuchungszwecks ein **umfassendes Informationsrecht** des Verteidigers vor, wenn sich der Beschuldigte in Untersuchungshaft befindet oder diese nach seiner vorläufigen Festnahme (§ 127 Abs. 2) beantragt ist.[460] Voraussetzung ist stets nur, aber auch mindestens, dass sich der Beschuldigte **nicht auf freiem Fuß** befindet. Auch der RegE v. 21.1.2009 spricht vom „inhaftierten" Beschuldigten.[461]

158 Die Vorschrift ist damit zwar **auch** in Fällen der **Überhaft** anzuwenden, wenn sich der Beschuldigte bereits in anderer Sache in Strafhaft, Untersuchungshaft oder sonstiger amtlicher Verwahrung befindet.[462] Dazu gehören auch **Unterbringung** (§§ 63 ff. StGB)

---

453 S. oben § 138c, 32.

454 So auch SK/*Wohlers* 96 a. E.; AK/*Stern* 48; MAH Strafverteidigung/*Schlothauer* § 3, 39.

455 S. auch Rn. 10, 61, 83 f.

456 OLG Schleswig StV **1989** 95; SK/*Wohlers* 96.

457 Ebenso *Satzger* StraFo **2006** 47.

458 Zur Natur dieser Ermessensentscheidung *Schlothauer* StV **2001** 192, 195.

459 So auch *Satzger* StraFo **2006** 47.

460 Zum verfassungs- und menschenrechtlichen Hintergrund oben Rn. 5.

461 BTDrucks. **16** 11644 S. 33.

462 *Tsambikakis* FS Richter II 529, 531. **A. A.** *Peglau* JR **2012** 231, 232 mit Fn. 6 unter Hinweis auf KG JR **2012** 260 und die unterschiedliche Formulierung in Absatz 5 Satz 2. Das KG hat sich mit dieser konkreten Frage jedoch überhaupt nicht auseinandergesetzt.

oder **Auslieferungshaft.**[463] Nach dem Sinn und Zweck der Neuregelung geht es in erster Linie darum, die dramatischen Folgen einer Freiheitsentziehung für die Grundrechte des Beschuldigten abzumildern. Sie greift demnach **nicht** mehr **bei** einer **Aussetzung** des **Vollzuges** oder wenn die Untersuchungshaft aus sonstigen Gründen unterbrochen wird.[464]

Auch dann, wenn der Beschuldigte **flüchtig** ist, kann sie **nicht angewendet** werden, weil es an der von Absatz 2 Satz 2 nunmehr stets vorausgesetzten Festnahmesituation fehlt. Diese seit 2010 bestehende Rechtslage ist zumindest von Verfassungs wegen nicht zu beanstanden.[465] Das Gesetz knüpft **Informationsrecht und Belehrungspflicht** (§§ 114 a, b) beim **Ergreifungshaftbefehl** (vgl. auch § 115 Abs. 3) erst an den der Vorführung unmittelbar vorgelagerten Zeitpunkt. Das vorher vom Gesetzgeber in Kauf genommene Informationsdefizit beruht ersichtlich auf der Wertung, dass derjenige, der sich dem Verfahren bewusst entzieht, nicht in den Genuss von Verfahrensprivilegien kommen soll. Der Beschuldigte muss sich, wie nicht ohne Anlass zugespitzt formuliert wird, im Ergebnis erst einmal verhaften lassen, um dann Einsicht in die Akten zu nehmen und sodann gegen den Haftbefehl vorgehen zu können.[466] Dieser Missbrauchsgedanke ist vor dem Hintergrund, dass den Beschuldigten wegen des nemo tenetur-Prinzips keine Verpflichtung trifft, sich für das Verfahren bereitzuhalten, **rechtspolitisch anfechtbar** und sollte überdacht werden. Er ist aber geltendes Recht. 159

Ob die Leitlinien der Vorschrift in Absatz 2 Satz 2 ungeachtet der ursprünglich konventionsrechtlichen Wurzel in der menschenrechtlichen Gewährleistung bei Freiheitsentziehung (Art. 5 Abs. 4 EMRK) in Fortführung der deutschen Rechtsprechung, die den Anwendungsbereich des Informationsrechts der Verteidigung auf den dinglichen Arrest (§§ 111 e, f) sowie Fälle einer beendeten Durchsuchung oder Telekommunikationsüberwachung erstreckt hat,[467] beruhen, ist nicht abschließend geklärt. Der Wortlaut spricht dagegen, hat aber unverständlicherweise im Jahr 2010 die weiteren Impulse der Karlsruher Rechtsprechung nicht aufgenommen. An der verfassungsrechtlich, vor allem aber verfassungsgerichtlich[468] noch nicht abschließend geklärten Frage der *prinzipiellen* **Verallgemeinerungsfähigkeit** der Regelung des § 147 Abs. 2 Satz 2 für alle noch nicht vollzogenen **tiefgreifenden strafprozessualen Eingriffsmaßnahmen** dürfte aber dennoch mit der ganz h. M.[469] in der Rechtsprechung und im Schrifttum kaum ein Zweifel bestehen. In diesem Sinne ist der Wortlaut im Lichte der weiteren Karlsruher Rechtspre- 160

463 Ausf. unten Rn. 197.
464 Vgl. AnwK-UHaft/*König* 2.
465 Vgl. schon BVerfG (*2. Kammer* des *2. Senats*) NStZ-RR **1998** 108, 109 sowie BGH NJW **2019** 2105, 2107 Tz. 37 ff. m. Anm. *Mitsch* und Anm. *Börner* NStZ **2019** 478 sowie zust. Anm. *Bosch* JK **2019** 1010; OLG München NStZ-RR **2012** 317; StV **2009** 538 m. abl. Anm. *Wohlers*; KG NStZ **2012** 588 m. abl. Anm. *D. Herrmann* StraFo **2012** 17 und abl. Anm. *Börner* StV **2012** 361, 363 und *Peglau* JR **2012** 231, 232 ff.; Radtke/*Hohmann* 17; OK-StPO/*Wessing* 6; KK/*Willnow* 16; durch das UHaftÄndG 2010 überholt daher LG Aschaffenburg StV **1997** 644 und LR/*Lüderssen/Jahn*[26] 77. **A. A.** – Abwägung der Informations- und Verteidigungsinteressen des Betroffenen gegen die Geheimhaltungsinteresse der Strafverfolgungsbehörden – mit beachtlichen Argumenten *R. Michalke* NJW **2013** 2334, 2335; *Beulke/Witzigmann* NStZ **2011** 254, 257 f.; SSW/*Beulke* 41; MüKo/*Thomas/Kämpfer* 28.
466 *Mitsch* NJW **2019** 2108; *Börner* NStZ **2019** 480, 481; *Wohlers* StV **2009** 539.
467 Nachw. oben Rn. 5, 78.
468 Siehe ausdrücklich BVerfG (*3. Kammer* des *2. Senats*) Beschl. v. 9.8.2018 – 2 BvR 1228/16, juris, Tz. 7.
469 LG Berlin StV **2010** 352, 353 – weitergehend sogar für nicht vollzogenen Durchsuchungsbeschluss, s. aber oben Rn. 128 – m. zust. Anm. *Börner* NStZ **2010** 417, 422 und Bespr. *Mosbacher* JuS **2010** 689, 694 f.; *Börner* NStZ **2007** 680, 681 f.; *R. Michalke* NJW **2013** 2334; *ders.* NJW **2010** 17, 18 (mit zutr. Kritik am Gesetzgeber); *Beulke/Witzigmann* NStZ **2011** 254, 260 f.; SSW/*Beulke* 39; *Park* StV **2009** 276, 278 ff.; *Deckers*

chungsentwicklung seit 1994[470] dynamisch-evolutiv und deshalb **verfassungskonform extensiv auszulegen.** Die Grenze dürfte im Regelfall bei der einfachen Beschlagnahme zu ziehen sein, der es typischerweise an der Eigenschaft als tiefgreifender Grundrechtseingriff ermangelt.[471]

161 Trotz der relativ klaren Vorgaben des EGMR – es ging immerhin um zahlreiche Verurteilungen Deutschlands auf Grundlage der Rechtslage nach § 147 a. F.[472] – hat sich der Gesetzgeber mit Absatz 2 Satz 2 auf der Rechtsfolgenseite für eine Regelungstechnik entschieden, die aufgrund zahlreicher **unbestimmter Rechtsbegriffe** („*wesentliche* Informationen" „in *geeigneter* Weise") zwar gerichtlich voll überprüfbare, aber dennoch menschenrechtlich kontraindizierte Wertungsspielräume eröffnet. Ihre Ausfüllung entzieht sich einer zuverlässigen Prognose des Entscheidungsverhaltens der Staatsanwaltschaft. Damit sieht sich der Bundesgesetzgeber dem vielstimmigen[473] Vorwurf ausgesetzt, **hinter** den **Vorgaben** der Rechtsprechung zur **EMRK** deutlich **zurückzubleiben.** Die Umsetzung wird als unnötig unklar gerügt. Sie trage den Verteidigungsbelangen eines Inhaftierten nicht ausreichend Rechnung und werde dem Prinzip der Waffengleichheit nicht gerecht. Dieser **Kritik** kann man sich, wie die Analyse des Wortlauts der Vorschrift ergeben wird,[474] nicht verschließen. Die Neuregelung der Einschränkungen des Rechts der Akteneinsicht in Absatz 2 Satz 2 entspricht den vom EGMR ausgesprochenen Leitlinien damit nur, wenn sie nach den nachstehenden Grundsätzen innerhalb der hier sehr weit gezogenen Wortlautgrenze **konventionskonform ausgelegt** wird.[475]

162 **b) Zugänglichmachung „in geeigneter Weise".** Gemäß Absatz 2 Satz 2 sind dem Verteidiger die für die Beurteilung der Rechtmäßigkeit der Freiheitsentziehung wesentlichen Informationen **„in geeigneter Weise"** zugänglich zu machen. Die Formulierung überlässt es nach dem gänzlich offenen Wortlaut dem Einzelfall, wie der Zielbestimmung nachzukommen ist. Damit sind für die Verfahrensbeschleunigung in Haftsachen unzuträgliche Auseinandersetzungen über die Frage vorprogrammiert, ob konkret die Gewährung von Akten- oder Teilakteneinsicht oder eine schriftliche bzw. sogar bloß mündliche Zusammenfassung des Ermittlungsstandes hinlangt, um die Verteidigungsfähigkeit des Beschuldigten herzustellen. [476]

163 **aa) Mündliche Unterrichtung.** Jedenfalls die nach dem deutschen Gesetzestext ohne Weiteres zulässige **mündliche Unterrichtung** des Verteidigers über den Akteninhalt ist ausnahmslos – und damit auch in einfach gelagerten Sachen – **konventions-**

StraFo **2009** 441, 444; Meyer-Goßner/*Schmitt* 28; MüKo/*Thomas*/*Kämpfer* 29; OK-StPO/*Wessing* 8; LR/*Esser*[26] Art. 5 EMRK, 360 sowie bereits oben Rn. 4. Zur Rechtsfigur des tiefgreifenden Grundrechtseingriffs *Jahn*/Krehl/Löffelmann/Güntge Die Verfassungsbeschwerde in Strafsachen[2] (2017) Rn. 311 f.

470 S. oben Rn. 5.

471 *Jahn*/Krehl/Löffelmann/Güntge Die Verfassungsbeschwerde in Strafsachen[2] (2017) Rn. 312 a. E. m. w. N.

472 Oben Rn. 7 f.

473 *Th. Schröder* in: Oğlakcıoğlu et. al. (Hrsg.), Axiome des nationalen und internationalen Strafverfahrensrechts (2016) 121, 138; *Jahn* FS I. Roxin 585, 589; *Pauly* StV **2010** 492, 493; *D. Herrmann* StRR **2010** 4, 8; HK-GS/*Weiler* 7; Radtke/*Hohmann* 16; LR/*Esser*[26] Art. 5 EMRK, 358; *BRAK* Stellungnahme Nr. 37/2008 14 ff.; *dies.* Stellungnahme Nr. 10/2009 5 f.; *Strafverteidigervereinigungen* (Stellungnahme) II.5.b.

474 Sogleich Rn. 162 ff.

475 *Jahn* FS I. Roxin 585, 589. Zur konventionskonformen Auslegung nach den Maßstäben von BVerfGE **111** 307, 317 – *Görgülü*; BVerfGE **120** 180, 200 f. – *Caroline von Monaco*; BVerfGE **124** 300, 319 – *Wunsiedel* unter methodischen Gesichtspunkten LR/*Lüderssen*/*Jahn* Einl. M, 50 ff.

476 Zutr. Kritik daran schon im Gesetzgebungsverfahren bei *Weider* (Stellungnahme) 6.

widrig. Auf diesen *modus procedendi* darf also nicht zurückgegriffen werden.[477] Er entspricht schon nicht dem Ziel der Grundregel in Absatz 1, deren Einschränkung in Absatz 2 deshalb stets in deren Lichte zu lesen ist. Die Akteneinsicht dient der Herstellung einer Konkretisierung des Waffengleichheitsrechts, nämlich der **„Parität des Wissens"**.[478] Erst dieser Gleichlauf der Informationsflüsse erlaubt es dem Beschuldigten und seinem Verteidiger, den Gang des Verfahrens effektiv beeinflussen zu können. Dieses Postulat kommt gerade in der Rechtsprechung des EGMR unmissverständlich zum Ausdruck. Der *Gerichtshof* hat mehrfach betont, dass die Verteidigungsfähigkeit bei lediglich mündlicher Information oder solchen Mitteilungen, die den Sachverhalt lediglich nach dem Verständnis der Ermittlungsbehörden zusammenfassend schildern, nicht ausreichend gewährleistet ist. Es ist für den Betroffenen dann „faktisch unmöglich, die Zuverlässigkeit dieser Schilderungen wirksam anzufechten".[479] Eigene Wertungen des Autors zur dringenden Verdachtslage, die vom Verfahrensstand nicht getragen werden, sind hier ohne Kenntnis des zugrundeliegenden Beweismaterials nicht erkennbar.

Deshalb sind auch **Rückausnahmen** für einfach gelagerte Sachverhalte schon deshalb **nicht denkbar** und werden vom EGMR auch nicht erwogen, weil der Verteidiger nicht erkennen kann, ob und ggf. aus welchen Gründen der Sachverhalt tatsächlich einfach ist oder die Einschätzung der Staatsanwaltschaft – wenn auch nur unbewusst – fehlerbehaftet ist.[480] Mit einer bloß mündlichen Information sind also in Haftsachen insgesamt die aus **Art. 5 Abs. 4 EMRK** abzuleitenden Anforderungen an ein kontradiktorisches Verfahren **verletzt**. 164

Die vom BVerfG verwendete Formulierung, nach der dem Beschuldigten die Beweismittel in gleicher Art und Weise **„zugänglich und anschaulich"** gemacht werden müssten wie dem Richter,[481] spricht dafür, dass auch Karlsruhe der Sache nach auf die Straßburger Linie eingeschwenkt ist.[482] Namentlich für Haftfälle gehen sowohl die Straßburger als auch die Karlsruher Rspr. davon aus, dass eine gerichtliche Entscheidung nur auf Tatsachen und Beweismittel gestützt werden darf, die dem Beschuldigten durch Akteneinsicht bekannt sind, da im Bereich des Strafprozesses das **„in camera"-Verfahren** mit Art. 103 Abs. 1 GG **unvereinbar** ist. 165

Wenn die Staatsanwaltschaft die Akten lediglich dem Gericht, nicht aber dem Verteidiger vorlegt und das Gericht dann seine Entscheidung in umfassender Kenntnis dieser Akten trifft, ohne sie dem Verteidiger zugänglich zu machen, **verstößt** dieses Vorgehen bei einer den Beschuldigten belastenden Entscheidung **zugleich** gegen **Art. 103 Abs. 1 GG**, da es dann Tatsachen zum Nachteil des Beschuldigten verwertet, ohne ihn vorher hierzu gehört zu haben.[483] Deshalb besteht hinsichtlich solcher Tatsachen, die 166

---

477 **A. A.** OLG Köln StraFo **2013** 24 f. für einen „relativ einfach gelagerten Sachverhalt mit überschaubarer Beweismittellage ... im frühen Verfahrensstadium bei nur sehr geringem Aktenumfang".

478 Oben Rn. 4, 12.

479 EGMR Schöps/D 13.2.2001, StV **2001** 203, 204 Tz. 50; EGMR Lietzow/D 13.2.2001, StV **2001** 201, 202 Tz. 46; zust. auch *Pauly* StV **2010** 492, 493; HbStrVf/*Dallmeyer* Kap. II, 354 f.; Meyer-Goßner/*Schmitt* 27; SK/*Wohlers* 65; AnwK/*Krekeler/Werner* 27; HK/*Julius/Schiemann* 15. Auch der (erste) RegE v. 7.11.2008, BRDrucks. 829 **08** S. 48, hat den abstrakten Rechtssatz ausdrücklich anerkannt, ohne dass hieraus für die letztliche Gesetzesfassung geeignete Konsequenzen gezogen worden wären. **A. A.** im Ganzen wohl *Peglau* JR **2012** 231, 233 f.; er erwägt etwas unklare Ausnahmen für solche Konstellationen, in denen „unter keinem Gesichtspunkt ein Informationsdefizit auftreten kann".

480 Zutr. *Deulke/Witzigmann* NStZ **2011** 254, 257; *Weider* StV **2010** 102, 105.

481 BVerfG (*3. Kammer* des *2. Senats*) NJW **2006** 1048, 1049; NStZ-RR **2008** 16, 17.

482 Wie hier *Park* StV **2009** 276, 279; *Schlothauer/Weider/Nobis*[5] (Untersuchungshaft) Rn. 250, 257; offen gelassen von *Peglau* JR **2012** 231, 232.

483 St. Rspr., BVerfGE **18** 399, 405; BVerfGK **3** 179, 204; vgl. bereits oben Rn. 5.

dem Beschuldigten lediglich in einer mündlichen Zusammenfassung zugänglich gemacht wurden, für die anstehende Haftentscheidung insoweit ein **Beweisverwertungsverbot.**[484] Das kann je nach Beweislage im Übrigen zur **Aufhebung** – natürlich auch noch im Beschwerdeverfahren – oder zum Nichterlass des **Haftbefehls** im Einzelfall führen.[485] Auch darf der Verteidiger nicht darauf verwiesen werden, die Akten erst zwei Stunden vor dem Haftprüfungstermin oder gar währenddessen einzusehen.[486]

167 **bb) Sonstige schriftliche Unterrichtung.** Ob außerhalb unzulässiger mündlicher Unterrichtung eine zwar schriftliche, aber nur **zusammenfassende Information** des Verteidigers unterhalb des Authentizitätsgrades der (Teil) Akteneinsicht konventionskonform ist, kann nur mit Blick auf den **Einzelfall** beurteilt werden. Dabei sind die Anforderungen des Art. 5 Abs. 4 EMRK umso eher gewahrt, wie die betroffenen Partien den Sachverhalt nicht lediglich – wenn auch nur unbeabsichtigt – nach dem Verständnis der Ermittlungsbehörden schildern. Insbesondere die schriftlichen Schlussberichte der Polizei genügen dem regelmäßig nicht. Eine vollständige **Authentizitätsvermutung** im Rahmen des Absatzes 2 Satz 2 hat daher im Ergebnis nur die vollständige Akteneinsicht. Noch konventionskonform kann je nach Tatvorwurf *im Einzelfall* auch die Teilakteneinsicht in alle für die Haftentscheidung oder eines ihrer Derivate wesentlichen Teile sein.[487]

168 Alle übrigen Informationsvermittlungsstrategien der Staatsanwaltschaft sind – neben dem gerade in Haftsachen unzuträglichen Zeitaufwand zu ihrer Erstellung – jedenfalls konventionsrechtlich risikobehaftet und damit **untunlich.** Im Ergebnis wird man also zumindest dann, wenn nicht ganz besondere Umstände vorliegen, davon ausgehen müssen, dass nur die **Einsicht in die gesamten Akten** den menschenrechtlichen Anforderungen gerecht wird.[488]

169 **c) Die „wesentlichen" Informationen.** Bislang haben weder BVerfG noch EGMR gefordert, dass dem Verteidiger *stets* alle Aktenteile überlassen werden müssen. Indes kann es sich bei den für die Beurteilung der Rechtmäßigkeit relevanten Informationen im Einzelfall um die Vermittlung der **vollständigen Ermittlungsakten** handeln.[489] Was

---

484 Zum Entstehen eines unselbstständigen Beweisverwertungsverbots bei solchen Wesensgehaltsverstößen vgl. *Jahn* Gutachten zum 67. DJT 2008, S. C 72 (Beweisbefugnislehre) m. w. N.

485 Zu den Konsequenzen seit dem „Paradigmenwechsel" (*Rau* StraFo **2008** 9, 15) mit EGMR Lamy/B 30.3.3989, StV **1993** 283 m. Bespr. *Zieger* StV **1993** 320 und *R. Schmitz* wistra **1993**, 319 siehe BVerfG (*2. Kammer* des *2. Senats*) NJW **1994** 3219, 3220; NStZ-RR **2013** 379; OLG Frankfurt Beschl. v. 29.5.2013 – 2 Ws 103/12, juris, Tz. 4; OLG Brandenburg NStZ-RR **1997** 107; Beschl. v. 27.6.2019 – 2 Ws 112/19, BeckRS **2019** 13873; vgl. auch AG Halle/S. StV **2013** 166, 167 m. zust. Anm. *Hunsmann* StRR **2012** 356; *Tsambikakis* ZIS **2009** 503, 505 f.; *Peglau* JR **2012** 231, 232; *Paeffgen* (Stellungnahme) 10; SK/*Wohlers* 65; AnwK-UHaft/*König* 4; HK/*Julius*/*Schiemann* 15.

486 AG Halle/S. StV **2018** 168 m. ausf. zust. Anm. *Linoh* jurisPR-StrafR 13/**2018** Anm. 5.

487 Im Ergebnis ebenso, wenn auch unter zweifelhafter Bezugnahme auf EGMR Falk/D 11.5.2008, NStZ **2009**, 164 f. (wo es nicht um die Gewährung von Akteneinsicht, sondern um die Besichtigung von Beweisstücken ging), *Strafner* NStZ **2009** 165 f.; *Beulke*/*Witzigmann* NStZ **2011** 254, 259 sowie *Peglau* JR **2012** 231, 232 f. (es müsse jedenfalls nicht derjenige Akteninhalt zur Verfügung gestellt werden, der den Verdacht gegen den Beschuldigten nicht in Frage stellt).

488 *Jahn* FS I. Roxin 585, 599 (dort auch ausf. zum Vorstehenden); ebenso *Deckers* StraFo **2009** 441, 444; *R. Michalke* NJW **2010** 17, 18; *Beulke*/*Witzigmann* NStZ **2011** 254, 257; *Weider* StV **2010** 102, 105; Radtke/*Hohmann* 19 f.; MüKo/*Thomas*/*Kämpfer* 27.

489 So wohl auch *Beulke*, in: Höland (Hrsg.), Wirkungen der Rechtsprechung des Europäischen Gerichtshofs für Menschenrechte im deutschen Recht (2012) 71, 75; weitergehend *D. Herrmann* StRR **2010** 4, 8; HK/*Julius*/*Schiemann* 15.

nun die im Einzelfall für die Beurteilung der Rechtmäßigkeit der Inhaftierung durch das Gericht „wesentlichen" Informationen sind, ist aus der Perspektive der Verteidigung unklar. Die *inhaltliche* Auswahlentscheidung wird nach der *formalen* Entscheidung des Weges der Informationsvermittlung nach dem Wortlaut des Absatzes 2 Satz 2 erneut der Staatsanwaltschaft überlassen. Deren Wertungen werden damit zugleich wiederum einer **Kontrolle durch** den **Verteidiger entzogen**. Was bleibt, ist ein vorhersehbares und im Einzelfall zeitraubendes Konfliktpotenzial. Letztlich dürfte regelmäßig einzig die Beurteilung der Wesentlichkeit aus Sicht des Verteidigers in Abstimmung mit seinem Mandanten den berechtigten Verteidigungsinteressen wirklich gerecht werden. Schon vor zwei Jahrzehnten hat der 2. Strafsenat unter ausdrücklicher Bezugnahme auf den für § 147 zentralen Topos der „Parität des Wissens" ausgesprochen: „Es muß dem Angeklagten und seinem Verteidiger überlassen bleiben, selbst zu beurteilen, ob die Ermittlungsergebnisse entweder schon für sich gesehen ‚verteidigungsrelevant' sind oder zumindest Ansatzpunkte für weiteres Verteidigungshandeln bieten".[490]

Im Zusammenhang des Absatzes 2 Satz 2 besteht gerade deshalb die Gefahr, dass bei einer selektiven Übermittlung von Ermittlungsergebnissen durch die Brille der Ermittlungsbehörden entlastende Anhaltspunkte, schon weil das Hintergrundwissen und weitere Informationsquellen, die der Verteidigung offenstehen der Staatsanwaltschaft gerade fehlen, unter den Tisch fallen.[491] **„Unwesentlich"** in diesem Sinne sind also grundsätzlich nur solche Aktenteile, die **ausschließlich Mitbeschuldigte** betreffen. Und letztlich wird in jedem Falle selektiver Bekanntgabe auch dem Haftrichter die konventionsrechtlich zwingende Entscheidung erschwert, ob im Einzelfall die Verteidigungsfähigkeit des Beschuldigten hergestellt werden konnte.[492] Effektive Verteidigung, tatsächliche Waffengleichheit und Rechtssicherheit in einem kontradiktorisch geführten Verfahren gewährleistet in aller Regel also auch unter dem Gesichtspunkt der Wesentlichkeit der Informationen nur die **(Teil)Akteneinsicht**.[493] 170

Das so verstandene „Wesentlichkeitskriterium" hat auch eine weitere wichtige prozedurale Konsequenz: Die wesentlichen Informationen müssen nach dem Sinn und Zweck der Regelung auch **zur rechten Zeit** zur Verfügung stehen. Wird dem Verteidiger also erst im **Vorführtermin** oder im Termin zur **Verkündung des Haftbefehls** Akteneinsicht gewährt, wird es ihm, von ganz seriellen Fällen abgesehen, häufig faktisch unmöglich sein, die Akten gewissenhaft durchzuarbeiten und den Inhalt mit dem Mandanten zu erörtern. Der Verteidiger muss also bei allen unmittelbaren Nachteilen für die Freiheitsrechte des Mandanten im Zweifel beantragen, den Termin zu unterbrechen. Widrigenfalls „ist so zu verfahren, als habe er Akteneinsicht noch nicht gehabt".[494] 171

d) Akteneinsicht als Regelfall (Abs. 2 Satz 2 Hs. 2). Der Halbsatz, **„in der Regel"** sei nach den vorstehenden Grundsätzen („insoweit") Akteneinsicht zu gewähren, fehlte noch in den Regierungsentwürfen vom 7.11.2008[495] und vom 21.1.2009.[496] Die Formulierung wurde erst auf Empfehlung des Rechtsausschusses des Bundestages in seiner 172

---

490 BGHSt **34** 305, 312; erg. *Tsambikakis* ZIS **2009** 503, 506; *D. Herrmann* StRR **2010** 4, 9.

491 So auch *Weider* StV **2010** 102, 105; *Beulke/Witzigmann* NStZ **2011** 254, 257; AnwK-UHaft/*König* 3.

492 Vgl. *Kazele* NJ **2010** 1, 4

493 *Jahn* FS I. Roxin 585, 599; ebenso bereits *Tsambikakis* (Stellungnahme) 4; *Weider* (Stellungnahme) 6.

494 AG Halberstadt StV **2004** 549, 550; ebenso AG Halle/S. StV **2013** 166, 167 m. zust. Anm. *Hunsmann* StRR **2012** 356; *Tsambikakis* ZIS **2009** 503, 506.

495 Vgl. BRDrucks. 829 **08** S. 6.

496 Vgl. BTDrucks. **16** 11644 S. 9.

224. Sitzung am 28.5.2009 nach einer Sachverständigenanhörung in den Gesetzestext aufgenommen. Es sollte **klargestellt** werden, dass die Übermittlung der wesentlichen Informationen **regelmäßig nur** durch Gewährung von **Akteneinsicht** – also auch bei Annahme der Gefährdung des Untersuchungszwecks nach Abs. 2 Satz 1, soweit die betroffenen Akteneile nach Auffassung der Staatsanwaltschaft für die Haftentscheidung unverzichtbar sind, stattfinden kann.[497] Damit kann vor dem Hintergrund der breiten und treffenden Kritik an der unbestimmten Terminologie des 1. Halbsatzes in der Sachverständigenanhörung und der ersten Lesung des Entwurfs im Bundestag und unter Berücksichtigung der kurz zuvor bekannt gewordenen, die bisherigen Leitsätze unterstreichenden Rechtsprechung des EGMR – in der Rechtssache *Kunkel*[498] hatte die Bundesregierung nunmehr selbst einen Verstoß gegen Art. 5 Abs. 4 EMRK eingeräumt – eigentlich nur die **vollständige Akteneinsicht** nach den Maßgaben der Straßburger Rechtsprechung **gemeint** sein.[499]

173 Nach dem Wortlaut, dass lediglich **„insoweit"** Akteneinsicht zu gewähren ist, stellt sich dennoch die Frage, ob sich dies auf die Voraussetzungen oder die Rechtsfolgen des ersten Halbsatzes beziehen soll. Die Gesetzgebungsmaterialien geben keine belastbare Auskunft. Richtigerweise kann die Vorschrift aber nur so verstanden werden, dass sie die **Tatbestandsseite** betrifft.[500] Anderenfalls ließe sich die Gefahr nicht von der Hand weisen, dass der 2. Halbsatz zu einem Einfallstor für weitergehende Einschränkungen als sogar noch unter der alten Fassung des Absatzes 2 werden könnte. Quasi durch die Hintertür könnte so wieder der **Ablehnungsgrund** der **Gefährdung des Untersuchungszwecks** auch in Haftsachen eingeführt werden.[501]

174 Ein derartiges Verständnis des Wortes „insoweit" hätte sogar zur Folge, dass einem Akteneinsichtsgesuch auch die **Gefährdung** des **Untersuchungszwecks in** einem **anderen Verfahren** entgegengehalten werden könnte, was aber im Umkehrschluss zur eindeutigen Regelung in Absatz 4 Satz 1 („... soweit der Untersuchungszweck *auch in einem anderen Strafverfahren* nicht gefährdet werden kann") ersichtlich **nicht gewollt** ist.[502]

175 Auch die Gesetzeshistorie spricht gegen eine solche Lesart. Der RegE[503] sah eine solche Erweiterung (wie bei Absatz 7 Satz 1 a. F.) auf andere Verfahren explizit vor. Dieser Einschub wurde im Laufe des Gesetzgebungsverfahrens auf Empfehlung des Rechtsausschusses des Bundestages wieder gestrichen. Eine Aussage über die Zulässigkeit der Versagung der Akteneinsicht im Hinblick auf eine Gefährdung des Untersuchungszwecks in einem anderen Verfahren sollte damit zwar ausdrücklich nicht verbunden sein; es sollte einem Umkehrschluss aus Absatz 7 Satz 1 vorgebeugt werden. Vielmehr wurde befürchtet, der Einschub könne unerwünschte Rückschlüsse oder Wertungswidersprüche in Bezug auf andere Bestimmungen der Strafprozessordnung zur Folge haben, die ebenfalls auf eine Gefährdung des Untersuchungszwecks abstellen.[504] Dies än-

---

497 BTDrucks. **16** 13097 S. 10, 19.

498 Vgl. EGMR Kunkel/D 2.6.2009, EuGRZ **2009** 472.

499 S. Wortbeiträge *S. Kauder*, *Montag* und *Danckert*, BTProt. **16** 205 S. 22198 ff.; vgl. im Übrigen *Paeffgen* GA **2009** 450, 463; *Morgenstern* ZIS **2011** 240, 242.

500 **A. A.** Meyer-Goßner/*Schmitt* 27; OK-StPO/*Wessing* 6; AnwK-UHaft/*König* 3.

501 Vgl. Radtke/*Hohmann* 19.

502 **A. A.** jedoch BGH (ER) StV **2012** 321, 323 (allerdings für den Sonderfall eines Verfahrens nach dem VStGB mit Berührung zu einem Prozess vor dem *IStGH*) m. zutr. abl. Anm. *Tsambikakis*; dazu tendierend („dürfte ... ableitbar sein") aber auch Meyer-Goßner/*Schmitt* 25. Zu Recht krit. *Strafverteidigervereinigungen* (Stellungnahme) II.5.a.

503 BRDrucks. 829 **08** S. 6.

504 Vgl. BTDrucks. **16** 13097 S. 19.

dert nichts daran, dass die **Gesetz gewordene Fassung umkehrschlussfähig** ist; einen Auslegungsgrundsatz „im Zweifel wie der Entwurf", der Wortlaut und Systematik der Strafprozessordnung vorginge, gibt es nicht.[505] Will man den Zweck der Neuregelung also nicht in sein Gegenteil verkehren, können mit ihr keinesfalls weiter gehende Einschränkungsmöglichkeiten als nach dem vor 2010 geltenden Recht verbunden sein. Befindet sich der Beschuldigte also nicht auf freiem Fuß, sind seinem Verteidiger die für die Beurteilung der Rechtmäßigkeit der Freiheitsentziehung wesentlichen Informationen zur Verfügung zu stellen, *„ohne dass es auf die Gefährdung des Untersuchungszweckes ankäme"*.[506]

3. Aufhebung der Anordnung nach Entfallen des Grundes der Versagung (Abs. 6). Die Anordnung nach Absatz 2 **ist** (Absatz 6 Satz 1) so bald als möglich **aufzuheben**, wenn ihre Gründe nicht mehr vorliegen, spätestens aber mit dem Abschluss der Ermittlungen (§ 169a). Die Einfügung der Passage „oder dem Beschuldigten, der keinen Verteidiger hat," in **Absatz 6 Satz 2** nach dem Wort „Verteidiger" stellt eine notwendige Folgeänderung zur zum 1.1.2018 wirksam gewordenen Neufassung des Absatzes 4 dar. Auch dem akteneinsichtsberechtigten **Beschuldigten** muss **Mitteilung** gemacht werden, sobald das Recht zur Akteneinsicht nach zwischenzeitlicher Versagung der Akteneinsicht wieder uneingeschränkt besteht. Das ist also sowohl dem Verteidiger im Falle des Absatzes 2 als auch dem unverteidigten Beschuldigten im Falle des Absatzes 4 **mitzuteilen** (Absatzs 6 Satz 2). Denn beide müssen wissen, wann die Beschränkung der Einsicht weggefallen ist. Ohne die Mitteilung müsste der Verteidiger bei pflichtgemäßem Handeln und der unverteidigte Beschuldigte bei eigenüblicher Sorgfalt **immer neue Anträge** stellen. Es wäre unangemessen und eine sinnlose Förmelei, ihm solche anzusinnen, solange er damit rechnen muss, dass sie abgelehnt werden. 176

Das durch die Aufhebung der Anordnung nach Absatz 2 erlangte volle Einsichtsrecht darf demnach auch dann nicht wieder eingeschränkt werden, wenn die **Ermittlungen wieder aufgenommen** werden.[507] 177

Die Gewährung rechtlichen Gehörs erfordert, dass einem aus den Gründen des Absatzes 2 abgelehnten Antrag auf Akteneinsicht nach **Wegfall der Beschränkung**, spätestens aber mit dem Ermittlungsabschluss (§ 169a) entsprochen wird, bevor die Staatsanwaltschaft Anklage erhebt.[508] Die **Einstellung des Verfahrens**, in einer vereinzelt gebliebenen Entscheidung nach Einspruch gegen einen Strafbefehl tatsächlich ausgesprochen,[509] muss von vornherein auf ganz **außergewöhnliche Einzelfälle** beschränkt bleiben, in denen „die Ermittlungsbehörden ohne erkennbaren Grund und sehenden Auges (aus der Verfügung ... ergibt sich, dass das Akteneinsichtsgesuch nicht etwa übersehen wurde, denn die begehrte Einsicht wurde – wenn auch zum falschen Zeitpunkt – bewilligt)" die Gewährung von Akteneinsicht bewusst versagen; dann kann „ein derart schwerer Mangel (vorliegen), der auch durch eine Nachholung nicht mehr beseitigt werden kann". 178

4. Bevorzugte Protokolle und Gutachten (Abs. 3). Bei einer Reihe von Protokollen und bestimmten Gutachten darf niemals geprüft werden, ob die Einsicht des Verteidigers 179

505 Vgl. *Tsambikakis* StV **2012** 323, 325 Fn. 14 im Anschluss an *Jahn* FS I. Roxin 585, 597 f.
506 KG JR **2012** 260, 261 (Hervorh. v. *Verf.*).
507 LG Koblenz StV **1988** 57; LG Köln StV **1987** 381 f; Meyer-Goßner/*Schmitt* 27; KMR/*Müller* 6; SK/*Wohlers* 104.
508 LR/*Erb*[26] § 169a, 7; Meyer-Goßner/*Schmitt* 27.
509 AG Dillingen a.d. Donau StV **2020** 167, 168; dort auch die beiden nachstehenden Zitate.

oder des Beschuldigten in diese Aktenteile den Untersuchungszweck gefährden könnte, und zwar auch dann nicht, wenn der Abschluss der Ermittlungen (§ 169a) noch nicht in den Akten vermerkt worden ist. Die Vorschrift legt nur die Mindestrechte des Verteidigers und, in „entsprechender" Anwendung (Absatz 4 Satz 1), des Beschuldigten fest. Es bestehen daher keine Bedenken, wenn von den Urkunden **Kopien gefertigt und** dem Verteidiger (als Minus zur Aktenaushändigung, vgl. § 32f Abs. 2 Var. 2) oder dem Beschuldigten (nach § 147 Abs. 4 Satz 2) auf Antrag **ausgehändigt** werden, um das Verfahren durch die Einsicht nicht zu verzögern.

180 Die Verwendung des **Begriffs „Protokoll"** seit 1.1.2018 anstatt des eng mit der Papierform verbundenen, früheren Begriffs der „Niederschrift" in Absatz 3 soll insbesondere der **Klarstellung** dienen, dass eine Protokollierung bei elektronischer Aktenführung auch in elektronischer Form vorliegen kann.[510] Die geplante Änderung soll aber auch eine im Grundsatz begrüßenswerte sprachliche **Vereinheitlichung** herbeiführen, da die genannten Begriffe bislang in verschiedenen Vorschriften der StPO trotz identischer Bedeutung nebeneinander verwendet werden.[511]

181 **a) Bestimmte Vernehmungsprotokolle.** Absatz 3 unterfallen polizeiliche, staatsanwaltschaftliche und gerichtliche **Protokolle** (§§ 168 Satz 1, 168a) über die **mündliche Vernehmung des Beschuldigten** aus jedem Verfahrensabschnitt (§ 115 Abs. 2, § 115a Abs. 2 Satz 1, § 118a Abs. 3 Satz 3, § 128 Abs. 1 Satz 2, § 135, § 136, § 163a Abs. 1). § 147 Abs. 3 Var. 1 gilt in **entsprechender Anwendung** auch für vernehmungsersetzende **schriftliche Äußerungen** des Beschuldigten nach §§ 136 Abs. 1 Satz 6 Var. 1, 163a Abs. 1 Satz 3, Abs. 3 Satz 2, Abs. 4 Satz 2.[512] Dies gilt aber schon mangels amtlicher „Vernehmung" nicht für Protokolle von sog. Interviews mit Unternehmensmitarbeitern im Rahmen interner Erhebungen (*internal investigations*).[513]

182 **b) Bestimmte Protokolle über richterliche Untersuchungshandlungen.** Absatz 3 gilt des Weiteren für **Protokolle über die gerichtlichen Handlungen**, denen der Verteidiger beizuwohnen befugt war (§ 118a Abs. 1, § 168c Abs. 1 und 2, auch i. V. m. § 163a Abs. 3 Satz 2 bei der Vernehmung durch den Staatsanwalt oder § 163a Abs. 4 Satz 3 bei der ersten verantwortlichen Vernehmung durch Beamte des Polizeidienstes sowie § 369 Abs. 3 Satz 1 im Wiederaufnahmeverfahren) oder an denen er – zu Recht oder zu Unrecht – tatsächlich teilgenommen hat, auch wenn sie die Vernehmung von Mitbeschuldigten, Zeugen oder Sachverständigen oder richterlichen Augenschein zum Gegenstand hatten.[514] Bezugnahmen in richterlichen Vernehmungsprotokollen auf polizeiliche Vernehmungsniederschriften machen auch diese zum Bestandteil der bevorzugten Urkunden.[515]

183 **c) Sachverständigengutachten.** Gutachten von Sachverständigen aus jedem Verfahrensabschnitt sind ebenfalls privilegierte Urkunden. Hierzu zählen auch in den Akten

---

510 Vgl. bereits RefE eines Gesetzes zur Einführung der elektronischen Akte in Strafsachen S. 74.

511 RefE eines Gesetzes zur Einführung der elektronischen Akte in Strafsachen S. 74 unter Hinweis auf LR/*Hilger*[26] § 118a, 26; LR/*Lüderssen*/*Jahn*[26] § 138d, 9 und § 147, 140; LR/*Becker*[26] § 232, 22 und LR/*Sander*/*Cirener*[26] § 251, 8 f.

512 Allg. Meinung, vgl. SSW/*Beulke* 35; Meyer-Goßner/*Schmitt* 26; KMR/*Müller* 7; MüKo/*Thomas*/*Kämpfer* 31; SK/*Wohlers* 100; AK/*Stern* 45; OK-StPO/*Wessing* 12.

513 *Dierlamm* FS Schlothauer 205, 207.

514 Vgl. Meyer-Goßner/*Schmitt* 26; KMR/*Müller* 8; SK/*Wohlers* 101; HK/*Julius*/*Schiemann* 13; AK/*Stern* 45.

515 OLG Hamm StV **1987** 479.

befindliche Übersetzungen fremdsprachiger Urkunden.[516] Ob der Untersuchungsbericht einer Wirtschaftsprüfungsgesellschaft über eine unternehmensinterne Untersuchung ein „Gutachten eines Sachverständigen“ im Sinne der Vorschrift des Absatzes 3 sein kann, ist eine Frage des Einzelfalls.[517]

X. Zuständigkeiten (Abs. 5)

1. Ermittlungsverfahren. Zuständig zur Entscheidung über einen Antrag auf Akteneinsicht ist während des **vorbereitenden Verfahrens** allein die **Staatsanwaltschaft** als aktenführende Behörde (§ 147 Abs. 5 Satz 1 Var. 1). Die Ermittlungspersonen der Polizeibehörden (§ 152 Abs. 2 GVG) sind nicht befugt, ohne Zustimmung der Staatsanwaltschaft Einsicht in die Vorgänge zu gewähren, die sie – gleichviel, ob sie selbstständig oder auf Anordnung der Staatsanwaltschaft ermitteln – de jure der Staatsanwaltschaft ohne Verzug zu übersenden haben (§ 163 Abs. 2).[518] 184

Auch bei **richterlichen Entscheidungen** im Ermittlungsverfahren gewährt nicht der Vorsitzende des mit der Sache zu befassenden Gerichts oder der Ermittlungsrichter selbst (jener eröffnet nur den Haftbefehl), sondern nach der 1999 mit Absatz 5 Satz 1 getroffenen Entscheidung ebenfalls die Staatsanwaltschaft Akteneinsicht.[519] Welcher Dezernent konkret zuständig ist, ist dagegen eine Frage der Aufgabenverteilung innerhalb der Staatsanwaltschaft. 185

2. Zwischenverfahren. § 203 bezieht in das vorbereitende Verfahren auch das **Zwischenverfahren** mit ein, namentlich die Zeit ergänzender Ermittlungen (§ 202). Eine Verletzung des Anspruchs auf rechtliches Gehör liegt dann vor, wenn der Eröffnungsbeschluss ergeht, ohne zuvor die **wiederholten Gesuche** eines Verteidigers auf Akteneinsicht zu **bescheiden**. Dies kann eine Anhörungsrüge begründen, mit der der Eröffnungsbeschluss für gegenstandslos erklärt wird.[520] 186

Nach dem Grundsatz, dass die sachnächste Stelle, die regelmäßig auch im Besitz der Akte ist, entscheidet, kann der Begriff „vorbereitendes Verfahren“ in Absatz 5 Satz 1 nur so verstanden werden, dass er den Zeitraum umfasst, der in den §§ 158–175 umschrieben ist. Dies bedeutet, dass nach Erhebung der Anklage und Eingang der Akten bei Gericht **der Vorsitzende des** mit der Sache befassten **Spruchkörpers** über die Gewährung von Akteneinsicht entscheidet.[521] Diese Zuständigkeit schließt auch eine Fürsorgepflicht für **Hinweise auf neue Akteninhalte** ein. Dieser Pflicht ist das Tatgericht auch dann nicht enthoben, wenn es die Ergebnisse der Ermittlungen selbst für nicht entscheidungserheblich erachtet. Das folgt mit Bezug auf den Angeklagten aus Art. 6 EMRK.[522] 187

---

516 *Welp* StV **1986** 450; LR/*Mosbacher*[26] § 249, 32; MüKo/*Thomas/Kämpfer* 32; diff. OK-StPO/*Wessing* 14: nur bei Übersetzungen von nach Absatz 3 privilegierten Schriftstücken. **A. A.** OLG Hamburg StV **1986** 422; Meyer-Goßner/*Schmitt* 26 und § 249, 5.

517 Vgl. dazu *Dierlamm* FS Schlothauer 205, 211.

518 Wie hier SK/*Wohlers* 105. **A. A.** AK/*Stern* 57. Zu problematischen Vorschlägen der Gewährung von Akteneinsicht durch die Polizei *de lege ferenda* vgl. *Buschbell/Janker* ZRP **1996** 475.

519 OLG Köln StraFo **2013** 24; SK/*Wohlers* 106; KK/*Willnow* 23; Meyer-Goßner/*Schmitt* 34.

520 KG StV **2016** 545, 546.

521 Meyer-Goßner/*Schmitt* 35; SK/*Wohlers* 107, 27; KK/*Willnow* 27; KMR/*Müller* 12.

522 Oben Rn. 30, 88.

188 **3. Rechtsmittelverfahren.** Nach Einlegung der **Berufung** ist der **Vorsitzende** der Berufungskammer, nach Einlegung der **Revision** der **Vorsitzende** des Revisionssenats, als *iudex ad quem* immer dann zuständig, wenn die Akten bereits an das Rechtsmittelgericht abgesandt worden sind (§§ 321, 347).[523] Bis dahin ist noch der Vorsitzende des Gerichts, dessen Urteil angefochten wird (*iudex a quo*), zuständig.[524]

189 **4. Nach Eintritt der Rechtskraft.** Nach rechtskräftigem Abschluss des Verfahrens entscheidet wieder die **Staatsanwaltschaft** als aktenführende Behörde (Absatz 5 Satz 1) über die Gewährung von Akteneinsicht,[525] es sei denn, der Verteidiger oder Beschuldigte beantragt Akteneinsicht zur Prüfung der Frage, ob bei Gericht ein Antrag zu stellen ist.[526] Dies gilt allerdings dann nicht, wenn ein – auch unter Berücksichtigung der Wertungen des Art. 19 Abs. 4 GG bei großzügiger Betrachtung – offensichtlich unzulässiger bzw. unstatthafter Rechtsbehelf eingelegt wird, um (erneut) Akteneinsicht zu bekommen.[527]

190 **5. Auffangzuständigkeit des Vorsitzenden des befassten Gerichts.** „Im Übrigen" (Absatz 5 Satz 1 Hs. 2), d. h. in allen **anderen Fällen**, entscheidet der **Vorsitzende** des Gerichts, das mit der Sache befasst ist.[528] Der Vorsitzende ist auch während der Hauptverhandlung zuständig. Das Gericht hat keine Zuständigkeit, kann deshalb auch **nicht** nach **§ 238 Abs. 2** angerufen werden.[529] Die Zuständigkeit des Vorsitzenden des mit der Sache befassten oder dafür zuständigen Gerichts besteht auch, wenn das Gericht im **Vollstreckungsverfahren** angerufen wird[530] oder wenn im **Wiederaufnahmeverfahren** ein Antrag gestellt worden ist oder bei Gericht Akteneinsicht begehrt wird zur Prüfung, ob ein anderer Antrag zu stellen oder zunächst noch zu unterlassen ist, etwa für **Gnadenentscheidungen.**[531]

191 Der **Vorsitzende fordert** dazu, weil die Behandlung der Anträge seine Sache ist, die Akten von der Stelle **an**, die sie derzeit verwahrt. Alle diese Entscheidungen gehören zur Rechtsprechung im materiellen Sinne. Deshalb entscheidet der Richter über die Akteneinsicht auch in den unscharf mit Strafvollstreckung bezeichneten Verfahren in voller richterlicher Unabhängigkeit und nicht kraft Delegation der Landesjustizverwaltung.[532]

XI. Akteneinsicht in besonderen Verfahrensarten

192 **1. Steuerstraf- und Steuerordnungswidrigkeitenverfahren.** Der Verteidiger (§ 392 AO)[533] hat einen Anspruch auf Akteneinsicht aus § 147 i. V. m. **§ 385 Abs. 1 AO**, gegebe-

523 KK/*Willnow* 27; SK/*Wohlers* 107.

524 Vgl. LR/*Gössel*[26] 321, 5; LR/*Franke*[26] § 347, 11 f.

525 BGH NStZ-RR **2020** 50 Tz. 7; Meyer-Goßner/*Schmitt* 36; KK/*Willnow* 2; SK/*Wohlers* 108; vgl. im Übrigen unten Rn. 210.

526 S. dazu sogleich Rn. 190.

527 BGH Beschl. v. 17.4.2020 – 2 ARs 304/19 Tz. 3; BGH Beschl. v. 5.2.2020 – 2 ARs 327/19, BeckRS **2020** 2673 Tz. 2.

528 BGH Beschl. v. 22.9.2009 – StB 28/09, juris, Tz. 16.

529 OLG Karlsruhe Beschl. v. 16.7.2019 – 1 Rb 10 Ss 291/19, juris, Tz. 21; Meyer-Goßner/*Schmitt* 35, 42; SK/*Wohlers* 107, 123; AK/*Stern* 59, 72. Zu den revisionsrechtlichen Konsequenzen unten Rn. 217.

530 SK/*Wohlers* 108; KK/*Willnow* 22.

531 KK/*Willnow* 22.

532 OLG Hamm NJW **1968** 169; Meyer-Goßner/*Schmitt* 35.

533 Oben Rn. 13.

nenfalls in Verbindung mit § 46 Abs. 1 OWiG.[534] Die Akteneinsicht erfasst neben den Verfahrensakten sämtliche Beiakten einschließlich der **Betriebsprüfungsakten** des Veranlagungsfinanzamts und der Steuerfahndung.[535] Die Beschränkungen des Absatzes 2 gelten auch in diesen Verfahren.[536] **Zuständig** für die Gewährung von Akteneinsicht ist im Ermittlungsverfahren die Finanzbehörde, wenn sie in Steuersachen gemäß § 386 AO selbstständig ermittelt, da sie dann die Rechte und Pflichten der Staatsanwaltschaft hat (§ 399 Abs. 1 AO).

2. Ordnungswidrigkeitenverfahren. Der Anspruch auf Akteneinsicht gegen die Verwaltungsbehörde (§ 61 OWiG) und, nach Eingang der Akten dort, gegen die Staatsanwaltschaft (§ 69 Abs. 4 Satz 1 OWiG), richtet sich nach **§ 46 Abs. 1 OWiG** i. V. m. § 147.[537] 193

Er erstreckt sich auf alle in der Sache angefallenen Unterlagen. Lichtbildaufnahmen, etwa Fotos einer Radarmessung oder Kalibrierungsfotos einer Radarmessanlage, aber – was Gegenstand einer weit ausgreifenderen, zur Bedeutung der Rechtsfrage nicht ohne Weiteres im Verhältnis stehenden kontroversen Diskussion in Rechtsprechung und Schrifttum ist[538] – auch **Messunterlagen** bei standardisierten Verfahren im **Straßenverkehr** dürfen den Akten nicht ferngehalten werden und unterliegen der Einsicht. Das umfasst nach heutigem Stand der Technik das Messprotokoll, den Eichschein, den Schulungsnachweis des Messbeamten sowie die Bedienungsanleitung und, soweit geführt, die sog. Lebensakte des Messgeräts.[539] Erst so wird der Betroffene in die Lage versetzt, durch Überprüfung der zugrundeliegenden Daten mögliche Fehler bei den tatsächlichen Grundlagen des vorgeworfenen Verstoßes vortragen zu können. Denn es gibt schon kei- 194

534 OLG Karlsruhe NZWiSt **2014** 198 m. Anm. *Gehm*; *Tormöhlen* AO-StB **2017** 53; *Dißars* NJW **1997** 481; *Schuhmann* wistra **1995** 181; SK/*Wohlers* 4. Zu Recht krit. zur Praxis der Schwärzungen in Akten unter Berufung auf das Steuergeheimnis: „Jede Schwärzung bedeutet eine unvollständige Information und behindert die Verteidigung".

535 OLG Rostock NStZ **2016** 371, 372 m. Anm. *Krug/Skoupil* NZWiSt **2015** 354 f. und Anm. *Olgemöller* ZWH **2015** 328; *Müller-Jacobsen/Kai Peters* wistra **2009** 458, 462 328 sowie zusf. *Gehm* StV **2016** 185, 191; SSW/*Beulke* 16; speziell zum Fallheft des Betriebsprüfers bereits *Burkhardt* DStR **2002** 1794; *ders.* StV **2000** 526. **A. A.** OLG Frankfurt NStZ **2003** 566 f. (Fallheft der Steuerfahndung; dazu auch *Briel* StraFo **2004** 77; *Dißars* DStR **2005** 141); *Viertelhausen* wistra **2003** 414.

536 Vgl. *Dißars* NJW **1997** 481.

537 Auch hier (s. soeben Rn. 192) sind Schwärzungen, z. B. der Namen potentieller Zeugen, grundsätzlich unzulässig: AG Beschl. v. 9.6.2020 – 38 OWi 1/19.

538 VerfGH Rhl.-Pf. Urt. v. 15.1.2020 – VGH B 19/19, UA, S. 17 f.: „Problematik, die ... gegenwärtig zu den ‚meistdiskutierten Fragestellungen' ... auf dem Gebiet des Ordnungswidrigkeitenrechts zählt ..."; Einzelheiten bei KK-OWiG/*Kurz* § 60, 96 ff. und OK-StPO/*Wessing* 15 a. E. Schon *Cierniak* zfs **2012** 664 wies auf den Homburger (verkehrsrechtlichen) Tagen 2012 in 284 Fußnoten Dutzende von Instanz- und OLG-Entscheidungen nach; kein Jahrzehnt später handelt sich sich um eine ohne Weiteres dreistellige Anzahl von Judikaten aller Instanzen mit juris-Publikation.

539 Überzeugend VerfGH Saarland NZV **2018** 275, 278 f. Tz. 29 ff. m. zust. Anm. *Cierniak/Niehaus* DAR **2018** 541, 544 und zust. Anm. *Gratz* ZD **2018** 370, 371 (für die Falldatei mit Token-Datei und Passwort sowie die Statistikdatei; daran anknüpfend für den Fall, dass es dem Betroffenen mangels Datenspeicherung schon unmöglich ist, seiner Darlegungslast entsprechend zu Fehlern des Messvorgangs vorzutragen, VerfGH Saarland NJW **2019** 2456); OLG Karlsruhe Beschl. v. 16.7.2019 – 1 Rb 10 Ss 291/19, juris, Tz. 28; KG DAR **2013** 211, 212 m. zust. Anm. *Burhoff* StRR **2013** 78, 79; OLG Naumburg DAR **2013** 37 f.; LG Köln DAR **2019** 698 f.; MüKo/*Thomas/Kämpfer* 21; Radtke/*Hohmann* 38 a. E.; zusf. *Cierniak/Niehaus* DAR **2014** 2, 7; *Cierniak* zfs **2012** 664, 669 ff.; *Hansmann* DAR **2012** 609, 612 (mit tab. Übersicht). **A. A.** BayObLG Beschl. v. 6.4.2020 – 201 ObOWi 291/20; Beschl. v. 2.12.2019 – 201 ObOwi 1955/19; Beschl. v. 2.8.2019 – 201 ObOWi 1338/19; OLG Bamberg NZV **2018** 425; OLG Celle NStZ **2014** 525, 526 (*obiter dictum*); OLG Frankfurt NStZ-RR **2013** 223 (*obiter dictum*); zusf. *Wendt* NZV **2018** 441, 446; *Leichthammer* NJW **2018** 3760, 3762.

nen Erfahrungssatz, dass ein standardisiertes Messverfahren stets zuverlässige Ergebnisse liefern würde. Eine andere Frage ist jedoch, was zur Substantiierung mit der Rüge nach §§ 79 Abs. 3 S. 1 OWiG i. V. m. § 344 Abs. 2 Satz 2 dann im Rechtsbeschwerdeverfahren tatsächlich vorgetragen werden muss.[540]

195 **3. Disziplinarverfahren.** Hier wird der Beamte auf die Akteneinsicht nach § 3 BDG i. V. m. § 29 VwVfG verwiesen.[541] Diese Akteneinsicht erstreckt sich aber jeweils auf **sämtliche Unterlagen**, die seit Beginn der disziplinarischen Ermittlungen angefallen sind. Sobald das förmliche Disziplinarverfahren beim Gericht anhängig ist, können der Beamte und sein Verteidiger zudem die dem **Gericht vorliegenden Akten** einsehen. Dagegen bietet das BDG keine Handhabe für die Akteneinsicht, wenn das Disziplinarverfahren unanfechtbar beendet, etwa eingestellt worden ist. Nach Abschluss des Disziplinarverfahrens wird die Einsicht in die Disziplinarakte abschließend durch die Bestimmungen des Personalaktenrechts geregelt.[542]

196 **4. Jugendstrafverfahren.** Das Akteneinsichtsrecht besteht uneingeschränkt, insbesondere auch mit Blick auf den Bericht der Jugendgerichtshilfe, im Jugendstrafverfahren, auch im vereinfachten Verfahren.[543] Auch die Verwertung von Informationen unterliegt im Grundsatz keiner anderen Beurteilung als im Erwachsenenstrafrecht. Allerdings sollte der Verteidiger bei der Mitteilung des Akteninhalts und der Überlassung von Fotokopien ohne übertrieben paternalistisch-erzieherische Tendenz zurückhaltend und auf die Interessen des jungen Mandanten bedacht sein.

197 **5. Auslieferungsverfahren.** Die Gewährung von Akteneinsicht richtet sich wegen § 77 Abs. 1 IRG nach § 147,[544] speziell im Vorlageverfahren nach **§ 61 Abs. 1 Satz 3 IRG** i. V. m. § 147. In entsprechender Anwendung des § 147 Abs. 5 Satz 1 obliegt die Entscheidung dem Senatsvorsitzenden. Es ist wegen der menschenrechtlichen Wurzel der Vorschrift[545] zweifelhaft, ob § 147 Abs. 2 Satz 2 einer „rechtshilfefreundlichen Auslegung"[546] zugänglich ist.

XII. Anfechtung bei Versagung der Akteneinsicht (Abs. 5 Sätze 2–4)

1. Entscheidungen der Staatsanwaltschaft im Ermittlungsverfahren (Abs. 5 Satz 2)

198 **a) Versagung der Akteneinsicht nach § 147 Abs. 2 und Abs. 3.** Während die Modalitäten – **das „Wie"** der Akteneinsicht – für den Verteidiger der **Anfechtung entzogen** sind (§ 32f Abs. 3),[547] ist die Versagung der Akteneinsicht – **das „Ob"** – nach § 147 Abs. 5 Sätze 2-4 heute **grundsätzlich anfechtbar.**

---

540 Zu den Vortrags- und Rügelasten bei den Rechtsbeschwerdesenaten KG NStZ **2020** 104 Tz. 5 ff., 10; *Cierniak/Niehaus* DAR **2020** 69 f., genauer unten Rn. 221 ff.

541 Urban-BDG/*Wittkowski*² § 3, 3.

542 BVerwG ZBR **2006** 309.

543 Radtke/*Hohmann* 38; SK/*Wohlers* 4, 53; SSW/*Beulke* 16; MüKo/*Thomas/Kämpfer* 22.

544 *Ahlbrecht/Schlei* StraFo **2013** 265, 267.

545 Oben Rn. 6.

546 So aber OLG Frankfurt Beschl. v. 29.5.2013 – 2 Ws 103/12, juris, Tz. 5.

547 Oben Rn. 98, 103 f.

Die **Abgrenzung** zwischen (unanfechtbaren) Modalitäten des „Wie" und dem Grunde nach einklagbaren „Ob" hat dabei **nach** dem **Schwerekriterium** zu erfolgen: **Je** größer der Umfang der einzusehenden Akten (insbesondere also auch TÜ-Dateien) ist, **desto** mehr können sich – unabhängig von der formalen Bezeichnung der Beschränkung durch die Polizei- und Justizbehörden – Maßnahmen des „Wie" (z. B. Akteneinsicht durch Abhören von Audiodateien nur während der Öffnungszeiten in den Räumlichkeiten der Polizei) tatsächlich als faktischer Ausschluss des Einsichts- und Informationsrechts der Verteidigung darstellen, also das „Ob" betreffen.[548] 199

b) Ausgestaltung der Rechtschutzmöglichkeiten. Nach der früher wohl überwiegenden Auffassung[549] war bei Verweigerung der Akteneinsicht im Ermittlungsverfahren lediglich die formlose **Dienstaufsichtsbeschwerde**, nicht jedoch zumindest ein Antrag auf gerichtliche Entscheidung nach **§§ 23 ff. EGGVG** zum OLG zulässig. Da der Strafprozess aber häufig im Ermittlungsverfahren entschieden wird,[550] war die gerichtliche Überprüfung staatsanwaltlicher Entscheidungen über die Versagung der Akteneinsicht ein dringendes rechtspolitisches Postulat. Bereits der Gesetzgeber des **StVÄG 1999** hat sich diese Bedenken – verbal – zu eigen gemacht.[551] Es erschien ihm mit Recht fraglich, ob die Akteneinsicht als Voraussetzung einer wirksamen Verteidigung allein von der Rechtsanwendung durch die Staatsanwaltschaft abhängen dürfe. Das OpferschutzG[552] hatte zudem bereits ein Jahrzehnt zuvor dem Anwalt des durch die Straftat Verletzten ein Recht auf gerichtliche Überprüfung der Verweigerung der Akteneinsicht nach Maßgabe des § 161a Abs. 3 eingeräumt, **§ 406e Abs. 4 Sätze 2-5.** Durch das StVÄG 1999 wurde auch dem anwaltlichen Vertreter einer Privatperson die gerichtliche Anfechtbarkeit im Falle der Versagung der Akteneinsicht durch die Staatsanwaltschaft zugebilligt (**§§ 475, 478 Abs. 3**).[553] 200

An diese Regelungsmechanismen lehnte sich der Gesetzgeber mit dem **2. OpferRRG** nunmehr an.[554] Die **Neufassung** des Absatzes 5 vermag vor dem Hintergrund ihres entstehungsgeschichtlichen Zusammenhangs zu **überzeugen.**[555] Hier optiert das 2. OpferRRG bei der Anfechtbarkeit der die Versagung der Akteneinsicht bestätigenden gerichtlichen Entscheidung nunmehr für eine **neue Rechtsschutzmöglichkeit.** Diese Entscheidung war nach bisheriger Rechtslage aufgrund des in Absatz 5 Satz 2 enthaltenen Verweises auf § 161a Abs. 3 Satz 4 nicht anfechtbar. Nach Wegfall dieses Verweises kann gegen die gerichtliche Entscheidung nunmehr Beschwerde gem. § 304 Abs. 1 eingelegt werden.[556] 201

---

548 I. d. S. auch LG Regensburg StraFo **2017** 451, 452; *Staudinger* jurisPR-StrafR 12/2019 Anm. 3; *Killinger* StV **2016** 149, 152; Meyer-Goßner/*Köhler* § 32f, 12.

549 OLG Hamm wistra **2001** 320; OLG Karlsruhe NJW **1997** 267; zusf. *Dedy* StraFo **2001** 149. Mit gleichem Ergebnis wegen Subsidiarität nach § 23 Abs. 3 EGGVG OLG Karlsruhe m. Anm. *Theisen* JR **1996** 436; OLG Frankfurt StV **1993** 292 m. abl. Anm. *Taschke*; anders bei Willkür OLG Frankfurt wistra **2001** 320. **A. A.** schon seinerzeit *Groh* DRiZ **1985** 54; *Keller* GA **1983** 497; *Bottke* StV **1986** 123; *Welp* StV **1986** 446; *Wasserburg* NJW **1980** 2444; *Schenke* NJW **1976** 1816.

550 S. § 137, 15 ff.

551 BTDrucks. **14** 1484 S. 22.

552 Hierzu *Rieß/Hilger* NStZ **1987** 145 ff., 204 ff.

553 BTDrucks. **14** 1484 S. 21.

554 Vgl. *Schlothauer* StV **1987** 359; SK/*Wohlers* 112; KK/*Willnow* 25.

555 Siehe – auch zum Nachfolgenden – schon *Jahn* FS I. Roxin 585, 586; *ders.* FH Tepperwien 25, 27 f. Gegen eine Schlechterstellung des Beschuldigten auch SK/*Wohlers* 112.

556 BTDrucks. **16** 12098 S. 21; LG Kaiserslautern ZfSch **2019** 471; *Arenhövel* Schriftliche Stellungnahme zum Entwurf eines Gesetzes zur Stärkung der Rechte von Verletzten und Zeugen im Strafverfahren, abrufbar über webarchiv.bundestag.de, 5; OK-StPO/*Wessing* 27a. Zur früheren Rechtslage OLG Saarbrücken NStZ-RR **2008** 48.

202 Das ist im Sinne der Herstellung von **Waffengleichheit** mit dem Verletzten **zu begrüßen.**[557] Da nämlich auch in § 406e Abs. 4 Satz 2 seit 1.10.2009 kein entsprechender Verweis mehr vorhanden ist, ist für diesen ebenfalls die Möglichkeit eröffnet, gegen eine ablehnende Entscheidung des Gerichts mit der Beschwerde vorzugehen. Dies gilt zwar nur für die Zeit nach Ermittlungsabschluss, vgl. § 406e Abs. 4 Satz 4. Ein solcher Fall wird aber, da der Verletzte anders als der Beschuldigte üblicherweise kein vitales Interesse daran hat, schon während der „geheimen" Phase der Ermittlungen auf dem Laufenden zu bleiben,[558] i. d. R. gegeben sein.

203 **c) Drei Fälle der Anfechtbarkeit.** § 147 Abs. 5 Satz 2 stellt allein auf die Tatsache der Versagung der Akteneinsicht ab. Das Faktum, dass der Beschuldigte mangels Akteneinsicht praktisch verteidigungslos gestellt wird, ist der Grund dafür, dass dieser im Verantwortungsbereich der Staatsanwaltschaft liegende Umstand einer gerichtlichen Prüfung unterzogen werden soll und muss.[559] Es ist deshalb unerheblich, ob die Staatsanwaltschaft den Antrag auf Gewährung von Akteneinsicht unter ausdrücklicher Berufung auf § 147 Abs. 2 ganz oder teilweise zurückweist, von einer Begründung gänzlich absieht, oder den Antrag schlicht übergeht und dadurch konkludent ablehnt. **Anfechtbar** ist die Versagung der Akteneinsicht im Ermittlungsverfahren dann *de lege lata* in **drei Fällen**:

204 **aa)** Versagt die Staatsanwaltschaft die Akteneinsicht, nachdem sie den **Abschluss der Ermittlungen** in den Akten vermerkt hat (**§ 169a**),[560] kann gerichtliche Entscheidung beantragt werden.

205 **bb)** Auch dann, wenn die Staatsanwaltschaft die Akteneinsicht in die privilegierten Teile **nach Absatz 3 versagt**,[561] kann auf die gerichtliche Entscheidung angetragen werden.[562]

206 **cc)** Erst nach der Debatte im Rechtsausschuss[563] wurde Abs. 5 Satz 2 um den **dritten Fall** des **nicht auf freiem Fuß befindlichen Beschuldigten** ergänzt. Während die Anrufung des Vermittlungsausschusses durch den Bundesrat[564] noch damit gerechtfertigt wurde, dass der festgenommene Beschuldigte schon nach der Rechtsprechung des BVerfG[565] weitgehende Aktenkenntnis erlangen müsse, setzte sich die Gegenposition durch, welche die verfassungsgerichtliche Rechtsprechung gerade als weitergehenden Auftrag an den Gesetzgeber interpretierte.[566] Die auf der Grundlage eines Haftbefehls oder eines Unterbringungsbefehls behördlich verwahrten Personen haben ein rechtlich anzuerkennendes besonderes Interesse daran, dass dem Verteidiger Akteneinsicht gewährt wird.[567] Eine nennenswerte **Verfahrensverzögerung** ist nicht zu befürchten, da in den betroffenen Fällen seitens der Staatsanwaltschaft grundsätzlich **Duplo-Akten** im Hinblick auf die Rechtsbehelfe der Haftprüfung bzw. der Beschwerde (§ 117 Abs. 1 und 2, § 126a Abs. 2) geführt werden, Nr. 12 Abs. 2 Satz 2 RiStBV.

---

557 *Jahn* FH Tepperwien 25, 27 (dort auch bereits zum Nachfolgenden); s. aber sogleich Rn. 208 a. E.

558 Vgl. LR/*Hilger*[26] § 406e, 3.

559 *Schlothauer* StV **2001** 615.

560 S. oben Rn. 87, 150.

561 S. oben Rn. 21, 180.

562 OLG Celle NStZ **1983** 379; vgl. auch OLG Hamburg StV **1986** 422; *Welp* StV **1986** 446.

563 BTDrucks. **14** 2595 S. 6.

564 BTDrucks. **14** 2886 S. 3.

565 S. bereits oben Rn. 5.

566 Abg. *Ströbele* Plenarprot. **14**/61 v. 7.10.1999 S. 5404.

567 *Schlothauer* StV **2001** 194.

Gerichtlicher Rechtsschutz gegen die Akteneinsichtsverweigerung durch die Staatsanwaltschaft nach den vorgenannten Maßstäben steht richtigerweise nicht nur dem in Untersuchungshaft befindlichen Beschuldigten, sondern auch dem **in anderer Sache Inhaftierten** zu.[568] Die Gegenansicht[569] vermag nicht zu überzeugen. Eine Beschränkung auf Untersuchungsgefangene ist dem Wortlaut des Absatz 5 Satz 2 nicht zu entnehmen. Er bzieht sich nur allgemein auf den „nicht auf freiem Fuß" befindlichen Beschuldigten. Dazu gehören neben Untersuchungsgefangenen auch **Strafgefangene**, gemäß §§ 63 ff. StGB oder § 126a Abs. 1 S. 1 (vorläufig) **Untergebrachte** oder in **Auslieferungshaft** befindliche Beschuldigte.[570] Diese Auslegung ist auch sachlich geboten, denn *jeder* nicht auf freiem Fuß befindliche Beschuldigte ist, wenn auch in unterschiedlichem Ausmaß, „durch die Tatsache eines anhängigen Ermittlungsverfahrens im Verhältnis zu einem auf freiem Fuß befindlichen Beschuldigten zusätzlichen Belastungen insbesondere in seinem Recht auf Freiheit ausgesetzt, die es noch dringender gebieten als sonst, ihm durch die Gewährung von Akteneinsicht die Möglichkeit zu geben, sich gegen die gegen ihn erhobenen Vorwürfe zu verteidigen und seinen Anspruch auf rechtliches Gehör wahrzunehmen".[571] Ob die **Nichtnutzung des Rechtsbehelfs** nach Absatz 5 Satz 2 dazu führt, dass bei der **Haftprüfung** nach § 121 Abs. 1 auch diejenigen Aktenteile berücksichtigt werden dürfen, in die noch keine Akteneinsicht gewährt wurde, ist zweifelhaft.[572] So weit dürfte der Rechtsverwirkungsgedanke nicht reichen.[573] 207

d) Enumerationsprinzip. Ob und inwieweit dem Beschuldigten bzw. seinem Verteidiger auch in **anderen** als den **drei** ausdrücklich **genannten Fällen** die Eröffnung des Rechtsweges gegen die Versagung der Akteneinsicht im Ermittlungsverfahren vor Abschluss der Ermittlungen eingeräumt werden sollte, ist auf den ersten Blick nicht ganz eindeutig.[574] Diese Frage wollte der Reformgesetzgeber schon in der 14. Wahlperiode[575] erst im Zusammenhang mit einer großen Rechtsmittelreform entscheiden. Ob und wann dieses Projekt allerdings angegangen wird, ist nicht einmal in Umrissen abzusehen.[576] Eine angesichts der frühzeitigen Weichenstellungen durch das Ermittlungsverfahren notwendige effektive Verteidigung macht es in der Sache weiterhin erforderlich, dass grundsätzlich alle Entscheidungen der Staatsanwaltschaft betreffend Gewährung von Akteneinsicht an den Verteidiger einer gerichtlichen Überprüfung zugänglich gemacht werden und nicht nur in den drei Sonderfällen der Akteneinsichtsverweigerung bei nicht auf freiem Fuß befindlichen Beschuldigten, der Verweigerung der Einsicht in den Fällen des Absatzes 3 und bei Gesuchen nach Abschluss der Ermittlungen.[577] Dies gilt um so mehr, als für den Fall, dass ein Antrag des Verletzten auf Akteneinsicht von der Staatsanwaltschaft abgelehnt wird, dieser gem. **§ 406e Abs. 4 Satz 2** hierüber stets eine gerichtliche Entscheidung herbeiführen kann. Gibt das angerufene Gericht daraufhin der 208

568 Zu den praktischen Problemen vgl. *Münchhalffen* StraFo **2003** 151 ff.
569 LG Mannheim StV **2001** 613.
570 LG Regensburg StV **2004** 369; SK/*Wohlers* 111.
571 *Schlothauer* StV **2001** 615.
572 So aber OLG Hamm wistra **2008** 195, 197 f.
573 Vgl. LR/*Lüderssen/Jahn* Einl. M, 3.
574 So auch OLG Rostock NStZ **2016** 371, 373 f.
575 BTDrucks. **14** 1484 S. 22.
576 Statt aller *Rieß* ZIS **2009** 466, 470 f.
577 S. bereits AE-EV 53 ff.; *DAV* AnwBl. **2006** 24; *Schlothauer* StV **2001** 192, 196; *Walischewski* StV **2001** 243 ff.; *Kempf* StraFo **2004** 301 ff.; *Kettner* 138 ff.; *M. Kuhn* 80 ff.; *Meyer* 277 ff. Zur Reform auch unten Rn. 223.

Staatsanwaltschaft Recht, besteht für den Verletzten sogar noch die weitere Option, Beschwerde gem. § 304 Abs. 1 einzulegen. Mit **Waffengleichheit** hat das **wenig** zu tun.[578]

209 Eine Erweiterung im Wege der **Analogie** oder verfassungskonform extensiven Auslegung auf nicht genannte Fallgruppen, insbesondere den Standardfall der schlichten Nichtgewährung von Akteneinsicht oder die Versagung wegen Gefährdung des Untersuchungszwecks, kommt vor dem vorstehend dargestellten rechtspolitischen Hintergrund[579] **mangels planwidriger Regelungslücke** nicht in Betracht.[580] Dies gilt auch für die Erweiterung der Anwendung von Absatz 5 Satz 2 auf unbenannte, besonders gelagerte „Ausnahmefälle"[581] wie die von *Thomas* und *Kämpfer*[582] vorgeschlagene Trias aller Zwangsmaßnahmen, die in Grundrechte eingreifen, willkürlicher Verweigerung der Einsicht und Versagung der Einsicht gegenüber dem Beschuldigten bei gleichzeitiger Gewährung der Einsicht an Verletzte oder Mitbeschuldigte. Das ist inhaltlich ohne Weiteres nachvollziehbar, aber bei historisch-genetischer Auslegung der jungen Gesetzesvorschrift innerhalb der Wortlautgrenze methodisch nur sehr schwer begründbar. Der Gesetzgeber hat die Unvollkommenheit seiner Regelung vielmehr sehenden Auges mit Blick auf die künftige Rechtsmittelreform billigend in Kauf genommen, die allerdings *ad calendas graecas* verschoben scheint. Dass ein Anderes rechtspolitisch dringend zu wünschen wäre, ändert nichts an der unbefriedigenden, aber dennoch bindenden *lex lata*.

210 **e) Rechtsschutz nach Einstellung des Verfahrens gem. § 170 Abs. 2 und nach rechtskräftigem Abschluss des Verfahrens.** Nach Einstellung des Ermittlungsverfahrens gem. **§ 170 Abs. 2** hat der **frühere Beschuldigte** einen Anspruch auf Einsicht in die Akten.[583] Wird ihm dennoch die Akteneinsicht verweigert, steht ihm der Rechtsweg nach den **§§ 23 ff. EGGVG** offen, da Absatz 5 Sätze 1 und 2 diesen Fall nicht erfassen – die Einstellung ist, da die Ermittlungen grundsätzlich jederzeit wiederaufgenommen werden können, kein rechtskräftiger Verfahrensabschluss[584] – und die Regelung deshalb *contra legem* angewendet werden müsste.[585] Die gilt auch im Falle einer Einstellung nach **§ 154 Abs. 1.**[586]

211 Auch nach **rechtskräftigem Abschluss des Verfahrens** entscheidet die aktenverwahrende Staatsanwaltschaft als Justizverwaltungsbehörde, so dass die **§§ 23 ff. EGGVG** einschlägig sind.[587] Die **Subsidiarität** nach § 23 Abs. 3 EGGVG steht nicht entgegen, da nach dem Enumerationsprinzip keine Zuständigkeit nach § 147 Abs. 5 Satz 2 begründet

---

578 *Schlothauer* StV **2016** 607, 612; *BRAK* Stellungnahme Nr. 9/2009 6.

579 Soeben Rn. 206.

580 So auch BGH NStZ-RR **2009** 145; OLG Rostock NStZ **2016** 371, 373 f.; LG Neubrandenburg NStZ **2008** 655 f.; SSW/*Beulke* 51; KK/*Willnow* 26 a. E.; Meyer-Goßner/*Schmitt* 40. Für Verfassungswidrigkeit der jetzigen Regelung allerdings mit beachtlichen Argumenten MAH Strafverteidigung/*Schlothauer* § 3, 43.

581 LG Regensburg StraFo **2017** 451, 452 m. zust. Anm. *Arnemann*; OK-StPO/*Wessing* 33; SK/*Wohlers* 112 a. E.; Radtke/*Hohmann* 34.

582 MüKo/*Thomas*/*Kämpfer* 59.

583 Oben Rn. 139.

584 *Radtke* NStZ **1999** 481, 485.

585 OLG Hamm NJW **1984** 880; HK/*Julius*/*Schiemann* 27; MüKo/*Thomas*/*Kämpfer* 9. **A. A.** SK/*Wohlers* 118.

586 OLG Hamburg NJW **1997** 3255; erg. oben Rn. 102. **A. A.** wiederum SK/*Wohlers* 118: § 161a Abs. 3 Sätze 2-4.

587 OLG Bremen NJW **1964** 2175; *Wasserburg* NJW **1980** 2246. **A. A.** BGH NStZ-RR **2020** 50 Tz. 8; OLG Hamm NJW **2003** 768; LR/*Lüderssen*/*Jahn*[26] 165.

ist, auch wenn es Sinn und Zweck der Neuregelung von 1999 war, für alle Fälle einheitlich den Rechtsweg nach der StPO zu eröffnen.[588]

Dies gilt dann **nicht**, wenn Einsicht zur **Vorbereitung eines Antrags** begehrt wird.[589] Der Verteidiger kann dann die Akteneinsicht **bei Gericht** begehren. Versagt das Gericht die Akteneinsicht oder die Beiziehung der Akten, ist die Beschwerde (§ 304 Abs. 1, Abs. 4 Satz 2 Nr. 4) zulässig.[590] Allein der Umstand, dass nach Beschwerdeeinlegung die Verurteilung des Beschwerdeführers rechtskräftig geworden ist, führt auch **nicht** zur **prozessualen Überholung** des Rechtsschutzbegehrens. Denn auch nach rechtskräftigem Abschluss des Verfahrens kann grundsätzlich ein Recht auf Akteneinsicht nach § 147 fortbestehen.[591] 212

2. Entscheidungen des Vorsitzenden. Statthaft gegen die Versagung der Akteneinsicht („Ob" der Einsicht) durch Entscheidung des Vorsitzenden ist die **Beschwerde**, auch wenn das OLG im ersten Rechtszug entscheidet (§§ 304 Abs. 1, Abs. 4 Satz 2 Nr. 4).[592] Eine Entscheidung über bloße Modalitäten der Akteneinsicht („Wie" der Einsicht) unterfällt indes nicht § 304 Abs. 4 Satz 2 Nr. 4.[593] Die Beschwerde ist in jedem Stand des Verfahrens zulässig, wenn der Vorsitzende des Gerichts zuständig ist, Akteneinsicht zu gewähren.[594] Sie wird **nicht** generell nach **§ 305 Satz 1** dadurch ausgeschlossen, dass der Vorsitzende der eines erkennenden Gerichts ist.[595] Denn die Ablehnung der Akteneinsicht steht in keinem hinreichend inneren Zusammenhang mit dem Urteil. Das ist auch, wenn etwa der neu bestellte Verteidiger während einer Unterbrechung der Hauptverhandlung Akteneinsicht (§ 145 Abs. 3) begehrt, angemessen. 213

Dagegen ist es wegen der Rechtswegzersplitterung schwer erträglich, dem Verteidiger die Beschwerde einzuräumen, wenn er **während laufender Hauptverhandlung** Akteneinsicht begehrt. Das KG[596] will deshalb unterscheiden: Lehnt der Vorsitzende des erkennenden Gerichts die Akteneinsicht *vor* der Hauptverhandlung ab, soll kein enger Zusammenhang mit der Urteilsfindung vorliegen und die Beschwerde statthaft sein.[597] Tut er das *in* der Hauptverhandlung, soll das Gegenteil gelten. Das ist eine zwar sehr praktische, aber unzulässige Auslegung. Ob ein Zusammenhang mit der Urteilsfällung besteht, ist allein nach dem Inhalt der Entscheidung zu beurteilen, nicht nach dem Zeit- 214

588 Vgl BTDrucks. **13** 9718 S. 37 f.

589 Oben Rn. 189.

590 OLG Düsseldorf NJW **1965** 1033.

591 BGH NStZ-RR **2020** 50 Tz. 8.

592 BGH NStZ-RR **2020** 50 Tz. 10; NStZ-RR **2019** 255; OLG Karlsruhe Justiz **1984** 108; OLG JMBlNRW **1977** 129; Hamm **1968** 169; OLG Hamburg NJW **1963** 1024; Meyer-Goßner/*Schmitt* 41; KK/*Willnow* 28; HK/*Julius*/*Schiemann* 26; SK/*Wohlers* 114.

593 Zur inhaltlichen Abgrenzung des „Ob" vom bloßen „Wie" bereits oben Rn. 198 f.

594 Soeben Rn. 184 ff. u. Rn. 212.

595 So auch OLG Karlsruhe Beschl. v. 16.7.2019 – 1 Rb 10 Ss 291/19, juris, Tz. 22; NStZ **2016** 126 (*obiter dictum*); OLG Frankfurt StV **2001** 611, 612; LG Kaiserslautern ZfSch **2019** 471 f.; LG Köln Beschl. v. 11.10.2019 323 Qs 106/19; MüKo/*Thomas*/*Kämpfer* 60; SK/*Wohlers* 115; KK/*Willnow* 28; SSW/*Beulke* 56; KK/*Willnow* 28. **A. A.** OLG Nürnberg wistra **2015** 365 m. zutr. abl. Anm. *Altenhain* StraFo **2015** 378 und Anm. *Burhoff* StRR **2015** 465 f.; OLG Naumburg NStZ-RR **2010** 151; OLG Frankfurt StV **2004** 362 m. abl. Anm. *Lüderssen*; NStZ-RR **1996** 238; LG Frankfurt/O. Beschl. v. 23.7.2012 – 23 Qs 54/12, juris, Tz. 8; LG Limburg NStZ-RR **2011** 37; Meyer-Goßner/*Schmitt* 41; ausdr. offen gelassen bei OLG Stuttgart NStZ-RR **2013** 217.

596 KG NStZ-RR **2016** 243 f.; JR **1965** 70. Dem haben sich das OLG Nürnberg NStZ-RR **2015** 250; OLG Hamm StraFo **2004** 420 und OLG Frankfurt StV **2004** 363 angeschlossen.

597 Nach OLG Frankfurt StV **2001** 611, 612 soll *jedenfalls* in diesen Fällen § 305 Abs. 1 Satz 1 nicht entgegenstehen; vgl. allerdings auch OLG Frankfurt NStZ-RR **2003** 177; StV **2004** 363 m. abl. Anm. *Lüderssen*.

punkt, in dem sie erlassen wird.[598] Die Beschwerde betrifft im Übrigen nicht die Verhaftung; daher ist **keine weitere Beschwerde** statthaft (§ 310 Abs. 2).

215 **Auch dann**, wenn der Vorsitzende dem Verteidiger die Akteneinsicht verwehrt oder beschränkt, ist auch der **Beschuldigte beschwerdeberechtigt**, weil sein[599] Recht betroffen wird. Mit seiner Zustimmung kann jedoch auch der **Verteidiger** die Beschwerde einlegen.[600]

216 **3. Sonderfall: Gesperrte Aktenteile.** Nach der hier vertretenen Auffassung[601] umfasst der Aktenbegriff des § 147 nicht nur die dem Gericht oder der Staatsanwaltschaft vorliegenden Akten, sondern auch die von Polizei oder Staatsanwaltschaft unter Berufung auf **Geheimhaltungsgründe** (§ 96) zurückgehaltenen Akten, soweit die Zurückhaltung unrechtmäßig ist. Der Angeklagte hat nach überwiegender Meinung die Möglichkeit der gerichtlichen **Anfechtung der Sperrerklärung** nach den §§ 23 ff. EGGVG.[602]

XIII. Revision

217 **1. Zulässigkeitsfragen.** Da die ablehnenden Entscheidungen des Vorsitzenden nicht der sofortigen Beschwerde unterliegen, sind Entscheidungen **vor** der **Hauptverhandlung** unter den Voraussetzungen des **§ 336 Satz 1** mit der Revision anfechtbar.[603] Entscheidungen des Vorsitzenden **in** der **Hauptverhandlung** können die Revision wegen der Verletzung des § 147[604] oder, soweit etwa wegen der Verbindung mit einem Aussetzungsantrag nach § 265 Abs. 4 ein Gerichtsbeschluss erforderlich ist (§ 228 Abs. 1 Satz 1), § 338 Nr. 8[605] begründen. Da die Akteneinsicht durch den Vorsitzenden gewährt wird, bedarf es zum Rügeerhalt **keines Gerichtsbeschlusses** nach § 238 Abs. 2.[606]

218 **2. Begründetheitsfragen.** Begründet ist die Revision gemäß §§ 336 Satz 1, 337 insbesondere dann, wenn entgegen § 147 die **Akteneinsicht** noch in der Hauptverhandlung **abgelehnt** worden ist oder wenn sich eine schon vorher ausgesprochene Ablehnung in dieser noch ausgewirkt hat,[607] wenn dem Verteidiger die **neuerliche Akteneinsicht versagt** wird, obwohl seit der letzten Akteneinsicht weitere Ermittlungen durchgeführt worden sind,[608] wobei der Verteidiger sich hier unter Umständen mit einer kurzfristigen Einsichtnahme der Akten im Gerichtssaal begnügen muss,[609] wenn in der Hauptverhandlung ein Antrag auf Unterbrechung oder Aussetzung gestellt und durch Gerichtsbeschluss nach § 238 Abs. 2 abgelehnt worden ist, obwohl der Verteidiger trotz rechtzeiti-

---

598 Wie hier OLG Brandenburg NJW **1996** 67, 68; *Th. Fischer* StraFo **2004** 420.
599 Oben Rn. 11.
600 Wie hier SK/*Wohlers* 116.
601 Vgl. im Einzelnen oben Rn. 46 ff.
602 Oben Rn. 74, 210; zu den weiteren Rechtswegfragen *Hilger* NStZ **1984** 145.
603 KK/*Willnow* 31; SK/*Wohlers* 121; AK/*Stern* 71. **A. A.** *Meyer* 320.
604 BVerfGE **63** 45; BGHSt **30** 131.
605 BGH NStZ **2014** 347, 348; OLG Karlsruhe Beschl. v. 16.7.2019 – 1 Rb 10 Ss 291/19, juris, Tz. 21 u. 35; OLG Zweibrücken ZfSch **2019** 412 f. m. Anm. *Krenberger*; KG DAR **2013** 211, 212 f.; OLG Naumburg DAR **2013** 37 f.; OLG Hamm Beschl. v. 23.5.2008 – 2 Ss OWi 859/07, juris, Tz. 6; *Tully* NStZ **2018** 549, 550; MüKo/*Thomas*/*Kämpfer* 62.
606 Oben Rn. 190.
607 OLG Frankfurt NJW **1960** 1731.
608 Oben Rn. 88.
609 Oben Rn. 87.

gen Antrags vor der Hauptverhandlung **keine ausreichende Akteneinsicht** hatte[610] und auch dann, wenn dem Gericht oder der Verteidigung **Akten** oder Aktenteile **vorenthalten** worden sind (z. B. Ermittlungsakten gegen Mitbeschuldigte).[611] Dies ist insbesondere dann der Fall, wenn einem begründeten Antrag auf Beiziehung von Akten nicht entsprochen worden ist[612] oder Aktenteile **nach § 96 gesperrt** wurden, obwohl die Voraussetzungen hierfür nicht vorlagen. Allerdings ist in allen Fällen die **Beruhensfrage** nach den allgemeinen Regeln eingehend zu prüfen.[613]

Ferner ist die Revision wegen Verletzung des § 147 begründet, wenn Aktenteile unzulässigerweise zunächst in die **Handakten** der Staatsanwaltschaft genommen, später aber doch noch den Sachakten einverleibt worden sind, der Verteidiger aber davon **keine Nachricht** erhalten und deshalb die Aktenteile nicht eingesehen und dies sich auf die Verteidigung ausgewirkt hat, wenn dem Verteidiger unzulässiger Weise untersagt wird, von den Akten **Kopien** oder Abschriften **herzustellen**[614] oder ihm unzulässigerweise untersagt wird, dem Angeklagten **Aktenauszüge auszuhändigen**,[615] wenn dem Verteidiger die Akteneinsicht unter unzumutbaren Bedingungen gewährt wird[616] oder er keine ausreichende Gelegenheit hat, die Beweisstücke zu besichtigen oder ihm zustehende **Kopien verweigert** werden,[617] wenn dem Verteidiger die **Akteneinsicht in** seiner **Kanzlei verweigert** wurde und eine Vorbereitung der Verteidigung in den Räumen des Gerichts oder der Staatsanwaltschaft nicht möglich war, etwa deshalb, weil erforderliche Ablichtungen oder Abschriften dort nicht hergestellt werden können. 219

Daneben können in Zusammenhang mit Fragen der Akteneinsicht **andere Vorschriften** verletzt sein, etwa § 244 Abs. 2, wenn das Gericht von der Beiziehung von Akten abgesehen hat,[618] oder § 199 Abs. 2 Satz 2, wenn die Staatsanwaltschaft Akten zurückhält, die der Vorlagepflicht unterfallen.[619] 220

3. Notwendiger Revisionsvortrag (§ 344 Abs. 2 Satz 2). Rügen der Verletzung der Informationspflicht sind mit Blick auf die Darlegungspflichten aus § 344 Abs. 2 Satz 2 handwerklich besonders anspruchsvoll.[620] Wird mit der Verfahrensrüge beanstandet, der Tatrichter habe einem Antrag auf Aussetzung der Hauptverhandlung wegen nicht rechtzeitig gewährter Akteneinsicht nicht stattgegeben,[621] ist die Revision gem. § 344 Abs. 2 Satz 2 nur dann zulässig, wenn **vorgetragen** wird, dass dem Verteidiger die Akten zumindest während der mehrtägigen Hauptverhandlung nicht zur Verfügung gestanden haben, dass dieser Zeitraum unzureichend war und dass die Akten zu einer ordnungsge- 221

610 BGH Beschl. v. 5.6.2019 – 5 StR 177/19, Tz. 3; NStZ **2014** 347, 348; StV **1988** 193; NStZ **1985** 87; BGH 5 StR 155/55 b. *Herlan* MDR **1955** 530; OLG Hamm NJW **1972** 1096; OLG Hamm VRS **49** (1975) 113; KG StV **1982** 10; OLG Karlsruhe Beschl. v. 16.7.2019 – 1 Rb 10 Ss 291/19, juris, Tz. 35; SSW/*Beulke* 58; MüKo/*Thomas*/*Kämpfer* 62 a. E.; Meyer-Goßner/*Schmitt* 42. Zu Besonderheiten in Staatsschutzsachen OLG München NStZ **2005** 706 f. und zum notwendigen Rügevortrag sogleich Rn. 221.
611 BGH StV **1988** 193, OLG Karlsruhe AnwBl. **1981** 18; zum notwendigen Rügevortrag sogleich Rn. 221 f.
612 BGHSt **30** 131.
613 Vgl. nur BGH Beschl. v. 6.6.2018 – 5 StR 83/18, juris.
614 Vgl. BGHSt **18** 369; SK/*Wohlers* 123.
615 BGH GA **1968** 307.
616 Vgl. im Einzelnen oben Rn. 120 f.
617 Vgl. im Einzelnen oben Rn. 21 ff.
618 BGH Beschl. v. 13.3.2008 – 3 StR 485/07, juris, Tz. 2; LG Köln DAR **2019** 698, 699.
619 BVerfGE **63** 45; BGHSt **30** 131; SK/*Wohlers* 124.
620 Zutr. *Tully* NStZ **2018** 549, 551; krit. *Tsambikakis* FS Richter II 529, 537 f.
621 Soeben Rn. 218.

mäßen Verteidigung benötigt worden wären.[622] Betrifft die Rüge der Beschränkung der Verteidigung eine nur unvollständige Akteneinsicht, so ist gem. § 344 Abs. 2 Satz 2 ein **konkretes Ergebnis** im Fall vorheriger umfassender Akteneinsicht vorzutragen, also welche Tatsachen sich aus welchen genau bezeichneten Stellen der Akten ergeben hätten und **welche Konsequenzen** für die Verteidigung – zumal in einem wesentlichen Punkt (§ 338 Nr. 8) – daraus folgten.[623]

222 Dies wird naturgemäß dann besondere Schwierigkeiten aufwerfen, wenn dem Rügeführer die Akteneinsicht verwehrt wurde. Der Revisionsführer muss sich deshalb noch bis zum Ablauf der Revisionsbegründungsfrist **um Akteneinsicht** – ggf. auch nach § 475 Abs. 1 Satz 1[624] – **bemühen** und diese Anstrengungen dem Gericht im Einzelnen darlegen.[625] Zur Begründung der Verfahrensrüge, mit der die Verletzung des Akteneinsichtsrechts während der Hauptverhandlung geltend gemacht wird, langt es noch nicht hin, nur den Antrag auf Akteneinsicht und die ablehnende Entscheidung des Tatrichters mitzuteilen. Vielmehr müssen gegebenenfalls die (Negativ-) Tatsachen vorgetragen werden, aus denen sich das Nichtvorliegen eines der begrenzten Fälle der Gewährung von Akteneinsicht während der Hauptverhandlung ergibt. So muss beispielsweise vorgetragen werden, dass die Akte zum Zeitpunkt der Einsichtnahme nicht vollständig gewesen ist, welche Bestandteile genau gefehlt haben (Blattzahlen?) und welche Gründe einer erneuten und dann ggf. vollständigen Akteneinsicht entgegengestanden haben.[626]

XIV. Reformfragen

223 **1. Allgemeines.** Die jüngeren Reformvorschläge[627] zielen unter Betonung der Bedeutung der Ein- bzw. Mitwirkungsmöglichkeiten des Beschuldigten am Verfahren auf eine faktische **Erweiterung** des **Akteneinsichtsrechts** durch möglichst frühzeitige Information über die Verfahrenseinleitung. Dazu tritt das Desiderat der **gerichtlichen Überprüfbarkeit** von Entscheidungen über die Gewährung von Akteneinsicht durch Er-

---

622 BGH NStZ **1999** 371 m. abl. Anm. *Ventzke* StV **2000** 249; StV **1990** 532; SK/*Wohlers* 123; vgl. auch BGH Beschl. v. 13.2.2002 – 2 StR 523/01.

623 BGHSt **30** 131, 141; BGH Beschl. v. 21.12.2016 – 4 StR 490/16, juris; BGH NStZ **2014** 347, 348 m. Anm. *B. Gercke* StV **2015** 13, 15; NStZ **2010** 530, 531; NStZ **2009** 51 f.; NStZ **1999** 371 m. abl. Anm. *Ventzke* StV **2000** 249, 252 („Abkanzelung des Beschwerdeführers und seines Verteidigers"); OLG Düsseldorf ZfSch **2017** 531 f.; OLG Celle StraFo **2017** 32, 33; OLG Hamm NZV **2016** 291, 292; StraFo **2005** 468; OLG Braunschweig ZfSch **2014** 473; OLG Celle NZV **2013** 307 f. m. krit Anm. *Krenberger* ZfSch **2013** 414 f.; NZV **2013** 608, 610; KG DAR **2013** 211, 213; Beschl. v. 23.6.2008 – (2/5) 1 Ss 213/04 (6/05), juris, Tz. 61; OLG Frankfurt NStZ **2003** 566, 567; *Cierniak/Niehaus* DAR **2020** 69 (70); *Tully* NStZ **2018** 549, 551.

624 BGH NStZ **2009** 51, 52.

625 BGHSt **49** 317, 328 (mit schon aufgrund der Kürze der Revisionsbegründungsfrist berechtigter Kritik bei *Vogel* JR **2005** 123, 127 und *Pananis* NStZ **2005** 572, 573); BGH Beschl. v. 11.4.2019 – 1 StR 91/18 Tz. 5; NStZ **2010** 530, 531; KG NStZ **2020** 104 Tz. 5 ff., 10; OLG Braunschweig ZfSch **2014** 473; OLG Celle NZV **2013** 307 f. m. krit. Anm. *Krenberger* ZfSch **2013** 414 f.; OLG Frankfurt NStZ-RR **2013** 223 m. krit. Anm. *Burhoff* StRR **2013** 231 f.; OLG Karlsruhe NStZ-RR **2010** 287, 288; MüKo/*Thomas*/*Kämpfer* 64.

626 OLG Hamm NJW **2004** 381.

627 Siehe *Wu* HRRS **2018** 108, 119 f.; *Schlothauer* StV **2016** 607, 612, 614 f.; DAV-Gesetzentwurf AnwBl. **2006** 24; Alternativ-Entwurf Reform des Ermittlungsverfahrens (AE-EV) (2001) 53 ff.; vgl. insgesamt zu Informations- und Partizipationsrechten als Reformdesideraten *Jahn* ZStW **115** (2003) 815, 826 f.; *ders.* FS P. Kirchhof (2013) § 128, 6; *ders.*, in: Goldenstein (Hrsg.), Mehr Gerechtigkeit. Aufbruch zu einem besseren Strafverfahren (2011) 117, 122 ff.; *Freund* GA **2002** 82, 87; *Schünemann* ZStW **114** (2002) 1, 41 f.; *Schlothauer* StV **2001** 192, 196.

streckung der Überprüfungsmöglichkeit nach § 147 Abs. 5 Satz 2 auf **sämtliche Fälle** der Versagung von Akteneinsicht unter Überwindung der heutigen Limitationen des Enumerationsprinzips.[628] Dabei müssen freilich die legitimen Geheimhaltungsinteressen der Strafverfolgungsbehörden gewahrt bleiben.[629] Andere wichtige Reformziele, wie etwa das generelle Akteneinsichtsrecht des unverteidigten Beschuldigten über § 147 Abs. 7 a. F. hinaus, sind seit der Voraufl. (weitgehend) erreicht.[630]

2. Verpflichtende Einführung der elektronischen Akte im Strafverfahren ab 1.1.2026

a) Rechtspolitischer Kontext. Die digitale Transformation macht auch vor der Kommunikation zwischen der Justiz und der Anwaltschaft nicht halt, auch wenn – auf beiden Seiten – gewisse Beharrungskräfte unübersehbar sind.[631] Das schon **zum 1.1.2018** wirksam gewordene Gesetz zur Einführung der elektronischen Akte (eAkte) in Strafsachen ist Teil eines umfassenden Gesetzgebungspakets zum **elektronischen Rechtsverkehr**.[632] **224**

b) Begleitende „Technik-Verordnungen". In Strafsachen werden diese gesetzlichen Regelungen mit zahlreichen **Rechtsverordnungen** unterlegt, die sich mit einzelnen weiteren Umsetzungsschritten befassen, um zu einer einheitlichen elektronischen Aktenführung in Strafsachen zu gelangen. Im Jahr 2019 wurden deshalb zahlreiche Regierungsentwürfe (RegE) vorgelegt, deren Umsetzung im Jahr 2020 abgeschlossen wurde: **225**

aa) Insbesondere: Strafakteneinsichtsverordnung (StrafAktEinV). Zunächst wurden drei Verordnungs-RegE und ein weiterer Referentenentwurf vorgelegt, die für eine Vielzahl von unterschiedlichen Nutzern von den Finanzbehörden bis zum Rechtsanwalt, die zudem mit höchst unterschiedlichen technischen Voraussetzungen ausgestattet sind, einzelne gesetzliche Vorgaben zur Aktenführung in Strafsachen gem. §§ 32 ff. und zur Einsichtnahme nach § 147 konkretisieren und – von nun an nur noch im übertragenenen Sinne – handhabbar machen sollen. Es handelt sich um die **Strafaktenführungsverordnung** (StrafAktFV)[633] als Musterrechtsverordnung für den Bund (z. B. Geschäftsbe- **226**

628 Siehe oben Rn. 208 f.

629 Zutr. *Satzger* StraFo **2006** 47.

630 Vgl. nochmals oben Rn. 7.

631 Zum Gesamtkontext in ihrer Auswirkung auf das zukünftige Rechtsanwalts-Leitbild *Leeb* Digitalisierung, Legal Technology und Innovation (2019) 44 ff.

632 Gesetz zur Förderung der elektronischen Verwaltung sowie zur Änderung weiterer Vorschriften (BTDrucks. **17** 11473; **17** 13139; BRDrucks. 356 **13** [Beschluss]); Gesetz zur Förderung des elektronischen Rechtsverkehrs mit den Gerichten (BTDrucks. **17** 13948; BRDrucks. 500 **13**; 500 **13** [Beschluss]); einf. *Knierim* FS W. Schiller (2014) 371, 372 ff.; *Kriszeleit* AnwBl. **2013** 91, 93; *Meyer-Seitz* AnwBl. **2013** 89 f. und speziell zur E-Akte im deutschen Strafverfahren *R. Hamm* FS Schlothauer 105, 110 ff.; *Kassebohm* StraFo **2017** 393, 399 ff.; *Viefhues* StraFo **2015** 187, 195 ff.; *von Stetten* ZRP **2015** 138, 141; *Knierim* StV 01/**2013** I (Editorial).

633 Für den Bund umgesetzt als BStrafAktFV v. 9.12.2019 (BGBl. I S. 2140) auf der Grundlage des RefE v. 28.5.2019, vgl. www.brak.de/w/files/newsletter_archiv/berlin/2019/2019_282anlage2.pdf. Sie enthält im Bundesrecht Vorgaben für die Struktur und das Format elektronischer Strafakten (§ 2 BStrafAktFV) sowie für das Repräsentat, das zur Ermöglichung der Akteneinsicht den gesamten zur elektronischen Akte gebrachten Inhalt so weit wie technisch möglich im.pdf-Format wiedergeben soll (§ 2 Abs. 2 BStrafAktFV), vgl. ausf. OK-StPO/*Valerius* § 32, 11 ff.

reich des BGH und GBA) und die Länder sowie die im Bundesrat zustimmungspflichtige **Strafaktenübermittlungsverordnung** (StrafAktÜbV),[634] die **Dokumentenerstellungs- und Dokumentenübermittlungsverordnung** (DokErstÜbV)[635] und, praktisch für die Verteidigung am bedeutsamsten, die ab dem 6.3.2020 gültige **Strafakteneinsichtsverordnung** (StrafAktEinV).[636] Die StrafAktEinV sollte nach dem ursprünglichen RefE zum 1.1.2020 in Kraft treten; dieser Termin wurde aber bereits in Art. 8 des RegE nicht mehr genannt. Neben Regelungen zu justizinternen Formaten und technischen organisatorischen Vorgaben enthalten die vier Technik-Verordnungen übergreifend **neue unbestimmte Rechtsbegriffe** wie den der „Strafverfahrensakte“, die Fragen zur Bedeutung und Ausgestaltung des Verfahrens aufwerfen.[637] Die Verordnungen (§ 1 BStrafAktFV und § 1 StrafAktÜbV) führen jedoch *sub specie* Aktenführung eine organisatorische **Trennung** zwischen einem **polizeilichen** und **staatsanwaltschaftlichen Bereich** herbei, die mit dem bundesrechtlichen **Grundsatz** der **Einheitlichkeit** des **Ermittlungsverfahrens nicht vereinbar** ist.[638] Nach § 2 Abs. 1 Satz 1 StrafAktEinV soll die Bereitstellung eines **Repräsentats** zur Einsicht in den Inhalt der elektronischen Akten erfolgen. Entsprechend der Modalitäten der elektronischen Akteneinsicht soll das Repräsentat für die Dauer von dreißig Tagen bereitgestellt werden (§ 2 Abs. 2 Satz 1 StrafAktEinV). Die berechtigte Person ist auf das Datum des Stands der Bearbeitung und das Ende der Bereitstellung hinzuweisen (§ 2 Abs. 1 Satz 2 StrafAktEinV). Elektronische Akteneinsicht soll im Wesentlichen über das bundesweit einheitliche Akteneinsichtsportal des Bundes und der Länder **via Internet** gewährt werden. § 2 Abs. 3 Satz 3 StrafAktEinV bestimmt die Notwendigkeit einer sicheren Authentifizierung der Person, die Einsicht am Portal nehmen möchte. Soweit § 2 Abs. 3 Satz 4 StrafAktEinV es dem Verteidiger oder sonst Einsichtsberechtigten jedoch nicht ermöglichen soll, die eAkte selbst, sondern nur ihr Repräsentat als „abzurufenden Inhalt“ **vollständig** auf seinem eigenen System **downzuloaden**, ist dies zur Herstellung von **Wissensparität unzureichend.**[639] § 3 StrafAktEinV sieht die Einsichtnahme der elektronischen Akte in Diensträumen, § 4 StrafAktEinV-RefE den Ausdruck des Repräsentats und schließlich § 5 Abs. 1 StrafAktEinV die Gewährung von Akteneinsicht durch Speichern des Inhalts der elektronischen Akte auf einem geeigneten physischen Datenträger und der Übermittlung bei Vorliegen eines berechtigten Interesses des Antragstellers vor. § 6 StrafAktEinV schließlich normiert die Pflicht zur Belehrung, die gegenüber der Person, der Akteneinsicht gewährt wird, zu erfolgen hat.

227 **bb) Weitere Rechtsverordnungen.** Um gleiche Anforderungen für die elektronische Aktenführung der gem. § 110a Abs. 4 OWiG, § 110a Abs. 1 S. 1 StVollzG verpflichteten Verfolgungs- und Vollstreckungsbehörden sowie der Gerichte in Strafvollzugssachen vorzugeben, wurden kurz nach den vorbeschriebenen[640] drei weitere VO-RefE vorgelegt. Um in allen Verfahrensarten und Verfahrensstadien in **Straf- und Bußgeldsachen** einschließlich der **Vollstreckung** die Ausübung des Akteneinsichtsrechts zu vereinfachen, sind verpflichtende Vorgaben für die elektronische Aktenführung, für die organisatori-

---

634 StrafAktÜbV v. 14.4.2020 (BGBl. I S. 799), gültig ab 21.4.2020 auf der Grundlage des RegE, BRDrucks. 633 **19** v. 3.12.2019.

635 DokErstÜbV v. 28.2.2020 (BGBl. I S. 244), gültig ab 6.3.2020 auf der Grundlage des RegE, BRDrucks. 634 **19** v. 3.12.2019.

636 StrafAktEinV v. 24.2.2020 (BGBl. I S. 242) auf der Grundlage des RegE, BRDrucks. 635 **19** v. 3.12.2019.

637 Ausf. zum Ganzen *BRAK* Stellungnahme Nr. 17/2019 S. 4 ff.

638 Zutr. *Deutscher Richterbund* Stellungnahme Nr. 9/2019 S. 2 ff.

639 Zutr. *BRAK* Stellungnahme Nr. 17/2019 S. 17.

640 Siehe soeben Rn. 226.

schen und dem Stand der Technik entsprechenden technischen Rahmenbedingungen einschließlich der einzuhaltenden Anforderungen des Datenschutzes, der Datensicherheit und der Barrierefreiheit erforderlich.[641] Durch Rechtsverordnung kann durch die Länder zudem ein Termin **vor** dem **31.12.2025** bestimmt werden, bis zu dem die Akten noch in Papierform geführt werden können oder bis zu dem die elektronische Aktenführung auf einzelne Gerichte oder Staatsanwaltschaften oder allgemein auf bestimmte Verfahren beschränkt wird (sog. **Opt-out-Möglichkeit**). Der Zeitpunkt der **Allgemeinverbindlichkeit** der Führung der eAkte in Strafsachen (sog. **Big Bang-Zeitpunkt**) wurde gegenüber den ursprünglichen Plänen auf den **1.1.2026** nach hinten verschoben.[642]

c) Einzelne Regelungen zur Einsicht in die elektronische Akte. Der dem **Gesetz v. 5.7.2017**[643] fünf Jahre zuvor vorangehende **Diskussionsentwurf** (DE) vom 30.5.2012 enthielt noch Vorschriften, die Verteidigungsinteressen des Beschuldigten zu gefährden geeignet waren. Nicht zuletzt die kritischen Stellungnahmen der anwaltlichen Berufsverbände zum DE haben zu begrüßenswerten Modifikationen bereits im **RefE** vom November 2012 und dann auch im letztlich Gesetz gewordenen **RegE**[644] geführt. 228

Abzulehnen war u. a. die Regelung des § 32b Abs. 1 StPO-DE insoweit, als dort noch vorgesehen war, von einer Übertragung von Dokumenten in die elektronische Akte könne abgesehen werden, wenn sie einen **„unverhältnismäßigen technischen Aufwand"** mit sich bringen würde. Anders als in § 32b StPO-DE enthielt schon die Nachfolgeregelung des § 32d StPO-RefE und jetzt **§ 32e Abs. 1 keine Ausnahmeregelung** mehr für den Fall eines unverhältnismäßigen technischen Aufwands.[645] Dies ist um so erfreulicher, als nach der Entwurfsbegründung[646] für die Entscheidung für einen Verzicht auf die Übertragung gar auch **„wirtschaftliche Gesichtspunkte"** eine Rolle hätten spielen dürfen. Es bestand deshalb die Befürchtung, dass aufgrund dieser Einschränkungen wichtige **verteidigungsrelevante Unterlagen** nicht hätten in die Akte gelangen können.[647] 229

Positiv zu vermerken war ferner, dass nach § 32d Abs. 1 Satz 2 StPO-RefE (jetzt: § 32e Abs. 1 Satz 2) explizit auch sichergestellte **Beweisdokumente** umgewandelt und zur Akte genommen werden können.[648] Sinnvoll erscheint außerdem, dass sich schon in § 32e Abs. 2 StPO-RefE (jetzt: § 32f Abs. 2) eine Regelung zur Einsichtnahme in die noch in **Papierform** vorliegenden Akten fand, die vor der Umstellung auf eine elektronische Aktenführung abgeschlossen wurden oder nach der Umstellung in Papier zu Ende geführt werden. Nach der ursprünglichen, später nicht mehr aufgegriffenen Entwurfsbegründung zu § 32b Abs. 3 StPO-DE sollte explizit für die Umwandlung keine „Überprüfung der **Authentizität und Integrität**" zur Pflicht gemacht werden, die umwandelnde Person also nicht feststellen müssen, „dass Ausgangsdokument und elektronisches Dokument inhaltlich übereinstimmen". § 32e Abs. 2 Satz 2 und 3 stellen jetzt aber noch weitere Anforderungen, die eine inhaltliche Übereinstimmung und Authentizität des elektronischen Dokumentes gewährleisten sollen. Deshalb sieht **§ 244 Abs. 5 Satz 3** hohe Anforderungen für den 230

---

641 Zusf. – auch zur Kritik im Detail – *BRAK* Stellungnahme Nr. 19/2019 S. 3 ff.

642 Zust. zur Länge der ursprünglichen Übergangsregelung (allerdings bezogen auf den ursprünglichen Diskussionsentwurf, in dem noch vom Jahr 2020 die Rede war) *DAV* Stellungnahme Nr. 79/2012 3.

643 BGBl. I S. 2208.

644 BTDrucks. **18** 9416.

645 Dies ebenfalls begrüßend *Deutscher Richterbund* Stellungnahme Nr. 30/2012 1.

646 DE eines Gesetzes zur Einführung der elektronischen Akte in Strafsachen (Stand: 30.5.2012) S. 26 f.

647 Krit. zu § 32b StPO-DE auch *Neue Richtervereinigung* (Stellungnahme) 5 f.; *Deutscher Richterbund* Stellungnahme Nr. 22/2012 6.

648 So auch *Deutscher Richterbund* Stellungnahme Nr. 30/2012 1.

Nachweis der Unrichtigkeit oder Unvollständigkeit der elektronischen Akte vor („Ein Beweisantrag auf Verlesung eines Ausgangsdokuments kann abgelehnt werden, wenn nach pflichtgemäßem Ermessen des Gerichts kein Anlass besteht, an der inhaltlichen Übereinstimmung mit dem übertragenen Dokument zu zweifeln").

231 Es fehlt allerdings immer noch eine den Stand der beifallswürdigen Instanzrechtsprechung[649] abbildende und damit grundsätzlich klarstellende Regelung, die sicherstellt, dass – soweit das Akteneinsichtsrechtsrecht reicht – einem **inhaftierten Beschuldigten** der Inhalt der elektronischen Akte durch seinen Verteidiger im Wege der Nutzung technischer Hilfsmittel auch in der Haft in angemessener und zugleich vollzugskompatibler Weise (Missbrauchspotentiale durch Internetzugang) zugänglich gemacht werden kann.[650] Auf dieses **Desiderat** ist in der weiteren **rechtspolitischen Diskussion** besonders Bedacht zu nehmen.

232 **d) Gesamtbewertung der eAkte im Straverfahren.** Die verpflichtende Einführung der eAkte in Strafsachen ab dem Jahr 2026 ist grundsätzlich **zu begrüßen.**[651] Sie kann bei zielführender Implementation und Handhabung den Beschleunigungs- und Verteidigungsinteressen des Beschuldigten zu Gute kommen. Insbesondere kann durch die Reform nicht nur der **Aktentransfer**, der sich noch heute wie im 19. Jahrhundert im Wesentlichen über den Ab- und Zutrag auf dem „Aktenbock" und den Aktenwagen des Justizwachtmeisters vollzieht, erheblich **beschleunigt** werden. Auch ist eine **ständige Verfügbarkeit** der Informationen gewährleistet, da ein gleichzeitiger Zugriff mehrerer Verfahrensbeteiligter ermöglicht wird. Wegen der herausragenden Bedeutung des Einsichtsrechts[652] sind allerdings die Anforderungen an **Vollständigkeit, Authentizität und Integrität** der für die Akteneinsicht zugelassenen Daten sowie an Art und Ausgestaltung des Zugangs zur eAkte beim Einsichtsberechtigten besonders hoch.[653] Jede Abweichung der zur Einsicht überlassenen Aktenkopie vom tatsächlichen Aktenbestand der Strafverfolgungsbehörden ist deshalb geeignet, das Gehörsrecht, den Grundsatz des fairen Verfahrens und die Waffengleichheit zu beeinträchtigen.[654]

§ 148
Kommunikation des Beschuldigten mit dem Verteidiger

(1) Dem Beschuldigten ist, auch wenn er sich nicht auf freiem Fuß befindet, schriftlicher und mündlicher Verkehr mit dem Verteidiger gestattet.

(2) [1]Ist ein nicht auf freiem Fuß befindlicher Beschuldigter einer Tat nach § 129a, auch in Verbindung mit § 129b Abs. 1, des Strafgesetzbuches dringend ver-

649 Nachw. oben Rn. 113.

650 *DAV* Stellungnahme Nr. 79/2012 11.

651 Ebenso *Kassebohm* StraFo **2017** 393, 402; *E. Werner* jM **2016** 387, 393; *Viefhues* StraFo **2015** 187, 198; *Deutscher Richterbund* Stellungnahme Nr. 30/2012 1 sowie (jeweils noch bezogen auf den Diskussionsentwurf) *Deutscher Richterbund* Stellungnahme Nr. 22/2012; *DAV* Stellungnahme Nr. 79/2012 12; abl. demgegenüber *Neue Richtervereinigung* (Stellungnahme), die u. a. einen zu hohen Aufwand, unverhältnismäßige Kosten und eine Absenkung des Datenschutzniveaus befürchtet, sowie krit. unter medientheoretischen Aspekten *Gerson* StraFo **2017** 402, 404 ff. und unter Gesichtspunkten der Waffengleichheit auch *St. König/Voigt* GedS Weßlau 181, 188 ff. (zum RefE), *R. Hamm* FS Schlothauer 105, 116; OK-StPO/*Wessing* 19.

652 Oben Rn. 1.

653 Zutr. *BRAK* Stellungnahme Nr. 17/2019 S. 3.

654 Oben Rn. 2 f., 4 f.; speziell zur Strafakteneinsichtsverordnung soeben Rn. 226.

https://doi.org/10.1515/9783110630244-021

dächtig, soll das Gericht anordnen, dass im Verkehr mit Verteidigern Schriftstücke und andere Gegenstände zurückzuweisen sind, sofern sich der Absender nicht damit einverstanden erklärt, dass sie zunächst dem nach § 148a zuständigen Gericht vorgelegt werden. [2]Besteht kein Haftbefehl wegen einer Straftat nach § 129a, auch in Verbindung mit § 129b Abs. 1, des Strafgesetzbuches, trifft die Entscheidung das Gericht, das für den Erlass eines Haftbefehls zuständig wäre. [3]Ist der schriftliche Verkehr nach Satz 1 zu überwachen, sind für Gespräche mit Verteidigern Vorrichtungen vorzusehen, die die Übergabe von Schriftstücken und anderen Gegenständen ausschließen.

Schrifttum zu den §§ 148, 148a

Arloth Trennscheibe bei Besuchen in Justizvollzugsanstalten – BGHSt 49, 61, Jura **2005** 108; *Beulke* Beschlagnahmefreiheit von Verteidigungsunterlagen, FS Lüderssen (2002) 693; *Beulke/Ruhmannseder* Strafprozessuale Zwangsmaßnahmen in der Verteidigungssphäre (Teil 2), StV **2011** 252; *Birkhoff/Hawickhorst* Beschränkung der Verteidigung ohne Anlass – Ist § 148 Abs. 2 StPO nur ein Missverständnis? StV **2013** 540; *Bittmann* Gesetz zur Änderung des Untersuchungshaftrechts, NStZ **2010** 13; *Brenner* Die strafprozessuale Überwachung des Fernmeldeverkehrs mit Verteidigern (1994); *Callies* Die Durchsuchung des Strafverteidigers bei Besuch der Justizvollzugsanstalt, StV **2002** 675; *Danckert* Das Recht des Beschuldigten auf ein unüberwachtes Anbahnungsgespräch, StV **1986** 171; *Deckers/B. Gercke* Strafverteidigung und Überwachung der Telekommunikation, StraFo **2004** 84; *B. Gercke* Interne Ermittlungen – nach Jones Day und vor einem Unternehmenssanktionenrecht, GA **2020** 122; *Gödekke* Die Einschränkung der Strafverteidigung (1980); *Gohl* Hat sich die Einrichtung des Überwachungs- und Leserichters (§§ 148 Abs. 2, 148a StPO) bewährt? FS Rebmann (1989) 199; *Grube* Der Schutz der Verteidigerpost, JR **2009** 362; *Hemm* Der Anspruch auf Verteidigertelefonate während der Untersuchungshaft, NStZ **2018** 433; *Jahn* Der Unternehmensanwalt als „neuer Strafverteidigertyp" und die Compliance-Diskussion im deutschen Wirtschaftsstrafrecht, ZWH **2012** 477 (Teil I), ZWH **2013** 1 (Teil II); *Kempf/Corsten* Interne Ermittlungen und das Bundesverfassungsgericht: Die Beschränkung aufs Allernötigste, StV **2019** 59; *Klengel/Buchert* Zur Einstufung der Ergebnisse einer „Internal Investigation" als Verteidigungsunterlagen im Sinne der §§ 97, 148 StPO, NStZ **2016** 383; *Kneuer* Der Schutz der Geheimsphäre der Verteidigung. Das Recht auf ungehinderte und unüberwachte Kommunikation zwischen Klient und Verteidiger (§§ 148, 148a StPO), Diss. Bonn (1992); *St. König* Der Zugang des (noch) nicht mandatierten Verteidigers zum inhaftierten Beschuldigten, StV **2011** 704; *Konrad* Der Schutz der Vertrauenssphäre zwischen Rechtsanwalt und Mandant im Zivilprozess, NJW **2004** 710; *Kreitner* Aktuelle Probleme der Verteidigerpostkontrolle gem. §§ 148, 148a StPO bei ausländischen Mitgliedern terroristischer Vereinigungen, NStZ **1989** 5; *Leitner* Das Verteidigermandat und seine Inhalte als Beweisthema, StraFo **2012** 344; *Mörlein* Der Schutz des Vertrauensverhältnisses zwischen Verteidiger und Beschuldigtem im Rahmen des § 100a StPO (1993); *Neufeld* Die Besonderen Überwachungsmaßnahmen nach § 148 Abs. 2 StPO – Voraussetzungen und Anordnungskompetenz, NStZ **1984** 154; *Rosenthal* Verteidigung in Terrorismus-Verfahren, StV **2006** 373; *Rübenstahl* Zum Referentenentwurf eines Gesetzes zur Bekämpfung der Unternehmenskriminalität – Punitives und „absprachefördherndes" Verbandssanktionenrecht (Teil 2), ZWH **2019** 265; *Siegmund* Die anwaltliche Verschwiegenheit in der berufspolitischen Diskussion (2014); *H.-J. Vogel* Strafverfahrensrecht und Terrorismus – eine Bilanz, NJW **1978** 1217; *Welp* Die Überwachung des Strafverteidigers, GA **1977** 129; *ders.* Abhörverbote zum Schutz der Strafverteidigung, NStZ **1986** 294; *Werle* Schutz von Vertrauensverhältnissen bei der strafprozessualen Fernmeldeüberwachung? JZ **1991** 482; *Wessing* Die Kommunikation des Verteidigers mit seinem Mandanten, Diss. Köln (1985); *Wessing* Der Unternehmensverteidiger, FS Mehle (2009) 665; *Wohlers* Der strafprozessuale Zugriff auf Unterlagen aus internen Untersuchungen, FS Rogall (2018) 757; *Utz* Die Kommunikation zwischen inhaftiertem Beschuldigten und Verteidiger, Diss. Basel (1984).

Entstehungsgeschichte

In der **ursprünglichen Fassung** lautete die Vorschrift:

(1) Dem verhafteten Beschuldigten ist schriftlicher und mündlicher Verkehr mit dem Verteidiger gestattet.

(2) Solange das Hauptverfahren nicht eröffnet ist, kann der Richter schriftliche Mitteilungen zurückweisen, falls deren Einsicht ihm nicht gestattet wird.

(3) Bis zu demselben Zeitpunkte kann der Richter, sofern die Verhaftung nicht lediglich wegen Verdachts der Flucht gerechtfertigt ist, anordnen, daß den Unterredungen mit dem Verteidiger eine Gerichtsperson beiwohne.

Durch das **Gesetz zur Abänderung der Strafprozessordnung** vom 27.12.**1926**[1] wurden in Absatz 3 die Worte „den Unterredungen mit dem Verteidiger" durch folgende Formulierung ersetzt: „Unterredungen mit dem Verteidiger in seiner Gegenwart oder in Gegenwart eines beauftragten oder ersuchten Richters". Das AGGewVerbrG bezog in die Regelung des Absatzes 1 auch den einstweilig untergebrachten Beschuldigten ein. Die ZustVO brachte – durch die Hinzufügung eines vierten Absatzes – eine Aufhebung der in Absatz 2 und 3 vorgesehenen Beschränkungen des Verkehrs für das beschleunigte Verfahren. Durch die Verordnung über die Beseitigung des Eröffnungsbeschlusses im Strafverfahren vom 13.8.**1942**[2] wurde durch Änderung des Absatzes 2 die Aufhebung der Beschränkungen auf den Zeitpunkt der Einreichung der Anklageschrift vorverlegt.

Das **Dritte Strafrechtsänderungsgesetz** vom 4.8.**1953** fügte der Regelung einen Absatz 5 an: „Absatz 1 gilt auch, wenn der Beschuldigte aus anderen Gründen nicht auf freiem Fuße ist."

Die „Kleine Strafprozessreform" mit dem **StPÄG 1964** hob alle Beschränkungen auf. Die Vorschrift bestand nunmehr nur noch aus einem Absatz mit folgendem Wortlaut: „Dem Beschuldigten ist, auch wenn er sich nicht auf freiem Fuß befindet, schriftlicher und mündlicher Verkehr mit dem Verteidiger gestattet." Das ist der heutige Absatz 1 der Norm. Diese liberale Regelung hatte allerdings nur zehn Jahre Bestand. Dann wurde unter dem Eindruck des gewaltsamen **Linksterrorismus** durch Art. 2. Nr. 4 des **StGBÄndG** der neue Absatz 2 eingefügt, der nunmehr die Einschränkung des schriftlichen Verkehrs über die bis 1964 geltenden Einschränkungen hinaus auch im Hauptverfahren und während der Strafvollstreckung in Verfahren mit einem Tatvorwurf nach § 129a StGB vorsah.[3] Durch Art. 1 des **StPÄG 1978** wurde dann in Absatz 2 Satz 2 die Überwachung des Schriftverkehrs unter den Voraussetzungen des Satzes 1 auch in „anderen gesetzlich geordneten Verfahren" (später wieder gestrichen mit Wirkung vom 1.1.2010, dazu sogleich hier im Text) und in Satz 3 die Einführung besonderer Vorrichtungen zur Ausschließung der Übergabe von Schriftstücken vorgesehen. Durch Art. 2 Abs. 2 des StPÄG 1978 wurde die entsprechende Anwendung auf vor dem Inkrafttreten des § 129a StGB begangene Straftaten nach § 129 StGB[4] angeordnet.[5] Beschränkungen des mündlichen Verkehres sind zwar in § 148 nicht wieder implementiert worden, aber in den §§ 31 ff. EGGVG.[6]

---

1 RGBl. I 529.

2 RGBl. I 512.

3 Ausf. unten Rn. 30 ff.

4 Zum Straftatkatalog vgl. BGBl. I S. 1497.

5 Genauer unten Rn. 32 ff.

6 Zur geschichtlichen Entwicklung eingehend LR/*Böttcher*[26] Vor § 31 EGGVG, 1 ff.; rechtsvergleichend *Oehmichen* GLJ **2008** 855, 876 ff.

Durch Art. 3 Nr. 2 des **34. Strafrechtsänderungsgesetzes** vom 22.8.**2002** ist, nicht zuletzt unter dem Eindruck der Zeitenwende durch die **Terroranschläge vom 11.9.2001** in den Vereinigten Staaten, in Absatz 2 Satz 1 die Verweisung auf das materielle Strafrecht um § 129b StGB ergänzt worden. Nach der Erweiterung der Strafbarkeit der Bildung terroristischer Vereinigungen auf ausländische im Umfang des § 129b Abs. 1 StGB wurde damit die Verkehrsbeschränkungen des Absatzes 2 einschließlich des die Durchführung der Kontrolle regelnden § 148a auch auf Verfahren erstreckt, die die Bildung solcher ausländischer terroristischer Vereinigungen zum Gegenstand haben.[7]

Schließlich wurde durch Art. 1 Nr. 11 des Gesetzes zur Änderung des Untersuchungshaftrechts (**UHaftÄndG**) vom 29.7.**2009**[8] mit Wirkung zum 1.1.2010 in Absatz 2 Satz 1 ein Richtervorbehalt zur Anordnung der Überwachung des Verkehrs mit Schriftstücken und anderen Gegenständen aufgenommen.[9] Ferner wurde das Erfordernis „Gegenstand der Untersuchung" durch „dringend verdächtig" ersetzt und die Rechtsfolge „so sind" in „soll" abgeändert. Der durch das StPÄG 1978 eingefügte Absatz 2 Satz 2 wurde aufgrund der umfassenden Formulierung des Absatzes 2 Satz 1 in seiner bisherigen Fassung gestrichen und beinhaltet seither eine auf Satz 1 bezogene Zuständigkeitsregel. Die Neufassung des Absatzes 2 Satz 3 erschöpfte sich in einer sprachlichen Angleichung an die Sätze 1 und 2 und entsprach inhaltlich der früheren Regelung.

Nach dem Generalverweis mit § 27 des **Regierungsentwurfs** eines Gesetzes zur Sanktionierung von verbandsbezogenen Straftaten **(VerSanG-RegE)** v. 16.6.**2020** sind „auf den betroffenen Verband ... im Sanktionsverfahren die Vorschriften der Strafprozessordnung über den Beschuldigten entsprechend anzuwenden". Die Begründung[10] stellt heraus, dass deshalb zugunsten des Verbandes der in **§ 148** verankerte Grundsatz der freien Verteidigung gilt, der ihm den ungehinderten Verkehr mit seinem Verteidiger garantiert. Zudem sollen aufgrund der mit § 27 VerSanG-RegE angeordneten Gleichstellung des Individualbeschuldigten mit dem beschuldigten Verband die Beschlagnahmeverbote des **§ 97 Abs. 1** (erst) von dem Zeitpunkt an einschlägig sein, ab dem dem Verband die Stellung eines Beschuldigten zukommt.[11] Mit dem Beschlagnahmeverbot soll in Zukunft ein ausdrückliches **Durchsuchungsverbot** korrespondieren; § 97 Abs. 6 i. d. F. eines Gesetzes zur Stärkung der Integrität in der Wirtschaft soll lauten: „Durchsuchungen zum Zwecke des Auffindens von Beweismitteln, die nach den Absätzen 1 bis 5 nicht der Beschlagnahme unterliegen, sind unzulässig."

Die inhaltliche Reichweite der **Beschlagnahmeverbote**, die sich im Gewahrsam von Berufsgeheimnisträgern befinden, wird allerdings durch die beabsichtigte Änderung von § 97 Abs. 1 Nr. 3 i. d. F. eines Gesetzes zur Stärkung der Integrität in der Wirtschaft gegenüber der derzeit zu favorisierenden Auslegung der Vorschrift eingeschränkt. Der Schutz soll sich nur noch auf „andere Gegenstände ..., die dem Vertrauensverhältnis *des Beschuldigten* zu den in § 53 Absatz 1 Nr. 1 bis 3b Genannten zuzurechnen sind und auf die sich das Zeugnisverweigerungsrecht erstreckt" beziehen. Im Gegensatz zu der für das geltende Recht zutreffenden Auslegung,[12] nach der vor dem Hintergrund des derzeitigen Wortlauts der Vorschrift zu verneinen ist, dass auch § 97 Abs. 1 Nr. 3 ein Vertrauensverhältnis zwischen dem Beschuldigten und dem Zeugnisverweigerungsberechtigten vo-

7 Zur Reform der Vorschrift unten Rn. 38, 39.
8 BGBl. I S. 2274.
9 S. unten Rn. 38.
10 Begr. zum VerSanG-RegE S. 110.
11 Begr. zum VerSanG-RegE S. 110.
12 Nachw. in der Begr. zum VerSanG-RegE S. 137 u.H.a. *Jahn/Kirsch* StV **2011** 151, 152 ff.; genauer unten Rn. 26.

raussetzt, soll nach der beabsichtigten Neufassung mit dem RegE stets Voraussetzung für die Beschlagnahmefreiheit sein, dass die Gegenstände selbst dem geschützten Vertrauensverhältnis zwischen dem Beschuldigten und dem Berufsgeheimnisträger zugerechnet werden können. Ein solches Vertrauensverhältnis besteht nach der Begründung des RegE zu § 97 Abs. 1 Nr. 3 StPO-RegE[13] etwa bei Unterlagen, die der Vorbereitung der Verteidigung dienen, bei Unterlagen, die einem Rechtsanwalt, Steuerberater oder Wirtschaftsprüfer vom Beschuldigten im Hinblick auf eine bestimmte Beratungstätigkeit übergeben worden sind und wegen der zukünftig gewollten Beschuldigtenstellung des Unternehmens auch bei Aufzeichnungen, die die Befragung einer Leitungsperson i. S. d. § 2 Abs. 1 Nr. 2 lit. a-e VerSanG-RegE im Rahmen einer verbandsinternen Untersuchung nach § 16 VerSanG-RegE dokumentieren. Nicht § 97 Abs. 1 Nr. 3 StPO-RegE[14] unterfalle jedoch eine Sachverhaltsaufklärung, die vor Vorliegen einer Beschuldigtenstellung stattfinde oder anderen Zielen diene, zum Beispiel der internen **Compliance.**

Durch eine weitere geplante Änderung in § 160a Abs. 5 StPO-RegE soll zudem das Verhältnis von § 97 zu **§ 160a** durch das VerSanG eindeutiger geregelt werden. Geplant ist mit § 160a Abs. 5 StPO-RegE folgende Fassung: „Die Absätze 1 bis 4 finden auf Maßnahmen nach den §§ 94, 95, 100b, 100c, 100g, 102, 103 und 110 keine Anwendung".[15] Das Verbot von **Ermittlungsmaßnahmen gegenüber Verteidigern** nach § 160a soll damit zukünftig nicht gelten, soweit die StPO für die aufgezählten Maßnahmen speziellere Regelungen vorkehrt. Der gebotene Schutz der Beziehung zum Verteidiger werde durch § 148 gewährleistet.[16]

Übersicht

13 Begr. zum VerSanG-RegE S. 137; krit. *Rübenstahl* ZWH **2019** 265, 271 f.

14 Auf S. 137 der Begr. zum VerSanG-RegE ist – wie schon im ersten BMJV-RefE vom 15.8.2019 – weiterhin von „Nummer 2" die Rede; auch der dortige Verweis auf Meyer-Goßner/*Schmitt* § 97, 10a erhellt jedoch, dass es sich insoweit um ein Redaktionsversehen handeln dürfte.

15 Näher dazu unten Rn. 7, 15 u. 26. Zusf. zur strafprozessualen Kritik am (insoweit mit dem Regierungsentwurf eines Gesetzes zur Stärkung der Integrität in der Wirtschaft inhaltsgleichen, ersten) StPO-RefE *B. Gercke* GA **2020** 122, 123 f.; *Rübenstahl* ZWH **2019** 265, 273.

16 Begr. zum VerSanG-RegE S. 139.

I. Zweck und Geschichte der Vorschrift

1. Verfassungs-, menschen- und europarechtliche Grundlagen der unüberwachten Verteidigerkommunikation. Nach der den 11. Abschnitt beherrschenden Grundregel des § 137 Abs. 1 Satz 1 kann sich der Beschuldigte in jeder Lage des Verfahrens des Beistands eines Verteidigers bedienen. Schon im Begriff des „Sich-Bedienens" ist ein kommunikativer Akt zwischen dem Beschuldigten und seinem Beistand angelegt. Ihre anwaltlichen Aufgaben, insbesondere die rechtliche Beratung der Mandanten, können Anwälte und Anwältinnen nur dann erfüllen, wenn sich die Mandanten in dem sicheren Wissen an sie wenden dürfen, dass die Mandatierten das ihnen Anvertraute Dritten nicht ohne ihren Willen offenbaren (müssen), insbesondere nicht staatlichen Stellen.[17] Das **Recht auf unüberwachte Kommunikation**, ohne das effektiver Beistand tatsächlich eine leere Hülse ohne rechtsstaatlichen Wert bleiben müsste, ist **verfassungsrechtlich** über das Recht auf Verteidigung **und** zudem **menschenrechtlich** vor allem über Art. 8 EMRK gewährleistet. **Art. 8 EMRK** gewährleistet einen privilegierten Schutz für die Kommunikation zwischen Anwalt und Mandant. Das wird durch die wesentliche Aufgabe gerechtfertigt, die Anwälten in einer demokratischen Gesellschaft anvertraut ist: die Verteidigung von Beschuldigten. Ein Anwalt kann diese Aufgabe nur dann erfolgreich ausführen, wenn denen, die er verteidigt, garantiert wird, dass die mandatsbezogene Kommunikation vertraulich bleibt.[18] Damit hängt auch indirekt, aber notwendig, die Achtung des Rechts des Beschuldigten auf einen fairen Prozess zusammen, insbesondere soweit es das Recht jedes Beschuldigten umfasst, sich nicht selbst zu beschuldigen. Es handelt sich beim Schutz der Vertraulichkeit der Verteidiger-Mandanten-Beziehung um „eines der **Kernstücke wirksamer Vertretung** von Mandanteninteressen durch einen Anwalt".[19] Im **europäischen Sekundärrecht** statuiert, in „Achtung der Verteidigungsrechte" nach Art. 49 Abs. 2 GrCh, insbesondere Art. 3 Abs. 3 lit. a der Richtlinie 2013/48/EU des Europäischen Parlaments und des Rates vom 22.10.2013 über das **Recht auf Zugang zu einem Rechtsbeistand** in Strafverfahren ein Recht des Beschuldigten, mit dem Rechtsbeistand auch schon vor der Befragung durch die Polizei oder andere Strafverfolgungs- oder Justizbehörden unter vier Augen zusammenzutreffen und mit ihm zu kommunizieren. Art. 4 der Richtlinie 2013/48/EU gewährleistet darüber hinaus die Vertraulichkeit der Kommunikation zwischen dem Beschuldigten und seinem Verteidiger. Dem Schutz des vertraulichen Gesprächs des Beschuldigten mit seinem 1

17 *Ignor* StV **2019** 693, 695; HdBStrR/*Jahn*/*Brodowski* § 17, 120.
18 Vgl. EGMR NJW **2019** 3131, 3132 Tz. 35 ff.; NJW **2013** 3423, 3427 Tz. 117 ff. – *Michaud*; *Docke* BRAK-Mitt. **2014** 245; *Pohlreich* NStZ **2011** 560, 565; LR/*Esser*[26] Art. 8 EMRK, 158 ff., 163; Meyer-Goßner/*Schmitt* Art. 8 EMRK, 3 sowie unten Rn. 37.
19 EGMR NJW **2009** 3409, 3411 Tz. 145.

Strafverteidiger kommt auch innerstaatlich über das Recht auf Verteidigung die wichtige **verfassungsrechtliche Fairnessfunktion** zu, darauf hinzuwirken, dass der Beschuldigte **nicht** zum bloßen **Objekt** im Strafverfahren wird.[20] Es gewinnt aufgrund des der Situation inhärenten Autonomiedefizits eine besondere, im heutigen Wortlaut des Absatzes 1 aufgegriffene Bedeutung gerade dann, wenn der Beschuldigte nicht auf freiem Fuß ist.

2 Diese Garantien sind im deutschen Recht einfachrechtlich durch § 148 Abs. 1 gewährleistet.[21] Für Einschränkungen bedarf es spezieller Regeln. Deshalb wurde § 148 geschaffen, dessen **Inhalt** immer **umstritten** war. Bis zur zweiten Lesung der Strafprozessordnung hatten die *Kommission* und der *Reichstag* freien mündlichen Verkehr des Beschuldigten mit seinem Verteidiger verlangt, die Zulässigkeit einer Kontrolle des schriftlichen Verkehrs aber – und allein deshalb – zugestanden, weil Briefumschläge des Verteidigers auch wider seinen Willen zu Mitteilungen fremder Personen benützt werden könnten. Wegen des Widerstandes der *Regierungen* wurde im Weg einer Verständigung die Zulässigkeit zugestanden, auch den mündlichen Verkehr vor der Eröffnung des Hauptverfahrens zu kontrollieren.[22] Die so gewonnene Vorschrift wurde alsbald beanstandet. Sie entsprang, wie nicht zu leugnen ist, in ihren den Verkehr beschränkenden Teilen einem – erst später und nur in gewissen Teilen gerechtfertigten – **Misstrauen gegen Verteidiger**. Es wurde bemerkt (in beiden Fällen nicht von Anwälten): Die Form sei „für die Verteidigung ebenso beleidigend wie für den Richter peinlich"[23] und ein überwachter Verkehr sei „für sachgemäße Verteidigung ungenügend und schädige zugleich rechtzeitige Aufklärung".[24] Daher ist der völlig **freie Verkehr** des Beschuldigten mit dem Verteidiger **schon in den ersten Jahrzehnten** ihrer Existenz mehrfach von angesehenen Organisationen **gefordert** worden, z. B. vom Anwaltstag, von der Internationalen Kriminalistischen Vereinigung und von der Kommission für die Reform des Strafprozesses.[25] Wegen der hohen Bedeutung, die das Vertrauen des Beschuldigten zu seinem Verteidiger sowohl im Interesse des Beschuldigten als auch des Staates für das Strafverfahren hat, waren die einengenden Klauseln in der dritten Lesung des liberalen **StPÄG 1964** ganz gestrichen worden mit der Begründung, sie enthielten eine Diskriminierung des Anwalts und machten es dem Verteidiger unmöglich, seine Aufgaben zu erfüllen. Gegen Pflichtverletzungen biete die Berufsgerichtsbarkeit ausreichend Sicherheit.[26] Letzteres ist richtig. Dennoch war der liberalen Konzeption des § 148 nur ein Jahrzehnt beschieden.[27]

---

20 Zum dem „typischerweise vorhandenen Menschenwürdebezug" des § 148 ebenso BVerfGE **129** 208, 263; **109** 279, 322; BVerfG (*1. Kammer* des *2. Senats*), Beschl. v. 1.4.2019 – 2 BvR 382/19, Tz. 35 (in NStZ-RR **2019** 289, 291 nicht abgedr.); BGH JR **2019** 206 Tz. 13 m. Anm. *Bünnigmann* und Anm. *Chr. Jäger* JA **2019** 308, 310 f.; vgl. auch VerfGH Rhl.-Pf. NJW **2020** 1130, 1131 Tz. 40; VerfGH Sachsen Beschl. v. 1.8.2019 – Vf. 39-IV-19, juris, Tz. 1 sowie MüKo/*Thomas*/*Kämpfer* 2; HdBStrR/*Jahn*/*Brodowski* § 17, 120. Ausf. zum Ganzen schon oben § 137, 1 ff.

21 Zutr. BTDrucks. **18** 9534 S. 14, 15.

22 *Hahn* Mot. **2** 1289, 1625, 1826, 1828, 1995, 2071, 2072.

23 *John* zu § 148.

24 von *Hippel* § 49 VII 1 Abs. 5.

25 Nachw. bei *Rosenberg* ZStW **36** (1915) 390.

26 BTProt. **IV** 6447 D, 6448 D, 7240 C; BTDrucks. **IV** 2459 zu Art. 3. Zusf. zur Entwicklung *Rieß* FS Reichsjustizamt 404 ff.

27 S. oben Entstehungsgeschichte.

2. Der durch den Wortlaut gestützte umfassende Schutzzweck der Norm. Das – als solches heute unstrittige[28] – **Prinzip** des **„völlig" freien** und unbeschränkten **Verkehrs** bezieht seine innere **Rechtfertigung** daraus, dass der Beschuldigte, der sein Recht, einen Verteidiger zu wählen, wahrnimmt,[29] nicht schlechter stehen darf, als wenn er keinen Verteidiger hätte. Durch die Wahl eines Verteidigers ist der Beschuldigte „dem *indirekten* prozessualen Zwang ausgesetzt ..., sich gegenüber seinem Verteidiger einzulassen".[30] Nur wenn der Beschuldigte „seinen selbst gewählten Verteidiger über die wirklichen Vorgänge bereitwilliger unterrichten" darf „als die übrigen Verfahrensbeteiligten, von denen er keinen Beistand erwartet",[31] hat es für ihn Sinn, einen Verteidiger zu haben. Deshalb muss diese Sphäre so weit wie möglich geschützt sein. Die **objektiv-verfassungsrechtliche Bedeutung** des rechtlich geschützten Vertrauensverhältnisses zwischen Strafverteidiger und Mandant für den Grundsatz der **Freiheit der Advokatur** wird also berührt, wenn wegen der Gefahr von Abhörmaßnahmen ein Mandatsverhältnis von Anfang an mit Unsicherheiten hinsichtlich seiner Vertraulichkeit belastet wird. Denn so wächst die Gefahr, dass sich auch Unverdächtige nicht mehr den Berufsgeheimnisträgern zur Durchsetzung ihrer Interessen anvertrauen.[32] Deshalb gewährt § 148 Abs. 1 dem **Verteidiger** ein eigenes, aus der **Berufsausübungsfreiheit des Art. 12 GG** erwachsendes Recht, wie sich systematisch auch aus dem Wortlaut des § 138c Abs. 3 Satz 1 („*die Rechte des Verteidigers* aus ... § 148") erschließt.[33] § 148 Abs. 1 tritt so neben die Vorschriften über die Schweigepflicht des Verteidigers, sein Zeugnisverweigerungsrecht und das ihn schützende Beschlagnahmeverbot, verbindet sie zu einem Gefüge von Schutznormen und konstituiert hiermit eine **Geheimsphäre der Verteidigung**, die durch keine justiziellen Aufklärungsinteressen relativiert werden kann.[34] 3

Die Vorschrift ist mithin Ausdruck der Rechtsgarantie, die der Gewährleistung einer wirksamen Strafverteidigung dient, indem sie die Vertrauensbeziehung zwischen dem Verteidiger und dem Beschuldigten nach außen **abschirmt** und gegen Eingriffe schützt.[35] **„Verkehr"** i. S. d. Vorschrift muss aufgrund des damit prinzipiell gegen jede staatliche Ingerenz gerichteten Schutzzwecks **grundsätzlich umfassend interpretiert** werden. Nicht erfasst ist Kommunikation rein privaten Charakters.[36] Dieses weit verstandene Individualinteresse kann z. B. auch einschränkende **Medienverfügungen** bei Ge- 4

28 Mit aller Klarheit bereits BGHSt **27** 260, 262: „Zielsetzung ist die ‚völlig freie Verteidigung'". Ebenso danach BGHSt **33** 347, 349; **53** 257, 261 Tz. 13; „Die Verteidigung soll damit grundsätzlich von jeder Behinderung oder Erschwerung freigestellt sein". Zusf. *Grube* JR **2009** 362, 367.

29 Allg. zu diesem die Stellung des Verteidigers bestimmenden Vertragsprinzip Vor 137, 26 ff.

30 *Welp* GA **1977** 133; eingehend *Leitner* StraFo **2012** 344 f. Die sich hier andeutende Möglichkeit einer Ableitung des Grundsatzes des unbeschränkten Verteidigerverkehrs aus dem *nemo-tenetur*-Prinzip wird von *Verrel* NStZ **1997** 415, 417 indes zurückgewiesen.

31 *Welp* GA **1977** 133.

32 BVerfG NJW **2007** 2749, 2750; HdBStrR/*Jahn*/*Brodowski* § 17, 120. Zur objektiv-rechtlichen Verstärkung des Grundrechtsschutzes der Strafverteidigung durch den Grundsatz der freien Advokatur (dazu Vor § 137, 78 ff.) vgl. BVerfGE **113** 29, 49 f. m. zust. Anm. *Kutzner* NJW **2005** 2652, 2653; BVerfGK **5** 289, 291; BVerfG NJW **2006** 3411, 3412; *Jahn* NStZ **2007** 255, 260.

33 BGHSt **33** 347, 349; OLG Dresden NStZ **2007** 707, 708 Tz. 7; VerfGH VerfGH Rhl.-Pf. NJW **2020** 1130, 1131 Tz. 40; LG Bielefeld Beschl. v. 7.12.2009 – 3 KLs 58/09 (AK 16/09), juris, Tz. 8; *St. König* StV **2011** 704, 706; MüKo/*Thomas*/*Kämpfer* 4; SSW/*Beulke* 1; HdBStrR/*Jahn*/*Brodowski* § 17, 120. **a. A.** SK/*Wohlers* 2: „Rechtsreflex". Unklar HK-GS/*Weiler* 2.

34 *Welp* NStZ **1986** 294, 295; HdBStrR/*Jahn*/*Brodowski* § 17, 120 a. E. Über den insoweit bedenklichen Einfluss der neueren technischen Entwicklungen auch *Deckers*/*Gercke* StraFo **2004** 84; erg. unten Rn. 15 f.

35 BVerfG NJW **2007** 2749, 2750.

36 Zutr. OLG Stuttgart StraFo **2016** 413, 414.

fährdungen durch Aufzeichnungen des Geschehens am Rande der Hauptverhandlung rechtfertigen.[37] Auch der in der Rechtsprechung bislang noch nicht operational gewordene Vorschlag von *Beulke/Ruhmannseder*,[38] § 148 jenseits von § 55 ein mit Fernwirkung ausgestattetes, **umfassendes Auskunftsverweigerungsrecht** zu den Belangen der **Verteidiger-Mandanten-Beziehung** unabhängig vom Bestehen der Gefahr eigener weiterer Strafverfolgung zu entnehmen, liegt in der Konsequenz des raumgreifenden Schutzzwecks der Norm.

5 Für das Bild des Gesetzes und für das Bild, das der Gesetzgeber – dem Wortlaut nach noch heute – vom Bürger hat, ist es deshalb besonders bedauerlich, dass der preußisch-**obrigkeitsstaatliche Text** des Absatzes 1, dem Beschuldigten sei Verkehr mit dem Verteidiger **„gestattet"**, niemals geändert worden ist, obwohl dazu oft Gelegenheit bestanden hätte.[39] Noch *Dünnebier*[40] hat an dieser Stelle die Auffassung vertreten, die Vorschrift könne sich nur auf den Verkehr zwischen Verteidiger und dem in Haft befindlichen Beschuldigten, nicht aber auf den Verkehr mit dem in Freiheit befindlichen Beschuldigten beziehen – diesen Verkehr könne man nicht verbieten und er brauche daher auch nicht gestattet zu werden – und einen dementsprechenden Änderungsvorschlag gemacht. Er hat dabei übersehen, dass der Verteidigerverkehr mit dem auf freiem Fuß befindlichen Beschuldigten zwar nicht verboten, durchaus aber – und in der heutigen Zeit insbesondere: technisch-heimlich – **überwacht** werden kann.[41] Das durch § 148 gewährleistete Privileg einer vor Kenntnisnahme von außen absolut geschützten Kommunikation zwischen Verteidiger und Beschuldigtem erstreckt sich deshalb, dem klaren **Wortlaut** entsprechend („*auch* ... wenn nicht"), natürlich auf den Verteidigerverkehr mit dem **auf freiem Fuß** befindlichen Beschuldigten.[42]

II. Regelungsgehalt

1. Unbeschränkter Verkehr (Abs. 1)

a) Voraussetzungen

aa) Verteidigungsverhältnis

6 **aaa) Begriff des Verteidigers.** Verteidiger sind hier sowohl der **Wahlverteidiger**, und zwar auch im Fall des § 138 Abs. 2,[43] als auch der **Pflichtverteidiger** sowie auch

---

37 BVerfGE **119** 309, 325; OLG Bremen NJOZ **2016** 1884, 1889 Tz. 51; KG AfP **2010** 395, 400; *Renner/Pille* AfP **2018** 23, 29.

38 *Beulke/Ruhmannseder* StV **2011** 252, 255.

39 Vgl. oben Entstehungsgeschichte. Unterdessen ist die Dogmatik der internationalen Verträge auch so weit fortgeschritten, dass aus den einschlägigen Vorschriften seit langem „die Notwendigkeit eines vertraulichen Verkehrs zwischen Anwalt und Mandant" entnommen wird (*Rzepka* 73 mit Belegen).

40 LR/*Dünnebier*[23] 3.

41 Siehe statt vieler nur BVerfG NJW **2007** 2749, 2750: „Es ist nicht von vorneherein und in jedem Fall unstatthaft, den Fernsprechanschluss eines Rechtsanwalts, der sich als Strafverteidiger betätigt, nach Maßgabe des § 100a überwachen zu lassen, die von ihm geführten Gespräche aufzunehmen und deren Inhalt im Strafverfahren zu verwerten".

42 Das ist heute unstreitig, vgl. nur BGHSt **33** 347, 349 und AG Frankfurt StV **1988** 482. Ebenso *Welp* NStZ **1983** 294; *Beulke* Jura **1986** 642; *ders.* FS Lüderssen 693, 694; *Rieß* JR **1987** 77; Meyer-Goßner/*Schmitt* 2; AK/*Stern* 1; HK/*Julius/Schiemann* 2; SK/*Wohlers* 1.

43 Vgl. KG JR **1988** 391 m. Anm. *Hammerstein*; *Beulke/Lüdke/Swoboda* Unternehmen im Fadenkreuz (2009) 48 f.; SK/*Wohlers* 4.

der allgemeine Vertreter i. S. d. § 53 BRAO.[44] Ob die Einschränkung des Anwendungsbereichs des § 148 bei einem seinerseits **beschuldigten Verteidiger** statthaft ist, hat auch die befürwortende höchstrichterliche Rechtsprechung[45] argumentativ bislang nicht abschließend zu klären vermocht. Die Frage bleibt mangels einer ausdrücklichen Verstrickungsregelung wie in § 138a Abs. 1[46] zweifelhaft. Auch der **(Unternehmens-)Anwalt** eines am Verfahren nebenbeteiligten Unternehmens, etwa nach § 30 OWiG oder als Einziehungsbeteiligter, ist kraft Gesetzes **erfasst** (§ 444 Abs. 2 Satz 2 bzw. § 438 Abs. 3). In beiden Fällen ordnet § 428 Abs. 1 Satz 2 auf der Rechtsfolgenseite über eine Verweiskette an, dass zahlreiche der für die strafprozessuale Verteidigung im 11. Abschnitt des Ersten Buchs geltenden Vorschriften **„entsprechend" anzuwenden** sind, damit auch § 148. Das ist für die Praxis des Wirtschaftsstrafrechts wichtig, weil sowohl das Einziehungs- als auch das OWi-Bußgeldverfahren von den Justiz- und Kartellbehörden in fast allen öffentlichkeitswirksamen Korruptions- und Kartellverfahren der letzten Jahre zur Erlangung von zum Teil exorbitanten Sanktionszahlungen und zur Abschöpfung von deliktisch erlangten Vorteilen eingesetzt worden sind.[47] Diese Grundsätze sind **auch** auf **ausländische Strafverfahren**, etwa solche, die in den USA gegen deutsche Unternehmen betrieben werden, anwendbar.[48] Für den **Syndikusrechtsansanwalt** gilt § 148 indessen jedenfalls in Bezug auf das Unternehmen, für das er tätig ist, dann **nicht, wenn** Gegenstand des Straf- oder Bußgeldverfahrens ein **unternehmensbezogener Tatvorwurf** ist,[49] *arg. ex* § 46c Abs. 2 Satz 2 BRAO („In Straf- oder Bußgeldverfahren, die sich gegen den Arbeitgeber oder dessen Mitarbeiter richten, dürfen Syndikusrechtsanwälte nicht als deren Verteidiger oder Vertreter tätig werden"). Ebenso wenig gilt § 148 für den **Beistand** nach § 149[50] und erst recht nicht für Fälle von **Legal Outsourcing** auf sog. Projektjuristen o. ä.[51] Allerdings kann der Grundsatz des fairen Verfahrens auch in diesen Fällen ausnahmsweise die Überwachung aller Gespräche verbieten.[52] Dies wird allerdings auf Ausnahmefälle beschränkt bleiben. Denn positiv-rechtlich – und insoweit im Grundsatz aus Sicht des höherrangigen Rechts zutreffend[53] – differenzieren insbesondere auch die Vorschriften des Strafvollzugsgesetzes des Bundes zwischen dem Verteidiger

---

44 VerfGH Rhl.-Pf. NJW **2020** 1130 (Tz. 3).

45 BGHSt **53** 257, 261 Tz. 13 m. zust. Anm. *Ruhmannseder* NJW **2009** 2647 und zust. *Gössel* NStZ **2010** 288 f.; bestätigt durch BVerfGK **17** 311 = NJW **2010** 2937, 2938 Tz. 14 m. abl. Anm. *Norouzi* StV **2010** 671, 672 f. und abl. Anm. *Kühne* HRRS **2009** 547, 548. **A. A.** *Barton* JZ **2010** 102, 103 f.; MüKo/*Thomas/Kämpfer* 19.

46 Dazu oben § 138a, 22.

47 Vgl. *Wessing* FS Mehle 665, 678 ff.; *Jahn* ZWH **2013** 1, 2 f.; *Jahn/Kirsch* NStZ **2012** 718, 720; *Rütters/A. Schneider* GA **2014** 160, 164 ff.; erg. § 146, 42. Speziell zum Beschlagnahmeschutz nach § 148 in diesen und verwandten Fällen ausf. unten Rn. 26.

48 Vgl. schon OLG Celle NStZ **2003** 686, 687: „Dieses Recht auf unüberwachten Umgang mit dem Verteidiger steht in Deutschland inhaftierten Gefangenen auch für die Verteidigung in ausländischen Strafverfahren jedenfalls dann zu, wenn ihnen in dem jeweiligen ausländischen Verfahren die Rechte aus der EMRK zustehen". Zu Recht weitergehend – jeweils für den Fall VW (vgl. unten Rn. 27) – *M. Geis* wistra **2018** 200, 204 und *Oesterle* WiJ **2018** 148, 154 sowie grds. auch MüKo/*Thomas/Kämpfer* 11. Zum Nachweis des Verteidigungsbehältnisses in diesem Fall unten Rn. 11.

49 Wohl weitergehend OK-StPO/*Wessing* 2 a. E.; im Ganzen zweifelnd *Momsen/Grützner* CCZ **2017** 242, 246 Fn. 36.

50 Vgl. BGHSt **44** 82, 87; **47** 62, 66; BGH NStZ **2001** 552, 553; NStZ **1998** 584; *Grube* JR **2009** 362, 363; Meyer-Goßner/*Schmitt* 3; SK/*Wohlers* 4; SSW/*Beulke* und unten § 149, 7.

51 *Raschke* BB **2017** 579, 583.

52 Vgl. BGHSt **44** 82, 86 f.; SK/*Wohlers* 20.

53 Oben Rn. 1.

einerseits und **anderen Rechtsanwälten** sowie Notaren andererseits (§ 26 Satz 1 StVollzG). Sie nehmen den Besuch sowie den Schriftwechsel des Verteidigers von der Überwachung aus (§§ 27 Abs. 3, 29 Abs. 1 Satz 1 StVollzG), nicht aber die Kommunikation der anderen Mandatsträger.[54] Auch der Verteidigerverkehr im Dienstordnungsverfahren ist nicht von § 148 erfasst.[55]

7 **bbb) Beginn des Verteidigungsverhältnisses.** Ein Verteidigungsverhältnis besteht grundsätzlich erst – aber auch schon – nach **Erteilung** des **Mandats.**[56] Ein Verteidigungsmandat **vor Einleitung eines** förmlichen **Ermittlungsverfahrens** oder jedenfalls ohne Kenntnis des Beschuldigten von bereits angelaufenen (ggf. heimlichen) Ermittlungen wird in der Regel dann erteilt werden, wenn der Betroffene selbst Verdachtsgründe erkennt, sei es in Ansehung seines Verhaltens, sei es durch gegen ihn gegenüber den Behörden von Dritten oder in der Öffentlichkeit erhobenen Vorwürfen. Die frühzeitige Konsultation eines Verteidigers in diesen Fällen stellt keine zusätzliche Inanspruchnahme rechtsanwaltlicher Dienste neben der späteren Verteidigung im eingeleiteten Ermittlungsverfahren dar, sondern ist ihrerseits schon Verteidigung im Normbereich des § 148 Abs. 1. Eine Trennung beider Tätigkeiten wäre weder inhaltlich noch formell begründbar. Dem **Wortlaut** des § 148 Abs. 1 ist das Gegenteil nicht zu entnehmen.[57] **Teleologisch** bedeutet die frühzeitige Einschaltung in erster Linie **effektivere Verteidigung**. Dafür besteht ein von der einfach-rechtlichen Ordnung des Rechts anzuerkennender, unabweisbarer Bedarf. Nur die Möglichkeit zu frühzeitiger Initiative jenseits der Überwachungsgefahr gewährleistet eine umfassende Verteidigung, die, etwa durch die Abfassung einer Schutzschrift,[58] auch geeignet erscheint, Rechtsbeeinträchtigungen entgegenzuwirken, die auf Basis einer falschen Verdachtslage drohen. Die Verteidigung darf nicht auf Passivität oder bloße Reaktivität beschränkt werden. Dies drohte jedoch, wenn die Kommunikation mit dem Anwalt und vorsorgende Erstellung von Verteidigungsmaterial in diesem frühen Stadium noch dem Zugriff der Ermittlungsorgane unterläge.[59] Das gilt umso mehr, als der Beschuldigtenstatus sich nicht an materiellen und der unbeschränkten Nachprüfung unterliegenden Kriterien orientiert, sondern von der h. M. bekanntlich an dem finalen Inkulpaktionsakt festgemacht wird, der wiederum den Ermittlungsorganen einen erheblichen Beurteilungsspielraum einräumt.[60] Speziell die Verteidigungsfähigkeit des nach dem Wortlaut **„auch"** gleichermaßen geschützten,[61] **inhaftierten Beschuldigten** erfordert es zudem, dass er sich seinem erwünschten Verteidiger auch dann anvertrauen kann, wenn jener noch nicht formell das Mandat übernommen hat oder auch nur hat übernehmen

---

54 Genauer unten Rn. 10.

55 LG Koblenz MDR **1981** 72 (zu § 25 DienstordnungsG Rhl.-Pf.).

56 *Kempf/Corsten* StV **2019** 59, 63; *Grube* JR **2009** 362, 363 sowie ausf. oben § 137, 9. **A. A.** *Danckert* StV **1986** 173, der wohl sogar davon ausgeht, dass ein materielles Verteidigungsverhältnisschon *vor* dem Abschluss des Mandatsvertrages besteht.

57 *Bung* StV **2010** 587, 588 weist mit Fug darauf hin, dass schon die Art und Weise, wie von der Gegenauffassung mit dem Wortlautargument umgegangen wird, „methodisch zweifelhaft" ist.

58 Zur Funktion einer Schutz- bzw. Verteidigungsschrift vgl. *R. Hamm* StV **1982**, 490, 494; *Dahs* (Hdb.) Rn. 403; HbFaStrR/*Bockemühl*, Teil 2 Kap. 1 Rn. 170.

59 Zu den erheblichen praktischen Auswirkungen für den Schutz vor der Beschlagnahme von Mitteilungen und Aufzeichnungen, die schon vor Einleitung eines Ermittlungsverfahrens zum Zweck der späteren Verteidigung angefertigt worden sind, ausf. unten Rn. 26.

60 Oben § 137, 8.

61 Oben Rn. 5 a. E.

können, sondern erst einen Besuch auf Wunsch des Beschuldigten durchführt, um die Übernahme des Mandats und, aus Sicht des Inhaftierten, seine Wahl prüfen zu können (**Schutz der Anbahnungsphase**). Es wäre ein massiver **Wertungswiderspruch**, das Anbahnungsverhältnis ungeschützt sein lassen zu wollen, gleichzeitig aber – ganz zu Recht[62] – das Zeugnisverweigerungsrecht des Verteidigers gem. § 53 Abs. 1 Nr. 2 und den Schutz des § 160a schon für den Anbahnungsfall zuzubilligen.[63] Zudem spricht eine Auslegung im Lichte des Art. 3 Abs. 3 der Richtlinie 2013/48/EU für den Schutz der Anbahnungsphase.[64] Für das Anbahnungsverhältnis und die sonstige Tätigkeit im **Frühstadium eines Strafverfahrens** muss also nach heute **wohl schon h. M.** sowohl in der **Rechtsprechung**[65] als auch im **Schrifttum**[66] unabhängig vom Stand des Js-Registers und erst recht unabhängig von einer förmlichen Inkulpation das Gleiche gelten wie für das **Verteidigungsverhältnis** nach dem (technischen) Vorliegen einer „Beschuldigung." Ob man dies, wie von einer beim Bundesministerium für Justiz und Verbraucherschutz angesiedelten **Expertenkommission 2015** empfohlen,[67] vom Gesetzgeber in der 18. WP aber nicht aufgegriffen,[68] für den mündlichen Verkehr in der Anbahnungsphase in § 148 Abs. 1

---

62 Siehe nur BGH NStZ **2016** 741 m. zust. Anm. *Kämpfer*; Meyer-Goßner/*Schmitt* § 53, 10.

63 Dieses Argument findet sich bereits bei *Hanack* JR **1986** 35 f.

64 *Esser* in: Strafverteidigervereinigungen (Hrsg.), 42. Strafverteidigertag (2018) 479, 495 f.

65 OLG Düsseldorf StV **1984** 106; LG München I NStZ **2019** 172, 174 m. Anm. *Dominok*; LG Hamburg StraFo **2016** 463, 464 (mit mustergültig klarer, vorstehend aufgegriffener Begründung und entgegen LG Hamburg Beschl. v. 11.9.2007 – 624 Qs 47/07 S. 2); LG Braunschweig NZWiSt **2016** 39 m. zust. Anm. *Jahn/Kirsch* u. zust. Anm. *Lis* StV **2016** 353, 356; LG Frankfurt StraFo **2004** 239, 240; AG Köln, Beschl. v. 8.10.2019 – 503 Gs 1630/19, S. 5 – Cum/Ex m. zust. Anm. *Schelzke* jurisPR-StrafR 24/2019 Anm. 2. **A. A.** LG Würzburg Beschl. v. 19.1.2018 – 5 Qs 9/18, juris, Tz. 4 f.; LG Bonn NZWiSt **2013** 21, 24 f. m. abl. Anm. *Jahn/Kirsch*; zu den Konsequenzen für die Hinzuziehung eines Dolmetschers LG Dortmund StV **2019** 184 f. Speziell für den Fall der Untersuchungshaft wollen zudem andere Oberlandesgerichte (KG StV **1985** 405 m. zutr. abl. Anm. *Hassemer* [abl. auch SK/*Wohlers* 7]; KG StV **1991** 307; JR **1992** 86 [danach soll „Ausnahmefällen" durch eine entsprechende Anwendung des § 119 Abs. 3 a. F. [jetzt § 119 Abs. 1] Rechnung getragen werden können]; OLG München NStZ **2013** 170, 171 f. Tz. 8; NStZ-RR **2012** 294 m. zutr. abl. Anm. *Barton* StRR **2012** 349; OLG Stuttgart StV **1993** 255 m. krit. Anm. *Fezer*) dem Inhaftierten jedoch ein uneingeschränktes Recht auf schriftlichen und mündlichen Verkehr allein mit einem Rechtsanwalt zugestehen, dem bereits eine jederzeit widerrufliche Verteidigungsvollmacht erteilt worden ist.

66 *Wohlers* FS Rogall 757, 762; *Bittmann/Brockhaus/von Coelln/Heuking* NZWiSt **2019** 1, 8; *Klengel/Buchert* NStZ **2016** 383, 385; *Polley/Kuhn/Wegmann* KSzW **2012** 206, 212; *Mehle/Mehle* NJW **2011** 1639, 1643; *St. König* StV **2011** 704, 706; *Grube* JR **2009** 362, 363; *A. Schmitz* NJW **2009** 40, 41; *Hassemer* StV **1985** 405, 406 f.; *Wessing* 122 ff. und OK-StPO/*Wessing* § 137, 7; *Brenner* 98 ff.; SSW/*Beulke* 10 u. § 137, 10; AK/*Stern* 7; HK/*Julius/Schiemann* 5; SK/*Wohlers* 7; KK/*Willnow* 5; AnwK/*Krekeler/Werner* 24; MüKo/*Thomas/Kämpfer* 7. **A. A.** *Oesterle* StV **2016** 118, 119; Meyer-Goßner/*Schmitt* 3; Radtke/Hohmann/*Reinhart* 2.

67 Vgl. Bericht der Expertenkommission zur effektiveren und praxistauglicheren Ausgestaltung des allgemeinen Strafverfahrens und des jugendgerichtlichen Verfahrens, 2015, S. 16, 47 ff. (dort allerdings nach dem Mehrheitsvotum konstitutiv gemeint): „Mündlicher Verkehr im Anbahnungsstadium zwischen Rechtsanwälten und Beschuldigten sollte in den Schutzbereich des § 148 einbezogen werden".

68 § 148 Abs. 2 BMJV-RefE eines Gesetzes zur effektiveren und praxistauglicheren Ausgestaltung des Strafverfahrens aus dem Mai 2016 enthielt noch folgende Regelung: „Gespräche in der Anstalt zwischen dem inhaftierten Beschuldigten und einer nach § 138 Abs. 1 als Verteidiger in Betracht kommenden Person, die der Aufnahme eines Verteidigungsverhältnisses dienen, dürfen nicht überwacht werden. Dies gilt nicht, sofern der Zweck der Inhaftierung oder die Sicherheit und Ordnung in der Anstalt gefährdet werden". Sie wurde in den RegE v. 22.2.2017 (BTDrucks. **18** 11277) nicht übernommen; krit. deshalb *Esser*, in: Strafverteidigervereinigungen (Hrsg.), 42. Strafverteidigertag (2018) 479, 495 ff.

de lege ferenda ausdrücklich klarstellte, ist bei sachgerechter Auslegung des geltenden Rechts damit letztlich nicht entscheidend.[69]

8 Ebenso wie der Besuch zum Zweck der Mandatsanbahnung gehört damit auch die schriftliche **Bitte** des Beschuldigten an einen Rechtsanwalt oder eine andere wählbare Person, die **Verteidigung zu übernehmen**, zu dem von § 148 Abs. 1 geschützten Bereich.[70] Der Beschuldigte wird regelmäßig und durchaus nachvollziehbarerweise das Bedürfnis haben, in dem Schreiben, mit dem er um einen Verteidigerbesuch bittet, auch schon erste Mitteilungen aus seiner Sicht zu dem Tatvorwurf zu machen, um die aus Verteidiger in Aussicht genommene Person zu orientieren und die Chancen auf Übernahme des Mandats durch diese je nach Lage des Falles zu erhöhen. Würden diese Mitteilungen vom Schutz des § 148 ausgenommen, wäre das Gebot, jeden mittelbaren **Zwang** des Beschuldigten **zur Selbstbelastung** von vorneherein zu unterbinden,[71] nicht beachtet. **Nicht** erfasst von § 148 ist daher nur der sogenannte **„Anbiederungsfall“**.[72] Der Rechtsanwalt tritt hier im Auftrag von Familienangehörigen, Freunden oder, in praxi nicht selten, zweifelhaften Empfehlungen von Mitgefangenen oder gar aus egoistischen oder rein wirtschaftlichen Interessen von sich aus „insbesondere in Fällen, die öffentliches Aufsehen erregt haben“[73] mit dem Beschuldigten in Verbindung, um das Mandat zu erlangen. Das ist **berufsrechtswidrig** (§ 43b BRAO).[74] Nur bei Mitteilungen, die der Beschuldigte initiativ im Hinblick auf seine Verteidigung macht, besteht aber die Gefahr, dass die Freiheit der Verteidigung und das Recht, sich nicht selbst belasten zu müssen, tangiert werden. Solange der Rechtsanwalt, gerade umgekehrt, von sich aus an den Beschuldigten herantritt, um diesen erst zur Abgabe des Angebots zum Abschluss eines Geschäftsbesorgungsvertrages oder einer Nominierung nach § 142 Abs. 1 Satz 1 zu bewegen, darf er sich daher nicht als „Verteidiger“ bezeichnen und auch seine Post nicht mit diesem Zusatz kennzeichnen. Anders ist es also nur dann, wenn der Untersuchungsgefangene **erkennbar** selbst **Dritte** mit der Aufsuchung eines Verteidigers **beauftragt** hat, um diesem gegenüber Erklärungen abzugeben (vgl. § 164 Abs. 1 BGB). Hier ist wieder der Schutz des Anbahnungsverhältnisses ausgelöst.[75]

9 **ccc) Ende des freien Verkehrs.** Mit dem **Ende des Mandatsverhältnisses** entfällt eigentlich auch das Recht auf freien Verkehr.[76] Spiegelbildlich zu den hier befürworteten[77] Vorwirkungen spricht aber die **Nachwirkung** des im Grundrecht auf Verteidigung gründenden Vertrauensverhältnisses dafür, den Schutz des § 148 auch über das Ende

---

69 Zutr. deshalb bereits *de lege lata BRAK* Thesen zur Strafverteidigung (2015²), These 4: „(1) In Haftfällen unterliegen Anbahnungsgespräche, in denen erörtert wird, ob ein Verteidigungsmandat begründet werden soll, nicht der Überwachung. (2) Schriftliche ‚Anbahnungspost‘, die als solche gekennzeichnet ist, unterliegt ebenfalls nicht der Überwachung ...“.

70 So auch SK/*Wohlers* 7; KK/*Willnow* 5. **A. A.** – heute überholt – LG Mannheim AnwBl. **1976** 357; OLG Hamm MDR **1971** 679.

71 Oben Rn. 4.

72 So auch *Grube* JR **2009** 362, 363; Meyer-Goßner/*Schmitt* 4; Radtke/Hohmann/*Reinhart* 2; SK/*Wohlers* 7. **A. A.** – für eine Erfassung des „Anbiederungs-“ qua „Angebotsfalls“ – *Fezer* StV **1993** 255; *Seebode*, in: Koop/Kappenberg (Hrsg.), Untersuchungshaft – eine vergessene Reform? (1998) 14; AK/*Stern* 8.

73 AG Aachen Beschl. v. 26.1.2010 – 621 Gs 120/10, juris, Tz. 22.

74 Weyland/*Träger* § 43b, 31; OK-StPO/*Wessing* 7.

75 So auch LG Bielefeld Beschl. v. 7.12.2009 – 3 KLs 58/09 (AK 16/09), juris, Tz. 11; LG Darmstadt StV **2003** 628; SK/*Wohlers* 7 a. E.; HK/*Julius*/*Schiemann* 5; MüKo/*Thomas*/*Kämpfer* 8. **A. A.** OLG Hamm StV **2010** 586 m. zutr. abl. Anm. *Bung*.

76 S. nur LG Tübingen NStZ **2008** 653, 654 Tz. 4.

77 Oben Rn. 7 f.

des Verteidigungsverhältnisses hinaus bestehen zu lassen, sofern dies im Einzelfall sachlich gerechtfertigt ist.[78] So muss das Privileg des § 148 über die „nachvertragliche schuldrechtliche Sonderbeziehung"[79] jedenfalls dann nicht mit der Kündigung des Mandats erlöschen, solange noch **kein neuer Verteidiger** bestellt ist.[80]

ddd) Verteidigung in Strafvollzugssachen. Zur Verteidigung gehört auch die Vertretung des Beschuldigten in allen anderen Stadien des Verfahrens und in den besonderen Verfahrensarten.[81] Für den Verkehr des Verteidigers mit dem **Strafgefangenen** nach Rechtskraft der Entscheidung sind die Vorschriften des Strafvollzugsgesetzes einschlägig. Die **Strafvollzugsgesetze der Länder** verweisen jedoch regelmäßig auf die §§ 148 Abs. 2, 148a (vgl. z. B. Art. 32 Abs. 1 Satz 2 BayStVollzG, § 41 Abs. 2 Satz 2 LJustVollzG Rhl.-Pf. und § 34 Abs. 2 Satz 2 SaarlStVollzG).[82] Nichts anderes gilt für die **Unterbringung** nach dem ThUG.[83] Unbestritten ist daher, dass der Verteidigerbesuch und der Schriftwechsel des Strafgefangenen mit seinem Verteidiger unüberwacht bleiben (§§ 27 Abs. 3, 29 Abs. 1 Satz 1 StVollzG und die entsprechenden Vorschriften der Landessstrafvollzugsgesetze [z. B. § 33 Abs. 3 HStVollzG: „Besuche von und Schriftverkehr mit Verteidigerinnen und Verteidigern sind zu gewährleisten und alle Kontakte mit ihnen dürfen nicht überwacht werden."]).[84] Dass eine **Verteidigerfunktion** aber **in Strafvollzugssachen** nur dann gegeben sein soll, wenn die Sache bereits anhängig ist oder die Rechtshängigkeit durch einen Antrag alsbald herbeigeführt werden wird,[85] ist mit den Vorschriften der Strafvollzugsgesetze nicht vereinbar. Das Gesetz definiert den Beistand eines Rechtsanwalts in Strafvollzugssachen als Verteidigung.[86] Dieser Beistand umfasst jede beratende Tätigkeit in Angelegenheiten des Strafvollzugs unabhängig davon, ob diese Beratung zu einem Verfahren gem. §§ 109 ff. StVollzG führt. Ob ein Antrag auf gerichtliche Entscheidung gestellt werden wird, ist vielleicht erst das Ergebnis der Kommunikation zwischen Gefangenem und seinem Verteidiger. Diesen Teil der Kommunikation vom **Recht** auf **unüberwachten Verkehr** auszunehmen, würde es notwendig machen, die Kommunikation daraufhin zu kontrollieren, ob sie in inhaltlichem Zusammenhang mit einem Verfahren steht. Mit dieser Inhaltskontrolle würde das Recht auf unüberwachten Verteidigerverkehr aber bereits aufgegeben. Ebenso selbstverständlich gehören Anträge an die Anstaltsleitung, die der Anwalt für den Inhaftierten stellt (§ 108 StVollzG), zur Verteidigertätigkeit. Man wird daher als Voraussetzung für das Recht auf unüber- 10

78 Wie hier SSW/*Beulke* 12. Grundsätzlich zustimmend zu der hier entwickelten Position, aber letztlich offen gelassen („mag eine Frage des Einzelfalls sein, die der Senat vorliegend nicht abschließend zu entscheiden brauchte") OLG Rostock Beschl. v. 16.1.2003 – 2 Ws 8/02, Tz. 43 juris.

79 *Grube* JR **2009** 362, 363.

80 So auch AG Koblenz StV **2006** 651 m. zust. Anm. *E. Wilhelm*, der die dogmatische Grundlage in einer analogen Anwendung des § 148 Abs. 1 sieht; in der Sache ebenso MüKo/*Thomas/Kämpfer* 10; SSW/*Beulke* 11. Dies ebenfalls erwägend, aber im konkreten Fall wegen der Bestellung eines neuen Pflichtverteidigers und der Vertretung durch drei weitere Wahlverteidiger abl. OLG München Beschl. v. 12.10.2015 – 3 Ws 870/15 S. 4 f. **A. A.** Radtke/Hohmann/*Reinhart* 2: Missbrauchsgefahr; zweifelnd auch SK/*Wohlers* 6.

81 Vgl. § 137, 15 ff., 35 ff.

82 S. auch BTDrucks. **18** 9534 S. 26.

83 LG Regensburg Beschl. v. 14.1.2013 – 7 O 2304/12 S. 2 f.

84 Oben Rn. 6.

85 So jedoch OLG Nürnberg ZfStrVo. **1979** 186; LG Regensburg ZfStrVo. **1979** 55.

86 Ebenso OLG München NJW **1978** 654, 655; OLG Celle StV **1981** 78; *Schwind*/Böhm § 26, 3; SK/*Wohlers* 5.

wachten Verteidigerverkehr von dem Strafgefangenen und dem Verteidiger **nicht mehr als** die **Auskunft** verlangen können, dass er in Strafvollzugsangelegenheiten vertritt.[87]

11 **eee) Nachweis des Verteidigungsverhältnisses.** Mit Blick auf die mit der Einschlägigkeit des § 148 einhergehenden Privilegierungen wird man grundsätzlich einen geeigneten **Nachweis** des Bestehens eines Verteidigungsverhältnisses **zu fordern** haben. Allerdings dürfen die Anforderungen auch nicht überspannt werden. Ergibt sich der Nachweis der **Vollmacht** nicht ohnehin aus den Akten, wird der Richter ihre **Vorlage** zu fordern haben. Er kann sich jedoch damit begnügen, dass die Vollmacht **nachgereicht** wird, wenn der Verteidiger ihm anwaltlich versichert, zwar mündlich bevollmächtigt worden zu sein, aber darüber noch keine schriftliche Vollmacht vorlegen zu können. Erforderlich, aber auch ausreichend ist damit die **Versicherung der Richtigkeit** des Bestehens eines Mandatsverhältnisses oder zumindest dessen bereits erfolgte Anbahnung[88] unter Berufung auf die Berufspflichten des Rechtsanwalts.[89] Eine von einer **Vertrauensperson** des Verhafteten **unterzeichnete Vollmacht reicht** hingegen regelmäßig **nicht** aus, da es sich um einen bloßen Anbiederungsfall handeln kann.[90] Sie kann aber den durch die Person seines Vertrauens erklärten Willen des Verhafteten erkennen lassen (§§ 133, 157 BGB), er wolle sich im Fall eines Verfahrens des Bevollmächtigten bedienen. Daher kann eine solche Vollmacht je nach Lage des Einzelfalls Veranlassung geben, dem noch nicht ordnungsgemäß bevollmächtigten Verteidiger einen Besuch zu gestatten und ihm nachzulassen, die Vollmacht des Verhafteten unverzüglich nachzureichen.[91] **Strengere Maßstäbe** können sich wegen erschwerter Überprüfungsmöglichkeiten dann ergeben, wenn es sich um einen **ausländischen Verteidiger** in einem im Ausland betriebenen Verfahren handelt. Im Einzelfall kann es dann geboten sein, auch den Nachweis der Legitimation durch die das Verfahren betreibenden ausländischen Ermittlungsbehörden zu fordern.[92]

12 Der **Vollzugsanstalt gegenüber** weist sich der Verteidiger durch die Vollmacht des Verhafteten,[93] die gegebenenfalls auch erst an Ort und Stelle eingeholt werden kann,[94] oder – wenn er Pflichtverteidiger ist und keine zusätzliche Vollmacht erhalten hat[95] – durch die Bestellungsanordnung des Gerichts (§ 141 Abs. 1) aus, VV Abs. 1 Satz 1 zu § 26 StVollzG. Gemäß § 119 Abs. 4 Satz 3 obliegt es der nach § 119 Abs. 2 zuständigen Stelle auch bei der **Untersuchungshaft**, d. h. dem Haftrichter bzw. der Staatsanwaltschaft, falls ihr die Ausführung der Beschränkungsanordnungen übertragen worden ist, das Vorliegen der Voraussetzungen für den nichtüberwachten Verkehr festzustellen.[96] Manche Verteidiger ziehen es vor, insbesondere dann, wenn sie die einzige Originalvoll-

---

87 Vgl. erg. unten Rn. 12 zur Vollmacht.

88 Oben Rn. 7 f.

89 Zur anwaltlichen Versicherung als Mittel der Glaubhaftmachung statt Vieler MüKo-ZPO/*Prütting*[5] § 294, 20.

90 Oben Rn. 8. **A. A.** AK-StVollzG/*Joester* § 29, 9. Er hält es im Regelfall schon für ausreichend, dass sich der Verteidiger als solcher zu erkennen gibt oder ein Schriftstück als Verteidigerpost gekennzeichnet ist. Für den weiter gehenden Nachweis der Verteidigereigenschaft gebe es keine gesetzliche Grundlage.

91 So auch OLG Frankfurt ZfStrVo. **1987** 113; HK/*Julius*/*Schiemann* 9; KK/*Willnow* 6; Meyer-Goßner/*Schmitt* 11; AK/*Stern* 24; SK/*Wohlers* 13 a. E.

92 OLG Köln StV **2011** 36 (rumänischer RA); OLG Celle StV **2003** 63; SK/*Wohlers* 13.

93 Für den Strafvollzug vgl. *Schwind*/Böhm § 26, 6.

94 So z. B. ausdr. Nr. 28.5 der Polizeigewahrsamsordnung Sachsen-Anhalt, RdErl. des Ministeriums für Inneres und Sport v. 4.4.2016 – 21.11-12340/110 (MBl. LSA **2016** S. 268).

95 Vgl. dazu § 141, 3 ff.

96 Vgl. OLG Koblenz Beschl. v. 29.11.2017 – 2 VAs 18/17, juris, Tz. 11.

macht unzweckmäßigerweise ohne vorherige Herstellung einer **beglaubigten Abschrift**[97] zu den Akten gegeben haben und nunmehr keine zweite erbitten wollen, sich vom Richter oder vom Staatsanwalt eine Verteidigerbescheinigung (ggf. auch als **„Dauersprechschein"**) ausstellen zu lassen. Auch damit muss sich die Vollzugsanstalt begnügen. Fordern darf sie eine solche Bescheinigung anstelle der Vollmacht mangels parlamentsgesetzlicher Grundlage jedenfalls nicht.[98] Anders lautende Regelungen in bloßen UVollzOen (z. B. Nr. 36 Abs. 2, 3 NdsUVollzO) sind nicht maßgeblich.[99] Durch § 146a ist im Übrigen klargestellt, dass eine Verteidigung, die gegen § 137 Abs. 1 Satz 2, § 146 verstößt, erst durch die *gerichtliche* Zurückweisung pro futuro unzulässig wird, bis dahin aber wirksam ist.[100] Für eine faktische **Zurückweisung durch** die **Anstalt** bis zu dem Zeitpunkt der Vorlage einer gerichtlichen Verteidigerbescheinigung gibt es **keine** gesetzliche **Grundlage.**

Über die antragsmäßige Erteilung eines **Sprechscheins** für ein Anbahnungsge- 13
spräch ist der Rechtsanwalt gem. § 35 zu **unterrichten.**[101] Allein die mündliche Unterrichtung der JVA über die ermittlungsrichterliche Zulassung ist nicht ausreichend, da es sonst vom Zufall abhinge, ob der Rechtsanwalt davon erfährt.

bb) Geschützter Verteidigungsverkehr[102]

aaa) Mündliche Kommunikation und Besuche. Strafprozessualer Grundsatz ist 14
der unüberwachte mündliche Verkehr zwischen dem Verteidiger und seinem Mandanten. Das ergibt sich für die direkte Kommunikation im **Mandantengespräch**, unabhängig davon, ob es in einem geschlossenen Raum stattfindet,[103] sowie für die Situation der Untersuchungshaft direkt aus § 148 („schriftlicher und *mündlicher Verkehr*"). Die Vertraulichkeit der Verteidigerkommunikation wird aber durch die Strafverfolgungsorgane dann nicht verletzt, wenn sich der Beschuldigte in Anwesenheit von Ermittlungsbeamten gegenüber dem Verteidiger in einer Weise äußert, dass dies ohne Weiteres wahrgenommen werden kann (z. B. **auf dem Gerichtsflur** in Anwesenheit von Polizeibeamten), ohne dass die Strafverfolgungsbehörden eine Situation schaffen, in der dem Beschuldigten bewusst verschleiert wird, dass er ausgehorcht wird.[104] Für die Strafhaft ist dies zusätzlich in § 27 Abs. 3 StVollzG und den entsprechenden landesrechtlichen Vorschriften festgeschrieben. **Dauer** und **Häufigkeit** der Besuche sind grundsätzlich **unbeschränkt.**[105] Trotz der Freiheit des mündlichen Verkehrs ist es freilich durch den insoweit limitierenden Rahmen des Vorbehalts des Möglichen selbstverständlich, dass sich

97 Für diese weitere Option zu Recht auch Radtke/Hohmann/*Reinhart* 3.
98 Wie hier OLG Dresden NStZ **2007** 707, 708 f. Tz. 10; SK/*Wohlers* 13; HK/*Julius/Schiemann* 13; Radtke/Hohmann/*Reinhart* 3; MüKo/*Thomas/Kämpfer* 6. **A. A.** KK/*Willnow* 6; Meyer-Goßner/*Schmitt* 11; LG Würzburg NJW **1972** 1925 m. krit. Anm. *Seebode*; diese Auffassung hält VerfGH Rhl.-Pf. NJW **2020** 1130, 1132 Tz. 40 46 f. für „jedenfalls nachvollziehbar" und deshalb willkürfrei.
99 Zur alleinigen Funktion der UVollzOen LR/*Hilger*[26] § 119, 9.
100 Vgl. oben § 146a, 12.
101 LG München StV **2000** 517 (Ls.).
102 Instruktive tabellarische Übersicht zum Ganzen bei *Beulke/Ruhmannseder* StV **2011** 252, 255-260.
103 LG Augsburg StV **2014** 468 m. zust. Anm. *Vahle* DVP **2016** 40, 41 u. zust. Anm. *Gutman* FD-StrafR **2014** 362412.
104 BGH JR **2019** 206 Tz. 14 m. Anm. *Bünnigmann* und Anm. *Chr. Jäger* JA **2019** 308, 310 f.
105 OLG Zweibrücken StV **1997** 313, 314; Meyer-Goßner/*Schmitt* 9; AK/*Stern* 18; SK/*Wohlers* 12. Vgl. auch den Bericht des Bundestagssonderausschusses für die Strafrechtsreform zum Entwurf eines StVollzG, BTDrucks. **7** 3998 S. 14: Verteidigerbesuche sind „ohne Einschränkung in Bezug auf Zeit und Häufigkeit zu gestatten".

der Verteidiger nach der Ordnung der Anstalt zu richten, namentlich grundsätzlich die **Besuchszeiten** zu beachten hat.[106] Unzulässig mit Blick auf § 148 sind aber von vornherein Besuchszeiten, die den Verteidigerverkehr mehr als unbedingt erforderlich erschweren.[107] Im Zweifel ist dem Recht auf freie Verteidigung Vorrang vor Regelungen im Interesse der Anstaltsordnung und -Sicherheit einzuräumen.[108] Die Besuchszeiten gelten zudem nur für den Regelfall.[109] Besteht darüber hinaus ein substantiiertes, unabweisbares **Bedürfnis für** eine **Sonderregelung**, muss diesem entsprochen werden.[110] Dabei gilt die **Je-Desto-Formel**: Je einschränkender die Regelbesuchszeiten sind, desto geringer sind die Anforderungen, die an die Begründung der Erforderlichkeit eines Besuchs zu einem anderen Zeitpunkt zu stellen sind. Das Besuchsrecht umfasst mit Blick auf die Gewährleistung der Grundbedingungen mündlicher Kommunikation die Mitnahme eines allgemein vereidigten **Dolmetschers**[111] und weiterer kommunikationsnotwendiger **Hilfspersonen**[112] ohne besondere (weitere) Besuchserlaubnis. Welche **Hilfsmittel** der Kommunikation der Verteidiger benutzen darf, hängt grundsätzlich von der mit dem Beschuldigten abgestimmten allgemeinen Verteidigungskonzeption ab, die mit den legitimen Belangen der Ordnung der Anstalt zu einem praktisch konkordanten Ausgleich zu bringen ist. Die Benutzung eines **Diktiergeräts** (nicht notwendig aber: Smartphone mit Diktierfunktion)[113] ist erlaubt, damit an Ort und Stelle aussagekräftige Aufzeichnungen gemacht werden können.[114] Einem Verteidiger, der die für das Gespräch erforderlichen Unterlagen auf einem **Notebook** gespeichert hat, kann die Mitnahme eines solchen Geräts regelmäßig nicht verweigert werden.[115] In besonders gelagerten Fällen kann auch das Fotografieren des Mandanten zu Beweiszwecken von § 148 gedeckt sein.[116] Für den Verteidigerbesuch muss zudem ein **Raum** zur Verfügung gestellt werden, in welchem mit normaler Lautstärke Gespräche geführt werden können, ohne dass diese unter normalen Bedingungen mitgehört werden können.[117]

15 **bbb) Telefongespräche und Telekommunikation.** Telefongespräche sind nach zutreffendem, dem Wortlaut entsprechenden Verständnis der **h. M.**[118] **ebenfalls „mündli-**

---

106 KG GA **1977** 115, 116; KK/*Willnow* 7; Meyer-Goßner/*Schmitt* 10; AK/*Stern* 19; SK/*Wohlers* 12.

107 Vgl. OLG Stuttgart NStZ **1998** 212, 214; OLG Karlsruhe NStZ **1997** 407; Meyer-Goßner/*Schmitt* 10; AK/*Stern* 19; dff. unter Hinweis auf Art. 6 Abs. 3 lit. c EMRK SK/*Wohlers* 12.

108 OLG Hamm NStZ **1985** 432; LG Karlsruhe StV **1985** 381 (für eine Beschränkung der Besuchszeiten auf vier Stunden am Nachmittag); KK/*Willnow* 7 und auch SK/*Wohlers* 12 a. E. Zu eng daher OLG Karlsruhe ZfStrVo. **1986** 60.

109 Vgl. z. B. Nr. 36 Abs. 7 NdsUVollzO: „Der Anstaltsleiter kann im Benehmen mit dem Präsidenten der Rechtsanwaltskammer oder dessen Beauftragten allgemein die Zeiten festsetzen, zu denen in der Vollzugsanstalt die Besuche von Verteidigern regelmäßig stattfinden sollen".

110 KG StraFo **2017** 212, 213; OLG Zweibrücken StV **1997** 313; *Schriewer* NStZ **1998** 160.

111 LG Frankfurt StV **1989** 350; HK/*Julius/Schiemann* 17; KK/*Willnow* 4; SK/*Wohlers* 17; SSW/*Beulke* 23; zu eng LG Köln NStZ **1983** 237.

112 OLG München Beschl. v. 6.7.2015 – 5 Ws 28/15 (R), Tz. 17 ff., 20, juris, plädiert indes für eine „enge Auslegung des Begriffes Hilfsperson".

113 S. sogleich Rn. 15. **A. A.** *Schlothauer/Weider/Nobis* Untersuchungshaft[5] (2016) Rn. 97.

114 OLG Frankfurt AnwBl. **1980** 307; SK/*Wohlers* 18; Meyer-Goßner/*Schmitt* 13; SSW/*Beulke* 23.

115 BGH StraFo **2004** 16; SK/*Wohlers* 18. Ist das Notebook internetfähig (zu dieser Differenzierung auch SSW/*Beulke* 23), sind zusätzlich die Maßgaben in Rn. 15 f. zu beachten.

116 Vgl. EG Hamburg AnwBl. **1977** 83; SK/*Wohlers* 18; HK/*Julius/Schiemann* 11.

117 OLG Hamm StV **1985** 241.

118 *Hemm* NStZ **2018** 433 f; *Schlothauer/Weider/Nobis* Untersuchungshaft[5] (2016) Rn. 115; LR/*Hilger*[26] § 119, 106; KK/*Willnow* 7; HK/*Julius/Schiemann* 7; AK/*Stern* 26; SK/*Wohlers* 12; *Brenner* 88 ff. **A. A.** Meyer-Goßner/*Schmitt* 16; *Joecks* 13.

cher Verkehr" i. S. d. § 148. Ein darüber hinausgehender, *allgemeiner* Anspruch des Untersuchungsgefangenen gerade auf fernmündlichen Verkehr über ein Telefon besteht aber nicht (Nr. 38 Abs. 1 NdsUVollzO, § 32 StVollzG).[119] Auch eine verteidigungsbezogene Kommunikation, die unter Umgehung der Justizvollzugsanstalt über ein im Besitz des Gefangenen befindliches **Mobiltelefon** erfolgt, ist damit nicht von § 148 Abs. 1 erfasst.[120] Der Anspruch auf fehlerfreien Ermessensgebrauch durch die Anstalt kann aber dazu führen, dass ausgehende[121] und eingehende[122] **Gespräche mit** dem **Verteidiger** zu gestatten sind. Die Überwachung des **Telefonanschlusses** eines **Strafverteidigers** ist nach § 148 über das absolute Beweiserhebungsverbot des **§ 160a Abs. 1** hinaus[123] rechtswidrig, wenn sie auf die Überwachung der Kommunikation mit seinem einer Katalogtat beschuldigten Mandanten abzielt, ohne dass der Verteidiger selbst einer Katalogtat verdächtig ist.[124] Bereits § 148 – und nicht nur § 160a Abs. 4 Satz 1[125] – verbietet darüber hinaus eine Fernmeldeüberwachung gemäß § 100a entgegen dem BGH[126] nicht nur, wenn der Verdacht einer Katalogtat gegen den Mandanten besteht, sondern auch schon dann, wenn gegen den Verteidiger der bloße Verdacht der **Teilnahme an** der seinem Mandanten vorgeworfenen **(Katalog-)Tat** oder einer hierzu begangenen Begünstigung, Strafvereitelung oder Hehlerei besteht, wenn der Verteidiger nicht bereits gem. §§ 138a ff. ausgeschlossen worden ist.[127] Das Gleiche gilt für die **Verwertung eines Telefongesprächs**, das der Verteidiger mit einem Dritten, der Mitinhaber des überwachten Telefonanschlusses des Mandanten ist, geführt hat.[128] Offen gelassen hat das BVerfG bislang,[129] ob diese Grundsätze auch für schlichte **Telekommunikationsverbindungsdaten** i. S. d. § 100g gelten.

Darüber hinaus ist grundsätzlich **auch** jede andere **Telekommunikation** i. S. d. 16
§ 100a „mündlicher Verkehr" gem. § 148 Abs. 1.[130] Der Verkehr über **elektronische Medien**, etwa per **E-Mail,** ist daher grundsätzlich von § 148 Abs. 1 erfasst. Indes wird man hier mit Rücksicht auf die Ordnung der Anstalt und die Missbrauchsgefahren im Sinne der Herstellung praktischer Konkordanz nur einen Offline-Verkehr zwischen Mandant

119 OLG Oldenburg NJW **1964** 215.

120 OLG Düsseldorf Beschl. v. 2.12.2019 – IV-1 RBs 42/19, BeckRS **2019** 32763, Tz. 10. Eine andere Frage ist, ob darin auch ein bußgeldbewehrter unbefugter Verkehr i. S. d. § 115 Abs. 1 OWiG zu sehen ist, zutr. *Knierim* FD-StrafR **2020** 424174.

121 BGH StV **1999** 39; *Hemm* NStZ **2018** 433, 436; *Schwind*/Böhm § 32, 2; SK/*Wohlers* 36; restriktiver Meyer-Goßner/*Schmitt* 16.

122 LG Aachen StV **2016** 37 f. (zu § 26 Abs. 1 SicherungsverwahrungsvollzugsG NRW).

123 Zum Verhältnis von § 160a Abs. 1 zu § 148 Abs. 1 Meyer-Goßner/*Schmitt* 160a, 3; *Scharenberg* Der Schutz des Vertrauensverhältnisses zu Berufsgeheimnisträgern gemäß § 160a StPO (2016) 226 ff.

124 BVerfG NJW **2007** 2749, 2750 sowie LG Ellwangen StraFo **2013** 380, 383 f., demzufolge eine Überwachung selbst dann unzulässig ist, wenn die Möglichkeit besteht, dass die Zuordnung der Telefonnummer bzw. E-Mail-Adresse des Verteidigers im Wege eines sog. „Call-ID-Spoofing" fingiert worden ist.

125 Zum Verhältnis von § 160a Abs. 3 Satz 1 zu § 148 Abs. 1 vgl. Meyer-Goßner/*Schmitt* § 160a, 15.

126 BGHSt **33** 347, 350; s. auch BVerfG StV **2012** 610, 611; EGMR V.-C. u. C./F 16.6.2016, Tz. 77 ff. (bei Verstrickungsverdacht gegen den Anwalt nach französischem Recht).

127 Wie hier LR/*Hauck* § 100a, 94; Meyer-Goßner/*Schmitt* § 100a, 13; SK/*Wohlers* 34; *Beulke/Ruhmannseder* Strafbarkeit[2] (2016) Rn. 513. **A. A.** BGH NStZ **1988** 562 m. krit. Anm. *Taschke* StV **1990** 436; KK/*Willnow* 7. Vgl. im Übrigen die Nachw. bei Rn. 17 zum weitgehend parallelen Problem der (unzulässigen) Beschlagnahme von Verteidigerunterlagen.

128 Vgl. *Taschke* StV **1990** 436. **A. A.** BGH NStZ **1988** 562, der eine Unverwertbarkeit allenfalls daraus ableitet, dass der Dritte als Nachrichtenmittler oder Bote im geschützten Verteidigerverhältnis anzusehen ist.

129 BVerfG NJW **2006** 3197; zum Problem Meyer-Goßner/*Schmitt* § 100g, 40 f.

130 Zum begrifflichen Streit LR/*Hauck* § 100a, 29 f., der selbst für eine Begriffsbestimmung in Anlehnung an § 3 Nr. 22 TKG eintritt.

und Verteidiger unter technischer Vermittlung der E-Mail-Weiterleitung an den externen Empfänger und den Inhaftierten durch die JVA zulassen können.[131] Dass die Gerichte die Nutzung eines **internetfähigen Laptops** durch einen inhaftierten Beschuldigten mit dem Argument untersagen, der nicht kontrollierbare Datenaustausch aus der Anstalt heraus stelle eine abstrakte Gefahr für die Zwecke der Untersuchungshaft und den Kernbereich der Ordnung in der Vollzugsanstalt dar, ist deshalb unter dem Blickwinkel des § 148 Abs. 1 hinzunehmen.[132]

17 **ccc) Übergabe von Verteidigungsunterlagen.** Wenn der Verkehr mit dem Beschuldigten nicht überwacht und dem Umfang nach nicht beschränkt sein darf, muss der Verteidiger alle Unterlagen, d. h. **Schriftstücke** und Gegenstände, die Beweismittel sind, mit in die Haftanstalt nehmen und dem Verhafteten aushändigen können, **ohne** einer **Kontrolle** ausgesetzt zu sein.[133] Denn bereits daraus, dass er solche Beweismittel mitnimmt oder nicht, dass er die Beweismittel dem Verhafteten übergibt oder wieder mit in seine Kanzlei nimmt, könnten schon Schlüsse gezogen werden, die zu ziehen die Vorschrift gerade verhindern soll. Dass neben denjenigen Schriftstücken, die Verteidigungsunterlagen sind, auch **andere** dem Verteidigungszweck gewidmete **Gegenstände** zum freien Verkehr gehören, steht zwar nicht *expressis verbis* in Absatz 1. Es lässt sich aber nicht nur aus dem Zweck der Vorschrift herleiten.[134] Es folgt im Umkehrschluss auch aus Absatz 2 Sätze 1 und 3, wo den Schriftstücken, die zum schriftlichen Verkehr gehören, mehrfach die „anderen Gegenstände“ vom Gesetz ausdrücklich zur Seite gestellt werden (unrichtig daher Nr. 36 Abs. 5 UVollzO: nur Schriftstücke).[135] Damit kann auch die Versendung eines solchen Gegenstands aus der Anstalt *heraus* erlaubt sein.[136]

18 **ddd) Schriftverkehr.** Der **Schriftverkehr** zwischen Verteidiger und Inhaftiertem darf **nicht überwacht** (vgl. auch § 29 StVollzG) **oder** dem Umfang nach zeitlich oder mengenmäßig **beschränkt** werden.[137] Der vom Verteidiger eingehende sowie der an den Verteidiger adressierte Schriftverkehr ist zur Sicherstellung dieses Privilegs eindeutig als **„Verteidigerpost“** zu kennzeichnen.[138] Der Verteidiger erklärt damit verbindlich und mit allen berufsrechtlichen Konsequenzen, dass er dem Gefangenen *als* Verteidiger und zudem *im Rahmen*

131 Vgl. dazu *Schelzke* HRRS **2013** 86, 90 f.; *Reinhart Michalke* StraFo **2005** 91, 93.

132 Vgl. dazu – allerdings seinerzeit noch ohne die Differenzierung nach der Internetfähigkeit des Geräts – BVerfG NStZ **1994** 604 m. zust. Anm. *Rotthaus*; OLG Hamm StV **1997** 199, 201 m. krit. Anm. *Nibbeling*; HK/*Julius/Schiemann* 12a; die Differenzierungen bei BVerfG (*2. Kammer* des *2. Senats*) NJW **2019** 1738, 1739 m. Anm. *Bode* NStZ-RR **2019** 192 für den Strafvollzug und VerfGH Sachsen Beschl. v. 27.6.2019 – Vf. 64-IV-18, juris, Tz. 27 (insoweit in NStZ **2020** 105 m. Anm. *Esser* nicht abgedr.) für den Internetzugang in der Sicherungsverwahrung („kontrollierter Zugang ins Internet, Kommunikationswerkzeug durch abgesicherte E-Mail-Funktion und Foren“) dürften dem nicht entgegenstehen. **A. A.** vormals noch LR/*Lüderssen/Jahn*[26] § 148, 16.

133 BGHSt **26** 304; BGH NJW **1973** 1656; Meyer-Goßner/*Schmitt* 15; SK/*Wohlers* 19; AK/*Stern* 23; KMR/*Müller* 8.

134 Oben Rn. 3 ff.

135 *Hanack* JR **1971** 273, 275 zu Augenscheinsobjekten sowie SK/*Wohlers* 19; AK/*Stern* 23; Meyer-Goßner/*Schmitt* 15.

136 **A. A.** OLG Hamm BlfStrVK **1985/2**, 9 (Ls.) (für die Versendung eines Kassettenrecorders).

137 Meyer-Goßner/*Schmitt* 6; Radtke/Hohmann/*Reinhart* 7; SSW/*Beulke* 13; AK/*Stern* 13; SK/*Wohlers* 20. S. auch LG Stuttgart StV **1985** 67 und OLG Stuttgart NJW **1992** 61, wonach die aus der Vollzugsanstalt ausgehende Verteidigerpost eines Gefangenen auch dann nicht angehalten und der Sichtkontrolle unterzogen werden darf, wenn es sich um Paketsendungen handelt.

138 OLG München NStZ-RR **2012** 294.

der Verteidigung und nicht darüber hinausgehend, in anderen Angelegenheiten oder rein privat schreibt. Der Gefangene kann ungehindert seine Verteidigerpost der Vollzugsanstalt verschlossen zum Versand übergeben. Sie darf **nicht angehalten** werden (vgl. auch § 31 Abs. 4 StVollzG). Der Schriftverkehr umfasst außer Briefsendungen auch **Pakete** mit Schriftstücken,[139] etwa Gutachten und Akten. Unter den Gesetzesbegriff des „schriftlichen Verkehrs" fällt auch der Austausch von **Disketten**[140] oder **USB-Sticks**.[141]

cc) Die Grenzen des Verkehrsrechts: Unmittelbarkeit- vs. Untrennbarkeitspostulat. Der Verteidiger ist unstreitig verpflichtet, von dem Verkehr nur zum **Zweck der Verteidigung** Gebrauch zu machen.[142] Die Frage ist, wie diese Zwecke einzugrenzen sind, um den grund- und menschenrechtlichen Postulaten des § 148 Abs. 1[143] gerecht zu werden. Der **BGH** hat dazu am Beispiel schriftlicher Kommunikation den Grundsatz aufgestellt, vom Verteidigerprivileg sei nur derjenige Schriftwechsel erfasst, der sich *unmittelbar* auf die Verteidigung beziehe. Er hat daraus gefolgert, er dürfe dem Beschuldigten auch nicht, wenn er ihn zugleich in Zivil- oder anderen Sachen vertritt, ohne richterliche Genehmigung den die andere Sache betreffenden Schriftwechsel übergeben oder diese Sache mit ihm besprechen.[144] Die Entscheidung betraf einen Sachverhalt, in dem der Beschuldigte über das Medium der Verteidigerpost seine Geschäfte aus der Haft heraus weiterbetrieb; ihr ist insoweit beizutreten. Sie verträgt indes keine Generalisierung. Allerdings wollte auch die Rechtsprechung des BVerfG[145] den Grundsatz des freien Verkehrs zunächst dahin anwenden, dass der unkontrollierte Verkehr nur solche Schriftstücke umfasse, die unmittelbar das Strafverfahren betreffen. 19

Dem *obiter dictum* des BGH zum **Unmittelbarkeitspostulat** liegt aber nach wohl h. M.[146] in der Literatur ein im Ganzen **zu enger Begriff von Verteidigung** zugrunde. Diese Auffassung mochte, zumal zunächst bestätigt im Rahmen der (beschränkten) Bindungswirkung von BVerfG-Kammerentscheidungen, auch für die Praxis in einem gewissen Umfang verbindlich sein.[147] Sie überzeugt jedoch weder mit Blick auf die nachfolgende BVerfG-Senatsrechtsprechung noch inhaltlich. Der Gesetzgeber selbst hat in der amtlichen Begründung zu § 160a n. F. festgestellt, dass die Differenzierung zwischen Verteidigern und Anwälten eine Abgrenzung der beiden Tätigkeitsbereiche voraussetze, die sich in der Pra- 20

139 OLG Stuttgart NJW **1992** 61; LG Stuttgart StV **1985** 67 für *aus* der Vollzugsanstalt ausgehende Paketpost des Gefangenen.

140 OLG Hamm StV **1997** 199, 200; SK/*Wohlers* 20.

141 Ausf. *Korge* Die Beschlagnahme elektronisch gespeicherter Daten bei privaten Trägern von Berufsgeheimnissen (2009) 115.

142 BGHSt **53** 257, 261 Tz. 13; BGH NJW **1973** 2036.

143 Oben Rn. 1 ff.

144 BGHSt **26** 304, 307; zusf. *A. Schmitz* NJW **2010** 1728, 1729.

145 BVerfG (2. *Kammer* des 2. *Senats*) NJW **2010** 1740, 1741 Tz. 21 f. m. abl. Anm. *Weider* StV **2010** 146 f. unter ausdr. Ablehnung der hier noch in der Voraufl. vertretenen Auffassung. Zust. (ohne das Spannungsverhältnis mit BVerfGE **129** 208 zu erkennen) OLG Karlsruhe NStZ-RR **2014** 224; AG Nürnberg Urt. v. 4.2.2011 – 45 OWi 501 Js 1484/10 S. 8 f.

146 Im Ergebnis ebenso *Weider* StV **2010** 146, 147; *Grube* JR **2009** 362, 364; SK/*Wohlers* 19 und *ders.* FS Rogall 757, 765; MüKo/*Thomas*/*Kämpfer* 11; SSW/*Beulke* 14; Radtke/Hohmann/*Reinhart* 4; AnwK/*Krekeler*/*Werner* 6; HK/*Julius*/*Schiemann* 6 sowie *Jahn*/*Kirsch* StV **2019** 12, 14 f. Nur im Ergebnis deshalb zutr. OLG Karlsruhe NStZ-RR **2014** 224 für einen Brief des Hauptbelastungszeugen, der für die Glaubwürdigkeitsbeurteilung relevant war.

147 Zum Problem *Jahn* NJW **2006** 652 f.: § 93c Abs. 1 Satz 2 und § 31 BVerfGG statten jedenfalls den Tenor und die tragenden Gründe *stattgebender* Kammerbeschlüsse mit Bindungswirkung aus.

xis oftmals nicht durchführen lasse.[148] Wenig später hat auch das BVerfG in der Entscheidung zur Verfassungsmäßigkeit der TKÜ-Vorschriften[149] dieses der älteren Judikatur widerstreitende **Untrennbarkeitspostulat** ausdrücklich anerkannt, wenn es ausführt, dass „eine Differenzierung zwischen Anwälten und Verteidigern aufgrund der Nähe der Tätigkeitsfelder **faktisch kaum möglich** ist ... (Es) wird sich aus der Außenperspektive vielfach nicht feststellen lassen, ob der Betroffene allgemeinen rechtlichen Rat oder die Beratung durch einen Strafverteidiger sucht. Auch bei einem bereits bestehenden nicht strafrechtlichen Mandat ist der Übergang zur Strafverteidigung mitunter fließend. Einem anwaltlichen Beratungsverhältnis ist ... bei generalisierender Betrachtung die **Option der Strafverteidigung immanent**". Wie das Unmittelbarkeitspostulat des BVerfG-Kammerbeschlusses v. 13.10.2009 mit dem vom BVerfG in dem zeitlich nachfolgenden TKÜ-Senatsbeschluss aus dem Jahr 2011 anerkannten **Untrennbarkeitspostulat** zu vereinbaren sein sollte, bleibt unerfindlich. Man wird also nicht umhinkönnen, es als durch den *Senat* mit BVerfGE **129** 208 **stillschweigend aufgegeben** und die voraufgehende Kammerentscheidung als *overruled* anzusehen. Darüber hinaus hat das BVerfG[150] in einer weiteren Entscheidung in der Folge ausdrücklich klargestellt, dass Verteidigungsunterlagen keinen besonderen „Verteidigerbezug" erkennen lassen müssen, um vor staatlichem Zugriff geschützt zu sein. Es langt vielmehr hin, wenn die Schriftstücke beim Verteidiger aufgefunden werden und einen Bezug zum Strafverfahren haben.[151] Das ist auch aus inhaltlichen Gründen in einem auch an Resozialisierung und Verhältnismäßigkeit orientierten Straf- und Strafprozessrecht (§§ 46 Abs. 1 Satz 2 StGB, § 112 Abs. 1 Satz 2) in der Sache überzeugend,[152] weil das **Unmittelbarkeitspostulat zu eng** ist. Bemühungen etwa um den Erhalt oder die Beschaffung von Arbeitsplatz (§ 56c Abs. 2 Nr. 1 StGB) und Wohnung (§ 116 Abs. 1 Nr. 2), eine Darlehensaufnahme oder den Verkauf von Wertgegenständen zur Gestellung einer Kaution (§ 116 Abs. 1 Nr. 4) sind zwar rechtstechnisch ihrem Wesen nach zivilrechtliche Angelegenheiten. Sie können aber, wie die vorstehenden Gesetzesverweise belegen, die Haftgründe – insbesondere denjenigen der Fluchtgefahr – und die Sanktionsentscheidungen betreffen. Daher umfasst das Verteidigerprivileg des § 148 Abs. 1 auch **sämtliche Kommunikation** aus anderen rechtlichen Verfahren, wenn und soweit sie mit der Verteidigung gegen den hiesigen Tatvorwurf in einem **inneren, untrennbaren Zusammenhang** stehen. Selbstverständlich findet das Verteidigerprivileg dort seine **Grenze**, wo die allgemeinen Gesetze Verbote vorsehen: Ein Schriftwechsel, der – wenn auch an die Verteidigung anknüpfend – sich auf die Fortsetzung von Straftaten und die Beteiligung des Verteidigers daran bezieht, fällt nicht unter das Verteidigerprivileg.[153]

21 Diese Grundsätze gelten konsequenterweise grundsätzlich auch für das **unüberwachte Gespräch** in der **Haftsituation**. Das Recht auf unüberwachten Umgang kann daher auch mit Verteidigern in anderen gegen den Inhaftierten anhängigen Verfahren bestehen als dem, in dem die Untersuchungshaft angeordnet ist.[154] Dem Verteidiger steht

---

148 BTDrucks. **17** 2637 S. 6 f.; BRDrucks. 229 **10** S. 1: „Diese Differenzierung wird insbesondere im Verhältnis Verteidiger-Rechtsanwalt vielfach als nicht sachgerecht erachtet, zumal der Übergang vom Anwalts- zum Verteidigermandat in der Praxis mitunter fließend sein kann".

149 BVerfGE **129** 208, 264 Tz. 262 m. Anm. *B. Gercke* StV **2012** 257, 264. Dazu ebenfalls zutr. *Dallmeyer* Vertrauen ist gut, Kontrolle ist schädlich!, StV 07/**2012** I (Editorial), http://stv-online.de/content/beiträge.

150 BVerfG (*3. Kammer* des *2. Senats*) StraFo **2015** 61, 63 Tz. 22.

151 Selbstverständlich nicht hiervon umfasst sind Beweismittel, die dem staatlichen Zugriff nicht entzogen werden dürfen; hierzu jüngst BGHSt **63** 174, 180 Tz. 16 m. insoweit zust. Bespr. *Beulke* StV **2019** 205, 209.

152 S. zur Strafzweckdiskussion *Jahn/Schmitt-Leonardy* FS II Kreuzer (2018) 265, 277 ff. m. w. N.

153 BGH NJW **1973** 2036; AG Hanau NJW **1989** 1493.

154 OLG Celle StV **2003** 63.

jedoch ungeachtet der Möglichkeit, von Mitbeschuldigten erlangte Informationen an seinen Mandanten weiterzugeben, kein Besuchsrecht ohne Gesprächsüberwachung bei **inhaftierten Mitbeschuldigten** zu.[155] Auch **gemeinsame** unüberwachte **Besprechungen** der Verteidiger mit mehreren in demselben Verfahren **in Untersuchungshaft** genommenen Beschuldigten sind unzulässig, wenn Gegenstand der Anklage Vorwürfe sind, die ihrer Natur nach auf Vernebelung und Verdunkelung des Sachverhalts angelegt sind.[156] Nach der Rechtsprechung des BVerfG[157] bietet das Grundgesetz auch dann keinen lückenlosen Schutz für den ungestörten Kontakt des Verteidigers mit dem inhaftierten Mandanten, wenn es zwar nicht vornehmlich um ein staatliches Interesse oder öffentliches Informationsbedürfnis, aber um die Wahrung **schutzwürdiger Belange Dritter** geht. So soll die an den in Untersuchungshaft sitzenden Gemeinschuldner gerichtete Verteidigerpost nicht von einer **Postsperre** nach § 99 Abs. 1 InsO auszunehmen sein. Allerdings rechtfertigten die Gläubigerinteressen Offenbarungspflichten des Insolvenzschuldners nur zu Zwecken des Insolvenzverfahrens, nicht aber zu Zwecken der Strafverfolgung.[158]

dd) Kontrolle der schriftlichen und mündlichen Verteidigerkommunikation. 22
Der Richter oder die Anstalt können das Vorliegen gesetzlicher Verbote nicht kontrollieren. § 148 Abs. 1 **untersagt**, ebenso wie das Strafvollzugsgesetz (§§ 26 Satz 3 und 29 Abs. 1 Satz 1 StVollzG), die **Inhaltskontrolle.** Diese Auslegung ist aus gesetzessystematischen Erwägungen geboten. Eine Inhaltskontrolle hat der Gesetzgeber ausdrücklich nur in Absatz 2 vorgesehen.[159] Die Norm ist insofern unvollkommen. Da jedoch gerade die Kontrolle der Einhaltung der Voraussetzungen ihren **Zweck vereiteln** würde, muss das hingenommen werden. Auch das Berufsrecht kann diese Lücke nicht mit Wirkung für die Regelung der Strafprozessordnung überbrücken.[160] Die **Kontrolle des Schriftwechsels** sowie der beim Besuch mitgeführten Gegenstände muss sich deshalb darauf **beschränken**, ob es sich **nach** den **äußeren Merkmalen**, also das Vorliegen einer Vollmacht, die hinreichende Kennzeichnung als Verteidigerpost und die Absenderidentität, um Bestandteile des Verteidigerverkehrs handelt.[161] Bei Zweifeln an der Absenderidentität empfiehlt sich vor Aushändigung der Sendung die Rückfrage beim Absender.[162] Sind die Zweifel auf diese Weise nicht auszuräumen, darf das Schriftstück nicht angehalten werden, sondern ist zurückzuschicken. Auch die generelle Vorlage an das Gericht – dem ja ebenfalls keine Inhaltskontrolle möglich ist (Ausnahme: Absatz 2) – ist wegen der damit verbundenen Verzögerungen unzulässig.[163] Diese Grundsätze gelten entsprechend auch für die **(fern-)mündliche Kommunikation.** Aus dem Grundsatz der Anwendbarkeit des § 148 ergibt sich, dass diese Telefongespräche des Inhaftierten mit seinem Ver-

155 OLG Schleswig SchlHA **2002** 152.

156 OLG Schleswig SchlHA **2002** 152.

157 BVerfG NJW **2001** 746 m. krit. Anm. *Marberth-Kubicki* StV **2001** 433; krit. auch SK/*Wohlers* 23; SSW/*Beulke* 21.

158 Vgl. schon BVerfGE **56** 37, 50 f.

159 Das verkennt OLG Koblenz StV **1982** 427 mit dem Vorschlag einer Analogie zu Fällen, die nur von § 148 Abs. 2 erfasst sind.

160 Irreführend insofern die noch von LR/*Dünnebier*[23] 17 gegebenen Hinweise.

161 So auch OLG Frankfurt StraFo **2005** 74; ZfStrVo. Sonderheft **1979** 46; OLG Nürnberg ZfStrVo. **1984** 182 (Ls.); OLG Koblenz NStZ **1986** 332; OLG Karlsruhe NStZ **1987** 188; *Grube* JR **2009** 362, 367; Meyer-Goßner/*Schmitt* 7; AK/*Stern* 14; SK/*Wohlers* 24; KK/*Willnow* 8; SSW/*Beulke* 17; Radtke/Hohmann/*Reinhart* 7; zu Unrecht einschr. LG Tübingen NStZ **2008** 653, 655 Tz. 13. Zur Zulässigkeit des Röntgens von Verteidigerpost OLG Frankfurt ZfStrVo. **2004** 50.

162 OLG Karlsruhe NStZ **1987** 188; OLG Bremen StV **2006** 650.

163 OLG Düsseldorf NJW **1983** 186.

teidiger **nicht mit- oder abgehört** werden dürfen.[164] Die Anstaltsleitung kann allerdings, um – analog VV Abs. 2 zu § 26 StVollzG („Rechtsanwälte ... haben ihre Eigenschaft auf Verlangen nachzuweisen") – die Verteidigereigenschaft des Gesprächspartners sicherzustellen, die **Anbahnung des Telefongesprächs** durch Anwahl der Telefonnummer des Verteidigers übernehmen.[165] Um offensichtliche **Missbräuche** auszuschließen, kann sich die Vollzugsanstalt bei Beginn des Telefonats vom Verteidiger zudem versichern lassen, dass er allein das Telefonat führen und keine weitere Person während des Gesprächs zugegen sein wird.[166]

23 Der Gefangene besitzt keine alleinige Dispositionsbefugnis, über die **Öffnung von Verteidigerpost** zu entscheiden.[167] Die Post darf daher auch in Anwesenheit des Gefangenen grundsätzlich nicht geöffnet werden.[168] Denn jede Entnahme der Verteidigerpost aus der Versandumhüllung birgt die Möglichkeit in sich, dass der kontrollierende Beamte vom Inhalt Kenntnis nimmt, selbst wenn er dies gar nicht beabsichtigt hat oder es ihm auf Grund von Anordnungen untersagt ist.[169] Auch die routinemäßige Öffnung der Verteidigerpost und Ausschütteln durch den Gefangenen im Beisein eines JVA-Bediensteten ist deshalb rechtswidrig.[170] Dies muss selbst dann gelten, wenn ein begründeter Verdacht des Missbrauchs besteht, da die – auch nur bruchstückhafte – Kenntnisnahme des gedanklichen Inhalts sich jedenfalls praktisch wohl nie ganz ausschließen lassen wird.[171] Gleiches gilt, wenn ein als Verteidigerpost bezeichnetes Schreiben eine Sozietät mit mehreren Rechtsanwälten als Absender ausweist.[172]

24 Mehr, als nach äußeren Merkmalen zu kontrollieren, ist also auch in Fällen des **Missbrauchsverdachts** generell untersagt. Denn die mögliche Missbrauchsgefahr ist dem Gesetzgeber bekannt gewesen, er hat sie aber bewusst in Kauf genommen.[173] Die §§ 138a ff. regeln auch insoweit die strafprozessualen Folgen des Missbrauchs der Verteidigerrechte umfassend und **abschließend.**[174] Erst nach der gerichtlichen Entscheidung über das vorläufige Ruhen der Verteidigerrechte gem. **§ 138c Abs. 3 Satz 1**

---

164 *Hemm* NStZ **2018** 433, 436; *Kühne* StV **1998** 683; *Waldowski* AnwBl. **1975** 106; *Welp* JZ **1972** 428; AnwK/*Krekeler*/*Werner* 15; *Brenner* 29 ff.; *de lege ferenda Groß* StV **1996** 559. Zur Frage, ob ein JVA-Bediensteter beim Telefonat im Dienstzimmer zugegen sein darf, BGH StV **1999** 39 m. abl. Anm. *Lüderssen* StV **1999** 490.

165 Vgl. OLG Rostock Beschl. v. 2.4.2003 – I Ws 118/03, juris Rn. 7; LG Dresden StV **2011** 744, 745; *Hemm* NStZ **2018** 433, 435 f.; einschränkend für den Sonderfall schwieriger Identitätsfeststellung eines im (EU-) Ausland befindlichen anwaltlichen Gesprächspartners (rumänischer Rechtsanwalt) OLG Köln StV **2011** 36.

166 BGH NStZ **2011** 592.

167 OLG Dresden StV **2006** 655.

168 OLG Stuttgart (*5. Senat*) NStZ **1983** 384; OLG Koblenz NStZ **1986** 333; Meyer-Goßner/*Schmitt* 7; AK/*Stern* 15; SK/*Wohlers* 25; KK/*Willnow* 8. **A. A.** EGMR NJW **2003** 1439, 1441; OLG Stuttgart (*4. Senat*) Beschl. v. 13.4.2010 – 4 Ws 69/10 S. 4 f. und OLG Koblenz StV **1982** 427 m. abl. Anm. *Dünnebier* (bei Auslieferungshaft); zust. *Schwind*/Böhm § 29, 15.

169 OLG Stuttgart NJW **1992** 61; OLG Karlsruhe **1987** 189; OLG Koblenz NStZ **1986** 333.

170 OLG Frankfurt StraFo **2005** 74.

171 OLG Frankfurt StraFo **2005** 74.

172 OLG Bremen StV **2006** 650.

173 Vgl. OLG Dresden NStZ **2007** 707, 708 f. Tz. 10; OLG Karlsruhe NStZ **1987** 189; OLG Koblenz NStZ **1986** 332, 33.

174 Wie hier MüKo/*Thomas*/*Kämpfer* 3, 19. **A. A.** *Beulke* (Verteidiger) 230; *ders.* FS Lüderssen 693, 708 ff.; Meyer-Goßner/*Schmitt* § 97, 38. Die hier schon in der Voraufl. vertretene Auffassung wurde in BVerfGK **17** 311 = NJW **2010** 2937, 2938 Tz. 14 m. m. zust. Anm. *Gössel* NStZ **2010** 288 f. und zutr. abl. Anm. *Norouzi* StV **2010** 671, 672 f.; *Kühne* HRRS **2009** 547, 548; *Barton* JZ **2010** 102, 103 f. dahingehend missverständlich dargestellt, man könne aus ihr ableiten, es sei für Maßnahmen auf Grundlage des § 148 ein hinreichender Tatverdacht i. S. d. § 170 Abs. 1 erforderlich.

steht der Schriftwechsel zur Beschlagnahme zur Verfügung.[175] Es ist daher unzulässig, dem Verteidiger *einzelne* Rechte zu entziehen, ihm also den freien Verkehr mit dem Beschuldigten zu verbieten oder etwa durch Untersuchung der Post, ihre Beschlagnahme oder Abhören des Telefons illusorisch zu machen.[176] Die entgegengesetzte frühere Rechtsprechung des BGH[177] – Durchsuchung und Beschlagnahme während bestehender Verteidigung seien zulässig – war angesichts der ursprünglichen Unzulässigkeit des Verteidigerausschlusses ein allein aus der Not der Praxis beschrittener Ausweg.[178] Sie ist durch die Einführung der §§ 138a Abs. 3, § 148 Abs. 2 und § 148a überholt.

ee) Durchsuchung. Die Durchsuchung des Verteidigers verstößt grundsätzlich gegen § 148. Gibt es allerdings aufgrund eines **substantiierten Verdachts**[179] konkrete Anhaltspunkte für den Verdacht, dass z. B. einem Inhaftierten **Waffen** oder **Ausbruchsmaterial** zugeführt werden und dass der Verteidiger sich daran beteiligt oder dazu, selbst unwissentlich, benutzt wird, kann für den Einzelfall eine Durchsuchung auch des Verteidigers angeordnet oder durchgeführt werden.[180] Dabei dürfen jedoch nur die vom Verteidiger mitgeführten Behältnisse nach Waffen oder anderen gefährlichen Gegenständen durchsucht werden. Von den mitgeführten Akten und sonstigen verteidigungsrelevanten Unterlagen darf keine Kenntnis genommen werden. Sie muss zudem auch im Übrigen dem Grundsatz der Verhältnismäßigkeit unter voller Würdigung der Belange einer **fairen Verfahrensgestaltung** entsprechen.[181] Da die Durchsuchung jedoch häufig die Gefahr der Kenntnisnahme des Akteninhalts mit sich bringt und dem Verteidiger die Mitnahme von Augenscheinsobjekten zu Verteidigungszwecken letztlich unmöglich macht, ist eine **allgemeine**, auf § 24 Abs. 3 StVollzG gestützte **Durchsuchungsanordnung** gegenüber Verteidigern **unzulässig.**[182] 25

ff) Beschlagnahme einschließlich des Schutzes der Produkte interner Erhebungen (internal investigations). Soweit **Anwaltspost** bezogen auf das Zwangsmittel der Beschlagnahme und der anschließenden Verwertung im Verfahren Beschränkungen unterliegt, ergibt sich dies nicht erst aus § 97 Abs. 1 Nrn. 1-3 oder dem noch allgemeineren § 160a (vgl. § 160a Abs. 5), sondern – **ungeachtet der** dort wegen § 97 Abs. 2 Satz 1 zentralen **Gewahrsamsfrage** – ebenfalls aus § 148. Die §§ 97, 160a sind also nur dann 26

---

175 Vgl. LR/*Menges* § 97, 96.

176 Vgl. *G. Schäfer* FS Hanack 77, 99 ff.; *Welp* NStZ **1986** 289; *Rieß* JR **1987** 75; *Beulke* Jura **1986** 642; LR/*Menges* § 97, 99; SK/*Wohlers* 31.

177 BGHSt **33** 347, 351 ff.; offen aber schon BGH StV **2001** 604, 605.

178 *Roxin* JR **1974** 117, 119. Gegen die BGH-Linie schon vorher mit guten Gründen *Welp* JZ **1974** 423; *Haffke* NJW **1974** 1974; *Sprecht* NJW **1974** 65.

179 **A. A.** *Calliess* StV **2002** 677: Durchsuchung des Verteidigers beim Besuch eines Untersuchungsgefangenen sei generell unzulässig.

180 BVerfGE **38** 30; BGH NJW **1973** 1656; OLG Hamm NJW **1980** 1405; OLG Saarbrücken NJW **1978**; KG NJW **1971** 476; *Krekeler* NJW **1979** 189; *Schlothauer/Weider/Nobis* Untersuchungshaft[5] (2016) Rn. 90; KK/*Willnow* 3; *Joecks* 11; Meyer-Goßner/*Schmitt* 12; KMR/*Müller* 8; SK/*Wohlers* 14 a. E. Im Ganzen krit. *Hanack* JR **1971** 273, 276; *Schmidt-Leichner* NJW **1971** 476; *Entschließung des DAV-Vorstands* AnwBl. **1978** 206. **A. A.** *Calliess* StV **2002** 677: Durchsuchung des Verteidigers beim Besuch eines Untersuchungsgefangenen sei generell unzulässig.

181 BVerfGE **48** 118, 124 f.; krit. *Zuck* NJW **1979** 1125.

182 BGH StraFo **2004** 16; OLG Nürnberg StV **2002** 669 (bei Durchsuchung mittels Metalldetektor) m. Anm. *Fahl* JA **2003** 368; LG Hannover NdsRpfl. **2004** 320, 321; *Schwind*/Böhm § 26, 11 f.; **a. A.** OLG Hamm NStZ **1981** 277.

einschlägig, wenn es nicht um den Schutz von Erkenntnissen aus **internen Erhebungen** geht, die bereits in den Anwendungsbereich der **Unternehmensverteidigung** fallen.[183] Die Beschlagnahmefreiheit gilt für sie nach § 148 konsequenterweise unabhängig davon, ob sich die Unterlagen noch nicht oder nicht mehr im Gewahrsam des Verteidigers befinden.[184] Der nach Art. 2 Abs. 1 i. V. m. Art. 1 Abs. 1 Satz 1 GG, Art. 20 Abs. 3 GG und Art. 6 Abs. 3 lit. c EMRK vorgesehene und einfach-rechtlich auch in § 148 ausgeprägte Schutz umfasst damit insgesamt – über den Anwendungsbereich der §§ 97 Abs. 2 Satz 1, 160a Abs. 1 Satz 5 hinaus – generell auch **alle Verteidigungsunterlagen**, gleichviel, in wessen Gewahrsam sie sich aktuell befinden. Dies gilt auch dann, wenn sie der Beschuldigte selbst zum Zwecke seiner Verteidigung angefertigt hat, und selbst dann, wenn sie sie für ein anderes Untersuchungsverfahren vor einer staatlichen Stelle angefertigt wurden, sich aber auf denselben Sachverhalt wie das spätere Ermittlungsverfahren beziehen.[185] Der Beschuldigte kann Beschlagnahmeschutz nicht nur dann genießen, wenn sich die Unterlagen bei ihm, dem Verteidiger oder auf dem Postweg befinden, sondern auch dann, wenn sie entwendet wurden oder versehentlich außer Kontrolle geraten sind.[186]

27 Diese durch § 148 Abs. 1 bewirkte Erweiterung des Schutzes über das Beschlagnahmeverbot des § 97 Abs. 1 hinaus hat für das Wirtschaftsstrafverfahren bedeutende Konsequenzen. Denn auch dann, wenn ein **Unternehmen Nebenbeteiligter** des Strafverfahrens ist, kann es sich über **§ 428 Abs. 1 Satz 2** auf den durch § 148 vermittelten Schutz berufen.[187] Es muss sich aber jeweils um im weiteren Sinne **verteidigungsbezogene Unterlagen** im Rahmen eines bestehenden – auch auslandsvermittelten[188] – Verteidigungsverhältnisses handeln.[189] Zu diesen Unterlagen können auch solche gehören, die anwaltsseitig im Rahmen einer internen Erhebung (***internal investigation***) erstellt worden sind, sofern diese Erhebungen auch dem Zweck dienten, möglichen Einziehungsentscheidungen oder der Auferlegung einer Verbandsgeldbuße nach den §§ 30, 130 OWiG effektiv entgegenzutreten. Obwohl das Gesetz die förmliche Anordnung der Beteiligung regelmäßig erst mit dem Zeitpunkt der Anklageerhebung vorsieht,[190] kann der Unternehmensanwalt die Rechte des Unternehmens nach § 428 Abs. 1 Satz 2 i. V. m.

---

183 *B. Gercke* GA **2020** 122, 135; generell zur Befugnis zu eigenen Erhebungen des Verteidigers Vor § 137, 116 sowie zur geplanten Neuregelung mit dem VerSanG-RegE vom 16.6.2020 vgl. ausf. oben Entstehungsgeschichte.

184 BTDrucks. **16** 5846 S. 35; LG Stuttgart StV **2019** 7, 10 Tz. 44 m. insoweit zust. Anm. *Jahn/Kirsch*; LG München I NStZ **2019** 172, 174 f. m. zust. Anm. *Dominok*; MüKo/*Hauschild* § 97, 30.

185 Vgl. BVerfG NJW **2002** 1410; NJW **2010** 1740, 1741 Tz. 20; StraFo **2015** 61, 63 Tz. 25; BGHSt **44** 46, 47 f.; BGH Beschl. v. 9.7.2019 – 3 StR 186/19, BeckRS **2019** 17176; LG Hamburg StraFo **2016** 463, 464; LG Bonn NZWiSt **2013** 21, 24; LG Gießen wistra **2012** 409 f.; LG Tübingen NStZ **2008** 653, 654 Tz. 7; LG Frankfurt StraFo **2004** 240; Beschl. v. 28.8.2018 – 5/24 Qs 4/18 u. a., S. 23 f. – Cum/Ex-Freshfields; AG Köln, Beschl. v. 8.10.2019 – 503 Gs 1630/19, S. 4 – Cum/Ex m. zust. Anm. *Schelzke* jurisPR-StrafR 24/2019 Anm. 2; *Wessing* FS Mehle 665, 679; *F. P. Schuster* NZKart **2013** 191, 193; *v. Saucken* WiJ **2013** 30, 32. Umfassend dazu *Konrad* Die Beschlagnahme von Verteidigungsunterlagen – das deutsche Recht auf dem Prüfstand der Menschenrechte (2000); *B. Gercke* FS Wolter 933, 938; MAH Verteidigung Wirtschafts- und Steuerstrafsachen/*Kempf/Schilling* § 10, 145 f.; § 16, 126; Knierim/Rübenstahl/Tsambikakis/*Bock/Gerhold* Kap. 5, 42 f.

186 Zutr. LG Frankfurt/M. Beschl. v. 9.11.2017 – 5/12 KLs 14/17.

187 S. bereits oben Rn. 6.

188 S. nochmals oben Rn. 6.

189 BGHSt **44** 46 m. Bespr. *H. Schneider* Jura **1999** 411 und *Satzger* JA **1998** 632; OLG München NStZ **2006** 300, 301; LG Bonn StV **2004** 124, 125; *Schäfer* FS Hanack 77, 83 ff.; *Wohlers* FS Rogall 757, 764; *Jahn/Kirsch* StV **2019** 12, 14 f.; SK/*Wohlers* 30; Meyer-Goßner/*Schmitt* 4.

190 *Taschke* FS Hamm 751, 762; *Wessing* ZWH **2012** 6, 9 f.; *Leitner* StraFo **2010** 323, 328.

§ 148 nach **wohl h. M.**[191] auch schon **vor** förmlicher **Einleitung** eines Ermittlungsverfahrens **ab** der **Anbahnung** einer Vertretung des Nebenbeteiligten wahrnehmen. Dass das **BVerfG** eine Auslegung, die eine **beschuldigtenähnliche Stellung** bereits dann annimmt, wenn ein Unternehmen ein künftiges gegen sich gerichtetes Ermittlungsverfahren befürchtet und vor diesem Hintergrund eine unternehmensinterne Untersuchung durch Anwälte in Auftrag gibt, in dem Beschluss **Jones Day/VW** *bezogen auf § 97 Abs. 1* als „von Verfassungs wegen nicht geboten" bezeichnet hat,[192] nimmt ihr – ungeachtet der generell fehlenden inhaltlichen Überzeugungskraft – *in Bezug auf § 148 Abs. 1* (den die BVerfG-Kammer nicht erwähnt) nicht die Berechtigung. Daraus folgt, dass auch schon vor der Einleitung eines Ordnungswidrigkeitenverfahrens bzw. eines Ermittlungsverfahrens gegen ein Organ oder einen Mitarbeiter des Unternehmens entfaltete Aktivitäten der juristischen Person zur Abwehr möglicher Vorwürfe der „Verteidigung" dienen und solche Aktivitäten bzw. die in ihrem Rahmen entstandenen **„Arbeitsprodukte"** in die besonders geschützte Verteidigungssphäre fallen können, wenn und soweit die nicht fernliegende Befürchtung besteht, dass gegen die juristische Person nach den §§ 430 ff., 444 vorgegangen werden könnte.[193] Schutz verdient aber nur das, was **Ausübung von Unternehmensverteidigung** ist, nicht nur ein Handeln bei Gelegenheit des Bestehens eines über § 428 Abs. 1 Satz 2 vermittelten Verteidigungsverhältnisses.[194] Die beschlagnahmeprivilegierten Unterlagen müssen für einen Außenstehenden deshalb nachvollziehbar als **»Verteidigungsunterlagen«**, z. B. mit anwaltlicher Sachverhaltszusammenfassung und Bewertung bereits vergangenen Verhaltens, welches möglicherweise eine Straftat oder eine Ordnungswidrigkeit verwirklichen könnte, angefertigt worden sein. Sie müssen nach dem möglicherweise vorwerfbaren Verhalten angefertigt worden sein, denn sonst handelt es sich um Beweismittel i. S. d. §§ 94 ff. Auch die fachliche Spezialisierung des erstellenden Anwalts im Strafrecht kann zusätzlich für diesen Widmungszusammenhang sprechen. Ob diese Grundsätze auf anwaltliche **Ombudspersonen** entsprechend anwendbar sind, ist noch nicht abschließend geklärt. Soweit diese nach der

---

191 LG München I NStZ **2019** 172, 174; LG Gießen wistra **2012** 409, 410 m. zust. Anm. *Tsambikakis* ZWH **2012** 515 f.; LG Braunschweig NZWiSt **2016** 39 m. zust. Anm. *Jahn/Kirsch*; nahestehend auch LG Stuttgart StV **2019** 7, 11 Tz. 53 („möglicherweise") m. Anm. *Jahn/Kirsch* und LG Frankfurt Beschl. v. 28.8.2018 – 5/24 Qs 4/18 u. a., S. 25 – Cum/Ex-Freshfields („Die Kammer tendiert dazu, sich der letztgenannten Auffassung anzuschließen"). Im Schrifttum treten dafür ein *Wohlers* FS Rogall 757, 762 ff.; *B. Gercke* FS Wolter 933, 939; *ders.* GA **2020** 122, 137; *Hart-Hönig* FS Wolf Schiller 281, 291 f.; *Bittmann/Brockhaus/von Coelln/Heuking* NZWiSt **2019** 1, 7 f.; *Oesterle* WiJ **2018** 148, 154 („weit verbreitete, wenn nicht sogar herrschende Meinung"); *D. Krause* ZGR **2016** 335, 345 u. 350; Criminal Compliance Handbuch/*Jahn/Kirsch* § 33, 108; *B. Kruse* Compliance und Rechtsstaat, 2014, 110 f. sowie bereits oben Rn. 6 m. w. N. **A. A.** – insbes. für Kartellsachen – LG Bonn NStZ **2007** 605, 606; NZWiSt **2013** 21, 24 f. m. abl. Anm. *Jahn/Kirsch*; *Thum* HRRS **2012** 535, 537 (förmliche Einleitung eines Ermittlungsverfahrens erforderlich); Meyer-Goßner/*Schmitt* 3.

192 BVerfG (*3. Kammer* des *2. Senats*) NZWiSt **2018** 363, 369 Tz. 95 m. Anm. *Knauer* NStZ **2019** 164, u. a. unter Ablehnung der Auffassung von *Jahn/Kirsch* NZWiSt **2013** 28, 30. Dagegen aber wiederum *dies.* StV **2019** 12 f. u. 16; *Ignor* StV **2019** 693, 696; *B. Gercke* GA **2020** 122, 135 ff.

193 LG Braunschweig NZWiSt **2016** 39 m. zust. Anm. *Jahn/Kirsch*, Anm. *Szesny* BB **2015** 2771, 2772 und zust. Bespr. *J. Diedrichsen* ZWH **2016** 104, 107; *Wohlers* FS Rogall 757, 763; *Spoerr* StV **2019** 697, 703 f.; *K. Krauß* WuW **2013** 24, 30; *Jahn/Kirsch* NStZ **2012** 718, 720; *Klengel/Buchert* NStZ **2016** 383; *Rütters/A. Schneider* GA **2014** 160, 161 f.; *Reinhart Michalke* WiJ **2013** 104, 107; *F. P. Schuster* NZKart **2013** 191, 194; *Polley/Kuhn/Wegmann* KSZW **2012** 206, 211; *Mehle/Mehle* NJW **2011** 1639, 1641; MAH Verteidigung Wirtschafts- und Steuerstrafsachen/*Kempf/Schilling* § 10, 148; nahe stehend auch *R. Wimmer* StV **2019** 704, 706.

194 Vgl. grds. BGHSt **53** 257, 261 Tz. 13.

individuellen vertraglichen Ausgestaltung mit dem Unternehmen nicht nur reine Empfangsboten für Meldungen Dritter sind, spricht einiges dafür.[195]

28 **b) Rechtsfolgen von Verstößen; Revision.** Verstöße gegen die Garantien des § 148 verletzen regelmäßig den Kernbereich des Rechts auf ein **faires Verfahren.**[196] Die aus dem Verstoß erlangten Erkenntnisse unterliegen damit grundsätzlich nach den allgemeinen Regeln einem **Beweisverwertungsverbot.**[197] Nach Auffassung des BGH ist dieses Verwertungsverbot jedoch für den Angeklagten **disponibel.** Dies gelte auch für konkludentes Verhalten, etwa dadurch, dass ein Angeklagter und sein Verteidiger ihr ausdrückliches Einverständnis mit der Verlesung eines geschützten Schriftstücks in der Hauptverhandlung erklären und anschließend keine abweichenden Erklärungen mehr abgegeben.[198]

2. Beschränkter Verkehr (Abs. 2)

29 **a) Rechtspolitische Grundlagen.** Mit Absatz 2 wollte der Gesetzgeber der Praxis ein Instrument an die Hand geben, um zu verhindern, dass durch **konspiratives Zusammenwirken** inhaftierter Terroristen, insbesondere von Mitgliedern der „Rote Armee Fraktion (RAF)“, und ihrer Verteidiger aus der Haft heraus weitere Mordtaten geplant und den Mandanten unkontrolliert Gegenstände überbracht werden konnten. Die **Gesetzgebungsgeschichte** der von Anfang an **problematischen** und im systematischen Zusammenhang mit den §§ 138a ff. besonders erklärungsbedürftigen Regelung bedarf vor diesem zeitgeschichtlichen Hintergrund auch mit dem Abstand einiger Jahrzehnte einer etwas **eingehenderen Darstellung,**[199] um die Norm in einem heute veränderten gesellschaftlichen Umfeld sinnvoll anwenden zu können:

30 **aa) Ältere Gesetzgebungsgeschichte (1974–78). Anlass** für die Vorschrift war die Vermutung, die Verteidiger dieser Beschuldigten seien deren politischen Zielen und Aktionen so nahe, dass ein Missbrauch des unkontrollierten Verteidigerverkehrs befürchtet werden müsse. Besuche und Schriftverkehr sollten schon beim einfachen Tatverdacht und Vorliegen eines Verfahrens wegen einer der in § 100a (auf dem Stand des damaligen, noch nicht ausufernden Katalogs)[200] bezeichneten Tat überwacht werden können.[201] Im **Gesetzentwurf** der **Bundesregierung** zum 2. StVRG[202] war jedoch nur von der Ausschließung des Verteidigers die Rede. Hingegen bestand die Opposition nach wie vor darauf, eine Überwachungsregelung einzuführen.

---

195 *Buchert/Buchert* StV **2017** 204, 206; *R. Frank/Vogel* NStZ **2017** 313, 314 f.; *Schmid/Wengenroth* NZWiSt **2016** 404, 408; OK-StPO/*Wessing* 12; **a. A.** (allerdings ohne ausdr. Stellungnahme) LG Bochum NStZ **2016** 500 m. zust. Anm. *Sotelsek.*

196 Vgl. BVerfG NJW **2012** 2790, 2792.

197 Für die Verteidigerpost exemplarisch LG München StV **2006** 28; MüKo/*Thomas/Kämpfer* 26; vgl. auch BGHSt **53** 257, 262 Tz. 14. Eingehend zur Begründung *Satzger* JR **2007** 338, 339; *Jahn*, Gutachten C zum 67. DJT 2008, C 71 ff.

198 BGH Beschl. v. 9.7.2019 – 3 StR 186/19, BeckRS **2019** 17176.

199 Details bei *H.-J. Vogel* NJW **1978** 1217 ff. sowie ausf. LR/*Lüderssen/Jahn*[26] § 148, 29 ff. Zum Ganzen auch *Mehlich* Der Verteidiger in den Strafprozessen gegen die Rote Armee Fraktion (2012) 162 ff. (dazu *U. Müller* KJ **2012** 467).

200 Vgl. LR/*Hauck* § 100a, 41 ff.

201 Vgl. dazu *Deutscher AnwaltVerein* AnwBl. **1975** 17.

202 BTDrucks. **7** 2526.

Der dem entsprechende **Gesetzesentwurf** der CDU/CSU-**Opposition** wurde im Bundestag am 22.1.**1975** vorgelegt.[203] Die Bundesregierung lehnte den Vorschlag in ihrer Stellungnahme[204] wiederum mit dem Argument ab, der Ausschluss sei die klarere und wirksamere Lösung. 31

Dennoch wurde von der SPD/FDP-Koalition am 4.6.1975 ein **Gesetzesentwurf** präsentiert,[205] der die Kontrolle des Schriftverkehrs und die Einschränkung des mündlichen Verkehrs in eng umschriebenen **Ausnahmefällen** ermöglichen sollte. Der Bundesrat erwiderte,[206] der Anknüpfungspunkt einer Überwachungsmöglichkeit mit § 129a StGB sei zu eng gewählt. In ihrer Gegenäußerung führte die Bundesregierung aus, eine Überwachung des mündlichen Verkehrs wiege ebenso schwer wie ein Ausschluss. Deshalb dürfe sie nicht bei Verdachtsgründen angeordnet werden, die für eine Ausschließung noch nicht hinlangten. 32

Der **BTRAussch.**[207] befürworte einstimmig eine Überwachung des schriftlichen Verkehrs, wenn Gegenstand der Untersuchung eine Straftat nach § 129a StGB ist. Darüber hinaus sollte es aber keine Überwachung des mündlichen Verkehrs geben, da diese zu tief in das Vertrauensverhältnis eingreife. 33

Erst am 26.4.**1977** brachte die CDU/CSU-Fraktion erneut einen **Gesetzentwurf** ein, der eine **Besuchsüberwachungsregelung** enthielt, die wieder an § 100a a. F. anknüpfte.[208] Auch der Bundesrat legte einen eigenen Entwurf am 30.11.1977 vor.[209] Dieser sah nunmehr die Überwachung des mündlichen Verkehrs ohne weitere Voraussetzungen vor, wenn der Verdacht einer Straftat nach § 129a StGB bestehe. Die Bundesregierung hielt dagegen, dass die Materie vom Gesetzgeber wiederholt geprüft und abgelehnt worden war.[210] Im Übrigen verwies sie auf die Argumente in einer **Resolution** des *Deutschen Richterbundes* vom 11.5.1977: Die Überwachung sei **unpraktikabel**, **untauglich** und ein schwerwiegender Eingriff in den für eine Verteidigung dringend notwendigen Freiraum. Am 27.1.1978 gab der Rechtsausschuss dann eine erste Beschlussempfehlung zur Einführung einer Trennscheibenregelung ab.[211] In der Begründung führte er aus, in § 148 Abs. 2 müsse eine Lücke geschlossen werden, die bisher eine Umgehung der Kontrolle des Schriftverkehrs ermöglicht habe. 34

Zwischenfazit: Mit dem Gesetz vom 14.4.**1978** wurde schließlich die Voraussetzung für die **Einführung der Trennscheibe** geschaffen.[212] Der Ausgang der gegen einige wenige Verteidiger betriebenen Strafverfahren zeigte bald, dass gegenüber den Verteidigern der Mitglieder der „RAF" in den frühen 1970er Jahren der **Missbrauchsverdacht** allenfalls **graduell bestätigt** werden konnte. Außerdem blieb durchaus umstritten, ob es sich nicht zumindest in Teilen um Formen zulässiger Verteidigung gehandelt hat.[213] 35

203 BTDrucks. **7** 3116.
204 BTDrucks. **7** 3649.
205 BTDrucks. **7** 3729, von der Bundesregierung übernommen als BTDrucks. **7** 4005.
206 BTDrucks. **7** 4005 S. 22.
207 BTDrucks. **7** 5401; vgl. dazu *Schulz* ZRP **1976** 123.
208 BTDrucks. **8** 322.
209 BTDrucks. **8** 1283
210 S. soeben Rn. 30-33.
211 BTDrucks. **8** 1482.
212 Zur menschenrechtlichen Zulässigkeit vgl. EGMR NJW **2009** 3409, 3411 Tz. 145 ff.
213 Für eine differenzierende Betrachtung *Ostendorf* JZ **1979** 252; *Seifert* KJ **1979** 80; zusf. *Mehlich* Der Verteidiger in den Strafprozessen gegen die Rote Armee Fraktion (2012) 168 ff. (dazu *U. Müller* KJ **2012** 467).

bb) Spätere Änderungen

36 **aaa) Ausdehnung durch Terrorismusgesetzgebung 1986.** § 148 Abs. 2 ist als Ergebnis der älteren rechtspolitischen Entwicklung[214] nach seiner Grundanlage **akzessorisch** zu dem Umfang der von den **§§ 129a, b StGB** pönalisierten Verhalten. Durch das am 1.1.**1987** in Kraft getretene Gesetz zur Bekämpfung des Terrorismus[215] ist § 129a StGB auf Aktionen militanter Gegner von Großprojekten wie Atomkraftwerken, Flughäfen etc. **ausgedehnt** worden. Das betrifft Handlungen wie das Umsägen von Strommasten, die Zerstörung von Baumaschinen und Einrichtungen der öffentlichen Versorgung (§§ 305, 315 Abs. 1, 316b Abs. 1 StGB). Bei der Einführung des Absatz 2 hatte der Gesetzgeber noch die Verhinderung von politischen Mordtaten vor Augen.[216] Nichts davon traf auf die Gruppen zu, die nunmehr erfasst wurden. Die Gefährlichkeit der Delikte, die ihnen vorgeworfen werden, rechtfertigt nicht den Eingriff in die Verteidigungsrechte; das zeigt auch ein Vergleich mit Delikten, für die das Strafrecht erheblich höhere Sanktionen vorsieht. Auch gibt es kaum hinreichenden Anlass für die dem § 148 Abs. 2 zugrunde liegende Vermutung, dass bei unkontrolliertem Verteidigerverkehr eine weitere erhebliche Gefahr von Delikten gerade nach den §§ 305, 315 Abs. 1, 316b Abs. 1 StGB zu erwarten sein könnte. Die Vorschrift sollte daher ***de lege ferenda*** zumindest wieder auf die Anwendung gegenüber solchen **terroristischen Vereinigungen begrenzt** werden, zu deren Zielen und Mitteln auch die Delikte gegen das Leben zählen.

37 Der **EGMR** hat in diesem Zusammenhang aus Anlass eines Verfahrens gegen Funktionäre der PKK die Vorschrift des § 148 Abs. 2 unter Berufung auf die bisher entwickelten – vergleichsweise eng gefassten – Grundsätze zur Einschränkbarkeit der Korrespondenz zwischen Verteidiger und inhaftiertem Beschuldigten für mit **Art. 8 Abs. 1 EMRK vereinbar** erklärt.[217]

38 **bbb) Änderungen im Zuge der Reform des Untersuchungshaftrechts 2009.** Im Zuge der größer angelegten Reform des Untersuchungshaftrechts wurde Absatz 2 neu geregelt. Den rechtspolitischen Forderungen nach **Streichung**[218] oder zumindest Abschwächung[219] der Vorschrift wurde dabei **nicht entsprochen**. Immerhin wurde aber die Überwachung des Verkehrs zwischen einem einer Tat nach § 129a, b StGB Beschuldigten und seinem Verteidiger aus rechtsstaatlichen Gründen ausdrücklich unter einen generellen **Richtervorbehalt** gestellt. Damit darf der erhebliche Eingriff in die Rechte der Verteidigung seither ausschließlich auf der Grundlage richterlicher Prüfung vorgenommen werden.[220] Absatz 2 Satz 1 wurde außerdem als **Soll-Vorschrift** ausgestaltet und findet seither unabhängig davon Anwendung, aufgrund welcher Haftform sich der einer Tat nach § 129a StGB Beschuldigte in Haft befindet und aufgrund welchen Vorwurfs der Haftbefehl ergangen ist.

39 **cc) Gegenwärtige Bedeutung; Gesetzesreform.** Die **heutige politische Situation** in der Bundesrepublik hat nichts mehr zu tun mit derjenigen, mit der sich der Gesetzgeber 1977 vor und im „Deutschen Herbst" konfrontiert sah. Die Positionen der „Linken",

214 Oben Rn. 30-35.
215 BGBl. I 1986 S. 2566; vgl. dazu *Dencker* StV **1987** 116; *ders.* KJ **1987** 36.
216 Oben Rn. 29.
217 EGMR NJW **2003** 1440; erg. oben Rn. 1.
218 Oben Entstehungsgeschichte, Rn. 29 ff. u. Rn. 39.
219 Soeben Rdn. 36.
220 BTDrucks. **16** 11644 S. 34.

der die meisten Verteidiger in den Verfahren nach § 129a StGB zuzurechnen waren, und der ehemaligen „RAF" haben sich schon vor der Selbstauflösung der Terrorgruppe auseinander entwickelt. Es spricht manches dafür, dass jetzt genauso viel oder wenig Anlass für einen **generellen Missbrauchsverdacht** in Verfahren nach §§ 129a, b StGB, z. B. im Bereich islamistischer Umtriebe oder der militanten „neuen Rechten" im Osten Deutschlands wie in einem Verfahren wegen bandenmäßig organisierten Rauschgifthandels, Waffenschmuggels oder Zwangsprostitution besteht. Jedenfalls die **rechtstatsächliche Basis** für die Maßnahmegesetzgebung des § 148 Abs. 2 ist **entfallen.**[221] Mit Stellungnahmen vom Januar 2000[222] haben der Strafrechtsausschuss des DAV und die AG Strafrecht im Deutschen AnwaltVerein die Abschaffung des § 148 Abs. 2 und des § 148a gefordert. Die Vorschrift entspreche nicht dem unbestrittenen Recht des Beschuldigten auf eine sich auf ein Vertrauensverhältnis gründende Verteidigung. Zudem hat der frühere Bundesminister der Justiz und für Verbraucherschutz *Maas* auf dem 66. Anwaltstag 2015 in Hamburg mit guten Gründen die **Abschaffung** des Gesamtkomplexes der **Kontaktsperrevorschriften** gefordert.[223] Speziell gegen § 148 Abs. 2 spricht nach der Analyse seiner älteren Entstehungsgeschichte seit jeher,[224] dass einem Verdacht konspirativen Zusammenwirkens durch den **Ausschluss gem. §§ 138 ff.** vorgebeugt werden kann und muss. Im Übrigen macht § 148 Abs. 2, weil der Eingriff in das Verteidigungsverhältnis nur vom Tatvorwurf der §§ 129a, b StGB abhängt, ungeachtet der Regelung zum intendierten Ermessen („soll") auf Rechtsfolgenseite die Ausnahme zur Regel. Es spricht deshalb vieles dafür, dass die Vorschrift in ihrer jetzigen Fassung unter beiden Gesichtspunkten mit dem **Verhältnismäßigkeitsgrundsatz** konfligiert.[225]

b) Voraussetzungen

aa) Anwendungsbereich. § 148 Abs. 2 regelt als ***lex specialis*** gegenüber allen Gesetzen die Beschränkung des Verteidigerverkehrs **abschließend.**[226] Im Verhältnis zum **Kontaktsperregesetz** stellt § 31 Abs. 1 Satz 5 **EGGVG** seit den unionsrechtlich induzierten Änderungen durch das Zweite Gesetz zur Stärkung der Verfahrensrechte von Beschuldigten im Strafverfahren vom 5.9.2017[227] durch den ausdrücklichen Verweis darauf, dass § 148 **„unberührt"** bleibt, klar, dass die Kontaktsperre nach § 31 Abs. 1 EGGVG den Verkehr mit dem Verteidiger unberührt lässt, § 148 Abs. 2 der Vorschrift aber ausdrücklich anwendbar ist. Dies kann beispielsweise der Fall sein, wenn ein **sofortiges Handeln** erforderlich ist, eine mögliche Verstrickung des Verteidigers noch nicht geprüft 40

221 Zu den Rechtstatsachen vgl. BTDrucks. **16** 4007; siehe auch *I. Müller* KritV **2009** 193, 200 f.; *Nestler-Tremel* NStZ **1988** 103, 108; *Göddeke* 129. Zur Verteidigung in Terrorismus-Verfahren heute *Rosenthal* StV **2006** 373, 375.

222 Vgl. *Schnorr/Wissing* ZRP **2001** 239 f.

223 *Maas* AnwBl. **2015** 570, 572. Zu den darauffolgenden Änderungen sogleich Rdn. 40.

224 Oben Rn. 30-35.

225 Vgl. unten Rn. 52 sowie *Birkhoff/Hawickhorst* StV **2013** 540, 541 ff.; *Weißer* JZ **2008** 388, 392; SK/*Wohlers* 38 a. E.; SSW/*Beulke* 30; HK/*Julius/Schiemann* 3; *Wessing* 144 ff.; zum Teil noch weitergehend *Göddeke* 148 ff.; *Rissel* Die verfassungsrechtliche Stellung des Rechtsanwalts, Diss. Marburg (1980) 107 f.; *Klughardt* Die Gesetzgebung zur Bekämpfung der Terrorismus aus strafrechtlich-soziologischer Sicht (1984) 288 ff. Zu den verfahrensmäßigen Konsequenzen § 148a, 5.

226 Vgl. BerlVerfGH Beschl. v. 8.9.2011 – 159/07, juris, Tz. 57; OLG Nürnberg StV **2001** 39 f.; SK/*Wohlers* 39; SSW/*Beulke* 34; MüKo/*Thomas/Kämpfer* 22; Radtke/Hohmann/*Reinhart* 15; OK-StPO/*Wessing* 17.

227 BGBl. I S. 3295. Zum alten Recht LR/*Böttcher*[26] Vor § 31 EGGVG, 6 ff.; *Docke* EGMR auf Umkehrschub?, StV 03/**2015** I (Editorial), www.strafverteidiger-stv.de/content/beiträge.

werden konnte und eine Einschätzung, auf welchem Wege eine Kommunikation zwischen Gefangenen und Außenstehenden stattfindet, *ad hoc* nicht zu treffen ist.[228]

41 **bb) Keine Analogiefähigkeit.** Die Vorschrift in § 148 Abs. 2 kann wegen ihres Charakters als Ausnahmeregelung **nicht analog** angewendet werden.[229] Die Rechtsprechung[230] hat dies zum Teil für die **Trennscheibenregelung** des Satzes 3 in Frage gestellt. Er regele nur, wann die Trennscheibe von Amts wegen vorgesehen werden *müsse* („sind ... vorzusehen").[231] Die Rechtsgrundlage für eine **entsprechende Anordnung** bei anderen Besuchen sei – soweit Untersuchungsgefangene betroffen sind (für den Strafvollzug vgl. § 27 Abs. 3 StVollzG) – § 119 Abs. 3 a. F. Das war schon immer **abzulehnen.**[232] Wie der klare Wortlaut des § 119 Abs. 4 Satz 1 mittlerweile für den **Untersuchungshaftvollzug** ausdrücklich bestätigt, trifft § 148 Abs. 2 gegenüber dem Verteidiger eine spezielle und nicht durch § 119 Abs. 1 erweiterungsfähige Regelung.[233] Ebenso ist die Besuchsregelung für den Verteidiger in § 29 Abs. 1 Satz 2 und 3 StVollzG und den landesrechtlichen Normen (z. B. § 29 Abs. 5 Satz 1 SächsStVollzG) abschließend. Beschränkungen des Verteidigerverkehrs im **Strafvollzug** können daher nicht auf § 4 Abs. 2 Satz 2 StVollzG gestützt werden.[234] Damit ist auch jede Form der **optischen und akustischen Überwachung** untersagt. Dies ergibt sich auch aus der historisch-genetischen Auslegung. Der Bundesrat hatte in seiner Stellungnahme zum StVÄG 1987[235] entgegen dem Entwurf der Bundesregierung, der eine derartige Änderung nicht enthielt,[236] eine Änderung des § 27 Abs. 3 StVollzG vorgeschlagen, wonach unabhängig von dem Grund der Strafhaft dem Anstaltsleiter die Befugnis zur Anordnung des Verteidigerbesuchs mit Trennscheibe gegeben sein sollte, „wenn dies zur Aufrechterhaltung der Sicherheit oder zur Abwendung einer schwerwiegenden Störung der Anstalt unerläßlich ist".[237] Dieser Vorschlag ist vom Gesetzgeber jedoch gerade *nicht* aufgegriffen worden.

42 Die Einschränkung ist nur zulässig bei tatbestandsmäßigen, rechtswidrigen und schuldhaften Handlungen. Danach ist sie **ausgeschlossen** bei rechtswidrigen Taten (§ 11 Abs. 1 Nr. 5 StGB), die **ohne Schuld** begangen worden sind. Der Verzicht auf die Überwachung des Schriftverkehrs, wenn nur eine rechtswidrige Tat nach §§ 129a, b StGB Gegen-

---

228 BTDrucks. **18** 9534 S. 26; vgl. auch SSW/*Beulke* 35; MüKo/*Ellbogen* § 31 EGGVG, 21.

229 Soeben Rn. 40.

230 LG Köln FS **2011** 1 f.; OLG Karlsruhe Justiz **2004** 130, wonach die Anordnung des Trennscheibeneinsatzes zumindest dann ergehen müsse, wenn die konkrete Gefahr besteht, dass der Verteidiger bei einem Besuch als Geisel genommen werden kann; bestätigend BGHSt **49** 61, 65 f. m. zust. Anm. *Arloth* Jura **2005** 108; ausdr. offen gelassen aber von BVerfG Beschl. v. 24.10.2002 – 2 BvR 778/02. Ebenso schon vorher OLG Hamburg MDR **1977** 337; OLG Hamm NJW **1980** 1404, 1405; OLG Celle AnwBl. **1981** 25 m. Anm. *Plähn* StV **1981** 79; OLG München AnwBl. **1981** 36 m. Anm. *Höflich*.

231 Diese Auslegung kann sich auf entsprechende Äußerungen im Bericht des Rechtsausschusses vom 27.1.1978 (BTDrucks. **8** 1482 S. 13) stützen, vgl. oben Rn. 34.

232 LR/*Lüderssen*/*Jahn*[26] § 148, 32.

233 So auch Meyer-Goßner/*Schmitt* § 119, 31; SSW/*Beulke* 34; Radtke/Hohmann/*Reinhart* 15 (der im Übrigen die Anwendung des § 34 StGB empfiehlt, was jedoch seinerseits aus sachlich-rechtlichen Gründen abzulehnen ist, vgl. *Jahn* Strafrecht des Staatsnotstandes [2004] 416 ff.).

234 BGHSt **30** 38, 41 m. Anm. *Wächtler*; OLG Celle NStZ **1982** 527; OLG Frankfurt ZfStrVo. **1983** 306 (Ls.); LG Görlitz Beschl. v. 25.5.2018 – 14b StVK 51/18, juris, Tz. 25; *Neufeld* NStZ **1984** 155; SK/*Wohlers* 39; AK/*Stern* 27; KK/*Willnow* 12; Meyer-Goßner/*Schmitt* 17.

235 BTDrucks. **10** 1313 S. 48, 57.

236 BTDrucks. **10** 1313 S. 8.

237 Zur Begr. BTDrucks. **10** 1313 S. 57 f.

stand des Verfahrens ist, wird darin zu suchen sein, dass bei dem davon betroffenen Täterkreis die möglichen Gefahren nicht erwartet werden, denen Absatz 2 begegnen will.

aaa) Nicht auf freiem Fuß befindlicher Beschuldigter. Der Begriff Beschuldigter ist hier in einem weiteren Sinne gemeint und umfasst – entgegen § 157 – **auch** den **Angeschuldigten** und Angeklagten sowie den Verurteilten. Das Gesetz will Absatz 2 immer anwenden, wenn sich der Beschuldigte nicht auf freiem Fuß befindet, also **verwahrt** wird. Dieser Ausdruck mag sich an § 138a Abs. 3 und 4 anlehnen, aber auch deswegen gewählt worden sein, um die Verhafteten einzubeziehen, die sich ohne Unterbrechung des Vollzugs der Untersuchungshaft oder der Freiheitsstrafe in einem Krankenhaus befinden, und die Strafgefangenen, die im Vollzug verteidigt werden. Absatz 2 Satz 1 ist auch auf Beschuldigte anzuwenden, bei denen die Vollstreckung der Untersuchungshaft zum Zwecke der Strafvollstreckung unterbrochen wird, sowie auf Strafgefangene, gegen die in anderer Sache **Untersuchungshaft** angeordnet wird.[238] Absatz 2 ergänzt demnach die Neufassung des § 119 Abs. 6, durch welchen § 122 Abs. 1 StVollzG integriert worden ist. 43

Nicht anwendbar ist Absatz 2 deshalb, wenn sich der Strafgefangene im **offenen Vollzug**, auf Freigang oder im Urlaub befindet oder Vollzugslockerungen gem. § 11 Abs. 1 Nr. 1 oder 2 zweiter Hs. StVollzG erhalten hat.[239] 44

bbb) Dauer. Die Beschränkung **beginnt** mit der Bekanntmachung der beschränkenden Anordnung. Das **Ende** der Beschränkung tritt ein, wenn keine Verteidigung mehr stattfinden kann, also nach Einstellung des Verfahrens und im Strafvollzug, wenn die in § 29 Abs. 1 Satz 1 StVollzG genannten Lockerungen gestattet sind. 45

ccc) Gegenstand der Untersuchung. Die Beschränkung des Schriftverkehrs ist nur zulässig, sofern ein **dringender Tatverdacht** i. S. d. § 112 wegen einer Tat nach § 129a, b Abs. 1 StGB besteht. Damit wurde eine in Rechtsprechung und Literatur vormals umstrittene Frage[240] begrüßenswerterweise dahingehend kodifiziert, dass allein die Einleitung eines Ermittlungsverfahrens zur Rechtfertigung des schwerwiegenden Eingriffs in die Beschuldigtenrechte nicht ausreichend ist. Vielmehr muss, sofern nicht bereits ein Haftbefehl auf der Grundlage einer Straftat nach § 129a, b StGB vorliegt, ein Verdachtsgrad bestehen, welcher den **Erlass eines Haftbefehls** rechtfertigen würde. 46

Sofern sich der Beschuldigte in anderer Sache in Vollzug der Strafhaft befindet, an welchen sich die Strafvollstreckung wegen einer Tat nach § 129a StGB anschließen soll,[241] ist es für die Überwachung des Schriftverkehrs gleichgültig, welches der beiden Verfahren der Verkehr betrifft.[242] Absatz 2 Satz 1 findet innerhalb seiner Wortlautgrenze auch dann Anwendung, wenn die Tat aufgrund einer **Beschränkung nach § 154a** aus dem Verfahren ausgeschieden worden ist oder Gegenstand der Untersuchung allein eine in Idealkonkurrenz zu § 129a StGB stehende schwere Straftat ist.[243] 47

238 BTDrucks. **16** 11644 S. 34; Meyer-Goßner/*Schmitt* 18; AnwK-UHaft/*König* 15.

239 Wie hier HK/*Julius*/*Schiemann* 13; AK/*Stern* 28; SK/*Wohlers* 40. Die vormals widersprüchliche Gesetzeslage (vgl. LR/*Lüderssen*[25] § 148, 36) ist durch § 29 Abs. 1 Satz 1 StVollzG i. d. F. des StVÄG 1987 (vgl. oben Rn. 41) geklärt worden.

240 Näher zum früheren Streitstand LR/*Lüderssen*/*Jahn*[26] § 148, 39.

241 S. oben Rn. 43.

242 So auch Radtke/Hohmann/*Reinhart* 16; siehe auch AnwK-UHaft/*König* 15; Meyer-Goßner/*Schmitt* 18.

243 Wie hier SK/*Wohlers* 41. **A.A.** Radtke/Hohmann/*Reinhart* 14.

48 **Keine Anwendung** ist allerdings dann möglich, wenn die Tat nach § 129a StGB bereits **rechtskräftig abgeurteilt** worden ist, da entsprechend der Regelungskompetenz der Länder in diesem Falle Einschränkungen auf der Grundlage der Strafvollzugsgesetze bestehen.[244] Diese verweisen jedoch regelmäßig auf Absatz 2 sowie auf § 148a (vgl. z. B. § 29 Abs. 1 Satz 2 StVollzG; Art. 32 Abs. 1 Satz 2 BayStVollzG; § 17 Abs. 2 Satz 3 JVollzGB BW III; § 28 Abs. 4 HmbStVollzG; § 30 Abs. 2 Satz 2 NJVollzG).

49 Trotz der bereits zum 1.1.2010 erfolgten Streichung der Klausel, die „andere gesetzlich geordnete Verfahren" in Absatz 2 Satz 2 i. d. F. des StPÄG 1987 den in Satz 1 erfassten Fällen ausdrücklich gleichstellte und aus § 138a Abs. 4 Satz 1 übernommen war,[245] ist aufgrund der umfassenden Formulierung des Absatzes 2 Satz 1 noch immer sichergestellt, dass der mit der Vorschrift verfolgte Zweck nicht durch anderweitigen Verkehr, etwa in **Bußgeld-**, **Berufsgerichts-** oder **Disziplinarverfahren** zwischen dem Beschuldigten und dem Verteidiger vereitelt wird, wenn sich der Beschuldigte wegen des dringenden Verdachts, eine Straftat nach §§ 129a, b StGB begangen zu haben, nicht auf freiem Fuß befindet.

c) Überwachungsmaßnahmen

50 **aa) Beschränkungen des überwachten Schriftverkehrs (Abs. 2 Satz 1).** Die Einschränkung des freien Schriftverkehrs besteht darin, dass Schriftstücke oder andere Gegenstände zurückgewiesen werden, wenn sich der Absender nicht mit der Kontrolle des Überwachungsrichters einverstanden erklärt. Die praktische **Durchführung** richtet sich nach **§ 148a.**[246] Mit dem Begriff des **„Absenders"** können hier nur der Beschuldigte und sein Verteidiger in Bezug auf den Verteidigerverkehr in der Untersuchungshaft gemeint sein, denn für den übrigen Schriftverkehr gilt nicht § 148, sondern § 119 Abs. 1 Nr. 2, sowie für die Übergabe von Gegenständen § 119 Abs. 1 Nr. 3.

51 **bb) Vorrichtungen zur Verhinderung unüberwachten Schriftverkehrs (Abs. 2 Satz 3).** Gemeint sind nur technische Maßnahmen (in der Regel **Trennscheiben** mit Löchern oder Schlitzen), welche die Übergabe von Schriftstücken und anderen Gegenständen unmöglich machen, aber das Sprechen erlauben. § 148 Abs. 2 Satz 3 bietet daher **keine** gesetzliche Grundlage für eine **optische Überwachung,** etwa durch einen Beamten aus einer Glaszelle, durch Monitore oder Spione.[247] Es muss sichergestellt sein, dass jedes Mithören absolut unmöglich ist.

52 **d) Rechtsfolge („soll").** Durch die Ausgestaltung des Absatz 2 Satz 1 als bloße **Soll-Vorschrift** wird dem Gericht die Möglichkeit eröffnet, im Rahmen der Zurückweisung von Schriftstücken die jeweiligen **Besonderheiten des Einzelfalls** zu berücksichtigen und ausnahmsweise von einer Anordnung abzusehen. Trotz der sprachlichen Soll-Regelung wird dem Gesetzgeber zufolge allerdings in der Mehrzahl der Fälle eine Überwachung geboten sein, so dass eine Zurückweisung grundsätzlich zu erfolgen habe.[248] Ungeachtet der damit intendierten **Ermessensauüibung** sind aber zahlreiche Fälle im

---

244 BTDrucks. **16** 11644 S. 34; KK/*Willnow* 10; SK/*Wohlers* 41; Radtke/Hohmann/*Reinhart* 14.

245 Näher dazu oben Entstehungsgeschichte.

246 Näher dazu unten § 148a, 4 ff.

247 Vgl. BerlVerfGH Beschl. v. 8.9.2011 – 159/07, juris, Tz. 56; OLG Hamm StV **1985** 241, 242; *Welp* GA **1977** 129, 142 Fn. 59; Meyer-Goßner/*Schmitt* 21; SK/*Wohlers* 50; KK/*Willnow* 17; Radtke/Hohmann/*Reinhart* 17; KMR/*Müller* 12; AK/*Stern* 34. **A. A.** noch LR/*Dünnebier*[23] Nachtr. 2.

248 BTDrucks. **16** 11644 S. 35.

Rahmen einer **verfassungskonform restriktiven Auslegung** im Lichte des Erforderlichkeitsprinzips auszuscheiden, in denen eine Überwachung situativ nicht notwendig ist.[249] So z. B., wenn der Beschuldigte mit den Ermittlungsbehörden kooperiert oder seine Betätigung in einer terroristischen Vereinigung jedenfalls nicht mehr weiterverfolgt.[250] So ist auch nach der Rechtsprechung von Staatsschutzsenaten des KG[251] und des OLG München[252] die Anordnung der Überwachung aufzuheben, sofern nach Abwägung aller Umstände des Einzelfalles **nicht** mehr zu **befürchten** ist, dass sich der Beschuldigte aus der Haft heraus **terroristisch betätigt**. Der Zweck des Absatzes 2, welcher in der Verhinderung der weiteren Betätigung an einer terroristischen Vereinigung liegt, greift in derartigen Fällen ersichtlich nicht mehr.

e) Verfahren

aa) Zuständigkeit (Abs. 2 Satz 2). Das **zuständige Gericht** für die Anordnung der Überwachung des Schriftverkehrs ergibt sich aus § 126, sofern noch kein Haftbefehl wegen einer Straftat nach § 129a StGB ergangen ist, aus Absatz 2 Satz 2. Diese seit dem UHaftRÄndG bestehende Zuständigkeitsregelung entspricht der früheren Rechtsprechung des BGH zur Regelung i. d. F. bis zum 31.12.2009.[253] Danach war aufgrund des erheblichen Eingriffs in die Rechte des Beschuldigten entgegen dem früheren Wortlaut des Absatz 2 *Satz 1* eine richterliche Anordnung in den Fällen erforderlich, in denen gegen einen in anderer Sache inhaftierten Beschuldigten wegen des Verdachts einer Straftat nach § 129a StGB noch kein Haftbefehl ergangen war. 53

Das zuständige Gericht entscheidet auf **Antrag der Staatsanwaltschaft** oder von Amts wegen; ersterenfalls ist es nicht an den Antrag gebunden. Die Entscheidung ergeht stets **außerhalb** der **Hauptverhandlung**. Die nach der neuen Fassung des Gesetzes erforderliche richterliche Anordnung („trifft“) kann sich nicht mehr konkludent aus der Anordnung des Haftbefehls selbst ergeben.[254] Die Staatsanwaltschaft hat sich zu erklären (§ 33 Abs. 2). Auch die sonstigen Beteiligten sind stets zu **hören,** weil es sich um eine selbstständige Zwischenentscheidung handelt.[255] Beteiligt sind der Beschuldigte und der Verteidiger. 54

Die Einführung des generellen Richtervorbehalts sollte auch nach Ansicht des Gesetzgebers nur einen geringfügigen **Vollzugsmehraufwand** zur Folge haben, da die Anordnung zumeist im Zusammenhang mit dem Erlass des Haftbefehls einhergehen werde bzw. nach der Rechtsprechung des BGH auch unter Geltung der Rechtslage vor 2010 eine richterliche Anordnung zu treffen war, sofern wegen einer Tat nach § 129a StGB noch kein Haftbefehl vorlag.[256] *Bittmann*[257] hat hingegen nachvollziehbarerweise gewisse Bedenken an dieser eher optimistischen Prognose geäußert, weil die Verlagerung der Ver- 55

---

249 Oben Rn. 39.
250 Vgl. *Bittmann* NStZ **2010** 13, 16; SSW/*Beulke* 32; Meyer-Goßner/*Schmitt* 19. Weitergehend *Birkhoff*/*Hawickhorst* StV **2013** 540, 541 f.: Bei konsequenter Anwendung des Verhältnismäßigkeitsgrundsatzes (oben Rn. 39) vollständige Umkehrung des Regel-Ausnahme-Verhältnisses unumgänglich.
251 KG StV **2011** 296.
252 OLG München StV **2013** 528 (Auflösung der Gruppe „Nationalsozialistischer Untergrund/NSU“).
253 Vgl. BGHSt **36** 205, 206 f. Näher zum früheren Streitstand LR/*Lüderssen*/*Jahn*[26] § 148, 44.
254 So auch SK/*Wohlers* 45; AnwK-UHaft/*König* 16; Radtke/Hohmann/*Reinhart* 18; Meyer-Goßner/*Schmitt* 19; dies übersehen HK/*Julius*/*Schiemann* 19.
255 Wie hier MüKo/*Thomas*/*Kämpfer* 23 a. E.
256 BTDrucks. **16** 11644 S. 14.
257 *Bittmann* NStZ **2010** 13, 16.

antwortung vom Gesetzgeber auf die Justiz im Einzelfall zu gewissen **atmosphärischen Belastungen** im Verfahren führen kann.

56 **bb) Anordnung.** Bejaht der Haftrichter die Voraussetzungen des Absatzes 2, hat er dem Beschuldigten und dem Verteidiger die Anordnung **zu eröffnen**, dass er Schriftstücke und andere Gegenstände zurückweisen werde, wenn sich der Absender – sei es der Beschuldigte, sei es der Verteidiger – nicht damit einverstanden erklärt, dass diese Schriftstücke oder Gegenstände zunächst dem Überwachungsrichter (§ 148a) zur Kontrolle vorgelegt werden.

57 **cc) Rechtsschutz.** Gegen die Entscheidung ist zwar grundsätzlich die **Beschwerde** zulässig (§ 304 Abs. 1). Wegen der Sonderzuständigkeiten in Verfahren nach §§ 129a, b StGB (vgl. § 120 Abs. 1 Nr. 5; § 120 Abs. 2 Nr. 1 i. V. m. § 74a Abs. 1 Nr. 4 GVG [Evokationsrecht]) handelt es sich aber regelmäßig um Entscheidungen eines Ermittlungsrichters des **OLG** oder **Ermittlungsrichters des BGH** (§ 142a GVG i. V. m. § 169 Abs. 1), gegen die nur in den – hier nicht einschlägigen – Fällen des **§ 304 Abs. 5** die Beschwerde gegeben ist (vgl. auch § 304 Abs. 4 Sätze 1 und 2).[258] Anordnungen nach Absatz 2, mit denen das Recht des Beschuldigten auf freien Verkehr mit seinem Verteidiger beschränkt wird, greifen jedoch zumindest mit gleicher, meist jedoch sogar noch mit höherer Intensität als Anordnungen nach § 119 Abs. 1 in den Rechtskreis des Beschuldigten ein, so dass eine vergleichbare prozessuale Interessenlage besteht, ohne dass aber die Rechtsschutzmöglichkeit nach § 119 Abs. 5 helfen würde. Dass der Gesetzgeber den Beschuldigten in diesen Fällen bewusst rechtsschutzlos stellen wollte, ist indes nicht ersichtlich, zumal er ausweislich § 119 Abs. 4 Satz 1 („§§ 148, 148a bleiben unberührt“) die grundsätzliche Einschlägigkeit der hiesigen Problemlage erkannt hatte. Deshalb ist in Übereinstimmung mit der neueren Rechtsprechung des BGH-Ermittlungsrichters[259] auf Anordnungen nach Absatz 2 **§ 119 Abs. 5 analog** anwendbar. Da der Haftbefehl regelmäßig Voraussetzung für die Anordnung ist, kann die Anordnung zudem mittelbar über die Beschwerde gegen den Haftbefehl angegriffen werden. **Beschwerdebefugt** sind der Beschuldigte und der Verteidiger, deren freier Schriftverkehr eingeschränkt wird, sowie die Staatsanwaltschaft. Gegen **Anordnungen** der **Anstalt** oder das Ersuchen um eine Anordnung durch die Staatsanwaltschaft ist neben der Überprüfung der Rechtmäßigkeit der Anordnung durch den Haftrichter **kein ordentliches Rechtsmittel** gegeben,[260] so dass mangels Eröffnung eines Rechtwegs die Verfassungsbeschwerde in Betracht kommt.

58 **dd) Vollzug.** Der Vollzug liegt in den Händen zweier Richter.

59 Der **Haftrichter** weist Schriftstücke und andere Gegenstände zurück, wenn sich der Verteidiger oder der gegebenenfalls von ihm unterschiedene Absender nicht damit einverstanden erklärt, dass sie zunächst einem **Überwachungsrichter** i. S. d. **§ 148a Abs. 1** vorgelegt werden. Geht Verteidigerpost unmittelbar bei der Anstalt ein, muss diese sie dem Haftrichter zur Zurückweisung zuleiten. Die **Kontrolle durch** die **Anstalt** ist grundsätzlich **verboten.**[261] Denn es darf nicht übersehen werden, dass der Verteidiger eine rechtsmittelfähige richterliche Entscheidung beanspruchen kann, damit er Beschwerde

---

258 Vgl. BGHSt **30** 52; BGH Beschl. v. 18.10.2017 – StB 24/17, BeckRS **2017** 130467 Tz. 4; BGH NJW **1979** 1612; KK/*Willnow* 19; SK/*Wohlers* 54 (zu § 304 Abs. 5) und BGHSt **26** 270; **15** 120; **29** 200 (zu § 304 Abs. 4 Satz 2).

259 BGH (ER) NStZ **2018** 154, 155; MüKo/*Thomas/Kämpfer* 30.

260 Ebenso Meyer-Goßner/*Schmitt* 25; SK/*Wohlers* 54.

261 OLG Stuttgart NStZ **1983** 384; SK/*Wohlers* 48.

mit der Begründung einlegen kann, §§ 129a, b StGB würden zu Unrecht als Gegenstand der Untersuchung angesehen.

Hat sich der Absender damit **einverstanden erklärt**, dass Schriftstücke oder andere Gegenstände zunächst einem Richter vorgelegt werden (Abs. 2 Satz 1 letzter Hs.) dann legt sie die Stelle, wo diese eingegangen sind (Richter, Staatsanwalt, Vollzugsanstalt), dem **Überwachungs**- oder auch **„Leserichter“** gem. § 148a Abs. 1 vor.[262] Dass solche Schriftstücke oder Gegenstände dem Überwachungsrichter vorgelegt werden, solange keine Entscheidung des Haftrichters vorliegt, ist nicht denkbar. Denn die Überwachung findet erst statt, wenn der Haftrichter sie angeordnet hat. Man muss jedoch den **Absender** für **befugt** erachten, die Vorlage an den Überwachungsrichter selbst zu initiieren. Auf jeden Fall gilt dies mit Blick auf den mit der vorhersehbaren Weiterleitung an den Überwachungsrichter sicher einhergehenden **Zeitverlust** dann, wenn die Angelegenheit dringlich ist, etwa weil er Schriftstücke oder andere Gegenstände des Verteidigerverkehrs dem Beschuldigten kurz vor einem Termin übergeben muss oder weil er alsbald bereit sein will, Zweifelsfragen mit dem Überwachungsrichter zu klären. **60**

§ 148a
Durchführung von Überwachungsmaßnahmen

(1) [1]Für die Durchführung von Überwachungsmaßnahmen nach § 148 Abs. 2 ist der Richter bei dem Amtsgericht zuständig, in dessen Bezirk die Vollzugsanstalt liegt. [2]Ist eine Anzeige nach § 138 des Strafgesetzbuches zu erstatten, so sind Schriftstücke oder andere Gegenstände, aus denen sich die Verpflichtung zur Anzeige ergibt, vorläufig in Verwahrung zu nehmen; die Vorschriften über die Beschlagnahme bleiben unberührt.

(2) [1]Der Richter, der mit Überwachungsmaßnahmen betraut ist, darf mit dem Gegenstand der Untersuchung weder befaßt sein noch befaßt werden. [2]Der Richter hat über Kenntnisse, die er bei der Überwachung erlangt, Verschwiegenheit zu bewahren; § 138 des Strafgesetzbuches bleibt unberührt.

Schrifttum

Siehe bei § 148.

Entstehungsgeschichte

Die Vorschrift wurde dem Gesetz anlässlich der Einfügung des § 148 Abs. 2[1] durch Art. 2 Nr. 5 des StGBÄndG hinzugefügt.

Übersicht

262 Unten § 148a, 2.
1 S. § 148, 20 ff.

https://doi.org/10.1515/9783110630244-022

1 **1. Zweck der Vorschrift.** Die Norm regelt im Anschluss an § 148 Abs. 2 die Durchführung der Kontrolle des Schriftverkehrs.[2] Absatz 1 Satz 1 benennt den zuständigen Richter, dem gemäß § 148 Abs. 2 letzter Hs. die Schriftstücke vorzulegen sind. Absatz 1 S. 2 regelt den Kern des § 148, die Durchbrechung des Prinzips der unüberwachten und, vor allem, ungehinderten Kommunikation. Der Überwachungsrichter darf die Schriftstücke nicht weiterleiten und hat sie in Verwahrung zu nehmen, wenn – aber auch *nur* dann, *wenn* – gem. § 138 StGB eine Anzeige zu erstatten ist. Zweck der Überwachung ist nicht nur, dass dem mit der Sache befassten Gericht jede Kenntnis aus dem Schriftverkehr vorenthalten wird. Die Vorschrift will vielmehr auch der Verteidigung garantieren, dass, mit der Ausnahme einer Anzeige gemäß § 138 StGB und den in § 119 Abs. 1 Satz 1 sowie § 26 S. 2 i. V. m. § 24 Abs. 3 StVollzG genannten Fällen,[3] **niemand** als ein einziger und zudem zum strikten Schweigen verpflichteter Richter (§ 203 Abs. 2 Nr. 1 i. V. m. § 11 Abs. 1 Nr. 2 lit. a StGB) vom Inhalt des Schriftwechsels **Kenntnis erhält**. Sinn des Verschwiegenheitsgebots ist, dass, weil alles in der Brust eines Richters begraben bleibt, auch der schriftliche Verteidigerverkehr noch grundsätzlich so betrachtet werden kann, als ob er frei wäre.

2. Regelungsgehalt

2 **a) Zuständigkeit des Überwachungsrichters (Abs. 1 Satz 1).** Für die Durchführung der Überwachung wird der Richter bei dem Amtsgericht für zuständig erklärt, in dessen Bezirk sich die Vollzugsanstalt befindet (Überwachungsrichter- bzw. „Leserichter“).[4] Es kommt also auf die tatsächliche **Lage der Anstalt** an, in der die Untersuchungs- oder Strafhaft an dem Gefangenen körperlich vollzogen wird, nicht auf den Verwaltungssitz. Unterhält eine Anstalt (Hauptanstalt mit Sitz der Anstaltsleitung) eine Außenstelle, dann ist der Richter bei demjenigen Amtsgericht zuständig, in dessen Bezirk sich die Außenstelle befindet. Denn der Überwachungsrichter soll der dem Gefangenen nächste sein. Dies hat den Zweck, Kontrollmaßnahmen anlässlich von Verteidigerbesuchen jederzeit, gegebenenfalls auch sehr rasch, und ohne unzuträgliche Beschwernisse zu ermöglichen.[5] Der **Richter** ist nach der Geschäftsverteilung (§ 21e Abs. 1 GVG) zu bestellen.[6] Dies kann, bei Beachtung von Absatz 2 Satz 1, auch **ein Ermittlungsrichter** sein.[7]

3 Da der Richter nicht mit dem Gegenstand der Untersuchung befasst sein darf, ist es ihm – ein seltener Fall und Durchbrechung eines allgemeinen Prinzips – **nicht gestattet**, die Voraussetzungen seiner **sachlichen Zuständigkeit zu prüfen**. Denn dazu müsste er nämlich selbst untersuchen, ob eine Straftat nach § 129a StGB, gegebenenfalls

---

2 S. § 148, 53 ff.
3 Sogleich Rn. 5.
4 S. § 148, 60.
5 BGHSt **29** 196, 198; SK/*Wohlers* 3.
6 Meyer-Goßner/*Schmitt* 1; SK/*Wohlers* 3; AnwK/*Krekeler*/*Werner* 1.
7 HK-GVG/*Schmidt*/*Temming* § 21e, 10.

i. V. m. § 129b StGB,[8] Gegenstand der Untersuchung ist. Der Überwachungsrichter kann also **nur** seine **örtliche Zuständigkeit** der Prüfung unterziehen.[9]

b) Maßnahmen des Überwachungsrichters. Die im Gesetz nicht näher bezeichneten Überwachungsmaßnahmen bestehen im systematischen Rückschluss aus Absatz 1 S. 2 darin, dass der Überwachungsrichter die **Schriftstücke liest** und die Gegenstände betrachtet, wenn der Verteidiger, was ihm frei steht,[10] der Anordnung gem. § 148 Abs. 2 nachkommt. 4

Das Gesetz legt eindeutig fest, dass der Richter den Schriftwechsel nur dann nicht weiterleiten muss, sondern vorläufig in Verwahrung zu nehmen hat, wenn eine **Anzeige** (§ 138 StGB) zu erstatten ist. Damit ist es dem Überwachungsrichter nach zutreffender, im Schrifttum wohl **herrschender Auffassung**[11] *e contrario* grundsätzlich **untersagt, aus anderen Gründen** die Weiterleitung von Sendungen zu unterlassen. Ebenso wie er sehenden Auges Verdunkelungen hinnehmen muss, wenn jene Handlungen keine Straftat gem. § 138 StGB begründen, geht ihn ein Missbrauch des Verkehrs für Zwecke, die nicht der Verteidigung dienen, nichts an. Allein für die in § 119 Abs. 1 Satz 1 bei Untersuchungshaft und § 26 S. 2 i. V. m. § 24 Abs. 3 StVollzG bei Strafhaft ausdrücklich vom Gesetzgeber geregelten drei Fälle der **Fluchtvorbereitung**, **Verdunkelung** oder konkreten **Wiederholungsgefahr** ist nach dem UHaftÄndG 2009 eine weitere Ausnahme zu machen, weil § 119 Abs. 4 Satz 1 zwar ausdrücklich auch die Regelung in § 148a „unberührt" lässt, das hier in Rede stehende Weiterleitungsverbot aber vom Regelungskonzept des § 119 Abs. 1 überhaupt nicht abschließend erfasst ist.[12] Die Gegenauffassung im Schrifttum,[13] wie sie das KG[14] für das Anhalten beim Verdacht der Förderung einer terroristischen Vereinigung erwogen hat, verfehlt das Ziel, Verteidiger und Beschuldigtem zu versichern, dass sie den Verteidigerverkehr so betrachten können, als ob er frei wäre, solange nur § 138 StGB unberührt bleibt. Dieses Ziel verfolgt das Gesetz durch die eindeutige Zusicherung, dass der Überwachungsrichter über alle Kenntnisse, die er bei der Überwachung erlangt, volle Verschwiegenheit zu bewahren hat, Absatz 2 S. 2.[15] Diese **streng systematische Auslegung** ist geboten, weil die Einschränkung des Verteidigerverkehrs nach dem einfach-rechtlichen Regelungskonzept an keine speziell zu missbilligende, bestimmte Handlung des Beschuldigten oder des Verteidigers anknüpft, sondern lediglich an den Verdacht einer Straftat gem. §§ 129a, b StGB und einen darauf gestützten Haftgrund.[16] 5

Die dem[17] entgegenstehende **Rechtsprechung** hat dennoch die **Zurückweisung** durch den Überwachungsrichter zunächst schon dann für zulässig erachtet, wenn der Schriftverkehr nach Ansicht des Überwachungsrichters ***offensichtlich*** **nicht** den **Vertei-** 6

---

8 S. § 148, 38.

9 Das ist unstreitig, vgl. KK/*Willnow* 1; SK/*Wohlers* 11; SSW/*Beulke* 3; Radtke/Hohmann/*Reinhart* 3; OK-StPO/*Wessing* 1.

10 Vgl. § 148, 59 f.

11 *Welp* GA **1977** 139, 142; SSW/*Beulke* 13; *Beulke* (Verteidiger) 196; SK/*Wohlers* 9; MüKo/*Thomas/Kämpfer* 6; *Klughardt* Die Gesetzgebung zur Bekämpfung des Terrorismus aus strafrechtlich-soziologischer Sicht (1984) 220; zweifelnd AnwK/*Krekeler/Werner* 4; HK/*Julius/Schiemann* 3.

12 Vgl. schon früher LR/*Lüderssen/Jahn*[26] § 148a, 6 u.H.a. *Welp* GA **1977** 138; SK/*Wohlers* 9 a.E.; AnwK/*Krekeler/Werner* 4. Dem folgt nunmehr auch Radtke/Hohmann/*Reinhart* 7.

13 Meyer-Goßner/*Schmitt* 3; KK/*Willnow* 8; KMR/*Müller* 5; *Kneuer* 78 ff.

14 KG JR **1979** 217.

15 S. oben Rn. 1.

16 S. § 148, 39.

17 Soeben Rn. 5.

digungszwecken dienlich war,[18] sich nicht im Rahmen des zulässigen Verteidigerverkehrs bewegte[19] oder ganz allgemein für die Sicherheit in der Anstalt von Bedeutung war.[20] Es müsse nicht geduldet werden, dass der Verteidiger unter den Augen des Gerichts seine Rechte missbrauche.[21] Im Übrigen – dies immerhin – müsse aber eine weite Einschätzungsprärogative der Verteidigung hingenommen werden, was zum Umfang der Verteidigung gehöre.[22] Überzeugend ist diese – bestenfalls – **prater legem-Ausdehnung der Überwachungsrichterkompetenzen** nicht. Der Überwachungsrichter mag zwar den Haftbefehl kennen, nicht aber den möglicherweise umfangreichen Akteninhalt. Die ihm zur Verfügung stehenden Kriterien für die Annahme eines „Missbrauchs" sind daher – ungeachtet des ohnehin stets schillernden Begriffs[23] – auch in praktischer Sicht äußerst **begrenzt und fehleranfällig.** Gerade das dürfte den Gesetzgeber ja bewogen haben, Absatz 1 S. 2 so zu konzipieren, wie er es getan hat. Anderenfalls wäre der Verteidiger zudem zu vor dem Hintergrund seiner Beistandspflicht und den Grenzen der Fremdkontrolle der Verteidigung zumindest problematischen Erörterungen gezwungen, mit denen er dem Überwachungsrichter das Verteidigungskonzept zu erläutern hätte.

7 Besondere **Probleme** für die Überwachung bringt es mit sich, dass Anknüpfungspunkt ein Strafverfahren gem. §§ 129a, b StGB ist, gleichzeitig aber über § 138 Abs. 2 Nr. 2 StGB Straftaten gem. §§ 129a, b StGB zum Gegenstand der Kontrolle werden. Es ist darauf hingewiesen geworden,[24] dass sich bei den **Organisationsdelikten** der §§ 129a, b StGB die Aufklärung begangener und die Verhinderung geplanter Straftaten gerade dann nicht trennscharf auseinander halten lassen, wenn sich die möglicherweise bevorstehende Straftat auf die fortbestehende Mitgliedschaft in einer terroristischen Vereinigung gründet. Diejenigen Teile des Schriftverkehrs, die der Überwachungsrichter der Staatsanwaltschaft mitzuteilen hat, werden dann regelmäßig gleichermaßen auch die in der Vergangenheit liegende Mitgliedschaft betreffen. Die Verhinderung zukünftiger Taten führt dann unmittelbar auch zur Aufdeckung der Verteidigerkommunikation.[25] Hinzu tritt die Schwierigkeit, die zulässige Verteidigung von der unzulässigen Unterstützung einer terroristischen Vereinigung abzugrenzen.[26]

8 **Beanstandet** der Überwachungsrichter entgegen der hier vertretenen Ansicht[27] den Inhalt eines Schriftstückes, obwohl kein Fall des § 138 StGB vorliegt, hat er den Absender zu bescheiden und ihm das Schriftstück oder den Gegenstand **zurückzugeben.** Er darf wegen des Verschwiegenheitsgebots weder dem Haftrichter, noch dem mit der Sa-

---

18 BayObLG MDR **1979** 862, 863; OLG Hamburg NJW **1979** 1724; LG Köln NJW **1979** 1173; LG Stuttgart StV **1987** 540 (nur „offensichtlich verteidigungsfremde Zwecke"); LG Regensburg StV **1988** 538 (nur „eindeutiger" Missbrauch); LG Frankfurt StV **1995** 645 (Ablehnung der Zurückweisung, da „klarer" Missbrauch nicht festzustellen sei). Siehe auch BGHSt **29** 99, 102; BGHSt **38** 7, 9 ff.

19 OLG Stuttgart NStZ **1983** 384.

20 OLG Stuttgart Justiz **1983** 240 = OLGSt Nr. 1 zu § 148a; OK-StPO/*Wessing* 3.

21 Zu den praktischen Konsequenzen im Weiteren sogleich Rn. 8.

22 Vgl. LG Stuttgart StV **1985** 68; LG Baden-Baden StV **1982** 80.

23 LR/*Lüderssen*/*Jahn* Einl. M, 3.

24 *Fezer* (1986[1]) 5/21 (ab der 2. Aufl. gestrichen); vgl. auch *Heinicke* Der Beschuldigte und sein Verteidiger (1984) 157; *Klughardt* Die Gesetzgebung zur Bekämpfung des Terrorismus aus strafrechtlich-soziologischer Sicht (1984) 218 f. So auch BGH (ER) NJW **1990** 722 m. krit. Anm. *Nestler-Tremel* StV **1990** 147, der damit begründet, dass die Beschlagnahme eines nach § 148a vorläufig in Verwahrung genommenen Briefes des Beschuldigten an seinen Verteidiger auch dann zulässig sei, wenn sie der Beschaffung eines Beweismittels in einem bereits anhängigen Ermittlungsverfahren dient.

25 *Welp* GA **1977** 135 ff.

26 Vgl. § 138a, 76 ff.

27 Oben Rn. 5.

che befassten Gericht von der Zurückweisung Kenntnis geben.[28] Weigert sich der Absender usw., das Schriftstück oder den Gegenstand zurückzunehmen, hat der Überwachungsrichter die Schriftstücke in **Verwahrung** zu nehmen. Nach Beendigung der Haft müssen die Schriftstücke und Gegenstände dem Verhafteten ausgehändigt werden.

Findet der Richter die Schriftstücke oder Gegenstände **unbedenklich, leitet** er sie der Vollzugsanstalt zur Aushändigung an den Beschuldigten **weiter.**[29] Er kann sie auch dem Verteidiger übergeben, wenn dieser den Beschuldigten besuchen will, um ihm die Schriftstücke oder Gegenstände vor der Aushändigung zu erläutern. 9

In **Zweifelsfällen** wird sich der Überwachungsrichter mit dem Verteidiger zu besprechen haben. Sonst hat er ihm auf andere Weise **rechtliches Gehör** zu verschaffen. Die Staatsanwaltschaft darf der Überwachungsrichter wegen des Verschwiegenheitsgebots nicht hören.[30] Die Entscheidung ist **zu begründen** (§ 34).[31] Der Richter kann das, um den geheim zu haltenden Schriftwechsel gering zu halten, mündlich tun. Doch wird der Verteidiger wohl meist eine Abschrift der Entscheidung (§ 35 Abs. 1 S. 2) verlangen. 10

c) Anzeigepflicht des Überwachungsrichters (Abs. 1 S. 2; Abs. 2 S. 2 letzter Hs.). 11
Nach § 138 StGB hat der Überwachungsrichter **Anzeige** an die Staatsanwaltschaft zu erstatten, wegen der Schriftstücke aber die richterliche Beschlagnahme (§ 98 Abs. 1) abzuwarten.

d) Verschwiegenheitsgebot für den Überwachungsrichter (Abs. 2 S. 2 Hs. 1). Der Überwachungsrichter hat über alles, was er aus der Überwachung erfährt, **Stillschweigen** zu bewahren. Dazu gehört als eine Kenntnis der Überwachung auch der Umstand selbst, *dass* er ein Schriftstück oder einen Gegenstand beanstandet hat, auch wenn er Anzeige nach § 138 StGB zu erstatten hat. Denn nur diese Anzeige selbst ist von der Verschwiegenheitspflicht ausgenommen („unberührt"). Dass der Überwachungsrichter mit der Ausfertigung der Entscheidungen auch seinerseits zur Verschwiegenheit verpflichtetes **Justizpersonal**[32] oder sachverständige Hilfen[33] betrauen darf, wird man nicht verneinen können. Zweckmäßigerweise sollte er aber Vordrucke oder, bei der Arbeit mit einem Textverarbeitungsprogramm, Templates verwenden. Dies ermöglicht es, die Begründung, warum sich die Schriftstücke oder Gegenstände auf die Förderung einer terroristischen Vereinigung (§§ 129a, b StGB) oder auf geplante Straftaten nach § 138 StGB beziehen, selbst einzusetzen. 12

Aus Absatz 2 S. 2 Hs. 1 ergeben sich deshalb zusätzliche **technische Anforderungen** an den **Umgang mit** der **Verteidigerpost**. Sie ist strikt von dem Geschäftsgang der Geschäftsstelle des Überwachungsrichters zu trennen, damit gewährleistet ist, dass niemand außer dem Überwachungsrichter davon Kenntnis nehmen kann. Man wird darüber hinaus nach den im Kontext von Datenschutzkonzepten allgemein konsentierten Standard fordern müssen, dass die angehaltenen Unterlagen in einem separaten und **verschlossenen Aktenschrank** aufzubewahren sind. Da das Gesetz die gesamte „Durchführung von Überwachungsmaßnahmen", also mehr als die Überwachung 13

---

28 Unten Rn. 12.

29 Vgl. auch OLG Nürnberg StV **1988** 1.

30 BayObLG MDR **1979** 862.

31 SK/*Wohlers* 10; Meyer-Goßner/*Schmitt* 2; AnwK/*Krekeler*/*Werner* 2; MüKo/*Thomas*/*Kämpfer* 6.

32 Dies gestatten auch KK/*Willnow* 8; SK/*Wohlers* 12; AK/*Stern* 11; Meyer-Goßner/*Schmitt* 11.

33 So OLG Stuttgart NStZ **1983** 348; s. erg. sogleich Rn. 14.

selbst, auf den Richter beschränkt hat, ist ihm auch **untersagt**, die Durchführung der Überwachung auf die Vollzugsanstalt **zu delegieren.**[34]

14 Die Grenzen dieser Auslegung des Absatz 1 Satz 1 werden deutlich in den Fällen, in denen der Überwachungsrichter die ihm allein obliegende Kontrolle des Schriftverkehrs nicht vornehmen kann, weil dieser in einer ihm **unbekannten Sprache** verfasst ist.[35] Die Entstehungsgeschichte der Vorschrift zeigt deutlich, dass mit ihr die Aktivitäten des deutschen Terrorismus bekämpft werden sollten.[36] Sie enthält vor diesem Hintergrund mit Blick auf die Übersetzungsprobleme bei ausländischen Beschuldigten, vor allem gem. Abs. 2 Satz 1 i. V. m. § 129b Abs. 1 StGB, eine unbewusste **Regelungslücke.**[37] Die Konsequenz kann aber nicht sein, die Weiterleitung von Schriftstücken, die in einer dem Richter unverständlichen Sprache abgefasst sind, *in toto* abzulehnen. Vielmehr sind **Dolmetscher bzw. Übersetzer** i. S. d. § 185 Abs. 1 GVG den sachverständigen Hilfen zuzuordnen.[38]

15 Auch in dem Fall des § 138 StGB gilt das **Verschwiegenheitsgebot** gegenüber dem Gericht. Zwar ist es bedenklich, dass wegen geplanter schwerer Straftaten Anzeige erstattet wird, das Gericht aber mit etwa notwendigen Maßnahmen nach § 138a Abs. 1, Abs. 2 Nr. 1 zuwarten muss, bis es von der Staatsanwaltschaft unterrichtet wird. Indessen ist der Gesetzestext eindeutig: Der Richter hat über alle Kenntnisse, die er bei der Überwachung erlangt, Verschwiegenheit zu bewahren; *nur* § 138 StGB bleibt unberührt.[39]

16 **e) Verhinderung des Überwachungsrichters (Abs. 2 Satz 1 Alt. 2).** Der Überwachungsrichter erlangt durch die Kontrolle des Schriftwechsels Kenntnis von Tatsachen, die sich auf das Verfahren, den Gegenstand der Untersuchung beziehen. Da er darüber zur Verschwiegenheit verpflichtet ist, bestimmt das Gesetz folgerichtig, dass er mit dem Gegenstand der Untersuchung **nicht befasst** werden darf. Die Wendung „(mit der Sache) befaßt" findet sich auch in § 125 Abs. 2 Alt. 1 und in § 126 Abs. 2 Satz 1. Dort bezeichnet sie das Gericht, das nach der Prozesslage zuständig ist, in der Sache zu entscheiden.[40] Für den einzelnen Richter kann diese Definition, da Verfahren nach §§ 129a, b StGB nicht vor dem Amtsgericht – Strafrichter – verhandelt werden, keine Bedeutung haben. Vielmehr muss bei ihm auf die Beteiligung an der Sache abgestellt werden.

17 Da der Überwachungsrichter über die Kenntnisse aus der Überwachung, wenn nicht der Fall des § 138 StGB vorliegt, völlige Verschwiegenheit zu bewahren hat, ist er von der Mitwirkung in *jedem* Verfahren und in *jedem* Stand des Verfahrens ausgeschlossen, das sich in irgendeinem Punkt mit dem Gegenstand der Untersuchung berührt, in der der Richter als Überwachungsrichter tätig gewesen ist. Mit einer entsprechenden Ergänzung des **§ 22 Nr. 4** wäre es aber nicht getan gewesen.[41] **„Befasst"** bedeutet daher **jede richterliche Mitwirkung**, sowohl bei der Verhandlung als auch bei der Entscheidung

---

34 So wohl auch SK/*Wohlers* 12. **A. A.** OLG Stuttgart Justiz **1983** 240 = OLGSt nF Nr. 1 zu § 148a.

35 Vgl. dazu *Kreitner* NStZ **1989** 5.

36 Vgl. BTDrucks. **7** 4005 S. 12; genauer § 148, 35.

37 So AG Köln, mitgeteilt von LG Köln StV **1988** 536.

38 S. bereits oben Rn. 12; ebenso LG Köln StV **1988** 536; SSW/*Beulke* 10; MüKo/*Thomas*/*Kämpfer* 4; SK/*Wohlers* 12; **a. A.** *Kreitner* NStZ **1989** 5. Zur generellen Stellung des Dolmetschers bzw. Übersetzers als Richtergehilfe Meyer-Goßner/*Schmitt* § 185 GVG, 7.

39 Siehe zur Umkehrschlussfähigkeit der Regelung bereits oben Rn. 5.

40 LR/*Hilger*[26] § 125, 14.

41 Ausf. bereits LR/*Dünnebier*[23] § 148a, 18 f.

im vorbereitenden Verfahren.[42] Der Begriff umfasst auch die Tätigkeit als Ergänzungsrichter (§ 192 Abs. 2 GVG), weil sie zu einer Mitwirkung führen kann. Auch als Beamter der Staatsanwaltschaft darf der frühere Überwachungsrichter nicht mitwirken, weil er sonst in den Konflikt käme, Kenntnisse zu besitzen, die er nicht verwerten dürfte. Gleichzeitig liefe der Beschuldigte Gefahr, dass diese Kenntnisse den **Staatsanwalt** unbewusst beeinflussen und dieser Einfluss auf das Gericht einwirken könnte. Dasselbe gilt für die Tätigkeit als **Strafverteidiger** nach dem Ausscheiden aus dem richterlichen Dienst.[43]

Nach der Rechtsprechung[44] soll ein **Richter**, der über die Beschwerde gegen die Entscheidung des Überwachungsrichters entschieden hat, dennoch nicht von der Mitwirkung in der Hauptsache ausgeschlossen sein, da er nur im Einzelfall und von einem eng begrenzten Sachverhalt Kenntnis erlangt habe. Die den Ausschluss des gesetzlichen Richters regelnden Vorschriften seien wegen der automatisch eintretenden revisionsrechtlichen Folgen beim Vorliegen eines **Ausschlusstatbestandes** nach § 338 Nr. 2 einer erweiternden Auslegung nicht zugänglich. Da aber der Verteidigerverkehr nicht mehr „frei“ ist, wenn ein an der Hauptsache beteiligter Richter durch seine Tätigkeit als Beschwerderichter in Bezug auf Entscheidungen des Überwachungsrichters Kenntnis von dem Verteidigerverkehr nehmen kann, muss für das **Beschwerdegericht** durch die Geschäftsverteilung eine **Sonderzuständigkeit** geschaffen werden.[45] Für die Beschwerden gegen Entscheidungen des Überwachungsrichters ist generell das LG zuständig,[46] obwohl in aller Regel bei einem Tatvorwurf nach §§ 129a, b StGB gem. § 120 Abs. 1 Nr. 6 GVG das OLG im Erkenntnisverfahren zuständig ist. Deshalb dürften die Fälle, in denen nicht schon durch die Geschäftsverteilung dem Ausschluss des Beschwerderichters von der Hauptsache vorgebeugt werden kann, die Ausnahme sein. Liegt eine solche Ausnahme vor, muss der Beschwerderichter ausgeschlossen werden. Anderenfalls begründet seine Teilnahme an der Hauptsache – was im Übrigen nichts mit erweiternder Auslegung, sondern nur mit Gesetzesanwendung zu tun hat – die Revision gem. **§ 338 Nr. 2.**[47] 18

Wenn auch der Sinn der Vorschrift ist, dass der überwachende Richter völlig unbefangen und ohne jede Berührung mit der Sache der Überwachung nachgeht, so kann er nach dem Wortlaut des Gesetzes doch mit der Sache befasst gewesen sein.[48] Auf jeden Fall schließt der Begriff „befaßt“ aus, dass schon eine Kenntnis des Verfahrens, die der Überwachungsrichter aus der Presse erhalten hat, ihn unfähig macht, sein Amt auszuüben. Freilich kann, wenn der Richter den Verfahrensgegenstand aus kollegialen (auch außerdienstlichen) Gesprächen mit einem Mitglied des mit der Sache befassten Gerichts kennt, gegebenenfalls ein **Befangenheitsgrund** vorliegen. Dann hat er nach **§ 30** zu verfahren. 19

Für das **Verfahren** beim Ausschluss des Richters, der mit den Überwachungsmaßnahmen betraut gewesen ist, gelten die §§ 22, 24, 28 entsprechend. 20

---

42 Vgl. BGH NStZ **2015** 46.

43 So auch Meyer-Goßner/*Schmitt* 9; SK/*Wohlers* 17; KK/*Willnow* 9; AK/*Stern* 9; AnwK/*Krekeler/Werner* 7; Radtke/Hohmann/*Reinhart* 9; HK-GS/*Weiler* 4. **A. A.** – mit sehr unterschiedlichen Argumentationslinien – MüKo/*Thomas/Kämpfer* 3 a. E. (Ausschluss des Verteidigers an anderer Stelle abschließend geregelt); SSW/*Beulke* 6 (teleologische Reduktion, da Vorbefassung als Verteidiger unschädlich) und KMR/*Müller* 6.

44 BGH NStZ **1983** 209 – in BGHSt **29** 196, 199 war dies noch offengeblieben – sowie KG NJW **1979** 77.

45 BayObLG MDR **1979** 862; SK/*Wohlers* 18.

46 Siehe unten Rn. 22.

47 Siehe unten Rn. 23.

48 Vgl. Meyer-Goßner/*Schmitt* 8; KK/*Willnow* 5; *Joecks* 2.

21 **3. Beschwerde.** Gegen die Beanstandung des Überwachungsrichters ist die **Beschwerde** sowohl mit der Behauptung, es liege keine Untersuchung nach den §§ 129a, b StGB vor, als auch mit derjenigen **zulässig**, das beanstandete Schriftstück beziehe sich nicht auf eine Straftat gemäß § 138 StGB.

22 Für den Überwachungsrichter enthält Absatz 1 Satz 1 eine besondere **Zuständigkeitsvorschrift**. Für das **Beschwerdegericht** fehlt sie, obwohl sie konsequenterweise ebenso erforderlich gewesen wäre. Zuständig für die Beschwerde gegen die Entscheidung des Überwachungsrichters ist das **LG.**[49] Denn die Beschwerdeinstanz bei Entscheidungen gem. § 148a kann nicht das regelmäßig mit der Hauptsache befasste OLG sein. Die Vorlage erfolgt mangels Anhörungspflicht **nicht über** die **Staatsanwaltschaft.**[50]

23 **4. Revision.** Hat ein nach Absatz 2 Satz 1 auszuschließender Richter[51] in der Strafsache mitgewirkt, ist der **zwingende Aufhebungsgrund** nach **§ 338 Nr. 2** gegeben.[52]

24 Die **Verwertung** von Erkenntnissen, die unter Bruch der Verschwiegenheitspflicht in das Verfahren eingeführt worden sind, kann als Verstoß gegen § 261 mit der Revision gem. **§ 337** gerügt werden.[53] Das gilt auch für den Fall, dass auf dem Weg der Anzeige des Überwachungsrichters wegen des Verdachts einer der in § 138 StGB genannten Straftaten das Verteidigungskonzept zur Kenntnis der Staatsanwaltschaft gelangt, das Verfahren aber eingestellt worden ist. Dieses Beispiel zeigt auch mit aller Deutlichkeit, dass die Gefahr einer Kenntnisnahme des Verteidigungskonzepts durch andere Verfahrensbeteiligte mit der Überwachung des Schriftverkehrs nach § 148a fast automatisch einhergeht. Erschwerend tritt hinzu, dass die Strafprozessordnung für den Fall der Kenntnisnahme des Verteidigungskonzepts durch Staatsanwaltschaft und Gericht nach bislang herrschender Auffassung **keine Kompensation** im Wege eines Verfahrenshindernisses oder zumindest eines Verwertungsverbot mit Fernwirkung ermöglicht und die Revision nur unter äußerst engen Voraussetzungen begründet sein soll.[54]

25 Auch **Entscheidungen** des **Überwachungsrichters** können zur Revisibilität des Urteils führen. Allerdings ist zu beachten, dass Entscheidungen vor Erlass des Eröffnungsbeschlusses nach h. M.[55] grundsätzlich nicht gemäß **§ 336 Satz 1** nachgeprüft werden. Eine Ausnahme ist z. B. die unzulässige Ablehnung einer Verteidigerbestellung, wenn und soweit sie bis zum Urteil fortwirkt. Bei Entscheidungen des Überwachungsrichters, mögen sie auch zeitlich vor dem Eröffnungsbeschluss liegen, mag man dies im Einzelfall allerdings **nicht ausschließen** können.

---

49 BGHSt **29** 196, 199; BayObLG MDR **1990** 652; OLG Stuttgart OLGSt Nr. 2 zu § 148a; Meyer-Goßner/*Schmitt* 12; KK/*Willnow* 12; SK/*Wohlers* 20; AK/*Stern* 12; Radtke/Hohmann/*Reinhart* 11. **A. A.** vormals noch KG NJW **1979** 771 und BayObLG MDR **1979** 862.

50 So auch Meyer-Goßner/*Schmitt* 12; SK/*Wohlers* 21; HK/*Julius*/*Schiemann* 6; AnwK/*Krekeler*/*Werner* 10.

51 Oben Rn. 18.

52 Vgl. LR/*Franke*[26] § 338, 61; Meyer-Goßner/*Schmitt* 12; KK/*Willnow* 13; SSW/*Beulke* 18; MüKo/*Thomas*/*Kämpfer* 9; AK/*Stern* 13; *Joecks* 4; SK/*Wohlers* 22; AnwK/*Krekeler*/*Werner* 11; Radtke/Hohmann/*Reinhart* 12.

53 SK/*Wohlers* 23; HK/*Julius*/*Schiemann* 7; Meyer-Goßner/*Schmitt* 12; KK/*Willnow* 13; AK/*Stern* 13; AnwK/*Krekeler*/*Werner* 11; OK-StPO/*Wessing* 8.

54 Vgl. BGH NStZ **1984** 419 m. krit. Anm. *Gössel*; SK/*Wohlers* 23.

55 Vgl. BGHSt **43** 153, 154; BGHR StPO § 142 Abs. 1 Auswahl 3; LR/*Franke*[26] § 336, 6; AK/*Stern* 13; KK/*Willnow* 13; SSW/*Beulke* 19; SK/*Wohlers* 24.

§ 149
Zulassung von Beiständen

(1) [1]Der Ehegatte oder Lebenspartner eines Angeklagten ist in der Hauptverhandlung als Beistand zuzulassen und auf sein Verlangen zu hören. [2]Zeit und Ort der Hauptverhandlung sollen ihm rechtzeitig mitgeteilt werden.

(2) Dasselbe gilt von dem gesetzlichen Vertreter eines Angeklagten.

(3) Im Vorverfahren unterliegt die Zulassung solcher Beistände dem richterlichen Ermessen.

Schrifttum

Elzer Die Teilnahme von Betreuern an Strafverfahren, BtPrax **2000** 139; *Kaum* Der Beistand im Strafprozessrecht, Diss. München (1992); *Köhler* Die Beistandschaft der Ehegatten im Strafverfahren, FamRZ **1955** 239; *Hauber* Der Beistand als Sachwalter des Jugendlichen im Jugendstrafprozeß, ZfJ **1982** 215; *Roggenwallner* Die Rolle des Berufsbetreuers im Strafverfahren, StRR **2015** 219; *Wollweber* Beistand in allen Lebens- und Prozesslagen? NJW **1999** 620.

Entstehungsgeschichte

Die **Vorläufer** der Vorschrift sind § 42 Abs. 4 der Strafproceßordnung für das Königreich Sachsen vom 11.8.1855 und § 205 der Criminalordnung für Preußen von 1849/1852. Den Grundgedanken dieser Regelungen fortführend, zeichnet sich auch § 149 durch die Anerkennung des natürlichen Verteidigungsrechts der Verwandten aus.[1]

§ 149 lautete in seiner ursprünglichen Fassung:

(1) Der gesetzliche Vertreter eines Angeklagten ist nach Einreichung der Anklageschrift als Beistand zuzulassen und auf sein Verlangen zu hören. Zeit und Ort der Hauptverhandlung sollen ihm rechtzeitig mitgeteilt werden.

(2) Absatz 1 Satz 1 gilt für den Ehemann einer Angeschuldigten entsprechend.

(3) Im vorbereitenden Verfahren unterliegt die Zulassung solcher Beistände dem Ermessen der Staatsanwaltschaft, in der Voruntersuchung dem Ermessen des Untersuchungsrichters.

Das EGBGB brachte die erste Änderung: An die Stelle des Absatzes 2 trat folgende Vorschrift: „Dasselbe gilt von dem gesetzlichen Vertreter eines Angeklagten“. Art. 2 Nr. 14 des AGGewVerbrG fasste § 149 neu. Er lautete nunmehr:

(1) Der gesetzliche Vertreter eines Angeklagten ist nach Einreichung der Anklageschrift als Beistand zuzulassen und auf sein Verlangen zu hören. Zeit und Ort der Hauptverhandlung sollen ihm rechtzeitig mitgeteilt werden.

(2) Absatz 1 Satz 1 gilt für den Ehemann einer Angeschuldigten entsprechend.

(3) Im vorbereitenden Verfahren unterliegt die Zulassung solcher Beistände dem Ermessen der Staatsanwaltschaft, in der Voruntersuchung dem Ermessen des Untersuchungsrichters.

Durch das VereinhG (Art. 3 Nr. 60) erhielt die Vorschrift die Fassung, die bis zum Gesetz zur Beendigung der Diskriminierung gleichgeschlechtlicher Gemeinschaften und

1 Ausf. *Kaum* 44 ff.

https://doi.org/10.1515/9783110630244-023

Lebenspartnerschaften vom 16.2.**2001**[2] galt. Seitdem gibt es nicht nur das Privileg des Ehegatten, sondern auch das des Lebenspartners.

Übersicht

1 **1. Privilegierter Personenkreis (Abs. 1 Satz 1, Abs. 2).** Berechtigt, als Beistand zugelassen zu werden, sind **Ehegatten** und Lebenspartner (Abs. 1). **Lebenspartner** sind zwei Personen gleichen Geschlechts. Die Begründung der Lebenspartnerschaft ist in § 1 LPartG geregelt.[3] Wenngleich eine Lebenspartnerschaft seit dem 30.9.2017 nicht mehr wirksam begründet werden kann (vgl. § 1 Satz 1 LPartG n.F.), besteht eine zuvor begründete so lange fort, bis sie zu einer Ehe umgewandelt wird (§ 20a LPartG). Nach dem Zweck der Vorschrift muss die **Ehe** oder sonstige Sonderbeziehung – anders als in § 52 Abs. 1 Nr. 2 – noch bestehen, wenn der Ehegatte verlangt, als Beistand zugelassen zu werden.[4] Das Recht, Beistand zu leisten, endet also, wenn die Ehe **aufgelöst**, die Lebenspartnerschaft beendet oder die gesetzliche Vertretung weggefallen ist. Der Beschuldigte kann dann dem Auftreten des Beistands widersprechen, auch wenn das Gericht die Zulassung, etwa aus Unkenntnis über die veränderte Lage, noch nicht widerrufen haben sollte.

2 Privilegiert sind nach Absatz 2 gleichermaßen auch **gesetzliche Vertreter.** Dem unterfällt entgegen der jüngeren Rechtsprechung des BGH[5] auch der **Berufsbetreuer** (§§ 1896 ff. BGB).[6] Das Argument, die Betreuung führe nicht zur Geschäftsunfähigkeit des Betreuten, trifft zwar zu.[7] Es erschöpft aber das Problem nicht.[8] Die Rechtsmeinung des 1. und 4. Strafsenats widerspricht vielmehr dem Wortlaut des Gesetzes („*dasselbe* gilt") und dem Sinn und Zweck des Rechtsinstituts. Eine umfassende, persönlich geführte Betreuung ist nur möglich, wenn der Betreuer dem Betroffenen auch – und gerade – im Strafverfahren zur Seite stehen kann. Nach dem BGH soll zudem auch eine analoge Anwendung von § 149 Abs. 2 ausscheiden, da die Strafprozessordnung die Interessenwahrnehmung des Beschuldigten allein in die Hand der notwendigen Verteidigung lege.

---

2 BGBl. I S. 266.

3 S. hierzu Gesetz zur Einführung des Rechts auf Eheschließung für Personen gleichen Geschlechts, BGBI. I, S. 2639; in Kraft getreten am 22.12.2018. Zu den Wirksamkeitsvoraussetzungen im Einzelnen MüKo-BGB-LPartG/*Wacke* § 1, 1. Zur Erweiterung des Personenkreises *de lege ferenda* vgl. *AK Strafprozeßreform* 65, 67, 69.

4 SSW/*Beulke* 3, KK/*Willnow* 1; KMR/*Müller* 1; *Pfeiffer* 1; AK/*Stern* 4; HK/*Julius*/*Schiemann* 2; SK/*Wohlers* 4; AnwK/*Krekeler*/*Werner* 2; *Kaum* 51.

5 BGH FamRZ **2013** 547 (Ls.); NStZ **2008** 524, 525; OLG Dresden StraFo **2015** 149, 150 f.; OK-StPO/*Wessing* 1. Ausdr. offen gelassen war die Frage noch von BGH NStZ **1996** 610.

6 So auch KG Beschl. v. 21.1.2005 – (5) 1 Ss 475/04, BeckRS **2008** 26253 Tz. 6 = FamRZ **2005** 1776 (Ls.); SK/*Wohlers* 3; MüKo/*Thomas*/*Kämpfer* 8; Radtke/Hohmann/*Reinhart* 1; Erman-BGB/*Roth* § 1896, 72. Zur historischen Entwicklung *Roggenwallner* StRR **2015** 219; erg. unten Rn. 19.

7 MüKo-BGB/*Schwab* § 1902, 7.

8 Zu der Frage, wann ein Betreuer im Sinne der §§ 1896 ff. BGB als gesetzlicher Vertreter eines Volljährigen im Strafprozess anzusehen ist, ausf. *Elzer* BtPrax **2000** 139 f.

Diese vermeintliche „Konkurrenz“ zum Pflichtverteidiger ergibt sich auch bei anderen gesetzlichen Vertretern und zudem in den beiden Fällen des Absatzes 1, die freilich unstreitig zuzulassen sind. Die Zulassung ist freilich stets nur geboten, wenn der Tatvorwurf oder die zu erwartende Sanktion einen Bezug zum **Aufgabenkreis des Betreuers** hat.[9] Ob der Aufgabenkreis „Vertretung gegenüber Behörden“ insoweit tatsächlich zu unspezifisch ist,[10] ist zweifelhaft.

2. Hauptverhandlung. § 149 vermittelt dem Beistand einen **Rechtsanspruch** auf alsbaldige Zulassung.[11] Der Beistand ist deshalb in **allen Hauptverhandlungen** zuzulassen, d. h. in erster Instanz sowie in der Berufungs- und Revisionshauptverhandlung.[12] Zur Hauptverhandlung gehören auch die nach Eröffnung der Hauptverhandlung stattfindenden auswärtigen Vernehmungen des Angeklagten (§ 233 Abs. 2 Satz 1) und von Zeugen und Sachverständigen (§ 233 Abs. 1 und 2) sowie Augenscheinseinnahmen (§ 225).[13] Für sie gilt Absatz 1, nicht Absatz 3.[14] Die Vorschrift gilt auch in OWi-Sachen.[15] Im **Strafbefehlsverfahren** gilt sie hingegen **vor Einspruch** nicht. Dies ergibt sich aus dem Wortlaut des § 149 („*in* der Hauptverhandlung“) und der Regelung in § 408b, wo der Bestellungsakt nur auf den Verteidiger bezogen ist. Wird **nach Einspruch** Hauptverhandlung anberaumt, gilt § 149 ohne Weiteres. 3

3. Beistand; Zustimmung des Angeklagten. Die **Aufgabe des Beistands** besteht darin, den Angeklagten als sein in der Regel natürlicher Vertrauter und Fürsprecher in der besonders belastenden Hauptverhandlungssituation zu unterstützen.[16] Er ist daher auch dann zuzulassen, wenn der Angeklagte bereits einen Verteidiger hat.[17] Kann der Angeklagte sich durch einen Verteidiger vertreten lassen,[18] darf der Beistand **neben dem Vertreter** erscheinen. Er kann jedoch seiner Funktion entsprechend den Angeklagten selbst nicht vertreten,[19] darf daher nicht an seiner Stelle erscheinen. Er darf – wiederum mit Zustimmung des Angeklagten – ausnahmsweise zu solchen Verhandlungen **allein erscheinen**, in denen der Angeklagte nicht anwesend und nicht vertreten zu sein braucht (§ 232 Abs. 1) oder die ohne ihn durchgeführt werden (§ 231a Abs. 1). Im Übrigen ist der Beistand nicht daran gebunden, dass der Angeklagte anwesend ist. Wenn der Angeklagte sich entfernen muss (§ 247 Satz 1 bis 3), entfernt wird (§ 231b Abs. 1 Satz 1) oder vorzeitig die Verhandlung verlässt (§ 231 Abs. 2), muss sich der Beistand **nicht** auch **entfernen.**[20] Anders liegt es dann, wenn der Angeklagte widerspricht oder die Gründe, die den Ausschluss des Angeklagten rechtfertigen, auch in der Person des Beistands vorliegen.[21] 4

---

9 MüKo-BGB/*Schwab* § 1896, 10; SSW/*Beulke* 4 a. E.
10 So *Deinert* BtPrax **2018** 103, 106 m. w. N. (für Strafverfahren gegen Beamte).
11 BGHSt **47** 62, 64; OLG Köln VRS **79** (1990) 53; Radtke/Hohmann/*Reinhart* 2.
12 KG Beschl. v. 15.3.2000 – 5 Ws 186-187/00; KMR/*Müller* 2; SK/*Wohlers* 15; *Kaum* 61.
13 Meyer-Goßner/*Schmitt* 2; AK/*Stern* 8; HK/*Julius/Schiemann* 3; SK/*Wohlers* 15; *Eb. Schmidt* 7.
14 Wie hier Meyer-Goßner/*Schmitt* 1. **A. A.** KMR/*Müller* 4.
15 Ebenso SK/*Wohlers* 2; HK/*Julius* 8 und Radtke/Hohmann/*Reinhart* 2.
16 Vgl. BGHSt **44** 82, 86; *Wollweber* NJW **1999** 620; SSW/*Beulke* 1; *Pfeiffer* 1; SK/*Wohlers* 1.
17 BGHSt **4** 205; Meyer-Goßner/*Schmitt* 3; KMR/*Müller* 2.
18 Dazu Vor § 137, 86.
19 BGHSt **47** 62, 66.
20 Vgl. HK/*Julius/Schiemann* 4.
21 S. unten Rn. 17.

5 Für die Zulassung des **gesetzlichen Vertreters** als Beistand nach Absatz 2 bedarf es der **Zustimmung** des Angeklagten **nicht.**[22] Ein **„Widerspruch"** des Angeklagten o. ä. hindert damit die Zulassung nicht. Er kann aber, insbesondere nach dem Rechtsgedanken des § 300 beim unverteidigten Angeklagten, in eine Beschwerde umzudeuten sein.[23] Dagegen muss der Beschuldigte mit der Zulassung des **Ehegatten** oder **Lebenspartners** nach Absatz 1 als Beistand nach **heute** wohl **h. M.**[24] stets **einverstanden** sein. Die Vorschrift kannte ursprünglich nur einen „in der Natur des ehelichen Verhältnisses wurzelnden Anspruch des Ehemannes, zur Verteidigung seiner Ehefrau mitwirken zu dürfen."[25] Art. 3 Abs. 2 GG hat dann dem Anspruch nunmehr beider Ehegatten die endgültige Grundlage gegeben. Der ursprünglichen Fassung hat aber weiter, wie sich aus der Gleichheit der Regelung für den gesetzlichen Vertreter ergibt, der Gedanke zugrunde gelegen, dass der Ehemann seiner Ehefrau gleichsam als deren Vormund seinen Beistand aufzwingen könne. Dieser Gedanke ist durch Art. 3 Abs. 2 GG verdrängt.[26] Er führte außerdem in Fällen, in denen die Ehe zerrüttet ist und die eheliche Lebensgemeinschaft *de facto* nicht mehr besteht, zu für den Angeklagten nicht hinnehmbaren Folgen.[27] Deshalb muss in allen Fällen die **Zustimmung** des beschuldigten Ehegatten verlangt werden. Diese Zustimmung ist aber jederzeit **widerruflich.**[28] Für die **Lebenspartnerschaft** sind diese Grundsätze **entsprechend** heranzuziehen.

6 Der Beistand kann seinerseits, wie der Zeuge (§ 68b Abs. 1 Satz 1), einen **Rechtsanwalt als Beistand** hinzuziehen. Er kann sich auch durch diesen Rechtsanwalt vertreten lassen,[29] der allerdings keine weitergehenden Rechte als der Beistand selbst hat. Ein Anspruch auf **Prozesskostenhilfe** oder **Beiordnung eines Rechtsanwalts** besteht nicht.[30]

7 **4. Anhörungsrecht (Abs. 1 Satz 1).** Das Recht des Beistands erschöpft sich in der **Beratung** des **Angeklagten** und der Möglichkeit der **Stellungnahme zur Sache.**[31] Dazu ist er auf sein Verlangen, wenn auch nicht jederzeit, aber immer dann **zu hören,**[32] wenn auch der Angeklagte selbst ein Recht hätte, sich zu äußern (z. B. § 257, § 258 Abs. 1 und 3, § 324 Abs. 2, § 326, § 351 Abs. 2).[33] In diesem Rahmen kann der Beistand **Tatsächliches und Rechtliches** zugunsten des Angeklagten vortragen,[34] dessen Ausführungen ergän-

---

22 RGSt **38** 106, 107; *Pfeiffer* 1; KMR/*Müller* 2; KK/*Willnow* 1; Meyer-Goßner/*Schmitt* 1; AK/*Stern* 2; SK/*Wohlers* 8; AnwK/*Krekeler*/*Werner* 2.

23 AK/*Stern* 2; SK/*Wohlers* 8 a. E.

24 *Köhler* FamRZ **1955** 241; SSW/*Beulke* 7; AK/*Stern* 5; HK/*Julius*/*Schiemann* 1; SK/*Wohlers* 7; Radtke/Hohmann/*Reinhart* 2; OK-StPO/*Wessing* 3. **A. A.** RGSt **38** 106; KMR/*Müller* 2; KK/*Willnow* 1; Meyer-Goßner/*Schmitt* 1 f.; *Kaum* 54.

25 RGSt **22** 198, 199.

26 Ähnlich HK/*Julius*/*Schiemann* 1.

27 AK/*Stern* 4; SK/*Wohlers* 7.

28 AK/*Stern* 6.

29 BGH b. *Holtz* MDR **1978** 626; Meyer-Goßner/*Schmitt* 3; MüKo/*Thomas*/*Kämpfer* 6; Radtke/Hohmann/*Reinhart* 5; KK/*Willnow* 2; *Pfeiffer* 2; AK/*Stern* 1, 10; *Joecks* 2; HK/*Julius*/*Schiemann* 4; SK/*Wohlers* 23; krit. *Kaum* 74 f. Die Frage ist für den Zeugenbeistand umstritten, vgl. Meyer-Goßner/*Schmitt* § 68b, 4.

30 BGH b. *Holtz* MDR **1978** 626; KK/*Willnow* 2; *Pfeiffer* 2; Meyer-Goßner/*Schmitt* 3; AK/*Stern* 10; HK/*Julius*/*Schiemann* 4. Allgemein zu den ersatzfähigen Kosten des Beistands *Kaum* 96 f.

31 BGHSt **47** 62, 64; OLG Düsseldorf NJW **1997** 2533; LG Offenburg Rpfleger **2007** 625 f.; *Meyer-Goßner*/*Schmitt* 3; KK/*Willnow* 6; AK/*Stern* 10; HK/*Julius* 4; SK/*Wohlers* 18. Ausf. *Kaum* 60 ff.

32 RG GA **50** (1903) 120.

33 KK/*Willnow* 6; SK/*Wohlers* 18.

34 BGHSt **44** 82, 86; BGH b. *Holtz* MDR **1978** 626; BGH NJW **1998** 2296; RG GA **48** (1901) 143; *Pfeiffer* 1.

zen und erläutern, ggf. auch anregen, Beweise zu erheben. Entgegen der zutreffenden h. M. in der Rechtsprechung[35] und Literatur[36] hat das BayObLG[37] ein **Fragerecht** des Beistands mit dem Argument abgelehnt, dass durch die Ausübung eines solchen Rechts die prozessuale Position des Beistands derjenigen des Verteidigers unzulässigerweise angenähert würde. Dies ist nicht überzeugend. Ein Recht zur Stellungnahme ist ohne das korrespondierende Recht, Fragen stellen zu dürfen, bloßes Dekor.[38] Ob das Aussagerecht des Angeklagten nach § 243 Abs. 5 Satz 2 höchstpersönlich ist und daher vom Beistand nicht wahrgenommen werden kann, ist, soweit der Beistand im Namen des Angeklagten vorträgt und der Angeklagten nicht widerspricht, zweifelhaft.[39] Das Recht auf ein ***opening statement*** nach § 243 Abs. 5 Satz 3 und 4 steht ihm nicht zu, da diese Vorschrift nur vom „Verteidiger" spricht. Auch andere **prozessuale Rechte des Angeklagten** kann er grundsätzlich **nicht** ausüben.[40] Er kann also z. B. nicht einen Richter ablehnen,[41] Beweisanträge stellen,[42] Unterbrechung beantragen[43] oder ein Rechtsmittel einlegen.[44] Noch weniger stehen ihm Rechte zu, die allein zwischen dem Beschuldigten und dem Verteidiger bestehen (z. B. § 148)[45] oder die allein ein Verteidiger ausüben kann (z. B. §§ 147, § 243 Abs. 5 Satz 3 und 4).[46]

Diese Beschränkungen gelten allerdings **nicht** für den **gesetzlichen Vertreter**, der nach § 298 rechtsmittelberechtigt ist und dem in **§§ 67, 69 JGG** für jugendliche Straftäter sehr viel weitergehende Rechte eingeräumt sind,[47] etwa eine nach pflichtgemäßem Ermessen zu gewährende Akteneinsicht (§ 69 Abs. 3 JGG). Zu beachten ist auch seine Möglichkeit, nach § 137 Abs. 2 für den Beschuldigten einen Verteidiger zu bestellen und selbst als Beistand aufzutreten.[48] 8

5. Mitteilungspflicht (Abs. 1 Satz 2). Zeit und Ort der Hauptverhandlung sollen dem Beistand mitgeteilt werden. Beistand im Rechtssinne werden der Ehegatte, Lebenspartner und der gesetzliche Vertreter, obwohl sie zuzulassen sind, aber erst **mit** der konstitutiven **Zulassung**. Die Mitteilungspflicht des Gerichts entsteht daher erst, aber auch gerade, dann, wenn der Ehegatte usw. um Zulassung **nachgesucht** hat.[49] Das Gericht muss nicht von Amts wegen nach Ehegatten, Lebenspartnern oder gesetzlichen Vertretern forschen. Es darf sie sogar selbst dann, wenn sie in der Hauptverhandlung anwesend sind, **nicht von Amts wegen** als Beistand zulassen, sondern kann vielmehr 9

35 BGHSt **47** 62, 64.
36 Meyer-Goßner/*Schmitt* § 240, 3; SSW/*Beulke* 9; SK/*Wohlers* 19; OK-StPO/*Wessing* 4; HK-GS/*Weiler* 3; *Kaum* 65 f.
37 BayObLGSt **1997** 165. Dem folgen *Wollweber* NJW **1999** 620; KK/*Willnow* 6.
38 *Jahn* ZStW **115** (2003) 815, 831 f. m. w. N.
39 Vgl. Meyer-Goßner/*Schmitt* § 243, 27; *Kaum* 60.
40 BayObLG NJW **1998** 1655; OLG Düsseldorf NJW **1997** 2533; *Pfeiffer* 1; AK/*Stern* 10; KK/*Willnow* 6; Meyer-Goßner/*Schmitt* 3; HK/*Julius*/*Schiemann* 4; SK/*Wohlers* 19; AnwK/*Krekeler*/*Werner* 5.
41 SK/*Wohlers* 19.
42 BGHSt **47** 62, 66; SK/*Wohlers* 19; SSW/*Beulke* 10. **A. A.** *Sauer* ZStW **37** (1916) 197; *Kaum* 66 ff.
43 Vgl. RG GA **62** 483; Dalcke/*Fuhrmann* 2.
44 BGHSt **47** 62, 66; OLG Düsseldorf NJW **1997** 2533; Meyer-Goßner/*Schmitt* 3; *Kaum* 73 f.
45 Oben § 148, 6.
46 Vgl. BGHSt **47** 62, 66; KK/*Willnow* 6; *Pfeiffer* 1; SK/*Wohlers* 20. **A. A.** (für § 147) *Kaum* 70 f.
47 Vgl. KK/*Willnow* 1; *Pfeiffer* 1; SK/*Wohlers* 8 f.; AnwK/*Krekeler*/*Werner* 5.
48 *Pfeiffer* 1.
49 KG Beschl. v. 21.1.2005 – (5) 1 Ss 475/04, BeckRS **2008** 26253 Tz. 6 = FamRZ **2005** 1776 (Ls.); RG JW **1925** 371; JW **1931** 1367; MüKo/*Thomas*/*Kämpfer* 4; KMR/*Müller* 5; SK/*Wohlers* 14.

nur auf Antrag tätig werden.[50] Ist der Beistand zugelassen, **„soll"** ihm der **Termin mitgeteilt** werden. Für Ausnahmen von dem damit gesetzlich **intendierten Ermessen** gibt es in der Rechtsprechung – soweit ersichtlich – bislang keine Beispiele. Wird eine Hauptverhandlung vorverlegt, ist der zugelassene Beistand auch davon zu benachrichtigen,[51] und zwar so rechtzeitig, dass er noch erscheinen kann,[52] Eine **förmliche Ladung** ist hingegen **nicht** vorgeschrieben.[53]

10 Die **Beistandschaft des § 69 JGG** berührt die des § 149 nicht und umgekehrt.[54] Jedoch wird § 149 in Jugendsachen für gesetzliche Vertreter keine Bedeutung erlangen, weil die nach jener Vorschrift zugestandenen Rechte nicht stärker sind, als sie dem gesetzlichen Vertreter in §§ 67, 69 JGG eingeräumt werden.[55] Im Verfahren gegen **Heranwachsende** i. S. d. §§ 1 Abs. 2, 105 ff. JGG ist § 69 JGG gem. § 109 Abs. 1 Satz 1, Abs. 2 JGG **nicht anwendbar.**[56] Hier kommt also wieder allein § 149 zum Tragen.

11 **6. Vorverfahren (Abs. 3).** Während in der Hauptverhandlung Ehegatten, Lebenspartner und gesetzliche Vertreter als Beistand zugelassen werden müssen,[57] entscheidet der Richter im Vorverfahren nach pflichtgemäßem **Ermessen.**[58] Dabei kann u. a. eine Rolle spielen, ob die Gefahr einer Verdunkelung durch Angehörige besteht. Der Staatsanwalt, dem die Vernehmung von Zeugen und Sachverständigen (§ 161a) sowie des Beschuldigten (§ 163a) zufällt, hat keine Befugnis, Beistände förmlich zuzulassen. Er kann ihnen jedoch formlos die Teilnahme an Vernehmungen gestatten. Eine förmliche Entscheidung, welche die Möglichkeit der Beschwerde eröffnet, kann nur der Richter erlassen.

12 Das **Vorverfahren** ist noch nicht **beendet**, wenn der Staatsanwalt den Abschluss der Ermittlungen in den Akten vermerkt (§ 169a) – § 147 Abs. 2 ist eine Sondervorschrift –, sondern erst dann, wenn er eine Anklageschrift eingereicht (§ 170 Abs. 1), im beschleunigten Verfahren Anklage erhoben (§§ 417 ff.) oder beantragt hat, die Strafe durch schriftlichen Strafbefehl des Strafrichters festzusetzen (§ 407 Abs. 1) bzw. ein sonstiges Anklagesurrogat (§§ 413, 414 Abs. 2; § 440) gewählt hat.

13 Was das **Zwischenverfahren** (§§ 201 Abs. 2 Satz 1, 202) angeht, so gelten, wenn in ihm Teile der Hauptverhandlung vorweggenommen werden,[59] die Vorschriften für die Hauptverhandlung. Im Übrigen ist es zum Vorverfahren zu rechnen (vgl. § 203).[60]

14 Im **Strafvollstreckungsverfahren**, z. B. für die mündliche Anhörung nach § 454 Abs. 1 Satz 3, findet § 149 keine – dann auch nur entsprechende – Anwendung. Dies ergibt sich zum einen aus dem eindeutigen Wortlaut des Absatz 1 Satz 1, der ausschließlich das strafgerichtliche Erkenntnisverfahren in Bezug nimmt („Hauptverhandlung").

---

50 KG Beschl. v. 21.1.2005 – (5) 1 Ss 475/04, BeckRS **2008** 26253 Tz. 6, FamRZ **2005** 1776 (Ls.); RGSt **41** 348; MüKo/*Thomas*/*Kämpfer* 2; Meyer-Goßner/*Schmitt* 1; SK/*Wohlers* 6; OK-StPO/*Wessing* 2; *Pfeiffer* 1; erg. unten Rn. 20.

51 RGSt **5** 51.

52 BGHSt **47** 62, 63; Meyer-Goßner/*Schmitt* 4: HK/*Julius* 3; SK/*Wohlers* 14; AnwK/*Krekeler*/*Werner* 4.

53 *Schorn* JR **1966** 8; Meyer-Goßner/*Schmitt* 4; *Eb. Schmidt* 4; *Pfeiffer* 1; AK/*Stern* 9; HK/*Julius*/*Schiemann* 3; SK/*Wohlers* 14.

54 KK/*Willnow* 1; Meyer-Goßner/*Schmitt* 3; *Pfeiffer* 1; AK/*Stern* 11; HK/*Julius*/*Schiemann* 8.

55 Ausf. dazu *Kaum* 119 ff.

56 *Ostendorf*-JGG § 69, 1; *Diemer*/Schatz/Sonnen-JGG § 69, 1.

57 S. Rn. 3.

58 SK/*Wohlers* 13; Radtke/Hohmann/*Reinhart* 2; näher *Kaum* 56 ff.; 76 ff.

59 S. oben Rn. 2. **A. A.** LR/*Stuckenberg* § 202, 3: grundsätzlich kein vorweggenommener Teil der Hauptverhandlung.

60 Zu den Rechten des Beistands im Zwischenverfahren im Einzelnen *Kaum* 81 ff.

Zum anderen ist die Beistandschaft auf die Verfahrensabschnitte ausgerichtet, in denen die Schuldfrage und die Rechtsfolgen geprüft werden.[61]

Absatz 3 enthält einen **Richtervorbehalt.** *Wer* der zuständige Richter ist, sagt das Gesetz nicht. Da somit eine **Zuständigkeitsregel fehlt**, ist auf allgemeine Grundsätze und einige ausdrückliche Regelungen der Strafprozessordnung zurückzugreifen. § 162 Abs. 1 versagt, weil die Zulassung als Beistand keine richterliche Untersuchungshandlung ist. § 125 Abs. 1 und § 126 Abs. 1 enthalten zwar allgemeine Grundsätze, passen aber schlecht, weil jedes mit der Sache neu befasste Gericht über die Haftfrage neu und anders als die Vorinstanz entscheiden kann, während hier eine Entscheidung begehrt wird, die auch nach Abschluss des vorbereitenden Verfahrens noch in Geltung bleiben soll. Eine Parallele zu dem hier behandelten Fall findet sich in der Grundregel des § 141 Abs. 4 Satz 1 Var. 1. Danach entscheidet grundsätzlich das Gericht, das für das Hauptverfahren zuständig ist. Da die Entscheidung in der Hauptverhandlung der **Vorsitzende** trifft, steht sie ihm auch im vorbereitenden Verfahren zu, so dass nach **allg. Meinung** im Schrifttum[62] **§ 141** Abs. 4 Satz 1 Var. 1 **entsprechend** anzuwenden ist. Findet die Vernehmung vor dem beauftragten oder ersuchten Richter statt, so entscheidet der ersuchende Richter, nicht der ersuchte. 15

7. Ausgeschlossene Beistände. Der Beistand muss, wie alle am Prozess teilnehmenden Personen, **verhandlungsfähig** sein. **Sonstige Ausschließungsgründe** sind – mit Ausnahme des besonders geregelten Falles in § 67 Abs. 4 JGG – nicht anzuerkennen. Im Vorverfahren (Absatz 3) kann allen Gefahren durch die richterliche Genehmigung oder Versagung begegnet werden. In der Hauptverhandlung (Absätze 1 und 2) können Verdunkelungen durch Anordnungen des Vorsitzenden ausgeschlossen werden. Denn der Beistand gehört zu den „Parteien" i. S. d. §§ 177, 178 GVG und unterliegt daher in vollem Umfang der **sitzungspolizeilichen Gewalt** und den Ordnungsmitteln des Gerichts.[63] 16

Im Übrigen kann die **Anwesenheit** des Beistands in der Hauptverhandlung **zeitweise eingeschränkt** werden, wenn dies nach dem Rechtsgedanken des **§ 247 Satz 1** aus in der Person des Beistands liegenden Gründen zur Wahrheitsermittlung geboten ist. Dann muss er aber ebenso wie der Angeklagte in entsprechender Anwendung von § 247 Satz 4 sofort nach der Vernehmung wieder zur Hauptverhandlung zugelassen und über den Inhalt der Aussage unterrichtet werden, damit er seine Rechte ausüben kann. Nicht beachtet werden brauchen allerdings die strengen Voraussetzungen der §§ 138a, b, da diese abschließend die Ausschließungsgründe für einen „Verteidiger" regeln und der Beistand im Sinne des § 149 *e contrario* § 69 Abs. 3 JGG nicht mit einem solchen gleichgestellt ist.[64] 17

Weil der Beistand grundsätzlich keine prozessualen Rechte des Angeklagten ausüben kann,[65] ist es nicht schlechthin ausgeschlossen, dass selbst ein **Mitangeklagter** 18

61 Zutr. KG Beschl. v. 15.3.2000 – 5 Ws 186-187/00.

62 SSW/*Beulke* 6 a. E.; MüKo/*Thomas/Kämpfer* 3; Radtke/Hohmann/*Reinhart* 4; KK/*Willnow* 4; Meyer-Goßner/*Schmitt* 2; KMR/*Müller* 4; AK/*Stern* 7; HK/*Julius/Schiemann* 3; SK/*Wohlers* 10; AnwK/*Krekeler/Werner* 3.

63 LR/*Wickern*[26] § 177, 6 a. E.; HK/*Julius/Schiemann* 4; SK/*Wohlers* 22; *Kaum* 83 ff.

64 BGHSt **47** 62, 65 f.; SK/*Wohlers* 16 und wohl auch AK/*Stern* 11 sowie AnwK/*Krekeler/Werner* 5. Ausf. *Kaum* 94 ff.

65 S. oben Rn. 7.

Beistand sein könnte.[66] Denkbar ist insbesondere bei Offizialdelikten im sozialen Nahbereich, dass auch der **Verletzte** selbst als Beistand auftritt.

19 Schließlich ist auch der **Zeuge** als Beistand nicht ausgeschlossen.[67] Er muss alsbald als Beistand zugelassen werden, wenn er auch während der Verlesung des Anklagesatzes (§ 243 Abs. 3 Satz 1) sowie der Vernehmung des Angeklagten (§ 243 Abs. 5 Satz 2) und der übrigen Zeugen (§ 58 Abs. 1) nicht anwesend sein *darf*.[68] Der Richter hat, um die Rechte des Beistands zu wahren, sorgfältig abzuwägen, ob nicht der Beistand als erster Zeuge vernommen werden kann.[69] Vereinzelt wird sogar ein dahingehender Antrag des Beschuldigten für möglich gehalten.[70] Der zivilrechtliche **Betreuer des Angeklagten** (§§ 1896 ff. BGB), der als gesetzlicher Vertreter gemäß Absatz 2 als Beistand auftritt,[71] muss sogar in vielen Fällen als Zeuge vernommen werden, da oft genug nur er sachgerecht über die Lebenssituation des Betreuten – Informationen die für die Schuld oder Strafe relevant sind – Auskunft geben kann.[72]

20 **8. Verfahren.** Die Entscheidung über die Zulassung ergeht nicht von Amts wegen, sondern nur **auf Antrag.**[73] Ihn kann das Gericht z. B. aus Fürsorgegründen freilich anregen,[74] ohne sich allein dadurch dem Anschein der Befangenheit auszusetzen. **Antragsberechtigt** sind nach im Ergebnis zutreffender **h. M.**[75] allein Ehegatten, Lebenspartner und gesetzliche Vertreter, nicht aber der Angeklagte bzw. Beschuldigte selbst. Das ist angesichts dessen, dass der Beistand im Interesse des Beschuldigten tätig werden soll und auch der Verteidiger des Beschuldigten die Zulassung namens des Ehegatten wirksam soll beantragen können[76] – aber sicher nicht unbedenklich. Für die **Entscheidung** ist der **Vorsitzende** zuständig. Sie ist **sofort**, also ohne schuldhaftes Zögern, nach der Antragstellung[77] und zudem **ausdrücklich**[78] zu treffen.

21 In den Fällen der Absätze 1 und 2 darf der Vorsitzende freibeweislich prüfen, ob der Antragsteller Ehegatte, Lebenspartner oder gesetzlicher Vertreter ist, im letzten Fall auch, ob der Beschuldigte der Zulassung als Beistand tatsächlich zugestimmt hat.[79] Bejaht der Vorsitzende diese Voraussetzung, muss er dem Antrag stattgeben („*ist ... zuzulassen*").[80] Verneint er sie, hat er den Antrag nach Anhörung der Beteiligten (§ 33

---

66 RG JW **1916** 857; Meyer-Goßner/*Schmitt* 2; SSW/*Beulke* 5; KMR/*Müller* 2; AK/*Stern* 10; HK/*Julius*/*Schiemann* 2.

67 BGHSt **4** 205 f.; **47** 62, 65; RGSt **22** 199; **59** 354; *Kramer* Jura **1983** 113, 116; KK/*Willnow* 3; Meyer-Goßner/*Schmitt* 3; *Pfeiffer* 2; KMR/*Müller* 5; AK/*Stern* 10; HK/*Julius*/*Schiemann* 2; SK/*Wohlers* 17.

68 BGHSt **47** 62, 65; RGSt **52** 353; **55** 219; KK/*Willnow* 3; Meyer-Goßner/*Schmitt* 3; AK/*Stern* 10. *Wesemann* StraFo **2001** 293, 299 will dem Beistand in diesem Fall das Beanstandungsrecht nach § 238 Abs. 2 zugestehen.

69 BGHSt **4** 205, 207; Meyer-Goßner/*Schmitt* § 58, 4; *Pfeiffer* 2; AK/*Stern* 7; SK/*Wohlers* 17.

70 HK/*Julius*/*Schiemann* 6.

71 Oben Rn. 2.

72 Vgl. *Elzer* BtPrax **2000** 140 f.

73 Oben Rn. 9.

74 Vgl. MüKo/*Thomas*/*Kämpfer* 2; AK/*Stern* 1.

75 OLG Düsseldorf NJW **1979** 938; Meyer-Goßner/*Schmitt* 1; KMR/*Müller* 2; KK/*Willnow* 4; *Pfeiffer* 1; HK/*Julius*/*Schiemann* 3; SK/*Wohlers* 6. **A. A.** SSW/*Beulke* 6; AK/*Stern* 1; offen AnwK/*Krekeler*/*Werner* 2.

76 So BGHSt **4** 205, 206.

77 BGHSt **47** 62, 64; **4** 205; SK/*Wohlers* 12; AK/*Stern* 7.

78 Meyer-Goßner/*Schmitt* 2.

79 Oben Rn. 5.

80 Oben Rn. 3.

Abs. 1) – hierzu gehört auch die den Antrag auf Zulassung stellende Person – mit zu begründendem (§ 34) Beschluss abzulehnen.

9. Widerruf. Endet die Ehe, Lebenspartnerschaft oder die gesetzliche Vertretung oder erfolgte die Zulassung irrtümlich, so hat der Vorsitzende sofort nach Kenntniserlangung von Amts wegen die Zulassung zu **widerrufen.**[81] Der Angeklagte kann dies beantragen und sich schon vor der Entscheidung gegen die weitere Beteiligung des Beistands wenden, denn die Rechte des Beistands folgen nicht aus der Zulassung, sondern aus der Eigenschaft, die die Zulassung begründet. Daher erlöschen die Rechte schon vor dem Widerruf.[82] Im Gegensatz zu § 67 Abs. 4 JGG findet sich in § 149 keine Regelung über die **Entziehung der Befugnisse** des gesetzlichen Vertreters. Daher ist die analoge Anwendung des § 67 Abs. 4 JGG für die Fälle vorgeschlagen worden,[83] in denen der gesetzliche Vertreter der Tatbeteiligung in dem Maße verdächtigt ist, dass Anklagereife vorliegt. Dem ist mit Rücksicht auf die Beistandsfähigkeit sogar des Mitangeklagten allerdings nicht beizutreten.[84] 22

10. Beschwerde. Gegen die ablehnende oder widerrufende Entscheidung ist **Beschwerde** für den Angeklagten, die Staatsanwaltschaft und den nicht zugelassenen oder entlassenen Beistand **statthaft** (§ 304 Abs. 1), soweit nicht ein Strafsenat entschieden hat (§ 304 Abs. 4).[85] Die Entscheidung steht nicht im inneren Zusammenhang mit dem Urteil. § 305 Satz 1 findet damit keine Anwendung.[86] Das Beschwerdegericht hat sein Ermessen an die Stelle desjenigen des Erstrichters zu setzen. 23

11. Revision. Die Verletzung des § 149 kann sowohl der verletzte Ehegatte, Lebenspartner oder gesetzliche Vertreter[87] als auch der durch die Prozessordnungswidrigkeit selbst verletzte Angeklagte[88] mit der **Revision** rügen. **§ 338 Nr. 5** findet allerdings **keine Anwendung,** weil die Anwesenheit des Beistands zwar zugelassen, aber nicht vorgeschrieben ist.[89] Es muss daher gemäß **§ 337** geprüft werden, ob das Urteil auf dem Verstoß **beruht.**[90] Die Sollvorschrift des Absatzes 1 Satz 2 ist insoweit keine unverbindliche Ordnungsnorm, deren Verletzung folgenlos bleiben könnte. Das Beruhen wird vielmehr in der Regel **nicht auszuschließen** sein, da das Urteil bei Beteiligung des Beistands möglicherweise anders ausgefallen wäre. Das gilt auch für den Fall, dass das Gericht **vor der** angesetzten **Terminsstunde** verhandelt hat, denn dann sind sowohl der bereits zugelassene Beistand als auch der Ehegatte, Lebenspartner oder gesetzliche Vertreter, der beantragt hatte, als Beistand zugelassen zu werden, außerstande, ihre jeweiligen Rechte auszuüben. In diesem Fall ist nicht nur Absatz 1 Satz 2, sondern auch die zwin- 24

---

81 MüKo/*Thomas/Kämpfer* 3 a. E.; SK/*Wohlers* 4; *Pfeiffer* 2. **A. A.** AK/*Stern* 3, 6: Widerruf bei Beendigung der gesetzlichen Vertretungsmacht oder Ehe entbehrlich.

82 Vgl. auch AK/*Stern* 3.

83 AK/*Stern* 12; dem zuneigend auch noch LR/*Lüderssen*[25] § 149, 19.

84 Zutr. SK/*Wohlers* 9; erg. oben Rn. 18.

85 Vgl. Meyer-Goßner/*Schmitt* 5; KK/*Willnow* 7; HK/*Julius/Schiemann* 5; AK/*Stern* 13; *Joecks* 4; vgl. auch OLG Düsseldorf NJW **1997** 2533 und ausf. *Kaum* 58 f.

86 So auch Meyer-Goßner/*Schmitt* 5; AK/*Stern* 13; SK/*Wohlers* 24.

87 RGSt **5** 51; **38** 106.

88 BGHSt **47** 62; **4** 205; RG GA **50** (1903) 120; SK/*Wohlers* 25; AK/*Stern* 14. **A. A.** RG JW **1916** 857; OLG Düsseldorf NJW **1997** 2533.

89 BGHSt **47** 62, 66; Meyer-Goßner/*Schmitt* § 338, 42; SK/*Wohlers* 26.

90 Vgl. BGHSt **4** 205, 207; restriktiv aber BGHSt **44** 82, 89. Wie hier auch Meyer-Goßner/*Schmitt* 5; *Pfeiffer* 3; HK/*Julius*/Schiemann 7; AK/*Stern* 14; SK/*Wohlers* 26; *Eb. Schmidt* 5.

gende, anspruchsbegründende Vorschrift des Absatzes 1 Satz 1 verletzt.[91] Die Revision kann bei Bejahung der Beruhensfrage auch dann begründet sein, wenn der Ehegatte usw. dem Gericht zwar noch nicht angekündigt hatte, die Zulassung als Beistand zu beantragen, das Gericht aber ohne vorherige **Verlegung des Termins** die Hauptverhandlung vor der anberaumten Terminsstunde abgehalten hatte.[92]

25 Wird ein **zeitweiser Ausschluss des Beistands** entsprechend § 247 Satz 1 verfügt,[93] sind die zur **Unterrichtungspflicht** nach § 247 Satz 4 entwickelten Grundsätze[94] auch auf den Beistand anzuwenden. In der Folge führt insbesondere dessen zu späte Wiederzulassung zur Hauptverhandlung sowie eine fehlende Unterrichtung des Beistands über den Inhalt der Vernehmung zu einem relativen Revisionsgrund nach § 337. Gleiches gilt für den Fall, dass während der Abwesenheit des Beistands Verfahrenshandlungen vorgenommen werden, die nicht zur Vernehmung gehören, wegen derer der Beistand vorübergehend aus dem Sitzungssaal entfernt worden ist.

26 Nicht vollends geklärt ist, ob der zeitweise Ausschluss des Beistands in entsprechender Anwendung des § 247 Satz 1[95] als sachleitende Verfügung von dem Vorsitzenden alleine angeordnet werden kann, oder ob hierfür ein **Gerichtsbeschluss** erforderlich ist. Für die Notwendigkeit einer Kollegialentscheidung spricht in erster Linie, dass auch der zeitweise Ausschluss des Angeklagten in direkter Anwendung des § 247 Satz 1 durch Gerichtsbeschluss erfolgen muss.[96] Der BGH[97] neigt indes der Ansicht zu, dass der **Vorsitzende** die vorübergehende Entfernung des Beistands aus dem Sitzungssaal als sachleitende Verfügung **alleine** bewirken könne. Er begründet dies damit, dass im Gegensatz zum Ausschluss des Angeklagten bei der Entfernung des Beistands kein sachliches Bedürfnis für einen Gerichtsbeschluss bestehe: Der Beistand sei anders als der Angeklagte kein Verfahrensbeteiligter, dessen Anwesenheit nach der Strafprozessordnung (§§ 230, 231) vorgeschrieben sei. Seine zeitweilige Entfernung greife nicht mit derselben Intensität in die Rechte und Interessen des Angeklagten ein wie dessen Entfernung. Zudem treffe der Vorsitzende auch die Entscheidung, dass der Beistand, der noch als Zeuge zu vernehmen ist, den Sitzungssaal zu verlassen habe. Unabhängig von der Beantwortung dieser noch nicht abschließend geklärten Rechtsfrage muss in Fällen dieser Art jedenfalls **gehörig ausgeführt** werden (§ 344 Abs. 2 Satz 2), dass das Urteil auf der vorübergehenden Entfernung des Beistands nicht durch Gerichtsbeschluss, sondern durch eine sachleitende Verfügung des Vorsitzenden beruht (§ 337). Dies ist dann nicht der Fall, wenn der Angeklagte zuvor selbst aus den gleichen Gründen wie der Beistand gem. § 247 Satz 1 durch Gerichtsbeschluss entfernt worden ist und sich daraus ergibt, dass das Gericht auch den zeitweisen Ausschluss des Beistands angeordnet hätte.[98]

27 Für den **gesetzlichen Vertreter** gelten die allgemeinen **Rechtsmittelfristen.** Er kann Rechtsmittel auch dann einlegen, wenn Angeklagter oder Staatsanwaltschaft hierauf verzichten (§ 298 Abs. 1).[99] Der noch nicht als Beistand zugelassene gesetzliche Vertreter, der um seine Zulassung gebeten hat, kann, ist die Mitteilung von Ort und Zeit

---

91 RGSt **5** 50.

92 RGSt **38** 106; SSW/*Beulke* 13.

93 S. Rn. 17.

94 S. dazu *Metz* NStZ **2017** 446, 451 ff.; LR/*Becker*[26] § 247, 53 ff.

95 S. Rn. 17.

96 Vgl. nur *Metz* NStZ **2017** 446, 448; Meyer-Goßner/*Schmitt* § 247, 14.

97 BGHSt **47** 60, 67 f.

98 Zutr. BGHSt **47** 60, 68.

99 OLG Schleswig SchlHA **1985** 134; SSW/*Beulke* 12; AK/*Stern* 15; SK/*Wohlers* 25.

unterblieben und hat er deshalb die Rechtsmittelfrist versäumt, Wiedereinsetzung in den vorigen Stand beantragen.[100]

§ 150
(weggefallen)

Die abschließende Vorschrift des 11. Abschnitts über die Verteidigung hatte bestimmt, dass dem Pflichtverteidiger **Gebühren** aus der Staatskasse zu zahlen sind und in Absatz 2 den Rückgriff gegen den in die Kosten verurteilten Angeklagten vorbehalten. Die Vorschrift war durch Art. VIII des Gesetzes zur Änderung und Ergänzung kostenrechtlicher Vorschriften v. 26.7.1957[1] in § 97 BRAGO übernommen worden (jetzt **§ 45 Abs. 3 Satz 1 RVG:** „Ist der Rechtsanwalt sonst gerichtlich bestellt oder beigeordnet worden, erhält er die Vergütung aus der Landeskasse, wenn ein Gericht des Landes den Rechtsanwalt bestellt oder beigeordnet hat, im Übrigen aus der Bundeskasse"). Durch Art. IX § 8 Nr. 3 jenes Gesetzes war zugleich § 150 aufgehoben worden.

100 OLG Hamm GA **1961** 183. **A. A.** OLG Schleswig SchlHA **1985** 134.

1 BGBl. I S. 861. Vgl. zur Vergütung des Strafverteidigers nach dem geltenden Recht einf. HdBStrR/*Jahn/Brodowski* § 17, 105 f.

https://doi.org/10.1515/9783110630244-024

Sachregister

Die fetten Zahlen verweisen auf die Kapitel der Einleitung bzw. auf die Paragraphen, die mageren auf die Randnummern.

https://doi.org/10.1515/9783110630244-025

www.ingramcontent.com/pod-product-compliance
Lightning Source LLC
LaVergne TN
LVHW060001031026
849161LV00025B/1204
* 9 7 8 3 1 1 0 6 2 9 4 7 7 *